Praxiseinstieg Machine Learning mit Scikit-Learn, Keras und TensorFlow

3. AUFLAGE

Praxiseinstieg Machine Learning mit Scikit-Learn, Keras und TensorFlow

Konzepte, Tools und Techniken für intelligente Systeme

Aurélien Géron

Deutsche Übersetzung von Kristian Rother & Thomas Demmig

O'REILLY®

Aurélien Géron

Lektorat: Alexandra Follenius
Übersetzung: Kristian Rother, Thomas Demmig
Korrektorat: Sibylle Feldmann, *www.richtiger-text.de*
Satz: III-satz, *www.drei-satz.de*
Herstellung: Stefanie Weidner
Umschlaggestaltung: Karen Montgomery, Michael Oréal, *www.oreal.de*
Druck und Bindung: mediaprint solutions GmbH, 33100 Paderborn

Bibliografische Information der Deutschen Nationalbibliothek
Die Deutsche Nationalbibliothek verzeichnet diese Publikation in der Deutschen Nationalbibliografie; detaillierte bibliografische Daten sind im Internet über *http://dnb.d-nb.de* abrufbar.

ISBN:
Print 978-3-96009-212-4
PDF 978-3-96010-760-6
ePub 978-3-96010-761-3
mobi 978-3-96010-762-0

3., aktualisierte und erweiterte Auflage 2023

Wieblinger Weg 17
69123 Heidelberg

Hinweis:
Dieses Buch wurde mit mineralölfreien Farben auf PEFC-zertifiziertem Papier aus nachhaltiger Waldwirtschaft gedruckt. Der Umwelt zuliebe verzichten wir zusätzlich auf die Einschweißfolie. Hergestellt in Deutschland.

PEFC-zertifiziert
Dieses Buch stammt aus nachhaltig bewirtschafteten Wäldern und kontrollierten Quellen
PEFC/04-31-0810
www.pefc.de

Schreiben Sie uns:
Falls Sie Anregungen, Wünsche und Kommentare haben, lassen Sie es uns wissen: *kommentar@oreilly.de*.

5 4 3 2 1 0

Inhalt

Teil II Neuronale Netze und Deep Learning

Vorwort

Der Machine-Learning-Tsunami

Im Jahr 2006 erschien ein Artikel (*https://homl.info/136*) von Geoffrey Hinton et al.[1], in dem vorgestellt wurde, wie sich ein neuronales Netz zum Erkennen handgeschriebener Ziffern mit ausgezeichneter Genauigkeit (> 98 %) trainieren lässt. Ein Deep Neural Network ist ein (sehr) vereinfachtes Modell unseres zerebralen Kortex, und es besteht aus einer Folge von Schichten mit künstlichen Neuronen. Die Autoren nannten diese Technik »Deep Learning«. Zu dieser Zeit wurde das Trainieren eines Deep-Learning-Netzes im Allgemeinen als unmöglich angesehen,[2] und die meisten Forscher hatten die Idee in den 1990ern aufgegeben. Dieser Artikel ließ das Interesse der wissenschaftlichen Gemeinde wieder aufleben, und schon nach kurzer Zeit zeigten weitere Artikel, dass Deep Learning nicht nur möglich war, sondern umwerfende Dinge vollbringen konnte, zu denen kein anderes Machine-Learning-(ML-)Verfahren auch nur annähernd in der Lage war (mithilfe enormer Rechenleistung und riesiger Datenmengen). Dieser Enthusiasmus breitete sich schnell auf weitere Teilgebiete des Machine Learning aus.

Zehn Jahre später hat Machine Learning ganze Industriezweige erobert: Es ist zu einem Herzstück heutiger Spitzentechnologien geworden und dient dem Ranking von Suchergebnissen im Web, kümmert sich um die Spracherkennung Ihres Smartphones, gibt Empfehlungen für Videos und steuert vielleicht sogar Ihr Auto.

1 Geoffrey Hinton et al., »A Fast Learning Algorithm for Deep Belief Nets«, *Neural Computation* 18 (2006): 1527–1554.

2 Obwohl die Konvolutionsnetze von Yann Lecun bei der Bilderkennung seit den 1990ern gut funktioniert hatten, auch wenn sie nicht allgemein anwendbar waren.

Machine Learning in Ihren Projekten

Deshalb interessieren Sie sich natürlich auch für Machine Learning und möchten an der Party teilnehmen!

Womöglich möchten Sie Ihrem selbst gebauten Roboter einen eigenen Denkapparat geben? Ihn Gesichter erkennen lassen? Oder ihn lernen lassen, herumzulaufen?

Oder vielleicht besitzt Ihr Unternehmen Unmengen an Daten (Logdateien, Finanzdaten, Produktionsdaten, Sensordaten, Hotline-Statistiken, Personalstatistiken und so weiter), und Sie könnten vermutlich einige verborgene Schätze heben, wenn Sie nur wüssten, wo Sie danach suchen müssten. Mit Machine Learning können Sie das Folgende (und noch viel mehr (*https://homl.info/usecases*)) erreichen:

- Kundensegmente finden und für jede Gruppe die beste Marketingstrategie entwickeln.
- Jedem Kunden anhand des Kaufverhaltens ähnlicher Kunden Produktempfehlungen geben.
- Betrügerische Transaktionen mit hoher Wahrscheinlichkeit erkennen.
- Den Unternehmensgewinn im nächsten Jahr vorhersagen.

Was immer der Grund ist, Sie haben beschlossen, Machine Learning zu erlernen und in Ihren Projekten umzusetzen. Eine ausgezeichnete Idee!

Ziel und Ansatz

Dieses Buch geht davon aus, dass Sie noch so gut wie nichts über Machine Learning wissen. Unser Ziel ist es, Ihnen die Grundbegriffe, ein Grundverständnis und die Werkzeuge an die Hand zu geben, mit denen Sie Programme zum *Lernen aus Daten* entwickeln können.

Wir werden eine Vielzahl von Techniken besprechen, von den einfachsten und am häufigsten eingesetzten (wie der linearen Regression) bis zu einigen Deep-Learning-Verfahren, die regelmäßig Wettbewerbe gewinnen. Wir werden dazu für den Produktionsbetrieb geschaffene Python-Frameworks verwenden:

- Scikit-Learn (*http://scikit-learn.org/*) ist sehr einfach zu verwenden, enthält aber effiziente Implementierungen vieler Machine-Learning-Algorithmen. Damit ist es ein großartiger Ausgangspunkt, um Machine Learning zu erlernen. Scikit-Learn wurde von David Cournapeau im Jahr 2007 erstellt und wird mittlerweile von einem Forschungsteam am Nationalen Forschungsinstitut für Informatik und Automatisierung (INRIA) in Frankreich betreut.
- TensorFlow (*http://tensorflow.org/*) ist eine komplexere Bibliothek für verteiltes Rechnen. Mit ihr können Sie sehr große neuronale Netze effizient trainieren und ausführen, indem Sie die Berechnungen auf bis zu Hunderte von Servern mit mehreren GPUs (*Graphics Processing Units*) verlagern. TensorFlow

(TF) wurde von Google entwickelt und läuft in vielen umfangreichen Machine-Learning-Anwendungen. Die Bibliothek wurde im November 2015 als Open Source veröffentlicht, im September 2019 erschien Version 2.0.

- Keras (*https://keras.io/*) ist eine High-Level-Deep-Learning-API, die das Trainieren und Ausführen neuronaler Netze sehr einfach macht. Sie kommt zusammen mit TensorFlow und greift für alle rechenintensiven Aufgaben darauf zurück.

Dieses Buch verfolgt einen praxisorientierten Ansatz, bei dem Sie ein intuitives Verständnis von Machine Learning entwickeln, indem Sie sich mit konkreten Beispielen und ein klein wenig Theorie beschäftigen.

> Auch wenn Sie dieses Buch lesen können, ohne Ihren Laptop in die Hand zu nehmen, empfehlen wir Ihnen, mit den Codebeispielen herumzuexperimentieren.

Codebeispiele

Alle Codebeispiele in diesem Buch sind Open Source und stehen online unter *https://github.com/ageron/handson-mls3* als Jupyter Notebooks zur Verfügung. Dabei handelt es sich um interaktive Dokumente mit Texten, Bildern und ausführbaren Codeabschnitten (in unserem Fall Python). Am einfachsten beginnen Sie damit, diese Notebooks mit Google Colab auszuführen. Das ist ein kostenloser Service, der es Ihnen ermöglicht, beliebige Jupyter Notebooks direkt online laufen zu lassen, ohne etwas auf Ihrem Rechner installieren zu müssen. Sie brauchen nur einen Webbrowser und einen Google-Account.

> In diesem Buch gehe ich davon aus, dass Sie Google Colab nutzen, aber ich habe die Notebooks auch auf anderen Onlineplattformen wie Kaggle oder Binder getestet, sodass Sie sie dort ebenfalls einsetzen können, wenn Ihnen das lieber ist. Alternativ können Sie die erforderlichen Bibliotheken und Tools (oder das Docker-Image für dieses Buch) direkt auf Ihrem Computer installieren und die Notebooks dort laufen lassen. Die Anweisungen dazu finden Sie unter *https://homl.info/install*.

Verwenden von Codebeispielen

Dieses Buch ist dazu da, Ihnen beim Erledigen Ihrer Arbeit zu helfen. Wollen Sie über die Codebeispiele hinaus zusätzliche Inhalte in einem Umfang verwenden, der die Regeln eines fairen Einsatzes verletzen würde (zum Beispiel der Verkauf oder Vertrieb von Inhalten aus O'Reilly-Büchern oder das Einbinden eines beträchtlichen Teils dieses Buchs in die Dokumentation Ihres Produkts), wenden Sie sich bitte für eine Erlaubnis an *kommentar@oreilly.de*.

Wir freuen uns über Zitate, verlangen diese aber nicht. Ein Zitat enthält Titel, Autor, Verlag und ISBN. Beispiel: »*Praxiseinstieg Machine Learning mit Scikit-Learn, Keras und TensorFlow* von Aurélien Géron, O'Reilly 2023, ISBN 978-3-96009-212-4.«

Voraussetzungen

Dieses Buch geht davon aus, dass Sie ein wenig Programmiererfahrung mit Python haben. Sollten Sie Python noch nicht kennen, ist *http://learnpython.org/* ein ausgezeichneter Ausgangspunkt. Auch das offizielle Tutorial auf python.org (*https://docs.python.org/3/tutorial/*) ist recht gut.

Es setzt ebenfalls voraus, dass Sie mit den wichtigsten wissenschaftlichen Bibliotheken in Python vertraut sind, insbesondere mit NumPy (*http://numpy.org/*), Pandas (*http://pandas.pydata.org/*) und Matplotlib (*http://matplotlib.org/*). Falls Sie diese Bibliotheken noch nie verwendet haben, ist das nicht schlimm – ihr Einsatz lässt sich leicht erlernen, und ich habe für jede von ihnen ein Tutorial erstellt. Diese finden Sie online unter *https://homl.info/tutorials*.

Wenn Sie vollständig verstehen wollen, wie die Algorithmen zum Machine Learning funktionieren (und nicht nur, wie man sie einsetzt), sollten Sie ein Grundverständnis von einigen mathematischen Konzepten haben – insbesondere von linearer Algebra. Sie sollten wissen, was Vektoren und Matrizen sind und wie Sie einige einfache Operationen mit ihnen ausführen, zum Beispiel das Addieren von Vektoren oder das Transponieren und Multiplizieren von Matrizen. Sollten Sie eine kurze Einführung in die lineare Algebra benötigen (sie ist wirklich kein Hexenwerk), habe ich unter *https://homl.info/tutorials* ein Tutorial bereitgestellt. Sie finden dort ebenfalls eines zur Differenzialrechnung, was hilfreich sein kann, um zu verstehen, wie neuronale Netze trainiert werden, aber für das grobe Verstehen der wichtigsten Konzepte ist es nicht unbedingt von entscheidender Bedeutung. Dieses Buch greift gelegentlich auch auf andere mathematische Konzepte zurück, beispielsweise auf Exponentialfunktionen und Logarithmen, ein bisschen Wahrscheinlichkeitstheorie und ein paar Statistikaspekte, aber alles nicht zu ausgefallen. Brauchen Sie dazu Hilfe, schauen Sie mal bei *https://khanacademy.org* vorbei, wo Sie online viele ausgezeichnete und kostenlose Mathematikkurse finden.

Wegweiser durch dieses Buch

Dieses Buch ist in zwei Teile aufgeteilt. Teil I behandelt folgende Themen:

- Was ist Machine Learning? Welche Aufgaben lassen sich damit lösen? Was sind die wichtigsten Kategorien und Grundbegriffe von Machine-Learning-Systemen?
- Die Schritte in einem typischen Machine-Learning-Projekt.

- Lernen durch Anpassen eines Modells an Daten.
- Optimieren einer Kostenfunktion.
- Bearbeiten, Säubern und Vorbereiten von Daten.
- Merkmale auswählen und entwickeln.
- Ein Modell auswählen und dessen Hyperparameter über Kreuzvalidierung optimieren.
- Die Herausforderungen beim Machine Learning, insbesondere Underfitting und Overfitting (das Gleichgewicht zwischen Bias und Varianz).
- Die verbreitetsten Lernalgorithmen: lineare und polynomielle Regression, logistische Regression, *k*-nächste Nachbarn, Support Vector Machines, Entscheidungsbäume, Random Forests und Ensemble-Methoden.
- Dimensionsreduktion der Trainingsdaten, um dem »Fluch der Dimensionalität« etwas entgegenzusetzen.
- Andere Techniken des unüberwachten Lernens, unter anderem Clustering, Dichteabschätzung und Anomalieerkennung.

Teil II widmet sich diesen Themen:

- Was sind neuronale Netze? Wofür sind sie geeignet?
- Erstellen und Trainieren neuronaler Netze mit TensorFlow und Keras.
- Die wichtigsten Architekturen neuronaler Netze: Feed-Forward-Netze für Tabellendaten, Convolutional Neural Networks zur Bilderkennung, rekurrente Netze und Long-Short-Term-Memory-(LSTM-)Netze zur Sequenzverarbeitung, Encoder/Decoder und Transformer für die Sprachverarbeitung (und mehr!), Autoencoder sowie Generative Adversarial Networks (GANs) und Diffusionsmodelle zum generativen Lernen.
- Techniken zum Trainieren von Deep-Learning-Netzen.
- Wie man einen Agenten erstellt (zum Beispiel einen Bot in einem Spiel), der durch Versuch und Irrtum gute Strategien erlernt und dabei Reinforcement Learning einsetzt.
- Effizientes Laden und Vorverarbeiten großer Datenmengen.
- Trainieren und Deployen von TensorFlow-Modellen im großen Maßstab.

Der erste Teil baut vor allem auf Scikit-Learn auf, der zweite Teil verwendet TensorFlow.

> Springen Sie nicht zu schnell ins tiefe Wasser: Auch wenn Deep Learning zweifelsohne eines der aufregendsten Teilgebiete des Machine Learning ist, sollten Sie zuerst Erfahrungen mit den Grundlagen sammeln. Außerdem lassen sich die meisten Aufgabenstellungen recht gut mit einfacheren Techniken wie Random Forests und Ensemble-Methoden lösen (die in Teil I besprochen werden). Deep Learning ist am besten für komplexe Aufgaben

wie Bilderkennung, Spracherkennung und Sprachverarbeitung geeignet. Sie müssen aber genug Daten, Rechenleistung und Geduld haben (sofern Sie nicht ein vortrainiertes neuronales Netz nutzen können, wie Sie noch sehen werden).

Änderungen zwischen der ersten und der zweiten Auflage

Haben Sie schon die erste Auflage gelesen, finden Sie hier die wichtigsten Unterschiede zwischen der ersten und zweiten Auflage:

- Der gesamte Code wurde von TensorFlow 1.x auf TensorFlow 2.x gehoben, und ich habe einen Großteil des Low-Level-Codes mit TensorFlow (Graphen, Sessions, Feature Columns, Estimators und so weiter) durch viel einfacheren Keras-Code ersetzt.
- In der zweiten Auflage wurde die Data-API zum Laden und Vorverarbeiten großer Datasets aufgenommen, die Distribution Strategies API zum Trainieren und Deployen von TF-Modellen im großen Maßstab, TF Serving und die Google Cloud API Platform, mit denen Modelle in Produkte umgewandelt werden können, sowie (zumindest angerissen) TF Transform, TFLite, TF Addons/Seq2Seq, TensorFlow.js und TF Agents.
- Es wurden auch viele zusätzliche ML-Themen hinzugenommen, unter anderem ein neues Kapitel zu unüberwachtem Lernen, Computer-Vision-Techniken zur Objekterkennung und zur semantischen Segmentierung, außerdem das Verarbeiten von Sequenzen durch Convolutional Neural Networks (CNNs), die Verarbeitung natürlicher Sprache (Natural Language Processing, NLP) mit rekurrenten neuronalen Netzen (RNNs), CNNs und Transformer, GANs und vieles mehr.

Auf *https://homl.info/changes2* finden Sie mehr Details.

Änderungen zwischen der zweiten und der dritten Auflage

Haben Sie die zweite Auflage gelesen, finden Sie hier die wichtigsten Änderungen zwischen zweiter und dritter Auflage:

- Der gesamte Code wurde an die neuesten Bibliotheksversionen angepasst. Insbesondere wurden in dieser dritten Auflage viele neue Ergänzungen von Scikit-Learn berücksichtigt (zum Beispiel das Feature Name Tracking, histogrammbasiertes Gradient Boosting, Label Propagation und mehr). Zudem wurden die Bibliothek *Keras Tuner* für das Tuning von Hyperparametern, die

Transformers-Bibliothek von Hugging Face für die Verarbeitung natürlicher Sprache sowie die neuen Vorverarbeitungsschichten und Data Augmentation Layer mit aufgenommen.

- Es wurden diverse Vision-Modelle hinzugefügt (ResNeXt, DenseNet, MobileNet, CSPNet und EfficientNet) und dazu Entscheidungshilfen für das Wählen des richtigen Modells.
- In Kapitel 15 werden nun statt generierter Zeitserien die *Chicago Bus and Rail Ridership*-Daten analysiert, und das ARMA-Modell mit seinen Varianten wird vorgestellt.
- Kapitel 16 zur Verarbeitung natürlicher Sprache baut nun ein Modell zum Übersetzen aus dem Englischen ins Spanische, wobei zuerst ein Encoder-Decoder-RNN und dann ein Transformer-Modell zum Einsatz kommen. Das Kapitel behandelt zudem Sprachmodelle wie Switch Transformers, DistilBERT, T5 und PaLM (mit einem Chain-of-Thought Prompting), außerdem stellt es Vision Transformers (ViTs) vor und gibt einen Überblick über ein paar auf Transformern basierende visuelle Modelle, wie zum Beispiel Data-Efficient Image Transformers (DeiTs), Perceivers und DINO. Zudem gibt es einen kurzen Hinweis auf ein paar große, multimodale Modelle – unter anderem CLIP, DALL·E, Flamingo und GATO.
- In Kapitel 17 zu generativem Lernen werden nun Diffusionsmodelle vorgestellt, und es wird gezeigt, wie Sie ein Denoising Diffusion Probabilistic Model (DDPM) von Grund auf implementieren.
- Kapitel 19 ist von der Google Cloud AI Platform nach Google Vertex AI umgezogen und nutzt jetzt verteilte Keras Tuner für die Hyperparametersuche im großen Maßstab. Es führt nun TensorFlow.js-Code ein, mit dem Sie online experimentieren können. Zudem werden zusätzliche verteilte Trainingstechniken vorgestellt, unter anderem PipeDream und Pathways.
- Um all die neuen Inhalte unterbringen zu können, stehen manche Abschnitte nur noch online zur Verfügung, unter anderem die Installationsanweisungen, die Hauptkomponentenzerlegung (PCA), mathematische Details zu bayesschen gaußschen Mischverteilungsmodellen, TF Agents und die früheren Anhänge A (Lösungen zu den Übungsaufgaben), C (die Mathematik von Support Vector Machines) und E (weitere Architekturen für neuronale Netze). Diese drei früheren Anhänge finden Sie auf der deutschen Website zum Buch unter *https://dpunkt.de/produkt/praxiseinstieg-machine-learning-mit-scikit-learn-keras-und-tensorflow-2/* auf der Registerkarte *Zusatzmaterial*.

Auf *https://homl.info/changes3* finden Sie zusätzliche Informationen zu den Änderungen.

Ressourcen im Netz

Es gibt viele ausgezeichnete Ressourcen, mit deren Hilfe sich Machine Learning erlernen lässt. Der ML-Kurs auf Coursera (*https://homl.info/ngcourse*) von Andrew Ng ist faszinierend, auch wenn er einen beträchtlichen Zeitaufwand bedeutet.

Darüber hinaus finden Sie viele interessante Webseiten über Machine Learning, darunter natürlich den ausgezeichneten User Guide (*https://homl.info/skdoc*) von Scikit-Learn. Auch Dataquest (*https://www.dataquest.io/*), das sehr ansprechende Tutorials und ML-Blogs bietet, sowie die auf Quora (*https://homl.info/1*) aufgeführten ML-Blogs könnten Ihnen gefallen.

Natürlich bieten darüber hinaus viele andere Bücher eine Einführung in Machine Learning, insbesondere:

- Joel Grus, *Einführung in Data Science: Grundprinzipien der Datenanalyse mit Python (https://oreilly.de/produkt/einfuehrung-in-data-science-2/)* (O'Reilly, 2. Auflage). Dieses Buch stellt die Grundlagen von Machine Learning vor und implementiert die wichtigsten Algorithmen in reinem Python (von Grund auf).
- Stephen Marsland, *Machine Learning: An Algorithmic Perspective, 2nd Edition* (Chapman & Hall). Dieses Buch ist eine großartige Einführung in Machine Learning, die viele Themen ausführlich behandelt. Es enthält Codebeispiele in Python (ebenfalls von Grund auf, aber mit NumPy).
- Sebastian Raschka, *Machine Learning mit Python und Keras, TensorFlow 2 und Scikit-learn: Das umfassende Praxis-Handbuch für Data Science, Deep Learning und Predictive Analytics* (mitp Professional, 3. Auflage). Eine weitere ausgezeichnete Einführung in Machine Learning. Dieses Buch konzentriert sich auf Open-Source-Bibliotheken in Python (Pylearn 2 und Theano).
- François Chollet, *Deep Learning with Python* (Manning, 2nd Edition). Ein sehr praxisnahes Buch, das klar und präzise viele Themen behandelt – wie Sie es vom Autor der ausgezeichneten Keras-Bibliothek erwarten können. Es zieht Codebeispiele der mathematischen Theorie vor.
- Andriy Burkov, *Machine Learning kompakt: Alles, was Sie wissen müssen* (mitp Professional). Dieses sehr kurze Buch behandelt ein beeindruckendes Themenspektrum gut verständlich, scheut dabei aber nicht vor mathematischen Gleichungen zurück.
- Yaser S. Abu-Mostafa, Malik Magdon-Ismail und Hsuan-Tien Lin, *Learning from Data* (AMLBook). Als eher theoretische Abhandlung von ML enthält dieses Buch sehr tiefgehende Erkenntnisse, insbesondere zum Gleichgewicht zwischen Bias und Varianz (siehe Kapitel 4).
- Stuart Russell and Peter Norvig, *Artificial Intelligence: A Modern Approach, 4th Edition* (Pearson). Dieses ausgezeichnete (und umfangreiche) Buch deckt

eine unglaubliche Stoffmenge ab, darunter Machine Learning. Es hilft dabei, ML in einem breiteren Kontext zu betrachten.

- Jeremy Howard and Sylvain Gugger, *Deep Learning for Coders with fastai and PyTorch* (O'Reilly). Eine wunderbar klare und praxisnahe Einführung in Deep Learning mithilfe der fastai- und PyTorch-Bibliotheken.

Eine gute Möglichkeit zum Lernen sind schließlich Webseiten mit ML-Wettbewerben wie Kaggle.com (*https://kaggle.com/*). Dort können Sie Ihre Fähigkeiten an echten Aufgaben üben und Hilfe und Tipps von einigen der besten ML-Profis erhalten.

In diesem Buch verwendete Konventionen

Die folgenden typografischen Konventionen werden in diesem Buch verwendet:

Kursiv
: Kennzeichnet neue Begriffe, URLs, E-Mail-Adressen, Dateinamen und Dateiendungen.

`Konstante Zeichenbreite`
: Wird für Programmlistings und für Programmelemente in Textabschnitten wie Namen von Variablen und Funktionen, Datenbanken, Datentypen, Umgebungsvariablen, Anweisungen und Schlüsselwörter verwendet.

`Konstante Zeichenbreite, fett`
: Kennzeichnet Befehle oder anderen Text, den der Nutzer wörtlich eingeben sollte.

`Konstante Zeichenbreite, kursiv`
: Kennzeichnet Text, den der Nutzer je nach Kontext durch entsprechende Werte ersetzen sollte.

Dieses Symbol steht für einen Tipp oder eine Empfehlung.

Dieses Symbol steht für einen allgemeinen Hinweis.

Dieses Symbol steht für eine Warnung oder erhöhte Aufmerksamkeit.

Danksagungen

In meinen wildesten Träumen hätte ich mir niemals vorgestellt, dass die erste und zweite Auflage dieses Buchs solch eine Verbreitung finden würde. Ich habe so viele Nachrichten von Lesern erhalten – oft mit Fragen, manche mit freundlichen Hinweisen auf Fehler und die meisten mit ermutigenden Worten. Ich kann gar nicht sagen, wie dankbar ich all diesen Lesern für ihre Unterstützung bin. Vielen, vielen Dank! Scheuen Sie sich nicht, sich auf GitHub (*https://homl.info/issues3*) zu melden, wenn Sie Fehler in den Codebeispielen finden (oder einfach etwas fragen wollen) oder um auf Fehler im Text aufmerksam (*https://homl.info/errata3*) zu machen. Manche Leser haben mir auch geschrieben, wie dieses Buch ihnen dabei geholfen hat, ihren ersten Job zu bekommen oder ein konkretes Problem zu lösen, an dem sie gearbeitet haben. Ich finde ein solches Feedback unglaublich motivierend. Hat Ihnen dieses Buch geholfen, würde ich mich freuen, wenn Sie mir Ihre Geschichte erzählen würden – entweder privat (zum Beispiel über LinkedIn (*https://linkedin.com/in/aurelien-geron/*)) oder öffentlich (beispielsweise in einem Tweet an @aureliengeron oder über ein Amazon-Review (*https://homl.info/amazon3*)).

Ein großer Dank geht ebenfalls an all die wundervollen Menschen, die ihre Zeit und Expertise angeboten haben, um diese dritte Auflage zu begutachten, Fehler zu korrigieren und unzählige Vorschläge zu machen. Diese Auflage ist dank ihnen so viel besser geworden: Olzhas Akpambetov, George Bonner, François Chollet, Siddha Gangju, Sam Goodman, Matt Harrison, Sasha Sobran, Lewis Tunstall, Leandro von Werra und mein lieber Bruder Sylvain. Ihr seid toll!

Ebenfalls dankbar bin ich den vielen Menschen, die mich auf meinem Weg unterstützt haben, indem sie meine Fragen beantworteten, Verbesserungen vorschlugen und zum Code auf GitHub beitrugen – insbesondere Yannick Assogba, Ian Beauregard, Ulf Bissbort, Rick Chao, Peretz Cohen, Kyle Gallatin, Hannes Hapke, Victor Khaustov, Soonson Kwon, Eric Lebigot, Jason Mayes, Laurence Moroney, Sara Robinson, Joaquín Ruales und Yuefeng Zhou.

Dieses Buch würde ohne die fantastischen Mitarbeiterinnen und Mitarbeiter von O'Reilly nicht existieren, insbesondere nicht ohne Nicole Taché, die mir sehr hilfreiches Feedback gab und immer aufmunternd, unterstützend und hilfreich war – eine bessere Lektorin könnte ich mir nicht vorstellen. Ein großer Dank geht auch an Michele Cronin, die mich durch die letzten Kapitel begleitet und mich über die Ziellinie gebracht hat. Vielen Dank an das ganze Produktionsteam, insbesondere an Elizabeth Kelly und Kristen Brown. Ebenfalls vielen Dank an Kim Cofer für das Redigieren und an Johnny O'Toole, der sich um die Beziehung zu Amazon kümmerte und viele meiner Fragen beantwortet hat. Danke an Kate Dullea für das großartige Verbessern meiner Illustrationen. Danke an Marie Beaugurea, Ben Lorica, Mike Loukides und Laurel Ruma dafür, dass sie an dieses Projekt geglaubt und seinen Rahmen definiert haben. Danke an Matt Hacker und alle anderen im Atlas-Team, die all meine technischen Fragen in Bezug auf Formatierung, AsciiDoc,

MathML und LaTeX beantworten konnten, und an Nick Adams, Rebecca Demarest, Rachel Head, Judith McConville, Helen Monroe, Karen Montgomery, Rachel Roumeliotis und alle anderen bei O'Reilly, die zu diesem Buch beigetragen haben.

Ich werde nie all die wunderbaren Menschen vergessen, die mir bei der ersten und zweiten Auflage dieses Buchs geholfen haben: Freunde, Kollegen und Experten – einschließlich vieler Mitglieder des TensorFlow-Teams. Die Liste ist lang: Olzhas Akpambetov, Karmel Allison, Martin Andrews, David Andrzejewski, Paige Bailey, Lukas Biewald, Eugene Brevdo, William Chargin, François Chollet, Clément Courbet, Robert Crowe, Mark Daoust, Daniel »Wolff« Dobson, Julien Dubois, Mathias Kende, Daniel Kitachewsky, Nick Felt, Bruce Fontaine, Justin Francis, Goldie Gadde, Irene Giannoumis, Ingrid von Glehn, Vincent Guilbeau, Sandeep Gupta, Priya Gupta, Kevin Haas, Eddy Hung, Konstantinos Katsiapis, Viacheslav Kovalevskyi, Jon Krohn, Allen Lavoie, Karim Matrah, Grégoire Mesnil, Clemens Mewald, Dan Moldovan, Dominic Monn, Sean Morgan, Tom O'Malley, James Pack, Alexander Pak, Haesun Park, Alexandre Passos, Ankur Patel, Josh Patterson, André Susano Pinto, Anthony Platanios, Anosh Raj, Oscar Ramirez, Anna Revinskaya, Saurabh Saxena, Salim Sémaoune, Ryan Sepassi, Vitor Sessak, Jiri Simsa, Iain Smears, Xiaodan Song, Christina Sorokin, Michel Tessier, Wiktor Tomczak, Dustin Tran, Todd Wang, Pete Warden, Rich Washington, Martin Wicke, Edd Wilder-James, Sam Witteveen, Jason Zaman, Yuefeng Zhou und mein Bruder Sylvain.

Schließlich bin ich meiner geliebten Frau Emmanuelle und unseren drei wunderbaren Kindern Alexandre, Rémi und Gabrielle unendlich dafür dankbar, dass sie mich zur Arbeit an diesem Buch ermutigt haben. Ihre unstillbare Neugier war unbezahlbar: Indem ich einige der schwierigsten Konzepte in diesem Buch meiner Frau und meinen Kindern erklärt habe, konnte ich meine Gedanken ordnen und viele Teile direkt verbessern. Und sie haben mir sogar Kekse und Kaffee vorbeigebracht. Was kann man sich noch mehr wünschen?

TEIL I

Die Grundlagen des Machine Learning

KAPITEL 1

Die Machine-Learning-Umgebung

Hätten Sie vor noch gar nicht so langer Zeit zu Ihrem Telefon gegriffen und es gebeten, Ihnen den Weg nach Hause zu zeigen, wären Sie mit Stille bestraft worden – und die Leute um Sie herum hätten an Ihrer geistigen Gesundheit gezweifelt. Aber Machine Learning ist nicht mehr länger reine Science-Fiction: Milliarden Menschen auf dem Planeten nutzen sie tagtäglich. Tatsächlich gibt es Machine Learning in bestimmten spezialisierten Anwendungsbereichen wie der optischen Zeichenerkennung (OCR) schon seit Jahrzehnten. Aber die erste weitverbreitete Anwendung von ML, die das Leben von Hunderten Millionen Menschen verbesserte, hat die Welt in den 1990er-Jahren erobert: Es war der *Spamfilter*. Es ist nicht gerade ein Skynet mit eigenem Bewusstsein, aber technisch gesehen ist es Machine Learning (es hat inzwischen so gut gelernt, dass Sie nur noch selten eine E-Mail als Spam kennzeichnen müssen). Dem Spamfilter folgten etliche weitere Anwendungen von ML, die still und heimlich Hunderte Produkte und Funktionen aus dem Alltag steuern: Stimmerkennung, automatische Übersetzungen, Bildersuche, Produktempfehlungen und viele weitere.

Wo aber beginnt Machine Learning, und wo hört es auf? Worum genau geht es, wenn eine Maschine etwas *lernt*? Wenn ich mir eine Kopie aller Wikipedia-Artikel herunterlade, hat mein Computer dann schon etwas gelernt? Ist er auf einmal schlauer geworden? In diesem Kapitel werden wir erst einmal klarstellen, was Machine Learning ist und wofür Sie es einsetzen könnten.

Bevor wir aber beginnen, den Kontinent des Machine Learning zu erforschen, werfen wir einen Blick auf die Landkarte und lernen die wichtigsten Regionen und Orientierungspunkte kennen: überwachtes und unüberwachtes Lernen (mit seinen Varianten), Online- und Batch-Learning, instanzbasiertes und modellbasiertes Lernen. Anschließend betrachten wir die Arbeitsabläufe in einem typischen ML-Projekt, diskutieren die dabei wichtigsten Herausforderungen und besprechen, wie Sie ein Machine-Learning-System auswerten und optimieren können.

In diesem Kapitel werden diverse Grundbegriffe (und wird Fachjargon) eingeführt, die jeder Data Scientist auswendig kennen sollte. Es wird ein abstrakter und recht einfacher Überblick bleiben (das einzige Kapitel mit wenig Code), aber mein Ziel ist es, sicherzustellen, das alles glasklar ist, bevor wir mit dem Buch fortfahren. Schnappen Sie sich also einen Kaffee, und los geht's!

> Wenn Sie bereits mit den Grundlagen von Machine Learning vertraut sind, können Sie direkt mit Kapitel 2 fortfahren. Falls Sie sich nicht sicher sind, versuchen Sie, die Fragen am Ende des Kapitels zu beantworten, bevor Sie weitergehen.

Was ist Machine Learning?

Machine Learning ist die Wissenschaft (und Kunst), Computer so zu programmieren, dass sie *anhand von Daten lernen*.

Hier ist eine etwas allgemeinere Definition:

> [Maschinelles Lernen ist das] Fachgebiet, das Computern die Fähigkeit zu lernen verleiht, ohne explizit programmiert zu werden.
>
> – *Arthur Samuel 1959*

Und eine eher technisch orientierte:

> Man sagt, dass ein Computerprogramm dann aus Erfahrungen *E* in Bezug auf eine Aufgabe *T* und ein Maß für die Leistung *P* lernt, wenn seine durch *P* gemessene Leistung bei *T* mit der Erfahrung *E* anwächst.
>
> – *Tom Mitchell 1997*

Ihr Spamfilter ist ein maschinelles Lernprogramm, das aus Beispielen für Spam-E-Mails (vom Nutzer markierten) und gewöhnlichen E-Mails (Nicht-Spam, auch »Ham« genannt) lernt, Spam zu erkennen. Diese vom System verwendeten Lernbeispiele nennt man den *Trainingsdatensatz*. Jedes Trainingsbeispiel nennt man einen *Trainingsdatenpunkt* (oder eine *Instanz*). Der Teil eines Systems zum maschinellen Lernen, der lernt und Vorhersagen macht, wird als *Modell* bezeichnet. Neuronale Netze und Random Forests sind Beispiele für Modelle.

In diesem Fall besteht die Aufgabe *T* darin, neue E-Mails als Spam zu kennzeichnen, die Erfahrung *E* entspricht den *Trainingsdaten*. Nur das Leistungsmaß *P* ist noch zu definieren; Sie könnten z. B. den Anteil korrekt klassifizierter E-Mails verwenden. Dieses Leistungsmaß nennt man *Genauigkeit*. Es wird bei Klassifikationsaufgaben häufig verwendet.

Falls Sie gerade eine Kopie aller Artikel von Wikipedia heruntergeladen haben, verfügt Ihr Computer über eine Menge zusätzlicher Daten, verbessert sich dadurch aber bei keiner Aufgabe. Deshalb ist dies kein Machine Learning.

Warum wird Machine Learning verwendet?

Überlegen Sie einmal, wie Sie mit herkömmlichen Programmiertechniken einen Spamfilter schreiben würden (siehe Abbildung 1-1):

1. Zuerst würden Sie sich ansehen, wie Spam typischerweise aussieht. Sie würden feststellen, dass einige Wörter oder Phrasen (wie »Für Sie«, »Kreditkarte«, »kostenlos« und »erstaunlich«) in der Betreffzeile gehäuft auftreten. Möglicherweise würden Ihnen auch weitere Muster im Namen des Absenders, im Text und in anderen Teilen der E-Mail auffallen.
2. Sie würden für jedes der von Ihnen erkannten Muster einen Algorithmus schreiben, der dieses erkennt, und Ihr Programm würde E-Mails als Spam markieren, sobald eine bestimmte Anzahl dieser Muster erkannt wird.
3. Sie würden Ihr Programm testen und die Schritte 1 und 2 wiederholen, bis es gut genug ist.

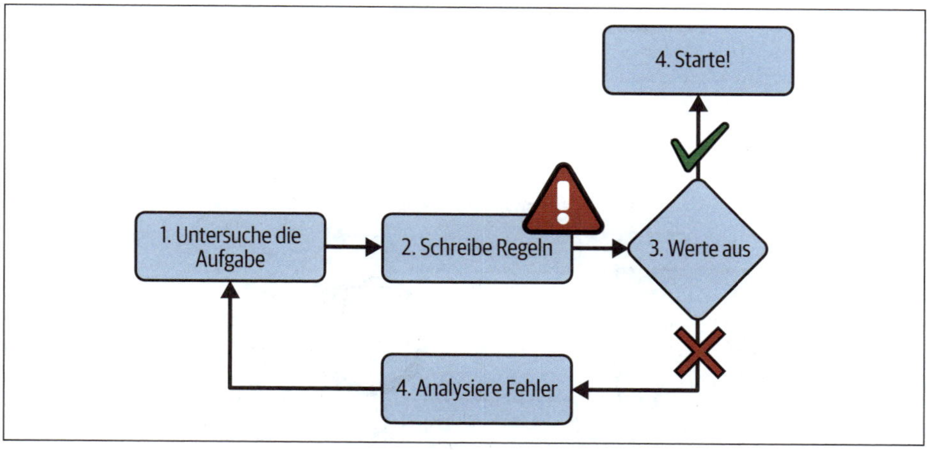

Abbildung 1-1: Die herkömmliche Herangehensweise

Da diese Aufgabe schwierig ist, wird Ihr Programm vermutlich eine lange Liste komplexer Regeln beinhalten – und ganz schön schwer zu warten sein.

Dagegen lernt ein mit Machine-Learning-Techniken entwickelter Spamfilter automatisch, welche Wörter und Phrasen Spam gut vorhersagen, indem er im Vergleich zu den Ham-Beispielen ungewöhnlich häufige Wortmuster in den Spambeispielen erkennt (siehe Abbildung 1-2). Das Programm wird viel kürzer, leichter zu warten und wahrscheinlich auch treffsicherer.

Wenn außerdem die Spammer bemerken, dass alle ihre E-Mails mit »Für Sie« geblockt werden, könnten sie stattdessen auf »4U« umsatteln. Ein mit traditionellen Programmiertechniken entwickelter Spamfilter müsste aktualisiert werden, um die E-Mails mit »4U« zu markieren. Wenn die Spammer sich ständig um Ihren Spamfilter herumarbeiten, werden Sie ewig neue Regeln schreiben müssen.

Ein auf Machine Learning basierender Spamfilter bemerkt dagegen automatisch, dass »4U« auffällig häufig in von Nutzern als Spam markierten Nachrichten vorkommt, und beginnt, diese ohne weitere Intervention auszusortieren (siehe Abbildung 1-3).

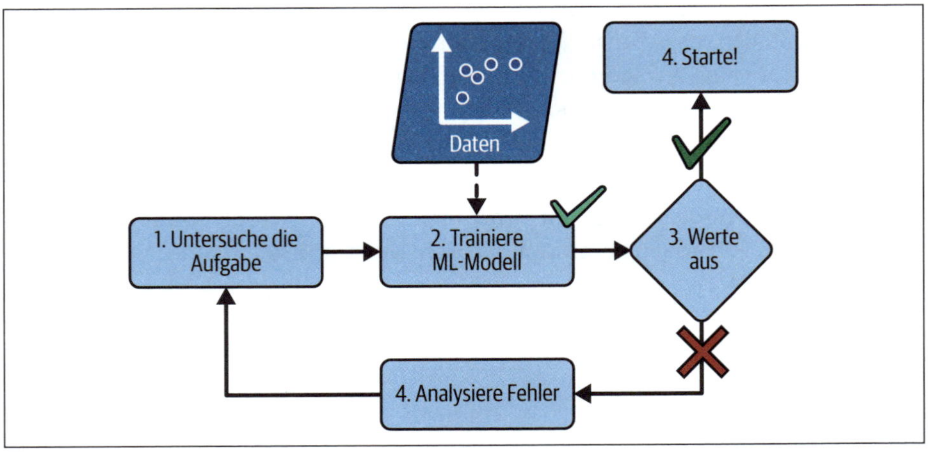

Abbildung 1-2: Der Machine-Learning-Ansatz

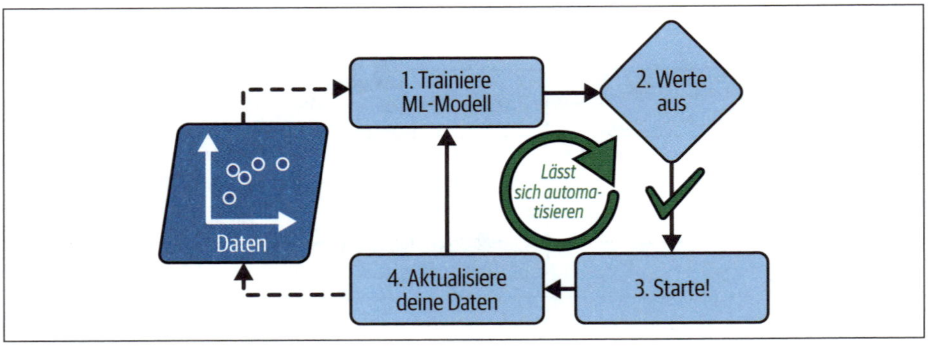

Abbildung 1-3: Automatisches Einstellen auf Änderungen

Machine Learning brilliert außerdem bei Aufgaben, die entweder zu komplex für herkömmliche Verfahren sind oder für die kein bekannter Algorithmus existiert. Betrachten Sie z. B. Spracherkennung: Angenommen, Sie beginnen mit einer einfachen Aufgabe und schreiben ein Programm, das die Wörter »one« und »two« unterscheiden kann. Sie bemerken, dass das Wort »two« mit einem hochfrequenten Ton (»T«) beginnt, und könnten demnach einen Algorithmus hartcodieren, der die Intensität hochfrequenter Töne misst und dadurch »one« und »two« unterscheiden kann. Natürlich skaliert diese Technik nicht auf Tausende Wörter, die von Millionen von Menschen mit Hintergrundgeräuschen und in Dutzenden von Sprachen gesprochen werden. Die (zumindest heutzutage) beste Möglichkeit ist, einen Algorithmus zu schreiben, der eigenständig aus vielen aufgenommenen Beispielen für jedes Wort lernt.

Schließlich kann Machine Learning auch Menschen beim Lernen unterstützen (siehe Abbildung 1-4): ML-Modelle lassen sich untersuchen, um zu erkennen, was sie gelernt haben (auch wenn dies bei manchen Modellen kompliziert sein kann). Wenn z.B. der Spamfilter erst einmal mit genug Spam trainiert wurde, lässt sich die Liste von Wörtern und Wortkombinationen inspizieren, die als gute Merkmale von Spam erkannt wurden. Manchmal kommen dabei überraschende Korrelationen oder neue Trends ans Tageslicht und führen dadurch zu einem besseren Verständnis der Aufgabe. Das Durchwühlen großer Datenmengen zum Entdecken nicht unmittelbar ersichtlicher Muster nennt man *Data Mining*, und Machine Learning ist sehr gut darin.

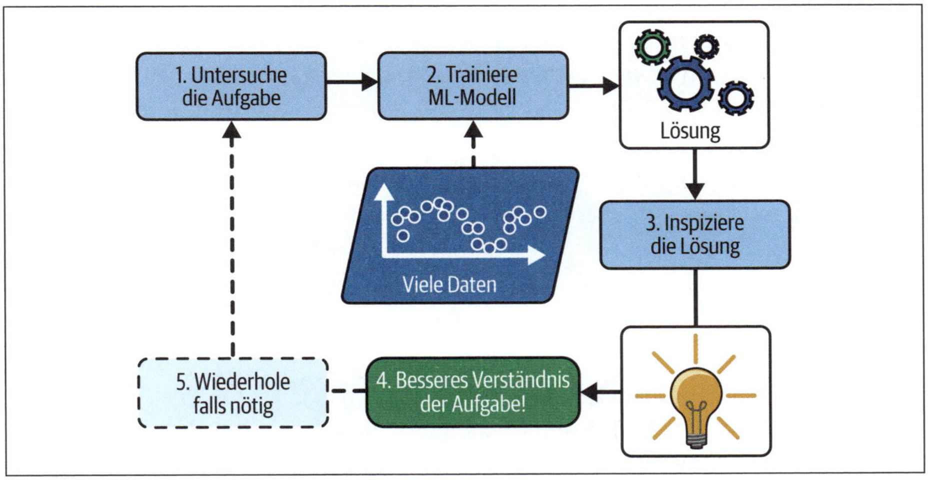

Abbildung 1-4: Machine Learning hilft Menschen beim Lernen.

Zusammengefasst, ist Machine Learning hervorragend geeignet für:

- Aufgaben, bei denen die existierenden Lösungen eine Menge Feinarbeit oder lange Listen von Regeln erfordern (ein Machine-Learning-Modell vereinfacht oft den Code und schneidet besser ab als der klassische Ansatz),
- komplexe Aufgaben, für die es mit herkömmlichen Methoden überhaupt keine gute Lösung gibt (die besten Machine-Learning-Techniken können vielleicht eine Lösung finden),
- fluktuierende Umgebungen (ein Machine-Learning-System kann leicht mit neuen Daten trainiert und somit immer aktuell gehalten werden) sowie
- um Erkenntnisse über komplexe Aufgabenstellungen und große Datenmengen zu gewinnen.

Anwendungsbeispiel

Schauen wir uns ein paar konkrete Beispiele für Aufgaben des Machine Learning und die dabei eingesetzten Techniken an:

Produktbilder in der Herstellung analysieren, um sie automatisch zu klassifizieren
: Dies ist Bildklassifikation, meist ausgeführt durch Convolutional Neural Networks (CNNs, siehe Kapitel 14) oder manchmal Transformer (siehe Kapitel 16).

Tumoren in Gehirnscans erkennen
: Das ist eine semantische Bildsegmentierung, bei der jedes Pixel im Bild klassifiziert wird (da wir die genaue Position und Form des Tumors bestimmen wollen), meist ebenfalls mithilfe von CNNs oder Transformern.

Nachrichtenartikel automatisch klassifizieren
: Dies ist Verarbeitung natürlicher Sprache (NLP, Natural Language Processing) und, spezifischer, Textklassifikation, die sich über rekurrente neuronale Netze (RNNs) und CNNs angehen lässt, wobei Transformer sogar noch besser funktionieren (siehe Kapitel 16).

Beleidigende Kommentare in Diskussionsforen automatisch markieren
: Dabei handelt es sich ebenfalls um Textklassifikation mit den gleichen NLP-Tools.

Automatisch lange Dokumente zusammenfassen
: Dies ist ein Zweig der NLP namens Textextrahierung, ebenfalls mit den gleichen Tools.

Einen Chatbot oder persönlichen Assistenten erstellen
: Dazu gehören viele NLP-Komponenten, unter anderem das Verstehen natürlicher Sprache (Natural Language Understanding, NLU) und Module zum Beantworten von Fragen.

Den Umsatz Ihrer Firma für das nächste Jahr basierend auf vielen Performancemetriken vorhersagen
: Dies ist eine Regressionsaufgabe (also das Vorhersagen von Werten), die über ein Regressionsmodell wie ein lineares oder polynomielles Regressionsmodell (siehe Kapitel 4), eine Regressions-SVM (siehe Kapitel 5), einen Regressions-Random-Forest (siehe Kapitel 7) oder ein künstliches neuronales Netzwerk (siehe Kapitel 10) angegangen werden kann. Wollen Sie Zeitreihen vergangener Metriken mit einbeziehen, können Sie RNNs, CNNs oder Transformer nutzen (siehe die Kapitel 15 und 16).

Kreditkartenmissbrauch erkennen
: Dies ist Anomalieerkennung, die über Isolation Forests, gaußsche Mischverteilungsmodelle (siehe Kapitel 9) oder Autoencoder umgesetzt wird (siehe Kapitel 17).

Kunden anhand ihrer Einkäufe segmentieren, sodass Sie für jeden Bereich unterschiedliche Marketingstrategien entwerfen können
: Das ist Clustering, das sich über *k*-Means, DBSCAN oder anderes erreichen lässt (siehe Kapitel 9).

Einen komplexen, hochdimensionalen Datensatz in einem klaren und verständlichen Diagramm darstellen
: Hier geht es um Datenvisualisierung, meist unter Verwendung von Techniken zur Datenreduktion (siehe Kapitel 8).

Einem Kunden basierend auf dessen bisherigen Käufen ein Produkt empfehlen, das ihn interessieren könnte
: Dies ist ein Empfehlungssystem. Ein Ansatz ist, Käufe aus der Vergangenheit (und andere Informationen über den Kunden) in ein künstliches neuronales Netzwerk einzuspeisen (siehe Kapitel 10) und es dazu zu bringen, den wahrscheinlichsten nächsten Kauf auszugeben. Dieses neuronale Netzwerk würde typischerweise mit bisherigen Abfolgen von Käufen aller Kunden trainiert werden.

Einen intelligenten Bot für ein Spiel bauen
: Dies wird oft durch Reinforcement Learning (RL, siehe Kapitel 18) angegangen. Dabei handelt es sich um einen Zweig des Machine Learning, der Agenten trainiert (zum Beispiel Bots), um die Aktionen auszuwählen, die mit der Zeit in einer gegebenen Umgebung (wie dem Spiel) ihre Belohnungen maximieren (beispielsweise kann ein Bot immer dann eine Belohnung erhalten, wenn der Spieler Lebenspunkte verliert). Das berühmte AlphaGo-Programm, das den Weltmeister im Go geschlagen hat, wurde mithilfe von RL gebaut.

Diese Liste könnte immer weiter fortgeführt werden, aber hoffentlich haben Sie auch so schon einen Eindruck von der unglaublichen Breite und Komplexität der Aufgaben erhalten, die Machine Learning angehen kann, und die Art von Techniken, die Sie dafür verwenden würden.

Unterschiedliche Machine-Learning-Systeme

Es gibt so viele verschiedene Arten von Machine-Learning-Systemen, dass es hilfreich ist, die Verfahren nach folgenden Kriterien in grobe Kategorien einzuteilen:

- Wie sie während des Trainings überwacht werden (überwachtes, unüberwachtes, teilüberwachtes, selbstüberwachtes Lernen und anderes).
- Ob sie inkrementell dazulernen können oder nicht (Online-Learning gegenüber Batch-Learning).
- Ob sie einfach neue Datenpunkte mit den bereits bekannten Datenpunkten vergleichen oder stattdessen Muster in den Trainingsdaten erkennen, um ein Vorhersagemodell aufzubauen, wie es auch Wissenschaftler tun (instanzbasiertes gegenüber modellbasiertem Lernen).

Diese Kriterien schließen sich nicht gegenseitig aus; sie lassen sich beliebig miteinander kombinieren. Zum Beispiel kann ein moderner Spamfilter ständig mit einem neuronalen Netzwerkmodell mit durch Menschen bereitgestellten Beispielen für Spam und Ham dazulernen; damit ist er ein modellbasiertes, überwachtes Onlinelernsystem. Betrachten wir jedes dieser Kriterien etwas genauer.

Trainingsüberwachung

Machine-Learning-Systeme lassen sich entsprechend der Menge und Art der Überwachung beim Trainieren einordnen. Es gibt dabei viele Kategorien, aber wir werden nur die wichtigsten behandeln: überwachtes Lernen, unüberwachtes Lernen, selbstüberwachtes Lernen, teilüberwachtes Lernen und verstärkendes Lernen (Reinforcement Learning).

Überwachtes Lernen

Beim *überwachten Lernen* enthalten die dem Algorithmus gelieferten Trainingsdaten die gewünschten Lösungen, genannt *Labels* (siehe Abbildung 1-5).

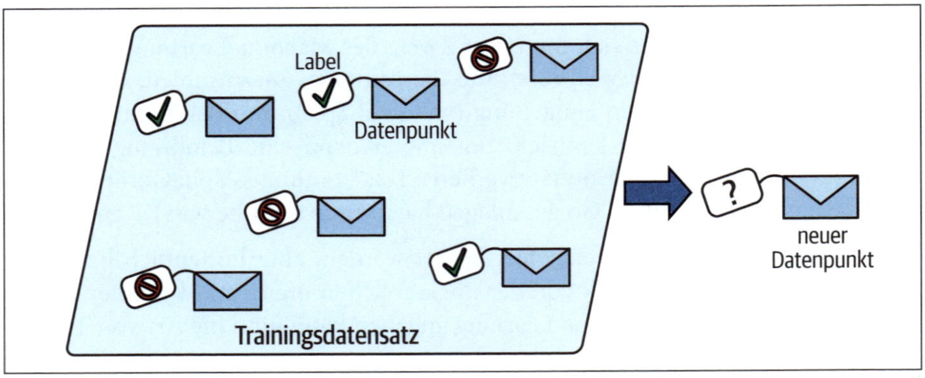

Abbildung 1-5: Ein Trainingsdatensatz mit Labels zur Spamerkennung (ein Beispiel für überwachtes Lernen)

Klassifikation ist eine typische überwachte Lernaufgabe. Spamfilter sind hierfür ein gutes Beispiel: Sie werden mit vielen Beispiel-E-Mails und deren *Kategorie* (Spam oder Ham) trainiert und müssen lernen, neue E-Mails zu klassifizieren.

Eine weitere typische Aufgabe ist, eine numerische *Zielgröße* vorherzusagen, wie etwa den Preis eines Autos auf Grundlage gegebener *Merkmale* (gefahrene Kilometer, Alter, Marke und so weiter), den sogenannten *Prädiktoren*. Diese Art Aufgabe bezeichnet man als *Regression* (siehe Abbildung 1-6).[1] Um das System zu trainie-

1 Wissenswert: Dieser seltsam anmutende Begriff wurde von Francis Galton in die Statistik eingeführt, der beobachtete, dass die Kinder hochgewachsener Eltern zu einer geringeren Körpergröße als ihre Eltern neigen. Da die Kinder kleiner waren, nannte er dies *Regression zum Mittelwert*. Der Name wurde anschließend auch für seine Methode zur Analyse von Korrelationen zwischen Variablen verwendet.

ren, benötigt es viele Beispielfahrzeuge mitsamt ihren Merkmalen und Targets (also den Preisen).

Viele Regressionsalgorithmen lassen sich auch zur Klassifikation einsetzen und umgekehrt. Zum Beispiel ist die *logistische Regression* eine verbreitete Methode für Klassifikationsaufgaben, da sie die Wahrscheinlichkeit der Zugehörigkeit zu einer bestimmten Kategorie als Ergebnis liefert (z.B. 20%ige Chance für Spam).

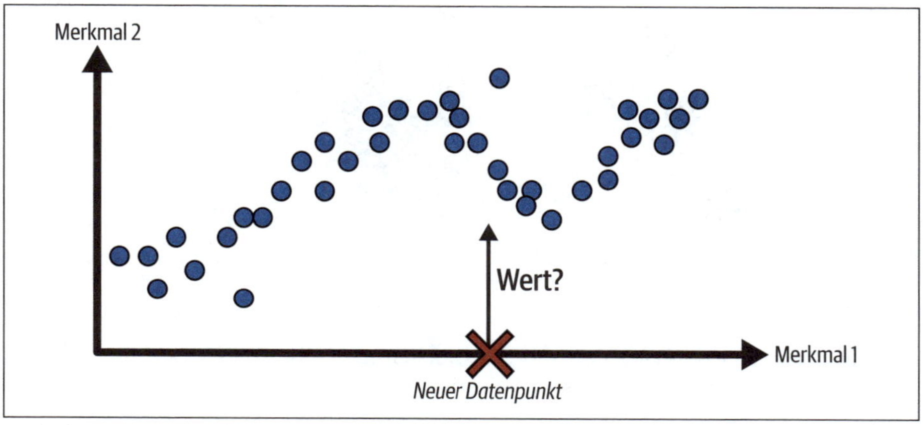

Abbildung 1-6: Ein Regressionsproblem: Sage mithilfe eines Eingangsmerkmals einen Wert voraus (es gibt meist mehrere Eingangsmerkmale und manchmal auch mehrere Ausgangsmerkmale).

Die Begriffe *Target* und *Label* werden im überwachten Lernen im Allgemeinen synonym behandelt, aber *Target* ist bei Regressionsaufgaben gebräuchlicher, während man bei Klassifizierungsaufgaben eher von *Labels* spricht. *Merkmale* werden auch manchmal als *Prädiktoren* oder *Attribute* bezeichnet. Diese Begriffe können sich auf einzelne Datenwerte beziehen (zum Beispiel »das Merkmal ›Kilometerstand‹ dieses Autos entspricht 15.000«) oder aber auf alle Datenwerte (zum Beispiel »das Merkmal ›Kilometerstand‹ ist stark mit dem Preis korreliert«).

Unüberwachtes Lernen

Beim *unüberwachten Lernen*sind die Trainingsdaten, wie der Name vermuten lässt, nicht gelabelt (siehe Abbildung 1-7). Das System versucht, ohne Anleitung zu lernen.

Nehmen wir an, Sie hätten eine Menge Daten über Besucher Ihres Blogs. Sie möchten einen *Clustering-Algorithmus* verwenden, um Gruppen ähnlicher Besucher zu entdecken (siehe Abbildung 1-8). Sie verraten dem Algorithmus nichts darüber, welcher Gruppe ein Besucher angehört, er findet die Verbindungen ohne Ihr Zutun heraus. Beispielsweise könnte der Algorithmus bemerken, dass 40% Ihrer Besucher Teenager mit einer Vorliebe für Comics sind, die Ihr Blog nach der Schule lesen, 20% dagegen sind erwachsene Science-Fiction-Fans, die am Wochenende vorbeischauen. Wenn Sie ein *hierarchisches Cluster-Verfahren* verwenden, können Sie sogar jede Gruppe in weitere Untergruppen zerlegen, was hilfreich sein kann, wenn Sie Ihre Blogartikel auf diese Zielgruppen zuschneiden möchten.

Abbildung 1-7: Ein Trainingsdatensatz ohne Labels für unüberwachtes Lernen

Algorithmen zur *Visualisierung* sind ebenfalls ein gutes Beispiel für unüberwachtes Lernen: Sie übergeben diesen eine Menge komplexer Daten ohne Labels und erhalten eine 2-D- oder 3-D-Repräsentation der Daten, die Sie leicht grafisch darstellen können (siehe Abbildung 1-9).

Solche Algorithmen versuchen, die Struktur der Daten so gut wie möglich zu erhalten (z. B. Cluster in den Eingabedaten am Überlappen in der Visualisierung zu hindern), sodass Sie leichter verstehen können, wie die Daten aufgebaut sind, und womöglich auf unvermutete Muster stoßen.

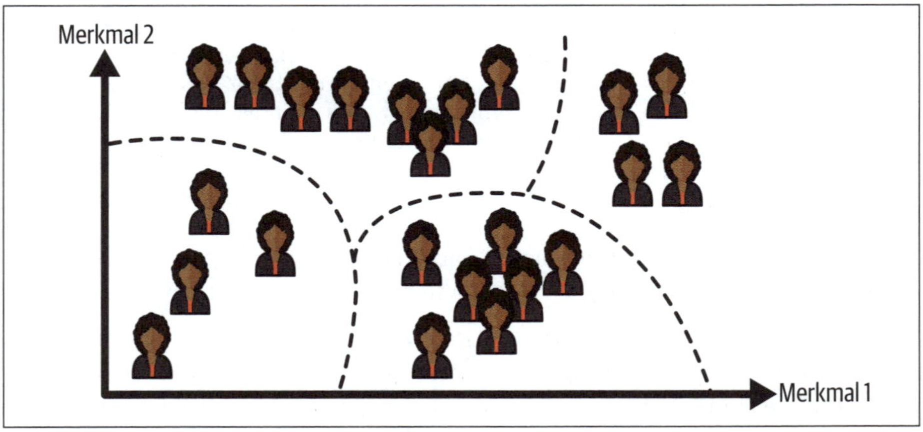

Abbildung 1-8: Clustering

Eine verwandte Aufgabe ist die *Dimensionsreduktion*, bei der das Ziel die Vereinfachung der Daten ist, ohne dabei allzu viele Informationen zu verlieren. Dazu lassen sich mehrere korrelierende Merkmale zu einem vereinigen. Beispielsweise korreliert der Kilometerstand eines Autos stark mit seinem Alter, daher kann ein Algorithmus zur Dimensionsreduktion beide zu einem Merkmal verbinden, das die Abnutzung des Fahrzeugs repräsentiert. Dies nennt man auch *Extraktion von Merkmalen*.

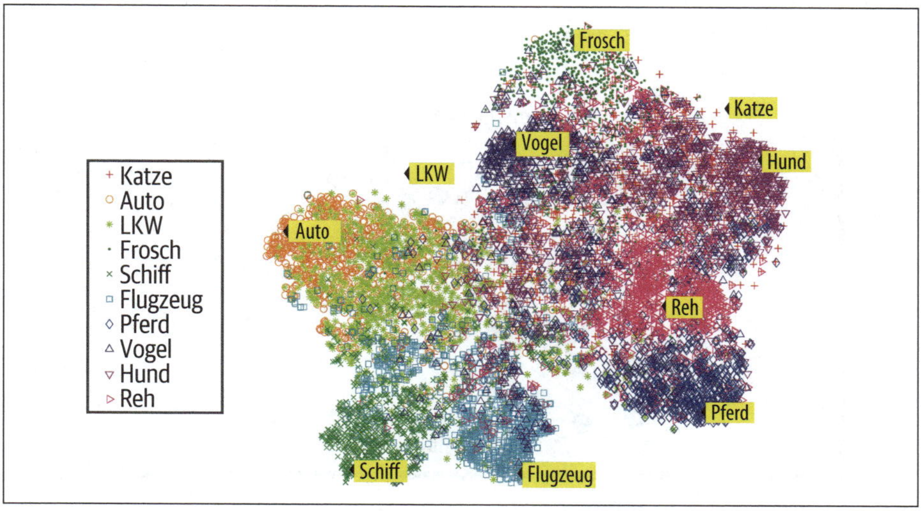

Abbildung 1-9: Beispiel für eine t-SNE-Visualisierung semantischer Cluster[2]

> Meist ist es eine gute Idee, die Dimensionen Ihrer Trainingsdaten zu reduzieren, bevor Sie sie in einen anderen Machine-Learning-Algorithmus einspeisen (wie etwa einen überwachten Lernalgorithmus). Er wird viel schneller arbeiten, und die Daten beanspruchen weniger Platz auf der Festplatte und im Speicher. In manchen Fällen ist auch das Ergebnis besser.

Eine weitere wichtige unüberwachte Aufgabe ist das *Erkennen von Anomalien* – beispielsweise ungewöhnliche Transaktionen auf Kreditkarten, die auf Betrug hindeuten, das Abfangen von Produktionsfehlern oder das automatische Entfernen von Ausreißern aus einem Datensatz, bevor dieser in einen weiteren Lernalgorithmus eingespeist wird. Dem System werden beim Training vor allem gewöhnliche Datenpunkte präsentiert, sodass es lernt, sie zu erkennen. Sieht es dann einen neuen Datenpunkt, kann es entscheiden, ob dieser wie ein normaler Punkt oder eine Anomalie aussieht (siehe Abbildung 1-10). Eine sehr ähnliche Aufgabe ist die *Novelty Detection*: Ihr Ziel ist es, neue Instanzen zu erkennen, die anders als alle anderen Instanzen im Trainingsdatensatz aussehen. Dafür brauchen Sie einen sehr »sauberen« Trainingsdatensatz, der von allen Instanzen befreit ist, die der Algorithmus erkennen soll. Haben Sie beispielsweise Tausende von Bildern mit Hunden

2 Beachten Sie, dass die Tiere recht gut von Fahrzeugen unterschieden werden und wie nahe sich Pferde und Rehe sind, aber wie weit entfernt von Vögeln. Abbildung mit Erlaubnis reproduziert, Quelle: Richard Socher et al., »Zero-Shot Learning Through Cross-Modal Transfer«, *Proceedings of the 26th International Conference on Neural Information Processing Systems* 1 (2013): 935–943.

und sind nur auf 1 % dieser Bilder Chihuahuas zu sehen, sollte ein Algorithmus zur Novelty Detection neue Bilder von Chihuahuas nicht als Besonderheiten behandeln. Ein Algorithmus zur Anomalieerkennung mag diese Hunde allerdings als so selten ansehen – und als so anders als andere Hunde –, dass er sie als Anomalien klassifizieren würde (nichts gegen Chihuahuas).

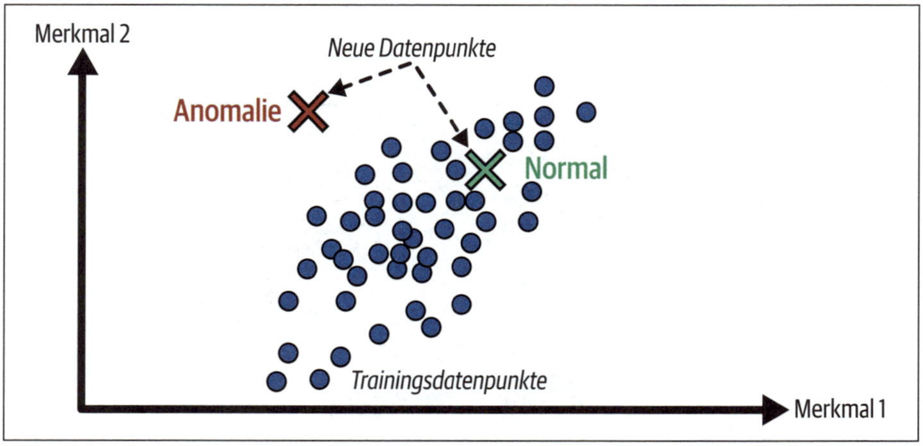

Abbildung 1-10: Erkennen von Anomalien

Schließlich ist auch das *Lernen von Assoziationsregeln* eine verbreitete unüberwachte Lernaufgabe, bei der das Ziel ist, in große Datenmengen einzutauchen und interessante Beziehungen zwischen Merkmalen zu entdecken. Wenn Sie beispielsweise einen Supermarkt führen, könnten Assoziationsregeln auf Ihren Verkaufsdaten ergeben, dass Kunden, die Grillsoße und Kartoffelchips einkaufen, tendenziell auch Steaks kaufen. Daher sollten Sie diese Artikel in unmittelbarer Nähe zueinander platzieren.

Teilüberwachtes Lernen

Da das Labeling normalerweise zeitaufwendig und teuer ist, werden Sie oftmals sehr viele ungelabelte und wenige gelabelte Instanzen haben. Einige Algorithmen können mit nur teilweise gelabelten Trainingsdaten arbeiten. Dies bezeichnet man als *teilüberwachtes Lernen* (siehe Abbildung 1-11).

Einige Fotodienste wie Google Photos bieten hierfür ein gutes Beispiel. Sobald Sie all Ihre Familienfotos in den Dienst hochgeladen haben, erkennt dieser automatisch, dass die gleiche Person A auf den Fotos 1, 5 und 11 vorkommt, während Person B auf den Fotos 2, 5 und 7 zu sehen ist. Dies ist der unüberwachte Teil des Algorithmus (Clustering). Nun muss das System nur noch wissen, wer diese Personen sind. Ein Label pro Person[3] genügt, um jede Person in jedem Foto zuzuordnen, was bei der Suche nach Fotos äußerst nützlich ist.

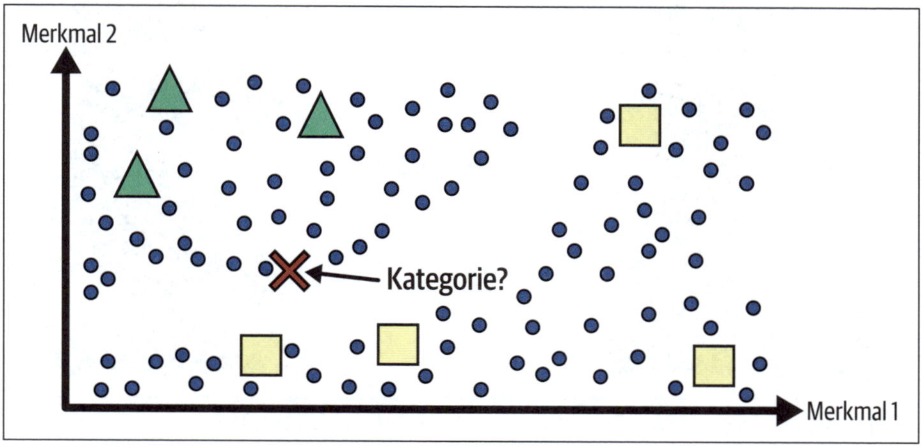

Abbildung 1-11: Teilüberwachtes Lernen mit zwei Klassen (Dreiecken und Quadraten): Die ungelabelten Beispiele (Kreise) helfen dabei, eine neue Instanz (das Kreuz) in die Dreiecksklasse statt in die Quadratklasse einzuordnen, auch wenn sie näher an den gelabelten Quadraten ist.

Die meisten Algorithmen für teilüberwachtes Lernen sind Kombinationen aus unüberwachten und überwachten Verfahren. So kann beispielsweise ein Clustering-Algorithmus genutzt werden, um ähnliche Instanzen zu gruppieren; danach werden alle nicht gelabelten Instanzen mit dem am häufigsten vorkommenden Label im Cluster ausgezeichnet. Ist der gesamte Datensatz gelabelt, kann man beliebige überwachte Lernalgorithmen verwenden.

Selbstüberwachtes Lernen

Ein weiterer Ansatz beim Machine Learning beinhaltet tatsächlich das Generieren eines vollständig gelabelten Datensatzes aus einem vollständig ungelabelten Datensatz. Auch hier gilt: Ist der gesamte Datensatz mit Labels versehen, kann jeder überwachte Lernalgorithmus damit verwendet werden. Dieser Ansatz wird als *selbstüberwachtes Lernen* bezeichnet.

Haben Sie beispielsweise einen großen Datensatz mit ungelabelten Bildern, können Sie zufällig einen kleinen Teil jedes Bilds abdecken und dann ein Modell darin trainieren, das ursprüngliche Bild wiederherzustellen (Abbildung 1-12). Während des Trainings werden die maskierten Bilder als Eingaben für das Modell genutzt, und die ursprünglichen Bilder dienen als Label.

3 Dies ist der Fall, wenn das System perfekt funktioniert. In der Praxis werden meist einige Cluster pro Person erstellt. Manchmal werden zwei ähnliche Personen verwechselt, sodass Sie einige Labels pro Person angeben und außerdem ein paar Cluster von Hand aufräumen müssen.

Abbildung 1-12: Beispiel für selbstüberwachtes Lernen: Eingabe (links) und Target (rechts)

Das sich ergebende Modell kann schon für sich allein ziemlich nützlich sein – etwa um beschädigte Bilder zu reparieren oder unerwünschte Objekte aus Bildern zu entfernen. Aber meist ist ein Modell, das mit selbstüberwachtem Lernen trainiert wurde, nicht das wirkliche Ziel. Sie werden es im Allgemeinen noch für eine etwas andere Aufgabe anpassen und feintunen wollen – eine Aufgabe, die Sie eigentlich lösen wollen.

Stellen Sie sich zum Beispiel vor, dass Ihr Ziel ein Modell zum Klassifizieren von Haustieren ist: Mit einem Bild eines beliebigen Haustiers erfahren Sie, welche Spezies das ist. Haben Sie einen großen Datensatz mit nicht gelabelten Fotos von Haustieren, können Sie beginnen, indem Sie ein Bildreparaturmodell mithilfe von selbstüberwachtem Lernen trainieren. Funktioniert das gut, sollte es dazu in der Lage sein, die verschiedenen Haustierspezies unterscheiden zu können: Repariert es ein Bild einer Katze, deren Gesicht verdeckt ist, darf es kein Gesicht eines Hundes einfügen. Sofern die Architektur des Modells dies erlaubt (und die meisten Architekturen neuronaler Netze tun das), ist es dann möglich, das Modell so anzupassen, dass es Haustierspezies vorhersagt, statt Bilder zu reparieren. Der letzte Schritt besteht darin, das Modell mit einem gelabelten Datensatz noch zu optimieren: Es weiß schon, wie Katzen, Hunde und andere Haustiere aussehen, daher ist dieser Schritt nur erforderlich, damit das Modell die Abbildung zwischen den schon bekannten Spezies und den erwarteten Labels vornehmen kann.

Das Übertragen von Wissen von einer Aufgabe auf eine andere wird als *Transfer Learning* bezeichnet, und es ist eine der wichtigsten Techniken des modernen Machine Learning – insbesondere wenn Deep Neural Networks zum Einsatz kommen (also neuronale Netze aus viele Neuronenschichten). Wir werden darauf detaillierter in Teil II eingehen.

Manche sehen das selbstüberwachte Lernen als Teil des unüberwachten Lernens an, da es mit vollständig ungelabelten Datensätzen arbeitet. Aber selbstüberwachtes Lernen nutzt während des Trainings (generierte) Labels, daher liegt es dahin gehend näher am überwachten Lernen. Und der Begriff »unüberwachtes Lernen« wird im Allgemeinen genutzt, wenn man mit Aufgaben wie Clustering, Dimensionsreduktion oder Anomalieerkennung zu tun hat, während sich das selbstüberwachte Lernen auf die gleichen Aufgaben wie überwachtes Lernen konzentriert – also vor allem Klassifikation und Regression. Kurz gesagt, es ist am besten, selbstüberwachtes Lernen als eigene Kategorie anzusehen.

Reinforcement Learning

Reinforcement Learning ist etwas völlig anderes. Das Lernsystem, in diesem Zusammenhang als *Agent* bezeichnet, beobachtet eine Umgebung, wählt Aktionen und führt diese aus. Dafür erhält es *Belohnungen* (oder *Strafen* in Form negativer Belohnungen wie in Abbildung 1-13). Das System muss selbst herausfinden, was die beste Strategie oder *Policy* ist, um mit der Zeit die meisten Belohnungen zu erhalten. Eine Policy definiert, welche Aktion der Agent in einer gegebenen Situation auswählt.

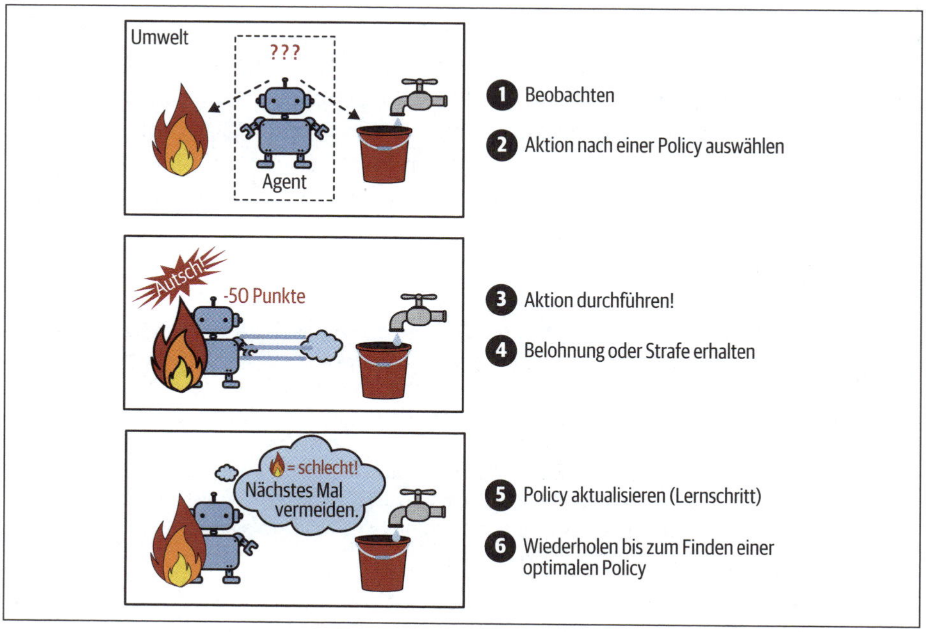

Abbildung 1-13: Reinforcement Learning

Beispielsweise verwenden viele Roboter Reinforcement-Learning-Algorithmen, um laufen zu lernen. Auch das Programm AlphaGo von DeepMind ist ein gutes Beispiel für Reinforcement Learning: Es geriet im Mai 2017 in die Schlagzeilen, als es den damaligen Weltranglistenersten Ke Jie im Brettspiel *Go* schlug. AlphaGo erlernte die zum Sieg führende Policy, indem es Millionen von Partien analysierte und anschließend viele Spiele gegen sich selbst spielte. Beachten Sie, dass das Lernen während der Partien gegen den Weltmeister abgeschaltet war; AlphaGo wandte nur die bereits erlernte Policy an. Wie Sie im nächsten Abschnitt sehen werden, wird das *Offline-Learning* genannt.

Batch- und Online-Learning

Ein weiteres Kriterium zum Einteilen von Machine-Learning-Systemen ist, ob das System aus einem kontinuierlichen Datenstrom inkrementell lernen kann.

Batch-Learning

Beim *Batch-Learning* kann das System nicht inkrementell lernen, es muss mit sämtlichen verfügbaren Daten trainiert werden. Dies dauert meist lange und beansprucht Rechenkapazitäten. Es wird daher in der Regel offline durchgeführt. Zuerst wird das System trainiert und anschließend in einer Produktivumgebung eingesetzt, wo es ohne weiteres Lernen läuft; es wendet lediglich das bereits Erlernte an. Dies nennt man *Offline-Learning*.

Leider tendiert die Performance eines Modells dazu, mit der Zeit schlechter zu werden – ganz einfach, weil sich die Welt drumherum weiterentwickelt, während das Modell stehen bleibt. Dieses Phänomen wird oft als *Model Rot* oder *Data Drift* bezeichnet. Die Lösung besteht darin, das Modell regelmäßig mit aktuellen Daten zu trainieren. Wie oft Sie das tun müssen, hängt vom Anwendungsfall ab: Klassifiziert das Modell Bilder von Katzen und Hunden, wird seine Qualität sehr langsam schlechter werden, aber wenn es mit sich schnell entwickelnden Systemen zu tun hat – zum Beispiel Vorhersagen für den Finanzmarkt –, wird es vermutlich sehr schnell veralten.

> Auch ein Modell, das dafür trainiert wurde, Bilder von Katzen und Hunden zu klassifizieren, muss eventuell regelmäßig neu trainiert werden. Nicht etwa, weil Katzen und Hunde über Nacht mutieren, sondern weil sich Kameras und Bildformate ändern und Bildschärfe, Helligkeit und Seitenverhältnisse anders werden. Zudem sind im kommenden Jahr vielleicht andere Rassen in Mode, oder die Menschen entscheiden sich dazu, ihre Haustiere mit kleinen Hütchen auszustatten – wer weiß das schon?

Wenn Sie möchten, dass ein Batch-Learning-System etwas über neue Daten erfährt (beispielsweise neuartigen Spam), müssen Sie eine neue Version des Systems ein weiteres Mal mit dem gesamten Datensatz trainieren (nicht einfach nur den neuen Datensatz, sondern auch den alten). Anschließend müssen Sie das alte System anhalten und durch das neue ersetzen.

Glücklicherweise lässt sich der gesamte Prozess aus Training, Evaluation und Inbetriebnahme eines Machine-Learning-Systems recht leicht automatisieren (wie in

Abbildung 1-3 gezeigt). So kann sich selbst ein Batch-Learning-System anpassen. Aktualisieren Sie einfach die Daten und trainieren Sie eine neue Version des Systems so oft wie nötig.

Dies ist eine einfache Lösung und funktioniert meist gut, aber das Trainieren mit dem gesamten Datensatz kann viele Stunden beanspruchen. Daher würde man das neue System nur alle 24 Stunden oder wöchentlich trainieren. Wenn Ihr System sich an schnell ändernde Daten anpassen muss (z. B. um Aktienkurse vorherzusagen), benötigen Sie eine anpassungsfähigere Lösung.

Außerdem beansprucht das Trainieren auf dem gesamten Datensatz eine Menge Rechenkapazität (CPU, Hauptspeicher, Plattenplatz, I/O-Kapazität, Netzwerkbandbreite und so weiter). Wenn Sie eine Menge Daten haben und Ihr System automatisch jeden Tag trainieren lassen, kann Sie das am Ende eine Stange Geld kosten. Falls die Datenmenge sehr groß ist, kann der Einsatz von Batch-Learning sogar unmöglich sein.

Wenn Ihr System autonom lernen muss und die Ressourcen dazu begrenzt sind (z. B. eine Applikation auf einem Smartphone oder ein Fahrzeug auf dem Mars), ist das Herumschleppen großer Mengen an Trainingsdaten oder das Belegen einer Menge Ressourcen für mehrere Stunden am Tag kein gangbarer Weg.

In all diesen Fällen sind Algorithmen, die inkrementell lernen können, eine bessere Alternative.

Online-Learning

Beim *Online-Learning*wird das System nach und nach trainiert, indem einzelne Datensätze nacheinander oder in kleinen Paketen, sogenannten *Mini-Batches*, hinzugefügt werden. Jeder Lernschritt ist schnell und billig, sodass das System aus neuen Daten lernen kann, sobald diese verfügbar sind (siehe Abbildung 1-14).

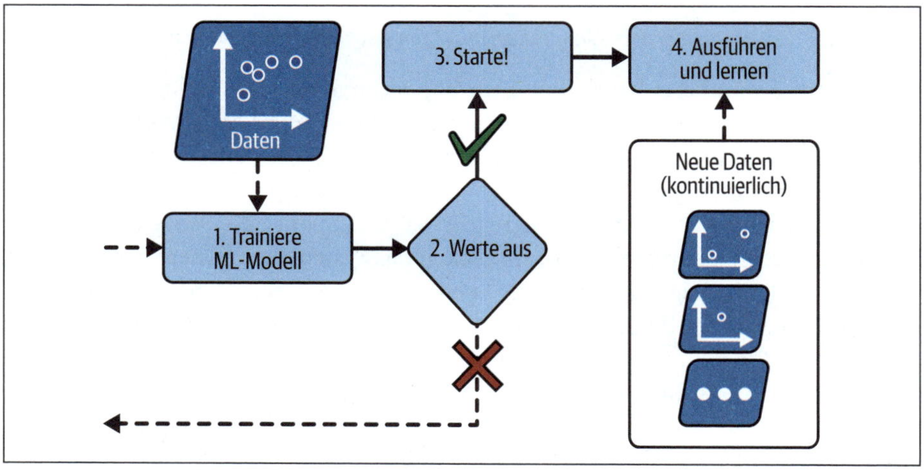

Abbildung 1-14: Beim Online-Learning wird ein Modell trainiert und in den Produktivbetrieb übernommen, wo es mit neu eintreffenden Daten weiterlernt.

Online-Learning eignet sich gut für ein System, das sich sehr schnell an Veränderungen anpassen muss (zum Beispiel um neue Muster im Aktienmarkt zu erkennen). Auch wenn Ihnen nur begrenzte Rechenkapazitäten zur Verfügung stehen, ist es eine sinnvolle Option – etwa wenn das Modell auf einem mobilen Device trainiert wird.

Algorithmen zum Online-Learning lassen sich ebenfalls zum Trainieren von Modellen mit riesigen Datensätzen einsetzen, die nicht in den Hauptspeicher eines Rechners passen (dies nennt man auch *Out-of-Core*-Lernen). Der Algorithmus lädt einen Teil der Daten, führt einen Trainingsschritt auf den Daten aus und wiederholt den Prozess, bis er sämtliche Daten verarbeitet hat (siehe Abbildung 1-15).

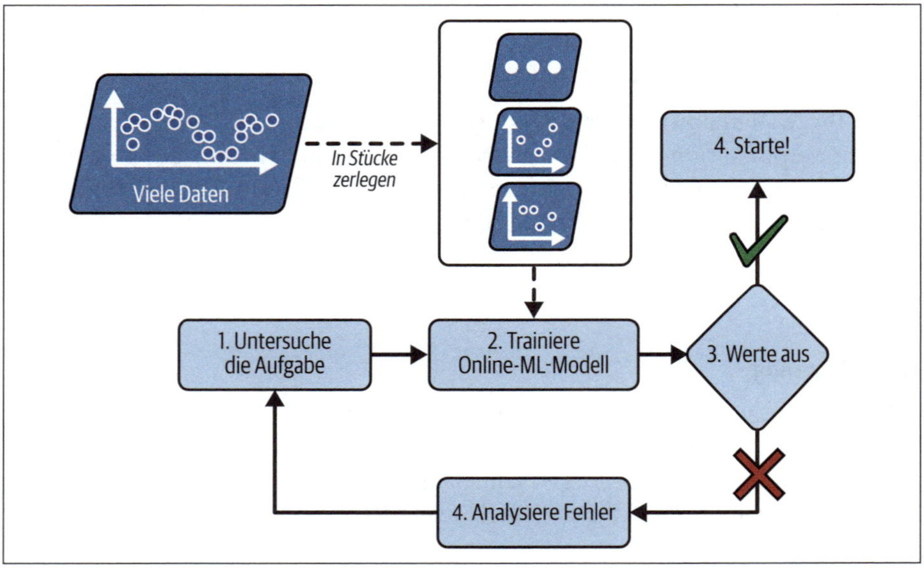

Abbildung 1-15: Verwenden von Online-Learning zum Bewältigen riesiger Datensätze

Ein wichtiger Parameter bei Online-Learning-Systemen ist, wie schnell sie sich an sich verändernde Daten anpassen. Man spricht hier von der *Lernrate*. Wenn Sie die Lernrate hoch ansetzen, wird sich Ihr System schnell auf neue Daten einstellen, aber die alten Daten auch leicht wieder vergessen (Sie möchten sicher nicht, dass ein Spamfilter nur die zuletzt gesehenen Arten von Spam erkennt). Wenn Sie die Lernrate dagegen niedrig ansetzen, entwickelt das System eine höhere Trägheit; das bedeutet, es lernt langsamer, ist aber auch weniger anfällig für Rauschen in den neuen Daten oder für Folgen nicht repräsentativer Datenpunkte (Outlier).

Out-of-Core-Lernen wird für gewöhnlich offline durchgeführt (also nicht auf einem Produktivsystem), daher ist der Begriff *Online-Learning* etwas irreführend. Stellen Sie sich darunter eher *inkrementelles Lernen* vor.

Eine große Herausforderung beim Online-Learning besteht darin, dass in das System eingespeiste minderwertige Daten zu einer Verschlechterung seiner Qualität führen, eventuell sogar sehr zügig (abhängig von der Datenqualität und der Lernrate). Wenn es sich dabei um ein Produktivsystem handelt, werden Ihre Kunden dies bemerken. Beispielsweise könnten minderwertige Daten von einem Fehler stammen (wie einem fehlerhaften Sensor an einem Roboter) oder auch von jemandem, der versucht, das System auszutricksen (indem er zum Beispiel sein Ranking in einer Suchmaschine durch massenhafte Anfragen zu verbessern versucht). Um dieses Risiko zu reduzieren, müssen Sie Ihr System aufmerksam beobachten und den Lernprozess beherzt abschalten (und eventuell auf einen früheren Zustand zurücksetzen), sobald Sie einen Qualitätsabfall bemerken. Sie können auch die Eingabedaten verfolgen und auf ungewöhnliche Daten reagieren (z.B. über einen Algorithmus zur Erkennung von Anomalien).

Instanzbasiertes versus modellbasiertes Lernen

Eine weitere Möglichkeit, maschinelle Lernverfahren zu kategorisieren, ist die Art, wie diese *verallgemeinern*. Bei den meisten Aufgaben im Machine Learning geht es um das Treffen von Vorhersagen. Dabei muss ein System in der Lage sein, aus einer Anzahl von Trainingsbeispielen auf nie zuvor gesehene Beispiele zu verallgemeinern. Es ist hilfreich, aber nicht ausreichend, eine gute Qualität auf den Trainingsdaten zu erzielen; das wirkliche Ziel ist, eine gute Qualität auf neuen Datenpunkten zu erreichen.

Es gibt beim Verallgemeinern zwei Ansätze: instanzbasiertes Lernen und modellbasiertes Lernen.

Instanzbasiertes Lernen

Die vermutlich trivialste Art zu lernen, ist das einfache Auswendiglernen. Wenn Sie auf diese Weise einen Spamfilter erstellten, würde dieser einfach alle E-Mails aussortieren, die mit bereits von Nutzern markierten E-Mails identisch sind – nicht die schlechteste Lösung, aber sicher nicht die beste.

Anstatt einfach mit bekannten Spam-E-Mails identische Nachrichten zu markieren, könnte Ihr Spamfilter auch so programmiert sein, dass darüber hinaus bekannten Spam-E-Mails sehr ähnliche Nachrichten markiert werden. Dazu ist ein *Ähnlichkeitsmaß* zwischen zwei E-Mails nötig. Ein (sehr einfaches) Maß für die Ähnlichkeit zweier E-Mails könnte die Anzahl gemeinsamer Wörter sein. Das System könnte eine E-Mail als Spam markieren, wenn diese viele gemeinsame Wörter mit einer bekannten Spamnachricht aufweist.

Dies nennt man *instanzbasiertes Lernen*: Das System lernt die Beispiele auswendig und verallgemeinert dann mithilfe eines Ähnlichkeitsmaßes auf neue Fälle, wobei es sie mit den gelernten Beispielen (oder einer Untermenge davon) vergleicht. So würden beispielsweise in Abbildung 1-16 die neuen Instanzen als Dreieck klassifiziert werden, weil die Mehrheit der ähnlichsten Instanzen zu dieser Klasse gehört.

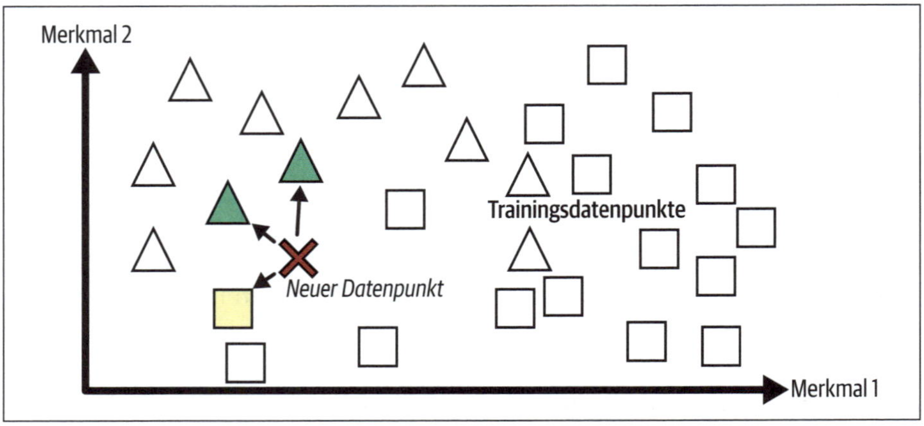

Abbildung 1-16: Instanzbasiertes Lernen

Modellbasiertes Lernen und ein typischer ML-Workflow

Eine weitere Möglichkeit, von einem Beispieldatensatz zu verallgemeinern, ist, ein Modell aus den Beispielen zu entwickeln und dieses Modell dann für *Vorhersagen* zu verwenden. Das wird als *modellbasiertes Lernen* bezeichnet (siehe Abbildung 1-17).

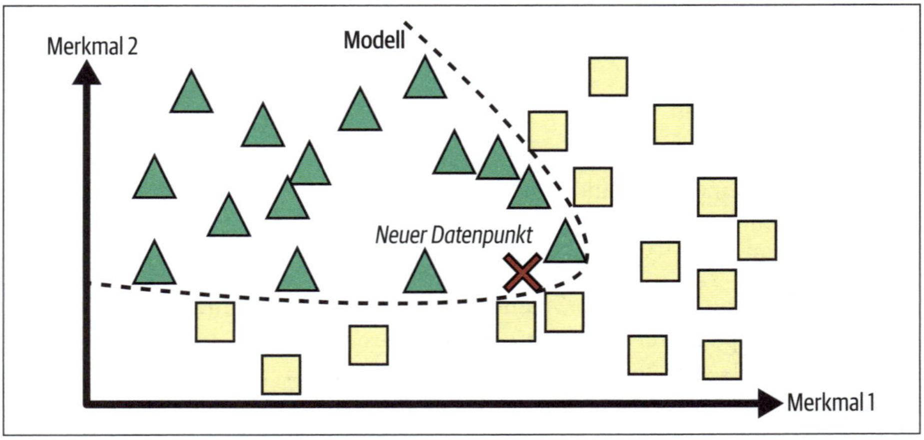

Abbildung 1-17: Modellbasiertes Lernen

Nehmen wir an, Sie möchten herausfinden, ob Geld glücklich macht. Sie laden dazu die Daten des *Better Life Index* von der Webseite des OECD (*https://www.oecdbetterlifeindex.org*) herunter und Statistiken zum Pro-Kopf-Bruttoinlandsprodukt (BIP) von der Webseite der Weltbank (*https://ourworldindata.org*). Anschließend führen Sie beide Tabellen zusammen und sortieren nach dem BIP pro Kopf. Tabelle 1-1 zeigt einen Ausschnitt aus dem Ergebnis.

Tabelle 1-1: Macht Geld Menschen glücklicher?

Land	BIP pro Kopf (USD)	Zufriedenheit
Türkei	28384	5,5
Ungarn	31008	5,6
Frankreich	42026	6,5
Vereinigte Staaten	60236	6,9
Neuseeland	42404	7,3
Australien	48698	7,3
Dänemark	55938	7,6

Stellen wir die Daten für einige dieser Länder dar (siehe Abbildung 1-18).

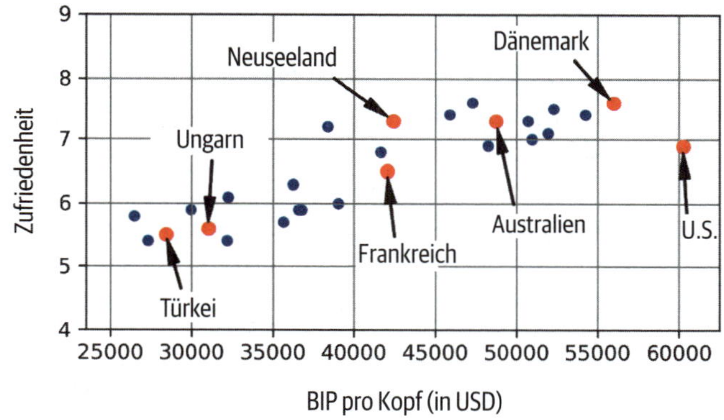

Abbildung 1-18: Sehen Sie hier eine Tendenz?

Es scheint so etwas wie einen Trend zu geben! Auch wenn die Daten *verrauscht* sind (also teilweise zufällig), sieht es so aus, als stiege die Zufriedenheit mehr oder weniger mit dem Pro-Kopf-BIP des Lands linear an. Sie beschließen also, die Zufriedenheit als lineare Funktion des Pro-Kopf-Bruttoinlandsprodukts zu modellieren. Diesen Schritt bezeichnet man als *Modellauswahl*: Sie wählen ein *lineares Modell* der Zufriedenheit mit genau einem Merkmal aus, nämlich dem Pro-Kopf-BIP (siehe Formel 1-1).

Formel 1-1: Ein einfaches lineares Modell

$$\text{Zufriedenheit} = \theta_0 + \theta_1 \times \text{BIP\_pro\_Kopf}$$

Diesen Modell enthält zwei *Modellparameter*, θ_0 und θ_1.[4] Indem Sie diese Parameter verändern, kann das Modell jede lineare Funktion annehmen, wie Sie in Abbildung 1-19 sehen können.

4 Der griechische Buchstabe θ (Theta) wird per Konvention häufig zum Darstellen von Modellparametern verwendet.

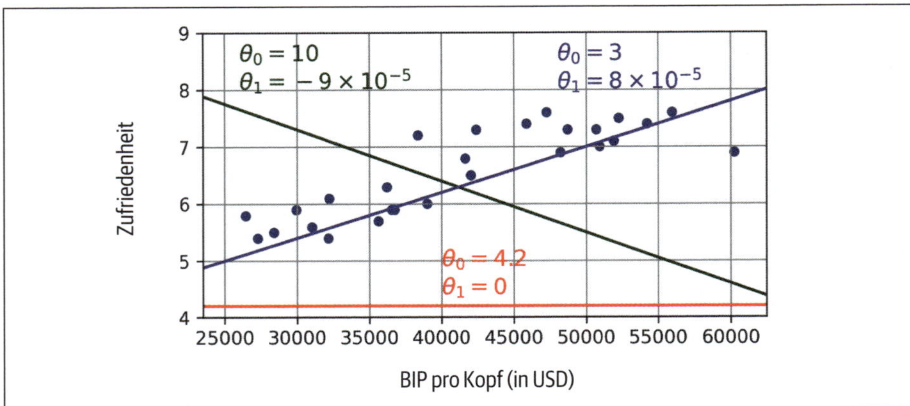

Abbildung 1-19: Einige mögliche lineare Modelle

Bevor Sie Ihr Modell verwenden können, müssen Sie die Werte der Parameter θ_0 und θ_1 festlegen. Woher sollen Sie wissen, welche Werte zur bestmöglichen Qualität führen? Um diese Frage zu beantworten, müssen Sie ein Maß für die Qualität festlegen. Sie können dafür eine *Nutzenfunktion* (oder *Fitnessfunktion*) verwenden, die die *Güte* Ihres Modells bestimmt, oder alternativ eine *Kostenfunktion* definieren, die misst, wie *schlecht* das Modell ist. Bei linearen Modellen verwendet man typischerweise eine Kostenfunktion, die die Entfernung zwischen den Vorhersagen des linearen Modells und den Trainingsbeispielen bestimmt; das Ziel ist, diese Entfernung zu minimieren.

An dieser Stelle kommt der Algorithmus zur linearen Regression ins Spiel: Sie speisen Ihre Trainingsdaten ein, und der Algorithmus ermittelt die für Ihre Daten bestmöglichen Parameter des linearen Modells. Dies bezeichnet man als *Trainieren* des Modells. In unserem Fall ermittelt der Algorithmus $\theta_0 = 3,75$ und $\theta_1 = 6,78 \times 10^{-5}$ als optimale Werte für die beiden Parameter.

Verwirrenderweise kann das Wort »Modell« auf eine Art von Modell (zum Beispiel lineare Regression), auf eine vollständig spezifizierte Modellarchitektur (zum Beispiel lineare Regression mit einer Eingabe und einer Ausgabe) oder auf das abschließende trainierte Modell, das für Vorhersagen genutzt werden kann (zum Beispiel lineare Regression mit einer Eingabe und einer Ausgabe und $\theta_0 = 3,75$ und $\theta_1 = 6,78 \times 10^{-5}$), verwendet werden. Die Modellauswahl besteht darin, die Art des Modells auszuwählen und seine Architektur vollständig zu definieren. Beim Trainieren eines Modells geht es darum, einen Algorithmus laufen zu lassen, der die Modellparameter findet, mit denen es am besten zu den Trainingsdaten passt (und hoffentlich gute Vorhersagen für neue Daten trifft).

Nun passt das Modell (für ein lineares Modell) bestmöglich zu den Trainingsdaten, wie Abbildung 1-20 zeigt.

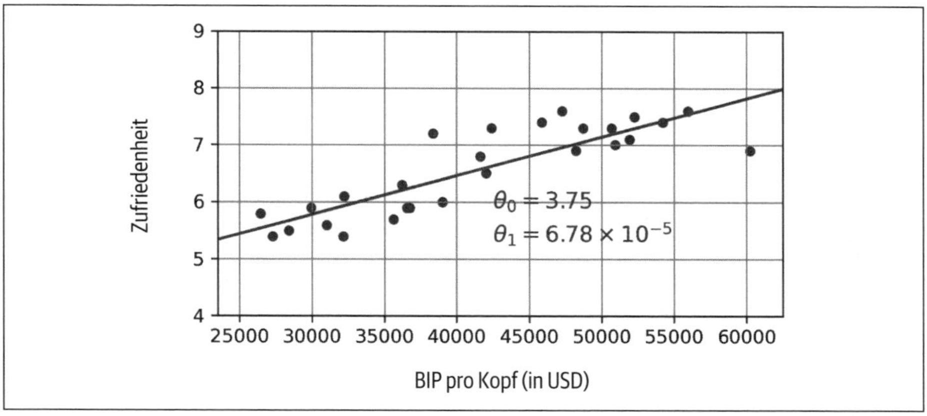

Abbildung 1-20: Das an die Trainingsdaten optimal angepasste lineare Modell

Sie sind nun endlich so weit, das Modell für Vorhersagen einzusetzen. Nehmen wir an, Sie möchten wissen, wie glücklich Zyprioten sind. Die Daten des OECD liefern darauf keine Antwort. Glücklicherweise können Sie unser Modell verwenden, um eine gute Vorhersage zu treffen: Sie schlagen das Pro-Kopf-BIP für Zypern nach, finden 37655 USD und wenden Ihr Modell an. Dabei finden Sie heraus, dass die Zufriedenheit irgendwo um $3{,}75 + 37655 \times 6{,}78 \times 10^{-5} = 6{,}30$ liegt.

Um Ihren Appetit auf die folgenden Kapitel anzuregen, zeigt Beispiel 1-1 den Python-Code, der die Daten lädt, die Eingabedaten `X` von den Labels `y` trennt, einen Scatterplot zeichnet, ein lineares Modell trainiert und eine Vorhersage trifft.[5]

Beispiel 1-1: Trainieren und Ausführen eines linearen Modells mit Scikit-Learn

```
import matplotlib.pyplot as plt
import numpy as np
import pandas as pd
from sklearn.linear_model import LinearRegression

# Daten laden und vorbereiten
data_root = "https://github.com/ageron/data/raw/main/"
lifesat = pd.read_csv(data_root + "lifesat/lifesat.csv")
X = lifesat[["GDP per capita (USD)"]].values
y = lifesat[["Life satisfaction"]].values

# Daten visualisieren
lifesat.plot(kind='scatter', grid=True,
             x="GDP per capita (USD)", y="Life satisfaction")
plt.axis([23_500, 62_500, 4, 9])
plt.show()
# Ein lineares Modell auswählen
model = LinearRegression()
```

5 Es ist in Ordnung, wenn Sie nicht gleich den gesamten Code nachvollziehen können; wir werden Scikit-Learn in den folgenden Kapiteln vorstellen.

```
# Das Modell trainieren
model.fit(X, y)

# Eine Vorhersage für Zypern treffen
X_new = [[37_655.2]]  # Pro-Kopf-BIP für Zypern 2020
print(model.predict(X_new)) # Ausgabe: [[6.30165767]]
```

Hätten Sie einen instanzbasierten Lernalgorithmus verwendet, würden Sie herausbekommen, dass Israel das zu Zypern ähnlichste Pro-Kopf-BIP hat (38341 USD). Da uns die OECD-Daten die Zufriedenheit mit 7,2 angeben, hätten Sie für Zypern eine Zufriedenheit von 7,2 vorhergesagt. Wenn Sie ein wenig herauszoomen und sich die nächstgelegenen Länder ansehen, finden Sie Litauen und Slowenien mit Zufriedenheitswerten von jeweils 5,9. Der Mittelwert dieser drei Werte ist 6,33, was sehr nah an Ihrer modellbasierten Vorhersage liegt. Dieses einfache Verfahren nennt man *k-nächste-Nachbarn*-Regression (in diesem Beispiel mit $k = 3$).

Das Ersetzen des linearen Regressionsmodells durch *k*-nächste-Nachbarn-Regression im obigen Code erfordert lediglich das Ersetzen dieser Zeilen:

```
from sklearn.linear_model import LinearRegression
model = LinearRegression()
```

durch diese zwei:

```
from sklearn.neighbors import KNeighborsRegressor
model = KNeighborsRegressor(n_neighbors=3)
```

Wenn alles gut gegangen ist, wird Ihr Modell gute Vorhersagen treffen. Wenn nicht, müssen Sie weitere Merkmale heranziehen (Beschäftigungsquote, Gesundheit, Luftverschmutzung und Ähnliches), sich mehr oder hochwertigere Trainingsdaten beschaffen oder ein mächtigeres Modell auswählen (z. B. ein polynomielles Regressionsmodell).

Zusammengefasst:

- Sie haben die Daten untersucht.
- Sie haben ein Modell ausgewählt.
- Sie haben es auf Trainingsdaten trainiert (d. h., der Trainingsalgorithmus hat nach den Modellparametern gesucht, die eine Kostenfunktion minimieren).
- Schließlich haben Sie das Modell verwendet, um für neue Fälle Vorhersagen zu treffen (dies nennt man *Inferenz*), und hoffen, dass das Modell gut verallgemeinert.

So sieht ein typisches Machine-Learning-Projekt aus. In Kapitel 2 können Sie dies selbst erfahren, indem Sie ein Projekt vom Anfang bis zum Ende durcharbeiten. Wir haben bisher ein weites Feld beschritten: Sie wissen bereits, worum es beim Machine Learning wirklich geht, warum es nützlich ist, welche Arten von ML-Systemen verbreitet sind und wie ein typischer Arbeitsablauf aussieht. Nun werden wir uns anschauen, was beim Lernen schiefgehen kann und präzise Vorhersagen verhindert.

Die wichtigsten Herausforderungen beim Machine Learning

Kurz gesagt, da Ihre Hauptaufgabe darin besteht, ein Modell auszuwählen und mit Daten zu trainieren, sind die zwei möglichen Fehlerquellen dabei ein »schlechtes Modell« sowie »schlechte Daten«. Beginnen wir mit Beispielen für schlechte Daten.

Unzureichende Menge an Trainingsdaten

Damit ein Kleinkind lernt, was ein Apfel ist, genügt es, dass Sie auf einen Apfel zeigen und »Apfel« sagen (und die Prozedur einige Male wiederholen). Damit ist das Kind in der Lage, Äpfel in allen möglichen Farben und Formen zu erkennen. Genial.

Machine Learning ist noch nicht ganz so weit; bei den meisten maschinellen Lernverfahren ist eine Vielzahl an Daten erforderlich, damit sie funktionieren. Selbst bei sehr einfachen Aufgaben benötigen Sie üblicherweise Tausende von Beispielen, und bei komplexen Aufgaben wie Bild- oder Spracherkennung können es auch Millionen sein (es sei denn, Sie können Teile eines existierenden Modells wiederverwenden).

Die unverschämte Effektivität von Daten

In einem berühmten Artikel (*https://homl.info/6*) aus dem Jahr 2001 zeigten die Forscher Michele Banko und Eric Brill bei Microsoft, dass sehr unterschiedliche maschinelle Lernalgorithmen, darunter sehr primitive, bei einem sehr komplexen Problem wie der Unterscheidung von Sprache etwa gleich gut abschnitten,[6] wenn man ihnen nur genug Daten zur Verfügung stellt (wie Sie in Abbildung 1-21 sehen können).

Die Autoren drücken dies folgendermaßen aus: »Diese Ergebnisse legen nahe, dass wir unsere Entscheidung über das Investieren von Zeit und Geld in die Entwicklung von Algorithmen gegenüber der Entwicklung eines Datenkorpus neu bewerten sollten.«

6 Beispielsweise aus dem Kontext zu ermitteln, ob man »to«, »two« oder »too« schreiben muss.

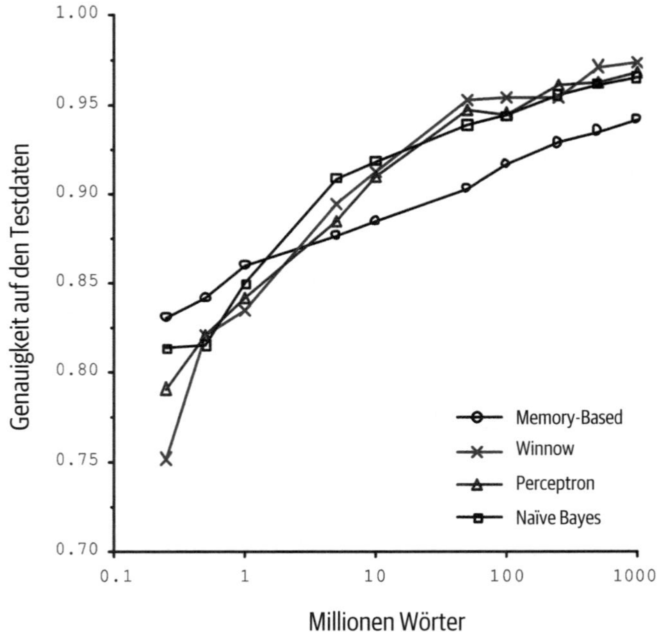

Abbildung 1-21: Die Wichtigkeit der Daten im Vergleich zum Algorithmus[7]

Dass Daten bei komplexen Problemen wichtiger als Algorithmen sind, wurde von Peter Norvig et al. in einem Artikel mit dem Titel »The Unreasonable Effectiveness of Data« (*https://homl.info/7*), veröffentlicht im Jahr 2009, weiter thematisiert.[8] Es sollte jedoch betont werden, dass kleine und mittelgroße Datensätze nach wie vor sehr häufig sind und dass es nicht immer einfach oder billig ist, an zusätzliche Trainingsdaten heranzukommen. Daher schreiben Sie die Algorithmik besser nicht gleich ab.

Nicht repräsentative Trainingsdaten

Um gut zu verallgemeinern, ist es entscheidend, dass Ihre Trainingsdaten die zu verallgemeinernden neuen Situationen repräsentieren. Dies ist sowohl beim instanzbasierten als auch beim modellbasierten Lernen der Fall.

Beispielsweise waren die zuvor zum Trainieren eines linearen Modells eingesetzten Länder nicht perfekt repräsentativ; Länder mit einem BIP von weniger als 23500

---

7 Die Abbildung wurde mit Erlaubnis von Michele Banko und Eric Brill reproduziert aus »Scaling to Very Very Large Corpora for Natural Language Disambiguation«, *Proceedings of the 39th Annual Meeting of the Association for Computational Linguistics (2001)*, 26–33.

8 Peter Norvig et al., »The Unreasonable Effectiveness of Data«, *IEEE Intelligent Systems* 24, no. 2 (2009): 8–12.

USD oder mehr als 62500 USD pro Einwohner fehlten. Abbildung 1-22 zeigt, wie die Daten mit den fehlenden Ländern aussehen.

Wenn Sie mit diesen Daten ein lineares Modell trainieren, erhalten Sie die durchgezogene Linie. Das alte Modell ist durch die gepunktete Linie gekennzeichnet. Wie Sie sehen, verändert sich nicht nur das Modell durch die Daten. Es wird auch deutlich, dass ein einfaches lineares Modell vermutlich nie gut funktionieren wird. Es sieht ganz danach aus, dass reiche Länder nicht glücklicher als Länder mit mittlerem Wohlstand sind (sie wirken sogar etwas weniger glücklich). Auch einige arme Länder scheinen glücklicher als viele reiche Länder zu sein.

Das mit einem nicht repräsentativen Datensatz trainierte Modell trifft also ungenaue Vorhersagen, besonders bei sehr armen und sehr reichen Ländern.

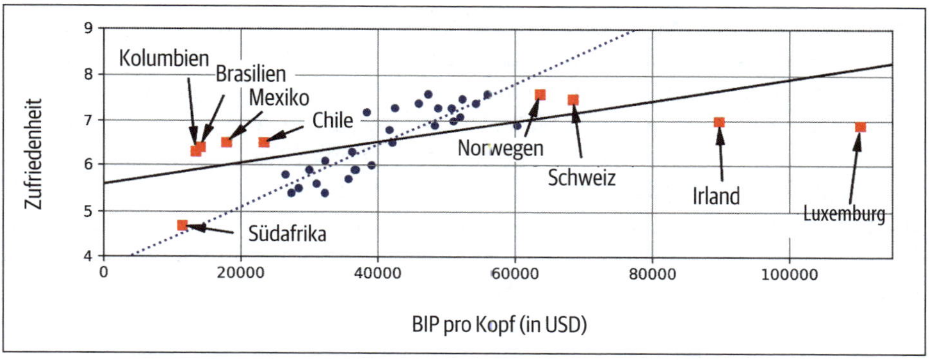

Abbildung 1-22: Ein repräsentativerer Trainingsdatensatz

Es ist daher wichtig, einen Trainingsdatensatz zu verwenden, in dem die zu verallgemeinernden Fälle abgebildet sind. Oft ist dies schwieriger, als es sich anhört: Wenn die Stichprobe zu klein ist, erhalten Sie *Stichprobenrauschen* (also durch Zufall nicht repräsentative Daten). Selbst sehr große Stichproben können nicht repräsentativ sein, wenn die Methode zur Erhebung fehlerhaft ist. Dies nennt man auch *Stichprobenverzerrung*.

Beispiele für Stichprobenverzerrungen

Das vermutlich berühmteste Beispiel für Stichprobenverzerrung stammt aus der US-Präsidentschaftswahl von 1936, bei der Landon gegen Roosevelt antrat: Der *Literary Digest* führte damals eine sehr große Umfrage durch, bei der Briefe an etwa 10 Millionen Menschen verschickt wurden. Nach dem Sammeln von 2,4 Millionen Antworten wurde daraus mit hoher Konfidenz vorhergesagt, dass Landon 57 % der Stimmen erhalten würde. Tatsächlich gewann aber Roosevelt mit 62 % der Stimmen. Der Fehler lag in der Methode, die *Literary Digest* beim Erheben der Stichprobe einsetzte:

- Zum einen verwendete *Literary Digest* Telefonbücher, Abonnentenlisten, Mitgliederlisten von Klubs und so weiter, um an die Adressen zum Verschicken der Umfrage zu kommen. In allen diesen Listen waren wohlhabendere Menschen stärker vertreten, die wahrscheinlich eher für die Republikaner (und damit Landon) stimmen würden.
- Zum anderen antworteten weniger als 25% der Menschen auf die Umfrage. Auch dies führte zu einer Stichprobenverzerrung, da Menschen, die sich nicht für Politik interessierten, Menschen, die den *Literary Digest* nicht mochten, und andere wichtige Gruppen potenziell aussortiert wurden. Diese Art von Stichprobenverzerrung nennt man auch *Schweigeverzerrung*.

Ein weiteres Beispiel: Sagen wir, Sie möchten ein System zum Erkennen von Funk-Musikvideos konstruieren. Eine Möglichkeit zum Zusammenstellen der Trainingsdaten wäre, »funk music« bei YouTube einzugeben und die erhaltenen Videos zu verwenden. Allerdings nehmen Sie dabei an, dass Ihnen die Suchmaschine von YouTube Videos liefert, die repräsentativ für alle Funk-Musikvideos auf YouTube sind. In der Realität werden einige beliebte Künstler in den Suchergebnissen jedoch überrepräsentiert sein (und wenn Sie in Brasilien leben, erhalten Sie eine Menge Videos zu »funk carioca«, die sich überhaupt nicht wie James Brown anhören). Wie aber sonst sollte man einen großen Datensatz sammeln?

Minderwertige Daten

Wenn Ihre Trainingsdaten voller Fehler, Ausreißer und Rauschen sind (z.B. wegen schlechter Messungen), ist es für das System schwieriger, die zugrunde liegenden Muster zu erkennen. Damit ist es weniger wahrscheinlich, dass Ihr System eine hohe Qualität erzielt. Meistens lohnt es sich, Zeit in das Säubern der Trainingsdaten zu investieren. Tatsächlich verbringen die meisten Data Scientists einen Großteil ihrer Zeit mit nichts anderem, beispielsweise:

- Wenn einige Datenpunkte deutliche Ausreißer sind, hilft es, diese einfach zu entfernen oder die Fehler manuell zu beheben.
- Wenn manche Merkmale lückenhaft sind (z.B. 5% Ihrer Kunden ihr Alter nicht angegeben haben), müssen Sie sich entscheiden, ob Sie dieses Merkmal insgesamt ignorieren wollen oder ob Sie die entsprechenden Datenpunkte entfernen, die fehlenden Werte ergänzen (z.B. mit dem Median) oder ein Modell mit diesem Merkmal und eines ohne dieses Merkmal trainieren möchten.

Irrelevante Merkmale

Eine Redewendung besagt: Müll rein, Müll raus. Ihr System wird nur etwas erlernen können, wenn Ihre Trainingsdaten genug relevante Merkmale und nicht zu viele irrelevante enthalten. Ein für den Erfolg eines Machine-Learning-Projekts maßgeblicher Schritt ist, die Merkmale zum Trainieren gut auszuwählen. Zu diesem *Entwicklung von Merkmalen* genannten Vorgang gehören:

- *Auswahl von Merkmalen* (aus den vorhandenen die nützlichsten Merkmale für das Trainieren auswählen).
- *Extraktion von Merkmalen* (vorhandene Merkmale miteinander kombinieren, sodass ein nützlicheres entsteht – wie wir oben gesehen haben, helfen dabei Algorithmen zur Dimensionsreduktion).
- Erstellen neuer Merkmale durch das Erheben neuer Daten.

Nun, da wir viele Beispiele für schlechte Daten kennengelernt haben, schauen wir uns auch noch einige schlechte Algorithmen an.

Overfitting der Trainingsdaten

Angenommen, Sie sind im Ausland unterwegs und der Taxifahrer zockt Sie ab. Sie mögen versucht sein, zu sagen, dass *alle* Taxifahrer in diesem Land Betrüger seien. Menschen neigen häufig zu übermäßiger Verallgemeinerung, und Maschinen können leider in die gleiche Falle tappen, wenn wir nicht vorsichtig sind. Beim Machine Learning nennt man dies *Overfitting*: Dabei funktioniert das Modell auf den Trainingsdaten, kann aber nicht gut verallgemeinern.

Abbildung 1-23 zeigt ein Beispiel für ein polynomielles Modell höheren Grades für die Zufriedenheit, das die Trainingsdaten stark overfittet. Es erzielt zwar auf den Trainingsdaten eine höhere Genauigkeit als das einfache lineare Modell, aber würden Sie den Vorhersagen dieses Modells wirklich trauen?

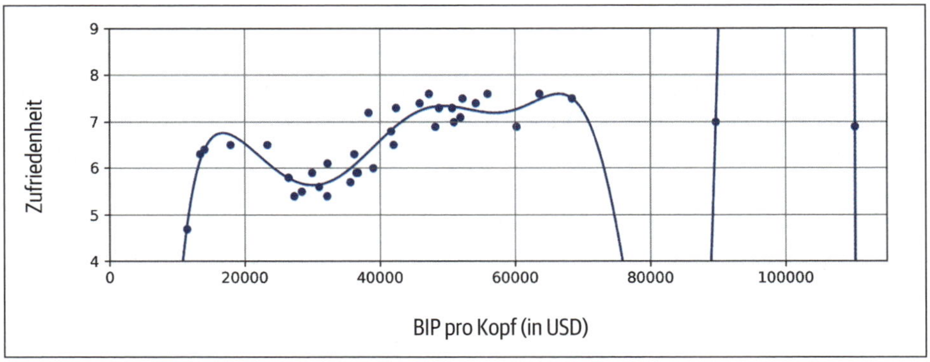

Abbildung 1-23: Overfitting der Trainingsdaten

Komplexe Modelle wie Deep-Learning-Netze können subtile Muster in den Daten erkennen. Wenn aber der Trainingsdatensatz verrauscht oder zu klein ist, wodurch die Stichprobe verrauscht ist, entdeckt das Modell Muster im Rauschen selbst (wie beim Taxifahrer-Beispiel). Diese Muster lassen sich natürlich nicht auf neue Daten übertragen. Nehmen wir beispielsweise an, Sie stellten Ihrem Modell für die Zufriedenheit viele weitere Merkmale zur Verfügung, darunter wenig informative wie den Namen des Lands. Ein komplexes Modell könnte dann herausfinden, dass alle Länder mit einer Zufriedenheit über 7 ein *w* im (englischen) Namen haben: New Zeeland (7,3), Norway (7,6), Sweden (7,3) und Switzerland (7,5). Wie sicher können Sie sein, dass sich diese *w*-Regel auf Rwanda oder Zimbabwe anwenden lässt? Natürlich trat dieses Muster in den Trainingsdaten rein zufällig auf, aber das Modell ist nicht in der Lage, zu entscheiden, ob ein Muster echt ist oder durch das Rauschen in den Daten entsteht.

> Overfitting tritt auf, wenn das Modell angesichts der Menge an Trainingsdaten und der Menge an Rauschen zu komplex ist. Mögliche Lösungen sind:
>
> - das Modell zu vereinfachen, indem man es durch eines mit weniger Parametern ersetzt (z.B. ein lineares Modell statt eines polynomiellen Modells höheren Grades), die Anzahl der Merkmale im Trainingsdatensatz verringert oder dem Modell Restriktionen auferlegt,
> - mehr Trainingsdaten zu sammeln
> - oder das Rauschen in den Trainingsdaten zu reduzieren (z.B. Datenfehler zu beheben und Ausreißer zu entfernen).

Einem Modell Restriktionen aufzuerlegen, um es zu vereinfachen und das Risiko für Overfitting zu reduzieren, wird als *Regularisierung* bezeichnet. Beispielsweise hat das oben definierte lineare Modell zwei Parameter, θ_0 und θ_1. Damit hat der Lernalgorithmus zwei *Freiheitsgrade*, mit denen das Modell an die Trainingsdaten angepasst werden kann: Sowohl die Höhe (θ_0) als auch die Steigung (θ_1) der Geraden lassen sich verändern. Wenn wir $\theta_1 = 0$ erzwingen würden, hätte der Algorithmus nur noch einen Freiheitsgrad, und es würde viel schwieriger, die Daten gut zu fitten: Die Gerade könnte sich nur noch nach oben oder unten bewegen, um so nah wie möglich an den Trainingsdatenpunkten zu landen. Sie würde daher in der Nähe des Mittelwerts landen. Wirklich ein sehr einfaches Modell! Wenn wir dem Modell erlauben, θ_1 zu verändern, aber einen kleinen Wert erzwingen, hat der Lernalgorithmus zwischen einem und zwei Freiheitsgrade. Das entstehende Modell ist einfacher als das mit zwei Freiheitsgraden, aber komplexer als das mit nur einem. Ihre Aufgabe ist es, die richtige Balance zwischen dem perfekten Fitten der Daten und einem möglichst einfachen Modell zu finden, sodass es gut verallgemeinert.

Abbildung 1-24 zeigt drei Modelle: Die gepunktete Linie steht für das ursprüngliche mit den als Kreis dargestellten Ländern trainierte Modell (ohne die als Quadrat dargestellten Länder), die durchgezogene Linie für unser zweites mit allen Ländern (Kreise und Quadrate) trainiertes Modell, und die gestrichelte Linie ist ein Modell, das mit den gleichen Daten wie das erste Modell trainiert wurde, aber mit zusätzlicher Regularisierung. Sie sehen, dass die Regularisierung eine geringere Steigung erzwungen hat. Dieses Modell passt nicht so gut zu den Trainingsdaten wie das erste

Modell, erlaubt aber eine bessere Verallgemeinerung auf neue Beispiele, die es während des Trainings nicht kannte (Quadrate).

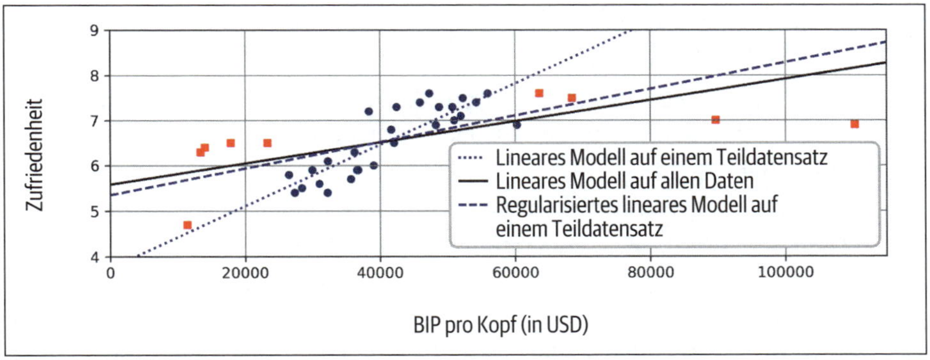

Abbildung 1-24: Regularisierung reduziert das Risiko für Overfitting.

Die Stärke der Regularisierung beim Lernen lässt sich über einen *Hyperparameter* kontrollieren. Ein Hyperparameter ist ein Parameter des Lernalgorithmus (nicht des Modells). Als solcher unterliegt er nicht dem Lernprozess selbst; er muss vor dem Training gesetzt werden und bleibt über den gesamten Trainingszeitraum konstant. Wenn Sie den Hyperparameter zur Regularisierung auf einen sehr großen Wert setzen, erhalten Sie ein beinahe flaches Modell (eine Steigung nahe null); Sie können sich sicher sein, dass der Lernalgorithmus die Trainingsdaten nicht overfittet, eine gute Lösung wird aber ebenfalls unwahrscheinlicher. Die Feineinstellung der Hyperparameter ist ein wichtiger Teil bei der Entwicklung eines Machine-Learning-Systems (im nächsten Kapitel lernen Sie ein detailliertes Beispiel kennen).

Underfitting der Trainingsdaten

Wie Sie sich denken können, ist *Underfitting* das genaue Gegenteil von Overfitting: Es tritt auf, wenn Ihr Modell zu einfach ist, um die in den Daten enthaltene Struktur zu erlernen. Beispielsweise ist ein lineares Modell der Zufriedenheit anfällig für Underfitting; die Realität ist einfach komplexer als unser Modell, sodass Vorhersagen selbst auf den Trainingsdaten zwangsläufig ungenau werden.

Die wichtigsten Möglichkeiten, dieses Problem zu beheben, sind:

- ein mächtigeres Modell mit mehr Parametern zu verwenden,
- dem Lernalgorithmus bessere Merkmale zur Verfügung zu stellen (Entwicklung von Merkmalen) oder
- die Restriktionen des Modells zu verringern (z.B. die Hyperparameter zur Regularisierung zu verringern).

Zusammenfassung

Inzwischen wissen Sie schon eine Menge über Machine Learning. Wir haben aber so viele Begriffe behandelt, dass Sie sich vielleicht ein wenig verloren vorkommen. Betrachten wir deshalb noch einmal das Gesamtbild:

- Beim Machine Learning geht es darum, Maschinen bei der Lösung einer Aufgabe zu verbessern, indem sie aus Daten lernen, anstatt explizit definierte Regeln zu erhalten.
- Es gibt viele unterschiedliche Arten von ML-Systemen: überwachte und unüberwachte, Batch- und Online-Learning, instanzbasierte und modellbasierte Systeme.
- In einem ML-Projekt sammeln Sie Daten in einem Trainingsdatensatz und speisen diesen in einen Lernalgorithmus ein. Wenn der Algorithmus auf einem Modell basiert, tunt er einige Parameter, um das Modell an die Trainingsdaten anzupassen (d.h., um gute Vorhersagen auf den Trainingsdaten selbst zu treffen). Danach ist es hoffentlich in der Lage, auch für neue Daten gute Vorhersagen zu treffen. Wenn der Algorithmus instanzbasiert ist, lernt er die Beispiele einfach auswendig und verallgemeinert auf neue Instanzen durch ein Ähnlichkeitsmaß, um sie mit den bekannten Instanzen zu vergleichen.
- Wenn der Trainingsdatensatz zu klein ist oder die Daten nicht repräsentativ, verrauscht oder durch irrelevante Merkmale verunreinigt sind, wird das System keine hohe Qualität erbringen (Müll rein, Müll raus). Schließlich darf Ihr Modell weder zu einfach (dann underfittet es) noch zu komplex sein (dann overfittet es).

Es gilt noch ein letztes wichtiges Thema zu behandeln: Sobald Sie ein Modell trainiert haben, sollten Sie nicht nur »hoffen«, dass es gut verallgemeinert, Sie sollten es auch evaluieren und, falls nötig, Feinabstimmungen vornehmen. Sehen wir einmal, wie das geht.

Testen und Validieren

Ein Modell mit neuen Datenpunkten auszuprobieren, ist tatsächlich die einzige Möglichkeit, zu erfahren, ob es gut auf neue Daten verallgemeinert. Sie können das Modell dazu in einem Produktivsystem einsetzen und beobachten, wie es funktioniert. Wenn sich Ihr Modell aber als definitiv untauglich herausstellt, werden sich Ihre Nutzer beschweren – nicht die beste Idee.

Eine bessere Alternative ist, Ihre Daten in zwei Datensätze zu unterteilen: den *Trainingsdatensatz* und den *Testdatensatz*. Wie die Namen vermuten lassen, trainieren Sie Ihr Modell mit dem Trainingsdatensatz und testen es mit dem Testdatensatz. Die Abweichung bei neuen Datenpunkten bezeichnet man als *Verallgemeinerungsfehler* (engl. *Out-of-Sample Error*). Indem Sie Ihr Modell auf dem Testdatensatz evaluieren, erhalten Sie eine Schätzung dieser Abweichung. Der Wert verrät Ihnen, wie gut Ihr Modell auf zuvor nicht bekannten Datenpunkten abschneidet.

Wenn der Fehler beim Training gering ist (Ihr Modell also auf dem Trainingsdatensatz wenige Fehler begeht), der Verallgemeinerungsfehler aber groß, overfittet Ihr Modell die Trainingsdaten.

> Es ist üblich, 80 % der Daten zum Trainieren zu nehmen und 20 % zum Testen *zurückzuhalten*. Das hängt aber auch von der Größe des Datensatzes ab: Enthält er 10 Millionen Instanzen, bedeutet ein Zurückhalten von 1 %, dass Ihr Testdatensatz aus 100.000 Instanzen besteht – vermutlich mehr als genug für eine gute Abschätzung des Verallgemeinerungsfehlers.

Hyperparameter anpassen und Modellauswahl

Das Evaluieren eines Modells ist einfach: Verwenden Sie einen Testdatensatz. Aber möglicherweise schwanken Sie zwischen zwei Typen von Modellen (z. B. einem linearen und einem polynomiellen Modell): Wie sollen Sie sich zwischen ihnen entscheiden? Sie können natürlich beide trainieren und mit dem Testdatensatz vergleichen, wie gut beide verallgemeinern.

Nehmen wir an, das lineare Modell verallgemeinert besser, aber Sie möchten durch Regularisierung dem Overfitting entgegenwirken. Die Frage ist: Wie wählen Sie den Wert des Regularisierungshyperparameters aus? Natürlich können Sie 100 unterschiedliche Modelle mit 100 unterschiedlichen Werten für diesen Hyperparameter trainieren. Angenommen, Sie fänden einen optimalen Wert für den Hyperparameter, der den niedrigsten Verallgemeinerungsfehler liefert, z. B. 5 %. Sie bringen Ihr Modell daher in die Produktivumgebung, aber leider schneidet es nicht wie erwartet ab und produziert einen Fehler von 15 %. Was ist passiert?

Das Problem ist, dass Sie den Verallgemeinerungsfehler mithilfe des Testdatensatzes mehrfach bestimmt und das Modell und seine Hyperparameter so angepasst haben, dass es *für diesen Datensatz* das beste Modell hervorbringt. Damit erbringt das Modell bei neuen Daten wahrscheinlich keine gute Qualität.

Eine übliche Lösung dieses Problems nennt sich *Hold-out-Validierung*: Sie halten einfach einen Teil des Trainingsdatensatzes zurück, um die verschiedenen Modellkandidaten zu bewerten, und wählen den besten aus. Dieser neue zurückgehaltene Datensatz wird als *Validierungsdatensatz* (oder manchmal auch als *Entwicklungsdatensatz* oder *Dev Set*) bezeichnet. Genauer gesagt, trainieren Sie mehrere Modelle mit unterschiedlichen Hyperparametern auf dem Trainingsdatensatz und wählen das auf dem Validierungsdatensatz am besten abschneidende Modell und die Hyperparameter aus. Nach diesem Hold-out-Validierungsprozess trainieren Sie das beste Modell mit dem vollständigen Trainingsdatensatz (einschließlich des Validierungsdatensatzes) und erhalten so das endgültige Modell. Schließlich führen Sie einen einzelnen abschließenden Test an diesem finalen Modell mit dem Testdatensatz durch, um den Verallgemeinerungsfehler abzuschätzen.

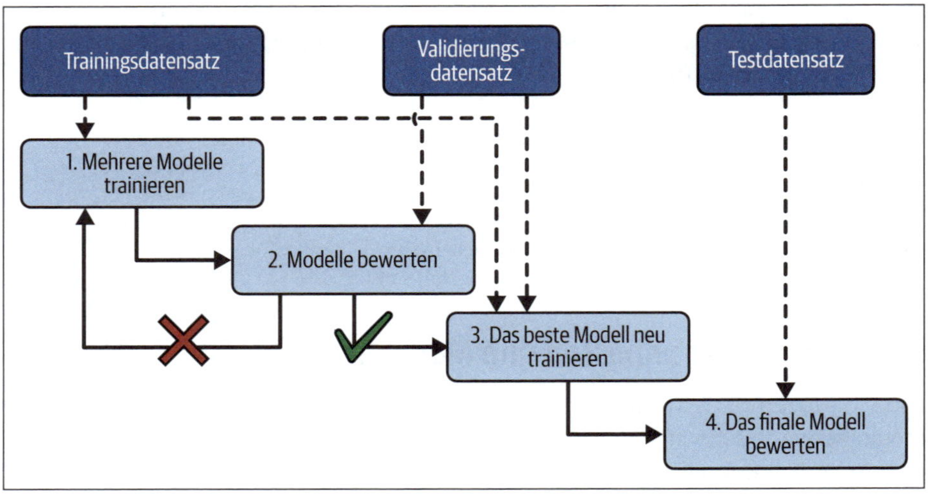

Abbildung 1-25: Modellauswahl durch Hold-out-Validierung.

Dieses Vorgehen funktioniert meist ziemlich gut. Ist aber der Validierungsdatensatz zu klein, wird die Modellbewertung ungenau sein – Sie landen eventuell unabsichtlich bei einem suboptimalen Modell. Ist der Validierungsdatensatz hingegen zu groß, wird der verbleibende Trainingsdatensatz viel kleiner sein als der vollständige Trainingsdatensatz. Warum ist das schlecht? Nun, da das finale Modell mit dem vollständigen Trainingsdatensatz trainiert werden wird, ist es nicht ideal, Modellkandidaten zu vergleichen, die mit einem viel kleineren Trainingsdatensatz trainiert wurden. Das wäre so, als würden Sie den schnellsten Sprinter auswählen, damit er an einem Marathon teilnimmt. Eine Möglichkeit, dieses Problem zu lösen, ist eine wiederholt durchgeführte *Kreuzvalidierung* mit vielen kleinen Validierungsdatensätzen. Jedes Modell wird einmal per Validierungsdatensatz geprüft, nachdem es mit dem Rest der Daten trainiert wurde. Durch ein Mitteln aller Bewertungen eines Modells können Sie dessen Genauigkeit deutlich besser bestimmen. Es gibt aber einen Nachteil: Die Trainingsdauer wird mit der Anzahl der Validierungsdatensätze multipliziert.

Datendiskrepanz

In manchen Fällen kommt man zwar leicht an große Mengen von Trainingsdaten, diese sind aber keine perfekte Repräsentation der im Produktivumfeld verwendeten Daten. Stellen Sie sich zum Beispiel vor, Sie wollten eine Mobil-App bauen, die Bilder von Blumen aufnimmt und automatisch deren Spezies bestimmt. Sie können problemlos Millionen von Blumenbildern aus dem Web laden, aber diese werden nicht perfekt die Bilder repräsentieren, die tatsächlich mit der App auf einem

Smartphone aufgenommen werden. Vielleicht haben Sie nur 10.000 repräsentative Bilder (also solche, die mit der App aufgenommen wurden).

In diesem Fall ist es am wichtigsten, daran zu denken, dass der Validierungsdatensatz und der Testdatensatz in Bezug auf die produktiv genutzten Daten so repräsentativ wie möglich sein müssen, daher sollten sie nur aus repräsentativen Bildern bestehen: Sie können sie mischen und die eine Hälfte in den Validierungsdatensatz sowie die andere in den Testdatensatz stecken (wobei Sie darauf achten müssen, keine Dubletten oder Nahezu-Dubletten in beiden Sets zu haben). Beobachten Sie nach dem Trainieren Ihres Modells mit den Bildern aus dem Web, dass die Genauigkeit des Modells beim Validierungsdatensatz enttäuschend ist, werden Sie nicht wissen, ob das daran liegt, dass das Modell bezüglich des Trainingsdatensatzes overfittet, oder ob es einfach einen Unterschied zwischen den Bildern aus dem Web und denen aus der App gibt.

Eine Lösung ist, einen Teil der Trainingsbilder (aus dem Web) in einen weiteren Datensatz zu stecken, den Andrew Ng als *Train-Dev-Set* bezeichnet. Nachdem das Modell trainiert wurde (mit dem Trainingsdatensatz, *nicht* mit dem Train-Dev-Set), können Sie es auf das Train-Dev-Set loslassen. Funktioniert es schlecht, muss es bezüglich des Trainingsdatensatzes overfittet sein, und Sie sollten versuchen, das Modell zu vereinfachen oder zu regularisieren sowie mehr Trainingsdaten zu erhalten und diese zu säubern. Funktioniert es für den Train-Dev-Datensatz gut, können Sie es auf den Dev-Datensatz loslassen. Funktioniert es dort schlecht, muss das Problem aus der Datendiskrepanz entstanden sein. Sie können versuchen, die Lösung des Problems durch eine Vorverarbeitung der Webbilder anzugehen, sodass sie mehr wie die Bilder aus der App aussehen, und dann das Modell neu zu trainieren. Haben Sie irgendwann ein Modell, das sowohl für den Train-Dev-Datensatz wie auch für den Validierungsdatensatz gut funktioniert, können Sie es ein letztes Mal mit dem Testdatensatz auswerten, um zu prüfen, wie gut es vermutlich im Produktivumfeld agieren wird.

Abbildung 1-26: Gibt es nur wenige echte Daten (rechts), können Sie ähnliche, häufiger vorhandene Daten zum Trainieren nutzen und ein paar davon in einem Train-Dev-Set zurückhalten, um auf Overfitting zu prüfen – die echten Daten werden dann genutzt, um auf Datendiskrepanz zu kontrollieren (Validierungsdatensatz) und die Qualität des finalen Modells zu evaluieren (Testdatensatz).

Das No-Free-Lunch-Theorem

Ein Modell ist eine vereinfachte Repräsentation der Daten. Die Vereinfachung soll überflüssige Details eliminieren, die sich vermutlich nicht auf neue Datenpunkte verallgemeinern lassen. Wählen Sie eine bestimmte Art von Modell aus, treffen Sie implizit *Annahmen* über die Daten. Entscheiden Sie sich beispielsweise für ein lineares Modell, gehen Sie implizit davon aus, dass die Daten grundsätzlich linear sind und die Distanz zwischen den Datenpunkten und der Geraden lediglich Rauschen ist, das man ignorieren kann.

In einem berühmten Artikel aus dem Jahr 1996 (*https://homl.info/8*)[9] zeigte David Wolpert, dass es keinen Grund gibt, ein Modell gegenüber einem anderen zu bevorzugen, wenn Sie absolut keine Annahmen über die Daten treffen. Dies nennt man auch das *No-Free-Lunch-*(NFL-)Theorem. Bei einigen Datensätzen ist das optimale Modell ein lineares Modell, während bei anderen ein neuronales Netz am besten geeignet ist. Es gibt kein Modell, das garantiert *a priori* besser funktioniert (daher der Name des Theorems). Der einzige Weg, wirklich sicherzugehen, ist, alle möglichen Modelle zu evaluieren. Da dies nicht möglich ist, treffen Sie in der Praxis einige wohlüberlegte Annahmen über die Daten und evaluieren nur einige sinnvoll ausgewählte Modelle. Bei einfachen Aufgaben könnten Sie beispielsweise lineare Modelle mit unterschiedlich starker Regularisierung auswerten, bei einer komplexen Aufgabe hingegen verschiedene neuronale Netze.

Übungen

In diesem Kapitel haben wir einige der wichtigsten Begriffe zum Machine Learning behandelt. In den folgenden Kapiteln werden wir uns eingehender damit beschäftigen und mehr Code schreiben, aber zuvor sollten Sie sicherstellen, dass Sie die folgenden Fragen beantworten können:

1. Wie würden Sie Machine Learning definieren?
2. Können Sie vier Arten von Anwendungen nennen, für die Machine Learning gut geeignet ist?
3. Was ist ein gelabelter Trainingsdatensatz?
4. Was sind die zwei verbreitetsten Aufgaben beim überwachten Lernen?
5. Können Sie vier häufig anzutreffende Aufgaben für unüberwachtes Lernen nennen?
6. Was für einen Algorithmus würden Sie verwenden, um einen Roboter über verschiedene unbekannte Oberflächen laufen zu lassen?

9 David Wolpert, »The Lack of A Priori Distinctions Between Learning Algorithms«, *Neural Computation* 8 (1996): 1341–1390.

7. Welche Art Algorithmus würden Sie verwenden, um Ihre Kunden in unterschiedliche Gruppen einzuteilen?
8. Würden Sie die Aufgabe, Spam zu erkennen, als überwachte oder unüberwachte Lernaufgabe einstufen?
9. Was ist ein Onlinelernsystem?
10. Was ist Out-of-Core-Lernen?
11. Welche Art Algorithmus beruht auf einem Ähnlichkeitsmaß, um Vorhersagen zu treffen?
12. Worin besteht der Unterschied zwischen einem Modellparameter und einem Modellhyperparameter?
13. Wonach suchen modellbasierte Algorithmen? Welche Strategie führt am häufigsten zum Erfolg? Wie treffen sie Vorhersagen?
14. Können Sie vier der wichtigsten Herausforderungen beim Machine Learning benennen?
15. Welches Problem liegt vor, wenn Ihr Modell auf den Trainingsdaten eine sehr gute Qualität erbringt, aber schlecht auf neue Daten verallgemeinert? Nennen Sie drei Lösungsansätze.
16. Was ist ein Testdatensatz, und warum sollte man einen verwenden?
17. Was ist der Zweck eines Validierungsdatensatzes?
18. Was ist das Train-Dev-Set, wann brauchen Sie es, und wie verwenden Sie es?
19. Was kann schiefgehen, wenn Sie Hyperparameter mithilfe der Testdaten einstellen?

Die deutschsprachigen Lösungen zu diesen Übungen finden Sie unter *https://dpunkt.de/produkt/praxiseinstieg-machine-learning-mit-scikit-learn-keras-und-tensorflow-2/* auf der Registerkarte *Zusatzmaterial*, die englischsprachigen Lösungen am Ende des Notebooks zu diesem Kapitel unter *https://homl.info/colab3*.

KAPITEL 2

Ein Machine-Learning-Projekt von A bis Z

In diesem Kapitel werden Sie ein Beispielprojekt vom Anfang bis zum Ende durchleben. Wir nehmen dazu an, Sie seien ein frisch angeheuerter Data Scientist in einer Immobilienfirma. Dieses Beispiel ist frei erfunden; das Ziel ist hier, die wichtigsten Schritte eines Machine-Learning-Projekts zu illustrieren, und nicht, etwas über den Immobilienmarkt zu erfahren. Das sind die wichtigsten Schritte, die es zu bearbeiten gilt:

1. Betrachte das Gesamtbild.
2. Beschaffe die Daten.
3. Erkunde und visualisiere die Daten, um daraus Erkenntnisse zu gewinnen.
4. Bereite die Daten für Machine-Learning-Algorithmen vor.
5. Wähle ein Modell aus und trainiere es.
6. Verfeinere das Modell.
7. Präsentiere die Lösung.
8. Nimm das System in Betrieb, beobachte und warte es.

Der Umgang mit realen Daten

Wenn Sie Machine Learning gerade erst erlernen, experimentieren Sie am besten mit realen Daten, nicht mit künstlich generierten Datensätzen. Glücklicherweise stehen Tausende frei verfügbarer Datensätze aus allen möglichen Fachgebieten zur Auswahl. Hier sind einige Quellen, unter denen Sie passende Daten finden können:

- Beliebte Archive mit frei verfügbaren Daten:
  - OpenML.org (*https://openml.org*)
  - Kaggle.com (*https://kaggle.com*)
  - PapersWithCode.com (*https://paperswithcode.com/datasets*)
  - UC Irvine Machine Learning Repository (*https://archive.ics.uci.edu/ml/*)
  - Datensätze von Amazon AWS (*https://registry.opendata.aws/*)
  - Datensätze von TensorFlow (*https://tensorflow.org/datasets*)

- Metaseiten (Listen von Datenarchiven):
  - Data Portals.org (*https://dataportals.org/*)
  - OpenDataMonitor.eu (*https://opendatamonitor.eu/*)
- Andere Seiten, die beliebte offene Datenarchive auflisten:
  - Wikipedia-Seite mit Machine-Learning-Datensätzen (*https://homl.info/9*)
  - Quora.com (*https://homl.info/10*)
  - subreddit zu Datensätzen (*https://reddit.com/r/datasets*)

Für dieses Kapitel suchen wir uns einen Datensatz zu Immobilienpreisen in Kalifornien aus dem StatLib Repository aus (siehe Abbildung 2-1).[1] Dieser Datensatz basiert auf Informationen aus der kalifornischen Volkszählung von 1990. Er ist nicht gerade aktuell (in der San Francisco Bay konnte man sich damals noch ein nettes Häuschen leisten), bietet aber viele Eigenschaften, anhand deren sich gut lernen lässt. Wir werden deshalb so tun, als wären die Daten aktuell. Wir haben aus didaktischen Gründen auch ein zusätzliches Merkmal hinzugefügt und einige Merkmale entfernt.

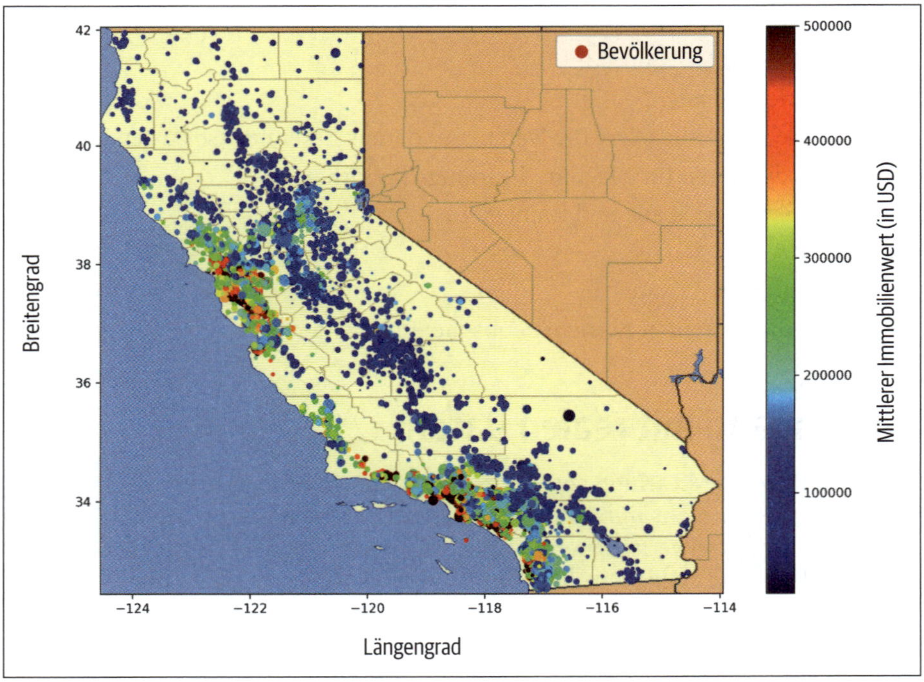

Abbildung 2-1: Immobilienpreise in Kalifornien

1 Der ursprüngliche Datensatz erschien in: R. Kelley Pace and Ronald Barry, »Sparse Spatial Autoregressions«, *Statistics & Probability Letters* 33, no. 3 (1997): 291–297.

Betrachte das Gesamtbild

Willkommen beim Machine-Learning-Immobilienkonzern! Ihre erste Aufgabe ist, ein Modell der Immobilienpreise in Kalifornien mithilfe der Daten aus der kalifornischen Volkszählung zu erstellen. Diese Daten enthalten für jede Blockgruppe in Kalifornien Metriken wie die Bevölkerung, das mittlere Einkommen, die mittleren Immobilienpreise und so weiter. Blockgruppen sind die kleinste geografische Einheit, für die das US Census Bureau Daten veröffentlicht (eine Blockgruppe hat typischerweise eine Bevölkerung von 600 bis 3.000 Menschen). Wir werden diese einfach »Bezirke« nennen.

Ihr Modell sollte aus diesen Daten lernen und in der Lage sein, den mittleren Immobilienpreis in einem beliebigen Bezirk aus allen übrigen Metriken vorherzusagen.

Da Sie ein gut organisierter Data Scientist sein möchten, besteht Ihr erster Arbeitsschritt darin, Ihre Checkliste für Machine-Learning-Projekte zu zücken. Sie können mit der Liste in Anhang A beginnen; diese sollte für die meisten Machine-Learning-Projekte annehmbar funktionieren. Sie sollten sie aber an Ihre Bedürfnisse anpassen. In diesem Kapitel werden wir viele Punkte dieser Checkliste abarbeiten, aber auch einige selbsterklärende oder in späteren Kapiteln besprochene überspringen.

Die Aufgabe abstecken

Die allererste Frage an Ihre Vorgesetzte ist, was denn eigentlich das Geschäftsziel sei; ein Modell zu erstellen, ist vermutlich nicht das eigentliche Ziel. In welcher Weise möchte Ihre Firma das Modell voraussichtlich nutzen und davon profitieren? Von der Antwort hängt ab, wie Sie Ihre Aufgabenstellung formulieren, welche Algorithmen Sie auswählen, welches Qualitätsmaß Sie zum Auswerten des Modells verwenden und wie viel Aufwand Sie in die Optimierung stecken sollten.

Ihre Vorgesetzte antwortet, dass die Ausgabe Ihres Modells (eine Vorhersage des mittleren Immobilienpreises eines Bezirks) zusammen mit anderen *Signalen*[2] in ein anderes Machine-Learning-System eingespeist werden soll (siehe Abbildung 2-2). Dieses nachgeschaltete System soll entscheiden, ob sich Investitionen in einer bestimmten Gegend lohnen oder nicht. Die Richtigkeit dieser Entscheidungen wirkt sich direkt auf die Einnahmen aus.

Die nächste Frage, die Sie Ihrer Chefin stellen sollten, ist, was für eine Lösung bereits verwendet wird (falls überhaupt). Häufig erhalten Sie dabei einen Referenzwert für die Qualität sowie Hinweise zum Lösen der Aufgabe. Ihre Vorgesetzte antwortet Ihnen, dass die Immobilienpreise der Bezirke im Moment von Experten

2 Eine in ein Machine-Learning-System eingegebene Information wird oft nach Claude Shannons Informationstheorie, die er an den Bell Labs entwickelt hat, um die Telekommunikation zu verbessern, als *Signal* bezeichnet: Ein hoher Quotient von Signal und Hintergrundrauschen ist wünschenswert.

manuell geschätzt werden: Ein Team sammelt aktuelle Informationen über einen Bezirk, und wenn es den mittleren Immobilienpreis nicht ermitteln kann, werden diese mithilfe komplexer Regeln geschätzt.

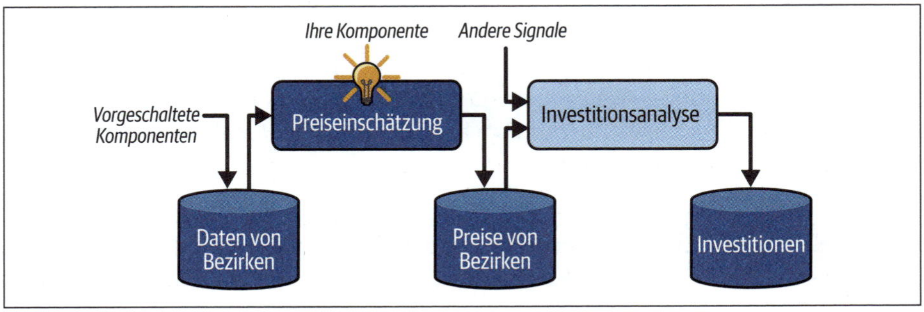

Abbildung 2-2: Eine Machine-Learning-Pipeline für Immobilieninvestitionen

Dieses Verfahren ist sowohl kosten- als auch zeitintensiv, und die Schätzungen sind nicht besonders gut; wenn ein Team den mittleren Immobilienpreis herausfindet, stellt es häufig fest, dass es mit seiner Schätzung um mehr als 10% danebenlag. Deshalb möchte das Unternehmen ein Modell trainieren, um den mittleren Immobilienpreis eines Bezirks aus anderen Angaben über den Bezirk vorherzusagen. Die Daten aus der Volkszählung könnten eine großartige, für diesen Zweck gut nutzbare Datenquelle sein, da sie den mittleren Immobilienpreis und andere Daten für Tausende Bezirke enthalten.

Pipelines

Eine Abfolge von *Komponenten* zur Datenverarbeitung nennt man eine *Pipeline*. Pipelines sind in Machine-Learning-Systemen sehr häufig, weil dabei eine Menge Daten zu bearbeiten und viele Datentransformationen anzuwenden sind.

Diese Komponenten werden üblicherweise asynchron ausgeführt. Jede Komponente liest eine große Datenmenge ein, verarbeitet sie und schiebt die Ergebnisse in einen anderen Datenspeicher. Etwas später liest die nächste Komponente der Pipeline diese Daten ein, produziert ihre eigene Ausgabe und so weiter. Jede Komponente ist einigermaßen eigenständig: Als Schnittstelle zwischen den Komponenten dient der Datenspeicher. Dadurch ist das System recht einfach zu erfassen (mithilfe eines Datenflussdiagramms), und mehrere Teams können sich auf unterschiedliche Komponenten konzentrieren. Wenn außerdem eine Komponente ausfällt, können die nachgeschalteten Komponenten oft normal weiterarbeiten (zumindest für eine Weile), indem sie einfach die letzte Ausgabe der ausgefallenen Komponente verwenden. Dadurch ist diese Architektur recht robust.

Andererseits kann eine ausgefallene Komponente eine ganze Weile unbemerkt bleiben, falls das System nicht angemessen überwacht wird. Die Daten veralten dann, und die Qualität des Gesamtsystems sinkt.

Mit all diesen Informationen sind Sie nun so weit, Ihr System zu entwerfen. Erstens müssen Sie herausfinden, wie das Training ablaufen soll: Handelt es sich um überwachtes Lernen, unüberwachtes, teilüberwachtes oder selbstüberwachtes Lernen oder Reinforcement Learning? Ist es eine Klassifikationsaufgabe, eine Regressionsaufgabe oder etwas anderes? Sollten Sie Techniken aus dem Batch-Learning oder dem Online-Learning verwenden? Bevor Sie weiterlesen, nehmen Sie sich einen Moment Zeit, und versuchen Sie, sich diese Fragen selbst zu beantworten.

Haben Sie die Antworten gefunden? Schauen wir mal: Es ist ganz klar eine typische überwachte Lernaufgabe, da das Modell mit Beispielen mit *Labels* trainiert werden kann (jeder Datenpunkt enthält die erwartete Ausgabe, d. h. den mittleren Immobilienpreis eines Bezirks). Es ist außerdem eine typische Regressionsaufgabe, da Sie einen Zahlenwert vorhersagen sollen. Genauer gesagt, handelt es sich um eine *multiple Regressionsaufgabe*, da das System mehrere Eigenschaften zum Treffen einer Vorhersage heranziehen wird (die Bevölkerung eines Bezirks, das mittlere Einkommen und so weiter). Gleichzeitig ist es auch eine eine *univariate Regressionsaufgabe*, da wir für jeden Bezirk nur einen einzelnen Wert vorhersagen möchten. Würden wir versuchen, mehrere Werte pro Bezirk vorherzusagen, handelte es sich um eine *multivariate Regressionsaufgabe*. Schließlich gibt es keinen kontinuierlichen Strom neuer Daten in das System. Es gibt keinen besonderen Grund, sich auf schnell veränderliche Daten einzustellen, und der Datensatz ist so klein, dass er im Speicher Platz findet. Daher reicht gewöhnliches Batch-Learning völlig aus.

> Wenn die Datenmenge riesig wäre, könnten Sie das Batch-Learning entweder auf mehrere Server verteilen (z. B. mit der *MapReduce*-Technik) oder stattdessen eine Technik zum Online-Learning verwenden.

Wähle ein Qualitätsmaß aus

Der nächste Schritt besteht darin, ein geeignetes Qualitätsmaß auszuwählen. Ein typisches Qualitätsmaß für Regressionsaufgaben ist die *Wurzel der mittleren quadratischen Abweichung* (*Root Mean Square Error*, RMSE). Sie entspricht der Größe des Fehlers, den das System im Mittel bei Vorhersagen macht, wobei großen Fehlern ein höheres Gewicht beigemessen wird. Formel 2-1 zeigt die mathematische Formel zur Berechnung des RMSE.

Formel 2-1: Wurzel der mittleren quadratischen Abweichung (RMSE)

$$\mathrm{RMSE}(\mathbf{X}, h) = \sqrt{\frac{1}{m}\sum_{i=1}^{m}\left(h(\mathbf{x}^{(i)}) - y^{(i)}\right)^2}$$

Schreibweisen

In dieser Gleichung werden mehrere im Machine Learning übliche Schreibweisen verwendet, die wir im gesamten Buch wiedersehen werden:

- m ist die Anzahl Datenpunkte im Datensatz, für den der RMSE bestimmt wird.
  - Wenn Sie beispielsweise den RMSE für einen Validierungsdatensatz mit 2.000 Bezirken auswerten, dann gilt $m = 2000$.
- $\mathbf{x}^{(i)}$ ist ein Vektor der Werte aller Merkmale (ohne das Label) des i. Datenpunkts im Datensatz, und $y^{(i)}$ ist das dazugehörige Label (der gewünschte Ausgabewert für diesen Datenpunkt).
  - Wenn der erste Bezirk beispielsweise bei –118,29° Länge und 33,91° nördlicher Breite liegt, 1.416 Einwohner mit einem mittleren Einkommen von 38.372 USD hat und der mittlere Immobilienpreis 156.400 USD beträgt (die übrigen Merkmale ignorieren wir noch), dann gilt:

$$\mathbf{x}^{(1)} = \begin{pmatrix} -118,29 \\ 33,91 \\ 1416 \\ 38372 \end{pmatrix}$$

und:

$$y^{(1)} = 156400$$

- $\mathbf{X}$ ist eine Matrix mit den Werten sämtlicher Merkmale (ohne Labels) für alle Datenpunkte im Datensatz. Pro Datenpunkt gibt es eine Zeile, und die i. Zeile entspricht der transponierten Form von $\mathbf{x}^{(i)}$, auch als $(\mathbf{x}^{(i)})^T$ geschrieben.[3]
  - Beispielsweise sieht die Matrix $\mathbf{X}$ für den oben beschriebenen ersten Bezirk folgendermaßen aus:

$$\mathbf{X} = \begin{pmatrix} (\mathbf{x}^{(1)})^T \\ (\mathbf{x}^{(2)})^T \\ \vdots \\ (\mathbf{x}^{(1999)})^T \\ (\mathbf{x}^{(2000)})^T \end{pmatrix} = \begin{pmatrix} -118.29 & 33.91 & 1416 & 38372 \\ \vdots & \vdots & \vdots & \vdots \end{pmatrix}$$

- h ist die Vorhersagefunktion Ihres Systems, auch *Hypothese* genannt. Wenn Ihr System den Merkmalsvektor eines Datenpunkts $\mathbf{x}^{(i)}$ erhält, gibt es den Vorhersagewert $\hat{y}^{(i)} = h(\mathbf{x}^{(i)})$ für diesen Datenpunkt aus.
  - Sagt Ihr System beispielsweise im ersten Bezirk einen mittleren Immobilienpreis von 158.400 USD vorher, ist $\hat{y}^{(1)} = h(\mathbf{x}^{(1)}) = 158400$. Der Vorhersagefehler für diesen Bezirk ist dann $\hat{y}^{(1)} - y^{(1)} = 2000$.

3 Der Transponierungsoperator wandelt einen Spaltenvektor in einen Zeilenvektor um und umgekehrt.

- RMSE(X,h) ist die auf den Beispieldaten mit Ihrer Hypothese h gemessene Kostenfunktion.

Wir verwenden kursive Kleinbuchstaben für Skalare (wie m oder $y^{(i)}$) und Funktionen (wie h), fett gedruckte Kleinbuchstaben für Vektoren (wie $\mathbf{x}^{(i)}$) und fett gedruckte Großbuchstaben für Matrizen (wie $\mathbf{X}$).

Obwohl der RMSE bei Regressionsaufgaben grundsätzlich das Qualitätsmaß erster Wahl ist, sollten Sie in manchen Situationen eine andere Funktion vorziehen. Nehmen wir an, es gäbe viele Ausreißer unter den Bezirken. In diesem Fall könnten Sie den *mittleren absoluten Fehler* (MAE, auch als mittlere absolute Abweichung bezeichnet; siehe Formel 2-2) berücksichtigen:

Formel 2-2: Mittlerer absoluter Fehler

$$\mathrm{MAE}(\mathbf{X}, h) = \frac{1}{m} \sum_{i=1}^{m} \left| h(\mathbf{x}^{(i)}) - y^{(i)} \right|$$

Sowohl RMSE als auch MAE quantifizieren den Abstand zwischen zwei Vektoren: dem Vektor aller Vorhersagen und dem Vektor mit den Zielwerten. Dabei sind unterschiedliche Abstandsmaße oder Normen möglich:

- Die Wurzel einer quadratischen Summe (RMSE) entspricht dem *euklidischen Abstand*: Dies ist der Ihnen vertraute Abstand. Sie wird auch als ℓ_2-*Norm* oder $\| \cdot \|_2$ (oder einfach $\| \cdot \|$) bezeichnet.
- Das Berechnen einer Summe von Absolutwerten (MAE) entspricht der ℓ_1-*Norm*, geschrieben als $\| \cdot \|_1$. Bisweilen nennt man sie auch *Manhattan-Metrik*, da sie den Abstand zwischen zwei Punkten in einer Stadt angibt, in der man sich nur entlang rechtwinkliger Häuserblöcke bewegen kann.
- Allgemeiner ist die ℓ_k-*Norm* eines Vektors $\mathbf{v}$ mit n Elementen als $\| \mathbf{v} \|_k = \left(|v_1|^k + |v_2|^k + \ldots + |v_n|^k \right)^{\frac{1}{k}}$ definiert. ℓ_0 gibt einfach nur die Anzahl der Elemente ungleich null im Vektor wieder, und ℓ_∞ berechnet den größten Absolutwert im Vektor.
- Je höher der Index einer Norm ist, umso stärker berücksichtigt er große Werte und vernachlässigt kleinere. Deshalb ist der RMSE empfindlicher für Ausreißer als der MAE. Sind Ausreißer aber exponentiell selten (wie in einer Glockenkurve), funktioniert der RMSE sehr gut und ist grundsätzlich vorzuziehen.

Überprüfe die Annahmen

Es ist eine gute Angewohnheit, die bisher (von Ihnen oder von anderen) getroffenen Annahmen aufzuschreiben und zu überprüfen; damit können Sie größere Schwierigkeiten früh erkennen. Die von Ihrem System vorhergesagten Preise für einzelne Bezirke werden in ein nachgeschaltetes Machine-Learning-System eingegeben. Wir nehmen an, dass die Preise als solche verwendet werden. Was aber, wenn das nachgeschaltete System stattdessen die Preise in Kategorien einteilt (z.B. »günstig«, »mittel« oder »teuer«) und anstelle der Preise dann diese Kategorien verwendet? In dem Fall wäre es überhaupt nicht wichtig, den Preis genau vorherzusagen; Ihr System müsste lediglich die Kategorie richtig bestimmen. Ist das der Fall, sollte die Aufgabe als Klassifikation beschrieben werden, nicht als Regression. Zu dieser Art von Erkenntnissen möchte man nicht erst nach monatelanger Arbeit an einem Regressionssystem gelangen.

Nachdem Sie mit dem für das nachgeschaltete System zuständigen Team gesprochen haben, sind Sie sich glücklicherweise sicher, dass Sie tatsächlich die Preise und keine Kategorien benötigen. Großartig! Damit sind wir gut aufgestellt und haben grünes Licht, um mit dem Programmieren zu beginnen!

Beschaffe die Daten

Es ist Zeit, sich die Hände schmutzig zu machen. Sie können sich gern Ihren Laptop nehmen und die folgenden Codebeispiele in einem Jupyter Notebook nachvollziehen. Wie schon in der Einleitung erwähnt, sind alle Codebeispiele in diesem Buch Open Source. Sie finden sie als Jupyter Notebook unter *https://github.com/ageron/handson-mls3*. Dabei handelt es sich um interaktive Dokumente mit Text, Bildern und ausführbaren Codeschnipseln (in unserem Fall in Python). In diesem Buch gehe ich davon aus, dass Sie diese Notebooks auf Google Colab ausführen – einem kostenlosen Dienst, auf dem Sie beliebige Jupyter Notebooks direkt online laufen lassen können, ohne etwas auf Ihrem Rechner installieren zu müssen. Wollen Sie eine andere Onlineplattform nutzen (zum Beispiel Kaggle) oder möchten Sie alles lokal auf Ihrem eigenen Computer installieren, schauen Sie sich die Anleitungen dazu bitte auf der GitHub-Seite des Buchs an.

Die Codebeispiele mit Google Colab ausführen

Öffnen Sie einen Webbrowser und rufen Sie *https://homl.info/colab3* auf: Damit landen Sie bei Google Colab, und es wird eine Liste der Jupyter Notebooks für dieses Buch angezeigt (siehe Abbildung 2-3). Es gibt ein Notebook pro Kapitel und dazu ein paar zusätzliche Notebooks und Tutorials für NumPy, Matplotlib, Pandas, lineare Algebra und die Differenzialrechnung. Klicken Sie beispielsweise auf *02_end_to_end_machine_learning_project.ipynb*, wird das Notebook für Kapitel 2 in Google Colab geöffnet (siehe Abbildung 2-4).

Ein Jupyter Notebook besteht aus einer Liste mit Zellen. Jede Zelle enthält entweder ausführbaren Code oder Text. Klicken Sie einmal auf die erste Textzelle (die den Satz »Welcome to Machine Learning Housing Corp.!« enthält). Damit wird sie zum Editieren geöffnet. Beachten Sie, dass Jupyter Notebooks die Markdown-Syntax zum Formatieren nutzen (zum Beispiel `**fett**`, `*kursiv*`, `# Titel`, `[Link text](url)` und so weiter). Versuchen Sie, diesen Text zu verändern, und drücken Sie dann Umschalt-Enter, um das Ergebnis zu sehen.

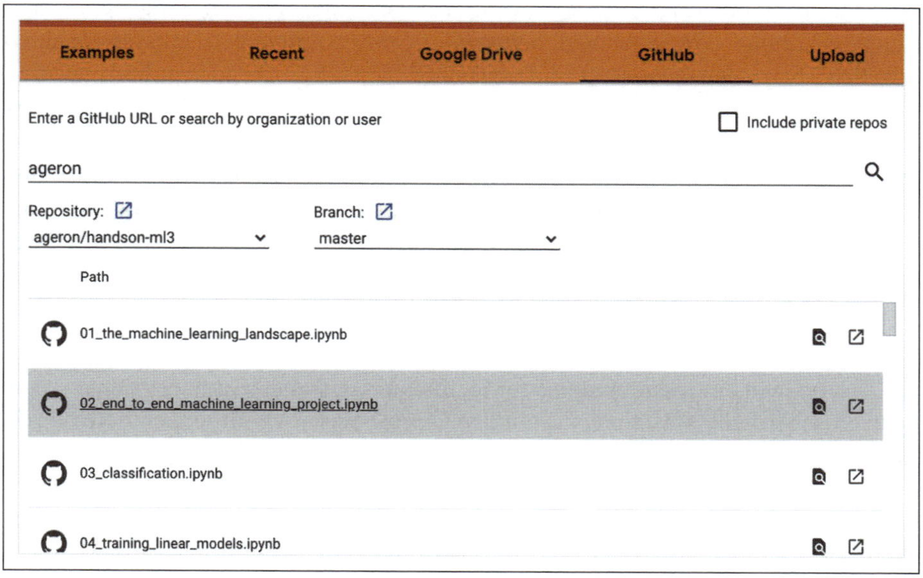

Abbildung 2-3: Liste mit Notebooks in Google Colab

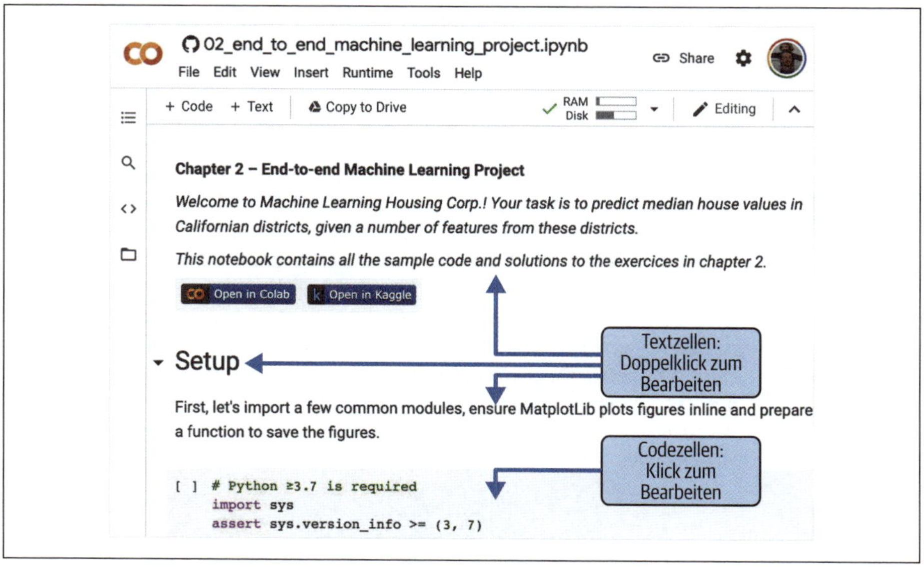

Abbildung 2-4: Ihr Notebook in Google Colab

Als Nächstes erstellen Sie eine neue Codezelle, indem Sie »Insert → Code cell« aus dem Menü wählen. Alternativ können Sie auf den Button »+ Code« in der Toolbar klicken oder sich mit Ihrer Maus über das untere Ende einer Zelle bewegen, bis Sie »+ Code« und »+ Text« sehen, und dann auf »+ Code« klicken. In die neue Codezelle geben Sie etwas Python-Code ein, wie zum Beispiel `print("Hello World")`, und drücken dann Umschalt-Enter, um diesen Code auszuführen (oder Sie klicken auf den ▷-Button auf der linken Seite der Zelle).

Sind Sie nicht mit Ihrem Google-Account angemeldet, werden Sie gebeten, dies nun nachzuholen (wenn Sie noch keinen Google-Account haben, müssen Sie einen erstellen). Sind Sie angemeldet und versuchen Sie, den Code auszuführen, werden Sie eine Sicherheitswarnung erhalten, die Ihnen mitteilt, dass dieses Notebook nicht von Google erstellt wurde. Eine böswillige Person könnte ein Notebook erstellen, das versucht, Sie dazu zu bringen, Ihre Anmeldedaten einzugeben, sodass sie auf Ihre persönlichen Daten zugreifen kann. Bevor Sie also ein Notebook ausführen, stellen Sie immer sicher, dass Sie dessen Autor oder Autorin vertrauen (oder prüfen Sie genau, was jede Codezelle tut, bevor Sie sie starten). Wenn Sie mir vertrauen (oder vorhaben, jede Codezelle genau zu prüfen), können Sie nun auf »Run anyway« klicken.

Colab wird jetzt eine neue *Runtime* für Sie allokieren: Dabei handelt es sich um eine kostenlose virtuelle Maschine, die auf den Google-Servern läuft und eine Reihe von Tools und Python-Bibliotheken enthält – unter anderem all das, was Sie für die meisten Kapitel brauchen (in manchen Kapiteln müssen Sie einen Befehl ausführen, um zusätzliche Bibliotheken zu installieren). Das wird ein paar Sekunden brauchen. Als Nächstes wird sich Colab automatisch mit dieser Runtime verbinden und sie verwenden, um Ihre neue Codezelle auszuführen. Wichtig zu wissen ist, dass der Code auf der Runtime läuft, *nicht* auf Ihrem Rechner. Die Ausgabe des Codes wird unter der Zelle angezeigt. Herzlichen Glückwunsch – Sie haben Python-Code auf Colab ausgeführt!

> Um eine neue Codezelle einzufügen, können Sie auch Strg-M (oder Cmd-M in macOS), gefolgt von einem A (um sie oberhalb der aktiven Zelle einzufügen) oder einem B (zum Einfügen unterhalb) drücken. Es gibt noch viele weitere Tastenkürzel: Sie können sich diese mit Strg-M (oder Cmd-M), gefolgt von H anzeigen lassen und sie anpassen. Entscheiden Sie sich dazu, die Notebooks auf Kaggle oder auf Ihrem eigenen Rechner mit JupyterLab oder einer IDE wie Visual Studio Code mit der Jupyter-Extension laufen zu lassen, werden Ihnen ein paar kleine Unterschiede auffallen – Runtimes werden als *Kernel* bezeichnet, die Benutzeroberfläche und die Tastenkürzel sind etwas anders und so weiter –, aber ein Wechsel von einer Jupyter-Umgebung zu einer anderen ist nicht allzu schwer.

Ihre Codeänderungen und Daten sichern

Sie können Änderungen an Colab-Notebooks vornehmen, aber diese bleiben nur so lange bestehen, wie Sie Ihren Browser-Tab offen lassen. Sobald Sie ihn schließen, sind sie verloren. Um das zu verhindern, achten Sie darauf, eine Kopie des Notebooks auf Ihrem Google Drive zu sichern, indem Sie »File → Save a copy in Drive« anklicken. Alternativ laden Sie das Notebook auf Ihren Computer herunter, indem Sie »File → Download → Download .ipynb« aufrufen. Dann können Sie zu einem späteren Zeitpunkt *https://colab.research.google.com* wieder aufrufen und das Notebook erneut öffnen (entweder von Google Drive oder indem Sie es von Ihrem Computer hochladen).

> Google Colab ist nur für eine interaktive Nutzung gedacht: Sie können in den Notebooks herumspielen und am Code drehen, aber Sie können sie nicht längere Zeit unbeaufsichtigt laufen lassen, da dann die Runtime heruntergefahren wird und alle Daten verloren gehen.

Erzeugt das Notebook Daten, die Ihnen wichtig sind, sollten Sie dafür sorgen, dass Sie sie herunterladen, bevor die Runtime beendet wird. Dazu klicken Sie auf das »Files«-Icon (siehe Schritt 1 in Abbildung 2-5), suchen nach der Datei, die Sie herunterladen wollen, klicken auf die vertikalen Punkte daneben (Schritt 2) und dann auf »Download« (Schritt 3). Alternativ können Sie Ihr Google Drive auf der Runtime mounten, sodass das Notebook Dateien direkt von Google Drive lesen und darauf schreiben kann – so, als würde es sich um ein lokales Verzeichnis handeln. Dazu klicken Sie auf das »Files«-Icon (Schritt 1), dann auf das Google-Drive-Icon (in Abbildung 2-5 umkreist) und folgen den Anweisungen auf dem Bildschirm.

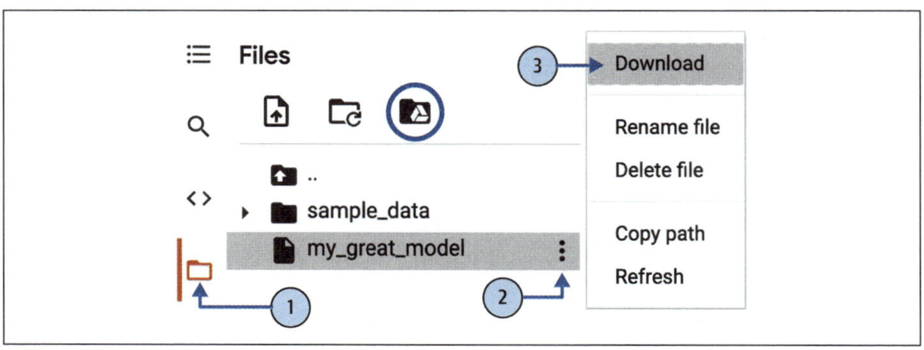

Abbildung 2-5: Eine Datei von einer Google Colab Runtime herunterladen (Schritte 1 bis 3) oder Ihr Google Drive mounten (eingekreist)

Standardmäßig wird Ihr Google Drive unter */content/drive/MyDrive* gemountet. Wollen Sie eine Datendatei sichern, kopieren Sie sie einfach in dieses Verzeichnis, indem Sie `!cp /content/my_great_model /content/drive/MyDrive` aufrufen. Alle Befehle, die mit einem Ausrufezeichen (`!`) beginnen, werden als Shell-Befehl und nicht als Python-Code behandelt: `cp` ist der Linux-Shell-Befehl, mit dem sich eine Datei von einem Pfad in einen anderen kopieren lässt. Colab-Runtimes laufen unter Linux (genauer unter Ubuntu).

Interaktivität – mächtig, aber gefährlich

Jupyter Notebooks sind interaktiv, und das ist eine tolle Sache: Sie können jede Zelle für sich ausführen, jederzeit stoppen, eine Zelle einfügen, mit dem Code spielen, einen Schritt zurückgehen und dieselbe Zelle erneut ausführen und so weiter – und ich möchte Sie dazu ermutigen, das auch unbedingt zu tun. Führen Sie die Zellen einfach eine nach der anderen aus, ohne mit ihnen zu experimentieren, werden Sie nicht so schnell dazulernen. Aber diese Flexibilität hat ihren Preis: Es ist sehr leicht, Zellen in der falschen Reihenfolge auszuführen oder zu vergessen, eine Zelle zu starten. Wenn das passiert, wird der folgende Code sehr wahrscheinlich Probleme haben. So enthält beispielsweise die allererste Codezelle in jedem Notebook Setup-Code (wie zum Beispiel Importe), der auf jeden Fall als Erstes ausgeführt werden sollte, weil sonst nichts funktionieren wird.

> Sehen Sie sich einmal einem seltsamen Fehler gegenüber, versuchen Sie, die Runtime neu zu starten (im Menü über »Runtime → Restart runtime«) und dann alle Zellen vom Beginn des Notebooks an erneut auszuführen. Das löst oft das Problem. Wenn das nicht hilft, hat wahrscheinlich eine Ihrer Änderungen für den Fehler gesorgt: Setzen Sie es einfach auf den Originalzustand zurück und versuchen Sie es erneut. Gibt es dann immer noch Probleme, melden Sie das bitte bei GitHub.

Code im Buch versus Notebook-Code

Sie werden manchmal kleine Unterschiede zwischen dem Code in diesem Buch und dem Code in den Notebooks finden. Das kann aus verschiedenen Gründen passieren:

- Eine Bibliothek hat sich ein wenig geändert, wenn Sie diese Zeilen lesen, oder vielleicht habe ich selbst trotz aller Bemühungen einen Fehler im Buch gemacht. Leider kann ich den Code in Ihrem Buch nicht per Magie beheben (sofern Sie nicht eine elektronische Variante nutzen und die neueste Version herunterladen), aber ich kann die Notebooks korrigieren. Stolpern Sie also über einen Fehler, nachdem Sie Code aus diesem Buch kopiert haben, suchen Sie bitte in den Notebooks nach der korrigierten Version: Ich werde versuchen, sie fehlerfrei und mit den aktuellsten Versionen der Bibliotheken lauffähig zu halten.
- Die Notebooks enthalten zusätzlichen Code, um die Abbildungen schöner zu machen (zusätzliche Bezeichnungen, Anpassen der Schriftgröße und so weiter) und mit höherer Auflösung für das Buch sichern zu können. Diesen zusätzlichen Code können Sie bedenkenlos ignorieren, wenn Sie das wollen.

Ich habe den Code so optimiert, dass er besser lesbar und einfacher ist: Er ist so linear und flach wie möglich, und er definiert sehr wenige Funktionen oder Klassen. Ziel ist, sicherzustellen, dass sich der Code, den Sie ausführen, direkt vor Ihnen befindet und nicht irgendwo unter diversen Abstraktionsschichten begraben ist, die Sie erst beiseiteräumen müssen. Dies erleichtert auch das Experimentieren mit dem Code. Aus Gründen der Einfachheit gibt es keine Fehlerbehandlung, und ich habe ein paar der am wenigsten gebräuchlichen Importe direkt dort untergebracht, wo ich sie brauchte (statt sie am Beginn der Datei zu platzieren, wie das durch den PEP 8 Python Style Guide empfohlen wird). Ihr produktiver Code wird aber trotzdem nicht groß anders sein – nur etwas modularer sowie mit Fehlerbehandlung und mehr Tests.

Okay! Nachdem Sie sich etwas mit Colab vertraut gemacht haben, können Sie nun die Daten herunterladen.

Die Daten herunterladen

In einer typischen Arbeitsumgebung wären Ihre Daten in einer relationalen Datenbank (oder einem anderen Datenspeicher) und über viele Tabellen, Dokumente oder Dateien verteilt. Um auf sie zuzugreifen, müssten Sie zuerst Zugriffsrechte und Passwörter erhalten[4] und sich mit dem Datenmodell vertraut machen. In diesem Projekt sind die Dinge jedoch deutlich einfacher: Sie laden *housing.tgz* herunter, eine einzelne komprimierte Datei, in der sämtliche Daten als kommaseparierte Datei (CSV) namens *housing.csv* vorliegen.

Statt die Daten manuell herunterzuladen und auszupacken, ist es im Allgemeinen besser, eine Funktion zu schreiben, die das für Sie erledigt. Eine solche Funktion ist besonders dann nützlich, wenn sich die Daten regelmäßig ändern, weil Sie so die jeweils neuesten Daten mit einem selbst geschriebenen Skript herunterladen können (Sie könnten dieses automatisch in regelmäßigen Abständen ausführen lassen). Den Prozess der Datenbeschaffung zu automatisieren, hilft außerdem, wenn Sie den Datensatz auf mehreren Maschinen installieren möchten.

Mit der folgenden Funktion können Sie die Daten herunterladen:

```
from pathlib import Path
import pandas as pd
import tarfile
import urllib.request

def load_housing_data():
    tarball_path = Path("datasets/housing.tgz")
    if not tarball_path.is_file():
        Path("datasets").mkdir(parents=True, exist_ok=True)
        url = "https://github.com/ageron/data/raw/main/housing.tgz"
```

4 Sie müssten eventuell auch gesetzliche Vorgaben berücksichtigen, z. B. Felder mit persönlichen Daten, die niemals in ungeschützte Datenspeicher kopiert werden dürfen.

```
        urllib.request.urlretrieve(url, tarball_path)
        with tarfile.open(tarball_path) as housing_tarball:
            housing_tarball.extractall(path="datasets")
    return pd.read_csv(Path("datasets/housing/housing.csv"))

housing = load_housing_data()
```

Wenn Sie nun `load_housing_data()` aufrufen, wird nach der Datei *datasets/housing.tgz* gesucht. Wird diese nicht gefunden, erstellt die Funktion das Verzeichnis *datasets* im aktuellen Verzeichnis (was in Colab standardmäßig */content* ist), lädt *housing.tgz* aus dem GitHub-Repository *ageron/data* herunter und extrahiert sie in das Verzeichnis *datasets* – das erzeugt das Verzeichnis *datasets/housing* mit der Datei *housing.csv*. Schließlich lädt die Funktion diese CSV-Datei in ein DataFrame-Objekt von Pandas und gibt es zurück.

Wirf einen kurzen Blick auf die Datenstruktur

Schauen wir uns die ersten fünf Zeilen des DataFrames mit der Methode `head()` an (siehe Abbildung 2-6).

```
housing.head()
```

	longitude	latitude	housing_median_age	median_income	ocean_proximity	median_house_value
0	-122.23	37.88	41.0	8.3252	NEAR BAY	452600.0
1	-122.22	37.86	21.0	8.3014	NEAR BAY	358500.0
2	-122.24	37.85	52.0	7.2574	NEAR BAY	352100.0
3	-122.25	37.85	52.0	5.6431	NEAR BAY	341300.0
4	-122.25	37.85	52.0	3.8462	NEAR BAY	342200.0

Abbildung 2-6: Die ersten fünf Zeilen im Datensatz

Jede Zeile steht für einen Bezirk. Es gibt zehn Merkmale (nicht alle sind im Screenshot zu sehen): `longitude`, `latitude`, `housing_median_age`, `total_rooms`, `total_bedrooms`, `population`, `households`, `median_income`, `median_house_value` und `ocean_proximity`.

Die Methode `info()` hilft, schnell eine Beschreibung der Daten zu erhalten. Dies sind insbesondere die Anzahl der Zeilen, der Typ jedes Attributs und die Anzahl der Werte ungleich null:

```
>>> housing.info()
<class 'pandas.core.frame.DataFrame'>
RangeIndex: 20640 entries, 0 to 20639
Data columns (total 10 columns):
 #   Column              Non-Null Count  Dtype
---  ------              --------------  -----
 0   longitude           20640 non-null  float64
 1   latitude            20640 non-null  float64
 2   housing_median_age  20640 non-null  float64
```

```
 3   total_rooms         20640 non-null  float64
 4   total_bedrooms      20433 non-null  float64
 5   population          20640 non-null  float64
 6   households          20640 non-null  float64
 7   median_income       20640 non-null  float64
 8   median_house_value  20640 non-null  float64
 9   ocean_proximity     20640 non-null  object
dtypes: float64(9), object(1)
memory usage: 1.6+ MB
```

> Enthält in diesem Buch ein Codebeispiel wie dieses hier eine Kombination aus Code und Ausgabe, wird es aus Gründen der besseren Lesbarkeit wie im Python-Interpreter formatiert: Den Codezeilen ist >>> (oder ... für eingerückte Blöcke) vorangestellt, während die Ausgabe kein Präfix besitzt.

Im Datensatz gibt es 20.640 Datenpunkte. Damit ist er für Machine-Learning-Verhältnisse eher klein, für den Anfang ist das aber ausgezeichnet! Beachten Sie, dass das Merkmal `total_bedrooms` nur 20.433 Werte ungleich null hat, es gibt also 207 Bezirke ohne diese Angabe. Darum werden wir uns später kümmern müssen.

Bis auf das Feld `ocean_proximity` sind sämtliche Merkmale numerisch. Dessen Typ ist `object`, und es könnte beliebige Python-Objekte enthalten. Da Sie aber diese Daten aus einer CSV-Datei geladen haben, muss es sich dabei natürlich um Text handeln. Beim Betrachten der ersten fünf Zeilen haben Sie möglicherweise bemerkt, dass sich die Werte in der Spalte `ocean_proximity` wiederholen. Es handelt sich dabei also um ein kategorisches Merkmal. Sie können mit der Methode `value_counts()` herausfinden, welche Kategorien es gibt und wie viele Bezirke zu jeder Kategorie gehören:

```
>>> housing["ocean_proximity"].value_counts()
<1H OCEAN     9136
INLAND        6551
NEAR OCEAN    2658
NEAR BAY      2290
ISLAND           5
Name: ocean_proximity, dtype: int64
```

Betrachten wir auch die anderen Spalten. Die Methode `describe()` fasst die numerischen Merkmale zusammen (siehe Abbildung 2-7).

Die Zeilen `count`, `mean`, `min` und `max` sind selbsterklärend. Beachten Sie, dass die leeren Werte ignoriert werden (z.B. beträgt `count` bei `total_bedrooms` 20433, nicht 20640). Die Zeile `std` enthält die *Standardabweichung*, die die Streuung der Werte angibt.[5] Die Zeilen mit `25%`, `50%` und `75%` zeigen die entsprechenden *Perzentile*: Ein

5 Die Standardabweichung wird im Allgemeinen mit σ angegeben (dem griechischen Buchstaben Sigma) und ist die Quadratwurzel der *Varianz*, der durchschnittlichen quadratischen Abweichung vom Mittelwert. Wenn ein Merkmal der sehr häufigen glockenförmigen *Normalverteilung* folgt (auch *Gaußverteilung* genannt), gilt die »68-95-99,7«-Regel: Etwa 68 % der Werte liegen innerhalb von 1σ des Mittelwerts, 95 % innerhalb von 2σ und 99,7 % innerhalb von 3σ.

Perzentil besagt, dass ein bestimmter prozentualer Anteil der Beobachtungen unterhalb eines Werts liegt. Beispielsweise haben 25% der Bezirke ein `housing_median_age` unter 18, 50% liegen unter 29, und 75% liegen unter 37. Diese nennt man oft das 25. Perzentil (oder 1. *Quartil*), den Median und das 75. Perzentil (oder 3. Quartil).

```
housing.describe()
```

	longitude	latitude	housing_median_age	total_rooms	total_bedrooms	median_house_value
count	20640.000000	20640.000000	20640.000000	20640.000000	20433.000000	20640.000000
mean	-119.569704	35.631861	28.639486	2635.763081	537.870553	206855.816909
std	2.003532	2.135952	12.585558	2181.615252	421.385070	115395.615874
min	-124.350000	32.540000	1.000000	2.000000	1.000000	14999.000000
25%	-121.800000	33.930000	18.000000	1447.750000	296.000000	119600.000000
50%	-118.490000	34.260000	29.000000	2127.000000	435.000000	179700.000000
75%	-118.010000	37.710000	37.000000	3148.000000	647.000000	264725.000000
max	-114.310000	41.950000	52.000000	39320.000000	6445.000000	500001.000000

Abbildung 2-7: Zusammenfassung aller numerischen Merkmale

Eine andere Möglichkeit, schnell einen Eindruck von den Daten, die wir sehen, zu erhalten, ist, für jedes numerische Merkmal ein Histogramm zu plotten. Ein Histogramm zeigt die Anzahl Datenpunkte (auf der vertikalen Achse), die in einem bestimmten Wertebereich (auf der horizontalen Achse) liegen. Sie können diese entweder für jedes Merkmal einzeln plotten oder die Methode `hist()` für den gesamten Datensatz aufrufen (wie im folgenden Codebeispiel) und für jedes numerische Merkmal ein Histogramm erhalten (siehe Abbildung 2-8):

```
import matplotlib.pyplot as plt

housing.hist(bins=50, figsize=(12, 8))
plt.show()
```

In diesen Histogrammen gibt es einiges zu sehen:

- Erstens sieht das mittlere Einkommen nicht nach Werten in US-Dollar aus (USD). Nachdem Sie sich mit dem Team, das die Daten erhoben hat, in Verbindung gesetzt haben, erfahren Sie, dass die Daten skaliert wurden und für höhere mittlere Einkommen nach oben bei 15 (genau 15,0001) und für geringere mittlere Einkommen nach unten bei 0,5 (genau 0,4999) abgeschnitten wurden. Die Zahlen stehen ungefähr für 10.000 USD (eine 3 bedeutet also etwa 30.000 USD). Es ist im Machine Learning durchaus üblich, mit solchen vorverarbeiteten Merkmalen zu arbeiten, was nicht notwendigerweise ein Problem darstellt. Sie sollten aber versuchen, nachzuvollziehen, wie die Daten berechnet wurden.
- Das mittlere Alter und der mittlere Wert von Gebäuden wurden ebenfalls gekappt. Letzteres könnte sich als ernstes Problem herausstellen, da Ihre Ziel-

größe (Ihr Label) betroffen ist. Ihre Machine-Learning-Algorithmen könnten dann lernen, dass es keine Preise jenseits dieser Obergrenze gibt. Sie müssen mit Ihrem Team (dem Team, das die Ausgabe Ihres Systems nutzen möchte) klären, ob das ein Problem darstellt oder nicht. Wenn Ihnen erklärt wird, dass auch jenseits von 500.000 USD präzise Vorhersagen nötig sind, haben Sie zwei Alternativen:

  - Für die nach oben begrenzten Bezirke korrekte Labels zu sammeln.
  - Die entsprechenden Bezirke aus dem Trainingsdatensatz zu entfernen (auch aus dem Testdatensatz, da Ihr System nicht als schlechter eingestuft werden sollte, wenn es Werte jenseits von 50.000 USD vorhersagt).

- Diese Attribute haben sehr unterschiedliche Wertebereiche. Wir werden das weiter unten in diesem Kapitel besprechen, wenn wir uns dem Skalieren von Merkmalen widmen.
- Schließlich sind viele der Histogramme *rechtsschief*: Sie erstrecken sich viel weiter vom Median nach rechts als nach links. Dadurch wird das Erkennen von Mustern für einige Machine-Learning-Algorithmen schwieriger. Wir werden später versuchen, diese Merkmale zu einer annähernd glockenförmigen Verteilung zu transformieren.

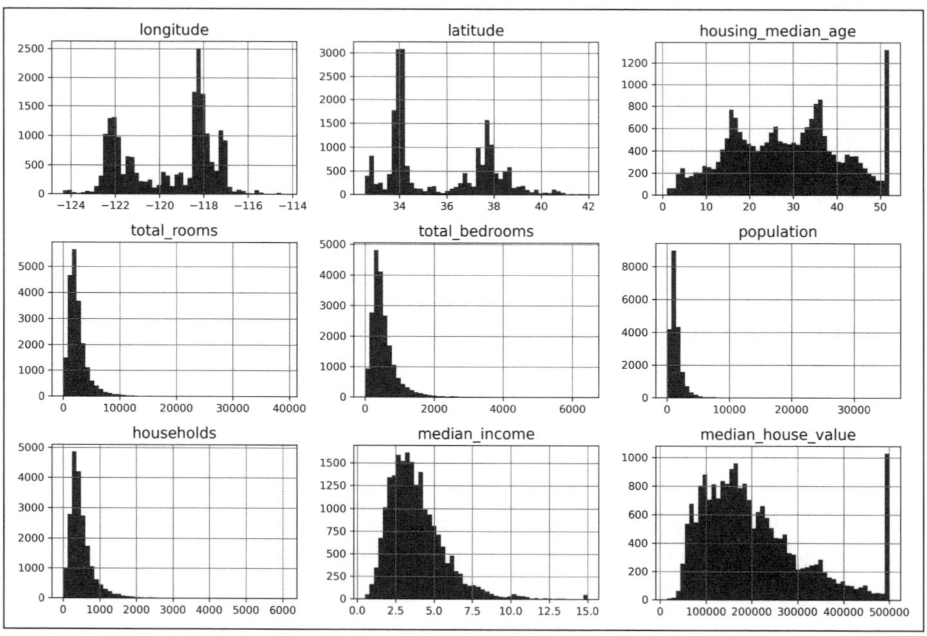

Abbildung 2-8: Ein Histogramm für jedes numerische Attribut

Hoffentlich haben Sie nun einen besseren Eindruck von den Daten, mit denen Sie sich beschäftigen.

Warten Sie! Bevor Sie sich die Daten weiter ansehen, sollten Sie einen Testdatensatz erstellen, beiseitelegen und nicht hineinschauen.

Erstelle einen Testdatensatz

Es mag sich seltsam anhören, an dieser Stelle einen Teil der Daten freiwillig beiseitezulegen. Schließlich haben wir gerade erst einen kurzen Blick auf die Daten geworfen, und Sie sollten bestimmt noch weiter analysieren, bevor Sie sich für einen Algorithmus entscheiden, oder? Das ist zwar richtig, aber Ihr Gehirn besitzt ein faszinierendes System zur Mustererkennung. Es ist daher äußerst anfällig für Overfitting: Wenn Sie sich die Testdaten ansehen, könnten Sie auf ein interessantes Muster im Datensatz stoßen, das Sie zur Auswahl eines bestimmten Machine-Learning-Modells veranlasst. Wenn Sie den Fehler der Verallgemeinerung anhand des Testdatensatzes schätzen, wird Ihr Schätzwert zu optimistisch ausfallen, und Sie würden in der Folge ein System starten, das die erwartete Vorhersagequalität nicht erfüllt. Dies nennt man auch das *Data-Snooping-Bias*.

Einen Testdatensatz zu erstellen, ist theoretisch einfach: Wählen Sie zufällig einige Datenpunkte aus, meist 20% des Datensatzes (oder weniger, wenn Ihr Datensatz sehr groß ist), und legen Sie sie beiseite:

```
import numpy as np

def shuffle_and_split_data(data, test_ratio):
    shuffled_indices = np.random.permutation(len(data))
    test_set_size = int(len(data) * test_ratio)
    test_indices = shuffled_indices[:test_set_size]
    train_indices = shuffled_indices[test_set_size:]
    return data.iloc[train_indices], data.iloc[test_indices]
```

Sie können diese Funktion anschließend folgendermaßen verwenden:

```
>>> train_set, test_set = shuffle_and_split_data(housing, 0.2)
>>> len(train_set)
16512
>>> len(test_set)
4128
```

Das funktioniert, ist aber noch nicht perfekt: Wenn Sie dieses Programm erneut ausführen, erzeugt es einen anderen Testdatensatz! Sie (oder Ihre Machine-Learning-Algorithmen) werden mit der Zeit den kompletten Datensatz als Gesamtes sehen, was Sie ja genau vermeiden möchten.

Eine Lösungsmöglichkeit besteht darin, den Testdatensatz beim ersten Durchlauf zu speichern und in späteren Durchläufen zu laden. Eine andere Möglichkeit ist, den Seed-Wert des Zufallsgenerators festzulegen (z.B. mit `np.random.seed(42)`[6]), bevor Sie `np.random.permutation()` aufrufen, sodass jedes Mal die gleichen durchmischten Indizes generiert werden.

Allerdings scheitern beide Lösungsansätze, sobald Sie einen aktualisierten Datensatz erhalten. Um auch danach über eine stabile Trennung zwischen Trainings- und Testdatensatz zu verfügen, können Sie als Alternative einen eindeutigen Identifikator verwenden, um zu entscheiden, ob ein Datenpunkt in den Testdatensatz aufgenommen werden soll oder nicht (vorausgesetzt, die Datenpunkte haben eindeutige, unveränderliche Identifikatoren). Sie könnten beispielsweise aus dem Identifikator eines Datenpunkts einen Hash berechnen und den Datenpunkt in den Testdatensatz aufzunehmen, falls der Hash kleiner oder gleich 20% des maximalen Hashwerts ist. Damit stellen Sie sicher, dass der Testdatensatz über mehrere Durchläufe konsistent ist, selbst wenn Sie ihn aktualisieren. Ein neuer Datensatz enthält auf diese Weise 20% der neuen Datenpunkte, aber keinen der Datenpunkte, die zuvor im Trainingsdatensatz waren.

Hier folgt eine mögliche Implementierung:

```
from zlib import crc32

def is_id_in_test(identifier, test_ratio):
    return crc32(np.int64(identifier)) < test_ratio * 2**32

def split_data_with_id_hash(data, test_ratio, id_column):
    ids = data[id_column]
    in_test_set = ids.apply(lambda id_: is_in_test_set(id_, test_ratio))
    return data.loc[~in_test_set], data.loc[in_test_set]
```

Leider gibt es im Immobilien-Datensatz keine Identifikatorspalte. Die Lösung ist, den Zeilenindex als ID zu nutzen:

```
housing_with_id = housing.reset_index()   # fügt die Spalte `index` hinzu
train_set, test_set = split_data_with_id_hash(housing_with_id, 0.2, "index")
```

Wenn Sie den Zeilenindex als eindeutigen Identifikator verwenden, müssen Sie sicherstellen, dass die neuen Daten am Ende des Datensatzes angehängt werden und nie eine Zeile gelöscht wird. Falls das nicht möglich ist, können Sie immer noch versuchen, einen eindeutigen Identifikator aus den stabilsten Merkmalen zu entwickeln. Beispielsweise werden geografische Länge und Breite garantiert für die nächsten paar Millionen Jahre stabil bleiben, daher könnten Sie diese folgendermaßen zu einer ID kombinieren:[7]

6 Sie werden häufig sehen, dass der Seed-Wert auf 42 gesetzt wird. Diese Zahl hat keine besondere Bedeutung, außer dass sie die Antwort auf die ultimative Frage nach dem Leben, dem Universum und dem ganzen Rest ist.

7 Die Koordinatenangaben sind recht grob, daher werden viele Bezirke eine identische ID erhalten und somit im gleichen Teildatensatz landen (Test oder Training). Damit haben wir unglücklicherweise ein Bias in der Auswahl.

```
housing_with_id["id"] = housing["longitude"] * 1000 + housing["latitude"]
train_set, test_set = split_data_with_id_hash(housing_with_id, 0.2, "id")
```

Scikit-Learn enthält einige Funktionen, die Datensätze auf unterschiedliche Weise in Teildatensätze aufteilen. Die einfachste Funktion darunter ist `train_test_split()`, die so ziemlich das Gleiche tut wie die oben definierte Funktion `shuffle_and_split_data()`, aber einige zusätzliche Optionen bietet. Erstens gibt es den Parameter `random_state`, der den Seed-Wert des Zufallszahlengenerators festlegt, und zweitens können Sie mehrere Datensätze mit einer identischen Anzahl Zeilen übergeben, die anhand der gleichen Indizes aufgeteilt werden (das ist sehr nützlich, z. B. wenn Sie ein separates DataFrame mit den Labels haben):

```
from sklearn.model_selection import train_test_split

train_set, test_set = train_test_split(housing, test_size=0.2, random_state=42)
```

Bisher haben wir ausschließlich zufallsbasierte Methoden zur Stichprobenauswahl betrachtet. Wenn Ihr Datensatz groß genug ist (insbesondere im Vergleich zur Anzahl der Merkmale), ist daran nichts auszusetzen. Ist er aber nicht groß genug, besteht das Risiko, ein erhebliches Stichproben-Bias zu verursachen. Wenn ein Umfrageunternehmen 1.000 Personen anruft, um diesen Fragen zu stellen, wählt es nicht einfach nur zufällig 1.000 Probanden aus dem Telefonbuch aus. Es versucht, dafür zu sorgen, dass diese 1.000 Personen repräsentativ für die gesamte Bevölkerung sind – zumindest in Bezug auf die zu stellenden Fragen. Beispielsweise besteht die Bevölkerung der USA aus 51,1 % Frauen und 48,9 % Männern, also sollte eine gut aufgebaute Studie in den USA dieses Verhältnis auch in der Stichprobe repräsentieren: 511 Frauen und 489 Männer (zumindest wenn es möglich erscheint, dass die Antworten vom Geschlecht abhängen). Dies bezeichnet man als *stratifizierte Stichprobe*: Die Bevölkerung wird in homogene Untergruppen, die *Strata*, aufgeteilt, und aus jedem Stratum wird die korrekte Anzahl Datenpunkte ausgewählt. Damit ist garantiert, dass der Testdatensatz die Gesamtbevölkerung angemessen repräsentiert. Würde die Stichprobe rein zufällig ausgewählt, gäbe es eine 10,7%ige Chance, dass die Stichprobe verzerrt ist und entweder weniger als 48,5 % Frauen oder mehr als 53,5 % Frauen im Datensatz enthalten sind. In beiden Fällen wären die Ergebnisse wahrscheinlich mit einem erheblichen Bias behaftet.

Nehmen wir an, Experten hätten Ihnen in einer Unterhaltung erklärt, dass das mittlere Einkommen ein sehr wichtiges Merkmal zur Vorhersage des mittleren Immobilienpreises ist. Sie möchten sicherstellen, dass der Testdatensatz die unterschiedlichen im Datensatz enthaltenen Einkommensklassen gut repräsentiert. Da das mittlere Einkommen ein stetiges numerisches Merkmal ist, müssen Sie zuerst ein kategorisches Merkmal für das Einkommen generieren. Betrachten wir das Histogramm des Einkommens etwas genauer (siehe Abbildung 2-8): Die meisten mittleren Einkommen liegen bei 1,6 bis 6 (also 15.000 bis 60.000 USD), aber einige mittlere Einkommen liegen deutlich über 6. Es ist wichtig, dass Ihr Datensatz für jedes Stratum eine genügende Anzahl Datenpunkte enthält, andernfalls liegt ein Bias für die Schätzung der Wichtigkeit des Stratums vor. Das heißt, Sie sollten nicht zu viele Strata haben, und jedes Stratum sollte groß genug sein. Der folgende Code nutzt die Funktion pd.cut(), um ein kategorisches Merkmal für das Einkommen mit fünf Kategorien zu erzeugen (mit den Labels 1 bis 5): Kategorie 1 reicht von 0 bis 1,5 (also weniger als 15.000 USD), Kategorie 2 von 1,5 bis 3 und so weiter:

```
housing["income_cat"] = pd.cut(housing["median_income"],
                               bins=[0., 1.5, 3.0, 4.5, 6., np.inf],
                               labels=[1, 2, 3, 4, 5])
```

Diese Einkommenskategorien sind in Abbildung 2-9 dargestellt:

```
housing["income_cat"].value_counts().sort_index().plot.bar(rot=0, grid=True)
plt.xlabel("Income category")
plt.ylabel("Number of districts")
plt.show()
```

Nun sind wir so weit, eine stratifizierte Stichprobe anhand der Einkommenskategorie zu ziehen. Scikit-Learn bietet dazu im Paket sklearn.model_selection einige Klassen an, die eine Reihe von Strategien zum Aufteilen Ihres Datensatzes in einen Trainings- und einen Testdatensatz ermöglichen. Jeder Splitter hat eine Methode split(), die einen Iterator für verschiedene Trainings-/Testaufteilungen der gleichen Daten zurückliefert.

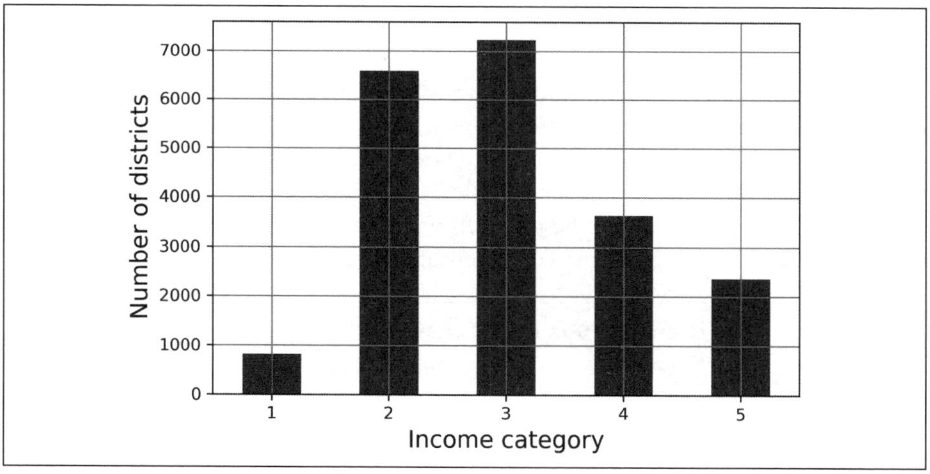

Abbildung 2-9: Histogramm der Einkommenskategorien

Genau genommen, gibt die split()-Methode die *Trainings-* und *Testindizes* und nicht die Daten selbst zurück. Es kann nützlich sein, mehrere Aufteilungen zu haben, wenn Sie die Qualität Ihres Modells besser einschätzen wollen, wie Sie sehen werden, wenn wir weiter unten im Kapitel die Kreuzvalidierung behandeln. Der folgende Code erzeugt beispielsweise zehn verschiedene stratifizierte Stichproben des gleichen Datensatzes:

```
from sklearn.model_selection import StratifiedShuffleSplit

splitter = StratifiedShuffleSplit(n_splits=10, test_size=0.2, random_state=42)
strat_splits = []
for train_index, test_index in splitter.split(housing, housing["income_cat"]):
```

```
    strat_train_set_n = housing.iloc[train_index]
    strat_test_set_n = housing.iloc[test_index]
    strat_splits.append([strat_train_set_n, strat_test_set_n])
```

Hier reicht uns die erste Stichprobe:

```
strat_train_set, strat_test_set = strat_splits[0]
```

Weil stratifizierte Stichproben recht verbreitet sind, gibt es einen einfacheren Weg, mit der Funktion `train_test_split()` und dem Argument `stratify` eine einzelne Aufteilung zu erhalten:

```
strat_train_set, strat_test_set = train_test_split(
    housing, test_size=0.2, stratify=housing["income_cat"], random_state=42)
```

Prüfen wir, ob das wie erwartet funktioniert hat. Zunächst einmal können Sie sich die Anteile der Einkommenskategorien im Testdatensatz ansehen:

```
>>> strat_test_set["income_cat"].value_counts() / len(strat_test_set)
3    0.350533
2    0.318798
4    0.176357
5    0.114341
1    0.039971
Name: income_cat, dtype: float64
```

Mit einer ähnlichen Codezeile lassen sich die Anteile der Einkommenskategorien im vollständigen Datensatz bestimmen. In Abbildung 2-10 werden die Anteile der Einkommenskategorien im gesamten Datensatz, im als stratifizierte Stichprobe generierten Testdatensatz und in einem rein zufälligen Testdatensatz miteinander verglichen. Wie Sie sehen, sind die Anteile der Einkommenskategorien in der stratifizierten Stichprobe beinahe die gleichen wie im Gesamtdatensatz, während der als zufällige Stichprobe erzeugte Testdatensatz recht verzerrt ist.

Income Category	Overall %	Stratified %	Random %	Strat. Error %	Rand. Error %
1	3.98	4.00	4.24	0.36	6.45
2	31.88	31.88	30.74	-0.02	-3.59
3	35.06	35.05	34.52	-0.01	-1.53
4	17.63	17.64	18.41	0.03	4.42
5	11.44	11.43	12.09	-0.08	5.63

Abbildung 2-10: Vergleich des Stichproben-Bias einer stratifizierten und einer zufälligen Stichprobe

Weil Sie das Merkmal `income_cat` nicht erneut nutzen werden, können Sie es entfernen, damit die Daten wieder in ihrem Ursprungszustand sind:

```
for set_ in (strat_train_set, strat_test_set):
    set_.drop("income_cat", axis=1, inplace=True)
```

Wir haben uns aus gutem Grund eine Menge Zeit für das Erstellen des Testdatensatzes genommen – ist es doch ein oft vernachlässigter, aber entscheidender Teil eines Machine-Learning-Projekts. Viele der hier vorgestellten Ideen werden noch nützlich sein, sobald wir die Kreuzvalidierung besprechen. Nun ist es an der Zeit, mit dem nächsten Abschnitt fortzufahren: dem Erkunden der Daten.

Erkunde und visualisiere die Daten, um Erkenntnisse zu gewinnen

Bisher haben wir nur einen kurzen Blick auf die Daten geworfen, um ein allgemeines Verständnis von der Art der verarbeiteten Daten zu erhalten. Nun ist unser Ziel, etwas mehr in die Tiefe zu gehen. Zunächst sollten Sie sicherstellen, dass Sie den Testdatensatz beiseitegelegt haben und nur noch den Trainingsdatensatz erkunden. Wenn Ihr Trainingsdatensatz sehr groß ist, sollten Sie eine Stichprobe ziehen, um sich die Arbeit beim Erkunden zu erleichtern und sie zu beschleunigen. In unserem Fall ist der Datensatz recht klein, sodass Sie direkt mit den vollständigen Daten arbeiten können. Da Sie mit verschiedenen Transformationen des vollständigen Trainingsdatensatzes arbeiten werden, sollten Sie eine Kopie des Originals erzeugen, um später wieder dorthin zurückkehren zu können:

```
housing = strat_train_set.copy()
```

Visualisieren geografischer Daten

Weil uns geografische Informationen zur Verfügung stehen (Breite und Länge), sollten wir einen Scatterplot sämtlicher Bezirke erzeugen, um uns die Daten anzusehen (siehe Abbildung 2-11):

```
housing.plot(kind="scatter", x="longitude", y="latitude")
```

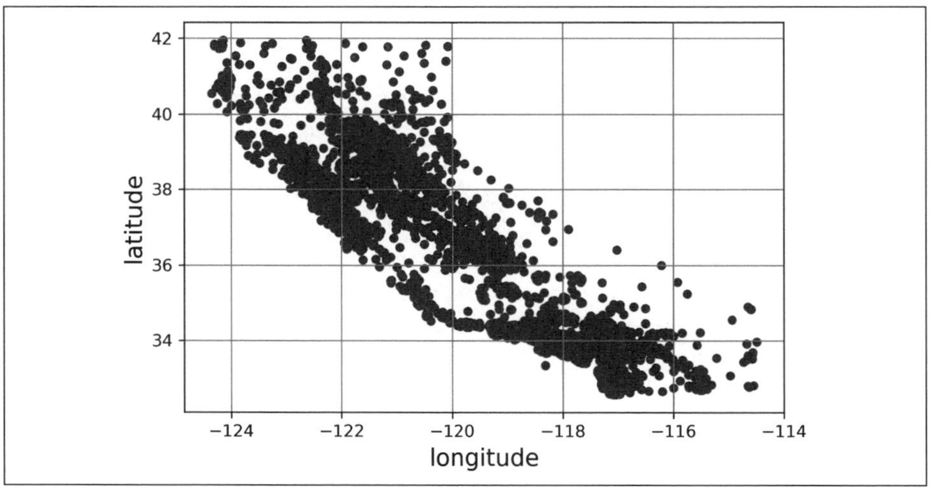

Abbildung 2-11: Ein geografischer Scatterplot der Daten

In Ordnung, die Abbildung sieht wie Kalifornien aus, aber abgesehen davon ist es schwierig, irgendein Muster zu erkennen. Setzen wir den Parameter `alpha` auf `0.2`, wird es viel einfacher, die Orte mit einer hohen Dichte an Datenpunkten zu erkennen (siehe Abbildung 2-12):

```
housing.plot(kind="scatter", x="longitude", y="latitude", grid=True, alpha=0.2)
plt.show()
```

Das sieht schon viel besser aus: Sie können die Ballungszentren deutlich erkennen, genauer gesagt die Bay Area, den Großraum Los Angeles und San Diego sowie eine lange Reihe einigermaßen hoher Dichte im Central Valley (insbesondere um Sacramento und Fresno).

Unser Gehirn ist sehr gut darin, Muster in Bildern zu erkennen. Sie müssen jedoch mit den Parametern zur Visualisierung experimentieren, damit diese Muster deutlich hervortreten.

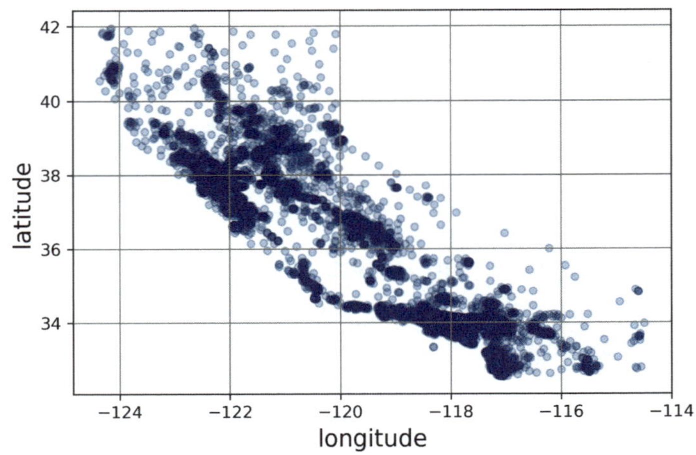

Abbildung 2-12: Eine bessere Darstellung von Gebieten mit hoher Dichte

Betrachten wir nun die Immobilienpreise (siehe Abbildung 2-13). Der Radius jedes Kreises stellt die Bevölkerung eines Bezirks dar (Option `s`), und die Farbe repräsentiert den Preis (Option `c`). Wir verwenden eine vordefinierte Farbskala (Option `cmap`) namens jet, die von Blau (niedrige Werte) bis Rot (hohe Werte) reicht:[8]

```
housing.plot(kind="scatter", x="longitude", y="latitude", grid=True,
             s=housing["population"] / 100, label="population",
             c="median_house_value", cmap="jet", colorbar=True,
             legend=True, sharex=False, figsize=(10, 7))
plt.show()
```

8 Wenn Sie dieses Buch in Graustufen lesen, schnappen Sie sich einen roten Stift und malen einen Großteil der Küstenlinie von der Bay Area bis nach San Diego aus (wie man erwarten würde). Sie können um Sacramento herum auch ein wenig Gelb hinzufügen.

In diesem Bild können Sie erkennen, dass die Immobilienpreise stark mit dem Ort (z.B. der Nähe zum Ozean) und der Bevölkerungsdichte zusammenhängen, was Sie vermutlich bereits wussten. Es könnte hilfreich sein, die wichtigsten Cluster mit einem Clustering-Algorithmus zu identifizieren und einige neue Merkmale mit der Entfernung zu den Cluster-Mittelpunkten hinzuzufügen. Die Nähe zum Ozean sollte als Merkmal ebenfalls nützlich sein, obwohl die Immobilienpreise in Nordkalifornien in Küstennähe nicht außerordentlich hoch sind, daher ist dies keine grundsätzliche Regel.

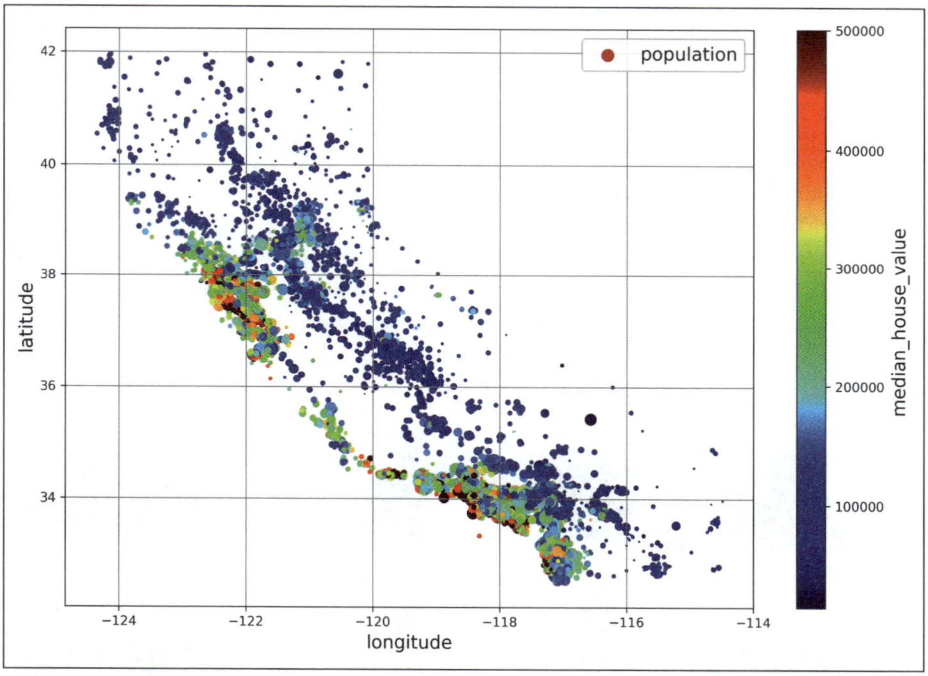

Abbildung 2-13: Immobilienpreise in Kalifornien: Rot ist teuer, Blau bedeutet günstig, größere Kreise stehen für Bereiche mit mehr Bevölkerung.

Suche nach Korrelationen

Da Ihr Datensatz nicht besonders groß ist, können Sie mit der Methode `corr()` den *Korrelationskoeffizienten* (auch *Pearson-Korrelationskoeffizient*) für jedes Merkmalspaar leicht berechnen:

```
corr_matrix = housing.corr()
```

Schauen wir uns einmal an, wie stark jedes Merkmal mit dem mittleren Immobilienwert korreliert:

```
>>> corr_matrix["median_house_value"].sort_values(ascending=False)
median_house_value    1.000000
median_income         0.688380
total_rooms           0.137455
```

```
housing_median_age    0.102175
households            0.071426
total_bedrooms        0.054635
population           -0.020153
longitude            -0.050859
latitude             -0.139584
Name: median_house_value, dtype: float64
```

Der Korrelationskoeffizient liegt zwischen –1 und 1. Liegt er nahe bei 1, haben wir eine stark positive Korrelation; zum Beispiel steigt der mittlere Immobilienwert tendenziell mit dem mittleren Einkommen. Ist der Koeffizient nahe bei –1, liegt eine stark negative Korrelation vor; Sie können eine geringe negative Korrelation zwischen der geografischen Breite und dem mittleren Immobilienwert beobachten (d.h., der Preis sinkt tendenziell ein wenig, wenn Sie sich nach Norden bewegen). Schließlich bedeuten Koeffizienten um null, dass es keine lineare Korrelation gibt.

Eine andere Möglichkeit, nach Korrelationen zwischen Attributen zu suchen, ist die in Pandas eingebaute Funktion `scatter_matrix()`, die jedes numerische Merkmal gegen jedes andere aufträgt. Weil es elf numerische Merkmale gibt, würden Sie $11^2 = 121$ Diagramme erhalten. Da diese aber nicht auf eine Seite passen, konzentrieren wir uns auf einige vielversprechende Merkmale, die am ehesten mit dem mittleren Immobilienpreis korrelieren (siehe Abbildung 2-14):

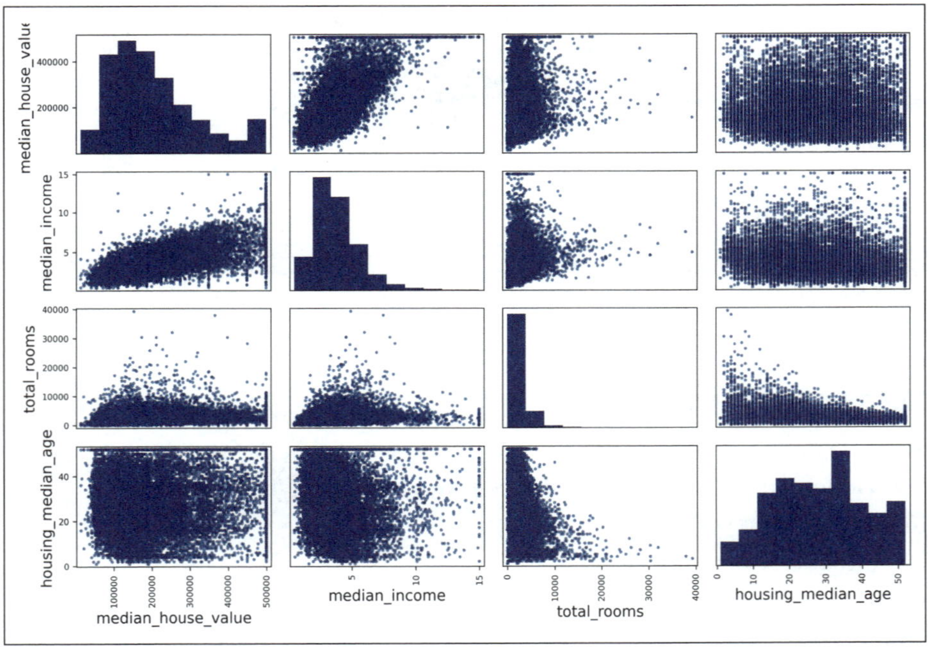

Abbildung 2-14: Diese Scatterplot-Matrix zeigt jedes numerische Attribut gegen jedes andere numerische Attribut und dazu ein Histogramm jedes Werts der numerischen Attribute auf der Hauptdiagonalen (oben links nach unten rechts).

```
from pandas.plotting import scatter_matrix

attributes = ["median_house_value", "median_income", "total_rooms",
              "housing_median_age"]
scatter_matrix(housing[attributes], figsize=(12, 8))
plt.show()
```

Die Hauptdiagonale würde mit lauter geraden Linien gefüllt sein, wenn Pandas jedes Merkmal gegen sich selbst plotten würde. Da dies nicht besonders nützlich wäre, stellt Pandas stattdessen ein Histogramm jedes Merkmals dar (es gibt dazu einige Alternativen; Details finden Sie in der Dokumentation von Pandas).

Schaut man sich die Korrelations-Scatterplots an, ist das am meisten Erfolg versprechende Merkmal zur Vorhersage des mittleren Immobilienwerts das mittlere Einkommen. Daher zoomen wir in den entsprechenden Scatterplot hinein (siehe Abbildung 2-15):

```
housing.plot(kind="scatter", x="median_income", y="median_house_value",
             alpha=0.1, grid=True)
plt.show()
```

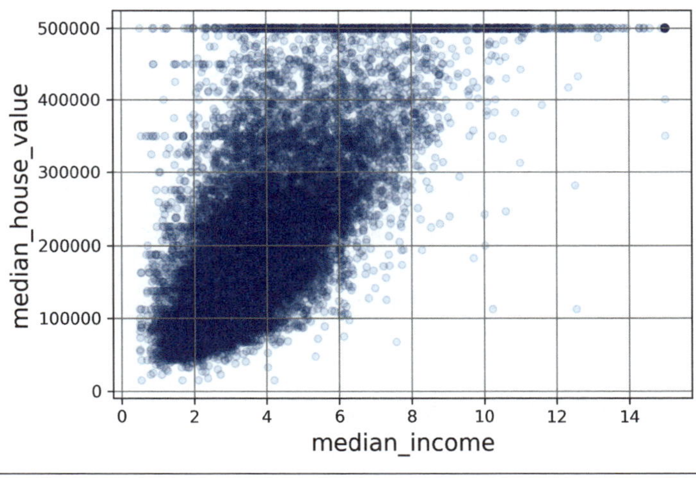

Abbildung 2-15: Mittleres Einkommen gegen mittleren Immobilienwert

Dieses Diagramm verdeutlicht einige Dinge. Erstens ist die Korrelation in der Tat recht stark; Sie können den Trend nach oben klar sehen, und die Punkte sind nicht allzu verstreut. Zweitens erkennen wir die weiter oben beobachtete obere Preisbegrenzung deutlich als horizontale Linie bei 500.000 USD. Das Diagramm zeigt aber auch weniger offensichtliche gerade Linien: eine horizontale Linie bei etwa 450.000 USD und eine zweite bei 350.000 USD, eventuell auch eine bei 280.000 USD und darunter noch weitere. Möglicherweise sollten Sie versuchen, die entsprechenden Bezirke aus dem Datensatz zu entfernen, um zu verhindern, dass Ihre Algorithmen diese Artefakte im Datensatz reproduzieren.

Der Korrelationskoeffizient erfasst ausschließlich lineare Korrelationen (»wenn x steigt, steigt/sinkt y im Allgemeinen«). Damit können Sie nichtlineare Zusammenhänge vollständig übersehen (z.B. »wenn x nahe null ist, steigt y«). Abbildung 2-16 zeigt eine Reihe von Datensätzen zusammen mit ihrem Korrelationskoeffizienten. Beachten Sie, dass sämtliche Diagramme in der unteren Reihe einen Korrelationskoeffizienten von null haben, obwohl ihre Achsen ganz klar *nicht* unabhängig voneinander sind: Dies sind Beispiele für nichtlineare Zusammenhänge. Auch die zweite Reihe zeigt Beispiele, in denen der Korrelationskoeffizient 1 oder –1 beträgt; beachten Sie, dass dies nichts mit der Steigung zu tun hat. Ihre Körpergröße in Zoll hat beispielsweise sowohl einen Korrelationskoeffizienten von 1 mit Ihrer Körpergröße in Fuß als auch in Nanometern.

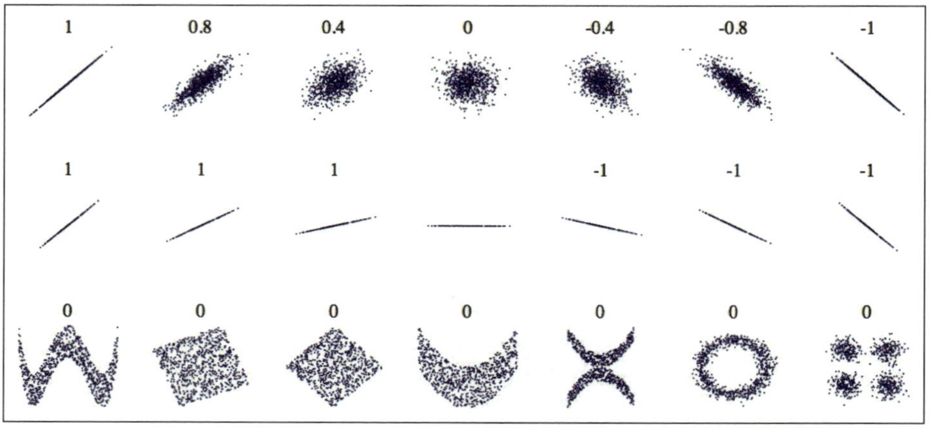

Abbildung 2-16: Standardkorrelationskoeffizienten verschiedener Datensätze (Quelle: Wikipedia; Public-Domain-Bild)

Experimentieren mit Kombinationen von Merkmalen

Hoffentlich hat Ihnen der vorherige Abschnitt einige Ideen geliefert, mit denen Sie die Daten erkunden und Erkenntnisse gewinnen können. Sie haben ein paar Artefakte identifiziert, die Sie eventuell entfernen sollten, bevor Sie die Daten in einen Machine-Learning-Algorithmus einspeisen. Sie haben auch einige interessante Korrelationen entdeckt, insbesondere mit der Zielgröße. Sie haben außerdem bemerkt, dass einpaar der Merkmale eine rechtsschiefe Verteilung aufweisen. Daher kann es nötig sein, diese zu transformieren (z.B. durch Logarithmieren oder Wurzelziehen). Natürlich unterscheidet sich der nötige Aufwand von Projekt zu Projekt beträchtlich, aber die Grundideen sind die gleichen.

Bevor Sie die Daten für Machine-Learning-Algorithmen vorbereiten, sollten wir als letzten Punkt noch einige Kombinationen von Merkmalen ausprobieren. Beispielsweise ist die Anzahl der Räume in einem Distrikt nicht besonders aussagekräftig, wenn Sie nicht wissen, wie viele Haushalte es dort gibt. Was Sie wirklich benötigen, ist die Anzahl der Räume pro Haushalt. In ähnlicher Weise ist die Gesamtzahl der Schlafzimmer nicht sehr nützlich, Sie sollten diese mit der Anzahl der Zimmer vergleichen. Auch die Bewohner pro Haushalt könnten eine interessante Kombination von Merkmalen hergeben. Erstellen wir diese neuen Merkmale:

```
housing["rooms_per_house"] = housing["total_rooms"] / housing["households"]
housing["bedrooms_ratio"] = housing["total_bedrooms"] / housing["total_rooms"]
housing["people_per_house"] = housing["population"] / housing["households"]
```

Nun betrachten wir die Korrelationsmatrix erneut:

```
>>> corr_matrix = housing.corr()
>>> corr_matrix["median_house_value"].sort_values(ascending=False)
median_house_value    1.000000
median_income         0.688380
rooms_per_house       0.143663
total_rooms           0.137455
housing_median_age    0.102175
households            0.071426
total_bedrooms        0.054635
population           -0.020153
people_per_house     -0.038224
longitude            -0.050859
latitude             -0.139584
bedrooms_ratio       -0.256397
Name: median_house_value, dtype: float64
```

Nicht schlecht! Das neue Merkmal `bedrooms_ratio` korreliert wesentlich stärker mit dem mittleren Immobilienwert als die Anzahl der Zimmer oder Schlafzimmer. Anscheinend sind Häuser mit einem niedrigeren Verhältnis von Schlafzimmern zu Zimmern teurer. Die Anzahl Räume pro Haushalt ist ebenfalls aufschlussreicher als die Gesamtzahl Räume in einem Bezirk – natürlich sind Häuser umso teurer, je größer sie sind.

Dieser Teil der Untersuchung muss nicht extrem gründlich sein; es geht darum, an der richtigen Stelle zu beginnen und schnell einige Erkenntnisse zu sammeln, die für einen halbwegs guten Prototyp ausreichen. Der Prozess ist insgesamt iterativ: Sobald Ihr Prototyp läuft, können Sie dessen Ausgabe untersuchen, weitere Erkenntnisse daraus ziehen und zur Erkundung zurückkehren.

Bereite die Daten für Machine-Learning-Algorithmen vor

Es ist an der Zeit, die Daten für Ihre Machine-Learning-Algorithmen vorzubereiten. Es gibt mehrere gute Gründe, dafür Funktionen zu schreiben, anstatt es manuell zu probieren:

- Sie können die entsprechenden Transformationen leicht auf beliebigen Datensätzen reproduzieren (z.B. auf dem nächsten frischen Datensatz, den Sie bekommen).

- Sie bauen nach und nach eine Bibliothek von Transformationsfunktionen auf, die Sie in zukünftigen Projekten nutzen können.
- Sie können diese Funktionen in Ihrer Produktionsumgebung nutzen, um neue Daten vor der Eingabe in Ihre Algorithmen zu transformieren.
- Dadurch können Sie unterschiedliche Transformationen leichter ausprobieren und prüfen, welche Kombinationen am besten funktionieren.

Aber kehren wir zunächst zu einem sauberen Trainingsdatensatz zurück (indem wir `strat_train_set` noch einmal kopieren) und trennen wir die Merkmale und Labels voneinander. Wir möchten nämlich nicht unbedingt die gleichen Transformationen auf die Merkmale zur Vorhersage und die Zielwerte anwenden (beachten Sie, dass `drop()` eine Kopie der Daten erzeugt und `strat_train_set` nicht verändert):

```
housing = strat_train_set.drop("median_house_value", axis=1)
housing_labels = strat_train_set["median_house_value"].copy()
```

Aufbereiten der Daten

Die meisten Machine-Learning-Algorithmen können mit fehlenden Merkmalen nicht umgehen; deshalb müssen Sie sich darum kümmern. So ist Ihnen schon weiter oben aufgefallen, dass es beim Attribut `total_bedrooms` fehlende Werte gibt. Um diesen Umstand zu beheben, haben Sie drei Möglichkeiten:

1. die entsprechenden Bezirke entfernen
2. das Merkmal komplett verwerfen
3. die fehlenden Werte auf einen bestimmten Wert setzen (null, den Median o. Ä.). Das nennt sich *Imputation*.

Sie können alle drei leicht mit den Methoden `dropna()`, `drop()` und `fillna()` eines Pandas-DataFrames umsetzen:

```
housing.dropna(subset=["total_bedrooms"], inplace=True)  # Option 1

housing.drop("total_bedrooms", axis=1)  # Option 2

median = housing["total_bedrooms"].median()  # Option 3
housing["total_bedrooms"].fillna(median, inplace=True)
```

Sie entscheiden sich für die dritte Option, da das die am wenigsten destruktive ist, aber statt den obigen Code zu nutzen, greifen Sie auf eine praktische Scikit-Learn-Klasse zurück: `SimpleImputer`. Ihr Vorteil ist, dass sie den Mittelwert jedes Features speichert – so ist es möglich, fehlende Werte nicht nur beim Trainingsdatensatz zu füllen, sondern auch beim Validierungsdatensatz, beim Testdatensatz und bei allen neuen Daten, mit denen das Modell gefüttert wird. Sie verwenden diese, indem Sie zuerst eine Instanz von `SimpleImputer` erzeugen und angeben, dass Sie die fehlenden Werte jedes Merkmals durch dessen Median ersetzen möchten:

```
from sklearn.impute import SimpleImputer

imputer = SimpleImputer(strategy="median")
```

Da sich der Median lediglich bei numerischen Merkmalen berechnen lässt, müssen wir eine Kopie der Daten nur mit den numerischen Merkmalen erzeugen (das schließt das Textmerkmal `ocean_proximity` aus):

```
housing_num = housing.select_dtypes(include=[np.number])
```

Anschließend können Sie die `imputer`-Instanz durch Aufrufen der Methode `fit()` an die Trainingsdaten anpassen:

```
imputer.fit(housing_num)
```

Der `imputer` hat einfach den Median jedes Merkmals berechnet und das Ergebnis im Attribut `statistics_` gespeichert. Lediglich beim Merkmal `total_bedrooms` gab es fehlende Daten, aber wir können uns nicht sicher sein, dass die neuen Daten im Betrieb nicht ebenfalls lückenhaft sind. Daher ist es sicherer, den `imputer` auf sämtliche numerischen Merkmale anzuwenden:

```
>>> imputer.statistics_
array([-118.51 , 34.26 , 29. , 2125. , 434. , 1167. , 408. , 3.5385])
>>> housing_num.median().values
array([-118.51 , 34.26 , 29. , 2125. , 434. , 1167. , 408. , 3.5385])
```

Sie können nun mit diesem »trainierten« `imputer` den Trainingsdatensatz transformieren, sodass die fehlenden Werte durch die gefundenen Mediane ersetzt werden:

```
X = imputer.transform(housing_num)
```

Fehlende Werte können auch durch den Mittelwert (`strategy="mean"`), den häufigsten Wert (`strategy="most_frequent"`) oder einen konstanten Wert (`strategy="constant"`, `fill_value=`...) ersetzt werden. Die letzten beiden Strategien unterstützen auch nicht numerische Daten.

> Es gibt im Paket `sklearn.impute` noch leistungsfähigere Imputer (allerdings nur für numerische Merkmale):

- `KNNImputer` ersetzt jeden fehlenden Wert durch den Mittelwert der k-nächsten Nachbarn für dieses Feature.
- `IterativeImputer`trainiert ein Regressionsmodell pro Feature, um die fehlenden Wert abhängig von allen anderen verfügbaren Features vorherzusagen. Dann trainiert er das Modell erneut mit den aktualisierten Daten und wiederholt den Prozess mehrfach, sodass das Modell und die Ersetzungswerte mit jeder Iteration besser werden.

Das Design von Scikit-Learn

Das Design der API von Scikit-Learn ist bemerkenswert gut gelungen. Die wichtigsten Designprinzipien (*https://homl.info/11*) sind:[9]

- **Konsistenz.** Alle Objekte besitzen eine konsistente, einfache Schnittstelle:
  - *Estimatoren*. Jedes Objekt, das Parameter anhand eines Datensatzes abschätzen kann, wird *Estimator* genannt (z. B. ist ein `SimpleImputer` ein Estimator). Das Abschätzen der Parameter wird von der Methode `fit()` durchgeführt, die als Parameter lediglich einen Datensatz benötigt – zwei bei überwachten Lernalgorithmen, der zweite Datensatz enthält in diesem Fall die Labels. Jeder andere für das Abschätzen benötigte Parameter wird als Hyperparameter angesehen (wie `strategy` beim `SimpleImputer`) und muss als Attribut der Instanz gesetzt werden (für gewöhnlich als Parameter im Konstruktor).
  - *Transformer*. Einige Estimatoren (wie der `SimpleImputer`) können einen Datensatz außerdem transformieren; diese werden *Transformatoren* genannt. Wieder einmal ist der Aufbau der API recht einfach: Die Methode `transform()` nimmt die Transformation selbst vor, der Datensatz wird als Parameter übergeben. Zurückgegeben wird der transformierte Datensatz. Diese Transformation beruht im Allgemeinen auf den erlernten Parametern, wie es auch beim `SimpleImputer` der Fall ist. Sämtliche Transformer besitzen außerdem die bequemere Methode `fit_transform()`, die den aufeinanderfolgenden Aufrufen von `fit()` und `transform()` entspricht (manchmal ist `fit_transform()` aber auf höhere Geschwindigkeit optimiert).
  - *Prädiktoren*. Schließlich sind einige Estimatoren in der Lage, auf einem gegebenen Datensatz Vorhersagen zu treffen; diese werden als *Prädiktoren* bezeichnet. Beispielsweise ist das Modell `LinearRegression` aus dem vorherigen Kapitel ein Prädiktor: Es sagt die Zufriedenheit aus dem Pro-Kopf-BIP eines Lands vorher. Jeder Prädiktor besitzt die Methode `predict()`, die einen Datensatz mit neuen Datenpunkten annimmt und einen Satz entsprechender Vorhersagen zurückgibt. Jeder Prädiktor besitzt darüber hinaus die Methode `score()` zum Bestimmen der Vorhersagequalität anhand eines Testdatensatzes (und bei überwachten Lernalgorithmen auch der entsprechenden Labels).[10]
- **Inspektion.** Sämtliche Hyperparameter eines Estimators sind direkt als öffentliche Attribute der Instanz abrufbar (z. B. `imputer.strategy`), auch die von einem Estimator erlernten Parameter sind über ein öffentliches Attribut mit einem Unterstrich als Suffix verfügbar (z. B. `imputer.statistics_`).

9 Details zu den Designprinzipien finden Sie in Lars Buitinck et al., »API Design for Machine Learning Software: Experiences from the Scikit-Learn Project«, arXiv Preprint arXiv:1309.0238 (2013).

10 Einige Prädiktoren besitzen außerdem Methoden, um die Konfidenz ihrer Vorhersagen zu bestimmen.

- **Nicht-proliferierende Klassen.** Datensätze werden in NumPy-Arrays oder Sparse Matrices aus SciPy anstatt in eigenen Klassen abgelegt. Die Hyperparameter sind gewöhnliche Python-Strings oder Zahlen.
- **Komposition.** Existierende Komponenten werden so weit wie möglich wiederverwendet. Beispielsweise können Sie eine Pipeline als beliebige Abfolge von Transformatoren und einem Estimator am Ende definieren und als eigenen Estimator speichern, wie wir noch sehen werden.
- **Sinnvolle Standardwerte.** Die Standardwerte der meisten Parameter in Scikit-Learn sind sinnvoll ausgewählt, sodass Sie schnell ein lauffähiges Grundsystem erstellen können.

Die Transformer von Scikit-Learn geben NumPy-Arrays aus (oder manchmal Sparse-Matrizen von SciPy), auch wenn ihnen Pandas-DataFrames als Eingabe serviert werden.[11] Daher ist die Ausgabe von `imputer.transform(housing_num)` ein NumPy-Array: `X` hat weder Spaltennamen noch Index. Zum Glück ist es nicht allzu schwer, `X` in einem DataFrame zu verpacken und die Spaltennamen und den Index aus `housing_num` wiederherzustellen:

```
housing_tr = pd.DataFrame(X, columns=housing_num.columns,
                          index=housing_num.index)
```

Bearbeiten von Text und kategorischen Merkmalen

Bisher haben wir uns nur mit numerischen Attributen befasst, aber Ihre Daten können auch Textattribute enthalten. In diesem Datensatz gibt es nur eines: `ocean_proximity`. Schauen wir uns die Werte der ersten paar Instanzen an:

```
>>> housing_cat = housing[["ocean_proximity"]]
>>> housing_cat.head(8)
      ocean_proximity
13096        NEAR BAY
14973       <1H OCEAN
3785           INLAND
14689          INLAND
20507      NEAR OCEAN
1286           INLAND
18078       <1H OCEAN
4396         NEAR BAY
```

Das ist kein freier Text – es gibt eine begrenzte Zahl möglicher Werte, von denen jeder eine Kategorie repräsentiert. Daher handelt es sich bei diesem Attribut um ein kategorisches Merkmal. Die meisten Machine-Learning-Algorithmen bevorzugen

11 Wenn Sie diese Zeilen lesen, kann es eventuell möglich sein, alle Transformer dazu zu bringen, Pandas-DataFrames auszugeben, wenn sie ein DataFrame als Eingabe erhalten: Pandas rein – Pandas raus. Es wird dafür vermutlich eine globale Konfigurationsoption geben: `sklearn.set_config(pandas_in_out=True)`.

Zahlen, daher werden wir diese Kategorien von Text zu Zahlen konvertieren. Dazu verwenden wir die Klasse OrdinalEncoder:

```
from sklearn.preprocessing import OrdinalEncoder

ordinal_encoder = OrdinalEncoder()
housing_cat_encoded = ordinal_encoder.fit_transform(housing_cat)
```

So sehen die ersten paar codierten Werte in housing_cat_encoded aus:

```
>>> housing_cat_encoded[:8]
array([[3.],
       [0.],
       [1.],
       [1.],
       [4.],
       [1.],
       [0.],
       [3.]])
```

Die Liste der Merkmale erhalten Sie über die Instanzvariable categories_. Dabei handelt es sich um ein eindimensionales Array mit Kategorien für jedes kategorische Merkmal (in diesem Fall enthält die Liste lediglich ein einzelnes Array, da es nur ein kategorisches Merkmal gibt):

```
>>> ordinal_encoder.categories_
[array(['<1H OCEAN', 'INLAND', 'ISLAND', 'NEAR BAY', 'NEAR OCEAN'],
       dtype=object)]
```

Schwierig bei dieser Art der Darstellung ist, dass manche ML-Algorithmen davon ausgehen, zwei benachbarte Werte seien ähnlicher zueinander als zwei weiter entfernte. Das mag in manchen Fällen in Ordnung sein (zum Beispiel für Merkmale mit einer Ordnung wie »schlecht«, »durchschnittlich«, »gut« und »ausgezeichnet«), aber es ist offensichtlich nicht der Fall für die Spalte ocean_proximity (beispielsweise sind die Kategorien 0 und 4 einander ähnlicher als die Kategorien 0 und 1). Um dieses Problem zu beheben, ist es üblich, ein binäres Merkmal pro Kategorie zu erstellen: Ein Merkmal beträgt 1, wenn die Kategorie »<1H OCEAN« ist (und andernfalls 0), ein weiteres Merkmal beträgt 1, wenn die Kategorie »INLAND« ist (und andernfalls 0) und so weiter. Dies nennt man *One-Hot-Codierung*, weil nur jeweils ein Merkmal 1 beträgt (heiß) und die anderen 0 betragen (kalt). Die neuen Merkmale werden manchmal als *Dummy*-Merkmale bezeichnet. Scikit-Learn bietet eine Klasse OneHotEncoder an, um kategorische Merkmalswerte in One-Hot-Vektoren umzuwandeln:

```
from sklearn.preprocessing import OneHotEncoder

cat_encoder = OneHotEncoder()
housing_cat_1hot = cat_encoder.fit_transform(housing_cat)
```

Standardmäßig ist die Ausgabe eines OneHotEncoder eine Sparse-Matrix von SciPy und kein NumPy-Array:

```
>>> housing_cat_1hot
<16512x5 sparse matrix of type '<class 'numpy.float64'>'
 with 16512 stored elements in Compressed Sparse Row format>
```

Eine Sparse-Matrix (dünn besetzte Matrix) ist eine sehr effiziente Repräsentation von Matrizen, die größtenteils Nullen enthalten. Tatsächlich werden intern nur die Nicht-Null-Werte und ihre Positionen gespeichert. Besitzt ein kategorisches Merkmal Hunderte oder Tausende von Kategorien, führt eine One-Hot-Codierung zu einer sehr großen Matrix voll mit Nullen, bis auf eine 1 pro Zeile. In diesem Fall ist eine Sparse-Matrix genau das, was Sie brauchen: Sie spart Unmengen an Speicher und beschleunigt Berechnungen. Sie können sie mehr oder weniger wie ein gewöhnliches 2-D-Array verwenden,[12] aber wenn Sie sie wirklich in ein (dichtes) NumPy-Array umwandeln möchten, rufen Sie die Methode `toarray()` auf:

```
>>> housing_cat_1hot.toarray()
array([[0., 0., 0., 1., 0.],
       [1., 0., 0., 0., 0.],
       [0., 1., 0., 0., 0.],
       ...,
       [0., 0., 0., 0., 1.],
       [1., 0., 0., 0., 0.],
       [0., 0., 0., 0., 1.]])
```

Alternativ können Sie `sparse=False` setzen, wenn Sie den `OneHotEncoder` erzeugen – dann gibt die `transform()`-Methode direkt ein normales (dichtes) NumPy-Array zurück.

Wie beim `OrdinalEncoder` erhalten Sie eine Liste der Merkmale über die Instanzvariable `categories_` des Encoders:

```
>>> cat_encoder.categories_
[array(['<1H OCEAN', 'INLAND', 'ISLAND', 'NEAR BAY', 'NEAR OCEAN'],
       dtype=object)]
```

Pandas besitzt eine Funktion namens `get_dummies()`, die ebenfalls jedes kategorische Attribut in eine One-Hot-Repräsentation umwandelt – mit einem binären Attribut pro Kategorie:

```
>>> df_test = pd.DataFrame({"ocean_proximity": ["INLAND", "NEAR BAY"]})
>>> pd.get_dummies(df_test)
   ocean_proximity_INLAND  ocean_proximity_NEAR BAY
0                       1                         0
1                       0                         1
```

Das sieht nett und einfach aus – warum verwenden wir sie nicht statt `OneHotEncoder`? Nun, der Vorteil von `OneHotEncoder` ist, dass er sich merkt, mit welchen Kategorien er trainiert wurde. Das ist sehr wichtig, denn sobald Ihr Modell produktiv genutzt wird, sollte es mit genau den gleichen Merkmalen gefüttert werden wie beim Training – nicht mehr und nicht weniger. Schauen Sie sich an, was unser trai-

12 Details finden Sie in der Dokumentation von SciPy.

nierter cat_encoder ausgibt, wenn wir das gleiche `df_test` transformieren (mit `transform()` statt mit `fit_transform()`):

```
>>> cat_encoder.transform(df_test)
array([[0., 1., 0., 0., 0.],
       [0., 0., 0., 1., 0.]])
```

Sehen Sie den Unterschied? `get_dummies()` hat nur zwei Kategorien gesehen, daher gibt es zwei Spalten aus, während `OneHotEncoder` eine Spalte pro gelernte Kategorie in der richtigen Reihenfolge ausgibt. Und übergeben Sie `get_dummies()` ein DataFrame mit einer unbekannten Kategorie (zum Beispiel `"<2H OCEAN"`), wird es freudig eine Spalte dafür erzeugen:

```
>>> df_test_unknown = pd.DataFrame({"ocean_proximity": ["<2H OCEAN", "ISLAND"]})
>>> pd.get_dummies(df_test_unknown)
   ocean_proximity_<2H OCEAN  ocean_proximity_ISLAND
0                          1                       0
1                          0                       1
```

Aber `OneHotEncoder` ist klüger: Es wird die unbekannte Kategorie erkennen und eine Exception werfen. Wenn Ihnen das lieber ist, können Sie den Hyperparameter `handle_unknown` auf ignore setzen – in dem Fall wird der Encoder die unbekannte Kategorie einfach durch Nullen repräsentieren:

```
>>> cat_encoder.handle_unknown = "ignore"
>>> cat_encoder.transform(df_test_unknown)
array([[0., 0., 0., 0., 0.],
       [0., 0., 1., 0., 0.]])
```

> Wenn ein kategorisches Merkmal eine große Anzahl möglicher Kategorien aufweist (z.B. Ländercode, Beruf, Spezies und so weiter), führt die One-Hot-Codierung zu einer großen Zahl von Eingabemerkmalen. Dies kann das Trainieren verlangsamen und die Qualität verringern. In diesem Fall können Sie die kategorischen Eingabewerte durch sinnvolle numerische Merkmale ersetzen, die damit in Zusammenhang stehen: Beispielsweise könnten Sie das Merkmal `ocean_proximity` durch den Abstand zum Ozean ersetzen (genauso ließe sich ein Ländercode durch die Bevölkerungszahl und das BSP pro Einwohner ersetzen). Alternativ könnten Sie einen der Encoder aus dem Paket category_encoders (zu finden auf GitHub (*https://github.com/scikit-learn-contrib/category_encoders*)) nutzen oder – wenn Sie mit neuronalen Netzen arbeiten – jedes Merkmal durch einen erlernbaren, niedriger dimensionalen Vektor namens *Embedding* austauschen. Jede Repräsentation eines Merkmals würde während des Trainings gelernt werden. Dies ist ein Beispiel für *Representation Learning* (siehe die Kapitel 13 und 17).

Passen Sie einen Scikit-Learn-Estimator mit einem DataFrame an, speichert der Estimator die Spaltennamen im Attribut `feature_names_in_`. Scikit-Learn stellt dann sicher, dass jeder DataFrame, der danach an diesen Estimator übergeben wird (zum Beispiel an `transform()` oder `predict()`), die gleichen Spaltennamen besitzt.

Transformer stellen auch eine Methode get_feature_names_out() zur Verfügung, die Sie nutzen können, um einen DataFrame aus der Ausgabe des Transformers zu bauen:

```
>>> cat_encoder.feature_names_in_
array(['ocean_proximity'], dtype=object)
>>> cat_encoder.get_feature_names_out()
array(['ocean_proximity_<1H OCEAN', 'ocean_proximity_INLAND',
       'ocean_proximity_ISLAND', 'ocean_proximity_NEAR BAY',
       'ocean_proximity_NEAR OCEAN'], dtype=object)
>>> df_output = pd.DataFrame(cat_encoder.transform(df_test_unknown),
...                          columns=cat_encoder.get_feature_names_out(),
...                          index=df_test_unknown.index)
...
```

Skalieren und Transformieren von Merkmalen

Das *Skalieren von Merkmalen* ist eine der wichtigsten Arten von Transformationen, die Sie werden anwenden müssen. Mit wenigen Ausnahmen können Machine-Learning-Algorithmen nicht besonders gut mit numerischen Eingabedaten auf unterschiedlichen Skalen arbeiten. Dies ist bei den Immobiliendaten der Fall: Die Gesamtzahl der Zimmer reicht von etwa 6 bis 39.320, während das mittlere Einkommen nur zwischen 0 und 15 liegt. Ohne Skalieren werden die meisten Modelle das mittlere Einkommen eher ignorieren und sich mehr auf die Anzahl der Zimmer konzentrieren.

Es gibt zwei übliche Verfahren, um sämtliche Merkmale auf die gleiche Skala zu bringen: die *Min-Max-Skalierung* und die *Standardisierung*.

> Wie bei allen Estimatoren ist es wichtig, das Skalierungsverfahren nur mit den Trainingsdaten anzupassen: Verwenden Sie niemals fit() oder fit_transform() für etwas anderes als den Trainingsdatensatz. Haben Sie erst mal einen trainierten Skalierer, können Sie ihn dann nutzen, um die anderen Datensätze per transform() anzupassen – den Validierungsdatensatz, den Testdatensatz und auch neue Daten. Beachten Sie, dass die Werte des Trainingsdatensatzes zwar immer innerhalb des angegebenen Bereichs liegen werden, aber wenn neue Daten Ausreißer enthalten, können diese außerhalb davon enden. Wollen Sie das vermeiden, setzen Sie einfach den Hyperparameter clip auf True.

Die Min-Max-Skalierung (viele nennen dies *Normalisieren*) ist schnell erklärt: Die Werte werden verschoben und so umskaliert, dass sie hinterher von 0 bis 1 reichen. Wir erreichen dies, indem wir den kleinsten Wert abziehen und anschließend durch die Differenz von Minimal- und Maximalwert teilen. Scikit-Learn enthält für diesen Zweck den Transformer MinMaxScaler. Über den Hyperparameter feature_range können Sie den Wertebereich einstellen, falls Sie aus irgendeinem Grunde nicht 0 – 1 erhalten möchten (zum Beispiel funktionieren neuronale Netze am besten, wenn der Mittelwert der Eingabedaten null ist, daher ist dort ein Bereich von –1 bis 1 zu bevorzugen). Er lässt sich leicht verwenden:

```
from sklearn.preprocessing import MinMaxScaler

min_max_scaler = MinMaxScaler(feature_range=(-1, 1))
housing_num_min_max_scaled = min_max_scaler.fit_transform(housing_num)
```

Die Standardisierung funktioniert deutlich anders: Bei dieser wird zuerst der Mittelwert abgezogen (sodass standardisierte Werte stets den Mittelwert null besitzen), anschließend wird durch die Standardabweichung geteilt (sodass die entstehende Verteilung eine Varianz von 1 hat). Im Gegensatz zur Min-Max-Skalierung sind die Werte bei der Standardisierung nicht an einen bestimmten Wertebereich gebunden. Dafür ist die Standardisierung wesentlich weniger anfällig für Ausreißer. Stellen Sie sich vor, ein Bezirk hätte durch einen Datenfehler ein mittleres Einkommen von 100. Die Min-Max-Skalierung würde alle übrigen Werte von 0 bis 15 in den Bereich 0 bis 0,15 quetschen, während sich bei der Standardisierung nicht viel ändert. Scikit-Learn enthält zur Standardisierung einen Transformer namens `StandardScaler`:

```
from sklearn.preprocessing import StandardScaler

std_scaler = StandardScaler()
housing_num_std_scaled = std_scaler.fit_transform(housing_num)
```

> Wollen Sie eine Sparse-Matrix skalieren, ohne sie zuerst in eine dichte Matrix umwandeln zu müssen, können Sie einen `StandardScaler` nutzen, dessen Hyperparameter `with_mean` auf `False` gesetzt ist: Dann werden nur die Daten durch die Standardabweichung dividiert, ohne den Mittelwert abzuziehen (was dafür sorgen würde, dass die Matrix nicht mehr dünn besetzt ist).

Besitzt die Verteilung eines Merkmals einen *Heavy Tail* (»Verteilung mit schweren Rändern« oder »endlastige Verteilung«, sind also Werte fernab des Mittelwerts nicht exponentiell selten), werden sowohl die Min-Max-Skalierung als auch die Standardisierung die meisten Werte in einem kleinen Bereich zusammendrängen. Modelle zum maschinellen Lernen sind darüber im Allgemeinen nicht so glücklich, wie Sie in Kapitel 4 noch sehen werden. *Bevor* Sie also das Merkmal skalieren, sollten Sie es erst so transformieren, dass der Heavy Tail verringert und – sofern möglich – die Verteilung symmetrisch wird. Bei positiven Merkmalen mit einem schweren Rand wird dafür zum Beispiel oft das Merkmal durch seine Quadratwurzel ersetzt (oder mit einem Exponenten zwischen 0 und 1 potenziert). Hat das Attribut einen sehr langen und schweren »Schwanz«, wie zum Beispiel bei einer Pareto- oder Power-Law-Verteilung, kann das Ersetzen des Merkmals durch seinen Logarithmus helfen. So folgt beispielsweise das Merkmal `population` grob einem Potenzgesetz: Distrikte mit 10.000 Einwohnern sind nur zehn Mal weniger häufig als Distrikte mit 1.000 Einwohnern, aber nicht exponentiell weniger. In Abbildung 2-17 sehen Sie, wie viel besser dieses Merkmal aussieht, wenn Sie dessen Logarithmus berechnen: Es liegt so sehr viel näher an einer gaußschen Verteilung (der Glockenkurve).

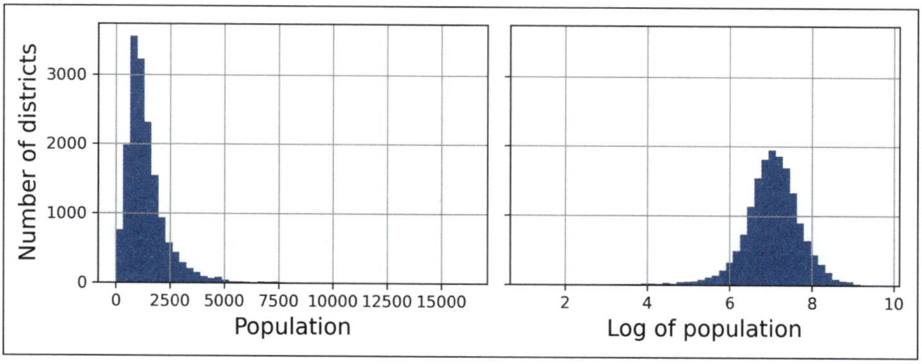

Abbildung 2-17: Transformieren eines Merkmals, um es näher an eine gaußsche Verteilung zu bringen

Ein anderer Ansatz bei Merkmalen mit schweren Rändern ist das *Bucketizing*. Dabei wird die Verteilung in mehr oder weniger gleich große Buckets unterteilt und jeder Merkmalswert durch den Index des zugehörigen Buckets ersetzt – so ähnlich, wie wir es mit dem Attribut `income_cat` getan haben (auch wenn wir es dort nur für das Stratifizieren brauchten). Sie könnten beispielsweise jeden Wert durch sein Perzentil ersetzen. Ein Bucketizing mit gleich großen Buckets führt zu einem Merkmal mit nahezu Gleichverteilung, sodass kein weiteres Skalieren mehr notwendig ist. Sie können dann aber auch noch durch die Anzahl an Buckets teilen, um die Werte in den Bereich zwischen 0 und 1 zu zwingen.

Besitzt ein Merkmal eine multimodale Verteilung (also mit zwei oder mehr klaren Spitzen – den *Modi*), wie zum Beispiel `housing_median_age`, kann es ebenfalls hilfreich sein, es zu bucketizen, aber dieses Mal die Bucket-IDs als Kategorien statt als numerische Werte zu nutzen. Die Bucket-Indizes müssen dann codiert werden, zum Beispiel mit einem `OneHotEncoder`(daher werden Sie im Allgemeinen nicht allzu viele Buckets verwenden wollen). So kann das Regressionsmodell leichter unterschiedliche Regeln für unterschiedliche Bereiche dieses Merkmalswerts lernen. Beispielsweise könnten Häuser, die vor etwa 35 Jahren gebaut wurden, einen Stil haben, der nicht mehr zeitgemäß ist, weshalb sie billiger sind, als es ihrem Alter entsprechen würde.

Ein weiterer Ansatz zum Tranformieren multimodaler Verteilungen ist, ein Merkmal für jeden der Modi (zumindest für die wichtigsten) hinzuzufügen, das die Ähnlichkeit zwischen dem mittleren Alter der Häuser und diesem bestimmten Modus repräsentiert. Das Ähnlichkeitsmaß wird meist durch eine *radiale Basisfunktion* (RBF) berechnet – das ist eine Funktion, die nur vom Abstand zwischen dem Eingabewert und einem festen Punkt abhängt. Die gebräuchlichste RBF ist die gaußsche RBF, deren Ausgabewert exponentiell abnimmt, wenn sich der Eingabewert vom festen Punkt entfernt. So wird beispielsweise die gaußsche RBF-Ähnlichkeit zwischen dem Hausalter x und 35 durch die Gleichung $\exp(-\gamma(x - 35)^2)$ ermittelt. Der Hyperparameter γ (Gamma) bestimmt, wie schnell das Ähnlichkeitsmaß abnimmt, wenn sich x von 35 entfernt. Mit der Scikit-Learn-Funktion `rbf_kernel()` können Sie eine neue gaußsche RBF erstellen, die die Ähnlichkeit zwischen dem mittleren Hausalter und 35 berechnet:

```
from sklearn.metrics.pairwise import rbf_kernel

age_simil_35 = rbf_kernel(housing[["housing_median_age"]], [[35]], gamma=0.1)
```

In Abbildung 2-18 sehen Sie dieses neue Merkmal als Funktion des mittleren Hausalters (durchgezogene Linie). Dort ist auch angegeben, wie das Merkmal aussehen würde, wenn Sie einen kleineren `gamma`-Wert genutzt hätten. Das neue Merkmal zur Alterähnlichkeit hat ein Maximum bei 35 – rund um die Spitze in der Verteilung des mittleren Hausalters: Wenn diese Altersgruppe gut mit niedrigeren Preisen korreliert, ist die Chance groß, dass dieses neue Merkmal helfen wird.

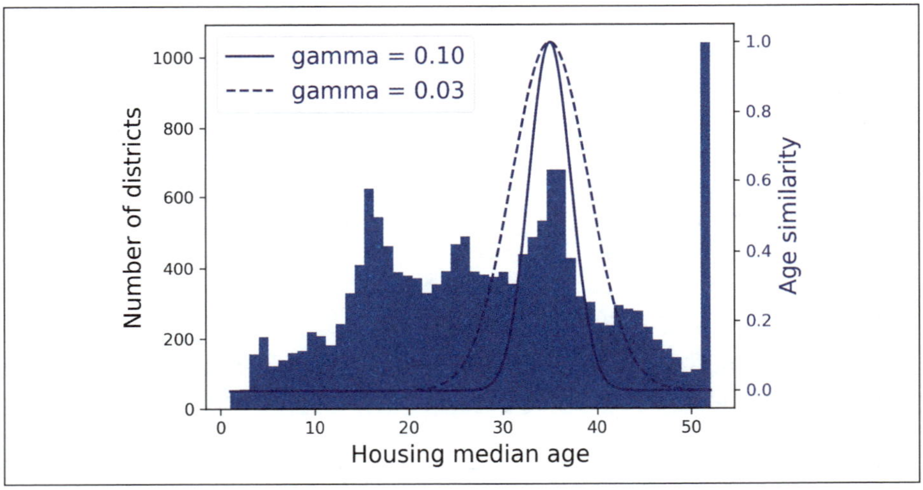

Abbildung 2-18: Gaußsches RBF-Merkmal, das die Ähnlichkeit zwischen dem mittleren Hausalter und 35 misst

Bisher haben wir uns nur die Eingabemerkmale angeschaut, aber die Zielwerte müssen eventuell auch transformiert werden. Besitzt beispielsweise die Zielverteilung einen schweren Rand, entscheiden Sie sich eventuell dazu, das Ziel durch seinen Logarithmus zu ersetzen. Dann wird das Regressionsmodell aber nun den *Logarithmus* des mittleren Hauswerts vorhersagen, nicht den mittleren Hauswert selbst. Sie müssen noch die Exponentialfunktion darauf ansetzen, wenn Sie den eigentlichen mittleren Hauswert ermitteln wollen.

Zum Glück besitzen die meisten Transformer von Scikit-Learn die Methode `inverse_transform()`, die es leicht macht, das Inverse ihrer Transformationen zu berechnen. Das folgende Codebeispiel zeigt, wie Sie die Labels mit einem `StandardScaler` skalieren (so wie wir es für die Eingabewerte getan haben), dann ein einfaches lineares

Regressionsmodell auf den sich so ergebenden skalierten Labels trainieren und es verwenden, um Vorhersagen für neue Daten zu treffen, die wir mithilfe der Methode `inverse_transform()` des trainierten Skalierers in die ursprüngliche Skala zurücktransformieren. Beachten Sie, dass wir die Labels aus einer Pandas-Series in einen DataFrame umwandeln, da der `StandardScaler` 2-D-Eingaben erwartet. Zudem trainieren wir in diesem Beispiel das Modell aus Gründen der Einfachheit nur mit einem einzelnen rohen Eingabemerkmal (mittleres Einkommen):

```
from sklearn.linear_model import LinearRegression

target_scaler = StandardScaler()
scaled_labels = target_scaler.fit_transform(housing_labels.to_frame())

model = LinearRegression()
model.fit(housing[["median_income"]], scaled_labels)
some_new_data = housing[["median_income"]].iloc[:
5]  # so tun, als ob es neue Daten wären

scaled_predictions = model.predict(some_new_data)
predictions = target_scaler.inverse_transform(scaled_predictions)
```

Das funktioniert gut, aber einfacher wäre es, einen `TransformedTargetRegressor` zu verwenden. Wir müssen ihn nur erstellen, ihm das Regressionsmodell und den Label-Transformer mitgeben und ihn dann mit dem Trainingsdatensatz trainieren (wobei die ursprünglichen, nicht skalierten Labels zum Einsatz kommen). Er nimmt dann automatisch den Transformer, um die Labels zu skalieren und das Regressionsmodell mit den skalierten Labels zu trainieren – so wie wir es zuvor selbst getan haben. Wenn wir dann eine Vorhersage treffen wollen, wird die Methode `predict()` des Regressionsmodells aufgerufen, und mit der Methode `inverse_transform()` des Skalierers wird die Vorhersage erzeugt:

```
from sklearn.compose import TransformedTargetRegressor

model = TransformedTargetRegressor(LinearRegression(),
                                   transformer=StandardScaler())
model.fit(housing[["median_income"]], housing_labels)
predictions = model.predict(some_new_data)
```

Eigene Transformer

Obwohl Scikit-Learn viele nützliche Transformer bereitstellt, werden Sie für bestimmte Aufgaben beim Umwandeln, bei der Datenaufbereitung oder zum Kombinieren bestimmter Merkmale Ihre eigenen schreiben müssen.

Bei Transformationen, für die kein Training erforderlich ist, können Sie einfach eine Funktion schreiben, die ein NumPy-Array als Eingabe übernimmt und das transformierte Array zurückgibt. So ist es beispielsweise, wie im vorherigen Abschnitt besprochen, häufig eine gute Idee, Merkmale mit Heavy-Tail-Distribution zu transformieren, indem Sie sie durch ihren Logarithmus ersetzen (sofern das Merkmal positiv ist und sich der »Schwanz« auf der rechten Seite befindet). Erstellen wir einen Log-Transformer und wenden wir ihn auf das Merkmal population an:

```
from sklearn.preprocessing import FunctionTransformer

log_transformer = FunctionTransformer(np.log, inverse_func=np.exp)
log_pop = log_transformer.transform(housing[["population"]])
```

Das Argument inverse_func ist optional. Mit ihm können Sie eine inverse Transformationsfunktion angeben, wenn Sie zum Beispiel vorhaben, Ihren Transformer in einem TransformedTargetRegressor zu verwenden.

Ihre Transformationsfunktion kann als zusätzliche Parameter Hyperparameter übernehmen. So erstellen Sie beispielsweise einen Transformer, der die gleiche gaußsche RBF-Ähnlichkeitsmessung wie weiter oben vornimmt:

```
rbf_transformer = FunctionTransformer(rbf_kernel,
                                      kw_args=dict(Y=[[35.]], gamma=0.1))
age_simil_35 = rbf_transformer.transform(housing[["housing_median_age"]])
```

Beachten Sie, dass der RBF-Kernel keine inverse Funktion besitzt, da es immer zwei Werte mit der gleichen Distanz zu einem festen Punkt gibt (außer bei der Distanz 0). Sie sehen außerdem, dass rbf_kernel() die Merkmale nicht gleich behandelt. Übergeben Sie ihm ein Array mit zwei Merkmalen, wird es die 2-D-Distanz (euklidisch) berechnen, um die Ähnlichkeit zu bestimmen. So fügen Sie beispielsweise ein Merkmal hinzu, das die geografische Ähnlichkeit zwischen jedem Distrikt und San Francisco bestimmt:

```
sf_coords = 37.7749, -122.41
sf_transformer = FunctionTransformer(rbf_kernel,
                                     kw_args=dict(Y=[sf_coords], gamma=0.1))
sf_simil = sf_transformer.transform(housing[["latitude", "longitude"]])
```

Eigene Transformer sind auch nützlich, um Merkmale zu kombinieren. So kann beispielsweise ein FunctionTransformer aussehen, der das Verhältnis zwischen den Eingabemerkmalen 0 und 1 berechnet:

```
>>> ratio_transformer = FunctionTransformer(lambda X: X[:, [0]] / X[:, [1]])
>>> ratio_transformer.transform(np.array([[1., 2.], [3., 4.]]))
array([[0.5 ],
       [0.75]])
```

FunctionTransformer ist sehr praktisch, aber was müssen Sie tun, wenn Ihr Transformer trainierbar sein, Parameter in der fit()-Methode lernen und diese später in der transform()-Methode anwenden soll? Dafür müssen Sie eine eigene Klasse schreiben. Scikit-Learn beruht auf Duck Typing, daher muss diese Klasse nicht von einer bestimmten Basisklasse abgeleitet sein. Sie muss nur drei Methoden implementieren: fit() (die self zurückgibt), transform() und fit_transform().

Sie können fit_transform() automatisch erhalten, indem Sie als Oberklasse TransformerMixin wählen. Die Standardimplementierung wird einfach fit() und dann transform() aufrufen. Wenn Sie außerdem BaseEstimator als Oberklasse wählen (und die Verwendung der Parameter *args und **kargs im Konstruktor vermeiden), erhalten Sie die zusätzlichen Methoden get_params() und set_params(), die beim automatischen Einstellen der Hyperparameter hilfreich sind.

Als Beispiel sehen Sie hier eine eigene Transformer-Klasse, die sich fast wie der StandardScaler verhält:

```
from sklearn.base import BaseEstimator, TransformerMixin
from sklearn.utils.validation import check_array, check_is_fitted

class StandardScalerClone(BaseEstimator, TransformerMixin):
    def __init__(self, with_mean=True):  # kein *args oder **kwargs!
        self.with_mean = with_mean

    def fit(self, X, y=None):  # y ist erforderlich, obwohl wir es nicht nutzen
        X = check_array(X)  # prüft, ob X ein Array mit endlichen Floats ist
        self.mean_ = X.mean(axis=0)
        self.scale_ = X.std(axis=0)
        self.n_features_in_ = X.shape[1]  # jeder Estimator speichert das in fit()
        return self  # immer self zurückgeben!

    def transform(self, X):
        check_is_fitted(self)  # sucht nach erlernten Attributen (mit führendem _)
        X = check_array(X)
        assert self.n_features_in_ == X.shape[1]
        if self.with_mean:
            X = X - self.mean_
        return X / self.scale_
```

In diesem Code möchte ich auf ein paar Dinge hinweisen:

- Das Paket sklearn.utils.validation enthält eine Reihe von Funktionen, die wir zum Validieren von Eingabewerten nutzen können. Aus Gründen der Einfachheit werden wir solche Tests im Rest dieses Buchs weglassen, aber produktiver Code sollte sie enthalten.
- Für Scikit-Learn-Pipelines muss die Methode fit() zwei Argumente X und y haben. Deshalb benötigen wir das Argument y=None, obwohl wir y gar nicht verwenden.
- Alle Scikit-Learn-Estimatoren setzen in der fit()-Methode n_features_in_, und sie stellen sicher, dass die an transform() oder predict() übergebenen Daten diese Anzahl an Merkmalen besitzen.
- Die Methode fit() muss self zurückgeben.
- Diese Implementierung ist nicht zu 100% vollständig: Alle Estimatoren sollten feature_names_in_ in der Methode fit() setzen, wenn sie an ein DataFrame übergeben werden. Zudem sollten alle Transformer eine Methode get_feature_names_out() und eine Methode inverse_transform() bereitstellen, wenn ihre Transformation umgekehrt werden kann. In der letzten Übung dieses Kapitels finden Sie weitere Details.

Ein eigener Transformer kann in seiner Implementierung andere Estimatoren verwenden (was auch häufig geschieht). So zeigt beispielsweise der folgende Code einen eigenen Transformer, der einen KMeans-Clusterer in der fit()-Methode nutzt, um die wichtigsten Cluster in den Trainingsdaten zu finden, und dann rbf_kernel() in der Methode transform(), um zu messen, wie ähnlich jedes Sample zu seinem Cluster-Schwerpunkt ist:

```
from sklearn.cluster import KMeans

class ClusterSimilarity(BaseEstimator, TransformerMixin):
    def __init__(self, n_clusters=10, gamma=1.0, random_state=None):
        self.n_clusters = n_clusters
        self.gamma = gamma
        self.random_state = random_state

    def fit(self, X, y=None, sample_weight=None):
        self.kmeans_ = KMeans(self.n_clusters, random_state=self.random_state)
        self.kmeans_.fit(X, sample_weight=sample_weight)
        return self  # immer self zurückgeben!

    def transform(self, X):
        return rbf_kernel(X, self.kmeans_.cluster_centers_, gamma=self.gamma)

    def get_feature_names_out(self, names=None):
        return [f"Cluster {i} similarity" for i in range(self.n_clusters)]
```

Sie können prüfen, ob Ihr eigener Estimator die Scikit-Learn-API berücksichtigt, indem Sie eine Instanz an check_estimator() aus dem Paket sklearn.utils.estimator_checks übergeben. Die vollständige API finden Sie unter *https://scikit-learn.org/stable/developers*.

Wie Sie in Kapitel 9 sehen werden, ist *k*-Means ein Clustering-Algorithmus, der Cluster in den Daten findet. Nach wie vielen er sucht, wird durch den Hyperparameter n_custers bestimmt. Nach dem Training stehen die Cluster-Schwerpunkte über das Attribut cluster_center bereit. Die Methode fit() von KMeans unterstützt ein optionales Argument sample_weight, mit dem man die relativen Gewichte der Samples spezifizieren kann. *k*-Means ist ein stochastischer Algorithmus – wollen Sie reproduzierbare Ergebnisse haben, müssen Sie den Parameter random_state setzen. Wie Sie sehen, ist der Code trotz der Komplexität der Aufgabe recht übersichtlich. Verwenden wir diesen eigenen Transformer nun:

```
cluster_simil = ClusterSimilarity(n_clusters=10, gamma=1., random_state=42)
similarities = cluster_simil.fit_transform(housing[["latitude", "longitude"]],
                                           sample_weight=housing_labels)
```

Dieser Code erzeugt einen ClusterSimilarity-Transformer und setzt die Anzahl der Cluster auf 10. Dann ruft er fit_transform() mit der Längen- und Breitenangabe jedes Distrikts im Trainingsdatensatz auf und gewichtet jeden Distrikt anhand seines mittleren Hauswerts. Der Transformer nutzt *k*-Means, um die Cluster zu finden, und misst dann die gaußsche RBF-Ähnlichkeit zwischen jedem Distrikt und allen zehn Cluster-Schwerpunkten. Das Ergebnis ist eine Matrix mit einer Zeile pro Distrikt und einer Spalte pro Cluster. Schauen wir uns die ersten drei Zeilen an, wobei auf zwei Dezimalstellen gerundet ist:

```
>>> similarities[:3].round(2)
array([[0.  , 0.14, 0.  , 0.  , 0.  , 0.08, 0.  , 0.99, 0.  , 0.6 ],
       [0.63, 0.  , 0.99, 0.  , 0.  , 0.  , 0.04, 0.  , 0.11, 0.  ],
       [0.  , 0.29, 0.  , 0.  , 0.01, 0.44, 0.  , 0.7 , 0.  , 0.3 ]])
```

Abbildung 2-19 zeigt die zehn Cluster-Schwerpunkte, die von *k*-Means gefunden wurden. Die Distrikte sind anhand ihrer geografischen Ähnlichkeit zum nahesten Cluster-Schwerpunkt eingefärbt. Wie Sie sehen können, befinden sich die meisten Cluster in teuren und dicht besiedelten Bereichen.

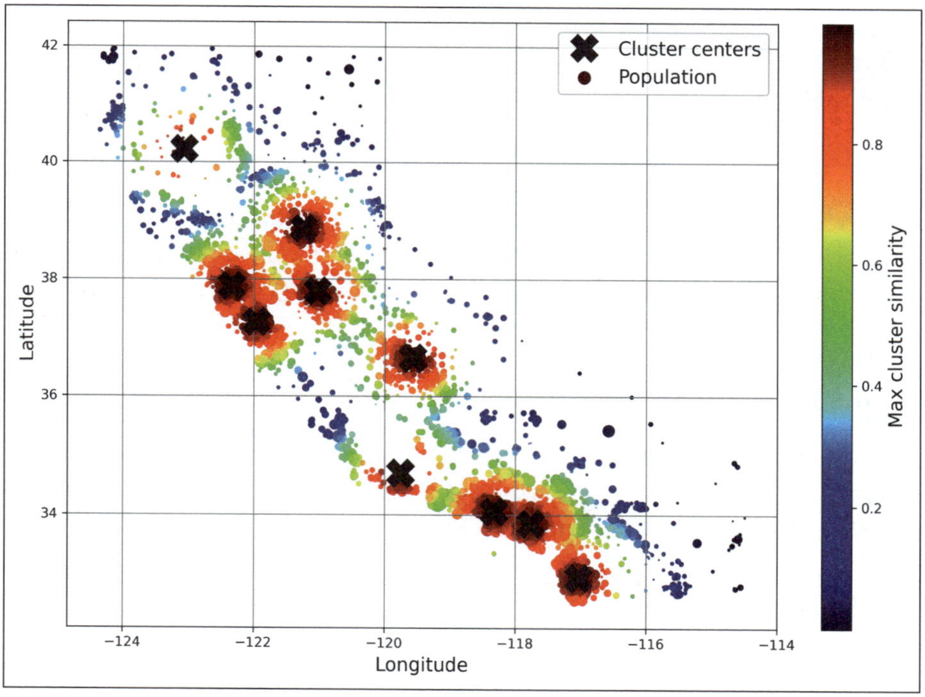

Abbildung 2-19: Gaußsche RBF-Ähnlichkeit zum nahesten Cluster-Schwerpunkt

Pipelines zur Transformation

Wie Sie sehen, sind viele Transformationsschritte in einer bestimmten Reihenfolge nötig. Glücklicherweise hilft die Klasse `Pipeline` in Scikit-Learn dabei, solche Abfolgen von Transformationen zu organisieren. Hier folgt eine kleine Pipeline für die numerischen Attribute, die zuerst die Eingabeattribute imputiert und dann skaliert:

```
from sklearn.pipeline import Pipeline
```

```
num_pipeline = Pipeline([
    ("impute", SimpleImputer(strategy="median")),
    ("standardize", StandardScaler()),
])
```

Der Konstruktor von `Pipeline` benötigt eine Liste von Name-Estimator-Paaren (2-Tupel), wodurch die Abfolge der einzelnen Schritte definiert wird. Die Namen können Sie beliebig wählen, solange sie eindeutig sind und keine doppelten Unterstriche enthalten (»__«); wenn es später an das Hyperparameter-Tuning geht, werden sie noch nützlich sein. Bis auf den letzten Estimator müssen sämtliche Estimatoren Transformer sein (d. h. die Methode `fit_transform()` besitzen). Der letzte kann etwas Beliebiges sein – ein Transformer, ein Prädiktor oder eine andere Art von Estimator.

> Importieren Sie in einem Jupyter Notebook `sklearn` und führen Sie `set_config(display="diagram")` aus, werden alle Scikit-Learn-Estimatoren als interaktive Diagramme gerendert. Das ist besonders nützlich, um Pipelines zu visualisieren. Um `num_pipeline` darzustellen, führen Sie eine Zelle mit `num_pipeline` als letzte Zeile aus. Klicken Sie auf einen Estimator, erhalten Sie mehr Details.

Wollen Sie den Transformern keine Namen geben, können Sie stattdessen die Funktion `make_pipeline()` nutzen. Sie erwartet Transformer als Positionsargumente und erzeugt eine Pipeline, wobei die Namen der Transformer-Klassen zum Einsatz kommen – in Kleinbuchstaben und ohne Unterstriche (zum Beispiel `"simpleimputer"`):

```
from sklearn.pipeline import make_pipeline

num_pipeline = make_pipeline(SimpleImputer(strategy="median"), StandardScaler())
```

Haben mehrere Transformer den gleichen Namen, wird ihnen ein Index angefügt (zum Beispiel `"foo-1"`, `"foo-2"` und so weiter).

Wenn Sie die Methode `fit()` dieser Pipeline aufrufen, wird für jeden Transformer nacheinander `fit_transform()` aufgerufen, wobei die Ausgabe jedes Aufrufs automatisch als Eingabe für den nächsten Schritt verwendet wird. Beim letzten Estimator wird lediglich die Methode `fit()` aufgerufen.

Die Pipeline stellt die gleichen Methoden wie der letzte Estimator zur Verfügung. In diesem Fall ist der letzte Estimator ein `StandardScaler` und damit ein Transformer, sodass sich die Pipeline ebenfalls wie ein Transformer verhält. Würde es sich beim letzten Estimator statt um einen Transformer um einen Prädiktor handeln, besäße die Pipeline eine Methode `predict()` (und keine Methode `transform()`). Ein Aufruf würde nacheinander alle Transformationen auf die Daten anwenden und das Ergebnis an die `predict()`-Methode des Prädiktors übergeben.

Rufen wir die Methode `fit_transform()` der Pipeline auf und schauen wir uns die ersten beiden Zeilen der Ausgabe an – gerundet auf zwei Dezimalstellen:

```
>>> housing_num_prepared = num_pipeline.fit_transform(housing_num)
>>> housing_num_prepared[:2].round(2)
array([[-1.42,  1.01,  1.86,  0.31,  1.37,  0.14,  1.39, -0.94],
       [ 0.6 , -0.7 ,  0.91, -0.31, -0.44, -0.69, -0.37,  1.17]])
```

Wollen Sie einen netten DataFrame wiederherstellen, können Sie – wie schon weiter oben gesehen – die Methode get_feature_names_out() der Pipeline verwenden:

```
df_housing_num_prepared = pd.DataFrame(
    housing_num_prepared, columns=num_pipeline.get_feature_names_out(),
    index=housing_num.index)
```

Pipelines unterstützen Indizes – so gibt beispielsweise pipeline[1] den zweiten Estimator in der Pipeline zurück, und pipeline[:-1] liefert ein Pipeline-Objekt, das alle Estimatoren bis auf den letzten enthält. Sie können auf die Estimatoren auch über das Attribut steps zugreifen, bei dem es sich um eine Liste mit Name-Wert-Paaren handelt, oder über das Dictionary-Attribut named_steps, das die Namen auf die Estimatoren abbildet. So gibt beispielsweise num_pipeline["simpleimputer"] den Estimator mit dem Namen "simpleimputer" zurück.

Bis jetzt haben wir die kategorischen und die numerischen Spalten getrennt behandelt. Es wäre aber praktischer, einen einzelnen Transformer zu haben, der sich um alle Spalten kümmern kann und die passende Transformation auf jede einzelne anwendet. Dafür können Sie einen ColumnTransformer nutzen. Der folgende ColumnTransformer wird (die weiter oben definierte) num_pipeline auf die numerischen Attribute und cat_pipeline auf die kategorischen Attribute anwenden:

```
from sklearn.compose import ColumnTransformer

num_attribs = ["longitude", "latitude", "housing_median_age", "total_rooms",
               "total_bedrooms", "population", "households", "median_income"]
cat_attribs = ["ocean_proximity"]

cat_pipeline = make_pipeline(
    SimpleImputer(strategy="most_frequent"),
    OneHotEncoder(handle_unknown="ignore"))

preprocessing = ColumnTransformer([
    ("num", num_pipeline, num_attribs),
    ("cat", cat_pipeline, cat_attribs),])
```

Zuerst importieren wir die Klasse ColumnTransformer, dann definieren wir die Listen mit den Namen der numerischen und der kategorischen Spalten und erstellen eine einfache Pipeline für kategorische Attribute. Schließlich konstruieren wir einen ColumnTransformer. Der Konstruktor benötigt eine Liste mit Triplets (3-Tupeln), von denen jedes einen Namen (eindeutig und ohne doppelte Unterstriche), einen Transformer und eine Liste mit Namen (oder Indizes) von Spalten enthält, auf die der Transformer angewendet werden soll.

In diesem Beispiel legen wir fest, dass die numerischen Spalten mit der weiter oben definierten num_pipeline transformiert werden sollen, während für die kategorischen Spalten ein OneHotEncoder zum Einsatz kommt. Schließlich wenden wir diesen ColumnTransformer auf die Immobiliendaten an: Er wendet jeden Transformer auf die entsprechenden Spalten an und verbindet die Ergebnisse entlang der zweiten Achse (die Transformer müssen die gleiche Zahl von Zeilen zurückgeben).

Beachten Sie, dass der OneHotEncoder eine Sparse-Matrix zurückgibt, während die num_pipeline eine Dense-Matrix liefert. Gibt es solch eine Mischung aus Sparse- und Dense-Matrix, schätzt der ColumnTransformer die Dichte der Ergebnismatrix (also das Verhältnis von Zellen, die nicht 0 sind) und gibt eine Sparse-Matrix zurück, wenn die Dichte unter einem gegebenen Grenzwert liegt (Standard ist sparse_threshold=0.3). In diesem Beispiel wird eine Dense-Matrix geliefert. Und das ist alles! Wir haben eine Vorverarbeitungspipeline, die die gesamten Immobiliendaten nimmt und auf jede Spalte die passenden Transformationen anwendet.

> Statt einen Transformer zu verwenden, können Sie den String "drop" angeben, wenn Spalten zu verwerfen sind, oder "passthrough", wenn die Spalten unverändert belassen werden sollen. Standardmäßig werden die verbleibenden Spalten (also die nicht aufgeführten) verworfen, aber Sie können den Hyperparameter remainder auf einen beliebigen Transformer setzen (oder auf "passthrough"), wenn sie anders behandelt werden sollen.

Da es nicht sehr praktisch ist, alle Spaltennamen aufzuführen, stellt Scikit-Learn eine Funktion namens make_column_selector() bereit, die eine Selektor-Funktion zurückgibt, mit der Sie automatisch alle Merkmale eines gegebenen Typs auswählen können, wie zum Beispiel numerisch oder kategorisch. Sie können diese Selektor-Funktion anstelle von Spaltennamen oder Indizes an den ColumnTransformer übergeben. Und wenn Sie sich nicht um die Benennung der Transformer scheren, können Sie make_column_transformer() nutzen, das die Namen für Sie auswählt – so wie es auch make_pipeline() tut. Der folgende Code erstellt beispielsweise den gleichen ColumnTransformer wie oben, nur dass die Transformer automatisch "pipeline-1" und "pipeline-2" statt "num" und "cat" als Namen bekommen:

```
from sklearn.compose import make_column_selector, make_column_transformer

preprocessing = make_column_transformer(
    (num_pipeline, make_column_selector(dtype_include=np.number)),
    (cat_pipeline, make_column_selector(dtype_include=object)),
)
```

Jetzt können wir diesen ColumnTransformer auf die Immobiliendaten anwenden:

```
housing_prepared = preprocessing.fit_transform(housing)
```

Super! Wir haben eine Vorverarbeitungspipeline, die den gesamten Trainingsdatensatz nimmt und jeden Transformer auf die entsprechenden Spalten anwendet. Danach werden die transformierten Spalten horizontal aneinandergefügt (Transformer dürfen niemals die Anzahl an Zeilen ändern). Das liefert uns wieder ein NumPy-Array, aber Sie können die Spaltennamen per preprocessing.get_feature_names_out() bekommen und die Daten in einem schicken DataFrame verpacken – so wie wir das schon weiter oben getan haben.

> Der OneHotEncoder gibt eine Sparse-Matrix zurück, num_pipeline eine dichte Matrix. Gibt es solch eine Mischung aus Sparse-Matrix und dichter Matrix, schätzt der ColumnTransformer die Dichte der endgültigen Matrix (also den Anteil der Zellen ungleich null) und gibt eine Sparse-Matrix zurück, wenn die Dichte niedriger als ein gegebener Wert ist (standardmäßig ist sparse_threshold=0.3). In diesem Beispiel wird eine dichte Matrix zurückgegeben.

Ihr Projekt verläuft sehr gut, und Sie sind fast so weit, Modelle zu trainieren! Jetzt wollen Sie eine einzelne Pipeline erstellen, die alle Transformationen durchführt, mit denen Sie bisher experimentiert haben. Fassen wir noch mal zusammen, was die Pipeline warum tun wird:

- Fehlende Werte in numerischen Merkmalen werden durch den Median aufgefüllt, da die meisten ML-Algorithmen nicht mit fehlenden Werten rechnen. Bei kategorischen Merkmalen werden fehlende Werte durch die am häufigsten vorkommende Kategorie ersetzt.
- Das kategorische Merkmal wird One-Hot-encodet, da die meisten ML-Algorithmen nur numerische Eingaben akzeptieren.
- Es werden ein paar Ratio-Merkmale berechnet und hinzugefügt: bedrooms_ratio, rooms_per_house und people_per_house. Hoffentlich werden diese besser mit dem mittleren Hauswert korrelieren und dadurch dem ML-Modell helfen.
- Es werden zudem ein paar Cluster-Ähnlichkeitsmerkmale hinzugefügt. Diese werden vermutlich für das Modell nützlicher sein als Länge und Breite.
- Merkmale mit einem schweren Rand werden durch ihren Logarithmus ersetzt, da die meisten Modelle Merkmale bevorzugen, die eine mehr oder weniger gleichförmige oder gaußsche Verteilung besitzen.
- Alle numerischen Merkmale werden standardisiert, da es den meisten ML-Algorithmen lieber ist, wenn alle Merkmale ungefähr die gleiche Größenordnung besitzen.

Der Code, der die Pipeline für all das erstellt, sollte Ihnen mittlerweile vertraut sein:

```
def column_ratio(X):
    return X[:, [0]] / X[:, [1]]

def ratio_name(function_transformer, feature_names_in):
    return ["ratio"]  # Ausgabemerkmalsnamen

def ratio_pipeline():
    return make_pipeline(
        SimpleImputer(strategy="median"),
        FunctionTransformer(column_ratio, feature_names_out=ratio_name),
        StandardScaler())

log_pipeline = make_pipeline(
    SimpleImputer(strategy="median"),
```

```
        FunctionTransformer(np.log, feature_names_out="one-to-one"),
        StandardScaler())
    cluster_simil = ClusterSimilarity(n_clusters=10, gamma=1., random_state=42)
    default_num_pipeline = make_pipeline(SimpleImputer(strategy="median"),
                                         StandardScaler())
    preprocessing = ColumnTransformer([
            ("bedrooms", ratio_pipeline(), ["total_bedrooms", "total_rooms"]),
            ("rooms_per_house", ratio_pipeline(), ["total_rooms", "households"]),
            ("people_per_house", ratio_pipeline(), ["population", "households"]),
            ("log", log_pipeline, ["total_bedrooms", "total_rooms", "population",
                                   "households", "median_income"]),
            ("geo", cluster_simil, ["latitude", "longitude"]),
            ("cat", cat_pipeline, make_column_selector(dtype_include=object)),
        ],
        remainder=default_num_pipeline)  # Es bleibt eine Spalte: housing_median_age
```

Lassen Sie diesen `ColumnTransformer` laufen, wird er alle Transformationen ausführen und ein NumPy-Array mit 24 Merkmalen zurückgeben:

```
>>> housing_prepared = preprocessing.fit_transform(housing)
>>> housing_prepared.shape
(16512, 24)
>>> preprocessing.get_feature_names_out()
array(['bedrooms__ratio', 'rooms_per_house__ratio',
       'people_per_house__ratio', 'log__total_bedrooms',
       'log__total_rooms', 'log__population', 'log__households',
       'log__median_income', 'geo__Cluster 0 similarity', [...],
       'geo__Cluster 9 similarity', 'cat__ocean_proximity_<1H OCEAN',
       'cat__ocean_proximity_INLAND', 'cat__ocean_proximity_ISLAND',
       'cat__ocean_proximity_NEAR BAY', 'cat__ocean_proximity_NEAR OCEAN',
       'remainder__housing_median_age'], dtype=object)
```

Wähle ein Modell aus und trainiere es

Endlich! Sie haben Ihre Aufgabe abgesteckt, die Daten erhalten und untersucht, Sie haben einen Trainings- und einen Testdatensatz erstellt, und Sie haben eine Vorverarbeitungspipeline zur Transformation geschrieben, um Ihre Daten automatisiert aufzuräumen und auf Machine-Learning-Algorithmen vorzubereiten. Nun sind Sie bereit, ein Machine-Learning-Modell auszuwählen und zu trainieren.

Trainieren und auswerten auf dem Trainingsdatensatz

Die gute Nachricht ist, dass es dank der vorherigen Schritte nun wesentlich einfacher wird. Sie entscheiden sich dazu, zunächst einmal ein sehr einfaches lineares Regressionsmodell zu trainieren:

```
from sklearn.linear_model import LinearRegression

lin_reg = make_pipeline(preprocessing, LinearRegression())
lin_reg.fit(housing, housing_labels)
```

Fertig! Sie haben nun ein funktionsfähiges lineares Regressionsmodell. Probieren Sie es mit dem Trainingsdatensatz aus, schauen Sie sich die ersten fünf Vorhersagen an und vergleichen Sie diese mit den Labels:

```
>>> housing_predictions = lin_reg.predict(housing)
>>> housing_predictions[:5].round(-2)  # -2 = rounded to the nearest hundred
array([243700., 372400., 128800.,  94400., 328300.])
>>> housing_labels.iloc[:5].values
array([458300., 483800., 101700.,  96100., 361800.])
```

Nun, es funktioniert, aber nicht immer: Die erste Vorhersage liegt deutlich daneben (um über 200.000 USD), während die anderen besser sind – zwei liegen um 25 % daneben, zwei um weniger als 10 %. Denken Sie daran, dass Sie den RSME als Bewertungskriterium gewählt haben, daher wollen wir den RMSE dieses Regressionsmodells für den gesamten Trainingsdatensatz mithilfe der Funktion `mean_squared_error` aus Scikit-Learn bestimmen, wobei wir das Argument `squared` auf `False` setzen:

```
>>> from sklearn.metrics import mean_squared_error
>>> lin_rmse = mean_squared_error(housing_labels, housing_predictions,
...                               squared=False)
...
>>> lin_rmse
68687.89176589991
```

In Ordnung, dieser RMSE ist besser als gar nichts, aber bestimmt nicht großartig: Der Wert `median_housing_values` liegt in den meisten Bezirken zwischen 120.000 und 265.000 USD. Damit ist eine typische Abweichung von 68.628 USD bei der Vorhersage nicht sehr zufriedenstellend. Dies ist ein Beispiel für ein Modell, das die Trainingsdaten underfittet. Das kann bedeuten, dass die Merkmale nicht genügend Informationen für eine gute Vorhersage liefern oder dass das Modell nicht mächtig genug ist. Wie wir im vorherigen Kapitel gesehen haben, sind die wichtigsten Gegenmaßnahmen bei Underfitting die Auswahl eines mächtigeren Modells, das Bereitstellen besserer Merkmale für den Trainingsalgorithmus und das Verringern von Restriktionen im Modell. Dieses Modell ist allerdings nicht regularisiert, und damit fällt die dritte Möglichkeit aus. Sie könnten versuchen, weitere Merkmale hinzuzufügen, aber zuerst probieren wir einmal ein komplexeres Modell aus.

Wir trainieren nun einen `DecisionTreeRegressor`. Dies ist ein ziemlich mächtiges Modell, das komplexe nichtlineare Zusammenhänge in den Daten erfassen kann (Entscheidungsbäume werden im Detail in Kapitel 6 vorgestellt). Der Code dazu sollte Ihnen mittlerweile bekannt vorkommen:

```
from sklearn.tree import DecisionTreeRegressor

tree_reg = make_pipeline(preprocessing, DecisionTreeRegressor(random_state=42))
tree_reg.fit(housing, housing_labels)
```

Das trainierte Modell können wir wieder auf dem Trainingsdatensatz auswerten:

```
>>> housing_predictions = tree_reg.predict(housing)
>>> tree_rmse = mean_squared_error(housing_labels, housing_predictions,
...                                squared=False)
```

```
...
>>> tree_rmse
0.0
```

Was bitte!? Überhaupt kein Fehler? Kann dieses Modell wirklich perfekt sein? Natürlich ist es wesentlich wahrscheinlicher, dass das Modell einem immensen Overfitting der Daten zum Opfer gefallen ist. Wie können wir uns dessen sicher sein? Wie wir weiter oben gesehen haben, sollten wir den Testdatensatz nicht anfassen, bis wir ein betriebsbereites Modell haben, von dessen Qualität wir überzeugt sind. Wir müssen daher einen Teil des Trainingsdatensatzes zum Trainieren verwenden und einen anderen Teil zur Validierung des Modells.

Bessere Auswertung mittels Kreuzvalidierung

Wir könnten den Entscheidungsbaum evaluieren, indem wir den Trainingsdatensatz mit der Funktion `train_test_split()` in einen kleineren Trainingsdatensatz und einen Validierungsdatensatz aufteilen, dann das Modell mit dem kleineren Trainingsdatensatz trainieren und schließlich mit dem Validierungsdatensatz auswerten. Dies macht ein wenig Arbeit, ist aber nicht schwer und funktioniert recht gut.

Eine hervorragende Alternative dazu ist die in Scikit-Learn eingebaute *k-fache Kreuzvalidierung*. Der folgende Code spaltet den Trainingsdatensatz zufällig in zehn sich nicht überschneidende Teilmengen, genannt *Folds*, auf. Anschließend trainiert und evaluiert er den Entscheidungsbaum zehnmal hintereinander, wobei jedes Mal ein anderer Fold zur Evaluierung genutzt wird, während auf den übrigen neun Folds trainiert wird. Das Ergebnis ist ein Array mit zehn Scores aus der Evaluierung:

```
from sklearn.model_selection import cross_val_score

tree_rmses = -cross_val_score(tree_reg, housing, housing_labels,
                              scoring="neg_root_mean_squared_error", cv=10)
```

Die Kreuzvalidierung in Scikit-Learn erwartet eine Nutzenfunktion (größer ist besser) anstelle einer Kostenfunktion (kleiner ist besser). Daher ist die Scoring-Funktion das Gegenteil des RMSE. Es ist ein negativer Wert, deshalb müssen Sie das Vorzeichen der Ausgabe wechseln, um die RMSE-Scores zu erhalten.

Betrachten wir das Ergebnis:

```
>>> pd.Series(tree_rmses).describe()
count       10.000000
mean     66868.027288
std       2060.966425
min      63649.536493
25%      65338.078316
50%      66801.953094
```

```
75%      68229.934454
max      70094.778246
dtype: float64
```

Nun steht der Entscheidungsbaum nicht mehr so gut da wie zuvor. Tatsächlich scheint er genauso schlecht abzuschneiden wie das lineare Regressionsmodell! Beachten Sie, dass wir mit der Kreuzvalidierung nicht nur eine Schätzung der Qualität unseres Modells erhalten, sondern auch eine Angabe darüber, wie präzise diese Schätzung ist (d.h. die Standardabweichung). Der Entscheidungsbaum hat einen RMSE von etwa 66.868 mit einer Standardabweichung von 2.061. Nur mit einem Validierungsdatensatz würden Sie diese Information nicht erhalten. Allerdings erfordert die Kreuzvalidierung, dass das Modell mehrmals trainiert wird. Deshalb ist sie nicht immer praktikabel.

Berechnen Sie die gleiche Metrik für das lineare Regressionsmodell, werden Sie feststellen, dass der durchschnittliche RMSE bei 69.858 und die Standardabweichung bei 4.182 liegt. Daher scheint das Entscheidungsbaummodell ein klein bisschen besser zu sein, aber die Unterschiede sind aufgrund des ernsthaften Overfittings nur minimal. Wir wissen, dass es ein Overfitting-Problem gibt, weil der Trainingsfehler niedrig ist (tatsächlich null), während der Validierungsfehler hoch ist.

Probieren wir noch ein letztes Modell – den `RandomForestRegressor`. Wie Sie in Kapitel 7 sehen werden, funktionieren Random Forests, indem viele Entscheidungsbäume mit zufälligen Untermengen der Merkmale trainiert und dann die Vorhersagen gemittelt werden. Solche Modelle, die aus vielen anderen Modellen kombiniert werden, heißen Ensembles: Sie sind dazu in der Lage, die Qualität des zugrunde liegenden Modells (in diesem Fall des Entscheidungsbaums) zu steigern. Der Code entspricht mehr oder weniger dem vorherigen:

```
from sklearn.ensemble import RandomForestRegressor

forest_reg = make_pipeline(preprocessing, RandomForestRegressor(random_state=42))
forest_rmses = -cross_val_score(forest_reg, housing, housing_labels,
                                scoring="neg_root_mean_squared_error", cv=10)
```

Schauen wir uns die Scores an:

```
>>> pd.Series(forest_rmses).describe()
count       10.000000
mean     47019.561281
std       1033.957120
min      45458.112527
25%      46464.031184
50%      46967.596354
75%      47325.694987
max      49243.765795
dtype: float64
```

Wow, das ist viel besser: Random Forests wirken für diese Aufgabe sehr vielversprechend. Aber wenn Sie einen `RandomForest` trainieren und den RMSE für den Trainingsdatensatz messen, werden Sie ungefähr 17.474 erhalten – das ist viel weniger, was heißt, dass immer noch viel Overfitting stattfindet. Gegenmaßnahmen sind, das Modell zu vereinfachen, Restriktionen einzuführen (es zu regularisieren) oder deutlich mehr Trainingsdaten zu beschaffen. Bevor Sie sich aber eingehender mit Random Forests beschäftigen, sollten Sie mehr Modelle aus anderen Familien von Machine-Learning-Algorithmen ausprobieren (mehrere Support Vector Machines mit unterschiedlichen Kernels, ein neuronales Netz und so weiter), ohne jedoch zu viel Zeit mit dem Einstellen der Hyperparameter zu verbringen. Das Ziel ist, eine engere Auswahl (zwei bis fünf) der vielversprechendsten Modelle zu treffen.

Optimiere das Modell

Nehmen wir an, Sie hätten inzwischen eine engere Auswahl Erfolg versprechender Modelle. Nun müssen Sie diese optimieren. Betrachten wir dazu einige Alternativen.

Gittersuche

Eine Möglichkeit wäre, von Hand an den Hyperparametern herumzubasteln, bis Sie eine gute Kombination finden. Dies wäre sehr mühselig, und Sie hätten nicht die Zeit, viele Kombinationen auszuprobieren.

Stattdessen sollten Sie die Scikit-Learn-Klasse `GridSearchCV` die Suche für Sie erledigen lassen. Sie müssen ihr lediglich sagen, mit welchen Hyperparametern Sie experimentieren möchten und welche Werte ausprobiert werden sollen. Dann werden alle möglichen Kombinationen von Hyperparametern über eine Kreuzvalidierung evaluiert. Der folgende Code sucht die beste Kombination der Hyperparameter für den `RandomForestRegressor`:

```
from sklearn.model_selection import GridSearchCV

full_pipeline = Pipeline([
    ("preprocessing", preprocessing),
    ("random_forest", RandomForestRegressor(random_state=42)),
])
param_grid = [
    {'preprocessing__geo__n_clusters': [5, 8, 10],
     'random_forest__max_features': [4, 6, 8]},
    {'preprocessing__geo__n_clusters': [10, 15],
     'random_forest__max_features': [6, 8, 10]},
]
grid_search = GridSearchCV(full_pipeline, param_grid, cv=3,
                           scoring='neg_root_mean_squared_error')
grid_search.fit(housing, housing_labels)
```

Beachten Sie, dass Sie in einer Pipeline auf jeden Hyperparameter jedes Estimators zugreifen können, auch wenn sich dieser tief verschachtelt in diversen Pipelines und Spalten-Transformern befindet. Sieht beispielsweise Scikit-Learn `"preprocessing__geo__n_clusters"`, teilt es diesen String an den doppelten Unterstrichen auf, sucht dann in der Pipeline nach einem Estimator namens `preprocessing` und findet den `ColumnTransformer`. Dann sucht es innerhalb des `ColumnTransformer` nach einem Transformer namens geo und findet den `ClusterSimilarity`-Transformer, den wir für die Längen- und Breitenattribute genutzt haben. Schließlich findet es dort den Hyperparameter `n_clusters`. Genauso bezieht sich `random_forest__max_features` auf den Hyperparameter `max_features` des Estimators mit dem Namen `"random_forest"`, der natürlich das `RandomForest`-Modell ist (der Hyperparameter `max_features` wird in Kapitel 7 erklärt).

> Durch das Verpacken von Vorverarbeitungsschritten in einer Scikit-Learn-Pipeline können Sie die Vorverarbeitungshyperparameter zusammen mit den Modellhyperparametern optimieren. Das ist sehr gut, weil beide häufig miteinander interagieren. So kann beispielsweise ein Erhöhen von `n_clusters` auch ein Erhöhen von `max_features` erfordern. Wenn ein Anpassen der Pipeline-Transformer rechenintensiv ist, können Sie den Hyperparameter `memory` der Pipeline auf den Pfad eines Cache-Verzeichnisses setzen: Führen Sie einen ersten Fit der Pipeline durch, speichert Scikit-Learn die angepassten Transformer in diesem Verzeichnis. Fitten Sie dann erneut mit den gleichen Hyperparametern, wird Scikit-Learn einfach die gecachten Transformer laden.

Es gibt zwei Dictionaries in diesem `param_grid`, daher wird `GridSearchCV` alle Kombinationen von 3 × 3 = 9 der Hyperparameter `n_clusters` und `max_features` mit den im ersten `dict` angegebenen Werten ausprobieren. Anschließend werden alle Kombinationen (2 × 3 = 6) der Hyperparameter im zweiten `dict` ausprobiert. Insgesamt probiert die Gittersuche Kombinationen von 9 + 6 = 15 der Hyperparameter aus und trainiert die Pipeline drei Mal pro Kombination, weil wir eine dreifache Kreuzvalidierung verwenden. Es gibt also insgesamt 15 × 3 = 45 Trainingsrunden! Das kann eine Weile dauern, aber schließlich können Sie die beste Parameterkombination wie folgt abfragen:

```
>>> grid_search.best_params_
{'preprocessing__geo__n_clusters': 15, 'random_forest__max_features': 6}
```

In diesem Beispiel erhalten Sie das beste Modell, indem Sie `n_clusters` auf 15 und `max_features` auf 8 setzen.

> Da 15 der maximal ausprobierte Wert für `n_clusters` ist, sollten wir ein weiteres Mal mit höheren Werten suchen, da der Score vielleicht noch besser wird.

Sie können auf den besten Estimator über `grid_search.best_estimator_` zugreifen. Wird `GridSearchCV` mit `refit=True` initialisiert (was der Standard ist), trainiert es den besten Estimator neu mit dem gesamten Trainingsdatensatz, nachdem es ihn per Kreuzvalidierung gefunden hat. Das ist meist eine gute Idee, da es die Qualität sehr wahrscheinlich verbessern wird, wenn man ihn mit mehr Daten füttert.

Die Evaluierungsscores finden Sie unter `grid_search.cv_results_`. Dabei handelt es sich um ein Dictionary, aber wenn Sie es in einem DataFrame verpacken, erhalten Sie eine schicke Liste mit all den Testscores für jede Kombination der Hyperparameter, für jeden Kreuzvalidierungs-Split und dazu den durchschnittlichen Testscore über alle Splits hinweg:

```
>>> cv_res = pd.DataFrame(grid_search.cv_results_)
>>> cv_res.sort_values(by="mean_test_score", ascending=False, inplace=True)
>>> [...] # change column names to fit on this page, and show rmse = -score
>>> cv_res.head() # note: the 1st column is the row ID
   n_clusters max_features  split0  split1  split2  mean_test_rmse
12         15            6   43460   43919   44748           44042
13         15            8   44132   44075   45010           44406
14         15           10   44374   44286   45316           44659
7          10            6   44683   44655   45657           44999
9          10            6   44683   44655   45657           44999
```

Der mittlere Test-RMSE-Score für das beste Modell beträgt 44.042, was besser als der Score ist, den Sie zuvor mit den Standardhyperparameterwerten erhalten haben (47.019). Herzlichen Glückwunsch – Sie haben Ihr bestes Modell erfolgreich angepasst!

Zufällige Suche

Die Gittersuche ist als Ansatz gut geeignet, wenn Sie wie im Beispiel oben relativ wenige Kombinationen durchsuchen möchten. Ist der *Suchraum* für die Hyperparameter jedoch groß, ist stattdessen `RandomizedSearchCV` vorzuziehen. Diese Klasse lässt sich genauso wie `GridSearchCV` verwenden, aber anstatt alle möglichen Kombinationen durchzuprobieren, wird eine gegebene Anzahl zufälliger Kombinationen evaluiert, indem in jedem Durchlauf ein zufälliger Wert für jeden Hyperparameter gebildet wird. Es mag überraschend klingen, aber dieser Ansatz hat drei Vorteile:

- Wenn einige Ihrer Hyperparameter kontinuierlich sind (oder diskret, aber mit vielen möglichen Werten) und Sie die zufällige Suche für 1.000 Iterationen laufen lassen, werden für jeden dieser Hyperparameter 1.000 unterschiedliche Werte ausprobiert, anstatt nur die wenigen Werte pro Hyperparameter bei der Gittersuche, die Sie angegeben haben.
- Stellen Sie sich vor, ein Hyperparameter hätte keinen großen Einfluss, aber Sie wissen das noch nicht. Besitzt er zehn mögliche Werte und Sie fügen ihn Ihrer Gittersuche hinzu, wird das Training zehnmal länger dauern. Fügen Sie ihn aber einer zufälligen Suche hinzu, wird das keinen Unterschied machen.
- Gibt es sechs zu untersuchende Hyperparameter jeweils mit zehn möglichen Werten, haben Sie bei der Gittersuche keine andere Wahl, als das Modell eine Million Mal zu trainieren, während Sie bei der zufälligen Suche immer einfach die Anzahl Iterationen festlegen können.

Sie müssen für jeden Hyperparameter entweder eine Liste möglicher Werte oder eine Wahrscheinlichkeitsverteilung angeben:

```
from sklearn.model_selection import RandomizedSearchCV
from scipy.stats import randint

param_distribs = {'preprocessing__geo__n_clusters': randint(low=3, high=50),
                  'random_forest__max_features': randint(low=2, high=20)}

rnd_search = RandomizedSearchCV(
    full_pipeline, param_distributions=param_distribs, n_iter=10, cv=3,
    scoring='neg_root_mean_squared_error', random_state=42)

rnd_search.fit(housing, housing_labels)
```

Scikit-Learn bietet zudem noch die Klassen `HalvingRandomSearchCV` und `HalvingGridSearchCV` zum Durchsuchen der Hyperparameter. Deren Ziel ist es, die Rechenressourcen so effizient wie möglich einzusetzen – entweder zum schnelleren Trainieren oder zum Durchsuchen eines größeren Hyperparameterraums. Dabei gehen Sie wie folgt vor: In der ersten Runde werden viele Hyperparameterkombinationen entweder über den Gitteransatz oder über den Zufallsansatz erzeugt (sogenannte »Kandidaten«). Diese Kandidaten werden dann genutzt, um Modelle zu trainieren, die wie üblich per Kreuzvalidierung evaluiert werden. Beim Training kommen jedoch beschränkte Ressourcen zum Einsatz, was diese erste Runde deutlich beschleunigt. Standardmäßig heißt »beschränkte Ressourcen« hier, dass die Modelle mit einem kleinen Teil des Trainingsdatensatzes trainiert werden. Aber es sind auch andere Einschränkungen möglich, wie zum Beispiel das Reduzieren der Anzahl an Trainingsiterationen, wenn das Modell einen Hyperparameter besitzt, über den sich das steuern lässt. Wurde jeder Kandidat evaluiert, kommen nur die besten in die zweite Runde, in der mehr Ressourcen zur Verfügung stehen. Nach mehreren Runden werden die finalen Kandidaten mit den vollständigen Ressourcen evaluiert. Das kann Ihnen beim Optimieren der Hyperparameter Zeit sparen.

Ensemble-Methoden

Eine weitere Möglichkeit zur Optimierung Ihres Systems ist, die Modelle mit der besten Qualität miteinander zu kombinieren. Die Gruppe (oder das *Ensemble*) schneidet oft besser ab als das beste Modell für sich allein (genauso wie ein Random Forest mehr leistet als ein einzelner Entscheidungsbaum), insbesondere wenn die einzelnen Modelle unterschiedliche Arten von Fehlern machen. Sie könnten beispielsweise ein *k*-nächste-Nachbarn-Modell trainieren und optimieren und dann ein Ensemble-Modell erstellen, das nur die Mittelwerte der Random-Forest-Vorhersage und die Vorhersage dieses Modells vorhersagt. Mit diesem Thema werden wir uns in Kapitel 7 beschäftigen.

Analysiere die besten Modelle und ihre Fehler

Oft lassen sich Erkenntnisse über die Aufgabe durch Inspizieren der besten Modelle gewinnen. Beispielsweise zeigt der `RandomForestRegressor` die relative Wichtigkeit jedes Merkmals für genaue Vorhersagen:

```
>>> final_model = rnd_search.best_estimator_  # includes preprocessing
>>> feature_importances = final_model["random_forest"].feature_importances_
>>> feature_importances.round(2)
array([0.07, 0.05, 0.05, 0.01, 0.01, 0.01, 0.01, 0.19, [...], 0.01])
```

Sortieren wir diese Scores für die Wichtigkeit der Merkmale absteigend und stellen wir sie gemeinsam mit ihren Namen dar:

```
>>> sorted(zip(feature_importances,
...            final_model["preprocessing"].get_feature_names_out()),
...            reverse=True)
...
[(0.18694559869103852, 'log__median_income'),
 (0.0748194905715524, 'cat__ocean_proximity_INLAND'),
 (0.06926417748515576, 'bedrooms__ratio'),
 (0.05446998753775219, 'rooms_per_house__ratio'),
 (0.05262301809680712, 'people_per_house__ratio'),
 (0.03819415873915732, 'geo__Cluster 0 similarity'),
 [...]
 (0.00015061247730531558, 'cat__ocean_proximity_NEAR BAY'),
 (7.301686597099842e-05, 'cat__ocean_proximity_ISLAND')]
```

Mit dieser Information könnten Sie einige der weniger nützlichen Merkmale entfernen (z.B. ist offenbar nur eine Kategorie für die Nähe zum Ozean wirklich nützlich, Sie könnten versuchen, die übrigen wegzulassen).

> Der Transformer `sklearn.feature_selection.SelectFromModel` kann automatisch für Sie die am wenigsten nützlichen Merkmale verwerfen: Passen Sie ihn an, trainert er ein Modell (meist einen Random Forest), schaut sich dessen Attribute `feature_importance_` an und wählt die nützlichsten Merkmale aus. Wenn Sie dann `transform()` aufrufen, verwirft er die anderen Merkmale.

Sie sollten ebenfalls versuchen, die Fehler Ihres Systems zu betrachten und zu verstehen, warum es diese begeht und wie sie behoben werden könnten (z.B. durch Hinzufügen von zusätzlichen Merkmalen oder Entfernen von überflüssigen, von Ausreißern und so weiter).

Jetzt ist ein guter Zeitpunkt, um sicherzustellen, dass Ihr Modell nicht nur im Durchschnitt gut funktioniert, sondern für alle Distriktkategorien – großstädtisch oder ländlich, reich oder arm, nördlich oder südlich, mit Minderheiten oder nicht und so weiter. Es ist etwas Arbeit, Untermengen Ihres Validierungsdatensatzes für jede Kategorie zu erstellen, aber es ist wichtig: Zeigt Ihr Modell für eine ganze Kategorie von Distrikten eine schlechte Qualität, sollte es eher nicht eingesetzt werden, um Vorhersagen für diese Kategorie zu treffen, da das mehr Schaden als Nutzen verursachen kann.

Evaluiere das System auf dem Testdatensatz

Haben Sie Ihre Modelle über eine gewisse Zeit optimiert, haben Sie ein System, das ausreichend gut funktioniert. Nun kann das endgültige Modell mit dem Testdatensatz evaluiert werden. Daran ist nichts Besonderes; Sie nehmen die Prädiktoren und Labels Ihres Testdatensatzes und führen Ihr `final_model` aus, um die Daten zu transformieren und Vorhersagen zu treffen. Dann evaluieren Sie diese Vorhersagen:

```
X_test = strat_test_set.drop("median_house_value", axis=1)
y_test = strat_test_set["median_house_value"].copy()

final_predictions = final_model.predict(X_test)

final_rmse = mean_squared_error(y_test, final_predictions, squared=False)
print(final_rmse)  # gibt 41424.40026462184 aus
```

Manchmal wird solch eine Punktschätzung des Verallgemeinerungsfehlers nicht ausreichen, um Sie davon zu überzeugen, das Modell zu übernehmen. Was, wenn es nur um 0,1 % besser als das aktuell genutzte Modell ist? Vielleicht wollen Sie verstehen, wie exakt diese Schätzung ist. Dazu können Sie mit `scipy.stats.t.interval()` ein 95-%-*Konfidenzintervall* für den Verallgemeinerungsfehler berechnen. Sie bekommen ein ziemlich großes Intervall von 39.275 bis 43.467, und Ihre vorherige Punktschätzung von 41.424 liegt ungefähr in der Mitte davon:

```
>>> from scipy import stats
>>> confidence = 0.95
>>> squared_errors = (final_predictions - y_test) ** 2
>>> np.sqrt(stats.t.interval(confidence, len(squared_errors) - 1,
...                          loc=squared_errors.mean(),
...                          scale=stats.sem(squared_errors)))
...
array([39275.40861216, 43467.27680583])
```

Wenn Sie eine Menge Hyperparameter optimiert haben, ist die Qualität der Vorhersage normalerweise etwas schlechter als die mit der Kreuzvalidierung bestimmte (weil Ihr System dann auf die Validierungsdaten optimiert ist und nicht ganz so gut auf unbekannten Daten abschneidet). In diesem Beispiel ist das nicht der Fall, weil der Test-RSME kleiner als der Validierungs-RSME ist, aber wenn es passiert, müssen Sie der Versuchung widerstehen, Ihre Hyperparameter noch einmal zu ändern, um die Zahlen gut aussehen zu lassen. Die Verbesserungen werden vermutlich nicht gut auf neue Daten verallgemeinerbar sein.

Es folgt die Phase vor der Inbetriebnahme. Sie müssen Ihre Lösung präsentieren (und hervorheben, was Sie herausgefunden haben, was funktioniert hat und was nicht, welche Annahmen getroffen wurden und wo die Grenzen Ihres Systems sind), dokumentieren und ansprechendes Präsentationsmaterial mit klaren Visualisierungen und eingängigen Aussagen (z. B. »das mittlere Einkommen ist der beste Prädiktor des Immobilienpreises«) anbieten. Im Beispiel mit den kalifornischen Immobilienpreisen ist die abschließende Genauigkeit des Systems nicht viel besser als die Preisschätzungen der Experten, die oft um etwa 30 % danebenliegen, aber es kann trotzdem hilfreich sein, es einzusetzen, insbesondere wenn besagte Experten damit Zeit für interessantere und produktivere Aufgaben verschafft bekommen.

Nimm das System in Betrieb, überwache und warte es

Sie haben die Freigabe für die Inbetriebnahme! Sie müssen Ihre Lösung nun fit machen für die Produktivumgebung (zum Beispiel den Code ordentlich machen, Dokumentation und Tests schreiben und so weiter). Dann können Sie Ihr Modell in Ihre Produktivumgebung deployen. Die einfachste Möglichkeit dafür besteht darin, das trainierte Scikit-Learn-Modell zu sichern, dann dieses trainierte Modell in Ihre Produktivumgebung zu übertragen und es dort zu laden. Um das Modell zu sichern, können Sie die `joblib`-Bibliothek verwenden:

```
import joblib

joblib.dump(final_model, "my_california_housing_model.pkl")
```

> Es ist oft eine gute Idee, jedes Modell zu sichern, mit dem Sie experimentieren, sodass Sie leicht dorthin zurückkehren können. Auch die Kreuzvalidierungsscores und vielleicht sogar die tatsächlichen Vorhersagen auf dem Validierungsdatensatz können Sie speichern. Damit lassen sich leicht Scores über Modelltypen hinweg vergleichen, und auch die gemachten Fehler können gegenübergestellt werden.

Sobald Ihr Modell in die Produktivumgebung übertragen ist, können Sie es laden und einsetzen. Dazu müssen Sie erst alle eigenen Klassen und Funktionen importieren, auf denen Ihr Modell aufbaut (es muss also auch der Code in die Produktivumgebung kommen), dann laden Sie das Modell mithilfe von `joblib` und nutzen es für Vorhersagen:

```
import joblib
[...]  # import KMeans, BaseEstimator, TransformerMixin, rbf_kernel etc.

def column_ratio(X): [...]
def ratio_name(function_transformer, feature_names_in): [...]
class ClusterSimilarity(BaseEstimator, TransformerMixin): [...]

final_model_reloaded = joblib.load("my_california_housing_model.pkl")

new_data = [...]  # neue Distrikte für Vorhersagen
predictions = final_model_reloaded.predict(new_data)
```

Vielleicht wird das Modell ja auf einer Website genutzt: Der Anwender gibt Daten über einen neuen Bezirk ein und klickt auf den Button »Preis schätzen«. Dadurch wird eine Anfrage mit den Daten an den Webserver geschickt, der diese an Ihre Webanwendung weiterleitet, und Ihr Code ruft dort einfach die Methode `pre` dict() des Modells auf (Sie werden das Modell nicht bei jedem Einsatz laden wollen, sondern einmalig, wenn der Server startet). Alternativ können Sie das Modell auch in einem eigenen Webservice verpacken, den Ihre Webanwendung über eine REST-API[13] aufrufen kann (siehe Abbildung 2-20). Das erleichtert das Aktualisieren des Modells, ohne dass die Hauptanwendung unterbrochen werden muss. Auch wird das Skalieren so einfacher, da Sie so viele Webservices wie nötig starten und die Requests von Ihrer Webanwendung darauf per Load Balancing verteilen können. Zudem ist es so möglich, Ihre Webanwendung in einer beliebigen Programmiersprache zu entwickeln, statt auf Python angewiesen zu sein.

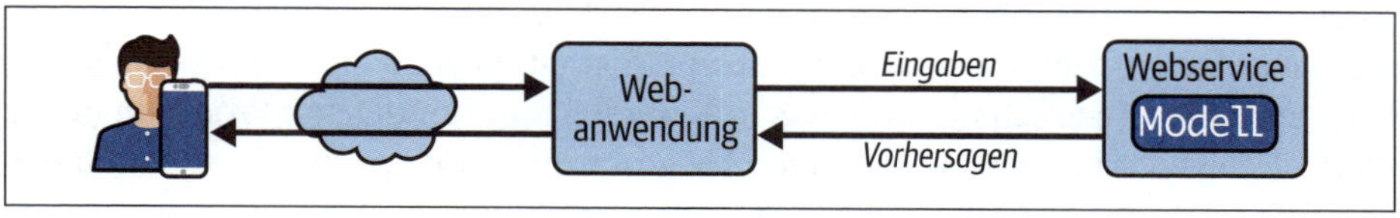

Abbildung 2-20: Ein Modell, das als Webservice deployt und von einer Webanwendung genutzt wird

Eine andere verbreitete Strategie besteht darin, Ihr Modell in die Cloud zu deployen – zum Beispiel auf die Google Vertex AI (früher bekannt als Google Cloud AI Platform oder Google Cloud ML Engine): Speichern Sie Ihr Modell einfach mithilfe von `joblib`, laden Sie es auf Google Cloud Storage (GCS), wechseln Sie zur Vertex AI, erstellen Sie eine neue Modellversion und lassen Sie diese auf die GCS-Datei zeigen. Das ist alles! Sie erhalten so einen einfachen Webservice, der Ihnen Load Balancing und Skalieren abnimmt. Er erwartet JSON-Requests mit den Eingabedaten (zum Beispiel von einem Bezirk) und gibt JSON-Responses mit den Vorhersagen zurück. Sie können diesen Webservice dann auf Ihrer Website verwenden (oder welche Produktivumgebung Sie sonst so nutzen). Wie Sie in Kapitel 19 sehen werden, unterscheidet sich das Deployen von TensorFlow-Modellen auf Vertex AI nicht sonderlich vom Deployen von Scikit-Learn-Modellen.

Aber mit dem Deployen ist die Geschichte noch nicht zu Ende. Sie müssen auch Code zur Überwachung schreiben, damit Sie die Qualität des laufenden Systems in regelmäßigen Abständen prüfen können und ein Alarm ausgelöst wird, wenn sie sinkt. Das kann sehr schnell gehen, wenn beispielsweise eine Komponente in Ihrer Infrastruktur ins Stolpern gerät, aber auch ein allmählicher Qualitätsverfall ist nicht unwahrscheinlich, der leicht lange Zeit übersehen werden kann. Letztere Situation entsteht häufig, da Modelle mit der Zeit dazu tendieren, zu »verrotten«: Wenn das Modell mit den Daten aus dem letzten Jahr trainiert wurde, passt es vielleicht nicht zu denen von heute.

13 Eine REST- (oder RESTful-)API ist kurz gesagt eine HTTP-basierte API, die bestimmte Konventionen befolgt, beispielsweise den Einsatz der Standardverben von HTTP zum Lesen, Aktualisieren, Erstellen oder Löschen von Ressourcen (GET, POST, PUT und DELETE) oder das Verwenden von JSON für die Ein- und Ausgabe.

Sie müssen also die Qualität Ihres Modells überwachen. Aber wie tun Sie das? Nun, das kommt darauf an. In manchen Fällen kann sie aus Folgemetriken abgeleitet werden. Ist Ihr Modell beispielsweise Teil eines Empfehlungssystems und schlägt es Produkte vor, an denen die Benutzer interessiert sein könnten, ist es leicht, die Anzahl an empfohlenen Produkten zu überwachen, die jeden Tag verkauft werden. Fällt diese Zahl (verglichen mit den nicht empfohlenen Produkten), ist der Hauptverdächtige das Modell. Es kann daran liegen, dass die Datenpipeline defekt ist, oder vielleicht muss das Modell mit frischen Daten neu trainiert werden (wie wir gleich noch besprechen werden).

Aber eventuell müssen Sie die Qualität des Modells ohne menschliche Analyse bestimmen. Stellen Sie sich beispielsweise vor, Sie hätten ein Modell zur Bildklassifikation trainiert (das schauen wir uns in Kapitel 3 an), um defekte Produkte in der Herstellung zu erkennen. Wie können Sie gewarnt werden, wenn die Qualität des Modells sinkt, bevor Tausende von defekten Produkten an Ihre Kunden geliefert werden? Eine Möglichkeit ist, menschlichen Bewertern Beispiele all der Bilder zu schicken, die das Modell klassifiziert (insbesondere der Bilder, bei denen sich das Modell nicht so sicher ist). Abhängig von der Aufgabe müssen die Bewerter eventuell Experten sein, aber manchmal sind Spezialisten gar nicht notwendig, und es bieten sich Arbeiter auf einer Plattform für Crowdsourcing an (zum Beispiel Amazon Mechanical Turk). Bei manchen Anwendungen kann es sich auch um die Anwender selbst handeln, die beispielsweise über Umfragen oder umfunktionierte Captchas[14] Rückmeldung geben.

Auf jeden Fall müssen Sie ein Überwachungssystem (mit oder ohne menschliche Beurteiler) zum Evaluieren des Modells aufsetzen und auch alle relevanten Prozesse einrichten, um zu definieren, was bei Fehlern zu tun ist und wie man sich auf sie vorbereitet. Leider kann das ziemlich viel Arbeit bedeuten. Tatsächlich ist es meist sogar mehr Arbeit, als ein Modell zu bauen und zu trainieren.

Entwickeln sich die Daten weiter, werden Sie regelmäßig Ihre Datensätze aktualisieren und Ihr Modell neu trainieren müssen. Sie sollten den Prozess so weit wie möglich zu automatisieren versuchen. Hier ein paar Schritte, die Sie automatisieren können:

- Regelmäßig neue Daten einsammeln und labeln (zum Beispiel mithilfe menschlicher Beurteiler).
- Ein Skript schreiben, um das Modell zu trainieren und die Hyperparameter automatisch genauer anzupassen. Das Skript kann abhängig von Ihren Anforderungen automatisiert laufen – zum Beispiel jeden Tag oder jede Woche.
- Ein weiteres Skript schreiben, das sowohl das neue wie auch das alte Modell gegen den aktualisierten Testdatensatz evaluiert und das Modell in die Pro-

14 Ein Captcha ist ein Test, der sicherstellt, dass ein Anwender kein Roboter ist. Diese Tests wurden oft als billige Möglichkeit genutzt, um Trainingsdaten zu labeln.

duktivumgebung deployt, wenn die Qualität nicht nachgelassen hat (und wenn sie nachlässt, stellen Sie sicher, dass Sie auch ermitteln, woran das liegt). Das Skript sollte vermutlich die Leistung Ihres Modells auf diversen Untermengen des Testdatensatzes prüfen, wie zum Beispiel auf armen oder reichen Distrikten, großstädtischen oder ländlichen und so weiter.

Sie sollten auch die Qualität der Eingabedaten evaluieren. Manchmal fällt die Qualität wegen eines schlechten Signals leicht ab (z.B. aufgrund eines Sensors mit Fehlfunktion, der zufällige Werte sendet, oder einer altbackenen Ausgabe eines anderen Teams), es kann aber lange dauern, bis Ihre Überwachung deswegen einen Alarm auslöst. Wenn Sie die Eingabedaten des Systems überwachen, können Sie dies früh feststellen. Sie könnten beispielsweise eine Warnung ausgeben lassen, immer mehr Eingangsdaten ein Merkmal fehlt, wenn deren Mittelwert oder Standardabweichung zu weit vom Trainingsdatensatz wegdriftet oder wenn ein kategorisches Merkmal plötzlich neue Kategorien besitzt.

Und stellen Sie auch sicher, dass Sie Backups von jedem erstellten Modell haben und die Prozesse und Tools bereitstehen, um schnell zu einem früheren Modell zurückkehren zu können, falls das neue Modell aus irgendwelchen Gründen fehlerhaft arbeitet. Durch das Vorhandensein von Backups können Sie auch leicht neue Modelle mit bestehenden vergleichen. Und Sie sollten Backups jeder Version Ihrer Datensätze aufheben, sodass Sie zu einem älteren Datensatz zurückkehren können, wenn das neue einmal fehlerhaft ist (weil beispielsweise die neu hinzugefügten Daten nur noch aus Ausreißern bestehen). Mit den Backups Ihrer Datensätze können Sie außerdem jedes Modell gegen jeden früheren Datensatz evaluieren.

Wie Sie sehen, gehört zu Machine Learning ziemlich viel Infrastruktur. Kapitel 19 behandelt ein paar Aspekte davon, aber es ist ein ziemlich umfangreiches Thema, das mittlerweile den Namen *ML Operations* (MLOps) trägt und ein eigenes Buch verdient. Seien Sie also nicht überrascht, wenn Ihr erstes ML-Projekt viel Aufwand und Zeit erfordert, um es in den Produktivbetrieb zu bringen. Ist die Infrastruktur einmal eingerichtet, wird der Weg von der Idee bis in die Produktion zum Glück deutlich schneller werden.

Probieren Sie es aus!

Dieses Kapitel hat Ihnen hoffentlich einen Eindruck davon verschafft, worin ein Machine-Learning-Projekt besteht, und Ihnen die Werkzeuge zum Trainieren eines guten Systems nähergebracht. Wie Sie sehen, besteht ein Großteil der Arbeit aus der Vorbereitung der Daten, dem Bauen von Überwachungswerkzeugen, dem Aufbau einer von Menschen gestützten Pipeline und dem Automatisieren des regelmäßigen Trainings Ihrer Modelle. Die Algorithmen zum Machine Learning sind natürlich ebenfalls wichtig, aber es ist günstiger, den Prozess insgesamt gut zu beherrschen und drei oder vier Algorithmen gut zu kennen, anstatt Ihre gesamte Zeit mit dem Untersuchen ausgefeilter Algorithmen zu verbringen.

Wenn Sie es also ohnehin nicht bereits getan haben, ist nun der ideale Moment gekommen, um den Laptop aufzuklappen, einen interessanten Datensatz auszusuchen und den gesamten Prozess von A bis Z durchzuarbeiten. Ein guter Ausgangspunkt ist eine Website für Wettbewerbe wie Kaggle (*http://kaggle.com/*): Dort finden Sie Datensätze zum Ausprobieren, klare Zielvorgaben, und Sie können Erfahrungen austauschen. Viel Spaß!

Übungen

Die folgenden Aufgaben basieren alle auf dem Immobilien-Datensatz aus diesem Kapitel:

1. Probieren Sie einen Support Vector Machine Regressor (`sklearn.svm.SVR`) mit unterschiedlichen Hyperparametern aus, beispielsweise `kernel="linear"` (mit unterschiedlichen Werten für den Hyperparameter `C`) oder `kernel="rbf"` (mit unterschiedlichen Werten für die Hyperparameter `C` und `gamma`). Beachten Sie, dass Support Vector Machines nicht sehr gut bei großen Datensätzen skalieren, daher sollten Sie Ihr Modell vermutlich nur mit den ersten 5.000 Instanzen des Trainingsdatensatzes trainieren und lediglich eine dreifache Kreuzvalidierung nutzen – sonst kann das Ganze Stunden dauern. Kümmern Sie sich im Moment nicht zu sehr darum, was Hyperparameter überhaupt sind, wir sprechen darüber in Kapitel 5. Wie gut schneidet der beste `SVR`-Prädiktor ab?
2. Ersetzen Sie `GridSearchCV` durch `RandomizedSearchCV`.
3. Fügen Sie der vorbereitenden Pipeline einen `SelectFromModel`-Transformer hinzu, um nur die wichtigsten Attribute auszuwählen.
4. Versuchen Sie, einen eigenen Transformer zu erstellen, der in seiner `fit()`-Methode einen *k*-nächste-Nachbarn-Regressor trainiert (`sklearn.neighbors.KNeighborsRegressor`) und die Vorhersagen des Modells in seiner `transform()`-Methode ausgibt. Dann fügen Sie dieses Merkmal der Vorverarbeitungspipeline hinzu und nutzen Länge und Breite als Eingabewerte für diesen Transformer. Das wird ein Merkmal im Modell ergänzen, das dem mittleren Hauspreis des nächsten Distrikts entspricht.
5. Probieren Sie einige der Optionen bei der Vorverarbeitung mit `GridSearchCV` aus.
6. Versuchen Sie, die `StandardScalerClone`-Klasse von Grund auf selbst aufzubauen, und fügen Sie dann eine Unterstützung für die Methode `inverse_transaction()` hinzu: Ein Ausführen von `scaler.inverse_transform(scaler.fit_transform(X))` sollte ein Array zurückgeben, das `X` sehr ähnlich ist. Dann ermöglichen Sie noch eine Unterstützung für Merkmalsnamen: Setzen Sie `feature_names_in_` in der Methode `fit()`, wenn der Eingabeparameter ein DataFrame

ist. Dieses Attribut sollte ein NumPy-Array mit Spaltennamen sein. Schließlich implementieren Sie die Methode `get_feature_names_out()`: Sie sollte ein optionales Argument `input_features=None` besitzen. Wenn dieses übergeben wird, sollte die Methode prüfen, ob dessen Länge zu `n_features_in_` passt, und es sollte zu `feature_names_in_` passen, wenn dieses definiert wurde – dann sollte `input_features` zurückgegeben werden. Hat `input_features` den Wert `None`, sollte die Methode entweder `feature_names_in_` zurückgeben, wenn es definiert wurde, ansonsten `np.array(["x0", "x1", ...])` mit der Länge `n_features_in_`.

Die deutschsprachigen Lösungen zu diesen Übungen finden Sie unter *https://dpunkt.de/produkt/praxiseinstieg-machine-learning-mit-scikit-learn-keras-und-tensorflow-2/* auf der Registerkarte *Zusatzmaterial*, die englischsprachigen Lösungen am Ende des Notebooks zu diesem Kapitel unter *https://homl.info/colab3*.

KAPITEL 3

Klassifikation

In Kapitel 1 haben wir erwähnt, dass die am häufigsten zu findenden Aufgaben beim überwachten Lernen Regression (die Vorhersage von Werten) und Klassifikation (die Vorhersage von Kategorien) sind. In Kapitel 2 haben wir uns eine Regressionsaufgabe genauer angesehen, bei der wir den Wert von Immobilien mit unterschiedlichen Algorithmen wie linearer Regression, Entscheidungsbäumen und Random Forests vorhergesagt haben (diese Methoden werden in späteren Kapiteln genauer vorgestellt). Wenden wir uns nun Systemen zur Klassifikation zu.

MNIST

In diesem Kapitel werden wir den MNIST-Datensatz verwenden, eine Sammlung von 70.000 kleinen Bildern handschriftlicher Ziffern, die von Oberschülern und Mitarbeitern des US Census Bureau aufgeschrieben wurden. Jedes Bild ist mit der dargestellten Ziffer gelabelt. Dieser Datensatz ist so intensiv untersucht worden, dass er oft als »Hello World« des Machine Learning bezeichnet wird: Wann immer jemand ein neues Klassifikationsverfahren entwickelt, möchte man wissen, wie es auf MNIST abschneidet. Jeder, der Machine Learning lernt, beschäftigt sich früher oder später mit MNIST.

Scikit-Learn enthält viele Hilfsfunktionen zum Herunterladen verbreiteter Datensätze. MNIST ist einer davon. Der folgende Code besorgt den MNIST-Datensatz von OpenML.org:[1]

```
from sklearn.datasets import fetch_openml

mnist = fetch_openml('mnist_784', as_frame=False)
```

1 Scikit-Learn speichert heruntergeladene Daten standardmäßig im Verzeichnis *scikit_learn_data* in Ihrem Home-Verzeichnis.

Das Paket `sklearn.datasets` enthält vor allem drei Arten von Funktionen: `fetch_*`, wie zum Beispiel `fetch_openml()`, um reale Datensätze herunterzuladen, `load_*`-Funktionen zum Laden kleiner Spieldatensätze, die bei Scikit-Learn direkt mitgeliefert werden (sodass sie nicht aus dem Internet geladen werden müssen), und `make_*`-Funktionen zum Generieren von Fake-Datensätzen vor allem für Tests. Generierte Datensätze werden im Allgemeinen als ein Tupel `(X, y)` mit den Eingabedaten und Zielen als NumPy-Arrays zurückgegeben. Andere Datensätze werden als Objekte vom Typ `sklearn.utils.Bunch` zurückgegeben. Dabei handelt es sich um Dictionaries, deren Einträge auch als Attribute angesprochen werden können. Im Allgemeinen enthalten sie folgende Einträge:

`"DESCR"`
: EIne Beschreibung des Datensatzes.

`"data"`
: Die Eingabedaten, meist als 2-D-NumPy-Array.

`"target"`
: Die Labels, meist als 1-D-NumPy-Array.

Die Funktion `fetch_openml()` ist ein bisschen ungewöhnlich, weil sie standardmäßig die Eingabewerte als Pandas-DataFrame und die Labels als Pandas-Series zurückgibt (sofern der Datensatz nicht sparse ist). Aber der MNIST-Datensatz enthält Bilder, und dafür sind DataFrames nicht ideal, daher ist es besser, `as_frame=False` zu setzen, um die Daten stattdessen als NumPy-Arrays zu erhalten. Schauen wir uns diese an:

```
>>> X, y = mnist.data, mnist.target
>>> X
array([[0., 0., 0., ..., 0., 0., 0.],
       [0., 0., 0., ..., 0., 0., 0.],
       [0., 0., 0., ..., 0., 0., 0.],
       ...,
       [0., 0., 0., ..., 0., 0., 0.],
       [0., 0., 0., ..., 0., 0., 0.],
       [0., 0., 0., ..., 0., 0., 0.]])
>>> X.shape
(70000, 784)
>>> y
array(['5', '0', '4', ..., '4', '5', '6'], dtype=object)
>>> y.shape
(70000,)
```

Es gibt 70.000 Bilder, und jedes davon hat 784 Merkmale. Das liegt daran, dass jedes Bild aus 28 × 28 Pixeln besteht und jedes Merkmal einfach die Intensität eines Pixels von 0 (Weiß) bis 255 (Schwarz) enthält. Betrachten wir eine Ziffer aus dem Datensatz (siehe Abbildung 3-1). Dazu müssen wir lediglich den Merkmalsvektor eines Datenpunkts herausgreifen, zu einem Array mit den Abmessungen 28 × 28 umformatieren und mit der Funktion `imshow()` aus Matplotlib darstellen. Wir verwenden `cmap="binary"`, um eine Graustufenfarbpalette zu erhalten, bei der 0 Weiß und 255 Schwarz entspricht:

```
import matplotlib.pyplot as plt

def plot_digit(image_data):
    image = image_data.reshape(28, 28)
    plt.imshow(image, cmap="binary")
    plt.axis("off")

some_digit = X[0]
plot_digit(some_digit)
plt.show()
```

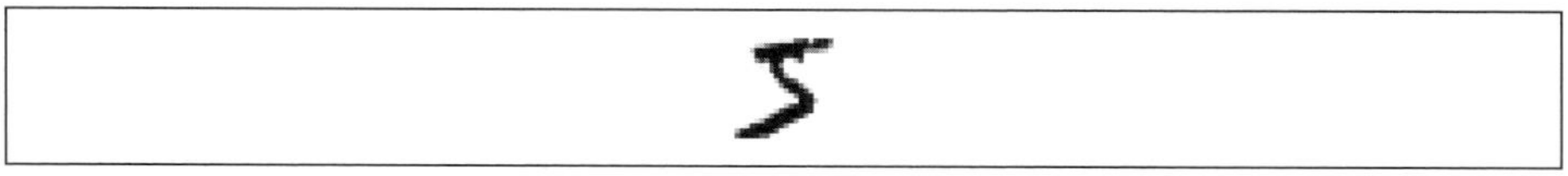

Abbildung 3-1: Beispiel für ein MNIST-Bild

Dieses Bild sieht wie eine 5 aus, was uns das Label auch bestätigt:

```
>>> y[0]
'5'
```

Abbildung 3-2 zeigt einige weitere Bilder aus dem MNIST-Datensatz, um Ihnen ein Gefühl für die Komplexität dieser Klassifikationsaufgabe zu geben.

Einen Moment noch! Sie sollten stets einen Testdatensatz erstellen und ihn vor dem genaueren Betrachten der Daten beiseitelegen. Der von `fetch_openml()` zurückgegebene MNIST-Datensatz ist bereits in Trainingsdaten (die ersten 60.000 Bilder) und Testdaten (die letzten 10.000 Bilder) unterteilt:[2]

```
X_train, X_test, y_train, y_test = X[:60000], X[60000:], y[:60000], y[60000:]
```

Die Trainingsdaten sind schon für uns gemischt, was gut ist, denn damit stellen wir sicher, dass bei der Kreuzvalidierung sämtliche Folds einander ähnlich sind (Sie möchten nicht, dass einige Ziffern in einem Fold fehlen). Außerdem reagieren ein paar Lernalgorithmen sensibel auf die Reihenfolge der Trainingsdatenpunkte und schneiden schlechter ab, wenn sie viele ähnliche Datenpunkte nacheinander erhalten. Das Mischen des Datensatzes sorgt dafür, dass dies nicht passiert.[3]

2 Datensätze, die von `fetch_openml()` zurückgegeben werden, sind nicht immer durchmischt oder aufgeteilt.

3 In einigen Fällen ist das Mischen keine gute Idee – beispielsweise wenn Sie mit Zeitreihen arbeiten (wie Aktienkursen oder Wetterdaten). Diese Fälle werden wir in den nächsten Kapiteln betrachten.

Abbildung 3-2: Ziffern aus dem MNIST-Datensatz

Trainieren eines binären Klassifikators

Für den Anfang werden wir die Aufgabe vereinfachen und lediglich versuchen, eine Ziffer zu erkennen – beispielsweise die Ziffer 5. Dieser »5-Detektor« ist ein Beispiel für einen *binären Klassifikator*, mit dem sich genau zwei Kategorien unterscheiden lassen, »5« und »nicht-5«. Erstellen wir also zuerst die Zielvektoren für diese Klassifikationsaufgabe:

```
y_train_5 = (y_
train == '5')  # True bei allen 5en, False bei allen anderen Ziffern.
y_test_5 = (y_test == '5')
```

Nun wählen wir einen Klassifikator aus und trainieren diesen. Ein guter Ausgangspunkt ist der Klassifikator für das *stochastische Gradientenverfahren* (SGD), dem die Klasse `SGDClassifier` in Scikit-Learn entspricht. Dieser Klassifikator hat den Vorteil, sehr große Datensätze effizient zu bearbeiten. Dies liegt daran, dass SGD die Trainingsdatenpunkte einzeln und nacheinander abarbeitet (wodurch SGD außerdem für das *Online-Learning* gut geeignet ist). Erstellen wir zunächst einen `SGD Classifier` und trainieren wir diesen auf dem gesamten Trainingsdatensatz:

```
from sklearn.linear_model import SGDClassifier

sgd_clf = SGDClassifier(random_state=42)
sgd_clf.fit(X_train, y_train_5)
```

Nun können Sie mit dem Klassifikator Bilder mit der Ziffer 5 erkennen:

```
>>> sgd_clf.predict([some_digit])
array([ True])
```

Der Klassifikator meint, dass dieses Bild eine 5 darstellt (`True`). Es sieht so aus, als läge er in diesem Fall richtig! Werten wir nun die Qualität dieses Modells aus.

Qualitätsmaße

Einen Klassifikator auszuwerten, ist oft deutlich verzwickter, als einen Regressor auszuwerten, daher werden wir einen Großteil dieses Kapitels mit diesem Thema zubringen. Es gibt viele unterschiedliche Qualitätsmaße. Schnappen Sie sich also noch einen Kaffee und seien Sie bereit, diverse neue Begriffe und Abkürzungen kennenzulernen!

Messen der Genauigkeit über Kreuzvalidierung

Kreuzvalidierung ist eine gute Möglichkeit zum Auswerten von Modellen, wie Sie bereits in Kapitel 2 gesehen haben. Nutzen wir die Funktion `cross_val_score()`, um unser `SGDClassifier`-Modell zu bewerten, und greifen wir dabei auf die *k*-fache Kreuzvalidierung mit drei Folds zurück. Denken Sie daran, dass der Trainingsdatensatz bei einer *k*-fachen Kreuzvalidierung in *k* Folds unterteilt ist (hier sind es drei), das Modell dann *k*-Mal trainiert wird und dabei jeweils ein anderer Fold für die Bewertung zum Einsatz kommt (siehe Kapitel 2):

```
>>> from sklearn.model_selection import cross_val_score
>>> cross_val_score(sgd_clf, X_train, y_train_5, cv=3, scoring="accuracy")
array([0.95035, 0.96035, 0.9604 ])
```

Wow! Eine *Genauigkeit* über 95% (Anteil korrekter Vorhersagen) auf sämtlichen Folds der Kreuzvalidierung? Das sieht fantastisch aus, nicht wahr? Bevor Sie sich aber vom Ergebnis mitreißen lassen, betrachten wir zum Vergleich einen Dummy-Klassifikator, der einfach jedes Bild der Kategorie »nicht-5« zuordnet:

```
from sklearn.dummy import DummyClassifier

dummy_clf = DummyClassifier()
dummy_clf.fit(X_train, y_train_5)
print(any(dummy_clf.predict(X_train))) # Gibt False aus: keine 5en gefunden.
```

Können Sie die Genauigkeit dieses Modells erraten? Finden wir es heraus:

```
>>> cross_val_score(dummy_clf, X_train, y_train_5, cv=3, scoring="accuracy")
array([0.90965, 0.90965, 0.90965])
```

Richtig, es hat eine Genauigkeit von über 90%! Dies liegt einfach daran, dass nur etwa 10% der Bilder 5en sind. Wenn Sie also jedes Mal darauf tippen, dass ein Bild *keine* 5 enthält, werden Sie in 90% der Fälle richtig liegen. Damit schlagen Sie sogar Nostradamus.

Dies zeigt, warum die Genauigkeit bei Klassifikatoren für gewöhnlich nicht das Qualitätsmaß der Wahl ist, besonders wenn Sie es mit *unbalancierten Datensätzen* zu tun haben (also solchen, bei denen einige Kategorien viel häufiger als andere auftreten). Besser lässt sich die Qualität eines Klassifikators bewerten, indem Sie sich die *Konfusionsmatrix* anschauen.

Implementierung der Kreuzvalidierung

Bisweilen benötigen Sie eine genauere Kontrolle über den Prozess der Kreuzvalidierung, als sie von Scikit-Learn angeboten wird. In diesen Fällen können Sie die Kreuzvalidierung selbst implementieren. Das folgende Codebeispiel tut in etwa das Gleiche wie die Scikit-Learn-Funktion `cross_val_score()` und liefert das gleiche Ergebnis:

```
from sklearn.model_selection import StratifiedKFold
from sklearn.base import clone

skfolds = StratifiedKFold(n_
splits=3)  # shuffle=True ergänzen, wenn der Datensatz
           # noch durchmischt werden muss
for train_index, test_index in skfolds.split(X_train, y_train_5):
    clone_clf = clone(sgd_clf)
    X_train_folds = X_train[train_index]
    y_train_folds = y_train_5[train_index]
    X_test_fold = X_train[test_index]
    y_test_fold = y_train_5[test_index]

    clone_clf.fit(X_train_folds, y_train_folds)
    y_pred = clone_clf.predict(X_test_fold)
    n_correct = sum(y_pred == y_test_fold)
    print(n_correct / len(y_pred))  # gibt 0.95035, 0.96035 und 0.9604 aus
```

Die Klasse `StratifiedKFold` bildet eine stratifizierte Stichprobe (wie in Kapitel 2 erklärt), um Folds mit einer repräsentativen Anzahl von Punkten aus jeder Kategorie zu ermitteln. Bei jeder Iteration erstellt der Code einen Klon des Klassifikators, trainiert diesen auf den zum Trainieren abgestellten Folds und führt eine Vorhersage für den Fold zum Testen durch. Anschließend ermittelt er die Anzahl korrekter Vorhersagen und gibt deren Anteil aus.

Konfusionsmatrix

Die grundlegende Idee einer Konfusionsmatrix ist, zu zählen, wie oft Instanzen von Kategorie A als Kategorie B gezählt werden. Um zum Beispiel zu sehen, wie oft der Klassifikator das Bild einer 8 für eine 0 gehalten hat, würden Sie in Zeile 8, Spalte 0 der Konfusionsmatrix nachschauen.

Um eine Konfusionsmatrix zu berechnen, benötigen Sie einen Satz Vorhersagen, die sich dann mit den korrekten Zielwerten vergleichen lassen. Sie könnten auch auf dem Testdatensatz Vorhersagen treffen, aber es ist besser, ihn im Moment beiseitezulassen (denken Sie daran, dass Sie die Testdaten erst ganz am Ende Ihres Projekts verwenden sollten, sobald Sie einen einsatzbereiten Klassifikator haben). Stattdessen können Sie die Funktion `cross_val_predict()` einsetzen:

```
from sklearn.model_selection import cross_val_predict

y_train_pred = cross_val_predict(sgd_clf, X_train, y_train_5, cv=3)
```

Wie die Funktion `cross_val_score()` führt auch `cross_val_predict()` eine *k*-fache Kreuzvalidierung durch, aber anstatt Genauigkeiten zurückzugeben, liefert sie die für jeden Test-Fold berechneten Vorhersagen. Damit erhalten Sie für jeden Datenpunkt im Trainingsdatensatz eine saubere Vorhersage (»sauber« bedeutet »out of sample« – das zur Vorhersage eingesetzte Modell hat diese Daten beim Trainieren nicht gesehen).

Nun sind wir bereit, die Konfusionsmatrix mit der Funktion `confusion_matrix()` zu berechnen. Wir übergeben dieser einfach die Zielkategorien (`y_train_5`) und die vorhergesagten Kategorien (`y_train_pred`):

```
>>> from sklearn.metrics import confusion_matrix
>>> cm = confusion_matrix(y_train_5, y_train_pred)
>>> cm
array([[53892,   687],
       [ 1891,  3530]])
```

Jede Zeile in einer Konfusionsmatrix steht für eine *tatsächliche Kategorie*, während jede Spalte eine *vorhergesagte Kategorie* darstellt. Die erste Zeile dieser Matrix beinhaltet Nicht-5-Bilder (die *negative Kategorie*): 53.892 davon wurden korrekt als Nicht-5en klassifiziert (man nennt diese *richtig Negative*), die übrigen 687 wurden fälschlicherweise als 5en klassifiziert (*falsch Positive*). Die zweite Zeile betrachtet die Bilder mit 5en (die *positive Kategorie*): 1.891 Bilder wurden fälschlicherweise als Nicht-5en vorhergesagt (*falsch Negative*), die restlichen 3.530 wurden korrekt als 5en vorhergesagt (*richtig Positive*). Ein perfekter Klassifikator würde lediglich richtig Positive und richtig Negative produzieren, sodass die Konfusionsmatrix nur auf der Hauptdiagonale (von links oben nach rechts unten) Werte ungleich null enthielte:

```
>>> y_train_perfect_predictions = y_train_5  # als ob wir perfekt wären
>>> confusion_matrix(y_train_5, y_train_perfect_predictions)
array([[54579,     0],
       [    0,  5421]])
```

Die Konfusionsmatrix gibt uns eine Menge an Informationen, aber manchmal wünscht man sich ein etwas kompakteres Qualitätsmaß. Ein interessantes Maß ist die Genauigkeit der positiven Vorhersagen; dies nennt man auch die *Relevanz* (engl. Precision) des Klassifikators (siehe Formel 3-1).

Formel 3-1: Relevanz

$$\text{Relevanz} = \frac{RP}{RP + FP}$$

RP ist dabei die Anzahl richtig Positiver und *FP* die Anzahl falsch Positiver.

Eine perfekte Relevanz lässt sich trivialerweise erhalten, indem man einen Klassifikator erstellt, der immer negative Vorhersagen trifft – bis auf eine einzige positive Vorhersage für die Instanz, bei der er sich am sichersten ist. Ist diese eine Vorhersage korrekt, hat der Klassifikator eine Relevanz von 100% (Relevanz = 1/1 = 100%). Offensichtlich wäre solch ein Klassifikator nicht besonders nützlich, da er dann alle außer einem positiven Datenpunkt ignorieren würde. Daher geht die Relevanz üblicherweise mit einem zweiten Maß namens *Sensitivität* (engl. Recall) einher, das auch als *Trefferquote* oder *Richtig-positiv-Rate* (*TPR*) bezeichnet wird: Dieses ist der Anteil positiver Datenpunkte, die vom Klassifikator entdeckt wurden (siehe Formel 3-2).

Formel 3-2: Sensitivität

$$\text{Sensitivität} = \frac{RP}{RP + FN}$$

RN ist dabei natürlich die Anzahl falsch Negativer.

Falls Sie die Konfusionsmatrix verwirrt, hilft Ihnen womöglich Abbildung 3-3.

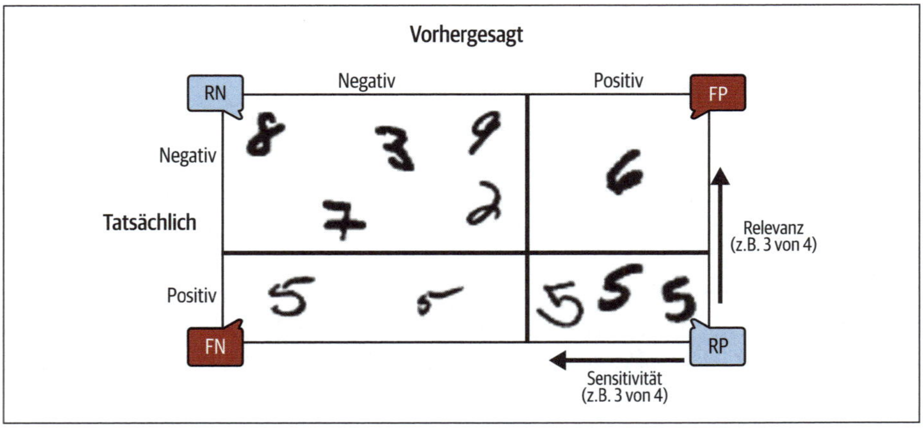

Abbildung 3-3: Eine illustrierte Konfusionsmatrix

Relevanz und Sensitivität

Scikit-Learn enthält mehrere Funktionen zum Berechnen von Klassifikationsmetriken, darunter Relevanz und Sensitivität:

```
>>> from sklearn.metrics import precision_score, recall_score
>>> precision_score(y_train_5, y_train_pred) # == 3530 / (687 + 3530)
0.8370879772350012
>>> recall_score(y_train_5, y_train_pred) # == 3530 / (1891 + 3530)
0.6511713705958311
```

Damit glänzt Ihr 5-Detektor nicht mehr so stark, wie es die Genauigkeit zunächst vermuten ließ. Wenn er erklärt, dass ein Bild eine 5 enthält, liegt er nur in 83,7% der Fälle richtig. Außerdem findet er nur 65,1% der vorhandenen 5en.

Es ist oft bequem, Relevanz und Sensitivität zu einer einzigen Metrik zu kombinieren, dem *F_1-Score*, insbesondere wenn Sie eine einzelne Metrik benötigen, um zwei Klassifikatoren miteinander zu vergleichen. Der F_1-Score ist der *harmonische Mittelwert* von Relevanz und Sensitivität (siehe Formel 3-3). Während der gewöhnliche Mittelwert alle Werte gleich behandelt, erhalten beim harmonischen Mittelwert niedrigere Mittelwerte ein weitaus höheres Gewicht. Daher erhält ein Klassifikator nur dann einen hohen F_1-Score, wenn sowohl Relevanz als auch Sensitivität hoch sind.

Formel 3-3: F_1-Text

$$F_1 = \frac{2}{\frac{1}{\text{Relevanz}} + \frac{1}{\text{Sensitivität}}} = 2 \times \frac{\text{Relevanz} \times \text{Sensitivität}}{\text{Relevanz} + \text{Sensitivität}} = \frac{RP}{RP + \frac{FN + FP}{2}}$$

Der F_1-Score lässt sich mit der Funktion `f1_score()` berechnen:

```
>>> from sklearn.metrics import f1_score
>>> f1_score(y_train_5, y_pred)
0.7325171197343846
```

Der F_1-Score begünstigt Klassifikatoren mit ähnlicher Relevanz und Sensitivität. Das ist nicht immer erwünscht: Bei manchen Anwendungen ist Relevanz wichtiger, in anderen ist die Sensitivität von herausragender Bedeutung. Wenn Sie beispielsweise einen Klassifikator trainieren, der für Kinder geeignete Videos erkennt, werden Sie vermutlich einen bevorzugen, der zwar viele gute Videos verwirft (niedrige Sensitivität), aber wirklich nur geeignete anzeigt (hohe Relevanz). Ablehnen werden Sie hingegen den Klassifikator, der zwar eine hohe Sensitivität aufweist, dafür aber ein paar wirklich ungeeignete Videos in Ihrem Produkt anzeigt (in solchen Fällen könnten Sie sogar erwägen, die Videoauswahl des Klassifikators von Hand zu überprüfen). Wenn Sie andererseits Einkaufsdiebstähle auf den Bildern einer Überwachungskamera erkennen möchten, ist es vermutlich in Ordnung, wenn Ihr Klassifikator eine Relevanz von nur 30% erzielt, dafür aber eine Sensitivität von 99% aufweist (das Sicherheitspersonal wird dann einige Fehlalarme erhalten, aber fast alle Diebe werden geschnappt).

Leider können Sie nicht beides haben: Ein Erhöhen der Relevanz senkt die Sensitivität und umgekehrt. Dies nennt man auch die *Wechselbeziehung zwischen Relevanz und Sensitivität.*

Die Wechselbeziehung zwischen Relevanz und Sensitivität

Um diese Wechselbeziehung besser zu verstehen, betrachten wir, wie der `SGDClassifier` bei der Klassifikation Entscheidungen trifft. Für jeden Datenpunkt wird anhand einer *Entscheidungsfunktion* ein Score berechnet, und falls dieser Score über einem Schwellenwert liegt, wird der Datenpunkt der positiven Kategorie zugeordnet, andernfalls der negativen Kategorie. Abbildung 3-4 zeigt einige Ziffern mit dem niedrigsten Score auf der linken und dem höchsten Score auf der rechten Seite.

Nehmen wir an, die *Entscheidungsgrenze* läge beim Pfeil in der Mitte (zwischen den zwei 5en): Sie erhalten dann vier richtig Positive (echte 5en) auf der rechten Seite des Schwellenwerts und einen falsch Positiven (eine 6).

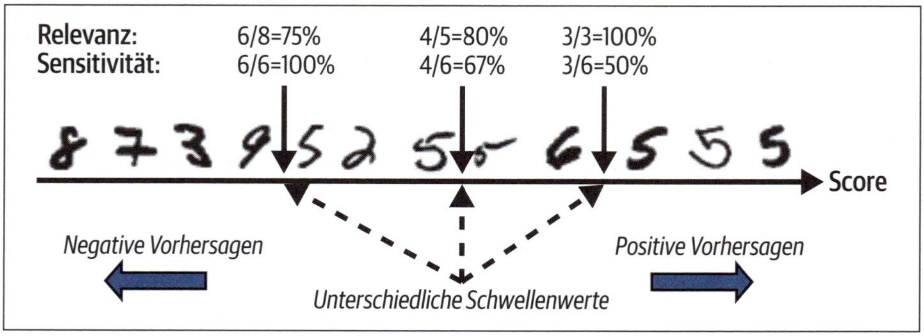

Abbildung 3-4: Bei dieser Wechselbeziehung zwischen Relevanz und Sensitivität werden Bilder aufgrund ihres Klassifikationsscores bewertet – solche oberhalb des gewählten Schwellenwerts betrachtet man als positiv. Je höher der Schwellenwert, desto geringer ist die Sensitivität, aber desto höher ist (im Allgemeinen) auch die Relevanz.

In Scikit-Learn können Sie den Schwellenwert nicht direkt festlegen, aber die zur Vorhersage verwendeten Scores der Entscheidungsfunktion sind verfügbar. Anstatt die Methode `predict()` eines Klassifikators aufzurufen, können Sie die Methode `decision_function()` verwenden, die für jeden Datenpunkt einen Score liefert, auf dessen Grundlage Sie Vorhersagen mit einem beliebigen Schwellenwert treffen können:

```
>>> y_scores = sgd_clf.decision_function([some_digit])
>>> y_scores
array([2164.22030239])
>>> threshold = 0
>>> y_some_digit_pred = (y_scores > threshold)
array([ True])
```

Der `SGDClassifier` verwendet als Schwellenwert 0, sodass der obige Code das gleiche Ergebnis wie die Methode `predict()` liefert (nämlich `True`). Erhöhen wir nun diesen Schwellenwert:

```
>>> threshold = 3000
>>> y_some_digit_pred = (y_scores > threshold)
>>> y_some_digit_pred
array([False])
```

Das bestätigt uns, dass ein Erhöhen des Schwellenwerts die Sensitivität verringert. Das Bild enthält tatsächlich eine 5, was der Klassifikator bei einem Schwellenwert von 0 auch korrekt erkennt. Er scheitert aber, wenn wir den Schwellenwert auf 3000 erhöhen.

Wie sollen wir uns also für einen Schwellenwert entscheiden? Dazu müssen Sie zunächst wieder die Scores sämtlicher Datenpunkte im Trainingsdatensatz mit der

Funktion cross_val_predict() ermitteln, diesmal aber mit der Angabe, dass Sie die Entscheidungswerte anstelle der Vorhersagen erhalten möchten:

```
y_scores = cross_val_predict(sgd_clf, X_train, y_train_5, cv=3,
                             method="decision_function")
```

Mit diesen Scores können Sie Relevanz und Sensitivität für alle möglichen Schwellenwerte mithilfe der Funktion precision_recall_curve() berechnen (die Funktion fügt eine letzte Präzision von 0 und eine letzte Sensitivität von 1 hinzu, was einem unendlichen Schwellenwert entspricht):

```
from sklearn.metrics import precision_recall_curve

precisions, recalls, thresholds = precision_recall_curve(y_train_5, y_scores)
```

In einem letzten Schritt verwenden Sie Matplotlib, um Relevanz und Sensitivität als Funktion des Schwellenwerts darzustellen (siehe Abbildung 3-5). Zeigen wir den von uns gewählten Schwellenwert von 3.000 an:

```
plt.plot(thresholds, precisions[:-1], "b--", label="Relevanz", linewidth=2)
plt.plot(thresholds, recalls[:-1], "g-", label="Sensibilität", linewidth=2)
plt.vlines(threshold, 0, 1.0, "k", "dotted", label="Schwellenwert")
[...] # Abbildung aufhübschen: Raster, Legende, Achsen, Beschriftungen
      # und Kreise hinzufügen
plt.show()
```

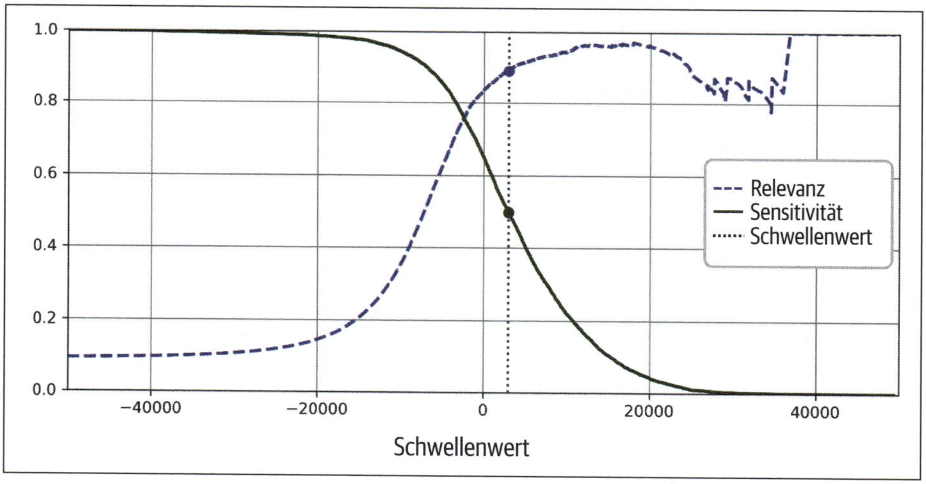

Abbildung 3-5: Relevanz und Sensitivität versus Entscheidungsschwellenwert

> Sie fragen sich vielleicht, warum die Verlaufskurve der Relevanz in Abbildung 3-5 unregelmäßiger ist als die der Sensitivität. Das liegt daran, dass die Relevanz manchmal beim Erhöhen des Schwellenwerts sinkt (auch wenn sie im Allgemeinen steigt). Um dies nachzuvollziehen, betrachten Sie noch einmal Abbildung 3-4. Wenn Sie beim Schwellenwert in der Mitte beginnen und sich nur eine Ziffer nach rechts bewegen, sinkt die Relevanz von $^4/_5$ (80%) auf $^3/_4$ (75%). Andererseits kann die Sensitivität nur sinken, wenn sich der Schwellenwert erhöht, was die glattere Form der Kurve erklärt.

Bei diesem Schwellenwert liegt die Relevanz nahe 90 % und die Sensitivität bei ungefähr 50 %. Zur Auswahl eines Kompromisses zwischen Relevanz und Sensitivität können Sie auch die Relevanz gegen die Sensitivität plotten, wie Abbildung 3-6 veranschaulicht (hier wird der gleiche Schwellenwert wie zuvor gezeigt):

```
plt.plot(recalls, precisions, linewidth=2, label="Precision/Recall curve")
[...] # Abbildung aufhübschen: Raster, Legende, Achsen, Beschriftungen
      # und Kreise hinzufügen
plt.show()
```

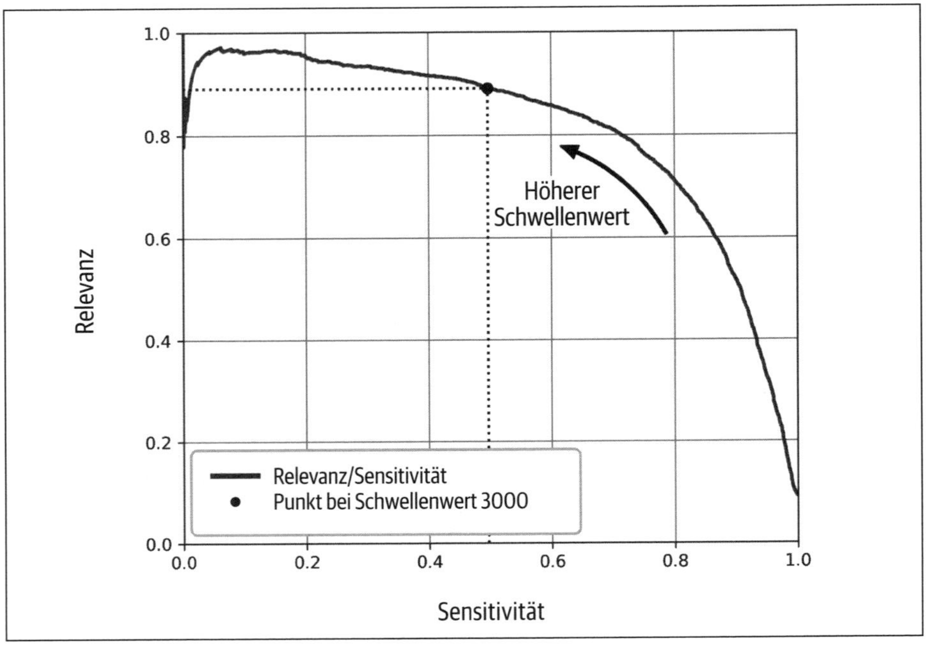

Abbildung 3-6: Relevanz gegen Sensitivität

Wie Sie sehen, fällt die Relevanz etwa bei einer Sensitivität von 80 % scharf ab. Vermutlich sollten Sie einen Kompromiss zwischen Relevanz und Sensitivität kurz vor diesem Abfall auswählen – beispielsweise bei einer Sensitivität von etwa 60 %. Aber natürlich hängt das auch von Ihrem Projekt ab.

Nehmen wir an, Sie möchten eine Relevanz von 90 % erhalten. Sie schauen im ersten Diagramm nach und finden heraus, welchen Schwellenwert Sie benötigen, aber das ist nicht sehr exakt. Alternativ können Sie nach dem niedrigsten Schwellenwert suchen, der Ihnen mindestens 90 % Relevanz liefert. Dazu hilft die Methode `argmax()` der NumPy-Arrays. Diese gibt Ihnen den ersten Index des maximalen Werts zurück, was in diesem Fall dem ersten `True`-Wert entspricht:

```
>>> idx_for_90_precision = (precisions >= 0.90).argmax()
>>> threshold_for_90_precision = thresholds[idx_for_90_precision]
>>> threshold_for_90_precision
3370.0194991439557
```

Um Vorhersagen zu treffen (vorerst noch auf den Trainingsdaten), führen Sie anstelle der Methode `predict()` des Klassifikators den folgenden Code aus:

```
y_train_pred_90 = (y_scores >= threshold_for_90_precision)
```

Überprüfen wir Relevanz und Sensitivität dieser Vorhersagen:

```
>>> precision_score(y_train_5, y_train_pred_90)
0.9000345901072293
>>> recall_at_90_precision = recall_score(y_train_5, y_train_pred_90)
>>> recall_at_90_precision
0.4799852425751706
```

Großartig, Sie haben nun einen Klassifikator mit einer Relevanz von 90% (Sie sind zumindest nah genug dran)! Wie Sie sehen, ist es recht einfach, einen Klassifikator mit einer praktisch beliebigen Relevanz zu erstellen: Sie setzen einfach den Schwellenwert hoch genug und sind fertig. Moment mal. Ein Klassifikator mit einer hohen Relevanz ist nicht sehr nützlich, wenn dessen Sensitivität zu niedrig ist! Für viele Anwendungsfälle wären 48% Sensitivität nicht sehr toll.

> Wenn jemand sagt: »Lass uns eine Relevanz von 99% erreichen«, sollten Sie fragen: »Bei welcher Sensitivität?«

Die ROC-Kurve

Die ROC-Kurve (*Receiver Operating Characteristic*) ist ein weiteres verbreitetes Hilfsmittel bei der binären Klassifikation. Sie ist der Relevanz-Sensitivität-Kurve sehr ähnlich, aber anstatt die Relevanz gegen die Sensitivität aufzutragen, zeigt die ROC-Kurve die *Richtig-positiv-Rate* (TPR) (ein anderer Name für Sensitivität) gegen die *Falsch-positiv-Rate* (FPR). Die FPR (auch als *Fall-out* oder *Ausfallrate* bekannt) ist der Anteil negativer Datenpunkte, die fälschlicherweise als positiv eingestuft werden. Sie ist eins minus der *Richtig-negativ-Rate* (TNR), dem Anteil der korrekt als negativ eingestuften Datenpunkte. Die TNR wird auch als *Spezifität* bezeichnet. Also wird bei der ROC-Kurve die *Sensitivität* gegen die *1-Spezifität* aufgetragen.

Um eine ROC-Kurve zu plotten, müssen Sie zunächst mit der Funktion `roc_curve()` die TPR und die FPR bei unterschiedlichen Schwellenwerten berechnen:

```
from sklearn.metrics import roc_curve

fpr, tpr, thresholds = roc_curve(y_train_5, y_scores)
```

Anschließend plotten Sie mit Matplotlib die FPR gegen die TPR. Der folgende Code stellt die Abbildung in Abbildung 3-7 her. Um den Punkt zu finden, der 90% Relevanz entspricht, müssen wir nach dem Index des gewünschten Schwellenwerts schauen. Da Schwellenwerte in diesem Fall in absteigender Reihenfolge aufgeführt werden, nutzen wir in der ersten Zeile <= statt >=:

```
idx_for_threshold_at_90 = (thresholds <= threshold_for_90_precision).argmax()
tpr_90, fpr_90 = tpr[idx_for_threshold_at_90], fpr[idx_for_threshold_at_90]

plt.plot(fpr, tpr, linewidth=2, label="ROC-Kurve")
plt.plot([0, 1], [0, 1], 'k:', label="Random classifier's ROC curve")
plt.plot([fpr_90], [tpr_90], "ko", label="Threshold for 90% precision")
[...] # die Abbildung schön machen durch Label, Raster, Legende, Pfeile, Text
plt.show()
```

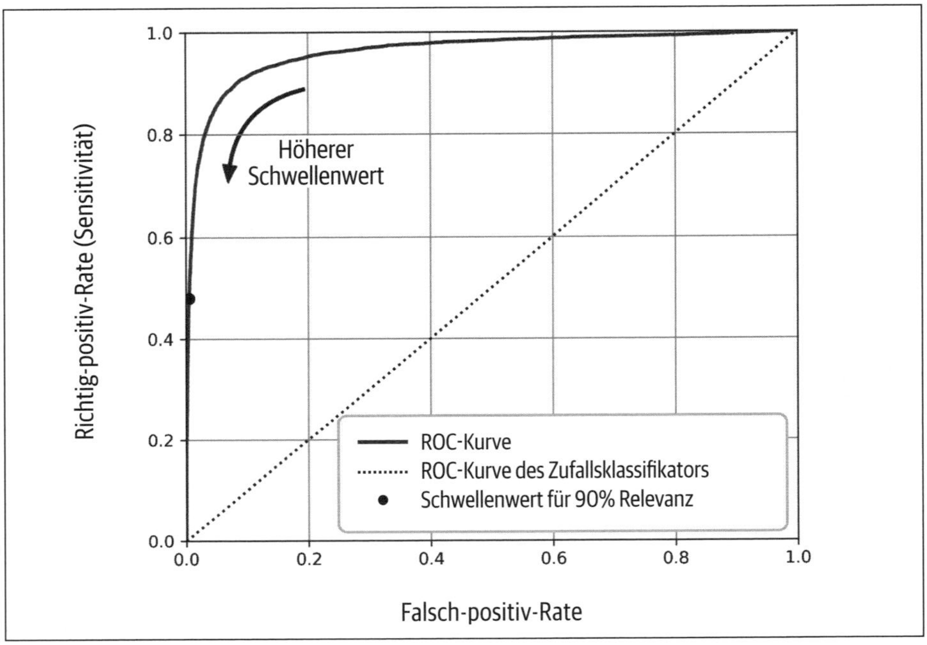

Abbildung 3-7: Eine ROC-Kurve plottet die FPR gegen die TPR für alle möglichen Schwellenwerte – der schwarze Punkt steht für das gewählte Verhältnis (bei 90 % Relevanz und 48 % Sensitivität).

Auch hier gilt es, einen Kompromiss zu schließen: Je höher die Sensitivität (TPR), desto mehr falsch Positive (FPR) liefert der Klassifikator. Die gestrichelte Linie stellt die ROC-Kurve eines völlig zufälligen Klassifikators dar; ein guter Klassifikator entfernt sich so weit wie möglich von dieser Linie (in Richtung der linken oberen Ecke).

Klassifikatoren lassen sich vergleichen, indem man die *Area under the Curve* (AUC) bestimmt. Ein perfekter Klassifikator hat eine *ROC AUC* von genau 1, ein völlig zufälliger dagegen hat eine ROC AUC von 0,5. In Scikit-Learn gibt es eine Funktion zum Abschätzen der ROC AUC:

```
>>> from sklearn.metrics import roc_auc_score
>>> roc_auc_score(y_train_5, y_scores)
0.9604938554008616
```

Da die ROC-Kurve der Relevanz-Sensitivität-Kurve (oder auch PR-Kurve, engl. *Precision/Recall*) recht ähnlich ist, fragen Sie sich vielleicht, welche Sie denn nun benutzen sollten. Als Faustregel gilt: Bevorzugen Sie die PR-Kurve immer dann, wenn die positive Kategorie selten ist oder wenn die falsch Positiven wichtiger als die falsch Negativen sind. Andernfalls verwenden Sie die ROC-Kurve. Beim Betrachten der obigen ROC-Kurve (und des ROC-AUC-Scores) könnten Sie denken, dass der Klassifikator wirklich gut ist. Aber das liegt vor allem daran, dass es nur wenige Positive (5en) im Vergleich zu den Negativen (Nicht-5en) gibt. Die PR-Kurve dagegen macht deutlich, dass unser Klassifikator noch Luft nach oben hat: Die Kurve sollte wirklich näher an der oberen rechten Ecke liegen – siehe noch einmal Abbildung 3-6).

Erstellen wir nun einen `RandomForestClassifier`, dessen PR-Kurve und F_1-Score wir mit denen des `SGDClassifier` vergleichen können:

```
from sklearn.ensemble import RandomForestClassifier

forest_clf = RandomForestClassifier(random_state=42)
```

Die Funktion `precision_recall_curve()` erwartet für jede Instanz Labels und Scores, daher müssen wir den Random-Forest-Klassifikator trainieren und ihn jeder Instanz einen Score zuweisen lassen. Allerdings besitzt der `RandomForestClassifier` aufgrund seiner Funktionsweise keine Methode `decision_function()` (wir gehen darauf in Kapitel 7 ein). Stattdessen besitzt er die Methode `predict_proba()`, die Kategorienwahrscheinlichkeiten für jede Instanz zurückliefert. Wir können nun einfach die Wahrscheinlichkeit einer positiven Klasse als Score verwenden.[4] Rufen wir die Funktion `cross_val_predict()` auf, um den `RandomForestClassifier` mithilfe der Kreuzvalidierung zu trainieren und ihn Kategorienwahrscheinlichkeiten für jedes Bild vorhersagen lassen:

```
y_probas_forest = cross_val_predict(forest_clf, X_train, y_train_5, cv=3,
                                    method="predict_proba")
```

Schauen wir uns die Kategorienwahrscheinlichkeiten für die ersten beiden Bilder im Trainingsdatensatz an:

```
>>> y_probas_forest[:2]
array([[0.11, 0.89],
       [0.99, 0.01]])
```

Das Modell sagt voraus, dass das erste Bild mit 89 % Wahrscheinlichkeit positiv ist, das zweite mit 99 % Wahrscheinlichkeit negativ. Da jedes Bild entweder positiv oder negativ ist, summieren sich die Wahrscheinlichkeiten in jeder Zeile zu 100 %.

4 Scikit-Learn-Klassifikatoren haben immer entweder eine Methode `decision_function()` oder `predict_proba()` (oder manchmal auch beide).

Das sind *geschätzte* Wahrscheinlichkeiten, keine echten Wahrscheinlichkeiten. Schauen Sie sich beispielsweise alle Bilder an, die das Modell mit einer geschätzten Wahrscheinlichkeit zwischen 50% und 60% als positiv klassifiziert, werden ungefähr 94% davon tatsächlich positiv sein. Die vom Modell geschätzten Wahrscheinlichkeiten waren also in diesem Fall viel zu niedrig – aber Modelle können auch zu zuversichtlich sein. Das Paket `sklearn.calibration` enthält Tools, mit denen sich die geschätzten Wahrscheinlichkeiten kalibrieren und viel näher an die tatsächlichen Wahrscheinlichkeiten bringen lassen. Dazu finden Sie im zusätzlichen Material im Notebook zu diesem Kapitel (*https://homl.info/colab3*) mehr Details.

Die zweite Spalte enthält die geschätzten Wahrscheinlichkeiten für die positiven Kategorien, daher wollen wir diese an die Funktion `precision_recall_curve()` übergeben:

```
y_scores_forest = y_probas_forest[:, 1]
precisions_forest, recalls_forest, thresholds_forest = precision_recall_curve(
    y_train_5, y_scores_forest)
```

Nun sind Sie so weit, die PR-Kurve zu plotten. Dabei ist es hilfreich, zum Vergleich auch die erste PR-Kurve zu plotten (siehe Abbildung 3-8):

```
plt.plot(recalls_forest, precisions_forest, "b-", linewidth=2,
         label="Random Forest")
plt.plot(recalls, precisions, "--", linewidth=2, label="SGD")
[...] # Diagramm aufhübschen: Label, Raster, Legende
plt.show()
```

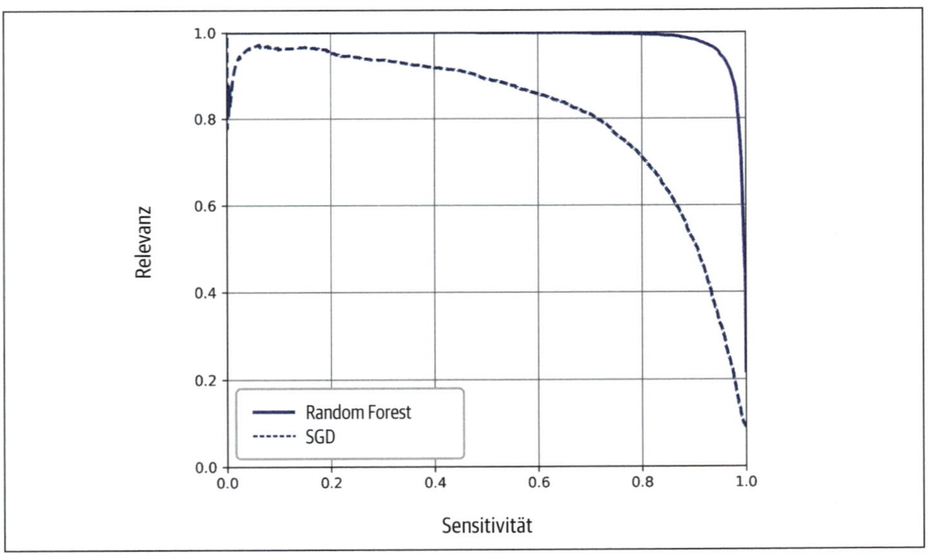

Abbildung 3-8: Vergleich zweier PR-Kurven: Der Random-Forest-Klassifikator ist besser als der SGD-Klassifikator, weil dessen PR-Kurve viel näher an der oberen rechten Ecke ist und eine größere AUC besitzt.

Wie in Abbildung 3-8 gezeigt, sieht die PR-Kurve für den `RandomForestClassifier` viel besser aus als die für den `SGDClassifier`: Sie kommt deutlich näher an die rechte obere Ecke heran. Ihr F_1- und ihr ROC-AUC-Score sind ebenfalls deutlich besser:

```
>>> y_train_pred_forest = y_probas_forest[:, 1] >= 0.5  # positive proba ≥ 50%
>>> f1_score(y_train_5, y_pred_forest)
0.9242275142688446
>>> roc_auc_score(y_train_5, y_scores_forest)
0.9983436731328145
```

Versuchen Sie, Relevanz und Sensitivität zu berechnen: Sie sollten eine Relevanz von 99,1 % und eine Sensitivität von 86,6 % erhalten. Gar nicht schlecht!

Sie wissen nun hoffentlich, wie Sie binäre Klassifikatoren trainieren, ein für Ihre Aufgabe geeignetes Qualitätsmaß auswählen, Ihre Klassifikatoren mithilfe einer Kreuzvalidierung auswerten, einen Ihren Anforderungen entsprechenden Kompromiss zwischen Relevanz und Sensitivität finden und unterschiedliche Modelle über diverse Metriken und Kurven vergleichen können. Versuchen wir als Nächstes, mehr als nur die 5en zu erkennen.

Klassifikatoren mit mehreren Kategorien

Während binäre Klassifikatoren zwischen zwei Kategorien unterscheiden, können *Klassifikatoren mit mehreren Kategorien* (auch *multinomiale Klassifikatoren* genannt) mehr als zwei Kategorien unterscheiden.

Einige Scikit-Learn-Algorithmen (zum Beispiel `LogisticRegression`, `RandomForestClassifier` und `GaussianNB`) sind in der Lage, direkt mehrere Kategorien zu berücksichtigen. Andere (wie `SGDClassifier` oder `SVC`) sind stets binäre Klassifikatoren. Es gibt jedoch einige Strategien, mit denen sich mit mehreren binären Klassifikatoren mehrere Kategorien zuordnen lassen.

Sie könnten beispielsweise ein System zum Einteilen der Bilder von Ziffern in zehn Kategorien (von 0 bis 9) entwickeln, indem Sie zehn binäre Klassifikatoren trainieren, einen für jede Ziffer (also einen 0-Detektor, einen 1-Detektor, einen 2-Detektor und so weiter). Wenn Sie anschließend ein Bild klassifizieren möchten, ermitteln Sie für jeden dieser Klassifikatoren den Entscheidungsscore und wählen die Kategorie aus, deren Klassifikator den höchsten Score lieferte. Dies bezeichnet man als *One-versus-the-Rest*-(OvR-)Strategie oder manchmal auch als *One-versus-All* (OvA).

Eine weitere Strategie ist, einen binären Klassifikator pro Zahlenpaar zu trainieren: einen zum Unterscheiden von 0 und 1, einen weiteren zum Unterscheiden von 0 und 2, einen für 1 und 2 und so weiter. Dies bezeichnet man als *One-versus-One*-(OvO-)Strategie. Wenn es N Kategorien gibt, müssen Sie $N \times (N - 1) / 2$ Klassifikatoren trainieren. Bei der MNIST-Aufgabe müsste man also 45 binäre Klassifikatoren trainieren! Möchten Sie ein Bild klassifizieren, müssten Sie das Bild alle 45 Klassifikatoren durchlaufen lassen und prüfen, welche Kategorie am häufigsten vorkommt. Der Hauptvorteil von OvO ist, dass jeder Klassifikator nur auf dem Teil der Trainingsdaten mit den beiden zu unterscheidenden Kategorien trainiert werden muss.

Einige Algorithmen (wie Support-Vector-Machine-Klassifikatoren) skalieren schlecht mit der Größe des Trainingsdatensatzes. Bei diesen ist also OvO zu bevorzugen, weil sich viele Klassifikatoren mit kleinen Trainingsdatensätzen schneller trainieren lassen als wenige Klassifikatoren auf großen Trainingsdatensätzen. Bei den meisten binären Klassifikationsalgorithmen ist jedoch OvR vorzuziehen.

Scikit-Learn erkennt, wenn Sie einen binären Klassifikationsalgorithmus für eine Aufgabe mit mehreren Kategorien einsetzen, und verwendet abhängig vom Algorithmus automatisch OvR oder OvO. Probieren wir das mit einem SVM-Klassifikator (siehe Kapitel 5) und der Klasse `sklearn.svm.SVC` einmal aus. Wir werden nur die ersten 2.000 Bilder trainieren, da ansonsten sehr viel Zeit nötig sein würde:

```
from sklearn.svm import SVC

svm_clf = SVC(random_state=42)
svm_clf.fit(X_train[:2000], y_train[:2000])  # y_train, nicht y_train_5
```

Das war leicht! Der Code trainiert den `SVC` mit den ursprünglichen Zielkategorien von 0 bis 9 (`y_train`) anstatt mit den Zielkategorien 5-gegen-den-Rest (`y_train_5`). Da es zehn Kategorien gibt (also mehr als zwei), hat Scikit-Learn die OvO-Strategie gewählt und 45 binäre Klassifikatoren trainiert. Treffen wir nun eine Vorhersage für ein Bild:

```
>>> svm_clf.predict([some_digit])
array(['5'], dtype=object)
```

Das ist richtig! Dieser Code hat tatsächlich 45 Vorhersagen getroffen – eine pro Kategorienpaar – und die Klasse gewählt, die die meisten Duelle für sich entscheiden konnte. Rufen Sie die Methode `decision_function()` auf, werden Sie sehen, dass zehn Scores pro Instanz zurückgegeben werden – einer pro Kategorie. Jede Kategorie erhält einen Score, der der Anzahl der gewonnenen Duelle entspricht – plus oder minus einer kleinen Korrektur (maximal ±0,33), um Gleichstände aufzulösen:

```
>>> some_digit_scores = svm_clf.decision_function([some_digit])
>>> some_digit_scores.round(2)
array([[ 3.79,  0.73,  6.06,  8.3 , -0.29,  9.3 ,  1.75,  2.77,  7.21,
         4.82]])
```

Der höchste Wert ist 9,3, und es handelt sich in der Tat um denjenige für die Kategorie 5:

```
>>> class_id = some_digit_scores.argmax()
>>> class_id
5
```

Beim Trainieren eines Klassifikators wird die Liste der Zielkategorien im Attribut `classes_` nach Werten sortiert gespeichert. Bei MNIST entspricht der Index jeder

Kategorie im Array `classes_` bequemerweise der Kategorie selbst (beispielsweise ist die Kategorie beim Index 5 auch die Kategorie `5`), aber normalerweise ist dies nicht so – Sie werden das Label der Kategorie wie folgt nachschlagen müssen:

```
>>> svm_clf.classes_
array(['0', '1', '2', '3', '4', '5', '6', '7', '8', '9'], dtype=object)
>>> svm_clf.classes_[class_id]
'5'
```

Wenn Sie Scikit-Learn dazu bringen möchten, das One-versus-One- oder das One-versus-the-Rest-Verfahren zu verwenden, nutzen Sie dazu die Klassen `OneVsOneClassifier` bzw. `OneVsRestClassifier`. Erstellen Sie einfach eine Instanz, der Sie im Konstruktor einen Klassifikator übergeben (es muss nicht einmal ein binärer Klassifikator sein). Der folgende Code erzeugt beispielsweise einen Klassifikator mit mehreren Kategorien mithilfe der OvR-Strategie und einem `SVC`:

```
from sklearn.multiclass import OneVsRestClassifier

ovr_clf = OneVsRestClassifier(SVC(random_state=42))
ovr_clf.fit(X_train[:2000], y_train[:2000])
```

Treffen wir eine Vorhersage und prüfen wir die Anzahl der trainierten Klassifikatoren:

```
>>> ovr_clf.predict([some_digit])
array(['5'], dtype='<U1')
>>> len(ovr_clf.estimators_)
10
```

Einen `SGDClassifier` auf einem Datensatz mit mehreren Kategorien zu verwenden, um Vorhersagen zu treffen, ist genauso einfach:

```
>>> sgd_clf = SGDClassifier(random_state=42)
>>> sgd_clf.fit(X_train, y_train)
>>> sgd_clf.predict([some_digit])
array(['3'], dtype='<U1')
```

Hoppla, das ist falsch. Vorhersagefehler können passieren! Diesmal hat Scikit-Learn hinter den Kulissen die OvR-Strategie genutzt: Da es zehn Kategorien gibt, hat es zehn binäre Klassifikatoren trainiert. Die Methode `decision_function()` liefert nun einen Wert pro Kategorie zurück. Schauen wir uns die Scores an, die der SGD-Klassifikator jeder Kategorie zugewiesen hat:

```
>>> sgd_clf.decision_function([some_digit]).round()
array([[-31893., -34420.,  -9531.,   1824., -22320.,  -1386., -26189.,
        -16148.,  -4604., -12051.]])
```

Sie sehen auch, dass sich der Klassifikator seiner Vorhersage nicht sehr sicher ist: So gut wie alle Scores sind sehr negativ, aber die Kategorie `3` besitzt einen Score von +1.824, und Kategorie 5 liegt mit –1.386 nicht weit zurück. Diese Klassifikatoren sollten wir nun natürlich auch mit mehr als einem Bild auswerten. Da es in jeder Kategorie ungefähr die gleiche Anzahl von Bildern gibt, ist die Genauigkeitsmetrik nutzbar. Wie üblich können Sie die Funktion `cross_val_score()` nutzen, um das Modell auszuwerten:

```
>>> cross_val_score(sgd_clf, X_train, y_train, cv=3, scoring="accuracy")
array([0.87365, 0.85835, 0.8689 ])
```

In sämtlichen Test-Folds erhalten wir mehr als 85,8 %. Mit einem zufälligen Klassifikator hätten wir eine Genauigkeit von 10 % erhalten. Dies ist also kein schlechtes Ergebnis. Es geht aber noch viel besser. Beispielsweise erhöht ein einfaches Skalieren der Eingabedaten (wie in Kapitel 2 besprochen) die Genauigkeit auf über 89,1 %:

```
>>> from sklearn.preprocessing import StandardScaler
>>> scaler = StandardScaler()
>>> X_train_scaled = scaler.fit_transform(X_train.astype("float64"))
>>> cross_val_score(sgd_clf, X_train_scaled, y_train, cv=3, scoring="accuracy")
array([0.8983, 0.891 , 0.9018])
```

Fehleranalyse

In einem echten Projekt würden Sie an dieser Stelle natürlich die Schritte auf der Checkliste für Machine-Learning-Projekte abarbeiten (siehe Anhang A): Optionen zur Datenaufarbeitung abwägen, mehrere Modelle ausprobieren, die besten in eine engere Auswahl ziehen, deren Hyperparameter mit `GridSearchCV` optimieren und so viel wie möglich automatisieren. Wir nehmen an dieser Stelle an, dass Sie ein vielversprechendes Modell gefunden haben und nach Verbesserungsmöglichkeiten suchen. Eine Möglichkeit ist, die Arten von Fehlern zu untersuchen, die das Modell begeht.

Sie können sich zunächst die Konfusionsmatrix ansehen. Dazu müssen Sie als Erstes über die Funktion `cross_val_predict()` Vorhersagen treffen und anschließend die Labels und Vorhersagen an die bereits gezeigte Funktion `confusion_matrix()` übergeben. Aber da es statt zwei nun zehn Kategorien gibt, wird die Konfusionsmatrix ziemlich viele Werte enthalten, und sie lässt sich eventuell nur schwer lesen.

Ein farbiges Diagramm der Konfusionsmatrix lässt sich viel leichter analysieren. Um es zu plotten, verwenden Sie die Funktion `ConfusionMatrixDisplay.from_predictions()`:

```
from sklearn.metrics import ConfusionMatrixDisplay

y_train_pred = cross_val_predict(sgd_clf, X_train_scaled, y_train, cv=3)
ConfusionMatrixDisplay.from_predictions(y_train, y_train_pred)
plt.show()
```

Dieser Code erzeugt das linke Diagramm in Abbildung 3-9. Diese Konfusionsmatrix sieht recht gut aus, da die meisten Bilder auf der Hauptdiagonale liegen. Das bedeutet, dass sie korrekt zugeordnet wurden. Das Feld in Zeile 5 und Spalte 5 sieht etwas dunkler als die anderen Ziffern aus. Dies könnte bedeuten, dass es weniger Bilder von 5en im Datensatz gibt oder dass der Klassifikator bei den 5en nicht so gut wie bei den übrigen Ziffern abschneidet. Daher ist es wichtig, die Konfusionsmatrix zu normalisieren, indem Sie jeden Wert durch die Gesamtzahl an Bildern in der entsprechenden (positiven) Kategorie teilen (also durch die Zeilensumme). Das lässt sich einfach erreichen, indem Sie `normalize="true"` setzen. Wir können auch das Argument `values_format=".0%"` nutzen, um Prozentwerte ohne Dezimalstellen anzuzeigen. Der folgende Code erzeugt das rechte Diagramm in Abbildung 3-9:

```
ConfusionMatrixDisplay.from_predictions(y_train, y_train_pred,
                                        normalize="true", values_format=".0%")
plt.show()
```

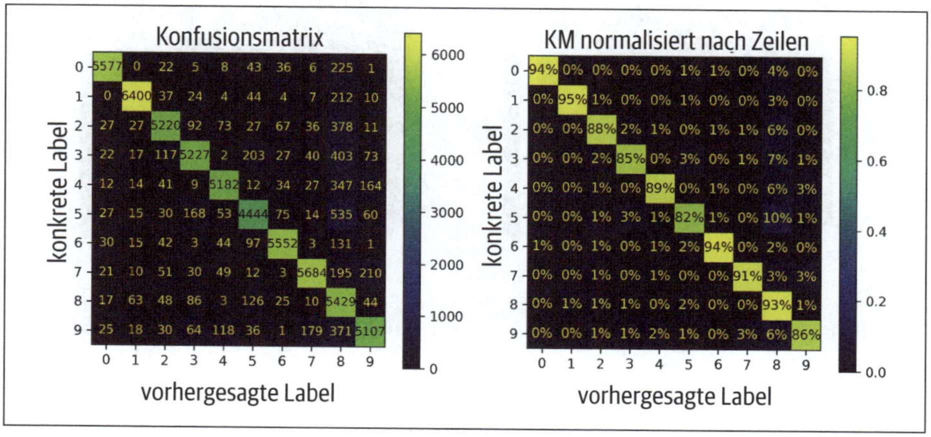

Abbildung 3-9: Konfusionsmatrix (links) und die gleiche Matrix, jetzt normalisiert nach Zeilen (rechts)

Wir sehen jetzt, dass nur 82% der Bilder von 5en korrekt klassifiziert wurden. Der am häufigsten anzutreffende Fehler, den das Modell mit Bildern von 5en gemacht hat, war eine Fehlklassifikation als 8: Das ist bei 10% aller 5en geschehen. Aber nur 2% der 8en wurden als 5en fehlklassifiziert – Konfusionsmatrizen sind im Allgemeinen nicht symmetrisch! Schauen Sie genau hin, werden Sie erkennen, dass viele Ziffern als 8en fehlklassifiziert wurden, was aus dem Diagramm heraus nicht direkt offensichtlich ist. Wollen Sie die Fehler deutlicher machen, können Sie versuchen, eine Gewichtung von null für die korrekten Vorhersagen zu nutzen. Der folgende Code erledigt das und erzeugt das linke Diagramm in Abbildung 3-10:

```
sample_weight = (y_train_pred != y_train)
ConfusionMatrixDisplay.from_predictions(y_train, y_train_pred,
                                        sample_weight=sample_weight,
                                        normalize="true", values_format=".0%")
plt.show()
```

Nun sehen Sie deutlicher, welche Arten von Fehler der Klassifikator begeht. Die Spalte der Kategorie 8 ist jetzt sehr hell, es wurden also recht viele Bilder fälschlicherweise der Kategorie 8 zugeordnet. Tatsächlich ist das die häufigste Fehlklassifikation für so gut wie alle Kategorien. Aber seien Sie vorsichtig, wenn Sie die Prozentwerte in diesem Diagramm interpretieren: Denken Sie daran, dass wir die korrekten Vorhersagen ausgeschlossen haben. Die 36% in Zeile 7, Spalte 9 bedeuten beispielsweise *nicht*, dass 36% aller Bilder mit 7en als 9en fehlklassifiziert wurden. Es heißt, dass

36 % der *Fehler*, die das Modell bei Bildern mit 7en gemacht hat, eine Fehlklassifikation als 9 war. In der Realität wurden nur 3 % der Bilder mit 7en als 9en fehlklassifiziert, wie Sie im rechten Diagramm in Abbildung 3-9 sehen können.

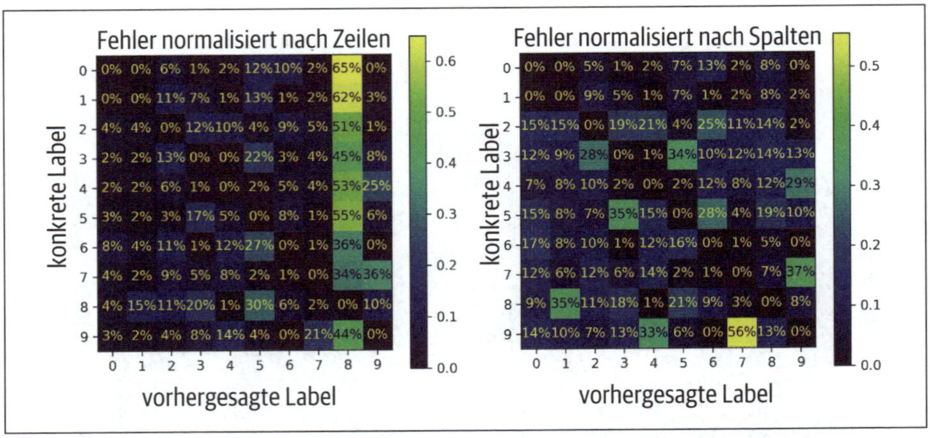

Abbildung 3-10: Konfusionsmatrix nur mit Fehlern, normalisiert nach Zeilen (links) und Spalten (rechts)

Es ist auch möglich, die Konfusionsmatrix statt nach Zeilen nach Spalten zu normalisieren: Setzen Sie `normalize="pred"`, erhalten Sie das rechte Diagramm in Abbildung 3-10. So sehen Sie beispielsweise, dass 56 % der fehlklassifizierten 7en tatsächlich 9en waren.

Eine Analyse der Konfusionsmatrix gibt Ihnen häufig Aufschluss darüber, wie sich Ihr Klassifikator verbessern lässt. Aus diesen Diagrammen sehen Sie, dass sich Ihre Mühe auf das Verbessern der Klassifikation der falschen 8er konzentrieren sollte. Sie könnten also beispielsweise versuchen, zusätzliche Trainingsdaten für Ziffern zu sammeln, die wie 8er aussehen (es aber nicht sind), sodass der Klassifikator lernen kann, sie von den echten 8ern zu unterscheiden. Oder Sie probieren, neue Merkmale zu ermitteln, die dem Klassifikator helfen können – beispielsweise einen Algorithmus, der die geschlossenen Schleifen zählt (eine 8 hat zwei, eine 6 hat eine, eine 5 keine). Oder Sie könnten die Bilder vorverarbeiten (z. B. mit Scikit-Image, Pillow oder OpenCV), um vorhandene Muster wie die Schleifen besser hervorzuheben.

Das Analysieren einzelner Fehler hilft auch dabei, zu erkennen, was Ihr Klassifikator eigentlich tut und warum er scheitert. Wir könnten etwa Beispiele von 3en und 5en im Stil einer Konfusionsmatrix plotten:

```
cl_a, cl_b = '3', '5'
X_aa = X_train[(y_train == cl_a) & (y_train_pred == cl_a)]
X_ab = X_train[(y_train == cl_a) & (y_train_pred == cl_b)]
X_ba = X_train[(y_train == cl_b) & (y_train_pred == cl_a)]
X_bb = X_train[(y_train == cl_b) & (y_train_pred == cl_b)]
[...]  # alle Bildern in X_aa, X_ab, X_ba, X_bb im Stil einer KM plotten
```

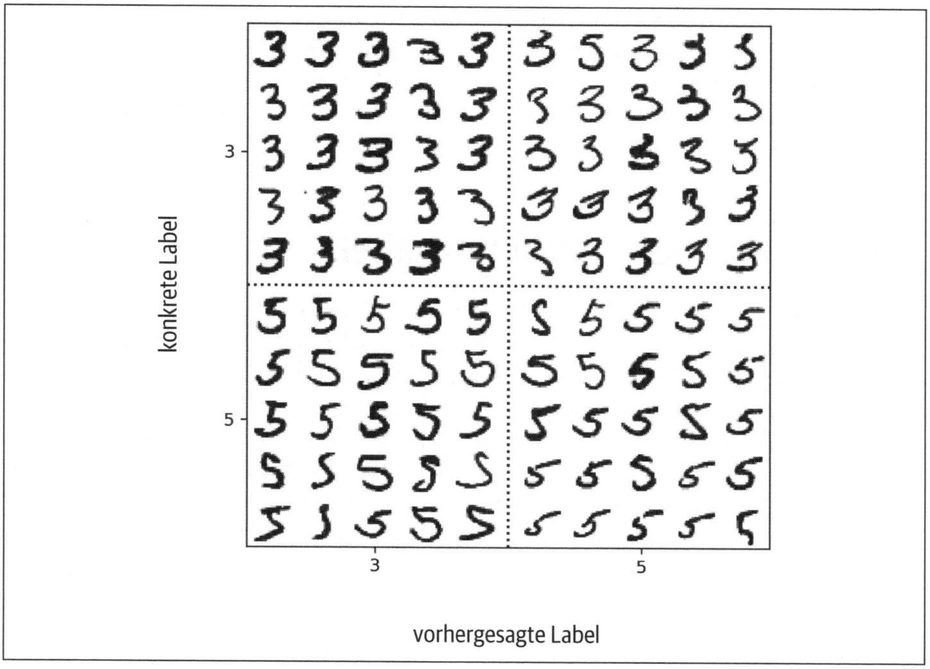

Abbildung 3-11: Bildern von 3en und 5en, im Stil einer Konfusionsmatrix angeordnet

Wie Sie sehen, sind einige der falsch zugeordneten Ziffern (z. B. in den Blöcken links unten und rechts oben) so unleserlich, dass sogar ein Mensch bei der Zuordnung Schwierigkeiten hätte. Aber manche Klassifikationen scheinen schon offensichtlich fehlerhaft zu sein. Es ist schwer nachzuvollziehen, warum der Klassifikator diese Fehler gemacht hat, aber bedenken Sie, dass unser Gehirn ein ausgezeichnetes System zur Mustererkennung bietet und unser Sehvermögen eine Menge komplexer Vorverarbeitung vornimmt, bevor Informationen in unser Bewusstsein vordringen. Deshalb bedeutet der Umstand, dass etwas leicht aussieht, nicht gleichzeitig auch, dass es leicht ist. Wir haben einen einfachen `SGDClassifier` verwendet, der nur ein lineares Modell ist: Er ordnet in jeder Kategorie ein Gewicht pro Pixel zu und zählt bei einem neuen Bild einfach nur die gewichteten Intensitäten der Pixel zusammen, um einen Score für jede Kategorie zu berechnen. Da sich die 3en und 5en nur um einige Pixel unterscheiden, kommt das Modell leicht durcheinander.

Der Hauptunterschied zwischen 3en und 5en ist die Stellung der kurzen Linie, die die obere Linie mit dem unteren Bogen verbindet. Wenn Sie eine 3 zeichnen und diese Verbindungslinie ein Stück weiter links platzieren, könnte der Klassifikator das Bild leicht für eine 5 halten und umgekehrt. Anders gesagt, reagiert unser Klassifikator sehr sensibel auf Verschiebungen und Rotationen des Bilds. Eine Möglichkeit, der Verwechslung von 3 und 5 entgegenzuwirken, wäre daher, die Bilder so vorzuverarbeiten, dass sie alle zentriert und wenig gedreht sind. Aber das ist eventuell nicht so leicht, weil dafür die korrekte Ausrichtung jedes Bilds vorhergesagt werden müsste. Ein viel einfacheres Vorgehen wäre, den Trainingsdatensatz um leicht verschobene und gedrehte Varianten der Trainingsbilder zu ergänzen. So wird das Modell dazu gezwungen, bei solchen Varianten toleranter zu sein. Das nennt man *Data Augmentation* (wir werden es in Kapitel 14 behandeln, und zudem ist es Thema von Übung 2 am Ende dieses Kapitels).

Klassifikation mit mehreren Labels

Bisher wurde jeder Datenpunkt stets genau einer Kategorie zugeordnet. In einigen Fällen kann es sein, dass Sie Ihren Klassifikator mehrere Kategorien für jeden Datenpunkt ausgeben lassen möchten. Betrachten Sie beispielsweise einen Klassifikator zur Gesichtserkennung: Was sollte dieser tun, wenn er mehrere Personen im selben Bild findet? Natürlich sollte er jeder erkannten Person ein Tag zuordnen. Sagen wir mal, der Klassifikator sei auf drei Gesichtern trainiert worden: Alice, Bob und Charlie. Wenn er anschließend ein Bild von Alice und Bob gezeigt bekommt, sollte er `[True, False, True]` ausgeben (was bedeutet: »Alice ja, Bob nein, Charlie ja«). Solch einen Klassifikator, der mehrere binäre Tags ausgibt, nennt man ein *Klassifikationssystem mit mehreren Labels*.

Wir beschäftigen uns an dieser Stelle noch nicht mit Gesichtserkennung. Stattdessen betrachten wir zur Veranschaulichung ein einfacheres Beispiel:

```
import numpy as np
from sklearn.neighbors import KNeighborsClassifier

y_train_large = (y_train >= '7')
y_train_odd = (y_train.astype('int8')% 2 == 1)
y_multilabel = np.c_[y_train_large, y_train_odd]

knn_clf = KNeighborsClassifier()
knn_clf.fit(X_train, y_multilabel)
```

Dieses Codebeispiel erstellt das Array `y_multilabel` mit zwei Labels als Ziel für jedes Ziffernbild: Das erste besagt, ob die Ziffer groß ist (7, 8 oder 9), und das zweite, ob sie ungerade ist. Dann erstellt der Code eine Instanz von `KNeighborsClassifier` – diese unterstützt die Klassifikation mehrerer Labels (was nicht alle Klassifikatoren tun). Wir trainieren diesen mit dem Array mit mehreren Zielwerten. Nun können Sie eine Vorhersage vornehmen und bemerken, dass zwei Labels ausgegeben werden:

```
>>> knn_clf.predict([some_digit])
array([[False,  True]])
```

Und das Ergebnis ist richtig! Die Ziffer 5 ist tatsächlich nicht groß (`False`) und ungerade (`True`).

Es gibt viele Möglichkeiten, einen Klassifikator mit mehreren Labels auszuwerten, und die Wahl der richtigen Metrik hängt von Ihrem Projekt ab. Ein Ansatz ist beispielsweise, den F_1-Score für jedes Label einzeln zu bestimmen (oder eine andere der oben besprochenen binären Klassifikationsmetriken) und anschließend einfach deren Mittelwert zu berechnen. Der folgende Code berechnet den mittleren F_1-Score über sämtliche Labels:

```
>>> y_train_knn_pred = cross_val_predict(knn_clf, X_train, y_multilabel, cv=3)
>>> f1_score(y_multilabel, y_train_knn_pred, average="macro")
0.976410265560605
```

Dabei nehmen wir an, dass alle Labels gleich wichtig sind, was nicht der Fall sein muss. Wenn Sie zum Beispiel viel mehr Bilder von Alice als von Bob oder Charlie haben, sollten Sie dem Score eines Klassifikators bei Alice ein höheres Gewicht verleihen. Eine einfache Möglichkeit dabei ist, jedem Label ein Gewicht entsprechend der Anzahl an Datenpunkten mit diesem Label (dem *Support*) zu verleihen. Um das zu erreichen, setzen Sie im obigen Codebeispiel beim Aufruf der Funktion `f1_score()` den Parameter `average="weighted"`.[5]

Wollen Sie einen Klassifikator verwenden, der nicht von Haus aus mehrere Labels unterstützt, wie zum Beispiel `SVC`, besteht eine mögliche Strategie darin, ein Modell pro Label zu trainieren. Aber damit kann es schwierig sein, die Abhängigkeiten zwischen den Labels zu erfassen. So ist beispielsweise eine große Ziffer (7, 8 oder 9) mit doppelt so hoher Wahrscheinlichkeit ungerade statt gerade, aber der Klassifikator für das Label »ungerade« weiß nicht, was der Klassifikator für das Label »groß« vorhergesagt hat. Um dieses Problem zu lösen, können die Modelle in einer Kette angeordnet werden: Trifft ein Modell eine Vorhersage, nutzt es die Eingabemerkmale und dazu alle Vorhersagen der Modelle, die zuvor gelaufen sind.

Zum Glück besitzt Scikit-Learn eine Klasse namens `ChainClassifier`, die genau das tut! Standardmäßig nutzt sie die korrekten Labels für das Training und überträgt jedem Modell die passenden Labels abhängig von seiner Position in der Kette. Aber wenn Sie den Hyperparameter `cv` setzen, wird die Klasse per Kreuzvalidierung »saubere« Vorhersagen aus jedem trainierten Modell für jede Instanz im Trainingsdatensatz erstellen, die dann wiederum zum Trainieren aller in der Kette folgenden Modelle zum Einsatz kommen. Hier ein Beispiel, das zeigt, wie man einen `ChainClassifier` erstellt und mit der Kreuzvalidierungsstrategie trainiert. Wie zuvor werden wir nur die ersten 2.000 Bilder im Trainingsdatensatz verwenden, um das Ganze zu beschleunigen:

```
from sklearn.multioutput import ClassifierChain

chain_clf = ClassifierChain(SVC(), cv=3, random_state=42)
chain_clf.fit(X_train[:2000], y_multilabel[:2000])
```

Jetzt können wir diesen `ChainClassifier` nutzen, um Vorhersagen zu treffen:

```
>>> chain_clf.predict([some_digit])
array([[0., 1.]])
```

5 Scikit-Learn stellt einige weitere Optionen zur Mittelwertbildung und Metriken bei mehreren Labels zur Verfügung; schlagen Sie bitte die Details in der Dokumentation nach.

Klassifikation mit mehreren Ausgaben

Die letzte Art hier betrachteter Klassifikationsaufgaben nennt man *Klassifikation mit mehreren Kategorien und mehreren Ausgaben* (oder einfach *Klassifikation mit mehreren Ausgaben*). Sie ist eine Verallgemeinerung der Klassifikation mit mehreren Labels, wobei jedes Label mehrere Kategorien beinhalten kann (also mehr als zwei mögliche Werte haben kann).

Um dies zu veranschaulichen, erstellen wir ein System, das Rauschen aus Bildern entfernt. Als Eingabe erhält es ein verrauschtes Bild einer Ziffer und wird (hoffentlich) ein sauberes Bild einer Ziffer als Array von Pixelintensitäten ähnlich den MNIST-Bildern ausgeben. Beachten Sie dabei, dass die Ausgabe des Klassifikators mehrere Labels aufweist (ein Label pro Bildpunkt) und jedes Label mehrere Werte annehmen kann (Pixelintensitäten von 0 bis 255). Daher ist dies ein Beispiel für ein Klassifikationssystem mit mehreren Ausgaben.

Die Unterscheidung zwischen Klassifikation und Regression ist wie in diesem Beispiel manchmal unscharf. Es lässt sich argumentieren, dass die Vorhersage der Intensität von Pixeln mehr mit Regression als mit Klassifikation zu tun hat. Außerdem sind Systeme mit mehreren Ausgaben nicht auf Klassifikationsaufgaben beschränkt; Sie könnten sogar ein System entwickeln, das mehrere Labels pro Datenpunkt ausgibt, darunter Kategorien und Werte.

Erstellen wir zunächst Trainings- und Testdatensätze, indem wir den Intensitäten der Pixel in den MNIST-Bildern mit der Funktion `randint()` aus NumPy Rauschen hinzufügen. Die Zielbilder sind dann die Originalbilder:

```
np.random.seed(42) # um dieses Codebeispiel reproduzierbar zu machen
noise = rnd.randint(0, 100, (len(X_train), 784))
X_train_mod = X_train + noise
noise = rnd.randint(0, 100, (len(X_test), 784))
X_test_mod = X_test + noise
y_train_mod = X_train
y_test_mod = X_test
```

Schauen wir uns das erste Bild aus dem Testdatensatz an (siehe Abbildung 3-12). Ja, wir schnüffeln hier in den Testdaten herum, Sie sollten an dieser Stelle entrüstet seufzen).

Abbildung 3-12: Ein verrauschtes Bild (links) und das saubere Zielbild (rechts)

Auf der linken Seite sehen Sie das verrauschte Eingabebild und auf der rechten Seite das saubere Zielbild. Trainieren wir nun den Klassifikator, um dieses Bild zu säubern:

```
knn_clf = KNeighborsClassifier()
knn_clf.fit(X_train_mod, y_train_mod)
clean_digit = knn_clf.predict([X_test_mod[0]])
plot_digit(clean_digit)
plt.show()
```

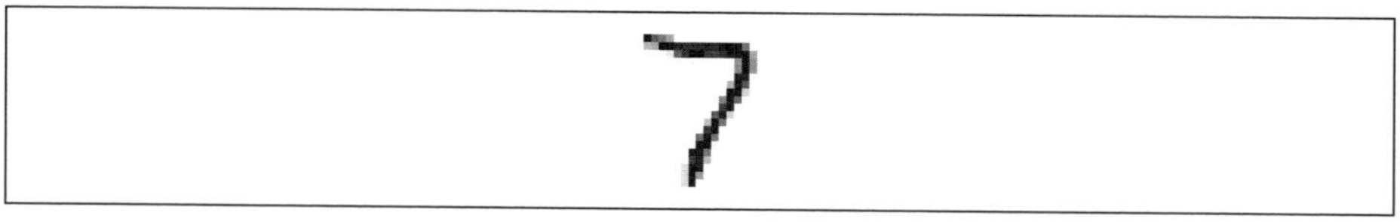

Abbildung 3-13: Das gesäuberte Bild

Wir sind nah genug am Ziel! Damit beenden wir unsere Tour durch die Klassifikationsverfahren. Sie wissen nun, wie Sie Metriken für Klassifikationsaufgaben auswählen, einen guten Kompromiss zwischen Relevanz und Sensitivität eingehen, Klassifikatoren vergleichen und ganz allgemein gute Systeme für unterschiedliche Klassifikationsaufgaben konstruieren. In den nächsten Kapiteln werden Sie lernen, wie all diese ML-Modelle, die Sie verwendet haben, tatsächlich funktionieren.

Übungen

1. Versuchen Sie, einen Klassifikator für den MNIST-Datensatz zu entwickeln, der auf den Testdaten eine Genauigkeit von mehr als 97% erzielt. Hinweis: Der `KNeighborsClassifier` funktioniert bei dieser Aufgabe recht gut; Sie müssen aber geeignete Hyperparameter finden (probieren Sie eine Gittersuche auf den Hyperparametern `weights` und `n_neighbors`).
2. Schreiben Sie eine Funktion, mit der sich ein MNIST-Bild in jede Richtung (links, rechts, oben, unten) um ein Pixel verschieben lässt.[6] Erstellen Sie anschließend aus sämtlichen Bildern im Trainingsdatensatz vier verschobene Kopien (eine pro Richtung) und fügen Sie diese den Trainingsdaten hinzu. Trainieren Sie dann Ihr bestes Modell auf dem so erweiterten Trainingsdatensatz und messen Sie die Genauigkeit auf den Testdaten. Sie sollten beobachten, dass das Modell noch besser wird! Diese Technik, einen Trainingsdatensatz künstlich zu vergrößern, nennt man *Data Augmentation* oder *Erweitern des Trainingsdatensatzes*.
3. Versuchen Sie sich am Titanic-Datensatz. Ein geeigneter Ort, dies auszuprobieren, ist Kaggle (*https://kaggle.com/c/titanic*). Alternativ können Sie die Da-

6 Sie können dazu die Funktion `shift()` aus dem Modul `scipy.ndimage.interpolation` verwenden. Beispielsweise verschiebt `shift(image, [2, 1], cval=0)` das Bild um 2 Pixel nach unten und 1 Pixel nach rechts.

ten von *https://homl.info/titanic.tgz* herunterladen und diesen Tarball wie bei den Immobiliendaten aus Kapitel 2 auspacken. Sie erhalten dann die zwei CSV-Dateien *train.csv* und *test.csv*, die Sie mit `pandas.read_csv()` laden können. Ziel ist, einen Klassifikator zu trainieren, der die Spalte `Survived` abhängig von den anderen Spalten vorhersagen kann.

4. Entwickeln Sie einen Spamfilter (eine fortgeschrittene Übung):
   a. Laden Sie Beispiele für Spam und Ham aus dem öffentlichen Datensatz von Apache SpamAssassin (*https://homl.info/spamassassin*) herunter.
   b. Entpacken Sie die Datensätze und machen Sie sich mit dem Format der Daten vertraut.
   c. Unterteilen Sie die Datensätze in Trainings- und Testdaten.
   d. Schreiben Sie eine Pipeline zur Vorverarbeitung der Daten, um jede E-Mail in einen Merkmalsvektor zu überführen. Ihre Pipeline sollte eine E-Mail in einen (dünn besetzten) Vektor transformieren, der das Vorhandensein jedes möglichen Worts beinhaltet. Wenn beispielsweise sämtliche E-Mails nur die vier Wörter »Hello«, »how«, »are«, »you« enthielten, würde aus der E-Mail »Hello you Hello Hello you« der Vektor [1, 0, 0, 1] entstehen ([»Hello« ist vorhanden, »how« und »are« nicht, »you« ist vorhanden]) oder [3, 0, 0, 2], falls Sie die Häufigkeit jedes Worts auszählen möchten.

      Sie können Ihrer Pipeline Hyperparameter hinzufügen, um einzustellen, ob der Header der E-Mails verworfen werden soll oder nicht. Sie können jede E-Mail in Kleinbuchstaben umwandeln, Interpunktion entfernen, alle URLs durch »URL« und alle Zahlen durch »NUMBER« ersetzen oder sogar *Stemming* einsetzen (also die Endungen von Wörtern entfernen; es gibt für diesen Zweck Python-Bibliotheken).
   e. Probieren Sie anschließend mehrere Klassifikatoren aus und prüfen Sie, ob Sie einen guten Spamfilter bauen können, der eine hohe Sensitivität und Relevanz aufweist.

Die deutschsprachigen Lösungen zu diesen Übungen finden Sie unter *https://dpunkt.de/produkt/praxiseinstieg-machine-learning-mit-scikit-learn-keras-und-tensorflow-2/* auf der Registerkarte *Zusatzmaterial*, die englischsprachigen Lösungen am Ende des Notebooks zu diesem Kapitel unter *https://homl.info/colab3*.

KAPITEL 4

Trainieren von Modellen

Bisher haben wir Modelle zum Machine Learning und deren Trainingsalgorithmen mehr oder weniger als Black Box behandelt. Wenn Sie sich mit den Übungen in den ersten Kapiteln beschäftigt haben, war es vielleicht überraschend für Sie, wie viel Sie erreichen können, ohne etwas über die Funktionsweise der Modelle zu wissen: Sie haben ein System zur Regression optimiert, Sie haben einen Klassifikator für Ziffern verbessert und sogar einen Spamfilter aufgebaut – alles ohne zu wissen, wie diese eigentlich funktionieren. Tatsächlich brauchen Sie in den meisten Fällen die Details der Implementierung nicht zu kennen.

Ein Grundverständnis der Funktionsweise der Modelle hilft Ihnen allerdings dabei, sich schnell auf ein geeignetes Modell, das richtige Trainingsverfahren und einen guten Satz Hyperparameter für Ihre Aufgabe einzuschießen. Die Hintergründe zu verstehen, hilft Ihnen auch bei der Fehlersuche und erlaubt eine effizientere Fehleranalyse. Schließlich sind die meisten in diesem Kapitel besprochenen Themen eine Voraussetzung für Verständnis, Aufbau und Training von neuronalen Netzen (mit denen wir uns in Teil II dieses Buchs befassen werden).

In diesem Kapitel betrachten wir Modelle zur linearen Regression, einem der einfachsten Modelle überhaupt. Wir werden zwei unterschiedliche Ansätze zum Trainieren diskutieren:

- Verwenden einer Gleichung mit »geschlossener Form«,[1] die die für den Trainingsdatensatz idealen Modellparameter direkt berechnet (also die Modellparameter, die eine Kostenfunktion über die Trainingsdaten minimieren).
- Verwenden eines iterativen Optimierungsverfahrens, des Gradientenverfahrens (GD), bei dem die Modellparameter schrittweise angepasst werden, um die Kostenfunktion über die Trainingsdaten zu minimieren und dabei möglicherweise die gleichen Parameter wie beim ersten Ansatz zu erhalten. Wir

1 Eine Gleichung mit geschlossener Form ist eine mit einer endlichen Anzahl von Konstanten, Variablen und Standardoperationen; zum Beispiel $a = \sin(b - c)$. Keine unendlichen Summen, keine Grenzwerte, keine Integrale und so weiter.

werden einige Varianten des Gradientenverfahrens betrachten, die uns bei den neuronalen Netzen in Teil II wieder und wieder begegnen werden: das Batch-Gradientenverfahren, das Mini-Batch-Gradientenverfahren und das stochastische Gradientenverfahren.

Anschließend werden wir einen Blick auf die polynomielle Regression werfen, ein komplexeres Modell, das sich auch für nichtlineare Daten eignet. Da es bei diesem Modell mehr Parameter als bei der linearen Regression gibt, ist es anfälliger für ein Overfitting der Trainingsdaten. Wir werden uns daher ansehen, wie sich eine Überanpassung mit Lernkurven erkennen lässt, und betrachten anschließend einige Techniken zur Regularisierung, mit denen sich die Gefahr einer Überanpassung an die Trainingsdaten senken lässt.

Schließlich werden wir zwei weitere Modelle anschauen, die häufig für Klassifikationsaufgaben eingesetzt werden: die logistische Regression und die Softmax-Regression.

> Dieses Kapitel enthält einige mathematische Formeln, die Begriffe aus der linearen Algebra und Analysis verwenden. Um diese Formeln zu verstehen, müssen Sie wissen, was Vektoren und Matrizen sind, wie sich diese transponieren und multiplizieren lassen, wie man sie invertiert und was partielle Ableitungen sind. Wenn Sie mit diesen Begriffen nicht vertraut sind, gehen Sie bitte die als Jupyter Notebooks verfügbaren einführenden Tutorials zu linearer Algebra und Analysis in den Onlinematerialien (*https://github.com/ageron/handson-ml3*) durch. Diejenigen unter Ihnen mit einer ausgeprägten Mathe-Allergie sollten dieses Kapitel dennoch durchgehen und die Formeln überspringen; ich hoffe, der Text hilft Ihnen, einen Großteil der Begriffe zu verstehen.

Lineare Regression

In Kapitel 1 haben wir ein einfaches Regressionsmodell der Zufriedenheit mit dem Leben betrachtet:

$$Zufriedenheit = \theta_0 + \theta_1 \times BIP\_pro\_Kopf$$

Dieses Modell ist nichts weiter als eine lineare Funktion des Eingabewerts `BIP_pro_Kopf`. θ_0 und θ_1 sind die Parameter des Modells.

Allgemeiner formuliert, trifft ein lineares Modell eine Vorhersage, indem es eine gewichtete Summe der Eingabemerkmale berechnet und eine Konstante namens *Bias-Term* (oder *Achsenabschnitt*) hinzuaddiert, wie in Formel 4-1 zu sehen ist.

Formel 4-1: Lineares Regressionsmodell zur Vorhersage

$$\hat{y} = \theta_0 + \theta_1 x_1 + \theta_2 x_2 + \ldots + \theta_n x_n$$

In dieser Gleichung gilt:

- $\hat{y}$ ist der vorhergesagte Wert.
- n ist die Anzahl Merkmale.
- x_i ist der i. Wert des Merkmals.
- θ_j ist der j. Modellparameter (inklusive des Bias-Terms θ_0 und der Gewichte der Merkmale $\theta_1, \theta_2, ..., \theta_n$).

In Vektorschreibweise lässt sich dies deutlich kompakter ausdrücken, wie Sie in Formel 4-2 sehen.

Formel 4-2: Lineares Regressionsmodell zur Vorhersage (Vektorschreibweise)

$$\hat{y} = h_{\boldsymbol{\theta}}(\mathbf{x}) = \boldsymbol{\theta} \cdot \mathbf{x}$$

In dieser Gleichung gilt:

- h_θ ist die Hypothesenfunktion unter Verwendung der Modellparameter $\boldsymbol{\theta}$.
- $\boldsymbol{\theta}$ ist der *Parametervektor* des Modells mit Bias-Term θ_0 und den Gewichten der Merkmale θ_1 bis θ_n.
- $\mathbf{x}$ ist der *Merkmalsvektor* eines Datenpunkts mit den Werten x_0 bis x_n, wobei x_0 stets 1 beträgt.
- $\boldsymbol{\theta} \cdot \mathbf{x}$ ist das Skalarprodukt der Vektoren $\boldsymbol{\theta}$ und $\mathbf{x}$, was $\theta_0 x_0 + \theta_1 x_1 + \theta_2 x_2 + ... + \theta_n x_n$ entspricht.

Beim Machine Learning werden Vektoren oft als Spaltenvektoren repräsentiert, also als zweidimensionale Arrays mit einer einzelnen Spalte. Handelt es sich bei $\boldsymbol{\theta}$ und $\mathbf{x}$ um Spaltenvektoren, ist die Vorhersage $\hat{y} = \boldsymbol{\theta}^\mathsf{T}\mathbf{x}$, wobei es sich bei $\boldsymbol{\theta}^\mathsf{T}$ um die *Transponierte* von $\boldsymbol{\theta}$ handelt (ein Zeilen- statt eines Spaltenvektors) und $\boldsymbol{\theta}^\mathsf{T}\mathbf{x}$ die Matrixmultiplikation von $\boldsymbol{\theta}^\mathsf{T}$ und $\mathbf{x}$ ist. Das ist natürlich die gleiche Vorhersage, nur dass sie nun als Matrix mit einer Zelle statt als Skalarwert dargestellt wird. In diesem Buch werde ich diese Notation nutzen, um einen Wechsel zwischen Skalarprodukt und Matrixmultiplikationen zu vermeiden.

Dies ist also ein lineares Regressionsmodell. Wie sollen wir dieses trainieren? Wir erinnern uns, dass wir beim Trainieren eines Modells dessen Parameter so einstellen, dass das Modell so gut wie möglich an die Trainingsdaten angepasst ist. Dazu benötigen wir zuerst ein Qualitätsmaß für die Anpassung des Modells an die Trainingsdaten. In Kapitel 2 haben wir gesehen, dass das häufigste Gütekriterium bei einem Regressionsmodell die Wurzel der mittleren quadratischen Abweichung oder der Root Mean Square Error (RMSE) (siehe Formel 2-1) ist. Um ein lineares Regressionsmodell zu trainieren, müssen wir daher den Wert für θ finden, für den der RMSE minimal wird. In der Praxis ist es einfacher, die mittlere quadratische Abweichung anstelle des RMSE zu berechnen. Dabei erhalten wir das gleiche Ergebnis (weil ein Wert, der eine positive Funktion minimiert, auch dessen Quadratwurzel minimiert).

Lernverfahren versuchen häufig, beim Training eine andere Funktion als das eigentliche zur Auswertung des fertigen Modells verwendete Qualitätsmaß zu optimieren. Dies liegt meist an der einfacheren Optimierbarkeit und/oder weil wir beim Training zusätzliche Nebenbedingungen haben (zum Beispiel zur Regularisierung). Eine gute Performancemetrik orientiert sich so eng wie möglich am eigentlichen Businessziel. Eine gute Trainingsverlustfunktion lässt sich leicht optimieren und korreliert stark mit der Metrik. So werden beispielsweise Klassifikatoren oft mit einer Kostenfunktion wie dem Log Loss trainiert (wie Sie weiter unten in diesem Kapitel noch sehen werden), aber per Relevanz und Sensitivität bewertet. Der Log Loss lässt sich einfach minimieren, was wiederum im Allgemeinen Relevanz und Sensitivität verbessert.

Der mittlere quadratische Fehler (MSE) der Hypothese einer linearen Regression h_θ lässt sich auf dem Trainingsdatensatz X mithilfe von Formel 4-3 berechnen.

Formel 4-3: MSE-basierte Kostenfunktion für ein lineares Regressionsmodell

$$\text{MSE}\left(\mathbf{X}, h_{\boldsymbol{\theta}}\right) = \frac{1}{m} \sum_{i=1}^{m} \left(\boldsymbol{\theta}^{\mathsf{T}} \mathbf{x}^{(i)} - y^{(i)}\right)^2$$

Ein Großteil der Notation wurde bereits in Kapitel 2 vorgestellt (siehe den Kasten »Schreibweisen« auf Seite 74). Der einzige Unterschied ist, dass wir h_θ anstelle von h schreiben, um deutlich zu machen, dass das Modell durch den Vektor θ parametrisiert wird. Um die Notation zu vereinfachen, werden wir im Folgenden einfach nur MSE(θ) anstelle von MSE($\mathbf{X}$, h_θ) schreiben.

Die Normalengleichung

Um einen Wert für θ zu finden, der den MSE minimiert, gibt es eine *Lösung mit geschlossener Form* – anders ausgedrückt, eine mathematische Gleichung, die uns das Ergebnis direkt liefert. Diese wird auch als die *Normalengleichung* bezeichnet (siehe Formel 4-4).

Formel 4-4: Normalengleichung

$$\hat{\boldsymbol{\theta}} = \left(\mathbf{X}^{\mathsf{T}} \mathbf{X}\right)^{-1} \mathbf{X}^{\mathsf{T}} \mathbf{y}$$

In dieser Gleichung gilt:

- $\hat{\boldsymbol{\theta}}$ ist der Wert von $\boldsymbol{\theta}$, für den die Kostenfunktion minimal wird.
- $\mathbf{y}$ ist ein Vektor der Zielwerte von $y^{(1)}$ bis $y^{(m)}$.

Erstellen wir einige annähernd lineare Daten, um diese Gleichung auszuprobieren (siehe Abbildung 4-1):

```
import numpy as np

np.random.seed(42)  # um das Codebeispiel reproduzierbar zu machen
```

```
m = 100  # Anzahl Instanzen
X = 2 * np.random.rand(m, 1)  # Spaltenvektor
y = 4 + 3 * X + np.random.randn(m, 1)  # Spaltenvektor
```

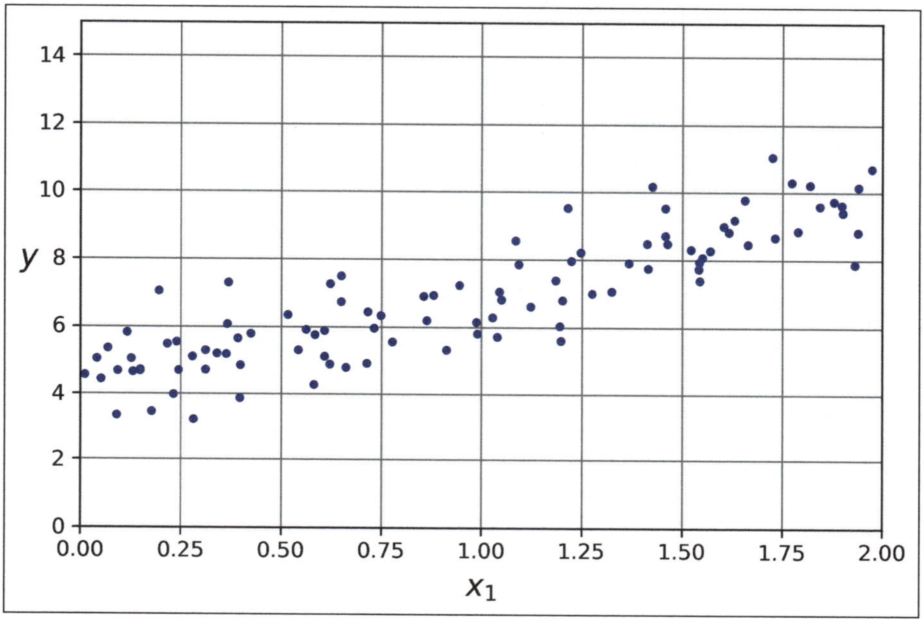

Abbildung 4-1: Ein zufällig generierter linearer Datensatz

Berechnen wir nun $\hat{\boldsymbol{\theta}}$ mithilfe der Normalengleichung. Wir verwenden die Funktion `inv()` aus dem in NumPy enthaltenen Modul für lineare Algebra (`np.linalg`), um die Inversion der Matrix und die Methode `dot()` zur Matrizenmultiplikation zu berechnen:

```
from sklearn.preprocessing import add_dummy_feature

X_b = add_dummy_feature(X)  # füge x0 = 1 zu jedem Datenpunkt hinzu
theta_best = np.linalg.inv(X_b.T @ X_b) @ X_b.T @ y
```

> Der `@`-Operator führt Matrixmultiplikationen durch. Sind `A` und `B` NumPy-Arrays, entspricht `A @ B` einem `np.matmul(A, B)`. Viele andere Bibliotheken wie TensorFlow, PyTorch oder JAX unterstützen ebenfalls den `@`-Operator. Sie können `@` aber nicht für reine Python-Arrays nutzen (zum Beispiel bei Listen aus Listen).

Die eigentliche Funktion zum Generieren der Daten ist $y = 4 + 3x_1$ + normalverteiltes Rauschen. Sehen wir einmal, was die Gleichung herausgefunden hat:

```
>>> theta_best
array([[4.21509616],
       [2.77011339]])
```

Wir hatten gehofft, $\theta_0 = 4$ und $\theta_1 = 3$ anstelle von $\theta_0 = 4{,}215$ und $\theta_1 = 2{,}770$ zu erhalten. Das ist nah dran, aber durch das Rauschen wurde es unmöglich, die Parameter der ursprünglichen Funktion exakt zu reproduzieren. Je kleiner und verrauschter der Datensatz ist, desto schwieriger wird es.

Nun können Sie mithilfe von $\hat{\boldsymbol{\theta}}$ Vorhersagen treffen:

```
>>> X_new = np.array([[0], [2]])
>>> X_new_b = add_dummy_feature(X_new)  # füge x0 = 1 zu jedem Datenpunkt hinzu
>>> y_predict = X_new_b @ theta_best
>>> y_predict
array([[4.21509616],
       [9.75532293]])
```

Anschließend plotten wir die Vorhersagen dieses Modells (siehe Abbildung 4-2):

```
import matplotlib.pyplot as plt

plt.plot(X_new, y_predict, "r-", label="Vorhersagen")
plt.plot(X, y, "b.")
[...] # Diagramm aufhübschen: Label, Achsen, Raster, Legende
plt.show()
```

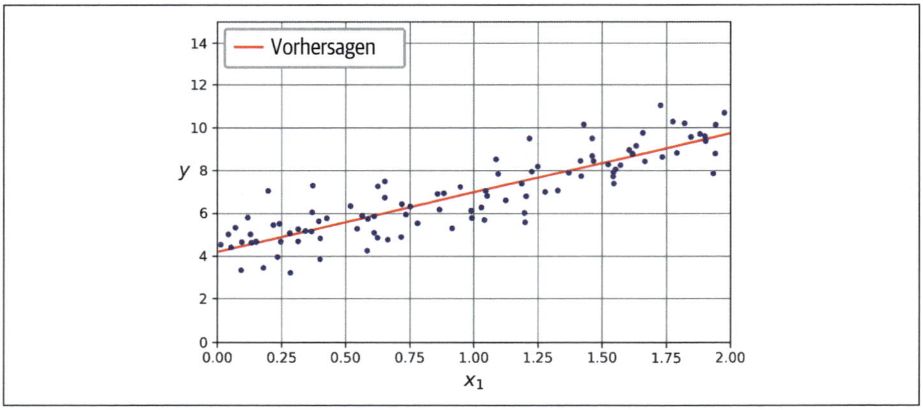

Abbildung 4-2: Vorhersagen des linearen Regressionsmodells

Das Durchführen der linearen Regression mit Scikit-Learn ist recht einfach:

```
>>> from sklearn.linear_model import LinearRegression
>>> lin_reg = LinearRegression()
>>> lin_reg.fit(X, y)
>>> lin_reg.intercept_, lin_reg.coef_
(array([4.21509616]), array([[2.77011339]]))
>>> lin_reg.predict(X_new)
array([[4.21509616],
       [9.75532293]])
```

Beachten Sie, dass Scikit-Learn den Bias-Term (`intercept_`) von den Gewichten getrennt ablegt (`coef_`). Die Klasse `LinearRegression` basiert auf der Funktion `scipy.`

`linalg.lstsq()` (der Name steht für »Least Squares«), die Sie auch direkt aufrufen können:

```
>>> theta_best_svd, residuals, rank, s = np.linalg.lstsq(X_b, y, rcond=1e-6)
>>> theta_best_svd
array([[4.21509616],
       [2.77011339]])
```

Diese Funktion berechnet $\hat{\boldsymbol{\theta}} = \mathbf{X}^{+}\mathbf{y}$, wobei es sich bei $\mathbf{X}^{+}$ um die *Pseudoinverse* von $\mathbf{X}$ handelt (genauer gesagt, die Moore-Penrose-Inverse). Sie können `np.linalg.pinv()` verwenden, um sie direkt zu berechnen:

```
>>> np.linalg.pinv(X_b) @ y
array([[4.21509616],
       [2.77011339]])
```

Die Pseudoinverse selbst wird mit einer Standard-Matrixfaktorisierungstechnik namens *Singulärwertzerlegung* (SWZ bzw. *Singular Value Decomposition*, SVD) berechnet, die die Matrix $\mathbf{X}$ mit dem Trainingsdatensatz in die Matrixmultiplikation der drei Matrizen $\mathbf{U\Sigma V}^{\intercal}$ zerlegt (siehe `numpy.linalg.svd()`). Die Pseudoinverse wird so berechnet: $\mathbf{X}^{+} = \mathbf{V\Sigma}^{+}\mathbf{U}^{\intercal}$. Um die Matrix $\mathbf{\Sigma}^{+}$ zu berechnen, nimmt der Algorithmus $\mathbf{\Sigma}$ und setzt alle Werte auf null, die kleiner als ein kleiner Schwellenwert sind, dann ersetzt er alle Nicht-null-Werte durch ihr Inverses und transponiert schließlich die so entstandene Matrix. Dieses Vorgehen ist effizienter als das Berechnen der Normalengleichung, zudem kommt sie mit Randfällen besser zurecht: Die Normalengleichung funktioniert eventuell nicht, wenn die Matrix $\mathbf{X}^{\intercal}\mathbf{X}$ nicht invertierbar (also singulär) ist, wenn beispielsweise $m < n$ oder wenn Features redundant sind. Aber die Pseudoinverse ist immer definiert.

Komplexität der Berechnung

Die Normalengleichung berechnet die Inversion von $\mathbf{X}^{\intercal} \cdot \mathbf{X}$, eine $(n+1) \times (n+1)$-Matrix (wobei n die Anzahl Merkmale ist). Die *Komplexität der Berechnung* dieser Matrizeninversion beträgt typischerweise etwa $O(n^{2,4})$ bis $O(n^3)$ (abhängig von der Implementierung). Anders ausgedrückt, wenn Sie die Anzahl Merkmale verdoppeln, erhöht sich die Rechenzeit etwa um den Faktor $2^{2,4} = 5{,}3$ bis $2^3 = 8$.

Der SVD-Ansatz der Klasse `LinearRegression` von Scikit-Learn liegt bei $O(n^2)$. Verdoppeln Sie die Anzahl an Merkmalen, multiplizieren Sie die Rechenzeit ungefähr mit 4.

> Sowohl die Normalengleichung wie auch der SVD-Ansatz werden sehr langsam, wenn die Anzahl Merkmale groß wird (z.B. 100.000). Andererseits sind beide in Bezug auf die Anzahl an Instanzen im Trainingsdatensatz linear ($O(m)$), sodass sie große Trainingsdatensätze effizient verarbeiten können, sofern diese in den Speicher passen.

Wenn Sie Ihr lineares Regressionsmodell erst einmal trainiert haben (mithilfe der Normalengleichung oder einem anderen Algorithmus), sind die Vorhersagen sehr schnell: Die Komplexität der Berechnung verhält sich sowohl in Bezug auf die Anzahl vorherzusagender Datenpunkte als auch auf die Anzahl Merkmale linear. Anders ausgedrückt, das Treffen einer Vorhersage dauert für doppelt so viele Datenpunkte (oder doppelt so viele Merkmale) nur etwa doppelt so lange.

Wir werden uns nun völlig andere Verfahren zum Trainieren eines linearen Regressionsmodells ansehen, die sich besser für Fälle eignen, in denen es eine große Anzahl Merkmale oder zu viele Trainingsdaten gibt, als dass sie sich im Speicher unterbringen ließen.

Das Gradientenverfahren

Das *Gradientenverfahren* ist ein allgemeiner Algorithmus zur Optimierung, der optimale Lösungen für eine Vielzahl von Fragestellungen ermitteln kann. Der Grundgedanke beim Gradientenverfahren ist, die Parameter iterativ so zu verändern, dass eine Kostenfunktion minimiert wird.

Stellen Sie sich einmal vor, Sie hätten sich in dichtem Nebel in den Bergen verlaufen; Sie können nur die Neigung des Bodens unter Ihren Füßen fühlen. Um schnell ins Tal zu gelangen, wäre eine geeignete Strategie, sich stets in Richtung der steilsten Neigung bergab zu bewegen. Genau dies tut das Gradientenverfahren: Es berechnet den lokalen Gradienten der Fehlerfunktion in Abhängigkeit vom Parametervektor $\boldsymbol{\theta}$ und bewegt sich in Richtung eines abfallenden Gradienten. Sobald der Gradient null wird, haben Sie ein Minimum gefunden!

In der Praxis befüllen Sie $\boldsymbol{\theta}$ zu Beginn mit Zufallszahlen (dies nennt man *zufällige Initialisierung*). Dann verbessern Sie die Parameter nach und nach in ganz kleinen Schritten, wobei Sie bei jedem Schritt versuchen, die Kostenfunktion zu senken (z.B. den MSE), bis der Algorithmus bei einem Minimum *konvergiert* (siehe Abbildung 4-3).

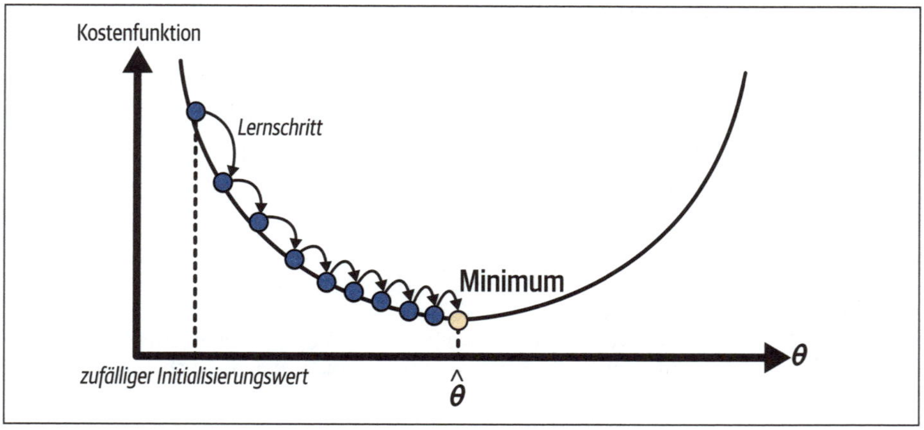

Abbildung 4-3: In dieser Darstellung des Gradientenverfahrens werden die Modellparameter mit Zufallswerten initialisiert und wiederholt angepasst, um die Kostenfunktion zu minimieren – die Größe der Lernschritte ist proportional zur Steigung der Kostenfunktion, sodass die Schritte nach und nach kleiner werden, wenn die Kosten auf das Minimum zusteuern.

Ein wichtiger Parameter beim Gradientenverfahren ist die Größe der Schritte, die durch die *Lernrate*, einen Hyperparameter, festgelegt wird. Ist die Lernrate zu klein, muss der Algorithmus viele Iterationen durchlaufen, bevor er konvergiert. Das dauert natürlich sehr lange (siehe Abbildung 4-4).

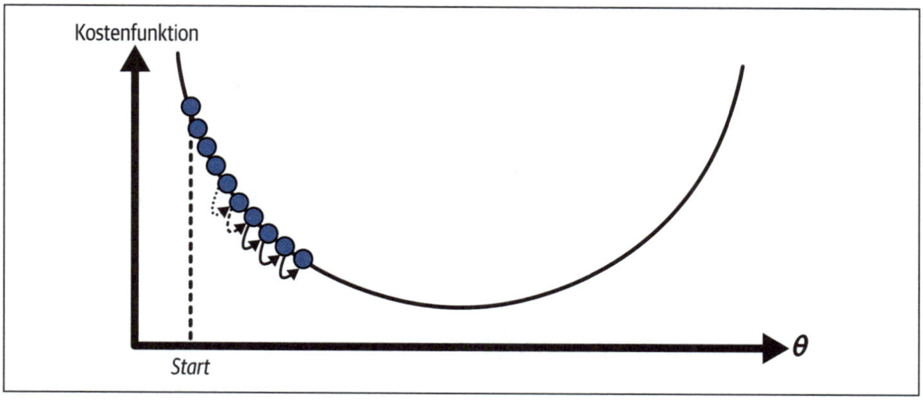

Abbildung 4-4: Die Lernrate ist zu gering.

Wenn die Lernrate dagegen zu groß ist, kann es passieren, dass Sie die Täler überspringen und auf der anderen Seite landen, möglicherweise sogar höher als zuvor. Dadurch kann der Algorithmus divergieren, also immer größere Werte erzeugen und überhaupt keine gute Lösung finden (siehe Abbildung 4-5).

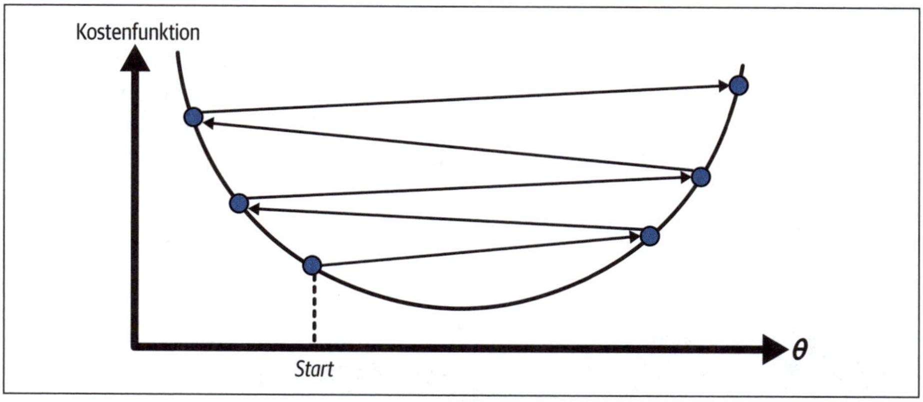

Abbildung 4-5: Die Lernrate ist zu groß.

Zudem sehen nicht alle Kostenfunktionen wie hübsche, regelmäßige Schüsseln aus. Es kann Täler, Grate, Plateaus und alle möglichen Arten unregelmäßiger Landschaften geben, die das Konvergieren beim Minimum erschweren. Abbildung 4-6 zeigt die zwei wichtigsten Herausforderungen beim Gradientenverfahren: Wenn die zufällige Initialisierung den Algorithmus auf der linken Seite startet, wird er bei einem *lokalen Minimum* konvergieren, das weniger gut als das *globale Minimum* ist. Wenn Sie auf der rechten Seite starten, dauert es sehr lange, das Plateau zu überqueren. Wenn Sie den Algorithmus zu früh beenden, werden Sie nie das globale Minimum erreichen.

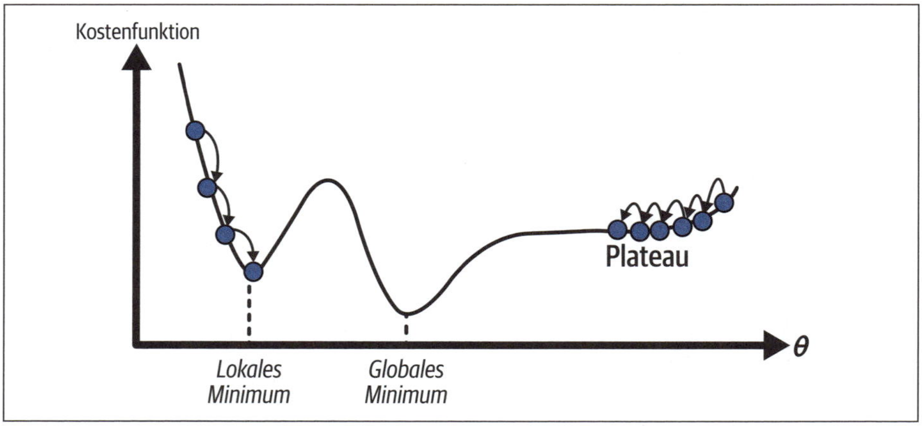

Abbildung 4-6: Fallstricke beim Gradientenverfahren

Glücklicherweise ist MSE als Kostenfunktion eines linearen Regressionsmodells eine *konvexe Funktion*. Das bedeutet, wenn Sie zwei beliebige Punkte auf der Kurve auswählen, liegt die lineare Verbindung zwischen diesen beiden niemals unter der Kurve. Das impliziert, dass es keine lokalen Minima gibt, nur ein globales Minimum. Sie ist auch eine stetige Funktion mit einer Steigung, die sich niemals abrupt ändert.[2] Diese zwei Umstände haben eine wichtige Konsequenz: Mit dem Gradientenverfahren kann man sich dem globalen Minimum beliebig annähern (wenn Sie lange genug warten und die Lernrate nicht zu groß ist).

Die Kostenfunktion hat also die Form einer Schüssel. Sind die Merkmale sehr unterschiedlich skaliert, kann es aber eine längliche Schüssel sein. Abbildung 4-7 illustriert das Gradientenverfahren für einen Trainingsdatensatz, bei dem die Merkmale 1 und 2 gleich skaliert sind (links), und für einen Trainingsdatensatz, bei dem die Beträge von Merkmal 1 sehr viel geringer sind als die von Merkmal 2 (rechts).[3]

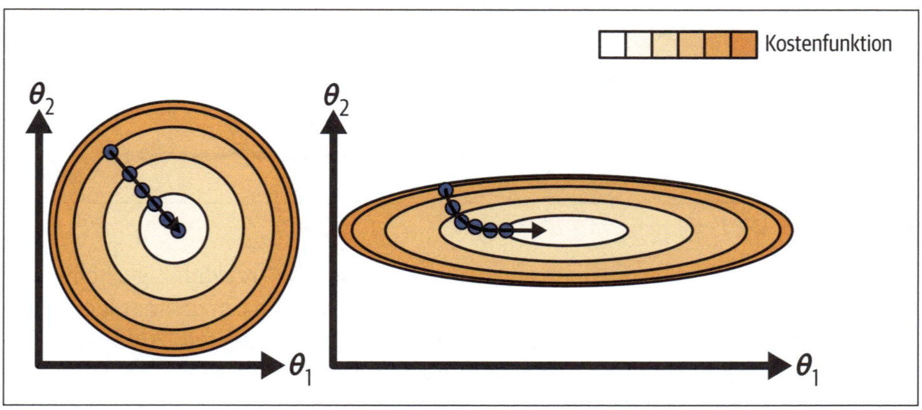

Abbildung 4-7: Gradientenverfahren mit (links) und ohne (rechts) Skalierung von Merkmalen

2 Der Fachterminus hierfür: Ihre Ableitung ist *Lipschitz-stetig*.

3 Da Merkmal 1 kleiner ist, ist eine stärkere Änderung von θ_1 nötig, um sich auf die Kostenfunktion auszuwirken. Deshalb ist die Schüssel entlang der θ_1-Achse länglich.

Wie Sie sehen, bewegt sich auf der linken Seite das Gradientenverfahren direkt auf das Minimum zu und erreicht es schnell. Auf der rechten Seite bewegt es sich zunächst beinahe orthogonal zur Richtung des globalen Minimums. Hier muss der Algorithmus ein mehr oder weniger flaches Tal komplett durchwandern. Auch hier wird das Minimum erreicht, dies dauert aber seine Zeit.

> Wenn Sie das Gradientenverfahren verwenden, sollten Sie sicherstellen, dass sämtliche Merkmale ähnlich skaliert sind (z. B. über die Klasse `StandardScaler` in Scikit-Learn). Andernfalls wird deutlich mehr Zeit vergehen, bis der Algorithmus konvergiert.

Dieses Diagramm verdeutlicht außerdem, dass beim Trainieren eines Modells eine Kombination von Modellparametern gesucht wird, die eine Kostenfunktion (über die Trainingsdaten) minimieren. Es ist eine Suche im *Parameterraum* des Modells. Je mehr Parameter das Modell besitzt, desto mehr Dimensionen hat dieser Raum, und umso schwieriger ist die Suche: In einem 300-dimensionalen Heuhaufen nach einer Nadel zu suchen, ist viel komplizierter als in drei Dimensionen. Da die Kostenfunktion konvex ist, liegt die Nadel im Fall der linearen Regression glücklicherweise immer auf dem Boden einer Schüssel.

Batch-Gradientenverfahren

Um das Gradientenverfahren zu implementieren, müssen Sie den Gradienten der Kostenfunktion nach jedem Modellparameter θ_j berechnen. Anders ausgedrückt, Sie müssen berechnen, wie stark sich die Kostenfunktion ändert, wenn Sie θ_j ein wenig verändern. Dies nennt man eine *partielle Ableitung*. Sie verhält sich wie die Frage »Wie ist die Neigung des Bergs unter meinen Füßen, wenn ich mich nach Osten wende?«, um anschließend die gleiche Frage nach Norden gerichtet zu stellen (ebenso bei allen anderen Dimensionen, falls Sie sich ein Universum mit mehr als drei Dimensionen vorstellen können). Formel 4-5 berechnet die partielle Ableitung der MSE nach dem Parameter θ_j, was sich auch als $\frac{\partial}{\partial \theta_j}\text{MSE}(\boldsymbol{\theta})$ schreiben lässt.

Formel 4-5: Partielle Ableitung der Kostenfunktion

$$\frac{\partial}{\partial \theta_j}\text{MSE}(\boldsymbol{\theta}) = \frac{2}{m}\sum_{i=1}^{m}\left(\boldsymbol{\theta}^\intercal \mathbf{x}^{(i)} - y^{(i)}\right)x_j^{(i)}$$

Anstatt partielle Ableitungen einzeln zu berechnen, können Sie Formel 4-6 verwenden, um alle zeitgleich zu berechnen. Der Gradientenvektor $\nabla_{\boldsymbol{\theta}}\text{MSE}(\boldsymbol{\theta})$ enthält sämtliche partiellen Ableitungen der Kostenfunktion (eine für jeden Modellparameter).

Formel 4-6: Gradientenvektor der Kostenfunktion

$$\nabla_{\boldsymbol{\theta}} \operatorname{MSE}(\boldsymbol{\theta}) = \begin{pmatrix} \frac{\partial}{\partial \theta_0} \operatorname{MSE}(\boldsymbol{\theta}) \\ \frac{\partial}{\partial \theta_1} \operatorname{MSE}(\boldsymbol{\theta}) \\ \vdots \\ \frac{\partial}{\partial \theta_n} \operatorname{MSE}(\boldsymbol{\theta}) \end{pmatrix} = \frac{2}{m} \mathbf{X}^\intercal (\mathbf{X}\boldsymbol{\theta} - \mathbf{y})$$

Beachten Sie, dass diese Formel bei jedem Schritt im Gradientenverfahren Berechnungen über den gesamten Trainingsdatensatz **X** vornimmt. Daher bezeichnet man diesen Algorithmus auch als *Batch-Gradientenverfahren*: Dieses Verfahren verwendet bei jedem Schritt den gesamten Stapel Trainingsdaten (*vollständiges Gradientenverfahren* wäre eigentlich ein besserer Name) und ist daher bei sehr großen Trainingsdatensätzen auffällig langsam (wir werden aber gleich einen viel schnelleren Algorithmus für das Gradientenverfahren kennenlernen). Das Gradientenverfahren skaliert dafür gut mit der Anzahl Merkmale; das Trainieren eines linearen Regressionsmodells mit Hunderttausenden von Merkmalen ist mit dem Gradientenverfahren sehr viel schneller als mit der Normalengleichung oder der SVD-Zerlegung.

Sobald Sie den Gradientenvektor ermittelt haben, der bergauf weist, gehen Sie einfach in die entgegengesetzte Richtung, um sich bergab zu bewegen. Dazu müssen Sie $\nabla_{\boldsymbol{\theta}}\operatorname{MSE}(\boldsymbol{\theta})$ von $\boldsymbol{\theta}$ abziehen. An dieser Stelle kommt die Lernrate η ins Spiel:[4] Multiplizieren Sie den Gradientenvektor mit η, um die Größe des Schritts bergab zu ermitteln (siehe Formel 4-7).

Formel 4-7: Schritt im Gradientenverfahren

$$\boldsymbol{\theta}^{(\text{nächster Schritt})} = \boldsymbol{\theta} - \eta \nabla_{\boldsymbol{\theta}} \operatorname{MSE}(\boldsymbol{\theta})$$

Betrachten wir eine schnelle Implementierung dieses Algorithmus:

```
eta = 0.1  # Lernrate
n_epochs = 1000
m = len(X_b)  # Anzahl Instanzen

np.random.seed(42)
theta = np.random.randn(2, 1)  # zufällig initialisierte Modellparameter

for epoch in range(n_epochs):
    gradients = 2 / m * X_b.T @ (X_b @ theta - y)
    theta = theta - eta * gradients
```

Das war nicht allzu schwer! Jede Iteration über den Trainingsdatensatz wird als *Epoche*bezeichnet. Schauen wir uns einmal das berechnete `theta` an:

4 Eta (η) ist der 7. Buchstabe im griechischen Alphabet.

```
>>> theta
array([[4.21509616],
       [2.77011339]])
```

Hey, das entspricht exakt dem von der Normalengleichung gefundenen Ergebnis! Das Gradientenverfahren hat perfekt funktioniert. Aber was wäre passiert, wenn wir eine andere Lernrate eta verwendet hätten? Abbildung 4-8 zeigt die ersten zehn Schritte im Gradientenverfahren mit drei unterschiedlichen Lernraten. Die Linie unten in jedem Plot steht für den zufälligen Ausgangspunkt, jede Epoche wird dann durch eine immer dunkler werdende Linie repräsentiert.

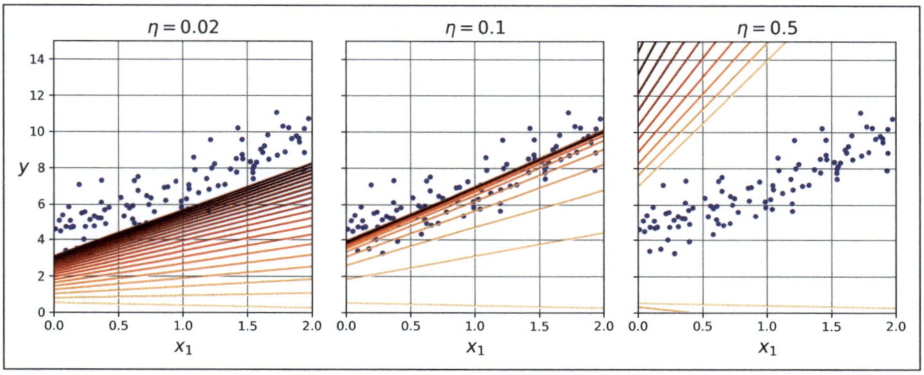

Abbildung 4-8: Gradientenverfahren mit unterschiedlichen Lernraten

Auf der linken Seite ist die Lernrate zu gering: Der Algorithmus findet zwar irgendwann eine Lösung, aber es wird lange dauern. In der Mitte sieht die Lernrate recht gut aus: Innerhalb weniger Epochen ist der Algorithmus auf der Lösung konvergiert. Auf der rechten Seite ist die Lernrate zu hoch: Der Algorithmus divergiert, springt von einer Seite zur anderen und entfernt sich dabei immer weiter von der Lösung.

Um eine geeignete Lernrate zu finden, können Sie eine Gittersuche durchführen (siehe Kapitel 2). Allerdings sollten Sie dabei die Anzahl der Epochen begrenzen, sodass die Gittersuche Modelle eliminieren kann, bei denen das Konvergieren zu lange dauert.

Sie fragen sich vielleicht, wie man die Anzahl der Epochen bestimmen soll. Wenn diese zu gering ist, werden Sie beim Anhalten des Algorithmus noch immer weit von der optimalen Lösung entfernt sein. Ist sie aber zu hoch, verschwenden Sie Zeit, während sich die Modellparameter nicht mehr verändern. Eine einfache Lösung ist, die Anzahl Iterationen auf einen sehr großen Wert zu setzen, aber den Algorithmus anzuhalten, sobald der Gradientenvektor winzig klein wird – denn das passiert, wenn das Gradientenverfahren das Minimum (beinahe) erreicht hat. Der Gradientenvektor wird dann so winzig, wenn sein Betrag kleiner als eine sehr kleine Zahl x wird, was man auch als *Toleranz* bezeichnet.

Konvergenzrate

Wenn die Kostenfunktion konvex ist und ihre Steigung sich nicht abrupt ändert (wie es bei der MSE-Kostenfunktion der Fall ist), konvergiert das Batch-Gradientenverfahren mit einer gegebenen Lernrate immer zur optimalen Lösung, aber Sie müssen eventuell ein Weilchen warten – es kann $O(1/\varepsilon)$ Iterationen erfordern, um das Optimum in einem Bereich ε zu erreichen (abhängig von der Form der Kostenfunktion). Wenn Sie die Toleranz ε durch 10 teilen (um eine genauere Lösung zu erhalten), muss der Algorithmus etwa 10 Mal länger laufen.

Stochastisches Gradientenverfahren

Das Hauptproblem beim Batch-Gradientenverfahren ist, dass es bei jedem Schritt den gesamten Trainingsdatensatz zum Berechnen der Gradienten verwendet, wodurch es bei großen Trainingsdatensätzen sehr langsam wird. Das andere Extrem ist das *stochastische Gradientenverfahren* (SGD), das bei jedem Schritt nur einen Datenpunkt zufällig auswählt und nur für diesen Punkt die Gradienten berechnet. Natürlich wird dadurch der Algorithmus viel schneller, da in jeder Iteration nur sehr wenige Daten verändert werden müssen. Damit ist das Trainieren auf riesigen Datensätzen möglich, da pro Iteration nur ein Datenpunkt verändert werden muss (SGD lässt sich auch als Out-of-Core-Algorithmus implementieren, siehe Kapitel 1).

Andererseits ist dieser Algorithmus wegen seiner stochastischen (d. h. zufälligen) Arbeitsweise wesentlich unregelmäßiger als das Batch-Gradientenverfahren: Anstatt sanft zum Minimum hinabzugleiten, hüpft die Kostenfunktion auf und ab und sinkt nur im Mittel. Mit der Zeit landet sie sehr nah am Minimum, springt dort aber weiter umher und kommt nie zur Ruhe (siehe Abbildung 4-9). Sobald der Algorithmus anhält, werden die endgültigen Parameter also gut, aber nicht optimal sein.

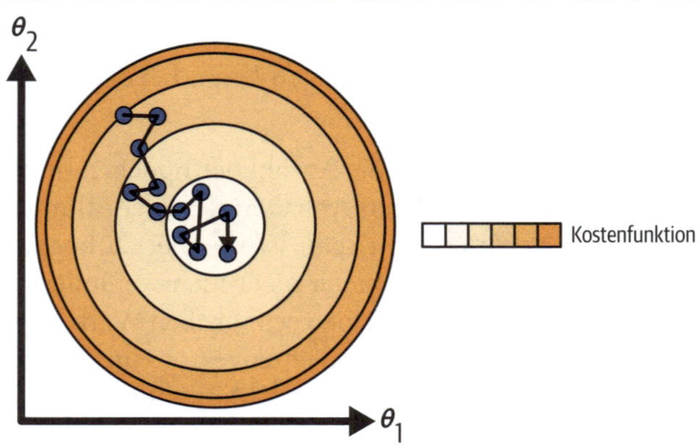

Abbildung 4-9: Mit dem stochastischen Gradientenverfahren ist jeder Trainingsschritt viel schneller, aber auch viel zufälliger als beim Einsatz des Batch-Gradientenverfahrens.

Bei einer sehr unregelmäßigen Kostenfunktion (wie in Abbildung 4-6) kann dies dem Algorithmus helfen, aus lokalen Minima wieder herauszuspringen. Daher hat das stochastische Gradientenverfahren im Vergleich zum Batch-Gradientenverfahren eine höhere Chance, das globale Minimum zu finden.

Die Zufälligkeit ist also gut, um lokalen Minima zu entfliehen, aber schlecht, da der Algorithmus beim Minimum nie zur Ruhe kommt. Eine Lösung dieses Dilemmas ist, die Lernrate schrittweise zu verringern. Die Schritte sind zu Beginn groß (was zu schnellen Fortschritten führt und beim Verlassen lokaler Minima hilft) und werden dann immer kleiner, sodass der Algorithmus beim globalen Minimum zur Ruhe kommt. Diesen Prozess bezeichnet man als *Simulated Annealing*, inspiriert vom Ausglühen in der Metallurgie, bei dem geschmolzenes Metall langsam abkühlt. Die Funktion zum Festlegen der Lernrate bezeichnet man als *Learning Schedule*. Wenn die Lernrate zu schnell reduziert wird, bleiben Sie in einem lokalen Minimum stecken oder sogar auf halber Strecke zum Minimum. Wird die Lernrate zu langsam gesenkt, springen Sie sehr lange um das Minimum herum und erhalten eine suboptimale Lösung, wenn Sie das Trainieren zu früh anhalten.

Im folgenden Codebeispiel ist das stochastische Gradientenverfahren mit einem einfachen Learning Schedule implementiert:

```
n_epochs = 50
t0, t1 = 5, 50  # Hyperparameter für den Learning Schedule

def learning_schedule(t):
    return t0 / (t + t1)

np.random.seed(42)
theta = np.random.randn(2, 1)  # zufällige Initialisierung

for epoch in range(n_epochs):
    for iteration in range(m):
        random_index = np.random.randint(m)
        xi = X_b[random_index : random_index + 1]
        yi = y[random_index : random_index + 1]
        gradients = 2 * xi.T @ (xi @ theta - yi)  # für SGD nicht durch m teilen
        eta = learning_schedule(epoch * m + iteration)
        theta = theta - eta * gradients
```

Standardmäßig iterieren wir in Runden mit je m Iterationen; jede Runde nennt man wie oben *Epoche*. Der Code für das Batch-Gradientenverfahren hat den gesamten Trainingsdatensatz 1.000 Mal durchlaufen. Dieser Code durchläuft die Trainingsdaten nur 50 Mal und erzielt eine recht gute Lösung:

```
>>> theta
array([[4.21076011],
       [2.74856079]])
```

Abbildung 4-10 zeigt die ersten 20 Schritte beim Trainieren (achten Sie darauf, wie unregelmäßig die Schritte sind).

Da die Datenpunkte zufällig ausgewählt werden, werden manche Datenpunkte innerhalb einer Epoche mehrmals selektiert, andere dagegen gar nicht. Wenn Sie sichergehen möchten, dass jeder Datenpunkt in jeder Epoche abgearbeitet wird, können Sie die Trainingsdaten durchmischen (und sicherstellen, dass die Eingabemerkmale und die Labels zusammenbleiben) und dann Eintrag für Eintrag durchgehen. Anschließend mischen Sie die Daten erneut und so weiter. Allerdings ist dieses Verfahren im Allgemeinen komplexer und verbessert nicht unbedingt das Ergebnis.

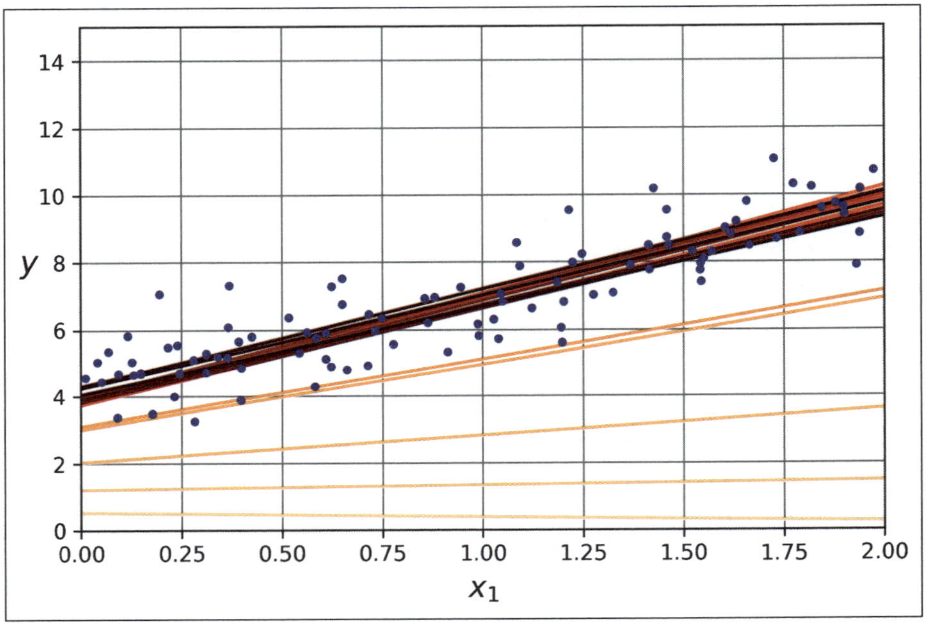

Abbildung 4-10: Die ersten 20 Schritte des stochastischen Gradientenverfahrens

> Beim Einsatz des stochastischen Gradientenverfahren müssen die Trainingsinstanzen unabhängig und gleichverteilt sein (*Independent and Identically Distributed*, IID), um sicherzustellen, dass die Parameter im Durchschnitt in Richtung des globalen Optimums gedrängt werden. Eine einfache Möglichkeit ist, die Instanzen während des Trainings zu durchmischen (zum Beispiel jede Instanz zufällig auszuwählen oder zu Beginn jeder Epoche den Trainingsdatensatz zu mischen). Vermischen Sie die Instanzen nicht – beispielsweise wenn sie anhand ihres Labels geordnet sind –, wird das stochastische Gradientenverfahren damit beginnen, erst für ein Label zu optimieren, dann für das nächste und so weiter. Dabei wird es aber nicht nahe an das globale Minimum gelangen.

Um eine lineare Regression mit dem stochastischen Gradientenverfahren in Scikit-Learn durchzuführen, verwenden Sie die Klasse `SGDRegressor`, die die MSE-Kostenfunktion minimiert. Das folgende Codebeispiel führt 1.000 Epochen aus (`max_` iter=1000), oder es läuft, bis der Verlust während 100 Epochen (n_iter_no_change) um weniger als 10^{-5} sinkt (tol). Der Code beginnt mit einer Lernrate von 0,01 (eta0), verwendet den voreingestellten Learning Schedule (einen anderen als den oben vorgestellten) und keinerlei Regularisierung (penalty=None, Details dazu folgen in Kürze):

```
from sklearn.linear_model import SGDRegressor

sgd_reg = SGDRegressor(max_iter=1000, tol=1e-5, penalty=None, eta0=0.01,
                       n_iter_no_change=100, random_state=42)
sgd_reg.fit(X, y.ravel())  # y.ravel(), weil fit() 1-D-Ziele erwartet
```

Die erzielte Lösung liegt erneut nah an der von der Normalengleichung gefundenen:

```
>>> sgd_reg.intercept_, sgd_reg.coef_
(array([4.21278812]), array([2.77270267]))
```

Alle Estimatoren bei Scikit-Learn lassen sich mit der fit()-Methode trainieren, aber manche besitzen auch eine Methode partial_fit(), die Sie aufrufen können, um eine einzelne Trainingsrunde für eine oder mehrere Instanzen auszuführen (es werden dann Hyperparameter wie max_iter oder tol ignoriert). Ein wiederholter Aufruf von partial_fit() wird das Modell nach und nach trainieren. Das ist nützlich, wenn Sie mehr Kontrolle über den Trainingsprozess haben müssen. Andere Modelle haben stattdessen einen Hyperparameter warm_start (und manche sogar beides): Setzen Sie warm_start=True, wird ein Aufruf der Methode fit() für ein trainiertes Modell dieses nicht zurücksetzen, sondern mit dem Training dort fortfahren, wo Sie aufgehört haben, und dabei Hyperparameter wie max_iter oder tol berücksichtigen. Beachten Sie, dass fit() den vom Lern-Schedule genutzten Iterationszähler zurücksetzt, während partial_fit() dies nicht tut.

Mini-Batch-Gradientenverfahren

Als letzten Algorithmus unter den Gradientenverfahren sehen wir uns das *Mini-Batch-Gradientenverfahren* an. Es ist recht einfach nachzuvollziehen, wenn Sie mit dem Batch- und dem stochastischen Gradientenverfahren vertraut sind: Anstatt die Gradienten bei jedem Schritt auf dem gesamten Trainingsdatensatz (wie beim Batch-Gradientenverfahren) oder nur auf einem Datenpunkt (wie beim stochastischen Gradientenverfahren) zu berechnen, berechnet das Mini-Batch-Gradientenverfahren die Gradienten auf kleinen, zufälligen Teilmengen, den *Mini-Batches*. Der Hauptvorteil des Mini-Batch-Gradientenverfahrens gegenüber dem stochastischen Verfahren ist, dass Sie die Leistung durch für Matrizenoperationen optimierte Hardware steigern können, besonders beim Verwenden von GPUs.

Die Fortschritte des Algorithmus im Parameterraum sind weniger abrupt als beim SGD, besonders bei größeren Mini-Batches. Daher wandert das Mini-Batch-Gradientenverfahren etwas näher um das Minimum herum als das SGD. Andererseits kann es schwieriger sein, lokale Minima zu verlassen (im Fall von Aufgaben, bei denen lokale Minima eine Rolle spielen; lineare Regression mit der MSE-Kostenfunktion gehört nicht dazu). Abbildung 4-11 zeigt die Pfade durch den Parameterraum beim Trainieren mit den drei Algorithmen. Alle erreichen das Minimum, aber das Batch-Gradientenverfahren hält dort auch an, während sich sowohl das stochastische als auch das Mini-Batch-Gradientenverfahren weiter um das Minimum herumbewegen. Allerdings benötigt das Batch-Gradientenverfahren für jeden Schritt eine Menge Zeit, und auch das stochastische und das Mini-Batch-Gradientenverfahren würden mit einem guten Learning Schedule das Minimum erreichen.

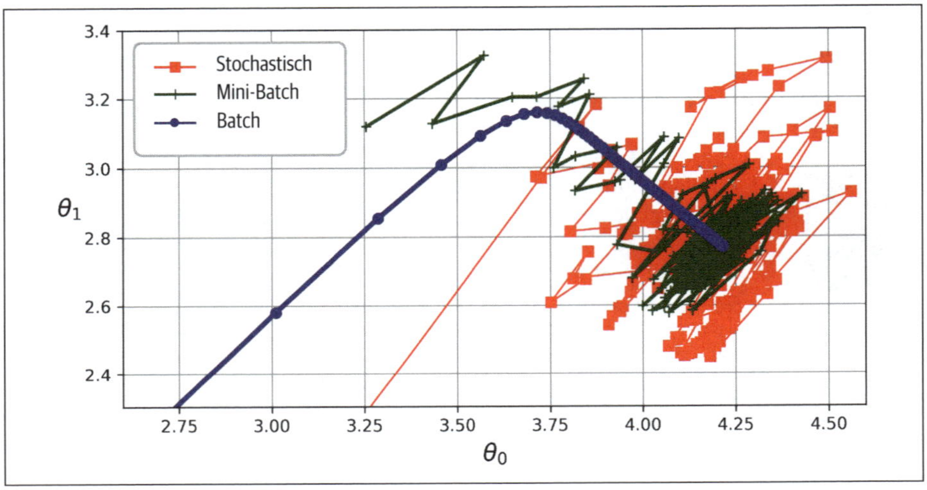

Abbildung 4-11: Pfade von Gradientenverfahren im Parameterraum

Vergleichen wir die bisher besprochenen Algorithmen zur linearen Regression[5] (dabei ist *m* die Anzahl der Trainingsdatenpunkte und *n* die Anzahl der Merkmale); siehe Tabelle 4-1.

Tabelle 4-1: Vergleich von Algorithmen zur linearen Regression

Algorithmus	großes *m*	Out-of-Core-unterstützt	großes *n*	Hyperparameter	Skalieren nötig	Scikit-Learn
Normalengleichung	schnell	nein	langsam	0	nein	
SVD	schnell	nein	langsam	0	nein	`LinearRegression`
Batch-GD	langsam	nein	schnell	2	ja	
stochastisches GD	schnell	ja	schnell	⩾2	ja	`SGDRegressor`
Mini-Batch-GD	schnell	ja	schnell	⩾2	ja	

5 Die Normalengleichung lässt sich nur zur linearen Regression einsetzen, die Algorithmen für das Gradientenverfahren lassen sich auch zum Trainieren vieler anderer Modelle einsetzen, wie wir noch sehen werden.

Nach dem Trainieren gibt es kaum noch einen Unterschied: Alle diese Algorithmen führen zu sehr ähnlichen Modellen und treffen Vorhersagen in der gleichen Art und Weise.

Polynomielle Regression

Wie sieht es aus, wenn Ihre Daten komplexer als eine gerade Linie sind? Überraschenderweise können wir auch nichtlineare Daten mit einem linearen Modell fitten. Dazu können wir einfach Potenzen jedes Merkmals als neue Merkmale hinzufügen und dann ein lineares Modell auf diesem erweiterten Merkmalssatz trainieren. Diese Technik nennt man *polynomielle Regression*.

Betrachten wir ein Beispiel. Zunächst generieren wir einige nichtlineare Daten (siehe Abbildung 4-12) anhand einer einfachen *quadratischen Gleichung* – das ist eine Gleichung der Form $y = ax^2 + bx + c$ – zuzüglich etwas Rauschen:

```
np.random.seed(42)
m = 100
X = 6 * np.random.rand(m, 1) - 3
y = 0.5 * X ** 2 + X + 2 + np.random.randn(m, 1)
```

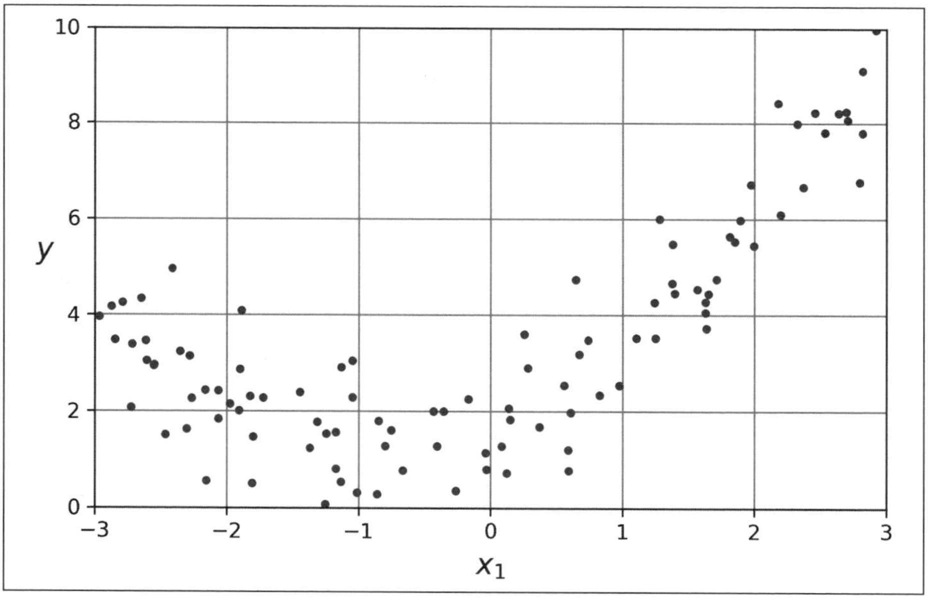

Abbildung 4-12: Generierte nichtlineare verrauschte Daten

Offensichtlich lassen sich diese Daten nicht angemessen mit einer Geraden fitten. Daher verwenden wir die Scikit-Learn-Klasse `PolynomialFeatures`, um unsere Trainingsdaten zu transformieren und zu jedem Merkmal in den Trainingsdaten dessen Quadrat (das Polynom 2. Grades) als neues Merkmal hinzuzufügen (in diesem Fall gibt es nur ein Merkmal):

```
>>> from sklearn.preprocessing import PolynomialFeatures
>>> poly_features = PolynomialFeatures(degree=2, include_bias=False)
>>> X_poly = poly_features.fit_transform(X)
>>> X[0]
array([-0.75275929])
>>> X_poly[0]
array([-0.75275929, 0.56664654])
```

`X_poly` enthält jetzt das ursprüngliche Merkmal aus `X` sowie das Quadrat dieses Merkmals. Nun können Sie ein mit `LinearRegression` erstelltes Modell auf diese erweiterten Trainingsdaten anwenden (siehe Abbildung 4-13):

```
>>> lin_reg = LinearRegression()
>>> lin_reg.fit(X_poly, y)
>>> lin_reg.intercept_, lin_reg.coef_
(array([ 1.78134581]), array([[ 0.93366893,  0.56456263]]))
```

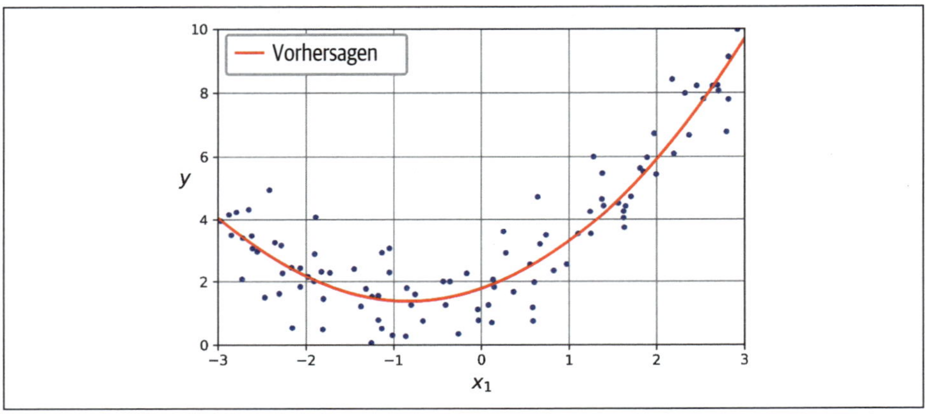

Abbildung 4-13: Vorhersagen eines polynomiellen Regressionsmodells

Nicht schlecht: Das Modell schätzt $\hat{y} = 0{,}56_1^2 + 0{,}93x_1 + 1{,}78$, während die ursprüngliche Funktion $y = 0{,}5x_1^2 + 1{,}0x_1 + 2{,}0$ normalverteiltes Rauschen lautete.

Wenn es mehrere Merkmale gibt, ist die polynomielle Regression in der Lage, Wechselbeziehungen zwischen Merkmalen zu finden, was ein einfaches lineares Regressionsmodell nicht kann. Dies ist dadurch möglich, dass `PolynomialFeatures` bis zu einem bestimmten Grad sämtliche Kombinationen von Merkmalen hinzufügt. Wenn es beispielsweise zwei Merkmale *a* und *b* gibt, erzeugt `PolynomialFeatures` mit `degree=3` nicht nur die Merkmale a^2, a^3, b^2 und b^3, sondern auch die Kombinationen ab, a^2b und ab^2.

> `PolynomialFeatures(degree=d)` transformiert ein Array mit *n* Merkmalen in ein Array mit $\frac{(n+d)!}{d!\,n!}$ Merkmalen, wobei *n*! die *Fakultät* von *n* ist, also $1 \times 2 \times 3 \times \ldots \times n$. Hüten Sie sich vor der kombinatorischen Explosion bei der Anzahl der Merkmale!

Lernkurven

Wenn Sie höhergradige polynomielle Regressionen durchführen, werden Sie die Trainingsdaten deutlich genauer fitten als mit einer gewöhnlichen linearen Regression. Beispielsweise wird in Abbildung 4-14 ein polynomielles Modell 300. Grades auf die obigen Trainingsdaten angewandt und das Ergebnis mit einem gewöhnlichen linearen Modell und einem quadratischen Modell (einem Polynom 2. Grades) verglichen. Achten Sie darauf, wie das Polynom 3. Grades hin und her schwankt, um so nah wie möglich an die Trainingsdatenpunkte zu gelangen.

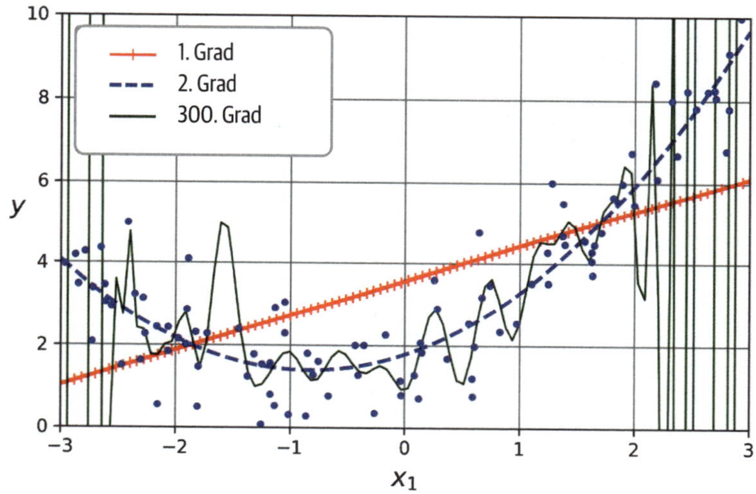

Abbildung 4-14: Regression mit einem höhergradigen Polynom

Natürlich ist beim Modell mit der höhergradigen Regression sehr starkes Overfitting zu finden, während beim linearen Modell Underfitting vorliegt. In diesem Fall verallgemeinert das quadratische Modell am besten. Das ist sinnvoll, weil ja auch den Daten ein quadratisches Modell zugrunde liegt, aber im Allgemeinen wissen Sie nicht, mit welcher Funktion die Daten generiert wurden. Wie also sollen Sie entscheiden, wie komplex Ihr Modell sein muss? Woher wissen Sie, ob Overfitting oder Underfitting der Daten vorliegt?

In Kapitel 2 haben Sie eine Kreuzvalidierung durchgeführt, um die Verallgemeinerungsleistung des Modells abzuschätzen. Wenn ein Modell auf den Trainingsdaten gut, aber bei der Kreuzvalidierung schlecht abschneidet, liegt in Ihrem Modell Overfitting vor. Erbringt es bei beiden eine schlechte Qualität, ist es Underfitting. Auf diese Weise können Sie herausfinden, ob Ihr Modell zu einfach oder zu komplex ist.

Eine Alternative dazu ist, sich die *Lernkurven* anzusehen: Diese Diagramme zeigen den Trainings- und Validierungsfehler über der Anzahl der Trainingsiterationen: Evaluieren Sie einfach das Modell in regelmäßigen Abständen beim Training auf dem Trainings- und dem Validierungsdatensatz und geben Sie die Ergebnisse aus. Kann das Modell nicht inkrementell trainiert werden (weil es beispielsweise kein `partial_fit()` oder `warm_start` unterstützt), müssen Sie es mehrfach mit zunehmend größeren Teilmengen des Trainingsdatensatzes trainieren.

Scikit-Learn bietet eine nützliche Funktion `learning_curve()`, die Ihnen dabei hilft: Sie trainiert und bewertet das Modell mittels Kreuzvalidierung. Standardmäßig trainiert sie das Modell mit wachsenden Teilmengen des Trainingsdatensatzes, aber wenn das Modell ein inkrementelles Lernen unterstützt, können Sie `exploit_incremental_learning=True` setzen, wenn Sie `learning_curve()` aufrufen – dann wird das Modell stattdessen inkrementell trainiert. Die Funktion gibt die Größen des Trainingsdatensatzes zurück, mit denen sie das Modell bewertet hat, und die Trainings- und Validierungsscores, die sie für jede Größe und für jeden Kreuzvalidierungs-Fold gemessen hat. Verwenden wir sie, um uns die Lernkurven des einfachen linearen Regressionsmodells anzuzeigen (siehe Abbildung 4-15):

```
from sklearn.model_selection import learning_curve

train_sizes, train_scores, valid_scores = learning_curve(
    LinearRegression(), X, y, train_sizes=np.linspace(0.01, 1.0, 40), cv=5,
    scoring="neg_root_mean_squared_error")
train_errors = -train_scores.mean(axis=1)
valid_errors = -valid_scores.mean(axis=1)

plt.plot(train_sizes, train_errors, "r-
+", linewidth=2, label="Trainingsdatensatz")
plt.plot(train_sizes, valid_errors, "b-
", linewidth=3, label="Validierungsdatensatz")
[...]  # Diagramm aufhübschen: Label, Achsen, Raster und Legende
plt.show()
```

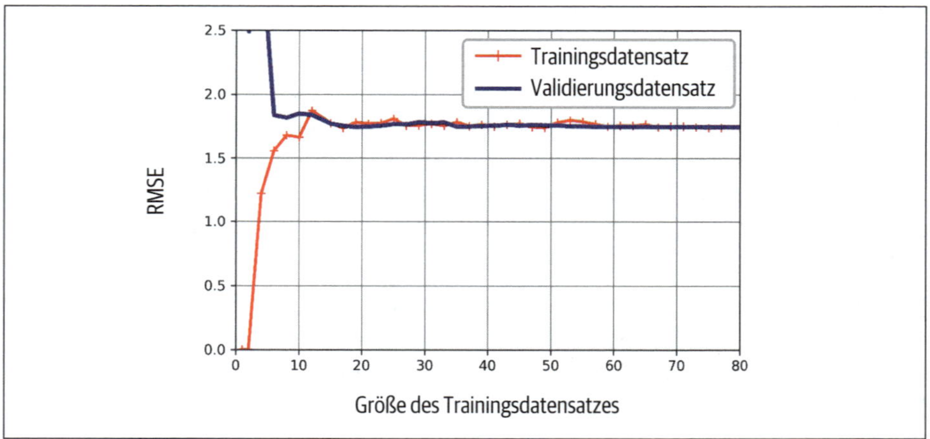

Abbildung 4-15: Lernkurven

In diesem Modell gibt es ein Underfitting. Um den Grund dafür zu erkennen, schauen wir uns zuerst den Trainingsfehler an. Wenn der Trainingsdatensatz nur aus ein oder zwei Datenpunkten besteht, kann das Modell diese perfekt fitten. Deshalb beginnt die Kurve bei null. Aber sobald neue Datenpunkte hinzukommen, wird die perfekte Anpassung unmöglich, weil die Daten Rauschen enthalten und weil sie überhaupt nicht linear sind. Daher steigt der Fehler auf den Trainingsdaten, bis er ein Plateau erreicht, bei dem zusätzliche Daten die durchschnittliche Abweichung weder verbessern noch verschlechtern. Schauen wir uns nun den Validierungsfehler an. Wenn das Modell auf sehr wenigen Datenpunkten trainiert wird, kann es nicht anständig verallgemeinern, weswegen der Validierungsfehler zu Beginn recht groß ist. Sobald das Modell weitere Trainingsdaten kennenlernt, sinkt der Validierungsfehler allmählich. Allerdings kann auch hier eine Gerade irgendwann die Daten nicht gut modellieren, daher erreicht der Fehler ein Plateau in der Nähe der zweiten Kurve.

Diese Lernkurven sind für ein Modell typisch, bei dem Underfitting vorliegt. Beide Kurven erreichen ein Plateau; sie liegen nah beieinander und recht weit oben.

> Bei Underfitting der Trainingsdaten verbessert sich Ihr Modell durch zusätzliche Trainingsdaten nicht. Sie benötigen ein besseres Modell oder müssen bessere Merkmale finden.

Betrachten wir nun die Lernkurven eines polynomiellen Modells 10. Grades auf den gleichen Daten (siehe Abbildung 4-16):

```
from sklearn.pipeline import make_pipeline

polynomial_regression = make_pipeline(
    PolynomialFeatures(degree=10, include_bias=False),
    LinearRegression())

train_sizes, train_scores, valid_scores = learning_curve(
    polynomial_regression, X, y, train_sizes=np.linspace(0.01, 1.0, 40), cv=5,
    scoring="neg_root_mean_squared_error")
[...] # wie zuvor
```

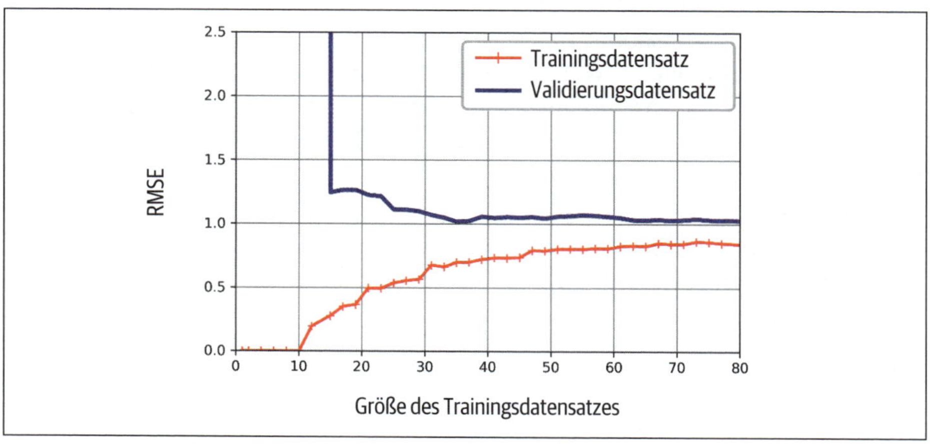

Abbildung 4-16: Lernkurven für ein polynomielles Modell 10. Grades

Diese Lernkurven erinnern ein wenig an die vorherigen, es gibt aber zwei sehr wichtige Unterschiede:

- Der Fehler auf den Trainingsdaten ist viel geringer als zuvor.
- Es gibt eine Lücke zwischen den Kurven. Das bedeutet, dass das Modell auf den Trainingsdaten deutlich besser abschneidet als auf den Validierungsdaten. Dies ist die Handschrift eines Modells mit Overfitting. Wenn Sie allerdings einen deutlich größeren Datensatz verwendeten, würden sich die zwei Kurven weiter annähern.

Eine Möglichkeit, ein Modell mit Overfitting zu verbessern, ist, so lange zusätzliche Trainingsdaten bereitzustellen, bis der Validierungsfehler den Trainingsfehler erreicht.

Das Gleichgewicht zwischen Bias und Varianz

Ein wichtiges theoretisches Ergebnis aus der Statistik und dem Machine Learning ist, dass sich der Verallgemeinerungsfehler eines Modells als Summe dreier sehr unterschiedlicher Fehler ausdrücken lässt:

Bias
: Dieser Teil des Verallgemeinerungsfehlers wird durch falsche Annahmen verursacht, etwa durch die Annahme, dass die Daten linear sind, obwohl sie sich quadratisch verhalten. Ein Modell mit hohem Bias wird die Trainingsdaten vermutlich underfitten.[6]

Varianz
: Dieser Teil kommt durch übermäßige Empfindlichkeit des Modells für kleine Variationen in den Trainingsdaten zustande. Ein Modell mit vielen Freiheitsgraden (wie etwa ein höhergradiges Polynom) hat vermutlich eine hohe Varianz und overfittet daher die Trainingsdaten leichter.

Nicht reduzierbare Fehler
: Dieser Teil ist durch das Rauschen in den Daten selbst bedingt. Die einzige Möglichkeit, diesen Fehleranteil zu verringern, ist, die Daten zu säubern – z. B. die Datenquellen zu reparieren (wie etwa beschädigte Sensoren) oder Ausreißer zu erkennen und zu entfernen.

Das Steigern der Komplexität eines Modells erhöht meistens dessen Varianz und senkt dessen Bias. Umgekehrt erhöht eine geringere Komplexität des Modells dessen Bias und senkt die Varianz. Deshalb nennt man dies ein Gleichgewicht.

6 Diese Art Bias ist nicht mit dem Bias-Term linearer Modelle zu verwechseln.

Regularisierte lineare Modelle

Wie wir bereits in den Kapiteln Kapitel 1 und Kapitel 2 gesehen haben, ist die Regularisierung des Modells (also es einzuschränken) eine sinnvolle Möglichkeit, um Overfitting zu vermeiden: Je weniger Freiheitsgrade das Modell hat, desto schwieriger wird es, die Daten zu overfitten. Beispielsweise lässt sich ein polynomielles Modell einfach regularisieren, indem man den Grad des Polynoms verringert.

Bei einem linearen Modell wird die Regularisierung normalerweise in Form von Nebenbedingungen auf den Gewichten des Modells umgesetzt. Wir werden nun drei unterschiedliche Arten von Nebenbedingungen betrachten: Ridge-Regression, Lasso-Regression und Elastic-Net-Regression.

Ridge-Regression

Die *Ridge-Regression* (auch *Regularisierung nach Tikhonov* genannt) ist eine regularisierte Variante der linearen Regression: Zum MSE wird der *Regularisierungsterm* $\frac{\alpha}{m}\sum_{i=1}^{n}\theta_i^2$ addiert. Dieser zwingt den Lernalgorithmus, nicht nur die Daten zu fitten, sondern auch die Gewichte des Modells so klein wie möglich zu halten. Ein Regularisierungsterm sollte nur beim Trainieren zur Kostenfunktion addiert werden. Ist das Modell erst einmal trainiert, sollten Sie die Vorhersagequalität des Modells mit dem nicht regularisierten MSE (oder RMSE) evaluieren.

Der Hyperparameter α steuert, wie stark Sie das Modell regularisieren möchten. Bei $\alpha = 0$ entspricht die Ridge-Regression exakt der linearen Regression. Wenn α sehr groß ist, werden sämtliche Gewichte annähernd null, und es ergibt sich eine horizontale Linie durch den Mittelwert der Daten. Formel 4-8 zeigt die Kostenfunktion bei der Ridge-Regression.[7]

Formel 4-8: Kostenfunktion bei der Ridge-Regression

$$J(\boldsymbol{\theta}) = \text{MSE}(\boldsymbol{\theta}) + \frac{\alpha}{m}\sum_{i=1}^{n}\theta_i^2$$

Der Bias-Term θ_0 ist nicht regularisiert (die Summe beginnt bei $i = 1$, nicht bei 0). Wenn wir $\mathbf{w}$ als Gewichtsvektor der Merkmale definieren (θ_1 bis θ_n), ist der Regularisierungsterm einfach gleich $\alpha(\| \mathbf{w} \|_2)^2 / m$, wobei $\| \mathbf{w} \|_2$ für die ℓ_2-Norm des Gewichtsvektors steht.[8] Beim Batch-Gradientenverfahren addieren Sie einfach $2\alpha\mathbf{w} / m$ zu dem Teil des MSE-Gradientenvektors hinzu, der den Merkmalsgewichten entspricht (siehe Formel 4-8).

7 Die Notation $J(\boldsymbol{\theta})$ ist für Kostenfunktionen üblich, die keinen kurzen Namen besitzen; wir werden dieser Schreibweise häufiger im weiteren Verlauf des Buchs begegnen. Aus dem Kontext wird ersichtlich sein, um welche Kostenfunktion es geht.

8 Normen werden in Kapitel 2 besprochen.

Es ist wichtig, die Daten zu skalieren (z.B. den `StandardScaler` zu verwenden), bevor Sie eine Ridge-Regression durchführen, da diese sensibel auf die Skala der Eingabemerkmale reagiert. Dies ist bei den meisten regularisierten Modellen der Fall.

Abbildung 4-17 zeigt mehrere auf sehr verrauschten linearen Daten trainierte Ridge-Modelle mit unterschiedlichen Werten für α. Auf der linken Seite wurden einfache Ridge-Modelle verwendet, die zu linearen Vorhersagen führen. Auf der rechten Seite wurden die Daten zunächst mit `PolynomialFeatures(degree=10)` um polynomielle Merkmale erweitert, anschließend mit dem `StandardScaler` skaliert, und schließlich wurde die Ridge-Regression auf die fertigen Merkmale angewendet: Dies ist eine polynomielle Regression mit Ridge-Regularisierung. Beachten Sie, wie ein Erhöhen von α zu flacheren (d.h. weniger extremen, vernünftigeren) Vorhersagen führt; die Varianz des Modells sinkt, aber sein Bias steigt dafür.

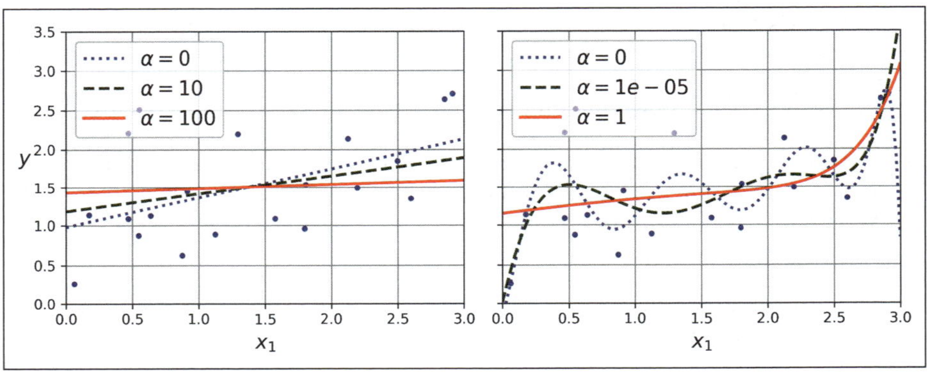

Abbildung 4-17: Ein lineares Modell (links) und ein polynomielles Modell (rechts), beide mit unterschiedlich starker Ridge-Regression

Wie die lineare Regression können wir auch die Ridge-Regression entweder als geschlossene Gleichung oder durch das Gradientenverfahren berechnen. Die Vor- und Nachteile sind die gleichen. Formel 4-9 zeigt die Lösung der geschlossenen Form, wobei **A** eine $(n + 1) \times (n + 1)$-*Identitätsmatrix*[9] ist, nur dass die linke obere Ecke eine 0 für den Bias-Term enthält.

Formel 4-9: Lösung der geschlossenen Form bei der Ridge-Regression

$$\hat{\boldsymbol{\theta}} = \left(\mathbf{X}^{\mathsf{T}}\mathbf{X} + \alpha\mathbf{A}\right)^{-1} \mathbf{X}^{\mathsf{T}} \mathbf{y}$$

Die Ridge-Regression lässt sich mit Scikit-Learn in der geschlossenen Form folgendermaßen lösen (mit einer Variante von Formel 4-9 nach einer Technik zur Matrizenfaktorisierung von André-Louis Cholesky):

9 Eine quadratische Matrix voller Nullen, die Einsen auf der Hauptdiagonale enthält (von links oben nach rechts unten).

```
>>> from sklearn.linear_model import Ridge
>>> ridge_reg = Ridge(alpha=0.1, solver="cholesky")
>>> ridge_reg.fit(X, y)
>>> ridge_reg.predict([[1.5]])
array([[1.55325833]])
```

Über das stochastische Gradientenverfahren:[10]

```
>>> sgd_reg = SGDRegressor(penalty="l2", alpha=0.1 / m, tol=None,
...                        max_iter=1000, eta0=0.01, random_state=42)
...
>>> sgd_reg.fit(X, y.ravel()) # y.ravel(), weil fit() 1D-Ziele erwartet
>>> sgd_reg.predict([[1.5]])
array([1.55302613])
```

Der Hyperparameter `penalty` legt die Art des Regularisierungsterms fest. Über die Angabe `"l2"` fügen Sie zur Kostenfunktion einen Regularisierungsterm in Höhe von `alpha` mal dem halben Quadrat der ℓ_2-Norm des Gewichtsvektors hinzu: Dies entspricht der Ridge-Regression, nur dass in diesem Fall nicht durch m geteilt wird – darum haben wir `alpha=0.1 / m` übergeben, um das gleiche Ergebnis wie mit `Ridge(alpha=0.1)` zu erhalten.

> Die Klasse `RidgeCV`führt ebenfalls eine Ridge-Regression durch, aber sie optimiert die Hyperparameter automatisch per Kreuzvalidierung. Das ist so ähnlich wie beim Einsatz von `GridSearchCV`, aber die Klasse ist auf Ridge-Regression optimiert, und sie läuft *viel* schneller. Eine Reihe weiterer (meist linearer) Estimatoren besitzt ebenfalls effiziente CV-Varianten, wie zum Beispiel `LassoCV` oder `ElasticNetCV`.

Lasso-Regression

Das Verfahren *Least Absolute Shrinkage and Selection Operator Regression* (kurz: *Lasso-Regression*) ist eine weitere regularisierte Variante der linearen Regression: Wie die Ridge-Regression fügt sie zur Kostenfunktion einen Regularisierungsterm hinzu, dieser verwendet aber die ℓ_1-Norm des Gewichtsvektors anstatt des halbierten Quadrats der ℓ_2-Norm (siehe Formel 4-10). Beachten Sie, dass die ℓ_1-Norm mit 2α multipliziert wird, während die ℓ_2-Norm bei der Ridge-Regression mit α / m multipliziert wird. Diese Faktoren wurden gewählt, um sicherzustellen, dass der optimale α-Wert unabhängig von der Größe des Trainingsdatensatzes ist: Unterschiedliche Normen führen zu unterschiedlichen Faktoren (in Scikit-Learn Issue #15657 (*https://github.com/scikit-learn/scikit-learn/issues/15657*) finden Sie mehr Informationen dazu).

10 Alternativ können Sie auch die Klasse `Ridge` mit dem Solver `"sag"` verwenden. Das Stochastic-Average-Gradientenverfahren ist eine Variante des SGD. Details finden Sie in der Präsentation »Minimizing Finite Sums with the Stochastic Average Gradient Algorithm« (*https://homl.info/12*) von Mark Schmidt et al. von der University of British Columbia.

Formel 4-10: Kostenfunktion bei der Lasso-Regression

$$J(\boldsymbol{\theta}) = \text{MSE}(\boldsymbol{\theta}) + 2\alpha \sum_{i=1}^{n} |\theta_i|$$

Abbildung 4-18 zeigt das Gleiche wie Abbildung 4-17, aber ersetzt die Ridge-Modelle durch Lasso-Modelle und verwendet andere Werte für α.

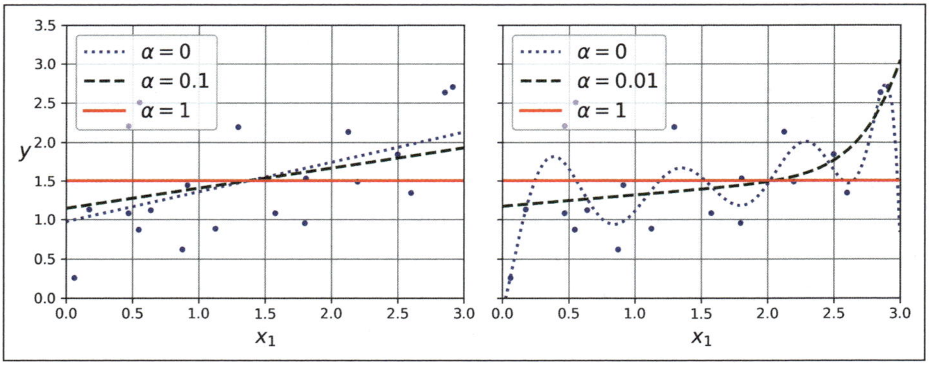

Abbildung 4-18: Ein lineares Modell (links) und ein polynomielles Modell (rechts), beide mit unterschiedlichen Lasso-Regressionen

Eine wichtige Eigenschaft der Lasso-Regression ist, dass sie die Gewichte der unwichtigsten Merkmale vollständig eliminiert (d.h. diese auf null setzt). Beispielsweise sieht die gestrichelte Linie im Diagramm auf der rechten Seite von Abbildung 4-18 (mit $\alpha = 0{,}01$) mehr oder weniger quadratisch aus: Sämtliche Gewichte der höhergradigen polynomiellen Merkmale sind auf null gesetzt. Anders ausgedrückt, die Lasso-Regression führt eine automatische Merkmalsauswahl durch und gibt ein *spärliches Modell* mit wenigen Gewichten ungleich null aus.

Warum das so ist, können Sie anhand von Abbildung 4-19 sehen: Die Achsen repräsentieren die beiden Modellparameter, und die Hintergrundkonturen repräsentieren verschiedene Verlustfunktionen. Im oberen linken Plot stehen die Konturen für den ℓ_1-Verlust ($|\theta_1| + |\theta_2|$), der linear abnimmt, wenn Sie sich einer Achse nähern. Initialisieren Sie beispielsweise die Modellparameter mit $\theta_1 = 2$ und $\theta_2 = 0{,}5$, wird das Gradientenverfahren beide Parameter gleich verringern (das ist die gestrichelte Linie), und θ_2 wird damit als Erstes null erreichen (da es zu Beginn näher an null war). Danach wird das Gradientenverfahren die Rinne herabrollen, bis es $\theta_1 = 0$ erreicht (mit ein bisschen Hin- und Herspringen, da die Gradienten von ℓ_1 niemals nahe an null kommen – sie sind für jeden Parameter entweder –1 oder 1). Im oberen rechten Plot repräsentieren die Konturen die Kostenfunktion der Lasso-Regression (also eine MSE-Kostenfunktion plus einen ℓ_1-Verlust). Die kleinen weißen Punkte zeigen den Weg, dem das Gradientenverfahren folgt, um Modellparameter zu optimieren, die ungefähr mit $\theta_1 = 0{,}25$ und $\theta_2 = -1$ initialisiert wurden: Beachten Sie, wie der Weg wieder schnell $\theta_2 = 0$ erreicht, dann die Rinne herunterführt und schließlich um das globale Minimum herumspringt (dargestellt durch das Quadrat). Würden wir α erhöhen, würde das globale Optimum entlang der gestrichelten

Linie nach links verschoben werden; würden wir α verringern, würde das globale Optimum nach rechts verschoben werden (in diesem Beispiel sind die optimalen Parameter für den unregulierten MSE $\theta_1 = 2$ und $\theta_2 = 0{,}5$).

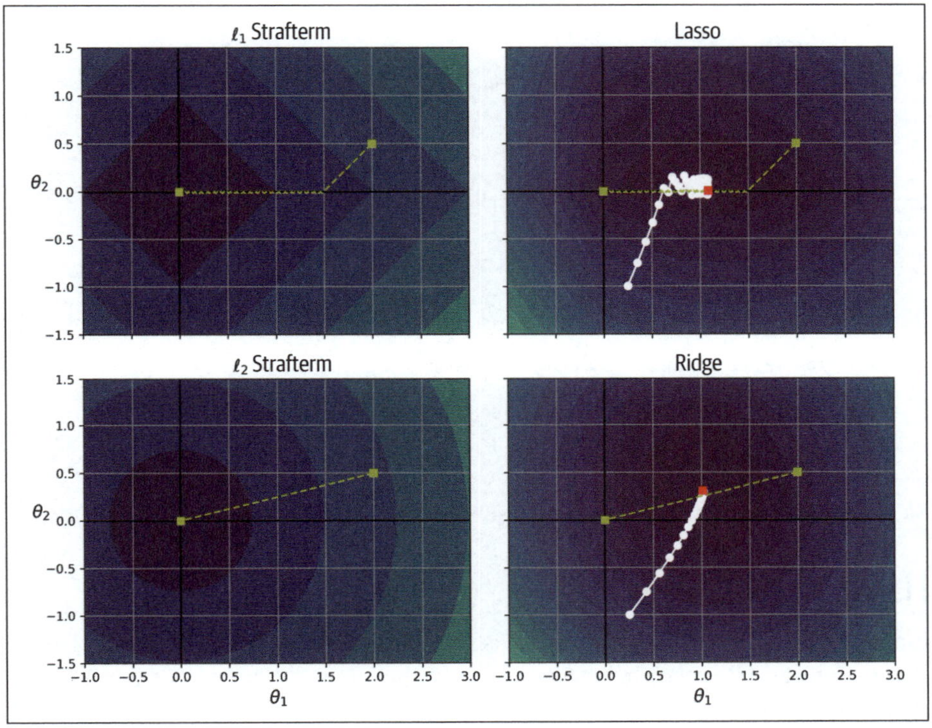

Abbildung 4-19: Lasso im Vergleich zur Ridge-Regularisierung

Die beiden unteren Plots zeigen das Gleiche, aber stattdessen mit einem ℓ_2-Strafterm. Im linken unteren Plot sehen Sie, dass der ℓ_2-Verlust abnimmt, wenn wir näher an den Ursprung kommen, sodass das Gradientenverfahren einfach einen geraden Weg zu diesem Punkt wählt. Im unteren rechten Plot zeigen die Konturen die Ridge-Regressions-Kostenfunktion (also eine MSE-Kostenfunktion plus einen ℓ_2-Verlust). Wie Sie sehen, werden die Gradienten kleiner, wenn sich die Parameter dem globalen Optimum nähern, sodass das Gradientenverfahren von allein langsamer wird, was der Ridge-Regression dabei hilft, schneller als die Lasso-Regression zu konvergieren. Und die optimalen Parameter (dargestellt durch das rote Quadrat) nähern sich immer mehr dem Ursprung, wenn Sie α erhöhen, aber sie werden niemals ganz eliminiert.

> Um beim Gradientenverfahren zu vermeiden, dass es beim Einsatz des Lassos am Ende um das Optimum herumspringt, müssen Sie die Lernrate während des Trainings nach und nach reduzieren. Es wird immer noch um das Optimum herumspringen, aber die Schritte werden immer kleiner werden, und das Ganze wird damit konvergieren.

Die Lasso-Kostenfunktion ist bei $\theta_i = 0$ (mit $i = 1, 2, ..., n$) nicht differenzierbar, das Gradientenverfahren funktioniert trotzdem, sofern Sie einen *Subgradientenvektor* **g** verwenden, wenn irgendein $\theta_i = 0$ beträgt.[11] Formel 4-11 zeigt einen Subgradientenvektor, der sich für das Gradientenverfahren mit der Lasso-Kostenfunktion einsetzen lässt.

Formel 4-11: Subgradientenvektor für die Lasso-Regression

$$g(\boldsymbol{\theta}, J) = \nabla_{\boldsymbol{\theta}} \text{MSE}(\boldsymbol{\theta}) + 2\alpha \begin{pmatrix} \text{sign}(\theta_1) \\ \text{sign}(\theta_2) \\ \vdots \\ \text{sign}(\theta_n) \end{pmatrix} \quad \text{mit } \text{sign}(\theta_i) = \begin{cases} -1 & \text{wenn } \theta_i < 0 \\ 0 & \text{wenn } \theta_i = 0 \\ +1 & \text{wenn } \theta_i > 0 \end{cases}$$

Hier folgt ein kleines Scikit-Learn-Beispiel für das Verwenden der Klasse `Lasso`.

```
>>> from sklearn.linear_model import Lasso
>>> lasso_reg = Lasso(alpha=0.1)
>>> lasso_reg.fit(X, y)
>>> lasso_reg.predict([[1.5]])
array([1.53788174])
```

Sie könnten stattdessen auch die Klasse `SGDRegressor(penalty="l1")` verwenden.

Elastic-Net-Regression

Elastic Net liegt auf halber Strecke zwischen der Ridge-Regression und der Lasso-Regression. Der Regularisierungsterm ist eine gewichtete Summe aus den Regularisierungstermen von Ridge und Lasso, und Sie können das Mischverhältnis r bestimmen. Bei $r = 0$ ist Elastic Net äquivalent zur Ridge-Regression, und bei $r = 1$ entspricht es der Lasso-Regression (siehe Formel 4-12).

Formel 4-12: Kostenfunktion von Elastic Net

$$J(\boldsymbol{\theta}) = \text{MSE}(\boldsymbol{\theta}) + r\left(2\alpha \sum_{i=1}^{n} |\theta_i|\right) + \left(1 - r\right)\left(\frac{\alpha}{m} \sum_{i=1}^{n} \theta_i^2\right)$$

Wann sollten Sie also die einfache lineare Regression (ohne jegliche Regularisierung), Ridge, Lasso oder Elastic Net verwenden? Ein wenig Regularisierung ist fast immer vorzuziehen, daher sollten Sie die einfache lineare Regression vermeiden. Ridge ist ein guter Ausgangspunkt, aber wenn Sie vermuten, dass nur einige Merkmale wichtig sind, sollten Sie Lasso oder Elastic Net verwenden, da diese tendenziell die Gewichte nutzloser Merkmale auf null reduzieren. Im Allgemeinen ist Elastic Net gegenüber Lasso vorzuziehen, da sich Lasso sprunghaft verhalten kann, wenn

11 Sie können sich einen Subgradientenvektor bei einem nicht differenzierbaren Punkt als mittleren Vektor zwischen den Gradientenvektoren um diesen Punkt herum vorstellen.

die Anzahl der Merkmale größer als die Anzahl der Trainingsdatenpunkte ist oder wenn mehrere Merkmale stark miteinander korrelieren.

Hier folgt ein kurzes Anwendungsbeispiel für die Scikit-Learn-Klasse `ElasticNet` (`l1_ratio` entspricht dem Mischverhältnis *r*):

```
>>> from sklearn.linear_model import ElasticNet
>>> elastic_net = ElasticNet(alpha=0.1, l1_ratio=0.5)
>>> elastic_net.fit(X, y)
>>> elastic_net.predict([[1.5]])
array([1.54333232])
```

Early Stopping

Ein völlig anderes Verfahren zum Regularisieren iterativer Lernalgorithmen wie des Gradientenverfahrens ist es, das Training zu unterbrechen, sobald der Validierungsfehler ein Minimum erreicht. Dies bezeichnet man als *Early Stopping*. Abbildung 4-20 zeigt ein komplexes Modell (in diesem Fall ein höhergradiges polynomielles Regressionsmodell), das mit dem Batch-Gradientenverfahren auf dem quadratischen Datensatz trainiert wird, den wir weiter oben verwendet haben. Von Epoche zu Epoche lernt der Algorithmus, und der Vorhersagefehler (RMSE) auf dem Trainingsdatensatz sinkt dabei ebenso wie der Vorhersagefehler auf dem Validierungsdatensatz. Nach einer Weile hört der Validierungsfehler aber auf zu sinken und steigt wieder an. Dies weist darauf hin, dass das Modell angefangen hat, die Trainingsdaten zu overfitten. Mit Early Stopping beenden Sie das Training, sobald der Validierungsfehler das Minimum erreicht. Diese Regularisierungstechnik ist derart einfach und effizient, dass Geoffrey Hinton sie ein »beautiful free lunch« genannt hat.

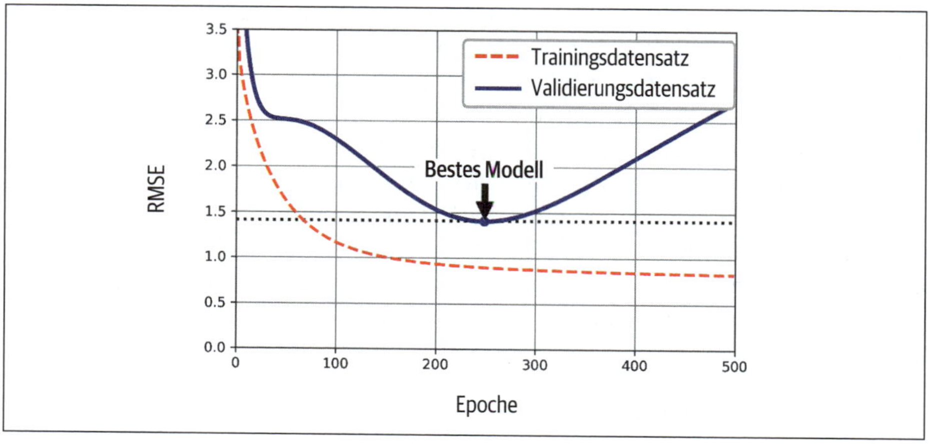

Abbildung 4-20: Regularisierung mit Early Stopping

Tipp: Beim stochastischen und beim Mini-Batch-Gradientenverfahren sind die Kurvenverläufe nicht ganz so glatt, und es ist manchmal schwierig zu erkennen, ob sie das Minimum erreicht haben oder nicht. Eine Möglichkeit ist, nur dann anzuhalten, wenn der Validierungsfehler eine Weile oberhalb des Minimums liegt (wenn Sie sich sicher sind, dass das Modell es nicht besser kann). Anschließend setzen Sie die Modellparameter wieder auf den Punkt zurück, an dem der Validierungsfehler minimal war.

Hier sehen Sie eine einfache Implementierung des Early Stopping:

```
from copy import deepcopy
from sklearn.metrics import mean_squared_error
from sklearn.preprocessing import StandardScaler

X_train, y_train, X_valid, y_valid = [...]  # quadratischen Datensatz aufteilen

preprocessing = make_pipeline(PolynomialFeatures(degree=90, include_bias=False),
                              StandardScaler())
X_train_prep = preprocessing.fit_transform(X_train)
X_valid_prep = preprocessing.transform(X_valid)
sgd_reg = SGDRegressor(penalty=None, eta0=0.002, random_state=42)
n_epochs = 500
best_valid_rmse = float('inf')

for epoch in range(n_epochs):
    sgd_reg.partial_fit(X_train_prep, y_train)
    y_valid_predict = sgd_reg.predict(X_valid_prep)
    val_error = mean_squared_error(y_valid, y_valid_predict, squared=False)
    if val_error < best_valid_rmse:
        best_valid_rmse = val_error
        best_model = deepcopy(sgd_reg)
```

Dieser Code fügt zunächst die polynomiellen Merkmale hinzu und skaliert alle Eingabemerkmale für den Trainings- und den Validierungsdatensatz (der Code geht davon aus, dass Sie den ursprünglichen Trainingsdatensatz in einen kleineren Trainings- und einen Validierungsdatensatz aufgeteilt haben). Dann erzeugt er ein `SGDRegressor`-Modell ohne Regularisierung und mit einer kleinen Lernrate. In der Trainingsschleife ruft er `partial_fit()` statt `fit()` auf, um ein inkrementelles Lernen umzusetzen. In jeder Epoche wird der RMSE für den Validierungsdatensatz gemessen. Ist dieser kleiner als der bisher kleinste RMSE, sichert der Code eine Kopie des Modells in der Variablen `best_model`. Diese Implementierung stoppt das Training nicht, aber Sie können danach zum besten Training zurückkehren. Beachten Sie, dass das Modell mittels `copy.deepcopy()` kopiert wird, weil so die Hyperparameter *und* die gelernten Parameter des Modells kopiert werden. Im Gegensatz dazu kopiert `sklearn.base.clone()` nur die Hyperparameter des Modells.

Logistische Regression

Wie in Kapitel 1 besprochen, lassen sich einige Regressionsalgorithmen auch zur Klassifikation einsetzen (und umgekehrt). Die *logistische Regression* (auch *Logit Regression* genannt) wird häufig zum Abschätzen der Wahrscheinlichkeit eingesetzt, dass ein Datenpunkt einer bestimmten Kategorie angehört (z.B.: Wie hoch ist die

Wahrscheinlichkeit, dass diese E-Mail Spam enthält?). Wenn die geschätzte Wahrscheinlichkeit mehr als 50 % beträgt, sagt das Modell vorher, dass der Datenpunkt zu dieser Kategorie gehört (der *positiven Kategorie* mit dem Label »1«), ansonsten wird das Gegenteil vorhergesagt (d. h., der Punkt gehört der *negativen Kategorie* mit dem Label »0« an). Damit ist dies ein binärer Klassifikator.

Abschätzen von Wahrscheinlichkeiten

Wie funktioniert die logistische Regression? Genauso wie ein lineares Regressionsmodell wird eine gewichtete Summe der Eingabemerkmale (und eines Bias-Terms) berechnet, aber anstatt wie bei der linearen Regression das Ergebnis direkt auszugeben, wird die *logistische Funktion* des Ergebnisses berechnet (siehe Formel 4-13).

Formel 4-13: Geschätzte Wahrscheinlichkeit bei einem logistischen Regressionsmodell (Vektorschreibweise)

$$\hat{p} = h_{\boldsymbol{\theta}}(\mathbf{x}) = \sigma(\boldsymbol{\theta}^{\mathsf{T}}\mathbf{x})$$

Die logistische Funktion – als $\sigma(\cdot)$ geschrieben – ist eine *sigmoide Funktion* (d. h. eine *s*-förmige), die eine Zahl zwischen 0 und 1 ausgibt. Sie ist in Formel 4-14 definiert und wird in Abbildung 4-21 dargestellt.

Formel 4-14: Logistische Funktion

$$\sigma(t) = \frac{1}{1 + \exp(-t)}$$

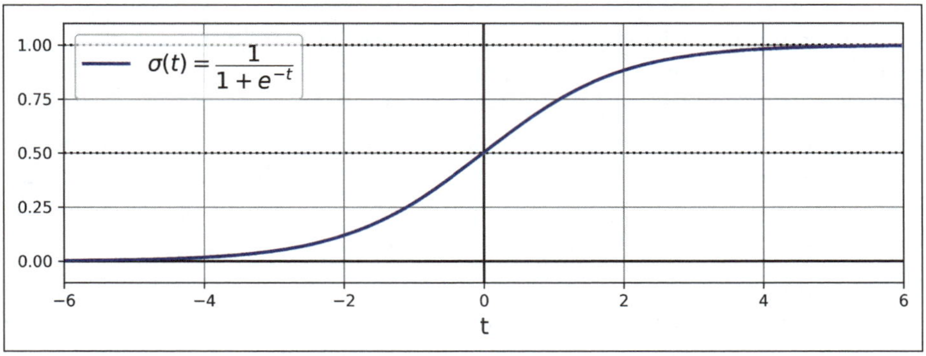

Abbildung 4-21: Logistische Funktion

Hat das logistische Regressionsmodell erst einmal die Wahrscheinlichkeit $\hat{p} = h_{\boldsymbol{\theta}}(\mathbf{x})$ abgeschätzt, dass ein Datenpunkt **x** der positiven Kategorie angehört, kann es leicht eine Vorhersage $\hat{y}$ treffen (siehe Formel 4-15).

Formel 4-15: Vorhersage eines logistischen Regressionsmodells

$$\hat{y} = \begin{cases} 0 & \text{bei } \hat{p} < 0{,}5 \\ 1 & \text{bei } \hat{p} \geq 0{,}5 \end{cases}$$

Bei $t < 0$ gilt $\sigma(t) < 0{,}5$ und bei $t \geqslant 0$ gilt $\sigma(t) \geqslant 0{,}5$. Ein logistisches Regressionsmodell mit dem Standardschwellenwert von 50 % sagt also 1 vorher, wenn $\mathbf{x}^\mathsf{T}\boldsymbol{\theta}$ positiv ist, und 0, falls es negativ ist.

> Der Score t wird häufig als *Logit* bezeichnet. Der Name kommt daher, dass es sich bei der Logit-Funktion, definiert als $\text{logit}(p) = \log(p\,/\,(1-p))$, um die Inverse der logistischen Funktion handelt. Wenn Sie den Logit der geschätzten Wahrscheinlichkeit p berechnen, werden Sie feststellen, dass das Ergebnis t ist. Der Logit wird auch als *Log-Odds* bezeichnet, da es sich um den Logarithmus des Verhältnisses zwischen der geschätzten Wahrscheinlichkeit für die positive Kategorie und der für die negative Kategorie handelt.

Trainieren und Kostenfunktion

Gut, Sie wissen nun, wie ein logistisches Regressionsmodell Wahrscheinlichkeiten abschätzt und Vorhersagen trifft. Aber wie lässt es sich trainieren? Das Trainingsziel ist, den Parametervektor $\boldsymbol{\theta}$ so zu setzen, dass das Modell bei positiven Datenpunkten ($y = 1$) hohe Wahrscheinlichkeiten und bei negativen Datenpunkten ($y = 0$) geringe Wahrscheinlichkeiten abschätzt. Diese Idee ist in der Kostenfunktion in Formel 4-16 für einen einzelnen Trainingsdatenpunkt $\mathbf{x}$ ausgedrückt.

Formel 4-16: Kostenfunktion eines einzelnen Trainingsdatenpunkts

$$c(\boldsymbol{\theta}) = \begin{cases} -\log(\hat{p}) & \text{bei } y = 1 \\ -\log(1-\hat{p}) & \text{bei } y = 0 \end{cases}$$

Diese Kostenfunktion ist sinnvoll, weil $-\log(t)$ sehr groß wird, sobald t sich 0 nähert. Daher sind die Kosten hoch, wenn das Modell bei einem positiven Datenpunkt eine Wahrscheinlichkeit nahe 0 schätzt, und ebenso, wenn das Modell bei einem negativen Datenpunkt eine Wahrscheinlichkeit nahe 1 schätzt. Andererseits ist $-\log(t)$ nahe 0, wenn t nahe 1 ist, sodass die Kosten auf 0 zugehen, wenn die geschätzte Wahrscheinlichkeit bei einem negativen Datenpunkt nahe bei 0 oder bei einem positiven Datenpunkt nahe bei 1 liegt. Genau das benötigen wir.

Die Kostenfunktion über den gesamten Trainingsdatensatz entspricht den durchschnittlichen Kosten über sämtliche Trainingsdatenpunkte. Sie lässt sich wie in Formel 4-17 ausdrücken, die man als *Log Loss* bezeichnet.

Formel 4-17: Kostenfunktion bei der logistischen Regression (Log Loss)

$$J(\boldsymbol{\theta}) = -\frac{1}{m}\sum_{i=1}^{m}\left[y^{(i)} log\left(\hat{p}^{(i)}\right) + (1-y^{(i)}) log\left(1-\hat{p}^{(i)}\right)\right]$$

Der Log Loss wurde nicht einfach so aus dem Hut gezaubert. Es lässt sich mathematisch zeigen (mithilfe der bayesschen Inferenz), dass das Minimieren dieser Kostenfunktion zu einem Modell führt, das mit *maximaler Wahrscheinlichkeit* optimal ist, sofern die Instanzen eine gaußsche Verteilung um den Mittelwert ihrer Kategorien besitzen. Nutzen Sie den Log Loss, ist das die implizit getroffene Annahme. Je verkehrter sie ist, desto verzerrter wird das Modell sein. Genauso haben wir beim Einsatz des MSE zum Trainieren von linearen Regressionsmodellen implizit angenommen, dass die Daten rein linear waren – plus etwas gaußsches Rauschen. Sind die Daten nicht linear (sondern zum Beispiel quadratisch) oder ist das Rauschen nicht gaußsch (sind also zum Beispiel Ausreißer nicht exponentiell selten), wird das Modell verzerrt sein.

Die schlechte Nachricht dabei ist, dass es keine bekannte Gleichung mit geschlossener Form gibt, mit der sich ein Wert für $\boldsymbol{\theta}$ berechnen ließe, der diese Kostenfunktion minimiert (es gibt kein Äquivalent zur Normalengleichung). Die gute Nachricht ist, dass diese Funktion konvex ist, sodass das Gradientenverfahren (oder ein anderer Optimierungsalgorithmus) garantiert das globale Optimum findet (wenn die Lernrate nicht zu groß ist und Sie lange genug warten). Die partiellen Ableitungen der Kostenfunktion nach dem *j*. Modellparameter θ_j sind in Formel 4-18 angegeben.

Formel 4-18: Partielle Ableitungen der logistischen Kostenfunktion

$$\frac{\partial}{\partial \theta_j} \mathrm{J}(\boldsymbol{\theta}) = \frac{1}{m} \sum_{i=1}^{m} \left(\sigma(\boldsymbol{\theta}^\mathsf{T} \mathbf{x}^{(i)}) - y^{(i)} \right) x_j^{(i)}$$

Diese Gleichung ist Formel 4-5 sehr ähnlich: Für jeden Datenpunkt wird der Vorhersagefehler berechnet und mit dem *j*. Merkmalswert multipliziert. Anschließend wird daraus der Mittelwert aller Trainingsdatenpunkte berechnet. Der Gradientenvektor aus sämtlichen partiellen Ableitungen lässt sich im Batch-Gradientenverfahren verwenden. Das ist alles: Sie wissen nun, wie ein logistisches Regressionsmodell trainiert wird. Für das stochastische Gradientenverfahren würden Sie natürlich nur genau einen Datenpunkt und beim Mini-Batch-Gradientverfahren ebenfalls nur genau einen Mini-Batch verwenden.

Entscheidungsgrenzen

Verwenden wir den Iris-Datensatz, um die logistische Regression zu veranschaulichen. Es handelt sich hierbei um einen bekannten Datensatz, der die Länge und Breite der Kelchblätter (engl. sepal) und Kronblätter (petal) von 150 Iris-Blüten aus drei Unterarten enthält: *Iris setosa*, *Iris versicolor* und *Iris virginica* (siehe Abbildung 4-22).

Abbildung 4-22: Blüten dreier Arten von Iris-Pflanzen[12]

Versuchen wir, einen Klassifikator zu erstellen, mit dem sich anhand der Breite der Kronblätter die Spezies *Iris virginica* erkennen lässt. Laden wir zunächst die Daten und werfen wir einen kurzen Blick darauf:

```
>>> from sklearn.datasets import load_iris
>>> iris = load_iris(as_frame=True)
>>> list(iris)
['data', 'target', 'frame', 'target_names', 'DESCR', 'feature_names',
 'filename', 'data_module']
>>> iris.data.head(3)
   sepal length (cm)  sepal width (cm)  petal length (cm)  petal width (cm)
0                5.1               3.5                1.4               0.2
1                4.9               3.0                1.4               0.2
2                4.7               3.2                1.3               0.2
>>> iris.target.head(3)  # die Instanzen sind nicht durchmischt
0    0
1    0
2    0
Name: target, dtype: int64
>>> iris.target_names
array(['setosa', 'versicolor', 'virginica'], dtype='<U10')
```

Nun teilen wir die Daten auf und trainieren ein logistisches Regressionsmodell mit dem Trainingsdatensatz:

```
from sklearn.linear_model import LogisticRegression
from sklearn.model_selection import train_test_split
```

12 Die Bilder wurden von den entsprechenden Wikipedia-Seiten reproduziert. Foto einer *Iris virginica* von Frank Mayfield (Creative Commons BY-SA 2.0, *https://creativecommons.org/licenses/by-sa/2.0/*), Foto einer *Iris versicolor* von D. Gordon E. Robertson (Creative Commons BY-SA 3.0, (*https://-creative commons.org/licenses/by-sa/3.0/*) und das Foto der *Iris setosa* ist Public Domain.

```
X = iris.data[["petal width (cm)"]].values
y = iris.target_names[iris.target] == 'virginica'
X_train, X_test, y_train, y_test = train_test_split(X, y, random_state=42)

log_reg = LogisticRegression(random_state=42)
log_reg.fit(X_train, y_train)
```

Betrachten wir die geschätzten Wahrscheinlichkeiten bei Blüten mit Breiten der Kronblätter von 0 bis 3 cm (siehe Abbildung 4-23):[13]

```
X_new = np.linspace(0, 3, 1000).reshape(-1, 1)  # Reshape für Spaltenvektor
y_proba = log_reg.predict_proba(X_new)
decision_boundary = X_new[y_proba[:, 1] >= 0.5][0, 0]

plt.plot(X_new, y_proba[:, 0], "b--", linewidth=2,
         label="Nicht Iris virginica proba")
plt.plot(X_new, y_proba[:, 1], "g-", linewidth=2, label="Iris virginica proba")
plt.plot([decision_boundary, decision_boundary], [0, 1], "k:", linewidth=2,
         label="Entscheidungsgrenze")
[...] # Diagramm aufhübschen: Raster, Label, Achsen, Legende, Pfeile usw.
plt.show()
```

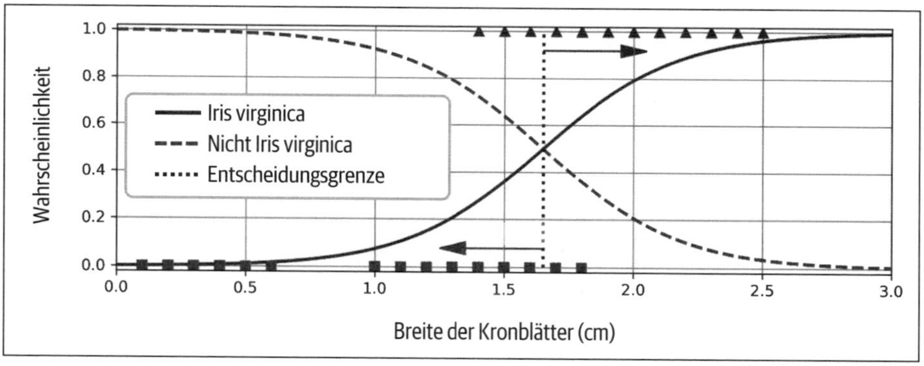

Abbildung 4-23: Geschätzte Wahrscheinlichkeiten und Entscheidungsgrenze

Die Breite der Kronblätter der *Iris-virginica*-Blüten (als Dreiecke dargestellt) liegt zwischen 1,4 und 2,5 cm, während die anderen Iris-Blüten (die Quadrate) schmalere Kronblätter zwischen 0,1 und 1,8 cm haben. Diese Bereiche überlappen einander ein wenig. Oberhalb von 2 cm ist sich der Klassifikator sicher, dass die Blüte eine Iris virginica ist (für diese Kategorie wird eine hohe Wahrscheinlichkeit ausgegeben), unterhalb von 1 cm ist er sich sicher, dass es keine *Iris virginica* ist (hohe Wahrscheinlichkeit für die Kategorie »Nicht Iris virginica«). Im Übergangsbereich zwischen diesen Extremen ist sich der Klassifikator nicht sicher. Wenn Sie aber die Kategorie vorhersagen (mit der Methode `predict()` anstatt mit `predict_proba()`), wird die jeweils wahrscheinlichere Kategorie ausgegeben. Es gibt also eine *Entscheidungsgrenze* bei etwa 1,6 cm, bei der beide Wahrscheinlichkeiten mit 50 % gleich

13 NumPys Funktion `reshape()` erlaubt es, dass eine Dimension –1 ist, was »automatisch« bedeutet: Der Wert wird aus der Länge des Arrays und den verbleibenden Dimensionen ermittelt.

groß sind: Wenn die Kronblätter breiter als 1,6 cm sind, sagt der Klassifikator eine Iris virginica vorher, andernfalls, dass es keine ist (selbst wenn er sich nicht besonders sicher ist):

```
>>> decision_boundary
1.6516516516516517
>>> log_reg.predict([[1.7], [1.5]])
array([ True, False])
```

Abbildung 4-24 zeigt den gleichen Datensatz, aber diesmal mit zwei Merkmalen: der Länge und der Breite der Kronblätter. Ein Klassifikator mit logistischer Regression kann nach dem Trainieren anhand dieser zwei Merkmale die Wahrscheinlichkeit abschätzen, dass eine neue Blüte eine *Iris virginica* ist. Die gestrichelte Linie markiert die Punkte, an denen das Modell eine Wahrscheinlichkeit von 50% schätzt: Dies ist die Entscheidungsgrenze des Modells. Beachten Sie, dass diese Grenze eine Gerade ist.[14] Jede der parallelen Linien steht für die Punkte, an denen das Modell eine bestimmte Wahrscheinlichkeit liefert, von 15% (unten links) bis 90% (oben rechts). Sämtliche Blüten jenseits der Linie oben rechts sind laut dem Modell mit mehr als 90%iger Wahrscheinlichkeit *Iris virginica*.

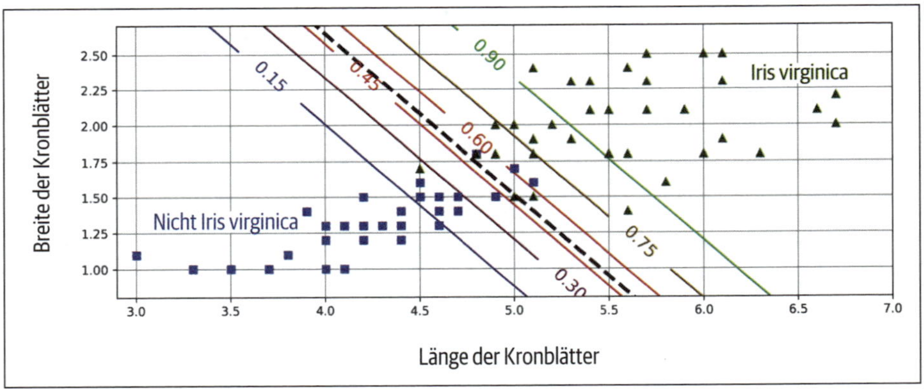

Abbildung 4-24: Lineare Entscheidungsgrenze

Wie andere lineare Modelle lässt sich auch die logistische Regression mit ℓ_1- oder ℓ_2-Straftermen regularisieren. Scitkit-Learn fügt standardmäßig einen ℓ_2-Strafterm hinzu.

> Der Hyperparameter zum Steuern der Regularisierung eines `LogisticRegression`-Modells in Scikit-Learn ist nicht `alpha` (wie bei anderen linearen Modellen), sondern dessen Kehrwert `C`. Je höher der Wert von `C`, desto *weniger stark* ist das Modell regularisiert.

14 Die Menge aller Punkte $\mathbf{x}$, für die $\theta_0 + \theta_1 x_1 + \theta_2 x_2 = 0$ gilt, ergibt eine gerade Linie.

Softmax-Regression

Das logistische Regressionsmodell lässt sich direkt auf mehrere Kategorien verallgemeinern, ohne dass man mehrere binäre Klassifikatoren trainieren und miteinander kombinieren muss (wie in Kapitel 3 besprochen). Dies nennt man *Softmax-Regression* oder *multinomiale logistische Regression*.

Die Grundidee dabei ist recht einfach: Die Softmax-Regression berechnet für einen Datenpunkt $\mathbf{x}$ zunächst den Score $s_k(\mathbf{x})$ für jede Kategorie k und schätzt anschließend durch Berechnen der *Softmax-Funktion* (auch *normalisierte Exponentialfunktion* genannt) die Wahrscheinlichkeit jeder Kategorie ab. Die Formel zum Berechnen von $s_k(\mathbf{x})$ aus den Scores sollte Ihnen bekannt vorkommen, da sie der Formel für die Vorhersage einer linearen Regression ähnelt (siehe Formel 4-19).

Formel 4-19: Softmax-Score für Kategorie k

$$s_k(\mathbf{x}) = \left(\boldsymbol{\theta}^{(k)}\right)^{\mathsf{T}} \mathbf{x}$$

Dabei hat jede Kategorie ihren eigenen Parametervektor $\boldsymbol{\theta}^{(k)}$. Diese Vektoren werden üblicherweise als Zeilen einer *Parametermatrix* $\boldsymbol{\Theta}$ abgelegt.

Haben Sie erst einmal den Score jeder Kategorie für den Datenpunkt $\mathbf{x}$ berechnet, können Sie die Wahrscheinlichkeit $\hat{p}_k$ für die Zugehörigkeit des Datenpunkts zur Kategorie k abschätzen, indem Sie die Softmax-Funktion (siehe Formel 4-20) auf die Scores anwenden: Sie berechnet die Exponentialfunktion aus jedem Score und normalisiert diese (durch Teilen durch die Summe aller Potenzen). Die Scores werden im Allgemeinen als Logits oder Log-Odds bezeichnet (auch wenn es sich eigentlich um nicht normalisierte Log-Odds handelt).

Formel 4-20: Softmax-Funktion

$$\hat{p}_k = \sigma(\mathbf{s}(\mathbf{x}))_k = \frac{\exp\left(s_k(\mathbf{x})\right)}{\sum\limits_{j=1}^{K} \exp\left(s_j(\mathbf{x})\right)}$$

In dieser Gleichung gilt:

- K ist die Anzahl der Kategorien.
- $\mathbf{s}(\mathbf{x})$ ist ein Vektor, der die Scores jeder Kategorie für den Datenpunkt $\mathbf{x}$ enthält.
- $\sigma(\mathbf{s}(\mathbf{x}))_k$ ist die anhand der Scores geschätzte Wahrscheinlichkeit dafür, dass der Datenpunkt $\mathbf{x}$ zur Kategorie k gehört.

Wie bei der Klassifikation mit logistischer Regression sagt die Softmax-Regression standardmäßig die Kategorie mit der höchsten geschätzten Wahrscheinlichkeit vorher (die einfach die Kategorie mit dem höchsten Score ist), wie Formel 4-21 zeigt.

Formel 4-21: Vorhersage eines Klassifikators mit Softmax-Regression

$$\hat{y} = \underset{k}{\operatorname{argmax}}\ \sigma\left(\mathbf{s}(\mathbf{x})\right)_k = \underset{k}{\operatorname{argmax}}\ s_k(\mathbf{x}) = \underset{k}{\operatorname{argmax}} \left(\left(\boldsymbol{\theta}^{(k)}\right)^{\mathsf{T}} \mathbf{x}\right)$$

Der Operator *argmax* liefert den Wert einer Variablen, der eine Funktion maximiert. In dieser Gleichung liefert er denjenigen Wert für k, für den die geschätzte Wahrscheinlichkeit $\sigma(\mathbf{s}(\mathbf{x}))_k$ maximal wird.

> Die Klassifikation mit Softmax-Regression sagt zeitgleich lediglich eine Kategorie vorher (sie arbeitet mit mehreren Kategorien, nicht mehreren Ausgaben). Sie sollte also nur verwendet werden, wenn sich die Kategorien gegenseitig ausschließen, wie etwa bei Pflanzenspezies. Sie können sie also nicht dazu verwenden, um mehrere Personen im selben Bild zu erkennen.

Da Sie nun wissen, wie das Modell Wahrscheinlichkeiten schätzt und Vorhersagen trifft, werfen wir einen Blick auf das Trainieren. Das Ziel ist ein Modell, das die Zielkategorie mit einer hohen Wahrscheinlichkeit schätzt (und konsequenterweise eine niedrige Wahrscheinlichkeit für die übrigen Kategorien). Die als *Kreuzentropie* bezeichnete Kostenfunktion in Formel 4-22 zu minimieren, sollte dazu beitragen, da sie das Modell für niedrige Wahrscheinlichkeiten der Zielkategorie abstraft. Mit der Kreuzentropie wird häufig gemessen, wie gut die Wahrscheinlichkeiten der Kategorien mit den Zielkategorien übereinstimmen.

Formel 4-22: Die Kreuzentropie als Kostenfunktion

$$J(\mathbf{\Theta}) = -\frac{1}{m}\sum_{i=1}^{m}\sum_{k=1}^{K} y_k^{(i)} \log\left(\hat{p}_k^{(i)}\right)$$

Hier gilt: $y_k^{(i)}$ ist die Zielwahrscheinlichkeit dafür, dass die i. Instanz zur Kategorie k gehört. Im Allgemeinen ist sie entweder 1 oder 0 – abhängig davon, ob der Datenpunkt zur Kategorie gehört oder nicht.

Wenn es nur zwei Kategorien gibt ($K = 2$), entspricht diese Kostenfunktion der Kostenfunktion der logistischen Regression (Log Loss, siehe Formel 4-17).

Kreuzentropie

Die Kreuzentropie stammt aus Claude Shannons Informationstheorie. Nehmen wir einmal an, Sie möchten jeden Tag Informationen über das Wetter effizient übermitteln. Wenn es acht Möglichkeiten gibt (Sonne, Regen und so weiter), könnten Sie jede Möglichkeit durch 3 Bits codieren, da $2^3 = 8$ ergibt. Wenn Sie allerdings wissen, dass es fast jeden Tag sonnig ist, wäre es viel effizienter, »Sonne« als ein Bit (0) zu codieren und die anderen sieben Möglichkeiten durch je vier Bits auszudrücken (die alle mit 1 beginnen). Die Kreuzentropie bestimmt die durchschnittliche Anzahl Bits, die Sie pro Möglichkeit übermitteln. Wenn Ihre Annahme über das Wetter perfekt ist, entspricht die Kreuzentropie der Entropie des Wetters (d. h. dessen intrinsischer Unvorhersagbarkeit). Sind Ihre Annahmen aber falsch (z.B. weil es häufig regnet), erhöht sich die Kreuzentropie um einen Betrag, den man als *Kullback-Leibler-Divergenz* (KL-Divergenz) bezeichnet.

Die Kreuzentropie zweier Wahrscheinlichkeitsverteilungen p und q ist als $H(p, q) = -\sum_x p(x) \log q(x)$ definiert (zumindest wenn die Verteilungen diskret sind). Mehr Informationen dazu finden Sie in meinem Video zum Thema (*https://homl.info/xentropy*).

Den Gradientenvektor dieser Kostenfunktion nach $\boldsymbol{\theta}^{(k)}$ sehen Sie in Formel 4-23.

Formel 4-23: Gradientenvektor der Kreuzentropie für Kategorie k

$$\nabla_{\boldsymbol{\theta}^{(k)}} J(\boldsymbol{\Theta}) = \frac{1}{m} \sum_{i=1}^{m} \left(\hat{p}_k^{(i)} - y_k^{(i)} \right) \mathbf{x}^{(i)}$$

Nun können Sie den Gradientenvektor für jede Kategorie berechnen und über das Gradientenverfahren (oder einen anderen Optimierungsalgorithmus) die Parametermatrix $\boldsymbol{\Theta}$ ermitteln, für die die Kostenfunktion minimal wird.

Verwenden wir die Softmax-Regression, um die Iris-Pflanzen in alle drei Kategorien einzuteilen. Der Scikit-Learn-Klassifikator `LogisticRegression` nutzt automatisch die Softmax-Regression, wenn Sie diese mit mehr als zwei Kategorien trainieren (sofern Sie `solver="lbfgs"` einsetzden, was der Standard ist). Er verwendet auch automatisch eine ℓ_2-Regularisierung, die Sie über den Hyperparameter `C` steuern können.

```
X = iris.data[["petal length (cm)", "petal width (cm)"]].values
y = iris["target"]
X_train, X_test, y_train, y_test = train_test_split(X, y, random_state=42)

softmax_reg = LogisticRegression(C=30, random_state=42)
softmax_reg.fit(X_train, y_train)
```

Das nächste Mal, wenn Sie eine Iris-Blüte mit 5 cm langen und 2 cm breiten Kronblättern finden, können Sie Ihr Modell fragen, welche Art Iris dies ist. Es sollte als Antwort *Iris virginica* (Kategorie 2) mit einer Wahrscheinlichkeit von 96% geben (oder *Iris versicolor* mit einer Wahrscheinlichkeit von 4%):

```
>>> softmax_reg.predict([[5, 2]])
array([2])
>>> softmax_reg.predict_proba([[5, 2]]).round(2)
array([[0.  , 0.04, 0.96]])
```

Abbildung 4-25 zeigt die sich dabei ergebenden Entscheidungsgrenzen als Hintergrundfarben. Die Entscheidungsgrenzen zwischen zwei Kategorien sind stets linear. Die Abbildung zeigt auch die Wahrscheinlichkeiten für die Kategorie *Iris versicolor* als geschwungene Linien (z.B. steht die mit 0,30 beschriftete Linie für eine Wahrscheinlichkeit von 30%). Das Modell kann eine Kategorie vorhersagen, die eine geschätzte Wahrscheinlichkeit unter 50% hat. Beispielsweise ist an dem Punkt, an dem sich alle drei Linien treffen, die Wahrscheinlichkeit für alle Kategorien die gleiche, nämlich 33%.

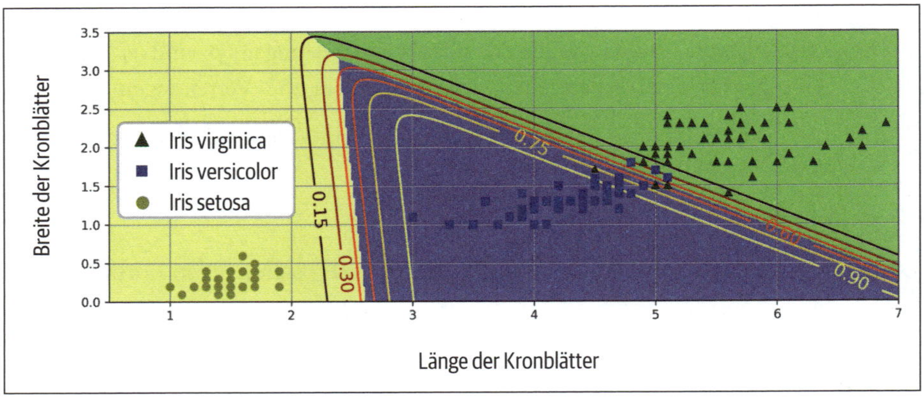

Abbildung 4-25: Entscheidungsgrenzen bei der Softmax-Regression

In diesem Kapitel haben Sie verschiedene Wege kennengelernt, um lineare Modelle zu trainieren – sowohl für die Regression wie auch für die Klassifikation. Sie haben eine geschlossene Gleichung genutzt, um die lineare Regression und den Gradientenabstieg zu lösen, und Sie haben gelernt, wie sich die verschiedenen Strafen während des Trainings zur Kostenfunktion addieren lassen, um das Modell zu regulieren. Auf dem Weg haben Sie zudem erfahren, wie Sie Lernkurven plotten und analysieren und wie Sie ein Early Stopping implementieren. Schließlich haben Sie gelernt, wie logistische Regression und Softmax-Regression funktionieren. Wir haben die erste Black Box des maschinellen Lernens geöffnet! In den nächsten Kapiteln werden wir noch viele weitere öffnen, und beginnen wollen wir mit den Support Vector Machines.

Übungen

1. Welchen Trainingsalgorithmus für die lineare Regression können Sie verwenden, wenn Sie einen Trainingsdatensatz mit Millionen Merkmalen haben?
2. Nehmen wir an, dass die Merkmale in Ihrem Trainingsdatensatz unterschiedlich skaliert sind. Welche Algorithmen würden dadurch in Mitleidenschaft gezogen und in welcher Weise? Was können Sie dagegen tun?
3. Kann das Gradientenverfahren bei einem logistischen Regressionsmodell in einem lokalen Minimum stecken bleiben?
4. Führen alle Algorithmen für das Gradientenverfahren zum gleichen Modell, vorausgesetzt, sie laufen lange genug?
5. Nehmen wir an, Sie verwenden das Batch-Gradientenverfahren und plotten den Validierungsfehler in jeder Epoche. Was passiert vermutlich, wenn der Validierungsfehler ständig steigt? Wie können Sie dies beheben?
6. Ist es eine gute Idee, das Mini-Batch-Gradientenverfahren sofort zu unterbrechen, sobald der Validierungsfehler steigt?

7. Welcher der besprochenen Algorithmen für das Gradientenverfahren erreicht die Umgebung der optimalen Lösung am schnellsten? Welcher konvergiert? Wie können Sie auch die übrigen konvergieren lassen?
8. Sie verwenden eine polynomielle Regression, plotten die Lernkurven und bemerken, dass es zwischen dem Trainingsfehler und dem Validierungsfehler einen großen Unterschied gibt. Was passiert? Nennen Sie drei Möglichkeiten, dies zu beheben.
9. Bei der Ridge-Regression bemerken Sie, dass Trainingsfehler und Validierungsfehler beinahe gleich und recht hoch sind. Krankt dieses Modell an einem hohen Bias oder an einer hohen Varianz? Sollten Sie den Regularisierungsparameter α erhöhen oder senken?
10. Welche Gründe sprechen für folgende Verfahren?
    a. Ridge-Regression anstelle einer einfachen linearen Regression (d.h. ohne Regularisierung)?
    b. Lasso anstelle einer Ridge-Regression?
    c. Elastic Net anstelle von Lasso-Regression?
11. Angenommen, Sie möchten Bilder als innen/außen und Tag/Nacht klassifizieren. Sollten Sie zwei Klassifikatoren mit logistischer Regression oder einen Klassifikator mit Softmax-Regression erstellen?
12. Implementieren Sie das Batch-Gradientenverfahren mit Early Stopping für die Softmax-Regression ohne Scikit-Learn, sondern nur mit NumPy. Verwenden Sie es für eine Klassifikationsaufgabe wie beim Iris-Datensatz.

Die deutschsprachigen Lösungen zu diesen Übungen finden Sie unter *https://dpunkt.de/produkt/praxiseinstieg-machine-learning-mit-scikit-learn-keras-und-tensorflow-2/* auf der Registerkarte *Zusatzmaterial*, die englischsprachigen Lösungen am Ende des Notebooks zu diesem Kapitel unter *https://homl.info/colab3*.

KAPITEL 5

Support Vector Machines

Eine *Support Vector Machine* (SVM) ist ein mächtiges und flexibles Machine-Learning-Modell, mit dem Sie sowohl lineare als auch nichtlineare Klassifikationsaufgaben, Regression und sogar die Erkennung von Novelties bewältigen können. SVMs glänzen vor allem bei kleinen bis mittelgroßen nichtlinearen Datensätzen (zum Beispiel Hunderten bis Tausenden von Instanzen), insbesondere bei der Klassifikation. Sie skalieren allerdings nicht sehr gut bei sehr großen Datensätzen, wie Sie noch sehen werden.

In diesem Kapitel werden Grundbegriffe zu SVMs, ihre Funktionsweise und wie man sie verwendet erklärt. Legen wir gleich los.

Lineare Klassifikation mit SVMs

Der SVMs zugrunde liegende Gedanke lässt sich am besten anhand einiger Bilder erläutern. Abbildung 5-1 zeigt einen Teil des Iris-Datensatzes, der am Ende von Kapitel 4 erstmals erwähnt wurde. Die zwei Kategorien lassen sich sehr leicht mit einer Geraden voneinander trennen (sie sind *linear separierbar*). Das Diagramm auf der linken Seite zeigt die Entscheidungsgrenzen dreier möglicher linearer Klassifikatoren. Das als gestrichelte Linie dargestellte Modell ist so schlecht, dass es die Kategorien nicht einmal ordentlich voneinander trennt. Die zwei übrigen Modelle funktionieren auf dem Trainingsdatensatz ausgezeichnet, aber ihre Entscheidungsgrenzen befinden sich sehr nah an den Datenpunkten, sodass diese Modelle bei neuen Daten vermutlich nicht besonders gut abschneiden werden. Die durchgezogene Linie im Diagramm auf der rechten Seite dagegen stellt die Entscheidungsgrenze eines SVM-Klassifikators dar; diese Linie separiert die beiden Kategorien nicht nur, sie hält auch den größtmöglichen Abstand zu den Trainingsdatenpunkten ein. Sie können sich einen SVM-Klassifikator als die breitestmögliche Straße zwischen den Kategorien vorstellen (hier als parallele gestrichelte Linien dargestellt). Dies bezeichnet man auch als *Large-Margin-Klassifikation*.

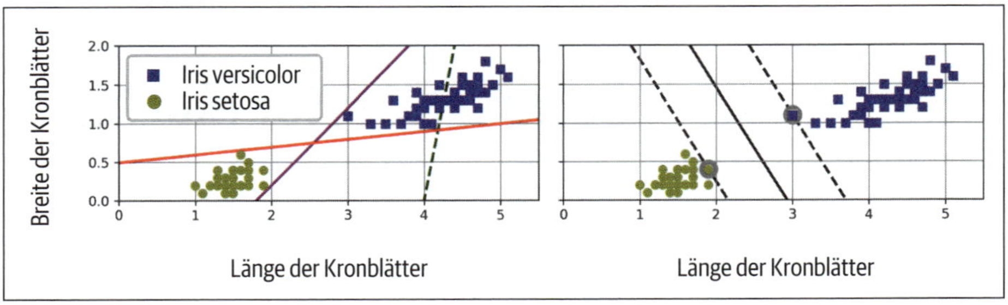

Abbildung 5-1: Large-Margin-Klassifikation

Beachten Sie, dass das Hinzufügen neuer Trainingsdaten »abseits der Straße« die Entscheidungsgrenze überhaupt nicht beeinflusst: Sie wird ausschließlich durch die Datenpunkte am Rand der Straße determiniert (oder »gestützt«). Diese Datenpunkte nennt man deshalb auch die *Stützvektoren* (engl. *Support Vectors*) (sie sind in Abbildung 5-1 durch Kreise markiert).

> SVMs reagieren empfindlich auf die Skalierung der Merkmale, wie Sie in Abbildung 5-2 sehen. Im linken Diagramm ist die vertikale Skala deutlich größer als die horizontale. Daher ist die breitestmögliche Straße nahezu horizontal. Nach Skalieren der Merkmale (z.B. mit dem `StandardScaler` in Scikit-Learn) sieht die Entscheidungsgrenze deutlich besser aus (auf der rechten Seite).

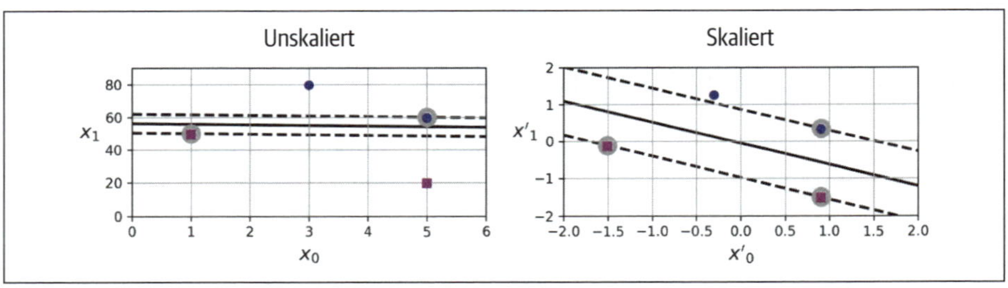

Abbildung 5-2: Empfindlichkeit für die Skalierung der Merkmale

Soft-Margin-Klassifikation

Wenn wir voraussetzen, dass sich sämtliche Datenpunkte abseits der Straße und auf der richtigen Straßenseite befinden, nennt man dies *Hard-Margin-Klassifikation*. Bei der Hard-Margin-Klassifikation treten aber zwei Probleme auf: Erstens funktioniert sie nur, wenn die Daten linear separierbar sind, und zweitens ist sie recht anfällig für Ausreißer. Abbildung 5-3 zeigt den Iris-Datensatz mit nur einem zusätzlichen Ausreißer: Auf der linken Seite ist das Finden eines strengen Margins unmöglich, auf der rechten führt der zusätzliche Punkt zu einer deutlich anderen Trennlinie als der in Abbildung 5-1 ohne den Ausreißer, und das Modell verallgemeinert deshalb nicht so gut.

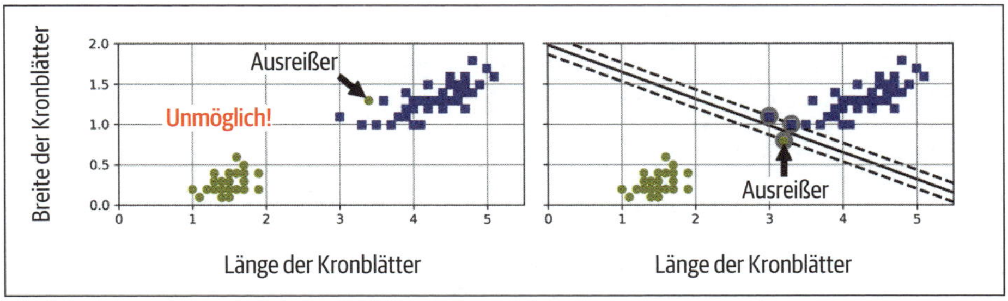

Abbildung 5-3: Anfälligkeit der Hard-Margin-Klassifikation für Ausreißer

Um diesen Schwierigkeiten aus dem Weg zu gehen, ist ein etwas flexibleres Modell vorzuziehen. Dabei gilt es, eine gute Balance zwischen der größtmöglichen Straßenbreite und einer begrenzten Anzahl von *Margin-Verletzungen* (also Datenpunkten, die mitten auf der Straße oder sogar auf der falschen Seite landen) herzustellen. Dies bezeichnet man als *Soft-Margin-Klassifikation*.

Beim Erstellen eines SVM-Modells mit Scikit-Learn können wir eine Reihe von Hyperparametern angeben, unter anderem den Regularisierungshyperparameter `C`. Setzen wir ihn auf einen niedrigen Wert, landen wir bei dem Modell, das in Abbildung 5-4 links zu sehen ist. Mit einem hohen Wert erhalten wir das Modell auf der rechten Seite. Wie Sie sehen, sorgt ein Reduzieren von `C` dafür, dass die Straße größer wird, es aber auch mehr Verletzungen des Margins gibt. Verringern Sie ihn zu sehr, wird es beim Modell aber zu einem Underfitting kommen, was hier der Fall zu sein scheint: Das Modell mit `C=100` sieht aus, als könne es besser verallgemeinern als das mit `C=1`.

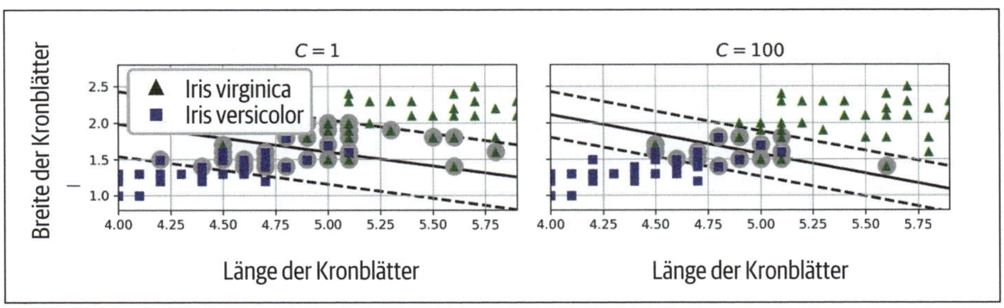

Abbildung 5-4: Breiterer Margin (links) gegenüber weniger Margin-Verletzungen (rechts)

Wenn Ihr SVM-Modell overfittet, können Sie es durch Senken des `C`-Werts regularisieren.

Das folgende Codebeispiel mit Scikit-Learn lädt den Iris-Datensatz und trainiert anschließend einen linearen SVM-Klassifikator, um Blumen der Art *Iris virginica* zu erkennen. Die Pipeline skaliert zuerst die Merkmale, dann nutzt sie einen `LinearSVC` mit `C=1`:

```
from sklearn.datasets import load_iris
from sklearn.pipeline import make_pipeline
from sklearn.preprocessing import StandardScaler
from sklearn.svm import LinearSVC

iris = load_iris(as_frame=True)
X = iris.data[["petal length (cm)", "petal width (cm)"]].values
y = (iris.target == 2)  # Iris virginica

svm_clf = make_pipeline(StandardScaler(),
                        LinearSVC(C=1, random_state=42))
svm_clf.fit(X, y)
```

Das dabei erhaltene Modell sehen Sie auf der linken Seite von Abbildung 5-4.

Anschließend können Sie mit dem Modell wie bisher Vorhersagen vornehmen:

```
>>> X_new = [[5.5, 1.7], [5.0, 1.5]]
>>> svm_clf.predict(X_new)
array([ True, False])
```

Die erste Pflanze wird als *Iris virginica* klassifiziert, die zweite aber nicht. Schauen wir uns die Scores an, die die SVM genutzt hat, um diese Vorhersagen zu treffen. Sie misst den vorzeichenbehafteten Abstand zwischen jeder Instanz und der Entscheidungsgrenze:

```
>>> svm_clf.decision_function(X_new)
array([ 0.66163411, -0.22036063])
```

Anders als `LogisticRegression` besitzt `LinearSVC` keine Methode `predict_proba()`, um die Wahrscheinlichkeiten der Kategorien vorherzusagen. Verwenden Sie also die Klasse `SVC` (auf die wir gleich zu sprechen kommen) statt `LinearSVC` und setzen Sie deren Hyperparameter `probability` auf `True`, wird das Modell ein zusätzliches Modell am Ende des Trainings anpassen, um die Scores der SVM-Entscheidungsfunktion auf geschätzte Wahrscheinlichkeiten abzubilden. Unter der Motorhaube erfordert das den Einsatz einer 5-Fold-Kreuzvalidierung, um Out-of-Sample-Vorhersagen für jede Instanz im Trainingsdatensatz zu erzeugen, und dann das Trainieren eines `LogisticRegression`-Modells, was das Training merklich verlangsamen wird. Danach stehen die Methoden `predict_proba()` und `predict_log_proba()` zur Verfügung.

Nichtlineare SVM-Klassifikation

Auch wenn lineare SVM-Klassifikatoren sehr effizient sind und oft überraschend gut funktionieren, sind viele Datensätze nicht einmal annähernd linear separierbar. Eine Möglichkeit zum Umgang mit nichtlinearen Datensätzen ist das Hinzufügen zusätzlicher Merkmale, wie etwa polynomielle Merkmale (wie in Kapitel 4); in manchen Fällen erhalten Sie dabei einen linear separierbaren Datensatz. Betrachten Sie das Diagramm auf der linken Seite von Abbildung 5-5: Es stellt einen einfachen Datensatz mit einem einzigen Merkmal x_1 dar. Dieser Datensatz ist, wie Sie sehen, nicht linear separierbar. Wenn Sie aber ein zweites Merkmal $x_2 = (x_1)^2$ hinzufügen, ist der sich dabei ergebende zweidimensionale Datensatz ausgezeichnet linear separierbar.

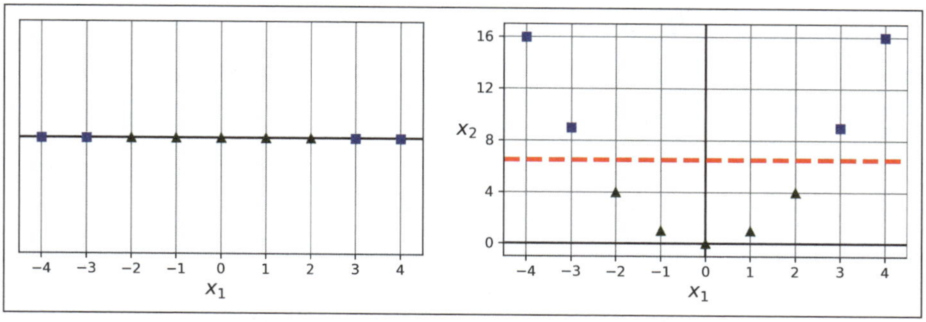

Abbildung 5-5: Hinzufügen von Merkmalen, um einen linear separierbaren Datensatz zu erhalten

Dieser Ansatz lässt sich mit Scikit-Learn umsetzen, indem Sie eine Pipeline erstellen, die aus einem `PolynomialFeatures`-Transformer (wie im Abschnitt »Polynomielle Regression« auf Seite 181 besprochen) und anschließend einem `StandardScaler` sowie einem `LinearSVC` besteht. Probieren wir dies anhand des Datensatzes *moons* aus. Dabei handelt es sich um einen Spieldatensatz, bei dem die Datenpunkte als zwei ineinander verschränkte Halbkreise geformt sind (siehe Abbildung 5-6). Sie können diesen Datensatz mit der funktion `make_moons()` erzeugen:

```
from sklearn.datasets import make_moons
from sklearn.preprocessing import PolynomialFeatures

X, y = make_moons(n_samples=100, noise=0.15, random_state=42)

polynomial_svm_clf = make_pipeline(
    PolynomialFeatures(degree=3),
    StandardScaler(),
    LinearSVC(C=10, max_iter=10_000, random_state=42)
)
polynomial_svm_clf.fit(X, y)
```

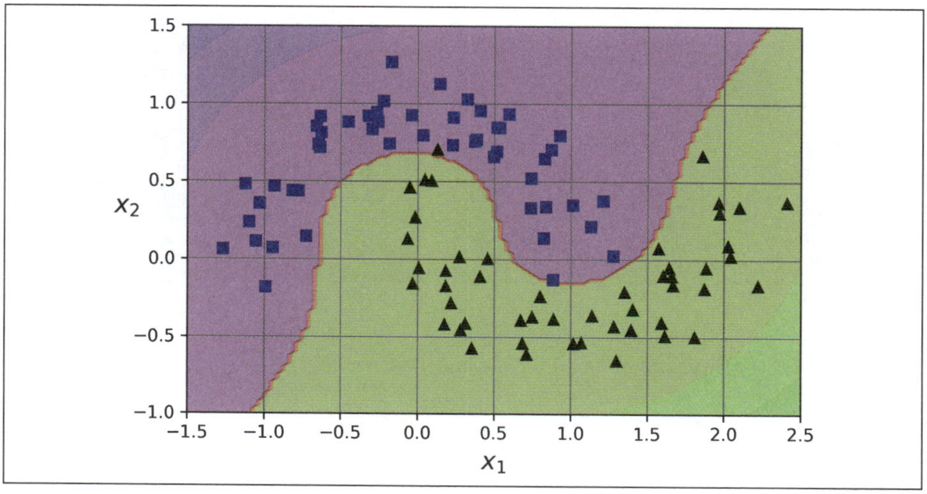

Abbildung 5-6: Linearer SVM-Klassifikator mit polynomiellen Merkmalen

Polynomieller Kernel

Das Hinzufügen polynomieller Merkmale lässt sich einfach umsetzen und funktioniert bei vielen Machine-Learning-Algorithmen sehr gut (nicht nur bei SVMs). Allerdings können Polynome niedrigen Grades nicht gut mit komplexen Datensätzen umgehen, höhergradige Polynome dagegen erzeugen eine riesige Anzahl Merkmale, wodurch das Modell zu langsam wird.

Glücklicherweise können wir bei SVMs eine beinahe magische mathematische Technik einsetzen, den *Kerneltrick* (den wir später noch vorstellen). Dieser ermöglicht es, das gleiche Ergebnis wie beim Hinzufügen vieler polynomieller Merkmale zu erhalten, ohne diese explizit hinzuzufügen – das funktioniert auch für Polynome sehr hohen Grades. Dadurch umgehen wir die kombinatorische Explosion der Merkmalsanzahl, da wir überhaupt keine Merkmale hinzufügen müssen. Die Klasse `SVC` verwendet diesen Trick. Probieren wir ihn auf dem Datensatz *moons* aus:

```
from sklearn.svm import SVC

poly_kernel_svm_clf = make_pipeline(StandardScaler(),
                                    SVC(kernel="poly", degree=3, coef0=1, C=5))
poly_kernel_svm_clf.fit(X, y)
```

Dieser Code trainiert einen SVM-Klassifikator mit einem polynomiellen Kernel 3. Grades. Sie sehen ihn auf der linken Seite von Abbildung 5-7. Auf der rechten Seite wird ein weiterer SVM-Klassifikator mit einem polynomiellen Kernel 10. Grades gezeigt. Natürlich müssen Sie den Grad der Polynome senken, falls Ihr Modell zum Overfitting neigt. Dementsprechend müssen Sie den Grad der Polynome erhöhen, wenn Underfitting vorliegt. Der Hyperparameter `coef0` steuert, wie stark das Modell von den höhergradigen im Gegensatz zu den niedriggradigen Termen beeinflusst wird.

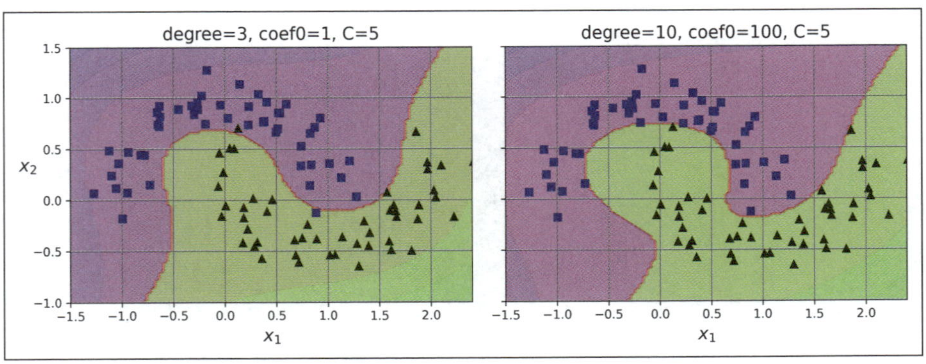

Abbildung 5-7: SVM-Klassifikatoren mit polynomiellem Kernel

> Auch wenn Hyperparameter im Allgemeinen automatisch optimiert werden (zum Beispiel durch eine Zufallssuche), ist es gut, eine Idee davon zu haben, was jeder Hyperparameter tatsächlich tut und wie er mit anderen Hyperparametern interagiert: So können Sie die Suche auf einen viel kleineren Bereich einschränken.

Ähnlichkeitsbasierte Merkmale

Eine weitere Technik zum Umgang mit nichtlinearen Aufgaben besteht darin, mit einer *Ähnlichkeitsfunktion* berechnete Merkmale hinzuzufügen. Diese Funktion misst, wie ähnlich ein Datenpunkt zu einem bestimmten Orientierungspunkt, der *Landmarke*, ist (das haben wir auch in Kapitel 2 getan, als wir die geografischen Ähnlichkeitsmerkmale ergänzt haben). Betrachten wir beispielsweise den zuvor besprochenen eindimensionalen Datensatz und fügen wir zwei Landmarken bei $x_1 = -2$ und $x_1 = 1$ hinzu (siehe das linke Diagramm in Abbildung 5-8). Anschließend definieren wir die Ähnlichkeitsfunktion als gaußsche *radiale Basisfunktion* (*RBF*) mit $\gamma = 0{,}3$. Dies ist eine glockenförmige Funktion, die zwischen 0 (sehr weit von der Landmarke entfernt) und 1 (genau bei der Landmarke) liegt.

Damit können wir die neuen Merkmale berechnen. Betrachten wir beispielsweise den Datenpunkt $x_1 = -1$: Er liegt im Abstand 1 zur ersten und im Abstand 2 zur zweiten Landmarke. Daher sind seine neuen Merkmale $x_2 = \exp(-0{,}3 \times 1^2) \approx 0{,}74$ und $x_3 = \exp(-0{,}3 \times 2^2) \approx 0{,}30$. Das Diagramm auf der rechten Seite von Abbildung 5-8 zeigt den transformierten Datensatz (ohne die ursprünglichen Merkmale). Wie Sie sehen, ist er nun linear separierbar.

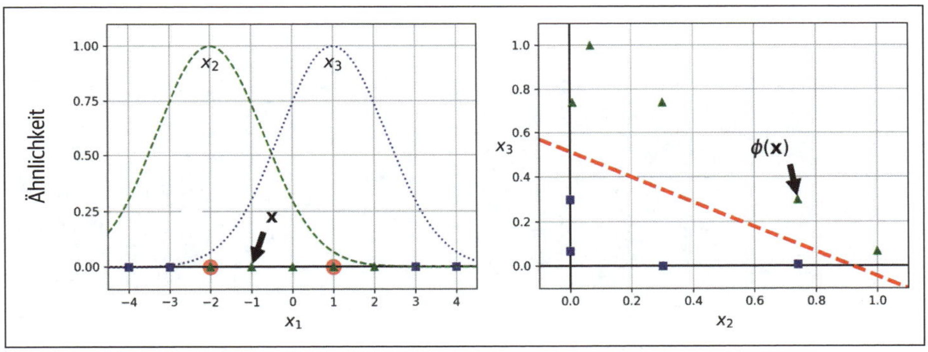

Abbildung 5-8: Ähnlichkeit von Merkmalen, berechnet mit der gaußschen RBF

Sie fragen sich vielleicht, wie die Landmarken ausgesucht werden. Die einfachste Möglichkeit ist, lediglich bei jedem einzelnen Datenpunkt eine Landmarke zu erzeugen. Dadurch entstehen sehr viele Dimensionen, und die Chance erhöht sich, dass der transformierte Trainingsdatensatz linear separierbar ist. Der Nachteil dieser Methode ist, dass ein Datensatz mit *m* Datenpunkten und *n* Merkmalen in einen Trainingsdatensatz mit *m* Datenpunkten und *m* Merkmalen umgewandelt wird (vorausgesetzt, Sie verwerfen die ursprünglichen Merkmale). Wenn Ihr Trainingsdatensatz sehr groß ist, erhalten Sie eine dementsprechend große Anzahl Merkmale.

Der gaußsche RBF-Kernel

Wie die polynomiellen Merkmale können auch die ähnlichkeitsbasierten Merkmale bei jedem Machine-Learning-Algorithmus nützlich sein, es kann aber sehr rechenintensiv sein, alle zusätzlichen Merkmale zu berechnen (besonders wenn der Trainingsdatensatz sehr umfangreich ist). Auch hier kommt uns der magische Kerneltrick der SVMs zu Hilfe: Er ermöglicht es, ein zu vielen ähnlichkeitsbasierten Merkmalen äquivalentes Ergebnis zu erhalten, ohne diese tatsächlich hinzufügen zu müssen. Probieren wir den gaußschen RBF-Kernel mit der Klasse SVC aus:

```
rbf_kernel_svm_clf = make_pipeline(StandardScaler(),
                                   SVC(kernel="rbf", gamma=5, C=0.001))
rbf_kernel_svm_clf.fit(X, y)
```

Dieses Modell ist links unten in Abbildung 5-9 dargestellt. Die übrigen Diagramme zeigen mit anderen Einstellungen der Hyperparameter gamma (γ) und C berechnete Modelle. Durch das Erhöhen von gamma werden die glockenförmigen Kurven schmaler (linke Diagramme in Abbildung 5-9). Dadurch wird der Einfluss jedes Datenpunkts geringer: Die Entscheidungsgrenze wird unregelmäßiger und schlängelt sich um einzelne Datenpunkte herum. Ein kleiner Wert für gamma dagegen verbreitert die Glockenkurve, sodass die Datenpunkte einen großen Einflussbereich haben und die Entscheidungsgrenze weicher wird. Damit verhält sich γ wie ein Regularisierungsparameter: Wenn Ihr Modell zum Overfitting neigt, sollten Sie diesen Wert verringern, wenn es zum Underfitting neigt, sollten Sie ihn erhöhen (ähnlich zum Hyperparameter C).

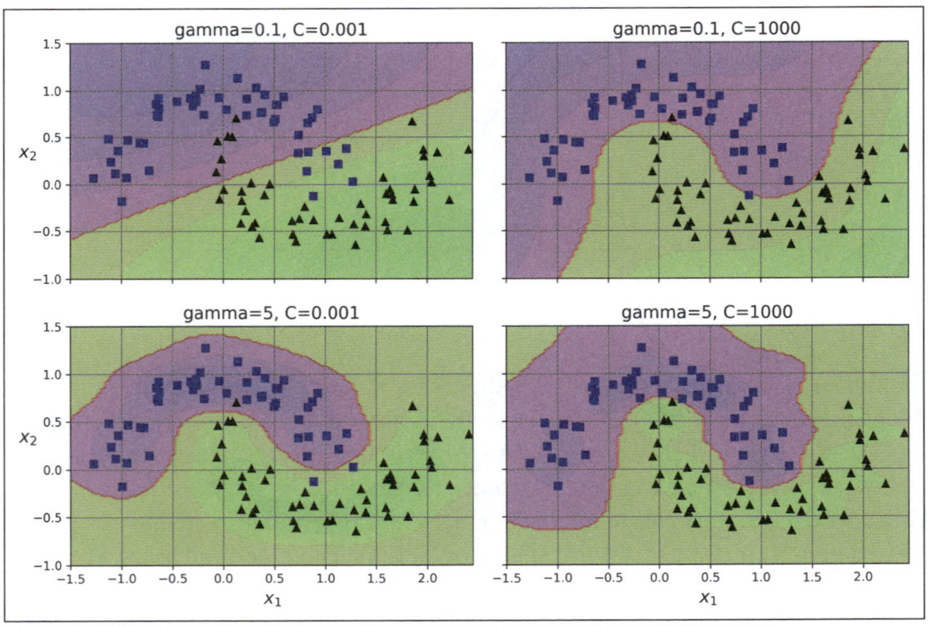

Abbildung 5-9: SVM-Klassifikatoren mit RBF-Kernels

Es gibt noch weitere Kernels, aber diese kommen sehr viel seltener zum Einsatz. Beispielsweise sind manche dieser Kernels auf bestimmte Datenstrukturen spezialisiert. *String-Kernels* finden sich bisweilen bei der Klassifikation von Textdokumenten oder DNA-Sequenzen (z. B. mit dem *String-Subsequence-Kernel* oder Kernels, die auf der *Levenshtein-Distanz* aufbauen).

> Wie sollen Sie sich bei so vielen möglichen Kernels für einen entscheiden? Als Faustregel gilt: Sie sollten immer zuerst den linearen Kernel ausprobieren. Die Klasse `LinearSVC` ist viel schneller als `SVC(kernel="linear")`, besonders bei sehr umfangreichen Trainingsdaten oder sehr vielen Merkmalen. Wenn der Trainingsdatensatz nicht zu groß ist, sollten Sie es auch mit den Kernel-SVMs versuchen, beginnend mit dem gaußschen RBF-Kernel; er funktioniert in vielen Fällen ziemlich gut. Wenn Sie dann noch Zeit und Rechenkapazität übrig haben, können Sie mit einigen anderen Kernels mittels Hyperparametersuche experimentieren. Gibt es für Ihre Datenstruktur spezialisierte Kernels, sollte Sie diesen ebenfalls eine Chance geben.

SVM-Klassen und Komplexität der Berechnung

Die Klasse `LinearSVC` verwendet die Bibliothek *liblinear*, die einen optimierten Algorithmus (*https://homl.info/13*) für lineare SVMs enthält.[1] Sie unterstützt den Kerneltrick nicht, skaliert aber annähernd linear mit der Größe des Trainingsdatensatzes und der Anzahl Merkmale: Die zeitliche Komplexität ist in etwa $O(m \times n)$. Der Algorithmus benötigt länger, wenn eine sehr hohe Präzision erforderlich ist. Dies lässt sich über den Toleranz-Hyperparameter ε (`tol` in Scikit-Learn) einstellen. Für die meisten Klassifikationsaufgaben genügt die voreingestellte Toleranz.

Die Klasse `SVC` dagegen verwendet die Bibliothek *libsvm*, deren Algorithmus (*https://homl.info/14*) den Kerneltrick unterstützt.[2] Die zeitliche Komplexität liegt meist zwischen $O(m^2 \times n)$ und $O(m^3 \times n)$. Leider bedeutet dies, dass der Algorithmus bei großen Trainingsdatensätzen (z. B. Hunderttausenden von Datenpunkten) unsäglich langsam wird. Dieser Algorithmus ist bestens für kleine und mittelgroße nichtlineare Trainingsdatensätze geeignet. Er skaliert jedoch gut mit der Anzahl Merkmale, insbesondere bei *dünn besetzten Merkmalen* (wenn also jeder Datenpunkt nur wenige Merkmale ungleich null aufweist). In diesem Fall skaliert der Algorithmus in etwa mit der durchschnittlichen Anzahl von Nicht-null-Merkmalen pro Datenpunkt.

Die Klasse `SGDClassifier` führt auch standardmäßig eine große Margin-Klassifikation durch, und ihre Hyperparameter – insbesondere die Regularisierungshyperparameter (`alpha` und `penalty`) und die `learning_rate` – lassen sich so anpassen, dass sie ähnlicher Ergebnisse wie die linearen SVMs erzeugen. Zum Training kommt das stochastische Gradientenverfahren zum Einsatz (siehe Kapitel 4), mit dem inkre-

1 Chih-Jen Lin et al., »A Dual Coordinate Descent Method for Large-Scale Linear SVM«, *Proceedings of the 25th International Conference on Machine Learning* (2008): 408–415.

2 John Platt, »Sequential Minimal Optimization: A Fast Algorithm for Training Support Vector Machines« (Microsoft Research Technical Report, 21. April 1998).

mentelles Lernen und ein geringer Speichereinsatz möglich sind, sodass Sie ein Modell auf einem großen Datensatz trainieren können, der nicht in das RAM passt (zum Beispiel für ein Out-of-Core-Learning). Zudem skaliert es sehr gut, da seine Rechenkomplexität $O(m \times n)$ ist. Tabelle 5-1 vergleicht die Klassen zur SVM-Klassifikation in Scikit-Learn miteinander.

Tabelle 5-1: Vergleich der Klassen zur SVM-Klassifikation in Scikit-Learn

Klasse	Zeitliche Komplexität	Out-of-Core möglich	Scaling nötig	Kerneltrick
`LinearSVC`	$O(m \times n)$	nein	ja	nein
`SVC`	$O(m^2 \times n)$ bis $O(m^3 \times n)$	nein	ja	ja
`SGDClassifier`	$O(m \times n)$	ja	ja	nein

Schauen wir uns jetzt an, wie die SVM-Algorithmen für lineare und nichtlineare Regression genutzt werden können.

SVM-Regression

Um SVMs zur Regression statt zur Klassifikation zu verwenden, wird ein angepasstes Ziel verfolgt: Anstatt die breitestmögliche Straße zwischen zwei Kategorien zu fitten und Verletzungen dieser Grenze zu minimieren, versucht die SVM-Regression, so viele Datenpunkte wie möglich *auf* der Straße zu platzieren und Grenzverletzungen (diesmal Datenpunkte *abseits* der Straße) zu minimieren. Die Breite der Straße wird über den Hyperparameter ε gesteuert. Abbildung 5-10 zeigt zwei lineare SVM-Regressionsmodelle, die mit linearen Daten trainiert wurden, das eine mit schmalem Margin (ε = 0,5) und das andere mit breiterem Margin (ε = 1,2).

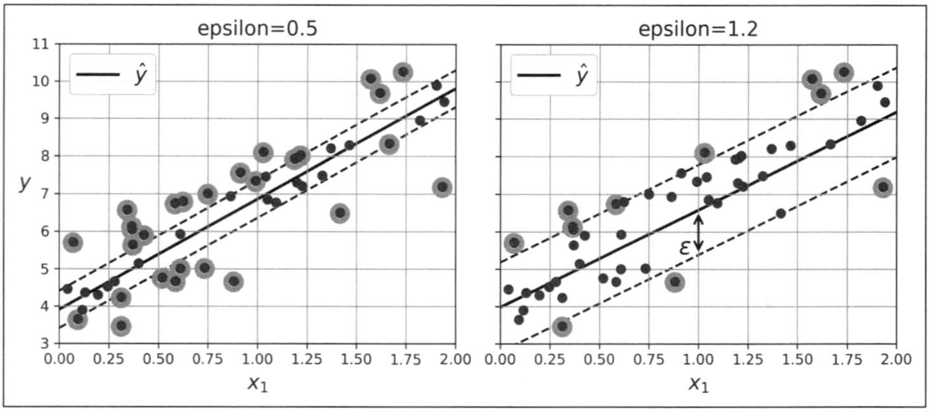

Abbildung 5-10: SVM-Regression

Ein Verringern von ε vergrößert die Anzahl an Supportvektoren, was zu einer Regularisierung des Modells führt. Wenn Sie weitere Trainingsdatenpunkten innerhalb des Margins hinzufügen, beeinflusst das die Vorhersagen des Modells nicht; man bezeichnet dieses Modell daher als *ε-insensitiv*.

Sie können die lineare SVM-Regression mit der Scikit-Learn-Klasse `LinearSVR` durchführen. Der folgende Code erstellt das auf der linken Seite von Abbildung 5-10 dargestellte Modell:

```
from sklearn.svm import LinearSVR

X, y = [...]  # ein linearer Datensatz
svm_reg = make_pipeline(StandardScaler(),
                        LinearSVR(epsilon=0.5, random_state=42))
svm_reg.fit(X, y)
```

Zum Bearbeiten nichtlinearer Regressionsaufgaben können Sie ein Kernel-SVM-Modell verwenden. Beispielsweise zeigt Abbildung 5-11 eine SVM-Regression mit einem polynomiellen Kernel 2. Grades auf einem zufälligen quadratischen Trainingsdatensatz. Im linken Diagramm gibt es etwas Regularisierung (ein kleiner Wert für `C`) und im rechten Diagramm viel weniger Regularisierung (ein großer Wert für `C`).

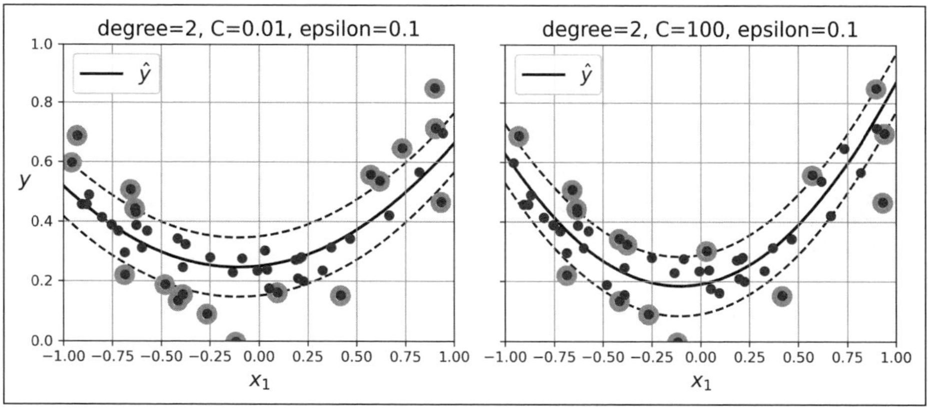

Abbildung 5-11: SVM-Regression mit einem polynomiellen Kernel 2. Grades

Der folgende Code erstellt das auf der linken Seite von Abbildung 5-11 dargestellte Modell. Dazu wird die Scikit-Learn-Klasse `SVR` verwendet (die den Kerneltrick unterstützt).

```
from sklearn.svm import SVR

X, y = [...]  # ein quadratischer Datensatz
svm_poly_reg = make_pipeline(StandardScaler(),
                             SVR(kernel="poly", degree=2, C=0.01, epsilon=0.1))
svm_poly_reg.fit(X, y)
```

Die Klasse `SVR` ist das Pendant zur Klasse `SVC` für Regressionsaufgaben, und die Klasse `LinearSVR` ist das Pendant zur Klasse `LinearSVC`. Die Klasse `LinearSVR` skaliert linear mit der Größe des Trainingsdatensatzes (wie die Klasse `LinearSVC`), die

Klasse `SVR` wird dagegen mit einem stark wachsenden Trainingsdatensatz sehr langsam (wie die Klasse `SVC`).

> SVMs lassen sich auch zum Erkennen von Novelties einsetzen, wie Sie in Kapitel 9 sehen werden.

Im Rest des Kapitels erklären wir, wie SVMs Vorhersagen treffen und wie ihr Trainingsalgorithmus funktioniert. Wir beginnen mit linearen SVM-Klassifikatoren. Wenn Sie Machine Learning einfach nur ausprobieren möchten, können Sie diesen Abschnitt ruhig überspringen, mit den Übungen am Ende des Kapitels weitermachen und hierher zurückkehren, sobald Sie SVMs besser verstehen möchten.

Hinter den Kulissen linearer SVM-Klassifikatoren

Ein linearer SVM-Klassifikator sagt die Kategorie eines neuen Datenpunkts $\mathbf{x}$ vorher, indem er erst die Entscheidungsfunktion $\boldsymbol{\theta}^\intercal \mathbf{x} = \theta_0 \, x_0 + \ldots + w_n \, x_n$ berechnet, wobei x_0 die Bias-Eingabe ist (immer gleich 1). Ist das Ergebnis positiv, wird als Ergebnis $\hat{y}$ die positive Kategorie (1) vorhergesagt, andernfalls die negative Kategorie (0). Das ist genau wie bei `LogisticRegression` (siehe Kapitel 4).

> Bisher bin ich der Konvention gefolgt, alle Modellparameter in einen Vektor $\boldsymbol{\theta}$ zu platzieren, darunter den Bias-Term θ_0 und die Gewichte der Eingabemerkmale θ_1 bis θ_n. Dafür mussten alle Datenpunkte um die Bias-Eingabe $x_0 = 1$ erweitert werden. Eine andere, sehr verbreitete Konvention ist, den Bias-Term b (gleich θ_0) und den Vektor mit den Gewichten der Merkmale $\mathbf{w}$ (mit θ_1 bis θ_n) zu trennen. Dann müssen wir zum Merkmalsvektor kein Bias-Merkmal hinzufügen, und die Entscheidungsfunktion der linearen SVM entspricht $\mathbf{w}^\intercal \, \mathbf{x} + b = w_1 \, x_1 + \ldots + w_n \, x_n + b$. Ich werde diese Konvention im Rest des Buchs verwenden.

Das Treffen von Vorhersagen ist mit einem linearen SVM-Klassifikator also ziemlich einfach. Wie sieht es mit dem Training aus? Dafür müssen der Gewichtungsvektor $\mathbf{w}$ und der Bias-Term b gefunden werden, die die Straße oder den Margin so weit wie möglich machen und dabei die Anzahl der Margin-Verletzungen begrenzen. Beginnen wir mit der Breite der Straße: Um sie breiter zu machen, müssen wir $\mathbf{w}$ kleiner machen. Das lässt sich eventuell in 2-D einfacher visualisieren, wie in Abbildung 5-12 zu sehen ist. Definieren wir die Grenzen der Straße als die Punkte, bei denen die Entscheidungsfunktion den Wert –1 oder +1 hat. Im linken Plot hat das Gewicht w_1 den Wert 1, daher sind die Punkte, an denen $w_1 \, x_1 = \pm 1$ gilt, $x_1 = \pm 1$: Die Breite des Margins ist also 2. Im rechten Plot hat das Gewicht den Wert 0,5, daher sind die Punkte, bei denen $w_1 \, x_1 = \pm 1$ gilt, $x_1 = \pm 2$: Die Breite des Margins ist 4. Wir müssen also $\mathbf{w}$ so klein wie möglich halten. Beachten Sie, dass der Bias-Term b

keinen Einfluss auf die Breite des Margins hat: Wenn Sie ihn optimieren, schieben Sie den Margin nur herum, ohne seine Größe zu verändern.

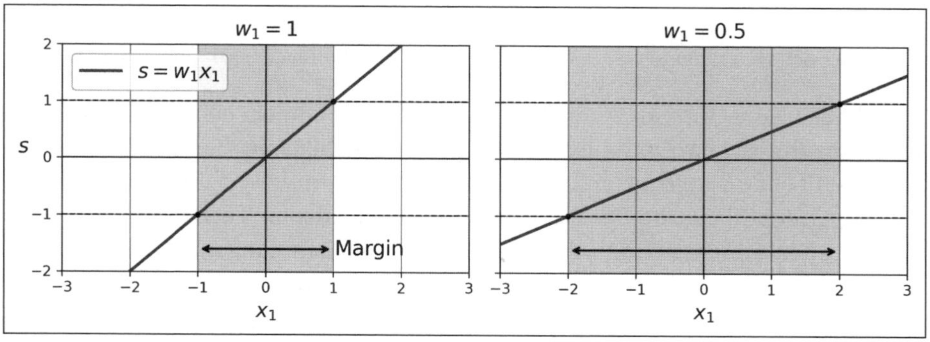

Abbildung 5-12: Ein kleinerer Gewichtsvektor führt zu einem größeren Margin.

Wir wollen zudem Verletzungen des Margins vermeiden, daher muss die Entscheidungsfunktion für alle positiven Trainingsdatenpunkte größer als 1 sein und für alle negativen Punkte kleiner als –1. Wenn wir für negative Datenpunkte $t^{(i)} = -1$ (wenn $y^{(i)} = 0$ gilt) und für positive Datenpunkte $t^{(i)} = 1$ festlegen (wenn $y^{(i)} = 1$ gilt), können wir diese Bedingung für alle Datenpunkte durch $t^{(i)}(\mathbf{w}^\intercal \mathbf{x}^{(i)} + b) \geqslant 1$ ausdrücken.

Daher lässt sich die Zielfunktion eines linearen SVM-Klassifikators mit Hard-Margin durch das *Optimierungsproblem mit Nebenbedingungen* in Formel 5-1 schreiben.

Formel 5-1: Zielfunktion eines linearen SVM-Klassifikators mit Hard-Margin

$$\underset{\mathbf{w},b}{\text{minimiere}} \quad \frac{1}{2}\mathbf{w}^\intercal\mathbf{w}$$

$$\text{unter der Bedingung} \quad t^{(i)}(\mathbf{w}^\intercal\mathbf{x}^{(i)} + b) \geq 1 \quad \text{für } i = 1, 2, \cdots, m$$

Wir minimieren ½ $\mathbf{w}^\intercal \mathbf{w}$, was gleich ½ $\| \mathbf{w} \|^2$ ist, anstatt $\| \mathbf{w} \|$ (die Norm von $\mathbf{w}$) zu minimieren. Denn ½ $\| \mathbf{w} \|^2$ besitzt eine einfachere Ableitung (sie beträgt einfach nur $\mathbf{w}$), während $\| \mathbf{w} \|$ bei $\mathbf{w} = \mathbf{0}$ nicht differenzierbar ist. Algorithmen zur Optimierung laufen mit differenzierbaren Funktionen oft viel besser.

Um die Zielfunktion für Soft-Margin zu erhalten, müssen wir für jeden Datenpunkt eine *Slack-Variable* $\zeta^{(i)} \geqslant 0$ einführen[3]: $\zeta^{(i)}$ bestimmt, inwieweit der *i*. Datenpunkt den Margin verletzen darf. Wir haben nun zwei gegenläufige Ziele: die Slack-Variablen so klein wie möglich zu machen, um Verletzungen des Margins zu verringern, und ½ $\mathbf{w}^\intercal \mathbf{w}$ so klein wie möglich zu machen, um den Margin zu vergrößern. An dieser Stelle kommt der Hyperparameter `C` ins Spiel: Er erlaubt uns, die Balance zwischen diesen beiden Zielen festzulegen. Damit erhalten wir das Optimierungsproblem in Formel 5-2.

3 Zeta (ζ) ist der 8. Buchstabe des griechischen Alphabets.

Formel 5-2: Zielfunktion eines linearen SVM-Klassifikators mit Soft-Margin

$$\underset{\mathbf{w},b,\zeta}{\text{minimiere}} \quad \frac{1}{2}\mathbf{w}^\intercal\mathbf{w} + C\sum_{i=1}^{m}\zeta^{(i)}$$

$$\text{unter den Bedingungen} \quad t^{(i)}(\mathbf{w}^\intercal\mathbf{x}^{(i)} + b) \geq 1 - \zeta^{(i)} \quad \text{und} \quad \zeta^{(i)} \geq 0 \quad \text{für } i = 1, 2, \cdots, m$$

Sowohl das Hard-Margin- als auch das Soft-Margin-Problem gehören zu den konvexen quadratischen Optimierungsproblemen mit linearen Nebenbedingungen. Solche Probleme bezeichnet man als *quadratische Programme* (QP). Es sind zahlreiche Solver erhältlich, die QP-Probleme mit verschiedenen Techniken lösen können. Sie aufzuführen, würde den Rahmen dieses Buchs sprengen.[4]

Der Einsatz eines QP-Solvers ist eine Möglichkeit, eine SVM zu trainieren. Eine andere ist das Verwenden der Gradientenmethode, um den Hinge Loss oder den Squared Hinge Loss zu minimieren (siehe Abbildung 5-13). Mit einem Datenpunkt **x** der positiven Kategorie (zum Beispiel mit $t = 1$) ist der Loss 0, wenn die Ausgabe s der Entscheidungsfunktion ($s = \mathbf{w}^\intercal \mathbf{x} + b$) größer oder gleich 1 ist. Das gilt dann, wenn der Datenpunkt außerhalb der Straße auf der positiven Seite ist. Bei einem Datenpunkt der negativen Kategorie (also mit $t = -1$) ist der Loss 0, wenn $s \leq -1$ – der Datenpunkt ist abseits der Straße auf der negativen Seite. Je weiter weg ein Datenpunkt von der korrekten Seite des Margins ist, desto größer ist der Verlust: Er wächst für den Hinge Loss linear und für den Squared Hinge Loss quadratisch an. Damit reagiert der Squared Hinge Loss empfindlicher auf Ausreißer. Aber wenn der Datensatz sauber ist, tendiert er dazu, schneller zu konvergieren. Standardmäßig nutzt `LinearSVC` den Squared Hinge Loss, während `SGDClassifier` auf den Hinge Loss zurückgreift. Beide Klassen lassen Sie den Loss wählen, indem Sie den Hyperparameter `loss` auf `"hinge"` oder `"squared_hinge"` setzen. Der Optimierungsalgorithmus der Klasse `SVC` findet eine ähnliche Lösung wie beim Minimieren des Hinge Loss.

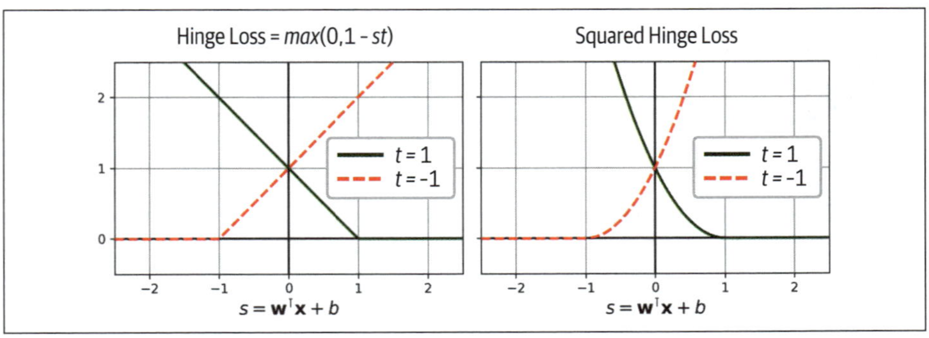

Abbildung 5-13: Der Hinge Loss (links) und der Squared Hinge Loss (rechts)

4 Um mehr über quadratische Programme zu erfahren, können Sie das Buch *Convex Optimization* (*https://homl.info/15*) von Stephen Boyd und Lieven Vandenberghe lesen (*Cambridge University Press*) oder sich eine Reihe von Vorlesungsvideos (*https://homl.info/16*) von Richard Brown ansehen.

Als Nächstes werden wir uns eine andere Möglichkeit anschauen, um einen linearen SVM-Klassifikator zu trainieren: Wir lösen das duale Problem.

Das duale Problem

Bei einem als *primales Problem* bekannten Optimierungsproblem ist es möglich, dieses als ein eng verwandtes Problem, nämlich dessen *duales Problem* zu formulieren. Die Lösung des dualen Problems legt normalerweise eine Untergrenze für die Lösung des primalen Problems fest, aber unter gewissen Umständen kann es auch die gleichen Lösungen wie das primale Problem haben. Glücklicherweise ist dies beim Optimierungsproblem einer SVM der Fall,[5] sodass Sie sich aussuchen können, ob Sie das primale Problem oder das duale Problem lösen möchten; beide haben die gleiche Lösung. Formel 5-3 zeigt die duale Form der Zielfunktion für eine lineare SVM. Wenn Sie an der Herleitung des dualen Problems aus dem primalen Problem interessiert sind, sehen Sie sich den Abschnitt im Notebook zu diesem Kapitel (*https://homl.info/colab3*) mit dem Zusatzmaterial an.

Formel 5-3: Duale Form der Zielfunktion einer linearen SVM

$$\underset{\boldsymbol{\alpha}}{\text{minimiere}} \ \frac{1}{2}\sum_{i=1}^{m}\sum_{j=1}^{m}\alpha^{(i)}\alpha^{(j)}t^{(i)}t^{(j)}\mathbf{x}^{(i)\intercal}\mathbf{x}^{(j)} \ - \ \sum_{i=1}^{m}\alpha^{(i)}$$

$$\text{unter der Bedingung } \alpha^{(i)} \geq 0 \text{ für } i = 1, 2, \dots, m \text{ und } \sum_{i=1}^{m}\alpha^{(i)}t^{(i)} = 0$$

Wenn Sie erst einmal den Vektor $\hat{\boldsymbol{\alpha}}$ gefunden haben, der diese Gleichung minimiert (mit einem QP-Solver), können Sie $\hat{\mathbf{w}}$ und $\hat{b}$ berechnen, die das primale Problem über Formel 5-4 minimieren. In dieser Gleichung steht n_s für die Anzahl an Supportvektoren.

Formel 5-4: Von der dualen Lösung zur primalen Lösung

$$\hat{\mathbf{w}} = \sum_{i=1}^{m}\hat{\alpha}^{(i)}t^{(i)}\mathbf{x}^{(i)}$$

$$\hat{b} = \frac{1}{n_s}\sum_{\substack{i=1 \\ \hat{\alpha}^{(i)}>0}}^{m}\left(t^{(i)} - \hat{\mathbf{w}}^\intercal\mathbf{x}^{(i)}\right)$$

Das duale Problem lässt sich schneller als das primale lösen, wenn die Anzahl Trainingsdatenpunkte kleiner als die Anzahl der Merkmale ist. Bedeutender ist aber, dass es den Kerneltrick ermöglicht, was mit dem primalen Problem nicht funktioniert. Was also ist dieser Kerneltrick überhaupt?

5 Die Zielfunktion ist konvex, und die Nebenbedingungen sind stetig differenzierbare und konvexe Funktionen.

Kernel-SVM

Nehmen wir an, Sie möchten mit zweidimensionalen Trainingsdaten (wie dem Datensatz *moons*) eine polynomielle Transformation 2. Ordnung durchführen und anschließend einen linearen SVM-Klassifikator auf den transformierten Daten trainieren. Formel 5-5 zeigt die zu verwendende polynomielle Zuordnungsfunktion 2. Grades ϕ.

Formel 5-5: Polynomielle Zuordnung 2. Grades

$$\phi(\mathbf{x}) = \phi\left(\begin{pmatrix} x_1 \\ x_2 \end{pmatrix}\right) = \begin{pmatrix} {x_1}^2 \\ \sqrt{2}\, x_1 x_2 \\ {x_2}^2 \end{pmatrix}$$

Beachten Sie, dass der transformierte Vektor drei statt der ursprünglichen zwei Dimensionen besitzt. Betrachten wir nun, was bei einer Anzahl zweidimensionaler Vektoren **a** und **b** passiert, wenn wir diese polynomielle Zuordnung 2. Grades anwenden und anschließend das Skalarprodukt[6] der transformierten Vektoren berechnen (siehe Formel 5-6).

Formel 5-6: Kerneltrick bei einer polynomiellen Zuordnung 2. Grades

$$\begin{aligned}\phi(\mathbf{a})^\mathsf{T}\phi(\mathbf{b}) &= \begin{pmatrix} {a_1}^2 \\ \sqrt{2}\, a_1 a_2 \\ {a_2}^2 \end{pmatrix}^\mathsf{T} \begin{pmatrix} {b_1}^2 \\ \sqrt{2}\, b_1 b_2 \\ {b_2}^2 \end{pmatrix} = {a_1}^2 {b_1}^2 + 2 a_1 b_1 a_2 b_2 + {a_2}^2 {b_2}^2 \\ &= \left(a_1 b_1 + a_2 b_2\right)^2 = \left(\begin{pmatrix} a_1 \\ a_2 \end{pmatrix}^\mathsf{T} \begin{pmatrix} b_1 \\ b_2 \end{pmatrix}\right)^2 = (\mathbf{a}^\mathsf{T}\mathbf{b})^2\end{aligned}$$

Was halten Sie davon? Das Skalarprodukt der transformierten Vektoren entspricht dem Quadrat des Skalarprodukts der ursprünglichen Vektoren: $\phi(\mathbf{a})^\mathsf{T}\, \phi(\mathbf{b}) = (\mathbf{a}^\mathsf{T}\, \mathbf{b})^2$.

An dieser Stelle stellt sich die entscheidende Erkenntnis ein: Wenn Sie die Transformation ϕ auf alle Trainingsdatenpunkte anwenden, enthält das duale Problem (siehe Formel 5-3) das Skalarprodukt $\phi(\mathbf{x}^{(i)})^\mathsf{T}\, \phi(\mathbf{x}^{(j)})$. Wenn aber ϕ die in Formel 5-5 definierte polynomielle Transformation 2. Ordnung ist, dann können Sie dieses Skalarprodukt der transformierten Vektoren einfach durch $\left(\mathbf{x}^{(i)\mathsf{T}}\mathbf{x}^{(j)}\right)^2$ ersetzen. Also brauchen Sie die Trainingsdaten überhaupt nicht zu transformieren: Ersetzen Sie

6 Wie in Kapitel 4 beschrieben, wird das Skalarprodukt zweier Vektoren **a** und **b** normalerweise als **a** · **b** notiert. Aber im Machine Learning werden Vektoren häufig als Spaltenvektoren repräsentiert (also Matrizen mit einer Spalte), daher lässt sich das Skalarprodukt auch durch Berechnen von $\mathbf{a}^\mathsf{T}\, \mathbf{b}$ erhalten. Um zum restlichen Buch konsistent zu sein, werden wir diese Notation hier verwenden und die Tatsache ignorieren, dass dies technisch gesehen zu einer Matrix mit einem Feld führt und nicht zu einem skalaren Wert.

einfach das Skalarprodukt in Formel 5-3 durch sein Quadrat. Das Ergebnis ist exakt das gleiche, als hätten Sie sich die Mühe gemacht, die Trainingsdaten tatsächlich zu transformieren und anschließend einen linearen SVM-Algorithmus auszuführen. Mit diesem Trick wird der gesamte Prozess rechnerisch wesentlich effizienter.

Die Funktion $K(\mathbf{a}, \mathbf{b}) = (\mathbf{a}^\intercal \mathbf{b})^2$ nennt man einen *polynomiellen Kernel* 2. Grades. Im Machine Learning versteht man unter einem *Kernel* eine Funktion, mit der sich das Skalarprodukt $\phi(\mathbf{a})^\intercal \phi(\mathbf{b})$ lediglich aus den ursprünglichen Vektoren **a** und **b** berechnen lässt, ohne dass die Transformation ϕ berechnet werden (oder überhaupt bekannt sein) muss. In Formel 5-7 sind einige der gebräuchlichsten Kernels aufgelistet.

Formel 5-7: Gebräuchliche Kernels

$$\begin{aligned}
\text{Linear:} \quad & K(\mathbf{a}, \mathbf{b}) = \mathbf{a}^\intercal \mathbf{b} \\
\text{Polynomiell:} \quad & K(\mathbf{a}, \mathbf{b}) = (\gamma \mathbf{a}^\intercal \mathbf{b} + r)^d \\
\text{Gaußsche RBF:} \quad & K(\mathbf{a}, \mathbf{b}) = \exp(-\gamma \| \mathbf{a} - \mathbf{b} \|^2) \\
\text{Sigmoid:} \quad & K(\mathbf{a}, \mathbf{b}) = \tanh(\gamma \mathbf{a}^\intercal \mathbf{b} + r)
\end{aligned}$$

Mercers Theorem

Laut *Mercers Theorem* muss, wenn eine Funktion $K(\mathbf{a}, \mathbf{b})$ einige mathematische Bedingungen, die *Mercer-Bedingungen* (K muss stetig sein, seine Parameter symmetrisch, sodass gilt $K(\mathbf{a}, \mathbf{b}) = K(\mathbf{b}, \mathbf{a})$ und so weiter), erfüllt, auch eine Funktion ϕ existieren, die **a** und **b** in einen anderen Raum abbildet (der möglicherweise sehr viel mehr Dimensionen aufweist), sodass gilt: $K(\mathbf{a}, \mathbf{b}) = \phi(\mathbf{a})^\intercal \phi(\mathbf{b})$. Damit können Sie K als Kernel einsetzen, da Sie ja wissen, dass ϕ existiert, selbst wenn Sie ϕ nicht genau kennen. Im Fall des gaußschen RBF-Kernels lässt sich nachweisen, dass ϕ jeden Trainingsdatenpunkt in einen Raum mit unendlich vielen Dimensionen transformiert, es ist also gut, dass Sie die Zuordnung nicht vornehmen müssen!

Einige häufig eingesetzte Kernels (wie der sigmoide Kernel) erfüllen nicht alle Mercer-Bedingungen. In der Praxis funktionieren sie dennoch gut.

Um ein loses Ende müssen wir uns noch kümmern. Formel 5-4 zeigt, wie wir im Fall eines linearen SVM-Klassifikators von einer dualen Lösung zur primalen Lösung gelangen. Wenn Sie aber den Kerneltrick anwenden, erhalten Sie Gleichungen mit $\phi(x^{(i)})$. Tatsächlich muss $\hat{\mathbf{w}}$ die gleiche Anzahl Dimensionen wie $\phi(x^{(i)})$ aufweisen. Diese Zahl kann sehr groß oder sogar unendlich sein und ist daher nicht berechenbar. Wie aber können wir Vorhersagen treffen, ohne $\hat{\mathbf{w}}$ zu kennen? Die gute Nachricht ist, dass wir hier die Formel für $\hat{\mathbf{w}}$ aus Formel 5-4 in die Entscheidungsfunktion für einen neuen Datenpunkt $\mathbf{x}^{(n)}$ einsetzen können und eine Formel erhalten, die ausschließlich aus Skalarprodukten zwischen den Eingabevektoren besteht. Damit ist wieder der Kerneltrick einsetzbar (Formel 5-8).

Formel 5-8: Vorhersagen mit einer Kernel-SVM treffen

$$
\begin{aligned}
h_{\widehat{\mathbf{w}},\widehat{b}}\left(\phi(\mathbf{x}^{(n)})\right) &= \widehat{\mathbf{w}}^\intercal \phi(\mathbf{x}^{(n)}) + \widehat{b} = \left(\sum_{i=1}^{m} \widehat{\alpha}^{(i)} t^{(i)} \phi(\mathbf{x}^{(i)})\right)^\intercal \phi(\mathbf{x}^{(n)}) + \widehat{b} \\
&= \sum_{i=1}^{m} \widehat{\alpha}^{(i)} t^{(i)} \left(\phi(\mathbf{x}^{(i)})^\intercal \phi(\mathbf{x}^{(n)})\right) + \widehat{b} \\
&= \sum_{\substack{i=1 \\ \widehat{\alpha}^{(i)}>0}}^{m} \widehat{\alpha}^{(i)} t^{(i)} K(\mathbf{x}^{(i)}, \mathbf{x}^{(n)}) + \widehat{b}
\end{aligned}
$$

Weil $\alpha^{(i)} \neq 0$ nur für die Stützvektoren gilt, muss für Vorhersagen das Skalarprodukt zwischen dem neuen Eingabevektor $\mathbf{x}^{(n)}$ und den Stützvektoren anstatt mit sämtlichen Trainingsdatenpunkten berechnet werden. Natürlich müssen Sie auch hier den Bias-Term $\widehat{b}$ mit dem gleichen Trick berechnen (siehe Formel 5-9).

Formel 5-9: Berechnen des Bias-Terms mithilfe des Kerneltricks

$$
\begin{aligned}
\widehat{b} &= \frac{1}{n_s} \sum_{\substack{i=1 \\ \widehat{\alpha}^{(i)}>0}}^{m} \left(t^{(i)} - \widehat{\mathbf{w}}^\intercal \phi(\mathbf{x}^{(i)})\right) = \frac{1}{n_s} \sum_{\substack{i=1 \\ \widehat{\alpha}^{(i)}>0}}^{m} \left(t^{(i)} - \left(\sum_{j=1}^{m} \widehat{\alpha}^{(j)} t^{(j)} \phi(\mathbf{x}^{(j)})\right)^\intercal \phi(\mathbf{x}^{(i)})\right) \\
&= \frac{1}{n_s} \sum_{\substack{i=1 \\ \widehat{\alpha}^{(i)}>0}}^{m} \left(t^{(i)} - \sum_{\substack{j=1 \\ \widehat{\alpha}^{(j)}>0}}^{m} \widehat{\alpha}^{(j)} t^{(j)} K(\mathbf{x}^{(i)}, \mathbf{x}^{(j)})\right)
\end{aligned}
$$

Sollten Sie hiervon jetzt Kopfschmerzen bekommen haben, ist das völlig normal: Das ist eine Nebenwirkung des Kerneltricks.

Es ist ebenfalls möglich, Online-Kernel-SVMs zu implementieren (was ein inkrementelles Lernen ermöglicht) – beispielsweise mit den Methoden »Incremental and Decremental SVM Learning« (*https://homl.info/17*)[7] oder »Fast Kernel Classifiers with Online and Active Learning« (*https://homl.info/18*)[8]. Diese sind in Matlab und C++ implementiert. Für größere nichtlineare Aufgaben sollten Sie allerdings stattdessen Random Forests (siehe Kapitel 7) oder neuronale Netze in Betracht ziehen (siehe Teil II).

7 Gert Cauwenberghs und Tomaso Poggio, »Incremental and Decremental Support Vector Machine Learning«, *Proceedings of the 13th International Conference on Neural Information Processing Systems* (2000): 388–394.

8 Antoine Bordes et al., »Fast Kernel Classifiers with Online and Active Learning«, *Journal of Machine Learning Research* 6 (2005): 1579–1619.

Übungen

1. Was ist die den Support Vector Machines zugrunde liegende Idee?
2. Was ist ein Stützvektor?
3. Warum ist es wichtig, beim Verwenden von SVMs die Eingabedaten zu skalieren?
4. Kann ein SVM-Klassifikator einen Konfidenzwert ausgeben, wenn er einen Datenpunkt klassifiziert? Wie sieht es mit einer Wahrscheinlichkeit aus?
5. Wie können Sie zwischen `LinearSVC`, `SVC` und `SGDClassifier` entscheiden?
6. Nehmen wir an, Sie hätten einen SVM-Klassifikator mit RBF-Kernel trainiert. Es sieht so aus, als würde ein Underfitting der Trainingsdaten vorliegen: Sollten Sie γ (`gamma`) erhöhen oder senken? Wie sieht es mit `C` aus?
7. Was bedeutet es für ein Modell, *ε-insensitiv* zu sein?
8. Wofür wird der Kerneltrick eingesetzt?
9. Trainieren Sie einen `LinearSVC` auf linear separierbaren Daten. Trainieren Sie anschließend einen `SVC` und einen `SGDClassifier` auf dem gleichen Datensatz. Schauen Sie, ob Sie beide dazu bringen können, ein in etwa gleiches Modell zu berechnen.
10. Trainieren Sie einen SVM-Klassifikator auf dem Wein-Datensatz, den Sie über `sklearn.datasets.load_wine()` laden können. Dieser Datensatz enthält die chemischen Analysen von 178 Weinproben von drei verschiedenen Winzern. Ziel ist, ein Klassifikationsmodell zu trainieren, das den Winzer abhängig von der chemischen Analyse des Weins vorhersagt. Da SVM-Klassifikatoren binäre Klassifikatoren sind, müssen Sie die One-versus-All-Strategie einsetzen, um alle drei Kategorien zu klassifizieren. Was für eine Genauigkeit erreichen Sie?
11. Trainieren und optimieren Sie einen SVM-Regressor auf dem Datensatz zu Immobilienpreisen in Kalifornien. Sie können den Original-Datensatz statt der in Kapitel 2 verwendeten angepassten Version nutzen, der sich über `sklearn.datasets.fetch_california_housing()` laden lässt. Die Ziele belaufen sich auf Hunderttausende Dollar. Da es über 20.000 Datenpunkte gibt, können SVMs langsam sein, daher sollten Sie zum Optimieren der Hyperparameter deutlich weniger Datenpunkte nehmen (zum Beispiel 2.000), um viel mehr Hyperparameterkombinationen austesten zu können. Wie groß ist der beste RSME Ihres Modells?

Die deutschsprachigen Lösungen zu diesen Übungen finden Sie unter *https://dpunkt.de/produkt/praxiseinstieg-machine-learning-mit-scikit-learn-keras-und-tensorflow-2/* auf der Registerkarte *Zusatzmaterial*, die englischsprachigen Lösungen am Ende des Notebooks zu diesem Kapitel unter *https://homl.info/colab3*.

KAPITEL 6

Entscheidungsbäume

Entscheidungsbäume sind sehr flexible Machine-Learning-Algorithmen, die sich sowohl für Klassifikations- als auch für Regressionsaufgaben eignen. Sogar Aufgaben mit multiplen Ausgaben lassen sich mit ihnen lösen. Es sind sehr mächtige Algorithmen, mit denen sich komplexe Datensätze fitten lassen. Beispielsweise haben Sie in Kapitel 2 ein Modell mit dem `DecisionTreeRegressor` trainiert und an den Datensatz zu kalifornischen Immobilien perfekt angepasst (genauer gesagt, overfittet).

Entscheidungsbäume sind außerdem die funktionelle Komponente von Random Forests (siehe Kapitel 7), die zu den mächtigsten heute verfügbaren Machine-Learning-Algorithmen gehören.

In diesem Kapitel werden wir besprechen, wie sich Entscheidungsbäume trainieren, visualisieren und für Vorhersagen einsetzen lassen. Anschließend werden wir den in Scikit-Learn verwendeten CART-Trainingsalgorithmus durchgehen. Wir werden betrachten, wie sich Entscheidungsbäume regularisieren und für Regressionsaufgaben einsetzen lassen. Schließlich werden Sie einige Einschränkungen von Entscheidungsbäumen kennenlernen.

Trainieren und Visualisieren eines Entscheidungsbaums

Um Entscheidungsbäume zu verstehen, wollen wir zunächst einen erstellen und uns ansehen, wie dieser Vorhersagen trifft. Der folgende Code trainiert einen `DecisionTreeClassifier` auf dem Iris-Datensatz (siehe Kapitel 4):

```
from sklearn.datasets import load_iris
from sklearn.tree import DecisionTreeClassifier

iris = load_iris(as_frame=True)
X_iris = iris.data[["petal length (cm)", "petal width (cm)"]].values
y_iris = iris.target

tree_clf = DecisionTreeClassifier(max_depth=2, random_state=42)
tree_clf.fit(X_iris, y_iris)
```

Sie können den trainierten Entscheidungsbaum visualisieren, indem Sie durch Aufrufen der Funktion export_graphviz() eine Datei namens *iris_tree.dot* mit einer Repräsentation als Graph erzeugen:

```
from sklearn.tree import export_graphviz

export_graphviz(
        tree_clf,
        out_file="iris_tree.dot",
        feature_names=["petal length (cm)", "petal width (cm)"],
        class_names=iris.target_names,
        rounded=True,
        filled=True
    )
```

Dann können Sie graphviz.Source.from_file() nutzen, um die Datei in einem Jupyter Notebook zu laden und anzuzeigen:

```
from graphviz import Source

Source.from_file("iris_tree.dot")
```

Graphviz (*https://graphviz.org*) ist ein Open-Source-Softwarepaket zur Visualisierung von Graphen. Es enthält auch ein Befehlszeilentool dot, mit dem sich *.dot*-Dateien in eine Vielzahl von Formaten umwandeln lassen, zum Beispiel nach PDF oder PNG.

Ihr erster Entscheidungsbaum ist der in Abbildung 6-1 dargestellte.

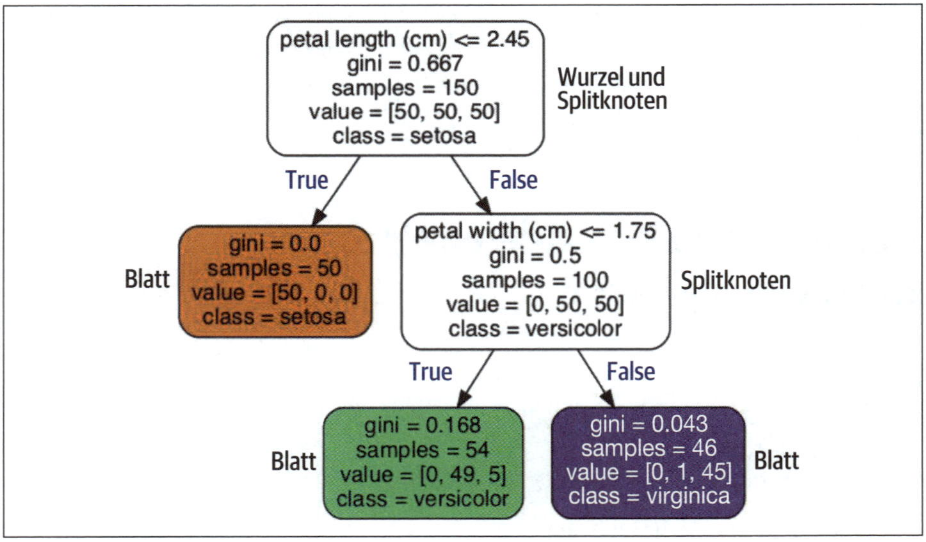

Abbildung 6-1: Iris-Entscheidungsbaum

Vorhersagen treffen

Betrachten wir nun, wie der in Abbildung 6-1 dargestellte Baum Vorhersagen trifft. Nehmen wir an, Sie finden eine Iris-Blüte und möchten diese anhand der Kronblätter klassifizieren. Sie beginnen an der *Wurzel* des Baums (bei depth 0 ganz oben): Dieser Knoten stellt die Frage, ob das Kronblatt der Blüte kürzer als 2,45 cm ist. Ist das der Fall, fahren Sie mit dem Kind auf der linken Seite fort (depth 1, links). In diesem Fall ist der Knoten ein *Blatt* (es besitzt keine weiteren Kinder) und stellt keine weiteren Fragen: Sie übernehmen einfach die von diesem Knoten vorhergesagte Kategorie, somit sagt unser Entscheidungsbaum vorher, dass Ihre Blüte eine *Iris setosa* (`class=setosa`) ist.

Angenommen, Sie finden jetzt eine weitere Blüte, bei der das Kronblatt diesmal länger als 2,45 cm ist. Sie beginnen wieder an der Wurzel, fahren nun aber mit dem rechten Kind fort (bei depth 1, rechts). Dieser Knoten ist kein Blatt, sondern ein Splitknoten, der eine weitere Frage stellt: Ist das Kronblatt schmaler als 1,75 cm? Ist dies der Fall, ist Ihre Blüte vermutlich eine *Iris versicolor* (bei depth 2, links). Wenn nicht, ist sie vermutlich eine *Iris virginica* (bei depth 2, rechts). Es ist tatsächlich so einfach.

> Einer der vielen Vorzüge von Entscheidungsbäumen ist, dass sie sehr wenig Vorbereitung der Daten erfordern. Insbesondere ist keinerlei Skalierung oder Zentrierung von Merkmalen notwendig.

Das Attribut `samples` eines Knotens zählt, für wie viele Trainingsdatenpunkte dieser gültig ist. Beispielsweise haben 100 Datenpunkte ein Kronblatt mit einer Länge von mindestens 2,45 cm (bei depth 1, rechts), davon haben 54 ein Kronblatt mit einer Breite von weniger als 1,75 cm (bei depth 2, links). Das Attribut `value` eines Knotens verrät uns, wie viele Trainingsdatenpunkte der Knoten in jeder Kategorie enthält: Beispielsweise enthält der Knoten rechts unten 0 Exemplare von *Iris setosa*, 1 von *Iris versicolor* und 45 von *Iris virginica*. Schließlich misst das Attribut `gini` die *Gini-Unreinheit* eines Knotens: Ein Knoten gilt als »rein« (`gini=0`), wenn sämtliche enthaltenen Datenpunkte der gleichen Kategorie angehören. Da beispielsweise der linke Knoten bei depth 1 ausschließlich Instanzen von *Iris setosa* enthält, ist er rein und besitzt eine Gini-Unreinheit von 0. Formel 6-1 stellt dar, wie der Trainingsalgorithmus die Gini-Unreinheit G_i für den i. Knoten berechnet. Beispielsweise ist die Gini-Unreinheit für den linken Knoten bei depth 2 gleich $1 - (0/54)^2 - (49/54)^2 - (5/54)^2 \approx 0{,}168$.

Formel 6-1: Gini-Unreinheit

$$G_i = 1 - \sum_{k=1}^{n} {p_{i,k}}^2$$

In dieser Gleichung gilt:

- G_i ist die Gini-Unreinheit für den i. Knoten.
- $p_{i,k}$ ist der Anteil von Instanzen der Kategorie k an den Datenpunkten im Knoten i.

> Scikit-Learn verwendet den CART-Algorithmus, der ausschließlich *Binärbäume* erzeugt: Innere Knoten haben stets zwei Kinder (d. h., die Fragen lassen sich nur mit Ja oder Nein beantworten). Es existieren aber auch andere Algorithmen wie ID3, die Entscheidungsbäume erzeugen, deren Knoten mehr als zwei Kinder haben können.

Abbildung 6-2 zeigt die Entscheidungsgrenzen dieses Entscheidungsbaums. Die dicke vertikale Linie steht für die Entscheidungsgrenze der Wurzel (depth 0): petal length = 2,45 cm. Da das Gebiet auf der linken Seite rein ist (ausschließlich *Iris setosa*), lässt es sich nicht weiter aufteilen. Das Gebiet auf der rechten Seite ist dagegen unrein, daher teilt es der Knoten bei depth 1 auf der Höhe petal width = 1,75 cm auf (als gestrichelte Linie dargestellt). Da `max_depth` auf 2 gesetzt wurde, endet der Entscheidungsbaum an dieser Stelle. Wenn Sie allerdings `max_depth` auf 3 setzen, würden die zwei Knoten bei depth 2 jeweils eine zusätzliche Entscheidungsgrenze produzieren (hier durch die beiden vertikalen gepunkteten Linien dargestellt).

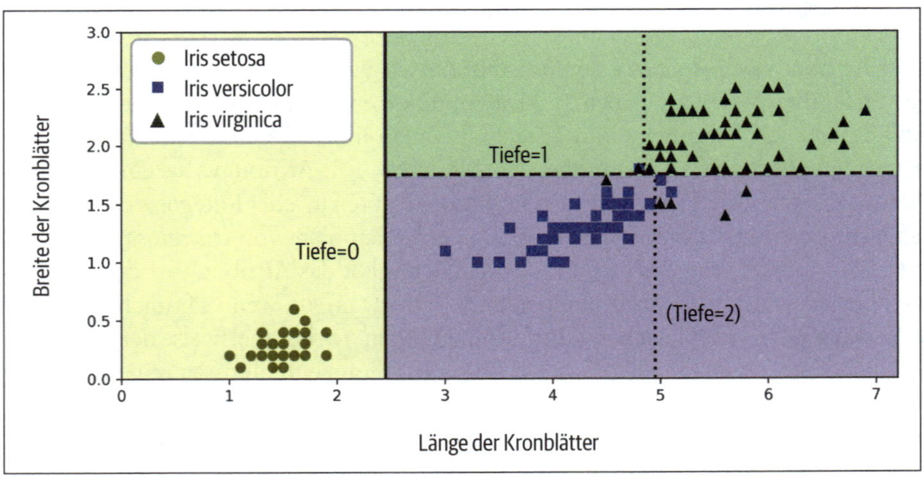

Abbildung 6-2: Entscheidungsgrenzen in einem Entscheidungsbaum

> Die Baumstruktur mit all den Informationen, die in Abbildung 6-1 zu sehen sind, steht im Attribut `tree_` des Klassifikators zur Verfügung. Für Details geben Sie **`help(tree_clf.tree_)`** ein, und im Notebook dieses Kapitels (*https://homl.info/colab3*) finden Sie ein Beispiel.

Interpretation von Modellen: White Box im Vergleich zu Black Box

Wie Sie sehen, sind Entscheidungsbäume recht einfach nachzuvollziehen und ihre Entscheidungen leicht interpretierbar. Solche Modelle werden oft als *White-Box-Modelle* bezeichnet. Im Gegensatz dazu gehören, wie wir noch sehen werden, Random Forests und neuronale Netze im Allgemeinen zu den *Black-Box-Modellen*. Sie treffen zwar ausgezeichnete Vorhersagen, und Sie können die dazu durchgeführten Berechnungen leicht nachprüfen, dennoch ist es in der Regel schwierig, in wenigen Worten zu erklären, warum die Vorhersagen in einer bestimmten Weise getroffen wurden. Wenn beispielsweise ein neuronales Netzwerk behauptet, dass eine bestimmte Person auf einem Bild zu sehen ist, kann man nur schwer erkennen, worauf sich diese Vorhersage stützt: Hat das Modell die Augen der Person erkannt? Den Mund? Die Nase? Die Schuhe? Oder gar das Sofa, auf dem die Person saß? Umgekehrt geben uns Entscheidungsbäume einfache, klare Regeln zur Klassifikation, die notfalls sogar von Hand durchgeführt werden können (z. B. bei der Klassifikation von Blüten). Das Feld des *interpretierbaren ML* versucht, ML-Systeme zu schaffen, die ihre Entscheidungen für Menschen verständlich erläutern können. Das ist in vielen Bereichen wichtig – zum Beispiel um sicherzustellen, dass das System keine unfairen Entscheidungen trifft.

Schätzen von Wahrscheinlichkeiten für Kategorien

Ein Entscheidungsbaum kann auch die Wahrscheinlichkeit für die Zugehörigkeit eines Datenpunkts zu einer Kategorie *k* abschätzen: Zuerst schreitet das Verfahren den Baum ab, um das Blatt für diesen Datenpunkt zu finden, und gibt dann den Anteil der Trainingsdatenpunkte der Kategorie *k* in diesem Knoten zurück. Nehmen wir an, Sie hätten eine Blüte mit 5 cm langen und 1,5 cm breiten Kronblättern entdeckt. Der dazu passende Knoten im Entscheidungsbaum ist der Knoten bei depth 2 auf der linken Seite, daher gibt der Entscheidungsbaum die folgenden Wahrscheinlichkeiten aus: 0 % für *Iris setosa* (0/54), 90,7 % für *Iris versicolor* (49/54) und 9,3 % für *Iris virginica* (5/54). Wenn Sie nach einer Vorhersage der Kategorie fragen, erhalten Sie natürlich *Iris versicolor* (Kategorie 1), da diese die höchste Wahrscheinlichkeit hat. Überprüfen wir dies:

```
>>> tree_clf.predict_proba([[5, 1.5]]).round(3)
array([[0.   , 0.907, 0.093]])
>>> tree_clf.predict([[5, 1.5]])
array([1])
```

Perfekt! Beachten Sie, dass die geschätzten Wahrscheinlichkeiten überall in der unteren rechten Ecke von Abbildung 6-2 die gleichen sind – sogar wenn die Kronblätter beispielsweise 6 cm lang und 1,5 cm breit wären (obwohl es sich dann höchstwahrscheinlich um eine *Iris virginica* handeln würde).

Der CART-Trainingsalgorithmus

Scikit-Learn verwendet den Algorithmus *Classification and Regression Tree* (CART-Algorithmus), um Entscheidungsbäume zu trainieren (oder »anzubauen«). Er folgt einer sehr einfachen Grundidee: Der Algorithmus teilt die Trainingsdaten zunächst anhand eines Merkmals k und eines Schwellenwerts t_k in zwei Untermengen auf (z.B. »petal length ≤ 2,45 cm«). Wie werden k und t_k ausgewählt? Der Algorithmus sucht nach dem Paar (k, t_k), das die reinsten (nach deren Größe gewichteten) Untermengen hervorbringt. Dabei versucht der Algorithmus, die Kostenfunktion in Formel 6-2 zu minimieren.

Formel 6-2: Kostenfunktion des CART-Algorithmus zur Klassifikation

$$J(k, t_k) = \frac{m_{\text{links}}}{m} G_{\text{links}} + \frac{m_{\text{rechts}}}{m} G_{\text{rechts}}$$

$$\text{wobei} \begin{cases} G_{\text{links/rechts}} \text{ die Unreinheit der linken/rechten Untermenge misst,} \\ m_{\text{links/rechts}} \text{ die Anzahl Datenpunkte in der linken/rechten Untermenge ist.} \end{cases}$$

Sobald der Trainingsdatensatz erfolgreich zweigeteilt wurde, werden die Untermengen nach dem gleichen Verfahren weiter aufgeteilt. Dies setzt sich rekursiv fort, bis die (durch den Hyperparameter `max_depth` angegebene) maximale Tiefe erreicht ist oder keine Aufteilung gefunden werden kann, die die Unreinheit weiter reduziert. Andere Hyperparameter (die wir in Kürze erklären) steuern weitere Abbruchbedingungen: `min_samples_split`, `min_samples_leaf`, `min_weight_fraction_leaf` und `max_leaf_nodes`.

> Wie Sie sehen, gehört der CART-Algorithmus zu den Greedy-Algorithmen: Er sucht gierig nach einer optimalen Aufteilung auf der höchsten möglichen Ebene und setzt diesen Vorgang auf jeder Stufe fort. Es wird nicht geprüft, ob eine Aufteilung einige Schritte weiter zur höchsten möglichen Unreinheit führt. Ein Greedy-Algorithmus liefert oft eine recht gute Lösung, diese muss aber nicht die bestmögliche sein.
>
> Leider gehört das Finden des optimalen Baums zu den *NP-vollständigen* Problemen:[1] Es erfordert eine Zeit von $O(\exp(m))$, wodurch das Problem selbst für eher kleine Datensätze praktisch unlösbar wird. Daher müssen wir uns mit einer »annehmbar guten« Lösung zufriedengeben, wenn wir Entscheidungsbäume trainieren.

1 P ist die Menge der in polynomieller Zeit lösbaren Probleme. NP ist die Menge der Probleme, deren Lösungen sich in polynomieller Zeit überprüfen lassen. Ein NP-schweres Problem ist ein Problem, das sich in polynomieller Zeit auf ein bekanntes NP-schweres Problem reduzieren lässt. Ein NP-vollständiges Problem ist sowohl NP als auch NP-schwer. Ob P = NP gilt, ist eine wichtige mathematische Frage. Falls P ≠ NP gilt (was wahrscheinlich erscheint), kann es für kein NP-vollständiges Problem jemals einen polynomiellen Algorithmus geben (außer vielleicht auf einem Quantencomputer).

Komplexität der Berechnung

Das Treffen von Vorhersagen erfordert das Abschreiten eines Entscheidungsbaums von der Wurzel zu einem Blatt. Entscheidungsbäume sind halbwegs ausbalanciert, daher erfordert das Abschreiten etwa $O(log_2(m))$ Knoten, wobei $\log_2(m)$ der binäre Logarithmus von m ist, der $\log_2(m) = \log(m) / \log(2)$ entspricht. Da bei jedem Knoten nur ein Merkmal geprüft werden muss, ist die Komplexität der Vorhersage lediglich $O(log_2(m))$, egal wie viele Merkmale es gibt. Die Vorhersagen sind also auch für große Trainingsdatensätze sehr schnell.

Allerdings vergleicht der Trainingsalgorithmus bei jedem Knoten sämtliche Merkmale (falls `max_features` gesetzt ist, auch weniger) aller Datenpunkte miteinander. Dies führt zu einer Komplexität von $O(n \times m\ log(m))$ beim Trainieren.

Gini-Unreinheit oder Entropie?

Standardmäßig nutzt der `DecisionTreeClassifier` die Gini-Unreinheit, Sie können aber stattdessen auch die *Entropie* als Maß für die Unreinheit auswählen, indem Sie den Hyperparameter `criterion` auf `"entropy"` setzen. Der aus der Thermodynamik stammende Begriff Entropie beschreibt Unordnung auf molekularer Ebene: Die Entropie nähert sich null, wenn Moleküle unbeweglich und wohlgeordnet sind. Dieses Konzept hat sich später in andere Fachgebiete ausgebreitet, darunter Shannons *Informationstheorie*, wo sie den durchschnittlichen Informationsgehalt einer Nachricht misst, wie wir in Kapitel 4 gesehen haben. Wenn alle Nachrichten identisch sind, beträgt die Entropie null. Im Machine Learning wird die Entropie oft als Maß für die Unreinheit eingesetzt: Die Entropie einer Menge ist null, wenn sie nur aus Datenpunkten einer Kategorie besteht. Formel 6-3 zeigt die Definition der Entropie des i. Knotens. Beispielsweise beträgt die Entropie für den linken Knoten bei depth 2 in Abbildung 6-1 genau $-\frac{49}{54}\log_2\left(\frac{49}{54}\right) - \frac{5}{54}\log_2\left(\frac{5}{54}\right) \approx 0{,}445$.

Formel 6-3: Entropie

$$H_i = -\sum_{\substack{k=1 \\ p_{i,k} \neq 0}}^{n} p_{i,k} \log_2(p_{i,k})$$

Sollten Sie also die Gini-Unreinheit oder die Entropie verwenden? Tatsächlich macht es meist keinen großen Unterschied: Beide ergeben ähnliche Bäume. Die Gini-Unreinheit lässt sich ein wenig schneller berechnen und eignet sich daher als Standardwert. Wenn beide Maße voneinander abweichen, neigt die Gini-Unreinheit dazu, die häufigste Kategorie in einem eigenen Ast des Baums abzusondern, wohingegen die Entropie etwas ausbalanciertere Bäume erzeugt.[2]

2 Details finden Sie in einer interessanten Analyse (*https://homl.info/19*) von Sebastian Raschka.

Hyperparameter zur Regularisierung

Entscheidungsbäume treffen sehr wenige Annahmen über die Trainingsdaten (im Gegensatz zu beispielsweise linearen Modellen, die annehmen, dass sich die Daten linear verhalten). Sich selbst überlassen, passt sich die Struktur des Baums sehr genau an die Trainingsdaten an und führt höchstwahrscheinlich zu Overfitting. Solch ein Modell wird auch als *parameterfreies Modell* bezeichnet, nicht weil es keine Parameter gäbe (meist gibt es viele), sondern weil die Anzahl der Parameter nicht vor dem Trainieren festgelegt wird. Daher ist es dem Modell überlassen, sich eng an die Daten anzupassen. Im Gegensatz dazu besitzt ein *parametrisches Modell* wie etwa ein lineares Modell eine im Voraus festgelegte Anzahl Parameter. Es verfügt daher über eine begrenzte Anzahl Freiheitsgrade, wodurch es weniger zu Overfitting neigt (aber dafür ein höheres Risiko für Underfitting besteht).

Um ein Overfitting der Trainingsdaten zu vermeiden, müssen Sie die Freiheitsgrade eines Entscheidungsbaums beim Trainieren einschränken. Wie Sie inzwischen wissen, nennt man dies Regularisierung. Die Hyperparameter zur Regularisierung hängen vom verwendeten Algorithmus ab. Im Allgemeinen können Sie aber mindestens die maximale Tiefe des Entscheidungsbaums begrenzen. In Scikit-Learn lässt sich dies über den Hyperparameter `max_depth` erreichen. Die Voreinstellung ist `None`, was für eine unbegrenzte Tiefe steht. Ein Reduzieren von `max_depth` regularisiert das Modell und verringert damit das Risiko einer Überanpassung.

Die Klasse `DecisionTreeClassifier` bietet einige weitere Parameter, die die Form des Entscheidungsbaums in ähnlicher Weise einschränken:

`max_features`
: Maximale Anzahl der Merkmale, die beim Aufteilen eines Knoten berücksichtigt werden.

`max_leaf_nodes`
: Maximale Anzahl Blätter.

`min_samples_split`
: Minimale Anzahl an Datenpunkten, die ein Knoten aufweisen muss, damit er aufgeteilt werden kann.

`min_samples_leaf`
: Minimale Anzahl an Datenpunkten, die ein Blatt haben muss.

`min_weight_fraction_leaf`
: Wie `min_samples_leaf`, aber als Anteil der gesamten gewichteten Datenpunkte.

Ein Erhöhen der `min_*`-Hyperparameter und ein Senken der `max_*`-Hyperparameter regularisiert das Modell.

Andere Algorithmen trainieren Entscheidungsbäume zunächst ohne Einschränkungen, entfernen aber anschließend überflüssige Knoten (*Pruning*). Ein Knoten wird als überflüssig angesehen, wenn seine Kinder ausschließlich Blätter sind und der durch ihn erbrachte Zugewinn an Reinheit nicht *statistisch signifikant* ist. Standardisierte statistische Tests wie der χ^2-*Test* schätzen die Wahrscheinlichkeit ab, dass eine Verbesserung rein zufällig erfolgt ist (dies bezeichnet man als die *Nullhypothese*). Wenn diese Wahrscheinlichkeit, genannt *p-Wert*, höher als ein eingestellter Schwellenwert ist (typischerweise 5%, durch einen Hyperparameter steuerbar), dann wird der Knoten als überflüssig erachtet, und seine Kinder werden gelöscht. Dieses Pruning wird fortgesetzt, bis alle überflüssigen Knoten entfernt worden sind.

Testen wir die Regularisierung auf dem *moons*-Datensatz, der in Kapitel 5 vorgestellt wurde. Wir werden einen Entscheidungsbaum ohne Regularisierung trainieren und einen anderen mit `min_samples_leaf=5`. Dies ist der Code, Abbildung 6-3 zeigt die Entscheidungsgrenzen jedes Baums:

```
from sklearn.datasets import make_moons

X_moons, y_moons = make_moons(n_samples=150, noise=0.2, random_state=42)

tree_clf1 = DecisionTreeClassifier(random_state=42)
tree_clf2 = DecisionTreeClassifier(min_samples_leaf=5, random_state=42)
tree_clf1.fit(X_moons, y_moons)
tree_clf2.fit(X_moons, y_moons)
```

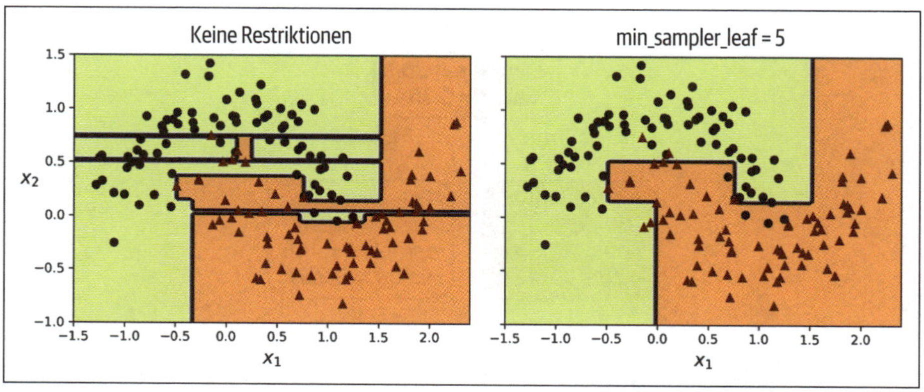

Abbildung 6-3: Entscheidungsgrenzen eines nicht regularisierten (links) und eines regularisierten Baums (rechts)

Das unregularisierte Modell links ist ganz klar overfittet, während das regularisierte Modell rechts wahrscheinlich besser verallgemeinern wird. Wir können das überprüfen, indem wir beide Bäume mit einem Testdatensatz evaluieren, der mit einem anderen Zufalls-Seed erzeugt wurde:

```
>>> X_moons_test, y_moons_test = make_moons(n_samples=1000, noise=0.2,
...                                         random_state=43)
```

```
...
>>> tree_clf1.score(X_moons_test, y_moons_test)
0.898
>>> tree_clf2.score(X_moons_test, y_moons_test)
0.92
```

Tatschlich hat der zweite Baum eine bessere Genauigkeit für den Testdatensatz.

Regression

Entscheidungsbäume können auch Regressionsaufgaben bewältigen. Erstellen wir mit der Klasse `DecisionTreeRegressor` aus Scikit-Learn einen Regressionsbaum und trainieren wir diesen auf einem verrauschten quadratischen Datensatz mit `max_depth=2`:

```
import numpy as np
from sklearn.tree import DecisionTreeRegressor

np.random.seed(42)
X_quad = np.random.rand(200, 1) - 0.5  # ein einzelnes, zufälliges Eingabemerkmal
y_quad = X_quad ** 2 + 0.025 * np.random.randn(200, 1)

tree_reg = DecisionTreeRegressor(max_depth=2, random_state=42)
tree_reg.fit(X_quad, y_quad)
```

Der dabei erhaltene Baum ist in Abbildung 6-4 dargestellt.

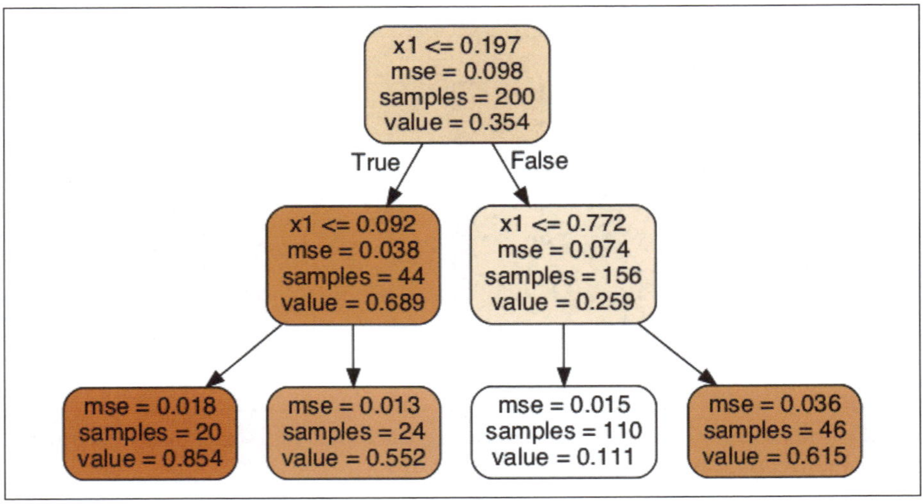

Abbildung 6-4: Ein Entscheidungsbaum zur Regression

Dieser Baum sieht dem zuvor zur Klassifikation erstellten Baum sehr ähnlich. Der Hauptunterschied ist, dass er anstelle einer Kategorie in jedem Knoten einen Wert vorhersagt. Wenn Sie beispielsweise eine Vorhersage für einen neuen Datenpunkt bei $x_1 = 0{,}2$ treffen möchten, fragt die Wurzel, ob $x_1 \leq 0{,}197$. Da das nicht der Fall ist, wechselt der Algorithmus zum rechten Kindknoten, der fragt, ob $x_1 \leq 0{,}772$. Das stimmt, daher geht der Algorithmus zum linken Kindknoten über. Das ist ein Blatt, und es sagt `value=0.111` vorher. Diese Vorhersage ist der durchschnittliche Zielwert der 110 Trainingsdatenpunkte in diesem Blatt. Sie führt zu einem mittleren quadratischen Fehler (MSE) von 0,015 in den 110 Datenpunkten.

Die Vorhersagen dieses Modells sind auf der linken Seite von Abbildung 6-5 dargestellt. Wenn Sie `max_depth=3` setzen, erhalten Sie die auf der rechten Seite dargestellten Vorhersagen. Beachten Sie, dass der vorhergesagte Wert in jedem Abschnitt dem durchschnittlichen Zielwert der Datenpunkte in diesem Abschnitt entspricht. Der Algorithmus teilt jeden Abschnitt so auf, dass möglichst viele Trainingsdatenpunkte so nah wie möglich am vorhergesagten Wert liegen.

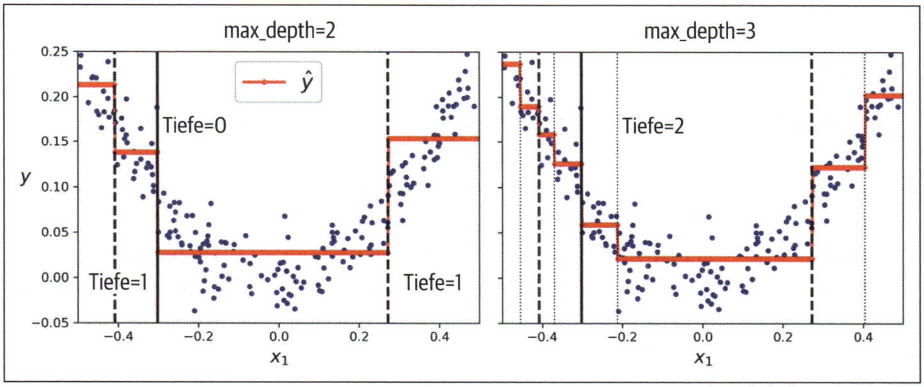

Abbildung 6-5: Vorhersagen zweier Entscheidungsbäume zur Regression

Der CART-Algorithmus funktioniert wie weiter oben beschrieben. Der einzige Unterschied besteht darin, dass der Trainingsdatensatz so aufgeteilt wird, dass der MSE statt der Unreinheit minimiert wird. Formel 6-4 zeigt die vom Algorithmus minimierte Kostenfunktion.

Formel 6-4: CART-Kostenfunktion für die Regression

$$J(k, t_k) = \frac{m_{\text{links}}}{m}\text{MSE}_{\text{links}} + \frac{m_{\text{rechts}}}{m}\text{MSE}_{\text{rechts}} \quad \text{mit} \quad \begin{cases} \text{MSE}_{\text{Knoten}} = \dfrac{\sum_{i \in \text{Knoten}} \left(\hat{y}_{\text{Knoten}} - y^{(i)}\right)^2}{m_{\text{Knoten}}} \\ \hat{y}_{\text{Knoten}} = \dfrac{\sum_{i \in \text{Knoten}} y^{(i)}}{m_{\text{Knoten}}} \end{cases}$$

Wie bei Klassifikationsaufgaben sind auch Entscheidungsbäume für Regressionsaufgaben anfällig für Overfitting. Ohne jegliche Regularisierung (z.B. mit den voreingestellten Hyperparametern) erhalten Sie die Vorhersagen auf der linken Seite von Abbildung 6-6. Dies ist offensichtlich ein schwerwiegendes Overfitting der Trainingsdaten. Durch Setzen von `min_samples_leaf=10` erhalten Sie ein weitaus sinnvolleres Modell, das Sie auf der rechten Seite von Abbildung 6-6 sehen.

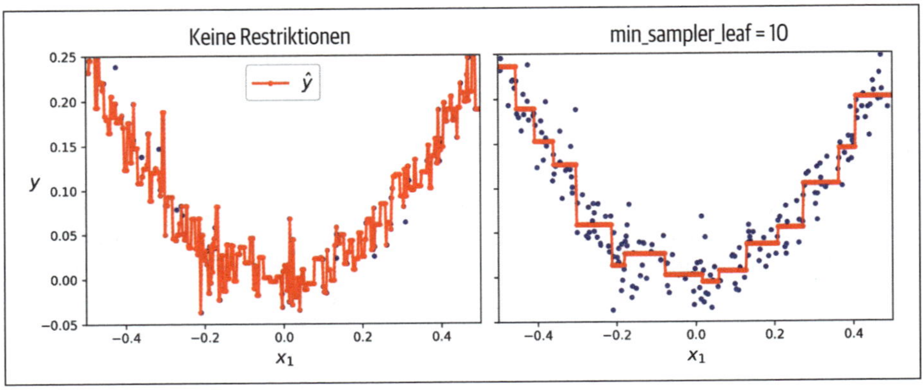

Abbildung 6-6: Vorhersagen eines unregulierten Regressionsbaums (links) und eines regulierten Baums (rechts)

Empfindlichkeit für die Ausrichtung der Achsen

Sie sind hoffentlich mittlerweile davon überzeugt, dass sehr vieles für Entscheidungsbäume spricht: Sie sind recht einfach zu verstehen und zu interpretieren, leicht anwendbar und mächtig. Sie haben allerdings auch einige Schwachstellen: Erstens haben Sie womöglich bereits festgestellt, dass Entscheidungsbäume orthogonale Entscheidungsgrenzen lieben (alle Unterteilungen stehen im rechten Winkel zu einer Achse). Dadurch reagieren sie empfindlich auf die Orientierung der Daten. Als Beispiel zeigt Abbildung 6-7 einen einfachen linear separierbaren Datensatz: Auf der linken Seite kann der Entscheidungsbaum diesen einfach unterteilen. Auf der rechten Seite wirkt die Entscheidungsgrenze nach einer Drehung des Datensatzes um 45° unnötig verschachtelt. Obwohl beide Entscheidungsbäume die Trainingsdaten perfekt abbilden, verallgemeinert das Modell auf der rechten Seite vermutlich nicht besonders gut.

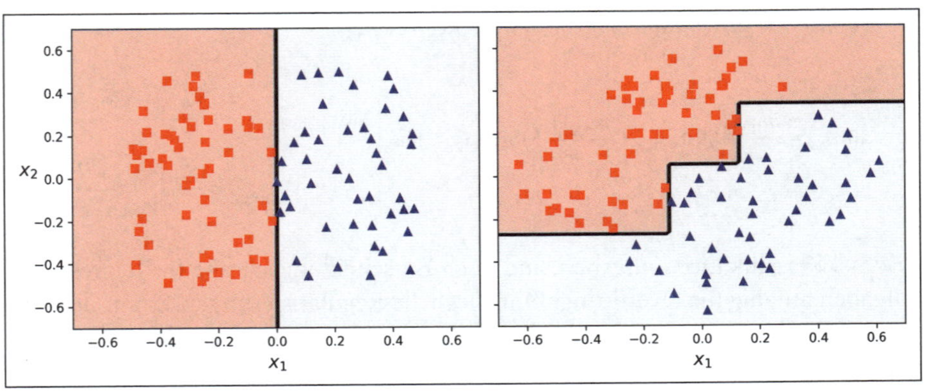

Abbildung 6-7: Empfindlichkeit für eine Rotation der Trainingsdaten

Eine Möglichkeit, dieses Problem anzugehen, ist das Skalieren der Daten und das anschließende Anwenden einer Hauptkomponentenzerlegung. Wir werden auf diese genauer in Kapitel 8 eingehen, aber hier müssen Sie nur wissen, dass sie die Daten so rotiert, dass sich Bäume danach oft (aber nicht immer) leichter erstellen lassen.

Bauen wir eine kleine Pipeline, die die Daten skaliert und mittels PCA rotiert, um danach einen `DecisionTreeClassifier` damit zu trainieren. In Abbildung 6-8 sehen Sie die Entscheidungsgrenzen dieses Baums: Die Rotation ermöglicht es, den Datensatz ziemlich gut mit nur einem Merkmal z_1 abzubilden, bei dem es sich um eine lineare Funktion der ursprünglichen Länge und Breite des Kronblatts handelt. Dies ist der Code:

```
from sklearn.decomposition import PCA
from sklearn.pipeline import make_pipeline
from sklearn.preprocessing import StandardScaler

pca_pipeline = make_pipeline(StandardScaler(), PCA())
X_iris_rotated = pca_pipeline.fit_transform(X_iris)
tree_clf_pca = DecisionTreeClassifier(max_depth=2, random_state=42)
tree_clf_pca.fit(X_iris_rotated, y_iris)
```

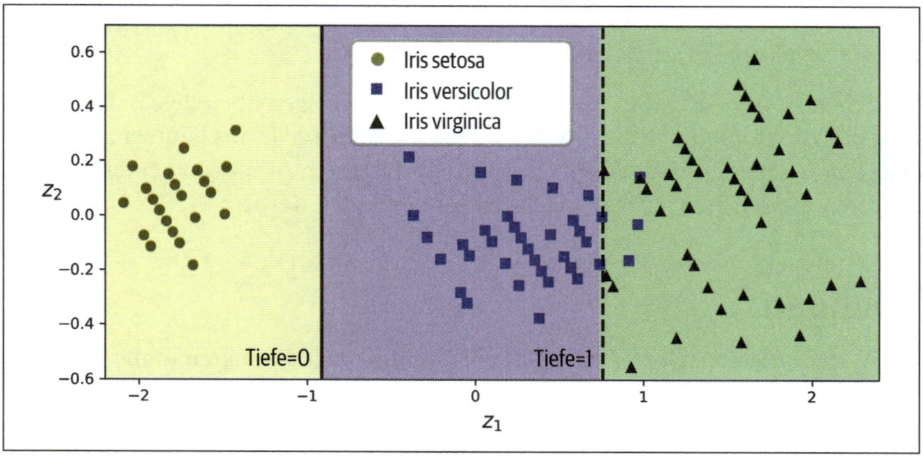

Abbildung 6-8: Die Entscheidungsgrenzen eines Baums mit dem skalierten und per PCA rotierten Iris-Datensatz

Entscheidungsbäume haben eine größere Varianz

Allgemeiner gesprochen, ist das Hauptproblem bei Entscheidungsbäumen, dass sie eine ziemlich große Varianz besitzen: Kleine Änderungen an den Hyperparametern oder den Daten können zu sehr unterschiedlichen Modellen führen. Genauer gesagt: Da der von Scikit-Learn verwendete Trainingsalgorithmus stochastisch arbeitet – die bei jedem Knoten zu evaluierenden Merkmale werden zufällig ausgewählt –, können Sie sogar mit den gleichen Trainingsdaten sehr unterschiedliche Modelle erhalten, wie es in Abbildung 6-9 zu sehen ist (es sei denn, Sie setzen den Hyperparameter `random_state`). Dieser Entscheidungsbaum unterscheidet sich stark vom vorherigen (Abbildung 6-2).

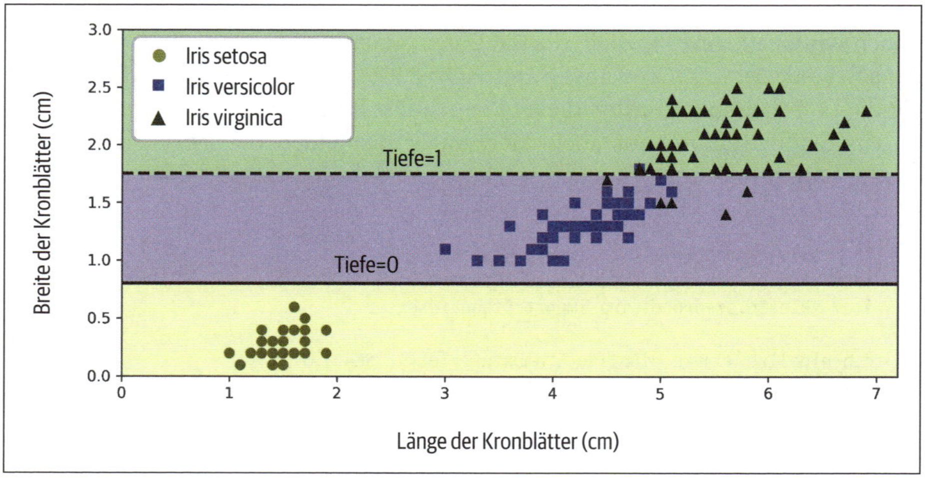

Abbildung 6-9: Ein erneutes Trainieren des gleichen Modells mit den gleichen Daten kann ein sehr anderes Modell erzeugen.

Glücklicherweise ist es durch das Mitteln der Vorhersagen über viele Bäume möglich, die Varianz deutlich zu verringern. Solch ein *Ensemble* aus Bäumen, das *Random Forest* genannt wird, ist eine der leistungsfähigsten Arten von heutzutage verfügbaren Modellen, wie Sie im nächsten Kapitel sehen werden.

Übungen

1. Was ist die ungefähre Tiefe eines mit 1 Million Datenpunkten (ohne Restriktionen) trainierten Entscheidungsbaums?
2. Ist die Gini-Unreinheit eines Knotens im Allgemeinen geringer oder größer als die seines Elternteils? Ist sie *im Allgemeinen* kleiner/größer oder *immer* kleiner/größer?
3. Sollte man versuchen, `max_depth` zu senken, wenn ein Entscheidungsbaum einen Trainingsdatensatz overfittet?
4. Sollte man versuchen, die Eingabemerkmale zu skalieren, wenn ein Entscheidungsbaum die Trainingsdaten underfittet?
5. Wenn es eine Stunde dauert, einen Entscheidungsbaum mit 1 Million Datenpunkten zu trainieren, wie lange etwa wird das Trainieren eines weiteren Baums mit 10 Millionen Datenpunkten dauern? Hinweis: Denken Sie an die Berechnungskomplexität des CART-Algorithmus.

6. Wenn es eine Stunde dauert, einen Entscheidungsbaum mit einem gegebenen Trainingsdatensatz zu trainieren, wie lange dauert es dann ungefähr, wenn sich die Anzahl der Merkmale verdoppelt?
7. Trainieren und optimieren Sie einen Entscheidungsbaum für den Datensatz *moons* anhand dieser Schritte.
   a. Erzeugen Sie einen *moons*-Datensatz mit `make_moons(n_samples=10000, noise=0.4)`.
   b. Teilen Sie ihn mit `train_test_split()` in einen Trainings- und einen Testdatensatz auf.
   c. Verwenden Sie die Gittersuche mit Kreuzvalidierung (mithilfe der Klasse `GridSearchCV`), um gute Einstellungen für die Hyperparameter eines `DecisionTreeClassifier` zu finden. Hinweis: Probieren Sie unterschiedliche Werte für `max_leaf_nodes`.
   d. Trainieren Sie den Baum mit den vollständigen Trainingsdaten und bestimmen Sie die Qualität Ihres Modells auf den Testdaten. Sie sollten eine Genauigkeit zwischen 85 % und 87 % erhalten.
8. Züchten Sie einen Wald mit diesen Schritten.
   a. Erzeugen Sie im Anschluss an die vorherige Aufgabe 1.000 Untermengen Ihres Trainingsdatensatzes mit jeweils 100 zufällig ausgewählten Datenpunkten. Hinweis: Sie können dazu die Klasse `ShuffleSplit` aus Scikit-Learn verwenden.
   b. Trainieren Sie auf jedem der Teildatensätze einen Entscheidungsbaum mit den besten oben gefundenen Hyperparametern. Werten Sie diese 1.000 Entscheidungsbäume auf den Testdaten aus. Da sie mit kleineren Datensätzen trainiert wurden, schneiden diese Bäume mit nur ca. 80 % voraussichtlich schlechter ab als der erste Entscheidungsbaum.
   c. Nun kommt der Zaubertrick. Generieren Sie für jeden Testdatenpunkt die Vorhersagen der 1.000 Entscheidungsbäume und heben Sie ausschließlich die häufigste Vorhersage auf (Sie können dazu die Funktion `mode()` aus SciPy verwenden). Damit erhalten Sie *Mehrheitsvorhersagen* für Ihren Testdatensatz.
   d. Werten Sie diese Vorhersagen mit dem Testdatensatz aus: Sie sollten eine etwas höhere Genauigkeit als beim ersten Modell erhalten (etwa 0,5 bis 1,5 % höher). Herzlichen Glückwunsch, Sie haben soeben einen Random-Forest-Klassifikator trainiert!

Die deutschsprachigen Lösungen zu diesen Übungen finden Sie unter *https://dpunkt.de/produkt/praxiseinstieg-machine-learning-mit-scikit-learn-keras-und-tensorflow-2/* auf der Registerkarte *Zusatzmaterial*, die englischsprachigen Lösungen am Ende des Notebooks zu diesem Kapitel unter *https://homl.info/colab3*.

KAPITEL 7

Ensemble Learning und Random Forests

Nehmen wir einmal an, Sie würden Tausenden zufällig ausgewählten Menschen eine komplexe Frage stellen und dann deren Antworten zusammenfassen. In vielen Fällen ist diese gesammelte Antwort der eines Experten überlegen. Das bezeichnet man als *Schwarmintelligenz*. Wenn Sie analog dazu die Vorhersagen einer Gruppe Prädiktoren (z.B. Klassifikatoren oder Regressoren) zusammenfassen, erhalten Sie oft bessere Vorhersagen als mit dem besten einzelnen Vorhersagemodell. Eine solche Gruppe Prädiktoren nennt man auch ein *Ensemble*; daher bezeichnet man diese Technik als *Ensemble Learning* und einen Algorithmus zum Ensemble Learning als *Ensemble-Methode*.

Als Beispiel für eine Ensemble-Methode können Sie eine Gruppe Entscheidungsbäume auf jeweils unterschiedlichen, zufällig ausgewählten Teilmengen des Trainingsdatensatzes trainieren. Um eine Vorhersage zu treffen, sammeln Sie die Vorhersagen aller einzelnen Bäume und sagen dann die Kategorie vorher, die dabei die meisten Stimmen erhält (wie in der letzten Übung in Kapitel 6). Solch ein Ensemble von Entscheidungsbäumen nennt man einen *Random Forest*, trotz seiner Einfachheit einer der mächtigsten bekannten Machine-Learning-Algorithmen.

Wie in Kapitel 2 besprochen, kommen Ensemble-Methoden eher gegen Ende eines Projekts zum Einsatz. Wenn Sie bereits einige gute Prädiktoren erstellt haben, lassen sich diese zu einem noch besseren Vorhersagemodell vereinen. Unter den Gewinnern bei Machine-Learning-Wettbewerben finden sich häufig mehrere Ensemble-Methoden (wie etwa bei der *Netflix Prize Competition* (*https://en.wikipedia.org/wiki/Netflix_Prize*)).

In diesem Kapitel werden wir die beliebtesten Ensemble-Methoden vorstellen, darunter Abstimmungsverfahren, Bagging und Pasting Ensembles, Random Forests, Boosting und Stacking Ensembles.

Abstimmverfahren unter Klassifikatoren

Stellen Sie sich vor, Sie hätten einige Klassifikatoren trainiert, die alle eine Genauigkeit von jeweils 80% erzielen. Darunter könnte ein Klassifikator mit logistischer Regression sein, ein SVM-Klassifikator, ein Random-Forest-Klassifikator, ein *k*-nächste-Nachbarn-Klassifikator und vielleicht noch weitere (siehe Abbildung 7-1).

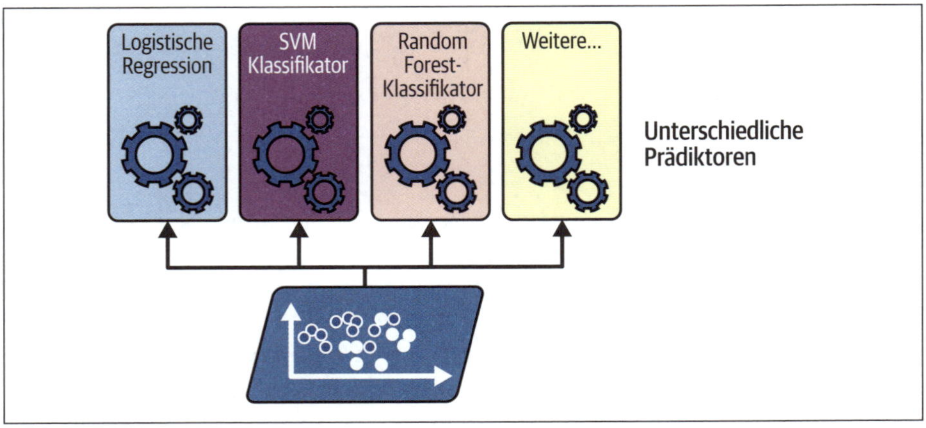

Abbildung 7-1: Trainieren unterschiedlicher Klassifikatoren

Die Vorhersagen lassen sich sehr einfach zu einem noch besseren Klassifikator zusammenfassen, indem Sie die Vorhersagen aller Klassifikatoren zusammenfassen: Die Kategorie mit den meisten Stimmen ist dann die Vorhersage des Ensembles. Einen solchen mehrheitsbasierten Klassifikator bezeichnet man als *Hard-Voting*-Klassifikator (siehe Abbildung 7-2).

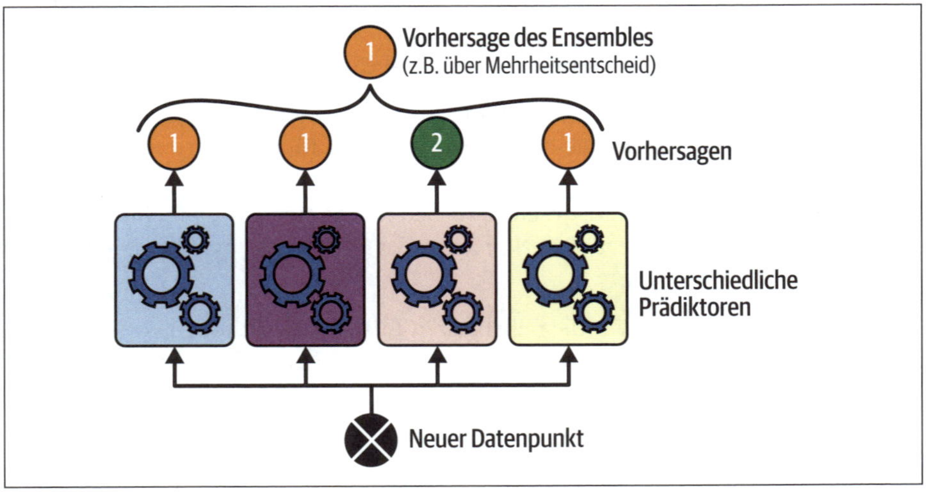

Abbildung 7-2: Vorhersagen eines Hard-Voting-Klassifikators

Es mag etwas überraschend erscheinen, dass dieser abstimmungsbasierte Klassifikator häufig eine höhere Genauigkeit erzielt als der beste Klassifikator im Ensemble. Tatsächlich kann das Ensemble sogar dann ein *starker Lerner* sein (also eine hohe Genauigkeit erreichen), wenn jeder Klassifikator ein *schwacher Lerner* ist (also nur geringfügig besser ist als zufälliges Raten). Dies setzt aber voraus, dass es genügend viele schwache Lerner gibt und dass diese sich genügend voneinander unterscheiden.

Wie ist das möglich? Vielleicht kann die folgende Analogie dieses Rätsel ein wenig erhellen. Nehmen wir an, Sie hätten eine etwas unausgewogene Münze, die beim Werfen in 51% der Fälle Kopf und in 49% der Fälle Zahl zeigt. Wenn Sie diese Münze 1.000 Mal werfen, erhalten Sie etwa 510 Mal Kopf und 490 Mal Zahl und damit eine Mehrheit für Kopf. Wenn Sie genau nachrechnen, finden Sie heraus, dass der Kopf-Wurf mit einer Wahrscheinlichkeit von ca. 75% häufiger ist. Je öfter Sie die Münze werfen, umso höher wird diese Wahrscheinlichkeit (z.B. steigt sie mit 10.000 Würfen auf über 97%). Dies liegt am *Gesetz der großen Zahl*: Während Sie die Münze immer öfter werfen, nähert sich der Anteil von Kopf-Würfen immer näher an die tatsächliche Wahrscheinlichkeit an (51%). Abbildung 7-3 zeigt zehn Serien solcher unausgewogenen Münzwürfe. Sie können dort sehen, wie sich der Anteil von Kopf mit steigender Anzahl Würfe 51% annähert. Irgendwann nähern sich alle zehn Serien so nah an 51% an, dass sie kontinuierlich über 50% liegen.

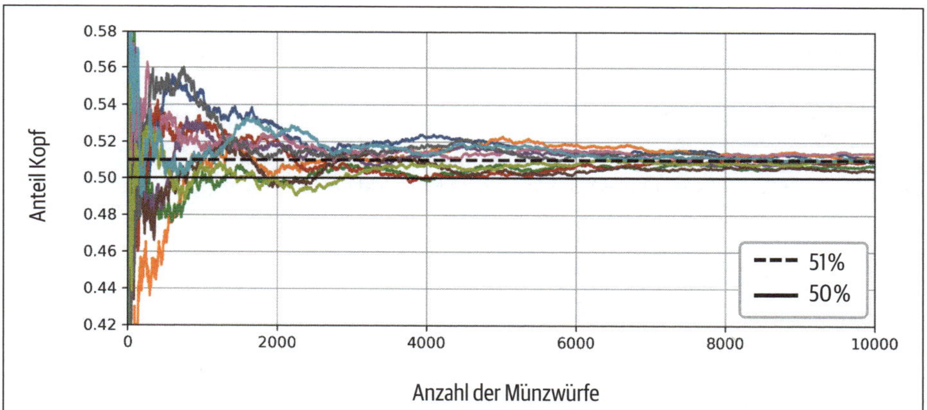

Abbildung 7-3: Das Gesetz der großen Zahl

In ähnlicher Weise können Sie ein Ensemble aus 1.000 Klassifikatoren konstruieren, die für sich allein in jeweils nur 51% der Fälle richtig liegen (also kaum besser als der Zufall). Wenn Sie die von der Mehrheit gewählte Kategorie vorhersagen, können Sie auf eine Genauigkeit von 75% hoffen! Dies ist aber nur der Fall, wenn die Klassifikatoren voneinander vollständig unabhängig sind und nicht miteinander korrelierende Fehler begehen. Natürlich ist das nicht gegeben, wenn sie auf den gleichen Daten trainiert sind. Dann neigen sie dazu, die gleiche Art Fehler zu begehen, und deshalb gibt es viele Mehrheitsentscheidungen für die falsche Kategorie, wodurch die Genauigkeit des Ensembles sinkt.

> Ensemble-Methoden funktionieren am besten, wenn die Prädiktoren so unterschiedlich wie möglich sind. Sie können verschiedene Klassifikatoren erhalten, indem Sie sehr unterschiedliche Algorithmen verwenden. Damit erhöhen Sie die Chance, dass sie sehr differenzierte Arten von Fehlern begehen, was die Genauigkeit des Ensembles erhöht.

Scikit-Learn stellt eine Klasse `VotingClassifier` zur Verfügung, die sich ziemlich leicht verwenden lässt: Übergeben Sie ihr einfach eine Liste mit Name-Vorhersage-Paaren und nutzen Sie sie wie einen normalen Klassifikator. Probieren wir es mit dem *moons*-Datensatz (der in Kapitel 5 vorgestellt wurde). Wir werden diesen in einen Trainingsdatensatz und einen Testdatensatz aufteilen, dann werden wir einen abstimmungsbasierten Klassifikator erstellen und trainieren, der aus drei unterschiedlichen Klassifikatoren zusammengestellt wurde:

```
from sklearn.datasets import make_moons
from sklearn.ensemble import RandomForestClassifier, VotingClassifier
from sklearn.linear_model import LogisticRegression
from sklearn.model_selection import train_test_split
from sklearn.svm import SVC

X, y = make_moons(n_samples=500, noise=0.30, random_state=42)
X_train, X_test, y_train, y_test = train_test_split(X, y, random_state=42)

voting_clf = VotingClassifier(
    estimators=[
        ('lr', LogisticRegression(random_state=42)),
        ('rf', RandomForestClassifier(random_state=42)),
        ('svc', SVC(random_state=42))
    ]
)
voting_clf.fit(X_train, y_train)
```

Trainieren Sie einen `VotingClassifier`, klont er jeden Estimator und trainiert die Klone. Die ursprünglichen Estimatoren stehen über das Attribut `estimators` zur Verfügung, während die trainierten Klone im Attribut `estimators_` zu finden sind. Bevorzugen Sie ein Dict gegenüber einer Liste, können Sie stattdessen `named_estimators` oder `named_estimators_` nutzen. Betrachten wir zunächst die Genauigkeit jedes einzelnen Klassifikators auf den Testdaten:

```
>>> for name, clf in voting_clf.named_estimators_.items():
...     print(name, "=", clf.score(X_test, y_test))
...
lr = 0.864
rf = 0.896
svc = 0.896
```

Rufen Sie die Methode `predict()` des Abstimmungsklassifikators auf, führt sie ein Hard Voting durch. So schlägt der Abstimmungsklassifikator beispielsweise Kategorie 1 für die erste Instanz des Testdatensatzes vor, weil zwei von drei Klassifikatoren diese Kategorie vorhersagen:

```
>>> voting_clf.predict(X_test[:1])
array([1])
>>> [clf.predict(X_test[:1]) for clf in voting_clf.estimators_]
[array([1]), array([1]), array([0])]
```

Schauen wir uns jetzt die Qualität des Abstimmungsklassifikators für den Testdatensatz an:

```
>>> voting_clf.score(X_test, y_test)
0.912
```

Da haben Sie es! Der abstimmungsbasierte Klassifikator ist besser als alle übrigen Klassifikatoren.

Wenn sämtliche Klassifikatoren in der Lage sind, Wahrscheinlichkeiten für die Kategorien zu berechnen (d.h. die Methode `predict_proba()` besitzen), können Sie Scikit-Learn anweisen, die Kategorie mit der höchsten über alle einzelnen Klassifikatoren gemittelten Wahrscheinlichkeit vorherzusagen. Dies wird auch als *Soft Voting* bezeichnet. Damit erzielen Sie häufig eine bessere Vorhersagequalität als mit Hard Voting, weil den zuverlässigeren Stimmen mehr Gewicht beigemessen wird. Sie müssen dazu den Hyperparameter `voting` des Abstimmungsklassifikators auf `"soft"` setzen und sicherstellen, dass sämtliche Klassifikatoren Wahrscheinlichkeiten abschätzen können. Dies ist bei der Klasse `SVC` nicht automatisch der Fall. Sie müssen daher den Hyperparameter `probability` auf `True` setzen. (Dadurch führt die Klasse `SVC` eine Kreuzvalidierung zum Abschätzen der Wahrscheinlichkeiten durch. Das Training dauert dabei länger, und Sie erhalten die Methode `predict_proba()`.) Probieren wir es aus:

```
>>> voting_clf.voting = "soft"
>>> voting_clf.named_estimators["svc"].probability = True
>>> voting_clf.fit(X_train, y_train)
>>> voting_clf.score(X_test, y_test)
0.92
```

Wir haben 92 % Genauigkeit erreicht, indem wir einfach Soft Voting verwendet haben – nicht schlecht!

Bagging und Pasting

Um einen möglichst diversen Satz Klassifikatoren zu erhalten, können wir wie oben besprochen unterschiedliche Algorithmen einsetzen. Wir können jedoch auch bei jedem Prädiktor den gleichen Trainingsalgorithmus verwenden, aber mit einer jeweils anderen, zufällig ausgewählten Teilmenge der Trainingsdaten trainieren. Werden diese Teilmengen *mit* Zurücklegen gebildet,[1] bezeichnet man die Methode als *Bagging (https://homl.info/20)*[2] (eine Kurzform von *Bootstrap-Aggregation*[3]). Werden die Teilmengen *ohne* Zurücklegen gebildet, bezeichnet man dies als *Pasting (https://homl.info/21)*.[4]

Anders ausgedrückt, ist es sowohl beim Bagging als auch beim Pasting möglich, dass ein Datenpunkt in mehreren Prädiktoren zum Training verwendet wird, aber nur beim Bagging kann ein und derselbe Datenpunkt mehrfach für den gleichen Prädiktor ausgewählt werden. In Abbildung 7-4 wird dieser Vorgang dargestellt.

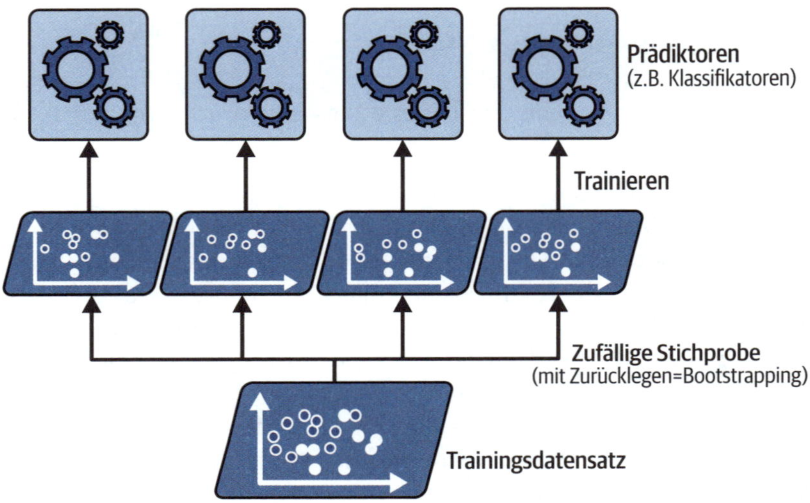

Abbildung 7-4: Zum Bagging und Pasting gehört das Trainieren diverser Prädiktoren mit verschiedenen Zufalls-Samples des Trainingsdatensatzes.

Sobald sämtliche Prädiktoren trainiert sind, kann das Ensemble eine Vorhersage für einen neuen Datenpunkt treffen, indem es einfach die Vorhersagen sämtlicher Prädiktoren zusammenfasst. Die dazu verwendete Aggregatfunktion ist bei einer Klassifikation typischerweise der *Modalwert* (also wie bei einem Hard-Voting-Klassifikator die häufigste Vorhersage) und bei einer Regression der Mittelwert. Jeder einzelne Prädiktor hat ein höheres Bias, als wenn er auf dem ursprünglichen Trainingsdatensatz trainiert würde, aber durch die Aggregation werden sowohl Bias als auch Varianz gesenkt.[5] Das Gesamtergebnis ist, dass das Ensemble ein ähnliches

1 Stellen Sie sich vor, zufällig eine Karte aus einem Stapel zu ziehen, sie aufzuschreiben und sie dann wieder zurück in den Stapel zu stecken, bevor Sie die nächste Karte ziehen: Die gleiche Karte kann dann mehrfach gezogen werden.

2 Leo Breiman, »Bagging Predictors«, *Machine Learning* 24, no. 2 (1996): 123–140.

3 In der Statistik nennt man das Bilden von Stichproben mit Zurücklegen auch *Bootstrapping*.

4 Leo Breiman, »Pasting Small Votes for Classification in Large Databases and On-Line«, *Machine Learning* 36, no. 1–2 (1999): 85–103.

5 Bias und Varianz wurden in Kapitel 4 vorgestellt.

Bias, aber eine niedrigere Varianz aufweist als ein einzelner auf dem gesamten ursprünglichen Trainingsdatensatz trainierter Prädiktor.

Wie Sie Abbildung 7-4 entnehmen können, lassen sich alle Prädiktoren parallel auf unterschiedlichen CPU-Cores oder sogar unterschiedlichen Servern trainieren. In ähnlicher Weise lassen sich auch die Vorhersagen parallelisieren. Dies ist einer der Gründe, aus denen Bagging und Pasting ausgesprochen beliebt sind: Sie skalieren sehr gut.

Bagging und Pasting in Scikit-Learn

Scikit-Learn enthält mit der Klasse `BaggingClassifier` (oder zur Regression mit der Klasse `BaggingRegressor`) eine einfache Schnittstelle für sowohl Bagging als auch Pasting. Das folgende Codebeispiel trainiert ein Ensemble von 500 Entscheidungsbäumen,[6] die mit jeweils 100 zufällig aus den Trainingsdaten mit Zurücklegen ausgewählten Datenpunkten trainiert werden (dies ist ein Beispiel für Bagging; falls Sie stattdessen Pasting verwenden möchten, setzen Sie `bootstrap=False`). Der Parameter `n_jobs` stellt die Anzahl von Scikit-Learn bei Training und Vorhersage zu verwendender CPU-Cores ein, wobei `-1` Scikit-Learn anweist, sämtliche verfügbaren Cores zu nutzen:

```
from sklearn.ensemble import BaggingClassifier
from sklearn.tree import DecisionTreeClassifier

bag_clf = BaggingClassifier(DecisionTreeClassifier(), n_estimators=500,
                            max_samples=100, n_jobs=-1, random_state=42)
bag_clf.fit(X_train, y_train)
```

Ein `BaggingClassifier` führt automatisch ein Soft Voting anstelle eines Hard Voting durch, falls die zugrunde liegenden Klassifikatoren Wahrscheinlichkeiten für Kategorien abschätzen können (also die Methode `predict_proba()` besitzen). Bei unseren Entscheidungsbäumen ist das der Fall.

Abbildung 7-5 vergleicht die Entscheidungsgrenze eines einzelnen Entscheidungsbaums mit der Entscheidungsgrenze des Ensembles mit 500 Bäumen und Bagging (aus dem obigen Codebeispiel). Beide Modelle wurden auf dem Datensatz *moons* trainiert. Die Vorhersagen des Ensembles verallgemeinern deutlich besser als die Vorhersagen des einzelnen Entscheidungsbaums: Das Ensemble weist ein vergleichbares Bias auf, hat aber eine geringere Varianz (ihm unterlaufen auf den Trainingsdaten etwa genauso viele Fehler, aber die Entscheidungsgrenze ist regelmäßiger).

6 Für `max_samples` lässt sich auch eine Fließkommazahl zwischen 0,0 und 1,0 einsetzen. In diesem Fall ist die auszuwählende Anzahl Datenpunkte gleich der mit `max_samples` multiplizierten Größe des Trainingsdatensatzes.

Mit Bagging werden die Teildatensätze zum Trainieren der einzelnen Prädiktoren ein wenig diverser, daher ist das Bias beim Bagging etwas höher als beim Pasting. Das heißt aber auch, dass die Prädiktoren weniger miteinander korrelieren, und die Varianz des Ensembles reduziert sich dadurch. Insgesamt führt Bagging häufig zu besseren Modellen und wird deshalb meist bevorzugt. Wenn Sie aber Zeit und Rechenkapazität übrig haben, können Sie eine Kreuzvalidierung durchführen, um Bagging und Pasting miteinander zu vergleichen und die bessere der beiden Methoden auswählen.

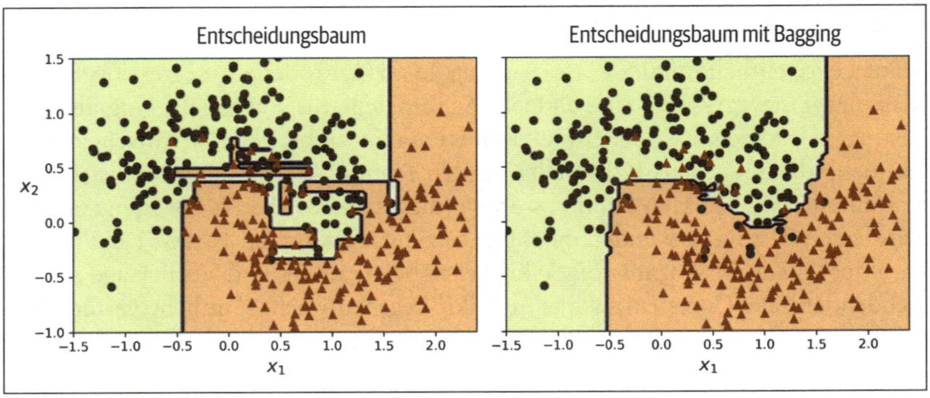

Abbildung 7-5: Ein einzelner Entscheidungsbaum (links) im Vergleich zu einem Ensemble von 500 Bäumen mit Bagging (rechts)

Out-of-Bag-Evaluation

Beim Bagging können einige Datenpunkte mehrmals einem bestimmten Prädiktor zugewiesen werden, während andere überhaupt nicht ausgewählt werden. Der `BaggingClassifier` wählt mit den Standardeinstellungen *m* Trainingsdatenpunkte mit Zurücklegen aus (`bootstrap=True`), wobei *m* der Größe des Trainingsdatensatzes entspricht. Mit diesem Prozess kann mathematisch gezeigt werden, dass im Durchschnitt nur etwa 63 % der Trainingsdatenpunkte für jeden Prädiktor ausgewählt werden.[7] Die übrigen 37 % nicht ausgewählten Trainingsdatenpunkte bezeichnet man als *Out-of-Bag*-(OOB-)Datenpunkte. Beachten Sie, dass es nicht bei allen Prädiktoren die gleichen 37 % sind.

Ein Bagging-Ensemble lässt sich mit OOB-Datenpunkten auswerten, ohne dass ein separater Validierungsdatensatz nötig wäre: Gibt es stattdessen ausreichend Estimatoren, wird jede Instanz im Trainingsdatensatz wahrscheinlich eine OOB-Instanz einer Reihe von Estimatoren sein, sodass diese genutzt werden können, um eine ordentliche Ensemble-Vorhersage für diese Instanz treffen zu können. Haben Sie eine Vorhersage für jede Instanz, können Sie die Vorhersagegenauigkeit des Ensembles berechnen (oder auch jede andere Metrik).

7 Bei steigendem *m* nähert sich dieser Anteil $1 - \exp(-1) \approx 63{,}212\,\%$.

Mit Scikit-Learn können Sie nach dem Trainieren automatisch eine OOB-Evaluation durchführen, indem Sie beim Erstellen eines `BaggingClassifier` den Wert `oob_score=True` setzen. Dies zeigt das folgende Codebeispiel. Der Score der dabei durchgeführten Auswertung ist als Attribut `oob_score_` verfügbar:

```
>>> bag_clf = BaggingClassifier(DecisionTreeClassifier(), n_estimators=500,
...                             oob_score=True, n_jobs=-1, random_state=42)
...
>>> bag_clf.fit(X_train, y_train)
>>> bag_clf.oob_score_
0.896
```

Laut OOB-Evaluation erzielt der `BaggingClassifier` auf dem Testdatensatz eine Genauigkeit von voraussichtlich etwa 89,6%. Das prüfen wir:

```
>>> from sklearn.metrics import accuracy_score
>>> y_pred = bag_clf.predict(X_test)
>>> accuracy_score(y_test, y_pred)
0.92
```

Wir erhalten eine Genauigkeit von 92% auf den Testdaten. Die OOB-Evaluation war ein bisschen zu pessimistisch, aber nur 2% zu niedrig.

Die OOB-Entscheidungsfunktion jedes Trainingsdatenpunkts ist auch als Attribut `oob_decision_function_` verfügbar. Da der zugrunde liegende Estimator die Methode `predict_proba()` enthält, liefert die Entscheidungsfunktion die Wahrscheinlichkeiten der Kategorien für jeden Trainingsdatenpunkt (da der zugrunde liegende Estimator die Methode `predict_proba()` enthält). Beispielsweise schätzt die OOB-Evaluation, dass der erste Trainingsdatenpunkt mit einer Wahrscheinlichkeit von 67,6% der positiven Kategorie angehört (und mit 32,4% der negativen Kategorie):

```
>>> bag_clf.oob_decision_function_[:3]  # erste 3 Instanzen
array([[0.32352941, 0.67647059],
       [0.3375    , 0.6625    ],
       [1.        , 0.        ]])
```

Zufällige Patches und Subräume

Die Klasse `BaggingClassifier` ermöglicht auch das Auswählen von Merkmalen. Das wird über zwei weitere Hyperparameter gesteuert: `max_features` und `bootstrap_features`. Diese funktionieren genauso wie `max_samples` und `bootstrap`, wählen aber Merkmale anstelle von Datenpunkten aus. So wird jeder Prädiktor mit einer zufälligen Teilmenge der Eingabemerkmale trainiert.

Dies ist besonders bei hochdimensionalen Eingabedaten nützlich (z.B. Bildern), da es das Training deutlich beschleunigen kann. Das zufällige Auswählen sowohl von Trainingsdatenpunkten als auch von Merkmalen bezeichnet man als die *Methode der zufälligen Patches (https://homl.info/22)*.[8] Werden sämtliche Trainingsdatenpunkte verwendet (z.B. mit `bootstrap=False` und `max_samples=1.0`), aber Merkmale ausgewählt (z.B. `bootstrap_features=True` und/oder `max_features` kleiner als 1,0), nennt man das die *Methode der zufälligen Subräume (https://homl.info/23)*.[9]

Das Auswählen von Merkmalen führt zu noch mehr Diversität unter den Prädiktoren, und es wird etwas mehr Bias gegen eine geringere Varianz eingetauscht.

Random Forests

Wie bereits besprochen, ist ein Random Forest (*https://homl.info/24*)[10] ein Ensemble von Entscheidungsbäumen, die nach der Bagging-Methode trainiert werden (seltener auch mit Pasting). Typischerweise entspricht dabei `max_samples` der Größe des Trainingsdatensatzes. Anstatt einen `BaggingClassifier` zu erstellen und diesem einen `DecisionTreeClassifier` zu übergeben, können Sie die bequemere Klasse `RandomForestClassifier` verwenden, die für Entscheidungsbäume optimiert worden ist[11] (es existiert auch die Klasse `RandomForestRegressor` für Regressionsaufgaben). Das folgende Codebeispiel trainiert einen Random-Forest-Klassifikator mit 500 Bäumen (jeder mit maximal 16 Knoten) und verwendet dazu alle verfügbaren CPU-Cores:

```
from sklearn.ensemble import RandomForestClassifier

rnd_clf = RandomForestClassifier(n_estimators=500, max_leaf_nodes=16,
                                 n_jobs=-1, random_state=42)
rnd_clf.fit(X_train, y_train)

y_pred_rf = rnd_clf.predict(X_test)
```

Mit wenigen Ausnahmen enthält ein `RandomForestClassifier` sämtliche Hyperparameter eines `DecisionTreeClassifier` (um das Erzeugen der Bäume zu steuern) und sämtliche Hyperparameter eines `BaggingClassifier`, um das Ensemble selbst zu kontrollieren.

Der Random-Forest-Algorithmus nutzt beim Erzeugen der Bäume ein zusätzliches Zufallselement; anstatt beim Aufteilen eines Knotens das bestmögliche Merkmal zu ermitteln (siehe Kapitel 6), wird das beste Merkmal in einer zufälligen Untermenge von Merkmalen identifiziert. Standardmäßig wird $\sqrt{n}$ übergeben (wobei n die Gesamtanzahl an Merkmalen ist). Dies führt zu höherer Diversität unter den Bäumen,

---

8 Gilles Louppe und Pierre Geurts, »Ensembles on Random Patches«, *Lecture Notes in Computer Science* 7523 (2012): 346–361.

9 Tin Kam Ho, »The Random Subspace Method for Constructing Decision Forests«, *IEEE Transactions on Pattern Analysis and Machine Intelligence* 20, no. 8 (1998): 832–844.

10 Tin Kam Ho, »Random Decision Forests«, *Proceedings of the Third International Conference on Document Analysis and Recognition* 1 (1995): 278.

11 Die Klasse `BaggingClassifier` ist weiter nützlich, wenn Sie ein Ensemble von anderen Modellen als Entscheidungsbäumen erstellen möchten.

wobei (schon wieder) ein höheres Bias für eine geringere Varianz in Kauf genommen wird. Dadurch wird das Modell in der Regel insgesamt besser. Der folgende `BaggingClassifier` ist mit dem obigen `RandomForestClassifier` identisch:

```
bag_clf = BaggingClassifier(
    DecisionTreeClassifier(max_features="sqrt", max_leaf_nodes=16),
    n_estimators=500, n_jobs=-1, random_state=42)
```

Extra-Trees

Wenn Sie in einem Random Forest einen Baum erzeugen, wird bei der Teilung an jedem Knoten nur eine zufällige Auswahl der Merkmale berücksichtigt (wie oben erwähnt). Diese Bäume lassen sich noch zufälliger gestalten, indem die Schwellenwerte für jedes Merkmal ebenfalls zufällig bestimmt werden, anstatt (wie in gewöhnlichen Entscheidungsbäumen) nach dem bestmöglichen Schwellenwert zu suchen. Dazu setzen Sie einfach `splitter="random"`, wenn Sie einen `DecisionTreeClassifier` erstellen.

Einen Wald solch extrem zufallsabhängiger Bäume bezeichnet man einfach als *Extremely Randomized Trees* (*https://homl.info/25*)[12] (oder kurz *Extra-Trees*). Wieder einmal wird hier Bias gegen eine geringere Varianz getauscht. Extra-Tree-Klassifikatoren lassen sich außerdem viel schneller trainieren als gewöhnliche Random Forests, da das Finden des bestmöglichen Schwellenwerts für jedes Merkmal und jeden inneren Knoten einer der zeitaufwendigsten Schritte beim Erzeugen eines Baums ist.

Sie können einen Extra-Trees-Klassifikator in Scikit-Learn mit der Klasse `ExtraTreesClassifier` erstellen. Deren Schnittstelle ist mit der Klasse `RandomForestClassifier` identisch, nur `bootstrap` hat den Standardwert `False`. Analog dazu hat die Klasse `ExtraTreesRegressor` die gleiche Schnittstelle wie die Klasse `RandomForestRegressor`, ebenfalls mit `bootstrap` standardmäßig auf `False` gesetzt.

> Es ist schwer, im Voraus zu sagen, ob ein `RandomForestClassifier` bessere oder schlechtere Vorhersagen trifft als ein `ExtraTreesClassifier`. Im Allgemeinen lässt sich das nur durch Ausprobieren beider Varianten und einen direkten Vergleich durch Kreuzvalidierung herausfinden.

Wichtigkeit von Merkmalen

Eine weitere großartige Eigenschaft von Random Forests ist, dass sich mit ihnen die relative Wichtigkeit jedes Merkmals bestimmen lässt. Scikit-Learn bestimmt die Wichtigkeit von Merkmalen darüber, wie stark ein bestimmtes Merkmal die Unreinheit von Knoten, die dieses Merkmal verwenden, im Durchschnitt reduziert (über sämtliche Bäume im Forest). Genauer gesagt, ist dies ein gewichteter Mittel-

12 Pierre Geurts et al., »Extremely Randomized Trees«, *Machine Learning* 63, no. 1 (2006): 3–42.

wert, wobei das Gewicht jedes Knotens gleich der Anzahl dort verwendeter Trainingsdatenpunkte ist (siehe Kapitel 6).

Scikit-Learn berechnet diesen Score nach dem Trainieren automatisch für jedes Merkmal und skaliert das Ergebnis anschließend so, dass die Summe aller Wichtigkeiten 1 ergibt. Sie können das Ergebnis über das Attribut `feature_importances_` inspizieren. Beispielsweise trainiert der folgende Code einen `RandomForestClassifier` auf dem Iris-Datensatz (aus Kapitel 4) und gibt die Wichtigkeit jedes Merkmals aus. Es sieht so aus, als wären die wichtigsten Merkmale die Länge (44 %) und die Breite (42 %) der Kronblätter, während Länge und Breite der Kelchblätter im Vergleich dazu eher uninteressant sind (jeweils 11 % und 2 %).

```
>>> from sklearn.datasets import load_iris
>>> iris = load_iris(as_frame=True)
>>> rnd_clf = RandomForestClassifier(n_estimators=500, random_state=42)
>>> rnd_clf.fit(iris.data, iris.target)
>>> for score, name in zip(rnd_clf.feature_importances_, iris.data.columns):
...     print(round(score, 2), name)
...
0.11 sepal length (cm)
0.02 sepal width (cm)
0.44 petal length (cm)
0.42 petal width (cm)
```

Wenn Sie einen Random-Forest-Klassifikator auf dem MNIST-Datensatz (aus Kapitel 3) trainieren und die Wichtigkeit jedes einzelnen Pixels plotten, erhalten Sie das Muster aus Abbildung 7-6.

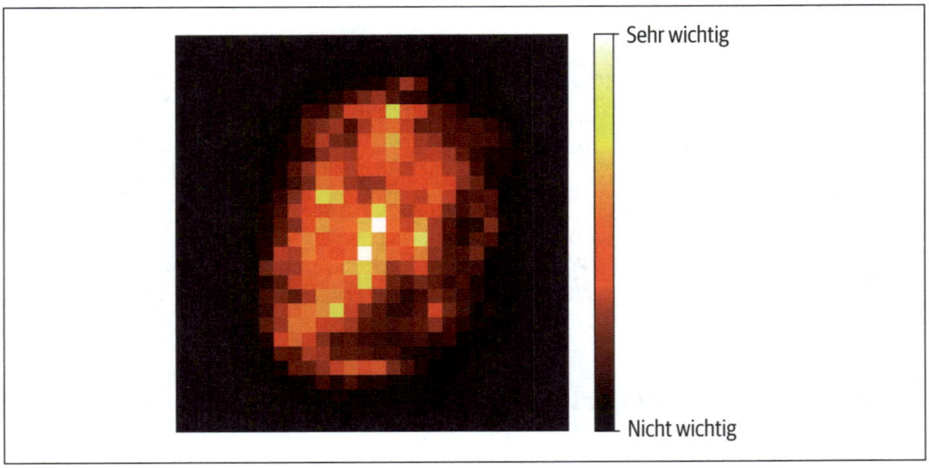

Abbildung 7-6: Wichtigkeit der Pixel in MNIST (laut einem Random-Forest-Klassifikator)

Random Forests sind sehr nützlich, um einen schnellen Überblick darüber zu erhalten, welche Merkmale wirklich wichtig sind, besonders wenn Sie gezwungen sind, Merkmale auszuwählen.

Boosting

Boosting(ursprünglich *Hypothesis Boosting*) bezeichnet eine beliebige Ensemble-Methode, bei der sich mehrere schwache Lerner zu einem starken Lerner kombinieren lassen. Die Grundidee der meisten Methoden zum Boosting ist, die Prädiktoren nacheinander zu trainieren, sodass jeder bestrebt ist, die Fehler seines Vorgängers zu beheben. Es gibt zahlreiche Boosting-Verfahren; die bei Weitem beliebtesten sind jedoch *AdaBoost* (*https://homl.info/26*)[13] – kurz für *Adaptive Boosting* – und *Gradient Boosting*. Beginnen wir mit AdaBoost.

AdaBoost

Ein Prädiktor kann seinen Vorgänger korrigieren, indem er den vom Vorgänger nicht abgedeckten Trainingsdatenpunkten etwas mehr Aufmerksamkeit widmet. Damit ergeben sich neue Prädiktoren, die sich mehr und mehr auf die schwierigen Fälle konzentrieren. Dies ist die von AdaBoost verwendete Technik.

Um beispielsweise einen AdaBoost-Klassifikator zu entwickeln, wird ein erster Klassifikator erstellt (z. B. ein Entscheidungsbaum), trainiert und für Vorhersagen auf den Trainingsdaten eingesetzt. Das relative Gewicht der falsch vorhergesagten Trainingsdatenpunkte wird anschließend erhöht. Nun wird ein zweiter Klassifikator mit den aktualisierten Gewichten trainiert, es werden abermals Vorhersagen auf den Trainingsdaten getroffen, die Gewichte werden aktualisiert und so weiter (siehe Abbildung 7-7).

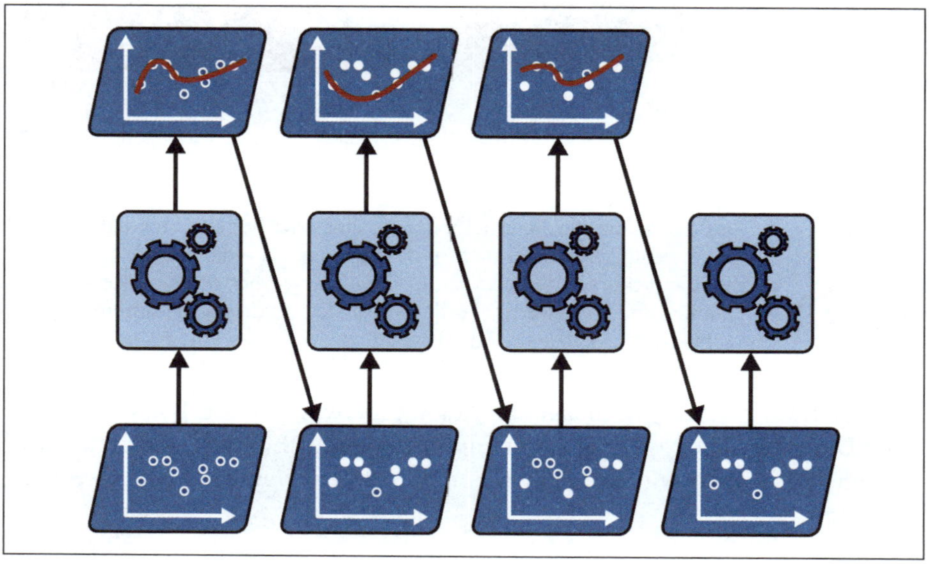

Abbildung 7-7: Sequenzielles Training mit aktualisierten Gewichten der Datenpunkte bei AdaBoost

13 Yoav Freund und Robert E. Schapire, »A Decision-Theoretic Generalization of On-Line Learning and an Application to Boosting«, *Journal of Computer and System Sciences* 55, no. 1 (1997): 119–139.

Abbildung 7-8 zeigt die Entscheidungsgrenzen von fünf aufeinanderfolgenden Prädiktoren auf dem Datensatz *moons* (in diesem Beispiel ist jeder Prädiktor ein in hohem Maße regularisierter SVM-Klassifikator mit einem RBF-Kernel[14]). Der erste Klassifikator liegt bei vielen Datenpunkten falsch, also werden deren Gewichte erhöht. Deshalb schneidet der zweite Klassifikator bei diesen Datenpunkten besser ab und so weiter. Das Diagramm auf der rechten Seite stellt die gleiche Folge von Prädiktoren dar, nur dass die Lernrate halbiert ist (also die Gewichte der falsch klassifizierten Datenpunkte bei jedem Durchlauf viel weniger erhöht werden). Wie Sie sehen, hat diese sequenzielle Lerntechnik eine gewisse Ähnlichkeit mit dem Gradientenverfahren. Anstatt aber die Parameter eines einzelnen Prädiktors zum Minimieren einer Kostenfunktion zu verändern, fügt AdaBoost Prädiktoren zum Ensemble hinzu, um es nach und nach zu verbessern.

Sobald sämtliche Prädiktoren trainiert sind, trifft das Ensemble ähnlich wie beim Bagging oder Pasting Vorhersagen, die Prädiktoren haben aber je nach ihrer Genauigkeit auf den gewichteten Trainingsdaten unterschiedliche Gewichte.

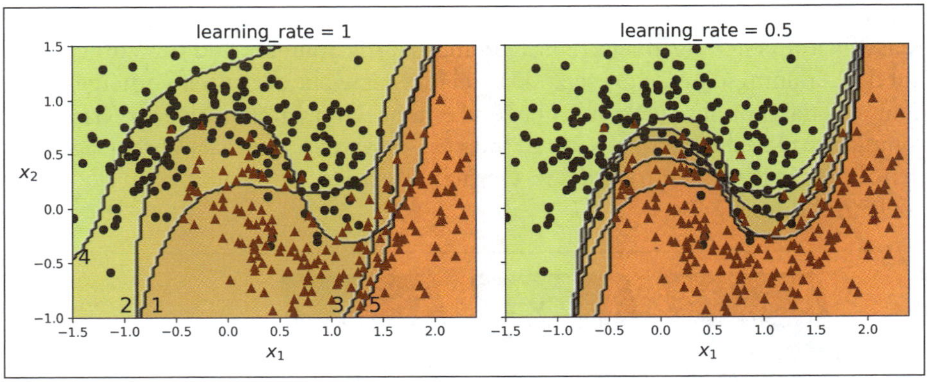

Abbildung 7-8: Entscheidungsgrenzen aufeinanderfolgender Prädiktoren

> Diese sequenzielle Lernmethode hat einen wichtigen Nachteil: Das Training lässt sich nicht parallelisieren, da jeder Prädiktor erst dann trainiert werden kann, sobald der vorherige Prädiktor trainiert und ausgewertet wurde. Daher skaliert dieses Verfahren nicht so gut wie Bagging oder Pasting.

Betrachten wir den Algorithmus hinter AdaBoost etwas genauer. Das Gewicht für jeden Datenpunkt $w^{(i)}$ wird zu Beginn auf $1/m$ gesetzt. Ein erster Prädiktor wird trainiert und seine gewichtete Fehlerquote r_1 auf den Trainingsdaten berechnet, siehe Formel 7-1.

14 Dies geschieht nur zur Veranschaulichung. SVMs sind grundsätzlich keine guten Prädiktoren für AdaBoost, weil sie langsam sind und bei AdaBoost zur Instabilität neigen.

Formel 7-1: Gewichtete Fehlerquote für den j. Prädiktor

$$r_j = \sum_{\substack{i=1 \\ \hat{y}_j^{(i)} \neq y^{(i)}}}^{m} w^{(i)}$$

wobei $\hat{y}_j^{(i)}$ die Vorhersage des *j*. Prädikators für den *i*. Datenpunkt ist.

Das Gewicht des Prädiktors α_j wird anschließend mit Formel 7-2 berechnet, wobei der Hyperparameter η die Lernrate ist (voreingestellt ist 1).[15]

Je genauer der Prädiktor ist, desto höher ist auch sein Gewicht. Wenn er nur zufällig rät, ist sein Gewicht nahezu null. Liegt er jedoch häufiger falsch als richtig (also ungenauer als zufälliges Raten), wird ihm ein negatives Gewicht zugewiesen.

Formel 7-2: Gewicht eines Prädiktors

$$\alpha_j = \eta \log \frac{1 - r_j}{r_j}$$

Anschließend werden die Gewichte der Datenpunkte mit Formel 7-3 aktualisiert: Die falsch klassifizierten Datenpunkte werden *geboostet*.

Formel 7-3: Regel zum Aktualisieren der Gewichte

$$\text{für } i = 1, 2, \ldots, m$$
$$w^{(i)} \leftarrow \begin{cases} w^{(i)} & \text{wenn } \hat{y}_j^{(i)} = y^{(i)} \\ w^{(i)} \exp(\alpha_j) & \text{wenn } \hat{y}_j^{(i)} \neq y^{(i)} \end{cases}$$

Danach werden die Gewichte aller Datenpunkte normiert (durch $\Sigma_{i=1}^{m} w^{(i)}$ geteilt).

Schließlich wird mit den aktualisierten Gewichten ein neuer Prädiktor trainiert, und der ganze Vorgang wird wiederholt: Das Gewicht des neuen Prädiktors wird berechnet, die Gewichte der Datenpunkte werden aktualisiert, ein neuer Prädiktor wird trainiert und so weiter. Der Algorithmus hält an, sobald eine gewünschte Anzahl Prädiktoren erreicht ist oder ein perfekter Prädiktor gefunden wurde.

Beim Treffen von Vorhersagen berechnet AdaBoost einfach die Vorhersagen sämtlicher Prädiktoren und gewichtet sie nach den Gewichten der Prädiktoren α_j. Die vorhergesagte Kategorie ist diejenige, die eine Mehrheit der gewichteten Stimmen erhält (siehe Formel 7-4).

Formel 7-4: Vorhersagen mit AdaBoost

$$\hat{y}(\mathbf{x}) = \underset{k}{\operatorname{argmax}} \sum_{\substack{j=1 \\ \hat{y}_j(\mathbf{x}) = k}}^{N} \alpha_j \quad \text{wobei } N \text{ die Anzahl Prädiktoren ist.}$$

15 Der ursprüngliche AdaBoost-Algorithmus verwendet keine Lernrate als Hyperparameter.

Scikit-Learn verwendet eine für mehrere Kategorien geeignete Version von AdaBoost namens *SAMME* (*https://homl.info/27*)[16], was für *Stagewise Additive Modeling using a Multiclass Exponential loss function* steht. Bei nur zwei Kategorien ist SAMME zu AdaBoost äquivalent. Wenn die Prädiktoren außerdem in der Lage sind, Wahrscheinlichkeiten für die Kategorien anzugeben (also die Methode `predict_proba()` besitzen), kann Scikit-Learn eine Variante von SAMME namens *SAMME.R* einsetzen (das *R* steht für *Real*), die sich auf die Wahrscheinlichkeiten anstelle der Vorhersagen stützt und im Allgemeinen besser funktioniert.

Der folgende Code trainiert einen AdaBoost-Klassifikator mit 200 *Decision Stumps*. Er verwendet dazu die Klasse `AdaBoostClassifier` aus Scikit-Learn (wie Sie sich vielleicht denken, gibt es auch eine Klasse `AdaBoostRegressor`). Ein Decision Stump ist ein Entscheidungsbaum mit `max_depth=1` – es ist also ein Baum, der aus einem einzigen inneren Knoten und zwei Blättern besteht. Dies ist der standardmäßig in der Klasse `AdaBoostClassifier` eingestellte Estimator:

```
from sklearn.ensemble import AdaBoostClassifier

ada_clf = AdaBoostClassifier(
    DecisionTreeClassifier(max_depth=1), n_estimators=30,
    learning_rate=0.5, random_state=42)
ada_clf.fit(X_train, y_train)
```

> Wenn Ihr AdaBoost-Ensemble zum Overfitting der Trainingsdaten neigt, können Sie die Anzahl der Estimatoren reduzieren oder den zugrunde liegenden Estimator stärker regularisieren.

Gradient Boosting

Ein zweiter sehr beliebter Boosting-Algorithmus ist *Gradient Boosting* (*https://homl.info/28*).[17] Wie AdaBoost fügt auch Gradient Boosting die Prädiktoren nacheinander einem Ensemble hinzu, wobei jeder seinen Vorgänger korrigiert. Anstatt jedoch bei jedem Durchlauf wie bei AdaBoost die Gewichte der Datenpunkte zu verändern, werden bei dieser Methode die neuen Prädiktoren an die vom vorherigen Prädiktor begangenen *Restfehler* angepasst.

Betrachten wir ein einfaches Regressionsbeispiel mit Entscheidungsbäumen als zugrunde liegendem Prädiktor. Dies bezeichnet man als *Gradient Tree Boosting* oder *Gradient Boosted Regression Trees* (*GBRT*). Zunächst erzeugen wir einen verrauschten quadratischen Datensatz und passen einen `DecisionTreeRegressor` daran an:

---

16 Details können Sie nachlesen in Ji Zhu et al., »Multi-Class AdaBoost«, *Statistics and Its Interface* 2, no. 3 (2009): 349–360.

17 Gradient Boosting wurde erstmals im Artikel »Arcing the Edge« (*https://homl.info/arcing*) von Leo Breiman aus dem Jahr 1997 erwähnt und 1999 in »Greedy Function Approximation: A Gradient Boosting Machine« (*https://homl.info/gradboost*) von Jerome H. Friedman weiter ausgearbeitet.

```
import numpy as np
from sklearn.tree import DecisionTreeRegressor

np.random.seed(42)
X = np.random.rand(100, 1) - 0.5
y = 3 * X[:, 0] ** 2 + 0.05 * np.random.randn(100)  # 3x² + Gaussian noise

tree_reg1 = DecisionTreeRegressor(max_depth=2, random_state=42)
tree_reg1.fit(X, y)
```

Anschließend trainieren wir einen zweiten `DecisionTreeRegressor` auf den vom ersten Prädiktor verursachten Restfehlern:

```
y2 = y - tree_reg1.predict(X)
tree_reg2 = DecisionTreeRegressor(max_depth=2, random_state=43)
tree_reg2.fit(X, y2)
```

Schließlich trainieren wir noch einen dritten Regressor auf den Restfehlern des zweiten Prädiktors:

```
y3 = y2 - tree_reg2.predict(X)
tree_reg3 = DecisionTreeRegressor(max_depth=2, random_state=44)
tree_reg3.fit(X, y3)
```

Damit haben wir ein Ensemble aus drei Bäumen. Wir können Vorhersagen für einen neuen Datenpunkt treffen, indem wir einfach die Vorhersagen aller drei Bäume addieren:

```
y_pred = sum(tree.predict(X_new) for tree in (tree_reg1, tree_reg2, tree_reg3))
```

Abbildung 7-9 zeigt in der linken Spalte die Vorhersagen dieser drei Bäume und in der rechten Spalte die Vorhersagen des Ensembles. In der ersten Zeile besteht das Ensemble aus nur einem Baum, daher sind seine Vorhersagen exakt die gleichen wie die des ersten Baums. In der zweiten Zeile wird ein zweiter Baum auf den Restfehlern des ersten Baums trainiert. Auf der rechten Seite können Sie sehen, dass die Vorhersage des Ensembles der Summe der Vorhersagen der ersten beiden Bäume entspricht.

In ähnlicher Weise wird in der dritten Zeile ein weiterer Baum auf den Restfehlern des zweiten Baums trainiert. Sie sehen, dass sich die Vorhersagen des Ensembles nach und nach verbessern, während wir dem Ensemble zusätzliche Bäume hinzufügen.

Ein GBRT-Ensemble lässt sich einfacher mit der Klasse `GradientBoostingRegressor` in Scikit-Learn trainieren (es gibt auch eine Klasse `GradientBoostingClassifier` zur Klassifikation). Wie die Klasse `RandomForestRegressor` enthält auch diese Hyperparameter, die das Wachstum der Entscheidungsbäume steuern (z. B. `max_depth` oder `min_samples_leaf`), und Hyperparameter, die das Training des Ensembles insgesamt beeinflussen, z. B. die Anzahl der Bäume (`n_estimators`). Der folgende Code erzeugt das gleiche Ensemble wie oben:

```
from sklearn.ensemble import GradientBoostingRegressor

gbrt = GradientBoostingRegressor(max_depth=2, n_estimators=3,
                                 learning_rate=1.0, random_state=42)
gbrt.fit(X, y)
```

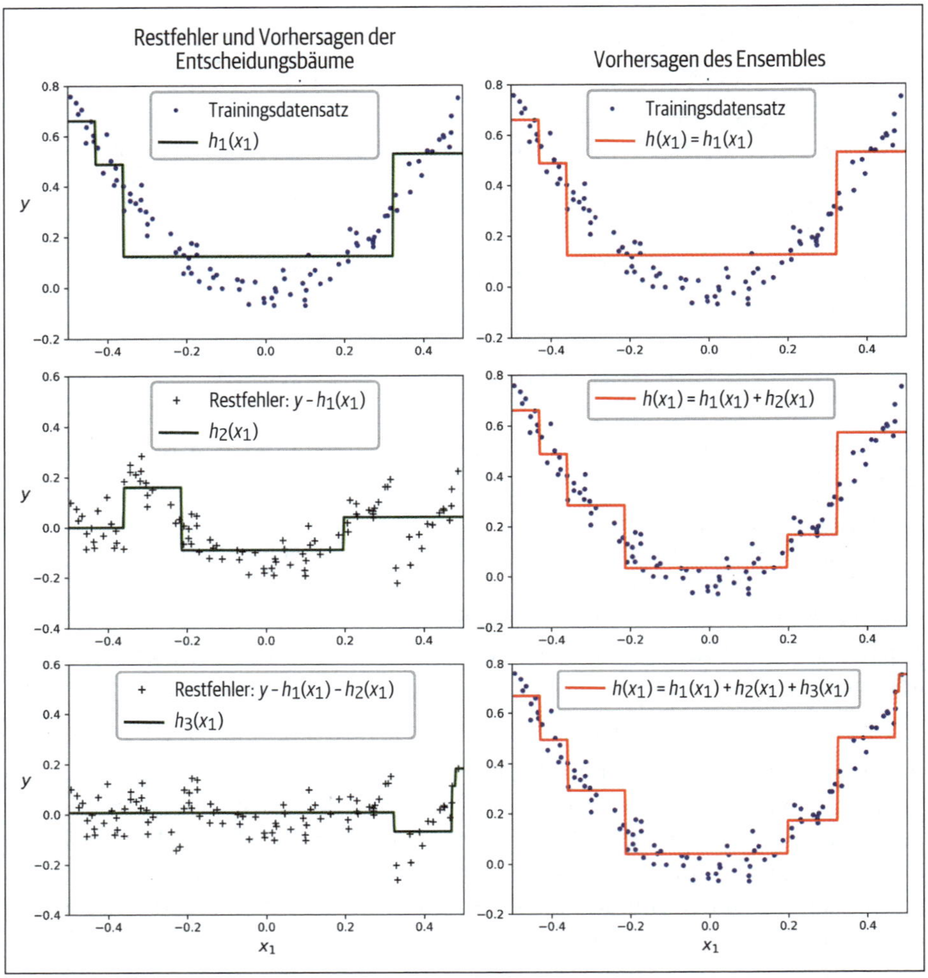

Abbildung 7-9: In dieser Darstellung des Gradient Boosting ist der erste Prädiktor (oben links) normal trainiert, jeder folgende Prädiktor (Mitte und unten links) wird dann mit dem Restfehler des vorherigen Prädiktors trainiert – die rechte Spalte zeigt die Vorhersagen der daraus entstandenen Ensembles.

Der Hyperparameter `learning_rate` skaliert den Beitrag jedes einzelnen Baums. Wenn Sie ihn auf einen niedrigen Wert wie 0,05 setzen, benötigen Sie mehr Bäume, um das Ensemble an die Trainingsdaten anzupassen. Dafür verallgemeinern die Vorhersagen in der Regel besser. Dies ist eine als *Shrinkage* bezeichnete Regularisierungstechnik. Abbildung 7-10 zeigt zwei GBRT-Ensembles, die mit unterschiedlichen Hyperparametern trainiert wurden: Das Ensemble auf der linken Seite enthält nicht genug Bäume, um die Trainingsdaten abzubilden, während das auf der rechten Seite eine ausreichende Menge enthält. Würden wir mehr Bäume hinzufügen, würde das GBRT ein Overfitting des Trainingsdatensatzes verursachen.

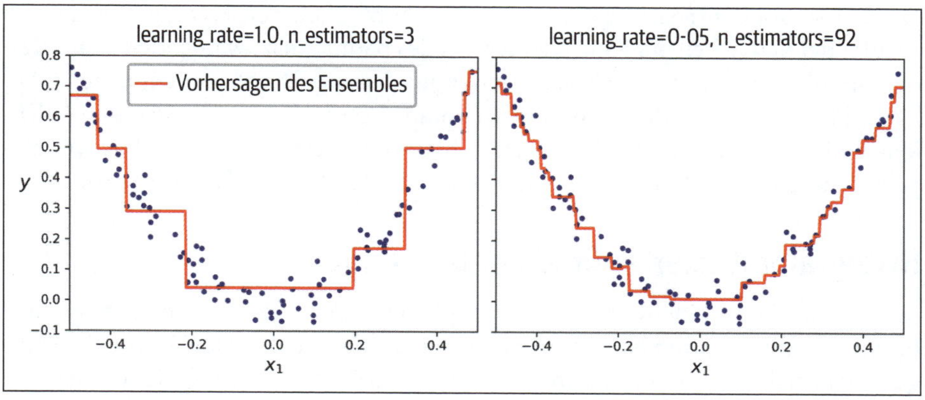

Abbildung 7-10: GBRT-Ensembles mit zu wenigen (links) und ausreichend vielen Prädiktoren (rechts)

Um die optimale Anzahl Bäume zu ermitteln, könnten Sie wie üblich eine Kreuzvalidierung mit `GridSearchCV` oder `RandomizedSearchCV` durchführen, aber es gibt eine einfachere Möglichkeit: Setzen Sie den Hyperparameter `n_iter_no_change` auf einen Integer-Wert – zum Beispiel 10 –, wird der `GradientBoostingRegressor` beim Training keine weiteren Bäume mehr automatisch hinzufügen, wenn er sieht, dass die letzten zehn Bäume nicht geholfen haben. Das ist im Prinzip *Early Stopping* (siehe Kapitel 4), aber mit ein wenig Ausdauer: Es ist möglich, eine Zeitlang keinen Fortschritt zu haben, bevor tatsächlich angehalten wird. Trainieren wir das Ensemble mit Early Stopping:

```
gbrt_best = GradientBoostingRegressor(
    max_depth=2, learning_rate=0.05, n_estimators=500,
    n_iter_no_change=10, random_state=42)
gbrt_best.fit(X, y)
```

Setzen Sie für `n_iter_no_change` einen zu niedrigen Wert an, wird das Training eventuell zu früh abgebrochen, und es kommt zu einem Underfitting. Nutzen Sie einen zu hohen Wert, haben wir ein Overfitting. Wir haben eine recht kleine Lernrate und eine hohe Zahl an Estimatoren genutzt, aber die tatsächliche Menge an Estimatoren im trainierten Ensemble ist viel kleiner – dank Early Stopping:

```
>>> gbrt_best.n_estimators_
92
```

Wird `n_iter_no_change` gesetzt, teilt die Methode `fit()` den Trainingsdatensatz automatisch in einen kleineren Trainingsdatensatz und einen Validierungsdatensatz auf. So kann die Modellqualität bei jedem Hinzufügen eines neuen Baums überprüft werden. Die Größe des Validierungsdatensatzes wird durch den Hyperparameter `validation_fraction` gesteuert, sein Standardwert beträgt 10 %. Der Hyperparameter `tol` legt die maximale Qualitätsverbesserung fest, die immer noch als unwesentlich betrachtet wird, Standard: 0,0001.

Die Klasse `GradientBoostingRegressor` unterstützt auch den Hyperparameter `subsample`, der den Anteil der zum Trainieren jedes Baums auszuwählenden Trainingsdatenpunkte festlegt. Beispielsweise wird mit `subsample=0.25` jeder Baum auf zufällig ausgewählten 25 % der Trainingsdatenpunkte trainiert. Wie Sie sich sicher denken können, wird hiermit ein höheres Bias gegen eine niedrigere Varianz eingetauscht. Diese Technik nennt man auch *stochastisches Gradient Boosting.*

Histogrammbasiertes Gradient Boosting

Scikit-Learn bietet eine weitere GBRT-Implementierung, die für große Datensätze optimiert ist: *histogrammbasiertes Gradient Boosting* (HGB). Dabei werden die Eingabemerkmale per Binning zusammengefasst und durch Integer-Werte ersetzt. Die Anzahl an Bins wird durch den Hyperparameter `max_bins` bestimmt, der standardmäßig den Wert 255 hat (und auch keinen höheren Wert haben kann). Durch das Binning lässt sich die Zahl der möglichen Grenzwerte, die der Trainingsalgorithmus evaluieren muss, sehr gut reduzieren. Zudem lassen sich durch den Einsatz von Integer-Werten schnellere und speichereffizientere Datenstrukturen nutzen. Und durch die Art und Weise, wie die Bins gebaut sind, müssen die Merkmale beim Trainieren jedes Baums auch nicht sortiert werden.

Im Ergebnis führt das so zu einer Rechenkomplexität von $O(b \times m)$ statt $O(n \times m \times \log(m))$, wobei b die Anzahl an Bins, m die Anzahl an Trainingsinstanzen und n die Anzahl an Merkmalen ist. In der Praxis bedeutet das, dass HGB bei großen Datensätzen hundertmal schneller trainieren kann als normales GBRT. Allerdings führt das Binning zu einem Genauigkeitsverlust, der als Regularisierer agiert: Abhängig vom Datensatz kann das dabei helfen, ein Overfitting zu vermeiden, oder aber zu einem Underfitting führen.

Scikit-Learn stellt für HGB zwei Klassen bereit: `HistGradientBoostingRegressor` und `HistGradientBoostingClassifier`. Sie entsprechen `GradientBoostingRegressor` und `GradientBoostingClassifier`, es gibt aber ein paar erwähnenswerte Unterschiede:

- Early Stopping ist automatisch aktiviert, wenn die Anzahl an Instanzen größer als 10.000 ist. Sie können Early Stopping immer ein- oder ausschalten, indem Sie den Hyperparameter `early_stopping` auf `True` oder `False` setzen.
- Subsampling wird nicht unterstützt.
- `n_estimators` heißt hier `max_iter`.
- Die einzigen Entscheidungsbaum-Hyperparameter, die sich anpassen lassen, sind `max_leaf_nodes`, `min_samples_leaf` und `max_depth`.

Die HGB-Klassen besitzen zudem zwei nette Features: Sie unterstützen beide kategorische Merkmale und fehlende Werte. Das vereinfacht die Vorverarbeitung ein ganzes Stück. Aber die kategorischen Merkmale müssen durch Integer-Werte repräsentiert werden, die zwischen 0 und einem Wert kleiner als `max_bins` liegen. Sie können dafür einen OrdinalEncoder verwenden. So bauen Sie beispielsweise eine vollständige Pipeline für den Immobilien-Datensatz aus Kapitel 2:

```
from sklearn.pipeline import make_pipeline
from sklearn.compose import make_column_transformer
from sklearn.ensemble import HistGradientBoostingRegressor
from sklearn.preprocessing import OrdinalEncoder

hgb_reg = make_pipeline(
    make_column_transformer((OrdinalEncoder(), ["ocean_proximity"]),
                            remainder="passthrough"),
    HistGradientBoostingRegressor(categorical_features=[0], random_state=42)
)
hgb_reg.fit(housing, housing_labels)
```

Die gesamte Pipeline ist gerade einmal genauso lang wie die Liste an Importen! Es werden keine Imputer, keine Skalierer oder One-Hot-Encoder gebraucht, was alles sehr praktisch ist. Beachten Sie, dass categorical_features auf die Spaltenindizes der kategorischen Merkmale (oder ein boolesches Array) gesetzt werden muss. Ohne Optimieren der Hyperparameter führt dieses Modell zu einem RMSE von ungefährt 47.600, was gar nicht so schlecht ist.

Im Python-ML-Ökosystem gibt es eine ganze Reihe weiterer optimierter Implementierungen des Gradient Boosting – insbesondere XGBoost (*https://github.com/dmlc/xgboost*), CatBoost (*https://catboost.ai*) und LightGBM (*https://lightgbm.readthedocs.io*). Diese Bibliotheken gibt es schon viele Jahre. Sie sind alle auf Gradient Boosting spezialisiert, ihre APIs ähneln denen von Scikit-Learn stark, und sie bieten viele zusätzliche Features, unter anderem eine GPU-Beschleunigung – schauen Sie sich diese auf jeden Fall einmal an! Zudem stellen die TensorFlow-Random-Forests-Bibliotheken (*https://tensorflow.org/decision_forests*) optimierte Implementierungen einer Vielzahl von Random-Forest-Algorithmen bereit, unter anderem reine Random Forests, Extra-Trees, GBRT und viele mehr.

Stacking

Die letzte in diesem Kapitel besprochene Ensemble-Methode nennt man *Stacking* (eine Kurzform von *Stacked Generalization* (*https://homl.info/29*)).[18] Diese Methode beruht auf einer einfachen Idee: Anstatt triviale Funktionen (wie Hard Voting) zum Zusammenfassen der Vorhersagen aller Prädiktoren in einem Ensemble zu verwenden, trainieren wir ein Modell, das diese Zusammenfassung durchführt. Abbildung 7-11 zeigt ein Ensemble, das eine Regressionsaufgabe für einen neuen Datenpunkt durchführt. Jeder der drei unteren Prädiktoren sagt einen anderen Wert vorher (3,1, 2,7 und 2,9), und der letzte Prädiktor (den man als *Blender* oder

18 David H. Wolpert, »Stacked Generalization«, *Neural Networks* 5, no. 2 (1992): 241–259.

Meta-Lerner bezeichnet) nimmt diese Vorhersagen als Eingabe und trifft daraus die endgültige Vorhersage (3,0).

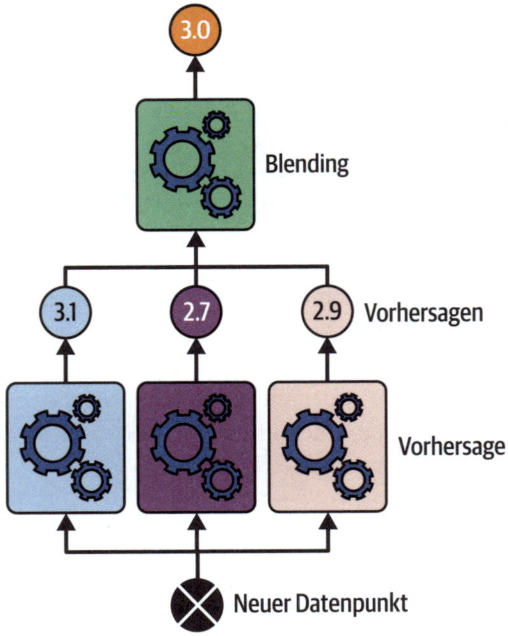

Abbildung 7-11: Aggregieren von Vorhersagen mit einem Blender-Prädiktor

Um den Blender zu trainieren, müssen Sie zuerst den Blending-Trainingsdatensatz bauen. Sie können für jeden Prädiktor im Ensemble `cross_val_predict()` verwenden, um Out-of-Sample-Vorhersagen für jede Instanz im ursprünglichen Trainingsdatensatz zu erhalten (siehe Abbildung 7-12) und diese dann als Eingabemerkmale zum Trainieren des Blenders zu nutzen. Die Ziele können einfach aus dem ursprünglichen Trainingsdatensatz kopiert werden. Beachten Sie, dass unabhängig von der Anzahl der Merkmale des ursprünglichen Trainingsdatensatzes (in diesem Beispiel nur eines) der Blending-Trainingsdatensatz ein Eingabemerkmal pro Prädiktor enthält (in diesem Fall drei). Ist der Blender trainiert, werden die Basisprädiktoren ein letztes Mal mit dem vollständigen, ursprünglichen Trainingsdatendatz trainiert.

Es ist möglich, mehrere unterschiedliche Blender auf diese Weise zu trainieren (z. B. einen mit linearer Regression und einen zweiten als Random-Forest-Regressor), um eine ganze Stufe mit Blendern zu erhalten. Dann setzen wir darauf einen weiteren Blender auf, der die endgültigen Vorhersagen liefert (siehe Abbildung 7-13). Sie werden die Qualität so eventuell noch ein kleines bisschen steigern können, allerdings kostet Sie das sowohl Trainingszeit als auch Systemkomplexität.

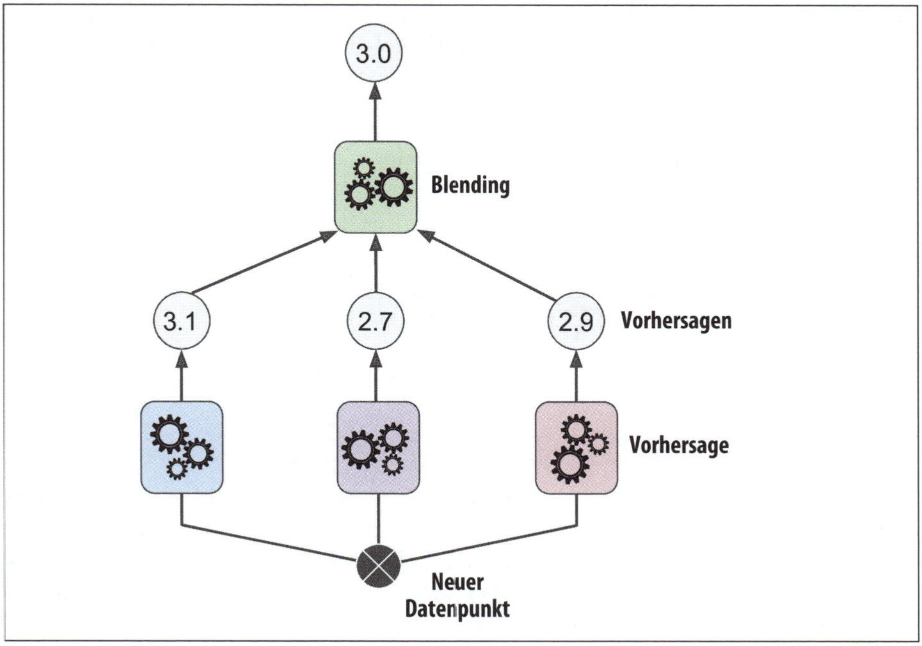

Abbildung 7-12: Trainieren eines Blenders in einem Stacking-Ensemble

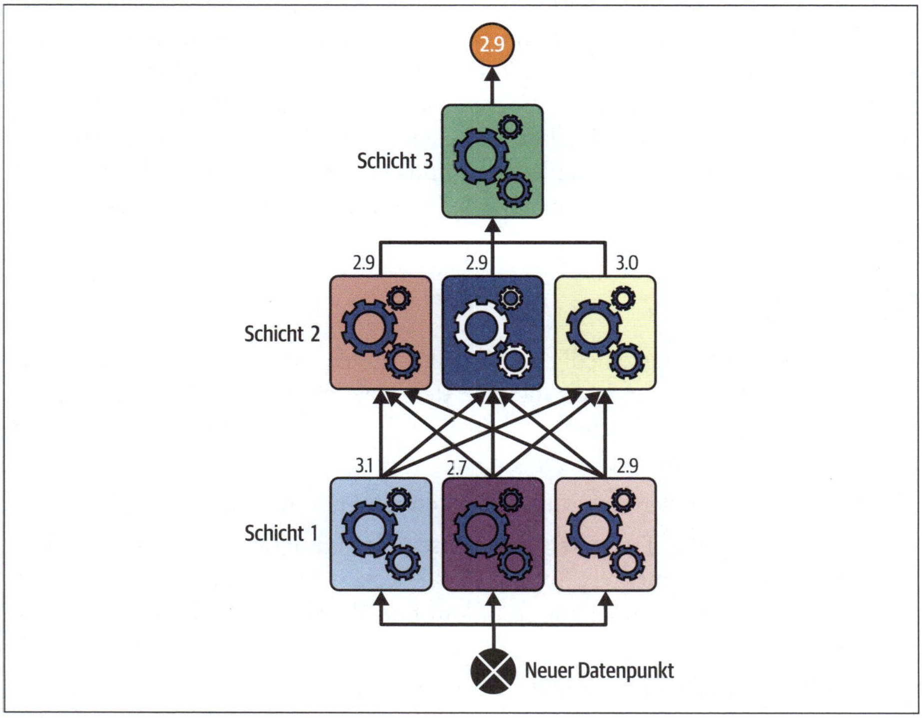

Abbildung 7-13: Vorhersagen in einem mehrschichtigen Stacking-Ensemble

Scikit-Learn stellt zwei Klassen für das Stacking von Ensembles bereit: `StackingClassifier` und `StackingRegressor`. Wir können beispielsweise den am Anfang dieses Kapitels für den *moons*-Datensatz genutzten `VotingClassifier` durch einen `StackingClassifier` ersetzen:

```
from sklearn.ensemble import StackingClassifier

stacking_clf = StackingClassifier(
    estimators=[
        ('lr', LogisticRegression(random_state=42)),
        ('rf', RandomForestClassifier(random_state=42)),
        ('svc', SVC(probability=True, random_state=42))
    ],
    final_estimator=RandomForestClassifier(random_state=43),
    cv=5  # Anzahl an Kreuzvalidierungs-Folds
)
stacking_clf.fit(X_train, y_train)
```

Für jeden Prädiktor ruft der Stacking-Klassifikator `predict_proba()` auf (sofern verfügbar). Ist diese Methode nicht vorhanden, wird stattdessen `decision_function()` oder als letzter Ausweg `predict()` genutzt. Stellen Sie keinen abschließenden Estimator bereit, nutzt `StackingClassifier` eine `LogisticRegression`, während `StackingRegressor` auf `RidgeCV` zurückgreift.

Zusammengefasst, lässt sich sagen, dass Ensemble-Methoden vielseitig, leistungsfähig und recht einfach verwendbar sind. Random Forests, AdaBoost und GBRT sind die ersten Modelle, die Sie für die meisten Aufgaben beim maschinellen Lernen ausprobieren sollten. Sie sind gerade bei heterogenen tabellarischen Daten sehr hilfreich. Und weil sie sehr wenig Vorverarbeitung erfordern, lassen sie sich gut in einem Prototyp einsetzen und schnell umsetzen. Schließlich können Ensemble-Methoden wie Abstimmungsklassifikatoren und Stacking-Klassifikatoren dabei helfen, die Qualität Ihres Systems noch weiter an seine Grenzen zu bringen.

Übungen

1. Wenn Sie fünf unterschiedliche Modelle auf den exakt gleichen Trainingsdaten trainiert haben und für alle eine Relevanz von 95 % erzielen, lassen sich diese Modelle kombinieren, um ein noch besseres Ergebnis zu erhalten? Begründen Sie Ihre Antwort.
2. Worin unterscheiden sich Klassifikatoren mit Hard und Soft Voting?
3. Ist es möglich, das Trainieren eines Ensembles mit Bagging zu beschleunigen, indem man es auf mehrere Server verteilt? Wie sieht es bei Ensembles mit Pasting, Ensembles mit Boosting, Random Forests oder Ensembles mit Stacking aus?
4. Welchen Vorteil bietet die Out-of-Bag-Evaluation?

5. Wodurch werden Extra-Trees-Ensembles zufälliger als gewöhnliche Random Forests? Wobei hilft dieses zusätzliche Zufallselement? Sind Extra-Trees-Klassifikatoren langsamer oder schneller als gewöhnliche Random Forests?
6. Falls Ihr AdaBoost-Ensemble die Trainingsdaten underfittet, welche Hyperparameter sollten Sie in welcher Weise verändern?
7. Wenn Ihr Gradient-Boosting-Ensemble die Trainingsdaten overfittet, sollten Sie dann die Lernrate erhöhen oder verringern?
8. Laden Sie den MNIST-Datensatz (siehe Kapitel 3) und teilen Sie diesen in Datensätze zum Training, zur Validierung und zum Testen auf (z.B. 50.000 Datenpunkte zum Trainieren, 10.000 zur Validierung und 10.000 zum Testen). Trainieren Sie anschließend unterschiedliche Klassifikatoren, z.B. einen Random-Forest-Klassifikator, einen Extra-Trees-Klassifikator und eine SVM. Versuchen Sie danach, diese zu einem Ensemble zu kombinieren, das besser ist als alle Klassifikatoren auf den Validierungsdaten. Verwenden Sie dazu einen Klassifikator mit Soft oder Hard Voting. Sobald Sie einen gefunden haben, probieren Sie diesen auf dem Testdatensatz aus. Wie viel besser ist das Ensemble im Vergleich zu den einzelnen Klassifikatoren?
9. Führen Sie die einzelnen Klassifikatoren aus der vorherigen Übung aus, um Vorhersagen auf den Validierungsdaten zu treffen. Erstellen Sie einen neuen Trainingsdatensatz mit den sich daraus ergebenden Vorhersagen: Jeder Trainingsdatenpunkt ist ein Vektor mit den Vorhersagen sämtlicher Klassifikatoren für ein und dasselbe Bild, und die Zielgröße ist die Kategorie des Bilds. Trainieren Sie einen Klassifikator mit diesem neuen Trainingsdatensatz. Herzlichen Glückwunsch, Sie haben soeben einen Blender trainiert, der zusammen mit den Klassifikatoren ein Stacking-Ensemble bildet! Werten Sie das Ensemble mit dem Testdatensatz aus. Erstellen Sie für jedes Bild im Testdatensatz mit allen Klassifikatoren Vorhersagen und füttern Sie den Blender mit diesen Vorhersagen, um eine Vorhersage für das Ensemble zu erhalten. Wie schneidet es im Vergleich zum zuvor trainierten abstimmungsbasierten Klassifikator ab? Jetzt versuchen Sie es erneut, aber dieses Mal mit einem `StackingClassifier`. Erhalten Sie eine bessere Qualität? Wenn ja: Warum?

Die deutschsprachigen Lösungen zu diesen Übungen finden Sie unter *https://dpunkt.de/produkt/praxiseinstieg-machine-learning-mit-scikit-learn-keras-und-tensorflow-2/* auf der Registerkarte *Zusatzmaterial*, die englischsprachigen Lösungen am Ende des Notebooks zu diesem Kapitel unter *https://homl.info/colab3*.

KAPITEL 8
Dimensionsreduktion

Viele Aufgaben beim Machine Learning enthalten für jeden Datenpunkt Tausende oder sogar Millionen Merkmale. Das Training wird dadurch nicht nur extrem langsam, auch das Finden einer geeigneten Lösung wird dadurch erschwert, wie wir gleich sehen werden. Dieses Problem wird bisweilen als *Fluch der Dimensionalität* bezeichnet.

Glücklicherweise lässt sich bei realen Aufgaben die Anzahl der Merkmale beträchtlich reduzieren, sodass sich eine nicht zu bewältigende Aufgabe bearbeiten lässt. Betrachten Sie beispielsweise die MNIST-Bilder (aus Kapitel 3): Die Pixel an den Bildrändern sind so gut wie immer weiß, daher könnten Sie diese Pixel aus dem Trainingsdatensatz entfernen, ohne viel an Information zu verlieren. Abbildung 7-6 aus dem vorherigen Kapitel bestätigt, dass diese Pixel für die Klassifikationsaufgabe völlig bedeutungslos sind. Außerdem korrelieren zwei benachbarte Pixel oft miteinander: Wenn Sie diese zu einem einzelnen Pixel vereinigen (z.B. über den Mittelwert der beiden Intensitäten), verlieren Sie nicht viel an Information.

> Das Reduzieren der Dimensionen geht mit einem Verlust an Information einher (wie das Komprimieren eines Bilds zum JPEG-Format, dessen Qualität abnehmen kann). Obwohl das Trainieren dadurch beschleunigt wird, kann es die Leistung Ihres Systems ein wenig schmälern. Außerdem werden Ihre Pipelines dadurch etwas komplexer und somit schwieriger zu warten. Daher empfehle ich Ihnen, Ihr System zuerst mit den ursprünglichen Daten zu trainieren, bevor Sie im Fall eines zu langsamen Trainings eine Dimensionsreduktion in Betracht ziehen. In einigen Fällen filtert die Dimensionsreduktion der Trainingsdaten allerdings Rauschen und unnötige Details heraus und führt dadurch zu einer höheren Vorhersagequalität – dies ist aber die Ausnahme, in der Regel wird das Training einfach nur schneller.

Neben der Beschleunigung des Trainings ist die Dimensionsreduktion auch für die Datenvisualisierung äußerst nützlich. Das Reduzieren auf zwei (oder drei) Dimensionen ermöglicht das Plotten einer eingedampften Darstellung eines hochdimensionalen Datensatzes als Diagramm, wodurch man häufig wichtige Einblicke in Form von visuell erkennbaren Mustern, z. B. Clustern, erhält. Zudem ist die Datenvisualisierung entscheidend für das Kommunizieren Ihrer Schlussfolgerungen an diejenigen, die keine Data Scientists sind – insbesondere Manager, die Ihre Ergebnisse nutzen.

In diesem Kapitel werden wir zuerst den Fluch der Dimensionalität besprechen und einen Eindruck davon erhalten, was in hochdimensionalen Räumen passiert. Anschließend werden wir zwei Ansätze zur Dimensionsreduktion vorstellen (Projektion und Manifold Learning) und drei der beliebtesten Techniken zur Dimensionsreduktion ausprobieren: *PCA*, *Zufallsprojektion* und *Locally Linear Embedding* (LLE).

Der Fluch der Dimensionalität

Wir sind so sehr an das Leben in drei Dimensionen gewöhnt[1], dass unsere Vorstellungskraft an höher dimensionalen Räumen scheitert. Selbst einen einfachen 4-D-Hyperwürfel kann man sich nur unglaublich schwer vorstellen (siehe Abbildung 8-1), von einem 200-dimensionalen Ellipsoid, der in einen 1000-dimensionalen Raum gekrümmt ist, einmal ganz zu schweigen.

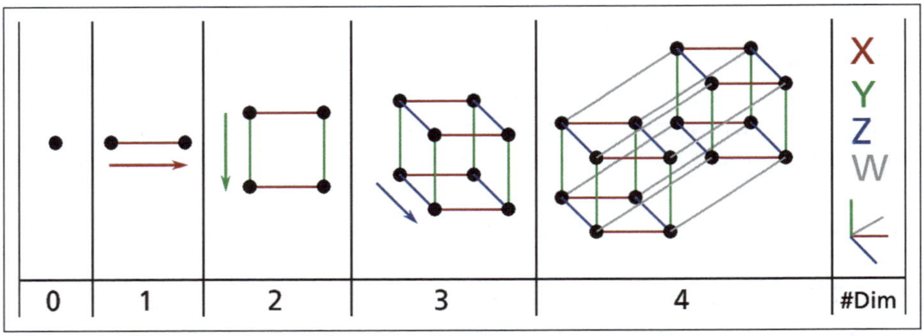

Abbildung 8-1: Punkt, Strecke, Quadrat, Würfel und Tesserakt (0-D bis 4-D-Hyperwürfel)[2]

Es stellt sich heraus, dass sich in höher dimensionalen Räumen viele Dinge anders verhalten. Wenn Sie beispielsweise einen zufälligen Punkt in einem Einheitsquadrat (einem Quadrat mit den Abmessungen 1 × 1) betrachten, beträgt die Wahrscheinlichkeit, näher als 0,001 an einer Kante zu sein, weniger als 0,4 % (anders gesagt, es ist sehr unwahrscheinlich, dass ein zufälliger Punkt »extrem« in Bezug auf eine der Dimensionen ist). Aber in einem 10000-dimensionalen Einheitshyperwür-

1 In Ordnung, vier Dimensionen, wenn Sie die Zeit dazuzählen, und einige mehr, wenn Sie sich mit der String-Theorie beschäftigen.

2 Einen in den 3-D-Raum projizierten rotierenden Tesserakt finden Sie auf *https://homl.info/30*. Bild vom Wikipedia-Nutzer NerdBoy1392 (Creative Commons BY-SA 3.0, (*https://creativecommons.org/licenses/by-sa/3.0/*)). Reproduziert von (*https://en.wikipedia.org/wiki/Tesseract.footnoteEnde*).

fel steigt diese Wahrscheinlichkeit auf mehr als 99,999999% an. Die meisten Punkte in einem hochdimensionalen Hyperwürfel liegen sehr nah am Rand.[3]

Hier ist ein weitaus lästigerer Unterschied: Wenn Sie in einem Einheitsquadrat zwei zufällige Punkte auswählen, beträgt der Abstand zwischen diesen Punkten durchschnittlich 0,52. Wenn Sie in einem 3-D-Würfel zwei zufällige Punkte bestimmen, beträgt der Abstand zwischen diesen Punkten durchschnittlich 0,66. Wie aber sieht es bei zwei zufällig ausgewählten Punkten in einem 1000000-dimensionalen Hyperwürfel aus? Deren Abstand beträgt, ob Sie es glauben oder nicht, im Durchschnitt ungefähr 408,25 (etwa $\sqrt{1000000 / 6}$)! Das ist wenig intuitiv: Wie können zwei Punkte so weit auseinanderliegen, wenn sie beide im gleichen Einheitshyperwürfel liegen? Nun, in höheren Dimensionen steht einfach viel Platz zur Verfügung, und damit sind hochdimensionale Datensätze tendenziell sehr dünn besetzt: Die meisten Trainingsdatenpunkte liegen mit hoher Wahrscheinlichkeit weit voneinander entfernt. Das bedeutet auch, dass jeder neue Datenpunkt vermutlich weit weg von allen Trainingsdatenpunkten liegt, wodurch Vorhersagen weitaus weniger zuverlässig als bei wenigen Dimensionen sind, da ihnen größere Extrapolationen zugrunde liegen. Kurz, je mehr Dimensionen ein Trainingsdatensatz besitzt, umso größer ist die Gefahr des Overfittings.

Theoretisch wäre eine Lösung des Fluchs der Dimensionalität, den Trainingsdatensatz zu vergrößern, bis die Dichte der Trainingsdatenpunkte ausreichend ist. In der Praxis wächst die Anzahl der für eine bestimmte Dichte nötigen Datenpunkte exponentiell mit der Anzahl Dimensionen. Mit nur 100 Merkmalen – viel weniger als bei der MNIST-Aufgabe –, die alle zwischen 0 und 1 liegen, würden Sie mehr Trainingsdatenpunkte benötigen, als es Atome im beobachtbaren Universum gibt, damit sich die Punkte im Abstand von durchschnittlich 0,1 zueinander befinden, sofern sie einheitlich über alle Dimensionen verteilt sind.

Die wichtigsten Ansätze zur Dimensionsreduktion

Bevor wir uns mit einzelnen Algorithmen zur Dimensionsreduktion auseinandersetzen, betrachten wir die zwei wichtigsten Ansätze zum Reduzieren von Dimensionen: Projektion und Manifold Learning.

Projektion

In den meisten Aufgaben im wirklichen Leben sind die Trainingsdaten *nicht* gleichmäßig über alle Dimensionen verteilt. Viele Merkmale sind annähernd konstant, andere sind in hohem Maße miteinander korreliert (wie anhand des MNIST-Beispiels besprochen). Deshalb liegen sämtliche Trainingsdatenpunkte innerhalb ei-

3 Wenn Sie genug Dimensionen berücksichtigen, vertritt jeder Ihrer Bekannten vermutlich in mindestens einer Dimension extreme Ansichten (z. B. die Menge des Zuckers, die sie in ihren Kaffee tun).

nes viel niedriger dimensionalen *Subraums* des höher dimensionalen Raums (oder nahe bei). Da dies sehr abstrakt klingt, sehen wir uns ein Beispiel an. In Abbildung 8-2 erkennen Sie einen durch kleine Kugeln dargestellten 3-D-Datensatz.

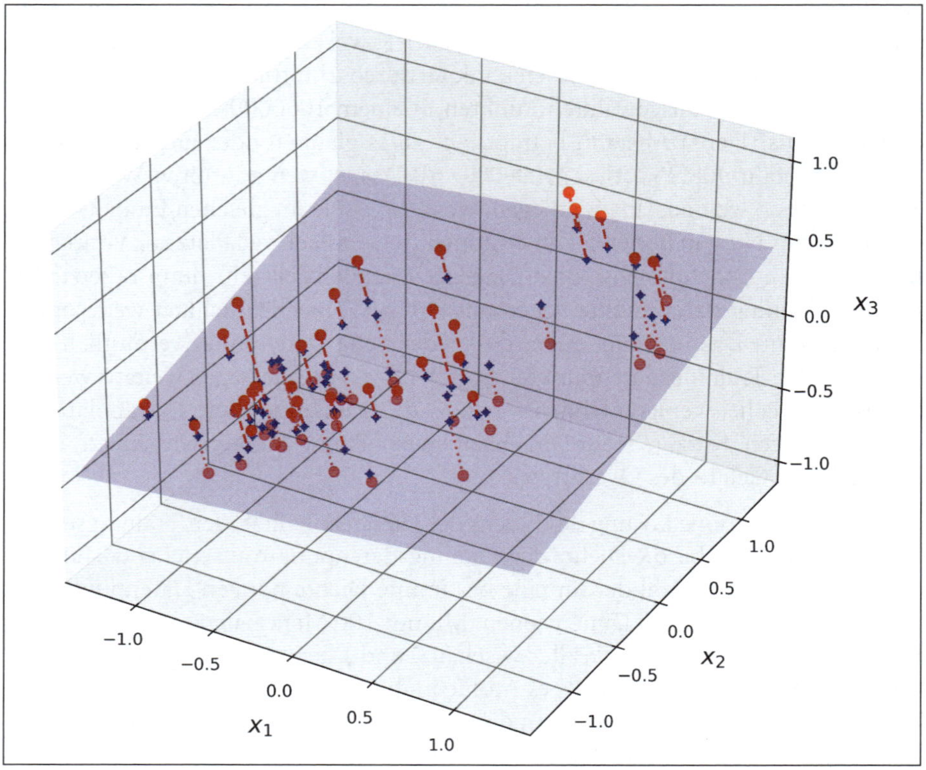

Abbildung 8-2: Ein 3-D-Datensatz in der Nähe eines 2-D-Subraums

Beachten Sie, dass sämtliche Trainingsdatenpunkte nahe einer Ebene liegen: Dies ist der niedriger dimensionale (2-D-)Subraum des höher dimensionalen (3-D-) Raums. Wenn wir nun jeden Trainingsdatenpunkt lotrecht auf diesen Subraum fallen lassen (wie durch die kurzen gestrichelten Linien zwischen Datenpunkten und der Ebene angezeigt), erhalten wir den in Abbildung 8-3 dargestellten neuen Datensatz. Ta-da! Wir haben soeben die Dimensionen des Datensatzes von 3-D nach 2-D reduziert. Allerdings entsprechen die Achsen nun den neuen Merkmalen z_1 und z_2: Sie sind die Koordinaten der Projektion auf die Ebene.

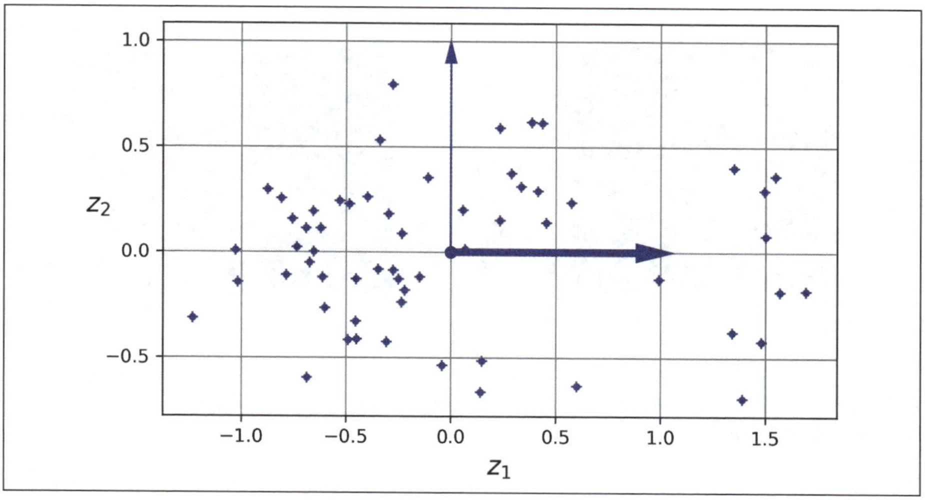

Abbildung 8-3: Der neue 2-D-Datensatz nach der Projektion

Manifold Learning

Eine Projektion ist jedoch nicht immer die beste Lösung zur Dimensionsreduktion. In vielen Fällen ist der Subraum gekrümmt und verdreht, etwa im Fall des berühmten *Swiss-Roll*-Datensatzes in Abbildung 8-4.

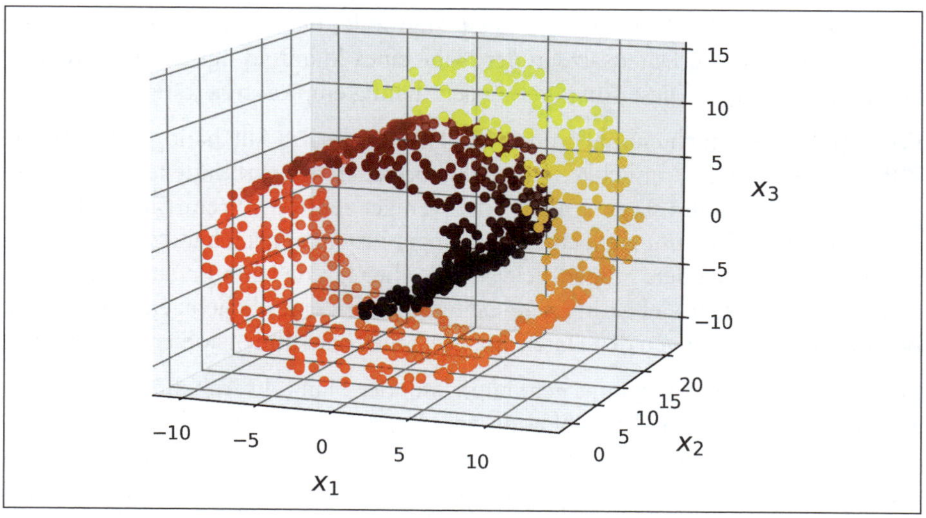

Abbildung 8-4: Swiss-Roll-Datensatz

Eine einfache Projektion auf eine Ebene (z.B. durch Weglassen von x_3) würde unterschiedliche Ebenen der Swiss Roll zusammenquetschen, wie die linke Seite von Abbildung 8-5 zeigt. Was Sie wahrscheinlich stattdessen wirklich benötigen, ist, die Swiss Roll aufzurollen, um den 2-D-Datensatz auf der rechten Seite von Abbildung 8-5 zu erhalten.

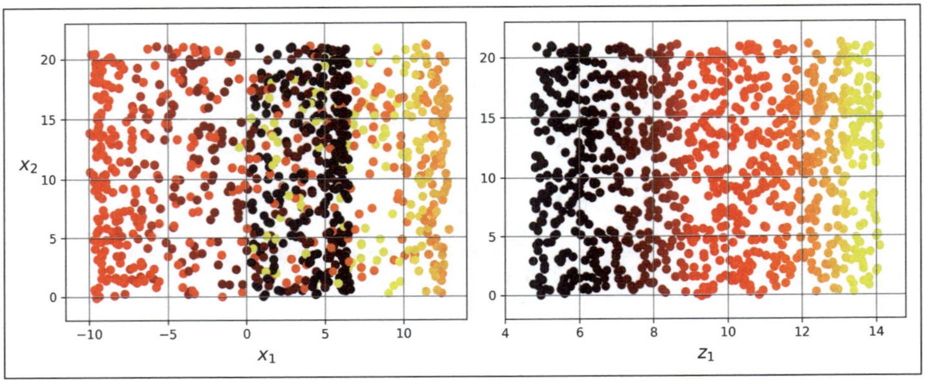

Abbildung 8-5: Eine auf eine Ebene gequetschte Projektion (links) im Vergleich zum Aufrollen der Swiss-Roll-Daten (rechts)

Der Swiss-Roll-Datensatz ist ein Beispiel für ein 2-D-*Manifold*. Einfach ausgedrückt, ist ein 2-D-Manifold eine zweidimensionale Form, die in einem höher dimensionierten Raum verzerrt und verdreht ist. Allgemeiner, ist ein *d*-dimensionaler Manifold Teil eines *n*-dimensionalen Raums (wobei $d < n$), der lokal einer *d*-dimensionalen Hyperebene ähnelt. Im Fall der Swiss-Roll-Daten gilt $d = 2$ und $n = 3$: Lokal sind sie eine 2-D-Ebene, die in der dritten Dimension aufgerollt ist.

Viele Algorithmen zur Dimensionsreduktion modellieren das *Manifold*, auf dem die Trainingsdatenpunkte liegen; dies nennt man *Manifold Learning*. Ihm liegt die *Manifold-Annahme* oder *Manifold-Hypothese* zugrunde, die besagt, dass die meisten höher dimensionalen Datensätze in der Nähe eines Manifold mit deutlich weniger Dimensionen liegen. Diese Annahme ist sehr häufig empirisch bestätigt worden.

Erinnern Sie sich noch einmal an den MNIST-Datensatz: Alle handgeschriebenen Ziffern weisen einige Ähnlichkeiten auf. Sie bestehen aus verbundenen Linien, die Ränder sind weiß, und sie sind mehr oder weniger zentriert. Wenn Sie zufällig Bilder erzeugten, würde nur ein lächerlich geringer Bruchteil nach handgeschriebenen Ziffern aussehen. Anders ausgedrückt, die Freiheitsgrade beim Erzeugen des Bilds einer Ziffer sind sehr viel geringer als beim Erzeugen eines beliebigen Bilds. Diese Beschränkungen zwingen den Datensatz in ein niedriger dimensioniertes Manifold.

Eine zweite, implizite Annahme geht häufig mit der Manifold-Annahme einher: Die zu lösende Aufgabe (z. B. Klassifikation oder Regression) ist mit einem durch weniger Dimensionen ausgedrückten Manifold einfacher zu lösen. Beispielsweise sind die Swiss-Roll-Daten in der oberen Zeile von Abbildung 8-6 in zwei Kategorien geteilt: Im 3-D-Raum (links) wäre die Entscheidungsgrenze sehr komplex, aber im aufgerollten 2-D-Manifold (rechts) ist die Entscheidungsgrenze eine einfache Gerade.

Allerdings trifft diese implizite Annahme nicht immer zu. Beispielsweise liegt die Entscheidungsgrenze in der unteren Zeile von Abbildung 8-6 bei $x_1 = 5$. Diese Entscheidungsgrenze sieht im ursprünglichen 3-D-Raum sehr einfach aus (eine vertikale Ebene), im aufgerollten Manifold ist sie jedoch deutlich komplexer (eine Menge von vier unabhängigen Strecken).

Kurz, wenn Sie die Dimensionalität Ihres Trainingsdatensatzes vor dem Trainieren eines Modells reduzieren, wird das Training im Allgemeinen beschleunigt. Allerdings wird die Lösung dadurch nicht unbedingt besser oder einfacher; dies hängt vollständig von den Daten ab.

Sie haben nun hoffentlich einen Eindruck davon, was der Fluch der Dimensionalität ist und wie Algorithmen zur Dimensionsreduktion diesem entgegenwirken können, besonders wenn die Manifold-Annahme gilt. Im restlichen Kapitel werden wir uns einige der beliebtesten Algorithmen anschauen.

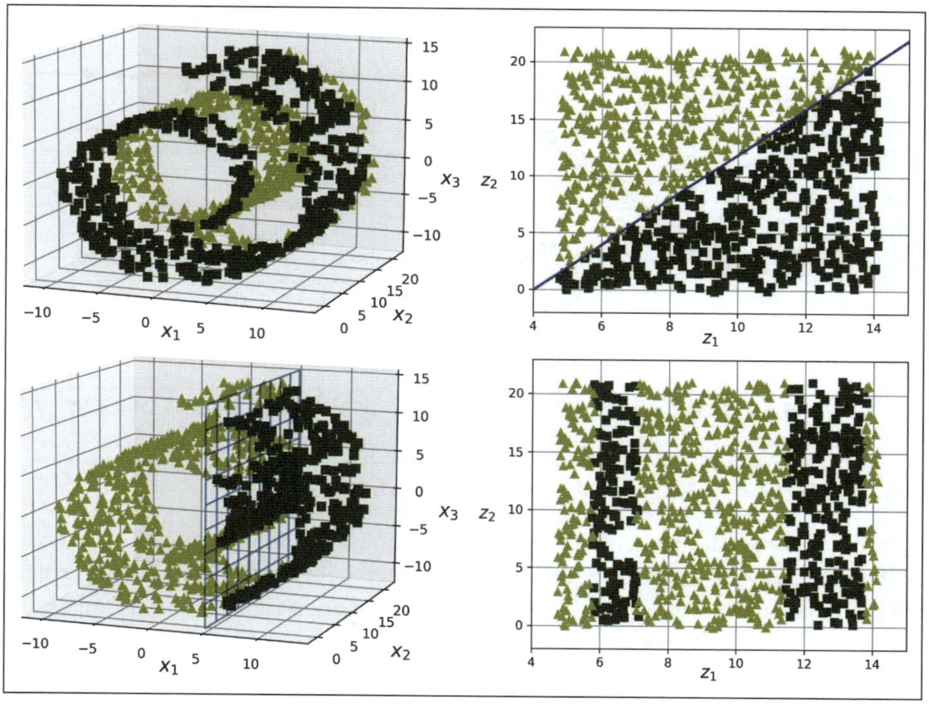

Abbildung 8-6: Die Entscheidungsgrenze wird bei weniger Dimensionen nicht immer einfacher.

Hauptkomponentenzerlegung (PCA)

Die *Hauptkomponentenzerlegung* (PCA) ist das bei Weitem beliebteste Verfahren zur Dimensionsreduktion. Sie findet zunächst diejenige Hyperebene, die den Daten am nächsten liegt, und projiziert die Daten anschließend darauf, so wie in Abbildung 8-2.

Erhalten der Varianz

Bevor Sie die Trainingsdaten auf eine niedriger dimensionale Hyperebene projizieren können, müssen Sie zunächst die richtige Hyperebene auswählen. Als Beispiel ist in Abbildung 8-7 auf der linken Seite ein einfacher 2-D-Datensatz mit drei unterschiedlichen Achsen (d. h. eindimensionalen Hyperebenen) dargestellt. Auf der rechten Seite sehen Sie die Projektionen des Datensatzes auf jede dieser Achsen. Wie gezeigt, bleibt bei der Projektion auf die durchgezogene Linie ein Maximum an Varianz erhalten (oben), während bei der Projektion auf die gepunktete Linie nur sehr wenig Varianz übrig ist (unten). Die Projektion auf die gestrichelte Linie liegt irgendwo dazwischen (Mitte).

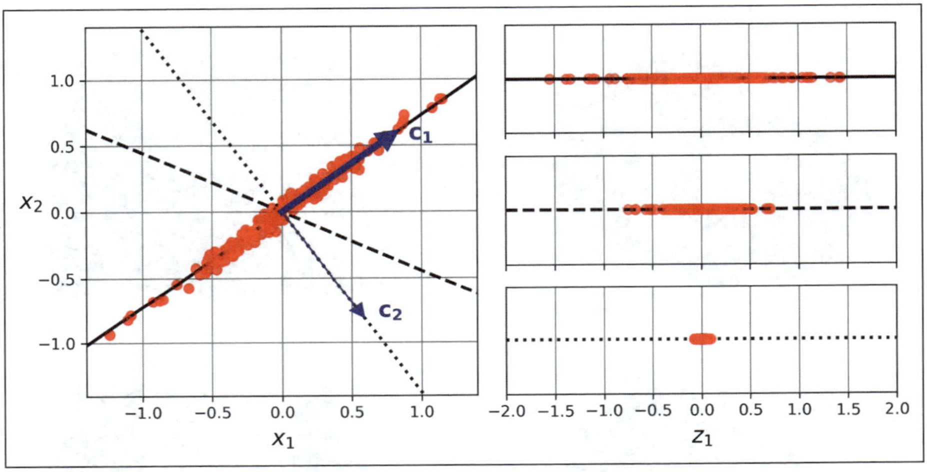

Abbildung 8-7: Auswählen eines Subraums für die Projektion

Es scheint sinnvoll, die Achse so auszuwählen, dass ein Maximum an Varianz erhalten bleibt, weil so weniger Information verloren geht als bei den übrigen Projektionen. Die Auswahl lässt sich auch damit begründen, dass der mittlere quadratische Abstand zwischen dem ursprünglichen Datensatz und der Projektion minimal ist. Diese einfache Grundidee ist die Essenz der Hauptkomponentenzerlegung (*https://homl.info/pca*).[4]

Hauptkomponenten

Bei der PCA wird die Achse gesucht, auf der die größte Varianz der Trainingsdaten liegt. In Abbildung 8-7 ist dies die durchgezogene Linie. Auch eine Achse orthogonal zur ersten Achse wird gefunden, die der größten verbliebenen Varianz entspricht. In diesem 2-D-Beispiel gibt es dabei keine Wahl: Es ist die gepunktete Linie. In einem höher dimensionalen Datensatz würde die PCA auch eine dritte

4 Karl Pearson, »On Lines and Planes of Closest Fit to Systems of Points in Space«, *The London, Edinburgh, and Dublin Philosophical Magazine and Journal of Science* 2, no. 11 (1901): 559-572.

Achse, zu den beiden vorherigen Achsen orthogonal, finden, dann eine vierte, eine fünfte und so weiter – so viele Achsen, wie der Datensatz Dimensionen besitzt.

Die *i.* Achse wird die *i. Hauptkomponente* (PC) der Daten genannt. In Abbildung 8-7 ist die 1. Hauptkomponente die Achse, auf der Vektor $\mathbf{c}_1$ liegt, und die zweite Hauptkomponente diejenige, auf der Vektor $\mathbf{c}_2$ liegt. In Abbildung 8-2 liegen die ersten zwei Hauptkomponenten in der Projektionsebene, während die dritte Achse orthogonal dazu ist. Nach der Projektion (siehe Abbildung 8-3) entspricht die erste Hauptkomponente der z_1-Achse, während die zweite Hauptkomponente die z_2-Achse ist.

> Für jede Hauptkomponente findet die PCA einen um den Nullpunkt zentrierten Vektor, der in die Richtung der Hauptkomponente zeigt. Da zwei entgegengesetzte Vektoren auf der gleichen Achse liegen, ist die Richtung der Einheitsvektoren, die von der PCA zurückgegeben werden, nicht stabil: Wenn Sie den Trainingsdatensatz leicht durchmischen und die PCA erneut durchführen, zeigen einige Hauptkomponenten eventuell in die entgegengesetzte Richtung. Allerdings liegen sie noch immer auf den gleichen Achsen. In einigen Fällen können ein paar Hauptkomponenten sogar rotieren oder die Plätze tauschen (wenn die Abweichungen entlang dieser beiden Achsen sehr klein sind), aber die von ihnen aufgespannte Ebene bleibt die gleiche.

Wie lassen sich die Hauptkomponenten für einen Trainingsdatensatz finden? Glücklicherweise gibt es eine Standardtechnik zur Matrizenfaktorisierung, die *Singular Value Decomposition* (SVD), mit der Sie die Matrix **X** mit den Trainingsdaten in das Matrixprodukt der drei Matrizen $\mathbf{U}\ \mathbf{\Sigma}\ \mathbf{V}^T$ zerlegen können, wobei **V** die Einheitsvektoren enthält, die sämtliche von uns gesuchten Hauptkomponenten enthält, wie in Formel 8-1 dargestellt.

Formel 8-1: Matrix der Hauptkomponenten

$$\mathbf{V} = \begin{pmatrix} | & | & & | \\ \mathbf{c_1} & \mathbf{c_2} & \cdots & \mathbf{c_n} \\ | & | & & | \end{pmatrix}$$

Der folgende Python-Code verwendet die NumPy-Funktion `svd()`, um sämtliche Hauptkomponenten für den 3-D-Trainingsdatensatz aus Abbildung 8-2 zu berechnen, und extrahiert dann die beiden Einheitsvektoren, die die ersten zwei Hauptkomponenten definieren:

```
import numpy as np

X = [...] # einen kleinen 3-D-Datensatz erstellen
X_centered = X - X.mean(axis=0)
U, s, Vt = np.linalg.svd(X_centered)
c1 = Vt[0]
c2 = Vt[1]
```

Die PCA geht davon aus, dass der Datensatz um den Koordinatenursprung zentriert ist. Wie wir sehen werden, kümmern sich die PCA-Klassen in Scikit-Learn um das Zentrieren der Daten. Wenn Sie allerdings die PCA selbst implementieren (wie im obigen Beispiel) oder wenn Sie andere Bibliotheken verwenden, sollten Sie das Zentrieren der Daten nicht vergessen.

Die Projektion auf d Dimensionen

Haben Sie erst einmal sämtliche Hauptkomponenten gefunden, können Sie die Dimensionen Ihres Datensatzes auf *d* Dimensionen reduzieren, indem Sie ihn auf die von den ersten *d* Hauptkomponenten aufgespannte Hyperebene projizieren. Die Auswahl dieser Hyperebene stellt sicher, dass die Projektion so viel Varianz wie möglich bewahrt. Beispielsweise wird in Abbildung 8-2 ein 3-D-Datensatz auf die von den ersten zwei Hauptkomponenten definierte 2-D-Ebene projiziert, wobei ein großer Teil der Varianz im Datensatz erhalten bleibt. Als Ergebnis ist die 2-D-Projektion dem ursprünglichen 3-D-Datensatz sehr ähnlich.

Um den Trainingsdatensatz auf die Hyperebene zu projizieren und einen reduzierten Datensatz $\mathbf{X}_{d\text{-proj}}$ mit der Dimension *d* zu erhalten, berechnen Sie die Matrixmultiplikation aus der Matrix **X** mit den Trainingsdaten und der Matrix $\mathbf{W}_d$, bei der es sich um die Matrix aus den ersten *d* Spalten von **V** handelt, wie Formel 8-2 zeigt.

Formel 8-2: Projektion des Trainingsdatensatzes auf d Dimensionen

$$\mathbf{X}_{d\text{-proj}} = \mathbf{X}\mathbf{W}_d$$

Der folgende Python-Code projiziert den Trainingsdatensatz auf eine durch die ersten zwei Hauptkomponenten aufgespannte Ebene:

```
W2 = Vt[:2].T
X2D = X_centered @ W2
```

Da haben wir es! Sie wissen nun, wie Sie die Dimensionalität eines Datensatzes auf eine beliebige Anzahl Dimensionen reduzieren können und dabei so viel Varianz wie möglich beibehalten.

Verwenden von Scikit-Learn

Die Scikit-Learn-Klasse `PCA` implementiert die PCA mit dem zuvor vorgestellten Verfahren der SVD-Zerlegung. Das folgende Codebeispiel wendet die PCA an, um die Dimensionalität des Datensatzes auf zwei Dimensionen zu reduzieren (beachten Sie, dass die Daten automatisch zentriert werden):

```
from sklearn.decomposition import PCA

pca = PCA(n_components=2)
X2D = pca.fit_transform(X)
```

Nach dem Anpassen des PCA-Transformers auf den Datensatz finden Sie im Attribut components_ die Transponierte von $\mathbf{W}_d$: Sie enthält eine Zeile für jede der *d* ersten Hauptkomponenten.

Der Anteil erklärter Varianz

Eine weitere sehr nützliche Information ist der *Anteil erklärter Varianz* jeder Hauptkomponente, der im Attribut explained_variance_ratio_ verfügbar ist. Dieser zeigt an, welcher Teil der Varianz entlang jeder Hauptkomponente liegt. Betrachten wir als Beispiel den Anteil der Varianz der ersten zwei Hauptkomponenten des in Abbildung 8-2 dargestellten 3-D-Datensatzes:

```
>>> pca.explained_variance_ratio_
array([0.7578477 , 0.15186921])
```

Dies sagt uns, dass etwa 76% der Varianz im Datensatz entlang der ersten Hauptkomponente liegen und etwa 15% entlang der zweiten Hauptkomponente. Damit bleiben circa 9% für die dritte Hauptkomponente übrig, man darf also annehmen, dass diese nur wenig Information enthält.

Auswählen der richtigen Anzahl Dimensionen

Anstatt die Anzahl verbleibender Dimensionen willkürlich auszuwählen, ist es einfacher, die Anzahl Dimensionen so zu wählen, dass diese kumulativ einen ausreichend großen Anteil der Varianz abdecken – z.B. 95% (eine Ausnahme für diese Regel gilt natürlich, wenn Sie die Dimensionen zur Visualisierung reduzieren möchten – in diesem Fall sollten Sie die Anzahl Dimensionen auf 2 oder 3 reduzieren).

Der folgende Code lädt den MNIST-Datensatz (vorgestellt in Kapitel 3), teilt ihn auf, berechnet eine PCA ohne Reduktion der Dimensionalität und anschließend die minimale Anzahl Dimensionen, um 95% der Varianz im Trainingsdatensatz abzudecken:

```
from sklearn.datasets import fetch_openml

mnist = fetch_openml('mnist_784', as_frame=False)
X_train, y_train = mnist.data[:60_000], mnist.target[:60_000]
X_test, y_test = mnist.data[60_000:], mnist.target[60_000:]

pca = PCA()
pca.fit(X_train)
cumsum = np.cumsum(pca.explained_variance_ratio_)
d = np.argmax(cumsum >= 0.95) + 1  # d ist 154
```

Sie könnten anschließend die Hauptkomponentenzerlegung erneut mit n_components=d durchführen. Es gibt jedoch eine weitaus bessere Alternative: Statt die Anzahl der Hauptkomponenten, die abgedeckt werden sollen, festzulegen, können Sie auch den Wert n-components auf eine Zahl zwischen 0,0 und 1,0 setzen, was dann als Anteil der abzudeckenden Varianz interpretiert wird:

```
pca = PCA(n_components=0.95)
X_reduced = pca.fit_transform(X_train)
```

Die tatsächliche Anzahl an Komponenten wird während des Trainings bestimmt und im Attribut n_components_ abgelegt:

```
>>> pca.n_components_
154
```

Noch eine Möglichkeit bestünde darin, die erklärte Varianz als Funktion der Anzahl Dimensionen aufzutragen (durch Plotten von cumsum, siehe Abbildung 8-8). Meist gibt es in der Kurve einen Knick, ab dem die Varianz nicht mehr so schnell ansteigt. In diesem Fall sehen Sie, dass bei einer Reduktion auf 100 Dimensionen nur wenig der erklärten Varianz verloren ginge.

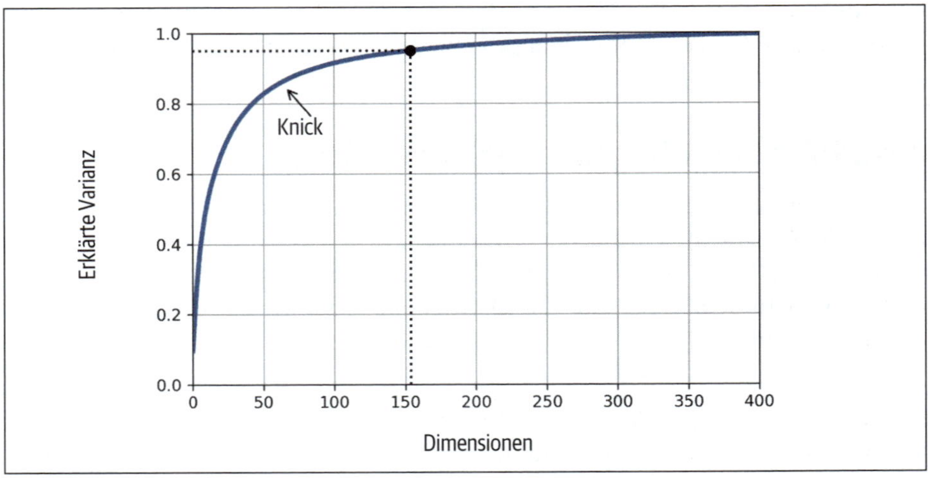

Abbildung 8-8: Erklärte Varianz als Funktion der Anzahl Dimensionen

Nutzen Sie schließlich die Dimensionsreduktion als Vorverarbeitungsschritt für eine Aufgabe beim überwachten Lernen (zum Beispiel bei der Klassifikation), können Sie die Anzahl an Dimensionen wie jeden anderen Hyperparameter optimieren (siehe Kapitel 2). Der folgende Code erstellt beispielsweise eine zweistufige Pipeline, in der zuerst die Dimensionalität mithilfe der PCA reduziert wird und dann ein Random Forest zur Klassifikation zum Einsatz kommt. Als Nächstes wird mit RandomizedSearchCV eine gute Kombination aus Hyperparametern sowohl für die PCA als auch für den Random-Forest-Klassifikator gesucht. Dieses Beispiel führt eine schnelle Suche durch, optimiert nur zwei Hyperparameter, trainiert nur mit 1.000 Instanzen und setzt auf nur 10 Iterationen, aber Sie können natürlich eine umfassendere Suche durchführen, wenn Sie die Zeit dazu haben:

```
from sklearn.ensemble import RandomForestClassifier
from sklearn.model_selection import RandomizedSearchCV
```

```
from sklearn.pipeline import make_pipeline

clf = make_pipeline(PCA(random_state=42),
                    RandomForestClassifier(random_state=42))
param_distrib = {
    "pca__n_components": np.arange(10, 80),
    "randomforestclassifier__n_estimators": np.arange(50, 500)
}
rnd_search = RandomizedSearchCV(clf, param_distrib, n_iter=10, cv=3,
                                random_state=42)
rnd_search.fit(X_train[:1000], y_train[:1000])
```

Schauen wir uns die besten gefundenen Hyperparameter an:

```
>>> print(rnd_search.best_params_)
{'randomforestclassifier__n_estimators': 465, 'pca__n_components': 23}
```

Interessant, wie klein die optimale Anzahl an Komponenten ist: Wir haben einen 784-dimensionalen Datensatz auf nur 23 Dimensionen reduziert! Das hängt damit zusammen, dass wir einen Random Forest eingesetzt haben, bei dem es sich um ein ziemlich leistungsfähiges Modell handelt. Hätten wir stattdessen ein lineares Modell verwendet, wie zum Beispiel `SGDClassifier`, hätte uns die Suche gesagt, dass wir mehr Dimensionen benötigen würden (ungefähr 70).

PCA als Komprimierungsverfahren

Der Trainingsdatensatz nimmt nach einer Dimensionsreduktion deutlich weniger Platz ein. Versuchen Sie beispielsweise, eine PCA auf den MNIST-Datensatz unter Beibehalten von 95 % der Varianz anzuwenden, landen wir bei 154 Merkmalen anstatt der ursprünglichen 784 Merkmale. Der Datensatz ist also auf weniger als 20 % der ursprünglichen Größe geschrumpft, während wir nur 5 % der Varianz verloren haben! Dies ist eine anständige Komprimierungsrate, was einen Klassifikationsalgorithmus erheblich beschleunigen kann.

Es ist auch möglich, den reduzierten Datensatz zurück auf die 784 Dimensionen zu projizieren, indem man die zur PCA-Projektion inverse Transformation durchführt. Natürlich erhalten Sie dabei nicht die Originaldaten, da bei der Projektion ein wenig an Information verloren ging (die restlichen 5 % der Varianz), aber wir werden vermutlich recht nah an den Ursprungsdaten liegen. Den mittleren quadratischen Abstand zwischen den rekonstruierten Daten (komprimiert und anschließend dekomprimiert) nennt man den *Rekonstruktionsfehler*.

Mit der Methode `inverse_transform()` können wir den reduzierten MNIST-Datensatz zurück in die 784 Dimensionen dekomprimieren:

```
X_recovered = pca.inverse_transform(X_reduced)
```

Abbildung 8-9 zeigt einige Ziffern aus dem ursprünglichen Datensatz (links) und die dazugehörigen Ziffern nach Komprimierung und Dekomprimierung. Wie Sie sehen, kommt es zu einem geringen Verlust an Bildqualität, aber die Ziffern sind größtenteils intakt.

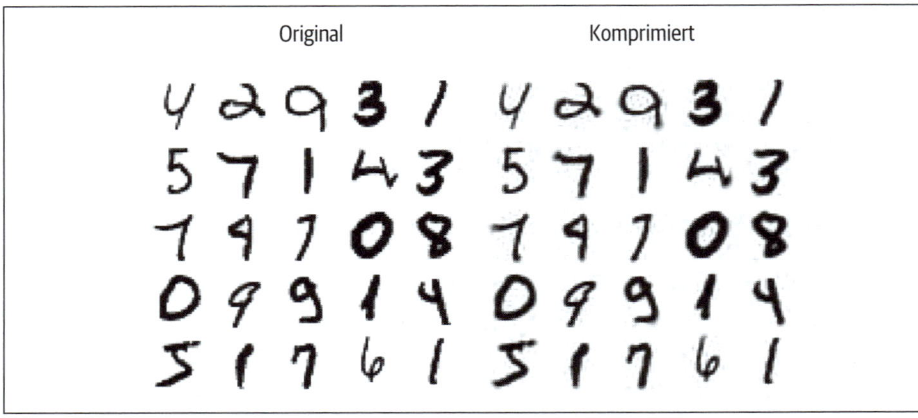

Abbildung 8-9: Komprimierung der MNIST-Daten unter Beibehaltung von 95% der Varianz

Die Gleichung der Rücktransformation sehen Sie in Formel 8-3.

Formel 8-3: Rücktransformation der Hauptkomponenten zur ursprünglichen Anzahl Dimensionen

$$\mathbf{X}_{\text{recovered}} = \mathbf{X}_{d\text{-proj}} \mathbf{W}_d^{\mathsf{T}}$$

Randomisierte PCA

Setzen Sie den Hyperparameter `svd_solver` auf `"randomized"`, nutzt Scikit-Learn einen stochastischen Algorithmus namens *randomisierte PCA*, der schnell eine Näherung der ersten d Hauptkomponenten findet. Seine Rechenkomplexität ist $O(m \times d^2) + O(d^3)$ statt $O(m \times n^2) + O(n^3)$ für den vollständigen PCA-Ansatz, daher ist er massiv schneller, wenn d viel kleiner als n ist:

```
rnd_pca = PCA(n_components=154, svd_solver="randomized", random_state=42)
X_reduced = rnd_pca.fit_transform(X_train)
```

> Standardmäßig hat `svd_solver` den Wert `"auto"`: Scikit-Learn nutzt dann automatisch die randomisierte PCA, wenn $\max(m, n) > 500$ und es sich bei `n_components` um einen Integer-Wert handelt, der kleiner als 80% von $\min(m, n)$ ist – ansonsten greift es auf den vollständigen SVD zurück. Der obige Code würde also die randomisierte PCA auch dann verwenden, wenn Sie das Argument `svd_solver="randomized"` wegließen, weil $154 < 0{,}8 \times 784$ ist. Wollen Sie Scikit-Learn dazu zwingen, den vollständigen SVD zu nutzen, um ein etwas genaueres Ergebnis zu erhalten, können Sie den Hyperparameter `svd_solver` auf `"full"` setzen.

Inkrementelle PCA

Eine Schwierigkeit bei der obigen Implementierung der PCA ist, dass der gesamte Trainingsdatensatz in den Speicher passen muss, damit der SVD-Algorithmus ausgeführt werden kann. Glücklicherweise wurden *inkrementelle PCA*-(IPCA-)Algorithmen entwickelt: Sie können den Trainingsdatensatz in kleinere Portionen aufteilen und einen IPCA-Algorithmus mit einer Portion nach der anderen füttern. Dies ist bei großen Trainingsdatensätzen und beim Verwenden von PCA in Onlineumgebungen hilfreich (d.h., sobald neue Datenpunkte eintreffen).

Der folgende Code teilt den MNIST-Trainingsdatensatz in 100 Portionen auf (mit der Funktion `array_split()` aus NumPy) und speist sie in die Scikit-Learn-Klasse `IncrementalPCA` ein[5], um die Dimensionalität des MNIST-Datensatzes auf 154 Dimensionen zu reduzieren (wie zuvor). Beachten Sie, dass Sie bei jedem Teildatensatz die Methode `partial_fit()` anstelle von `fit()` mit den gesamten Trainingsdaten aufrufen müssen:

```
from sklearn.decomposition import IncrementalPCA

n_batches = 100
inc_pca = IncrementalPCA(n_components=154)
for X_batch in np.array_split(X_train, n_batches):
    inc_pca.partial_fit(X_batch)

X_reduced = inc_pca.transform(X_train)
```

Alternativ können Sie die NumPy-Klasse `memmap` verwenden, mit der Sie ein großes als Binärdatei auf der Festplatte gespeichertes Array so manipulieren können, als befände es sich komplett im Speicher; die Klasse lädt lediglich die jeweils benötigten Daten in den Speicher. Um das zu zeigen, wollen wir zuerst eine im Speicher abgebildete Datei (Memmap) erstellen und den MNIST-Trainingsdatensatz dorthin kopieren, um dann `flush()` aufzurufen und sicherzustellen, dass alle Daten, die sich noch im Cache befinden, auf der Festplatte gespeichert werden. Bei realen Einsätzen wird `X_train` im Allgemeinen nicht in den Speicher passen, daher werden Sie es dann Stück für Stück laden und jedes Teil im richtigen Abschnitt des Memmap-Arrays speichern:

```
filename = "my_mnist.mmap"
X_mmap = np.memmap(filename, dtype='float32', mode='write', shape=X_train.shape)
X_mmap[:] = X_train  # könnte Schleife sein, die Daten Stück für Stück sichert
X_mmap.flush()
```

Als Nächstes können wir die Memmap-Datei laden und wie ein normales NumPy-Array einsetzen. Verwenden wir die Klasse `IncrementalPCA`, um die Dimensionalität zu reduzieren. Da dieser Algorithmus immer nur einen kleinen Teil des Arrays gleichzeitig nutzt, bleibt die Speichernutzung im Rahmen. Damit wird es möglich, statt `partial_fit()` die normale Methode `fit()` zu verwenden, was sehr praktisch ist:

5 Scikit-Learn verwendet den in David A. Ross et al., »Incremental Learning for Robust Visual Tracking,« *International Journal of Computer Vision* 77, no. 1–3 (2008): 125–141, beschriebenen Algorithmus (*https://homl.info/32*).

```
X_mmap = np.memmap(filename, dtype="float32", mode="readonly").reshape(-1, 784)
batch_size = X_mmap.shape[0] // n_batches
inc_pca = IncrementalPCA(n_components=154, batch_size=batch_size)
inc_pca.fit(X_mmap)
```

> Es werden nur die rohen Binärdaten auf der Festplatte gesichert, daher müssen Sie den Datentyp und die Form des Arrays festlegen, wenn Sie es laden. Lassen Sie die Form weg, gibt `np.memmap()` ein eindimensionales Array zurück.

Bei Datensätzen mit sehr vielen Dimensionen kann die PCA zu langsam sein. Wie Sie weiter oben gesehen haben, ist die Rechenkomplexität selbst beim Einsatz von randomisierter PCA immer noch $O(m \times d^2) + O(d^3)$, daher darf die Zielanzahl d an Dimensionen nicht zu groß werden. Haben Sie es mit einem Datensatz mit Zehntausenden Merkmalen oder mehr zu tun (zum Beispiel Bildern), kann das Training viel zu langsam werden. In diesem Fall sollten Sie sich überlegen, stattdessen eine Zufallsprojektion einzusetzen.

Zufallsprojektion

Wie der Name schon andeutet, projiziert der Zufallsprojektionsalgorithmus die Daten in einen niedriger dimensionalen Raum mithilfe einer zufälligen linearen Projektion. Das mag verrückt klingen, aber es zeigt sich, dass solch eine Zufallsprojektion die Abstände tatsächlich sehr wahrscheinlich ziemlich gut beibehält. Das wurde mathematisch von William B. Johnson und Joram Lindenstrauss in einem berühmten Lemma bewiesen. Zwei ähnliche Datenpunkte bleiben daher nach der Projektion ähnlich, und zwei sehr verschiedene Datenpunkte bleiben auch sehr verschieden.

Offensichtlich gehen umso mehr Informationen verloren, je mehr Dimensionen Sie verwerfen, und die Abstände werden immer mehr verzerrt. Wie können Sie dann die optimale Anzahl an Dimensionen herausfinden? Nun, Johnson und Lindenstrauss lieferten auch eine Gleichung, die die minimale Zahl an Dimensionen festlegt, die – mit großer Wahrscheinlichkeit – sicherstellt, dass sich Abstände um nicht mehr als eine gegebene Toleranz verändern. Haben Sie beispielsweise einen Datensatz mit m = 5.000 Datenpunkten mit jeweils n = 20.000 Merkmalen und soll sich der quadratische Abstand zwischen zwei beliebigen Datenpunkten um nicht mehr als ε = 10 % verändern,[6] sollten Sie die Daten auf d Dimensionen herunterprojizieren, wobei $d \geq 4 \log(m) / (\frac{1}{2} \varepsilon^2 - \frac{1}{3} \varepsilon^3)$ ist – also 7.300 Dimensionen. Das ist eine ziemlich signifikante Dimensionsreduktion! Beachten Sie, dass die Gleichung kein n nutzt, sondern nur auf m und ε zurückgreift. Diese Gleichung wird von der Funktion `johnson_lindenstrauss_min_dim()` implementiert:

6 ε ist der griechische Buchstabe Epsilon, der oft für kleine Werte genutzt wird.

```
>>> from sklearn.random_projection import johnson_lindenstrauss_min_dim
>>> m, ε = 5_000, 0.1
>>> d = johnson_lindenstrauss_min_dim(m, eps=ε)
>>> d
7300
```

Jetzt können wir einfach eine Zufallsmatrix **P** der Form [*d*, *n*] generieren, bei der jedes Element zufällig über eine gaußsche Verteilung mit dem Mittelwert 0 und der Varianz 1 / *d* erzeugt wird, und diese nutzen, um einen Datensatz mit *n* Dimensionen auf *d* Dimensionen zu projizieren:

```
n = 20_000
np.random.seed(42)
P = np.random.randn(d, n) / np.sqrt(d)  # Std.-Abw. = Wurzel der Varianz

X = np.random.randn(m, n)  # Fake-Datensatz erzeugen
X_reduced = X @ P.T
```

Mehr ist nicht zu tun! Einfach und effizient, und kein Training ist erforderlich: Der Algorithmus muss nur die Zufallsmatrix in der Form des Datensatzes erzeugen. Die Daten selbst werden gar nicht gebraucht.

Scikit-Learn bietet eine Klasse `GaussianRandomProjection` an, die genau das tut, was wir gerade gemacht haben: Rufen Sie deren Methode `fit()` auf, nutzt sie `johnson_lindenstrauss_min_dim()`, um die Ausgabedimensionalität zu ermitteln, dann generiert sie eine Zufallsmatrix und legt diese im Attribut `components_` ab. Rufen Sie nun `transform()` auf, wird diese Matrix genutzt, um die Projektion durchzuführen. Beim Erstellen des Transformers können Sie eps setzen, wenn Sie ε anpassen wollen (Standardwert ist 0,1), und `n_components`, wenn Sie eine bestimmte Zieldimensionalität *d* erzwingen wollen. Das folgende Codebeispiel liefert das gleiche Ergebnis wie der vorherige Code (Sie können sogar überprüfen, ob `gaussian_rnd_proj.components_` gleich `P` ist):

```
from sklearn.random_projection import GaussianRandomProjection

gaussian_rnd_proj = GaussianRandomProjection(eps=ε, random_state=42)
X_reduced = gaussian_rnd_proj.fit_transform(X)  # Ergebnis wie oben
```

Scikit-Learn stellt noch einen zweiten Zufallsprojektions-Transformer namens `SparseRandomProjection` bereit. Er bestimmt die Zieldimensionalität auf die gleiche Art und Weise, erzeugt eine Zufallsmatrix der gleichen Form und führt die Projektion identisch durch. Der Hauptunterschied liegt darin, dass die Zufallsmatrix dünn besetzt ist. Das heißt, sie braucht viel weniger Speicher – im vorigen Beispiel nur etwa 25 MB statt 1,2 GB! Und das Ganze ist auch viel schneller – sowohl beim Erzeugen der Zufallsmatrix wie auch beim Reduzieren der Dimensionalität – in diesem Fall um etwa 50 % schneller. Ist zudem die Eingabe sparse, bleibt diese Eigenschaft bei der Transformation bestehen (sofern Sie nicht `dense_output=True` setzen). Und schließlich behält auch sie wie beim vorherigen Ansatz den Abstand bei, und die Qualität der Dimensionsreduktion ist vergleichbar. Kurz gesagt: Sie sollten im Allgemeinen diesen Transformer statt des vorherigen nutzen – insbesondere bei großen oder dünn besetzten Datensätzen.

Das Verhältnis r der Elemente ungleich null in der Sparse-Zufallsmatrix wird als *Dichte* bezeichnet. Standardmäßig entspricht sie $1 / \sqrt{n}$. Bei 20.000 Merkmalen bedeutet dies, dass nur 1 von etwa 131 Elementen in der Zufallsmatrix ungleich null ist – ziemlich dünn besetzt! Sie können den Hyperparameter `density` auf einen anderen Wert setzen, wenn Ihnen das lieber ist. Jedes Element in der Sparse-Zufallsmatrix hat eine Wahrscheinlichkeit r, ungleich null zu sein, und jeder Wert ungleich null ist entweder $-v$ oder $+v$ (gleich wahrscheinlich), wobei $v = 1 / \sqrt{dr}$ ist.

Wollen Sie die inverse Transformation durchführen, müssen Sie erst die Pseudoinverse der Komponentenmatrix mithilfe der SciPy-Funktion `pinv()` durchführen und dann die reduzierten Daten mit der transponierten Version der Pseudoinverse multiplizieren:

```
components_pinv = np.linalg.pinv(gaussian_rnd_proj.components_)
X_recovered = X_reduced @ components_pinv.T
```

> Das Berechnen der Pseudoinverse kann sehr lange dauern, wenn die Komponentenmatrix groß ist, da die Rechenkomplexität von `pinv()` bei $O(dn^2)$ liegt, wenn $d < n$, ansonsten bei $O(nd^2)$.

Zusammengefasst, lässt sich sagen, dass die Zufallsprojektion ein einfacher, schneller, speichereffizienter und überraschend leistungsfähiger Algorithmus zur Dimensionsreduktion ist, den Sie im Hinterkopf behalten sollten – insbesondere wenn Sie es mit hochdimensionalen Datensätzen zu tun haben.

> Die Zufallsprojektion wird nicht immer genutzt, um die Dimensionalität großer Datensätze zu reduzieren. So hat beispielsweise ein Artikel (*https://homl.info/flies*) aus dem Jahr 2017 von Sanjoy Dasgupta et al. gezeigt,[7] dass das Gehirn von Fruchtfliegen ein Analogon der Zufallsprojektion implementiert, um dichte niedrigdimensionale Geruchseindrücke auf dünn besetzte hochdimensionale binäre Ausgaben abzubilden: Für jeden Geruch wird nur ein kleiner Teil der Ausgabeneuronen aktiviert, aber ähnliche Gerüche aktivieren viele der gleichen Neuronen. Das ähnelt einem wohlbekannten Algorithmus namens *Locality Sensitive Hashing* (LSH), der meist in Suchmaschinen genutzt wird, um ähnliche Dokumenten zu Gruppen zusammenzufassen.

LLE

Locally Linear Embedding (LLE) (*https://homl.info/lle*)[8] ist eine weitere sehr mächtige Methode zur *nichtlinearen Dimensionsreduktion* (NLDR). Sie ist eine Manifold-Learning-Technik, die im Gegensatz zu PCA oder Zufallsprojektionen nicht auf

7 Sanjoy Dasgupta et al., »A neural algorithm for a fundamental computing problem«, *Science* 358, no. 6364 (2017): 793–796.

8 Sam T. Roweis und Lawrence K. Saul, »Nonlinear Dimensionality Reduction by Locally Linear Embedding,« *Science* 290, no. 5500 (2000): 2323–2326.

Projektionen beruht. Zusammengefasst, bestimmt LLE die linearen Zusammenhänge jedes Datenpunkts zu seinen nächsten Nachbarn und sucht anschließend nach einer niedriger dimensionalen Repräsentation des Trainingsdatensatzes, bei der diese lokalen Beziehungen so gut wie möglich erhalten bleiben (Details in Kürze). Damit ist das Verfahren besonders gut zum Aufrollen verdrehter Manifolds geeignet, besonders wenn es nicht allzu viel Rauschen gibt.

Der folgende Code verwendet die Scikit-Learn-Klasse `LocallyLinearEmbedding`, um die Swiss-Roll-Daten aufzurollen.

```
from sklearn.datasets import make_swiss_roll
from sklearn.manifold import LocallyLinearEmbedding

X_swiss, t = make_swiss_roll(n_samples=1000, noise=0.2, random_state=42)
lle = LocallyLinearEmbedding(n_components=2, n_neighbors=10, random_state=42)
X_unrolled = lle.fit_transform(X_swiss)
```

Die Variable `t` ist ein 1-D-NumPy-Array mit der Position jeder Instanz entlang der aufgerollten Achse der Swiss-Roll-Daten. Wir nutzen sie in diesem Beispiel nicht, aber sie lässt sich als Ziel für eine nichtlineare Regressionsaufgabe verwenden.

Den erhaltenen 2-D-Datensatz zeigt Abbildung 8-10. Wie Sie sehen, wird die Swiss Roll vollständig aufgerollt, und die Abstände zwischen den Datenpunkten sind lokal gut erhalten. Allerdings bleiben die Abstände im größeren Maßstab nicht erhalten: Die aufgerollten Daten sollten rechteckig sein und nicht ein auf diese Art und Weise auseinandergezogenes und verdrehtes Band. Dennoch hat LLE beim Modellieren des Manifold gute Arbeit geleistet.

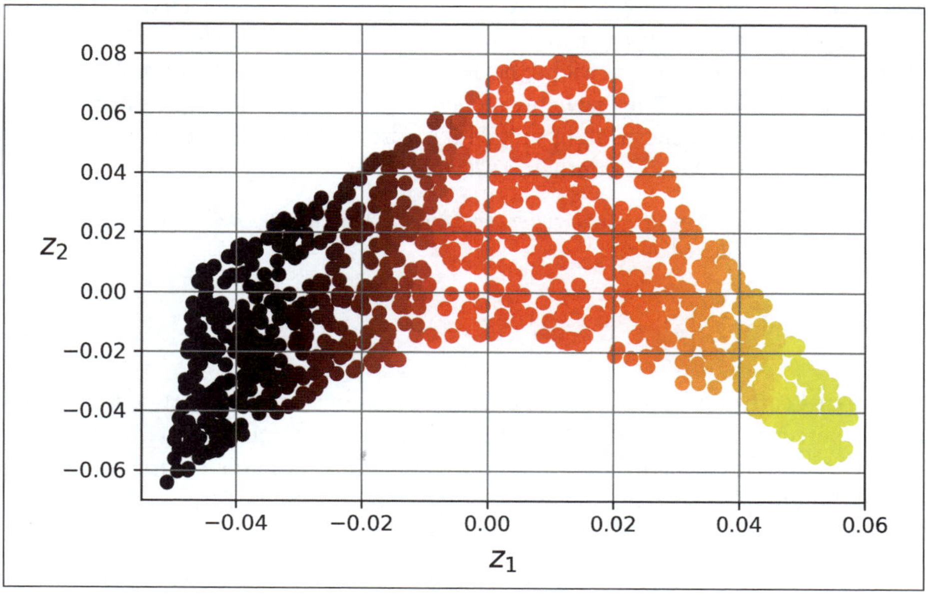

Abbildung 8-10: Mit LLE aufgerollte Swiss-Roll-Daten

LLE funktioniert folgendermaßen: Zuerst werden die k-nächsten Nachbarn zu jedem Trainingsdatenpunkt $\mathbf{x}^{(i)}$ identifiziert (im obigen Code mit $k = 10$), anschließend wird $\mathbf{x}^{(i)}$ als lineare Funktion dieser Nachbarn rekonstruiert. Genauer gesagt, wird versucht, die Gewichte $w_{i,j}$ so zu wählen, dass der quadratische Abstand zwischen $\mathbf{x}^{(i)}$ und $\sum_{j=1}^{m} w_{i,j}\mathbf{x}^{(j)}$ so klein wie möglich ist, wobei $w_{i,j} = 0$ gilt, wenn $\mathbf{x}^{(j)}$ keiner der k-nächsten Nachbarn von $\mathbf{x}^{(i)}$ ist. Damit ist der erste Schritt beim LLE-Verfahren das in Formel 8-4 angegebene Optimierungsproblem, wobei $\mathbf{W}$ eine Matrix aus sämtlichen Gewichten $w_{i,j}$ ist. Die zweite Nebenbedingung normalisiert die Gewichte für jeden Trainingsdatenpunkt $\mathbf{x}^{(i)}$.

Formel 8-4: LLE-Schritt 1: Ein lineares Modell der lokalen Nachbarschaftsbeziehungen

$$\widehat{\mathbf{W}} = \underset{\mathbf{W}}{\operatorname{argmin}} \sum_{i=1}^{m} \left(\mathbf{x}^{(i)} - \sum_{j=1}^{m} w_{i,j}\mathbf{x}^{(j)} \right)^2$$

$$\text{unter der Bedingung} \begin{cases} w_{i,j} = 0 & \text{wenn } \mathbf{x}^{(j)} \text{ nicht zu den } k \text{ nächsten Nachbarn von } \mathbf{x}^{(i)} \text{ gehört} \\ \sum_{j=1}^{m} w_{i,j} = 1 & \text{für } i = 1, 2, \ldots, m \end{cases}$$

Nach diesem Schritt codiert die Gewichtsmatrix $\widehat{\mathbf{W}}$ (mit den Gewichten $\hat{w}_{i,j}$) die lokalen linearen Nachbarschaftsbeziehungen zwischen den Trainingsdatenpunkten. Im zweiten Schritt werden die Trainingsdatenpunkte in einen d-dimensionalen Raum (mit $d < n$) abgebildet, wobei die Nachbarschaftsbeziehungen so gut wie möglich beibehalten werden. Wenn $\mathbf{z}^{(i)}$ das Abbild von $\mathbf{x}^{(i)}$ in diesem d-dimensionalen Raum ist, möchten wir, dass der quadratische Abstand zwischen $\mathbf{z}^{(i)}$ und $\sum_{j=1}^{m} \hat{w}_{i,j}\mathbf{z}^{(j)}$ so klein wie möglich ist. Aus dieser Grundidee ergibt sich das in Formel 8-5 formulierte Optimierungsproblem. Es sieht dem ersten Schritt sehr ähnlich, aber anstatt die optimalen Gewichte bei festen Datenpunkten zu ermitteln, machen wir nun das Gegenteil: Die Gewichte stehen fest, und wir suchen die optimale Position für das Abbild eines Datenpunkts im niedriger dimensionalen Raum. Beachten Sie, dass $\mathbf{Z}$ eine Matrix sämtlicher $\mathbf{z}^{(i)}$ ist.

Formel 8-5: LLE-Schritt 2: Reduzieren der Dimensionalität unter Beibehaltung von Nachbarschaftsbeziehungen

$$\widehat{\mathbf{Z}} = \underset{\mathbf{Z}}{\operatorname{argmin}} \sum_{i=1}^{m} \left(\mathbf{z}^{(i)} - \sum_{j=1}^{m} \hat{w}_{i,j}\mathbf{z}^{(j)} \right)^2$$

Die Scikit-Learn-Implementierung des LLE-Verfahrens besitzt folgende Komplexität der Berechnung: $O(m \log(m) n \log(k))$, um die k-nächsten Nachbarn zu finden, $O(mnk^3)$, um die Gewichte zu optimieren, und $O(dm^2)$, um die niedriger dimensionale Abbildung zu berechnen. Leider sorgt das m^2 im letzten Term dafür, dass dieser Algorithmus schlecht auf sehr großen Datensätze skaliert.

Wie Sie sehen, unterscheidet sich LLE ziemlich von den Projektionstechniken, und es ist deutlich komplexer, aber es kann eben auch zu viel besseren niedrigdimensionalen Darstellungen führen, insbesondere wenn die Daten nichtlinear sind.

Weitere Techniken zur Dimensionsreduktion

Bevor wir dieses Kapitel beenden, wollen wir uns noch schnell ein paar andere beliebte Techniken zur Dimensionsreduktion anschauen, die in Scikit-Learn verfügbar sind:

`sklearn.manifold.MDS`
: Die *multidimensionale Skalierung* (MDS) reduziert die Dimensionen und versucht dabei, die Abstände zwischen den Datenpunkten beizubehalten. Die Zufallsprojektion tut das für hochdimensionale Daten, aber bei niedrigdimensionalen Daten funktioniert es nicht so gut.

`sklearn.manifold.Isomap`
: Die *Isomap* erstellt einen Graphen, indem es jeden Datenpunkt mit seinen nächsten Nachbarn verbindet. Anschließend werden die Dimensionen unter Beibehaltung der *geodätischen Distanz* zwischen den Datenpunkten verringert. Die geodätische Distanz zwischen zwei Knoten eines Graphen ist die Anzahl der Knoten auf dem kürzesten Pfad zwischen diesen Knoten.

`sklearn.manifold.TSNE`
: *t-verteiltes Stochastic Neighbor Embedding* (t-SNE) reduziert die Dimensionalität und versucht, ähnliche Datenpunkte nahe beieinander und unähnliche voneinander entfernt zu halten. Das Verfahren wird vor allem zur Visualisierung eingesetzt. So werden Sie beispielsweise in den Übungen am Ende dieses Kapitels t-SNE nutzen, um eine 2-D-Abbildung der MNIST-Bilder zu erstellen.

`sklearn.discrimination_analysis.LinearDiscriminationAnalysis`
: Die lineare Diskriminantenanalyse (LDA) ist eigentlich ein Klassifikationsverfahren, das aber beim Training die am stärksten zwischen den Kategorien unterscheidenden Achsen erlernt. Über diese Achsen lässt sich eine Hyperebene zur Projektion der Daten definieren. Der Vorteil dabei ist, dass die Projektion Kategorien so weit wie möglich voneinander entfernt hält. Damit ist LDA zur Dimensionsreduktion geeignet, bevor ein Klassifikationsalgorithmus wie ein SVM-Klassifikator ausgeführt wird (sofern LDA alleine nicht schon ausreicht).

In Abbildung 8-11 sehen Sie die Ergebnisse von MDS, Isomap und t-SNE für die Swiss-Roll-Daten. MDS schafft es, die Swiss Roll flachzuklopfen, ohne ihre globale Kurvatur zu verlieren, während sie bei Isomap ganz verloren geht. Abhängig von der folgenden Aufgabe kann das Beibehalten der großräumigen Struktur von Vor- oder von Nachteil sein. t-SNE erfüllt seine Aufgabe, die Swiss Roll flachzuklopfen, ganz gut – ein Teil der Kurvatur wird beibehalten, Cluster werden dabei verstärkt, wodurch die Roll auseinandergerissen wird. Auch das mag abhängig von der folgenden Aufgabe gut oder schlecht sein.

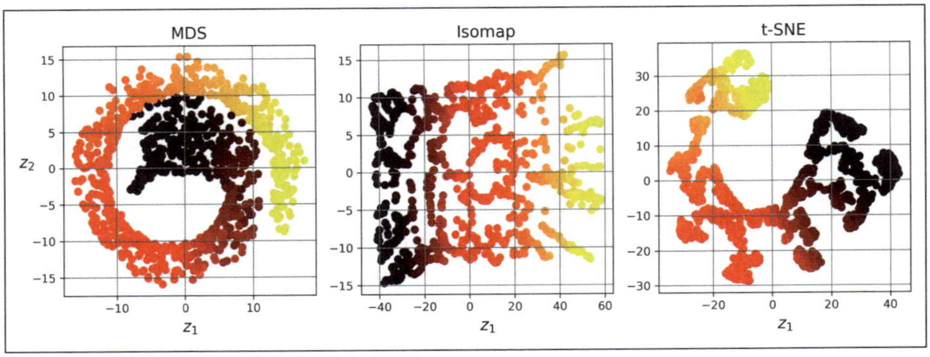

Abbildung 8-11: Reduzieren der Swiss-Roll-Daten zu einer 2-D-Darstellung mit unterschiedlichen Techniken

Übungen

1. Welche sind die wichtigsten Gründe, die Dimensionen eines Datensatzes zu verringern? Was sind die wichtigsten Nachteile?
2. Was ist der Fluch der Dimensionalität?
3. Ist die Dimensionalität eines Datensatzes erst einmal reduziert, ist es möglich, die Operation umzukehren? Falls ja, wie? Falls nein, warum nicht?
4. Lässt sich die PCA einsetzen, um die Dimensionen eines hochgradig nichtlinearen Datensatzes zu verringern?
5. Sie führen eine PCA auf einem 1.000-dimensionalen Datensatz durch und legen den Anteil der erklärten Streuung auf 95% fest. Wie viele Dimensionen hat der sich daraus ergebende Datensatz?
6. In welchen Fällen würden Sie eine normale Hauptkomponentenzerlegung durchführen, wann eine inkrementelle PCA, eine randomisierte PCA oder eine Zufallsprojektion?
7. Wie können Sie die Qualität eines Algorithmus zur Dimensionsreduktion auf Ihrem Datensatz bestimmen?
8. Ist es sinnvoll, zwei unterschiedliche Algorithmen zur Dimensionsreduktion hintereinanderzuschalten?
9. Laden Sie den MNIST-Datensatz (aus Kapitel 3) und teilen Sie diesen in einen Trainingsdatensatz und einen Testdatensatz auf (verwenden Sie die ersten 60.000 Datenpunkte zum Trainieren und die übrigen 10.000 zum Testen). Trainieren Sie einen Random-Forest-Klassifikator auf dem Datensatz und messen Sie dessen Laufzeit. Evaluieren Sie das entstandene Modell anhand der Testdaten. Führen Sie anschließend eine Hauptkomponentenzerlegung mit einem Anteil erklärter Streuung von 95% durch, um die Dimensionalität des Datensatzes zu verringern. Trainieren Sie einen neuen Random-Forest-

Klassifikator auf dem reduzierten Datensatz und messen Sie wiederum die Laufzeit. War das Trainieren viel schneller? Evaluieren Sie auch diesen Klassifikator auf den Testdaten: Wie schneidet er im Vergleich zum ersten Klassifikator ab? Probieren Sie es nochmals mit einem `SGDClassifier`. Wie gut hilft die Hauptkomponentenzerlegung nun?

10. Verwenden Sie t-SNE, um die ersten 5.000 Bilder des MNIST-Datensatzes auf zwei Dimensionen zu reduzieren, und visualisieren Sie das Ergebnis mit Matplotlib. Sie können einen Scatterplot mit zehn unterschiedlichen Farben verwenden, um die Zielkategorien jedes Bilds darzustellen. Alternativ können Sie jeden Punkt im Scatterplot durch die entsprechende Kategorie des Datenpunkts ersetzen (eine Ziffer von 0 bis 9) oder sogar verkleinerte Versionen der Ziffernbilder selbst nutzen. (Wenn Sie alle Ziffern darstellen, wird das Diagramm voll und unübersichtlich sein. Sie sollten also eine zufällige Stichprobe ziehen oder einen Datenpunkt nur dann zeichnen, wenn noch kein anderer Punkt in der Umgebung gezeichnet wurde.) Verwenden Sie andere Algorithmen zur Dimensionsreduktion, wie die Hauptkomponentenzerlegung, LLE oder MDS, und vergleichen Sie die entstehenden Diagramme.

Die deutschsprachigen Lösungen zu diesen Übungen finden Sie unter *https://dpunkt.de/produkt/praxiseinstieg-machine-learning-mit-scikit-learn-keras-und-tensorflow-2/* auf der Registerkarte *Zusatzmaterial*, die englischsprachigen Lösungen am Ende des Notebooks zu diesem Kapitel unter *https://homl.info/colab3*.

KAPITEL 9

Techniken des unüberwachten Lernens

Auch wenn die meisten Anwendungen des maschinellen Lernens heutzutage auf überwachtem Lernen basieren (und daher dort auch am meisten investiert wird), ist der größte Teil der verfügbaren Daten nicht ausgezeichnet: Wir haben die Eingabemerkmale **X**, aber keine Label **y**. Der Informatiker Yann LeCun hat einmal den berühmten Satz gesagt: »Wenn Intelligenz ein Kuchen wäre, wäre unüberwachtes Lernen der Kuchen, überwachtes Lernen der Zuckerguss und Reinforcement Learning die Kirsche darauf.« Mit anderen Worten – unüberwachtes Lernen bietet großes Potenzial, und wir haben gerade erst an der Oberfläche gekratzt.

Nehmen wir an, Sie wollten ein System erstellen, das ein paar Bilder von jedem Teil einer Fertigungslinie erfasst und dann ermittelt, welche davon defekt sind. Sie können ziemlich einfach ein System aufbauen, das automatisch Bilder aufnimmt, und damit bekommen Sie vielleicht jeden Tag Tausende Aufnahmen. So können Sie innerhalb von wenigen Wochen einen sinnvoll großen Datensatz erzeugen. Aber halt: Es gibt keine Labels! Wenn Sie einen normalen binären Klassifikator trainieren wollen, damit dieser vorhersagt, ob ein Teil defekt ist oder nicht, müssen Sie jedes einzelne Bild als »defekt« oder »normal« labeln. Dafür müssen sich im Allgemeinen Experten hinsetzen und manuell durch alle Bilder gehen. Das ist eine lange, teure und langweilige Aufgabe, daher macht man das meist nur für eine kleine Untermenge der verfügbaren Bilder. Im Endergebnis wird der mit Labels versehene Datensatz ziemlich klein sein und die Qualität des Klassifikators eher enttäuschen. Zudem muss der gesamte Prozess jedes Mal, wenn die Firma Änderungen an ihrem Produkt vornimmt, komplett neu durchlaufen werden. Wäre es nicht toll, wenn der Algorithmus die ungelabelten Daten einfach untersuchen könnte, ohne dass Menschen jedes Bild labeln müssen? Hier kommt das unüberwachte Lernen ins Spiel.

In Kapitel 8 haben wir uns die Aufgabe angeschaut, bei der am häufigsten unüberwachtes Lernen zum Einsatz kommt – die Dimensionsreduktion. In diesem Kapitel werden wir uns ein paar weitere unüberwachte Aufgaben vornehmen:

Clustering
: Das Ziel ist, ähnliche Instanzen in *Clustern* zu gruppieren. Das Clustering ist ein großartiges Werkzeug zur Datenanalyse und Kundensegmentierung, für Empfehlungssysteme, Suchmaschinen, Bildsegmentierung, teilüberwachtes Lernen, Dimensionsreduktion und mehr.

Anomalieerkennung (oder Ausreißererkennung)
: Hier geht es darum, zu lernen, wie »normale« Daten aussehen, und diese Erkenntnisse dann zu nutzen, um anormale Instanzen zu finden. Diese Instanzen werden als *Anomalien*, *Ausreißer* oder *Outlier* bezeichnet, während die normalen Instanzen die *Inlier* sind. Die Anomalieerkennung ist bei vielen Anwendungen nützlich, wie zum Beispiel bei der Betrugserkennung, dem Finden von fehlerhaften Teilen auf einem Fließband, einem neuen Trend in einer Zeitserie oder beim Entfernen von Ausreißern aus einem Datensatz, bevor ein weiteres Modell trainiert wird, wodurch sich die Qualität dieses Modells deutlich verbessern kann.

Dichteabschätzung
: Bei dieser Aufgabe wird die *Wahrscheinlichkeitsdichtefunktion* (WDF, *Probability Density Function*, PDF) des Zufallsprozesses geschätzt, der den Datensatz erzeugt hat. Die Dichteabschätzung wird meist zur Anomalieerkennung genutzt: Instanzen, die sich in Regionen mit einer sehr geringen Dichte befinden, sind eher Anomalien. Zudem ist sie zur Datenanalyse und Visualisierung nützlich.

Sind Sie jetzt bereit für ein wenig Kuchen? Wir werden mit zwei Clustering-Algorithmen beginnen – *k*-Means und DBSCAN – und dann gaußsche Mischverteilungsmodelle besprechen, um herauszufinden, wie wir sie zur Dichteabschätzung, zum Clustering und zur Anomalieerkennung einsetzen können.

Clustering-Algorithmen: *k*-Means und DBSCAN

Sie erfreuen sich gerade an einer Bergwanderung, als Sie über eine Pflanze stolpern, die Sie noch nie zuvor gesehen haben. Sie schauen sich um und sehen noch ein paar mehr davon. Die Pflanzen sind nicht identisch, sehen sich aber so ähnlich, dass Sie davon ausgehen können, dass es sich um die gleiche Art handelt (oder zumindest um die gleiche Gattung). Jetzt wäre ein Botaniker praktisch, der Ihnen sagen könnte, um was für eine Art es sich hier handelt, aber Sie brauchen sicherlich keinen Experten, um eine Gruppe ähnlich aussehender Objekte zu erkennen. Das nennt man *Clustering* – das Identifizieren ähnlicher Instanzen und ihr Zuweisen zu *Clustern* oder Gruppen aus ähnlichen Instanzen.

Wie bei der Klassifikation wird jede Instanz einer Gruppe zugewiesen. Aber anders als dort handelt es sich beim Clustering um eine unüberwachte Aufgabe. Schauen Sie sich Abbildung 9-1 an: Links befindet sich der Iris-Datensatz (den Sie in Kapitel 4 kennengelernt haben), bei der jede Art einer Instanz durch einen eigenen Marker dargestellt wird. Es handelt sich um einen gelabelten Datensatz, für den Klassifikationsalgorithmen wie logistische Regression, SVMs oder Random Forests gut geeignet sind. Rechts sehen Sie den gleichen Datensatz, aber ohne die Labels, sodass Sie keinen Klassifikationsalgorithmus mehr anwenden können. Hier kommen die Clustering-Algorithmen ins Spiel: Viele von ihnen können das Cluster links unten gut erkennen. Es lässt sich auch mit unseren eigenen Augen gut erkennen, nicht so offensichtlich ist aber, dass das Cluster oben rechts aus zwei verschiedenen Unterclustern besteht. Allerdings besitzt der Datensatz zwei zusätzliche Merkmale (Länge und Breite der Kelchblätter), die hier nicht gezeigt werden, und die Clustering-Algorithmen können sich auf alle Merkmale beziehen, sodass sich die drei Cluster tatsächlich recht gut trennen lassen (zum Beispiel werden bei einem gaußschen Mischverteilungsmodell nur 5 von 150 Instanzen dem falschen Cluster zugewiesen).

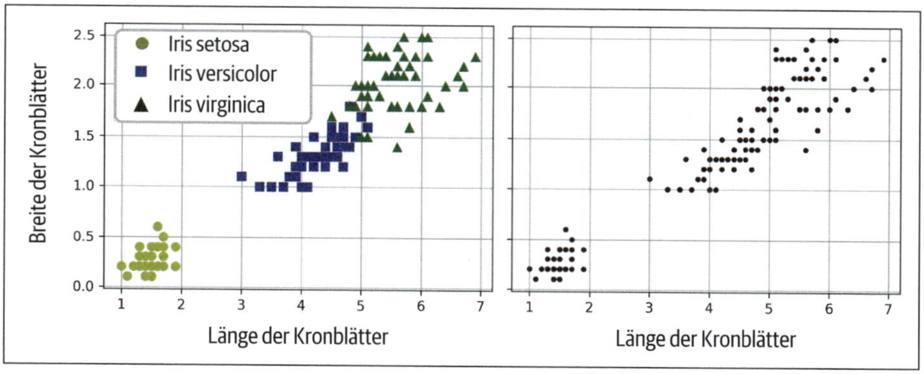

Abbildung 9-1: Klassifikation (links) versus Clustering (rechts)

Für das Clustering gibt es eine Vielzahl von Anwendungsmöglichkeiten, unter anderem:

Kundensegmentierung
: Sie können Ihre Kunden anhand ihrer Einkäufe und ihrer Aktivitäten auf Ihrer Website clustern. Das ist nützlich, um zu verstehen, wer Ihre Kunden sind und was sie brauchen, sodass Sie Ihre Produkte und Marketingkampagnen an jedes Segment anpassen können. So kann die Kundensegmentierung beispielsweise in *Empfehlungssystemen* dabei helfen, Inhalte vorzuschlagen, an denen schon andere Kunden im gleichen Cluster Gefallen gefunden haben.

Datenanalyse
: Analysieren Sie einen neuen Datensatz, kann es hilfreich sein, einen Clustering-Algorithmus laufen zu lassen und dann jedes Cluster getrennt auszuwerten.

Technik zur Dimensionsreduktion
: Wurde ein Datensatz geclustert, ist es meist möglich, die *Affinität* jeder Instanz zu jedem Cluster zu messen (die Affinität ist ein Messverfahren, um zu

bestimmen, wie gut eine Instanz in ein Cluster passt). Jeder Merkmalsvektor **x** einer Instanz lässt sich dann durch den Vektor seiner Cluster-Affinitäten ersetzen. Gibt es *k* Cluster, ist dieser Vektor *k*-dimensional. Der neue Vektor ist meist deutlich niedriger dimensional als der ursprüngliche Merkmalsvektor, kann aber weiterhin genug Informationen für eine folgende Verarbeitung enthalten.

Feature Engineering
: Die Cluster-Affinitäten können oft als zusätzliche Merkmale nützlich sein. Wir haben beispielsweise in Kapitel 2 *k*-Means genutzt, um Merkmale zur geografischen Cluster-Affinität zum Immobilien-Datensatz hinzuzufügen, was für eine bessere Qualität sorgte.

Anomalieerkennung (auch als Ausreißererkennung bezeichnet)
: Jede Instanz mit einer niedrigen Affinität zu allen Clustern ist sehr wahrscheinlich eine Anomalität. Haben Sie beispielsweise die Besucher Ihrer Website anhand ihres Verhaltens geclustert, können Sie solche mit unüblichem Verhalten erkennen, wie zum Beispiel mit einer ungewöhnlich hohen Zahl an Requests pro Sekunde.

Teilüberwachtes Lernen
: Haben Sie nur wenige Labels, könnten Sie ein Clustering durchführen und die Labels allen Instanzen des gleichen Clusters zuweisen. Diese Technik kann die Menge an verfügbaren Labels für ein darauffolgendes überwachtes Lernen deutlich erhöhen und damit dessen Performance verbessern.

Suchmaschinen
: Manche Suchmaschinen lassen Sie nach Bildern suchen, die einem Referenzbild ähnlich sehen. Um solch ein System aufzubauen, würden Sie zuerst einen Clustering-Algorithmus auf alle Bilder in Ihrer Datenbank anwenden – ähnliche Bilder würden dann im gleichen Cluster landen. Liefert ein Benutzer nun ein Referenzbild, müssen Sie nur das trainierte Clustering-Modell nutzen, um das Cluster zum Bild zu finden, und können dann alle Bilder dieses Clusters zurückgeben.

Bildsegmentierung
: Durch ein Clustern der Pixel nach ihrer Farbe und das Ersetzen jeder Pixelfarbe durch den Mittelwert seines Clusters ist es möglich, die Menge an unterschiedlichen Farben im Bild deutlich zu verringern. Die Bildsegmentierung wird häufig in Systemen zur Objekterkennung und zum Tracken eingesetzt, da es das Erkennen der Kontur jedes Objekts leichter macht.

Es gibt keine universelle Definition eines Clusters – es hängt vom Kontext ab, und unterschiedliche Algorithmen werden auch unterschiedliche Arten von Clustern finden. Manche Algorithmen suchen nach Instanzen, die um einen bestimmten Punkt herum zentriert sind, der als *Schwerpunkt*bezeichnet wird. Andere halten Ausschau nach zusammenhängenden Gebieten dicht gepackter Instanzen – diese

Cluster können jede Form annehmen. Manche Algorithmen sind hierarchisch und suchen nach Clustern aus Clustern. Und die Liste lässt sich beliebig verlängern.

In diesem Abschnitt werden wir uns zwei häufig genutzte Clustering-Algorithmen anschauen (*k*-Means und DBSCAN) und einige ihrer Anwendungsmöglichkeiten untersuchen, wie zum Beispiel nichtlineare Dimensionsreduktion, teilüberwachtes Lernen und Anomalieerkennung.

k-Means

Schauen Sie sich den ungelabelten Datensatz in Abbildung 9-2 an: Sie erkennen deutlich fünf Bereiche mit Instanzen. Der *k*-Means-Algorithmus ist ein einfacher Algorithmus, der diese Art von Datensätzen sehr schnell und effizient in Cluster unterteilen kann – oft in nur wenigen Iterationen. Er wurde 1957 von Stuart Lloyd an den Bell Labs als Technik zur Puls-Code-Modulation vorgeschlagen, aber außerhalb der Firma erst 1982 veröffentlicht (*https://homl.info/36*).[1] Im Jahr 1965 veröffentlichte Edward W. Forgy nahezu den gleichen Algorithmus, daher wird *k*-Means manchmal auch als Lloyd-Forgy bezeichnet.

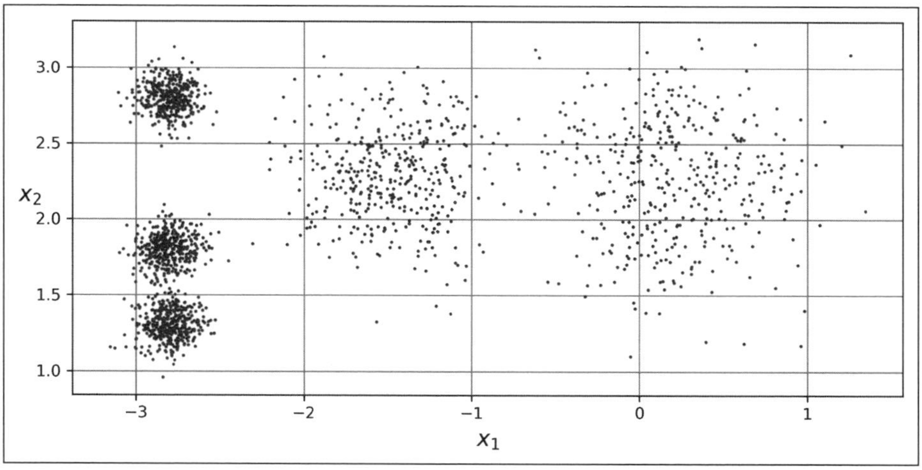

Abbildung 9-2: Ein ungelabelter Datensatz, der aus fünf Bereichen mit Instanzen besteht

Trainieren wir ein *k*-Means-Cluster mit diesem Datensatz. Es wird versuchen, den Mittelwert jedes Bereichs zu finden, und jede Instanz dem nächstgelegenen Bereich zuweisen:

```
from sklearn.cluster import KMeans
from sklearn.datasets import make_blobs
```

1 Stuart P. Lloyd, »Least Squares Quantization in PCM«, *IEEE Transactions on Information Theory* 28, no. 2 (1982): 129–137.

```
X, y = make_blobs([...]) # Blobs machen: y enthält die Cluster-IDs, aber wir
                         # werden sie nicht nutzen, wir wollen sie vorhersagen.
k = 5
kmeans = KMeans(n_clusters=k, random_state=42)
y_pred = kmeans.fit_predict(X)
```

Beachten Sie, dass Sie die Anzahl *k* an Clustern angeben müssen, die der Algorithmus finden muss. In diesem Beispiel reicht schon ein Blick auf die Daten, um festzustellen, dass *k* auf 5 gesetzt werden sollte, aber im Allgemeinen ist es nicht so einfach. Wir werden darauf in Kürze noch eingehen.

Jede Instanz wird einem der fünf Cluster zugewiesen. Im Rahmen des Clusterings ist das *Label* einer Instanz der Index des Clusters, dem diese Instanz durch den Algorithmus zugewiesen wurde. Es ist nicht zu verwechseln mit den Kategorie-Labels aus der Klassifikation, die als Ziele genutzt werden (vergessen Sie nicht: Clustering ist unüberwachtes Lernen). Die `KMeans`-Instanz bewahrt die vorhergesagten Labels der Instanzen auf, mit denen es trainiert wurde. Sie erhalten sie über die Instanzvariable `labels_`:

```
>>> y_pred
array([4, 0, 1, ..., 2, 1, 0], dtype=int32)
>>> y_pred is kmeans.labels_
True
```

Wir können uns auch die fünf Schwerpunkte anschauen, die der Algorithmus gefunden hat:

```
>>> kmeans.cluster_centers_
array([[-2.80389616,  1.80117999],
       [ 0.20876306,  2.25551336],
       [-2.79290307,  2.79641063],
       [-1.46679593,  2.28585348],
       [-2.80037642,  1.30082566]])
```

Neue Instanzen lassen sich leicht dem Cluster zuweisen, dessen Schwerpunkt am nächsten liegt:

```
>>> import numpy as np
>>> X_new = np.array([[0, 2], [3, 2], [-3, 3], [-3, 2.5]])
>>> kmeans.predict(X_new)
array([1, 1, 2, 2], dtype=int32)
```

Plotten Sie die Entscheidungsgrenzen der Cluster, erhalten Sie ein Voronoi-Diagramm (siehe Abbildung 9-3, in dem jeder Schwerpunkt durch ein X markiert ist).

Der größte Teil der Instanzen wurde klar dem passenden Cluster zugewiesen, aber ein paar haben vermutlich das falsche Label erhalten (insbesondere nahe der Grenze zwischen dem oberen linken und dem zentralen Cluster). Tatsächlich verhält sich der *k*-Means-Algorithmus nicht sehr gut, wenn die Bereiche sehr unterschiedliche Durchmesser haben, denn er kümmert sich beim Zuweisen einer Instanz zu einem Cluster nur um den Abstand zum Schwerpunkt.

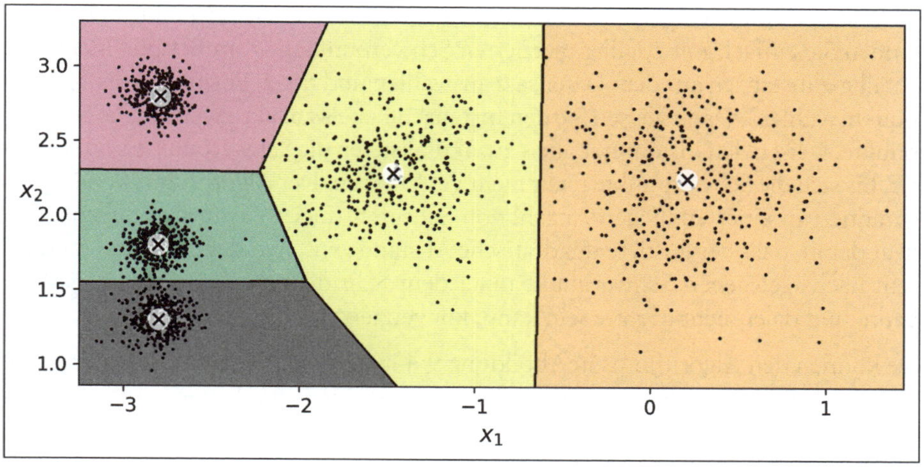

Abbildung 9-3: Entscheidungsgrenzen nach k-Means (Voronoi-Diagramm)

Statt jede Instanz einem einzelnen Cluster zuzuweisen, was als *Hard Clustering* bezeichnet wird, kann es sinnvoll sein, jeder Instanz einen Score pro Cluster zu geben, was man *Soft Clustering* nennt. Der Score kann der Abstand zwischen der Instanz und dem Schwerpunkt sein, oder es kann sich auch um einen Ähnlichkeitsscore (oder eine Affinität) wie die gaußsche radiale Basisfunktion handeln, die wir in Kapitel 2 genutzt haben. Bei der Klasse `KMeans` misst die Methode `transform()` den Abstand jeder Instanz zu jedem Schwerpunkt:

```
>>> kmeans.transform(X_new).round(2)
array([[2.81, 0.33, 2.9 , 1.49, 2.89],
       [5.81, 2.8 , 5.85, 4.48, 5.84],
       [1.21, 3.29, 0.29, 1.69, 1.71],
       [0.73, 3.22, 0.36, 1.55, 1.22]])
```

In diesem Beispiel findet sich die erste Instanz in `X_new` in einem Abstand von ungefähr 2,81 zum ersten Schwerpunkt, 0,33 zum zweiten Schwerpunkt, 2,90 zum dritten Schwerpunkt, 1,49 zum vierten Schwerpunkt und 2,89 zum fünften Schwerpunkt. Haben Sie einen hochdimensionalen Datensatz und transformieren ihn auf diese Weise, landen Sie bei einem *k*-dimensionalen Datensatz: Diese Transformation kann eine sehr effiziente nichtlineare Technik zur Dimensionsreduktion sein. Alternativ können Sie diese Abstände als zusätzliche Merkmale nutzen, um ein anderes Modell zu trainieren, wie dies beispielsweise in Kapitel 2 geschehen ist.

Der k-Means-Algorithmus

Wie funktioniert denn nun der Algorithmus? Nun, nehmen wir an, wir hätten schon die Schwerpunkte. Sie könnten dann alle Instanzen im Datensatz leicht labeln, indem Sie jede von ihnen dem Cluster zuweisen, dessen Schwerpunkt am nächsten liegt. Wenn Sie umgekehrt alle Instanzlabels hätten, könnten Sie alle Schwerpunkte bestimmen, indem Sie den Mittelwert der Instanzen für jedes Cluster berechnen.

Aber wie sollen Sie vorgehen, wenn Sie weder Labels noch Schwerpunkte haben? Beginnen Sie einfach mit zufällig platzierten Schwerpunkten (zum Beispiel indem Sie zufällig *k* Instanzen aus dem Datensatz auswählen und deren Positionen als Schwerpunkte wählen). Dann weisen Sie den Instanzen Labels zu, aktualisieren die Schwerpunkte, weisen den Instanzen Labels zu, aktualisieren die Schwerpunkte und so weiter, bis sich die Schwerpunkte nicht mehr verschieben. Der Algorithmus konvergiert garantiert in einer endlichen Anzahl von Schritten (meist ziemlich wenigen). Das liegt daran, dass der mittlere quadratische Abstand zwischen den Instanzen und ihrem nächstgelegenen Schwerpunkt mit jedem Schritt immer nur kleiner werden kann, und da er nicht negativ sein kann, konvergiert er garantiert.

Sie können den Algorithmus in Abbildung 9-4 in Aktion sehen: Die Schwerpunkte wurden zufällig initialisiert (oben links), dann erhalten die Instanzen ihre Labels (oben rechts), dann werden die Schwerpunkte aktualisiert (Mitte links), die Instanzen neu gelabelt (Mitte rechts) und so weiter. Mit nur drei Iterationen haben die Algorithmen ein Clustering erreicht, das nahe am Optimum zu liegen scheint.

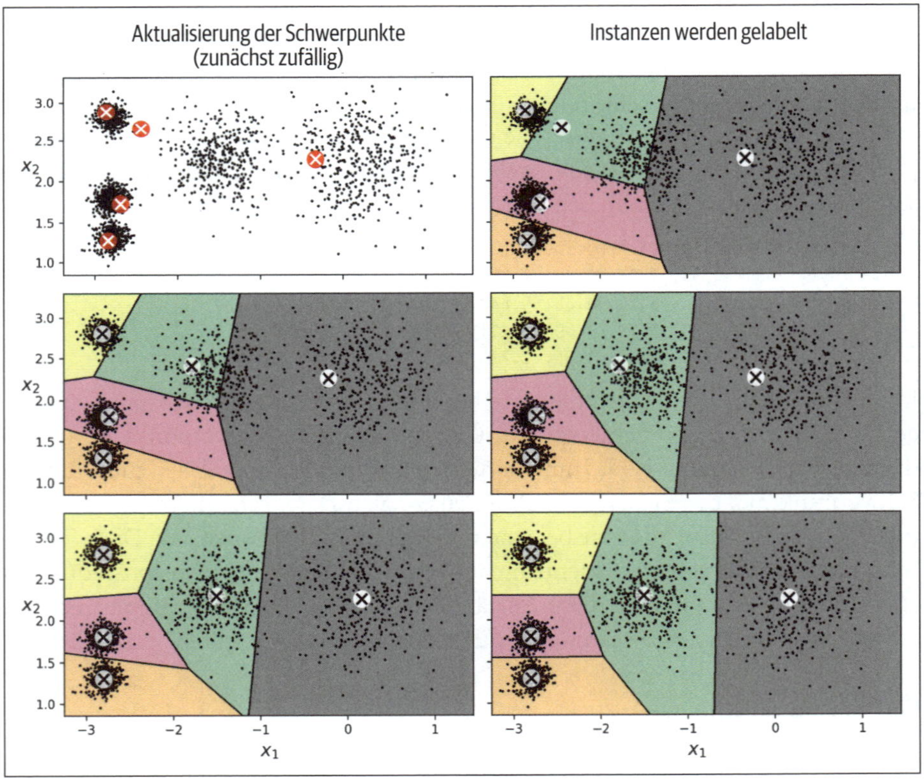

Abbildung 9-4: Der k-Means-Algorithmus

Die Komplexität der Rechenzeit des Algorithmus ist im Allgemeinen linear bezüglich der Anzahl an Instanzen *m*, Clustern *k* und Dimensionen *n*. Aber das gilt nur, wenn die Daten eine Cluster-Struktur besitzen. Ist das nicht so, kann im schlimmsten Fall die Komplexität exponentiell mit der Anzahl an Instanzen wachsen. In der Praxis geschieht das nur selten, und *k*-Means ist üblicherweise einer der schnellsten Clustering-Algorithmen.

Auch wenn der Algorithmus garantiert konvergiert, tut er das eventuell nicht hin zur richtigen Lösung (sondern vielleicht nur zu einem lokalen Optimum). Das hängt von der Initialisierung der Schwerpunkte ab. In Abbildung 9-5 sehen Sie zwei suboptimale Lösungen, zu denen der Algorithmus konvergieren kann, wenn Sie beim zufälligen ersten Schritt Pech haben.

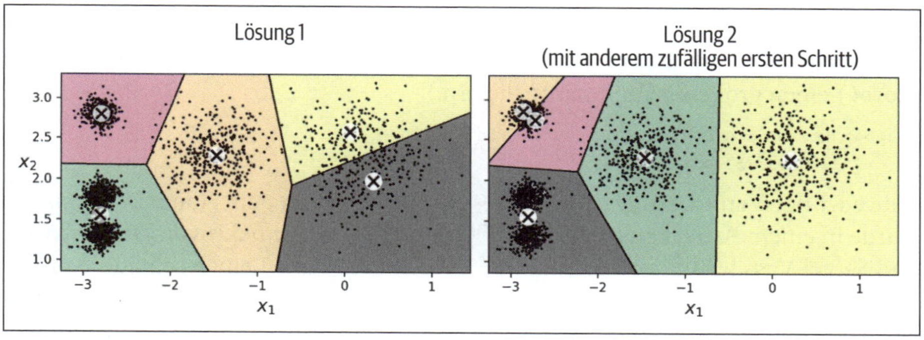

Abbildung 9-5: Suboptimale Lösungen durch eine unglückliche Initialisierung der Schwerpunkte

Schauen wir uns ein paar Möglichkeiten dazu an, wie Sie dieses Risiko durch das Verbessern der Initialisierung der Schwerpunkte reduzieren können.

Methoden zur Schwerpunktinitialisierung

Wenn Sie zufällig ungefähr wissen, wo sich die Schwerpunkte befinden sollten (zum Beispiel weil Sie zuvor schon einen anderen Clustering-Algorithmus laufen ließen), können Sie den Hyperparameter `init` auf ein NumPy-Array mit der Liste der Schwerpunkte setzen und für `n_init` den Wert `1` vorgeben:

```
good_init = np.array([[-3, 3], [-3, 2], [-3, 1], [-1, 2], [0, 2]])
kmeans = KMeans(n_clusters=5, init=good_init, n_init=1, random_state=42)
kmeans.fit(X)
```

Eine andere Möglichkeit besteht darin, den Algorithmus mehrfach mit unterschiedlichen zufälligen Initialisierungen laufen zu lassen und die beste Lösung zu verwenden. Die Anzahl an zufälligen Initialisierungen wird durch den Hyperparameter `n_init` gesteuert: Standardmäßig hat er den Wert `10`, was heißt, dass der gesamte zuvor beschriebene Algorithmus genau zehn Mal läuft, wenn Sie `fit()` aufrufen, und Scikit-Learn die beste Lösung auswählt. Aber wie genau weiß es, was die beste Lösung ist? Es verwendet eine Qualitätsmetrik! Diese Metrik wird als *Träg-*

heit (Inertia) des Modells bezeichnet, und es handelt sich bei ihr um die Summe der quadratischen Abstände zwischen jeder Instanz und ihrem nächstgelegenen Schwerpunkt. Für das Modell auf der linken Seite von Abbildung 9-5 beträgt dieser ungefähr 219,4, für das Modell auf der rechten Seite von Abbildung 9-5 ungefähr 258,6 und für das Modell in Abbildung 9-3 nur 211,6. Die Klasse `KMeans` lässt den Algorithmus `n_init` Mal laufen und behält dann das Modell mit der geringsten Trägheit. In diesem Beispiel wird das Modell in Abbildung 9-3 ausgewählt (sofern wir nicht bei `n_init` aufeinanderfolgenden zufälligen Initialisierungen sehr viel Pech haben). Wenn Sie neugierig sind: Die Trägheit eines Modells finden Sie in der Instanzvariablen `inertia_`:

```
>>> kmeans.inertia_
211.59853725816836
```

Die Methode `score()` gibt die negative Trägheit zurück. (Sie ist negativ, weil eine Methode `score()` eines Prädiktors immer die Regel »größer ist besser« von Scikit-Learn befolgen muss: Ist ein Prädiktor besser als ein anderer, sollte seine Methode `score()` einen größeren Wert zurückliefern.)

```
>>> kmeans.score(X)
-211.5985372581684
```

Eine wichtige Verbesserung des *k*-Means-Algorithmus mit dem Namen *k-Means++* wurde in einem Artikel aus dem Jahr 2006 (*https://homl.info/37*) von David Arthur und Sergei Vassilvitskii vorgeschlagen.[2] Die Autoren haben einen schlaueren Initialisierungsschritt eingeführt, der dazu tendiert, Schwerpunkte mit einem gewissen Abstand zueinander auszuwählen, was den *k*-Means-Algorithmus weniger anfällig für eine Konvergenz hin zu einer suboptimalen Lösung werden lässt. Das Paper hat gezeigt, dass der zusätzliche Rechenaufwand für die schlauere Initialisierung gut investiert ist, weil sich damit die Menge an Ausführungen des Algorithmus massiv reduzieren lässt, um die optimale Lösung zu finden. Der Initialisierungsalgorithmus von *k*-Means++ sieht wie folgt aus:

1. Wähle aus dem Datensatz gleichmäßig zufällig einen Schwerpunkt $\mathbf{c}^{(1)}$.
2. Wähle einen neuen Schwerpunkt $\mathbf{c}^{(i)}$, wobei eine Instanz $\mathbf{x}^{(i)}$ mit der Wahrscheinlichkeit $D(\mathbf{x}^{(i)})^2 / \sum_{j=1}^{m} D(\mathbf{x}^{(j)})^2$ gewählt wird, wo $D(\mathbf{x}^{(i)})$ die Distanz zwischen der Instanz $\mathbf{x}^{(i)}$ und dem nächstgelegenen schon gewählten Schwerpunkt ist. Diese Wahrscheinlichkeitsverteilung stellt sicher, dass Instanzen, die sich weiter weg von schon gewählten Schwerpunkten befinden, eher als neue Schwerpunkte gewählt werden.
3. Wiederhole den vorherigen Schritt, bis alle *k* Schwerpunkte ausgewählt wurden.

Die Klasse `KMeans` nutzt standardmäßig diese Initialisierungsmethode.

---

2 David Arthur und Sergei Vassilvitskii, »*k*-Means++: The Advantages of Careful Seeding«, *Proceedings of the 18th Annual ACM-SIAM Symposium on Discrete Algorithms* (2007): 1027–1035.

Accelerated k-Means und Mini-Batch-k-Means

Eine weitere wichtige Verbesserung des *k*-Means-Algorithmus wurde in einem Artikel aus dem Jahr 2003 (*https://homl.info/38*) von Charles Elkan vorgeschlagen.[3] Sie beschleunigt den Algorithmus bei manchen großen Datensätzen mit vielen Clustern merklich, indem sie viele unnötige Abstandsberechnungen vermeidet. Elkan erreicht das, indem er die Dreiecksungleichung ausnutzt (die besagt, dass eine gerade Linie immer die kürzeste Strecke zwischen zwei Punkten ist[4]) und sich die unteren und oberen Grenzen für Abstände zwischen Instanzen und Schwerpunkten merkt. Allerdings beschleunigt Elkans Algorithmus das Training nicht immer, und manchmal kann er es sogar deutlich verlangsamen – das hängt vom Datensatz ab. Wollen Sie es trotzdem damit probieren, setzen Sie `algorithm="elkan"`.

Eine weitere wichtige Variante des *k*-Means-Algorithmus wurde in einem Artikel aus dem Jahr 2010 (*https://homl.info/39*) von David Sculley vorgeschlagen.[5] Statt bei jeder Iteration den kompletten Datensatz zu verwenden, kann der Algorithmus Mini-Batches nutzen und die Schwerpunkte bei jeder Iteration nur wenig verschieben. Das beschleunigt ihn typischerweise um einen Faktor 3 oder 4 und ermöglicht das Clustern riesiger Datensätze, die nicht in den Speicher passen. Scikit-Learn implementiert diesen Algorithmus in der Klasse `MiniBatchKMeans`. Sie können sie genauso einsetzen wie die Klasse `KMeans`:

```
from sklearn.cluster import MiniBatchKMeans

minibatch_kmeans = MiniBatchKMeans(n_clusters=5, random_state=42)
minibatch_kmeans.fit(X)
```

Passt der Datensatz nicht in den Speicher, ist es am einfachsten, die Klasse `memmap` einzusetzen, wie wir das für die inkrementelle PCA in Kapitel 8 gemacht haben. Alternativ können Sie auch immer einen Mini-Batch pro Durchlauf an die Methode `partial_fit()` übergeben, aber dafür ist mehr Aufwand nötig, denn Sie müssen mehrere Initialisierungen durchführen und die beste selbst auswählen.

Der Mini-Batch-*k*-Means-Algorithmus ist zwar viel schneller als der normale *k*-Means-Algorithmus, aber seine Trägheit ist im Allgemeinen etwas schlechter. Sie können das in Abbildung 9-6 sehen: Der Plot auf der linken Seite vergleicht die Trägheiten von Mini-Batch-*k*-Means- mit der von normalen *k*-Means-Modellen, die mit dem vorherigen Datensatz für verschiedene Werte *k* an Cluster-Mengen trainiert wurden. Der Unterschied zwischen den beiden Kurven ist klein, aber sichtbar. Im Plot auf der rechten Seite können Sie sehen, dass Mini-Batch-*k*-Means ungefähr 3,5-mal schneller als das normale *k*-Means ist.

---

3 Charles Elkan, »Using the Triangle Inequality to Accelerate *k*-Means«, *Proceedings of the 20th International Conference on Machine Learning* (2003): 147–153.

4 Die Dreiecksungleichung lautet AC ≤ AB + BC, wobei A, B und C drei Punkte und AB, AC und BC die Abstände zwischen diesen Punkten sind.

5 David Sculley, »Web-Scale K-Means Clustering«, *Proceedings of the 19th International Conference on World Wide Web* (2010): 1177–1178.

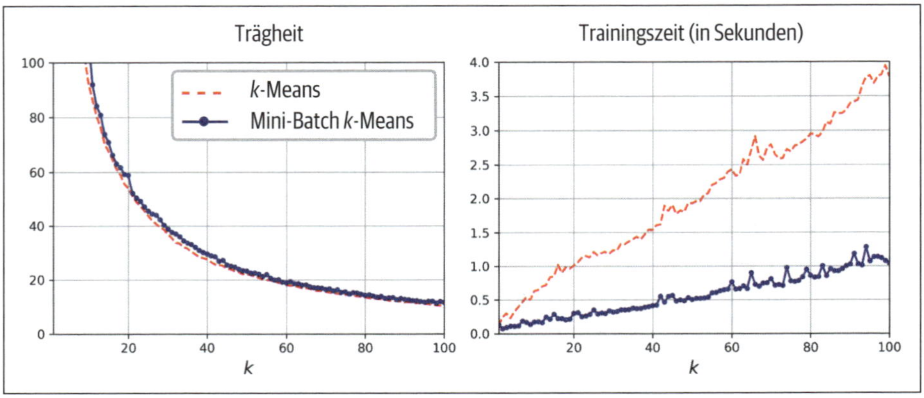

Abbildung 9-6: Mini-Batch-k-Means hat eine größere Trägheit als k-Means (links), ist aber viel schneller (rechts), insbesondere mit wachsendem k.

Die optimale Zahl an Clustern finden

Bisher haben wir die Anzahl *k* an Clustern auf 5 gesetzt, weil durch einen Blick auf die Daten offensichtlich war, dass dies die korrekte Zahl war. Aber im Allgemeinen wird es nicht so einfach sein, zu wissen, worauf *k* zu setzen ist, und das Ergebnis kann ziemlich schlecht ausfallen, wenn Sie es auf den falschen Wert setzen. Wie Sie in Abbildung 9-7 sehen, führt ein Wert von 3 oder 8 für *k* für diesen Datensatz zu wenig guten Modellen.

Vielleicht denken Sie jetzt, dass wir doch das Modell mit der kleinsten Trägheit wählen könnten. Aber so einfach ist es leider nicht. Die Trägheit für *k*=3 ist 653,2, was viel größer ist als die für *k*=5 (dort betrug sie 211,6). Aber mit *k*=8 hat die Trägheit einen Wert von nur 119,1. Sie ist also keine gute Qualitätsmetrik zur Auswahl von *k*, weil sie mit zunehmendem *k* immer kleiner wird. Denn je mehr Cluster es gibt, desto kleiner wird jeder Abstand zum nächstgelegenen Schwerpunkt, und damit verringert sich auch die Trägheit. Plotten wir die Trägheit als Funktion von *k* (siehe Abbildung 9-8), enthält die Kurve oft einen Knickpunkt, einen *Ellenbogen*.

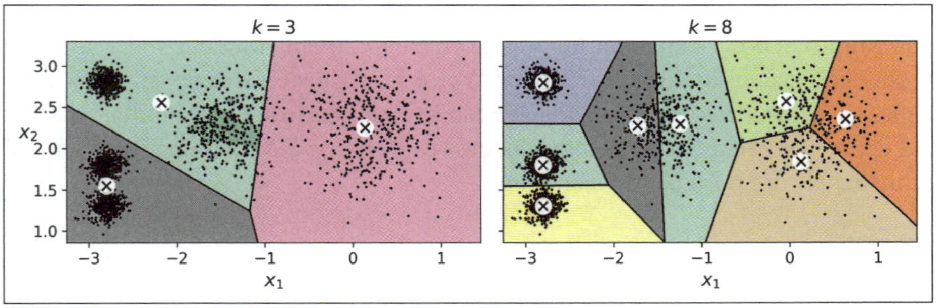

Abbildung 9-7: Schlechte Wahl für die Anzahl an Clustern: Ist k zu klein, werden getrennte Cluster zusammengeführt (links), ist k zu groß, werden manche Cluster in mehrere Stücke geteilt (rechts).

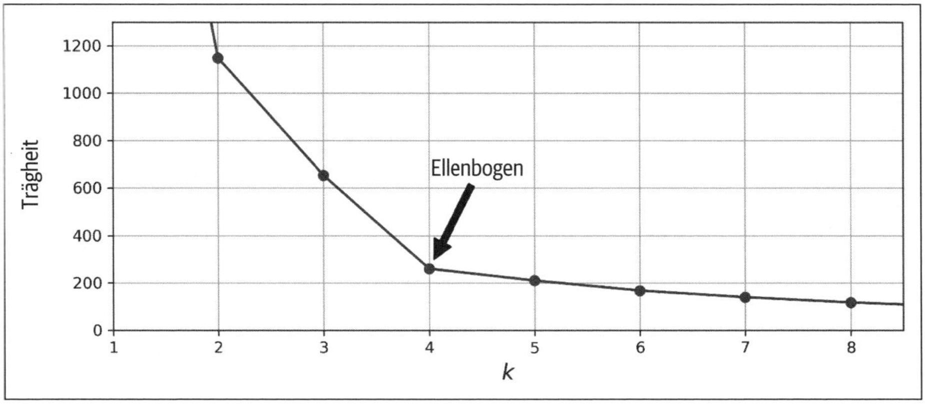

Abbildung 9-8: Trägheit als Funktion der Anzahl an Clustern k

Wie Sie sehen, sinkt die Trägheit sehr schnell, wenn *k* bis auf 4 steigt, danach geht es mit wachsendem *k* nur noch langsam nach unten. Diese Kurve sieht ein bisschen wie ein Arm aus, und es gibt einen Ellenbogen bei $k = 4$. Wenn wir es also nicht besser wissen, wäre 4 eine gute Wahl: Jeder niedrigere Wert wäre dramatisch, während jeder höhere Wert nicht viel helfen würde und wir gute Cluster ohne Grund aufteilen würden.

Diese Technik zum Auswählen des besten Werts für die Anzahl an Clustern ist eher grob. Präziser (aber auch rechenaufwendiger) ist die Verwendung des *Silhouettenkoeffizienten*, bei dem es sich um die gemittelten *Silhouetten* aller Instanzen handelt. Die Silhouette einer Instanz berechnet sich aus $(b - a) / \max(a, b)$, wobei *a* der mittlere Abstand zu den anderen Instanzen im gleichen Cluster (also die mittlere Intracluster-Distanz) und *b* die mittlere Distanz zu den Instanzen des am nächsten liegenden Clusters ist (also der mittlere Abstand zum nächstliegenden Cluster, definiert als das mit dem kleinsten *b* [ohne das Cluster der Instanz selbst]). Die Silhouette kann Werte zwischen –1 und +1 annehmen. Ein Koeffizient nahe an +1 besagt, dass sich die Instanz gut innerhalb ihres eigenen Clusters und weit weg von anderen Clustern befindet, ein Koeffizient nahe 0 bedeutet, dass sie sich nahe an einer Cluster-Grenze befindet, und ein Koeffizient von –1 zeigt schließlich, dass die Instanz eventuell dem falschen Cluster zugewiesen wurde.

Um den Silhouettenkoeffizienten zu berechnen, können Sie die Funktion `silhouette_score()` von Scikit-Learn verwenden und dabei alle Instanzen des Datensatzes sowie die zugewiesenen Labels übergeben:

```
>>> from sklearn.metrics import silhouette_score
>>> silhouette_score(X, kmeans.labels_)
0.655517642572828
```

Vergleichen wir nun die Silhouettenkoeffizienten für verschiedene Cluster-Anzahlen (siehe Abbildung 9-9).

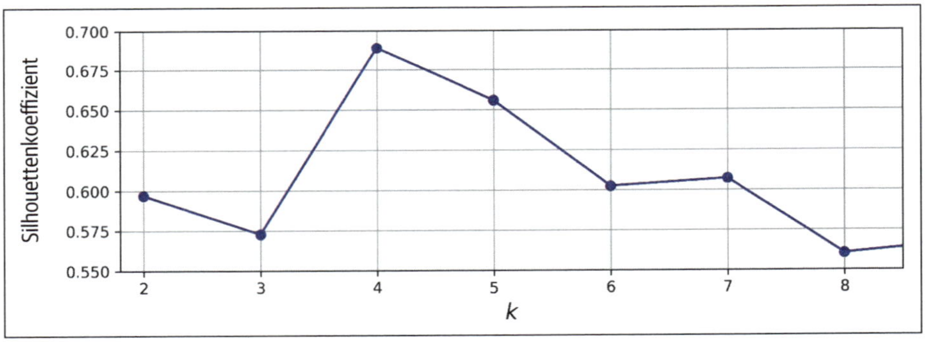

Abbildung 9-9: Auswahl der Anzahl an Clustern k mithilfe des Silhouettenkoeffizienten

Wie Sie sehen, ist diese Visualisierung deutlich hilfreicher als die vorherige: Sie bestätigt, dass $k = 4$ eine sehr gute Wahl ist, zeigt aber auch, dass $k = 5$ ebenfalls nicht schlecht ist – viel besser als $k = 6$ oder 7. Das war beim Vergleich der Trägheiten nicht zu erkennen.

Eine noch bessere Visualisierung erhalten Sie, wenn Sie die Silhouetten jeder einzelnen Instanz ausgeben – sortiert nach dem zugewiesenen Cluster und dem Wert selbst. Das wird als *Silhouettenplot*bezeichnet (siehe Abbildung 9-10).

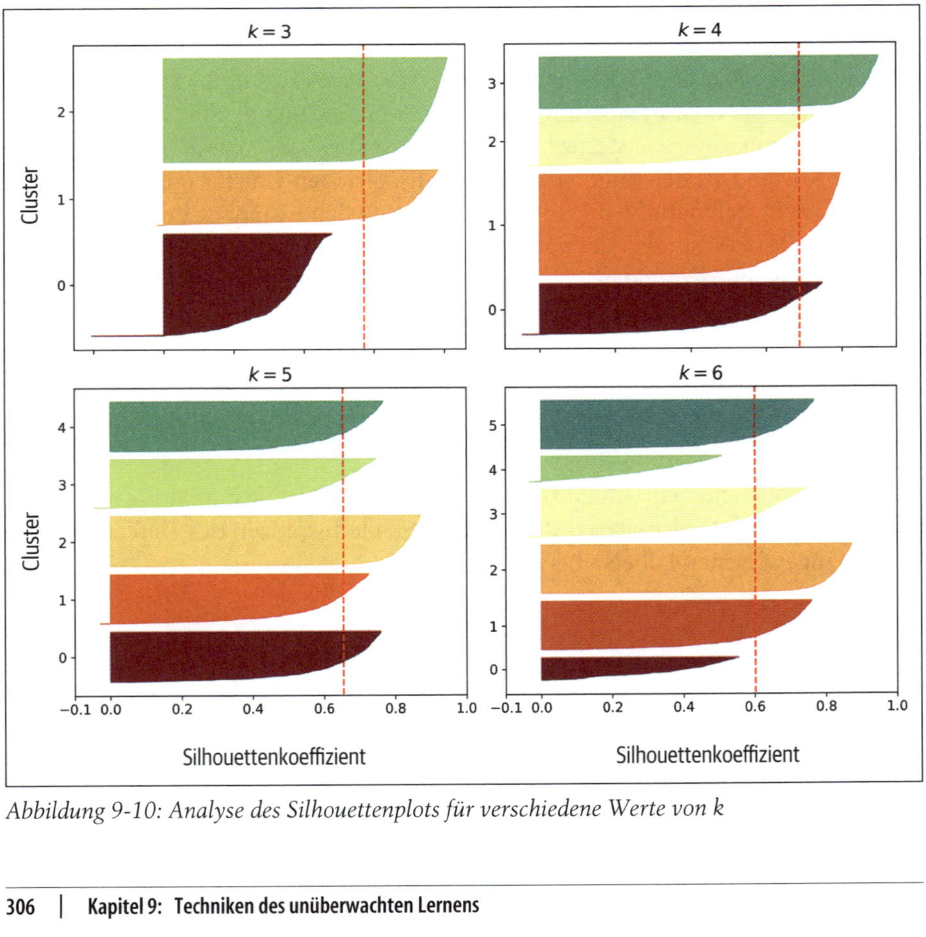

Abbildung 9-10: Analyse des Silhouettenplots für verschiedene Werte von k

Jedes Diagramm enthält eine messerförmige Darstellung pro Cluster. Die Höhe dieses »Messers« wird durch die Anzahl an Instanzen im Cluster bestimmt, die Breite durch die sortierten Silhouetten der Instanzen im Cluster (breiter ist besser).

Die vertikale gestrichelte Linie zeigt den mittleren Silhouettenkoeffizienten für jede Anzahl an Clustern an. Haben die meisten Instanzen in einem Cluster einen niedrigeren Silhouettenwert als dieser Koeffizient (enden also viele von ihnen links davon), ist das Cluster eher schlecht, denn seine Instanzen liegen viel zu nahe an anderen Clustern. Wir sehen, dass wir bei *k* = 3 oder *k* = 6 schlechte Cluster erhalten. Aber bei *k* = 4 oder *k* = 5 sehen die Cluster ziemlich gut aus: Die meisten Instanzen gehen über die gestrichelte Linie nach rechts (und damit näher an 1,0) hinaus. Bei *k* = 4 ist das Cluster bei Index 1 (das zweite von unten) ziemlich groß. Bei *k* = 5 sind alle Cluster ähnlich groß. Also auch wenn der gesamte Silhouettenkoeffizient bei *k* = 4 etwas größer ist als bei *k* = 5, scheint es eine gute Idee zu sein, *k* = 5 zu nutzen, um Cluster ähnlicher Größe zu erhalten.

Grenzen von *k*-Means

Trotz seiner vielen Vorteile – insbesondere bei der Geschwindigkeit und der Skalierbarkeit – ist *k*-Means nicht perfekt. Wie Sie gesehen haben, muss der Algorithmus mehrfach laufen, um suboptimale Lösungen zu vermeiden, zudem müssen Sie die Anzahl an Clustern festlegen, was selbst ziemlich schwierig sein kann. Und *k*-Means verhält sich nicht sehr gut, wenn die Cluster unterschiedliche Größen, Dichten oder nicht kreisförmige Formen haben. So zeigt beispielsweise Abbildung 9-11, wie *k*-Means einen Datensatz mit drei ellipsenförmigen Clustern unterschiedlicher Größe, Dichte und Orientierung unterteilt.

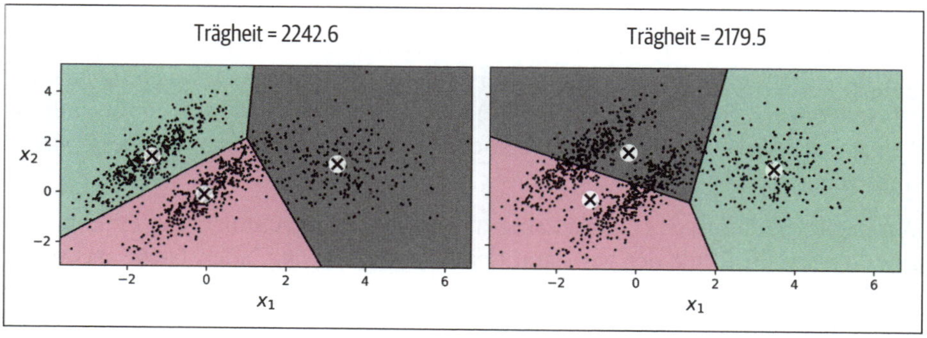

Abbildung 9-11: k-Means hat Probleme, diese ellipsenförmigen Bereiche sauber zu clustern.

Sie sehen, dass keine dieser Lösungen gut ist. Die linke Lösung ist besser, trennt aber immer noch 25 % des mittleren Clusters ab und weist es dem rechten Cluster zu. Die rechte Lösung ist einfach nur furchtbar, auch wenn ihre Trägheit niedriger ist. Also können abhängig von den Daten verschiedene Clustering-Algorithmen besser funktionieren. Bei dieser Art ellipsenförmiger Cluster klappt es mit gaußschen Mischverteilungsmodellen wunderbar.

Es ist wichtig, die Eingangsmerkmale zu skalieren, bevor Sie *k*-Means laufen lassen, denn sonst können die Cluster sehr gestreckt sein, und *k*-Means funktioniert nur schlecht. Das Skalieren der Merkmale garantiert nicht, dass alle Cluster nett und kreisförmig sind, aber es führt meist zu besseren Ergebnissen.

Schauen wir uns jetzt ein paar Möglichkeiten an, vom Clustering zu profitieren. Wir werden *k*-Means nutzen, aber Sie dürfen auch gern mit anderen Clustering-Algorithmen experimentieren.

Bildsegmentierung per Clustering

Bei der *Bildsegmentierung*geht es darum, ein Bild in mehrere Segmente zu unterteilen. Es gibt verschiedene Varianten:

- Bei der *Farbsegmentierung* weisen wir Pixel ähnlicher Farbe dem gleichen Segment zu. In manchen Anwendungen kann das schon ausreichen. Müssen Sie zum Beispiel Satellitenbilder analysieren, um zu messen, wie viel Wald es in einem Gebiet gibt, kann die Farbsegmentierung wunderbar funktionieren.
- Bei der *semantischen Segmentierung* werden alle Pixel, die Teil des gleichen Objekttyps sind, dem gleichen Segment zugewiesen. So können beispielsweise bei einem Sichtsystem für selbstfahrende Autos alle Pixel, die Teil eines Fußgängerbilds sind, dem Segment »Fußgänger« zugewiesen werden (das wäre ein Segment mit allen Fußgängern).
- Bei der *Instanzsegmentierung*werden alle Pixel, die Teil des gleichen individuellen Objekts sind, dem gleichen Segment zugewiesen. In diesem Fall würde es ein eigenes Segment für jeden Fußgänger geben.

Heutzutage erreichen die besten Systeme zur semantischen oder Instanzsegmentierung ihre Ergebnisse mithilfe komplexer Architekturen, die auf *Convolutional Neural Networks* basieren (siehe Kapitel 14). In diesem Kapitel werden wir uns auf die Aufgabe der (viel einfacheren) Farbsegmentierung konzentrieren und dabei *k*-Means einsetzen.

Wir beginnen damit, das Pillow-Paket zu importieren (Nachfolger der Python Imagine Library PIL), mit der wir dann das Bild *ladybug.png* laden (siehe das obere linke Bild in Abbildung 9-12), wobei wir davon ausgehen, dass es sich unter `filepath` findet:

```
>>> import PIL
>>> image = np.asarray(PIL.Image.open(filepath))
>>> image.shape
(533, 800, 3)
```

Das Bild wird als 3-D-Array repräsentiert. Die Größe der ersten Dimension ist die Höhe, die zweite die Breite und die dritte die Anzahl an Farbkanälen – in diesem Fall Rot, Grün und Blau (RGB). Mit anderen Worten: Für jedes Pixel gibt es einen 3-D-Vektor mit den Intensitäten von Rot, Grün und Blau jeweils als 8-Bit-Ganzzahlen ohne Vorzeichen zwischen 0 und 255. Manche Bilder haben vielleicht weniger Kanäle, wie beispielsweise Graustufenbilder (ein Kanal). Und manche Bilder können auch mehr Kanäle haben, wie etwa solche mit einem zusätzlichen *Alpha-Kanal* für die Transparenz oder Satellitenbilder, die oft zusätzliche Kanäle für verschiedene Frequenzen enthalten (zum Beispiel Infrarot).

Der folgende Code passt das Array so an, dass eine lange Liste an RGB-Farben herauskommt, und clustert diese Farben dann mithilfe von *k*-Means mit acht Clustern. Er erzeugt ein Array `segmented_img` mit dem nahesten Cluster-Zentrum für jedes Pixel (also der mittleren Farbe jedes Pixel-Clusters). Schließlich wird es so angepasst, dass das Array wieder die gleiche Form wie das ursprüngliche Bild hat. Die dritte Zeile nutzt ein fortgeschrittenes NumPy-Indexing – sind beispielsweise die ersten zehn Labels in `kmeans_.labels_` gleich 1, sind die ersten zehn Farben in `segmented_img` gleich `kmeans.cluster_centers_[1]`:

```
X = image.reshape(-1, 3)
kmeans = KMeans(n_clusters=8, random_state=42).fit(X)
segmented_img = kmeans.cluster_centers_[kmeans.labels_]
segmented_img = segmented_img.reshape(image.shape)
```

Das führt zu dem Bild, das Sie oben links in Abbildung 9-12 sehen. Sie können mit unterschiedlich vielen Farbclustern experimentieren – so wie das auch in der Abbildung zu sehen ist. Nutzen Sie weniger als acht Cluster, werden Sie feststellen, dass das knallige Rot des Marienkäfers kein eigenes Cluster mehr bekommt – es wird mit Farben aus der Umgebung verschmolzen. Das liegt daran, dass *k*-Means Cluster ähnlicher Größe bevorzugt. Der Marienkäfer ist klein, viel kleiner als der Rest des Bilds – selbst wenn seine Farbe sehr intensiv ist, kann *k*-Means ihr kein eigenes Cluster spendieren.

Abbildung 9-12: Bildsegmentierung mit k-Means mit verschieden vielen Farbclustern

Das war nicht allzu schwer, oder? Schauen wir uns jetzt eine andere Anwendung für das Clustern an.

Clustering für teilüberwachtes Lernen einsetzen

Ein anderer Anwendungsfall für das Clustering ist das teilüberwachte Lernen, bei dem wir viele ungelabelte Instanzen und nur sehr wenige gelabelte Instanzen besitzen. In diesem Abschnitt werden wir den Ziffern-Datensatz nutzen, bei dem es sich einfach um einen MNIST-ähnlichen Datensatz mit 1.797 Graustufenbildern der Größe 8 × 8 handelt, auf denen die Ziffern 0 bis 9 zu sehen sind. Laden wir als Erstes die Daten und teilen wir den Datensatz auf (er ist schon durchmischt):

```
from sklearn.linear_model import LogisticRegression

n_labeled = 50
log_reg = LogisticRegression()
log_reg.fit(X_train[:n_labeled], y_train[:n_labeled])
```

Wir können die Genauigkeit dieses Modells für den Testdatensatz messen (dieser muss gelabelt sein):

```
>>> log_reg.score(X_test, y_test)
0.7481108312342569
```

Die Genauigkeit beträgt nur 74,8 %. Das ist nicht so toll – trainieren Sie das Modell mit dem kompletten Trainingsdatensatz, werden Sie etwa 90,7 % Genauigkeit erhalten. Mal schauen, ob wir es besser hinbekommen. Zuerst teilen wir den Trainingsdatensatz in 50 Cluster auf. Dann finden wir für jedes Cluster das Bild, das möglichst nahe am Schwerpunkt liegt. Diese Bilder bezeichnen wir als *repräsentative Bilder*:

```
k = 50
kmeans = KMeans(n_clusters=k, random_state=42)
X_digits_dist = kmeans.fit_transform(X_train)
representative_digit_idx = np.argmin(X_digits_dist, axis=0)
X_representative_digits = X_train[representative_digit_idx]
```

Abbildung 9-13 zeigt diese 50 repräsentativen Bilder.

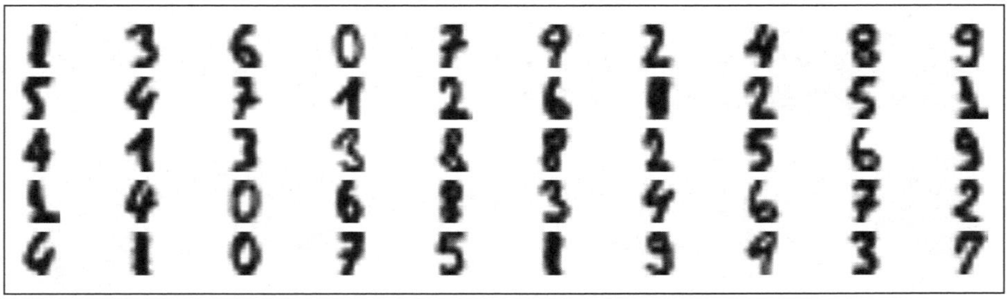

Abbildung 9-13: 50 repräsentative Ziffernbilder (eines pro Cluster)

Schauen wir uns jetzt jedes Bild einzeln an und verpassen wir ihm manuell ein Label:

```
y_representative_digits = np.array([1, 3, 6, 0, 7, 9, 2, ..., 5, 1, 9, 9, 3, 7])
```

Nun haben wir einen Datensatz mit nur 50 gelabelten Instanzen, aber statt dass es zufällige Instanzen sind, handelt es sich bei jeder von ihnen um ein repräsentatives Bild seines Clusters. Mal sehen, ob die Qualität dadurch besser wird:

```
>>> log_reg = LogisticRegression(max_iter=10_000)
>>> log_reg.fit(X_representative_digits, y_representative_digits)
>>> log_reg.score(X_test, y_test)
0.8488664987405542
```

Wow, wir sind von 74,8% auf 84,9% Genauigkeit gesprungen, obwohl wir das Modell mit nur 50 Instanzen trainiert haben. Da es oft teuer und aufwendig ist, Instanzen zu labeln, insbesondere wenn das manuell von Experten vorgenommen werden muss, ist es von Vorteil, dies mit repräsentativen statt mit zufälligen Instanzen zu tun.

Aber vielleicht können wir noch einen Schritt weitergehen: Was, wenn wir die Labels auf alle anderen Instanzen im gleichen Cluster anwenden? Das wird als *Label Propagation* bezeichnet:

```
y_train_propagated = np.empty(len(X_train), dtype=np.int64)
for i in range(k):
    y_train_propagated[kmeans.labels_ == i] = y_representative_digits[i]
```

Trainieren wir das Modell erneut und begutachten wir seine Qualität:

```
>>> log_reg = LogisticRegression()
>>> log_reg.fit(X_train, y_train_propagated)
>>> log_reg.score(X_test, y_test)
0.8942065491183879
```

Wir haben eine weitere deutliche Steigerung der Genauigkeit erhalten! Schauen wir, ob wir es nicht noch besser hinbekommen, indem wir das 1% der Instanzen ignorieren, das am weitesten von ihren Cluster-Zentren entfernt ist. Damit sollten ein paar Ausreißer herausfliegen. Der folgende Code berechnet zuerst den Abstand jeder Instanz zu ihrem nächsten Cluster-Zentrum und setzt dann für jedes Cluster das 1% mit den größten Abständen auf -1. Schließlich wird noch ein Set ohne diese mit dem Abstand -1 markierten Instanzen erzeugt:

```
percentile_closest = 99

X_cluster_dist = X_digits_dist[np.arange(len(X_train)), kmeans.labels_]
for i in range(k):
    in_cluster = (kmeans.labels_ == i)
    cluster_dist = X_cluster_dist[in_cluster]
    cutoff_distance = np.percentile(cluster_dist, percentile_closest)
    above_cutoff = (X_cluster_dist > cutoff_distance)
    X_cluster_dist[in_cluster & above_cutoff] = -1

partially_propagated = (X_cluster_dist != -1)
X_train_partially_propagated = X_train[partially_propagated]
y_train_partially_propagated = y_train_propagated[partially_propagated]
```

Trainieren wir das Modell jetzt erneut mit diesem teilweise propagierten Datensatz und schauen wir uns an, was für eine Genauigkeit wir erhalten:

```
>>> log_reg = LogisticRegression(max_iter=10_000)
>>> log_reg.fit(X_train_partially_propagated, y_train_partially_propagated)
>>> log_reg.score(X_test, y_test)
0.9093198992443325
```

Nett! Mit nur 50 gelabelten Instanzen (nur fünf Beispiele pro Klasse im Schnitt!) haben wir 90,9 % Genauigkeit erhalten, was sogar etwas besser als die Qualität ist, die wir mit dem vollständig gelabelten Datensatz erhalten haben (90,7 %). Das ist teilweise der Tatsache geschuldet, dass wir ein paar Ausreißer verworfen haben, und teilweise den weitergegebenen Labels, die tatsächlich ziemlich gut sind – ihre Genauigkeit ist ungefähr 97,5 %, wie der folgende Code zeigt:

```
>>> (y_train_partially_propagated == y_train[partially_propagated]).mean()
0.9755555555555555
```

Scikit-Learn bietet zudem zwei Klassen an, die Labels automatisch weitergeben können: `LabelSpreading` und `LabelPropagation` im Paket `sklearn.semi_supervised`. Beide Klassen erstellen eine Ähnlichkeitsmatrix zwischen allen Instanzen und leiten iterativ die Labels von gelabelten Instanzen an ähnliche ungelabelte Instanzen weiter. Es gibt außerdem im selben Paket eine davon sehr verschiedene Klasse namens `SelfTrainingClassifier`. Sie geben ihr einen Basis-Klassifikator mit (wie zum Beispiel `RandomForestClassifier`), und sie trainiert ihn mit den gelabelten Instanzen, um dann mit ihm Labels für die ungelabelten Instanzen vorherzusagen. Danach wird der Trainingsdatensatz mit den Labels aktualisiert, bei denen sich die Klasse am sichersten ist, und der Prozess des Trainierens und Labelns wird wiederholt, bis keine Labels mehr ergänzt werden können. Diese Techniken sind keine Wunderwaffe, aber sie können Ihre Modell gelegentlich ein bisschen besser machen.

Aktives Lernen

Um Ihr Modell und Ihren Trainingsdatensatz weiter zu verbessern, kann der nächste Schritt darin bestehen, ein paar Runden *aktives Lernen* durchzuführen, bei dem ein menschlicher Experte mit dem Lernalgorithmus interagiert und Labels für bestimmte Instanzen vergibt, die der Algorithmus anfragt. Es gibt viele verschiedene Strategien zum aktiven Lernen, aber eine der verbreitetsten wird als *Uncertainty Sampling* bezeichnet. So funktioniert es:

- Das Modell wird mit den bisher gelabelten Instanzen trainiert und dann genutzt, um Vorhersagen für alle noch nicht gelabelten Instanzen zu treffen.
- Die Instanzen, für die das Modell am unsichersten ist (also bei denen die geschätzte Wahrscheinlichkeit am niedrigsten ist), werden den Experten zum Labeln gegeben.
- Sie iterieren durch diesen Prozess, bis die Performance nicht mehr so viel besser wird, dass sich der Labeling-Aufwand lohnt.

Bei anderen Strategien des aktiven Lernens werden die Instanzen gelabelt, die zur stärksten Modelländerung führen würden oder zur größten Verbesserung beim Validierungsfehler, oder es werden die Instanzen genommen, für die verschiedene Modelle unterschiedlicher Ansicht sind (zum Beispiel eine SVM und ein Random Forest).

Bevor wir uns den gaußschen Mischverteilungsmodellen zuwenden, wollen wir noch einen Blick auf DBSCAN werfen – einen weiteren beliebten Clustering-Algorithmus, der ein ganz anderes Vorgehen nutzt, das auf lokalen Dichteabschätzungen basiert. Dieser Ansatz erlaubt dem Algorithmus, Cluster beliebiger Form zu identifizieren.

DBSCAN

Der Algorithmus *Density-Based Spatial Clustering of Applications* (DBSCAN) definiert Cluster als kontinuierliche Regionen hoher Dichte. Und so funktioniert er:

- Für jede Instanz zählt der Algorithmus, wie viele Instanzen es in einem kleinen Abstand ε (Epsilon) zu ihr gibt. Diese Region wird dann als *ε-Nachbarschaft* der Instanz bezeichnet.
- Hat eine Instanz mindestens `min_samples` Instanzen in ihrer ε-Nachbarschaft (einschließlich sich selbst), wird sie als *Kerninstanz* angesehen. Mit anderen Worten: Kerninstanzen sind solche, die sich in dichten Regionen befinden.
- Alle Instanzen in der Nachbarschaft einer Kerninstanz gehören zum gleichen Cluster. Diese Nachbarschaft kann andere Kerninstanzen beinhalten – daher bildet eine lange Folge von benachbarten Kerninstanzen ein einzelnes Cluster.
- Jede Instanz, bei der es sich nicht um eine Kerninstanz handelt und die auch keine in ihrer Nachbarschaft vorfindet, wird als Anomalie betrachtet.

Dieser Algorithmus funktioniert gut, wenn alle Cluster durch Regionen geringer Dichte gut voneinander getrennt werden. Die Klasse `DBSCAN` in Scikit-Learn ist so einfach, wie Sie es wahrscheinlich auch erwarten. Testen wir sie mit dem *moons*-Datensatz, der in Kapitel 5 vorgestellt wurde:

```
from sklearn.cluster import DBSCAN
from sklearn.datasets import make_moons

X, y = make_moons(n_samples=1000, noise=0.05)
dbscan = DBSCAN(eps=0.05, min_samples=5)
dbscan.fit(X)
```

Die Labels aller Instanzen finden Sie nun in der Instanzvariablen `labels_`:

```
>>> dbscan.labels_
array([ 0,  2, -1, -1,  1,  0,  0,  0,  2,  5, [...], 3,  3,  4,  2,  6,  3])
```

Beachten Sie, dass manche Instanzen einen Cluster-Index –1 besitzen, was heißt, dass sie vom Algorithmus als Anomalien betrachtet werden. Die Indizes der Kerninstanzen finden sich in der Instanzvariablen `core_sample_indices_`, die Kerninstanzen selbst in `components_`:

```
>>> dbscan.core_sample_indices_
array([  0,    4,    5,    6,    7,    8,   10,   11, [...], 993, 995, 997, 998, 999])
>>> dbscan.components_
array([[-0.02137124,  0.40618608],
       [-0.84192557,  0.53058695],
       [...],
       [ 0.79419406,  0.60777171]])
```

Dieses Clustering wird im linken Plot von Abbildung 9-14 dargestellt. Wie Sie sehen, findet es ziemlich viele Anomalien und dazu sieben verschiedene Cluster. Wie enttäuschend! Zum Glück reicht es, die Nachbarschaft jeder Instanz zu vergrößern, indem wir `eps` auf 0,2 setzen, und schon funktioniert das Clustering perfekt. Machen wir mit diesem Modell weiter.

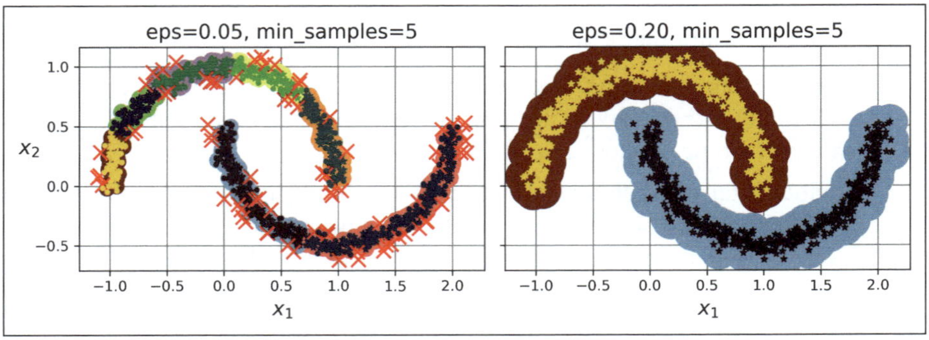

Abbildung 9-14: DBSCAN-Clustering mit zwei verschiedenen Nachbarschaftsradien

Ein wenig überraschend besitzt die Klasse `DBSCAN` keine Methode `predict()`, aber es gibt eine Methode `fit_predict()`. Mit anderen Worten: Sie kann nicht vorhersagen, zu welchem Cluster eine neue Instanz gehört. Diese Implementierungsentscheidung wurde getroffen, weil für verschiedene Aufgaben unterschiedliche Klassifizierungsalgorithmen sinnvoller sein können. Daher haben die Autoren entschieden, den Anwender auswählen zu lassen. Zudem ist die Methode nicht schwierig zu implementieren. Trainieren wir beispielsweise einen `KNeighborsClassifier`:

```
from sklearn.neighbors import KNeighborsClassifier

knn = KNeighborsClassifier(n_neighbors=50)
knn.fit(dbscan.components_, dbscan.labels_[dbscan.core_sample_indices_])
```

Mit ein paar neuen Instanzen können wir jetzt vorhersagen, zu welchem Cluster sie am ehesten gehören werden, und sogar eine Wahrscheinlichkeit für jedes Cluster angeben:

```
>>> X_new = np.array([[-0.5, 0], [0, 0.5], [1, -0.1], [2, 1]])
>>> knn.predict(X_new)
array([1, 0, 1, 0])
>>> knn.predict_proba(X_new)
array([[0.18, 0.82],
       [1.  , 0.  ],
       [0.12, 0.88],
       [1.  , 0.  ]])
```

Beachten Sie, dass wir den Klassifikator nur mit den Kerninstanzen trainiert haben. Wir hätten uns aber auch dazu entscheiden können, ihn mit allen Instanzen zu trainieren – oder mit allen ohne die Anomalien: Diese Entscheidung hängt von der eigentlichen Aufgabe ab.

Die Entscheidungsgrenze wird in Abbildung 9-15 dargestellt (die Kreuze stehen für die vier Instanzen in `X_new`). Da es keine Anomalien im Trainingsdatensatz gibt, wählt der Klassifikator immer ein Cluster, auch wenn dieses weit weg ist. Man kann leicht einen maximalen Abstand einbauen, sodass dann die beiden Instanzen, die von beiden Clustern weit entfernt sind, als Anomalien klassifiziert werden. Dazu nutzen Sie die Methode `kneighbors()` des `KNeighborsClassifier`. Gibt man ihr einen Satz Instanzen, liefert sie die Distanzen und Indizes der *k*-nächsten Nachbarn im Trainingsdatensatz (zwei Matrizen, jede mit *k* Spalten):

```
>>> y_dist, y_pred_idx = knn.kneighbors(X_new, n_neighbors=1)
>>> y_pred = dbscan.labels_[dbscan.core_sample_indices_][y_pred_idx]
>>> y_pred[y_dist > 0.2] = -1
>>> y_pred.ravel()
array([-1,  0,  1, -1])
```

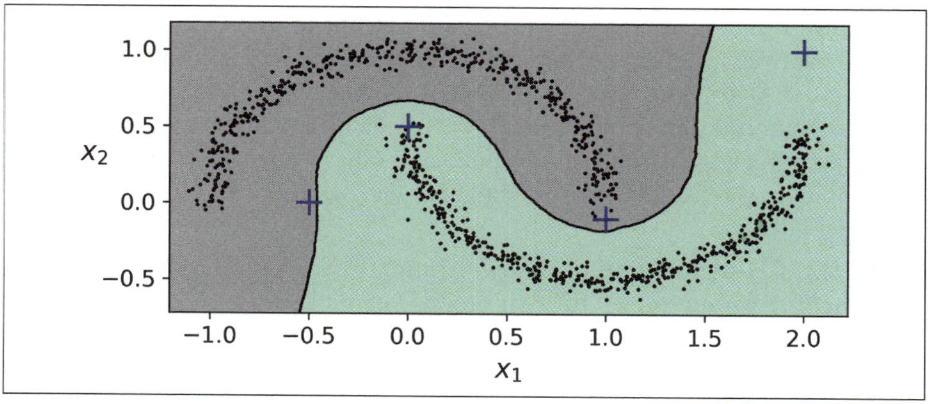

Abbildung 9-15: Entscheidungsgrenze zwischen zwei Clustern

Zusammengefasst, handelt es sich bei DBSCAN um einen sehr einfachen, trotzdem aber sehr leistungsfähigen Algorithmus, der eine beliebige Zahl von Clustern beliebiger Form erkennen kann. Er reagiert robust auf Ausreißer und besitzt nur zwei Hyperparameter (`eps` und `min_samples`). Variiert die Dichte zwischen den Clustern deutlich oder gibt es zwischen manchen Clustern keine Regionen mit ausreichend geringer Dichte, kann DBSCAN allerdings Probleme damit haben, alle Cluster sauber zu erkennen. Zudem ist seine Rechenkomplexität ungefähr $O(m^2n)$, sodass er bei großen Datensätzen nicht gut skaliert.

> Sie können auch den *Hierarchical DBSCAN* (HDBSCAN) ausprobieren, der im Projekt scikit-learn-contrib (*https://github.com/scikit-learn-contrib/hdbscan/*) implementiert ist, da dieser im Allgemeinen besser darin ist, Cluster mit variierender Dichte zu finden.

Andere Clustering-Algorithmen

Scikit-Learn implementiert eine Reihe weiterer Clustering-Algorithmen, die Sie sich einmal anschauen sollten. Wir können sie hier zwar nicht alle im Detail behandeln, aber zumindest einen kurzen Überblick geben:

Agglomeratives Clustering
: Hier wird eine Hierarchie aus Clustern von klein nach groß aufgebaut (»Bottom Up«). Stellen Sie sich viele kleine Bläschen vor, die auf dem Wasser schwimmen und sich nach und nach miteinander verbinden, bis es eine große Gruppe von Bläschen gibt. Genauso verbindet agglomeratives Clustering bei jeder Iteration das am nächsten beieinanderliegende Paar von Clustern (beginnend bei den individuellen Instanzen). Würden Sie einen Baum mit einem Zweig für jedes Paar zusammengeführter Cluster zeichnen, erhielten Sie einen Binärbaum aus Clustern, bei dem die Blätter die einzelnen Instanzen sind. Dieses Vorgehen kann Cluster unterschiedlichster Form erfassen, zudem erzeugt es einen flexiblen und informativen Cluster-Baum, statt Sie dazu zu zwingen, eine bestimmte Cluster-Größe zu wählen, und es kann mit beliebigen paarweisen Abständen genutzt werden. Bei sehr vielen Instanzen funktioniert der Algorithmus gut, wenn Sie eine Adjazenzmatrix bereitstellen, bei der es sich um eine dünn besetzte $m \times m$-Matrix handelt (zum Beispiel aus `sklearn.neighbors.kneighbors_graph()`). Ohne eine Adjazenzmatrix skaliert der Algorithmus für große Datensätze nicht gut.

BIRCH
: Der BIRCH-Algorithmus (*Balanced Iterative Reducing and Clustering using Hierarchies*) wurde speziell für sehr große Datensätze entworfen und kann mit ähnlichen Ergebnissen schneller als Batch-*k*-Means sein, sofern die Menge an Merkmalen nicht zu groß ist (unter 20). Während des Trainings baut er eine Baumstruktur auf, die gerade genug Informationen enthält, um eine neue Instanz schnell einem Cluster zuzuweisen, ohne alle Instanzen im Baum speichern zu müssen. Dieses Vorgehen erlaubt die Verwendung begrenzter Speicherressourcen beim Umgang mit riesigen Datensätzen.

Mean-Shift
: Dieser Algorithmus beginnt damit, einen Kreis um jede Instanz zu ziehen. Dann berechnet er für jeden Kreis den Mittelwert aller Instanzen, die sich in ihm befinden, und verschiebt den Kreis so, dass sein Mittelpunkt auf diesem

Mittelwert liegt. Als Nächstes iteriert er diesen Mean-Shift-Schritt, bis sich keine Kreise mehr bewegen (also bis jeder von ihnen auf dem Mittelwert der in ihm enthaltenen Instanzen zentriert ist). Mean-Shift verschiebt die Kreise in die Richtung höherer Dichte, bis jeder ein lokales Dichtemaximum gefunden hat. Und schließlich werden alle Instanzen, deren Kreise sich an der gleichen Stelle (oder nahe genug beieinander) angesammelt haben, dem gleichen Cluster zugewiesen. Mean-Shift besitzt ein paar ähnliche Features wie DBSCSAN – so kann es eine beliebige Zahl von Clustern beliebiger Form finden, besitzt nur sehr wenige Hyperparameter (nur einen: den Radius des Kreises, als *Bandbreite* bezeichnet) und baut auf der Schätzung der lokalen Dichte auf. Aber anders als DBSCAN tendiert Mean-Shift dazu, Cluster in einzelne Stücke aufzuteilen, wenn sie interne Dichteunterschiede aufweisen. Leider ist seine Rechenkomplexität $O(m^2n)$, daher ist dieser Algorithmus für große Datensätze nicht passend.

Affinity Propagation

Bei diesem Algorithmus tauschen die Instanzen wiederholt Nachrichten untereinander aus, bis jede Instanz eine andere (oder sich selbst) gewählt hat, die sie repräsentiert. Diese gewählten Instanzen werden als *Exemplare* bezeichnet. Jedes Exemplar und alle Instanzen, die dieses gewählt haben, bilden ein Cluster. In der Politik wollen Sie im Allgemeinen einen Kandidaten wählen, dessen Meinung der Ihren ähnelt, aber Sie wollen auch die Wahl gewinnen, daher entscheiden Sie sich vielleicht für einen Kandidaten, mit dem Sie nicht vollständig übereinstimmen, der aber beliebter ist. Die Beliebtheit bestimmen Sie meist über Umfragen. Die Affinity Propagation funktioniert ähnlich, und sie tendiert dazu, Exemplare zu wählen, die nahe des Zentrums eines Clusters liegen – ähnlich wie *k*-Means. Aber anders als Letzteres müssen Sie nicht im Voraus die Anzahl der Cluster festlegen – diese wird während des Trainings bestimmt. Zudem kann die Affinity Propagation sehr gut mit Clustern unterschiedlicher Größe umgehen. Leider hat dieser Algorithmus eine Rechenkomplexität von $O(m^2)$, daher ist er für große Datensätze nicht so geeignet.

Spektrales Clustering

Dieser Algorithmus nimmt eine Ähnlichkeitsmatrix zwischen den Instanzen und erstellt daraus ein niedrigdimensionales Embedding (reduziert also ihre Dimensionalität), dann verwendet er einen andere Clustering-Algorithmus in diesem niedrigdimensionalen Raum (die Implementierung von Scikit-Learn verwendet *k*-Means). Spektrales Clustering kann komplexe Cluster-Strukturen erfassen und auch genutzt werden, um Graphen aufzuteilen (um zum Beispiel Freunde-Cluster in einem sozialen Netzwerk zu identifizieren). Der Algorithmus skaliert nicht gut für große Mengen an Instanzen und verhält sich nicht gut, wenn die Cluster sehr unterschiedliche Größen haben.

Kommen wir nun zu den gaußschen Mischverteilungsmodellen, die zur Dichteabschätzung, zum Clustering und zur Anomalieerkennung genutzt werden können.

Gaußsche Mischverteilung

Ein *gaußsches Mischverteilungsmodell* (*Gaussian Mixture Model*, GMM) ist ein Wahrscheinlichkeitsmodell, das davon ausgeht, dass die Instanzen aus einer Mischung diverser gaußscher Verteilungen erzeugt wurden, deren Parameter unbekannt sind. Alle Instanzen, die aus einer einzelnen gaußschen Verteilung generiert wurden, bilden ein Cluster, das typischerweise wie ein Ellipsoid aussieht. Jedes Cluster kann eine andere Ellipsenform, Größe, Dichte und Ausrichtung haben, so wie in Abbildung 9-11. Beobachten Sie eine Instanz, wissen Sie, dass sie aus einer der gaußschen Verteilungen erzeugt wurde, aber Sie wissen nicht, aus welcher, und auch die Parameter dieser Verteilung sind Ihnen nicht bekannt.

Es gibt diverse Varianten des gaußschen Mischverteilungsmodells. In der einfachsten Form – implementiert in der Klasse `GaussianMixture` – müssen Sie die Anzahl k der gaußschen Verteilungen wissen. Vom Datensatz $\mathbf{X}$ wird angenommen, dass er durch den folgenden Wahrscheinlichkeitsprozess erzeugt wurde:

- Für jede Instanz wird ein Cluster zufällig aus k Clustern gewählt. Die Wahrscheinlichkeit, das j. Cluster zu nehmen, ist durch das Gewicht $\phi^{(j)}$ des Clusters definiert.[6] Der Index des für die i. Instanz gewählten Clusters wird als $z^{(i)}$ bezeichnet.
- Ist $z^{(i)}=j$, wurde also die i. Instanz dem j. Cluster zugewiesen, wird die Position $\mathbf{x}^{(i)}$ dieser Instanz zufällig aus der gaußschen Verteilung mit dem Mittelwert $\boldsymbol{\mu}^{(j)}$ und der Kovarianzmatrix $\boldsymbol{\Sigma}^{(j)}$ bestimmt. Als Formel: $\mathbf{x}^{(i)} \sim \mathcal{N}(\boldsymbol{\mu}^{(j)}, \boldsymbol{\Sigma}^{(j)})$

Was können Sie nun mit solch einem Modell tun? Nun, bei einem gegebenen Datensatz $\mathbf{X}$ wollen Sie typischerweise damit beginnen, die Gewichte $\boldsymbol{\phi}$ und alle Verteilungsparameter $\boldsymbol{\mu}^{(1)}$ bis $\boldsymbol{\mu}^{(k)}$ und $\boldsymbol{\Sigma}^{(1)}$ bis $\boldsymbol{\Sigma}^{(k)}$ zu schätzen. Die Klasse `GaussianMixture` von Scikit-Learn macht das ganz einfach:

```
from sklearn.mixture import GaussianMixture

gm = GaussianMixture(n_components=3, n_init=10)
gm.fit(X)
```

Schauen wir uns die Parameter an, die der Algorithmus geschätzt hat:

```
>>> gm.weights_
array([0.39025715, 0.40007391, 0.20966893])
>>> gm.means_
array([[ 0.05131611,  0.07521837],
       [-1.40763156,  1.42708225],
       [ 3.39893794,  1.05928897]])
>>> gm.covariances_
array([[[ 0.68799922,  0.79606357],
        [ 0.79606357,  1.21236106]],
```

6 Phi (ϕ oder φ) ist der 21. Buchstabe des griechischen Alphabets.

```
[[ 0.63479409,  0.72970799],
 [ 0.72970799,  1.1610351 ]],

[[ 1.14833585, -0.03256179],
 [-0.03256179,  0.95490931]]])
```

Na bitte, das hat wunderbar funktioniert! Tatsächlich wurden zwei der drei Cluster mit jeweils 500 Instanzen generiert, während das dritte nur 250 Instanzen enthält. Die wahren Cluster-Gewichte sind also 0,4, 0,4 und 0,2 – ungefähr das, was der Algorithmus gefunden hat. Auch die Mittelwerte und Kovarianzmatrizen lagen sehr dicht an den durch den Algorithmus gefundenen Werten. Aber wie? Diese Klasse greift auf den Expectation-Maximization-(EM-)Algorithmus zurück, der in vielem dem *k*-Means-Algorithmus ähnelt: Er initialisiert ebenfalls die Cluster-Parameter zufällig und wiederholt dann zwei Schritte zur Konvergenz. Zuerst weist er Clustern Instanzen zu (das wird als *Expectation-Schritt* bezeichnet), dann aktualisiert er die Cluster (das wird *Maximization-Schritt* genannt). Klingt vertraut, oder? Im Kontext des Clusterings können Sie sich EM als Verallgemeinerung von *k*-Means vorstellen, das nicht nur die Cluster-Zentren findet ($\boldsymbol{\mu}^{(1)}$ bis $\boldsymbol{\mu}^{(k)}$), sondern auch ihre Größe, Form und Orientierung ($\boldsymbol{\Sigma}^{(1)}$ bis $\boldsymbol{\Sigma}^{(k)}$) sowie ihre relativen Gewichte ($\phi^{(1)}$ bis $\phi^{(k)}$). Anders als *k*-Means nutzt EM allerdings eine Softcluster-Zuweisung, keine harte Zuweisung. Für jede Instanz schätzt der Algorithmus während des Expectation-Schritts die Wahrscheinlichkeit der Zugehörigkeit zu jedem Cluster (basierend auf den aktuellen Cluster-Parametern). Dann wird während des Maximization-Schritts jedes Cluster mit *allen* Instanzen des Datensatzes aktualisiert, wobei jede Instanz anhand der geschätzten Wahrscheinlichkeit gewichtet wird, mit der sie zum Cluster gehört. Diese Wahrscheinlichkeiten werden als *Responsibilities* des Clusters für die Instanzen bezeichnet. Während des Maximization-Schritts wird jedes Cluster beim Aktualisieren vor allem von den Instanzen beeinflusst, für die es am meisten verantwortlich ist.

> Leider kann EM wie *k*-Means zu schlechten Lösungen konvergieren, daher muss es mehrfach ausgeführt und nur die beste Lösung muss behalten werden. Darum setzen wir `n_init` auf 10. Seien Sie vorsichtig: Standardmäßig ist `n_init` auf `1` gesetzt.

Sie können prüfen, ob der Algorithmus konvergiert ist und wie viele Iterationen genutzt wurden:

```
>>> gm.converged_
True
>>> gm.n_iter_
4
```

Nachdem Sie nun eine Schätzung für Position, Größe, Form, Orientierung und relative Gewichte jedes Clusters besitzen, kann das Modell problemlos jede Instanz dem wahrscheinlichsten Cluster zuweisen (Hard Clustering) oder die Wahrscheinlichkeit abschätzen, dass sie zu einem bestimmten Cluster gehört (Soft Clustering).

Nutzen Sie einfach die Methode predict() für das Hard Clustering oder predict_proba() für das Soft Clustering:

```
>>> gm.predict(X)
array([0, 0, 1, ..., 2, 2, 2])
>>> gm.predict_proba(X).round(3)
array([[0.977, 0.   , 0.023],
       [0.983, 0.001, 0.016],
       [0.   , 1.   , 0.   ],
       ...,
       [0.   , 0.   , 1.   ],
       [0.   , 0.   , 1.   ],
       [0.   , 0.   , 1.   ]])
```

Ein gaußsches Mischverteilungsmodell ist ein *generatives Modell*, Sie können also neue Instanzen daraus erstellen (beachten Sie, dass sie anhand des Cluster-Index geordnet sind):

```
>>> X_new, y_new = gm.sample(6)
>>> X_new
array([[-0.86944074, -0.32767626],
       [ 0.29836051,  0.28297011],
       [-2.8014927 , -0.09047309],
       [ 3.98203732,  1.49951491],
       [ 3.81677148,  0.53095244],
       [ 2.84104923, -0.73858639]])
>>> y_new
array([0, 0, 1, 2, 2, 2])
```

Es ist zudem möglich, die Dichte des Modells an jedem gegebenen Ort zu schätzen. Dies wird mithilfe der Methode score_samples() erreicht: Für jede gegebene Instanz schätzt diese Methode den Logarithmus der Wahrscheinlichkeitsdichtefunktion (WDF) an diesem Ort. Je größer der Wert, desto höher die Dichte:

```
>>> gm.score_samples(X).round(2)
array([-2.61, -3.57, -3.33, ..., -3.51, -4.4 , -3.81])
```

Berechnen Sie die Exponentialfunktion dieser Werte, erhalten Sie den Wert der WDF an den Orten der angegebenen Instanzen. Das sind keine Wahrscheinlichkeiten, sondern *Wahrscheinlichkeitsdichten*: Sie können jeden positiven Wert annehmen, nicht nur solche zwischen 0 und 1. Um die Wahrscheinlichkeit abzuschätzen, dass eine Instanz in einem bestimmten Bereich liegen wird, müssten Sie die WDF über diesen Bereich integrieren (wenn Sie das über den gesamten Raum möglicher Instanzpositionen tun, wird das Ergebnis 1 sein).

Abbildung 9-16 zeigt die Cluster-Mittelwerte, die Entscheidungsgrenzen (gestrichelte Linien) und die Dichtekonturen dieses Modells.

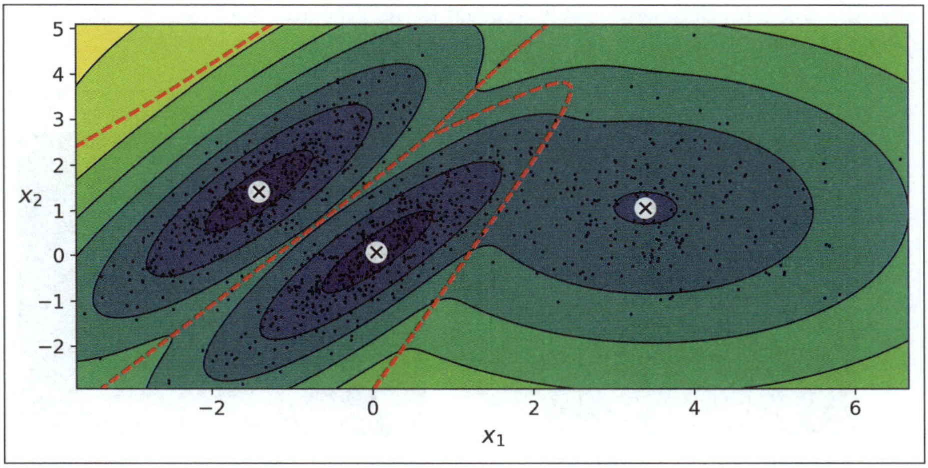

Abbildung 9-16: Cluster-Mittelwerte, Entscheidungsgrenzen und Dichtekonturen eines trainierten gaußschen Mischverteilungsmodells

Sehr schick! Der Algorithmus hat offensichtlich eine ausgezeichnete Lösung gefunden. Natürlich war die Aufgabe leichter, weil wir die Daten mit einem Satz zweidimensionaler Gaußverteilungen erzeugt haben (leider sind echte Daten nicht immer so gaußförmig verteilt und niedrigdimensional). Wir haben dem Algorithmus zudem die richtige Zahl an Clustern mitgegeben. Gibt es viele Dimensionen, viele Cluster oder wenige Instanzen, kann EM Probleme damit haben, zu einer optimalen Lösung zu konvergieren. Sie müssen dann eventuell die Schwierigkeit der Aufgabe reduzieren, indem Sie die Anzahl der Parameter begrenzen, die der Algorithmus zu lernen hat. Eine Möglichkeit dazu ist das Beschränken der Formen und Orientierungen, die die Cluster haben können. Das lässt sich erreichen, indem Sie Begrenzungen für die Kovarianzmatrizen vorgeben. Dazu setzen Sie den Hyperparameter `covariance_type` auf einen der folgenden Werte:

`"spherical"`
: Alle Cluster müssen sphärisch sein, aber sie können unterschiedliche Durchmesser (also unterschiedliche Varianzen) haben.

`"diag"`
: Cluster können eine beliebige ellipsoide Form jeglicher Größe annehmen, aber die Achsen der Ellipsoide müssen parallel zu den Koordinatenachsen sein (die Kovarianzmatrizen müssen also diagonal sein).

`"tied"`
: Alle Cluster müssen die gleiche ellipsoide Form, Größe und Orientierung haben (sie müssen also alle die gleiche Kovarianzmatrix besitzen).

Standardmäßig ist `covariance_type` auf `"full"` gesetzt – jedes Cluster kann also eine beliebige Form, Größe und Orientierung annehmen (es hat seine eigene, uneingeschränkte Kovarianzmatrix). Abbildung 9-17 gibt die Lösungen aus, die vom EM-

Algorithmus gefunden werden, wenn `covariance_type` auf `"tied"` oder `"spherical"` gesetzt wurde.

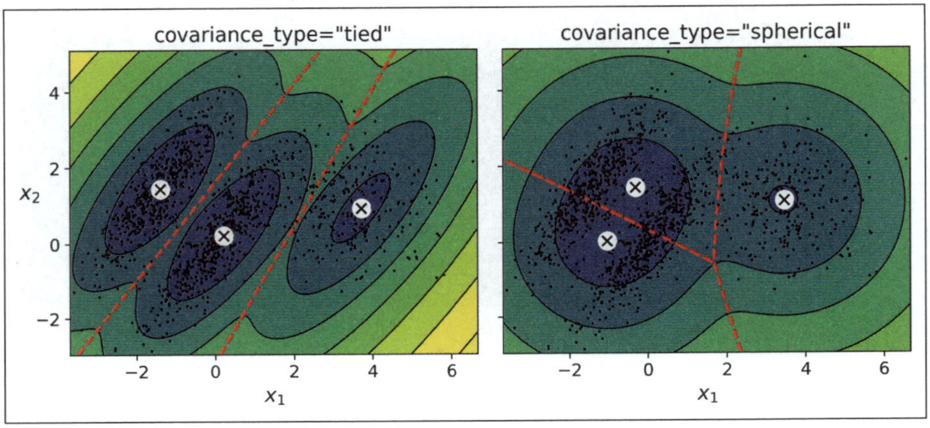

Abbildung 9-17: Gaußsche Mischverteilungsmodelle für »tied« Cluster (links) und »spherical« Cluster (rechts)

> Die Rechenkomplexität beim Trainieren eines `GaussianMixture`-Modells hängt von der Anzahl an Instanzen *m*, der Dimensionen *n*, der Cluster *k* und den Beschränkungen für die Kovarianzmatrizen ab. Hat `covariance_type` den Wert `"spherical"` oder `"diag"`, ist sie $O(kmn)$, sofern die Daten eine Cluster-Struktur besitzen. Hat `covariance_type` den Wert `"tied"` oder `"full"`, ist sie $O(kmn^2 + kn^3)$, daher wird das Modell für eine große Zahl an Merkmalen nicht gut skalieren.

Gaußsche Mischverteilungsmodelle können auch zur Anomalieerkennung genutzt werden. Schauen wir uns das an.

Anomalieerkennung mit gaußschen Mischverteilungsmodellen

Der Einsatz eines gaußschen Mischverteilungsmodells zur Anomalieerkennung ist ziemlich einfach: Jede Instanz, die sich in einem Bereich mit niedriger Dichte befindet, kann als Anomalie betrachtet werden. Sie müssen definieren, welche Dichtegrenze Sie nutzen wollen. So ist beispielsweise in der Herstellung der Anteil an defekten Produkten gut bekannt. Nehmen wir an, er liegt bei 4%. Sie setzen dann die Dichtegrenze auf den Wert, der dazu führt, dass 4% der Instanzen in Bereichen unterhalb dieser Dichte liegen. Merken Sie, dass Sie zu viele falsch positive Ergebnisse erhalten (also korrekte Produkte, die als defekt markiert sind), können Sie die Grenze absenken. Haben Sie umgekehrt zu viele falsch negative Produkte (also defekte Produkte, die das System nicht als defekt markiert), setzen Sie die Grenze hoch. Das ist die übliche Wechselbeziehung zwischen Relevanz und Sensitivität (siehe Kapitel 3). So würden Sie die Ausreißer mithilfe der vierten Perzentile der

Dichte als Grenze erkennen (also ungefähr 4% der Instanzen werden als Anomalien markiert):

```
densities = gm.score_samples(X)
density_threshold = np.percentile(densities, 4)
anomalies = X[densities < density_threshold]
```

Abbildung 9-18 stellt diese Anomalien als Sternchen dar.

Eine damit in engem Zusammenhang stehende Aufgabe ist die *Novelty Detection*: Sie unterscheidet sich von der Anomalieerkennung darin, dass angenommen wird, dass der Algorithmus auf einem »sauberen« Datensatz trainiert wurde, der nicht durch Ausreißer verunreinigt ist, während dies bei der Anomalieerkennung nicht der Fall ist. Tatsächlich wird die Ausreißererkennung oft genutzt, um einen Datensatz zu bereinigen.

> Gaußsche Mischverteilungsmodelle versuchen oft, alle Daten zu berücksichtigen – auch die Ausreißer. Haben Sie viele davon, wird das die Sicht des Modells auf die »Normalität« beeinflussen, und manche Ausreißer werden als normal angesehen werden. Wenn das der Fall ist, können Sie versuchen, das Modell einmal anzupassen, dann damit die extremsten Ausreißer zu erkennen und zu entfernen und das Modell erneut an den gesäuberten Datensatz anzupassen. Ein anderer Ansatz ist der Einsatz von robusten Kovarianz-Schätzmethoden (siehe die Klasse `EllipticEnvelope`).

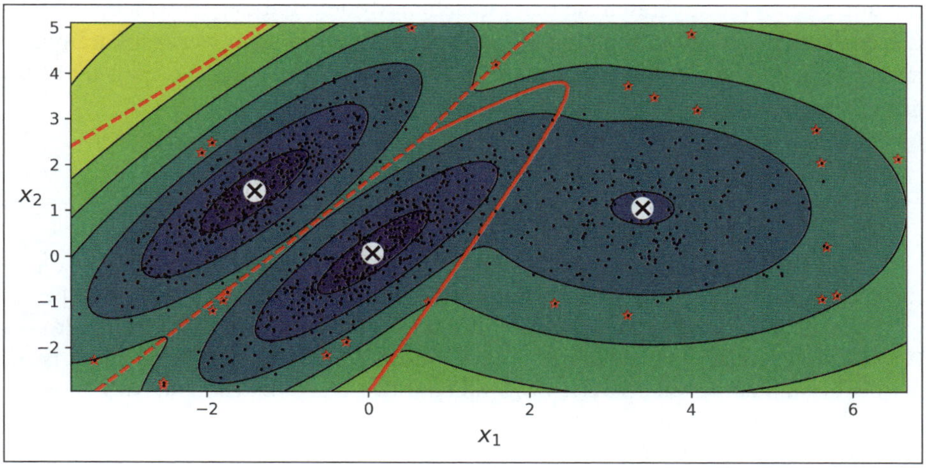

Abbildung 9-18: Anomalieerkennung mithilfe eines gaußschen Mischverteilungsmodells

Wie bei *k*-Means muss für den `GaussianMixture`-Algorithmus die Anzahl an Clustern vorgegeben werden. Wie können Sie die nun ermitteln?

Die Anzahl an Clustern auswählen

Bei *k*-Means konnten Sie die Trägheit oder den Silhouettenkoeffizienten nutzen, um die passende Anzahl an Clustern auszuwählen. Aber bei der gaußschen Mischverteilung ist es nicht möglich, diese Metriken einzusetzen, weil sie nicht zuverlässig sind, wenn die Cluster keine sphärische Form haben oder unterschiedliche Größen besitzen. Stattdessen können Sie versuchen, das Modell zu finden, das ein *theoretisches Informationskriterium* minimiert, wie zum Beispiel das *bayessche Informationskriterium* (BIC) oder das *Akaike-Informationskriterium* (AIC), die in Formel 9-1 definiert sind.

Formel 9-1: Bayessches Informationskriterium (BIC) und Akaike-Informationskriterium

$$
\begin{aligned}
BIC &= \log(m)p - 2\log(\widehat{\mathcal{L}}) \\
AIC &= 2p - 2\log(\widehat{\mathcal{L}})
\end{aligned}
$$

In dieser Gleichung gilt:

- m ist die Anzahl an Instanzen (wie immer).
- p ist die Anzahl an Parametern, die vom Modell erlernt wurden.
- $\widehat{\mathcal{L}}$ ist der maximierte Wert der *Likelihood-Funktion* des Modells.

Sowohl das BIC wie auch das AIC bestrafen Modelle, die mehr Parameter zu lernen haben (zum Beispiel mehr Cluster), und belohnen Modelle, die sich gut an die Daten anpassen. Häufig landen sie beim gleichen Modell. Gibt es Unterschiede, tendieren die vom BIC gewählten Modelle dazu, einfacher zu sein (weniger Parameter) als die vom AIC gewählten, aber nicht so gut an die Daten angepasst zu sein (das gilt besonders für größere Datensätze).

Likelihood-Funktion

Die Begriffe »Probability« und »Likelihood« werden in der englischen Sprache oft für das Gleiche verwendet, aber in der Statistik haben sie sehr unterschiedliche Bedeutungen. Bei einem statistischen Modell mit Parametern $\boldsymbol{\theta}$ wird das Wort »Probability« genutzt, um zu beschreiben, wie plausibel ein zukünftiges Ergebnis $\mathbf{x}$ ist (bei bekannten Parameterwerten $\boldsymbol{\theta}$), während das Wort »Likelihood« verwendet wird, um zu beschreiben, wie plausibel ein bestimmter Satz an Parameterwerten $\boldsymbol{\theta}$ ist, nachdem das Ergebnis $\mathbf{x}$ bekannt ist.

Stellen Sie sich ein 1-D-Mischmodell zweiter gaußscher Verteilungen vor, die bei –4 und +1 zentriert sind. Aus Gründen der Einfachheit hat dieses Spielmodell einen einzelnen Parameter θ, der die Standardabweichung beider Verteilungen steuert. Der obere linke Konturplot in Abbildung 9-19 zeigt das gesamte Modell $f(x; \theta)$ als Funktion von x und θ. Um die Wahrscheinlichkeitsverteilung eines zukünftigen Ergebnisses x abzuschätzen, müssen Sie den Modellparameter θ setzen. Setzen Sie beispielsweise θ auf 1,3 (die horizontale Linie), erhalten Sie die Wahrscheinlichkeitsdichtefunktion $f(x; \theta{=}1{,}3)$ aus dem unteren linken Plot. Nehmen wir an, Sie wollten die Wahrscheinlichkeit abschätzen, dass x zwischen –2 und +2 liegt. Sie müssen das Integral der WDF für diesen Bereich berechnen (also die Oberfläche des schattierten Gebiets). Aber was, wenn Sie θ nicht kennen und stattdessen eine einzelne Instanz $x{=}2{,}5$ beobachtet haben (die vertikale Linie im oberen linken Plot)? In diesem Fall erhalten Sie die Likelihood-Funktion $\mathcal{L}(\theta|x{=}2{,}5){=}f(x{=}2{,}5; \theta)$, zu sehen im oberen rechten Plot.

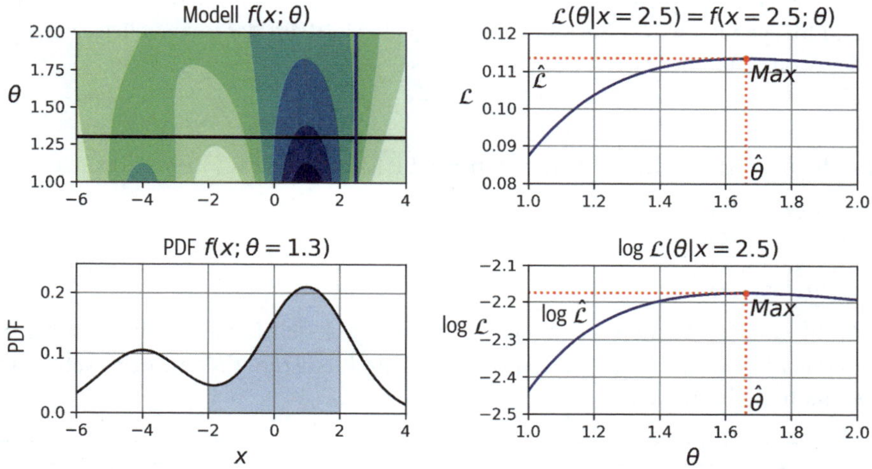

Abbildung 9-19: Eine parametrische Funktion des Modells (oben links) und ein paar abgeleitete Funktionen: eine WDF (unten links), eine Likelihood-Funktion (oben rechts) und eine Log-Likelihood-Funktion (unten rechts)

Kurz gesagt, ist die WDF eine Funktion von x (mit festem θ), während es sich bei der Likelihood-Funktion um eine Funktion von θ (mit festem x) handelt. Es ist wichtig, zu verstehen, dass die Likelihood-Funktion *keine* Wahrscheinlichkeitsverteilung ist: Integrieren Sie eine Wahrscheinlichkeitsverteilung über alle möglichen Werte von x, erhalten Sie immer 1; integrieren Sie die Likelihood-Funktion über alle möglichen Werte von θ, kann das Ergebnis ein beliebiger positiver Wert sein.

Bei einem vorhandenen Datensatz **X** will man häufig die wahrscheinlichsten Werte für die Modellparameter schätzen. Dazu müssen Sie die Werte finden, die die Likelihood-Funktion maximieren – bei gegebenem **X**. Wenn Sie in diesem Beispiel eine einzelne Instanz $x{=}2{,}5$ beobachtet haben, liefert die *Maximum-Likelihood-Schätzung* (*Maximum Likelihood Estimation*, MLE) von θ einen Wert von $\hat{\boldsymbol{\theta}}{=}1{,}5$. Gibt es eine frühere Wahrscheinlichkeitsverteilung g über θ, ist es möglich, diese zu berücksichtigen, indem $\mathcal{L}(\theta|x)g(\theta)$ maximiert wird statt nur $\mathcal{L}(\theta|x)$. Das wird als *Maximum-a-posteriori-Schätzung* (MAP) bezeichnet. Da die MAP die Parameterwerte beschränkt, können Sie sie sich als eine regulierte Version der MLE vorstellen.

Beachten Sie, dass das Maximieren der Likelihood-Funktion dem Maximieren ihres Logarithmus entspricht (zu sehen im unteren rechten Plot von Abbildung 9-19). Der Logarithmus ist eine streng monoton wachsende Funktion – maximiert θ die Log-Likelihood, maximiert es auch die Likelihood. Es zeigt sich, dass es meist einfacher ist, die Log-Likelihood zu maximieren. Beobachten Sie beispielsweise viele unabhängige Instanzen $x^{(1)}$ bis $x^{(m)}$, müssten Sie den Wert von θ finden, der das Produkt der individuellen Likelihood-Funktionen maximiert. Aber es ist äquivalent und viel einfacher, die Summe (nicht das Produkt) der Log-Likelihood-Funktionen zu maximieren – dank der Magie des Logarithmus, der Produkte in Summen verwandelt: $\log(ab) = \log(a) + \log(b)$.

Haben Sie mit $\hat{\boldsymbol{\theta}}$ den Wert von θ geschätzt, der die Likelihood-Funktion maximiert, können Sie $\hat{L} = \mathcal{L}\left(\hat{\boldsymbol{\theta}}, \mathbf{X}\right)$ berechnen, was der Wert ist, der zum Berechnen von AIC und BIC genutzt wird – Sie können ihn sich als Messwert dafür vorstellen, wie gut das Modell auf die Daten passt.

Um BIC und AIC zu berechnen, rufen Sie die Methoden `bic()` und `aic()` auf:

```
>>> gm.bic(X)
8189.747000497186
>>> gm.aic(X)
8102.521720382148
```

In Abbildung 9-20 sehen Sie das BIC für verschiedene Mengen k an Clustern. Sowohl das BIC wie auch das AIC sind bei k=3 am kleinsten, daher ist das sehr wahrscheinlich die beste Wahl.

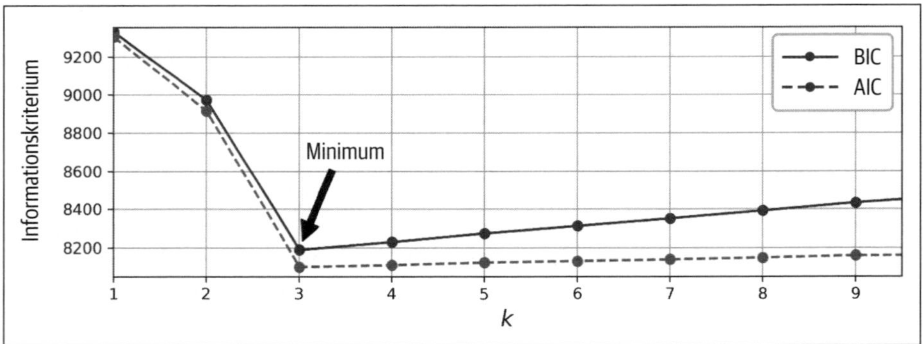

Abbildung 9-20: AIC und BIC für verschiedene Mengen k an Clustern

Bayessche gaußsche Mischverteilungsmodelle

Statt manuell nach der optimalen Zahl von Clustern zu suchen, können Sie die Klasse `BayesianGaussianMixture` verwenden, die Gewichte gleich (oder nahe an) null für unnötige Cluster vergeben kann. Setzen Sie die Zahl `n_components` an Clustern auf einen Wert, bei den Sie gute Gründe dafür haben, dass er größer als die optimale Zahl an Clustern ist (dazu ist zumindest ein wenig Wissen über das aktuelle Problem notwendig), wird der Algorithmus die unnötigen Cluster automatisch eliminieren. Setzen wir beispielsweise die Anzahl an Clustern auf 10 und schauen wir, was passiert:

```
>>> from sklearn.mixture import BayesianGaussianMixture
>>> bgm = BayesianGaussianMixture(n_components=10, n_init=10, random_state=42)
>>> bgm.fit(X)
>>> bgm.weights_.round(2)
array([0.4 , 0.21, 0.4 , 0.  , 0.  , 0.  , 0.  , 0.  , 0.  , 0.  ])
```

Perfekt: Der Algorithmus hat automatisch erkannt, dass nur drei Cluster erforderlich sind, und die so entstehenden Cluster sind nahezu identisch mit denen aus Abbildung 9-16.

Noch ein Wort zu gaußschen Mischverteilungsmodellen: Sie funktionieren zwar sehr gut bei Clustern mit ellipsoiden Formen, aber wenn Sie versuchen, einen Datensatz mit einer anderen Form anzupassen, werden Sie eventuell eine böse Überraschung erleben. Schauen wir uns beispielsweise an, was passiert, wenn wir ein bayessches gaußsches Mischverteilungsmodell nutzen, um den *moons*-Datensatz zu clustern (siehe Abbildung 9-21).

Hoppla! Der Algorithmus hat verzweifelt nach Ellipsoiden gesucht, also hat er statt zwei ganze acht verschiedene Cluster gefunden. Die Dichteabschätzung ist gar nicht so schlecht, daher könnte dieses Modell zur Anomalieerkennung verwendet werden, aber es hat es nicht geschafft, die beiden Monde zu erkennen. Schauen wir uns zum Abschluss des Kapitels noch kurz ein paar Clustering-Algorithmen an, die dazu in der Lage sind, mit beliebig geformten Clustern umzugehen.

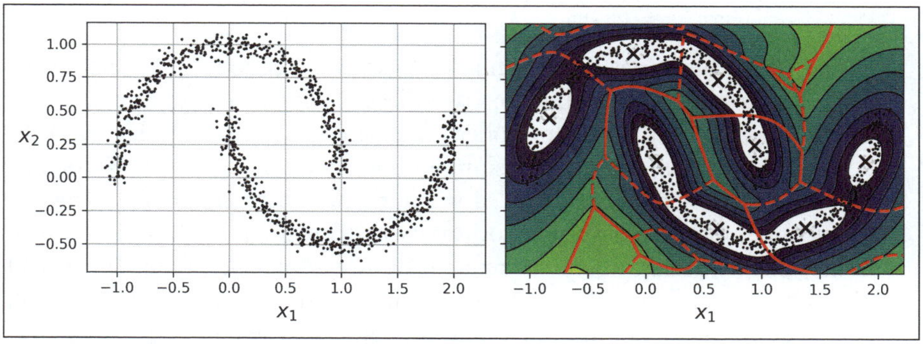

Abbildung 9-21: Eine gaußsche Mischverteilung auf nicht ellipsoide Cluster anwenden

Andere Algorithmen zur Anomalie- und Novelty-Erkennung

Scikit-Learn implementiert noch weitere Algorithmen zur Anomalie- oder Novelty-Erkennung:

Fast-MCD (Minimum Covariance Determinant)
: Dieser Algorithmus ist in der Klasse `EllipticEnvelope` implementiert. Er lässt sich zur Ausreißererkennung einsetzen – insbesondere zum Säubern von Datensätzen. Der Algorithmus geht davon aus, dass die normalen Instanzen (Inliers) aus einer einzelnen gaußschen Verteilung erzeugt werden (keiner Mischverteilung). Zudem nimmt er an, dass der Datensatz mit Ausreißern kontami-

niert ist, die nicht aus dieser gaußschen Verteilung entstammen. Schätzt der Algorithmus die Parameter der gaußschen Verteilung (also die Form der elliptischen Hüllkurve um die Inliers), achtet er darauf, die Instanzen zu ignorieren, die sehr wahrscheinlich Ausreißer sind. Diese Technik liefert eine bessere Schätzung der elliptischen Hüllkurve und macht den Algorithmus dadurch besser beim Erkennen der Ausreißer.

Isolation Forest
: Hierbei handelt es sich um einen effizienten Algorithmus zur Ausreißererkennung, insbesondere in hochdimensionalen Datensätzen. Er baut einen Random Forest auf, in dem jeder Entscheidungsbaum zufällig aufgezogen wird: Bei jedem Knoten wählt er ein Merkmal zufällig und dann einen zufälligen Grenzwert (zwischen dem minimalen und dem maximalen Wert), um den Datensatz aufzuteilen. Der Datensatz wird dadurch nach und nach in Bereiche unterteilt, bis alle Instanzen von den anderen Instanzen isoliert sind. Anomalien befinden sich meist weit weg von anderen Instanzen, daher tendieren sie im Durchschnitt (über alle Entscheidungsbäume hinweg) dazu, in weniger Schritten isoliert zu werden als normale Instanzen.

Local Outlier Factor (LOF)
: Dieser Algorithmus ist ebenfalls hilfreich zur Ausreißererkennung. Er vergleicht die Dichte von Instanzen um eine gegebene Instanz mit der Dichte um ihre Nachbarn. Eine Anomalie ist meist isolierter als ihre *k*-nächsten Nachbarn.

One-Class-SVM
: Dieser Algorithmus passt besser für die Novelty Detection. Sie erinnern sich, dass ein Kernel-SVM-Klassifikator zwei Klassen aufteilt, indem er zuerst (implizit) alle Instanzen in einem höher dimensionalen Raum abbildet und die beiden Klassen dann in diesem Raum mithilfe eines linearen SVM-Klassifikators unterteilt (siehe Kapitel 5). Da wir nur eine Klasse an Instanzen haben, versucht der One-Class-SVM-Algorithmus stattdessen, die Instanzen in einem höher dimensionalen Raum zu trennen. Im ursprünglichen Raum entspricht dies dem Finden eines kleinen Bereichs, der alle Instanzen umschließt. Fällt eine neue Instanz nicht in diesen Bereich, handelt es sich um eine Anomalie. Es gibt ein paar Hyperparameter, an denen man drehen kann: die normalen für eine Kernel-SVM, dazu einen Margin-Hyperparameter, der der Wahrscheinlichkeit einer neuen Instanz entspricht, fälschlicherweise als Novelty betrachtet zu werden, wo sie doch tatsächlich normal wäre. Der Algorithmus funktioniert toll, insbesondere bei hochdimensionalen Datensätzen, aber wie alle SVMs skaliert er nicht gut bei großen Datensätzen.

PCA und andere Techniken zur Dimensionsreduktion mit einer Methode `inverse_transform()`
: Vergleichen Sie den Rekonstruktionsfehler einer normalen Instanz mit dem einer Anomalie, wird Letzterer meist viel größer sein. Das ist ein einfaches und oft ziemlich effizientes Vorgehen bei der Anomalieerkennung (in den Übungen zu diesem Kapitel finden Sie eine Anwendung dieses Verfahrens).

Übungen

1. Wie würden Sie Clustering definieren? Können Sie ein paar Clustering-Algorithmen benennen?
2. Zählen Sie ein paar wichtige Anwendungsgebiete für Clustering-Algorithmen auf.
3. Beschreiben Sie zwei Techniken, um beim Einsatz von *k*-Means die richtige Zahl von Clustern auszuwählen.
4. Was ist Label Propagation? Warum und wie würden Sie es implementieren?
5. Können Sie zwei Clustering-Algorithmen aufzählen, die gut für große Datensätze skalieren? Und zwei, die nach Bereichen mit hoher Dichte suchen?
6. Können Sie sich einen Anwendungsfall vorstellen, bei dem aktives Lernen nützlich wäre? Wie würden Sie es implementieren?
7. Was ist der Unterschied zwischen Anomalieerkennung und Novelty Detection?
8. Was ist eine gaußsche Mischverteilung? Für welche Aufgaben können Sie sie verwenden?
9. Können Sie zwei Techniken angeben, um beim Einsatz von gaußschen Mischverteilungsmodellen die richtige Zahl von Clustern zu finden?
10. Das klassische Olivetti Faces Dataset enthält 400 Graustufenbilder der Größe 64 × 64 mit Gesichtern. Jedes Bild ist zu einem 1-D-Vektor der Größe 4096 flachgeklopft. Es wurden 40 verschiedene Personen fotografiert (jeweils 10 Mal), und meist besteht die Aufgabe darin, ein Modell zu trainieren, das vorhersagt, welche Person in jedem Bild dargestellt wird. Laden Sie den Datensatz mit der Funktion `sklearn.datasets.fetch_olivetti_faces()`, dann teilen Sie ihn in einen Trainingsdatensatz, einen Validierungsdatensatz und einen Testdatensatz auf (beachten Sie, dass der Datensatz schon zwischen 0 und 1 skaliert ist). Da der Datensatz ziemlich klein ist, wollen Sie vermutlich eine stratifizierte Stichprobe erstellen, um sicherzustellen, dass es in jedem Datensatz die gleiche Menge an Bildern pro Person gibt. Als Nächstes clustern Sie die Bilder mithilfe von *k*-Means und stellen sicher, dass Sie eine gute Zahl von Clustern haben (mit einer der Techniken aus diesem Kapitel). Visualisieren Sie die Cluster: Sehen Sie ähnliche Bilder in jedem Cluster?
11. Trainieren Sie einen Klassifikator mit dem Olivetti-Datensatz, um vorherzusagen, welche Person in jedem Bild zu sehen ist, und prüfen Sie das mit dem Validierungsdatensatz. Als Nächstes verwenden Sie *k*-Means zur Dimensionsreduktion und trainieren einen Klassifikator mit dem reduzierten Datensatz. Suchen Sie nach der Anzahl an Clustern, die es dem Klassifikator erlauben, seine beste Leistung zu bringen: Welche Qualität können Sie erreichen? Was passiert, wenn Sie die Merkmale aus dem reduzierten Datensatz an die ursprünglichen Merkmale anfügen? (Suchen Sie auch hier wieder nach der besten Menge an Clustern.)

12. Trainieren Sie ein gaußsches Mischverteilungsmodell mit dem Olivetti-Datensatz. Um den Algorithmus zu beschleunigen, sollten Sie vermutlich die Dimensionalität des Datensatzes verringern (zum Beispiel mit PCA unter Beibehaltung von 99% der Varianz). Nutzen Sie das Modell, um neue Gesichter zu erzeugen (mithilfe der Methode `sample()`), und visualisieren Sie diese (wenn Sie PCA eingesetzt haben, werden Sie dessen Methode `inverse_transform()` verwenden müssen). Versuchen Sie, ein paar Bilder zu verändern (zum Beispiel rotieren, spiegeln, dunkler machen), und schauen Sie, ob das Modell die Anomalien erkennen kann (vergleichen Sie also die Ausgaben der Methode `score_samples()` für normale Bilder und für Anomalien).
13. Einige Techniken zur Dimensionsreduktion können auch zur Anomalieerkennung verwendet werden. Nehmen Sie beispielsweise den Olivetti-Datensatz und reduzieren Sie ihn mithilfe von PCA unter Beibehaltung von 99% der Varianz. Dann berechnen Sie den Rekonstruktionsfehler für jedes Bild. Als Nächstes nehmen Sie ein paar der modifizierten Bilder aus der vorherigen Übung und schauen sich deren Rekonstruktionsfehler an: Beachten Sie, wie viel größer er ist. Plotten Sie ein wiederhergestelltes Bild, werden Sie auch sehen, warum: Es wird versucht, ein normales Bild zu rekonstruieren.

Die deutschsprachigen Lösungen zu diesen Übungen finden Sie unter *https://dpunkt.de/produkt/praxiseinstieg-machine-learning-mit-scikit-learn-keras-und-tensorflow-2/* auf der Registerkarte *Zusatzmaterial*, die englischsprachigen Lösungen am Ende des Notebooks zu diesem Kapitel unter *https://homl.info/colab3*.

TEIL II

Neuronale Netze und Deep Learning

KAPITEL 10

Einführung in künstliche neuronale Netze mit Keras

Vögel haben uns zum Fliegen inspiriert, die Klette zu Klettverschlüssen, und viele weitere Erfindungen sind ebenfalls von der Natur inspiriert. Es erscheint also nur logisch, in der Architektur des Gehirns nach Inspirationen zum Erschaffen intelligenter Maschinen zu suchen. Dies ist die Grundidee bei *künstlichen neuronalen Netzen* (engl. ANNs): Ein ANN ist ein Machine-Learning-Modell, das von den Netzwerken der Neuronen in unseren Gehirnen inspiriert ist. Allerdings müssen Flugzeuge, wenngleich sie ebenfalls von Vögeln inspiriert sind, nicht mit den Flügeln schlagen. In ähnlicher Weise haben sich auch ANNs nach und nach recht weit von ihren biologischen Cousins entfernt. Einige Forscher sind sogar der Meinung, dass wir die biologische Analogie komplett außer Acht lassen sollten (z.B. indem wir von »Einheiten« anstatt von »Neuronen« sprechen), um unsere Kreativität nicht auf biologisch plausible Systeme zu beschränken.[1]

ANNs sind die Kernkomponente des Deep Learning. Sie sind flexibel, mächtig und skalierbar, was sie ideal für große und hochgradig komplexe Machine-Learning-Aufgaben einsetzbar macht, wie beispielsweise die Klassifizierung von Milliarden Bildern (Google Images), Spracherkennung (Apples Siri), Videoempfehlungen für Hunderte Millionen Nutzer pro Tag (YouTube) oder den Weltmeister im Brettspiel Go zu schlagen (AlphaGo von DeepMind).

Im ersten Teil dieses Kapitels werden Sie künstliche neuronale Netze kennenlernen. Wir beginnen mit einem kurzen Überblick über die ersten Architekturen von ANNs, um dann zu *mehrschichtige Perzeptrons*zu gelangen, die heutzutage sehr oft zum Einsatz kommen (andere Architekturen werden in den nächsten Kapiteln vorgestellt). Im zweiten Teil werden wir uns anschauen, wie wir neuronale Netze mithilfe der beliebten Keras-API von TensorFlow implementieren. Dabei handelt es sich um eine sehr schöne und einfache High-Level-API zum Bauen, Trainieren, Auswerten und Ausführen neuronaler Netze. Aber lassen Sie sich nicht von ihrer Einfachheit täuschen: Sie ist ausdrucksstark und flexibel genug, um damit eine

1 Wenn Sie sich von der Biologie inspirieren lassen, ohne sich vor biologisch unrealistischen Modellen zu fürchten, erhalten Sie das Beste aus beiden Welten.

Vielzahl von Architekturen neuronaler Netze zu bauen. Tatsächlich wird sie für die meisten Ihrer Anwendungsfälle vermutlich ausreichen. Und sollten Sie jemals mehr Flexibilität benötigen, können Sie immer auch eigene Keras-Komponenten mithilfe ihrer tiefer gehenden API schreiben oder sogar direkt TensorFlow einsetzen, wie Sie in Kapitel 12 sehen werden.

Aber zuerst schauen wir zurück in die Vergangenheit, um zu erfahren, wie sich künstliche neuronale Netze entwickelt haben!

Von biologischen zu künstlichen Neuronen

Überraschenderweise gibt es ANNs schon eine ganze Weile: Das erste Mal wurden sie 1943 vom Neurophysiologen Warren McCulloch und vom Mathematiker Walter Pitts erwähnt. In ihrem wegweisenden Artikel (*https://homl.info/43*)[2] »A Logical Calculus of Ideas Immanent in Nervous Activity« stellen McCulloch und Pitts ein vereinfachtes rechnerisches Modell vor, nach dem biologische Neuronen im Gehirn von Tieren zusammenarbeiten könnten, um komplexe Berechnungen mithilfe von *Aussagenlogik* durchzuführen. Dies war die erste Architektur eines künstlichen neuronalen Netzwerks. Seitdem wurden viele weitere Architekturen erfunden, wie wir noch sehen werden.

Die frühen Erfolge von ANNs bis in die 1960er-Jahre führten zur verbreiteten Annahme, dass wir uns schon bald mit wirklich intelligenten Maschinen unterhalten würden. Als klar wurde, dass dieses Versprechen nicht eingelöst werden würde (zumindest für eine lange Zeit), flossen Forschungsgelder in andere Richtungen, und für ANNs brach ein langes dunkles Zeitalter an. In den frühen 1980ern wurden neue Architekturen und bessere Trainingstechniken entwickelt, was zu einem wiedererweckten Interesse am Konnektionismus führte, der Forschung an neuronalen Netzen. Aber es ging nur langsam voran, und erst in den 1990ern wurden andere mächtige Machine-Learning-Verfahren wie Support Vector Machines (siehe Kapitel 5) entwickelt. Diese versprachen bessere Ergebnisse und ein solideres theoretisches Fundament als ANNs, daher kam die Forschung an neuronalen Netzen ein weiteres Mal zum Stillstand.

Wir erleben heute erneut ein gesteigertes Interesse an ANNs. Wird dies wieder wie die früheren Wellen abflauen? Nun, es gibt ein paar gute Gründe dafür, dass es dieses Mal anders sein könnte und dass das erneute Interesse an ANNs grundlegendere Auswirkungen auf unser Leben haben wird.

- Heute sind gewaltige Datenmengen zum Trainieren von neuronalen Netzen verfügbar, und ANNs schneiden bei großen und komplexen Aufgaben häufig besser als andere ML-Verfahren ab.

2 Warren S. McCulloch und Walter Pitts, »A Logical Calculus of the Ideas Immanent in Nervous Activity«, *The Bulletin of Mathematical Biology* 5, no. 4 (1943): 115–113.

- Der erhebliche Zuwachs an Rechenkapazität seit den 1990ern ermöglicht das Trainieren großer neuronaler Netze innerhalb eines sinnvollen Zeitraums. Teils liegt dies an Moores Law (die Anzahl an Komponenten in integrierten Schaltkreisen hat sich in den letzten 50 Jahren etwa alle zwei Jahre verdoppelt), teils an der Spieleindustrie, der wir leistungsfähige Grafikprozessoren verdanken. Dazu haben Cloud-Plattformen diese Kapazität für alle verfügbar gemacht.
- Die Algorithmen zum Trainieren sind verbessert worden. Eigentlich sind sie nur ein wenig anders als die in den 1990ern verwendeten, aber diese kleinen Änderungen haben zu sehr großen Verbesserungen geführt.
- Einige theoretische Einschränkungen von ANNs haben sich als Vorteile herausgestellt. Beispielsweise ging man davon aus, dass die Algorithmen zum Trainieren von ANNs wegen ihrer Neigung zu lokalen Optima zum Scheitern verurteilt wären. Es hat sich aber gezeigt, dass das in der Praxis kein großes Problem ist, insbesondere bei größeren neuronalen Netzen: Die lokalen Optima funktionieren oft genauso gut wie das globale Optimum.
- ANNs befinden sich in einem förderlichen Kreislauf von finanzieller Unterstützung und Fortschritt. Faszinierende auf ANNs basierende Produkte schaffen es regelmäßig in die Schlagzeilen, was weitere Aufmerksamkeit auf sie lenkt und Förderung bewirkt, und das zieht wiederum weitere Fortschritte und noch faszinierende Produkte nach sich.

Biologische Neuronen

Bevor wir künstliche Neuronen besprechen, schauen wir uns kurz ein biologisches Neuron an (dargestellt in Abbildung 10-1). Es ist eine ungewöhnlich aussehende Zelle, wie man sie vor allem im Gehirn von Tieren antrifft. Sie besteht aus einem *Zellkörper* mit dem Zellkern und den meisten komplexen Bestandteilen einer Zelle, vielen verzweigten Auswüchsen, den *Dendriten*, sowie einem sehr langen Auswuchs, dem *Axon*. Die Länge des Axons kann einigen oder bis zu Zehntausenden von Längen des Zellkörpers entsprechen. Am Ende teilt sich das Axon in feine Verästelungen, die *Telodendria*, auf. An der Spitze dieser Verästelungen befinden sich winzige Strukturen, die *synaptischen Verbindungen* (oder einfach *Synapsen*), die mit den Dendriten oder Zellkörpern anderer Neuronen verbunden sind.[3] Biologische Neuronen erzeugen kurze elektrische Impulse oder *Aktionspotenziale* (APs oder einfach *Signale*), die die Axone entlangwandern und dafür sorgen, dass die Synapsen chemische Signale – sogenannte *Neurotransmitter* – emittieren. Erhält ein Neuron innerhalb weniger Millisekunden eine ausreichende Anzahl dieser Neurotransmitter, feuert es sein eigenes elektrisches Signal ab (tatsächlich hängt das von den Neurotransmittern ab, da manche von ihnen das Neuron daran hindern, zu feuern).

3 Sie sind nicht direkt miteinander verbunden, sind sich aber so nahe, dass sie sehr schnell chemische Signale austauschen können.

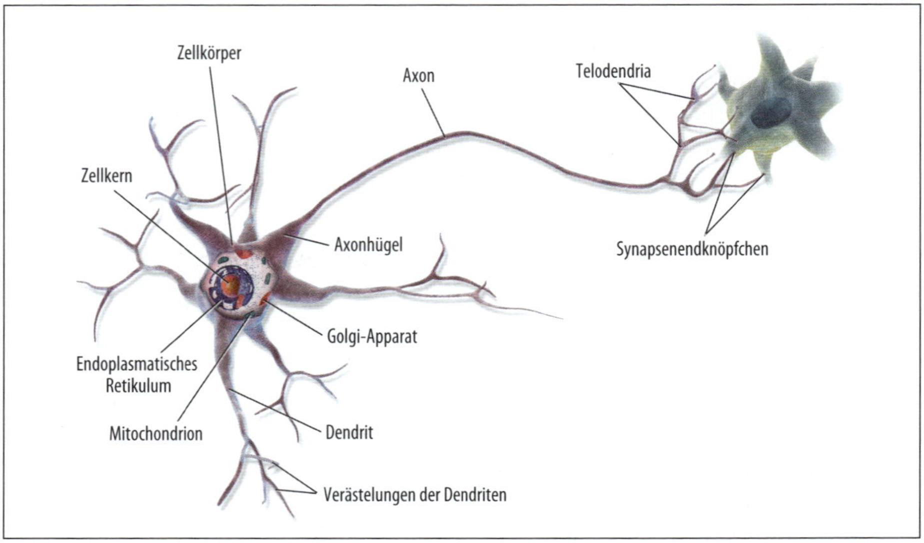

Abbildung 10-1: Biologisches Neuron[4]

Biologische Neuronen verhalten sich also auf scheinbar einfache Weise. Sie sind aber als riesiges Netzwerk mit Milliarden Neuronen organisiert, in dem jedes Neuron mit Tausenden anderer Neuronen verbunden ist. Mit solch einem riesigen Netzwerk recht einfacher Neuronen lassen sich hochkomplexe Berechnungen durchführen, wie auch ein komplexer Ameisenstaat aus der Zusammenarbeit einfacher Ameisen entsteht. Die Architektur von biologischen neuronalen Netzen (BNNs)[5] wird noch immer untersucht. Einige Teile des Gehirns sind aber kartiert worden. Dabei hat sich gezeigt, dass Neuronen häufig in aufeinanderfolgenden Schichten zu finden sind, insbesondere im zerebralen Kortex (also der äußeren Schicht Ihres Gehirns), wie Abbildung 10-2 zeigt.

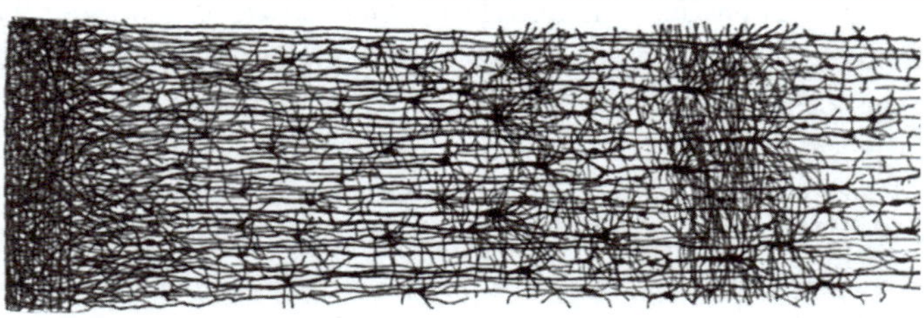

Abbildung 10-2: Mehrere Schichten eines biologischen neuronalen Netzes (menschlicher Kortex)[6]

4 Bild von Bruce Blaus (Creative Commons 3.0, (*https://creativecommons.org/licenses/by/3.0/*)). Reproduziert nach *https://en.wikipedia.org/wiki/Neuron*.

5 Im Zusammenhang mit Machine Learning sind mit dem Begriff »neuronales Netz« grundsätzlich ANNs und keine BNNs gemeint.

6 Zeichnung von S. Ramon y Cajal (Public Domain). Reproduziert nach *https://en.wikipedia.org/wiki/Cerebral_cortex*.

Logische Berechnungen mit Neuronen

McCulloch und Pitts haben ein sehr einfaches Modell eines biologischen Neurons vorgeschlagen, das später als *künstliches Neuron* bekannt wurde: Es besitzt eine oder mehrere binäre (Ein/Aus-)Eingabeleitungen und eine binäre Ausgabeleitung. Das künstliche Neuron wird dann aktiviert, wenn eine bestimmte Anzahl Eingaben aktiv ist. In ihrem Artikel haben McCulloch und Pitts nachgewiesen, dass sich selbst mit einem derart einfachen Modell ein neuronales Netz konstruieren lässt, das jeden möglichen logischen Ausdruck berechnet. Um zu sehen, wie solch ein Netz funktioniert, werden wir einige ANNs konstruieren, die verschiedene logische Berechnungen durchführen (siehe Abbildung 10-3). Dabei wird ein Neuron aktiviert, wenn mindestens zwei seiner Eingabeleitungen aktiv sind.

Schauen wir uns mal an, was diese Netze tun:

- Das erste Netz auf der linken Seite ist eine Identitätsfunktion: Ist Neuron A aktiviert, wird auch Neuron C aktiviert (da es zwei Signale von Neuron A erhält). Ist Neuron A aber inaktiv, ist auch Neuron C inaktiv.
- Das zweite Netz führt ein logisches AND durch: Neuron C wird nur aktiviert, wenn sowohl Neuron A als auch Neuron B aktiviert sind (ein einzelnes Eingabesignal reicht nicht aus, um Neuron C zu aktivieren).
- Das dritte Netz führt ein logisches OR durch: Neuron C wird aktiviert, wenn entweder Neuron A oder Neuron B aktiviert ist (oder beide).
- Wenn wir schließlich annehmen, dass eine Eingabeleitung die Aktivität eines Neurons unterbinden kann (was bei biologischen Neuronen der Fall ist), berechnet das vierte Netz einen etwas komplexeren logischen Ausdruck: Neuron C wird nur aktiviert, wenn Neuron A aktiv und Neuron B inaktiv ist. Wenn Neuron A ständig aktiv ist, erhalten Sie ein logisches NOT: Neuron C ist aktiv, wenn Neuron B inaktiv ist und umgekehrt.

Sie können sich sicher vorstellen, wie sich diese Netze zur Berechnung komplexer logischer Ausdrücke kombinieren lassen (ein Beispiel dazu finden Sie in den Übungen am Ende des Kapitels).

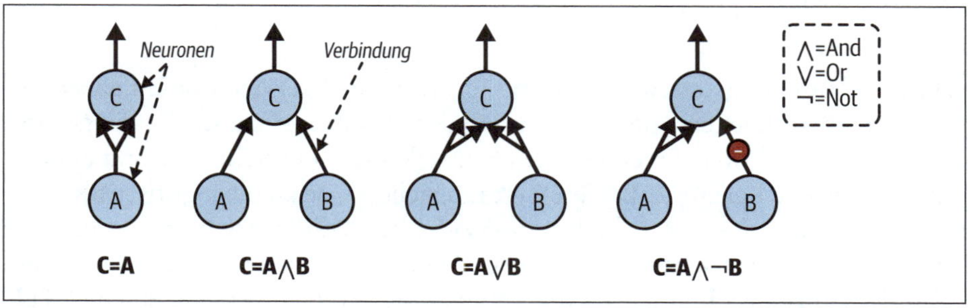

Abbildung 10-3: ANNs für einfache logische Berechnungen

Das Perzeptron

Das 1957 von Frank Rosenblatt erfundene *Perzeptron* gehört zu den einfachsten Architekturen neuronaler Netze. Es baut auf einem leicht unterschiedlichen künstlichen Neuron auf (siehe Abbildung 10-4), der *Threshold Logic Unit* (TLU), manchmal auch als *Linear Threshold Unit* (LTU) bezeichnet: Die Ein- und Ausgaben sind nun Zahlen (anstatt binäre Ein/Aus-Werte), und zu jeder Eingabeleitung gehört ein Gewicht. Die TLU berechnet erst eine lineare Funktion ihrer Eingaben: $z = w_1 x_1 + w_2 x_2 + \ldots + w_n x_n + b = \mathbf{w}^\mathsf{T} \mathbf{x} + b$. Dann wendet es eine *Aktivierungsfunktion step* auf diese Summe an und gibt das Ergebnis aus: $h_\mathbf{w}(\mathbf{x}) = \text{step}(z)$. Das ähnelt sehr der logistischen Regression, nur dass eine Aktivierungsfunktion statt der logistischen Funktion zum Einsatz kommt (siehe Kapitel 4). Wie bei der logistischen Regression sind die Modellparameter die Eingabegewichte **w** und der Bias-Term b.

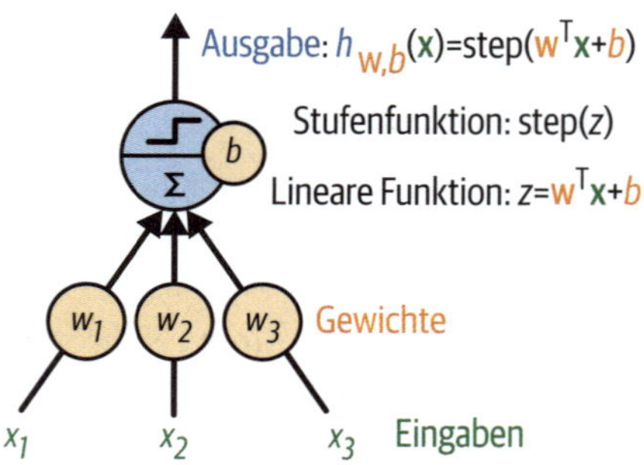

*Abbildung 10-4: TLU: ein künstliches Neuron, das eine gewichtete Summe seiner Eingaben $\mathbf{w}^\mathsf{T}$ **x** und eines Bias-Term b berechnet und dann eine Aktivierungsfunktion anwendet*

Die im Perzeptron am häufigsten verwendete Aktivierungsfunktion ist die *Heaviside-Funktion* (siehe Formel 10-1). Manchmal wird stattdessen die Vorzeichenfunktion verwendet.

Formel 10-1: Häufig in Perzeptrons eingesetzte Aktivierungsfunktionen

$$\text{heaviside}(z) = \begin{cases} 0 & \text{wenn } z < 0 \\ 1 & \text{wenn } z \geq 0 \end{cases} \qquad \text{sgn}(z) = \begin{cases} -1 & \text{wenn } z < 0 \\ 0 & \text{wenn } z = 0 \\ +1 & \text{wenn } z > 0 \end{cases}$$

Eine einzelne TLU lässt sich für einfache lineare binäre Klassifikationsaufgaben einsetzen. Sie berechnet eine lineare Funktion der Eingabewerte und gibt die positive Kategorie aus, falls das Ergebnis einen Schwellenwert überschreitet, und andernfalls die negative Kategorie. Das erinnert möglicherweise an die logistische Regression (siehe Kapitel 4) oder die lineare SVM-Klassifikation (siehe Kapitel 5). Sie könnten beispielsweise eine einzelne TLU zum Klassifizieren von Iris-Blüten anhand der Länge und Breite der Kronblätter einsetzen. Beim Trainieren einer TLU gilt es, die richtigen Werte für w_1, w_2 und b zu finden (den Algorithmus zum Trainieren besprechen wir gleich).

Ein Perzeptron besteht einfach aus einer einzelnen Schicht TLUs, wobei jede TLU mit allen Eingabewerten verbunden ist. Sind alle Neuronen in einer Schicht mit allen Neuronen in der vorherigen Schicht verbunden (also deren Eingabeneuronen), wird die Schicht als *vollständig verbundene Schicht* oder *Dense Layer*bezeichnet. Alle Eingabeneuronen bilden zusammen die *Eingabeschicht*. Und da die Schicht mit den TLUs die abschließende Ausgabe erzeugen, wird sie als *Ausgabeschicht* bezeichnet. In Abbildung 10-5 ist beispielsweise ein Perzeptron mit zwei Eingaben und drei Ausgaben dargestellt.

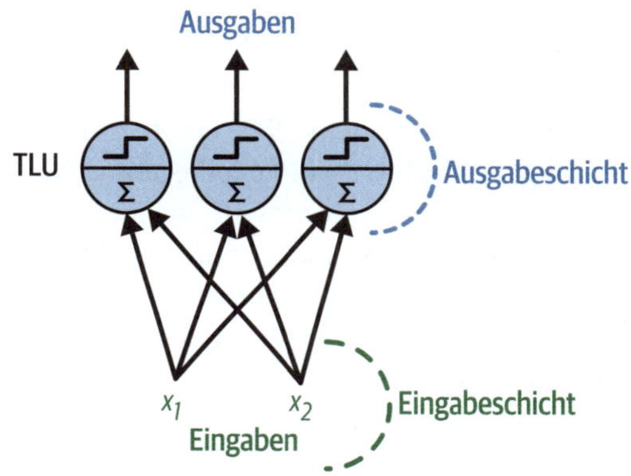

Abbildung 10-5: Architektur eines Perzeptrons mit zwei Eingabe- und drei Ausgabeneuronen

Dieses Perzeptron kann Datenpunkte gleichzeitig drei unterschiedlichen binären Kategorien zuordnen, wodurch es zu einem Multilabel-Klassifikator wird. Es kann auch für eine Multiclass-Kategorisierung eingesetzt werden.

Dank der Magie der linearen Algebra lassen sich mit Formel 10-2 die Ausgabewerte einer Schicht künstlicher Neuronen für viele Instanzen auf einmal effizient berechnen.

Formel 10-2: Die Ausgabewerte einer vollständig verbundenen Schicht berechnen

$$h_{\mathbf{W},\mathbf{b}}(\mathbf{X}) = \phi(\mathbf{X}\mathbf{W} + \mathbf{b})$$

In dieser Gleichung gilt:

- Wie immer steht $\mathbf{X}$ für die Matrix mit den Eingabemerkmalen. Sie enthält eine Zeile pro Instanz und eine Spalte pro Merkmal.
- Die Gewichtsmatrix $\mathbf{W}$ enthält alle Verbindungsgewichte. Sie besitzt eine Zeile pro Eingang und eine Spalte pro Neuron.
- Der Bias-Vektor $\mathbf{b}$ enthält alle Bias-Terme – einen pro Neuron.
- Die Funktion ϕ wird als *Aktivierungsfunktion* bezeichnet: Handelt es sich bei den künstlichen Neuronen um TLUs, ist es eine Step-Funktion (aber wir werden gleich auch noch andere Aktivierungsfunktionen behandeln).

> In der Mathematik ist die Summe aus einer Matrix und einem Vektor nicht definiert. Aber in der Datenwissenschaft erlauben wir ein »Broadcasting«: Addieren wir einen Vektor zu einer Matrix, heißt das, dass wir ihn zu jeder Zeile in der Matrix addieren. Bei **XW** + **b** multiplizieren wir also zuerst **X** mit **W** – was zu einer Matrix mit einer Zeile pro Instanz und einer Spalte pro Ausgabe führt –, dann addieren wir den Vektor **b** zu jeder Zeile dieser Matrix, sodass jeder Bias-Term zur entsprechenden Ausgabe für jede Instanz addiert wird. Zudem wird ϕ elementweise auf jedes Element in der sich so ergebenden Matrix angewandt.

Wie aber lässt sich ein Perzeptron trainieren? Der von Frank Rosenblatt vorgeschlagene Algorithmus zum Trainieren von Perzeptrons ist in weiten Teilen von der *hebbschen Lernregel* inspiriert. In seinem 1949 veröffentlichten Buch *The Organization of Behavior* (Wiley) stellte Donald Hebb eine These vor, nach der die Verbindung zweier biologischer Neuronen stärker wird, wenn eines das andere häufig aktiviert. Siegrid Löwel hat diesen Gedanken später als knackigen Satz formuliert: »Cells that fire together, wire together.« Dieser Grundsatz wurde später als hebbsche Lernregel (oder *hebbsches Lernen*) bekannt; dabei wird die Verbindung zweier Neuronen immer dann verstärkt, wenn beide gemeinsam feuern. Perzeptrons lassen sich mit einer Variante dieser Regel trainieren, die die vom Netz bei der Vorhersage begangenen Fehler berücksichtigt; Verbindungen, die dabei helfen, den Fehler zu verringern, werden verstärkt. Beim Trainieren wird dem Perzeptron ein einzelner Trainingsdatenpunkt vorgestellt und eine Vorhersage getroffen. Bei jedem Ausgabeneuron, das eine falsche Vorhersage trifft, werden die Gewichte der Verbindungen verstärkt, die zu einer korrekten Vorhersage beigetragen hätten. Diese Regel ist in Formel 10-3 dargestellt.

Formel 10-3: Lernregel für Perzeptrons (Aktualisieren von Gewichten)

$$w_{i,j}^{(\text{nächster Schritt})} = w_{i,j} + \eta(y_j - \hat{y}_j)x_i$$

In dieser Gleichung gilt:

- $w_{i,j}$ ist das Gewicht der Verbindung zwischen dem *i.* Neuron und dem *j.* Ausgabeneuron.
- x_i ist der *i.* Wert des aktuellen Trainingsdatenpunkts.
- $\hat{y}_j$ ist die Zielausgabe des *j.* Ausgabeneurons für den aktuellen Trainingsdatenpunkt.
- y_j ist die Ausgabe des *j.* Ausgabeneurons für den aktuellen Trainingsdatenpunkt.
- η ist die Lernrate (siehe Kapitel 4).

Die Entscheidungsgrenze jedes Ausgabeneurons ist linear. Damit sind Perzeptrons nicht in der Lage, komplexe Muster zu erlernen (wie auf logistischer Regression aufbauende Klassifikatoren). Wenn sich die Trainingsdatenpunkte aber linear separieren lassen, konvergiert dieser Algorithmus laut Rosenblatt zu einer Lösung.[7] Das nennt man das *Perzeptron-Konvergenztheorem*.

Scikit-Learn enthält die Klasse `Perceptron`, die mehr oder weniger so funktioniert, wie Sie es erwarten – beispielsweise auf dem Iris-Datensatz (aus Kapitel 4):

```
import numpy as np
from sklearn.datasets import load_iris
from sklearn.linear_model import Perceptron

iris = load_iris(as_frame=True)
X = iris.data[["petal length (cm)", "petal width (cm)"]].values
y = (iris.target == 0)  # Iris setosa

per_clf = Perceptron(random_state=42)
per_clf.fit(X, y)

X_new = [[2, 0.5], [3, 1]]
y_pred = per_clf.predict(X_
new)  # sagt True und False für diese zwei Blumen vorher
```

Sie haben vielleicht bemerkt, dass der Lernalgorithmus für Perzeptrons stark an das stochastische Gradientenverfahren erinnert (vorgestellt in Kapitel 4). Tatsächlich ist die Scikit-Learn-Klasse `Perceptron` mit den folgenden Hyperparametern zum `SGDClassifier` äquivalent: `loss="perceptron"`, `learning_rate="constant"`, `eta0=1` (die Lernrate) und `penalty=None` (keine Regularisierung).

In einer Monografie aus dem Jahr 1969 mit dem Titel *Perceptrons* hoben Marvin Minsky und Seymour Papert eine Reihe ernster Nachteile von Perzeptrons hervor, insbesondere ihr Versagen bei einer Reihe trivialer Probleme (z. B. beim *exklusiven OR* [XOR] als Klassifikationsaufgabe, dargestellt auf der linken Seite von Abbildung 10-6). Natürlich gilt dies auch für jedes andere lineare Klassifikationsmodell (wie die logistische Regression), aber die Wissenschaft hatte wesentlich größere Hoffnungen in Perzeptrons gesetzt. Daher war die Enttäuschung groß, und in der Folge wandten sich viele Wissenschaftler von neuronalen Netzen ganz ab, um sich übergeordneten Aufgabenstellungen wie Logik, Problemlösung und Suche zuzuwenden. Das Fehlen praktischer Anwendungen tat sein Übriges.

Es stellt sich aber heraus, dass sich einige dieser Beschränkungen aufheben lassen, indem man mehrere Perzeptrons in Reihe schaltet. Das dabei entstehende ANN bezeichnet man als *mehrschichtiges Perzeptron* (engl. Multilayer Perceptron, MLP). Ein MLP ist insbesondere dazu in der Lage, das XOR-Problem zu bewältigen, wie Sie durch Nachrechnen der Ausgabe des MLP auf der rechten Seite von Abbildung 10-6 mit allen möglichen Eingaben prüfen können: Mit den Eingaben (0, 0) oder (1, 1) gibt das Netzwerk 0 aus, und mit den Eingaben (0, 1) oder (1, 0) gibt es 1 aus.

7 Diese Lösung ist nicht eindeutig: Wenn die Datenpunkte linear separierbar sind, gibt es eine unendliche Menge Hyperebenen, die diese separieren.

Versuchen Sie einmal, zu überprüfen, ob dieses Netz tatsächlich das XOR-Problem löst![8]

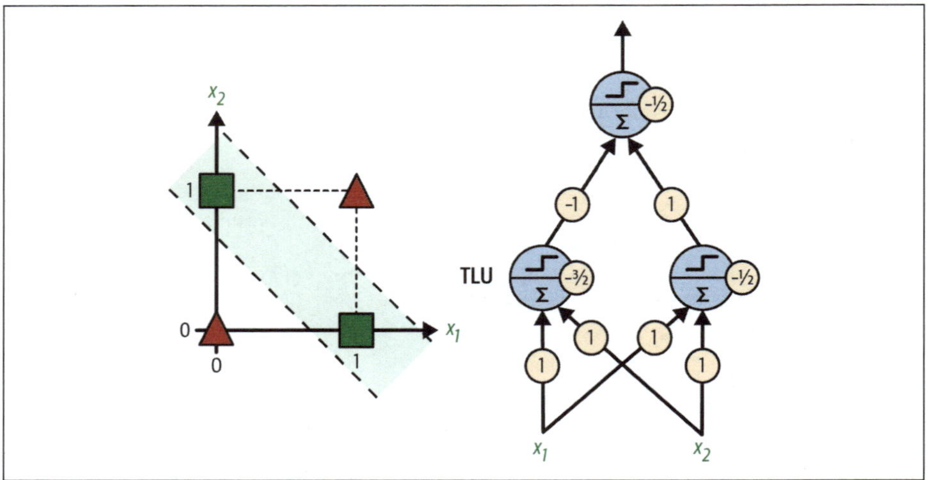

Abbildung 10-6: XOR-Klassifikationsproblem und ein MLP zu dessen Lösung

Im Gegensatz zur logistischen Regression geben Perzeptrons keine Wahrscheinlichkeit für die Kategorien aus. Dies ist ein Grund, die logistische Regression dem Perzeptron vorzuziehen. Zudem nutzen Perzeptrons standardmäßig keinerlei Regularisierung, und das Training wird gestoppt, sobald es keine Vorhersagefehler mehr für den Trainingsdatensatz gibt. Daher verallgemeinert das Modell meist nicht so gut wie die logistische Regression oder ein linearer SVM-Klassifikator. Aber Perzeptrons werden eventuell ein bisschen schneller trainiert.

Mehrschichtiges Perzeptron und Backpropagation

Ein MLP setzt sich aus einer *Eingabeschicht* und einer oder mehreren Schichten von TLUs zusammen, den *verborgenen Schichten*, und einer letzten Schicht TLUs, der *Ausgabeschicht* (siehe Abbildung 10-7). Die Schichten nahe an der Eingabeschicht werden meist als *untere Schichten* bezeichnet, die nahe an der Ausgabeschicht als *obere Schichten*.

Das Signal läuft nur in eine Richtung (von der Eingabe zur Ausgabe), daher handelt es sich bei dieser Architektur um ein Beispiel für ein *Feed-Forward-Netz* (*Feedforward Neural Network*, FNN).

8 Sind die Eingaben beispielsweise (0, 1), errechnet das untere linke Neuron 0 × 1 + 1 × 1 – 3 / 2 = –1 / 2, was negativ ist, weshalb 0 ausgegeben wird. Das untere rechte Neuron berechnet 0 × 1 + 1 × 1 – 1 / 2 = 1 / 2, was positiv ist, womit 1 ausgegeben wird. Das Ausgabeneuron erhält die Ausgaben der ersten beiden Neuronen als Eingaben und berechnet daher 0 × (–1) + 1 × 1 – 1 / 2 = 1 / 2. Das ist positiv, daher wird 1 ausgegeben.

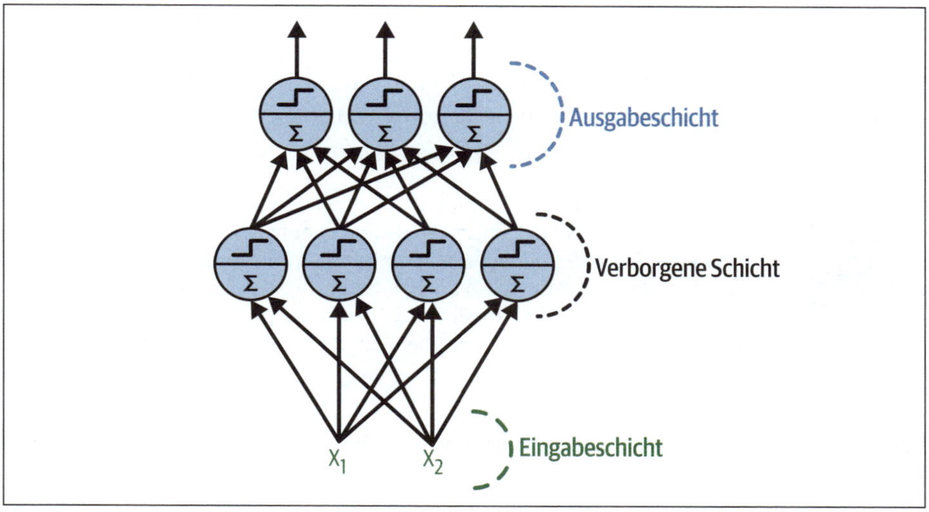

Abbildung 10-7: Architektur eines mehrschichtigen Perzeptrons mit zwei Eingabeneuronen, einer verborgenen Schicht mit vier Neuronen und drei Ausgabeneuronen

Enthält ein ANN viele verborgene Schichten,[9] nennt man es ein *tiefes neuronales Netz* (*Deep Neural Network*, DNN). Die Forschungsrichtung des Deep Learning studiert solche DNNs und Modelle mit tiefen Rechen-Stacks. Aber viele Menschen reden schon vom Deep Learning, wenn neuronale Netze (selbst ganz flache) überhaupt beteiligt sind.

Etliche Jahre lang haben Forscher vergeblich nach einer Möglichkeit zum Trainieren von MLPs gesucht. In den frühen 1960er-Jahren diskutierten viele Forscher die Möglichkeit, das Gradientenverfahren zum Trainieren neuronaler Netze einzusetzen, aber wie wir in Kapitel 4 gesehen haben, müssen dafür die Gradienten des Modellfehlers in Bezug auf die Modellparameter berechnet werden – damals war nicht klar, wie dies bei solch einem komplexen Modell mit so vielen Parametern effizient machbar wäre, insbesondere angesichts der damals verfügbaren Computer.

1970 stellte dann ein Forscher namens Seppo Linnainmaa in seiner Masterarbeit eine Technik vor, mit der all die Gradienten automatisch und effizient berechnet werden können. Dieser Algorithmus wird heutzutage *Reverse-Mode Automatic Differentiation* (oder kurz *Reverse-Mode-Autodiff*) genannt. In nur zwei Durchläufen durch das Netzwerk (einer vorwärts, einer rückwärts) kann er die Gradienten des Fehlers des neuronalen Netzes in Bezug auf jeden einzelnen Modellparameter berechnen. Mit anderen Worten: Der Algorithmus kann ermitteln, wie jedes Verbindungsgewicht und jeder Bias-Term angepasst werden sollte, um den Fehler zu reduzieren. Diese Gradienten können dann genutzt werden, um einen Schritt im

9 In den 1990er-Jahren wurde ein ANN mit mehr als zwei verborgenen Schichten als tief angesehen. Heutzutage sind ANNs mit Dutzenden oder gar Hunderten von Schichten nicht selten, daher ist die Definition von »tief« ein bisschen unscharf.

Gradientenverfahren durchzuführen. Wiederholen Sie diesen Prozess automatisch (die Gradienten berechnen und einen Schritt durchführen), wird der Fehler des Netzes nach und nach abnehmen, bis er irgendwann ein Minimum erreicht. Die Kombination aus Reverse-Mode-Autodiff und Gradientenverfahren wird heutzutage als *Backpropagation* bezeichnet (oder kurz *Backprop* genannt).

> Es gibt diverse Autodiff-Techniken mit unterschiedlichen Vor- und Nachteilen. Die bei der Backpropagation genutzte Technik nennt sich *Reverse-Mode-Autodiff*. Sie passt sehr gut, wenn die zu differenzierende Funktion viele Variablen (zum Beispiel Verbindungsgewichte) und wenige Ausgabewerte (zum Beispiel einen Fehlerwert) besitzt. Wollen Sie mehr über Autodiff erfahren, schauen Sie sich Anhang B an.

Backpropagation lässt sich auf alle möglichen Berechnungsgraphen anwenden, nicht nur auf neuronale Netze. Tatsächlich ging es in Linnainmaas Masterarbeit gar nicht um neuronale Netze, sie war allgemeiner gehalten. Erst viele Jahre später kam Backprop zum Einsatz, um neuronale Netze zu trainieren – wenngleich immer noch nicht im Mainstream. Im Jahr 1985 publizierten schließlich David Rumelhart, Geoffrey Hinton und Ronald Williams einen wegweisenden Artikel (*https://homl.info/44*)[10], in dem analysiert wurde, wie es die Backpropagation neuronalen Netzen erlaubt, nützliche interne Repräsentationen zu erlernen. Die Ergebnisse waren so beeindruckend, dass die Backpropagation schnell Verbreitung fand. Heutzutage ist es die weitaus am häufigsten genutzte Trainingstechnik für neuronale Netze.

Betrachten wir uns diesen Algorithmus etwas genauer:

- Es wird immer ein Mini-Batch gleichzeitig verarbeitet (beispielsweise mit 32 Datenpunkten), und der gesamte Trainingsdatensatz wird mehrfach durchlaufen. Jeder Durchlauf wird als *Epoche* bezeichnet.
- Jeder Mini-Batch wird an die Eingabeschicht des Netzes übergeben, die ihn an die erste verborgene Schicht weitergibt. Der Algorithmus berechnet dann die Ausgabe aller Neuronen in dieser Schicht (für jede Instanz im Mini-Batch). Das Ergebnis wird an die nächste Schicht weitergegeben, deren Ausgabe wird berechnet und an die nächste Schicht weitergegeben und so weiter, bis wir das Ergebnis der letzten Ausgabeschicht erhalten. Das ist der *Vorwärtsdurchlauf* – er entspricht dem Erstellen von Vorhersagen, nur dass man alle Zwischenergebnisse aufhebt, da sie für den Rückwärtsdurchlauf benötigt werden.
- Als Nächstes misst der Algorithmus den Ausgabefehler des Netzes (er nutzt eine Fehlerfunktion, die die gewünschte Ausgabe mit der tatsächlichen Ausgabe vergleicht und einen Messwert für den Fehler liefert).

10 David Rumelhart et al., »Learning Internal Representations by Error Propagation«, Defense Technical Information Center Technical Report, September 1985.

- Nun berechnet er, wie viel jeder Ausgabe-Bias und jede Verbindung zur Ausgabeschicht zum Fehler beigetragen hat. Das geschieht analytisch durch das Anwenden der *Kettenregel* (die vielleicht grundlegendste Rechenregel), wodurch dieser Schritt schnell und exakt ist.
- Dann misst der Algorithmus, wie viele der Beiträge zum Fehler von jeder Verbindung in der Schicht darunter kamen (erneut unter Anwendung der Kettenregel), und er arbeitet sich rückwärts durch die Schichten, bis er die Eingabeschicht erreicht. Wie zuvor erwähnt, misst dieser Rückwärtsdurchlauf effizient den Fehlergradienten über alle Verbindungsgewichte und Bias-Terme im Netz, indem er ihn rückwärts durch das Netz propagiert (daher der Name des Algorithmus).
- Schließlich führt der Algorithmus einen Schritt im Gradientenverfahren durch, um alle Verbindungsgewichte im Netz anzupassen. Dabei greift er auf die Fehlergradienten zurück, die er gerade berechnet hat.

> Es ist wichtig, alle Verbindungsgewichte der verborgenen Schichten mit Zufallswerten zu initialisieren, denn sonst wird das Training fehlschlagen. Initialisieren Sie zum Beispiel alle Gewichte und Bias mit null, werden alle Neuronen in einer Schicht identisch sein, und die Backpropagation wird sie exakt gleich behandeln, womit sie identisch bleiben. Oder anders gesagt: Auch wenn Sie Hunderte von Neuronen pro Schicht haben, wird sich Ihr Modell so verhalten, als gäbe es nur ein Neuron pro Schicht – das wäre nicht so klug. Wenn Sie stattdessen die Gewichte zufällig initialisieren, brechen Sie die Symmetrie und erlauben der Backpropagation, ein diverses Team von Neuronen zu trainieren.

Zusammengefasst: Der Backpropagation-Algorithmus trifft zuerst eine Vorhersage für einen Mini-Batch (Vorwärtsdurchlauf), bestimmt den Fehler, durchläuft dann rückwärts jede Schicht, um den Fehlerbeitrag jedes Parameters zu ermittlen (im Rückwärtsdurchlauf), und verändert schließlich die Gewichte der Verbindungen und die Bias-Terme, um den Fehler zu verringern (als Schritt im Gradientenverfahren).

Damit Backprop gut funktioniert, nahmen Rumelhart und seine Kollegen eine wichtige Änderung an der Architektur des MLP vor: Sie ersetzten die Stufenfunktion mit der logistischen Funktion $\sigma(z) = 1 / (1 + \exp(-z))$ (auch *Sigmoid*-Funktion genannt). Dies erwies sich als entscheidend, weil die Stufenfunktion nur flache Abschnitte enthält und es daher keinen Gradienten gibt (die Gradientenmethode kann sich auf einer flachen Oberfläche nicht bewegen), wohingegen die Sigmoid-Funktion überall ungleich null ist. Damit kann die Gradientenmethode an jeder Stelle ein wenig voranschreiten. Der Backpropagation-Algorithmus lässt sich auch mit anderen *Aktivierungsfunktionen* als der Sigmoid-Funktion einsetzen. Zwei weitere beliebte Aktivierungsfunktionen sind:

Der Tangens hyperbolicus $tanh(z) = 2\sigma(2z) - 1$

Wie die Sigmoid-Funktion ist der Tangens s-förmig, stetig und differenzierbar, aber die Ausgabewerte liegen im Bereich zwischen –1 und 1 (anstatt zwischen 0 und 1 bei der Sigmoid-Funktion). Damit wird die Ausgabe jeder Schicht zu Beginn des Trainings tendenziell auf 0 zentriert. Dies beschleunigt bisweilen die Konvergenz.

Die Rectified-Linear-Unit-(ReLU-)Funktion $ReLU(z) = max(0, z)$

Diese Funktion ist stetig, aber bei $z = 0$ leider nicht differenzierbar (die Steigung ändert sich abrupt, wodurch die Gradientenmethode umherspringen kann), und seine Ableitung ist für $z < 0$ gleich null. In der Praxis funktioniert diese Funktion aber sehr gut und ist außerdem schnell berechenbar, weshalb sie sich zum Standard entwickelt hat.[11] Wichtiger ist, dass sie keinen maximalen Ausgabewert besitzt, was einige Probleme des Gradientenverfahrens umgeht (wir kommen in Kapitel 11 darauf zu sprechen).

Diese beliebten Aktivierungsfunktionen und ihre Ableitungen sind in Abbildung 10-8 dargestellt. Aber Moment mal! Warum brauchen wir die Aktivierungsfunktionen überhaupt? Nun, wenn Sie mehrere lineare Transformationen verketten, erhalten Sie immer eine lineare Transformation. Sind beispielsweise $f(x) = 2x + 3$ und $g(x) = 5x - 1$, dann führt ein Verketten dieser beiden linearen Funktionen zu einer anderen linearen Funktion: $f(g(x)) = 2(5x - 1) + 3 = 10x + 1$. Haben Sie also keine Nichtlinearität zwischen Ihren Schichten, entspricht selbst ein tiefer Stack mit Schichten einer einzelnen Schicht, und Sie können damit keine sehr komplexen Probleme lösen. Umgekehrt kann ein ausreichend großes ANN mit nichtlinearen Aktivierungsfunktionen theoretisch jede stetige Funktion approximieren.

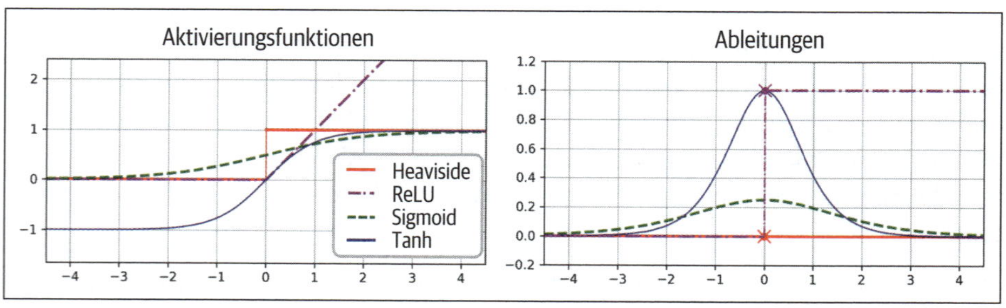

Abbildung 10-8: Aktivierungsfunktionen (links) und ihre Ableitungen (rechts)

Okay, Sie wissen jetzt, woher neuronale Netze stammen, wie ihre Architektur aussieht und wie deren Ergebnisse berechnet werden. Zudem haben Sie den Backpropagation-Algorithmus kennengelernt. Aber was genau können Sie mit neuronalen Netzen machen?

11 Biologische Neuronen scheinen eine Aktivierungsfunktion zu nutzen, die wie die Sigmoid-Funktion mehr oder weniger s-förmig ist, daher haben die Forscher eine sehr lange Zeit selbst Sigmoid-Funktionen eingesetzt. Aber es zeigt sich, dass ReLU in ANNs im Allgemeinen besser funktioniert. Das ist einer der Fälle, in denen die biologische Analogie vielleicht in die Irre geführt hat.

Regressions-MLPs

MLPs können für Regressionsaufgaben eingesetzt werden. Wollen Sie einen einzelnen Wert vorhersagen (zum Beispiel einen Hauspreis, wenn man viele seiner Merkmale kennt), brauchen Sie nur ein einzelnes Ausgabeneuron: Seine Ausgabe ist der vorhergesagte Wert. Für eine multivariate Regression (also die Vorhersage mehrerer Werte auf einmal) benötigen Sie ein Ausgabeneuron pro Ausgabedimension. Um beispielsweise die Mitte eines Objekts in einem Bild zu finden, müssen Sie zweidimensionale Koordinaten vorhersagen, also brauchen Sie zwei Ausgabeneuronen. Wollen Sie auch noch eine Bounding Box um das Objekt legen, benötigen Sie zwei weitere Zahlen – die Breite und die Höhe des Objekts. Also landen Sie so bei vier Ausgabeneuronen.

Scikit-Learn enthält eine Klasse `MLPRegressor`, daher wollen wir diese nutzen, um ein MLP mit drei verborgenen Schichten zu bauen, die aus jeweils 50 Neuronen bestehen, und dieses mit dem Immobilien-Datensatz zu trainieren. Aus Gründen der Einfachheit werden wir die Funktion `fetch_california_housing()` von Scikit-Learn einsetzen, um die Daten zu laden. Dieser Datensatz ist einfacher als der, den wir in Kapitel 2 genutzt haben, da er nur numerische Merkmale enthält (es gibt kein Merkmal `ocean_proximity`) und keine Werte fehlen. Der folgende Code lädt zuerst den Datensatz, teilt ihn auf und erstellt dann eine Pipeline, um die Eingabemerkmale zu standardisieren, bevor er sie an den `MLPRegressor` schickt. Das ist für neuronale Netze sehr wichtig, weil sie mit dem Gradientenverfahren trainiert werden. Und wie Sie in Kapitel 4 gelernt haben, konvergiert dieses nicht sehr gut, wenn die Merkmale unterschiedliche Skalen besitzen. Schließlich trainiert der Code das Modell und bestimmt seinen Validierungsfehler. Das Modell nutzt die ReLU-Aktivierungsfunktion in den verborgenen Schichten und eine Abwandlung des Gradientenverfahrens namens *Adam* (siehe Kapitel 11), um den mittleren quadratischen Fehler zu minimieren, wobei ein wenig ℓ_2-Regularisierung im Spiel ist (die Sie über den Hyperparameter `alpha` steuern können):

```
from sklearn.datasets import fetch_california_housing
from sklearn.metrics import mean_squared_error
from sklearn.model_selection import train_test_split
from sklearn.neural_network import MLPRegressor
from sklearn.pipeline import make_pipeline
from sklearn.preprocessing import StandardScaler

housing = fetch_california_housing()
X_train_full, X_test, y_train_full, y_test = train_test_split(
    housing.data, housing.target, random_state=42)
X_train, X_valid, y_train, y_valid = train_test_split(
    X_train_full, y_train_full, random_state=42)

mlp_reg = MLPRegressor(hidden_layer_sizes=[50, 50, 50], random_state=42)
pipeline = make_pipeline(StandardScaler(), mlp_reg)
pipeline.fit(X_train, y_train)
y_pred = pipeline.predict(X_valid)
rmse = mean_squared_error(y_valid, y_pred, squared=False)  # ungefähr 0.505
```

Wir erhalten einen Validierungs-RMSE von ungefähr 0,505, was vergleichbar mit dem ist, was Sie für einen Random-Forest-Klassifikator bekommen würden. Für einen ersten Versuch gar nicht so schlecht!

Beachten Sie, dass Sie bei diesem MLP keine Aktivierungsfunktionen für die Ausgabeschicht verwenden, sodass sie beliebige Zahlenwerte liefern kann. Dass ist im Allgemeinen in Ordnung, aber wenn Sie garantieren wollen, dass die Ausgabe immer positiv sein wird, können Sie in der Ausgabeschicht die ReLU-Aktivierungsfunktion oder die *Softplus*-Aktivierungsfunktion einsetzen, bei der es sich um eine geglättete Form der ReLU handelt: $\text{softplus}(z) = \log(1 + \exp(z))$. Sie ist nahe null, wenn z negativ ist, und nahe an z für positive Werte. Wollen Sie schließlich sicherstellen, dass die Vorhersagen in einen gegebenen Wertebereich fallen, können Sie die Sigmoid-Funktion oder den Tangens hyperbolicus nutzen und die Labels dann auf den passenden Bereich skalieren: 0 bis 1 für die Sigmoid-Funktion und –1 bis 1 für den Tangens hyperbolicus. Leider unterstützt die Klasse `MLPRegressor` keine Aktivierungsfunktionen in der Ausgabeschicht.

> Das Bauen und Trainieren eines Standard-MLP mit Scikit-Learn erfordert nur ein paar Zeilen Code und ist sehr bequem, aber die Features des neuronalen Netzes sind begrenzt. Darum werden wir im zweiten Teil dieses Kapitels zu Keras wechseln.

Die Klasse `MLPRegressor` nutzt den mittleren quadratischen Fehler, was im Allgemeinen für Regressionsaufgaben genau richtig ist, aber wenn Sie viele Ausreißer im Trainingsdatensatz haben, ziehen Sie eventuell den mittleren absoluten Fehler vor. Alternativ können Sie den Huber-Fehler verwenden, bei dem es sich um eine Kombination aus beiden handelt. Dieser ist quadratisch, wenn der Fehler kleiner als ein Grenzwert δ ist (meist 1), aber linear, wenn der Fehler größer als δ ist. Der lineare Teil sorgt dafür, dass die Funktion weniger empfindlich als der mittlere quadratische Fehler auf Ausreißer reagiert, während der quadratische Teil es erlaubt, schneller zu konvergieren und genauer als der mittlere absolute Fehler zu sein.

Tabelle 10-1 fasst die typische Architektur eines Regressions-MLP zusammen.

Tabelle 10-1: Typische Architektur eines Regressions-MLP

Hyperparameter	Typische Werte
Anzahl verborgene Schichten	abhängig vom Problem, meist 1 bis 5
Anzahl Neuronen pro verborgene Schicht	abhängig vom Problem, meist 10 bis 100
Anzahl Ausgabeneuronen	1 pro Vorhersagedimension
Verborgene Aktivierung	ReLU
Ausgabeaktivierung	keine, ReLU/Softplus (für positive Ausgaben) oder Sigmoid/tanh (für beschränkte Ausgaben)
Verlustfunktion	MSE oder Huber bei Ausreißern

Klassifikations-MLPs

MLPs können auch zum Klassifizieren eingesetzt werden. Für ein binäres Klassifikationsproblem benötigen Sie nur ein einzelnes Ausgabeneuron, das die Sigmoid-Aktivierungsfunktion verwendet: Die Ausgabe wird eine Zahl zwischen 0 und 1 sein, die Sie als geschätzte Wahrscheinlichkeit der positiven Kategorie interpretieren können. Die geschätzte Wahrscheinlichkeit der negativen Kategorie ist 1 minus diese Zahl.

MLPs können auch einfach zur binären Klassifikation mit mehreren Labels eingesetzt werden (siehe Kapitel 3). Sie könnten zum Beispiel ein E-Mail-Klassifikationssystem nutzen, das vorhersagt, ob es sich bei einer eintreffenden E-Mail um Ham oder Spam handelt, und gleichzeitig schätzt, ob es eine dringende oder keine dringende E-Mail ist. In diesem Fall bräuchten Sie zwei Ausgabeneuronen, die beide die Sigmoid-Aktivierungsfunktion verwenden: Die erste würde die Wahrscheinlichkeit ausgeben, dass es sich bei der E-Mail um Spam handelt, die zweite, ob sie dringend ist. Allgemeiner gesagt, würden Sie ein Ausgabeneuron pro positive Kategorie nutzen. Beachten Sie, dass sich die Ausgabewahrscheinlichkeiten nicht zu 1 aufsummieren müssen. Dadurch kann das Modell eine beliebige Kombination von Labels ausgeben: Sie können nicht dringenden Ham, dringenden Ham, nicht dringenden Spam und vielleicht sogar dringenden Spam haben (auch wenn das vermutlich ein Fehler sein dürfte).

Kann jede Instanz nur zu einer einzigen von drei oder mehr Kategorien gehören (zum Beispiel den Kategorien 0 bis 9 für die Ziffernbilderkennung), brauchen Sie ein Ausgabeneuron pro Kategorie, und Sie sollten die Softmax-Aktivierungsfunktion für die gesamte Ausgabeschicht verwenden (siehe Abbildung 10-9).

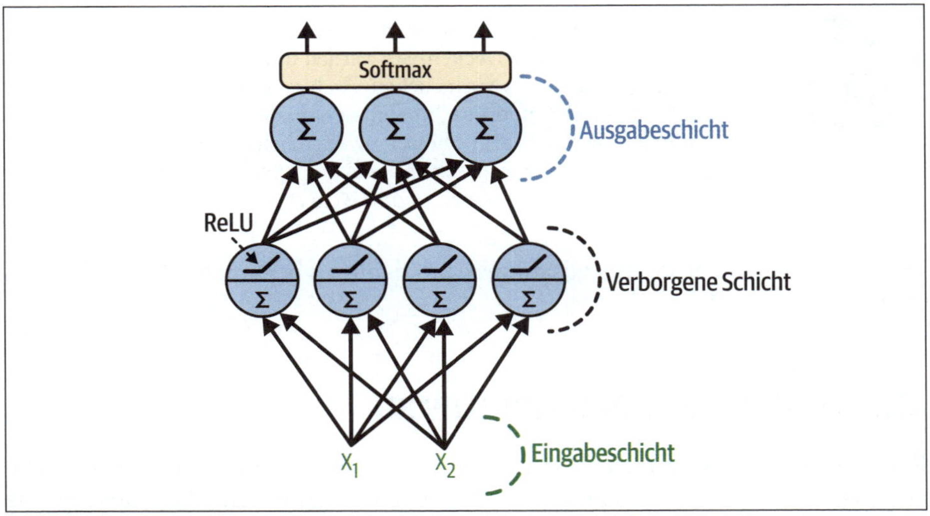

Abbildung 10-9: Ein modernes MLP (mit ReLU und Softmax) zur Klassifikation

Die Softmax-Funktion (vorgestellt in Kapitel 4) stellt sicher, dass alle geschätzten Wahrscheinlichkeiten zwischen 0 und 1 liegen und aufsummiert 1 ergeben, da die Kategorien exklusiv sind. Wie Sie in Kapitel 3 gesehen haben, nennt sich das Multiclass-Klassifikation.

Bezüglich der Verlustfunktion ist die Kreuzentropie-Verlustfunktion (auch *X-Entropy* oder *Log Loss* genannt, siehe Kapitel 4) im Allgemeinen eine gute Wahl, da wir Wahrscheinlichkeitsverteilungen vorhersagen.

Im Paket `sklearn.neural_network` gibt es bei Scikit-Learn auch eine KLasse `MLPClassifier`. Sie ist fast identisch mit der Klasse `MLPRegressor`, nur minimiert sie die Kreuzentropie statt des MSE. Probieren Sie sie einmal aus, zum Beispiel mit dem Iris-Datensatz. Es ist eine nahezu lineare Aufgabe, daher sollte eine einzelne Schicht mit fünf bis zehn Neuronen ausreichen (achten Sie darauf, die Merkmale zu normalisieren).

In Tabelle 10-2 ist die typische Architektur eines Klassifikations-MLP zusammengefasst.

Tabelle 10-2: Typische Architektur eines Klassifikations-MLP

Hyperparameter	Binäre Klassifikation	Multilabel-Binärklassifikation	Multiclass-Klassifikation
Verborgene Schichten	typischerweise 1 bis 5 Schichten, abhängig von der Aufgabe		
Anzahl Ausgabeneuronen	1	1 pro Label	1 pro binäres Label
Ausgabeschichtaktivierung	Sigmoid	Sigmoid	Softmax
Verlustfunktion	Kreuzentropie	Kreuzentropie	Kreuzentropie

Bevor wir weitermachen, empfehle ich Ihnen, Übung 1 am Ende dieses Kapitels durchzuarbeiten. Sie werden mithilfe des *TensorFlow Playground* mit verschiedenen Architekturen neuronaler Netze herumspielen und ihre Ergebnisse visualisieren. Das wird sehr nützlich sein, um MLPs besser zu verstehen – vor allem die Effekte all der Hyperparameter (Anzahl der Schichten und Neuronen, Aktivierungsfunktionen und so weiter).

Jetzt haben wir alle Konzepte zusammen, um damit zu beginnen, MLPs mit Keras zu implementieren!

MLPs mit Keras implementieren

Keras ist die High-Level-Deep-Learning-API von TensorFlow: Sie ermöglicht Ihnen, alle möglichen Arten von neuronalen Netzen einfach zu bauen. Die ursprüngliche Keras-Bibliothek wurde von François Chollet als Teil eines Forschungsprojekts entwickelt[12] und als eigenständiges Open-Source-Projekt im März 2015 veröffentlicht. Sie fand schnell Verbreitung, weil sie so einfach zu nutzen war, Flexibilität bot und ein sehr schönes Design besaß.

> Keras hat mehrere Backends unterstützt, unter anderem TensorFlow, PlaidML, Theano und das Microsoft Congnitive Toolkit (CNTK) (wobei die letzten beiden leider nicht mehr weiterentwickelt werden), aber seit Version 2.4 kommt es nur noch exklusiv mit TensorFlow zum Einsatz. Umgekehrt hat TensorFlow auch mehrere High-Level-APIs unterstützt, aber als TensorFlow 2 veröffentlicht wurde, entschied man sich dazu, Keras offiziell als bevorzugte High-Level-API auszuwählen. Beim Installieren von TensorFlow wird auch Keras automatisch installiert, und Keras funktioniert nicht, wenn TensorFlow nicht installiert ist. Kurz gesagt, Keras und TensorFlow haben sich ineinander verliebt und geheiratet. Zu weiteren verbreiteten Deep-Learning-Bibliotheken gehören PyTorch von Facebook (*https://pytorch.org*) und JAX von Google (*https://github.com/google/jax*).[13]

Also los, nutzen wir Keras! Wir werden damit beginnen, ein MLP zur Bildklassifikation zu erstellen.

> Auf den Colab-Runtimes sind schon aktuelle Versionen von TensorFlow und Keras vorinstalliert. Wollen Sie sie auf Ihrem eigenen Rechner installieren, werfen Sie einen Blick in die Installationsanweisungen unter *https://homl.info/install*.

Einen Bildklassifikator mit der Sequential API erstellen

Zuerst müssen wir einen Datensatz laden. Wir werden Fashion MNIST nutzen, bei dem es sich um einen Drop-in-Ersatz von MNIST (siehe Kapitel 3) handelt. Es hat genau das gleiche Format wie MNIST (70.000 Graustufenbilder mit jeweils 28 × 28 Pixeln und 10 Kategorien), aber die Bilder enthalten Modeartikel statt handgeschriebener Ziffern, daher ist jede Kategorie vielfältiger, und das Problem ist deutlich herausfordernder als bei MNIST. So erreicht beispielsweise ein einfaches lineares Modell bei MNIST 92 % Genauigkeit, aber nur 83 % bei Fashion MNIST.

---

12 Projekt ONEIROS (Open-ended Neuro-Electronic Intelligent Robot Operating System). Chollet stieß 2015 zu Google, wo er weiterhin das Keras-Projekt leitet.

13 Die API von PyTorch ähnelt der von Keras – kennen Sie Keras, ist es nicht allzu schwer, zu PyTorch zu wechseln, wenn Sie das möchten. Die Beliebtheit von PyTorch ist 2018 exponentiell gewachsen, vor allem aufgrund der Einfachheit und der ausgezeichneten Dokumentation, die nicht gerade eine Stärke von TensorFlow 1.x war. Aber TensorFlow 2 ist durchaus genauso einfach wie PyTorch, da es Keras als offizielle High-End-API übernommen hat und die Entwickler den Rest der API vereinfacht und aufgeräumt haben. Die Dokumentation wurde ebenfalls komplett neu organisiert, und es ist jetzt viel leichter, das zu finden, was Sie wissen müssen. Umgekehrt wurden PyTorchs größte Schwächen (beispielsweise die beschränkte Portierbarkeit und keine Analyse von Rechengraphen) in PyTorch 1.0 angegangen. Ein gesunder Wettbewerb ist für jeden von Vorteil.

Den Datensatz mit Keras laden

Keras stellt einige Hilfsfunktionen zum Laden verbreiteter Datensätze bereit, unter anderem MNIST, Fashion MNIST und ein paar mehr. Laden wir also Fashion MNIST. Der Datensatz ist schon durchmischt und in einen Trainingsdatensatz (60.000 Bilder) sowie einen Testdatensatz (10.000 Bildern) unterteilt, aber wir werden die letzten 5.000 Bilder aus dem Trainingsdatensatz zur Validierung zurückhalten:

```
import tensorflow as tf

fashion_mnist = tf.keras.datasets.fashion_mnist.load_data()
(X_train_full, y_train_full), (X_test, y_test) = fashion_mnist
X_train, y_train = X_train_full[:-5000], y_train_full[:-5000]
X_valid, y_valid = X_train_full[-5000:], y_train_full[-5000:]
```

TensorFlow wird meist als `tf` importiert, und die Keras-API steht dann über `tf.keras` zur Verfügung.

Laden Sie MNIST oder Fashion MNIST über Keras statt über Scikit-Learn, besteht ein wichtiger Unterschied darin, dass jedes Bild als 28 × 28-Array geladen wird und nicht als eindimensionales Array der Größe 784. Zudem werden die Pixelintensitäten als Integer (von 0 bis 255) und nicht als Gleitkommazahlen (von 0,0 bis 255,0) repräsentiert. Schauen wir uns die Form und den Datentyp des Trainingsdatensatzes an:

```
>>> X_train.shape
(55000, 28, 28)
>>> X_train.dtype
dtype('uint8')
```

Aus Gründen der Einfachheit werden wir die Pixelintensitäten auf den Bereich von 0 bis 1 herunterrechnen, indem wir sie durch 255,0 dividieren (das konvertiert sie gleichzeitig in Gleitkommazahlen):

```
X_train, X_valid, X_test = X_train / 255., X_valid / 255., X_test / 255.
```

Hat das Label bei MNIST den Wert 5, entspricht das Bild auch einer handgeschriebenen Ziffer 5. Das ist einfach. Für Fashion MNIST benötigen wir aber die Liste mit Kategorienamen, damit wir wissen, womit wir es zu tun haben:

```
class_names = ["T-shirt/top", "Trouser", "Pullover", "Dress", "Coat",
               "Sandal", "Shirt", "Sneaker", "Bag", "Ankle boot"]
```

So stellt beispielsweise das erste Bild im Trainingsdatensatz einen Ankle Boot dar:

```
>>> class_names[y_train[0]]
'Ankle boot'
```

Abbildung 10-10 zeigt ein paar Beispiele aus dem Fashion-MNIST-Datensatz.

Abbildung 10-10: Beispiele aus Fashion MNIST

Das Modell mit der Sequential API erstellen

Erstellen wir jetzt das neuronale Netz. Dies ist ein Klassifikations-MLP mit zwei verborgenen Schichten:

```
tf.random.set_seed(42)
model = tf.keras.Sequential()
model.add(tf.keras.layers.Input(shape=[28, 28]))
model.add(tf.keras.layers.Flatten())
model.add(tf.keras.layers.Dense(300, activation="relu"))
model.add(tf.keras.layers.Dense(100, activation="relu"))
model.add(tf.keras.layers.Dense(10, activation="softmax"))
```

Gehen wir den Code Zeile für Zeile durch:

- Zuerst legen wir den Random-Seed von TensorFlow fest, um die Ergebnisse reproduzierbar zu machen: Die zufälligen Gewichte der verborgenen Schichten und der Ausgabeschicht werden bei jedem Ausführen des Notebooks die gleichen sein. Sie könnten sich auch dazu entscheiden, die Funktion `tf.keras.utils.set_random_seed()` zu nutzen, die bequemerweise die Random-Seeds für TensorFlow, Python (`random.seed()`) und NumPy (`np.random.seed()`) setzt.
- In der folgenden Zeile wird ein `Sequential`-Modell erzeugt. Das ist die einfachste Form eines Keras-Modells für neuronale Netze, die nur aus einem einzelnen Stack mit Schichten besteht, die sequenziell verbunden sind. Das nennt sich die Sequential API.
- Als Nächstes bauen wir die erste Schicht (eine `Input`-Schicht) und fügen sie dem Modell hinzu. Wir legen das Eingabe-`shape` fest, das nicht die Batchgröße, sondern nur die Form der Instanzen enthält. Keras muss die Form der Eingabe wissen, sodass es die Form der Matrix mit den Verbindungsgewichten der ersten verborgenen Schicht bestimmen kann.

- Dann fügen wir eine `Flatten`-Schicht hinzu. Ihre Rolle ist das Umwandeln jedes Eingabebilds in ein 1-D-Array: Empfängt sie beispielsweise einen Batch der Form [32, 28, 28], wandelt sie dies nach [32, 784] um. Mit anderen Worten: Wenn sie die Eingabedaten `X` erhält, berechnet sie `X.reshape(-1, 784)`. Diese Schicht besitzt keine Parameter – sie führt nur einen einfachen Vorverarbeitungsschritt durch.
- Nun ergänzen wir eine verborgene `Dense`-Schicht mit 300 Neuronen. Sie nutzt die ReLU-Aktivierungsfunktion. Jede `Dense`-Schicht verwaltet ihre eigene Gewichtsmatrix mit allen Verbindungsgewichten zwischen den Neuronen und ihren Eingangswerten. Auch verwaltet sie einen Vektor mit Bias-Termen (einem pro Neuron). Empfängt sie Eingangsdaten, berechnet sie Formel 10-2.
- Danach fügen wir eine zweite verborgene `Dense`-Schicht mit 100 Neuronen hinzu, die ebenfalls die ReLU-Aktivierungsfunktion einsetzt.
- Und schließlich ergänzen wir noch eine `Dense`-Ausgabeschicht mit 10 Neuronen (eine pro Kategorie), die die Softmax-Aktivierungsfunktion einsetzt, weil es sich um exklusive Kategorien handelt.

> Eine Angabe von `activation="relu"` entspricht `activation=tf.keras.activations.relu`. Andere Aktivierungsfunktionen stehen im Paket `tf.keras.activations` zur Verfügung, von denen wir in diesem Buch viele einsetzen werden. Unter *https://keras.io/api/layers/activations/* finden Sie die vollständige Liste. Zudem werden wir unsere eigenen Aktivierungsfunktionen in Kapitel 12 definieren.

Statt die Schichten wie eben eine nach der anderen hinzuzufügen, ist es oft bequemer, beim Erstellen des `Sequential`-Modells eine Liste mit Schichten mitzugeben. Sie können auch die `Input`-Schicht verwerfen und stattdessen in der ersten Schicht `input_shape` angeben:

```
model = tf.keras.Sequential([
    tf.keras.layers.Flatten(input_shape=[28, 28]),
    tf.keras.layers.Dense(300, activation="relu"),
    tf.keras.layers.Dense(100, activation="relu"),
    tf.keras.layers.Dense(10, activation="softmax")
])
```

Die Modellmethode `summary()` zeigt alle Schichten des Modells an,[14] einschließlich deren Namen (der automatisch erzeugt wird, sofern Sie ihn nicht beim Erstellen der Schicht setzen), der Ausgabeform (`None` heißt, dass die Batchgröße beliebig sein kann) und der Anzahl an Parametern. Die Zusammenfassung gibt am Ende noch die Gesamtzahl an Parametern aus – inklusive der Menge an trainierbaren und nicht trainierbaren Parametern. Hier haben wir nur trainierbare Parameter (wir werden weiter unten in diesem Kapitel noch Beispiele für nicht trainierbare Parameter sehen):

14 Sie können `tf.keras.utils.plot_model()` nutzen, um eine Abbildung Ihres Modells zu erzeugen.

```
>>> model.summary()
Model: "sequential"
_________________________________________________________________
 Layer (type)                Output Shape              Param #
=================================================================
 flatten (Flatten)           (None, 784)               0

 dense (Dense)               (None, 300)               235500

 dense_1 (Dense)             (None, 100)               30100

 dense_2 (Dense)             (None, 10)                1010

=================================================================
Total params: 266,610
Trainable params: 266,610
Non-trainable params: 0
_________________________________________________________________
```

Beachten Sie, dass `Dense`-Schichten oftmals wirklich *viele* Parameter besitzen. So enthält die erste Schicht beispielsweise 784 × 300 Verbindungsgewichte und dazu 300 Bias-Terme, was sich zu 235.500 Parametern aufsummiert! Damit besitzt das Modell ziemlich viel Flexibilität, um sich an die Trainingsdaten anzupassen, aber es heißt auch, dass das Modell dem Risiko des Overfittings unterliegt, insbesondere wenn Sie nicht viele Trainingsdaten haben. Wir werden darauf später noch zurückkommen.

Jede Schicht in einem Modell muss einen eindeutigen Namen haben (beispielsweise `"dense_2"`). Sie können die Schichtnamen explizit mit dem `name`-Argument im Konstruktor setzen, aber im Allgemeinen ist es einfacher, Keras die Schichten automatisch mit Namen versehen zu lassen, so wie wir es getan haben. Keras nimmt den Klassennamen der Schicht und wandelt ihn in Snake Case um (so erhält eine Schicht der Klasse `MyCoolLayer` standardmäßig den Namen `"my_cool_layer"`). Keras stellt auch sicher, dass der Name global eindeutig ist, selbst über Modellgrenzen hinweg, indem bei Bedarf ein Index angefügt wird, wie zum Beispiel `"dense_2"`. Aber warum ist es so wichtig, die Namen über Modelle hinweg eindeutig zu halten? Nun, dadurch wird es möglich, Modelle leicht miteinander zu verschmelzen, ohne in Namenskonflikte zu geraten.

> Der gesamte globale Status, der von Keras gemanagt wird, findet sich in einer Keras-Session, die Sie mithilfe von `tf.keras.backend.clear_session()` leeren können. Insbesondere werden damit die Namenszähler zurückgesetzt.

Sie können mit dem Attribut `layers` leicht eine Liste mit den Schichten eines Modells erhalten, oder Sie nutzen die Methode `get_layers()`, um eine Schicht über ihren Namen abzurufen:

```
>>> model.layers
[<keras.layers.core.flatten.Flatten at 0x7fa1dea02250>,
```

```
 <keras.layers.core.dense.Dense at 0x7fa1c8f42520>,
 <keras.layers.core.dense.Dense at 0x7fa188be7ac0>,
 <keras.layers.core.dense.Dense at 0x7fa188be7fa0>]
>>> hidden1 = model.layers[1]
>>> hidden1.name
'dense'
>>> model.get_layer('dense') is hidden1
True
```

Alle Parameter einer Schicht können über ihre Methoden `get_weights()` und `set_weights()` angesprochen werden. Für eine `Dense`-Schicht gehören dazu sowohl die Verbindungsgewichte wie auch die Bias-Terme:

```
>>> weights, biases = hidden1.get_weights()
>>> weights
array([[ 0.02448617, -0.00877795, -0.02189048, ...,  0.03859074, -0.06889391],
       [ 0.00476504, -0.03105379, -0.0586676 , ..., -0.02763776, -0.04165364],
       ...,
       [ 0.07061854, -0.06960931,  0.07038955, ..., 0.00034875,  0.02878492],
       [-0.06022581,  0.01577859, -0.02585464, ..., 0.00272203, -0.06793761]],
       dtype=float32)
>>> weights.shape
(784, 300)
>>> biases
array([0., 0., 0., 0., 0., 0., 0., 0., 0., ...,  0., 0., 0.], dtype=float32)
>>> biases.shape
(300,)
```

Beachten Sie, dass die `Dense`-Schicht die Verbindungsgewichte mit Zufallswerten initialisiert (was, wie schon erwähnt, erforderlich ist, um die Symmetrie aufzubrechen) und die Bias mit Nullen initialisiert werden, was gut ist. Wollen Sie einmal eine andere Initialisierungsmethode verwenden, können Sie beim Erstellen der Schicht `kernel_initializer` (*Kernel* ist ein anderer Name für die Matrix mit den Verbindungsgewichten) oder `bias_initializer` setzen. Wir werden Initialisierer noch genauer in Kapitel 11 besprechen, aber wenn Sie eine vollständige Liste haben wollen, finden Sie sie unter *https://keras.io/api/layers/initializers/*.

> Die Form der Gewichtsmatrix hängt von der Anzahl an Eingangswerten ab. Darum haben wir beim Erstellen des Modells `input_shape` angegeben. Geben Sie sie nicht an, ist das auch in Ordnung – Keras wird einfach mit dem tatsächlichen Erstellen der Modellparameter warten, bis es die Eingabeform kennt. Das passiert, wenn Sie entweder Daten übergeben (zum Beispiel beim Training) oder wenn Sie seine Methode `build()` aufrufen. Bevor die Modellparameter nicht erstellt wurden, werden Sie bestimmte Dinge nicht tun können (wie zum Beispiel die Zusammenfassung des Modells ausgeben oder es speichern). Wenn Sie also die Eingabeform beim Erstellen des Modells kennen, ist es auch am besten, sie anzugeben.

Das Modell kompilieren

Nachdem ein Modell erstellt wurde, müssen Sie dessen Methode `compile()` aufrufen, um die zu verwendende Verlustfunktion und den Optimierer festzulegen. Optional können Sie eine Liste zusätzlicher Metriken angeben, die während des Trainings und der Auswertung berechnet werden sollen:

```
model.compile(loss="sparse_categorical_crossentropy",
              optimizer="sgd",
              metrics=["accuracy"])
```

> Der Einsatz von `loss="sparse_categorical_crossentropy"` entspricht `loss=tf.keras.losses.sparse_categorical_crossentropy`. Genauso können Sie statt `optimizer="sgd"` auch `optimizer=tf.keras.optimizers.SGD()` nutzen, und `metrics=["accuracy"]` entspricht `metrics=[tf.keras.metrics.sparse_categorical_accuracy]` (beim Einsatz dieser Verlustfunktion). Wir werden in diesem Buch auch viele andere Verlustfunktionen, Optimierer und Metriken verwenden – die vollständigen Listen finden Sie unter *https://keras.io/api/losses*, *https://keras.io/api/optimizers* und *https://keras.io/api/metrics*.

Dieser Code erfordert etwas Erläuterung. Wir verwenden die Verlustfunktion `"sparse_categorical_crossentropy"`, weil wir es mit Sparse-Labels zu tun haben (das heißt, es gibt für jede Instanz nur einen Index für eine Zielkategorie – in unserem Fall 0 bis 9) und die Kategorien exklusiv sind. Hätten wir stattdessen eine Zielwahrscheinlichkeit pro Kategorie für jede Instanz (zum Beispiel One-Hot-Vektoren wie etwa `[0., 0., 0., 1., 0., 0., 0., 0., 0., 0.]` für die Kategorie 3), müssten wir stattdessen die Verlustfunktion `"categorical_crossentropy"` nutzen. Geht es um Binärklassifikation oder Multilabel-Binärklassifikation, würden wir statt `"softmax"` die Aktivierungsfunktion `"sigmoid"` in der Ausgabeschicht verwenden und die Verlustfunktion `"binary_crossentropy"` einsetzen.

> Wollen Sie Sparse-Labels (also Kategorienindizes) in One-Hot-Vektor-Labels umwandeln, nutzen Sie die Funktion `tf.keras.utils.to_categorical()`. In umgekehrter Richtung kann `np.argmax()` mit `axis=1` zum Einsatz kommen.

Beim Optimierer heißt `"sgd"`, dass wir das Modell mit dem stochastischen Gradientenverfahren trainieren. Mit anderen Worten: Keras wird den weiter oben beschriebenen Backpropagation-Algorithmus ausführen (also Reverse-Mode-Autodiff plus Gradientenverfahren). Wir werden effizientere Optimierer in Kapitel 11 behandeln (sie verbessern das Gradientenverfahren, aber nicht den Autodiff).

> Verwenden wir den `SGD`-Optimierer, ist es wichtig, die Lernrate anzupassen. Daher werden Sie im Allgemeinen statt `optimizer=SGD` eher `optimizer=tf.keras.optimizer.SGD(lr=???)` verwenden, um die Lernrate zu setzen, da Ersteres diese standardmäßig auf 0,01 setzt.

Und da es sich um einen Klassifikator handelt, ist es schließlich nützlich, dessen "accuracy" während des Trainings und der Auswertung zu messen, weshalb wir metrics=["accuracy"] setzen.

Das Modell trainieren und auswerten

Jetzt ist das Modell dazu bereit, trainiert zu werden. Dazu müssen wir einfach nur dessen Methode fit() aufrufen:

```
>>> history = model.fit(X_train, y_train, epochs=30,
...                     validation_data=(X_valid, y_valid))
...
Epoch 1/30
1719/1719 [==============================] - 2s 989us/step
  - loss: 0.7220 - sparse_categorical_accuracy: 0.7649
  - val_loss: 0.4959 - val_sparse_categorical_accuracy: 0.8332
Epoch 2/30
1719/1719 [==============================] - 2s 964us/step
  - loss: 0.4825 - sparse_categorical_accuracy: 0.8332
  - val_loss: 0.4567 - val_sparse_categorical_accuracy: 0.8384
[...]
Epoch 30/30
1719/1719 [==============================] - 2s 963us/step
  - loss: 0.2235 - sparse_categorical_accuracy: 0.9200
  - val_loss: 0.3056 - val_sparse_categorical_accuracy: 0.8894
```

Wir übergeben die Eingabefeatures (X_train) und die Zielkategorien (y_train) sowie die Anzahl an Epochen beim Trainieren (ansonsten würde der Standardwert 1 genommen, was definitiv nicht ausreicht, um zu einer guten Lösung zu konvergieren). Auch übergeben wir einen Validierungsdatensatz (das ist optional). Keras wird am Ende jeder Epoche den Verlust und die zusätzlichen Metriken für dieses Set messen, was sehr nützlich ist, um zu sehen, wie gut das Modell wirklich arbeitet. Ist die Performance für den Trainingsdatensatz viel besser als beim Validierungsdatensatz, overfittet Ihr Modell vermutlich den Trainingsdatensatz, oder es ist ein Fehler, wie zum Beispiel eine Dateninkonsistenz zwischen Trainings- und Validierungsdatensatz.

> Fehler aufgrund unterschiedlicher Formen sind nicht ungewöhnlich, insbesondere zu Beginn, daher sollten Sie sich mit der Fehlermeldung vertraut machen: Versuchen Sie, ein Modell mit Eingaben und/oder Labels der falschen Form anzupassen, und schauen Sie sich an, welche Art von Fehlern Sie erhalten. Genauso sollten Sie einmal versuchen, das Modell mit loss="categorical_crossentropy" zu kompilieren, statt loss="sparse_categorical_crossentropy" zu verwenden. Oder Sie entfernen einfach die Flatten-Schicht.

Und das ist es! Das neuronale Netz ist trainiert. Keras zeigt während des Trainings nach jeder Epoche auf der linken Seite des Fortschrittsbalken die Anzahl an bisher verarbeiteten Mini-Batches an. Die Batchgröße beträgt standardmäßig 32, und da der Trainingsdatensatz 55.000 Bilder enthält, läuft das Modell durch 1.719 Batches pro Epoche: 1.718 der Größe 32 und eines der Größe 24. Hinter dem Fortschrittsbalken sehen Sie die durchschnittliche Trainingszeit pro Sample, den Verlust und die Genauigkeit (oder andere zusätzliche Metriken, um die Sie gebeten haben) sowohl für den Trainings- als auch für den Validierungsdatensatz. Sie können sehen, wie der Trainingsverlust abgesunken ist – ein gutes Zeichen – und die Validierungsgenauigkeit nach 30 Epochen einen Wert von 88,94% erreicht hat. Das liegt etwas unter der Trainingsgenauigkeit, daher scheint es nur ein bisschen Overfitting zu geben – aber nicht sehr viel.

> Statt einen Validierungsdatensatz über das Argument `validation_data` zu übergeben, können Sie auch mit `validation_split` das Verhältnis angeben, mit dem Keras den Trainingsdatensatz zum Validieren aufteilen soll. So weist beispielsweise `validation_split=0.1` Keras an, die letzten 10% der Daten (vor dem Durchmischen) zum Validieren zu verwenden.

War der Trainingsdatensatz sehr verzerrt – mit über- oder unterrepräsentierten Kategorien –, wäre es sinnvoll, beim Aufruf der Funktion `fit()` das Argument `class_weight` zu setzen und damit unterrepräsentierten Kategorien eine höhere Gewichtung und überrepräsentierten Kategorien eine niedrigere Gewichtung zu verpassen. Diese Gewichte werden dann von Keras beim Berechnen des Verlusts verwendet. Benötigen Sie Gewichte pro Instanz, setzen Sie das Argument `sample_weight`. Werden sowohl `class_weight` wie auch `sample_weight` angegeben, multipliziert Keras sie. Gewichte pro Instanz können beispielsweise nützlich sein, wenn manche Instanzen ihre Labels von Experten erhielten, während andere über eine Cloudsourcing-Plattform gekennzeichnet wurden – so können Sie Ersteren mehr Gewicht verpassen. Auch können Sie dem Validierungsdatensatz Sample-Gewichte (aber keine Kategoriengewichte) mitgeben, indem Sie sie als drittes Element im Tupel `validation_data` anhängen.

Die Methode `fit()` liefert ein `History`-Objekt zurück, das die Trainingsparameter (`history.params`), die Liste mit durchlaufenen Epochen (`history.epoch`) und vor allem ein Dictionary (`history.history`) mit dem Verlust und zusätzlichen gemessenen Metriken vom Ende jeder Epoche für Trainings- und Validierungsdatensatz enthält (sofern vorhanden). Nutzen Sie dieses Dictionary, um einen Pandas-DataFrame zu erstellen und dessen Methode `plot()` aufzurufen, erhalten Sie die Lernkurven, die in Abbildung 10-11 zu sehen sind:

```
import matplotlib.pyplot as plt
import pandas as pd

pd.DataFrame(history.history).plot(
    figsize=(8, 5), xlim=[0, 29], ylim=[0, 1], grid=True, xlabel="Epoch",
    style=["r--", "r--.", "b-", "b-*"])
plt.show()
```

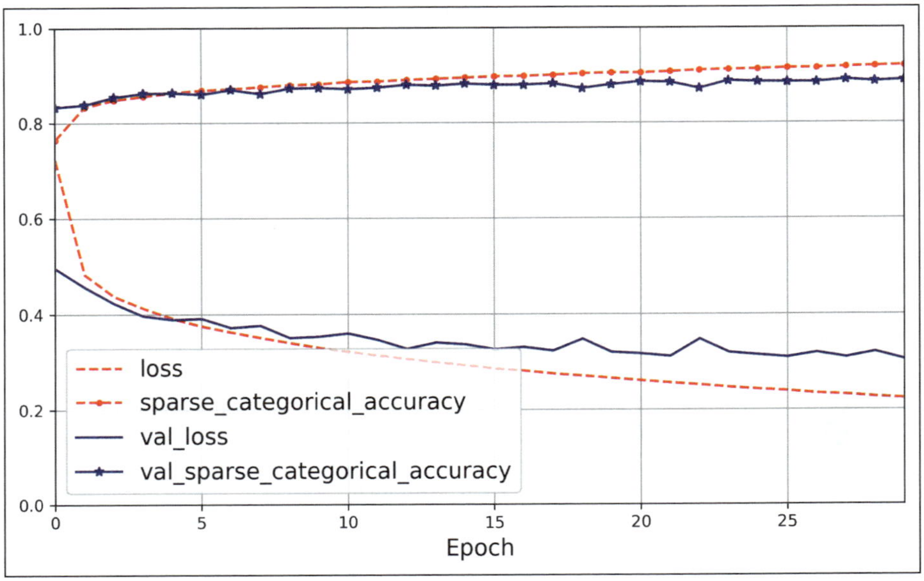

Abbildung 10-11: Lernkurven: durchschnittlicher Verlust und durchschnittliche Genauigkeit beim Training nach jeder Epoche und bei der Validierung nach jeder Epoche

Sie sehen, dass sowohl die Trainings- als auch die Validierungsgenauigkeit während des Trainings stetig steigen, während der Verlust von Training und Validierung sinkt. Sehr gut! Die Kurven von Training und Validierung liegen zunächst recht nahe beieinander, aber sie entfernen sich mit der Zeit voneinander, was heißt, dass es ein bisschen Overfitting gibt. In diesem speziellen Fall sieht das Modell so aus, als funktioniere es zu Beginn des Trainings besser mit dem Validierungs- als mit dem Trainingsdatensatz. Aber das stimmt nicht. Der Validierungsfehler wird am *Ende* jeder Epoche berechnet, während der Trainingsfehler mithilfe eines gleitenden Mittelwerts *während* jeder Epoche ermittelt wird. Daher sollte die Trainingskurve um eine halbe Epoche nach links verschoben sein. Wenn Sie das tun, werden Sie sehen, dass Trainings- und Validierungskurven zu Beginn des Trainings nahezu perfekt übereinanderliegen.

Die Performance des Trainingsdatensatzes schlägt schließlich die Validierungsperformance, was im Allgemeinen immer passiert, wenn Sie lange genug trainieren. Sie können erkennen, dass das Modell noch nicht ausreichend konvergiert ist, da der Validierungsverlust immer noch sinkt. Daher sollten Sie das Training weiter fortsetzen. Dazu müssen Sie einfach nur nochmals die Methode `fit()` aufrufen, da Keras dann mit dem Training dort weitermacht, wo es zuvor aufgehört hat: Sie sollten schließlich eine Validierungsgenauigkeit von etwa 89,8 % erhalten, wobei die Trainingsgenauigkeit weiter in Richtung 100 % steigen wird (das ist aber nicht immer der Fall).

Sind Sie mit der Leistung Ihres Modells nicht zufrieden, sollten Sie einen Schritt zurückgehen und die Hyperparameter anpassen. Zuerst prüfen Sie die Lernrate.

Wenn das nicht hilft, probieren Sie es mit einem anderen Optimierer (und passen danach auch immer die Lernrate an). Ist die Leistung immer noch nicht gut, versuchen Sie, die Hyperparameter des Modells anzupassen, wie zum Beispiel die Anzahl an Schichten, die Anzahl an Neuronen pro Schicht oder die Art der Aktivierungsfunktionen für die verschiedenen Schichten. Sie können auch ausprobieren, an anderen Hyperparametern zu drehen, wie beispielsweise an der Batchgröße (sie kann in der Methode `fit()` über das Argument `batch_size` gesetzt werden, das standardmäßig auf 32 steht). Am Ende dieses Kapitels werden wir uns nochmals mit dem Anpassen der Hyperparameter befassen. Sind Sie dann mit der Validierungsgenauigkeit Ihres Modells zufrieden, sollten Sie es auf den Testdatensatz loslassen, um den Generalisierungsfehler zu schätzen, bevor Sie das Modell produktiv einsetzen. Das können Sie ganz einfach über die Methode `evaluate()` erreichen (sie unterstützt eine Reihe weiterer Argumente, wie zum Beispiel `batch_size` oder `sample_weight` – schauen Sie dafür in die Dokumentation):

```
>>> model.evaluate(X_test, y_test)
313/313 [==============================] - 0s 626us/step
  - loss: 0.3243 - sparse_categorical_accuracy: 0.8864
[0.32431697845458984, 0.8863999843597412]
```

Wie Sie in Kapitel 2 gesehen haben, bekommt man für den Testdatensatz meist eine etwas schlechtere Performance als für den Validierungsdatensatz, weil die Hyperparameter für den Validierungsdatensatz angepasst wurden (in diesem Beispiel haben wir allerdings gar keine Anpassungen an den Hyperparametern vorgenommen, daher ist die niedrigere Genauigkeit reiner Zufall). Widerstehen Sie der Versuchung, die Hyperparameter für den Testdatensatz anzupassen, denn sonst wird Ihre Schätzung des Generalisierungsfehlers zu optimistisch ausfallen.

Mit dem Modell Vorhersagen treffen

Als Nächstes können wir die Methode `predict()` des Modells verwenden, um Vorhersagen für neue Instanzen zu treffen. Da wir gar keine echten neuen Instanzen haben, werden wir einfach die ersten drei Instanzen des Testdatensatzes verwenden:

```
>>> X_new = X_test[:3]
>>> y_proba = model.predict(X_new)
>>> y_proba.round(2)
array([[0.  , 0.  , 0.  , 0.  , 0.  , 0.01, 0.  , 0.02, 0.  , 0.97],
       [0.  , 0.  , 0.99, 0.  , 0.01, 0.  , 0.  , 0.  , 0.  , 0.  ],
       [0.  , 1.  , 0.  , 0.  , 0.  , 0.  , 0.  , 0.  , 0.  , 0.  ]],
      dtype=float32)
```

Für jede Instanz schätzt das Modell eine Wahrscheinlichkeit pro Kategorie – von Kategorie 0 bis Kategorie 9. Das ähnelt der Ausgabe der Methode `predict_proba()` bei den Scikit-Learn-Klassifikatoren. So schätzt es beispielsweise für das erste Bild, dass die Wahrscheinlichkeit für Kategorie 9 (Ankle Boot) 96 % beträgt, für Kategorie 7 (Sneaker) liegt sie bei 2 %, für Kategorie 5 (Sandal) bei 1 %, und für die anderen Kategorien ist sie vernachlässigbar. Mit anderen Worten: Es ist sich ziemlich sicher, dass das erste Bild Fußbekleidung ist – sehr wahrscheinlich Ankle Boots, aber möglicherweise auch Sneakers oder Sandals. Ist Ihnen nur die Kategorie mit der höchsten geschätzten Wahrscheinlichkeit wichtig (auch wenn diese ziemlich niedrig ist), können Sie stattdessen die Methode argmax() verwenden, um für jede Instanz den Index der Kategorie mit der höchsten Wahrscheinlichkeit zu erhalten:

```
>>> import numpy as np
>>> y_pred = y_proba.argmax(axis=-1)
>>> y_pred
array([9, 2, 1])
>>> np.array(class_names)[y_pred]
array(['Ankle boot', 'Pullover', 'Trouser'], dtype='<U11')
```

Hier hat der Klassifikator alle drei Bilder sogar korrekt klassifiziert (Sie sehen das in Abbildung 10-12):

```
>>> y_new = y_test[:3]
>>> y_new
array([9, 2, 1], dtype=uint8)
```

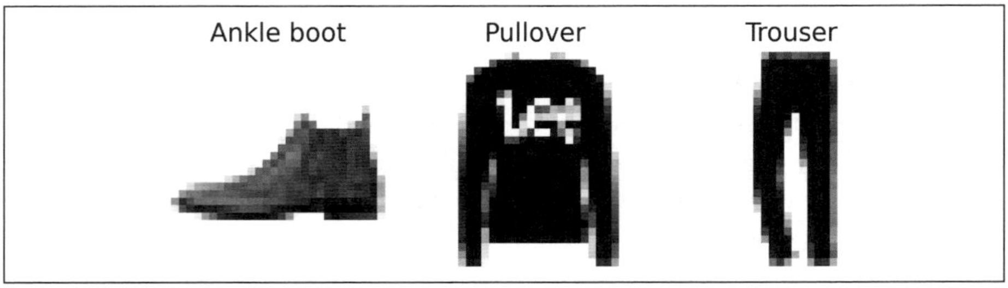

Abbildung 10-12: Korrekt klassifizierte Fashion-MNIST-Bilder

Jetzt wissen Sie, wie Sie mit der Sequential API ein Klassifikations-MLP bauen, trainieren und auswerten. Aber wie sieht es mit Regression aus?

Ein Regressions-MLP mit der Sequential API erstellen

Kehren wir zu den kalifornischen Immobilienpreisen zurück und gehen wir das Problem mit dem gleichen MLP wie zuvor an – mit drei verborgenen Schichten, die aus jeweils 50 Neuronen bestehen, aber dieses Mal bauen wir es mit Keras.

Mit der Sequential API bauen, trainieren, evaluieren und verwenden wir ein Regressions-MLP so ähnlich wie bei einer Klassifikation. Der Hauptunterschied im folgenden Code liegt darin, dass die Ausgabeschicht aus nur einem einzelnen Neuron besteht (da wir lediglich einen einzelnen Wert vorhersagen wollen), dort keine Aktivierungsfunktion verwendet wird, für die Verlustfunktion der mittlere quadratische Fehler zum Einsatz kommt, die Metrik der RMSE ist und wir einen Adam-Optimierer wie bei Scikit-Learns MLPRegressor nutzen. Zudem brauchen wir in diesem Beispiel keine Flatten-Schicht und nutzen stattdessen als erste Schicht eine Normalization-Schicht: Sie macht das Gleiche wie der StandardScaler von Scikit-Learn, muss aber mithilfe ihrer adapt()-Methode an die Trainingsdaten angepasst werden, *bevor* Sie die fit()-Methode des Modells aufrufen. (Keras besitzt andere Vorverarbeitungsschichten, die wir in Kapitel 13 behandeln werden.) Schauen wir uns das Ganze an:

```
tf.random.set_seed(42)
norm_layer = tf.keras.layers.Normalization(input_shape=X_train.shape[1:])
model = tf.keras.Sequential([
    norm_layer,
    tf.keras.layers.Dense(50, activation="relu"),
    tf.keras.layers.Dense(50, activation="relu"),
    tf.keras.layers.Dense(50, activation="relu"),
    tf.keras.layers.Dense(1)
])
optimizer = tf.keras.optimizers.Adam(learning_rate=1e-3)
model.compile(loss="mse", optimizer=optimizer, metrics=["RootMeanSquaredError"])
norm_layer.adapt(X_train)
history = model.fit(X_train, y_train, epochs=20,
                    validation_data=(X_valid, y_valid))
mse_test, rmse_test = model.evaluate(X_test, y_test)
X_new = X_test[:3]
y_pred = model.predict(X_new)
```

> Die `Normalization`-Schicht lernt die Mittelwerte und Standardabweichungen der Merkmale in den Trainingsdaten, wenn Sie die Methode `adapt()` aufrufen. Zeigen Sie die Modellzusammenfassung an, werden diese Statistiken aber als nicht trainierbar ausgegeben. Das liegt daran, dass diese Parameter nicht vom Gradientenverfahren beeinflusst werden.

Wie Sie sehen, ist die Sequential API ziemlich aufgeräumt und geradlinig. Aber auch wenn `Sequential`-Modelle sehr verbreitet sind, ist es manchmal nützlich, neuronale Netze mit komplexeren Topologien oder mit mehreren Eingaben oder Ausgaben zu bauen. Zu diesem Zweck bietet Keras die Functional API an.

Komplexe Modelle mit der Functional API bauen

Ein Beispiel für ein nicht sequenzielles neuronales Netz ist eines vom Typ *Wide & Deep*. Diese Architektur wurde in einem Artikel aus dem Jahr 2016 (*https://homl.info/widedeep*) von Heng-Tze Cheng et al.[15] vorgestellt. Sie verbindet alle Eingaben oder Teile davon direkt mit der Ausgabeschicht, wie Sie in Abbildung 10-13 sehen. Diese Architektur ermöglicht dem neuronalen Netz, sowohl tiefe Muster (über den tiefen Pfad) wie auch einfache Regeln zu erlernen (über den kurzen Pfad).[16] Im Gegensatz dazu müssen bei einem normalen MLP alle Daten durch alle Schichten fließen – damit werden einfache Muster in den Daten eventuell durch die diversen Transformationen zerstört.

---

15 Heng-Tze Cheng et al., »Wide & Deep Learning for Recommender Systems«, *Proceedings of the First Workshop on Deep Learning for Recommender Systems* (2016): 7–10.

16 Der kurze Pfad kann auch genutzt werden, um das neuronale Netzwerk mit manuell entwickelten Features zu versorgen.

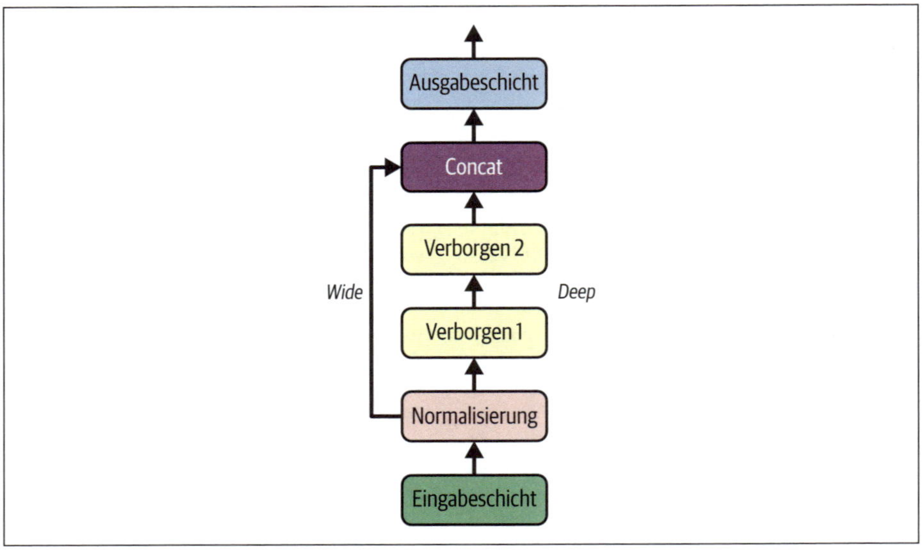

Abbildung 10-13: Neuronales Netz »Wide & Deep«

Wir bauen ein solches neuronales Netz für die kalifornischen Immobiliendaten:

```
normalization_layer = tf.keras.layers.Normalization()
hidden_layer1 = tf.keras.layers.Dense(30, activation="relu")
hidden_layer2 = tf.keras.layers.Dense(30, activation="relu")
concat_layer = tf.keras.layers.Concatenate()
output_layer = tf.keras.layers.Dense(1)

input_ = tf.keras.layers.Input(shape=X_train.shape[1:])
normalized = normalization_layer(input_)
hidden1 = hidden_layer1(normalized)
hidden2 = hidden_layer2(hidden1)
concat = concat_layer([normalized, hidden2])
output = output_layer(concat)

model = tf.keras.Model(inputs=[input_], outputs=[output])
```

Zusammengefasst, erzeugen die ersten fünf Zeilen alle Schichten, die wir zum Bauen des Modells benötigen, die nächsten sechs Zeilen nutzen diese Schichten wie Funktionen, um von der Eingabe zur Ausgabe zu gelangen, und die letzte Zeile erzeugt ein Keras-`Model`-Objekt, indem wir auf die Ein- und Ausgabe verweisen. Gehen wir den Code im Detail durch:

- Zuerst erstellen wir fünf Schichten: eine `Normalization`-Schicht zum Standardisieren der Eingaben, zwei `Dense`-Schichten mit jeweils 30 Neuronen, die die ReLU-Aktivierungsfunktion nutzen, eine `Concatenate`-Schicht und eine weitere `Dense`-Schicht mit einem einzelnen Neuron für die Ausgabeschicht ohne Aktivierungsfunktion.
- Nun erstellen wir ein `Input`-Objekt (der Variablenname `input_` dient dazu, die in Python eingebaute Funktion `input()` zu überlagern). Dabei wird spezifi-

ziert, was für Eingaben in das Modell gegeben werden – einschließlich `shape` und optional `dtype`, bei denen es sich standardmäßig um 32-Bit-Gleitkommazahlen handelt. Wie wir noch sehen werden, kann ein Modell auch mehrere Eingaben erhalten.

- Dann nutzen wir die `Normalization`-Schicht wie eine Funktion und übergeben sie an das `Input`-Objekt. Das ist der Grund dafür, dass diese API als Functional API bezeichnet wird. Dabei sagen wir Keras so nur, wie die Schichten miteinander verbunden werden sollen; es werden noch keine Daten übertragen, da das `Input`-Objekt nur eine Datenspezifikation ist – mit anderen Worten eine symbolische Eingabe. Die Ausgabe dieses Aufrufs ist ebenfalls symbolisch: `normalized` legt keine tatsächlichen Daten ab, sondern es dient nur dem Erstellen des Modells.
- Genauso übergeben wir `normalized` an `hidden_layer1`, das `hidden1` ausgibt, und übergeben `hidden1` an `hidden_layer2`, das `hidden2` ausgibt.
- Bisher haben wir die Schichten sequenziell miteinander verbunden, aber dann nutzen wir `concat_layer`, um die Eingabe und die Ausgabe der zweiten verborgenen Schicht miteinander zu verbinden. Auch hier werden noch keine tatsächlichen Daten verbunden: Alles ist symbolisch, um das Modell aufzubauen.
- Dann übergeben wir `concat` an `output_layer`, was uns schließlich `output` liefert.
- Zum Schluss erzeugen wir ein Keras-`Model` und geben an, welche Eingaben und Ausgaben existieren.

Haben Sie das Keras-Modell gebaut, ist alles genauso wie vorher, daher müssen wir es hier nicht wiederholen: Sie müssen das Modell kompilieren, die `Normalization`-Schicht anpassen, das Modell trainieren, auswerten und dann für die Vorhersage verwenden.

Aber was ist, wenn Sie eine Untermenge der Merkmale über den Wide-Pfad und eine andere Untermenge (die sich eventuell mit der ersten überlappt) über den Deep-Pfad schicken wollen (siehe Abbildung 10-14)? Dann gibt es die Möglichkeit, mehrere Eingaben zu verwenden. Stellen Sie sich beispielsweise vor, dass wir fünf Merkmale über den Wide-Pfad schicken möchten (Merkmale 0 bis 4) und sechs Merkmale über den Deep-Pfad (Merkmale 2 bis 7). Wir können wie folgt vorgehen:

```
input_wide = tf.keras.layers.Input(shape=[5])  # Merkmale 0 bis 4
input_deep = tf.keras.layers.Input(shape=[6])  # Merkmale 2 bis 7
norm_layer_wide = tf.keras.layers.Normalization()
norm_layer_deep = tf.keras.layers.Normalization()
norm_wide = norm_layer_wide(input_wide)
norm_deep = norm_layer_deep(input_deep)
hidden1 = tf.keras.layers.Dense(30, activation="relu")(norm_deep)
hidden2 = tf.keras.layers.Dense(30, activation="relu")(hidden1)
concat = tf.keras.layers.concatenate([norm_wide, hidden2])
output = tf.keras.layers.Dense(1)(concat)
model = tf.keras.Model(inputs=[input_wide, input_deep], outputs=[output])
```

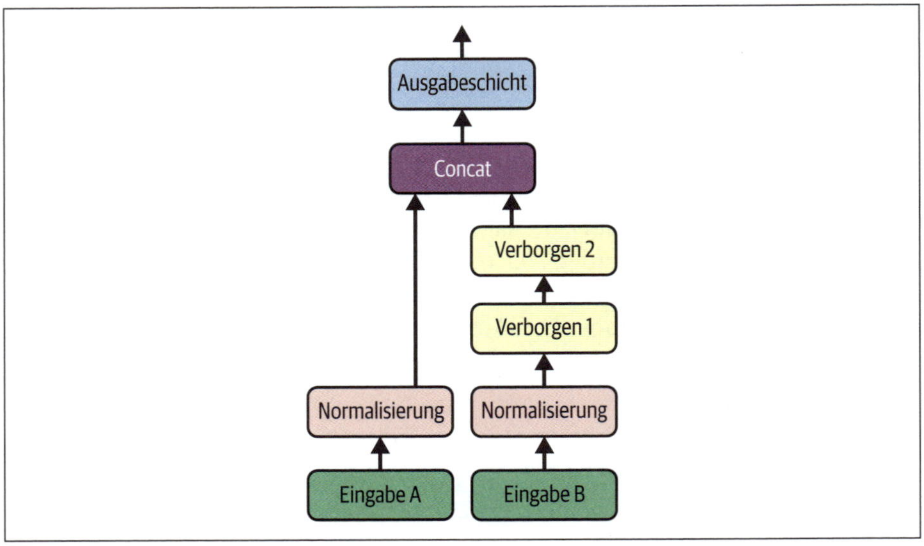

Abbildung 10-14: Verwenden mehrerer Eingaben

Im Vergleich zum vorherigen Beispiel sind hier ein paar Dinge erwähnenswert:

- Jede `Dense`-Schicht wird in einer Zeile erstellt und aufgerufen. Das ist übliche Praxis, da sie den Code besser bündelt, ohne dass er an Klarheit verliert. Bei der `Normalization`-Schicht können wir das nicht machen, da wir eine Referenz auf die Schicht benötigen, um ihre `adapt()`-Methode aufzurufen, bevor wir das Modell trainieren.
- Wir haben `tf.keras.layers.concatenate()` verwendet, um eine `Concatenate`-Schicht zu erstellen und sie mit den angegebenen Eingabewerten aufzurufen.
- Wir haben beim Erstellen des Modells `inputs=[input_wide, input_deep]` definiert, da es zwei Eingaben gibt.

Jetzt können wir das Modell wie üblich kompilieren, aber wenn wir die Methode `fit()` aufrufen, können wir nicht eine einzelne Eingangsmatrix `X_train` übergeben, sondern müssen stattdessen zwei Matrizen `(X_train_wide, X_train_deep)` übergeben – eine pro Eingang. Das Gleiche gilt für `X_valid` und auch für `X_test` und `X_new`, wenn Sie `evaluate()` oder `predict()` aufrufen:

```
optimizer = tf.keras.optimizers.Adam(learning_rate=1e-3)
model.compile(loss="mse", optimizer=optimizer, metrics=["RootMeanSquaredError"])

X_train_wide, X_train_deep = X_train[:, :5], X_train[:, 2:]
X_valid_wide, X_valid_deep = X_valid[:, :5], X_valid[:, 2:]
X_test_wide, X_test_deep = X_test[:, :5], X_test[:, 2:]
X_new_wide, X_new_deep = X_test_wide[:3], X_test_deep[:3]

norm_layer_wide.adapt(X_train_wide)
norm_layer_deep.adapt(X_train_deep)
```

```
history = model.fit((X_train_wide, X_train_deep), y_train, epochs=20,
                    validation_data=((X_valid_wide, X_valid_deep), y_valid))
mse_test = model.evaluate((X_test_wide, X_test_deep), y_test)
y_pred = model.predict((X_new_wide, X_new_deep))
```

Statt ein Tupel (`X_train_wide, X_train_deep`) zu übergeben, können Sie auch ein Dictionary `{"input_wide": X_train_wide, "input_deep": X_train_deep}` mitgeben, wenn Sie `name="input_wide"` und `name="input_deep"` beim Erstellen der Eingaben gesetzt haben. Das ist sehr empfehlenswert, wenn es viele Eingaben gibt, um den Code klarer zu gestalten und um zu vermeiden, dass man die Reihenfolge durcheinanderbringt.

Es gibt auch viele Situationen, in denen Sie mehrere Ausgaben haben wollen:

- Die Aufgabe erfordert es. Vielleicht wollen Sie das Hauptobjekt in einem Bild finden und klassifizieren. Dabei handelt es sich um eine Regressionsaufgabe und gleichzeitig um eine Klassifikationsaufgabe.
- Genauso können Sie mehrere unabhängige Aufgaben für die gleichen Daten haben. Sicher – Sie könnten ein neuronales Netz pro Aufgabe trainieren, aber in vielen Fällen werden Sie bessere Ergebnisse für alle Aufgaben erhalten, wenn Sie ein einzelnes neuronales Netz mit einer Ausgabe pro Aufgabe trainieren. Das liegt daran, dass das neuronale Netz Merkmale in den Daten lernen kann, die für mehrere Aufgaben nützlich sind. So könnten Sie beispielsweise auf Bilder eine *Multitask-Klassifikation*für Gesichter durchführen und dabei eine Ausgabe zum Klassifizieren des Gesichtsausdrucks nutzen (Lächeln, Überraschung und so weiter) sowie eine weitere, um herauszufinden, ob jemand eine Brille trägt oder nicht.
- Ein weiterer Anwendungsfall ist der Einsatz als Regularisierungstechnik (also eine Trainingsbeschränkung, deren Ziel es ist, Overfitting zu vermeiden und damit die Fähigkeit des Modells zum Generalisieren zu verbessern). So können Sie beispielsweise zusätzlich eine unterstützende Ausgabe in die Architektur eines neuronalen Netzes einbauen (siehe Abbildung 10-15), um sicherzustellen, dass der zugrunde liegende Teil des Netzes für sich etwas Nützliches lernt, ohne vom Rest des Netzes abhängig zu sein.

Es ist ziemlich einfach, eine zusätzliche Ausgabe hinzuzufügen: Verbinden Sie sie mit den passenden Schichten und ergänzen Sie sie in der Liste mit Ausgaben Ihres Modells. So baut beispielsweise der folgende Code das Netz aus Abbildung 10-15:

```
[...] # wie zuvor bis zur Hauptausgabeschicht
output = tf.keras.layers.Dense(1)(concat)
aux_output = tf.keras.layers.Dense(1)(hidden2)
model = tf.keras.Model(inputs=[input_wide, input_deep],
                       outputs=[output, aux_output])
```

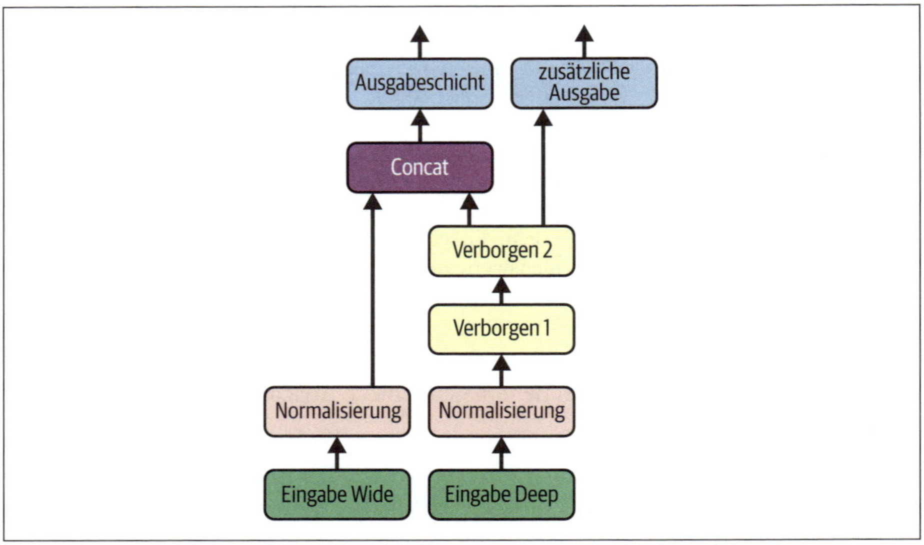

Abbildung 10-15: Mehrere Ausgaben, in diesem Beispiel für eine unterstützende Ausgabe zur Regularisierung

Jede Ausgabe benötigt ihre eigene Verlustfunktion. Daher sollten wir beim Kompilieren des Modells eine Liste mit Verlustfunktionen übergeben. Übergeben wir eine einzelne Verlustfunktion, wird Keras davon ausgehen, dass sie für alle Ausgaben genutzt werden soll. Standardmäßig berechnet Keras all diese Verluste und addiert sie dann, um den Gesamtverlust für das Training zu erhalten. Uns ist die Hauptausgabe deutlich wichtiger als die zusätzliche Ausgabe (da diese nur der Regulierung dient), daher wollen wir dem Verlust der Hauptausgabe ein viel größeres Gewicht verpassen. Zum Glück ist es möglich, alle Verlustgewichte beim Kompilieren des Modells zu übergeben:

```
optimizer = tf.keras.optimizers.Adam(learning_rate=1e-3)
model.compile(loss=("mse", "mse"), loss_weights=(0.9, 0.1), optimizer=optimizer,
              metrics=["RootMeanSquaredError"])
```

> Statt ein Tupel `loss=("mse", "mse")` zu übergeben, können Sie auch ein Dictionary `loss={"output": "mse", "aux_output": "mse"}` übergeben, sofern Sie die Ausgabeschichten mit `name="output"` und `name="aux_output"` angelegt haben. Wie bei den Eingaben wird der Code dadurch klarer, und es werden Fehler vermieden, wenn es mehrere Ausgaben gibt. Sie können auch ein Dictionary für `loss_weights` verwenden.

Trainieren wir jetzt das Modell, müssen wir Labels für jede Ausgabe bereitstellen. In diesem Beispiel sollten die Hauptausgabe und die zusätzliche Ausgabe versuchen, das Gleiche vorherzusagen, daher sollten sie auch die gleichen Labels verwenden. Anstatt also `y_train` zu übergeben, müssen wir `(y_train, y_train)` oder ein Dictionary `{"output": y_train, "aux_output": y_train}` (wenn die Ausgaben die Namen "output" und "aux_output" haben) verwenden. Das Gleiche gilt für y_valid und y_test:

```
norm_layer_wide.adapt(X_train_wide)
norm_layer_deep.adapt(X_train_deep)
history = model.fit(
    (X_train_wide, X_train_deep), (y_train, y_train), epochs=20,
    validation_data=((X_valid_wide, X_valid_deep), (y_valid, y_valid))
)
```

Evaluieren wir das Modell, gibt Keras die gewichtete Summe der Verluste und die einzelnen Verluste und Metriken zurück:

```
eval_results = model.evaluate((X_test_wide, X_test_deep), (y_test, y_test))
weighted_sum_of_losses, main_loss, aux_loss, main_rmse, aux_rmse = eval_results
```

Setzen Sie `return_dict=True`, wird `evaluate()` statt eines Dictionary ein großes Tupel zurückgeben.

Genauso liefert die Methode `predict()` die Vorhersagen für jede Ausgabe:

```
y_pred_main, y_pred_aux = model.predict([X_new_wide, X_new_deep])
```

Die Methode `predict()` gibt ein Tupel zurück, und es gibt hier auch kein Argument `return_dict`, um stattdessen ein Dictionary zu erhalten. Aber Sie können eines mit `model.output_names` erstellen:

```
y_pred_tuple = model.predict((X_new_wide, X_new_deep))
y_pred = dict(zip(model.output_names, y_pred_tuple))
```

Wie Sie sehen, können Sie mit der Functional API beliebige Architekturen bauen. Schauen wir uns eine weitere Möglichkeit an, wie sich Keras-Modelle erzeugen lassen.

Dynamische Modelle mit der Subclassing API bauen

Sowohl die Sequential API wie auch die Functional API sind deklarativ: Sie beginnen mit dem Deklarieren, welche Schichten Sie verwenden und wie diese verbunden sein sollen – erst dann können Sie das Modell mit Daten zum Trainieren und Vorhersagen füttern. Das hat viele Vorteile: Das Modell kann einfach gesichert, dupliziert und geteilt werden, seine Struktur lässt sich anzeigen und analysieren, und das Framework kann Formen ableiten und Typen prüfen, um Fehler frühzeitig abzufangen (also bevor überhaupt Daten durch das Modell laufen). Auch das Debugging ist recht einfach, da es sich beim gesamten Modell um einen statischen Graphen aus Schichten handelt. Aber genau das ist auch der Nachteil: Das Modell ist statisch. Zu manchen Modellen gehören Schleifen, unterschiedliche Formen, bedingte Verzweigungen und anderes dynamisches Verhalten. Für solche Fälle – oder auch nur, wenn Sie einen imperativeren Programmierstil bevorzugen – ist die Subclassing API für Sie da.

Bei diesem Ansatz bilden Sie Unterklassen der Klasse `Model`, erzeugen die benötigten Schichten im Konstruktor und nutzen diese für die gewünschten Berechnungen in der Methode `call()`. Erzeugen Sie beispielsweise eine Instanz der folgenden Klasse `WideAndDeepModel`, erhalten Sie ein Modell, das dem oben mit der Functional API erzeugten entspricht.

```
class WideAndDeepModel(tf.keras.Model):
    def __init__(self, units=30, activation="relu", **kwargs):
        super().__init__(**kwargs)  # needed to support naming the model
        self.norm_layer_wide = tf.keras.layers.Normalization()
        self.norm_layer_deep = tf.keras.layers.Normalization()
        self.hidden1 = tf.keras.layers.Dense(units, activation=activation)
        self.hidden2 = tf.keras.layers.Dense(units, activation=activation)
        self.main_output = tf.keras.layers.Dense(1)
        self.aux_output = tf.keras.layers.Dense(1)

    def call(self, inputs):
        input_wide, input_deep = inputs
        norm_wide = self.norm_layer_wide(input_wide)
        norm_deep = self.norm_layer_deep(input_deep)
        hidden1 = self.hidden1(norm_deep)
        hidden2 = self.hidden2(hidden1)
        concat = tf.keras.layers.concatenate([norm_wide, hidden2])
        output = self.main_output(concat)
        aux_output = self.aux_output(hidden2)
        return output, aux_output

model = WideAndDeepModel(30, activation="relu", name="my_cool_model")
```

Das Modell gleicht dem vorherigen, nur dass wir das Erstellen der Schichten[17] im Konstruktor von deren Einsatz in der Methode `call()` trennen. Und wir müssen die `Input`-Objekte nicht erstellen – wir können das `input`-Argument der Methode `call()` verwenden.

Nachdem wir nun eine Modellinstanz haben, können wir sie kompilieren, ihre Normalisierungsschichten anpassen (zum Beispiel durch `model.norm_layer_wide.adapt(...)` und `model.norm_layer_deep.adapt(...)`), trainieren, auswerten und für Vorhersagen verwenden – so wie wir es bei der Functional API getan haben.

Der große Unterschied liegt darin, dass Sie in `call()` so gut wie alles tun können: `for`-Schleifen, `if`-Anweisungen, TensorFlow-Operationen unter der Motorhaube – lassen Sie Ihrer Fantasie freien Lauf (siehe Kapitel 12)! Damit erhalten Forscher, die mit neuen Ideen experimentieren, eine großartige API. Diese zusätzliche Flexibilität gibt es aber nicht umsonst – die Architektur Ihres Modells ist in der Methode `call()` verborgen, daher kann Keras sie nicht einfach inspizieren oder mit `tf.keras.models.clone_model()` duplizieren. Und wenn Sie die Methode `summary()` aufrufen, erhalten Sie nur eine Liste mit Schichten ohne zusätzliche Informationen

17 Modelle haben in Keras ein Attribut `output`, daher können wir diesen Namen nicht für die Hauptausgabeschicht verwenden und sind auf `main_output` ausgewichen.

darüber, wie sie miteinander verbunden sind. Zudem kann Keras keine Typen und Formen im Voraus prüfen, und Fehler können so schneller geschehen. Sofern Sie also diese zusätzliche Flexibilität nicht benötigen, sollten Sie wohl besser bei der Sequential API oder der Functional API bleiben.

> Keras-Modelle können wie normale Schichten verwendet werden, daher können Sie sie problemlos kombinieren, um komplexe Architekturen zu erstellen.

Nachdem Sie jetzt wissen, wie Sie neuronale Netze mit Keras aufbauen und trainieren, werden Sie sie auch sichern wollen!

Ein Modell sichern und wiederherstellen

Das Sichern eines trainierten Keras-Modells ist wirklich einfach:

```
model.save("my_keras_model", save_format="tf")
```

Setzen Sie `save_format="tf"`,[18] speichert Keras das Modell im *SavedModel*-Format von TensorFlow: Das ist ein Verzeichnis (mit dem angegebenen Namen) mit vielen Dateien und Unterverzeichnissen. Insbesondere enthält die Datei *saved_model.pb* Architektur und Logik des Modells in Form eines serialisierten Rechengraphen, sodass Sie den Quellcode des Modells nicht deployen müssen, um es produktiv einsetzen zu können – das SavedModel reicht aus (mehr dazu erfahren Sie in Kapitel 12). Die Datei *keras_metadata.pb* enthält zusätzliche Informationen, die von Keras benötigt werden. Das Unterverzeichnis *variables* beinhaltet alle Parameterwerte (einschließlich der Verbindungsgewichte, der Bias-Terme, der Normalisierungsstatistiken und der Parameter für den Optimizer), eventuell in mehrere Dateien aufgeteilt, wenn das Modell sehr groß ist. Schließlich finden Sie im Verzeichnis *assets* eventuell noch zusätzliche Dateien, wie zum Beispiel Datenbeispiele, Merkmalsnamen, Kategorienamen und so weiter. Standardmäßig ist dieses Verzeichnis leer. Da der Optimizer ebenfalls mit abgespeichert wird – einschließlich seiner Hyperparameter und jedes Status, den er eventuell hat –, können Sie nach dem Laden des Modells nach Wunsch mit dem Training fortfahren.

> Setzen Sie `save_format="h5"` oder nutzen Sie einen Dateinamen, der auf *.h5*, *.hdf5* oder *.keras* endet, wird Keras das Modell in einer einzelnen Datei in einem Keras-spezifischen Format ablegen, das auf dem HDF5-Format basiert. Aber für die meisten Deployment-Tools rund um TensorFlow wird stattdessen das *SavedFormat* benötigt.

18 Das ist aktuell der Standardwert, aber das Keras-Team arbeitet an einem neuen Format, das in zukünftigen Versionen zum Standard werden könnte, daher finde ich es besser, das Format explizit zu setzen, um für die Zukunft abgesichert zu sein.

Sie werden meist ein Skript nutzen, das ein Modell trainiert und abspeichert, und eines oder mehrere Skripte (oder Webservices), die das Modell laden und auswerten oder zum Vorhersagen einsetzen. Das Laden des Modells geschieht genauso einfach wie das Speichern:

```
model = tf.keras.models.load_model("my_keras_model")
y_pred_main, y_pred_aux = model.predict((X_new_wide, X_new_deep))
```

Sie können auch `save_weights()` und `load_weights()` verwenden, um nur die Parameterwerte zu speichern bzw. wieder zu laden. Dazu gehören die Verbindungsgewichte, Bias-Terme, Vorverarbeitungsstatistiken, der Optimizer-Status und so weiter. Die Parameterwerte werden in einer oder mehreren Dateien wie *my_weights.data-00004-of-00052* abgelegt. Dazu kommt eine Indexdatei wie *my_weights.index*.

Es ist schneller und platzsparender, nur die Gewichte zu speichern und nicht das ganze Modell, daher ist das vollkommen ausreichend für schnelle Checkpoints während des Trainings. Trainieren Sie ein großes Modell und dauert das Stunden oder Tage, müssen Sie in regelmäßigen Abständen Checkpoints sichern, um zu verhindern, dass Sie alles verlieren, falls Ihr Computer abstürzt. Wie können Sie aber der Methode `fit()` mitteilen, dass sie Checkpoints sichern soll? Dafür verwenden Sie Callbacks.

Callbacks

Die Methode `fit()` kann ein Argument `callbacks` übernehmen, mit dem Sie eine Liste von Objekten angeben können, die Keras vor und nach dem Training, vor und nach jeder Epoche und sogar vor und nach dem Verarbeiten jedes Batchs aufruft. So sichert beispielsweise der Callback `ModelCheckpoint` Checkpoints Ihres Modells in regelmäßigen Abständen während des Trainings – standardmäßig am Ende jeder Epoche:

```
checkpoint_cb = tf.keras.callbacks.ModelCheckpoint("my_checkpoints",
                                                   save_weights_only=True)
history = model.fit([...], callbacks=[checkpoint_cb])
```

Verwenden Sie eine Validierung während des Trainings, können Sie beim Erstellen des `ModelCheckpoint` zusätzlich `save_best_only=True` setzen. Dadurch wird Ihr Modell nur dann gesichert, wenn seine Leistung für den Validierungsdatensatz die bisher beste ist. So müssen Sie sich nicht darum sorgen, dass Ihr Training zu lange dauert und es zu einem Overfitting an dem Trainingsdatensatz kommt: Stellen Sie nach dem Training einfach das letzte gesicherte Modell wieder her, erhalten Sie das für den Validierungsdatensatz beste Modell. Das ist ein Weg, ein Early Stopping zu implementieren (siehe Kapitel 4), aber er wird das Training tatsächlich nicht stoppen.

Eine andere Möglichkeit ist der Einsatz des Callbacks `EarlyStopping`. Er unterbricht das Training, wenn er eine gewisse Anzahl von Epochen lang keinen Fortschritt mit dem Validierungsdatensatz mehr messen kann (definiert durch das Argument patience), und wenn Sie restore_best_weights=True setzen, kehrt er am Ende des Trainings zum besten Modell zurück. Sie können beide Callbacks kombinieren, um Checkpoints Ihres Modells zu sichern (falls Ihr Computer abstürzt) und das Training abzubrechen, wenn es keinen Fortschritt mehr gibt, um nicht mehr Zeit und Ressourcen zu verschwenden und ein Overfitting zu reduzieren:

```
early_stopping_cb = tf.keras.callbacks.EarlyStopping(patience=10,
                                                     restore_best_weights=True)
history = model.fit([...], callbacks=[checkpoint_cb, early_stopping_cb])
```

Die Anzahl der Epochen kann auf einen hohen Wert gesetzt werden, da das Training automatisch endet, wenn es keinen Fortschritt mehr gibt (sorgen Sie nur dafür, dass die Lernrate nicht zu klein ist, da der Fortschritt ansonsten bis zum Ende langsam sein wird). Der Callback EarlyStopping wird die besten Gewichte automatisch im RAM speichern und sie am Ende des Trainings für Sie wiederherstellen.

> Im Paket tf.keras.callbacks (*https://keras.io/callbacks/*) finden Sie eine ganze Reihe weiterer Callbacks.

Brauchen Sie mehr Kontrollmöglichkeiten, können Sie sich Ihre eigenen Callbacks schreiben. Als Beispiel dafür zeigt der folgende Callback das Verhältnis zwischen Validierungsverlust und Trainingsverlust während des Trainings an (um zum Beispiel ein Overfitting zu erkennen):

```
class PrintValTrainRatioCallback(tf.keras.callbacks.Callback):
    def on_epoch_end(self, epoch, logs):
        ratio = logs["val_loss"] / logs["loss"]
        print(f"Epoch={epoch}, val/train={ratio:.2f}")
```

Wie zu erwarten, können Sie on_train_begin(), on_train_end(), on_epoch_begin(), on_epoch_end(), on_batch_begin() und on_batch_end() implementieren. Callbacks können auch während der Evaluierung und beim Voraussagen genutzt werden, wenn sie dort benötigt werden (beispielsweise zum Debuggen). Beim Evaluieren sollten Sie on_test_begin(), on_test_end(), on_test_batch_begin() oder on_test_batch_end() implementieren, die durch evaluate() aufgerufen werden. Für eine Voraussage sollten Sie on_predict_begin(), on_predict_end(), on_predict_batch_begin() oder on_predict_batch_end() implementieren, die durch predict() aufgerufen werden.

Schauen wir uns nun noch ein weiteres Werkzeug an, das Sie bei der Arbeit mit Keras auf jeden Fall nutzen sollten: TensorBoard.

TensorBoard zur Visualisierung verwenden

TensorBoard ist ein ausgezeichnetes interaktives Visualisierungswerkzeug, mit dem Sie die Lernkurven während des Trainings betrachten, Kurven und Metriken zwischen mehreren Läufen vergleichen, den Rechengraphen darstellen, Trainingsstatistiken analysieren, durch Ihr Modell erzeugte Bilder anzeigen, komplexe mehrdimensionale Daten auf drei Dimensionen herunterprojiziert und für Sie automatisch geclustert ausgeben lassen, Ihr Netz *profilieren* lassen (also die Geschwindigkeit zum Finden von Flaschenhälsen messen) können und noch vieles mehr. Dieses Tool wird automatisch installiert, wenn Sie TensorFlow installieren, daher haben Sie es schon an Bord.

Wie gesagt, TensorBoard wird automatisch mit TensorFlow mitinstalliert, aber Sie werden ein TensorBoard-Plug-in benötigen, um Profiling-Daten zu visualisieren. Folgen Sie den Installationsanweisungen unter *https://homl.info/install*, um alles lokal laufen zu lassen, ist das Plug-in schon installiert, aber wenn Sie Colab nutzen, müssen Sie folgenden Befehl ausführen:

```
%pip install -q -U tensorboard-plugin-profile
```

Um TensorBoard zu verwenden, müssen Sie Ihr Programm so anpassen, dass es die zu visualisierenden Daten in speziellen binären Logdateien namens *Event Files* ausgibt. Jeder binäre Datensatz wird als *Summary* bezeichnet. Der TensorBoard-Server überwacht das Log-Verzeichnis, holt sich automatisch geänderte Daten und aktualisiert die Visualisierungen: So können Sie Live-Daten darstellen (mit einer kleinen Verzögerung), zum Beispiel Lernkurven während des Trainings. Meist lassen Sie den TensorBoard-Server auf ein Root-Log-Verzeichnis zeigen und konfigurieren Ihr Programm so, dass es bei jedem Lauf in ein anderes Unterverzeichnis schreibt. So kann die gleiche TensorBoard-Serverinstanz Daten aus mehreren Läufen Ihres Programms visualisieren und vergleichen, ohne alles durcheinanderzubringen.

Geben wir dem Root-Log-Verzeichnis den Namen *my_logs* und definieren wir eine kleine Funktion, die den Pfad in das Log-Unterverzeichnis abhängig vom aktuellen Datum und der Uhrzeit erzeugt, sodass dieser bei jedem Lauf anders ist:

```
from pathlib import Path
from time import strftime

def get_run_logdir(root_logdir="my_logs"):
    return Path(root_logdir) / strftime("run_%Y_%m_%d_%H_%M_%S")

run_logdir = get_run_logdir()  # z. B. my_logs/run_2022_08_01_17_25_59
```

Netterweise bietet Keras einen praktischen Callback `TensorBoard()` an, der sich für Sie darum kümmert, das Log-Verzeichnis zu erstellen (zusammen mit seinem übergeordneten Verzeichnis, falls das auch fehlt), und der Event-Dateien erzeugt und Zusammenfassungen beim Training dorthin schreibt. Er wird den Trainings- und Validierungsverlust Ihres Modells und die Metriken (in diesem Fall MSE und RMSE) messen und zudem Ihr neuronales Netz profilieren. Dabei lässt er sich sehr einfach nutzen:

```
tensorboard_cb = tf.keras.callbacks.TensorBoard(run_logdir,
                                                profile_batch=(100, 200))
history = model.fit([...], callbacks=[tensorboard_cb])
```

Und das ist alles, was Sie zu tun haben! In diesem Beispiel wird das Netz zwischen den Batches 100 bis 200 während der ersten Epoche profiliert. Warum 100 und 200? Nun, oft braucht das neuronale Netz ein paar Batches zum »Aufwärmen«, daher sollten Sie nicht zu früh profilieren. Zudem kostet das Erstellen von Profilen Ressourcen, daher ist es besser, dies nicht für jeden Batch durchzuführen.

Als Nächstes versuchen Sie, die Lernrate von 0,001 auf 0,002 zu ändern. Führen Sie den Code erneut mit einem neuen Log-Unterverzeichnis aus. Sie werden eine Verzeichnisstruktur wie die folgende erhalten:

```
my_logs
├── run_2022_08_01_17_25_59
│   ├── train
│   │   ├── events.out.tfevents.1659331561.my_host_name.42042.0.v2
│   │   ├── events.out.tfevents.1659331562.my_host_name.profile-empty
│   │   └── plugins
│   │       └── profile
│   │           └── 2022_08_01_17_26_02
│   │               ├── my_host_name.input_pipeline.pb
│   │               └── [...]
│   └── validation
│       └── events.out.tfevents.1659331562.my_host_name.42042.1.v2
└── run_2022_08_01_17_31_12
    └── [...]
```

Es gibt ein Verzeichnis pro Durchlauf mit jeweils einem Unterverzeichnis für die Trainingslogs und die Validierungslogs. Beide enthalten Event Files, aber in den Trainingslogs finden sich auch Profiling Traces.

Nachdem die Event Files nun bereit sind, wollen wir den TensorBoard-Server starten. Das können Sie direkt in Jupyter oder Colab mit der Jupyter-Erweiterung für TensorBoard erledigen, die zusammen mit der TensorBoard-Bibliothek installiert wird. In Colab ist diese Erweiterung schon vorinstalliert. Der folgende Code lädt die Jupyter-Erweiterung für TensorBoard. Die zweite Zeile startet einen TensorBoard-Server für das Verzeichnis *my_logs*, verbindet sich mit diesem Server und zeigt die Benutzeroberfläche direkt in Jupyter an. Der Server lauscht auf dem ersten verfügbaren TCP-Port größer oder gleich 6006 (oder Sie setzen den gewünschten Port mit der Option `--port`).

```
%load_ext tensorboard
%tensorboard --logdir=./my_logs
```

Führen Sie alles auf Ihrem eigenen Rechner aus, ist es möglich, TensorBoard durch `tensorboard --logdir=./my_logs` in einem Terminal zu starten. Sie müssen erst die Conda-Umgebung aktivieren, in der Sie TensorBoard installiert haben, und in das Verzeichnis *handson-mls3* wechseln. Ist der Server gestartet, rufen Sie *http://localhost:6006* auf.

Nun sollten Sie die Weboberfläche von TensorBoard sehen. Klicken Sie auf den Tab *SCALARS*, um die Lernkurven anzuzeigen (siehe Abbildung 10-16). Unten links wählen Sie die gewünschten Logs aus (zum Beispiel die Trainingslogs des ersten und zweiten Laufs) und klicken auf den Skalar `epoch_loss`. Sie sehen, wie der Trainingsverlust in beiden Läufen geringer wurde, aber beim zweiten Mal ging es dank der höheren Lernrate ein bisschen schneller.

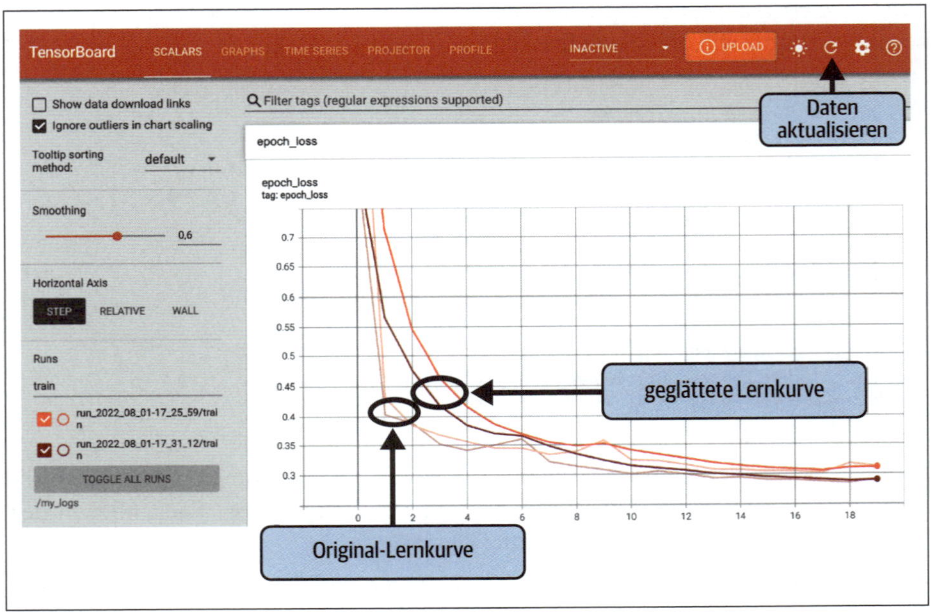

Abbildung 10-16: Visualisieren von Lernkurven mit TensorBoard

Sie können auch den gesamten Rechengraphen im *GRAPHS*-Tab, die erlernten Gewichte (projiziert in 3-D) im *PROJECTOR*-Tab oder die Profiling Traces im *PROFILE*-Tab darstellen. Der Callback `TensorBoard()` bietet zudem Optionen zum Protokollieren zusätzlicher Daten (die Dokumentation enthält mehr Details). Sie können auf den Refresh-Button (⟳) oben rechts klicken, damit TensorBoard die Daten aktualisiert, und den Einstellungen-Button (⚙) nutzen, um ein Auto-Refresh zu aktivieren und das Aktualisierungsintervall festzulegen.

Außerdem enthält TensorFlow im Paket `tf.summary` eine API auf niedrigerer Ebene. Der folgende Code erzeugt einen `SummaryWriter` mithilfe der Funktion `create_file_writer()` und nutzt diesen als Python-Kontext, um Skalare, Histogramme, Bilder, Audio und Text zu protokollieren, was sich dann alles mithilfe von TensorBoard darstellen lässt (probieren Sie es einmal aus!):

```
test_logdir = get_run_logdir()
writer = tf.summary.create_file_writer(str(test_logdir))
with writer.as_default():
    for step in range(1, 1000 + 1):
        tf.summary.scalar("my_scalar", np.sin(step / 10), step=step)
```

```
data = (np.random.randn(100) + 2) * step / 100  # wird größer
tf.summary.histogram("my_hist", data, buckets=50, step=step)

images = np.random.rand(2, 32, 32, 3) * step / 1000  # wird heller
tf.summary.image("my_images", images, step=step)

texts = ["Schritt: " + str(step), "Quadrat: " + str(step ** 2)]
tf.summary.text("my_text", texts, step=step)

sine_wave = tf.math.sin(tf.range(12000) / 48000 * 2 * np.pi * step)
audio = tf.reshape(tf.cast(sine_wave, tf.float32), [1, -1, 1])
tf.summary.audio("my_audio", audio, sample_rate=48000, step=step)
```

Führen Sie diesen Code aus und klicken Sie in TensorBoard auf den Refresh-Button, werden mehrere Tabs erscheinen: *IMAGES*, *AUDIO*, *DISTRIBUTION*, *HISTOGRAMS* und *TEXT*. Klicken Sie einmal auf den *IMAGES*-Tab und nutzen Sie die Schieberegler über jedem Bild, um die Bilder in verschiedenen Zeitschritten angezeigt zu bekommen. Genauso können Sie zum *AUDIO*-Tab wechseln und den Audio-Samples in verschiedenen Zeitschritten lauschen. Wie Sie sehen, ist TensorBoard ein nützliches Tool sogar über TensorFlow und Deep Learning hinaus.

> Sie können Ihre Ergebnisse online teilen, indem Sie sie auf *https://tensorboard.dev* veröffentlichen. Dazu führen Sie einfach `!tensorboard dev upload --logdir ./mylogs` aus. Beim ersten Mal werden Sie gebeten, die Bedingungen zu akzeptieren und sich zu authentifizieren. Dann werden Ihre Logs hochgeladen, und Sie erhalten einen dauerhaften Link, unter dem Sie Ihre Ergebnisse in einer TensorBoard-Oberfläche anzeigen lassen können.

Fassen wir zusammen, was Sie in diesem Kapitel bisher gelernt haben: Sie haben gesehen, woher neuronale Netze stammen, was ein MLP ist und wie Sie es zur Klassifikation und Regression verwenden können, wie Sie die Sequential API von `tf.keras` zum Bauen von MLPs einsetzen und wie die Functional API und die Subclassing API für das Bauen komplexerer Modellarchitekturen zum Einsatz kommen (Wide-&-Deep-Modelle und solche mit mehreren Ein- und Ausgaben eingeschlossen). Sie haben gelernt, wie Sie ein Modell sichern und wiederherstellen und wie Sie mit Callbacks Checkpoints, Early Stopping und anderes verwirklichen. Und schließlich haben Sie erfahren, wie Sie mit TensorBoard Visualisierungen ermöglichen. Damit können Sie jetzt schon viele Probleme mithilfe neuronaler Netze angehen. Aber Sie fragen sich vielleicht, wie Sie die richtige Anzahl an verborgenen Schichten, die Anzahl an Neuronen im Netz und all die anderen Hyperparameter auswählen. Schauen wir uns das jetzt an.

Feinabstimmung der Hyperparameter eines neuronalen Netzes

Die Flexibilität neuronaler Netze ist auch einer ihrer Hauptnachteile: Es gibt viele Hyperparameter, an denen Sie drehen können. Sie können jede erdenkliche Netzwerkarchitektur verwenden. Sogar in einem einfachen MLP können Sie die Anzahl der Schichten, die Anzahl der Neuronen pro Schicht, die Aktivierungsfunktion in jeder Schicht, die Strategie zur Initialisierung der Gewichte, die Art des verwendeten Optimizers, seine Lernrate, die Batchgröße und vieles mehr verändern. Woher sollen Sie wissen, welche Kombination von Hyperparametern für Ihre Aufgabe geeignet ist?

Eine Option ist, Ihre Keras-Modell in einen Scikit-Learn-Estimator umzuwandeln und dann `GridSearchCV` oder `RandomizedSearchCV` zum Optimieren der Hyperparameter zu verwenden, so wie Sie es in Kapitel 2 getan haben. Dazu können Sie die Wrapper-Klassen `KerasRegressor` und `KerasClassifier` aus der SciKeras-Bibliothek verwenden (in *https://github.com/adriangb/scikeras* finden Sie mehr Informationen dazu). Es gibt aber einen besseren Weg: Sie können die Bibliothek *Keras Tuner* nutzen, bei der es sich um einen Bibliothek zum Optimieren von Hyperparametern handelt. Sie bietet eine Reihe von Tuning-Strategien, ist hochgradig konfigurierbar und besitzt eine ausgezeichnete Integration in TensorBoard. Schauen wir uns ihre Verwendung an.

Haben Sie sich an die Installationsanweisungen unter *https://homl.info/install* gehalten, um alles lokal laufen zu lassen, ist auch schon Keras Tuner installiert, aber wenn Sie Colab verwenden, müssen Sie noch `%pip install -q -U keras-tuner` ausführen. Als Nächstes importieren Sie `keras_tuner` (normalerweise als `kt`) und schreiben dann eine Funktion, die ein Keras-Modell baut, kompiliert und zurückliefert. Die Funktion muss ein Objekt `kt.HyperParameters` als ein Argument übernehmen, mit der sie Hyperparameter (Integer, Floats, Strings und so weiter) zusammen mit ihrem Bereich möglicher Werte definieren kann. Diese Hyperparameter können dann genutzt werden, um das Modell zu bauen und zu kompilieren. So baut und kompiliert beispielsweise die folgende Funktion ein MLP, um Fashion-MNIST-Bilder zu klassifizieren, wobei sie Hyperparameter wie die Zahl der verborgenen Schichten (`n_hidden`), die Anzahl der Neuronen pro Schicht (`n_neurons`), die Lernrate (`learning_rate`) und die Art des einzusetzenden Optimizers (`optimizer`) nutzt:

```
import keras_tuner as kt

def build_model(hp):
    n_hidden = hp.Int("n_hidden", min_value=0, max_value=8, default=2)
    n_neurons = hp.Int("n_neurons", min_value=16, max_value=256)
    learning_rate = hp.Float("learning_rate", min_value=1e-4, max_value=1e-2,
                             sampling="log")
    optimizer = hp.Choice("optimizer", values=["sgd", "adam"])
```

```
    if optimizer == "sgd":
        optimizer = tf.keras.optimizers.SGD(learning_rate=learning_rate)
    else:
        optimizer = tf.keras.optimizers.Adam(learning_rate=learning_rate)

    model = tf.keras.Sequential()
    model.add(tf.keras.layers.Flatten())
    for _ in range(n_hidden):
        model.add(tf.keras.layers.Dense(n_neurons, activation="relu"))
    model.add(tf.keras.layers.Dense(10, activation="softmax"))
    model.compile(loss="sparse_categorical_crossentropy", optimizer=optimizer,
                  metrics=["accuracy"])
    return model
```

Der erste Teil der Funktion definiert die Hyperparameter. So prüft beispielsweise `hp.Int("n_hidden", min_value=0, max_value=8, default=2)`, ob ein Hyperparameter namens `"n_hidden"` schon im `HyperParameters`-Objekt `hp` vorhanden ist, und gibt diesen zurück, sofern es ihn gibt. Wenn nicht, registriert der Aufruf einen neuen Integer-Hyperparameter namens `"n_hidden"`, wobei die möglichen Werte zwischen 0 und 8 liegen (einschließlich), und gibt den Standardwert zurück, der in diesem Fall 2 ist (wird `default` nicht gesetzt, wird `min_value` zurückgegeben). Der Hyperparameter `"n_neurons"` wird ähnlich registriert. Der Hyperparameter `"learning_rate"` wird als Gleitkommazahl registriert, die zwischen 10^{-4} und 10^{-2} liegen kann. Weil `sampling="log"` angegeben wurde, werden Lernraten in allen Skalenbereichen gleich häufig getestet. Schließlich wird noch der Hyperparameter `"optimizer"` mit zwei möglichen Werten registriert: `"sgd"` oder `"adam"` (Standardwert ist der erste, hier also `"sgd"`). Abhängig vom Wert von `optimizer` erstellen wir einen `SGD`-Optimizer oder einen `Adam`-Optimizer mit der angegebenen Lernrate.

Der zweite Teil der Funktion baut einfach das Modell mit den Hyperparameterwerten auf. Es erstellt ein `Sequential`-Modell, das mit einer `Flatten`-Schicht beginnt, gefolgt von der angeforderten Zahl von verborgenen Schichten (festgelegt durch den Hyperparameter `n_hidden`), die die ReLU-Aktivierungsfunktion nutzen, und einer Ausgabeschicht mit zehn Neuronen (einem pro Kategorie), die die Softmax-Aktivierungsfunktion einsetzen. Schließlich kompiliert die Funktion das Modell noch und gibt es zurück.

Wollen Sie jetzt eine einfache Zufallssuche durchführen, können Sie einen `kt.RandomSearch`-Tuner erstellen, dem Konstruktor die `build_model`-Funktion übergeben und die Methode `search()` des Tuners aufrufen:

```
random_search_tuner = kt.RandomSearch(
    build_model, objective="val_accuracy", max_trials=5, overwrite=True,
    directory="my_fashion_mnist", project_name="my_rnd_search", seed=42)
random_search_tuner.search(X_train, y_train, epochs=10,
                           validation_data=(X_valid, y_valid))
```

Der `RandomSearch`-Tuner ruft zuerst einmal `build_model()` mit einem leeren `HyperParameters`-Objekt auf, um all die Hyperparameterspezifikationen einzusammeln. Dann führt es (in diesem Beispiel) fünf Versuche durch – für jeden wird ein Modell mit Hyperparametern aufgebaut, die in ihren Bereichen zufällig gewählt wurden –, trainiert es für zehn Epochen und sichert es in einem Unterverzeichnis von *my_fashion_mist/my_rnd_search*. Da `overwrite=True` gesetzt wurde, wird das Verzeichnis *my_rnd_search* vor dem Beginn des Trainings gelöscht. Lassen Sie diesen Code ein zweites Mal laufen, dieses Mal aber mit `overwrite=False`, und übergeben Sie `max_trials=10`, wird der Tuner mit dem Optimieren dort fortfahren, wo er zuvor aufgehört hat, und fünf Versuche mehr durchführen: Sie müssen also nicht alle Versuche in einem Durchlauf schaffen. Da `objective` schließlich noch auf `"val_accuracy"` gesetzt wurde, bevorzugt der Tuner Modelle mit einer höheren Validierungsgenauigkeit. Hat der Tuner seine Suche abgeschlossen, können Sie die besten Modelle wie folgt erhalten:

```
top3_models = random_search_tuner.get_best_models(num_models=3)
best_model = top3_models[0]
```

Sie können auch `get_best_hyperparameters()` aufrufen, um die `kt.HyperParameters` der besten Modelle zu bekommen:

```
>>> top3_params = random_search_tuner.get_best_hyperparameters(num_trials=3)
>>> top3_params[0].values  # best hyperparameter values
{'n_hidden': 5,
 'n_neurons': 70,
 'learning_rate': 0.00041268008323824807,
 'optimizer': 'adam'}
```

Jeder Tuner wird durch ein sogenanntes *Orakel* geleitet: Vor jedem Versuch fragt der Tuner das Orakel, wie der nächste Versuch aussehen sollte. Der `RandomSearch`-Tuner nutzt ein `RandomSearchOracle`, das ziemlich einfach ist: Es wählt den nächsten Versuch zufällig aus – wie wir weiter oben gesehen haben. Da sich das Orakel alle Versuche merkt, können Sie es nach dem besten befragen und eine Zusammenfassung dieses Versuchs anzeigen lassen:

```
>>> best_trial = random_search_tuner.oracle.get_best_trials(num_trials=1)[0]
>>> best_trial.summary()
Trial summary
Hyperparameters:
n_hidden: 5
n_neurons: 70
learning_rate: 0.00041268008323824807
optimizer: adam
Score: 0.8736000061035156
```

Das zeigt die besten Hyperparameter an (wie weiter oben), aber auch die Validierungsgenauigkeit. Sie können direkt auf alle Metriken zugreifen:

```
>>> best_trial.metrics.get_last_value("val_accuracy")
0.8736000061035156
```

Sind Sie mit der Qualität des besten Modells zufrieden, können Sie das Training ein paar Epochen mit dem vollständigen Trainingsdatensatz fortführen (`X_train_full` und `y_train_full`), es dann mit dem Testdatensatz auswerten und in die Produktivumgebung deployen (siehe Kapitel 19):

```
best_model.fit(X_train_full, y_train_full, epochs=10)
test_loss, test_accuracy = best_model.evaluate(X_test, y_test)
```

In manchen Fällen wollen Sie die Hyperparameter für die Datenvorverarbeitung oder Argumente für `model.fit()` optimieren, wie zum Beispiel die Batchgröße. Dazu müssen Sie etwas anders vorgehen: Statt eine Funktion `build_model()` zu schreiben, müssen Sie von der Klasse `kt.HyperModel` eine Unterklasse ableiten und die zwei Methoden `build()` und `fit()` definieren. Die Methode `build()` macht genau das Gleiche wie `build_model()`. Die Methode `fit()` übernimmt als Argumente ein `HyperParameters`-Objekt und ein kompiliertes Modell sowie alle Argumente von `model.fit()`, optimiert das Modell und gibt das `History`-Objekt zurück. Entscheidend ist, dass die Methode `fit()` Hyperparameter nutzen kann, um zu entscheiden, wie die Daten vorverarbeitet werden, die Batchgröße optimiert wird und so weiter. Die folgende Klasse baut beispielsweise das gleiche Modell wie zuvor mit den gleichen Hyperparametern, aber es nutzt zusätzlich einen Boolean-Hyperparameter `"normalize"`, um zu steuern, ob die Trainingsdaten vor dem Trainieren des Modells standardisiert werden sollen oder nicht:

```
class MyClassificationHyperModel(kt.HyperModel):
    def build(self, hp):
        return build_model(hp)

    def fit(self, hp, model, X, y, **kwargs):
        if hp.Boolean("normalize"):
            norm_layer = tf.keras.layers.Normalization()
            X = norm_layer(X)
        return model.fit(X, y, **kwargs)
```

Sie können dann eine Instanz dieser Klasse an den Tuner Ihrer Wahl übergeben, statt die Funktion `build_model` durchzureichen. Bauen wir beispielsweise einen `kt.Hyperband`-Tuner basierend auf einer Instanz von `MyClassificationHyperModel`:

```
hyperband_tuner = kt.Hyperband(
    MyClassificationHyperModel(), objective="val_accuracy", seed=42,
    max_epochs=10, factor=3, hyperband_iterations=2,
    overwrite=True, directory="my_fashion_mnist", project_name="hyperband")
```

Dieser Tuner ähnelt der Klasse `HalvingRandomSearchCV`, die wir in Kapitel 2 besprochen haben: Er beginnt damit, viele verschiedene Modelle für wenige Epochen zu trainieren. Dann entfernt er die schlechtesten Modelle und behält nur die besten `1 / factor`-Modelle (in diesem Fall also das beste Drittel). Dieser Prozess wird wiederholt, bis nur noch ein einzelnes Modell übrig bleibt.[19] Das Argument `max_epochs` steuert die maximale Zahl an Epochen, die das beste Modell trainiert wird. Der gesamte Prozess wird in diesem Fall zwei Mal wiederholt (`hyperband_iterations=2`). Die Gesamtzahl an Trainingsepochen über alle Modelle hinweg für jede Hyperband-Iteration beträgt in etwa `max_epochs * (log(max_epochs) / log(factor) ** 2`

19 Hyperband ist tatsächlich ein bisschen ausgefeilter als ein sukzessives Halbieren – siehe das Paper (*https://homl.info/hyperband*) von Lisha Li et al., »Hyperband: A Novel Bandit-Based Approach to Hyperparameter Optimization«, *Journal of Machine Learning Research* 18 (April 2018): 1–52.

– in diesem Beispiel also etwa 44 Epochen. Die anderen Argumente entsprechen denen von `kt.RandomSearch`.

Lassen wir den Hyperband-Tuner nun laufen. Wir werden den `TensorBoard`-Callback verwenden, der dieses Mal auf das Root-Log-Verzeichnis zeigt (der Tuner kümmert sich darum, bei jedem Versuch ein anderes Unterverzeichnis zu nutzen), und auch einen `EarlyStopping`-Callback einsetzen:

```
root_logdir = Path(hyperband_tuner.project_dir) / "tensorboard"
tensorboard_cb = tf.keras.callbacks.TensorBoard(root_logdir)
early_stopping_cb = tf.keras.callbacks.EarlyStopping(patience=2)
hyperband_tuner.search(X_train, y_train, epochs=10,
                       validation_data=(X_valid, y_valid),
                       callbacks=[early_stopping_cb, tensorboard_cb])
```

Öffnen Sie jetzt TensorBoard und lassen `--logdir` auf das Verzeichnis *my_fashion_mnist/hyperband/tensorboard* zeigen, werden Sie die Ergebnisse all der Versuche zu sehen bekommen. Achten Sie darauf, auch den *HPARAMS*-Tab aufzurufen: Er enthält eine Zusammenfassung aller Hyperparameterkombinationen, die ausprobiert wurden, und die dazugehörigen Metriken. Beachten Sie ebenfalls, dass es im *HPARAMS*-Tab drei Unter-Tabs gibt: eine Tabellenansicht, eine Ansicht mit parallelen Koordinaten und eine mit einer Scatterplot-Matrix. Im unteren Bereich des linken Panels wählen Sie alle Checkboxen ab mit Ausnahme der Checkbox für `validation.epoch_accuracy` – das macht die Diagramme übersichtlicher. Versuchen Sie in der Ansicht mit parallelen Koordinaten, in der Spalte `validation.epoch_accuracy` einen Bereich mit hohen Werten auszuwählen. Damit wird auf die Hyperparameterkombinationen gefiltert, die eine gute Qualität erreicht haben. Klicken Sie auf eine der Hyperparameterkombinationen, werden die zugehörigen Lernkurven unten auf der Seite erscheinen. Nehmen Sie sich für alle Tabs ausreichend Zeit – das wird Ihnen dabei helfen, die Auswirkungen jedes Hyperparameters auf die Qualität und die Interaktionen zwischen den Hyperparametern zu verstehen.

Hyperband geht mit den Ressourcen klüger um als eine reine Zufallssuche, aber im Kern wird der Hyperparameterraum immer noch zufällig durchsucht – die Strategie ist schnell, aber grob. Keras Tuner enthält aber auch einen `kt.BayesianOptimization`-Tuner: Dieser Algorithmus lernt nach und nach, welche Regionen des Hyperparameterraums am vielversprechendsten sind, indem er ein Vorhersagemodell namens *gaußscher Prozess* anpasst. So kann er sich Schritt für Schritt den besten Hyperparametern annähern. Nachteil daran ist, dass der Algorithmus seine eigenen Hyperparameter besitzt: `alpha` steht für die Menge an Rauschen, die Sie bei den Leistungsmessungen für die Versuche erwarten (Standard: 10^{-4}), `beta` legt fest, wie viel der Algorithmus erforschen soll, anstatt einfach die bekannten guten Regionen des Hyperparameterraums zu nutzen (Standard: 2,6). Abgesehen davon kann dieser Tuner genauso wie die vorherigen genutzt werden:

```
bayesian_opt_tuner = kt.BayesianOptimization(
    MyClassificationHyperModel(), objective="val_accuracy", seed=42,
    max_trials=10, alpha=1e-4, beta=2.6,
```

```
        overwrite=True, directory="my_fashion_mnist", project_name="bayesian_opt")
    bayesian_opt_tuner.search([...])
```

Das Optimieren von Hyperparametern ist immer noch Gegenstand aktueller Forschung, und es werden viele verschiedene Ansätze untersucht. Schauen Sie sich beispielsweise den ausgezeichneten Artikel aus dem Jahr 2017 (*https://homl.info/pbt*) von DeepMind[20] an, in dem die Autoren einen evolutionären Algorithmus genutzt haben, um gemeinsam eine Population an Modellen und ihre Hyperparameter zu optimieren. Google hat ebenfalls einen evolutionären Ansatz verwendet – nicht nur zum Suchen von Hyperparametern, sondern auch, um alle möglichen Arten von Modellarchitektur zu untersuchen, wobei deren AutoML-Service von Google Vertex AI genutzt wird. Der Begriff AutoML bezieht sich auf jedes System, das sich um einen großen Teil des ML-Workflows kümmert. Evolutionäre Algorithmen wurden sogar schon ziemlich erfolgreich eingesetzt, um individuelle neuronale Netze zu trainieren und damit die allgegenwärtige Gradientenmethode zu ersetzen. Schauen Sie sich beispielsweise das Posting (*https://homl.info/neuroevol*) aus dem Jahr 2017 von Uber an, in dem die Autoren ihre Technik *Deep Neuroevolution* vorstellen.

Aber trotz all dieser erstaunlichen Fortschritte und der ganzen Tools und Services ist es immer noch hilfreich, eine grobe Vorstellung davon zu haben, welche Werte für jeden Hyperparameter sinnvoll sind, sodass Sie schnell einen Prototyp bauen und den Suchraum verkleinern können. Die folgenden Abschnitte liefern Richtlinien für die Wahl der Anzahl der verborgenen Schichten und Neuronen in einem MLP und für die Wahl guter Werte einiger der wichtigsten Hyperparameter.

Anzahl verborgener Schichten

Bei vielen Aufgaben können Sie mit einer einzelnen verborgenen Schicht beginnen und passable Ergebnisse erhalten. Ein MLP mit nur einer verborgenen Schicht kann theoretisch auch die komplexesten Funktionen modellieren, genug Neuronen vorausgesetzt. Aber tiefere Netze besitzen eine weitaus höhere *Parametereffizienz* als flache: Sie können komplexe Funktionen mit exponentiell weniger Neuronen als flache Netze modellieren, wodurch sie mit der gleichen Menge an Trainingsdaten eine deutlich bessere Performance erreichen können.

Um dies nachzuvollziehen, nehmen wir einmal an, Sie müssten mit einem Zeichenprogramm einen Wald zeichnen, ohne jedoch Copy-and-paste zu verwenden. Es würde unglaublich viel Zeit kosten: Sie müssten jeden Baum einzeln zeichnen, Ast für Ast, Blatt für Blatt. Wenn Sie stattdessen ein Blatt zeichnen, es mehrfach kopieren und damit einen Ast erhalten, diesen mehrfach kopieren und einen Baum erzeugen und schließlich diesen Baum mehrfach kopieren, sodass ein Wald entsteht, wären Sie innerhalb kurzer Zeit fertig. Reale Daten sind häufig hierarchisch strukturiert, und DNNs machen sich diesen Umstand zunutze: Die ersten verborgenen

20 Max Jaderberg et al., »Population Based Training of Neural Networks«, arXiv Preprint arXiv:1711.09846 (2017).

Schichten modellieren einfachere Strukturen (z. B. Linien mit unterschiedlicher Form und Orientierung), die verborgenen Schichten in der Mitte kombinieren diese Grundstrukturen zu Zwischenstrukturen (z. B. Quadraten und Kreisen), und die letzten verborgenen Schichten sowie die Ausgabeschicht kombinieren diese Strukturen, um komplexe Strukturen zu modellieren (z. B. Gesichter).

Diese hierarchische Architektur sorgt nicht nur dafür, dass DNNs schneller zu einer annehmbaren Lösung konvergieren, sie erhöht auch deren Fähigkeit zur Verallgemeinerung. Wenn Sie beispielsweise bereits ein Modell zur Gesichtserkennung in Bildern trainiert haben und nun ein neues neuronales Netz zum Erkennen von Frisuren trainieren möchten, können Sie die ersten Schichten des ersten Netzes wiederverwenden. Anstatt die Gewichte und Bias der ersten Schichten zufällig zu initialisieren, können Sie die Gewichte und Bias des bestehenden Netzes einsetzen. Dadurch muss das Netz nicht sämtliche kleinteiligen Strukturen, die in den meisten Bildern vorkommen, von Neuem erlernen; es muss nur noch die komplexeren Strukturen erlernen (z. B. Frisuren). Das nennt sich *Transfer Learning.*

Zusammengefasst, funktionieren eine oder zwei verborgene Schichten bei den meisten Aufgaben am Anfang gut (beispielsweise können Sie mit einer Schicht und einigen Hundert Neuronen leicht eine Genauigkeit von 97 % auf dem MNIST-Datensatz erhalten und über 98 % in etwa der gleichen Zeit, wenn Sie die gleiche Anzahl Neuronen auf zwei verborgene Schichten verteilen). Bei komplexeren Aufgaben können Sie die Anzahl der verborgenen Schichten erhöhen, bis Sie die Trainingsdaten overfitten. Bei sehr komplexen Aufgaben wie der Klassifikation von Bildern oder Spracherkennung sind meist Netze mit Dutzenden Schichten (oder Hunderten, die aber nicht vollständig verbunden sind, wie wir in Kapitel 14 noch sehen werden) und riesige Datenmengen zum Trainieren nötig. Allerdings müssen Sie solche Netze selten von Anfang an trainieren: Es ist sehr verbreitet, Teile eines erstklassigen vortrainierten Netzes für eine ähnliche Aufgabe wiederzuverwenden. Das Trainieren ist so deutlich schneller und benötigt viel weniger Daten (dies werden wir in Kapitel 11 besprechen).

Anzahl Neuronen pro verborgene Schicht

Die Anzahl der Neuronen in den Eingabe- und Ausgabeschichten wird durch die Art von Ein- und Ausgabe bestimmt, die für Ihre Aufgabe erforderlich sind. So sind beispielsweise für MNIST 28 × 28 = 784 Eingabeneuronen und 10 Ausgabeneuronen notwendig.

Bei den verborgenen Schichten war es üblich, diese pyramidenförmig aufzubauen, sodass jede folgende Schicht immer weniger Neuronen enthielt – der Grund hierfür ist, dass viele einfache Merkmale sich zu deutlich weniger komplexen Merkmalen entwickeln können. Ein typisches neuronales Netz für MNIST könnte aus drei verborgenen Schichten mit 300, 200 und 100 Neuronen bestehen. Allerdings wird dies in der Praxis meist nicht umgesetzt, denn es scheint, dass in den meisten Fällen eine gleiche Anzahl von Neuronen in allen verborgenen Schichten genauso gut funktioniert oder sogar besser – damit müssen Sie zudem nur einen Hyperparameter anstatt einen pro Schicht optimieren. Aber abhängig vom Datensatz kann es manchmal helfen, die erste verborgene Schicht größer als die anderen zu machen.

Wie die Anzahl der Schichten können Sie auch die Anzahl Neuronen nach und nach erhöhen, bis das Netz overfittet. Alternativ können Sie versuchen, ein Modell mit etwas mehr Schichten und Neuronen zu wählen, als Sie tatsächlich benötigen, und durch Early Stopping und andere Regularisierungstechniken die Gefahr von zu viel Overfitting zu verhindern. Vincent Vanhoucke, ein Wissenschaftler bei Google, hat diesen Ansatz »Stretch Pants« getauft: Anstatt viel Zeit mit der Suche nach der perfekt sitzenden Hose zu vergeuden, verwenden Sie eine große, elastische Hose, die automatisch auf die richtige Größe zusammenschrumpft. Damit vermeiden Sie Schichten, die sich als Flaschenhälse herausstellen und die Ihr Modell ruinieren können. Hat eine Schicht zu wenig Neuronen, besitzt sie nun mal nicht ausreichend repräsentierende Leistung, um all die nützlichen Informationen aus den Eingangsdaten zu sichern (zum Beispiel kann eine Schicht mit zwei Neuronen nur zweidimensionale Daten ausgeben – erhält sie also dreidimensionale Daten als Eingabe, werden manche Informationen verloren gehen). Egal wie groß und leistungsfähig der Rest des Netzes ist – diese Information lässt sich nie wieder rekonstruieren.

> Im Allgemeinen entwickelt das Erhöhen der Anzahl Schichten mehr Durchschlagskraft als das Erhöhen der Anzahl Neuronen pro Schicht.

Lernrate, Batchgröße und andere Hyperparameter

Die Anzahl der verborgenen Schichten und der Neuronen sind nicht die einzigen Hyperparameter, an denen Sie in einem MLP drehen können. Hier gehen wir auf ein paar der wichtigsten ein und geben Tipps dazu, wie man sie setzt:

Lernrate

Die Lernrate ist der wohl wichtigste Hyperparameter. Im Allgemeinen beträgt die optimale Lernrate die Hälfte der maximalen Lernrate (also der Lernrate, über der der Trainingsalgorithmus divergiert, wie wir in Kapitel 4 gesehen haben). Eine Möglichkeit zum Finden einer guten Lernrate ist, das Modell für ein paar Hundert Iterationen zu trainieren, beginnend mit einer sehr niedrigen Lernrate (beispielsweise 10^{-5}), und diese nach und nach bis zu einem sehr hohen Wert zu steigern (zum Beispiel 10). Das geschieht durch ein Multiplizieren der Lernrate mit einem konstanten Faktor bei jeder Iteration (etwa um $(10/10^{-5})^{1/500}$, um von 10^{-5} in 500 Schritten zu 10 zu gelangen). Tragen Sie den Verlust als Funktion der Lernrate auf (mit einer logarithmischen Skala für die Lernrate), sollten Sie sehen, wie sie zuerst fällt. Aber nach einer Weile wird sie zu groß sein, und der Verlust sollte schnell steigen: Die optimale Lernrate wird ein bisschen unterhalb des Punkts liegen, ab dem der Verlust wieder wächst (meist etwa 10 Mal niedriger als der Wendepunkt). Sie können dann Ihr Modell neu initialisieren und es normal mit der guten Lernrate trainieren. Wir werden uns mehr Techniken zur Lernrate in Kapitel 11 anschauen.

Batchgröße

Die Batchgröße kann eine deutliche Auswirkung auf die Leistung und die Trainingsdauer Ihres Modells haben. Der Hauptvorteil einer großen Batchgröße ist, dass Hardwarebeschleuniger wie zum Beispiel GPUs sie effizient verarbeiten können (siehe Kapitel 19), sodass der Trainingsalgorithmus mehr Instanzen pro Sekunde zu Gesicht bekommt. Daher empfehlen viele Forscher und Praktiker, die größte Batchgröße zu verwenden, die noch in den GPU-Speicher passt. Aber es gibt ein Problem: In der Praxis führen große Batchgrößen häufig zu Instabilitäten beim Training, insbesondere zu Beginn, und das daraus entstehende Modell kann eventuell nicht so gut generalisieren wie ein Modell mit einer kleinen Batchgröße. Im April 2018 hat Yann LeCun sogar getweetet: »Echte Freunde lassen dich keine Mini-Batches größer als 32 verwenden.«, und er zitiert damit einen Artikel (*https://homl.info/smallbatch*) aus dem gleichen Jahr von Dominic Masters und Carlo Luschi[21], in dem beschrieben ist, dass der Einsatz kleiner Batches (von 2 bis 32) zu bevorzugen sei, weil das zu besseren Modellen in kürzerer Trainingszeit führt. Andere Forschung weisen allerdings in die entgegengesetzte Richtung – 2017 haben Artikel von Elad Hoffer et al. (*https://homl.info/largebatch*)[22] und Priya Goyal et al. (*https://homl.info/largebatch2*)[23] gezeigt, dass es möglich war, sehr große Batchgrößen (bis zu 8192) zusammen mit verschiedenen Techniken zu verwenden, wie zum Beispiel dem »Aufwärmen« der Lernrate (also dem Beginn mit einer kleinen Lernrate, die dann gesteigert wird, wie wir in Kapitel 11 sehen werden). Das führte zu einer sehr kurzen Trainingszeit ohne eine Generalisierungslücke. Eine Strategie besteht also darin, eine große Batchgröße zu verwenden und die Lernrate zu steigern. Wird das Training dadurch instabil oder ist die resultierende Performance unbefriedigend, versuchen Sie es stattdessen mit einer kleineren Lernrate.

Aktivierungsfunktion

Wir haben weiter oben im Kapitel schon besprochen, wie man die Aktivierungsfunktion wählt: Im Allgemeinen ist die ReLU-Funktion eine gute Wahl für alle verborgenen Schichten. Für die Ausgabeschicht hängt sie komplett von Ihrer Aufgabe ab.

---

21 Dominic Masters und Carlo Luschi, »Revisiting Small Batch Training for Deep Neural Networks«, arXiv Preprint arXiv:1804.07612 (2018).

22 Elad Hoffer et al., »Train Longer, Generalize Better: Closing the Generalization Gap in Large Batch Training of Neural Networks«, *Proceedings of the 31st International Conference on Neural Information Processing Systems* (2017): 1729–1739.

23 Priya Goyal et al., »Accurate, Large Minibatch SGD: Training ImageNet in 1 Hour«, arXiv Preprint arXiv:1706.02677 (2017).

Anzahl der Iterationen
: In den meisten Fällen muss die Anzahl der Trainingsiterationen nicht angepasst werden – nutzen Sie stattdessen einfach Early Stopping.

> Die optimale Lernrate hängt von den anderen Hyperparametern ab – insbesondere von der Batchgröße. Verändern Sie also irgendeinen Hyperparameter, achten Sie darauf, dass Sie auch die Lernrate anpassen.

Mehr Best Practices zum Anpassen von Hyperparametern in neuronalen Netzen finden Sie in dem ausgezeichneten Artikel (*https://homl.info/1cycle*)[24] aus dem Jahr 2018 von Leslie Smith.

Damit beenden wir unsere Einführung in künstliche neuronale Netze und ihre Umsetzung mit Keras. In den folgenden Kapiteln werden wir Techniken zum Trainieren sehr tiefer Netze besprechen. Auch werden wir uns anschauen, wie wir Modelle mithilfe der Lower-Level-API von TensorFlow anpassen und wie wir Daten mit der tf.data-API effizient laden und vorverarbeiten. Und Sie werden einige weitere beliebte Architekturen neuronaler Netze kennenlernen: Convolutional Neural Networks zur Bildverarbeitung, rekurrente neuronale Netze und Transformer für sequenzielle Daten und Text, Autoencoder für Representation Learning und Generative Adversarial Networks zum Modellieren und Erzeugen von Daten.[25]

Übungen

1. Der TensorFlow Playground (*https://playground.tensorflow.org/*) ist ein nützlicher Simulator für neuronale Netze, der vom TensorFlow-Team gebaut wurde. In dieser Übung werden Sie mit nur wenigen Klicks eine Reihe binärer Klassifikatoren bauen und die Modellarchitektur und deren Hyperparameter anpassen, um mit der Funktionsweise neuronaler Netze und der Auswirkungen ihrer Hyperparameter vertraut zu werden. Nehmen Sie sich Zeit, um die folgenden Aufgaben abzuarbeiten:
    a. Die von einem neuronalen Netz erlernten Muster. Versuchen Sie, das neuronale Standardnetz zu trainieren, indem Sie auf den *Run*-Button klicken (oben links). Beachten Sie, wie schnell eine gute Lösung für die Klassifikationsaufgabe gefunden wird. Die Neuronen in der ersten verborgenen Schicht haben einfache Muster erlernt, während die Neuronen in der zweiten verborgenen Schicht gelernt haben, die einfachen Muster aus der ersten verborgenen Schicht zu komplexeren Mustern zu kombi-

---

24 Leslie N. Smith, »A Disciplined Approach to Neural Network Hyper-Parameters: Part 1—Learning Rate, Batch Size, Momentum, and Weight Decay«, arXiv Preprint arXiv:1803.09820 (2018).

25 Einige zusätzliche Architekturen von ANNs werden im Online-Notebook unter *https://homl.info/extra-anns* vorgestellt.

nieren. Im Allgemeinen gilt: Je mehr Schichten es gibt, desto komplexer können die Muster sein.

b. Aktivierungsfunktionen. Probieren Sie, die tanh-Aktivierungsfunktion durch eine ReLU-Aktivierungsfunktion zu ersetzen, und trainieren Sie das Netz erneut. Sie sehen, dass noch schneller eine Lösung gefunden wird, aber die Grenzen dieses Mal linear sind. Das liegt an der Form der ReLU-Funktion.

c. Das Risiko lokaler Minima. Passen Sie die Netzarchitektur so an, dass es nur eine verborgene Schicht mit drei Neuronen gibt. Trainieren Sie das Netz mehrfach (zum Zurücksetzen der Gewichte klicken Sie auf den *Reset*-Button neben dem *Play*-Button). Sie sehen, dass die Trainingszeit sehr unterschiedlich ist und das Training manchmal sogar bei einem lokalen Minimum hängen bleibt.

d. Was passiert, wenn neuronale Netze zu klein sind? Entfernen Sie ein Neuron, sodass nur zwei übrig bleiben. Beachten Sie, dass das neuronale Netz nun keine gute Lösung mehr finden kann, auch wenn Sie es mehrfach versuchen. Das Modell hat zu wenig Parameter und underfittet die Trainingsdaten systematisch.

e. Was passiert, wenn neuronale Netze groß genug sind? Setzen Sie die Anzahl der Neuronen auf acht und trainieren Sie das Netz mehrere Male. Sie sehen, dass es jetzt durchgehend schnell ist und niemals stecken bleibt. Das zeigt eine wichtige Erkenntnis aus der Theorie neuronaler Netze: Große neuronale Netze bleiben nur selten in lokalen Minima stecken, und selbst wenn sie das tun, sind diese lokalen Optima oft fast so gut wie das globale Optimum. Allerdings können sie lange Zeit auf langen Plateaus hängen bleiben.

f. Das Risiko verschwindender Gradienten in tiefen Netzen. Wählen Sie den spiralförmigen Datensatz (der Datensatz unten rechts unter *DATA*) und passen Sie die Netzarchitektur so an, dass es vier verborgene Schichten mit jeweils acht Neuronen gibt. Sie sehen, dass das Training viel länger braucht und oft lange auf Plateaus verweilt. Auch tendieren die Neuronen in den höchsten Schichten (rechts) dazu, sich schneller zu entwickeln als die Neuronen in den niedrigsten Schichten (links). Dieses Problem der »verschwindenden Gradienten« lässt sich mit einer besseren Initialisierung der Gewichte und anderen Techniken, besseren Optimierern (wie AdaGrad oder Adam) oder Batch Normalization abmildern (siehe Kapitel 11).

g. Experimentieren Sie. Nehmen Sie sich beispielsweise mal eine Stunde Zeit, spielen Sie mit anderen Parametern herum und bekommen Sie so ein Gefühl dafür, was sie bewirken, um ein intuitives Verständnis für neuronale Netze zu erhalten.

2. Zeichnen Sie ein ANN mit den ursprünglichen künstlichen Neuronen (ähnlich denen in Abbildung 10-3), das $A \oplus B$ ausrechnet (wobei $\oplus$ für das logische XOR steht). Hinweis: $A \oplus B = (A \wedge \neg B) \vee (\neg A \wedge B)$.
3. Warum ist eine logistische Regression dem klassischen Perzeptron (einer einzelnen Schicht von Threshold Logic Units, die mit dem Perzeptron-Trainingsverfahren trainiert werden) grundsätzlich vorzuziehen? Wie können Sie ein Perzeptron so verändern, dass es einer Klassifikation mittels logistischer Regression gleichwertig ist?
4. Warum war die Sigmoid-Aktivierungsfunktion eine Schlüsselkomponente beim Trainieren der ersten MLPs?
5. Nennen Sie drei verbreitete Aktivierungsfunktionen. Können Sie diese zeichnen?
6. Angenommen, Sie hätten ein MLP mit einer Eingabeschicht aus 10 Eingabeneuronen, gefolgt von einer verborgenen Schicht mit 50 künstlichen Neuronen und schließlich eine Ausgabeschicht mit 3 künstlichen Neuronen. Sämtliche Neuronen verwenden ReLU als Aktivierungsfunktion.
   a. Welche Abmessungen hat die Eingabematrix $\mathbf{X}$?
   b. Welche Abmessungen haben die Gewichtsmatrix der verborgenen Schicht $\mathbf{W}_h$ und ihr Bias-Vektor $\mathbf{b}_h$?
   c. Welche Abmessungen haben die Gewichtsmatrix der Ausgabeschicht $\mathbf{W}_o$ und ihr Bias-Vektor $\mathbf{b}_o$?
   d. Welche Abmessungen hat die Ausgabematrix des Netzes $\mathbf{Y}$?
   e. Schreiben Sie die Gleichung zum Berechnen der Ausgabematrix $\mathbf{Y}$ als Funktion von $\mathbf{X}$, $\mathbf{W}_h$, $\mathbf{b}_h$, $\mathbf{W}_o$ und $\mathbf{b}_o$.
7. Wie viele Neuronen benötigen Sie in der Ausgabeschicht, wenn Sie E-Mails als Spam oder Ham klassifizieren möchten? Welche Aktivierungsfunktion sollten Sie in der Ausgabeschicht verwenden? Wenn Sie stattdessen das MNIST-Problem lösen möchten, wie viele Neuronen benötigen Sie dann in der Ausgabeschicht und welche Aktivierungsfunktion? Beantworten Sie die gleiche Frage für die Vorhersage von Immobilienpreisen aus Kapitel 2.
8. Was ist das Backpropagation-Verfahren, und wie funktioniert es? Was ist der Unterschied zwischen Backpropagation und Autodiff im Reverse-Modus?
9. Können Sie alle Hyperparameter aufzählen, die Sie in einem einfachen MLP verändern können? Wenn das MLP die Trainingsdaten overfittet, wie könnten Sie diese Hyperparameter verändern, um das Problem zu beheben?
10. Trainieren Sie ein Deep-Learning-MLP auf dem MNIST-Datensatz (Sie können ihn mithilfe von `tf.keras.datasets.mnist.load_data()` laden). Schauen Sie, ob Sie eine Relevanz von mehr als 98 % erzielen, indem Sie die Hyperparameter manuell optimieren. Versuchen Sie, die optimale Lernrate zu finden, indem Sie dem in diesem Kapitel vorgestellten Ansatz folgen (die Lernrate expo-

nentiell wachsen zu lassen, den Verlust auszugeben und den Punkt zu finden, an dem der Verlust durch die Decke geht). Probieren Sie dann, die Hyperparameter mit Keras Tuner zu optimieren und alles hineinzupacken – Checkpoints, Early Stopping und die Ausgabe von Lernkurven mithilfe von TensorBoard.

Die deutschsprachigen Lösungen zu diesen Übungen finden Sie unter *https://dpunkt.de/produkt/praxiseinstieg-machine-learning-mit-scikit-learn-keras-und-tensorflow-2/* auf der Registerkarte *Zusatzmaterial*, die englischsprachigen Lösungen am Ende des Notebooks zu diesem Kapitel unter *https://homl.info/colab3*.

KAPITEL 11

Trainieren von Deep-Learning-Netzen

In Kapitel 10 haben Sie Ihre ersten künstlichen neuronalen Netze gebaut, trainiert und optimiert. Es waren aber sehr flache Netze mit nur wenigen verborgenen Schichten. Wie lässt sich eine komplexe Aufgabe wie das Erkennen Hunderter Gegenstände in hochauflösenden Bildern angehen? Dazu müssen Sie ein weitaus tieferes ANN mit zehn oder noch viel mehr Schichten aus jeweils Hunderten Neuronen und Hunderttausenden Verbindungen trainieren. Das wird kein Spaziergang, und die folgenden sind nur ein paar der Probleme, denen Sie sich gegenübersehen könnten:

- Es tritt eventuell das Problem kontinuierlich wachsender oder schwindender Gradienten auf, während man sich beim Training rückwärts durch das DNN bewegt. Beide Probleme erschweren das Trainieren der ersten Schichten erheblich.
- Sie haben eventuell nicht ausreichend Trainingsdaten für solch ein großes Netz, oder das Labeln ist zu teuer.
- Das Trainieren bei einem derart großen Netz ist extrem langsam.
- Bei einem Modell mit Millionen Parametern besteht eine ernste Gefahr, die Trainingsdaten zu overfitten, insbesondere wenn es nicht ausreichend Trainingsinstanzen gibt oder diese zu verrauscht sind.

In diesem Kapitel wenden wir uns nacheinander jedem dieser Probleme zu und stellen Techniken zu deren Lösung vor. Wir beginnen mit dem Problem schwindender und explodierender Gradienten und probieren einige der beliebtesten Lösungsstrategien aus. Als Nächstes werden wir uns das Transfer Learning und unüberwachtes Pretraining anschauen, das Ihnen bei komplexen Aufgaben auch dann helfen kann, wenn Sie nur wenige gelabelte Daten haben. Anschließend werden wir unterschiedliche Optimierer betrachten, die bei großen Modellen den Trainingsvorgang erheblich beschleunigen. Schließlich werden wir einige bei großen neuronalen Netzen verbreitete Regularisierungstechniken behandeln.

Mit diesen Werkzeugen werden Sie in der Lage sein, sehr tiefe Netze zu trainieren: Willkommen beim Deep Learning!

Das Problem schwindender/explodierender Gradienten

Wie in Kapitel 10 besprochen, arbeitet sich der Backpropagation-Algorithmus von der Ausgabeschicht zur Eingabeschicht vor und berechnet unterwegs den Fehlergradienten. Hat der Algorithmus erst einmal den Fehlergradienten der Kostenfunktion nach jedem Parameter im Netz bestimmt, werden diese Gradienten zum Aktualisieren jedes Parameters im Netz verwendet.

Leider werden die Gradienten mit diesem Algorithmus zu den niedrigeren Schichten hin immer kleiner und kleiner. In der Folge ändert das Gradientenverfahren die Gewichte der Verbindungen in den ersten Schichten kaum, und das Training konvergiert nie zu einer annehmbaren Lösung. Dies bezeichnet man als das Problem der *schwindenden Gradienten*. In einigen Fällen kann auch das Gegenteil passieren: Die Gradienten werden größer und größer, sodass die Gewichte vieler Schichten eine extrem große Änderung erfahren und der Algorithmus divergiert. Das bezeichnet man als das Problem der *explodierenden Gradienten*, das vor allem in rekurrenten neuronalen Netzen auftritt (siehe Kapitel 15). Allgemeiner ausgedrückt, sind die Gradienten in Deep-Learning-Netzen instabil; die Lerngeschwindigkeiten unterschiedlicher Schichten weichen stark voneinander ab.

Dieses ungünstige Verhalten wurde schon vor einer Weile beobachtet und war einer der Gründe dafür, dass man Deep-Learning-Netze bis in die frühen 2000er-Jahre beiseitegelegt hatte. Es war nicht klar, was die Gradienten dazu bewegte, beim Trainieren eines DNN so instabil zu sein, aber ein Artikel (*https://homl.info/47*) aus dem Jahr 2010 von Xavier Glorot und Yoshua Bengio[1] fand einige Hauptverdächtige, darunter die Kombination der beliebten (logistischen) Sigmoid-Aktivierungsfunktion mit der damals verbreiteten zufälligen Initialisierung der Gewichte, genauer die zufällige Initialisierung mit einer Normalverteilung mit dem Mittelwert 0 und einer Standardabweichung von 1. Kurz, die Autoren wiesen nach, dass mit diesem Muster aus Aktivierungsfunktion und Initialisierung die Varianz der Ausgaben jeder Schicht höher als die Varianz der Eingaben wird. Beim Durchschreiten des Netzes erhöht sich die Varianz von Schicht zu Schicht, bis die Aktivierungsfunktion in den späteren Schichten gesättigt ist. Das Problem, dass die Sigmoid-Funktion einen Mittelwert von 0,5 anstatt 0 hat, wird dadurch verschlimmert (der Tangens hyperbolicus besitzt einen Mittelwert von 0 und verhält sich in Deep-Learning-Netzen etwas besser als die Sigmoid-Funktion).

Wenn Sie sich die Sigmoid-Aktivierungsfunktion ansehen (siehe Abbildung 11-1), erkennen Sie, dass die Funktion bei großen Eingabewerten (negativ oder positiv) eine Sättigung bei 0 oder 1 erreicht und ihre Ableitung sehr nah bei 0 liegt (die

1 Xavier Glorot und Yoshua Bengio, »Understanding the Difficulty of Training Deep Feedforward Neural Networks«, *Proceedings of the 13th International Conference on Artificial Intelligence and Statistics* (2010): 249–256.

Kurve wird also in beide Richtungen flach). Beim Backpropagation-Verfahren gibt es daher praktisch keinen Gradienten, der sich durch das Netzwerk propagieren ließe, und das bisschen Gradient wird in den späteren Schichten auch noch ausgedünnt. Es bleibt also für die ersten Schichten wirklich nichts übrig.

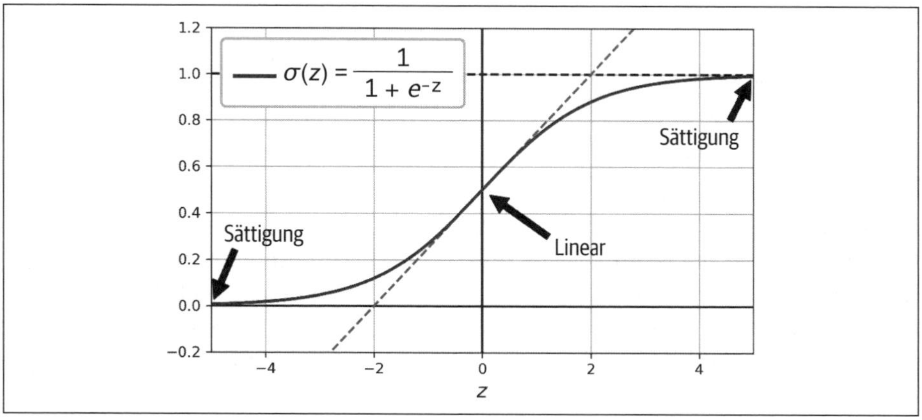

Abbildung 11-1: Sättigung der Sigmoid-Aktivierungsfunktion

Initialisierung nach Glorot und He

In ihrem Artikel empfehlen Glorot und Bengio einen Weg, das Problem der instabilen Gradienten deutlich zu mildern. Sie weisen darauf hin, dass das Signal in beide Richtungen fließen können muss: bei der Vorhersage vorwärts und beim Propagieren der Gradienten rückwärts. Wir möchten weder, dass das Signal unterwegs verhungert, noch, dass es explodiert und zu einer Sättigung führt. Die Autoren argumentieren, dass für einen guten Signalfluss die Varianz der Ausgaben und die der Eingaben jeder Schicht gleich sein müssen.[2] Außerdem müssen die Gradienten bei der Backpropagation vor und nach einer Schicht die gleiche Varianz besitzen (bitte lesen Sie den Artikel, falls Sie an den mathematischen Details interessiert sind). Beides ist nicht möglich, es sei denn, eine Schicht hat gleich viele eingehende und ausgehende Verbindungen (diese Zahlen werden als *Fan-in* und *Fan-out* der Schicht bezeichnet), aber die Autoren schlugen einen praktisch gut funktionierenden Kompromiss vor: Die Gewichte der Verbindungen müssen zufällig gesetzt werden, wie in Formel 11-1 beschrieben, wobei gilt: $fan_{avg} = (fan_{in} + fan_{out})/2$. Diese Initialisierungsstrategie wird *Initialisierung nach Xavier*oder *Initialisierung nach Glorot* genannt – nach dem ersten Autor des Artikels.

2 Hier besteht eine Analogie: Wenn Sie den Verstärkerknopf eines Mikrofons zu nah gen null drehen, hört niemand Ihre Stimme, aber wenn Sie ihn zu nah an das Maximum stellen, ist Ihre Stimme gesättigt, und niemand versteht, was Sie sagen. Stellen Sie sich nun eine Kette mehrerer solcher Verstärker vor: Alle müssen richtig eingestellt sein, damit Ihre Stimme am Ende der Kette laut und deutlich zu verstehen ist. Ihre Stimme muss aus jedem Verstärker mit der gleichen Amplitude herauskommen, mit der sie hineinkommt.

Formel 11-1: Initialisierung nach Glorot (beim Verwenden der logistischen Aktivierungsfunktion)

$$\text{Normalverteilung mit Mittelwert 0 und Standardabweichung } \sigma^2 = \sqrt{\frac{1}{\text{fan}_{\text{avg}}}}$$

$$\text{Oder eine Gleichverteilung zwischen -r und +r, mit } r = \sqrt{\frac{3}{\text{fan}_{\text{avg}}}}$$

Ersetzen Sie in Formel 11-1 fan_{avg} durch fan_{in}, erhalten Sie eine Initialisierungsstrategie, die Yann LeCun in den 1990ern vorgeschlagen hat. Er nannte sie *Initialisierung nach LeCun*. Genevieve Orr und Klaus-Robert Müller empfahlen sie sogar in ihrem Buch *Neural Networks: Tricks of the Trade* (Springer) aus dem Jahr 1998. Die LeCun-Initialisierung ist äquivalent zur Glorot-Initialisierung, wenn $fan_{\text{in}} = fan_{\text{out}}$. Es dauerte über ein Jahrzehnt, bis die Forscher erkannten, wie wichtig dieser Trick ist. Der Einsatz der Glorot-Initialisierung kann das Training deutlich beschleunigen, und sie ist eine der Praktiken, die zum Erfolg von Deep Learning beigetragen haben.

Es wurden ähnliche Strategien für andere Aktivierungsfunktionen vorgeschlagen.[3] Diese unterscheiden sich nur in der Größe der Varianz und dem Einsatz von fan_{out} oder fan_{in}, wie Sie in Tabelle 11-1 sehen (für die gleichförmige Verteilung berechnen Sie einfach $r = \sqrt{3\sigma^2}$). Die vorgeschlagene Initialisierungsstrategie (*https://homl.info/48*) für die ReLU-Aktivierungsfunktion und ihre Varianten wird *Initialisierung nach He* oder *Kaiming-Initialisierung* genannt – nach dem ersten Autor des Artikels (*https://homl.info/48*). Für die SELU-Aktivierungsfunktion verwenden Sie Yann LeCuns Initialisierungsmethode, bevorzugt mit einer Normalverteilung. Wir werden auf all diese Aktivierungsfunktionen in Kürze eingehen.

Tabelle 11-1: Initialisierungsparameter für jede Art von Aktivierungsfunktion

Initialisierung	Aktivierungsfunktionen	σ^2 Normal
Glorot	keine, tanh, Sigmoid, Softmax	$1 / fan_{\text{avg}}$
He	ReLU, Leaky ReLU, ELU, GELU, Swish, Mish	$2 / fan_{\text{in}}$
LeCun	SELU	$1 / fan_{\text{in}}$

Standardmäßig nutzt Keras die Glorot-Initialisierung mit einer Gleichverteilung. Beim Erstellen einer Schicht können Sie zur He-Initialisierung wechseln, indem Sie `kernel_initializer="he_uniform"` oder `kernel_initializer="he_normal"` verwenden, zum Beispiel so:

```
import tensorflow as tf
```

3 Zum Beispiel Kaiming He et al., »Delving Deep into Rectifiers: Surpassing Human-Level Performance on ImageNet Classification«, *Proceedings of the 2015 IEEE International Conference on Computer Vision* (2015): 1026–1034.

```
dense = tf.keras.layers.Dense(50, activation="relu",
                              kernel_initializer="he_normal")
```

Alternativ können Sie eine der Initialisierungen aus Tabelle 11-1und noch weitere mithilfe des `VarianceScaling`-Initialisierers anfordern. Wollen Sie beispielsweise die He-Initialisierung mit einer gleichförmigen Verteilung nutzen, die aber auf fan_{avg} statt auf fan_{in} basiert, können Sie den folgenden Code verwenden:

```
he_avg_init = tf.keras.initializers.VarianceScaling(scale=2., mode="fan_avg",
                                                    distribution="uniform")
dense = tf.keras.layers.Dense(50, activation="sigmoid",
                              kernel_initializer=he_avg_init)
```

Bessere Aktivierungsfunktionen

Eine Erkenntnis des Artikels von Glorot und Bengio aus dem Jahr 2010 war, dass die Auswahl einer ungeeigneten Aktivierungsfunktion eine Teilursache des Problems instabiler Gradienten war. Bis dahin hatten die meisten Menschen angenommen, dass sigmoide Aktivierungsfunktionen eine ausgezeichnete Wahl sein müssten, zumal Mutter Natur in etwa diese in biologischen Neuronen verwendet. Wie sich aber herausstellte, verhalten sich in Deep-Learning-Netzen andere Aktivierungsfunktionen viel günstiger, besonders die ReLU-Aktivierungsfunktion, vor allem weil sie bei positiven Werten keine Sättigung erreicht und sie sich schnell berechnen lässt.

Leider ist auch die ReLU-Aktivierungsfunktion nicht perfekt. Sie krankt an einem Problem, das als *sterbende ReLUs* bekannt ist: Beim Trainieren sterben einige Neuronen praktisch ab, das bedeutet, sie geben nichts anderes als 0 aus. In einigen Fällen kommt es vor, dass die Hälfte der Neuronen im Netzwerk tot sind, besonders wenn Sie eine große Lernrate eingestellt haben. Ein Neuron stirbt, wenn seine Gewichte so angepasst werden, dass die Eingabe der ReLU-Funktion (also die gewichtete Summe seiner Neuronen-Eingaben plus Bias-Term) für alle Instanzen im Trainingsdatensatz negativ ist. Geschieht das, wird immer nur 0 ausgegeben, und die Gradientenmethode hat keine Auswirkungen mehr, weil der Gradient der ReLU-Funktion bei negativen Werten null ist.[4]

Um dieses Problem zu lösen, können Sie eine Variante der ReLU-Funktion verwenden, z.B. *Leaky ReLU*.

Leaky ReLU

Die Leaky-ReLU-Aktivierungsfunktion ist definiert als $\text{LeakyReLU}_\alpha(z) = \max(\alpha z, z)$ (siehe Abbildung 11-2). Der Hyperparameter α definiert, wie stark die Funktion

4 Ein totes Neuron kann ins Leben zurückgeholt werden, wenn sich seine Eingaben im Laufe der Zeit verändern und schließlich einen Bereich erreichen, in dem die ReLU-Aktivierungsfunktion wieder eine positive Eingabe besitzt. Das kann beispielsweise geschehen, wenn die Gradientenmethode Neuronen in Schichten unter dem toten Neuron verändert.

»leckt«: Er entspricht der Steigung der Funktion bei $z < 0$. Diese geringe Steigung stellt sicher, dass Leaky ReLUs niemals sterben; sie können in ein langes Koma fallen, können aber wieder erwachen. Ein im Jahr 2015 erschienener Artikel (*https://homl.info/49*)[5] von Bing Xu et al. verglich mehrere Varianten der ReLU-Aktivierungsfunktion und kam zu dem Schluss, dass die Leaky-Varianten der ursprünglichen ReLU-Aktivierungsfunktion stets überlegen sind. Das Setzen von $\alpha = 0{,}2$ (ein riesiges Leck) schien zu einer höheren Leistung als $\alpha = 0{,}01$ (ein kleines Leck) zu führen. Die Autoren werteten auch die *randomisierte Leaky ReLU* (RReLU) aus, bei der α beim Trainieren aus einem vorgegebenen Bereich zufällig ausgewählt und beim Testen auf einen Durchschnittswert gesetzt wird. Diese Funktion schnitt ebenfalls recht gut ab und schien als Regularisierung zu fungieren (also das Risiko für Overfitting der Trainingsdaten zu senken). Schließlich wurde auch die *parametrisierte Leaky ReLU* (PReLU) betrachtet, bei der α beim Training erlernt wird: Diese PReLu ist kein Hyperparameter, sondern wird ein Parameter, der vom Backpropagation-Verfahren modifiziert werden kann wie jeder andere Parameter. Dieses Verfahren schnitt auf großen Bilddatensätzen sehr viel besser als ReLU ab, neigte bei kleineren Datensätzen aber zum Overfitting.

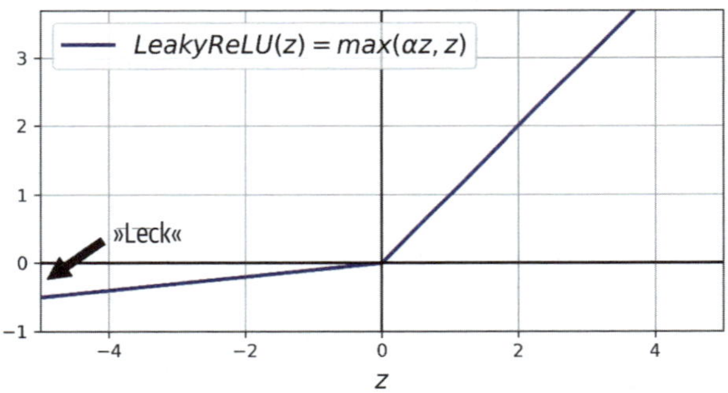

Abbildung 11-2: Leaky ReLU: wie ReLU, aber mit einer kleinen Steigung für negative Werte

Keras besitzt die Klassen `LeakyReLU` und `PReLU` im Paket `tf.keras.layers`. Wie bei den anderen ReLU-Varianten sollten Sie dafür die Initialisierung nach He verwenden, zum Beispiel:

```
leaky_relu = tf.keras.layers.LeakyReLU(alpha=0.2)  # Standard ist alpha=0.3
dense = tf.keras.layers.Dense(50, activation=leaky_relu,
                              kernel_initializer="he_normal")
```

Wenn es Ihnen lieber ist, können Sie `LeakyReLU` auch als eigene Schicht in Ihrem Modell nutzen – beim Training und bei den Vorhersagen macht das keinen Unterschied:

5 Bing Xu et al., »Empirical Evaluation of Rectified Activations in Convolutional Network«, arXiv Preprint arXiv:1505.00853 (2015).

```
model = tf.keras.models.Sequential([
    [...] # weitere Schichten
    tf.keras.layers.Dense(50, kernel_initializer="he_
normal"), # keine Aktivierung
    tf.keras.layers.LeakyReLU(alpha=0.2), # Aktivierung als eigene Schicht
    [...] # weitere Schichten
])
```

Für PReLU ersetzen Sie `LeakyReLU` durch `PReLU`. Es gibt aktuell keine offizielle Implementierung von RReLU in Keras, aber Sie können das recht einfach selbst umsetzen (schauen Sie sich dazu die Übungen am Ende von Kapitel 12 an).

ReLU, Leaky ReLU und PReLU leiden alle unter der Tatsache, dass sie keine glatten Funktionen sind: Ihre Ableitungen ändern sich abrupt (bei $z = 0$). Wie wir beim Besprechen von Lasso in Kapitel 4 gesehen haben, kann solch eine Unstetigkeit dafür sorgen, dass das Gradientenverfahren um das Optimum herumspringt und die Konvergenz verlangsamt. Daher werden wir uns nun ein paar glattere Varianten der ReLU-Aktivierungsfunktion anschauen und beginnen dabei mit ELU und SELU.

ELU und SELU

Im Jahr 2015 schlug ein Artikel (*https://homl.info/50*) von Djork-Arné Clevert et al.[6] eine neue Aktivierungsfunktion namens *Exponential Linear Unit* (ELU) vor, die in Experimenten der Autoren sämtliche ReLU-Varianten aus dem Feld schlug: Die Trainingszeit verringerte sich, und das neuronale Netz erzielte auf den Testdaten eine höhere Leistung. Ihre Definition ist in Formel 11-2 zu sehen.

Formel 11-2: ELU-Aktivierungsfunktion

$$\mathrm{ELU}_\alpha(z) = \begin{cases} \alpha(\exp(z) - 1) & \text{wenn } z < 0 \\ z & \text{wenn } z \geq 0 \end{cases}$$

Sie sieht der ReLU-Funktion sehr ähnlich (siehe Abbildung 11-3), weist aber auch einige große Unterschiede auf:

- Sie nimmt bei $z < 0$ negative Werte an, wodurch das Neuron eine durchschnittliche Ausgabe um 0 haben kann und das Problem schwindender Gradienten bekämpft. Der Hyperparameter α definiert das Negative des Werts, dem sich die ELU-Funktion bei stark negativen Werten von z annähert. Er wird normalerweise auf 1 gesetzt, aber Sie können ihn wie jeden anderen Hyperparameter verändern.
- Die Ableitung für $z < 0$ ist ungleich 0, was das Problem toter Neuronen vermeidet.
- Ist $\alpha = 1$, ist die Funktion an allen Stellen glatt, auch bei $z = 0$, was das Gradientenverfahren beschleunigt, da es links und rechts von $z = 0$ weniger umherspringt.

6 Djork-Arné Clevert et al., »Fast and Accurate Deep Network Learning by Exponential Linear Units (ELUs)«, *Proceedings of the International Conference on Learning Representations*, arXiv Preprint (2015).

Um ELU mit Keras zu nutzen, setzen Sie einfach `activation="elu"`, und wie bei den anderen ReLU-Varianten sollten Sie die Initialisierung nach He verwenden. Der Hauptnachteil der ELU-Aktivierungsfunktion ist, dass sie sich langsamer als ReLU und seine Varianten berechnen lässt (wegen der Exponentialfunktion). Ihre schnellere Konvergenz beim Training kann das kompensieren, aber beim Testen ist ein ELU-Netz trotzdem langsamer als ein ReLU-Netz.

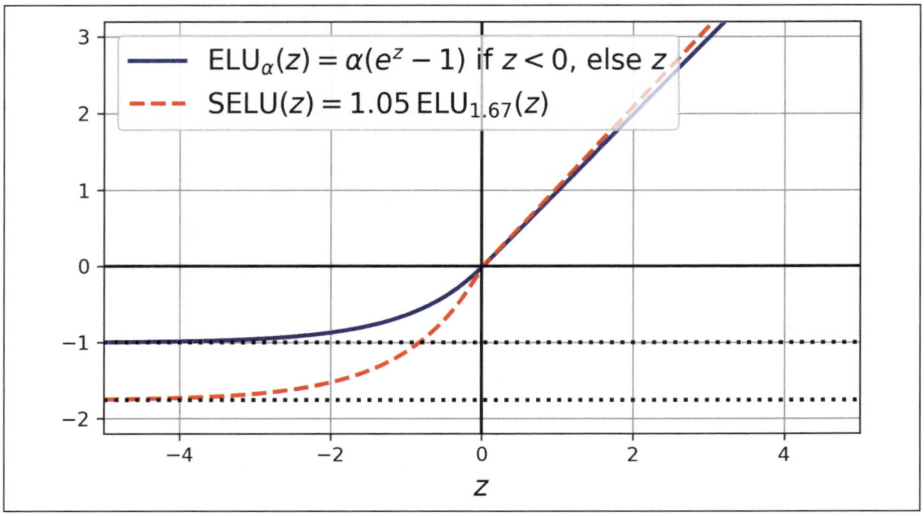

Abbildung 11-3: ELU- und SELU-Aktivierungsfunktion

Kurze Zeit später hat dann ein Artikel (*https://homl.info/selu*) von Günter Klambauer et al.[7] die Scaled-ELU-Aktivierungsfunktion (SELU) vorgestellt: Wie ihr Name schon andeutet, handelt es sich bei ihr um eine skalierte Variante der ELU-Aktivierungsfunktion. Die Autoren haben gezeigt, dass das Netz *selbstnormalisierend* sein wird, wenn Sie ein neuronales Netz nur aus dichten Schichten aufbauen (zum Beispiel ein MLP) und alle verborgenen Schichten die SELU-Aktivierungsfunktion nutzen: Die Ausgabe jeder Schicht tendiert dann dazu, während des Trainings einen Mittelwert von 0 und eine Standardabweichung von 1 zu erreichen, was das Problem der verschwindenden oder explodierenden Gradienten löst. Im Ergebnis kann die SELU-Aktivierungsfunktion besser für MLPs funktionieren, insbesondere für Deep-Learning-Netze. Um sie mit Keras zu nutzen, setzen Sie einfach `activation="selu"`. Es gibt allerdings ein paar Bedingungen, damit die Selbstnormalisierung auch geschehen kann (im Artikel finden Sie die mathematischen Begründungen dafür):

- Die Eingabemerkmale müssen standardisiert sein: Mittelwert 0 und Standardabweichung 1.

7 Günter Klambauer et al., »Self-Normalizing Neural Networks«, *Proceedings of the 31st International Conference on Neural Information Processing Systems* (2017): 972–981.

- Die Gewichte jeder verborgenen Schicht müssen mit der LeCun-Normal-Initialisierung belegt werden. In Keras müssen Sie dafür `kernel_initializer="lecun_normal"` setzen.
- Die selbstnormalisierende Eigenschaft ist nur bei reinen MLPs garantiert. Versuchen Sie, SELU in anderen Architekturen einzusetzen, wie zum Beispiel bei rekurrenten Netzen (siehe Kapitel 15) oder in Netzen mit Skip-Verbindungen (also Verbindungen, die Schichten überspringen, wie zum Beispiel in Wide-&-Deep-Netzen), wird SELU nicht unbedingt besser funktionieren als ELU.
- Sie können keine Regularisierungstechniken wie ℓ_1- oder ℓ_2-Regularisierung, Max-Norm, Batch-Norm oder normales Drop-out nutzen (das wird weiter unten noch besprochen).

Das sind durchaus relevante Einschränkungen, daher hat SELU trotz seiner vielversprechenden Eigenschaften nie wirklich an Fahrt aufgenommen. Zudem scheint es von drei weiteren Aktivierungsfunktionen recht konsistent bei den meisten Aufgaben übertrumpft zu werden: GELU, Swish und Mish.

GELU, Swish und Mish

GELU wurde in einem Artikel (*https://homl.info/gelu*) aus dem Jahr 2016 von Dan Hendrycks und Kevin Gimpel vorgestellt.[8] Auch diese Funktion können Sie sich als eine geglättete Variante der ReLU-Aktivierungsfunktion vorstellen. Ihre Definition sehen Sie in Formel 11-3, wobei Φ die normale gaußsche Verteilungsfunktion (*Cumulative Distribution Function*, CDF) ist: $\Phi(z)$ entspricht der Wahrscheinlichkeit, dass ein zufällig gewählter Wert aus einer Normalverteilung mit Mittelwert 0 und Varianz 1 kleiner als z ist.

Formel 11-3: GELU-Aktivierungsfunktion

$$\text{GELU}(z) = z\,\Phi(z)$$

Wie Sie in Abbildung 11-4 sehen, ähnelt GELU der ReLU-Aktivierungsfunktion: Sie strebt gegen 0, wenn die Eingabe z sehr weit im Negativen liegt, und nähert sich z an, wenn z sehr groß (positiv) ist. Aber während alle bisher besprochenen Aktivierungsfunktionen sowohl konvex als auch monoton waren,[9] ist die GELU-Aktivierungsfunktion keines von beidem: Von links nach rechts ist sie zuerst recht gerade, dann biegt sie sich nach unten, erreicht ein Minimum bei ca. –0,17 (ungefähr bei $z \approx -0{,}75$), steigt dann an und wird schließlich zu einer Geraden nach oben rechts. Diese ziemlich komplexe Form und die Tatsache, dass sie überall eine Krümmung besitzt, erklärt vielleicht, warum die Funktion so gut funktioniert, insbesondere für komplexe Aufgaben: Dem Gradientenverfahren fällt es eventuell

8 Dan Hendrycks und Kevin Gimpel, »Gaussian Error Linear Units (GELUs)«, arXiv Preprint arXiv: 1606.08415 (2016).

9 Eine Funktion ist konvex, wenn das Liniensegment zwischen zwei beliebigen Punkten auf der Kurve niemals unter der Kurve liegt. Eine monotone Funktion wächst oder fällt dauerhaft.

leichter, sich an komplexe Muster anzupassen. In der Praxis ist sie oft besser als jede andere bisher besprochene Aktivierungsfunktion. Aber sie ist ein bisschen rechenintensiver, und die durch sie ermöglichte Qualitätssteigerung wiegt die zusätzlichen Kosten nicht immer auf. GELU ähnelt allerdings sehr stark $z\sigma(1{,}702\ z)$, wobei σ die Sigmoid-Funktion ist. Diese Näherung funktioniert ebenfalls sehr gut, und sie hat den Vorteil, sich viel schneller berechnen zu lassen.

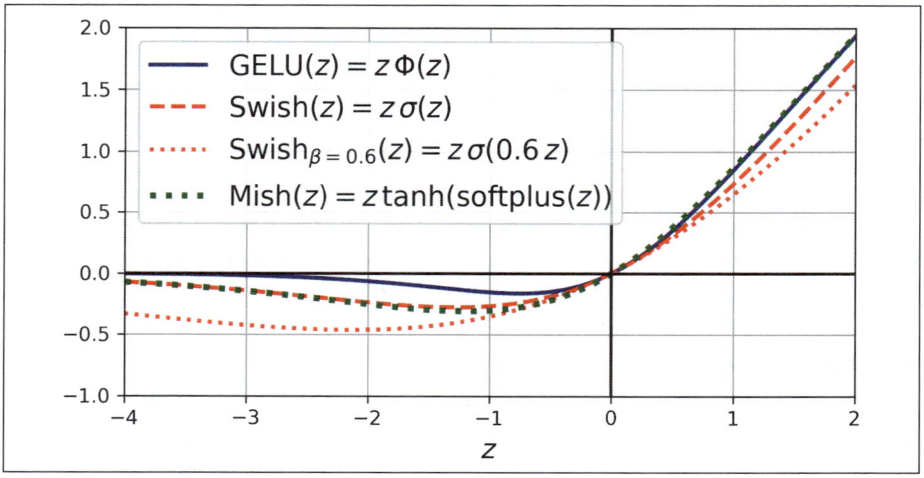

Abbildung 11-4: Die Aktivierungsfunktionen GELU, Swish, parametrisiertes Swish und Mish

Der GELU-Artikel hat auch die SiLU-Aktivierungsfunktion (*Sigmoid Linear Unit*) vorgestellt, die $z\sigma(z)$ entspricht, aber in den Tests der Autoren von GELU überflügelt wurde. Interessanterweise hat ein Artikel (*https://homl.info/swish*) aus dem Jahr 2017 von Prajit Ramachandran et al.[10] die SiLU-Funktion bei der Suche nach guten Aktivierungsfunktionen wiederentdeckt. Die Autoren gaben ihr den Namen *Swish*, und dieser Name wurde dann beibehalten. In ihrem Artikel hat Swish jede andere Funktion geschlagen – einschließlich GELU. Ramachandran et al. verallgemeinerten Swish später durch einen zusätzlichen Hyperparameter β, um den Parameter der Sigmoid-Funktion skalieren zu können. Die generalisierte Swish-Funktion ist $\text{Swish}_\beta(z) = z\sigma(\beta z)$, sodass GELU in etwa der generalisierten Swish-Funktion mit $\beta = 1{,}702$ entspricht. Sie können β wie jeden anderen Hyperparameter optimieren. Alternativ ist es auch möglich, β trainierbar zu machen und durch das Gradientenverfahren optimieren zu lassen: So wie PReLU kann Ihr Modell dadurch leistungsfähiger werden, aber es besteht auch das Risiko des Overfittings.

Eine andere recht ähnliche Aktivierungsfunktion ist *Mish*, die in einem Artikel (*https://homl.info/mish*) aus dem Jahr 2019 von Diganta Misra vorgestellt wurde.[11] Sie ist

---

10 Parjit Ramachandran et al., »Searching for Activation Functions«, arXiv Preprint arXiv:1710.05941 (2017).

11 Diganta Misra, »Mish: A Self Regularized Non-Monotonic Activation Function«, arXiv Preprint arXiv: 1908.08681 (2019).

definiert als mish(z) = z tanh(softplus(z)) mit softplus(z) = log(1 + exp(z)). So wie GELU und Swish ist es eine geglättete, nicht konvexe und nicht monotone Variante von ReLU, und auch hier hat der Autor viele Experimente durchgeführt und herausgefunden, dass Mish im Allgemeinen besser als andere Aktivierungsfunktionen ist – selbst besser als Swish und GELU, wenn auch nur ein wenig. Abbildung 11-4 zeigt GELU, Swish (beide mit dem Standardwert $\beta = 1$ und $\beta = 0{,}6$) und schließlich Mish. Wie Sie sehen, sind Mish und Swish bei negativem z nahezu gleich, während bei positivem z GELU und Mish sehr ähnlich sind.

> Welche Aktivierungsfunktion sollten Sie nun für die verborgenen Schichten Ihrer tiefen neuronalen Netze nehmen? ReLU ist für einfache Aufgaben eine gute Standardwahl: Sie ist häufig so gut wie die ausgefeilteren Aktivierungsfunktionen, lässt sich sehr schnell berechnen, und viele Bibliotheken und Hardwarebeschleuniger stellen ReLU-spezifische Optimierungen bereit. Swish ist für komplexere Aufgaben allerdings vermutlich ein besserer Ausgangspunkt, und Sie können sogar versuchen, Swish mit einem trainierbaren Parameter β für die komplexesten Aufgaben zu verwenden. Mish liefert vielleicht bessere Ergebnisse, erfordert aber etwas mehr Rechenaufwand. Wenn es Ihnen sehr auf Geschwindigkeit zur Laufzeit ankommt, sollten Sie eventuell Leaky ReLU den Vorzug geben – oder das parametrisierte Leaky ReLU für komplexere Aufgaben. Für Deep MLPs geben Sie SELU eine Chance, aber achten Sie auf die weiter oben aufgeführten Einschränkungen. Haben Sie Zeit und Rechenkapazität über, können Sie auch andere Aktivierungsfunktionen per Kreuzvalidierung analysieren.

Keras unterstützt von Haus aus GELU und Swish – nutzen Sie einfach `activation="gelu"` oder `activation="swish"`. Mish und die generalisierte Swish-Aktivierungsfunktion stehen allerdings noch nicht zur Verfügung. (In Kapitel 12 sehen Sie aber, wie Sie Ihre eigenen Aktivierungsfunktionen und Schichten implementieren können.)

Das ist alles zu Aktivierungsfunktionen! Schauen wir uns jetzt eine ganz andere Möglichkeit an, das Problem der instabilen Gradienten zu lösen: die Batchnormalisierung.

Batchnormalisierung

Obwohl die Initialisierung nach He zusammen mit der ReLU (oder einer ihrer Varianten) das Problem der schwindenden/explodierenden Gradienten zu Beginn des Trainierens deutlich reduzieren kann, sind sie keine Garantie dafür, dass die Probleme nicht später zurückkehren.

In einem Artikel (*https://homl.info/51*) aus dem Jahr 2015[12] schlagen Sergey Ioffe und Christian Szegedy eine Technik namens *Batchnormalisierung* (BN) vor, um diese Probleme anzugehen. Die Technik besteht aus dem Hinzufügen einer Operation kurz vor der Aktivierungsfunktion in jeder verborgenen Schicht des Modells. Dabei werden einfach die Eingaben auf null zentriert und normalisiert, und das Ergebnis wird anschließend mit zwei neuen Parametern pro Schicht skaliert und verschoben (ein Parameter zum Skalieren, einer zum Verschieben). Anders ausgedrückt, das Modell kann durch diesen Vorgang die optimale Skalierung und den Mittelwert für die Eingaben jeder Schicht erlernen. In vielen Fällen brauchen Sie Ihren Trainingsdatensatz nicht zu standardisieren. Es gibt also keine Notwendigkeit für `StandardScaler` oder `Normalization` – die BN-Schicht erledigt das schon für Sie (nun, zumindest näherungsweise, da sie sich immer nur einen Batch gleichzeitig anschaut, zudem kann sie jedes Eingabemerkmal umskalieren und verschieben).

Um die Eingaben auf null zu zentrieren und zu normalisieren, muss der Algorithmus Mittelwert und Standardabweichung der Eingaben schätzen. Dazu werden Mittelwert und Standardabweichung der Eingaben aus dem aktuellen Mini-Batch ausgewertet (daher der Name *Batchnormalisierung*). Die gesamte Prozedur ist in Formel 11-4 zusammengefasst.

Formel 11-4: Algorithmus zur Batchnormalisierung

1. $$\boldsymbol{\mu}_B = \frac{1}{m_B} \sum_{i=1}^{m_B} \mathbf{x}^{(i)}$$
2. $$\boldsymbol{\sigma}_B{}^2 = \frac{1}{m_B} \sum_{i=1}^{m_B} \left(\mathbf{x}^{(i)} - \boldsymbol{\mu}_B\right)^2$$
3. $$\widehat{\mathbf{x}}^{(i)} = \frac{\mathbf{x}^{(i)} - \boldsymbol{\mu}_B}{\sqrt{\boldsymbol{\sigma}_B{}^2 + \varepsilon}}$$
4. $$\mathbf{z}^{(i)} = \boldsymbol{\gamma} \otimes \widehat{\mathbf{x}}^{(i)} + \boldsymbol{\beta}$$

Dabei gilt:

- $\boldsymbol{\mu}_B$ ist der Vektor der Eingabe-Mittelwerte für den gesamten Mini-Batch B (er enthält einen Mittelwert pro Eingabe).
- m_B ist die Anzahl Datenpunkte im Mini-Batch.
- $\boldsymbol{\sigma}_B$ ist der Vektor mit den Eingabe-Standardabweichungen, ebenfalls für den gesamten Mini-Batch bestimmt (er enthält eine Standardabweichung pro Eingabe).
- $\widehat{\mathbf{x}}^{(i)}$ ist der Vektor mit auf null zentrierten und normalisierten Eingaben für Instanz i.
- ε ist eine kleine Zahl zum Vermeiden einer Division durch null (normalerweise 10^{-5}), die sicherstellt, dass die Gradienten nicht zu sehr wachsen. Diese wird als *Smoothing-Term* bezeichnet.

12 Sergey Ioffe und Christian Szegedy, »Batch Normalization: Accelerating Deep Network Training by Reducing Internal Covariate Shift«, *Proceedings of the 32nd International Conference on Machine Learning* (2015): 448–456.

- $\boldsymbol{\gamma}$ ist der Vektor mit den Ausgabe-Skalierungsparametern für die Schicht (er enthält einen Skalierungsparameter pro Eingabe).
- $\otimes$ steht für eine elementweise Multiplikation (jeder Eingabewert wird mit seinem zugehörigen Ausgabe-Skalierungsfaktor multipliziert).
- $\boldsymbol{\beta}$ ist der Vektor mit den Parametern zum Verschieben der Schicht (Offset). Er enthält einen Offset-Parameter pro Eingabe. Jede Eingabe wird durch ihren zugehörigen Verschiebeparameter verschoben.
- $\mathbf{z}^{(i)}$ ist die Ausgabe der BN-Operation: Sie ist eine skalierte und verschobene Version der Eingaben.

Während des Trainings standardisiert BN also seine Eingaben, um sie dann umzuskalieren und zu verschieben. Gut! Wie sieht es mit dem Testen aus? Nun, das ist nicht so einfach. Tatsächlich müssen wir eventuell Vorhersagen für einzelne Instanzen statt für ganze Batches treffen. Und selbst wenn wir einen Batch haben, kann er zu klein sein, oder die Instanzen sind nicht unabhängig und gleichförmig verteilt, sodass das Berechnen von Statistiken über die Batchinstanzen unzuverlässig wäre. Eine Lösung bestünde darin, bis zum Ende des Trainings zu warten, dann den gesamten Trainingsdatensatz durch das neuronale Netz zu schicken und Mittelwert und Standardabweichung jeder Eingabe der BN-Schicht zu berechnen. Diese »finalen« Eingabe-Mittelwerte und -Standardabweichungen könnten dann statt der Batch-Eingabe-Mittelwerte und -Standardabweichungen während der Vorhersagen zum Einsatz kommen. Aber die meisten Implementierungen der Batchnormalisierung schätzen diese abschließenden Statistiken während des Trainings mithilfe eines gleitenden Durchschnitts der Mittelwerte und Standardabweichungen der Schichteingaben. Das macht Keras automatisch, wenn Sie die `BatchNormalization`-Schicht einsetzen. Fassen wir zusammen: Vier Parametervektoren werden in jeder batchnormalisierten Schicht gelernt – $\boldsymbol{\gamma}$ (der Ausgabe-Skalierungs-Vektor) und $\boldsymbol{\beta}$ (der Ausgabe-Offset-Vektor) werden während der normalen Backpropagation gelernt, während $\boldsymbol{\mu}$ (der finale Eingabe-Mittelwert-Vektor) und $\boldsymbol{\sigma}$ (der finale Eingabe-Standardabweichungs-Vektor) mithilfe eines exponentiellen gleitenden Mittelwerts entstehen. Beachten Sie, dass $\boldsymbol{\mu}$ und $\boldsymbol{\sigma}$ während des Trainings geschätzt werden, aber nur danach zum Einsatz kommen (um die Batch-Eingabe-Mittelwerte und -Standardabweichungen in Formel 11-4 zu ersetzen).

Ioffe und Szegedy haben gezeigt, dass die Batchnormalisierung alle Deep-Learning-Netze, mit denen sie experimentiert haben, deutlich verbessert hat, was zu einer großen Verbesserung bei der ImageNet-Klassifikationsaufgabe führte (ImageNet ist eine große Datenbank mit Bildern, die in vielen Kategorien klassifiziert sind und oft zum Überprüfen von Bilderkennungssystemen dient). Das Problem der verschwindenden Gradienten wurde so deutlich reduziert, dass sogar gesättigte Aktivierungsfunktionen wie tanh oder die Sigmoid-Aktivierungsfunktion zum Einsatz kommen konnten. Die Netze reagierten zudem deutlich unempfindlicher auf die Gewichtsinitialisierung. Die Autoren konnten viel höhere Lernraten nutzen und den Lernprozess signifikant beschleunigen. Insbesondere merken sie an:

> Angewendet auf ein aktuelles Bildklassifikationsmodell erreicht Batchnormalisierung die gleiche Genauigkeit mit 14 Mal weniger Trainingsschritten und schlägt das Ursprungsmodell deutlich. [...] Bei einem Ensemble batchnormalisierter Netze verbessern wir das beste veröffentlichte Ergebnis bei der ImageNet-Klassifikation: Wir erreichen 4,9 % Top-5-Validierungsfehler (und 4,8 % Testfehler) und sind damit besser als menschliche Klassifikatoren.

Und schließlich – wie ein Geschenk, das immer mehr liefert – verhält sich die Batchnormalisierung wie ein Regulierer und verringert die Notwendigkeit für andere Regulierungstechniken (wie das später in diesem Kapitel beschriebene Drop-out).

Aber durch Batchnormalisierung wird das Modell komplexer (auch wenn – wie schon besprochen – dadurch die Notwendigkeit des Normalisierens der Eingabedaten wegfallen kann). Zudem gibt es Zusatzkosten zur Laufzeit: Das neuronale Netz macht langsamere Vorhersagen aufgrund der zusätzlichen Berechnungen, die auf jeder Schicht erforderlich sind. Zum Glück ist es oft möglich, die BN-Schicht nach dem Training mit der vorherigen Schicht zu verschmelzen und damit die Zusatzkosten zu vermeiden. Das geschieht durch das Aktualisieren der Gewichte und Bias der vorherigen Schicht, sodass diese direkt die Ausgaben mit passender Skalierung und Offset ermittelt. Berechnet beispielsweise die vorherige Schicht $\mathbf{XW} + \mathbf{b}$, wird die BN-Schicht $\boldsymbol{\gamma} \otimes (\mathbf{XW} + \mathbf{b} - \boldsymbol{\mu}) / \boldsymbol{\sigma} + \boldsymbol{\beta}$ berechnen (wenn wir mal den Smoothing-Term ε im Nenner ignorieren). Definieren wir $\mathbf{W}' = \boldsymbol{\gamma} \otimes \mathbf{W} / \boldsymbol{\sigma}$ und $\mathbf{b}' = \boldsymbol{\gamma} \otimes (\mathbf{b} - \boldsymbol{\mu}) / \boldsymbol{\sigma} + \boldsymbol{\beta}$, vereinfacht sich die Gleichung zu $\mathbf{XW}' + \mathbf{b}'$. Ersetzen wir also in der vorherigen Schicht Gewichte und Bias ($\mathbf{W}$ und $\mathbf{b}$) durch die aktualisierten Gewichte und Bias ($\mathbf{W}'$ und $\mathbf{b}'$), können wir die BN-Schicht loswerden (der Konverter von TFLite tut das automatisch, siehe Kapitel 19).

> Sie werden eventuell feststellen, dass das Training eher langsam abläuft, weil jede Epoche beim Einsatz der Batchnormalisierung viel mehr Zeit verbraucht. Das wird im Allgemeinen dadurch ausgeglichen, dass die Konvergenz mit BN viel schneller geschieht und damit weniger Epochen zum Erreichen der gleichen Leistung notwendig sind. Insgesamt wird die *Wall Time* meist kürzer sein (das ist die Zeit, die von Ihrer Uhr an der Wand gemessen wird).

Implementieren der Batchnormalisierung mit Keras

Wie das meiste bei Keras ist auch das Implementieren der Batchnormalisierung einfach und intuitiv. Fügen Sie lediglich eine `BatchNormalization`-Schicht vor oder nach jeder Aktivierungsfunktion verborgener Schichten ein. Sie können auch eine BN-Schicht als erste Schicht Ihres Modells ergänzen, aber eine schlichte `Normalization`-Schicht arbeitet im Allgemeinen an dieser Stelle genauso gut (ihr einziger Nachteil ist, dass Sie zuerst deren Methode `adapt()` aufrufen müssen). Das folgende Modell wendet beispielsweise BN nach jeder verborgenen Schicht und als erste Schicht an (nach dem Verflachen der Eingabebilder):

```
model = tf.keras.Sequential([
    tf.keras.layers.Flatten(input_shape=[28, 28]),
    tf.keras.layers.BatchNormalization(),
```

```
    tf.keras.layers.Dense(300, activation="relu",
                          kernel_initializer="he_normal"),
    tf.keras.layers.BatchNormalization(),
    tf.keras.layers.Dense(100, activation="relu",
                          kernel_initializer="he_normal"),
    tf.keras.layers.BatchNormalization(),
    tf.keras.layers.Dense(10, activation="softmax")
])
```

Das ist alles! In diesem kleinen Beispiel mit nur zwei verborgenen Schichten ist es unwahrscheinlich, dass die Batchnormalisierung eine sehr positive Auswirkung haben wird – aber für tiefere Netze kann es einen großen Unterschied bedeuten.

Schauen wir uns die Modellzusammenfassung an:

```
>>> model.summary()
Model: "sequential"
_________________________________________________________________
Layer (type)                 Output Shape              Param #
=================================================================
flatten (Flatten)            (None, 784)               0
_________________________________________________________________
batch_normalization (BatchNo (None, 784)               3136
_________________________________________________________________
dense (Dense)                (None, 300)               235500
_________________________________________________________________
batch_normalization_1 (Batch (None, 300)               1200
_________________________________________________________________
dense_1 (Dense)              (None, 100)               30100
_________________________________________________________________
batch_normalization_2 (Batch (None, 100)               400
_________________________________________________________________
dense_2 (Dense)              (None, 10)                1010
=================================================================
Total params: 271,346
Trainable params: 268,978
Non-trainable params: 2,368
_________________________________________________________________
```

Wie Sie sehen, fügt jede BN-Schicht vier Parameter pro Eingabe hinzu: $\boldsymbol{\gamma}$, $\boldsymbol{\beta}$, $\boldsymbol{\mu}$ und $\boldsymbol{\sigma}$ (so ergänzt beispielsweise die erste BN-Schicht 3.136 Parameter, also 4 × 784). Die letzten beiden Parameter $\boldsymbol{\mu}$ und $\boldsymbol{\sigma}$ sind die gleitenden Mittelwerte – sie sind nicht von der Backpropagation betroffen, daher nennt Keras sie »nicht trainierbar«[13] (wenn Sie die Gesamtsumme der BN-Parameter zusammenzählen [3136 + 1200 + 400] und durch 2 teilen, erhalten Sie 2.368, was der Gesamtzahl nicht trainierbarer Parameter in diesem Modell entspricht).

13 Sie werden aber während des Trainings basierend auf den Trainingsdaten geschätzt, daher sind sie durchaus trainierbar. In Keras heißt »nicht trainierbar« also eigentlich »nicht von der Backpropagation betroffen«.

Schauen wir uns die Parameter der ersten BN-Schicht an. Zwei sind trainierbar (durch Backpropagation), zwei nicht:

```
>>> [(var.name, var.trainable) for var in model.layers[1].variables]
[('batch_normalization/gamma:0', True),
 ('batch_normalization/beta:0', True),
 ('batch_normalization/moving_mean:0', False),
 ('batch_normalization/moving_variance:0', False)]
```

Die Autoren des BN-Artikels plädieren dafür, die BN-Schichten vor den Aktivierungsfunktionen hinzuzufügen und nicht erst dahinter (wie wir es getan haben). Darüber gibt es Diskussionen, aber es hängt auch von der Aufgabe ab – Sie können damit experimentieren, um zu sehen, welche Option mit Ihrem Datensatz am besten funktioniert. Um die BN-Schichten vor die Aktivierungsfunktion zu setzen, müssen Sie die Funktionen aus den verborgenen Schichten entfernen und als eigene Schichten hinter den BN-Schichten einfügen. Und da eine Batchnormalisierungsschicht einen Offset-Parameter pro Eingabe besitzt, können Sie den Bias-Term aus der vorherigen Schicht entfernen, indem Sie beim Erstellen einfach `use_bias=False` übergeben. Schließlich können Sie im Allgemeinen noch die erste BN-Schicht verwerfen, um zu vermeiden, dass die erste verborgene Schicht zwischen zwei BN-Schichten eingeklemmt ist. Der aktualisierte Code sieht dann so aus:

```
model = tf.keras.Sequential([
    tf.keras.layers.Flatten(input_shape=[28, 28]),
    tf.keras.layers.Dense(300, kernel_initializer="he_normal", use_bias=False),
    tf.keras.layers.BatchNormalization(),
    tf.keras.layers.Activation("relu"),
    tf.keras.layers.Dense(100, kernel_initializer="he_normal", use_bias=False),
    tf.keras.layers.BatchNormalization(),
    tf.keras.layers.Activation("relu"),
    tf.keras.layers.Dense(10, activation="softmax")
])
```

Die Klasse `BatchNormalization` besitzt eine Reihe von Hyperparametern, an denen Sie drehen können. Die Standardwerte sind im Wesentlichen bereits gut, aber gelegentlich müssen Sie das `momentum` anpassen. Dieser Hyperparameter wird von der `BatchNormalization`-Schicht genutzt, wenn sie die exponentiellen gleitenden Mittelwerte aktualisiert – bei einem neuen Wert $\mathbf{v}$ (also einem neuen Vektor mit Eingabe-Mittelwerten oder -Standardabweichungen, der mit dem aktuellen Batch berechnet wurde) aktualisiert die Schicht den gleitenden Mittelwert $\hat{\mathbf{v}}$ über diese Gleichung:

$$\hat{\mathbf{v}} \leftarrow \hat{\mathbf{v}} \times \text{momentum} + \mathbf{v} \times (1 - \text{momentum})$$

Ein gutes Momentum liegt meist nahe an 1 – zum Beispiel 0,9, 0,99 oder 0,999. Sie wollen mehr Neunen für größere Datensätze und kleinere Mini-Batches haben.

Ein weiterer wichtiger Hyperparameter ist `axis`: Er bestimmt, welche Achse normalisiert werden soll. Standardwert ist –1, womit die letzte Achse normalisiert wird (mit Mittelwerten und Standardabweichungen, die aus den *anderen* Achsen berechnet wurden). Ist der Eingabebatch zweidimensional (dann ist die Batchform [*Batchgröße*, *Features*]), wird jedes Eingabemerkmal basierend auf dem Mittelwert und der Standardabweichung normalisiert, die über alle Instanzen im Batch berechnet wurden. So wird beispielsweise die erste BN-Schicht im vorherigen Codebeispiel jedes der 784 Eingangsmerkmale unabhängig voneinander normalisieren (sowie umskalieren und verschieben). Verschieben wir die erste BN-Schicht vor die `Flatten`-Schicht, wird der Eingabebatch dreidimensional sein und die Form [*Batchgröße*, *Höhe*, *Breite*] haben – die BN-Schicht wird daher 28 Mittelwerte und 28 Standardabweichungen berechnen (eine pro Pixelspalte, berechnet über alle Instanzen im Batch und über alle Zeilen in den Spalten) und alle Pixel in einer gegebenen Spalte mit dem gleichen Mittelwert und der gleichen Standardabweichung normalisieren. Es wird auch nur 28 Skalierungsparameter und 28 Offset-Parameter geben. Wollen Sie stattdessen jedes einzelne der 784 Pixel unabhängig behandeln, sollten Sie `axis=[1, 2]` setzen.

`BatchNormalization` gehört in Deep-Learning-Netzen inzwischen zu den am häufigsten eingesetzten Schichten, insbesondere in Deep Convolutional Neural Networks, die in Kapitel 14 besprochen werden – sie wird in den Architekturdiagrammen sogar häufig weggelassen, da davon ausgegangen wird, dass sie hinter jeder Schicht eingefügt ist. Schauen wir uns nun eine letzte Technik zum Stabilisieren von Gradienten beim Training an – *das Gradient Clipping*.

Gradient Clipping

Eine weitere beliebte Technik, um das Problem der explodierenden Gradienten zu entschärfen, ist, die Gradienten während der Backpropagation zu kappen, sodass sie niemals einen festgelegten Schwellenwert überschreiten (hilfreich vor allem bei rekurrenten neuronalen Netzen, siehe Kapitel 15). Man nennt diese Technik *Gradient Clipping* (*https://homl.info/52*).[14] Sie wird im Allgemeinen in Recurrent Neural Networks eingesetzt, da sich dort die Batchnormalisierung nur schwer verwenden lässt (wie wir in Kapitel 15 sehen werden).

In Keras müssen Sie zum Implementieren des Gradient Clipping beim Erstellen eines Optimierers nur das Argument `clipvalue` oder `clipnorm` setzen, zum Beispiel:

```
optimizer = tf.keras.optimizers.SGD(clipvalue=1.0)
model.compile([...], optimizer=optimizer)
```

Dieser Optimierer beschneidet jede Komponente des Gradientenvektors auf einen Wert zwischen –1,0 und 1,0. Damit werden alle partiellen Ableitungen des Verlusts (bezüglich jedes trainierbaren Parameters) auf den Bereich zwischen –1,0 und 1,0 beschränkt. Der Grenzwert ist ein Hyperparameter, den Sie anpassen können. Beachten Sie, dass er die Richtung des Gradientenvektors verändern kann. Hat bei-

14 Razvan Pascanu et al., »On the Difficulty of Training Recurrent Neural Networks«, *Proceedings of the 30th International Conference on Machine Learning* (2013): 1310–1318.

spielsweise der ursprüngliche Gradientenvektor den Wert [0,9; 100,0], weist er nahezu in die Richtung der zweiten Achse; nach dem Beschneiden erhalten Sie aber [0,9; 1,0], was ungefähr diagonal zwischen den beiden Achsen steht. In der Praxis funktioniert dieser Ansatz gut. Wollen Sie sichergehen, dass das Gradient Clipping die Richtung des Gradientenvektors nicht ändert, sollten Sie die Norm begrenzen, indem Sie `clipnorm` statt `clipvalue` setzen. So wird der gesamte Gradient beschnitten, wenn seine ℓ_2-Norm größer als der ausgewählte Grenzwert ist. Setzen Sie beispielsweise `clipnorm=1.0`, wird der Vektor [0,9; 100,0] auf [0,00899964; 0,9999595] begrenzt. Damit wird seine Richtung beibehalten, aber die erste Komponente fast ausgelöscht. Beobachten Sie, dass die Gradienten während des Trainings explodieren (Sie können die Größe der Gradienten über TensorBoard verfolgen), ist es einen Versuch wert, die Werte oder die Norm mit unterschiedlichen Grenzwerten zu beschränken, um zu sehen, welche Option mit dem Validierungsdatensatz am besten funktioniert.

Wiederverwenden vortrainierter Schichten

Es ist im Allgemeinen keine gute Idee, ein sehr großes DNN von Anfang an zu trainieren. Stattdessen sollten Sie stets versuchen, ein existierendes neuronales Netz zu finden, das eine ähnliche Aufgabe erledigt (wir werden in Kapitel 14 besprechen, wie Sie solche finden). Dann können Sie einen Großteil der Schichten dieses Netzes, mit Ausnahme der oberen, wiederverwenden. Man bezeichnet dies als *Transfer Learning*, und es beschleunigt nicht nur das Trainieren erheblich, sondern erfordert auch wesentlich weniger Trainingsdaten.

Nehmen Sie beispielsweise an, Ihnen stünde ein DNN zur Verfügung, das zur Klassifizierung von Bildern in 100 unterschiedliche Kategorien wie Tiere, Pflanzen, Fahrzeuge und Alltagsgegenstände trainiert wurde. Sie möchten ein DNN trainieren, mit dem sich bestimmte Arten von Fahrzeugen klassifizieren lassen. Diese Aufgaben sind einander sehr ähnlich, daher sollten Sie Teile des ersten Netzes wiederverwenden (siehe Abbildung 11-5).

> Wenn die Bilder bei Ihrer neuen Aufgabe nicht die gleiche Größe haben wie die in der ursprünglichen Aufgabe verwendeten, müssen Sie meist einen Vorverarbeitungsschritt einbauen, der die Bilder auf die vom ursprünglichen Modell erwartete Größe skaliert. Im Allgemeinen funktioniert Transfer Learning nur, wenn die Eingabedaten auf niederer Ebene ähnliche Eigenschaften haben.

Die Ausgabeschicht des ursprünglichen Modells sollte normalerweise ersetzt werden, da sie für die neue Aufgabe meist nicht nützlich ist und es wahrscheinlich nicht einmal die richtige Anzahl an Ausgaben gibt.

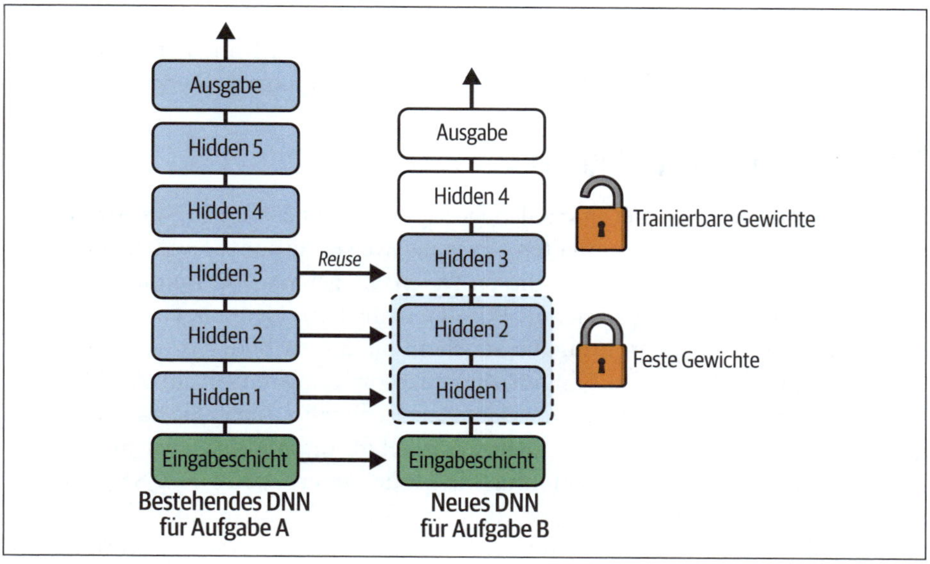

Abbildung 11-5: Wiederverwenden vortrainierter Schichten

Genauso sind die oberen verborgenen Schichten des ursprünglichen Modells eher nicht so hilfreich wie die unteren Schichten, da sich die High-Level-Eigenschaften, die für die neue Aufgabe am nützlichsten sind, deutlich von denen unterscheiden können, die für die Ursprungsaufgabe hilfreich waren. Sie müssen daher die richtige Zahl an Schichten finden, die sich wiederverwenden lassen.

> Je ähnlicher sich die Aufgaben sind, desto mehr Schichten können Sie wiederverwenden (beginnend mit den unteren Schichten). Bei sehr ähnlichen Aufgaben können Sie versuchen, alle verborgenen Schichten beizubehalten und die Ausgabeschicht zu ersetzen.

Versuchen Sie, alle wiederverwendeten Schichten zunächst einzufrieren (also ihre Gewichte nicht trainierbar zu machen, sodass die Gradientenmethode sie nicht verändert und sie auf ihren Werten bleiben), um dann Ihr Modell zu trainieren und zu sehen, wie gut es funktioniert. Probieren Sie dann, eine oder zwei der obersten verborgenen Schichten wieder »aufzutauen«, damit die Backpropagation sie anpassen kann – prüfen Sie, ob sich die Leistung dadurch verbessert. Je mehr Trainingsdaten Sie haben, desto mehr Schichten können Sie auftauen. Es ist auch nützlich, dabei die Lernrate zu verringern – so vermeiden Sie, Ihre sorgsam angepassten Gewichte durcheinanderzubringen.

Erreichen Sie immer noch keine gute Performance und haben Sie nur wenige Trainingsdaten, versuchen Sie, die oberste verborgene Schicht (oder mehrere davon) zu verwerfen und die verbleibenden verborgenen Schichten wieder einzufrieren. Sie können das so lange ausprobieren, bis Sie die richtige Zahl von wiederzuverwendenden Schichten gefunden haben. Stehen Ihnen sehr viele Trainingsdaten zur Verfügung, können Sie versuchen, die obersten verborgenen Schichten zu ersetzen, statt sie wegzuwerfen, oder sogar noch mehr Schichten hinzuzufügen.

Transfer Learning mit Keras

Schauen wir uns ein Beispiel an. Stellen Sie sich vor, der Fashion-MNIST-Datensatz würde nur acht Kategorien enthalten – beispielsweise alle außer Sandale und Shirt. Jemand hat ein Keras-Modell für diesen Datensatz gebaut und trainiert und eine ausreichend gute Leistung erreicht (>90 % Genauigkeit). Nennen wir es Modell A. Sie wollen nun eine andere Aufgabe angehen: Sie haben Bilder von T-Shirts und Pullovern und wollen einen binären Klassifikator trainieren: positiv für T-Shirts (und Tops), negativ für Pullover. Ihr Datensatz ist ziemlich klein, Sie haben nur 200 gelabelte Bilder. Trainieren Sie ein neues Modell für diese Aufgabe (nennen wir es Modell B) mit der gleichen Architektur wie Modell A, erhalten Sie 91,85 % Testgenauigkeit. Während Sie Ihren ersten Kaffee trinken, geht Ihnen auf, dass Ihre Aufgabe der alten Aufgabe ziemlich ähnelt, also kann vielleicht Transfer Learning helfen? Finden wir es heraus.

Zuerst müssen Sie Modell A laden und basierend auf dessen Schichten ein neues Modell erstellen. Sie entscheiden sich dazu, alle Schichten außer der Ausgabeschicht zu nutzen:

```
[...] # Annahme: Modell A wurde schon trainiert und als "my_model_A" gesichert.
model_A = tf.keras.models.load_model("my_model_A")
model_B_on_A = tf.keras.Sequential(model_A.layers[:-1])
model_B_on_A.add(tf.keras.layers.Dense(1, activation="sigmoid"))
```

Beachten Sie, dass sich `model_A` und `model_B_on_A` nun ein paar gemeinsame Schichten teilen. Trainieren Sie `model_B_on_A`, beeinflusst das auch `model_A`. Wollen Sie das vermeiden, müssen Sie `model_A` *klonen*, bevor Sie dessen Schichten wiederverwenden. Dazu übertragen Sie die Architektur von Modell A mit `clone_model()` und kopieren dann die Gewichte:

```
model_A_clone = tf.keras.models.clone_model(model_A)
model_A_clone.set_weights(model_A.get_weights())
```

> `tf.keras.models.clone_model()` klont nur die Architektur, nicht die Gewichte. Kopieren Sie sie nicht manuell mit `set_weights()`, werden sie zufällig initialisiert, wenn das geklonte Modell das erste Mal genutzt wird.

Jetzt können Sie `model_B_on_A` für Aufgabe B trainieren, aber da die neue Ausgabeschicht mit Zufallswerten initialisiert wurde, wird das zu großen Fehlern führen (zumindest während der ersten paar Epochen), und Sie erhalten große Fehlergradienten, die die wiederverwendeten Gradienten zerstören können. Um das zu vermeiden, können Sie die wiederverwendeten Schichten während der ersten Epochen einfrieren und der neuen Schicht etwas Zeit zum Erlernen vernünftiger Gewichte geben. Dazu setzen Sie das Attribut `trainable` jeder Schicht auf `False` und kompilieren das Modell:

```
for layer in model_B_on_A.layers[:-1]:
    layer.trainable = False

optimizer = tf.keras.optimizers.SGD(learning_rate=0.001)
model_B_on_A.compile(loss="binary_crossentropy", optimizer=optimizer,
                     metrics=["accuracy"])
```

Sie müssen Ihr Modell immer kompilieren, nachdem Sie Schichten eingefroren oder aufgetaut haben.

Jetzt können Sie das Modell für ein paar Epochen trainieren, dann die wiederverwendeten Schichten auftauen (wodurch das Modell erneut kompiliert werden muss) und mit dem Training fortfahren, um die wiederverwendeten Schichten für Aufgabe B genauer abzustimmen. Nach dem Auftauen der Schichten ist es meist eine gute Idee, die Lernrate zu verringern, um erneut das Beschädigen der wiederverwendeten Gewichte zu vermeiden.

```
history = model_B_on_A.fit(X_train_B, y_train_B, epochs=4,
                           validation_data=(X_valid_B, y_valid_B))

for layer in model_B_on_A.layers[:-1]:
    layer.trainable = True

optimizer = tf.keras.optimizers.SGD(learning_rate=0.001)
model_B_on_A.compile(loss="binary_crossentropy", optimizer=optimizer,
                     metrics=["accuracy"])
history = model_B_on_A.fit(X_train_B, y_train_B, epochs=16,
                           validation_data=(X_valid_B, y_valid_B))
```

Und was ist dabei herausgekommen? Nun, die Testgenauigkeit des Modells liegt bei 93,85 %, genau zwei Prozentpunkte mehr als 91,85 %! Das heißt, dass das Transfer Learning die Fehlerrate um nahezu 25 % verringert hat:

```
>>> model_B_on_A.evaluate(X_test_B, y_test_B)
[0.2546142041683197, 0.9384999871253967]
```

Hat Sie das überzeugt? Sollte es aber nicht – ich habe geschummelt! Ich habe viele Konfigurationen ausprobiert, bis ich eine fand, die eine starke Verbesserung brachte. Versuchen Sie, die Kategorien oder die Zufallswerte zu verändern, werden Sie feststellen, dass die Verbesserung im Allgemeinen klein ist, verschwindet oder sich sogar ins Negative verkehrt. Ich habe die Daten so lange gefoltert, bis sie gestanden haben. Sieht ein Artikel zu gut aus, sollten Sie misstrauisch werden: Eventuell hilft diese neue, schicke Technik gar nicht so viel (oder vielleicht macht sie die Ergebnisse sogar schlechter), aber die Autoren haben sehr viele Varianten ausprobiert und nur über die besten Ergebnisse berichtet (die möglicherweise durch pures

Glück entstanden sind), ohne zu erwähnen, wie viele Fehlversuche sie vorher hatten. Die meiste Zeit geschieht das gar nicht aus Böswilligkeit, aber es ist mit ein Grund dafür, dass so viele Ergebnisse in der Wissenschaft nie reproduziert werden können.

Warum habe ich geschummelt? Es zeigt sich, dass Transfer Learning mit kleinen dichten Netzen nicht gut funktioniert, vermutlich weil kleine Netze auch nur wenige Muster erlernen und dichte Netze sehr spezifische Muster lernen, die in anderen Aufgaben nicht unbedingt nützlich sind. Transfer Learning funktioniert am besten mit tiefen Convolutional Neural Networks, die eher Feature-Detektoren erlernen, die allgemeiner arbeiten (vor allem in den unteren Schichten). Wir werden uns das Transfer Learning in Kapitel 14 nochmals anschauen und dabei die gerade behandelten Techniken einsetzen (und dann auch nicht schummeln, das verspreche ich!).

Unüberwachtes Vortrainieren

Nehmen wir einmal an, Sie möchten eine komplexe Aufgabe bearbeiten, und es stehen Ihnen dafür nicht sehr viele gelabelte Trainingsdaten zur Verfügung. Leider finden Sie kein für eine ähnliche Aufgabe trainiertes Modell. Geben Sie nicht gleich auf! Zuerst sollten Sie natürlich versuchen, weitere gelabelte Trainingsdaten zu finden, aber falls dies nicht möglich ist, können Sie immer noch ein *unüberwachtes Vortraining* durchführen (siehe Abbildung 11-6). Natürlich ist es oft günstig, ungelabelte Trainingsbeispiele zu erhalten, aber es ist teuer, sie mit Labels zu versehen. Wenn Ihnen also reichlich ungelabelte Trainingsdaten zur Verfügung stehen, können Sie versuchen, damit ein unüberwachtes Modell zu trainieren, wie zum Beispiel einen Autoencoder oder ein *Generative Adversarial Network* (GAN, siehe Kapitel 17). Dann können Sie die unteren Schichten des Autoencoders oder des GAN-Diskriminators wiederverwenden, die Ausgabeschicht für Ihre Aufgabe daraufsetzen und das so entstandene Netz mithilfe überwachten Lernens feinjustieren (also mit den gelabelten Trainingsbeispielen).

Diese Technik haben Geoffrey Hinton und sein Team 2006 genutzt, und sie hat zum Revival neuronaler Netze und zum Erfolg von Deep Learning geführt. Bis 2010 war unüberwachtes Vortrainieren – typischerweise mit *Restricted Boltzmann Machines* (RBMs, siehe das Notebook unter *https://homl.info/extra-anns*) – die Norm für tiefe Netze, und erst nachdem das Problem der verschwindenden Gradienten eingedämmt werden konnte, fand das Trainieren von DNNs rein mit überwachtem Lernen weitere Verbreitung. Unüberwachtes Vortrainieren (heutzutage meist nicht mehr mit RBMs, sondern eher mit Autoencodern oder GANs) ist immer noch eine gute Option, wenn Sie eine komplexe Aufgabe lösen müssen, kein ähnliches Modell wiederverwenden können und nur wenige gelabelte, aber viele ungelabelte Trainingsdaten haben.

In den frühen Tagen des Deep Learning war es schwierig, tiefe Modelle zu trainieren, daher wurde eine Technik namens *Greedy Layer-Wise Pretraining* (siehe Abbildung 11-6) genutzt. Erst wurde ein unüberwachtes Modell mit einer einzelnen Schicht trainiert – meist ein RBM –, dann wurde diese Schicht eingefroren und eine weitere daraufgesetzt. Dann wurde das Modell wieder trainiert (eigentlich nur die neue Schicht), diese neue Schicht wurde wieder eingefroren und so weiter. Heutzutage ist es viel einfacher: Die Leute trainieren im Allgemeinen das vollständige unüberwachte Modell in einem Durchlauf (in Abbildung 11-6 beginnen Sie einfach bei Schritt 3) und verwenden dann Autoencoder oder GANs statt RBMs.

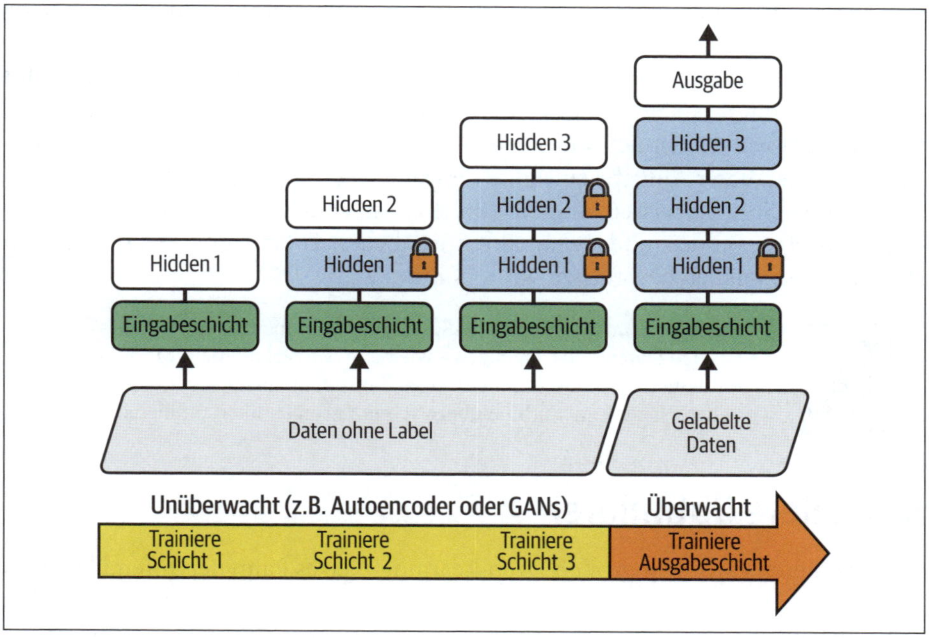

Abbildung 11-6: Beim unüberwachten Vortrainieren wird ein Modell mit allen Daten (einschließlich der ungelabelten Daten) mithilfe einer unüberwachten Lerntechnik trainiert und dann für die eigentliche Aufgabe nur mit den gelabelten Aufgaben mit einer überwachten Lerntechnik im Detail angepasst – der unüberwachte Teil kann wie hier gezeigt eine Schicht nach der anderen oder direkt das ganze Modell trainieren.

Vortrainieren anhand einer Hilfsaufgabe

Haben Sie nicht ausreichend gelabelte Daten, stellen wir Ihnen abschließend noch die Möglichkeit vor, zuerst ein neuronales Netz auf einer Hilfsaufgabe zu trainieren, für das wir gelabelte Trainingsdaten leicht erhalten oder generieren können. Anschließend verwenden wir die unteren Schichten dieses Netzes für die eigentliche Aufgabe. Die unteren Schichten des ersten Netzes lernen, Merkmale zu erkennen, die vom zweiten Netz genutzt werden können.

Beispielsweise stehen Ihnen beim Konstruieren eines Systems zur Gesichtserkennung nur wenige Bilder jeder Einzelperson zur Verfügung – sicher nicht genug, um einen guten Klassifikator zu trainieren. Hunderte Bilder jeder Person zu sammeln, wäre sicher nicht praktikabel. Sie könnten allerdings eine Menge Bilder zufällig ausgewählter Personen im Web sammeln und ein erstes neuronales Netz darauf trainieren, ob zwei Bilder die gleiche Person enthalten. Solch ein Netz würde gute Merkmale von Gesichtern erlernen, sodass sich mit den unteren Schichten auch mit wenigen Trainingsdaten ein guter Klassifikator trainieren ließe.

Für die *Verarbeitung natürlicher Sprache* (*Natural Language Processing*, NLP) können Sie einen Korpus mit Millionen Textdokumenten herunterladen und daraus automatisch gelabelte Daten erzeugen. Sie könnten beispielsweise zufällig einzelne Wörter ausblenden und ein Modell trainieren, das vorhersagt, welches Wort fehlt (so sollte es zum Beispiel vorhersagen, dass das fehlende Wort im Satz »What ____ you saying?« wahrscheinlich »are« oder »were« ist). Können Sie ein Modell darin trainieren, bei dieser Aufgabe eine gute Leistung zu erreichen, wird es schon ziemlich viel über Sprache wissen, und Sie können es sicherlich für Ihre eigentliche Aufgabe wiederverwenden und es mit Ihren gelabelten Daten optimieren (mehr zu Vortrainingsaufgaben besprechen wir in Kapitel 15).

> *Selbstüberwachtes Lernen* heißt, dass Sie automatisch die Labels aus den Daten selbst erzeugen – wie beim Beispiel mit dem Maskieren von Text – und dann ein Modell mit dem enstandenen »gelabelten« Datensatz mithilfe überwachter Lerntechniken trainieren.

Schnellere Optimierer

Das Trainieren eines sehr großen Deep-Learning-Netzes kann nervtötend langsam sein. Wir haben bisher vier Möglichkeiten betrachtet, um das Trainieren zu beschleunigen (und die Lösung zu verbessern): eine geeignete Initialisierungsstrategie für die Gewichte der Verbindungen zu nutzen, die Aktivierungsfunktion sinnvoll zu wählen, Batchnormalisierung zu verwenden und Teile eines vortrainierten Netzes einzusetzen (eventuell gebaut für eine künstliche Aufgabe oder per unüberwachtes Lernen). Eine weitere deutliche Beschleunigung lässt sich durch Verwenden eines schnelleren Optimierers anstelle des gewöhnlichen Gradientenverfahrens erzielen. In diesem Abschnitt stellen wir die verbreitetsten Optimierungsverfahren vor: Momentum, Accelerated Gradient nach Nesterov, AdaGrad, RMSProp und schließlich Adam und seine Varianten.

Momentum

Stellen Sie sich eine Bowlingkugel vor, die eine leicht abschüssige, glatte Oberfläche herunterrollt: Sie beginnt langsam, beschleunigt aber bald, bis sie eine Endgeschwindigkeit erreicht (falls es Reibung und Luftwiderstand gibt). Dies ist die zentrale Idee der von Boris Polyak im Jahr 1964 vorgeschlagenen *Momentum Optimization* (*https://homl.info/54*).[15] Im Gegensatz dazu führt das Gradientenverfahren kleine Schritte aus, wenn die Ebene flach ist, und große Schritte, wenn sie steil ist, aber es wird nie an Geschwindigkeit zulegen. Daher braucht es im Allgemeinen viel länger als die Momentum Optimization, um das Minimum zu erreichen.

Wie erwähnt, aktualisiert das Gradientenverfahren die Gewichte $\boldsymbol{\theta}$, indem es den Gradienten von der nach den Gewichten ($\nabla_{\boldsymbol{\theta}} J(\boldsymbol{\theta})$) abgeleiteten Kostenfunktion $J(\boldsymbol{\theta})$, multipliziert mit der Lernrate η, direkt abzieht. Die Gleichung hierfür lautet: $\boldsymbol{\theta} \leftarrow \boldsymbol{\theta} - \eta \nabla_{\boldsymbol{\theta}} J(\boldsymbol{\theta})$. Sie kümmert sich nicht darum, wie groß frühere Gradienten waren. Wenn der lokale Gradient klein ist, arbeitet das Verfahren sehr langsam.

Momentum Optimization berücksichtigt die früheren Gradienten: Bei jedem Schritt fügt es den lokalen Gradienten zum *Momentvektor* **m** hinzu (multipliziert mit der Lernrate η) und aktualisiert die Gewichte, indem es diesen Momentvektor einfach abzieht (siehe Formel 11-5). Anders ausgedrückt, der Gradient wird als Beschleunigung, nicht als Geschwindigkeit interpretiert. Um Reibung nachzubilden und zu verhindern, dass das Moment zu groß wird, gibt es im Verfahren den zusätzlichen Hyperparameter β, das *Moment*, das zwischen 0 (hohe Reibung) und 1 (keine Reibung) liegen muss. Ein typisches Moment beträgt 0,9.

Formel 11-5: Moment-Algorithmus

1. $\mathbf{m} \leftarrow \beta \mathbf{m} - \eta \nabla_{\boldsymbol{\theta}} J(\boldsymbol{\theta})$
2. $\boldsymbol{\theta} \leftarrow \boldsymbol{\theta} + \mathbf{m}$

Sie können nachweisen, dass die Endgeschwindigkeit (der maximale Betrag der Gewichtsveränderung) bei einem konstanten Gradienten gleich dem Produkt aus Gradient, Lernrate η und $\frac{1}{1-\beta}$ ist (wir ignorieren dabei das Vorzeichen). Wenn beispielsweise $\beta = 0{,}9$ gilt, beträgt die Endgeschwindigkeit 10 mal Gradient mal Lernrate. Die Momentum Optimization bewegt sich also 10 Mal schneller als das Gradientenverfahren! Dadurch kann die Momentum Optimization schneller als das Gradientenverfahren aus Plateaus entkommen. Wir haben in Kapitel 4 gesehen, dass die Kostenfunktion bei unterschiedlich skalierten Eingaben wie eine breite Schüssel aussieht (siehe Abbildung 4-7). Das Gradientenverfahren steigt die steilen Wände schnell herab, benötigt dann aber eine lange Zeit bis ins Tal. Die Momentum Optimization dagegen rollt immer schneller und schneller das Tal entlang, bis sie den tiefsten Punkt (das Optimum) erreicht. Bei Deep-Learning-Netzen ohne Batchnormalisierung haben die oberen Schichten häufig Eingaben mit sehr unterschiedlichen Wertebereichen. In dieser Situation ist die Momentum Optimization sehr wertvoll. Sie hilft auch dabei, an lokalen Optima vorbeizurollen.

15 Boris T. Polyak, »Some Methods of Speeding Up the Convergence of Iteration Methods«, *USSR Computational Mathematics and Mathematical Physics* 4, no. 5 (1964): 1–17.

Wegen des Moments kann der Optimierer ein wenig über das Ziel hinausschießen, zurückkehren, sich wieder zu weit entfernen und so mehrmals oszillieren, bevor er sich beim Minimum stabilisiert. Aus diesem Grund ist es gut, ein wenig Reibung im System zu haben: Sie eliminiert diese Oszillation und beschleunigt daher die Konvergenz.

Das Implementieren der Momentum Optimization in Keras ist ein Klacks: Nutzen Sie einfach den `SGD`-Optimierer und setzen Sie dessen Hyperparameter `momentum`, dann lehnen Sie sich anschließend zurück und genießen!

```
optimizer = tf.keras.optimizers.SGD(learning_rate=0.001, momentum=0.9)
```

Der Hauptnachteil der Momentum Optimization ist, dass wir uns um einen weiteren Hyperparameter kümmern müssen. In der Praxis funktioniert der Wert 0,9 für das Moment meist gut und ist fast immer schneller als das Gradientenverfahren.

Beschleunigter Gradient nach Nesterov

Eine kleine Variante der Momentum Optimization, die von Yurii Nesterov im Jahr 1983 vorgestellt wurde (*https://homl.info/55*),[16] ist so gut wie immer schneller als die reine Momentum Optimization. Die Idee bei der *Momentum Optimization nach Nesterov* oder dem *beschleunigten Gradienten nach Nesterov* (NAG) ist, den Gradienten der Kostenfunktion nicht an der aktuellen Position $\boldsymbol{\theta}$ zu bestimmen, sondern ein wenig weiter vorwärts in Richtung des Moments $\boldsymbol{\theta} + \beta\mathbf{m}$ (siehe Formel 11-6).

Formel 11-6: Algorithmus des beschleunigten Gradienten nach Nesterov

1. $\mathbf{m} \leftarrow \beta\mathbf{m} - \eta\nabla_{\boldsymbol{\theta}} J(\boldsymbol{\theta} + \beta\mathbf{m})$
2. $\boldsymbol{\theta} \leftarrow \boldsymbol{\theta} + \mathbf{m}$

Diese kleine Modifikation funktioniert, weil der Momentvektor im Allgemeinen in die richtige Richtung zeigt (also zum Optimum hin). Daher ist das Verwenden des Gradienten ein Stück weiter in dieser Richtung etwas genauer als an der ursprünglichen Position, wie Sie Abbildung 11-7 entnehmen können (wobei ∇_1 für den Gradienten der am Ausgangspunkt $\boldsymbol{\theta}$ bestimmten Kostenfunktion steht und ∇_2 für den Gradienten am Punkt $\boldsymbol{\theta} + \beta\mathbf{m}$).

Wie Sie sehen, führt die Änderung nach Nesterov näher ans Optimum heran. Nach einer Weile addieren sich diese kleinen Verbesserungen auf, wodurch NAG deutlich schneller als die gewöhnliche Momentum Optimization ist. Wenn zudem das Moment die Gewichte durch ein Tal zieht, drückt ∇_1 sie weiter durch das Tal voran,

16 Yurii Nesterov, »A Method for Unconstrained Convex Minimization Problem with the Rate of Convergence $O(1/k^2)$«, *Doklady AN USSR* 269 (1983): 543–547.

während ∇_2 sie in Richtung der Talsohle schiebt. Dadurch wird Oszillation unterbunden, und die Konvergenz wird beschleunigt.

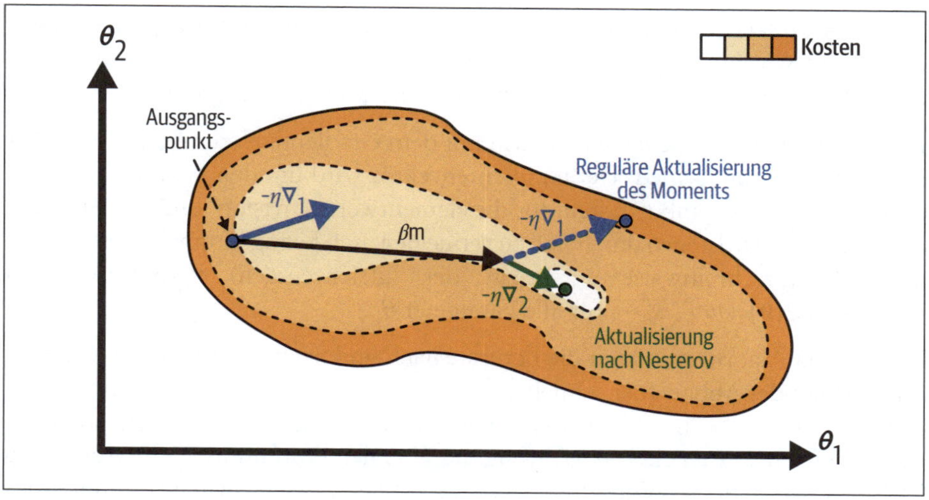

Abbildung 11-7: Gewöhnliche Momentum Optimization im Vergleich zur Variante nach Nesterov: Die normale wendet die berechneten Gradienten vor dem Momentum-Schritt an, die Variante erst danach.

Um NAG zu verwenden, setzen Sie einfach beim Erstellen eines `SGD`-Optimierers den Parameter `nesterov=True`:

```
optimizer = tf.keras.optimizers.SGD(learning_rate=0.001, momentum=0.9,
                                    nesterov=True)
```

AdaGrad

Betrachten wir noch einmal das Problem der länglichen Schüssel: Das Gradientenverfahren bewegt sich schnell entlang der steilsten Wand, zeigt dabei aber nicht direkt auf das globale Optimum und geht dann langsam bis zur Talsohle weiter. Es wäre schön, wenn der Algorithmus dies früh erkennen könnte, um sich ein wenig mehr in Richtung des globalen Optimums auszurichten. Der *AdaGrad*-Algorithmus (*https://homl.info/56*)[17] arbeitet genau so, er skaliert den Gradientenvektor entlang der steilsten Dimensionen herunter (siehe Formel 11-7):

Formel 11-7: AdaGrad-Algorithmus

1. $\mathbf{s} \leftarrow \mathbf{s} + \nabla_{\boldsymbol{\theta}} J(\boldsymbol{\theta}) \otimes \nabla_{\boldsymbol{\theta}} J(\boldsymbol{\theta})$
2. $\boldsymbol{\theta} \leftarrow \boldsymbol{\theta} - \eta\, \nabla_{\boldsymbol{\theta}} J(\boldsymbol{\theta}) \oslash \sqrt{\mathbf{s} + \varepsilon}$

17 John Duchi et al., »Adaptive Subgradient Methods for Online Learning and Stochastic Optimization«, *Journal of Machine Learning Research* 12 (2011): 2121–2159.

Der erste Schritt akkumuliert das Quadrat der Gradienten in den Vektor **s** (das Symbol ⊗ steht für die Multiplikation der einzelnen Elemente). Diese vektorisierte Form entspricht der Berechnung von $s_i \leftarrow s_i + (\partial J(\theta) / \partial \theta_i)^2$ für jedes Element s_i des Vektors **s**; anders ausgedrückt, akkumuliert jedes s_i die Quadrate der partiellen Ableitung der Kostenfunktion nach dem Parameter θ_i. Ist die Kostenfunktion entlang der *i*. Dimension steil, wird s_i von Iteration zu Iteration immer größer.

Der zweite Schritt ist beinahe identisch mit dem Gradientenverfahren, es gibt aber einen großen Unterschied: Der Gradientenvektor wird um den Faktor $\sqrt{\mathbf{s} + \varepsilon}$ herunterskaliert (das Symbol ⊘ steht für die elementweise Division, und ε ist ein Glättungsterm, um Divisionen durch null zu vermeiden, und beträgt normalerweise 10^{-10}). Diese Vektorschreibweise entspricht der (gleichzeitigen) Berechnung von $\theta_i \leftarrow \theta_i - \eta\, \partial J(\boldsymbol{\theta}) / \partial \theta_i / \sqrt{s_i + \varepsilon}$ für alle Parameter θ_i.

Kurz, dieser Algorithmus baut die Lernrate nach und nach ab, bei steilen Dimensionen erfolgt der Abbau aber schneller als bei Dimensionen mit geringeren Steigungen. Dies bezeichnet man auch als *adaptive Lernrate*. Die daraus entstehenden Aktualisierungen weisen eher in Richtung des globalen Optimums (siehe Abbildung 11-8). Ein zusätzlicher Vorteil ist, dass wesentlich weniger Feinabstimmung des Lernraten-Hyperparameters η nötig ist.

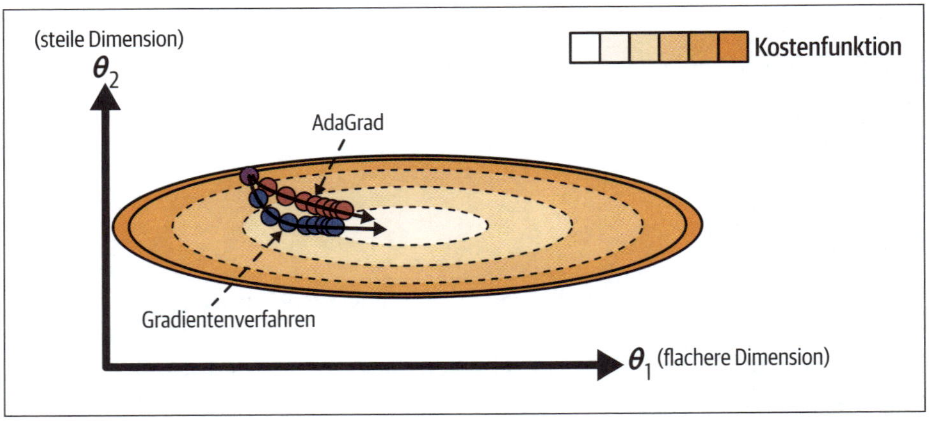

Abbildung 11-8: AdaGrad im Vergleich zum Gradientenverfahren – Ersterer kann frühzeitiger auf das Optimum zeigen.

AdaGrad schneidet bei einfachen quadratischen Problemen oft gut ab, hält aber beim Trainieren neuronaler Netze häufig zu früh an: Die Lernrate wird dann so weit herunterskaliert, dass der Algorithmus komplett anhält, bevor er das globale Optimum erreicht. Obwohl es in Keras einen `Adagrad`-Optimierer gibt, sollten Sie diesen nicht zum Trainieren von Deep-Learning-Netzen verwenden (bei einfacheren Aufgaben wie der linearen Regression kann er sich aber als effizient erweisen). Es ist dennoch hilfreich, AdaGrad zu verstehen, um die anderen Optimierer zum Anpassen der Lernrate zu begreifen.

RMSProp

Wie wir gesehen haben, besteht bei AdaGrad das Risiko, dass er ein wenig zu schnell abbremst und daher in manchen Fällen das globale Optimum nie erreicht. Der *RMSProp*-Algorithmus[18] behebt dieses Problem, indem er nur die Gradienten aus den letzten Iterationen akkumuliert, anstatt sämtliche Gradienten seit Trainingsbeginn zu verwenden. Dazu wird im ersten Schritt ein exponentieller Zerfall verwendet (siehe Formel 11-8).

Formel 11-8: RMSProp-Algorithmus

$$1. \quad \mathbf{s} \leftarrow \beta \mathbf{s} + (1 - \beta) \nabla_{\boldsymbol{\theta}} J(\boldsymbol{\theta}) \otimes \nabla_{\boldsymbol{\theta}} J(\boldsymbol{\theta})$$

$$2. \quad \boldsymbol{\theta} \leftarrow \boldsymbol{\theta} - \eta \, \nabla_{\boldsymbol{\theta}} J(\boldsymbol{\theta}) \oslash \sqrt{\mathbf{s} + \varepsilon}$$

Die Zerfallsrate ρ wird normalerweise auf 0,9 gesetzt.[19] Ja, es ist schon wieder ein neuer Hyperparameter, aber dieser Standardwert funktioniert meist so gut, dass Sie ihn nicht weiter verändern müssen.

Wie Sie sich vielleicht schon denken, gibt es in Keras den Optimierer `RMSprop`:

```
optimizer = tf.keras.optimizers.RMSprop(learning_rate=0.001, rho=0.9)
```

Außer bei sehr einfachen Aufgaben ist dieser Optimierer AdaGrad so gut wie immer überlegen. Deshalb war dies der von vielen Forschern bevorzugte Algorithmus, bis die Adam-Optimierung auf den Plan kam.

Adam

Adam (*https://homl.info/59*)[20], eine Abkürzung für *Adaptive Moment Estimation*, kombiniert die Idee von Momentum Optimization und RMSProp: Wie die Momentum Optimization merkt sich das Verfahren den Durchschnitt der vorherigen Gradienten, und wie RMSProp merkt es sich auch den Durchschnitt der quadrierten Gradienten, beide unter exponentiellem Zerfall (siehe Formel 11-9).

Dies sind Schätzungen des Mittelwerts und der (nicht zentrierten) Varianz der Gradienten. Der Mittelwert wird oft als *erstes Moment*, die Varianz als *zweites Moment* bezeichnet. Daher rührt der Name des Algorithmus.

18 Dieser Algorithmus wurde von Geoffrey Hinton und Tijmen Tieleman im Jahr 2012 entwickelt und von Geoffrey Hinton in seinem Coursera-Kurs zu neuronalen Netzen präsentiert (Folien: *https://homl.info/57*, Video: *https://homl.info/58*). Da die Autoren keinen Fachartikel über das Verfahren verfasst haben, zitieren Forscher in ihren Artikeln häufig »Folie 29 in Vorlesung 6«.

19 ρ ist der griechische Buchstabe Rho.

20 Diederik P. Kingma und Jimmy Ba, »Adam: A Method for Stochastic Optimization«, arXiv Preprint arXiv:1412.6980 (2014).

Formel 11-9: Adam-Algorithmus

1. $\mathbf{m} \leftarrow \beta_1 \mathbf{m} - \left(1 - \beta_1\right) \nabla_{\boldsymbol{\theta}} J(\boldsymbol{\theta})$
2. $\mathbf{s} \leftarrow \beta_2 \mathbf{s} + \left(1 - \beta_2\right) \nabla_{\boldsymbol{\theta}} J(\boldsymbol{\theta}) \otimes \nabla_{\boldsymbol{\theta}} J(\boldsymbol{\theta})$
3. $\widehat{\mathbf{m}} \leftarrow \dfrac{\mathbf{m}}{1 - {\beta_1}^t}$
4. $\widehat{\mathbf{s}} \leftarrow \dfrac{\mathbf{s}}{1 - {\beta_2}^t}$
5. $\boldsymbol{\theta} \leftarrow \boldsymbol{\theta} + \eta\, \widehat{\mathbf{m}} \oslash \sqrt{\widehat{\mathbf{s}} + \varepsilon}$

In dieser Gleichung steht t für den Index der Iteration (beginnend bei 1).

Wenn Sie sich nur die Schritte 1, 2 und 5 ansehen, bemerken Sie die Nähe der Adam-Optimierung zu Momentum Optimization und RMSProp: β_1 entspricht β in der Momentum Optimiziation, β_2 dem ρ in RMSProp. Der einzige Unterschied ist, dass bei Schritt 1 ein exponentiell abfallender Durchschnitt anstatt einer exponentiell abfallenden Summe berechnet wird. Diese sind aber bis auf einen konstanten Faktor gleich (der abfallende Durchschnitt beträgt $1 - \beta_1$ mal die abfallende Summe). Die Schritte 3 und 4 enthalten ein technisches Detail: Weil **m** und **s** mit 0 initialisiert wurden, enthalten sie zu Beginn des Trainings ein Bias in Richtung 0. Deshalb werten diese beiden Schritte **m** und **s** zu Beginn des Trainierens auf.

Der Hyperparameter für den Abfall des Moments β_1 wird normalerweise mit 0,9 initialisiert, der Hyperparameter für den Abfall der Skalierung β_2 wird häufig mit 0,999 initialisiert. Wie weiter oben wird der Glättungsterm ε normalerweise mit einer sehr kleinen Zahl wie 10^{-7} initialisiert. Dies sind die voreingestellten Werte der Klasse `Adam`. So erstellen Sie einen Adam-Optimierer mit Keras:

```
optimizer = tf.keras.optimizers.Adam(learning_rate=0.001, beta_1=0.9, beta_2=0.999)
```

Da Adam ein Algorithmus mit adaptiver Lernrate ist, wie auch AdaGrad und RMSProp, muss weniger Feineinstellung der Lernrate η erfolgen. Sie können meist den Standardwert η = 0,001 verwenden, wodurch Adam sogar einfacher als das Gradientenverfahren zu nutzen ist.

> Sollten Sie sich von all diesen verschiedenen Techniken mittlerweile etwas überfordert fühlen und sich fragen, wie Sie die richtige für Ihre Aufgabe auswählen, machen Sie sich keine Sorgen: Am Ende dieses Kapitels liefere ich Ihnen ein paar praktische Ratschläge.

Es lohnt sich noch, auf drei Varianten von Adam hinzuweisen: AdaMax, Nadam und AdamW.

AdaMax

Der Adam-Artikel hat auch AdaMax vorgestellt. In Schritt 2 von Formel 11-9 summiert Adam die Quadrate der Gradienten in **s** auf (mit einer größeren Gewichtung auf die aktuelleren Gradienten). Ignorieren wir in Schritt 5 ε sowie die Schritte 3 und 4 (bei denen es sich nur um technische Details handelt), skaliert Adam die Parameteraktualisierungen mit der Quadratwurzel von **s**. Kurz gesagt, skaliert Adam die Parameteraktualisierungen mithilfe der ℓ_2-Norm der altersberücksichtigten Gradienten (die ℓ_2-Norm ist die Quadratwurzel der Summe der Quadrate). AdaMax ersetzt die ℓ_2-Norm durch die ℓ_∞-Norm (eine schickere Ausdrucksweise für das Maximum). Genauer gesagt, ersetzt es Schritt 2 in Formel 11-9 durch $\mathbf{s} \leftarrow \max\left(\beta_2\mathbf{s}, \text{abs}(\nabla_\boldsymbol{\theta} J\left(\boldsymbol{\theta}\right))\right)$, lässt Schritt 4 weg und skaliert in Schritt 5 die Gradientenaktualisierungen um einen Faktor **s** herunter, was gerade das Maximum des absoluten Werts der altersberücksichtigten Gradienten ist.

In der Praxis ist AdaMax dadurch möglicherweise stabiler als Adam, aber das hängt vom Datensatz ab, und im Allgemeinen ist Adam schneller. Somit handelt es sich bei AdaMax letztlich um einen weiteren Optimierer, den Sie ausprobieren können, wenn Sie bei einer Aufgabe Probleme mit Adam haben.

Nadam

Beim Nadam-Optimierer handelt es sich um den Adam-Optimierer plus Nesterov-Trick, wodurch er oft etwas schneller als Adam konvergiert. In dem Artikel (*https://homl.info/nadam*), der diese Technik vorstellt,[21] vergleicht der Forscher Timothy Dozat viele verschiedene Optimierer für diverse Aufgaben und stellt fest, dass Nadam im Allgemeinen schneller als Adam ist, manchmal aber von RMSProp noch übertrumpft wird.

AdamW

AdamW (*https://homl.info/adamw*)[22] ist eine Variante von Adam, die eine Regularisierungstechnik namens *Weight Decay* integriert. Diese verringert die Größe der Modellgewichte bei jeder Trainingsiteration, indem sie mit einem Zerfallsfaktor von beispielsweise 0,99 multipliziert werden. Das erinnert Sie vielleicht an die ℓ_2-Regularisierung (vorgestellt in Kapitel 4), die ebenfalls versucht, die Gewichte klein zu halten. Es kann tatsächlich mathematisch gezeigt werden, dass die ℓ_2-Regularisierung äquivalent zum Weight Decay ist, wenn SGD zum Einsatz kommt. Aber bei Adam oder seinen Varianten sind die ℓ_2-Regularisierung und Weight Decay *nicht* gleich: In der Praxis führt die Kombination von Adam mit der ℓ_2-Regularisierung zu Modellen, die oft nicht so gut generalisieren wie die, die durch SGD erzeugt wer-

21 Timothy Dozat, »Incorporating Nesterov Momentum into Adam« (2016).

22 Ilya Loshchilov und Frank Hutter, »Decoupled Weight Decay Regularization«, arXiv Preprint arXiv:1711.05101 (2017).

den. AdamW behebt dieses Problem, indem es Adam sauber mit Weight Decay kombiniert.

> Adaptive Optimierungsmethoden (einschließlich RMSProp, Adam, AdaMax, Nadam und AdamW) sind oft wunderbar und konvergieren schnell hin zu einer guten Lösung. Aber ein Artikel aus dem Jahr 2017 (*https://homl.info/60*) von Ashia C. Wilson et al.[23] kam zu dem Schluss, dass sie bei manchen Datensätzen zu einer schwachen Verallgemeinerungsleistung führen. Sind Sie also mit der Leistung Ihres Modells unzufrieden, können Sie NAG ausprobieren – Ihr Datensatz reagiert eventuell nur allergisch auf adaptive Gradienten. Schauen Sie sich auch die aktuelle Forschung an, denn da passiert ziemlich viel.

Um Nadam, AdaMax oder AdamW in Keras zu verwenden, ersetzen Sie `tf.keras.optimizers.Adam` durch `tf.keras.optimizers.Nadam`, `tf.keras.optimizers.Adamax` oder `tf.keras.optimizers.experimental.AdamW`. Bei AdamW sollten Sie möglicherweise den Hyperparameter `weight_decay` optimieren.

Alle bisher besprochenen Optimierungstechniken beruhen lediglich auf den *partiellen Ableitungen erster Ordnung* (*Jacobians*). Die Literatur zu Optimierungsverfahren enthält faszinierende Algorithmen, die mit den *partiellen Ableitungen zweiter Ordnung* arbeiten (die *Hessians*, bei denen es sich um die partiellen Ableitungen der Jacobians handelt). Leider lassen sich diese Algorithmen sehr schwer auf neuronale Netze anwenden, weil es pro Ausgabe n^2 Hessians gibt (wobei n die Anzahl der Parameter ist). Im Gegensatz dazu gibt es nur n Jacobians pro Ausgabe. Da DNNs normalerweise Zehntausende Parameter oder mehr enthalten, passen die Algorithmen 2. Grades oft nicht einmal in den Speicher. Selbst wenn sie passen, ist die Berechnung der Hessians einfach zu langsam.

Trainieren spärlicher Modelle

Alle eben vorgestellten Optimierungsalgorithmen erzeugen dichte Modelle, solche, bei denen die meisten Parameter ungleich null sind. Wenn Sie ein zur Laufzeit blitzschnelles Modell benötigen oder wenn es wenig Speicher verbrauchen soll, sollten Sie ein spärliches Modell in Betracht ziehen.

Eine Möglichkeit hierzu ist, das Modell wie gewohnt zu trainieren und anschließend winzige Gewichte auf null zu setzen. Allerdings wird dies meist nicht zu einem sehr spärlichen Modell führen und dessen Leistung verschlechtern.

Eine andere Möglichkeit besteht darin, während des Trainierens eine starke ℓ_1-Regularisierung anzuwenden (darauf kommen wir später noch zurück), da diese den

23 Ashia C. Wilson et al., »The Marginal Value of Adaptive Gradient Methods in Machine Learning«, *Advances in Neural Information Processing Systems* 30 (2017): 4148–4158.

Optimierer veranlasst, möglichst viele Gewichte auf null zu setzen (wie im Fall der im Abschnitt »Lasso-Regression« auf Seite 189 besprochenen Lasso-Regression).

Erweisen sich diese Techniken als unzureichend, werfen Sie einen Blick auf das TensorFlow Model Optimization Toolkit (TF-MOT) (*https://homl.info/tfmot*), das eine aufgeräumte API hat, mit der Sie während des Trainings iterativ Verbindungen abhängig von deren Magnitude entfernen können.

In Tabelle 11-2 werden alle bisher besprochenen Optimierer verglichen (* ist schlecht, ** ist durchschnittlich, und *** ist gut).

Tabelle 11-2: Vergleich von Optimierern

Klasse	Konvergenzgeschwindigkeit	Konvergenzqualität
`SGD`	*	***
`SGD(momentum=...)`	**	***
`SGD(momentum=..., nesterov=True)`	**	* (stoppt zu früh)
`Adagrad`	***	
`RMSprop`	***	** oder ***
`Adam`	***	** oder ***
`AdaMax`	***	** oder ***
`Nadam`	***	** oder ***
`AdamW`	***	** oder ***

Scheduling der Lernrate

Es ist sehr wichtig, eine gute Lernrate zu finden. Wenn Sie sie zu hoch einstellen, divergiert das Modell beim Trainieren (wie in Kapitel 4 besprochen). Wenn Sie sie zu niedrig einstellen, konvergiert das Modell irgendwann zum Optimum, das Trainieren wird aber sehr lange dauern. Wenn Sie sie ein klein wenig zu hoch einstellen, macht das Modell zunächst sehr gute Fortschritte, tanzt dann aber um das Optimum herum und kommt nie zur Ruhe. Ist Ihre Rechenzeit begrenzt, müssen Sie das Trainieren unterbrechen, bevor es anständig konvergiert, und sich mit einer suboptimalen Lösung zufriedengeben (siehe Abbildung 11-9).

Wie in Kapitel 10 besprochen, finden Sie eventuell eine gute Lernrate, indem Sie das Modell für ein paar Hundert Iterationen trainieren, dabei die Lernrate exponentiell von einem sehr kleinen zu einem sehr großen Wert wachsen lassen, sich anschließend die Lernkurve anschauen und dann eine Lernrate auswählen, die etwas unter dem Wert liegt, bei dem die Lernkurve wieder hochschießt. Jetzt können Sie Ihr Modell neu initialisieren und es mit dieser Lernrate trainieren.

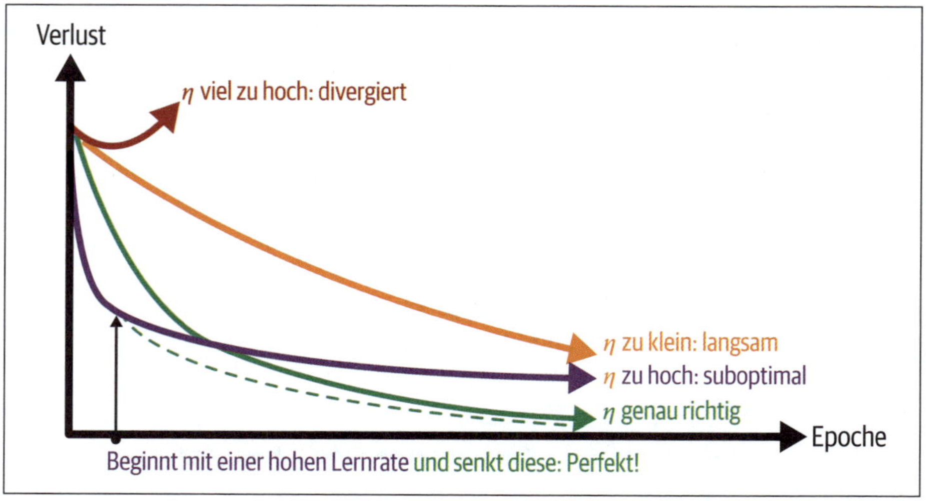

Abbildung 11-9: Lernkurven für unterschiedliche Lernraten η

Sie können aber auch etwas Besseres als eine konstante Lernrate erzielen: Wenn Sie mit einer hohen Lernrate beginnen und diese reduzieren, sobald sie keine großen Fortschritte mehr macht, lässt sich eine gute Lösung schneller als mit einer konstanten Lernrate finden. Es gibt viele unterschiedliche Strategien, mit denen sich die Lernrate beim Trainieren verringern lässt. Lohnenswert kann es auch sein, mit einer niedrigen Lernrate zu beginnen, sie zu steigern und dann wieder abfallen zu lassen. Diese Strategien bezeichnet man als *Scheduling der Lernrate* (wir haben den Begriff kurz in Kapitel 4 erwähnt). Die häufigsten Strategien sind:

Power Scheduling
: Setzen Sie die Lernrate auf eine Funktion der Iteration t: $\eta(t) = \eta_0 / (1 + t/s)^c$. Die initiale Lernrate η_0, die Potenz c (meist mit dem Wert 1) und die Schritte s sind Hyperparameter. Nach s Schritten sinkt die Lernrate auf $\eta_0 / 2$. Nach s weiteren Schritten liegt sie bei $\eta_0 / 3$, dann sinkt sie auf $\eta_0 / 4$ und so weiter. Wie Sie sehen, sinkt dieser Schedule erst schnell und dann immer langsamer. Natürlich müssen Sie für das Power Scheduling sowohl η_0 wie auch s (und eventuell c) anpassen.

Exponentielles Scheduling
: Legen Sie die Lernrate als Funktion der Iteration t fest: $\eta(t) = \eta_0\ 0{,}1^{t/s}$. Die Lernrate wird damit nach und nach um einen Faktor von 10 alle s Schritte fallen. Während das Power Scheduling die Lernrate stärker und langsamer verringert, wird sie beim exponentiellen Scheduling weiterhin alle s Schritte um den Faktor 10 reduziert.

Vorgefertigte stückweise konstante Lernrate
: Setzen Sie die Lernrate zu Beginn für eine gewisse Anzahl von Epochen auf einen festen Wert (zum Beispiel $\eta_0 = 0{,}1$ für 5 Epochen), dann für eine weitere Anzahl von Epochen auf einen kleineren Wert (zum Beispiel $\eta_1 = 0{,}001$ für 50

Epochen) und so weiter. Obwohl diese Lösung sehr gut funktionieren kann, muss man meist ein wenig experimentieren, bis man die richtigen Zeitpunkte und Lernraten gefunden hat.

Performance Scheduling
Messen Sie alle *N* Schritte den Validierungsfehler (wie beim Early Stopping) und verringern Sie die Lernrate um den Faktor λ, sobald der Fehler nicht mehr abnimmt.

1cycle Scheduling
1cycle Scheduling wurde in einem Artikel (*https://homl.info/1cycle*) von Leslie Smith aus dem Jahr 2018[24] vorgestellt. Anders als bei den anderen Ansätzen beginnt er damit, die initiale Lernrate η_0 zu erhöhen und bis zur Hälfte des Trainings linear bis zur Lernrate η_1 wachsen zu lassen. Dann reduziert es während der zweiten Hälfte des Trainings die Rate wieder linear bis η_0, um sie ganz zum Schluss während der letzten paar Epochen um mehrere Größenordnungen abzusenken (immer noch linear). Die maximale Lernrate η_1 wird mit dem gleichen Ansatz ermittelt wie beim Finden der optimalen Lernrate, und die initiale Lernrate η_0 wird meist um einen Faktor 10 kleiner ausgewählt. Beim Einsatz eines Momentums beginnen wir zuerst mit einem hohen Momentum (zum Beispiel 0,95), reduzieren es dann in der ersten Hälfte des Trainings (zum Beispiel linear auf 0,85) und bringen es dann wieder in der zweiten Hälfte zurück auf den maximalen Wert, wobei dieser bei den letzten paar Epochen beibehalten wird. Smith hat viele Experimente durchgeführt, die gezeigt haben, dass dieser Ansatz oft dazu in der Lage war, das Training deutlich zu beschleunigen und eine bessere Leistung zu erreichen. So gelangte er beispielsweise mit dem beliebten CIFAR10-Bilddatensatz auf 91,9 % Validierungsgenauigkeit in nur 100 Epochen – im Gegensatz zu 90,3 % Genauigkeit nach 800 Epochen bei einem Standardvorgehen (mit der gleichen Architektur des neuronalen Netzes). Diese Leistung wird *Superkonvergenz* genannt.

Ein Artikel (*https://homl.info/63*) aus dem Jahr 2013[25] von Andrew Senior et al. verglich die Leistung der beliebtesten Scheduling-Verfahren zum Trainieren von Deep-Learning-Netzen zur Sprachverarbeitung mit Momentum Optimization. Die Autoren kamen zu dem Schluss, dass in diesem Szenario sowohl Performance Scheduling als auch exponentielles Scheduling gut abschneiden. Sie bevorzugten jedoch das exponentielle Scheduling, weil es sich einfacher abstimmen lässt und ein wenig schneller zur optimalen Lösung gelangt. Es wird auch erwähnt, dass es sich leichter als Performance Scheduling implementieren ließ, aber in Keras sind beide Varianten einfach. Allerdings scheint der 1cycle-Ansatz noch schneller zu sein.

---

24 Leslie N. Smith, »A Disciplined Approach to Neural Network Hyper-Parameters: Part 1–Learning Rate, Batch Size, Momentum, and Weight Decay«, arXiv Preprint arXiv:1803.09820 (2018).

25 Andrew Senior et al., »An Empirical Study of Learning Rates in Deep Neural Networks for Speech Recognition«, *Proceedings of the IEEE International Conference on Acoustics, Speech, and Signal Processing* (2013): 6724–6728.

Ein Power Scheduling lässt sich in Keras sehr einfach implementieren: Setzen Sie beim Erstellen eines Optimierers den Hyperparameter decay:

```
optimizer = tf.keras.optimizers.SGD(learning_rate=0.01, decay=1e-4)
```

Der decay ist das Inverse von s (die Anzahl an Schritten, nach denen die Lernrate durch eine weitere Einheit dividiert wurde). Keras geht davon aus, dass $c = 1$ ist.

Exponentielles Scheduling und eine stückweise konstante Lernrate lassen sich ebenfalls leicht umsetzen. Sie müssen zunächst eine Funktion definieren, die die aktuelle Epoche erwartet und die Lernrate zurückgibt. Implementieren wir beispielsweise das exponentielle Scheduling:

```
def exponential_decay_fn(epoch):
    return 0.01 * 0.1 ** (epoch / 20)
```

Wollen Sie η_0 und s nicht fest angeben, können Sie auch eine Funktion schreiben, die eine konfigurierte Funktion zurückgibt:

```
def exponential_decay(lr0, s):
    def exponential_decay_fn(epoch):
        return lr0 * 0.1 ** (epoch / s)
    return exponential_decay_fn

exponential_decay_fn = exponential_decay(lr0=0.01, s=20)
```

Als Nächstes erstellen Sie einen Callback LearningRateScheduler, übergeben ihm die Schedule-Funktion und reichen diesen Callback an die Methode fit() weiter:

```
lr_scheduler = tf.keras.callbacks.LearningRateScheduler(exponential_decay_fn)
history = model.fit(X_train, y_train, [...], callbacks=[lr_scheduler])
```

Der LearningRateScheduler wird das Attribut learning_rate des Optimierers zu Beginn jeder Epoche anpassen. Das reicht normalerweise aus, aber wenn die Lernrate häufiger angepasst werden soll – zum Beispiel bei jedem Schritt –, können Sie Ihren eigenen Callback schreiben (siehe den Abschnitt »Exponential Scheduling« des Notebooks zu diesem Kapitel). Das Aktualisieren der Lernrate bei jedem Schritt ist sinnvoll, wenn es viele Schritte pro Epoche gibt. Alternativ können Sie den gleich beschriebenen Ansatz tf.keras.optimizers.schedules verfolgen.

> Nach dem Training liefert Ihnen history.history["lr"] die Liste der während des Trainings verwendeten Lernraten.

Die Schedule-Funktion kann optional die aktuelle Lernrate als zweites Argument übernehmen. So multipliziert beispielsweise die folgende Schedule-Funktion die vorherige Lernrate mit $0{,}1^{1/20}$, was zum gleichen exponentiellen Abfall führt (der allerdings mit Epoche 0 statt mit Epoche 1 beginnt):

```
def exponential_decay_fn(epoch, lr):
    return lr * 0.1 ** (1 / 20)
```

Diese Implementierung geht von der initialen Lernrate des Optimierers aus (im Gegensatz zur vorherigen Implementierung) – stellen Sie daher sicher, dass Sie sie korrekt setzen.

Sichern Sie ein Modell, werden auch der Optimierer und seine Lernrate mit gesichert. Mit dieser neuen Schedule-Funktion können Sie daher einfach ein trainiertes Modell laden und ohne Probleme mit dem Training dort fortfahren, wo Sie aufgehört haben. Nutzt Ihre Schedule-Funktion allerdings das Argument `epoch`, wird es komplizierter: Die Epoche wird nicht mitgesichert und bei jedem Aufruf der Methode `fit()` auf 0 zurückgesetzt. Wollen Sie bei einem Modell dort mit dem Training fortfahren, wo Sie aufgehört haben, kann das zu einer sehr großen Lernrate führen, was vermutlich die Gewichte Ihres Modells beschädigt. Eine Lösung ist, das Argument `initial_epoch` der Methode `fit()` manuell zu setzen, sodass `epoch` direkt mit dem richtigen Wert loslegt.

Für eine stückweise konstante Lernrate können Sie eine Schedule-Funktion wie die folgende nutzen (wie zuvor können Sie bei Bedarf eine generischere Funktion definieren, siehe den Abschnitt »Piecewise Constant Scheduling« des Notebooks), dann einen Callback `LearningRateScheduler` mit dieser Funktion erstellen und ihn an die Methode `fit()` übergeben – so wie wir es beim exponentiellen Scheduling gemacht haben:

```
def piecewise_constant_fn(epoch):
    if epoch < 5:
        return 0.01
    elif epoch < 15:
        return 0.005
    else:
        return 0.001
```

Für ein Performance Scheduling verwenden Sie den Callback `ReduceLROnPlateau`. Übergeben Sie beispielsweise den folgenden Callback an die Methode `fit()`, wird dieser die Lernrate immer dann mit 0,5 multiplizieren, wenn sich der beste Validierungsverlust fünf aufeinanderfolgende Epochen lang nicht verbessert (es stehen noch andere Optionen zur Verfügung – werfen Sie einen Blick in die Dokumentation):

```
lr_scheduler = tf.keras.callbacks.ReduceLROnPlateau(factor=0.5, patience=5)
history = model.fit(X_train, y_train, [...], callbacks=[lr_scheduler])
```

Und schließlich bietet Keras eine weitere alternative Möglichkeit an, ein Lernraten-Scheduling zu implementieren: Definieren Sie die geschedulete Lernrate über einen der in `tf.keras.optimizers.schedules` verfügbaren Scheduler und übergeben Sie sie dann an einen Optimierer. Dadurch wird die Lernrate bei jedem Schritt statt nur bei jeder Epoche aktualisiert. So implementieren Sie zum Beispiel den gleichen exponentiellen Schedule wie bei der weiter oben definierten Funktion `exponential_decay_fn()`:

```
import math

batch_size = 32
n_epochs = 25
n_steps = n_epochs * math.ceil(len(X_train) / batch_size)
scheduled_learning_rate = tf.keras.optimizers.schedules.ExponentialDecay(
```

```
    initial_learning_rate=0.01, decay_steps=n_steps, decay_rate=0.1)
optimizer = tf.keras.optimizers.SGD(learning_rate=scheduled_learning_rate)
```

Das ist nett und einfach, und wenn Sie das Modell sichern, werden auch die Lernrate und deren Schedule (einschließlich dessen Status) mit abgespeichert.

Keras unterstützt 1cycle nicht, aber es ist möglich, das Ganze in weniger als 30 Zeilen Code zu implementieren, indem Sie einen eigenen Callback erstellen, der die Lernrate bei jeder Iteration anpasst. Um die Lernrate des Optimierers innerhalb der Callback-Methode `on_batch_begin()` zu ändern, müssen Sie `tf.keras.backend.set_value(self.model.optimizer.learning_rate, net_learning_rate)` aufrufen. Im Abschnitt »1Cycle Scheduling« des Notebooks finden Sie ein Beispiel dazu.

Zusammengefasst, lässt sich sagen, dass exponentieller Abfall, Performance Scheduling und 1cycle die Konvergenz deutlich beschleunigen können. Probieren Sie es daher einmal aus!

Vermeiden von Overfitting durch Regularisierung

> Mit vier Parametern kann ich einen Elefanten fitten, und mit fünf wackelt er mit dem Rüssel.
>
> *– John von Neumann, zitiert von Enrico Fermi in Nature 427*

Mit Tausenden Parametern können Sie den ganzen Zoo fitten. Deep-Learning-Netze haben meist Zehntausende Parameter, manchmal sogar Millionen. Mit derart vielen Parametern hat das Netz enorm viele Freiheitsgrade und kann eine riesige Bandbreite komplexer Datensätze erfassen. Aber diese Flexibilität bedeutet auch, dass es anfällig für das Overfitten der Trainingsdaten ist. Oft ist Regularisierung erforderlich, um das zu verhindern.

Wir haben schon eine der besten Regularisierungstechniken in Kapitel 10 implementiert – das Early Stopping. Und auch wenn die Batchnormalisierung dazu gedacht war, das Problem der instabilen Gradienten zu lösen, verhält sie sich zugleich wie ein ziemlich guter Regularisierer. In diesem Abschnitt werden wir einige der beliebtesten Regularisierungstechniken für neuronale Netze vorstellen: ℓ_1- und ℓ_2-Regularisierung, Drop-out und Max-Norm-Regularisierung.

ℓ_1- und ℓ_2-Regularisierung

Wie bei den einfachen linearen Modellen in Kapitel 4 können Sie mit der ℓ_2-Regularisierung den Gewichten der Verbindungen eines neuronalen Netzes (aber nicht den Bias-Termen) Beschränkungen auferlegen und/oder die ℓ_1-Regularisierung verwenden, wenn Sie ein Sparse-Modell nutzen wollen (mit vielen Gewichten gleich 0). So wenden Sie die ℓ_2-Regularisierung auf die Verbindungsgewichte einer Keras-Schicht mit einem Regularisierungsfaktor von 0,01 an:

```
layer = tf.keras.layers.Dense(100, activation="relu",
                              kernel_initializer="he_normal",
                              kernel_regularizer=tf.keras.regularizers.l2(0.01))
```

Die Funktion `l2()` gibt einen Regularisierer zurück, der während des Trainings bei jedem Schritt aufgerufen wird, um den Regularisierungsverlust zu berechnen. Dieser wird dann dem Gesamtverlust zugeschlagen. Nicht ganz unerwartet können Sie mit `tf.keras.regularizers.l1()` eine ℓ_1-Regularisierung umsetzen – wollen Sie sowohl ℓ_1- wie auch ℓ_2-Regularisierung haben, verwenden Sie `tf.keras.regularizers.l1_l2()` (und geben beide Regularisierungsfaktoren an).

Da Sie normalerweise den gleichen Regularisierer auf alle Schichten Ihres Netzes anwenden wollen – so wie Sie die gleiche Aktivierungsfunktion und Initialisierungsstrategie für alle verborgenen Schichten nutzen –, werden Sie feststellen, dass Sie immer wieder die gleichen Argumente nutzen. Das macht den Code hässlich und fehleranfällig. Um das zu vermeiden, können Sie versuchen, Ihren Code so zu refaktorieren, dass Schleifen zum Einsatz kommen. Eine andere Option ist die Python-Funktion `functools.partial()`, mit der Sie einen dünnen Wrapper für alles Aufrufbare mit Standardargumenten erzeugen können:

```
from functools import partial

RegularizedDense = partial(tf.keras.layers.Dense,
                           activation="relu",
                           kernel_initializer="he_normal",
                           kernel_regularizer=tf.keras.regularizers.l2(0.01))

model = tf.keras.Sequential([
    tf.keras.layers.Flatten(input_shape=[28, 28]),
    RegularizedDense(100),
    RegularizedDense(100),
    RegularizedDense(10, activation="softmax")
])
```

Wie weiter oben gesehen, ist die ℓ_2-Regularisierung beim Einsatz mit SGD, Momentum Optimization und Momentum Optimization nach Nesterov nützlich, aber nicht bei Adam und seinen Varianten. Wollen Sie Adam zusammen mit Weight Decay verwenden, nutzen Sie nicht die ℓ_2-Regularisierung – verwenden Sie stattdessen AdamW.

Drop-out

Eine der bei Deep-Learning-Netzen beliebtesten Regularisierungstechniken ist *Drop-out*. Sie wurde von Geoffrey Hinton et al. im Jahr 2012 vorgeschlagen (*https://homl.info/64*)[26] und in einem Artikel (*https://homl.info/65*)[27] von Nitish Srivastava

26 Geoffrey E. Hinton et al., »Improving Neural Networks by Preventing Co-Adaptation of Feature Detectors«, arXiv Preprint arXiv:1207.0580 (2012).

27 Nitish Srivastava et al., »Dropout: A Simple Way to Prevent Neural Networks from Overfitting«, *Journal of Machine Learning Research* 15 (2014): 1929–1958.

et al. genauer ausgeführt. Sie hat sich als höchst erfolgreich erwiesen: Viele moderne neuronale Netze erfahren durch das Hinzufügen von Drop-out einen ein- bis zweiprozentigen Zugewinn an Genauigkeit. Dies klingt nicht nach besonders viel, aber wenn ein Modell bereits eine Genauigkeit von 95% erzielt, bedeuten 2% Genauigkeit, dass Sie die Fehlerquote um beinahe 40% senken müssen (von 5% Fehlern auf etwa 3%).

Der Algorithmus ist recht einfach: Bei jedem Trainingsschritt wird jedes Neuron (auch die Eingabeneuronen, nicht aber die Ausgabeneuronen) mit einer Wahrscheinlichkeit *p* zwischenzeitlich »weggelassen«. Es wird also während dieses Trainingsschritts vollständig ignoriert, kann aber im nächsten Schritt wieder aktiv sein (siehe Abbildung 11-10). Den Hyperparameter *p* nennt man die *Drop-out-Rate*, und er wird normalerweise auf 10% bis 50% gesetzt: näher an 20 bis 30% in rekurrenten neuronalen Netzen (siehe Kapitel 15), näher an 40 bis 50% in Convolutional Neural Networks (siehe Kapitel 14). Nach dem Trainieren werden keine Neuronen mehr ausgelassen. Und das ist auch schon alles (bis auf einige technische Details, denen wir uns gleich widmen).

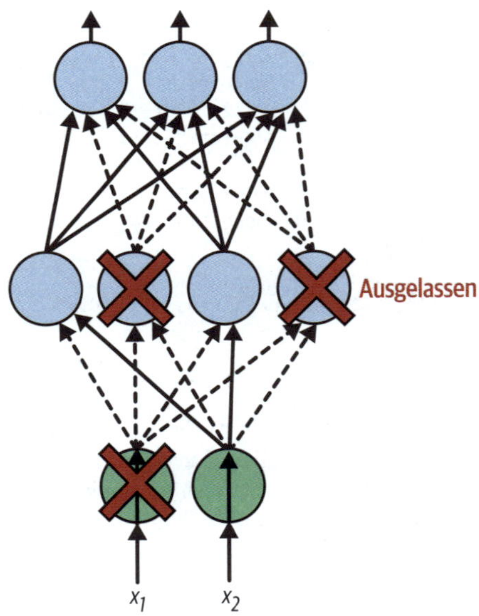

Abbildung 11-10: Bei der Drop-out-Regularisierung wird bei jeder Trainingsiteration eine zufällige Untermenge aller Neuronen in einer oder mehreren Schichten – außer der Ausgabeschicht – »gedroppt«; diese Neuronen geben in dieser Iteration 0 zurück (dargestellt durch die gestrichelten Pfeile).

Es ist auf den ersten Blick ein wenig überraschend, dass diese destruktive Technik überhaupt funktioniert. Würde ein Unternehmen besser funktionieren, wenn dessen Mitarbeiterinnen und Mitarbeiter jeden Morgen eine Münze werfen würden, um zu entscheiden, ob sie zur Arbeit gehen sollen? Tja, wer weiß, vielleicht würde es das sogar! Das Unternehmen wäre auf jeden Fall gezwungen, seine Organisation anzupassen; es könnte sich nicht auf eine Einzelperson verlassen, um die Kaffeemaschine zu befüllen oder ähnlich wichtige Aufgaben auszuführen. Die Mitarbeitenden müssten lernen, mit vielen ihrer Kollegen zu kooperieren, nicht nur mit einer Handvoll. Das Unternehmen würde dadurch deutlich widerstandsfähiger werden. Falls eine Person kündigt, würde es keinen großen Unterschied machen. Es ist nicht klar, ob diese Idee bei Unternehmen funktionieren würde, aber bei neuronalen Netzen funktioniert sie mit Sicherheit. Mit Drop-out trainierte Neuronen können sich nicht mit ihren Nachbarneuronen co-adaptieren; sie müssen für sich allein so nützlich wie möglich sein. Sie können sich auch nicht exzessiv auf einige Eingabeneuronen verlassen, sie müssen auf jedes ihrer Eingabeneuronen achten. Dadurch sind sie weniger anfällig für kleine Änderungen der Eingabe. Am Ende erhalten Sie ein robusteres Netz, das besser verallgemeinert.

Eine andere Betrachtungsweise, die die Mächtigkeit der Drop-out-Technik illustriert, ist, dass bei jedem Trainingsschritt ein einzigartiges neuronales Netz generiert wird. Da jedes Neuron entweder anwesend oder abwesend sein kann, gibt es insgesamt 2^N mögliche Netze (wobei N die Gesamtzahl der abschaltbaren Neuronen ist). Aufgrund einer derart großen Zahl ist es praktisch unmöglich, dass das gleiche neuronale Netz doppelt ausgewürfelt wird. Nach 10.000 durchgeführten Trainingsschritten haben Sie 10.000 unterschiedliche neuronale Netze mit jeweils einem Trainingsdatenpunkt trainiert. Natürlich sind diese neuronalen Netze nicht voneinander unabhängig, da sie viele Gewichte untereinander teilen, aber sie sind denoch alle unterschiedlich. Das am Ende erhaltene neuronale Netz lässt sich als Ensemble aus all diesen kleineren Netzen ansehen.

> In der Praxis können Sie Drop-out normalerweise nur in den obersten drei Schichten anwenden (abgesehen von der Ausgabeschicht).

Es gibt ein kleines, aber wichtiges technisches Detail. Mit $p = 75\%$ sind im Durchschnitt nur 25 % aller Neuronen bei jedem Trainingsschritt aktiv. Nach dem Training wäre dann ein Neuron mit viermal so viel Eingabeneuronen verbunden wie beim Training. Um diesen Umstand zu kompensieren, müssen wir die Gewichte der Eingaben aller Neuronen beim Trainieren mit vier multiplizieren. Andernfalls wird die Qualität des neuronalen Netzes nicht so gut sein, weil es während des Trainings andere Daten erhält als danach. Allgemein müssen wir das Gewicht jeder Eingabeverbindung beim Trainieren durch die *keep-Wahrscheinlichkeit* $(1 - p)$ dividieren.

Um Drop-out mit Keras zu implementieren, können Sie die Schicht `tf.keras.layers.Dropout` verwenden. Beim Trainieren lässt sie zufällig einige Neuronen aus (setzt diese auf 0) und teilt die verbliebenen Eingaben durch die keep-Wahrscheinlichkeit. Nach dem Trainieren tut diese Funktion überhaupt nichts, sie gibt die Eingaben einfach an die nächste Schicht weiter. Der folgende Code wendet die Regularisierung mittels Drop-out vor jeder Dense-Schicht an und nutzt dabei eine Drop-out-Rate von 0,2:

```
model = tf.keras.Sequential([
    tf.keras.layers.Flatten(input_shape=[28, 28]),
    tf.keras.layers.Dropout(rate=0.2),
    tf.keras.layers.Dense(100, activation="relu",
                          kernel_initializer="he_normal"),
    tf.keras.layers.Dropout(rate=0.2),
    tf.keras.layers.Dense(100, activation="relu",
                          kernel_initializer="he_normal"),
    tf.keras.layers.Dropout(rate=0.2),
    tf.keras.layers.Dense(10, activation="softmax")
])
[...] # Modell kompilieren und trainieren
```

Da der Drop-out nur während des Trainings aktiv ist, kann ein Vergleich von Trainings- und Validierungsverlust in die Irre führen. Insbesondere kann ein Modell den Trainingsdatensatz overfitten und trotzdem gleiche Verluste bei Training und Validierung besitzen. Stellen Sie also sicher, dass Sie den Trainingsverlust ohne Drop-out bestimmen (zum Beispiel nach dem Training).

Wenn Sie Overfitting beobachten, können Sie die Drop-out-Rate erhöhen. Liegt dagegen ein Underfitting der Trainingsdaten vor, sollten Sie die Drop-out-Rate senken. Bei großen Schichten hilft das Erhöhen der Drop-out-Rate ebenfalls und bei kleinen Schichten das Verringern. Außerdem nutzen viele führende Architekturen Drop-out nach der letzten verborgenen Schicht, was Sie auch ausprobieren können, wenn ein vollständiger Drop-out zu stark ist.

Drop-out verlangsamt die Konvergenz erheblich, dafür ist das erhaltene Modell mit den richtigen Einstellungen oft sehr viel besser. Der zusätzliche Zeit- und Vorbereitungsaufwand zahlt sich also grundsätzlich aus, insbesondere für große Modelle.

Wollen Sie ein selbstnormalisierendes Netz, das auf der SELU-Aktivierungsfunktion basiert (wie weiter oben besprochen), regularisieren, sollten Sie *Alpha-Drop-out* verwenden: Dabei handelt es sich um eine Variante des Drop-out, die den Mittelwert und die Standardabweichung der Eingaben beibehält. Sie wurde im gleichen Artikel wie SELU vorgestellt, da das reguläre Drop-out die Selbstnormalisierung zerstören würden.

Monte-Carlo-(MC-)Drop-out

Im Jahr 2016 hat ein Artikel (*https://homl.info/mcdropout*) von Yarin Gal und Zoubin Ghahramani[28] ein paar weitere Gründe für Drop-out geliefert:

28 Yarin Gal und Zoubin Ghahramani, »Dropout as a Bayesian Approximation: Representing Model Uncertainty in Deep Learning«, *Proceedings of the 33rd International Conference on Machine Learning* (2016): 1050–1059.

- Der Artikel zeigte eine stabile Verbindung zwischen Drop-out-Netzwerken (also neuronalen Netzen mit `Dropout`-Schichten) und der Approximate Bayesian Inference auf, womit das Drop-out eine solide mathematische Begründung erhält.[29]
- Die Autoren haben eine leistungsfähige Technik namens *MC-Drop-out* vorgestellt, die die Leistung eines jeden trainierten Drop-out-Modells verbessern kann, ohne es neu trainieren oder überhaupt anpassen zu müssen. Zudem wird die Unsicherheit des Modells verbessert, und es lässt sich auch noch ausgesprochen einfach mit ein paar Zeilen Code implementieren.

Wenn Ihnen das alles zu schön vorkommt, schauen Sie sich den folgenden Code an. Dabei handelt es sich um die vollständige Implementierung von MC-Drop-out, die das Drop-out-Modell verbessert, ohne es erneut zu trainieren:

```
import numpy as np

y_probas = np.stack([model(X_test, training=True)
                     for sample in range(100)])
y_proba = y_probas.mean(axis=0)
```

Beachten Sie, dass `model(X)` dem `model.predict(X)` entspricht, nur dass es einen Tensor statt eines NumPy-Arrays zurückgibt und das Argument `training` unterstützt. In diesem Codebeispiel setzen wir `training=True`, um sicherzustellen, dass die `Dropout`-Schicht aktiv ist, sodass alle Vorhersagen ein bisschen anders sein werden. Wir treffen nur 100 Vorhersagen über den Testdatensatz und berechnen deren Durchschnitt. Genauer gesagt, gibt jeder Aufruf des Modells eine Matrix mit einer Zeile pro Instanz und einer Spalte pro Kategorie zurück. Da es 10.000 Instanzen im Testdatensatz und 10 Kategorien gibt, hat diese Matrix die Form [10000, 10]. Wir stacken 100 dieser Matrizen, womit `y_probas` ein 3-D-Array der Form [100, 10000, 10] wird. Nachdem wir den Mittelwert über die erste Dimension ermittelt haben (`axis=0`), bekommen wir `y_proba` – ein Array der Form [10000, 10] –, wie bei einer einzelnen Vorhersage. Das ist alles! Das Bilden des Mittelwerts über mehrere Vorhersagen mit aktivem Drop-out liefert uns eine Monte-Carlo-Schätzung, die im Allgemeinen zuverlässiger als das Ergebnis einer einzelnen Schätzung mit abgeschaltetem Drop-out ist. Schauen wir uns beispielsweise die Vorhersage des Modells für die erste Instanz im Testdatensatz von Fashion-MNIST mit abgeschaltetem Dropout an:

```
>>> model.predict(X_test[:1]).round(3)
array([[0.   , 0.   , 0.   , 0.   , 0.   , 0.024, 0.   , 0.132, 0.   ,
        0.844]], dtype=float32)
```

29 Insbesondere zeigen die Autoren, dass das Trainieren eines Drop-out-Netzes mathematisch äquivalent zur Approximate Bayesian Inference in einem bestimmten Typ von Wahrscheinlichkeitsmodellen namens *Deep Gaussian Process* ist.

Das Modell scheint sich recht sicher zu sein (84,4 %), dass dieses Bild zu Kategorie 9 (Ankle Boot) gehört. Sollten Sie dem vertrauen? Sind Zweifel angebracht? Vergleichen Sie das mit den Vorhersagen bei aktivem MC-Drop-out:

```
>>> y_proba[0].round(3)
array([0.   , 0.   , 0.   , 0.   , 0.   , 0.067, 0.   , 0.209, 0.001,
       0.723], dtype=float32)
```

Das Modell scheint immer noch Kategorie 9 zu bevorzugen, aber nur noch mit 72,3 %, und die Vorhersagewahrscheinlichkeiten für die Kategorien 5 (Sandal) und 7 (Sneaker) sind angestiegen, was nicht so abwegig ist – es gehört alles zur Fußbekleidung.

MC-Drop-out tendiert dazu, die Zuverlässigkeit der Wahrscheinlichkeitsschätzungen des Modells zu verbessern. Es ist also weniger wahrscheinlich, dass es sich sicher ist, aber falsch liegt, was gefährlich sein kann: Stellen Sie sich einfach mal ein selbstfahrendes Auto vor, das ein Stoppschild ignoriert. Zudem ist es gut, zu wissen, welche anderen Kategorien am wahrscheinlichsten wären. Sie können außerdem auch einen Blick auf die Standardabweichung der Wahrscheinlichkeitsschätzungen (*https://xkcd.com/2110*) werfen:

```
>>> y_std = y_probas.std(axis=0)
>>> y_std[0].round(3)
array([0.   , 0.   , 0.   , 0.001, 0.   , 0.096, 0.   , 0.162, 0.001,
       0.183], dtype=float32)
```

Es scheint eine ziemliche Varianz in den Wahrscheinlichkeitsschätzungen für Kategorie 9 zu geben: Die Standardabweichung ist 0,183, was man mit der geschätzten Wahrscheinlichkeit von 0,723 vergleichen sollte: Würden Sie ein System in einem Bereich mit echten Risiken bauen (zum Beispiel ein medizinisches oder Finanzsystem), sollten Sie solch einer unsicheren Voraussage besser mit außerordentlicher Vorsicht begegnen – und auf keinen Fall wie eine Voraussage mit 84,4 %. Zudem hat die Modellgenauigkeit einen (sehr) kleinen Schub von 87,0 % auf 87,2 % erhalten:

```
>>> y_pred = y_proba.argmax(axis=1)
>>> accuracy = (y_pred == y_test).sum() / len(y_test)
>>> accuracy
0.8717
```

Die Anzahl der genutzten Monte-Carlo-Samples (in diesem Beispiel 100) ist ein Hyperparameter, den Sie anpassen können. Je höher er ist, desto genauer werden die Vorhersagen und deren Unsicherheitsschätzungen. Aber wenn Sie den Wert verdoppeln, wird sich auch die Inferenzzeit verdoppeln. Und über einer gewissen Anzahl von Samples werden Sie nur wenig weitere Verbesserung erreichen. Ihre Aufgabe ist es daher, abhängig von Ihrer Anwendung das richtige Verhältnis zwischen Latenz und Genauigkeit zu ermitteln.

Enthält Ihr Modell andere Schichten, die sich während des Trainings besonders verhalten (wie zum Beispiel `BatchNormalization`-Schichten), sollten Sie den Trainingsmodus nicht wie von uns durchgeführt erzwingen. Stattdessen sollten Sie die `Dropout`-Schichten durch die folgende `MCDropout`-Klasse ersetzen:[30]

```
class MCDropout(tf.keras.layers.Dropout):
    def call(self, inputs, training=False):
        return super().call(inputs, training=True)
```

Dabei erstellen wir einfach eine Unterklasse der `Dropout`-Schicht und überschreiben die Methode `call()`, um ihr Argument `training` fest auf `True` zu setzen (siehe Kapitel 12). Genauso könnten Sie eine Klasse `MCAlphaDropout` erzeugen, indem Sie eine Unterklasse von `AlphaDropout` anlegen. Erstellen Sie ein Modell von Grund auf neu, müssen Sie nur `MCDropout` statt `Dropout` verwenden. Haben Sie aber bereits ein Modell, das mit `Dropout` trainiert wurde, müssen Sie ein neues Modell erstellen, das mit dem bestehenden identisch ist mit Ausnahme der `Dropout`-Schichten, die nun zu `MCDropout`-Schichten werden. Dann kopieren Sie die Gewichte des bestehenden Modells in Ihr neues Modell.

Kurz gesagt, ist MC-Drop-out eine fantastische Technik, die Drop-out-Modelle besser macht und bessere Unsicherheitsvoraussagen ermöglicht. Und da es während des Trainings ein ganz normales Drop-out ist, verhält es sich auch wie ein Regularisierer.

Max-Norm-Regularisierung

Eine weitere beliebte Regularisierungstechnik, die bei neuronalen Netzen gerne zur Anwendung kommt, nennt sich *Max-Norm-Regularisierung*: Für jedes Neuron werden die Gewichte **w** der eingehenden Verbindungen so beschränkt, dass $\| \mathbf{w} \|_2 \leq r$, wobei r der Max-Norm-Hyperparameter und $\| \mathbf{w} \|_2$ die ℓ_2-Norm ist.

Die Max-Norm-Regularisierung fügt der Gesamt-Verlustfunktion keinen Regularisierungsverlust hinzu. Stattdessen wird sie meist implementiert, indem $\| \mathbf{w} \|_2$ nach jedem Trainingsschritt berechnet und **w** bei Bedarf neu skaliert wird ($\mathbf{w} \leftarrow \mathbf{w}\, r / \| \mathbf{w} \|_2$).

Ein Verringern von r verringert die Regularisierungsstärke und hilft dabei, ein Overfitting zu reduzieren. Die Max-Norm-Regularisierung kann zudem dazu beitragen, die Probleme mit instabilen Gradienten zu dämpfen (wenn Sie keine Batchnormalisierung einsetzen).

Um die Max-Norm-Regularisierung in Keras zu implementieren, setzen Sie das Argument `kernel_constraint` jeder verborgenen Schicht auf einen Constraint `max_norm()` mit dem passenden Max-Wert, zum Beispiel so:

30 Diese Klasse `MCDropout` arbeitet mit allen Keras-APIs zusammen, einschließlich der Sequential API. Nutzen Sie nur die Functional API oder die Subclassing API, müssen Sie keine Klasse `MCDropout` erzeugen – erstellen Sie einfach eine normale `Dropout`-Schicht und rufen Sie diese mit `training=True` auf.

```
dense = tf.keras.layers.Dense(
    100, activation="relu", kernel_initializer="he_normal",
    kernel_constraint=tf.keras.constraints.max_norm(1.))
```

Nach jeder Trainingsiteration wird die Methode `fit()` des Modells das von `max_norm()` zurückgegebene Objekt aufrufen, dabei die Gewichte der Schicht übergeben und die umskalierten Gewichte zurückerhalten, die dann die Gewichte der Schicht ersetzen. Wie Sie in Kapitel 12 sehen werden, können Sie bei Bedarf Ihre eigenen Constraint-Funktionen definieren und als `kernel_constraint` einsetzen. Auch können Sie die Bias-Terme beschränken, indem Sie das Argument `bias_constraint` setzen.

Die Funktion `max_norm()` besitzt ein Argument `axis`, das standardmäßig den Wert `0` hat. Eine `Dense`-Schicht besitzt im Allgemeinen Gewichte der Form [*Anzahl Eingaben*, *Anzahl Neuronen*], daher sorgt `axis=0` dafür, dass der Max-Norm-Constraint unabhängig auf den Gewichtsvektor jedes Neurons angewendet wird. Wollen Sie Max-Norm mit Convolutional-Schichten verwenden (siehe Kapitel 14), achten Sie darauf, das Argument `axis` des Constraints `max_norm()` passend zu setzen (normalerweise `axis=[0, 1, 2]`).

Zusammenfassung und praktische Tipps

In diesem Kapitel haben wir eine Vielzahl an Techniken besprochen. Sie fragen sich vielleicht, welche davon Sie verwenden sollen. Das hängt von der Aufgabe ab, und es gibt daher noch keinen klaren Konsens, aber ich habe festgestellt, dass die in Tabelle 11-3 aufgeführte Konfiguration in den meisten Fällen gut funktioniert, ohne dass allzu viele Hyperparameter angepasst werden müssen. Betrachten Sie diese Standardwerte jedoch nicht als feste Vorgaben!

Tabelle 11-3: Standardkonfiguration eines DNN

Hyperparameter	Standardwert
Kernelinitialisierer	Initialisierung nach He
Aktivierungsfunktion	ReLU, wenn Shallow; Swish, wenn Deep
Normalisierung	keine, wenn Shallow; Batchnormalisierung, wenn Deep
Regularisierung	Early Stopping; Weight Decay bei Bedarf
Optimierer	beschleunigte Gradienten nach Nesterov oder AdamW
Scheduler für die Lernrate	Performance Scheduling oder 1cycle

Handelt es sich beim Netz um eine simple Aufeinanderfolge von dichten Schichten, kann es sich selbst normalisieren, und Sie sollten stattdessen die Konfiguration in Tabelle 11-4 verwenden.

Tabelle 11-4: DNN-Konfiguration für ein selbstnormalisierendes Netz

Hyperparameter	Standardwert
Kernelinitialisierer	LeCun-Initialisierung
Aktivierungsfunktion	SELU
Normalisierung	keine (Selbstnormalisierung)
Regularisierung	Alpha-Drop-out bei Bedarf
Optimierer	beschleunigte Gradienten nach Nesterov
Scheduler für die Lernrate	Performance Scheduling oder 1cycle

Vergessen Sie nicht, die Eingangsmerkmale zu normalisieren! Sie sollten auch versuchen, Teile eines vortrainierten neuronalen Netzes zu verwenden, wenn Sie eines finden, das ein ähnliches Problem löst, oder unüberwachtes Vortraining zu nutzen, wenn Sie viele ungelabelte Daten haben, oder ein Vortraining für eine künstliche Aufgabe einzusetzen, wenn Sie viele gelabelte Daten für eine ähnliche Aufgabe besitzen.

Wenngleich die obigen Richtlinien die meisten Fälle abdecken sollten, gibt es ein paar Ausnahmen:

- Wenn Sie ein spärliches Modell benötigen, können Sie ℓ_1-Regularisierung hinzufügen (und nach dem Trainieren eventuell sehr kleine Gewichte auf null setzen). Wenn Sie ein noch spärlicheres Modell benötigen, können Sie das TensorFlow Model Optimization Toolkit einsetzen. Das wird die Selbstnormalisierung zerstören, daher sollten Sie in diesem Fall die Standardkonfiguration verwenden.
- Benötigen Sie ein Modell mit geringer Latenz (also eines, das blitzschnell Vorhersagen trifft), müssen Sie eventuell die Anzahl der Schichten reduzieren, eine schnelle Aktivierungsfunktion wie ReLU oder Leaky ReLU verwenden und die Batchnormalisierungsschichten mit den vorherigen Schichten verbinden. Es hilft auch, um ein spärliches Modell zu nutzen. Und schließlich können Sie die Gleitkommagenauigkeit von 32 Bit auf 16 oder sogar 8 Bit verringern (siehe den Abschnitt »Ein Modell auf ein Mobile oder Embedded Device deployen« auf Seite 787). Schauen Sie sich außerdem TF-MOT an.
- Bauen Sie eine Anwendung in einem riskanteren Umfeld oder ist die Inferenzlatenz für Sie nicht sehr wichtig, können Sie MC-Drop-out zum Verbessern der Performance einsetzen, um zuverlässigere Wahrscheinlichkeitsschätzungen und Unsicherheitsschätzungen zu erhalten.

Mit diesen Richtlinien sind Sie bereit, sehr tiefe Netze zu trainieren! Ich hoffe, Sie sind jetzt davon überzeugt, dass Sie mit der normalen Keras-API ziemlich weit kommen. Es kann aber trotzdem passieren, dass Sie noch mehr Kontrolle benötigen – zum Beispiel wenn Sie eine eigene Verlustfunktion schreiben oder den Trainingsalgorithmus anpassen wollen. Für solche Fälle werden Sie auf die auf niedrigerer Ebene arbeitende API von TensorFlow zurückgreifen müssen, die Sie im nächsten Kapitel kennenlernen.

Übungen

1. Welches Problem soll durch die Glorot-Initialisierung und die Initialisierung nach He behoben werden?
2. Ist es in Ordnung, sämtliche Gewichte mit dem gleichen Wert zu initialisieren, solange dieser Wert mittels Initialisierung nach He zufällig ausgewählt wird?
3. Ist es in Ordnung, die Bias-Terme mit 0 zu initialisieren?
4. In welchen Fällen würden Sie die Aktivierungsfunktionen verwenden, die in diesem Kapitel besprochen wurden?
5. Was passiert, wenn Sie beim Verwenden des `SGD`-Optimierers den Hyperparameter `momentum` zu nah an 1 setzen (z.B. 0,99999)?
6. Nennen Sie drei Möglichkeiten, um ein dünn besetztes Modell zu erstellen.
7. Wird das Trainieren durch Drop-out langsamer? Wird die Inferenz langsamer (die Vorhersage auf neuen Datenpunkten)? Was ist mit MC-Drop-out?
8. Üben Sie das Trainieren eines Deep-Learning-Netzwerks mit dem CIFAR-10-Bilddatensatz:
   a. Erstellen Sie ein DNN mit 20 verborgenen Schichten aus jeweils 100 Neuronen (das ist zu viel, aber darum geht es in dieser Übung). Verwenden Sie die Initialisierung nach He und Swish als Aktivierungsfunktion.
   b. Trainieren Sie das Netz mit Nadam-Optimierung und Early Stopping auf den CIFAR10-Daten. Sie können sie über `tf.keras.datasets.cifar10.load_data()` laden. Es besteht aus 60.000 Farbbildern mit jeweils 32 × 32 Pixeln (50.000 zum Trainieren, 10.000 zum Testen) mit 10 Kategorien, daher benötigen Sie eine Softmax-Ausgabeschicht mit 10 Neuronen. Denken Sie daran, jedes Mal nach der richtigen Lernrate zu suchen, wenn Sie die Architektur oder die Hyperparameter des Modells ändern.
   c. Jetzt versuchen Sie, Batchnormalisierung hinzuzufügen. Vergleichen Sie die Lernkurven: Konvergiert sie schneller als zuvor? Erzeugt sie ein besseres Modell? Wie wirkt sich das auf die Trainingsgeschwindigkeit aus?
   d. Versuchen Sie, die Batchnormalisierung durch SELU zu ersetzen, und nehmen Sie die notwendigen Anpassungen vor, um sicherzustellen, dass sich das Netz selbst normalisiert (standardisieren Sie also die Eingabefeatures, verwenden Sie die LeCun-Initialisierung, achten Sie darauf, dass das DNN nur eine Folge dichter Schichten enthält, und so weiter).
   e. Versuchen Sie, das Modell per Alpha-Drop-out zu regulieren. Schauen Sie dann, ob Sie mithilfe von MC-Drop-out ohne ein erneutes Trainieren des Modells eine bessere Genauigkeit erhalten.

f. Trainieren Sie Ihr Modell erneut mit dem 1cycle-Scheduling und prüfen Sie, ob das die Trainingsgeschwindigkeit und die Modellgenauigkeit verbessert.

Die deutschsprachigen Lösungen zu diesen Übungen finden Sie unter *https://dpunkt.de/produkt/praxiseinstieg-machine-learning-mit-scikit-learn-keras-und-tensorflow-2/* auf der Registerkarte *Zusatzmaterial*, die englischsprachigen Lösungen am Ende des Notebooks zu diesem Kapitel unter *https://homl.info/colab3*.

KAPITEL 12

Eigene Modelle und Training mit TensorFlow

Bisher haben wir nur die High-Level-API Keras von TensorFlow genutzt, aber damit sind wir schon ziemlich weit gekommen: Wir haben neuronale Netze unterschiedlicher Architektur gebaut – unter anderem Regressions- und Klassifikationsnetze, Wide-&-Deep-Netze und selbstnormalisierende Netze –, und alle möglichen Techniken angewendet, wie zum Beispiel Batchnormalisierung, Drop-out und Lernraten-Schedules. Tatsächlich werden Sie für 95% der Anwendungsfälle, mit denen Sie zu tun haben, nichts anderes als tf.keras benötigen (und tf.data, siehe Kapitel 13). Aber jetzt ist es an der Zeit, tiefer in TensorFlow einzusteigen und sich dessen Low-Level-Python-API (*https://homl.info/tf2api*) anzuschauen. Das wird nützlich sein, wenn Sie mehr Kontrolle brauchen, um eigene Verlustfunktionen, Metriken, Schichten, Modelle, Initialisierer, Regularisierer, Gewichts-Constraints und anderes zu schreiben. Sie benötigen eventuell sogar die vollständige Kontrolle über die Trainingsschleife selbst, zum Beispiel um besondere Transformationen oder Constraints auf die Gradienten anzuwenden (über das Beschneiden hinaus) oder um verschiedene Optimierer für unterschiedliche Teile des Netzes einzusetzen. Wir werden all diese Fälle behandeln und uns auch noch anschauen, wie Sie Ihre eigenen Modelle und Trainingsalgorithmen mithilfe des Automatic-Graph-Generation-Features von TensorFlow verbessern können. Aber zuerst verschaffen wir Ihnen einen kurzen Überblick über TensorFlow.

Ein kurzer Überblick über TensorFlow

Wie Sie wissen, handelt es sich bei TensorFlow um eine leistungsfähige Bibliothek für numerische Berechnungen, die im Speziellen besonders gut und sehr anpassbar für Machine Learning im großen Maßstab geeignet ist (aber Sie können sie für alles einsetzen, was umfangreiche Berechnungen erfordert). Sie wurde vom Google-Brain-Team entwickelt und dient als Grundlage für viele der Services von Google, die umfangreiche Rechenanforderungen haben, wie zum Beispiel Google Cloud Speech, Google Photos und Google Search. Im November 2015 wurde sie Open Source, und mittlerweile ist sie die verbreitetste Bibliothek für Deep Learning in der

Branche.[1] Unzählige Projekte setzen TensorFlow für alle möglichen Aufgaben des Machine Learning ein, wie zum Beispiel für die Bildklassifikation, die Sprachverarbeitung, in Empfehlungssystemen und bei der Zeitserienvorhersage.

Was bietet TensorFlow nun an? Hier eine Zusammenfassung:

- Der Kern ähnelt NumPy sehr stark, aber er bietet GPU-Unterstützung.
- Sie unterstützt verteiltes Rechnen (über mehrere Devices und Server hinweg).
- Sie enthält einen Just-in-Time-(JIT-)Compiler, der es erlaubt, Berechnungen für mehr Geschwindigkeit und besseren Speichereinsatz zu optimieren. Dazu wird der *Rechengraph* einer Python-Funktion ausgelesen, der dann optimiert (zum Beispiel durch das Entfernen ungenutzter Knoten) und schließlich effizient ausgeführt wird (beispielsweise durch das parallele Ausführen voneinander unabhängiger Operationen).
- Rechengraphen können in einem portablen Format exportiert werden, sodass Sie ein TensorFlow-Modell in einer Umgebung trainieren (zum Beispiel mit Python unter Linux) und in einer anderen ausführen können (zum Beispiel mit Java auf einem Android-Gerät).
- Sie implementiert Reverse-Mode-Autodiff (siehe Kapitel 10 und Kapitel 11) und stellt einige ausgezeichnete Optimierer bereit, wie zum Beispiel RMSProp oder Nadam (siehe Kapitel 11), sodass Sie alle möglichen Arten von Verlustfunktionen einfach minimieren können.

TensorFlow bietet viele weitere Features an, die darauf aufbauen – das wichtigste ist natürlich Keras –,[2] aber es gibt auch Befehle zum Laden und Vorverarbeiten von Daten (`tf.data`, `tf.io` und so weiter), zur Bildverarbeitung (`tf.image`), zur Signalverarbeitung (`tf.signal`) und vieles mehr (einen Überblick über die Python-API von TensorFlow finden Sie in Abbildung 12-1).

Auf unterster Ebene ist jede TensorFlow-Operation (oder kurz *Op*) durch sehr effizienten C++-Code implementiert.[3] Viele Operationen besitzen mehrere Implementierungen, die als *Kernel* bezeichnet werden: Jeder Kernel ist für einen bestimmten Device-Typ gedacht, wie zum Beispiel CPUs, GPUs oder sogar TPUs (*Tensor Processing Units*). Wie Sie vielleicht wissen, können GPUs Berechnungen dramatisch beschleunigen, indem sie sie in viele kleinere Häppchen unterteilen und parallel über mehrere GPU-Threads verteilt ausführen. TPUs sind sogar noch schneller: Es handelt sich um spezielle ASIC-Chips, die für Deep-Learning-Operationen[4] gebaut

1 Die PyTorch-Bibliothek von Facebook ist allerdings aktuell im akademischen Umfeld verbreiteter: Mehr Artikel zitieren PyTorch statt TensorFlow oder Keras. Zudem nimmt Googles JAX-Bibliothek Fahrt auf, insbesondere in der Forschung.

2 TensorFlow enthält noch eine weitere Deep-Learning-API namens *Estimators API*, aber die gilt mittlerweile als veraltet.

3 Wenn es sein muss (aber das muss es vermutlich nie), können Sie Ihre eigenen Operationen mithilfe der C++-API schreiben.

4 Mehr über TPUs und ihre Funktionsweise erfahren Sie unter *https://homl.info/tpus*.

wurden (wir werden den Einsatz von TensorFlow mit GPUs und TPUs in Kapitel 19 behandeln).

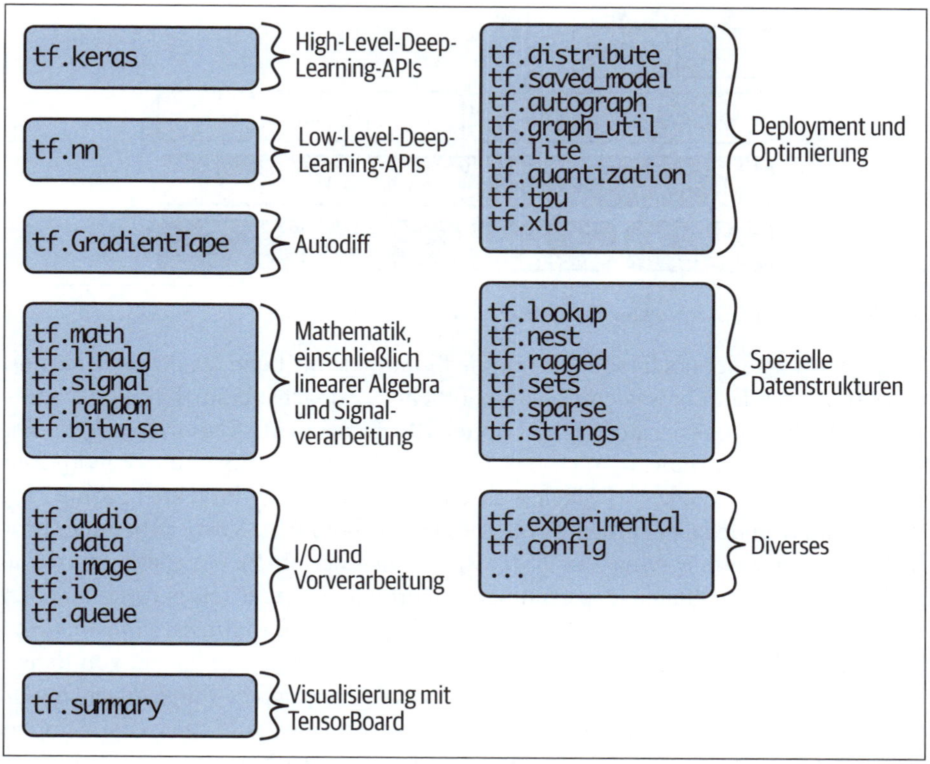

Abbildung 12-1: Die Python-API von TensorFlow

Die Architektur von TensorFlow sehen Sie in Abbildung 12-2. Die meiste Zeit wird Ihr Code die High-Level-APIs einsetzen (insbesondere Keras und tf.data), aber wenn Sie mehr Flexibilität benötigen, werden Sie die Python-API auf niedrigerer Ebene verwenden und direkt mit Tensoren arbeiten. Auf jeden Fall kümmert sich die Ausführungsengine von TensorFlow darum, die Operationen effizient laufen zu lassen – selbst über mehrere Devices und Maschinen hinweg, wenn Sie das wollen.

TensorFlow läuft nicht nur unter Windows, Linux und macOS, sondern auch auf mobilen Geräten (mit *TensorFlow Light*), unter anderem auf iOS und Android (siehe Kapitel 19). Denken Sie daran, dass APIs für andere Sprachen ebenfalls zur Verfügung stehen. Wollen Sie die Python-API nicht verwenden, gibt es auch welche für C++, Java, Go und Swift. Es gibt sogar eine Implementierung in JavaScript namens *TensorFlow.js*, die es ermöglicht, Ihre Modelle direkt in Ihrem Browser laufen zu lassen.

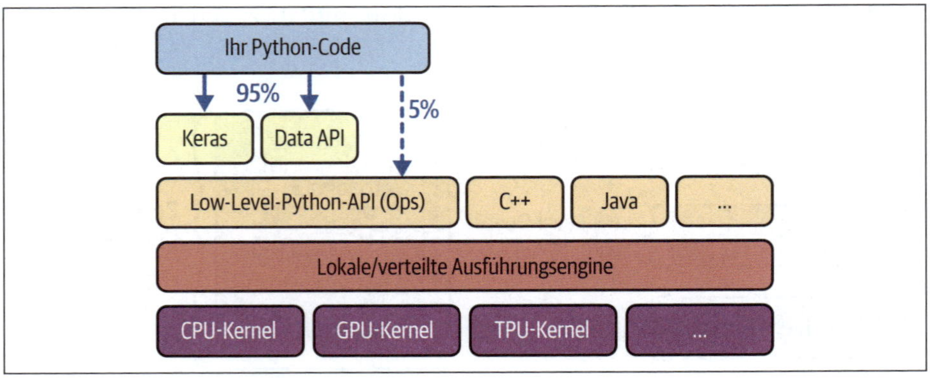

Abbildung 12-2: Die Architektur von TensorFlow

TensorFlow ist aber noch mehr als nur die Bibliothek. Sie befindet sich im Zentrum eines umfassenden Ökosystems aus Bibliotheken. Zunächst einmal gibt es *TensorBoard* für die Visualisierung (siehe Kapitel 10). Dann ist da *TensorFlow Extended* (TFX) (*https://tensorflow.org/tfx*), bei dem es sich um einen Satz an Bibliotheken handelt, die von Google entwickelt wurden, um TensorFlow-Projekte in echte Produkte umzuwandeln; es enthält Tools zur Datenvalidierung, Vorverarbeitung, Modellanalyse und zum Serving (mit *TF Serving*, siehe Kapitel 19). Googles *TensorFlow Hub* bietet eine Möglichkeit, vortrainierte neuronale Netze leicht herunterzuladen und wiederzuverwenden. Im *Model Garden* (*https://github.com/tensorflow/models/*) von TensorFlow erhalten Sie viele Architekturen für neuronale Netze, von denen manche auch vortrainiert sind. In den *TensorFlow Resources* (*https://www.tensorflow.org/resources*) und unter *https://github.com/jtoy/awesome-tensorflow* finden sich weitere auf TensorFlow basierende Projekte. *GitHub* ist ebenfalls eine tolle Quelle für TensorFlow-Projekte, daher ist es oft leicht, für das von Ihnen gewünschte schon bestehenden Code zu finden.

> Immer mehr ML-Artikel werden zusammen mit ihren Implementierungen veröffentlicht und manchmal sogar mit vortrainierten Modellen. Schauen Sie bei *https://paperswithcode.com/* vorbei, um solche zu finden.

Und schließlich gibt es bei TensorFlow ein Team engagierter und hilfsbereiter Entwicklerinnen und Entwickler sowie eine große Community, die Beiträge zur Verbesserung liefert. Um technische Fragen zu stellen, sollten Sie *https://stackoverflow.com/* nutzen und Ihre Frage mit *tensorflow* und *python* taggen. Bugs und Feature Requests können Sie über GitHub (*https://github.com/tensorflow/tensorflow*) erfassen. Allgemeine Diskussionen werden im TensorFlow-Forum (*https://discuss.tensorflow.org*) geführt.

Okay, fangen wir mit dem Programmieren an!

TensorFlow wie NumPy einsetzen

Die TensorFlow-API dreht sich um *Tensoren*, die von Operation zu Operation fließen – daher der Name Tensor*Flow*. Ein Tensor ähnelt stark einem NumPy-`ndarray`: Er ist normalerweise ein mehrdimensionales Array, er kann aber auch einen Skalar enthalten (einen einfachen Wert wie `42`). Diese Tensoren werden wichtig, wenn wir eigene Kostenfunktionen, Metriken, Schichten und anderes erstellen, daher wollen wir sehen, wie wir sie erzeugen und bearbeiten.

Tensoren und Operationen

Sie können einen Tensor mit `tf.constant()` erstellen. Dies ist beispielsweise ein Tensor, der eine Matrix mit zwei Zeilen und drei Spalten mit Gleitkommazahlen repräsentiert:

```
>>> import tensorflow as tf
>>> t = tf.constant([[1., 2., 3.], [4., 5., 6.]]) # Matrix
>>> t
<tf.Tensor: shape=(2, 3), dtype=float32, numpy=
array([[1., 2., 3.],
       [4., 5., 6.]], dtype=float32)>
```

Wie ein `ndarray` hat ein `tf.Tensor` eine Form und einen Datentyp (`dtype`):

```
>>> t.shape
TensorShape([2, 3])
>>> t.dtype
tf.float32
```

Das Indexieren funktioniert wie in NumPy:

```
>>> t[:, 1:]
<tf.Tensor: shape=(2, 2), dtype=float32, numpy=
array([[2., 3.],
       [5., 6.]], dtype=float32)>
>>> t[..., 1, tf.newaxis]
<tf.Tensor: shape=(2, 1), dtype=float32, numpy=
array([[2.],
       [5.]], dtype=float32)>
```

Am wichtigsten aber ist, dass alle möglichen Tensor-Operationen zur Verfügung stehen:

```
>>> t + 10
<tf.Tensor: shape=(2, 3), dtype=float32, numpy=
array([[11., 12., 13.],
       [14., 15., 16.]], dtype=float32)>
>>> tf.square(t)
<tf.Tensor: shape=(2, 3), dtype=float32, numpy=
array([[ 1.,  4.,  9.],
       [16., 25., 36.]], dtype=float32)>
>>> t @ tf.transpose(t)
<tf.Tensor: shape=(2, 2), dtype=float32, numpy=
array([[14., 32.],
       [32., 77.]], dtype=float32)>
```

Beachten Sie, dass das Schreiben von `t + 10` äquivalent zum Aufruf von `tf.add(t, 10)` ist (tatsächlich ruft Python die magische Methode `t.__add__(10)` auf, die wiederum einfach `tf.add(t, 10)` aufruft). Andere Operatoren wie `-` und `*` werden ebenfalls unterstützt. Der Operator `@` wurde in Python 3.5 neu hinzugefügt und dient der Matrixmultiplikation: Sein Äquivalent ist der Aufruf der Funktion `tf.matmul()`.

> Viele Funktionen und Klassen haben Aliase. So handelt es sich beispielsweise bei `tf.add()` und `tf.math.add()` um die gleichen Funktionen. Damit kann TensorFlow kurze Namen für die am häufigsten eingesetzten Operationen nutzen,[5] während es gleichzeitig seine Pakete sauber organisiert.

Ein Tensor kann auch einen Skalar enthalten. In diesem Fall ist die Form leer:

```
>>> tf.constant(42)
<tf.Tensor: shape=(), dtype=int32, numpy=42>
```

> Die Keras-API besitzt ihre eigene Low-Level-API in `tf.keras.backend`. Dieses Paket wird meist aus Gründen der Übersichtlichkeit als `K` importiert. Dort finden sich Funktionen wie `K.square()`, `K.exp()` und `K.sqrt()`, auf die Sie vielleicht in bestehendem Code stoßen. Sie waren hilfreich, um portablen Code zu schreiben, als Keras mehrere Backends unterstützt hat, aber heutzutage läuft Keras nur noch mit TensorFlow, und Sie sollten die Low-Level-API von TensorFlow direkt aufrufen (zum Beispiel `tf.square()` statt `K.square()`). Technisch gesehen, sind `K.square()` und seine Freunde aus Gründen der Abwärtskompatibilität immer noch vorhanden, aber die Dokumentation des Pakets `tf.keras.backend` führt nur noch eine Handvoll Hilfsfunktionen auf, wie zum Beispiel `clear_session()` (erwähnt in Kapitel 10).

Sie werden alle grundlegenden mathematischen Operationen finden (`tf.add()`, `tf.multiply()`, `tf.square()`, `tf.exp()`, `tf.sqrt()` und so weiter), dazu die meisten Operationen, die auch in NumPy vorhanden sind (zum Beispiel `tf.reshape()`, `tf.squeeze()` oder `tf.tile()`). Manche Funktionen heißen anders als in NumPy – so sind `tf.reduce_mean()`, `tf.reduce_sum()`, `tf.reduce_max()` und `tf.math.log()` die Äquivalente zu `np.mean()`, `np.sum()`, `np.max()` und `np.log()`. Unterscheiden sich die Namen, gibt es oft einen guten Grund dafür. So müssen Sie zum Beispiel in TensorFlow `tf.transpose(t)` schreiben und nicht wie in NumPy einfach `t.T`. Der Grund ist, dass die Funktion `tf.transpose()` nicht genau das Gleiche macht wie das NumPy-Attribut `T`: In TensorFlow wird ein neuer Tensor mit einer eigenen Kopie der transponierten Daten erzeugt, während es sich in NumPy bei `t.T` nur um eine transponierte Sicht auf die gleichen Daten handelt. Genauso heißt die Operation `tf.reduce_sum()` so, weil ihr GPU-Kernel (also die GPU-Implementierung) einen

5 Eine erwähnenswerte Ausnahme ist `tf.math.log()`, das oft genutzt wird, aber keinen Alias `tf.log()` besitzt, weil man es mit Logging verwechseln könnte.

Reduce-Algorithmus verwendet, der nicht garantiert, dass die Reihenfolge durch das Hinzufügen erhalten bleibt: Weil 32-Bit-Gleitkommazahlen eine eingeschränkte Genauigkeit haben, kann sich das Ergebnis bei jedem Aufruf leicht ändern. Das Gleiche gilt für `tf.reduce_mean()` (aber `tf.reduce_max()` ist natürlich deterministisch).

Tensoren und NumPy

Tensoren sind gut in NumPy integriert – Sie können sie aus einem NumPy-Array erstellen und umgekehrt. Sie können sogar TensorFlow-Operationen auf NumPy-Arrays anwenden und NumPy-Operationen auf Tensoren:

```
>>> import numpy as np
>>> a = np.array([2., 4., 5.])
>>> tf.constant(a)
<tf.Tensor: id=111, shape=(3,), dtype=float64, numpy=array([2., 4., 5.])>
>>> t.numpy() # or np.array(t)
array([[1., 2., 3.],
       [4., 5., 6.]], dtype=float32)
>>> tf.square(a)
<tf.Tensor: id=116, shape=(3,), dtype=float64, numpy=array([4., 16., 25.])>
>>> np.square(t)
array([[ 1.,  4.,  9.],
       [16., 25., 36.]], dtype=float32)
```

Beachten Sie, dass NumPy standardmäßig eine 64-Bit-Genauigkeit nutzt, während TensorFlow mit 32 Bit arbeitet. Das liegt daran, dass eine 32-Bit-Genauigkeit für neuronale Netze im Allgemeinen ausreicht, zudem laufen die Programme schneller und brauchen weniger RAM. Wenn Sie also einen Tensor aus einem NumPy-Array erstellen, achten Sie darauf, `dtype=tf.float32` zu setzen.

Typumwandlung

Typumwandlungen können die Performance deutlich ausbremsen, und wenn sie automatisch ausgeführt werden, fallen sie gerne überhaupt nicht auf. Um das zu vermeiden, führt TensorFlow keinerlei Typumwandlungen automatisch aus – sie führen nur zu einer Exception, wenn Sie versuchen, eine Operation auf Tensoren mit inkompatiblen Typen anzuwenden. So können Sie beispielsweise keinen Float-Tensor zu einem Integer-Tensor addieren und nicht einmal einen 32-Bit-Float und einen 64-Bit-Float aufsummieren:

```
>>> tf.constant(2.) + tf.constant(40)
[...] InvalidArgumentError: [...] expected to be a float tensor [...]
>>> tf.constant(2.) + tf.constant(40., dtype=tf.float64)
[...] InvalidArgumentError: [...] expected to be a float tensor [...]
```

Das kann zu Beginn etwas nervig sein, aber denken Sie daran, dass es einen guten Grund hat! Und natürlich können Sie `tf.cast()` einsetzen, wenn Sie tatsächlich Typen umwandeln müssen:

```
>>> t2 = tf.constant(40., dtype=tf.float64)
>>> tf.constant(2.0) + tf.cast(t2, tf.float32)
<tf.Tensor: id=136, shape=(), dtype=float32, numpy=42.0>
```

Variablen

Die `tf.Tensor`-Werte, denen wir bisher begegnet sind, sind immutabel: Sie können sie nicht verändern. Wir können also keine normalen Tensoren verwenden, um Gewichte in einem neuronalen Netz zu implementieren, da sie per Backpropagation angepasst werden müssen. Zudem können sich auch andere Parameter mit der Zeit ändern (zum Beispiel merkt sich ein Momentum-Optimierer die alten Gradienten). Wir brauchen daher eine `tf.Variable`:

```
>>> v = tf.Variable([[1., 2., 3.], [4., 5., 6.]])
>>> v
<tf.Variable 'Variable:0' shape=(2, 3) dtype=float32, numpy=
array([[1., 2., 3.],
       [4., 5., 6.]], dtype=float32)>
```

Eine `tf.Variable` verhält sich sehr ähnlich wie ein `tf.Tensor`: Sie können die gleichen Operationen darauf ausführen, sie arbeitet gut mit NumPy zusammen, und sie ist genauso wählerisch bei den Typen. Aber sie kann mithilfe der Methode `assign()` auch verändert werden (oder `assign_add()` bzw. `assign_sub()`, was die Variable um den gegebenen Wert erhöht oder verringert). Sie können darüber hinaus einzelne Zellen (oder Slices) über die Methode `assign()` der Zelle (oder des Slice) bearbeiten oder die Methoden `scatter_update()` oder `scatter_nd_update()` nutzen:

```
v.assign(2 * v)           # v jetzt gleich [[2., 4., 6.], [8., 10., 12.]]
v[0, 1].assign(42)        # v jetzt gleich [[2., 42., 6.], [8., 10., 12.]]
v[:, 2].assign([0., 1.])  # v jetzt gleich [[2., 42., 0.], [8., 10., 1.]]
v.scatter_nd_update(      # v jetzt gleich [[100., 42., 0.], [8., 10., 200.]]
    indices=[[0, 0], [1, 2]], updates=[100., 200.])
```

Ein direktes Zuweisen wird nicht funktionieren:

```
>>> v[1] = [7., 8., 9.]
[...] TypeError: 'ResourceVariable' object does not support item assignment
```

> In der Praxis werden Sie Variablen selten manuell erstellen müssen, da Keras eine Methode `add_weight()` bereitstellt, die sich für Sie darum kümmert (wie wir noch sehen werden). Und Modellparameter werden im Allgemeinen direkt von den Optimierern aktualisiert, daher müssen Sie Variablen auch nur selten manuell verändern.

Andere Datenstrukturen

TensorFlow unterstützt eine Reihe weiterer Datenstrukturen, unter anderem die folgenden (Details finden Sie im Abschnitt »Other Data Structures« des Notebooks):

Spärlich besetzte Tensoren (`tf.SparseTensor`*)*
: Effiziente Repräsentation von Tensoren, die vorwiegend Nullen enthalten. Das Paket `tf.sparse` enthält Operationen für spärliche besetzte Tensoren.

Tensoren-Arrays (`tf.TensorArray`*)*
: Listen von Tensoren. Sie haben standardmäßig eine feste Länge, können aber optional dynamisch erweiterbar gemacht werden. Alle enthaltenen Tensoren müssen die gleiche Form und den gleichen Datentyp besitzen.

Ragged-Tensoren (`tf.RaggedTensor`*)*
: Listen von Tensoren variabler Größe, bei denen jeder Tensor die gleiche Form und den gleichen Datentyp besitzt. Die Dimensionen, an denen entlang die Tensor-Größen variieren, werden als *Ragged Dimensions*bezeichnet. Das Paket `tf.ragged` enthält Operationen für Ragged-Tensoren.

String-Tensoren
: Normale Tensoren vom Typ `tf.string`. Sie repräsentieren Bytestrings, keine Unicodestrings. Wollen Sie also einen String-Tensor mit einem Unicodestring erstellen (zum Beispiel einen normalen Python-3-String wie `"café"`), wird dieser automatisch nach UTF-8 konvertiert (zum Beispiel `b"caf\xc3\xa9"`). Alternativ können Sie Unicodestrings durch Tensoren des Typs `tf.int32` repräsentieren, bei denen jedes Element einem Unicode Code Point entspricht (zum Beispiel `[99, 97, 102, 233]`). Das Paket `tf.strings` (mit einem `s` am Ende) enthält Operationen für Byte- und Unicodestrings (und das Umwandeln ineinander). Sie müssen sich bewusst sein, dass ein `tf.string` atomar ist und seine Länge daher nicht in der Form des Tensors auftaucht. Haben Sie in einen Unicode-Tensor umgewandelt (also einen vom Typ `tf.int32` mit Unicode Code Points), ist die Länge in der Form zu sehen.

Sets
: Werden als normale (oder spärlich besetzte) Tensoren repräsentiert. So steht beispielsweise `tf.constant([[1, 2], [3, 4]])` für die beiden Sets {1, 2} und {3, 4}. Ganz allgemein wird jedes Set durch einen Vektor in der letzten Achse des Tensors repräsentiert. Sie können Sets mithilfe der Operationen aus dem Paket `tf.sets` bearbeiten.

Queues
: Speichern Tensoren über mehrere Schritte hinweg. TensorFlow bietet verschiedene Arten von Queues an: einfache First-In-First-Out-(FIFO-)Queues (`FIFOQueue`), dazu Queues, die einzelne Elemente priorisieren können (`PriorityQueue`), ihre Elemente durchmischen (`RandomShuffleQueue`) und Elemente unterschiedlicher Form per Padding zusammenbringen (`PaddingFIFOQueue`). Diese Klassen finden sich alle im Paket `tf.queue`.

Mit den Ihnen so zur Verfügung stehenden Tensoren, Operationen, Variablen und diversen anderen Datenstrukturen können Sie jetzt Ihre Modelle und Trainingsalgorithmen anpassen!

Modelle und Trainingsalgorithmen anpassen

Beginnen wir mit dem Erstellen einer eigenen Verlustfunktion – einem einfachen und häufigen Anwendungsfall.

Eigene Verlustfunktion

Stellen Sie sich vor, Sie wollten ein Regressionsmodell trainieren, aber Ihr Trainingsdatensatz ist ein bisschen verrauscht. Natürlich räumen Sie Ihren Datensatz zuerst auf, indem Sie die Outlier entfernen oder korrigieren, aber das reicht nicht aus – der Datensatz ist immer noch verrauscht. Welche Verlustfunktion sollten Sie verwenden? Der mittlere quadratische Fehler bestraft große Fehler eventuell zu stark und sorgt dafür, dass Ihr Modell ungenau wird. Der mittlere absolute Fehler bestraft die Outlier nicht so sehr, aber es kann recht lange dauern, bis das Training konvergiert, und das trainierte Modell wird eventuell nicht sehr genau sein. Das ist möglicherweise der richtige Moment, um statt des guten alten MSE den Huber-Fehler auszuprobieren (siehe Kapitel 10). Dieser steht in Keras zur Verfügung (nutzen Sie einfach eine Instanz der Klasse `tf.keras.losses.Huber`), aber tun wir einmal so, als ob es ihn nicht gäbe. Um ihn zu implementieren, erstellen Sie eine Funktion, die die Labels und Modellvorhersagen als Argumente übernimmt und TensorFlow-Operationen verwendet, um einen Tensor mit all den Fehlern zu berechnen (einen pro Instanz):

```
def huber_fn(y_true, y_pred):
    error = y_true - y_pred
    is_small_error = tf.abs(error) < 1
    squared_loss = tf.square(error) / 2
    linear_loss  = tf.abs(error) - 0.5
    return tf.where(is_small_error, squared_loss, linear_loss)
```

Für eine bessere Performance sollten Sie eine vektorisierte Implementierung nutzen, wie das in diesem Beispiel geschieht. Und wenn Sie vom Graph-Optimierungsfeature von TensorFlow profitieren wollen, sollten Sie nur TensorFlow-Operationen einsetzen.

Es ist auch möglich, den durchschnittlichen Verlust statt des individuellen Verlusts pro Instanz zurückzugeben, aber das ist nicht empfehlenswert, weil es damit unmöglich wird, Kategorien- oder Sample-Gewichte anzuwenden, wenn das erforderlich sein sollte (siehe Kapitel 10).

Nun können Sie die Huber-Verlustfunktion beim Kompilieren des Keras-Modells verwenden und dann wie üblich Ihr Modell trainieren:

```
model.compile(loss=huber_fn, optimizer="nadam")
model.fit(X_train, y_train, [...])
```

Das ist alles! Für jeden Batch wird Keras während des Trainings die Funktion `huber_fn()` aufrufen, um den Verlust zu berechnen und damit einen Gradientenschritt durchzuführen, dann wird es per Reverse-Mode-Autodiff die Gradienten des Verlusts bezüglich der Modellparameter berechnen und schließlich einen Gradientenschritt durchführen (in diesem Beispiel mit einem Nadam-Optimizer). Zudem wird es sich den Gesamtverlust seit dem Beginn jeder Epoche merken und den durchschnittlichen Verlust anzeigen.

Aber was passiert mit dieser eigenen Verlustfunktion, wenn Sie das Modell sichern?

Modelle mit eigenen Komponenten sichern und laden

Das Sichern eines Modells mit einer eigenen Verlustfunktion funktioniert problemlos, aber wenn Sie es laden, müssen Sie ein Dictionary mitgeben, das den Funktionsnamen mit der eigentlichen Funktion verbindet. Oder allgemeiner: Wenn Sie ein Modell mit eigenen Objekten laden, müssen Sie die Namen auf die Objekte abbilden:

```
model = tf.keras.models.load_model("my_model_with_a_custom_loss",
                                   custom_objects={"huber_fn": huber_fn})
```

> Dekorieren Sie die Funktion `huber_fn()` mit `@keras.utils.register_keras_serializable()`, steht sie automatisch der Funktion `load_model()` zur Verfügung und muss nicht in das Dictionary `custom_objects` aufgenommen werden.

Mit der aktuellen Implementierung wird jeder Fehler zwischen –1 und 1 als »klein« angesehen. Aber was ist, wenn Sie einen anderen Grenzwert nutzen wollen? Eine Lösung ist, eine Funktion zu erstellen, die eine konfigurierte Verlustfunktion erzeugt:

```
def create_huber(threshold=1.0):
    def huber_fn(y_true, y_pred):
        error = y_true - y_pred
        is_small_error = tf.abs(error) < threshold
        squared_loss = tf.square(error) / 2
        linear_loss  = threshold * tf.abs(error) - threshold ** 2 / 2
        return tf.where(is_small_error, squared_loss, linear_loss)
    return huber_fn

model.compile(loss=create_huber(2.0), optimizer="nadam")
```

Wenn Sie das Modell sichern, wird der `threshold` leider nicht mit gespeichert. Sie werden ihn also beim Laden des Modells wieder angeben müssen (beachten Sie, dass der Name der zu verwendenden Funktion "huber_fn" ist – also der Name der Funktion, die Sie Keras mitgegeben haben, nicht der Name der erzeugenden Funktion):

```
model = keras.models.load_model("my_model_with_a_custom_loss_threshold_2.h5",
                                custom_objects={"huber_fn": create_huber(2.0)})
```

Sie können dies lösen, indem Sie eine Subklasse von `tf.keras.losses.Loss` erstellen und dann deren Methode `get_config()` implementieren:

```
class HuberLoss(tf.keras.losses.Loss):
    def __init__(self, threshold=1.0, **kwargs):
        self.threshold = threshold
        super().__init__(**kwargs)

    def call(self, y_true, y_pred):
        error = y_true - y_pred
        is_small_error = tf.abs(error) < self.threshold
        squared_loss = tf.square(error) / 2
        linear_loss  = self.threshold * tf.abs(error) - self.threshold**2 / 2
        return tf.where(is_small_error, squared_loss, linear_loss)

    def get_config(self):
        base_config = super().get_config()
        return {**base_config, "threshold": self.threshold}
```

Schauen wir uns den Code genauer an:

- Der Konstruktor übernimmt `**kwargs` und übergibt sie an den übergeordneten Konstruktor, der sich um die Standardhyperparameter kümmert – den Namen der Verlustfunktion und den `reduction`-Algorithmus zum Aggregieren der Verluste der einzelnen Instanzen. Standardmäßig ist das `"AUTO"`, was `"SUM_OVER_BATCH_SIZE"` entspricht: Der Verlust ist die Summe der Instanzverluste, gewichtet mit den Sample-Gewichten (sofern vorhanden) und geteilt durch die Batchgröße (nicht durch die Summe der Gewichte, womit es sich *nicht* um das gewichtete Mittel handelt).[6] Andere mögliche Werte sind `"SUM"` und `"NONE"`.
- Die Methode `call()` übernimmt die Labels und Vorhersagen, berechnet alle Instanzverluste und liefert sie zurück.
- Die Methode `get_config()` gibt ein Dictionary zurück, in dem jeder Name eines Hyperparameters auf seinen Wert abgebildet wird. Sie ruft zuerst die Methode `get_config()` der übergeordneten Klasse auf und fügt dann die neuen Hyperparameter diesem Dictionary hinzu.[7]

6 Es wäre keine gute Idee, ein gewichtetes Mittel zu verwenden. Denn dann würden zwei Instanzen mit dem gleichen Gewicht, aber in verschiedenen Batches, einen unterschiedlichen Einfluss auf das Training haben – abhängig vom Gesamtgewicht jedes Batchs.

7 Die Syntax `{**x, [...]}` kam in Python 3.5 dazu, und mit ihr lassen sich alle Schlüssel-Wert-Paare aus dem Dictionary `x` mit einem anderen Dictionary zusammenfassen. Seit Python 3.9 können Sie stattdessen die nettere Syntax `x | y` nutzen (wobei `x` und `y` zwei Dictionaries sind).

Jetzt können Sie beim Kompilieren des Modells Instanzen dieser Klasse verwenden:

```
model.compile(loss=HuberLoss(2.), optimizer="nadam")
```

Sichern Sie das Modell, wird der Grenzwert mit abgespeichert; laden Sie es, müssen Sie nur den Klassennamen auf die Klasse selbst abbilden:

```
model = tf.keras.models.load_model("my_model_with_a_custom_loss_class.h5",
                                   custom_objects={"HuberLoss": HuberLoss})
```

Sichern Sie ein Modell, ruft Keras die Methode `get_config()` der Instanz der Verlustklasse auf und sichert die Konfiguration im SavedModel-Format. Laden Sie das Modell, ruft es die Klassenmethode `from_config()` der Klasse `HuberLoss` auf: Diese Methode wird durch die Basisklasse implementiert (`Loss`), sie erzeugt eine Instanz der Klasse und übergibt `**config` an den Konstruktor.

Das ist schon alles für die Verlustfunktion! Wie Sie jetzt sehen werden, sind eigene Aktivierungsfunktionen, Initialisierer, Regularisierer und Constraints auch nicht viel anders.

Eigene Aktivierungsfunktionen, Initialisierer, Regularisierer und Constraints

Ein Großteil der Funktionalität von Keras, wie zum Beispiel Verlustfunktionen, Regularisierer, Constraints, Initialisierer, Metriken, Aktivierungsfunktionen, Schichten und sogar ganze Modelle, kann auf die gleiche Weise angepasst werden. Meist werden Sie nur eine einfache Funktion mit den passenden Ein- und Ausgabeparametern schreiben müssen. Hier ein paar Beispiele für eine eigene Aktivierungsfunktion (entsprechend `tf.keras.activations.softplus()` oder `tf.nn.softplus()`), einen eigenen Glorot-Initialisierer (entsprechend `tf.keras.initializers.glorot_normal()`), einen eigenen ℓ_1-Regularisierer (entsprechend `tf.keras.regularizers.l1(0.01)`) und einen eigenen Constraint, der sicherstellt, dass die Gewichte alle positiv sind (entsprechend `tf.keras.constraints.nonneg()` oder `tf.nn.relu()`):

```
def my_softplus(z):
    return tf.math.log(1.0 + tf.exp(z))

def my_glorot_initializer(shape, dtype=tf.float32):
    stddev = tf.sqrt(2. / (shape[0] + shape[1]))
    return tf.random.normal(shape, stddev=stddev, dtype=dtype)

def my_l1_regularizer(weights):
    return tf.reduce_sum(tf.abs(0.01 * weights))

def my_positive_weights(weights):  # Rückgabewert ist einfach tf.nn.relu(weights)
    return tf.where(weights < 0., tf.zeros_like(weights), weights)
```

Wie Sie sehen, hängen die Argumente von der Art der Funktion ab. Diese eigenen Funktionen können dann ganz normal eingesetzt werden, zum Beispiel:

```
layer = tf.keras.layers.Dense(1, activation=my_softplus,
                              kernel_initializer=my_glorot_initializer,
                              kernel_regularizer=my_l1_regularizer,
                              kernel_constraint=my_positive_weights)
```

Die Aktivierungsfunktion wird auf die Ausgabe dieser Dense-Schicht angewendet, und deren Ergebnis wird an die nächste Schicht weitergegeben. Die Gewichte der Schicht werden mit den Werten aus dem Initialisierer besetzt. Bei jedem Trainingsschritt werden die Gewichte an die Regularisierungsfunktion weitergegeben, um die Regularisierungsverluste zu berechnen, die dann zum Gesamtverlust addiert werden, um den abschließenden Verlust für das Training zu berechnen. Und schließlich wird die Constraint-Funktion nach jedem Trainingsschritt aufgerufen, und die Gewichte der Schicht werden durch die begrenzten Gewichte ersetzt.

Besitzt eine Funktion Hyperparameter, die zusammen mit dem Modell gesichert werden müssen, werden Sie Subklassen der passenden Klassen erstellen wollen, wie zum Beispiel `tf.keras.regularizers.Regularizer`, `tf.keras.constraints.Constraint`, `tf.keras.initializers.Initializer` oder `tf.keras.layers.Layer` (für alle Schichten einschließlich der Aktivierungsfunktion). So ähnlich wie bei der eigenen Verlustfunktion ist das Folgende eine einfache Klasse für die ℓ_1-Regularisierung, die ihren Hyperparameter `factor` sichert (dieses Mal müssen wir den übergeordneten Konstruktor oder die Methode `get_config()` nicht aufrufen, da sie nicht in der übergeordneten Klasse definiert wurden):

```
class MyL1Regularizer(tf.keras.regularizers.Regularizer):
    def __init__(self, factor):
        self.factor = factor

    def __call__(self, weights):
        return tf.reduce_sum(tf.abs(self.factor * weights))

    def get_config(self):
        return {"factor": self.factor}
```

Beachten Sie, dass Sie die Methode `call()` für Verlustfunktionen, Schichten (einschließlich Aktivierungsfunktionen) und Modelle implementieren müssen, während für Regularisierer, Initialisierer und Constraints `__call__()` erforderlich ist. Bei Metriken sieht das Ganze ein bisschen anders aus, wie wir gleich sehen werden.

Eigene Metriken

Verlustfunktionen und Metriken sind konzeptionell verschieden: Verlustfunktionen (zum Beispiel die Kreuzentropie) werden vom Gradientenverfahren genutzt, um ein Modell zu *trainieren*, daher müssen sie differenzierbar sein (zumindest dort, wo sie ausgewertet werden), und ihre Gradienten sollen nicht überall 0 sein. Zudem ist es in Ordnung, wenn sie sich nicht so einfach durch Menschen interpretieren lassen. Im Gegensatz dazu werden Metriken (zum Beispiel die Genauigkeit) verwendet, um ein Modell zu *evaluieren*: Sie müssen leicht interpretierbar sein, brauchen sich aber nicht differenzieren zu lassen und dürfen auch überall einen Gradienten von 0 haben.

Trotzdem läuft das Definieren einer eigenen Metrikfunktion in den meisten Fällen genauso ab wie das Definieren einer eigenen Verlustfunktion. Tatsächlich könnten wir sogar die weiter oben erstellte Huber-Verlustfunktion als Metrik einsetzen[8] – sie würde problemlos funktionieren (und die Persistenz würde ebenfalls genauso ablaufen, in diesem Fall würde nur der Name der Funktion `"huber_fn"` abgespeichert, aber nicht der Schwellenwert):

```
model.compile(loss="mse", optimizer="nadam", metrics=[create_huber(2.0)])
```

Keras berechnet diese Metrik während des Trainings für jeden Batch und merkt sich deren Mittelwert ab dem Beginn der Epoche. Meist ist das genau das, was Sie wollen. Aber nicht immer! Stellen Sie sich zum Beispiel die Genauigkeit eines Binärklassifizierers vor. Wie wir in Kapitel 3 gesehen haben, ist die Genauigkeit die Anzahl der echt Positiven geteilt durch die Anzahl der positiven Vorhersagen (einschließlich echt und falsch Positiver). Angenommen, das Modell würde im ersten Batch fünf positive Vorhersagen treffen, von denen vier korrekt wären: Das sind 80% Genauigkeit. Nun stellen Sie sich vor, das Modell würde im zweiten Batch drei positive Vorhersagen treffen, aber alle drei wären falsch: Das sind 0% Genauigkeit für den zweiten Batch. Würden Sie einfach nur den Mittelwert beider Genauigkeiten bestimmen, wären das 40%. Aber Moment – das ist *nicht* die Genauigkeit des Modells für die beiden Batches! Tatsächlich gab es insgesamt vier echt Positive (4 + 0) von acht positiven Vorhersagen (5 + 3), damit liegt die Gesamtgenauigkeit bei 50% und nicht bei 40%. Wir brauchen also ein Objekt, das sich die Anzahl der echt Positiven und der falsch Positiven merkt und bei Bedarf daraus die Genauigkeit errechnet. Genau das tut die Klasse `tf.keras.metrics.Precision`:

```
>>> precision = tf.keras.metrics.Precision()
>>> precision([0, 1, 1, 1, 0, 1, 0, 1], [1, 1, 0, 1, 0, 1, 0, 1])
<tf.Tensor: shape=(), dtype=float32, numpy=0.8>
>>> precision([0, 1, 0, 0, 1, 0, 1, 1], [1, 0, 1, 1, 0, 0, 0, 0])
<tf.Tensor: shape=(), dtype=float32, numpy=0.5>
```

In diesem Beispiel haben wir ein `Precision`-Objekt erstellt, es dann wie eine Funktion verwendet und Labels und Vorhersagen für den ersten und dann für den zweiten Batch übergeben (wir hätten optional auch Sample-Gewichte mitgeben können). Wir haben die gleiche Anzahl von echt und falsch Positiven wie im oben besprochenen Beispiel verwendet. Nach dem ersten Batch wird eine Genauigkeit von 80% zurückgegeben, nach dem zweiten Batch eine von 50% (was der Gesamtgenauigkeit bis dato entspricht, nicht der des zweiten Batchs). Dies wird als *Streaming-Metrik* (oder *zustandsbehaftete Metrik*) bezeichnet, da sie Batch für Batch aktualisiert wird.

8 Allerdings wird der Huber-Fehler nur selten als Metrik eingesetzt – MAE oder MSE werden im Allgemeinen vorgezogen.

Wir können jederzeit die Methode `result()` aufrufen, um den aktuellen Wert der Metrik zu erhalten. Auch können wir uns ihre Variablen (mit der Anzahl der echt und falsch Positiven) über das Attribut `variables` anschauen und diese über die Methode `reset_states()` zurücksetzen:

```
>>> precision.result()
<tf.Tensor: shape=(), dtype=float32, numpy=0.5>
>>> precision.variables
[<tf.Variable 'true_positives:0' [...], numpy=array([4.], dtype=float32)>,
 <tf.Variable 'false_positives:0' [...], numpy=array([4.], dtype=float32)>]
>>> precision.reset_states()  # Beide Variablen werden auf 0.0 zurückgesetzt.
```

Müssen Sie Ihre eigene Streaming-Metrik erstellen, erzeugen Sie eine Subklasse der Klasse `tf.keras.metrics.Metric`. Hier ein einfaches Beispiel, das sich den Gesamt-Huber-Fehler und die Anzahl der bisherigen Instanzen merkt. Wird sie nach dem Ergebnis gefragt, gibt sie das Verhältnis zurück, was einfach der durchschnittliche Huber-Fehler ist:

```
class HuberMetric(tf.keras.metrics.Metric):
    def __init__(self, threshold=1.0, **kwargs):
        super().__init__(**kwargs)  # verarbeitet Basisargs (z.B. dtype)
        self.threshold = threshold
        self.huber_fn = create_huber(threshold)
        self.total = self.add_weight("total", initializer="zeros")
        self.count = self.add_weight("count", initializer="zeros")

    def update_state(self, y_true, y_pred, sample_weight=None):
        sample_metrics = self.huber_fn(y_true, y_pred)
        self.total.assign_add(tf.reduce_sum(sample_metrics))
        self.count.assign_add(tf.cast(tf.size(y_true), tf.float32))

    def result(self):
        return self.total / self.count

    def get_config(self):
        base_config = super().get_config()
        return {**base_config, "threshold": self.threshold}
```

Schauen wir uns diesen Code an:[9]

- Der Konstruktor nutzt die Methode `add_weight()`, um die für das Erfassen des Metrikstatus notwendigen Variablen über mehrere Batches hinweg zu verwenden – in diesem Fall die Summe aller Huber-Fehler (`total`) sowie die Anzahl der bisherigen Instanzen (`count`). Sie könnten die Variablen nach Wunsch auch selbst erstellen. Keras merkt sich jede `tf.Variable`, die als Attribut gesetzt wird (und allgemeiner jedes »trackbare« Objekt, wie zum Beispiel Schichten oder Modelle).

9 Diese Klasse dient nur der Demonstration. Für eine einfachere und bessere Implementierung würde man eine Subklasse von `tf.keras.metrics.Mean` erstellen – im Abschnitt »Streaming Metrics« des Notebooks zu diesem Kapitel finden Sie ein Beispiel.

- Die Methode update_state() wird aufgerufen, wenn Sie eine Instanz dieser Klasse als Funktion verwenden (wie wir das mit dem Precision-Objekt getan haben). Sie aktualisiert die Variablen durch die gegebenen Labels und Vorhersagen für einen Batch (und die Sample-Gewichte, aber in diesem Fall ignorieren wir sie).
- Die Methode result() berechnet das Ergebnis und liefert es zurück – in diesem Fall die durchschnittliche Huber-Metrik über alle Instanzen. Nutzen Sie die Metrik als Funktion, wird zuerst die Methode update_state() und dann result() aufgerufen, um das Ergebnis zurückzuliefern.
- Wir implementieren auch die Methode get_config(), um sicherzustellen, dass threshold zusammen mit dem Modell gesichert wird.
- Die Standardimplementierung der Methode reset_states() setzt alle Variablen auf 0,0 zurück (aber Sie können sie bei Bedarf auch überschreiben).

Keras kümmert sich um das Persistieren der Variablen – Sie müssen nichts weiter tun.

Definieren Sie eine Metrik über eine einfache Funktion, ruft Keras diese automatisch für jeden Batch auf und merkt sich den Mittelwert für jede Epoche – so wie wir das manuell getan haben. Der einzige Vorteil unserer Klasse HuberMetric ist daher, dass der threshold gesichert wird. Aber natürlich können manche Metriken – wie die Genauigkeit – nicht einfach Mittelwerte über die Batches erstellen. In solchen Fällen gibt es keine andere Option, als eine Streaming-Metrik zu implementieren.

Nachdem wir nun eine Streaming-Metrik gebaut haben, wird das Erstellen einer eigenen Schicht wie ein Spaziergang wirken!

Eigene Schichten

Gelegentlich werden Sie eine Architektur mit einer exotischen Schicht nutzen wollen, für die TensorFlow keine Standardimplementierung bietet. Oder Sie wollen einfach eine sich sehr stark wiederholende Architektur erstellen, die sehr viele identische Blöcke mit Schichten enthält. Da wäre es vielleicht praktischer, jeden Block mit Schichten als eine eigene Schicht zu behandeln. In solchen Fällen werden Sie eine eigene Schicht bauen wollen.

Es gibt Schichten ohne Gewichte, wie zum Beispiel tf.keras.layers.Flatten oder tf.keras.layers.ReLU. Wollen Sie eine eigene Schicht ohne Gewichte erzeugen, ist es am einfachsten, eine Funktion zu schreiben und diese in einer Schicht tf.keras.layers.Lambda zu verpacken. So wendet beispielsweise die folgende Schicht die Exponentialfunktion auf ihre Eingaben an:

```
exponential_layer = tf.keras.layers.Lambda(lambda x: tf.exp(x))
```

Diese eigene Schicht kann dann wie jede andere Schicht genutzt werden – mit der Sequential API, der Functional API oder der Subclassing API. Sie können sie auch als Aktivierungsfunktion verwenden, oder Sie nutzen activation=tf.exp. Die Exponential-Schicht kommt manchmal in der Ausgabeschicht eines Regressionsmodells zum Einsatz, wenn die vorherzusagenden Werte in sehr unterschiedlichen Größenordnungen liegen (zum Beispiel 0,001, 10 und 1000). Tatsächlich ist die Exponentialfunktion eine der Standardaktivierungsfunktionen in Keras, sodass Sie einfach activation="exponential" nutzen können.

Wie Sie vermutlich schon erraten haben, müssen Sie zum Erstellen einer eigenen, zustandsbehafteten Schicht (also einer mit Gewichten) eine Subklasse von tf.keras.layers.Layer anlegen. So implementiert die folgende Klasse zum Beispiel eine vereinfachte Version der Dense-Schicht:

```
class MyDense(tf.keras.layers.Layer):
    def __init__(self, units, activation=None, **kwargs):
        super().__init__(**kwargs)
        self.units = units
        self.activation = tf.keras.activations.get(activation)

    def build(self, batch_input_shape):
        self.kernel = self.add_weight(
            name="kernel", shape=[batch_input_shape[-1], self.units],
            initializer="glorot_normal")
        self.bias = self.add_weight(
            name="bias", shape=[self.units], initializer="zeros")

    def call(self, X):
        return self.activation(X @ self.kernel + self.bias)

    def get_config(self):
        base_config = super().get_config()
        return {**base_config, "units": self.units,
                "activation": tf.keras.activations.serialize(self.activation)}
```

Schauen wir uns den Code genauer an:

- Der Konstruktor übernimmt alle Hyperparameter als Argumente (in diesem Beispiel units und activation) und vor allem ein Argument **kwargs. Er ruft den übergeordneten Konstruktor auf und übergibt ihm kwargs: Dieser kümmert sich um die Standardargumente wie input_shape, trainable und name. Dann sichert er die Hyperparameter als Attribute und wandelt das Argument activation mittels tf.keras.activations.get() in die passende Aktivierungsfunktion um (sie kann mit Funktionen, Standardstrings wie "relu" oder "selu" oder einfach mit None umgehen).[10]
- Die Aufgabe der Methode build() ist es, die Variablen der Schicht zu erstellen, indem sie für jedes Gewicht die Methode add_weight() aufruft. build()

10 Diese Funktion ist spezifisch für tf.keras. Stattdessen können Sie auch keras.layers.Activation verwenden.

wird aufgerufen, wenn die Schicht das erste Mal verwendet wird. Dann kennt Keras die Form der Eingabewerte der Schicht und wird sie an die Methode übergeben,[11] was zum Erstellen einiger der Gewichte häufig notwendig ist. So müssen wir beispielsweise die Anzahl der Neuronen der vorherigen Schicht kennen, um die Matrix mit den Verbindungsgewichten zu erzeugen (also den `"kernel"`): Das entspricht der Größe der letzten Dimension der Eingaben. Am Ende der Methode `build()` (und nur dort) müssen Sie die Methode `build()` der übergeordneten Klasse aufrufen. Das teilt Keras mit, dass die Schicht gebaut wurde (es wird einfach `self.built = True` gesetzt).

- Die Methode `call()` führt die gewünschten Operationen aus. In diesem Fall berechnen wir die Matrixmultiplikation der Eingaben `X` mit dem Kernel der Schicht, addieren den Bias-Vektor und wenden die Aktivierungsfunktion auf das Ergebnis an, um damit die Ausgabe der Schicht zu erhalten.
- Die Methode `get_config()` macht das Gleiche wie in den vorherigen Klassen. Beachten Sie, dass wir die vollständige Konfiguration der Aktivierungsfunktion durch einen Aufruf von `tf.keras.activations.serialize()` sichern.

Jetzt können Sie eine `MyDense`-Schicht wie jede andere Schicht verwenden!

> Keras ermittelt die Form der Ausgabe automatisch – es sei denn, die Schicht ist dynamisch (wie wir gleich sehen werden). In diesem (seltenen) Fall müssen Sie die Methode `compute_output_shape()` implementieren, die ein Objekt vom Typ `TensorShape` zurückgibt.

Um eine Schicht mit mehreren Eingaben zu erstellen (zum Beispiel `Concatenate`), sollte es sich beim Argument der Methode `call()` um ein Tupel mit allen Eingaben handeln. Um eine Schicht mit mehreren Ausgaben zu erzeugen, sollte die Methode `call()` die Liste der Ausgaben zurückgeben. Die folgende Übungsschicht übernimmt beispielsweise zwei Eingaben und gibt drei Ausgaben zurück:

```
class MyMultiLayer(tf.keras.layers.Layer):
    def call(self, X):
        X1, X2 = X
        return X1 + X2, X1 * X2, X1 / X2
```

Diese Schicht kann nun wie jede andere Schicht verwendet werden, aber natürlich nur in den Functional und Subclassing APIs, nicht in der Sequential API (die nur Schichten mit einer Ein- und einer Ausgabe akzeptiert).

Muss sich Ihre Schicht während des Trainings und des Testens unterschiedlich verhalten (zum Beispiel beim Einsatz von `Dropout`- oder `BatchNormalization`-Schichten), müssen Sie die Methode `call()` um ein Argument `training` ergänzen und damit entscheiden, was zu tun ist. Erstellen wir beispielsweise eine Schicht, die

11 Die Keras-API nennt dieses Argument `input_shape`, aber da auch die Batchdimensionen enthalten sind, nenne ich es lieber `batch_input_shape`.

während des Trainings gaußsches Rauschen hinzufügt (zur Regularisierung), während des Testens aber nichts tut (Keras hat dafür schon eine Schicht tf.keras.layers.GaussianNoise):

```
class MyGaussianNoise(tf.keras.layers.Layer):
    def __init__(self, stddev, **kwargs):
        super().__init__(**kwargs)
        self.stddev = stddev

    def call(self, X, training=False):
        if training:
            noise = tf.random.normal(tf.shape(X), stddev=self.stddev)
            return X + noise
        else:
            return X
```

Damit können Sie jetzt alle eigenen Schichten bauen, die Sie brauchen! Machen wir uns als Nächstes an das Erzeugen eigener Modelle.

Eigene Modelle

Wir haben uns in Kapitel 10 schon angeschaut, wie man eigene Modellklassen baut, als es um die Subclassing API ging.[12] Dabei gibt es keine Fallstricke: Bilden Sie eine Unterklasse der Klasse tf.keras.Model, erstellen Sie Schichten und Variablen im Konstruktor und implementieren Sie die Methode call(), um dort all das zu tun, was Ihr Modell tun soll. Stellen Sie sich beispielsweise vor, Sie wollten das Modell bauen, das in Abbildung 12-3 zu sehen ist.

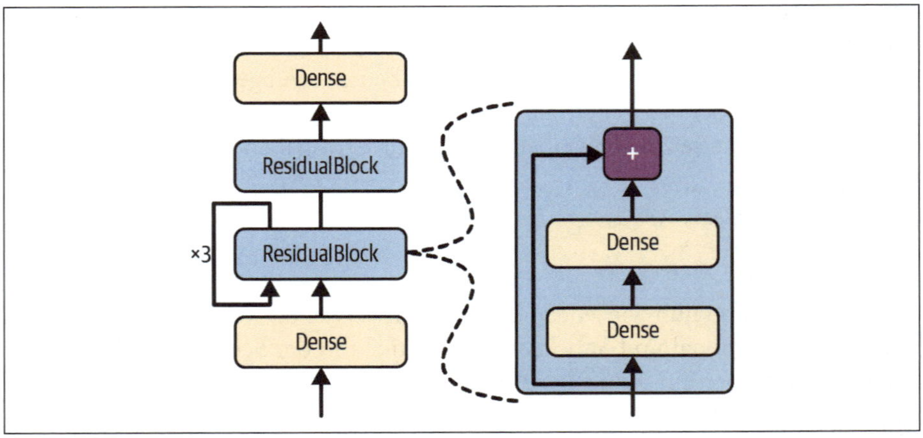

Abbildung 12-3: Beispiel für ein eigenes Modell: ein künstliches Modell mit einer eigenen ResidualBlock-Schicht und einer Skip-Verbindung

12 Der Name »Subclassing API« bezieht sich in Keras im Allgemeinen nur auf das Erzeugen von eigenen Modellen per Subclassing, auch wenn sich viele andere Dinge per Unterklassen erstellen lassen, wie wir in diesem Kapitel gesehen haben.

Die Eingaben durchlaufen eine erste Dense-Schicht und dann einen *Residual Block*, der aus zwei Dense-Schichten und einer zusätzlichen Operation besteht (wie wir in Kapitel 14 sehen werden, addiert ein Residual Block seine Eingaben zu seinen Ausgaben), dann diesen Block drei weitere Male, nun durch einen zweiten Residual Block, und schließlich schleusen wir das Endergebnis noch durch eine Dense-Ausgabeschicht. Dieses Modell ergibt keinen großen Sinn – es ist nur ein Beispiel, um zu zeigen, dass Sie beliebige Modelle bauen können, auch solche mit Schleifen und Skip-Verbindungen. Um dieses Modell zu implementieren, ist es am besten, zuerst eine ResidualBlock-Schicht zu erstellen, da wir eine Reihe identischer Blöcke bauen werden (und wir werden sie eventuell in anderen Modellen wiederverwenden wollen):

```
class ResidualBlock(tf.keras.layers.Layer):
    def __init__(self, n_layers, n_neurons, **kwargs):
        super().__init__(**kwargs)
        self.hidden = [tf.keras.layers.Dense(n_neurons, activation="elu",
                                             kernel_initializer="he_normal")
                       for _ in range(n_layers)]

    def call(self, inputs):
        Z = inputs
        for layer in self.hidden:
            Z = layer(Z)
        return inputs + Z
```

Diese Schicht ist ein bisschen speziell, da sie andere Schichten enthält. Das wird transparent von Keras abgebildet: Es erkennt automatisch, dass das Attribut hidden trackbare Objekte enthält (in diesem Fall Schichten), daher werden deren Variablen automatisch zur Liste der Schichtvariablen hinzugefügt. Der Rest der Klasse ist selbsterklärend. Als Nächstes wollen wir die Subclassing API verwenden, um das Modell selbst zu definieren:

```
class ResidualRegressor(tf.keras.Model):
    def __init__(self, output_dim, **kwargs):
        super().__init__(**kwargs)
        self.hidden1 = tf.keras.layers.Dense(30, activation="relu",
                                             kernel_initializer="he_normal")
        self.block1 = ResidualBlock(2, 30)
        self.block2 = ResidualBlock(2, 30)
        self.out = tf.keras.layers.Dense(output_dim)

    def call(self, inputs):
        Z = self.hidden1(inputs)
        for _ in range(1 + 3):
            Z = self.block1(Z)
        Z = self.block2(Z)
        return self.out(Z)
```

Wir erstellen die Schichten im Konstruktor und nutzen sie in der Methode call(). Dieses Modell kann dann wie jedes andere Modell verwendet werden (kompilieren, fitten, evaluieren und für das Erstellen von Vorhersagen verwenden). Wollen Sie es auch noch über die Methode save() sichern und über die Funktion tf.keras.models.load_model() laden können, müssen Sie die Methode get_config() sowohl in der Klasse ResidualBlock wie auch in ResidualRegressor implementieren. Alternativ können Sie die Gewichte mit den Methoden save_weights() und load_weights() sichern und laden.

Die Klasse Model ist eine Unterklasse der Klasse Layer, daher können Modelle genauso wie Schichten definiert und verwendet werden. Aber ein Modell hat zusätzliche Funktionalität, unter anderem natürlich seine Methoden compile(), fit(), evaluate() und predict() (sowie ein paar Varianten), dazu die Methoden get_layers() (die jegliche Schichten des Modells anhand ihres Namens oder Index zurückgibt) und save() (sowie Unterstützung für tf.keras.models.load_model() und tf.keras.models.clone_model()).

> Wenn Modelle mehr Funktionalität als Schichten bieten – warum definieren wir nicht jede Schicht als Modell? Nun, technisch gesehen könnten Sie das, aber es ist normalerweise sauberer, zwischen den internen Komponenten Ihres Modells (also den Schichten oder wiederverwendbaren Blöcken mit Schichten) und dem Modell selbst zu unterscheiden. Bei Ersteren sollte es sich um Unterklassen der Klasse Layer handeln, bei Letzteren um solche der Klasse Model.

Damit können Sie nun ganz natürlich und präzise nahezu jedes Modell bauen, das Sie in einem Artikel finden – mit der Sequential API, der Functional API, der Subclassing API oder einer Mischung aus allen. »Nahezu jedes?« Ja, es gibt noch ein paar Dinge, die wir uns anschauen müssen: Wie definieren wir Verluste oder Metriken anhand der Modellinterna, und wie bauen wir eine eigene Trainingsschleife?

Verlustfunktionen und Metriken auf Modellinterna basieren lassen

Die eigenen Verlustfunktionen und Metriken, die wir weiter oben definiert haben, basierten alle auf den Labels und den Vorhersagen (und optional auf den Sample-Gewichten). Es gibt aber Situationen, in denen Sie die Verluste auf anderen Teilen Ihres Modells basieren lassen wollen, wie zum Beispiel auf den Gewichten oder den Aktivierungen der verborgenen Schichten. Das kann zu Regulationszwecken oder zum Überwachen interner Aspekte Ihres Modells sinnvoll sein.

Um eine eigene Verlustfunktion zu definieren, die auf Modellinterna basiert, berechnen Sie sie abhängig vom gewünschten Modell und übergeben das Ergebnis dann an die Methode add_loss(). Bauen wir zum Beispiel ein eigenes Regressions-MLP-Modell, das aus fünf verborgenen Schichten und einer Ausgabeschicht besteht. Dieses eigene Modell wird zudem eine zusätzliche Ausgabe bei der obersten verborgenen Schicht haben. Der damit verbundene Verlust nennt sich *Rekonstruktionsverlust* (siehe Kapitel 17). Dabei handelt es sich um den gemittelten quadrierten Abstand zwischen der Rekonstruktion und den Eingaben. Indem wir diesen Rekonstruktionsverlust zum Hauptverlust addieren, unterstützen wir das Modell darin, so viele Informationen wie möglich in den verborgenen Schichten beizubehalten – sogar solche, die für die Regressionsaufgabe selbst nicht unbedingt notwendig sind. In der Praxis verbessert dieser Verlust manchmal die Generalisierung (es ist ein Regularisierungsverlust). Es ist auch möglich, mit der Methode `add_metric()` eine eigene Metrik zu ergänzen. Hier der Code für dieses eigene Modell mit einem eigenen Rekonstruktionsverlust und einer zugehörigen Metrik:

```
class ReconstructingRegressor(tf.keras.Model):
    def __init__(self, output_dim, **kwargs):
        super().__init__(**kwargs)
        self.hidden = [tf.keras.layers.Dense(30, activation="relu",
                                             kernel_initializer="he_normal")
                       for _ in range(5)]
        self.out = tf.keras.layers.Dense(output_dim)
        self.reconstruction_mean = tf.keras.metrics.Mean(
            name="reconstruction_error")

    def build(self, batch_input_shape):
        n_inputs = batch_input_shape[-1]
        self.reconstruct = tf.keras.layers.Dense(n_inputs)

    def call(self, inputs, training=False):
        Z = inputs
        for layer in self.hidden:
            Z = layer(Z)
        reconstruction = self.reconstruct(Z)
        recon_loss = tf.reduce_mean(tf.square(reconstruction - inputs))
        self.add_loss(0.05 * recon_loss)
        if training:
            result = self.reconstruction_mean(recon_loss)
            self.add_metric(result)
        return self.out(Z)
```

Schauen wir uns den Code an:

- Der Konstruktor erstellt das DNN mit fünf verborgenen `Dense`-Schichten und einer `Dense`-Ausgabeschicht. Zudem erzeugen wir eine `Mean`-Streaming-Metrik, um den Rekonstruktionsfehler während des Trainings verfolgen zu können.
- Die Methode `build()` erzeugt eine zusätzliche `Dense`-Schicht, die genutzt wird, um die Eingänge des Modells zu rekonstruieren. Sie muss hier erstellt werden, weil ihre Anzahl an Einheiten gleich der Anzahl an Eingängen sein muss, und diese Zahl ist erst bekannt, wenn `build()` aufgerufen wird.[13]
- Die Methode `call()` berechnet den Rekonstruktionsverlust (den mittleren quadratischen Abstand zwischen der Rekonstruktion und den Eingängen)

13 Aufgrund des TensorFlow-Issues #46858 kann der Aufruf von `super().build()` in diesem Fall fehlschlagen, solange der Issue noch nicht behoben wurde. Ansonsten müssen Sie diese Zeile durch `self.built = True` ersetzen.

und addiert ihn mithilfe von add_loss() zur Liste der Modellverluste.[14] Beachten Sie, dass wir den Rekonstruktionsverlust durch Multiplikation mit dem Faktor 0,05 herunterskalieren (das ist ein Hyperparameter, den Sie anpassen können). Damit ist sichergestellt, dass der Rekonstruktionsverlust nicht den Hauptverlust dominiert.

- Als Nächstes aktualisiert nur während des Trainings die Methode call() die Rekonstruktionsmetrik und fügt sie dem Modell hinzu, sodass sie angezeigt werden kann. Dieses Codebeispiel kann tatsächlich stattdessen durch den Aufruf von self.add_metric(recon_loss) vereinfacht werden: Keras wird den Durchschnitt für Sie automatisch verfolgen.
- Schließlich übergibt die Methode call() die Ausgabe der verborgenen Schichten an die Ausgabeschicht und liefert deren Ergebnisse.

Sowohl der Gesamtfehler wie auch der Rekonstruktionsfehler werden während des Trainings sinken:

```
Epoch 1/5
363/363 [========] - 1s 820us/step - loss: 0.7640 - reconstruction_error: 1.2728
Epoch 2/5
363/363 [========] - 0s 809us/step - loss: 0.4584 - reconstruction_error: 0.6340
[...]
```

In den meisten Fällen wird all das, was wir bisher behandelt haben, ausreichen, um beliebige Modelle zu implementieren, selbst mit komplexen Architekturen, Verlustfunktionen oder Metriken. Aber bei manchen Architekturen, wie zum Beispiel GANs (siehe Kapitel 17), werden Sie die Trainingsschleife selbst anpassen müssen. Bevor wir uns diesem Thema zuwenden, müssen wir uns anschauen, wie wir in TensorFlow automatisch Gradienten berechnen.

Gradienten per Autodiff berechnen

Um zu verstehen, wie Sie per Autodiff (siehe Kapitel 10 und Anhang B) Gradienten automatisch berechnen lassen können, schauen wir uns eine einfache Spielfunktion an:

```
def f(w1, w2):
    return 3 * w1 ** 2 + 2 * w1 * w2
```

Wenn Sie mit Analysis vertraut sind, können Sie analytisch ermitteln, dass die partielle Ableitung dieser Funktion bezüglich w1 zu 6 * w1 + 2 * w2 führt. Und die partielle Ableitung bezüglich w2 ist 2 * w1. So liefern beispielsweise am Punkt (w1, w2) = (5, 3) diese partiellen Ableitungen die Werte 36 und 10, sodass der Gradientenvektor hier (36, 10) ist. Aber wenn dies ein neuronales Netz wäre, würde die Funktion viel komplexer sein, meist mit Zehntausenden Parametern, und das analytische Bestimmen der partiellen Ableitungen per Hand wäre eine nahezu unmöglich

14 Sie können add_loss() auch auf jeder Schicht innerhalb des Modells aufrufen, da es die Verluste rekursiv von allen Schichten einsammelt.

zu lösende Aufgabe. Eine Möglichkeit wäre, eine Näherung für jede partielle Ableitung zu berechnen, indem Sie messen, um wie viel sich die Ausgabe der Funktion ändert, wenn Sie den entsprechenden Parameter ein kleines bisschen verändern:

```
>>> w1, w2 = 5, 3
>>> eps = 1e-6
>>> (f(w1 + eps, w2) - f(w1, w2)) / eps
36.000003007075065
>>> (f(w1, w2 + eps) - f(w1, w2)) / eps
10.000000003174137
```

Das sieht ziemlich gut aus! Es funktioniert recht vernünftig und lässt sich leicht implementieren, aber es ist nur eine Näherung, und vor allem müssen Sie `f()` mindestens einmal pro Parameter aufrufen (nicht zweimal, da wir `f(w1, w2)` nur einmal berechnen müssen). Ein (mindestens) einmaliger Aufruf von `f()` pro Parameter macht diesen Ansatz für große neuronale Netze zu unhandlich. Daher sollten wir Reverse-Mode-Autodiff einsetzen. TensorFlow macht das ziemlich leicht:

```
w1, w2 = tf.Variable(5.), tf.Variable(3.)
with tf.GradientTape() as tape:
    z = f(w1, w2)

gradients = tape.gradient(z, [w1, w2])
```

Wir definieren zuerst zwei Variablen `w1` und `w2`, dann erstellen wir einen Kontext `tf.GradientTape`, der automatisch alle Operationen aufzeichnet, die mit einer Variablen zu tun haben, und schließlich bitten wir diese Aufzeichnung, die Gradienten des Ergebnisses `z` in Bezug auf die beiden Variablen `[w1, w2]` zu berechnen. Schauen wir uns die Gradienten an, die TensorFlow ermittelt hat:

```
>>> gradients
[<tf.Tensor: shape=(), dtype=float32, numpy=36.0>,
 <tf.Tensor: shape=(), dtype=float32, numpy=10.0>]
```

Perfekt! Jetzt ist nicht nur das Ergebnis genau (die Präzision ist nur durch die Fehler der Gleitkommazahlen begrenzt), die Methode `gradient()` durchläuft zudem die aufgezeichneten Berechnungen nur einmal (in umgekehrter Reihenfolge) – egal wie viele Variablen es gibt. Daher ist das unglaublich effizient – fast wie Magie!

> Um Speicherplatz zu sparen, packen Sie nur das absolut Notwendige in den Block `tf.GradientTape()`. Alternativ pausieren Sie die Aufzeichnung durch das Erstellen eines Blocks `with tape.stop_recording()` innerhalb des Blocks `tf.GradientTape()`.

Die Aufzeichnung wird automatisch direkt nach dem Aufruf ihrer Methode `gradient()` gelöscht, daher erhalten Sie eine Exception, wenn Sie versuchen, die Methode zweimal aufzurufen:

```
with tf.GradientTape() as tape:
    z = f(w1, w2)
```

```
dz_dw1 = tape.gradient(z, w1) # => Tensor 36.0
dz_dw2 = tape.gradient(z, w2) # RuntimeError!
```

Müssen Sie `gradient()` mehr als einmal aufrufen, müssen Sie die Aufzeichnung persistent machen und selbst löschen, wenn Sie sie nicht mehr benötigen, um die Ressourcen wieder freizugeben:[15]

```
with tf.GradientTape(persistent=True) as tape:
    z = f(w1, w2)

dz_dw1 = tape.gradient(z, w1) # => Tensor 36.0
dz_dw2 = tape.gradient(z, w2) # => Tensor 10.0, klappt jetzt!
del tape
```

Standardmäßig zeichnet das Tape nur Operationen mit Variablen auf. Versuchen Sie also, den Gradienten von `z` bezüglich etwas anderem als einer Variablen zu berechnen, wird das Ergebnis `None` sein:

```
c1, c2 = tf.constant(5.), tf.constant(3.)
with tf.GradientTape() as tape:
    z = f(c1, c2)

gradients = tape.gradient(z, [c1, c2]) # liefert [None, None]
```

Aber Sie können die Aufzeichnung dazu zwingen, auch auf andere Dinge zu achten, um jede Operation zu dokumentieren, die diese betrifft. Sie können dann Gradienten bezüglich dieser Tensoren berechnen, als würde es sich bei ihnen um Variablen handeln:

```
with tf.GradientTape() as tape:
    tape.watch(c1)
    tape.watch(c2)
    z = f(c1, c2)

gradients = tape.gradient(z, [c1, c2]) # liefert [Tensor 36., Tensor 10.]
```

Das kann in manchen Situationen nützlich sein, zum Beispiel beim Implementieren eines Regularisierungsverlusts, der stark variierende Aktivierungen bei wenig variierenden Eingaben bestraft: Der Verlust basiert dann auf dem Gradienten der Aktivierung bezüglich der Eingaben. Da es sich bei Letzteren nicht um Variablen handelt, müssen Sie die Aufzeichnung dazu anweisen, auf sie zu achten.

Oft wird eine Gradientenaufzeichnung dazu genutzt, die Gradienten eines einzelnen Werts (meist des Verlusts) bezüglich eines Satzes von Werten (meist die Modellparameter) zu berechnen. Hier kann Autodiff im Reverse-Modus glänzen, da es nur einen Durchlauf vorwärts und einen rückwärts benötigt, um alle Gradienten auf einmal zu ermitteln. Versuchen Sie, die Gradienten eines Vektors zu berechnen – zum Beispiel mit mehreren Verlusten –, wird TensorFlow die Gradienten der Vektorsumme ermitteln. Benötigen Sie hingegen die einzelnen Gradienten (zum Beispiel

15 Verlässt die Aufzeichnung den Scope, zum Beispiel weil die Funktion, in der sie verwendet wurde, zurückkehrt, wird der Garbage Collector von Python sie für Sie löschen.

die Gradienten jedes Verlusts bezüglich der Modellparameter), müssen Sie die Methode `jacobian()` der Aufzeichnung aufrufen: Sie führt das Reverse-Mode-Autodiff jeweils für jeden Verlust im Vektor aus (standardmäßig parallel). Es ist sogar möglich, zweite partielle Ableitungen zu berechnen (also die Hessians – die partiellen Ableitungen der partiellen Ableitungen), aber das wird in der Praxis nur selten benötigt (im Abschnitt »Computing Gradientes Using Autodiff« des Notebooks zum Kapitel finden Sie ein Beispiel).

In manchen Fällen wollen Sie Gradienten in Teilen Ihres neuronalen Netzes nicht per Backpropagation verteilen. Dann müssen Sie die Funktion `tf.stop_gradient()` verwenden. Sie gibt ihre Eingabewerte während des Vorwärtsdurchgangs weiter (wie `tf.identity()`), lässt aber keine Gradienten während der Backpropagation durch (sie agiert wie eine Konstante):

```
def f(w1, w2):
    return 3 * w1 ** 2 + tf.stop_gradient(2 * w1 * w2)

with tf.GradientTape() as tape:
    z = f(w1, w2) # Forward-Pass wird durch stop_gradient() nicht beeinflusst.

gradients = tape.gradient(z, [w1, w2]) # => liefert [Tensor 30., None]
```

Und schließlich können Sie gelegentlich über numerische Probleme beim Berechnen von Gradienten stolpern. Ermitteln Sie beispielsweise die Gradienten der Quadratwurzelfunktion bei $x = 10^{-50}$, wird das Ergebnis unendlich sein. In der Realität ist die Steigung an diesem Punkt nicht unendlich, liegt aber außerhalb des Bereichs, den 32-Bit-Gleitkommazahlen darstellen können:

```
>>> x = tf.Variable(1e-50)
>>> with tf.GradientTape() as tape:
...     z = tf.sqrt(x)
...
>>> tape.gradient(z, [x])
[<tf.Tensor: shape=(), dtype=float32, numpy=inf>]
```

Um das zu lösen, ist es oft gut, zu x einen kleinen Wert hinzuzuaddieren (zum Beispiel 10^{-6}), wenn man die Wurzel berechnet.

Die Exponentialfunktion sorgt auch regelmäßig für Kopfschmerzen, da sie extrem schnell wächst. So ist beispielsweise die Art und Weise, wie `my_softplus()` weiter oben definiert wurde, nicht numerisch stabil. Berechnen Sie `my_softplus(100.0)`, werden Sie statt des korrekten Ergebnisses (ungefähr 100) unendlich als Wert erhalten. Aber es ist möglich, die Funktion so umzuschreiben, dass sie numerisch stabil wird: Die Softplus-Funktion ist definiert als $\log(1 + \exp(z))$, was gleich $\log(1 + \exp(-|z|) + \max(z, 0)$ ist (den Beweis dazu finden Sie im Notebook). Der Vorteil dieser zweiten Form ist, dass der Exponentialterm nicht durch die Decke gehen kann. Daher ist dies eine bessere Implementierung der Funktion `my_softplus()`:

```
def my_softplus(z):
    return tf.math.log(1 + tf.exp(-tf.abs(z))) + tf.maximum(0., z)
```

In manchen seltenen Fällen kann eine numerisch stabile Funktion trotzdem numerisch instabile Gradienten haben. Dann werden Sie TensorFlow mitteilen müssen, welche Gleichung für die Gradienten zu nutzen ist, statt sie von Autodiff ermitteln zu lassen. Dazu müssen Sie beim Definieren der Funktion den Dekorierer `@tf.custom_gradient` nutzen und sowohl das normale Ergebnis der Funktion als auch eine Funktion zurückgeben, die die Gradienten ermittelt. Passen wir beispielsweise die Funktion `my_softplus()` so an, dass sie auch eine numerisch stabile Gradientenfunktion liefert:

```
@tf.custom_gradient
def my_softplus(z):
    def my_softplus_gradients(grads):  # grads = Backprops aus höheren Schichten
        return grads * (1 - 1 / (1 + tf.
exp(z)))  # stabile Gradienten aus Softplus

    result = tf.math.log(1 + tf.exp(-tf.abs(z))) + tf.maximum(0., z)
    return result, my_softplus_gradients
```

Kennen Sie sich mit Differenzialrechnung aus (siehe das Tutorial-Notebook zum diesem Thema), können Sie ermitteln, dass die Ableitung von log(1 + exp(z)) die Formel exp(z) / 1(+ exp(z)) liefert. Aber diese Form ist nicht stabil: Für große Werte von z führt dies zu unendlich geteilt durch unendlich, was NaN ergibt. Aber mit ein bisschen Algebra können Sie zeigen, dass das 1 - 1 / (1 + exp(z)) entspricht, was in der Tat stabil ist. Die Funktion `my_softplus_gradients()` nutzt diese Gleichung, um die Gradienten zu bestimmen. Beachten Sie, dass diese Funktion die Gradienten als Eingaben erhält, die bisher per Backpropagation in die `my_softplus()`-Funktion geliefert wurden – aufgrund der Kettenregel müssen wir sie mit den Gradienten dieser Funktion multiplizieren.

Berechnen wir jetzt die Gradienten der `my_softplus()`-Funktion, erhalten wir das richtige Ergebnis – selbst für große Eingangswerte.

Herzlichen Glückwunsch! Sie können jetzt die Gradienten jeder Funktion berechnen (sofern sie dort differenzierbar ist, wo Sie sie ermitteln wollen), Backpropagation bei Bedarf blockieren und Ihre eigenen Gradientenfunktionen schreiben! Das ist vermutlich mehr Funktionalität, als Sie jemals brauchen werden, selbst wenn Sie Ihre eigenen Trainingsschleifen schreiben – wie wir jetzt sehen werden.

Eigene Trainingsschleifen

In manchen Fällen ist die Methode `fit()` eventuell nicht flexibel genug für das, was Sie tun wollen. So nutzt beispielsweise der Wide-&-Deep-Artikel (*https://homl.info/widedeep*), den wir in Kapitel 10 besprochen haben, zwei verschiedene Optimierer: einen für den Wide-Pfad und einen anderen für den Deep-Pfad. Da die Methode `fit()` nur einen Optimierer einsetzt (den wir beim Kompilieren des Modells angegeben haben), müssen Sie zum Implementieren dieses Artikels Ihre eigene Schleife schreiben.

Vielleicht wollen Sie auch eigene Trainingsschleifen schreiben, um einfach mehr darauf vertrauen zu können, dass sie genau das tun, was sie tun sollen (möglicherweise sind Ihnen manche Details der `fit()`-Methode unklar). Es kann sich manchmal sicherer anfühlen, alles explizit zu machen. Aber denken Sie daran, dass das Schreiben einer eigenen Trainingsschleife Ihren Code länger, fehleranfälliger und schlechter wartbar machen wird.

> Sofern Sie nicht das Ganze zum Lernen nutzen oder wirklich die zusätzliche Flexibilität benötigen, sollten Sie besser die Methode `fit()` verwenden, statt Ihre eigene Trainingsschleife zu implementieren – insbesondere wenn Sie in einem Team arbeiten.

Bauen wir zunächst ein einfaches Modell. Wir müssen es nicht kompilieren, da wir die Trainingsschleife manuell ausführen werden:

```
l2_reg = tf.keras.regularizers.l2(0.05)
model = tf.keras.models.Sequential([
    tf.keras.layers.Dense(30, activation="relu", kernel_initializer="he_normal",
                          kernel_regularizer=l2_reg),
    tf.keras.layers.Dense(1, kernel_regularizer=l2_reg)
])
```

Als Nächstes erzeugen wir eine kleine Funktion, die zufällig einen Batch mit Instanzen aus dem Trainingsdatensatz auswählen wird (in Kapitel 13 werden wir die tf.data-API behandeln, die eine viel bessere Alternative bietet):

```
def random_batch(X, y, batch_size=32):
    idx = np.random.randint(len(X), size=batch_size)
    return X[idx], y[idx]
```

Definieren wir auch eine Funktion, die den Trainingsstatus anzeigt – einschließlich des aktuellen Schritts, der Gesamtzahl an Schritten, des durchschnittlichen Verlusts seit Beginn der Epoche (wir werden die Metrik `Mean` zum Berechnen nutzen) und anderer Metriken:

```
def print_status_bar(step, total, loss, metrics=None):
    metrics = " - ".join([f"{m.name}: {m.result():.4f}"
                          for m in [loss] + (metrics or [])])
    end = "" if step < total else "\n"
    print(f"\r{step}/{total} - " + metrics, end=end)
```

Dieser Code ist selbsterklärend, nur die String-Formatierung in Python mag verwirren: `{m.result():.4f}` formatiert das Ergebnis der Metrik als Gleitkommazahl mit vier Nachkommastellen, `\r` (Carriage Return) zusammen mit `end=""` stellt sicher, dass die Statusleiste immer auf der gleichen Zeile ausgegeben wird.

Jetzt können wir ans Eingemachte gehen! Zuerst müssen wir Hyperparameter definieren und den Optimierer, die Verlustfunktion und die Metriken (in diesem Beispiel nur MAE) auswählen:

```
n_epochs = 5
batch_size = 32
```

```
n_steps = len(X_train) // batch_size
optimizer = tf.keras.optimizers.SGD(learning_rate=0.01)
loss_fn = tf.keras.losses.mean_squared_error
mean_loss = tf.keras.metrics.Mean(name="mean_loss")
metrics = [tf.keras.metrics.MeanAbsoluteError()]
```

Nun können wir unsere eigene Schleife bauen!

```
for epoch in range(1, n_epochs + 1):
    print("Epoch {}/{}".format(epoch, n_epochs))
    for step in range(1, n_steps + 1):
        X_batch, y_batch = random_batch(X_train_scaled, y_train)
        with tf.GradientTape() as tape:
            y_pred = model(X_batch, training=True)
            main_loss = tf.reduce_mean(loss_fn(y_batch, y_pred))
            loss = tf.add_n([main_loss] + model.losses)

        gradients = tape.gradient(loss, model.trainable_variables)
        optimizer.apply_gradients(zip(gradients, model.trainable_variables))
        mean_loss(loss)
        for metric in metrics:
            metric(y_batch, y_pred)

        print_status_bar(step, n_steps, mean_loss, metrics)

    for metric in [mean_loss] + metrics:
        metric.reset_states()
```

Es passiert ziemlich viel in diesem Code, daher schauen wir ihn uns genauer an:

- Wir erstellen zwei verschachtelte Schleifen: eine für die Epochen, die andere für die Batches in einer Epoche.
- Dann sampeln wir einen zufälligen Batch aus dem Trainingsdatensatz.
- Innerhalb des Blocks `tf.GradientTape()` erstellen wir eine Vorhersage für einen Batch mit dem Modell als Funktion und berechnen den Verlust: Er entspricht dem Hauptverlust plus den anderen Verlusten (in diesem Modell gibt es einen Regularisierungsverlust pro Schicht). Da die Funktion `mean_square_error()` einen Verlust pro Instanz liefert, berechnen wir den Mittelwert über den Batch mithilfe von `tf.reduce_mean()` (wollten Sie unterschiedliche Gewichte für jede Instanz anwenden, würden Sie das hier tun). Die Regularisierungsverluste sind schon jeweils auf einen einzelnen Skalar reduziert, daher müssen wir sie nur noch aufsummieren (mit `tf.add_n()`, was mehrere Tensoren der gleichen Form und mit dem gleichen Datentyp addiert).
- Als Nächstes bitten wir die Aufzeichnung, die Gradienten des Verlusts in Bezug auf jede trainierbare Variable zu berechnen – *nicht* für alle Variablen! –, und wenden sie auf den Optimierer an, um einen Gradientenschritt durchzuführen.
- Dann aktualisieren wir den durchschnittlichen Verlust und die Metriken (über die aktuelle Epoche) und geben den Statusbalken aus.

- Am Ende jeder Epoche setzen wir die Status des mittleren Verlusts und der Metriken zurück.

Wollen Sie Gradient Clipping anwenden (siehe Kapitel 11), setzen Sie die Hyperparameter `clipnorm` oder `clipvalue` des Optimierers. Sollen andere Transformationen auf die Gradienten angewendet werden, tun Sie das einfach vor dem Aufruf der Methode `apply_gradients()`. Und ergänzen Sie Ihr Modell um Gewichts-Constraints (zum Beispiel durch das Setzen von `kernel_constraint` oder `bias_constraint` beim Erstellen einer Schicht), sollten Sie die Trainingsschleife so anpassen, dass sie diese Constraints direkt nach `apply_gradients()` anwendet, zum Beispiel:

```
for variable in model.variables:
    if variable.constraint is not None:
        variable.assign(variable.constraint(variable))
```

> Vergessen Sie nicht, `training=True` zu setzen, wenn Sie das Modell in der Trainingsschleife aufrufen – insbesondere wenn sich Ihr Modell beim Training und Testen unterschiedlich verhält (weil es zum Beispiel `BatchNormalization` oder `Dropout` nutzt). Handelt es sich um ein eigenes Modell, achten Sie darauf, das `training`-Argument an die Schichten weiterzuleiten, die Ihr Modell aufruft.

Wie Sie sehen, gibt es eine Reihe von Dingen, die Sie richtig machen müssen, und es ist wirklich nicht schwer, sie falsch zu machen. Andererseits bekommen Sie so die volle Kontrolle.

Nachdem Sie nun wissen, wie Sie alle möglichen Teile Ihres Modells und Ihrer Trainingsalgorithmen anpassen können,[16] schauen wir uns an, wie Sie das *Automatic Graph Generation Feature* von TensorFlow einsetzen: Es kann Ihren eigenen Code deutlich beschleunigen und läuft dadurch portabel auf jeder Plattform, die von TensorFlow unterstützt wird (siehe Kapitel 19).

Funktionen und Graphen in TensorFlow

In TensorFlow 1 waren Graphen unvermeidbar (und damit leider auch die mit ihnen einhergehende Komplexität), da es sich bei ihnen um einen zentralen Teil der TensorFlow-API handelte. Seit TensorFlow 2 (2019 veröffentlicht) gibt es sie immer noch, aber nicht in so zentraler Rolle, und sie sind wirklich viel einfacher einzusetzen. Um zu zeigen, wie leicht die Arbeit mit ihnen ist, beginnen wir mit einer trivialen Funktion, die die dritte Potenz ihres Eingabewerts berechnet:

```
def cube(x):
    return x ** 3
```

16 Mit Ausnahme von Optimierern, da sehr wenige diese jemals anpassen – siehe den Abschnitt »Custom Optimizers« im Notebook für ein Beispiel.

Wir können diese Funktion offensichtlich mit einem Python-Wert aufrufen, wie zum Beispiel einem `int` oder einem `float`, oder wir übergeben ihr einen Tensor:

```
>>> cube(2)
8
>>> cube(tf.constant(2.0))
<tf.Tensor: shape=(), dtype=float32, numpy=8.0>
```

Verwenden wir jetzt `tf.function()`, um diese Python-Funktion in eine *TensorFlow-Funktion* zu konvertieren:

```
>>> tf_cube = tf.function(cube)
>>> tf_cube
<tensorflow.python.eager.def_function.Function at 0x7fbfe0c54d50>
```

Diese TF Function kann genauso wie die ursprüngliche Python-Funktion eingesetzt werden und wird auch die gleichen Ergebnisse liefern (aber immer als Tensoren):

```
>>> tf_cube(2)
<tf.Tensor: shape=(), dtype=int32, numpy=8>
>>> tf_cube(tf.constant(2.0))
<tf.Tensor: shape=(), dtype=float32, numpy=8.0>
```

Unter der Motorhaube hat `tf.function()` die Berechnungen analysiert, die die Funktion `cube()` ausführt, und einen äquivalenten Rechengraphen erstellt! Wie Sie sehen können, war das ziemlich schmerzfrei (wir werden gleich erfahren, wie es funktioniert). Alternativ hätten wir `tf.function` als Dekorierer verwenden können, was tatsächlich auch häufiger genutzt wird:

```
@tf.function
def tf_cube(x):
    return x ** 3
```

Sollten Sie die ursprüngliche Python-Funktion doch noch benötigen, steht sie als Attribut `python_function` der TF Function zur Verfügung:

```
>>> tf_cube.python_function(2)
8
```

TensorFlow optimiert den Rechengraphen, schneidet ungenutzte Knoten weg, vereinfacht Ausdrücke (so würde beispielsweise 1 + 2 durch 3 ersetzt) und so weiter. Ist der optimierte Graph fertig, führt die TF Function die Operationen im Graphen effizient in der passenden Reihenfolge (und wenn möglich parallel) aus. Damit läuft eine TF Function im Allgemeinen viel schneller als die ursprüngliche Python-Funktion, insbesondere beim Ausführen komplexer Berechnungen.[17] Meistens werden Sie gar nicht mehr wissen müssen – wollen Sie eine Python-Funktion beschleunigen, verwandeln Sie sie einfach in eine TF Function, das ist alles!

17 In diesem trivialen Beispiel ist der Rechengraph allerdings so klein, dass es nichts zu optimieren gibt und `tf_cube()` tatsächlich sogar langsamer ist als `cube()`.

Setzen Sie zudem `jit_compile=True`, wenn Sie `tf.function()` aufrufen, wird TensorFlow *Accellerated Linear Algebra* (XLA) nutzen, um dedizierte Kernels für Ihren Graphen zu kompilieren, wobei oft mehrere Operationen zusammengeführt werden. Ruft Ihre TF Function beispielsweise `tf.reduce_sum(a * b + c)` auf, würde die Funktion ohne XLA erst `a * b` berechnen, das Ergebnis in einer temporären Variablen ablegen, dann `c` zu dieser Variablen addieren und schließlich für das Ergebnis `tf.reduce_sum()` aufrufen müssen. Mit XLA wird die gesamte Berechnung in einem einzelnen Kernel kompiliert, wodurch `tf.reduce_sum(a * b + c)` in einem Schritt ermittelt werden kann, ohne große temporäre Variablen nutzen zu müssen. Das ist nicht nur viel schneller, sondern erfordert auch dramatisch weniger Speicher.

Schreiben Sie eine eigene Verlustfunktion, Metrik, Schicht oder eine andere eigene Funktionen, die Sie in einem Keras-Modell einsetzen (wie wir es in diesem Kapitel getan haben), verwandelt Keras sie automatisch in eine TF Function – Sie müssen `tf.function()` also gar nicht verwenden. Die meiste Zeit werden Sie von dieser Magie also gar nichts mitbekommen. Und wollen Sie, dass Keras XLA nutzt, müssen Sie beim Aufruf der Methode `compile()` nur `jit_compile=True` setzen. Ganz einfach!

> Sie können Keras anweisen, Ihre Python-Funktionen *nicht* in TF Functions umzuwandeln, indem Sie beim Erstellen einer eigenen Schicht oder eines eigenen Modells `dynamic=True` setzen. Alternativ können Sie beim Aufruf der Modellmethode `compile()` den Parameter `run_eagerly=True` setzen.

Standardmäßig erzeugt eine TF Function einen neuen Graphen für jeden eindeutigen Satz an Eingabeformen und Datentypen und speichert ihn für Folgeaufrufe zwischen. Rufen Sie beispielsweise `tf_cube(tf.constant(10))` auf, wird ein Graph für int32-Tensoren der Form [] erzeugt. Rufen Sie dann `tf_cube(tf.constant(20))` auf, wird der gleiche Graph wiederverwendet. Aber rufen Sie nun `tf_cube(tf.constant([10, 20]))` auf, wird ein neuer Graph für int32-Tensoren der Form [2] erzeugt. So können TF Functions mit Polymorphismus umgehen (also variierenden Argumenttypen und -formen). Aber das gilt nur für Tensoren-Argumente: Übergeben Sie numerische Python-Werte an eine TF Function, wird für jeden unterschiedlichen Wert ein neuer Graph erzeugt – `tf_cube(10)` und `tf_cube(20)` führen also zu zwei Graphen.

> Rufen Sie eine TF Function viele Male mit unterschiedlichen numerischen Python-Werten auf, werden viele Graphen erzeugt, was Ihr Programm verlangsamt und jede Menge RAM verbraucht (Sie müssen die TF Function löschen, um es wieder freizubekommen). Python-Werte sollten nur für Argumente genutzt werden, die wenige unterschiedliche Werte annehmen, zum Beispiel Hyperparameter wie die Anzahl an Neuronen pro Schicht. Damit kann TensorFlow jede Variante Ihres Modells besser optimieren.

AutoGraph und Tracing

Wie erzeugt TensorFlow nun die Graphen? Es beginnt damit, den Quellcode der Python-Funktion zu analysieren, um alle Kontrollflussanweisungen zu finden, wie zum Beispiel `for`-Schleifen, `while`-Schleifen und `if`-Anweisungen, aber auch `break`-, `continue`- und `return`-Anweisungen. Dieser erste Schritt wird als *AutoGraph* bezeichnet. TensorFlow muss den Quellcode analysieren, weil Python keine andere Möglichkeit bietet, Anweisungen zur Kontrollflusssteuerung abzufangen: Es bietet magische Methoden wie `__add__()` und `__mul__()` für Operatoren wie + und *, aber es gibt keine magischen Methoden `__while__()` oder `__if__()`. Nach dem Analysieren des Funktionscodes gibt AutoGraph eine aktualisierte Version dieser Funktion zurück, in der alle Kontrollflussanweisungen durch die passenden TensorFlow-Operationen wie `tf.while_loop()` für Schleifen oder `tf.cond()` für `if`-Anweisungen ersetzt wurden. So analysiert AutoGraph beispielsweise in Abbildung 12-4 den Quellcode der Python-Funktion `sum_squares()` und erzeugt die Funktion `tf__sum_squares()`. In dieser Funktion wurde die `for`-Schleife durch die Definition der `loop_body()`-Funktion ersetzt (mit dem Rumpf der ursprünglichen `for`-Schleife), gefolgt von einem Aufruf der Funktion `for_stmt()`. Dieser Aufruf baut die passende `tf.while_loop()` im Rechengraphen.

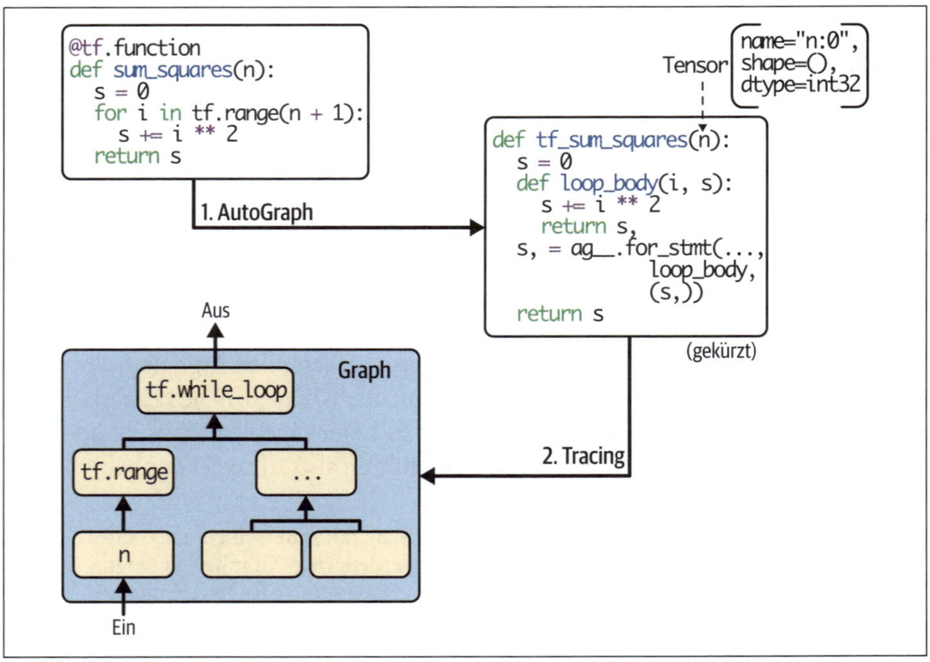

Abbildung 12-4: Wie TensorFlow Graphen mithilfe von AutoGraph und Tracing erzeugt

Als Nächstes ruft TensorFlow diese »aktualisierte« Funktion auf, aber statt das Argument mitzugeben, übergibt es einen *symbolischen Tensor* – einen Tensor ohne echte Werte, sondern nur mit Namen, Datentyp und Form. Rufen Sie beispielsweise `sum_squares(tf.constant(10))` auf, wird die Funktion `tf__sum_squares()` mit einem symbolischen Tensor vom Typ int32 und der Form [] aufgerufen. Die Funktion läuft dann in einem *Graph-Modus* – jede TensorFlow-Operation fügt einen Knoten im Graphen hinzu, der sie und ihre(n) Ausgabetensor(en) repräsentiert (im Gegensatz zum regulären Modus, der *Eager Execution* oder *Eager-Modus*genannt wird). Im Graph-Modus führen TF-Operationen keine Berechnungen durch. In TensorFlow 1 war der Graph-Modus der Standard. In Abbildung 12-4 sehen Sie, dass die Funktion `tf__sum_squares()` mit einem symbolischen Tensor als Argument aufgerufen wird (in diesem Fall einem int32-Tensor der Form []) und der endgültige Graph durch das Tracing erstellt wird. Die Knoten stehen für Operationen und die Pfeile für Tensoren (sowohl die generierte Funktion wie auch der Graph sind vereinfacht dargestellt).

> Um den Quellcode der generierten Funktion zu sehen, können Sie `tf.autograph.to_code(sum_squares.python_function)` aufrufen. Dieser Code soll nicht schön aussehen, kann aber manchmal beim Debuggen hilfreich sein.

Regeln für TF Functions

Sehr oft ist es trivial, eine Python-Funktion, die TensorFlow-Operationen ausführt, in eine TF Function umzuwandeln. Dekorieren Sie sie mit `@tf.function` oder lassen Sie Keras sich darum für Sie kümmern. Aber es gibt ein paar Regeln, die zu beachten sind:

- Rufen Sie eine externe Bibliothek auf, einschließlich NumPy, oder sogar die Standardbibliothek, wird dieser Aufruf lediglich beim Tracing durchgeführt und nicht Teil des Graphen sein. Ein TensorFlow-Graph kann tatsächlich nur TensorFlow-Konstrukte enthalten (Tensoren, Operationen, Variablen, Datensätze und so weiter). Stellen Sie also sicher, dass Sie `tf.reduce_sum()` statt `np.sum()`, `tf.sort()` statt der eingebauten Funktion `sorted()` und so weiter verwenden (sofern Sie nicht tatsächlich wollen, dass der Code nur während des Tracings läuft). Das hat ein paar zusätzliche Auswirkungen:
  - Definieren Sie eine TF Function `f(x)`, die nur `np.random.rand()` zurückgibt, wird nur dann eine Zufallszahl erzeugt, wenn die Funktion getraced wird. `f(tf.constant(2.))` und `f(tf.constant(3.))` liefern also die gleiche Zufallszahl zurück, aber `f(tf.constant([2., 3.]))` führt zu einem anderen Wert. Ersetzen Sie `np.random.rand()` durch `tf.random.uniform([])`, wird bei jedem Aufruf eine neue Zufallszahl generiert, da die Operation Teil des Graphen wird.
  - Hat Ihr Nicht-TensorFlow-Code Nebeneffekte (wie das Loggen von etwas oder das Aktualisieren eines Python-Zählers), sollten Sie nicht davon ausgehen, dass diese Effekte bei jedem Aufruf der TF Function auftreten, da sie nur während des Tracens ausgeführt werden.

- Sie können beliebigen Python-Code in einer Operation `tf.py_funcion()` verpacken, aber das wird die Performance verringern, da TensorFlow für diesen Code keine Graphen-Optimierungen durchführen kann. Zudem reduziert sich die Portierbarkeit, da der Graph nur auf Plattformen läuft, auf denen Python vorhanden ist (und auf denen die richtigen Bibliotheken installiert sind).

- Sie können andere Python-Funktionen oder TF Functions aufrufen, diese sollten aber den gleichen Regeln folgen, da TensorFlow deren Operationen im Rechengraphen erfasst. Beachten Sie, dass diese anderen Funktionen nicht mit `@tf.function` dekoriert werden müssen.
- Erzeugt die Funktion eine TensorFlow-Variable (oder andere zustandsbehaftete TensorFlow-Objekte, wie zum Beispiel Datensätze oder eine Queue), muss dies beim ersten Aufruf geschehen – und auch nur dann, denn sonst erhalten Sie eine Exception. Es ist normalerweise besser, Variablen außerhalb der TF Function zu erstellen (zum Beispiel in der Methode `build()` einer eigenen Schicht). Wollen Sie der Variablen einen neuen Wert zuweisen, achten Sie darauf, dass Sie deren Methode `assign()` aufrufen und nicht den `=`-Operator verwenden.
- Der Quellcode Ihrer Python-Funktion sollte für TensorFlow erreichbar sein. Steht er nicht zur Verfügung (zum Beispiel weil Sie Ihre Funktion in der Python-Shell definieren, die keinen Zugriff auf den Quellcode erlaubt, oder nur die kompilierten **.pyc*-Dateien in die Produktivumgebung deployen), wird der Graph nicht erstellt werden können oder nur eingeschränkt funktionieren.
- TensorFlow erfasst nur `for`-Schleifen, die über einen Tensor oder ein `tf.data.Dataset` iterieren. Achten Sie daher darauf, `for i in tf.range(x)` zu nutzen statt `for i in range(x)`, denn sonst wird die Schleife im Graphen nicht ausgewertet. Stattdessen läuft sie während des Tracings. (Das kann erwünscht sein, wenn die `for`-Schleife den Graphen aufbauen soll, zum Beispiel um jede Schicht in einem neuronalen Netz zu erstellen.)
- Wie sonst auch sollten Sie aus Performancegründen wann immer möglich eine vektorisierte Implementierung bevorzugen, statt mit Schleifen zu arbeiten.

Zeit für eine Zusammenfassung. In diesem Kapitel haben wir einen kurzen Überblick über TensorFlow gegeben und uns dann dessen Low-Level-API angeschaut – Tensoren, Operationen, Variablen und spezielle Datenstrukturen. Diese haben wir dann genutzt, um so gut wie jede Komponente in der Keras-API anzupassen. Und schließlich haben wir uns angeschaut, wie TF Functions die Performance verbessern können, wie Graphen mithilfe von AutoGraph und Tracing erstellt werden und welche Regeln zu befolgen sind, wenn Sie TF Functions schreiben (möchten Sie noch ein bisschen tiefer eintauchen und die erzeugten Graphen betrachten, finden Sie technische Details in Anhang D).

Im nächsten Kapitel werden wir uns anschauen, wie wir Daten mit TensorFlow effizient laden und vorverarbeiten.

Übungen

1. Wie würden Sie TensorFlow in einem kurzen Satz beschreiben? Was sind seine wichtigsten Features? Kennen Sie andere beliebte Deep-Learning-Bibliotheken?
2. Ist TensorFlow ein leicht auszutauschender Ersatz für NumPy? Was sind die Hauptunterschiede zwischen ihnen?
3. Erhalten Sie für `tf.range(10)` und `tf.constant(np.arange(10))` das gleiche Ergebnis?
4. Können Sie neben den normalen Tensoren sechs weitere Datenstrukturen aus TensorFlow benennen?
5. Eine eigene Verlustfunktion kann durch das Schreiben einer Funktion oder durch das Erstellen einer Subklasse von `tf.keras.losses.Loss` erzeugt werden. Wann würden Sie welche Option verwenden?
6. Genauso kann eine eigene Metrik in einer Funktion oder als Unterklasse von `tf.keras.metrics.Metric` erstellt werden. Wann nutzen Sie welche Option?
7. Wann sollten Sie eine eigene Schicht und wann ein eigenes Modell erstellen?
8. Was für Anwendungsfälle erfordern das Schreiben von Code für Ihre eigene Trainingsschleife?
9. Können eigene Keras-Komponenten beliebigen Python-Code enthalten, oder müssen sie in TF Functions konvertierbar sein?
10. Was sind die wichtigsten Regeln, wenn Sie eine Funktion in eine TF Function umwandeln können wollen?
11. Wann würden Sie ein dynamisches Keras-Modell erstellen müssen? Wie tun Sie das? Warum machen Sie nicht alle Ihre Modelle dynamisch?
12. Implementieren Sie eine eigene Schicht, die eine Schichtnormalisierung durchführt (wir werden solche Schichten in Kapitel 15 einsetzen):
    a. Die Methode `build()` sollte zwei trainierbare Gewichte $\boldsymbol{\alpha}$ und $\boldsymbol{\beta}$ besitzen, die beide die Form `input_shape[-1:]` und den Datentyp `tf.float32` haben. $\boldsymbol{\alpha}$ sollte mit 1s initialisiert werden, $\boldsymbol{\beta}$ mit 0s.
    b. Die Methode `call()` sollte den Mittelwert μ und die Standardabweichung σ aller Features jeder Instanz berechnen. Dazu können Sie `tf.nn.moments(inputs, axes=-1, keepdims=True)` verwenden, das den Mittelwert μ und die Varianz σ^2 aller Instanzen liefert (die Wurzel der Varianz gibt Ihnen die Standardabweichung). Dann sollte die Funktion $\boldsymbol{\alpha} \otimes (\mathbf{X} - \mu)/(\sigma + \varepsilon) + \boldsymbol{\beta}$ berechnen und zurückgeben, wobei $\otimes$ die elementweise Multiplikation (*) und ε ein glättender Term ist (eine kleine Konstante, die eine Division durch null vermeidet, zum Beispiel 0,001).
    c. Stellen Sie sicher, dass Ihre eigene Schicht die gleichen (oder nahezu gleichen) Ergebnisse wie `tf.keras.layers.LayerNormalization` liefert.

13. Trainieren Sie ein Modell mit einer eigenen Trainingsschleife, um den Fashion-MNIST-Datensatz anzugehen (siehe Kapitel 10):

    a. Zeigen Sie Epoche, Iteration, mittleren Trainingsverlust und mittlere Genauigkeit für jede Epoche an (aktualisiert bei jeder Iteration), dazu den Validierungsverlust und die Genauigkeit am Ende jeder Epoche.

    b. Probieren Sie verschiedene Optimierer mit anderen Lernraten für die oberen und unteren Schichten aus.

Die deutschsprachigen Lösungen zu diesen Übungen finden Sie unter *https://dpunkt.de/produkt/praxiseinstieg-machine-learning-mit-scikit-learn-keras-und-tensorflow-2/* auf der Registerkarte *Zusatzmaterial*, die englischsprachigen Lösungen am Ende des Notebooks zu diesem Kapitel unter *https://homl.info/colab3*.

KAPITEL 13

Daten mit TensorFlow laden und vorverarbeiten

In Kapitel 2 haben Sie gesehen, dass das Laden und Vorverarbeiten von Daten ein wichtiger Teil jedes Machine-Learning-Projekts ist. Sie haben Pandas eingesetzt, um den (angepassten) kalifornischen Immobilien-Datensatz zu laden und zu untersuchen – der in einer CSV-Datei gespeichert war –, und Sie haben für die Vorverarbeitung Transformer von Scikit-Learn eingesetzt. Diese Tools sind ziemlich praktisch, und Sie werden sie vermutlich recht häufig einsetzen, insbesondere wenn Sie Daten erforschen und mit ihnen experimentieren.

Aber wenn Sie TensorFlow-Modelle mit großen Datensätzen trainieren, werden Sie eventuell lieber auf die API zum Laden und Vorverarbeiten von Daten in TensorFlow selbst zurückgreifen – `tf.data`. Sie kann Daten außerordentlich effizient laden und vorverarbeiten, parallel per Multithreading und Queuing aus mehreren Dateien lesen, Samples durchmischen und in Batches aufteilen und vieles mehr. Zudem kann es all das mal eben zwischendurch tun – sie lädt und verarbeitet den nächsten Datenbatch mit mehreren CPU-Kernen, während Ihre GPUs oder TPUs damit beschäftigt sind, mit dem aktuellen Batch mit Daten zu trainieren.

Mit der tf.data-API können Sie mit Datensätzen arbeiten, die nicht komplett in den Speicher passen, und es ist möglich, Ihre Hardwareressourcen vollständig einzubringen, sodass das Training beschleunigt wird. Die tf.data-API kann direkt aus Textdateien lesen (wie zum Beispiel aus CSV-Dateien), aus Binärdateien mit fester Datensatzgröße und aus solchen, die das TFRecord-Format von TensorFlow nutzen, das Datensätze unterschiedlicher Größe unterstützt.

TFRecord ist ein flexibles und effizientes Binärformat, das normalerweise *Protocol Buffers* enthält (ein Open-Source-Binärformat). Die tf.data-API erlaubt auch das Lesen aus SQL-Datenbanken. Zudem stehen viele Open-Source-Erweiterungen zur Verfügung, um aus allen möglichen Arten von Datenquellen zu lesen, wie zum Beispiel Googles BigQuery-Service (siehe *https://tensorflow.org/io*).

Keras bringt auch leistungsfähige, aber trotzdem einfach zu nutzende Vorverarbeitungsschichten mit, die sich in Ihre Modelle einbetten lassen: Deployen Sie ein Modell in die Produktivumgebung, können Sie so die Rohdaten direkt verarbeiten, ohne zusätzlichen Vorverarbeitungscode hinzufügen zu müssen. Das verhindert die Gefahr eines Unterschieds zwischen dem Vorverarbeitungscode für das Training und dem Vorverarbeitungscode für die Produktivumgebung, der vermutlich zu einer *Training/Serving Skew* führt. Und wenn Sie Ihr Modell in mehrere Apps deployen, die in unterschiedlichen Programmiersprachen geschrieben wurden, müssen Sie nicht mehrfach den gleichen Vorverarbeitungscode implementieren, was ebenfalls das Risiko von Unterschieden reduziert.

Wie Sie sehen werden, lassen sich beide APIs gemeinsam nutzen – zum Beispiel um von der Effizienz beim Laden von Daten mit tf.data und der Bequemlichkeit der Vorverarbeitungsschichten von Keras zu profitieren.

In diesem Kapitel werden wir uns zuerst um die tf.data-API und das TFRecord-Format kümmern. Dann werden wir die Vorverarbeitungsschichten von Keras und ihre Verwendung zusammen mit der tf.data-API angehen. Am Ende werden wir schließlich noch einen kurzen Blick auf ein paar zugehörige Bibliotheken werfen, die Ihnen beim Laden und Vorverarbeiten von Daten von Nutzen sein können, wie zum Beispiel TensorFlow Datasets und TensorFlow Hub. Also, los geht's!

Die tf.data-API

Die gesamte tf.data-API ist um das Konzept eines `tf.data.Dataset` herum aufgebaut: Damit wird eine Folge von Datenobjekten abgebildet. Normalerweise werden Sie Datasets verwenden, die nach und nach Daten von der Festplatte lesen, aber aus Gründen der Einfachheit wollen wir mithilfe von `tf.data.Dataset.from_tensor_slices()` ein Dataset aus einem einfachen Daten-Tensor erstellen:

```
>>> import tensorflow as tf
>>> X = tf.range(10)  # beliebiger Daten-Tensor
>>> dataset = tf.data.Dataset.from_tensor_slices(X)
>>> dataset
<TensorSliceDataset shapes: (), types: tf.int32>
```

Die Funktion `from_tensor_slices()` erwartet einen Tensor und erstellt ein `tf.data.Dataset`, dessen Elemente alle die einzelnen »Slices« von `X` (entlang der ersten Dimension) sind, somit enthält dieser Datensatz 10 Elemente: die Tensoren 0, 1, 2, ..., 9. In diesem Fall hätten wir das gleiche Dataset erhalten, wenn wir `tf.data.Dataset.range(10)` genutzt hätten (nur dass die Elemente 64-Bit- statt 32-Bit-Integer-Werte wären).

Sie können einfach über die Elemente eines Datasets iterieren:

```
>>> for item in dataset:
...     print(item)
...
tf.Tensor(0, shape=(), dtype=int32)
tf.Tensor(1, shape=(), dtype=int32)
[...]
tf.Tensor(9, shape=(), dtype=int32)
```

> Die tf.data-API ist eine Streaming-API – Sie können sehr effizient durch die Elemente eines Datasets iterieren, aber die API ist nicht dazu gedacht, per Index auf Daten zuzugreifen oder Slicing anzuwenden.

Ein Dataset kann auch Tupel mit Tensoren oder Dictionaries aus Name-Tensor-Paaren enthalten – ja sogar verschachtelte Tupel und Dictionieries mit Tensoren. Beim Aufteilen eines Tupels, eines Dictionary oder einer verschachtelten Struktur wird das Dataset nur die Tensoren zerschneiden, die es enthält, während es die Tupel-Dictionary-Strukturen beibehält, zum Beispiel:

```
>>> X_nested = {"a": ([1, 2, 3], [4, 5, 6]), "b": [7, 8, 9]}
>>> dataset = tf.data.Dataset.from_tensor_slices(X_nested)
>>> for item in dataset:
...     print(item)
...
{'a': (<tf.Tensor: [...]=1>, <tf.Tensor: [...]=4>), 'b': <tf.Tensor: [...]=7>}
{'a': (<tf.Tensor: [...]=2>, <tf.Tensor: [...]=5>), 'b': <tf.Tensor: [...]=8>}
{'a': (<tf.Tensor: [...]=3>, <tf.Tensor: [...]=6>), 'b': <tf.Tensor: [...]=9>}
```

Transformationen verketten

Haben Sie erst einmal ein Dataset, können Sie alle möglichen Transformationen darauf anwenden, indem Sie dessen Transformationsmethoden aufrufen. Jede Methode gibt ein neues Dataset zurück, sodass Sie die Transformationen wie folgt verketten können (diese Kette sehen Sie in Abbildung 13-1):

```
>>> dataset = tf.data.Dataset.from_tensor_slices(tf.range(10))
>>> dataset = dataset.repeat(3).batch(7)
>>> for item in dataset:
...     print(item)
...
tf.Tensor([0 1 2 3 4 5 6], shape=(7,), dtype=int32)
tf.Tensor([7 8 9 0 1 2 3], shape=(7,), dtype=int32)
tf.Tensor([4 5 6 7 8 9 0], shape=(7,), dtype=int32)
tf.Tensor([1 2 3 4 5 6 7], shape=(7,), dtype=int32)
tf.Tensor([8 9], shape=(2,), dtype=int32)
```

In diesem Beispiel rufen wir zuerst die Methode `repeat()` des ursprünglichen Datasets auf, die ein neues Dataset zurückliefert, das die Elemente des ersten Datasets drei Mal enthält. Natürlich werden damit nicht alle Daten drei Mal in den Speicher kopiert! Wenn Sie diese Methode ohne Argumente aufrufen, wird das neue Dataset das Quell-Dataset unendlich oft wiederholen, sodass der Code, der darüber iteriert, selbst entscheiden muss, wann er aufhört.

Dann rufen wir die Methode `batch()` für dieses neue Dataset auf und erhalten wieder ein neues Dataset. Dieses wird die Elemente des vorherigen Datasets in Batches aus sieben Einheiten gruppieren.

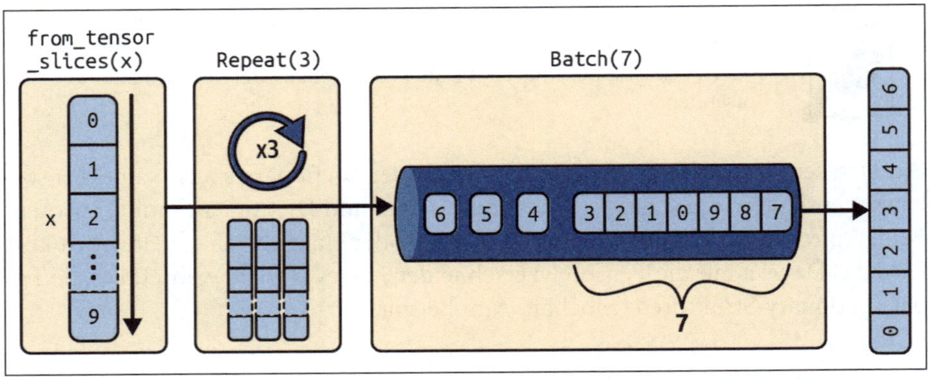

Abbildung 13-1: Dataset-Transformationen verketten

Schließlich iterieren wir über die Elemente dieses finalen Datasets. Wie Sie sehen können, musste die Methode `batch()` einen letzten Batch mit nur zwei statt sieben Elementen ausgeben, aber wenn Sie sie mit `drop_remainder=True` aufrufen, wird dieser letzte Batch verworfen, sodass alle Batches genau die gleiche Größe besitzen.

> Die Dataset-Methoden *modifizieren* keine Datasets, sondern sie *erstellen neue*. Stellen Sie daher sicher, dass Sie eine Referenz auf diese neuen Datasets vorhalten (zum Beispiel mit `dataset = ...`), denn sonst wird nichts passieren.

Sie können die Elemente auch durch einen Aufruf der Methode `map()` transformieren. So wird beispielsweise ein neues Dataset wie folgt erzeugt, bei dem alle Batches verdoppelt werden:

```
>>> dataset = dataset.map(lambda x: x * 2)  # x is a batch
>>> for item in dataset:
...     print(item)
...
tf.Tensor([ 0  2  4  6  8 10 12], shape=(7,), dtype=int32)
tf.Tensor([14 16 18  0  2  4  6], shape=(7,), dtype=int32)
[...]
```

Diese `map()`-Methode rufen Sie auf, wenn Sie Ihre Daten vorverarbeiten wollen. Manchmal gehören dazu Berechnungen, die ziemlich umfassend sein können, wie zum Beispiel ein Reshaping oder das Rotieren eines Bilds, daher werden Sie normalerweise mehrere Threads nutzen wollen, um das Ganze zu beschleunigen. Das erreichen Sie, indem Sie das Argument `num_parallel_calls` auf die Anzahl der auszuführenden Threads oder auf `tf.data.AUTOTUNE` setzen. Beachten Sie, dass die Funktion, die Sie an die Methode `map()` übergeben, in eine TF Function umwandelbar sein muss (siehe Kapitel 12).

Es ist auch möglich, das Dataset mit der Methode `filter()` einzuschränken. Dieser Code erstellt beispielsweise ein Dataset, das nur die Batches enthält, deren Summe größer als 50 ist:

```
>>> dataset = dataset.filter(lambda x: tf.reduce_sum(x) > 50)
>>> for item in dataset:
...     print(item)
...
tf.Tensor([14 16 18  0  2  4  6], shape=(7,), dtype=int32)
tf.Tensor([ 8 10 12 14 16 18  0], shape=(7,), dtype=int32)
tf.Tensor([ 2  4  6  8 10 12 14], shape=(7,), dtype=int32)
```

Sie werden häufig nur ein paar Elemente aus einem Dataset nutzen wollen. Dazu können Sie die Methode `take()` einsetzen:

```
>>> for item in dataset.take(2):
...     print(item)
...
tf.Tensor([14 16 18  0  2  4  6], shape=(7,), dtype=int32)
tf.Tensor([ 8 10 12 14 16 18  0], shape=(7,), dtype=int32)
```

Daten durchmischen

Wie wir in Kapitel 4 besprochen haben, funktioniert das Gradientenverfahren am besten, wenn die Instanzen im Trainingsdatensatz unabhängig und gleichförmig verteilt sind (*Independent and Identically Distributed*, IID). Eine einfache Möglichkeit, das sicherzustellen, ist ein Durchmischen der Instanzen mithilfe der Methode `shuffle()`. Damit wird ein neues Dataset erstellt, das zunächst einen Puffer mit den ersten Elementen des Quell-Datasets befüllt. Wird es dann nach einem Element gefragt, holt es zufällig eines aus dem Puffer und ersetzt es durch ein frisches aus dem Quell-Dataset, bis es Letzteren vollständig durchiteriert hat. Danach holt es nur noch Elemente zufällig aus dem Puffer, bis auch dieser leer ist. Sie müssen die Puffergröße festlegen, und es ist wichtig, diese groß genug zu wählen, denn ansonsten wird das Durchmischen nicht sehr effektiv sein.[1] Überschreiten Sie nur nicht die Menge an verfügbarem RAM. Auch wenn Sie genug davon haben, müssen Sie nicht über die Größe des Datasets hinausgehen. Sie können einen Zufalls-Seed mitgeben, wenn Sie bei jeder Ausführung Ihres Programms die gleiche Zufallsreihenfolge nutzen wollen. Der folgende Code erzeugt beispielsweise ein Dataset mit den Werten 0 bis 9, die zwei Mal wiederholt werden, mit einer Puffergröße von 4 durchmischt sind und einen Zufalls-Seed von 42 nutzen. Schließlich werden sie in Batches zu sieben Zahlen ausgegeben:

```
>>> dataset = tf.data.Dataset.range(10).repeat(2)
>>> dataset = dataset.shuffle(buffer_size=4, seed=42).batch(7)
>>> for item in dataset:
...     print(item)
...
```

1 Stellen Sie sich einen sortierten Satz Spielkarten links von sich vor: Nun nehmen Sie die obersten drei Karten weg und mischen diese, dann wählen Sie zufällig eine davon aus und legen sie nach rechts, während Sie die beiden anderen in der Hand behalten. Nehmen Sie eine weitere Karte von der linken Seite, mischen Sie die drei Karten auf der Hand und wählen Sie wieder eine zufällig aus, um sie rechts abzulegen. Wenn Sie alle Karten auf diesem Weg nach rechts befördert haben – meinen Sie, dass diese jetzt perfekt durchmischt sind?

```
tf.Tensor([3 0 1 6 2 5 7], shape=(7,), dtype=int64)
tf.Tensor([8 4 1 9 4 2 3], shape=(7,), dtype=int64)
tf.Tensor([7 5 0 8 9 6], shape=(6,), dtype=int64)
```

> Rufen Sie `repeat()` für ein durchmischtes Dataset auf, wird standardmäßig bei jeder Iteration eine neue Reihenfolge erzeugt. Das ist im Allgemeinen eine gute Idee, aber wenn Sie immer die gleiche Reihenfolge nutzen wollen (zum Beispiel für Tests oder zum Debuggen), können Sie `reshuffle_each_iteration=False` setzen.

Bei einem großen Dataset, das nicht in den Speicher passt, reicht dieser einfache Durchmischungspuffer-Ansatz eventuell nicht aus, da der Puffer im Vergleich zum Dataset klein sein wird. Eine Lösung ist, die Quelldaten selbst zu durchmischen (so können Sie zum Beispiel unter Linux Textdateien mit dem Befehl `shuf` durchmischen). Das wird die Durchmischung definitiv verbessern! Aber auch wenn die Quelldaten vermischt sind, werden Sie sie noch mehr mischen wollen, denn ansonsten wird die gleiche Reihenfolge bei jeder Epoche genutzt, und das Modell ist am Ende vielleicht biased (zum Beispiel aufgrund irgendwelcher seltsamer Muster, die zufällig in der Reihenfolge der Quelldaten vorhanden sind). Um die Instanzen noch mehr zu durchmischen, werden die Quelldaten oft in mehrere Dateien aufgeteilt, und diese werden dann während des Trainings in zufälliger Reihenfolge eingelesen. Aber Instanzen, die sich in derselben Datei befinden, werden danach trotzdem nahe beieinanderliegen. Um das zu vermeiden, können Sie zufällig mehrere Dateien auswählen, diese gleichzeitig einlesen und dabei die Datensätze verschränken. Danach können Sie mithilfe von `shuffle()` einen Durchmischungspuffer daraufsetzen. Wenn das alles nach viel Arbeit klingt, brauchen Sie sich keine Sorgen zu machen: Mit der tf.data-API sind das nur ein paar Zeilen Code. Schauen wir uns an, wie das geht.

Zeilen aus mehreren Dateien verschränken

Nehmen wir an, dass Sie den Datensatz mit den kalifornischen Immobilienpreisen geladen haben, er durchmischt wurde (sofern er nicht schon durchmischt war) und Sie ihn dann in einen Trainingsdatensatz, einen Validierungsdatensatz und einen Testdatensatz unterteilt haben. Anschließend wurde jeder Datensatz in viele CSV-Dateien unterteilt, die alle wie die folgende aussehen (jede Zeile enthält acht Eingabemerkmale und den Median des Hauswerts als Ziel):

```
MedInc,HouseAge,AveRooms,AveBedrms,Popul…,AveOccup,Lat…,Long…,MedianHouseValue
3.5214,15.0,3.050,1.107,1447.0,1.606,37.63,-122.43,1.442
5.3275,5.0,6.490,0.991,3464.0,3.443,33.69,-117.39,1.687
3.1,29.0,7.542,1.592,1328.0,2.251,38.44,-122.98,1.621
[...]
```

Gehen wir außerdem davon aus, dass `train_filepaths` die Liste der Dateinamen der Trainingsdateien (mit Pfaden) enthält (und Sie auch `valid_filepaths` und `test_filepaths` besitzen):

```
>>> train_filepaths
['datasets/housing/my_train_00.csv', 'datasets/housing/my_train_01.csv', ...]
```

Alternativ könnten Sie Muster für die Dateinamen verwenden, zum Beispiel `train_filepaths = "datasets/housing/my_train_*.csv"`. Erstellen wir nun ein Dataset nur mit diesen Dateien:

```
filepath_dataset = tf.data.Dataset.list_files(train_filepaths, seed=42)
```

Standardmäßig gibt die Funktion `list_files()` ein Dataset zurück, das die Dateinamen durchmischt. Das ist normalerweise hilfreich, aber Sie können auch `shuffle=False` setzen, wenn Sie das aus irgendeinem Grund nicht wollen.

Als Nächstes können Sie die Methode `interleave()` aufrufen, um aus fünf Dateien gleichzeitig zu lesen und deren Zeilen miteinander zu verschränken. Sie können auch mit der Methode `skip()` die erste Zeile jeder Datei mit dem Header überspringen:

```
n_readers = 5
dataset = filepath_dataset.interleave(
    lambda filepath: tf.data.TextLineDataset(filepath).skip(1),
    cycle_length=n_readers)
```

Die Methode `interleave()` erzeugt ein Dataset, das sich fünf Dateinamen aus dem `filepath_dataset` holt und für jeden davon die übergebene Funktion aufruft (in diesem Beispiel ein Lambda), um ein neues Dataset zu erstellen (in diesem Fall ein `TextLineDataset`). Zu diesem Zeitpunkt gibt es insgesamt sieben Datasets: das Filepath-Dataset, das Interleave-Dataset und die fünf `TextLineDatasets`, die intern vom Interleave-Dataset erstellt wurden. Iterieren wir über das Interleave-Dataset, wird es diese fünf `TextLineDatasets` durchlaufen und jeweils reihum eine Zeile auslesen, bis alle Datasets am Ende angelangt sind. Dann wird es sich die nächsten fünf Dateinamen aus dem `filepath_dataset` holen, sie genauso verschränken und so weiter, bis auch die Dateinamen ausgegangen sind. Damit das Verschränken besonders gut funktioniert, ist es sinnvoll, Dateien mit identischer Länge zu haben, denn ansonsten werden die Enden der längsten Dateien nicht mehr verschränkt.

Standardmäßig führt `interleave()` nichts parallel aus – es liest einfach eine Zeile nach der anderen sequenziell aus jeder Datei. Wollen Sie, dass die Dateien tatsächlich parallel gelesen werden, können Sie das Argument `num_parallel_threads` der Methode `interleave()` auf die gewünschte Anzahl an Threads setzen (beachten Sie, dass die Methode `map()` ebenfalls dieses Argument besitzt). Sie können es sogar auf `tf.data.experimental.AUTOTUNE` setzen, um TensorFlow selbst abhängig von der CPU-Verfügbarkeit dynamisch die richtige Zahl an Threads bestimmen zu lassen. Schauen wir uns an, was das Dataset jetzt enthält:

```
>>> for line in dataset.take(5):
...     print(line)
...
tf.Tensor(b'4.5909,16.0,[...],33.63,-117.71,2.418', shape=(), dtype=string)
tf.Tensor(b'2.4792,24.0,[...],34.18,-118.38,2.0', shape=(), dtype=string)
tf.Tensor(b'4.2708,45.0,[...],37.48,-122.19,2.67', shape=(), dtype=string)
```

```
tf.Tensor(b'2.1856,41.0,[...],32.76,-117.12,1.205', shape=(), dtype=string)
tf.Tensor(b'4.1812,52.0,[...],33.73,-118.31,3.215', shape=(), dtype=string)
```

Das sind die ersten Zeilen (wir ignorieren die Header-Zeile) von fünf zufällig gewählten CSV-Dateien. Sieht gut aus!

> Es ist möglich, dem Konstruktor von `TextLineDataset` eine Liste mit Dateinamen mitzugeben. Er wird dann jede Datei Zeile für Zeile durchgehen. Setzen Sie zudem das Argument `num_parallel_reads` auf eine Zahl größer eins, wird das Dataset diese Anzahl von Dateien parallel lesen und ihre Zeilen verschränken (ohne die Methode `interleave()` aufrufen zu müssen). Aber es wird die Dateien *nicht* durchmischen und auch nicht die Header-Zeilen überspringen.

Daten vorverarbeiten

Nachdem wir nun ein Immobilien-Dataset haben, das jede Instanz als Tensor mit einem Bytestring zurückgibt, brauchen wir noch ein wenig Vorverarbeitung – unter anderem das Parsen der Strings und das Skalieren der Daten. Implementieren wir ein paar eigene Funktionen, die diese Vorverarbeiten übernehmen:

```
X_mean, X_std = [...] # Mittelwert und Skala jedes Merkmals im
                      # Trainingsdatensatz
n_inputs = 8

def parse_csv_line(line):
    defs = [0.] * n_inputs + [tf.constant([], dtype=tf.float32)]
    fields = tf.io.decode_csv(line, record_defaults=defs)
    return tf.stack(fields[:-1]), tf.stack(fields[-1:])

def preprocess(line):
    x, y = parse_csv_line(line)
    return (x - X_mean) / X_std, y
```

Schauen wir uns diesen Code an:

- Als Erstes geht der Code davon aus, dass wir Mittelwert und Standardabweichung jedes Merkmals im Trainingsdatensatz vorab berechnet haben. `X_mean` und `X_std` sind eindimensionale Tensoren (oder NumPy-Arrays) mit acht Gleitkommawerten – einem pro Eingabemerkmal. Das lässt sich mit einem `StandardScaler` von Scikit-Learn für eine ausreichend große Zufallsprobe des Datasets erreichen. Weiter unten werden wir stattdessen eine Vorverarbeitungsschicht von Keras dafür nutzen.
- Die Funktion `parse_csv_line()` erwartet eine CSV-Zeile und parst diese. Dazu nutzt sie die Funktion `tf.io.decode_csv()`, die zwei Argumente erwartet: Das erste ist die zu parsende Zeile, das zweite ein Array mit dem Standardwert für jede Spalte in der CSV-Datei. Dieses Array (`defs`) informiert TensorFlow nicht nur über den Standardwert jeder Spalte, sondern auch über die Anzahl an Spalten und deren Typ. In diesem Beispiel legen wir fest, dass

alle Merkmalsspalten Gleitkommazahlen sind und fehlende Werte durch 0 ersetzt werden sollen, zudem geben wir noch ein leeres Array vom Typ `tf.float32` als Standardwert für die letzte Spalte (das Ziel) mit: So weiß TensorFlow, dass diese Spalte Gleitkommazahlen enthält, es aber keinen Standardwert gibt und es eine Exception werfen soll, wenn es auf einen fehlenden Wert trifft.

- Die Funktion `tf.io.decode_csv()` gibt eine Liste mit Skalar-Tensoren zurück (einen pro Spalte), aber wir müssen eindimensionale Tensor-Arrays liefern. Daher rufen wir `tf.stack()` für alle Tensoren außer dem letzten (dem Ziel) auf: Damit werden die Tensoren in einem eindimensionalen Array zusammengefasst. Das Gleiche tun wir für den Zielwert, womit ein eindimensionales Tensor-Array mit einem einzelnen Wert anstelle eines Skalar-Tensors entsteht. Die Funktion `tf.io.decode_csv()` ist fertig, daher gibt sie die Eingabemerkmale und das Ziel zurück.
- Schließlich ruft die Funktion `preprocess()` einfach die Funktion `parse_csv_line()` auf und skaliert die Eingabemerkmale, indem der Mittelwert abgezogen und dann durch die Standardabweichung geteilt wird. Das Ergebnis gibt sie als Tupel mit den skalierten Merkmalen und dem Ziel zurück.

Testen wir diese Vorverarbeitungsfunktion:

```
>>> preprocess(b'4.2083,44.0,5.3232,0.9171,846.0,2.3370,37.47,-122.2,2.782')
(<tf.Tensor: shape=(8,), dtype=float32, numpy=
 array([ 0.16579159,  1.216324  , -0.05204564, -0.39215982, -0.5277444 ,
        -0.2633488 ,  0.8543046 , -1.3072058 ], dtype=float32)>,
 <tf.Tensor: shape=(1,), dtype=float32, numpy=array([2.782], dtype=float32)>)
```

Das sieht gut aus! Die Funktion `preprocess()` kann eine Instanz aus einem Bytestring in einen netten, skalierten Tensor mit zugehörigem Label verwandeln. Wir können jetzt die Methode `map()` des Datasets nutzen, um die Funktion `preprocess()` auf jeden Datenpunkt im Dataset anzuwenden.

Alles zusammenbringen

Um den Code wiederverwendbar zu machen, wollen wir alles bisher Besprochene in einer kleinen Hilfsfunktion zusammenbringen: Diese wird ein Dataset erstellen und zurückliefern, die Immobiliendaten effizient aus mehreren CSV-Dateien laden, sie vorverarbeiten, durchmischen und in Batches aufteilen (siehe Abbildung 13-2):

```
def csv_reader_dataset(filepaths, n_readers=5, n_read_threads=None,
                       n_parse_threads=5, shuffle_buffer_size=10_000, seed=42,
                       batch_size=32):
    dataset = tf.data.Dataset.list_files(filepaths, seed=seed)
    dataset = dataset.interleave(
        lambda filepath: tf.data.TextLineDataset(filepath).skip(1),
        cycle_length=n_readers, num_parallel_calls=n_read_threads)
    dataset = dataset.map(preprocess, num_parallel_calls=n_parse_threads)
    dataset = dataset.shuffle(shuffle_buffer_size, seed=seed)
    return dataset.batch(batch_size).prefetch(1)
```

Wir nutzen die Methode prefetch() in der letzten Zeile. Das ist aus Performancegründen wichtig, wie wir gleich sehen werden.

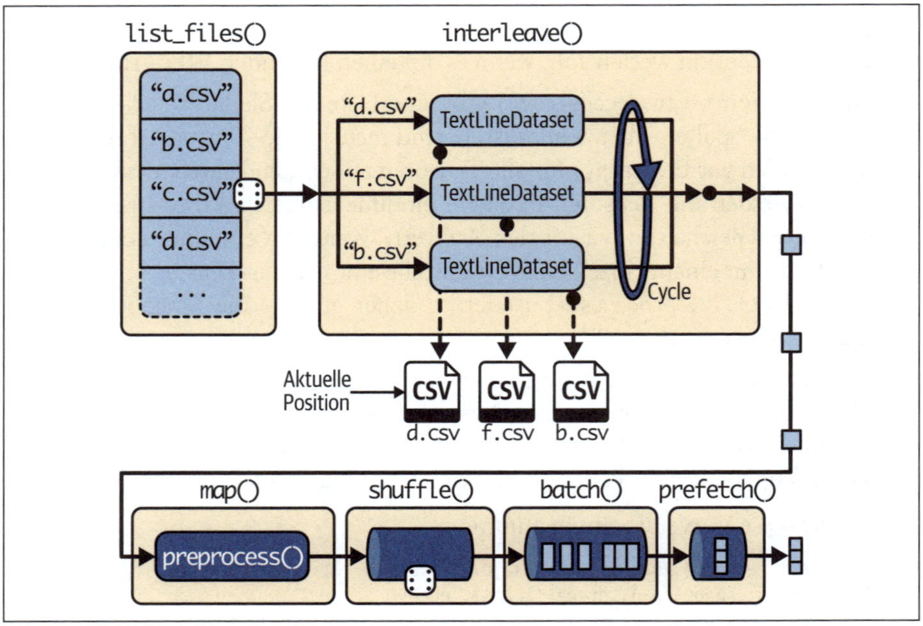

Abbildung 13-2: Laden und Vorverarbeiten von Daten aus mehreren CSV-Dateien

Prefetching

Durch den Aufruf von prefetch(1)am Ende der Funktion csv_reader_dataset() erstellen wir ein Dataset, das immer versuchen wird, einen Batch Vorsprung zu haben.[2] Mit anderen Worten: Während unser Trainingsalgorithmus an einem Batch arbeitet, ist das Dataset parallel dazu schon damit beschäftigt, den nächsten Batch vorzubereiten (zum Beispiel die Daten von der Festplatte zu lesen und vorzuverarbeiten). Das kann die Performance deutlich verbessern, wie in Abbildung 13-3 zu sehen ist.

Stellen wir zudem sicher, dass das Laden und Vorverarbeiten mit mehreren Threads geschieht (durch Setzen von num_parallel_calls beim Aufruf von interleave() und map()), können wir mehrere CPU-Cores ausnutzen und hoffentlich das Vorbereiten eines Datenbatchs in weniger Zeit schaffen, als das Ausführen eines Trainingsschritts auf der GPU dauert – so wird die GPU zu nahezu 100 % ausgelas-

2 Im Allgemeinen reicht es aus, nur einen Batch Vorsprung zu haben, aber in manchen Fällen müssen Sie mehr Daten prefetchen. Alternativ können Sie TensorFlow automatisch die Entscheidung treffen lassen, indem Sie tf.data.experimental.AUTOTUNE übergeben (dies ist aktuell noch ein experimentelles Feature).

tet (außer in der Zeit des Datentransfers von der CPU zur GPU[3]), und das Training wird deutlich schneller ablaufen.

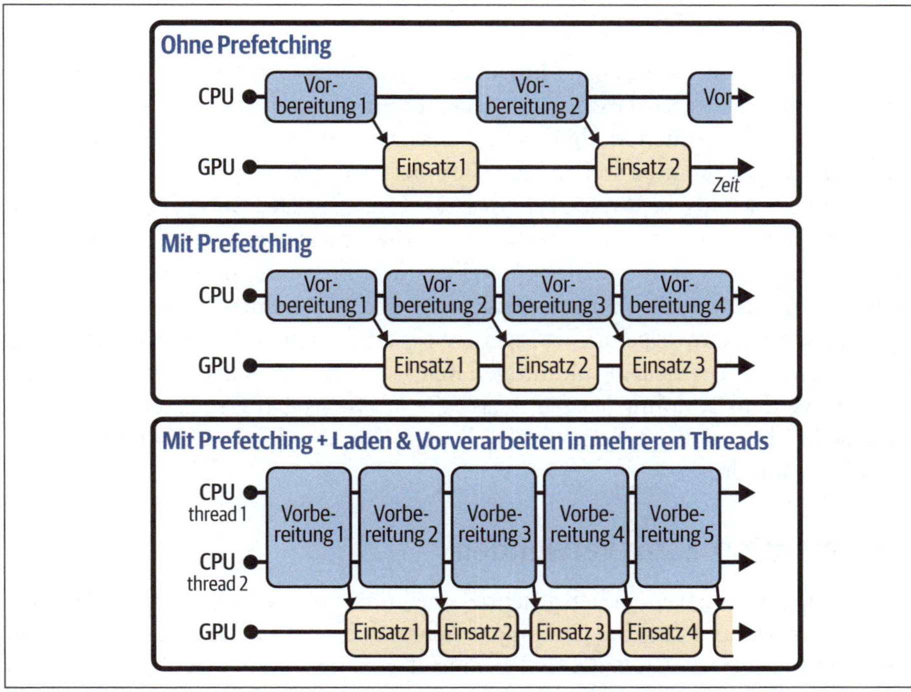

Abbildung 13-3: Durch Prefetching arbeiten CPU und GPU parallel: Während die GPU an einem Batch zu tun hat, bereitet die CPU den nächsten vor.

> Planen Sie, eine GPU-Karte zu kaufen, sind deren Rechenleistung und Speichergröße natürlich sehr wichtig (insbesondere ist viel RAM entscheidend für umfangreiche Bildverarbeitung oder Modelle zur Verarbeitung natürlicher Sprache). Aber genauso wichtig für eine gute Performance ist die *Speicherbandbreite* der GPUs – dabei handelt es sich um die Menge an Gigabyte von Daten, die pro Sekunde in das RAM oder dort heraus transferiert werden können.

Ist das Dataset klein genug, dass es in den Speicher passt, können Sie das Training deutlich beschleunigen, indem Sie die Methode `cache()` des Datasets nutzen, um dessen Inhalt im RAM zu puffern. Sie sollten das im Allgemeinen nach dem Laden und Vorverarbeiten der Daten, aber vor dem Durchmischen, Wiederholen, Auftei-

3 Schauen Sie sich aber auch die experimentelle Funktion `tf.data.experimental.prefetch_to_device()` an, die Daten direkt auf die GPU prefetchen kann. Jede TensorFlow-Funktion oder -Klasse mit `experimental` in ihrem Namen kann sich ohne Warnung in zukünftigen Versionen ändern. Schlägt eine experimentelle Funktion fehl, versuchen Sie, das Wort `experimental` zu entfernen – eventuell wurde sie in die Core-API verschoben. Wenn nicht, werfen Sie einen Blick in das Notebook, da ich versuche, dort immer aktuellen Code vorzuhalten.

len in Batches und Prefetching tun. So wird jede Instanz nur einmal gelesen und vorverarbeitet (statt einmal pro Epoche), aber die Daten werden trotzdem für jede Epoche unterschiedlich durchmischt, und der nächste Batch wird weiterhin im Voraus vorbereitet.

Sie wissen jetzt, wie Sie effiziente Eingabepipelines zum Laden und Vorverarbeiten von Daten aus mehreren Textdateien bauen können. Wir haben die am häufigsten zum Einsatz kommenden Methoden für Datasets besprochen, aber es gibt noch ein paar mehr, die Sie kennen sollten: zum Beispiel `concatenate()`, `zip()`, `window()`, `reduce()`, `shard()`, `flat_map()`, `apply()`, `unbatch()` und `padded_batch()`. Es gibt auch noch ein paar mehr Klassenmethoden, wie `from_generator()` und `from_tensor()`, die ein neues Dataset aus einem Python-Generator bzw. aus einer Liste von Tensoren erstellen. Schauen Sie für mehr Details in die API-Dokumentation. Beachten Sie auch, dass in `tf.data.experimental` weitere experimentelle Features zur Verfügung stehen, von denen es viele in zukünftigen Releases vermutlich in die eigentliche API schaffen werden (so lohnt beispielsweise die Klasse `CsvDataset` einen Blick, aber auch die Methode `make_csv_dataset()`, die sich bemüht, den Datentyp jeder Spalte selbst zu ermitteln).

Datasets mit tf.keras verwenden

Jetzt können wir die weiter oben geschriebene Funktion `csv_reader_dataset()` nutzen, um ein Dataset für den Trainingsdatensatz, den Validierungsdatensatz und den Testdatensatz zu erstellen. Der Trainingsdatensatz wird in jeder Epoche durchmischt (Validierungs- und Testdatensatz werden ebenfalls durchmischt, auch wenn das nicht wirklich erforderlich ist):

```
train_set = csv_reader_dataset(train_filepaths)
valid_set = csv_reader_dataset(valid_filepaths)
test_set = csv_reader_dataset(test_filepaths)
```

Jetzt können wir mit diesen Datasets ganz einfach ein Keras-Modell bauen und trainieren. Wenn Sie die Methode `fit()` des Modells aufrufen, übergeben Sie `train_set` statt `X_train, y_train` und `validation_data=valid_set` statt `validation_data=(X_valid, y_valid)`. Die Methode `fit()` kümmert sich darum, die Datasets einmal pro Epoche zu wiederholen, wobei jedes Mal eine andere zufällige Reihenfolge genutzt wird:

```
model = tf.keras.Sequential([...])
model.compile(loss="mse", optimizer="sgd")
model.fit(train_set, validation_data=valid_set, epochs=5)
```

Genauso können wir ein Dataset an die Methoden `evaluate()` und `predict()` übergeben:

```
test_mse = model.evaluate(test_set)
new_set = test_set.take(3)  # als ob es 3 neue Instanzen gäbe
y_pred = model.predict(new_set)  # oder Sie könnten einfach ein NumPy-Array übergeben
```

Anders als die anderen Sets enthält das new_set normalerweise keine Labels. Wenn doch (wie es hier der Fall ist), wird Keras sie ignorieren. Beachten Sie, dass Sie in all diesen Fällen immer noch NumPy-Arrays statt Datasets nutzen können, sofern Sie das möchten (aber natürlich müssen sie zuvor geladen und vorverarbeitet worden sein).

Wollen Sie Ihre eigene Trainingsschleife bauen (wie in Kapitel 12), können Sie ganz normal über das Trainings-Dataset iterieren:

```
n_epochs = 5
for epoch in range(n_epochs):
    for X_batch, y_batch in train_set:
        [...] # einen Gradientenschritt durchführen
```

Tatsächlich ist es sogar möglich, eine TF Function zu erstellen (siehe Kapitel 12), die das Modell für eine ganze Epoche trainiert. Das kann das Training deutlich beschleunigen:

```
@tf.function
def train_one_epoch(model, optimizer, loss_fn, train_set):
    for X_batch, y_batch in train_set:
        with tf.GradientTape() as tape:
            y_pred = model(X_batch)
            main_loss = tf.reduce_mean(loss_fn(y_batch, y_pred))
            loss = tf.add_n([main_loss] + model.losses)
        gradients = tape.gradient(loss, model.trainable_variables)
        optimizer.apply_gradients(zip(gradients, model.trainable_variables))

optimizer = tf.keras.optimizers.SGD(learning_rate=0.01)
loss_fn = tf.keras.losses.mean_squared_error
for epoch in range(n_epochs):
    print("\rEpoch {}/{}".format(epoch + 1, n_epochs), end="")
    train_one_epoch(model, optimizer, loss_fn, train_set)
```

In Keras können Sie mit dem Argument steps_per_execution der Methode compile() die Anzahl an Batches definieren, die die fit()-Methode bei jedem Aufruf der für das Training genutzten tf.function verarbeiten wird. Der Standardwert ist lediglich 1, daher werden Sie oft eine deutliche Leistungsverbesserung sehen, wenn Sie ihn auf 50 setzen. Aber die on_batch_*()-Methoden der Keras-Callbacks werden dann auch nur alle 50 Batches aufgerufen.

Herzlichen Glückwunsch, Sie wissen nun, wie Sie leistungsfähige Eingabepipelines mit der Data-API bauen! Bisher haben wir CSV-Dateien genutzt, die sehr verbreitet sind, eine einfache Struktur haben und sich gut nutzen lassen. Aber sie sind nicht sehr effizient und unterstützen nur schlecht große oder komplexe Datenstrukturen (wie zum Beispiel Bilder oder Audiodaten). Schauen wir uns daher noch das TF-Record-Format an.

> Sind Sie mit CSV-Dateien mehr als zufrieden (oder welches Format Sie auch immer verwenden), müssen Sie TFRecords nicht einsetzen. Wie sagt man so schön: Wenn es nicht kaputt ist, reparieren Sie es nicht! TFRecords sind nützlich, wenn der der Flaschenhals beim Trainieren das Laden und Parsen der Daten ist.

Das TFRecord-Format

Das TFRecord-Format ist das von TensorFlow bevorzugte Format zum Speichern großer Datenmengen, die es dann wieder effizient einlesen kann. Es handelt sich um ein einfaches Binärformat, das nur eine Folge von binären Datensätzen unterschiedlicher Länge enthält (jeder Datensatz besteht aus einer Länge, einer CRC-Prüfsumme, um kontrollieren zu können, dass die Länge nicht verfälscht wurde, dann den eigentlichen Daten und schließlich einer CRC-Prüfsumme für die Daten). Sie können eine TFRecord-Datei einfach mit der Klasse `tf.io.TFRecordWriter` erstellen:

```
with tf.io.TFRecordWriter("my_data.tfrecord") as f:
    f.write(b"Dies ist der erste Datensatz")
    f.write(b"Und dies ist der zweite Datensatz")
```

Und Sie können ein `tf.data.TFRecordDataset` verwenden, um eine oder mehrere TFRecord-Dateien einzulesen:

```
filepaths = ["my_data.tfrecord"]
dataset = tf.data.TFRecordDataset(filepaths)
for item in dataset:
    print(item)
```

Das wird Folgendes ausgeben:

```
tf.Tensor(b'Dies ist der erste Datensatz', shape=(), dtype=string)
tf.Tensor(b'Und dies ist der zweite Datensatz', shape=(), dtype=string)
```

> Standardmäßig liest ein `TFRecordDataset` die Dateien nacheinander ein, aber Sie können es auch Dateien parallel lesen und deren Datensätze verschränken lassen, indem Sie dem Konstruktor eine Liste mit Dateinamen mitgeben und `num_parallel_reads` auf eine Zahl größer 1 setzen. Alternativ erreichen Sie das gleiche Ergebnis auch durch Verwenden von `list_files()` und `interleave()`, so wie wir es zuvor beim Lesen mehrerer CSV-Dateien getan haben.

Komprimierte TFRecord-Dateien

Manchmal kann es sinnvoll sein, Ihre TFRecord-Dateien zu komprimieren, insbesondere wenn sie über eine Netzwerkverbindung geladen werden müssen. Sie können eine komprimierte TFRecord-Datei durch das Setzen des Arguments `options` erstellen:

```
options = tf.io.TFRecordOptions(compression_type="GZIP")
with tf.io.TFRecordWriter("my_compressed.tfrecord", options) as f:
    f.write(b"Compress, compress, compress!")
```

Beim Lesen einer komprimierten TFRecord-Datei müssen Sie den Kompressionstyp angeben:

```
dataset = tf.data.TFRecordDataset(["my_compressed.tfrecord"],
                                  compression_type="GZIP")
```

Eine kurze Einführung in Protocol Buffer

Auch wenn jeder Datensatz ein beliebiges Binärformat nutzen kann, enthalten TFRecord-Dateien normalerweise serialisierte Protocol Buffer (auch als *Protobufs* bezeichnet). Dabei handelt es sich um ein portables, erweiterbares und effizientes Binärformat, das von Google im Jahr 2001 entwickelt und 2008 zu Open Source gemacht wurde – Protobufs werden mittlerweile häufig eingesetzt, insbesondere in gRPC (*https://grpc.io*), Googles Remote-Procedure-Call-System. Sie sind mithilfe einer einfachen Sprache definiert, die wie folgt aussehen kann:

```
syntax = "proto3";
message Person {
  string name = 1;
  int32 id = 2;
  repeated string email = 3;
}
```

Diese Protobuf-Definition besagt, dass wir Version 3 des Protobuf-Formats verwenden, und sie legt fest, dass jedes `Person`-Objekt (optional) einen `name` vom Typ `string`, eine `id` vom Typ `int32` und null oder mehr `email`-Felder (vom Typ `string`) hat. Die Zahlen `1`, `2` und `3` sind die Feldkennungen: Sie werden in der Binärrepräsentation jedes Datensatzes verwendet. Haben Sie eine Definition in einer *.proto*-Datei, können Sie sie kompilieren. Dazu ist `protoc` (der Protobuf-Compiler) erforderlich, der Zugriffsklassen in Python (oder einer anderen Sprache) generiert. Beachten Sie, dass die Protobuf-Definitionen, die wir in TensorFlow im Allgemeinen verwenden, schon für Sie kompiliert wurden und deren Python-Klassen Teil der TensorFlow-Bibliothek sind, daher werden Sie `protoc` nicht benötigen. Sie müssen nur wissen, wie Sie die Protobuf-Zugriffsklassen in Python *einsetzen*. Um die Grundlagen zu illustrieren, wollen wir uns ein einfaches Beispiel anschauen, das die für den Protobuf `Person` generierten Zugriffsklassen einsetzt (der Code ist in den Kommentaren erläutert):

```
>>> from person_pb2 import Person  # generierte Zugriffsklasse importieren
>>> person = Person(name="Al", id=123, email=["a@b.com"])  # Person erstellen
>>> print(person)  # Person anzeigen
name: "Al"
id: 123
email: "a@b.com"
>>> person.name  # ein Feld lesen
'Al'
>>> person.name = "Alice"  # ein Feld verändern
>>> person.email[0]  # wiederholt vorkommende Felder
>>>                  # können wie Arrays angesprochen werden
'a@b.com'
>>> person.email.append("c@d.com")  # E-Mail-Adresse hinzufügen
>>> serialized = person.
SerializeToString()  # Person in einen Bytestring serialisieren
>>> serialized
b'\n\x05Alice\x10{\x1a\x07a@b.com\x1a\x07c@d.com'
>>> person2 = Person()  # neue Person erstellen
>>> person2.ParseFromString(serialized)  # Bytestring parsen (27 Byte lang)
```

```
27
>>> person == person2  # jetzt sind sie gleich
True
```

Kurz gesagt, importieren wir die von protoc generierte Klasse Person, erstellen eine Instanz und spielen mit ihr, geben sie aus und lesen und schreiben ein paar Felder, dann serialisieren wir sie mit der Methode SerializeToString(). Das sind dann die Binärdaten, die gespeichert oder über das Netzwerk geschickt werden können. Beim Lesen oder Empfangen dieser Binärdaten können wir sie mit der Methode ParseFromString() parsen und erhalten eine Kopie des Objekts, das serialisiert wurde.[4]

Wir könnten das serialisierte Person-Objekt in einer TFRecord-Datei sichern und sie dann wieder laden und parsen – alles würde funktionieren. Aber ParseFromString() ist keine TensorFlow-Operation, daher könnten Sie sie nicht in einer Vorverarbeitungsfunktion in einer tf.data-Pipeline verwenden (außer durch ein Verpacken in eine tf.py_function()-Operation, was den Code langsamer und weniger gut portierbar machen würde, wie wir in Kapitel 12 gesehen haben). Sie könnten die Funktion tf.io.decode_proto() nutzen, die jeden gewünschten Protobuf parsen kann, sofern Sie die Protobuf-Definition mitgeben (im Notebook finden Sie ein Beispiel dazu). In der Praxis werden Sie stattdessen im Allgemeinen die vordefinierten Protobufs nutzen, für die TensorFlow dedizierte Parsing-Operationen anbietet. Schauen wir uns diese vordefinierten Protobufs an.

TensorFlow-Protobufs

Der wichtigste Protobuf, der typischerweise in einer TFRecord-Datei eingesetzt wird, ist der Example-Protobuf, der eine Instanz in einem Dataset repräsentiert. Er enthält eine Liste benannter Merkmale, von denen jedes entweder eine Liste von Bytestrings, Floats oder Integern sein kann. Dies ist die Protobuf-Definition (aus dem Quellcode von TensorFlow):

```
syntax = "proto3";
message BytesList { repeated bytes value = 1; }
message FloatList { repeated float value = 1 [packed = true]; }
message Int64List { repeated int64 value = 1 [packed = true]; }
message Feature {
    oneof kind {
        BytesList bytes_list = 1;
        FloatList float_list = 2;
        Int64List int64_list = 3;
    }
};
message Features { map<string, Feature> feature = 1; };
message Example { Features features = 1; };
```

4 Dieses Kapitel enthält wirklich nur die wichtigsten Informationen, die Sie über Protobufs wissen müssen, um TFRecords zu verwenden. Um mehr über Protobufs zu erfahren, schauen Sie bei *https://homl.info/protobuf* vorbei.

Die Definitionen von BytesList, FloatList und Int64List sind klar genug. Beachten Sie, dass [packed = true] für eine effizientere Codierung für wiederholte numerische Felder genutzt wird. Feature enthält entweder eine BytesList, eine FloatList oder eine Int64List. Ein Features (mit einem s) enthält ein Dictionary, das einen Merkmalsnamen auf einen entsprechenden Merkmalswert abbildet.

> Warum wurde Example überhaupt definiert, wo es doch nicht mehr als ein Features-Objekt enthält? Nun, die Entwickler von TensorFlow entscheiden sich vielleicht eines Tages, mehr Felder hinzuzufügen. Solange die neue Example-Definition weiterhin das Feld features mit der gleichen ID enthält, wird es abwärtskompatibel sein. Diese Erweiterbarkeit ist eines der tollen Features von Protobufs.

Und schließlich enthält ein Example nur ein Features-Objekt. So könnten Sie ein tf.train.Example erstellen, das dieselbe Person wie oben repräsentiert:

```
from tensorflow.train import BytesList, FloatList, Int64List
from tensorflow.train import Feature, Features, Example

person_example = Example(
    features=Features(
        feature={
            "name": Feature(bytes_list=BytesList(value=[b"Alice"])),
            "id": Feature(int64_list=Int64List(value=[123])),
            "emails": Feature(bytes_list=BytesList(value=[b"a@b.com",
                                                          b"c@d.com"]))
        }))
```

Der Code ist ein bisschen lang und wiederholt sich, aber Sie könnten ihn problemlos in einer kleinen Hilfsfunktion verpacken. Nachdem wir nun einen Example-Protobuf haben, können wir ihn durch den Aufruf der Methode SerializeToString() serialisieren und die sich daraus ergebenden Daten in eine TFRecord-Datei schreiben. Schreiben wir es fünf Mal, um so zu tun, als hätten wir viele Kontakte:

```
with tf.io.TFRecordWriter("my_contacts.tfrecord") as f:
    for _ in range(5):
        f.write(person_example.SerializeToString())
```

Normalerweise würden Sie viel mehr als nur fünf Examples schreiben! Typischerweise erstellen Sie ein Konvertierungsskript, das aus Ihrem aktuellen Format liest (zum Beispiel einer CSV-Datei), einen Example-Protobuf für jede Instanz erstellt, sie serialisiert und dann in verschiedene TFRecord-Dateien schreibt – und sie idealerweise auch noch durchmischt. Das ist ein bisschen Arbeit, daher sollten Sie sich sicher sein, dass sie erforderlich ist (vielleicht funktioniert Ihre Pipeline ja wunderbar mit CSV-Dateien).

Nachdem wir nun eine nette TFRecord-Datei mit einer Reihe von serialisierten Examples haben, wollen wir versuchen, sie zu laden.

Examples laden und parsen

Um den serialisierten Example-Protobuf zu laden, werden wir erneut ein tf.data.TFRecordDataset verwenden und jedes Example mithilfe von tf.io.parse_single_example() parsen. Es sind mindestens zwei Argumente erforderlich: ein Stringskalar-Tensor mit den serialisierten Daten und eine Beschreibung jedes Features. Die Beschreibung ist ein Dictionary, das jeden Feature-Namen entweder auf einen tf.io.FixedLenFeature-Deskriptor mit Form, Typ und Standardwert des Features oder auf einen tf.io.VarLenFeature-Deskriptor nur mit dem Typ abbildet. Letzterer kommt zum Einsatz, wenn die Länge der Feature-Liste variieren kann (wie zum Beispiel für das emails-Feature).

Der folgende Code definiert erst ein Deskriptor-Dictionary, dann erzeugt er ein TFRecordDataset und wendet eine eigene Vorverarbeitungsfunktion darauf an, um jeden serialisierten Example-Protobuf zu parsen, den dieses Dataset enthält:

```
feature_description = {
    "name": tf.io.FixedLenFeature([], tf.string, default_value=""),
    "id": tf.io.FixedLenFeature([], tf.int64, default_value=0),
    "emails": tf.io.VarLenFeature(tf.string),
}

def parse(serialized_example):
    return tf.io.parse_single_example(serialized_example, feature_description)

dataset = tf.data.TFRecordDataset(["my_contacts.tfrecord"]).map(parse)
for parsed_example in dataset:
    print(parsed_example)
```

Die Features mit fester Länge werden als normale Tensoren geparst, die mit variabler Länge hingegen als Sparse-Tensoren. Sie können einen Sparse-Tensor mithilfe von tf.sparse.to_dense() in einen Dense-Tensor umwandeln, aber in diesem Fall ist es sinnvoller, einfach auf die Werte zuzugreifen:

```
>>> tf.sparse.to_dense(parsed_example["emails"], default_value=b"")
<tf.Tensor: [...] dtype=string, numpy=array([b'a@b.com', b'c@d.com'], [...])>
>>> parsed_example["emails"].values
<tf.Tensor: [...] dtype=string, numpy=array([b'a@b.com', b'c@d.com'], [...])>
```

Statt ein Example nach dem anderen mit tf.io.parse_single_example() zu parsen, können Sie sie auch Batch für Batch mit tf.io.parse_example() parsen:

```
def parse(serialized_examples):
    return tf.io.parse_example(serialized_examples, feature_description)

dataset = tf.data.TFRecordDataset(["my_contacts.tfrecord"]).batch(2).map(parse)
for parsed_examples in dataset:
    print(parsed_examples)  # zwei Examples gleichzeitig
```

Eine BytesList kann schließlich beliebige Binärdaten enthalten, einschließlich serialisierter Objekte. So können Sie beispielsweise tf.io.encode_jpeg() nutzen, um ein Bild im JPEG-Format zu codieren, und diese Binärdaten in eine BytesList stecken. Wenn Ihr Code später den TFRecord ausliest, wird er mit dem Parsen des `Example` beginnen und dann `tf.io.decode_jpeg()` aufrufen müssen, um die Daten zu parsen und das Originalbild zu erhalten (oder Sie können `tf.io.decode_image()` verwenden, das BMP-, GIF-, JPEG- und PNG-Bilder decodieren kann). Sie können auch einen beliebigen Tensor in einer `BytesList` ablegen, indem Sie ihn mit `tf.io.serialize_tensor()` serialisieren und dann den daraus entstehenden Bytestring in ein `BytesList`-Feature stecken. Wenn Sie später den TFRecord parsen, können Sie diese Daten mit `tf.io.parse_tensor()` wieder herausholen. Im Notebook zu diesem Kapitel unter *https://homl.info/colab3* finden Sie Beispiele für das Speichern von Bildern und Tensoren in einer TFRecord-Datei.

Wie Sie sehen, ist der `Example`-Protobuf ziemlich flexibel, daher wird er in den meisten Fällen vermutlich ausreichen. Aber er kann ein bisschen unbequem im Einsatz sein, wenn Sie mit Listen von Listen arbeiten. Stellen Sie sich beispielsweise vor, Sie wollten Textdokumente klassifizieren. Jedes Dokument wird vielleicht durch eine Liste mit Sätzen dargestellt, wobei jeder Satz aus einer Liste mit Wörtern besteht. Und vielleicht hat jedes Dokument auch noch eine Liste mit Kommentaren, wobei jeder Kommentar als Liste mit Wörtern repräsentiert wird. Es kann darüber hinaus noch kontextbezogene Daten geben, wie zum Beispiel Autor, Titel und Datum der Veröffentlichung. Für solche Anwendungsfälle ist der `SequenceExample`-Protobuf von TensorFlow gedacht.

Listen von Listen mit dem SequenceExample-Protobuf verarbeiten

Dies ist die Definition des `SequenceExample`-Protobuf:

```
message FeatureList { repeated Feature feature = 1; };
message FeatureLists { map<string, FeatureList> feature_list = 1; };
message SequenceExample {
    Features context = 1;
    FeatureLists feature_lists = 2;
};
```

Ein `SequenceExample` enthält ein `Features`-Objekt für die Kontextdaten und ein `FeatureLists`-Objekt mit einem oder mehreren benannten `FeatureList`-Objekten (zum Beispiel eine `FeatureList` namens `"content"` und eine andere namens `"comments"`). Jede `FeatureList` enthält eine Liste mit `Feature`-Objekten, von denen jedes eine Liste mit Bytestrings, 64-Bit-Integer-Werten oder Gleitkommazahlen sein kann (in diesem Beispiel würde jedes Feature einen Satz oder einen Kommentar darstellen, vielleicht in Form einer Liste von Wortkennungen). Sie bauen, serialisieren und parsen ein `SequenceExample` genauso wie ein `Example`, aber Sie müssen `tf.io.parse_single_sequence_example()` zum Parsen eines einzelnen `SequenceExample` oder `tf.io.parse_sequence_example()` für einen Batch verwenden. Beide Funktionen geben ein Tupel mit den Kontextfeatures (als Dictionary) und den Feature-Listen (ebenfalls als Dictionary) zurück. Enthalten die Feature-Listen Sequenzen unterschiedlicher Größe (wie im vorherigen Beispiel), wollen Sie sie eventuell per `tf.RaggedTensor.from_sparse()` in einen Ragged-Tensor konvertieren (im Notebook finden Sie den gesamten Code):

```
parsed_context, parsed_feature_lists = tf.io.parse_single_sequence_example(
    serialized_sequence_example, context_feature_descriptions,
    sequence_feature_descriptions)
parsed_content = tf.RaggedTensor.from_sparse(parsed_feature_lists["content"])
```

Jetzt wissen Sie, wie Sie Daten mit der tf.data-API, TFRecords und Protobufs effizient speichern, laden, parsen und vorverarbeiten können. Im nächsten Schritt bereiten Sie sie so auf, dass sie in ein neuronales Netz gespeist werden können.

Vorverarbeitungsschichten von Keras

Zum Vorbereiten Ihrer Daten für ein neuronales Netz müssen Sie typischerweise die numerischen Merkmale normalisieren, die kategorischen Merkmale und Textmerkmale codieren, Bilder zurechtschneiden und deren Größe anpassen und so weiter. Dafür gibt es diverse Möglichkeiten:

- Das Vorverarbeiten kann im Voraus beim Vorbereiten Ihrer Dateien mit Trainingsdaten geschehen, wobei beliebige Tools zum Einsatz kommen, wie zum Beispiel NumPy, Pandas oder Scikit-Learn. Sie werden die gleichen Vorverarbeitungsschritte auch in der Produktivumgebung anwenden müssen, um sicherzustellen, dass Ihr produktives Modell die vorverarbeiteten Eingaben genauso erhält, wie das im Training geschehen ist.
- Alternativ können Sie Ihre Daten während des Ladens mit tf.data vorverarbeiten, indem Sie auf jedes Element eines Datasets eine Vorverarbeitungsfunktion mit der Dataset-Methode `map()` anwenden, wie wir das weiter oben im Kapitel getan haben. Auch hier werden Sie produktiv die gleichen Vorverarbeitungsschritte anwenden müssen.
- Ein letzter Ansatz ist das Aufnehmen von Vorverarbeitungsschichten direkt in Ihr Modell, sodass es alle Eingabedaten während des Trainings vorverarbeiten kann und die gleichen Schichten im Produktivbetrieb einsetzt. Der Rest dieses Kapitels wird sich mit diesem Vorgehen befassen.

Keras bietet viele Vorverarbeitungsschichten an, die Sie in Ihre Modelle aufnehmen können: Sie lassen sich auf numerische Merkmale, kategorische Merkmale, Bilder und Text anwenden. Wir werden uns mit den numerischen und kategorischen Merkmalen sowie der grundlegenden Textvorverarbeitung in den folgenden Abschnitten befassen. Bildvorverarbeitung behandeln wir in Kapitel 14 und fortgeschrittene Textvorverarbeitung in Kapitel 16.

Die Normalization-Schicht

Wie wir schon in Kapitel 10 gesehen haben, bietet Keras eine `Normalization`-Schicht an, mit der wir die Eingabemerkmale standardisieren können. Wir können entweder den Mittelwert und die Varianz jedes Merkmals beim Erstellen der Schicht festlegen oder – einfacher – den Trainingsdatensatz an die Methode `adapt()` der Schicht übergeben, bevor wir das Modell trainieren, sodass die Schicht die Mittelwerte und Abweichungen der Merkmale selbst vor dem Training messen kann:

```
norm_layer = tf.keras.layers.Normalization()
model = tf.keras.models.Sequential([
    norm_layer,
    tf.keras.layers.Dense(1)
model.compile(loss="mse", optimizer=tf.keras.optimizers.SGD(learning_rate=2e-3))
norm_layer.adapt(X_train)  # berechnet Mittelwert und Varianz jedes Merkmals
model.fit(X_train, y_train, validation_data=(X_valid, y_valid), epochs=5)
```

> Die Menge der an die Methode `adapt()` übergebenen Datenpunkte muss groß genug sein, um Ihren Datensatz repräsentieren zu können, aber es muss sich nicht um den vollständigen Trainingsdatensatz handeln: Für die `Normalization`-Schicht reichen im Allgemeinen ein paar Hundert Instanzen aus, die zufällig aus dem Trainingsdatensatz gewählt wurden, um eine gute Schätzung der Merkmalsmittel und -varianzen zu erhalten.

Da wir die `Normalization`-Schicht in das Modell mit aufgenommen haben, können wir dieses nun auch in die Produktivumgebung deployen, ohne uns erneut über Normalisierung Gedanken machen zu müssen: Das Modell kümmert sich schon darum (siehe Abbildung 13-4). Fantastisch! Dieser Ansatz vermeidet das Risiko eines Preprocessing Mismatch, der auftreten kann, wenn man unterschiedlichen Vorverarbeitungscode für Training und Produktivbetrieb betreut, dabei einen aktualisiert, den anderen aber vergisst. Das Produktivmodell erhält dann Daten, die auf eine Art und Weise vorverarbeitet wurden, die es nicht erwartet. Wenn Sie Glück haben, bekommen Sie eine eindeutige Fehlermeldung. Wenn nicht, wird die Genauigkeit des Modells einfach still und leise schlechter werden.

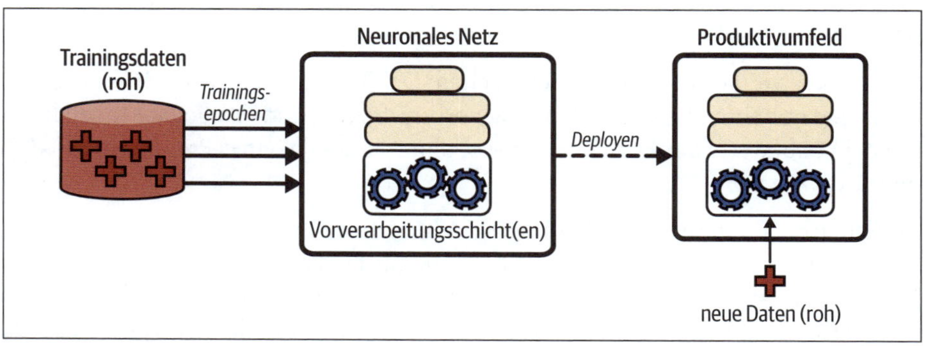

Abbildung 13-4: Vorverarbeitungsschichten in ein Modell aufnehmen

Es ist zwar schick und macht den Prozess klarer, die Vorverarbeitungsschicht direkt in das Modell aufzunehmen, aber es verlangsamt das Training (bei der `Normalization`-Schicht nur sehr wenig): Weil die Vorverarbeitung direkt während des Trainings umgesetzt wird, wird sie in jeder Epoche vorgenommen. Das können wir besser machen, indem wir den gesamten Trainingsdatensatz vor dem Training nur einmal normalisieren. Dazu können wir die `Normalization`-Schicht für sich stehend einsetzen (so wie einen `StandardScaler` von Scikit-Learn):

```
norm_layer = tf.keras.layers.Normalization()
norm_layer.adapt(X_train)
X_train_scaled = norm_layer(X_train)
X_valid_scaled = norm_layer(X_valid)
```

Sehr gut! Das sollte das Training ein bisschen schneller machen. Aber jetzt wird das Modell seine Eingabewerte nicht vorverarbeiten, wenn wir es in die Produktivumgebung deployen. Um das zu beheben, müssen wir nur ein neues Modell erstellen, das die angepasste `Normalization`-Schicht und das eben trainierte Modell zusammenfasst. Dieses finale Modell können wir dann in die Produktivlandschaft deployen, und es wird sich dort sowohl um die Vorverarbeitung der Eingabewerte als auch um das Treffen von Vorhersagen kümmern (siehe Abbildung 13-5):

```
final_model = tf.keras.Sequential([norm_layer, model])
X_new = X_test[:3]  # so tun, als hätten wir ein paar neue (unskalierte) Instanzen
y_pred = final_model(X_new)  # Daten vorverarbeiten und Vorhersagen treffen
```

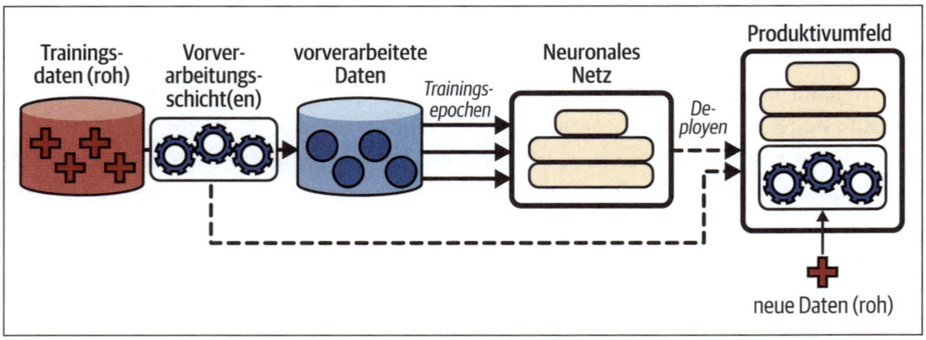

Abbildung 13-5: Die Daten nur einmal vor dem Training mit Vorverarbeitungsschichten vorbereiten, dann diese Schichten im finalen Modell deployen

Jetzt haben wir das Beste aus beiden Welten: Das Training läuft schnell ab, weil wir die Daten nur einmal vor dem Training vorverarbeiten, und das finale Modell kann seine Eingabewerte direkt vorverarbeiten, ohne das Risiko eines Preprocessing Mismatch einzugehen.

Zudem arbeiten die Vorverarbeitungsschichten von Keras gut mit der tf.data-API zusammen. So ist es beispielsweise möglich, ein `tf.data.Dataset` an die `adapt()`-Methode einer Vorverarbeitungsschicht zu übergeben. Sie können auch eine Vorverarbeitungsschicht von Keras auf ein `tf.data.Dataset` mit dessen `map()`-Methode anwenden. Hier ein Beispiel, wie Sie eine angepasste `Normalization`-Schicht auf die Eingabemerkmale jedes Batchs in einem Dataset anwenden:

```
dataset = dataset.map(lambda X, y: (norm_layer(X), y))
```

Und wenn Sie einmal mehr Features benötigen, als die Vorverarbeitungsschichten von Keras bieten, können Sie auch immer Ihre eigene Keras-Schicht schreiben, so wie wir es in Kapitel 12 besprochen haben. Gäbe es die `Normalization`-Schicht beispielsweise nicht, können Sie das gleiche Ergebnis mit folgender eigener Schicht erreichen:

```
import numpy as np

class MyNormalization(tf.keras.layers.Layer):
    def adapt(self, X):
        self.mean_ = np.mean(X, axis=0, keepdims=True)
        self.std_ = np.std(X, axis=0, keepdims=True)

    def call(self, inputs):
        eps = tf.keras.backend.epsilon()  # ein kleiner Glättungs-Term
        return (inputs - self.mean_) / (self.std_ + eps)
```

Schauen wir uns als Nächstes eine weitere Vorverarbeitungsschicht von Keras für numerische Merkmale an – die `Discretization`-Schicht.

Die Discretization-Schicht

Das Ziel der `Discretization`-Schicht ist, ein numerisches in ein kategorisches Merkmal umzuwandeln, indem Wertebereiche (sogenannte Bins) in Kategorien abgebildet werden. Das ist manchmal nützlich für Merkmale mit multimodalen Verteilungen oder für solche, die eine stark nichtlineare Beziehung zum Ziel haben. Der folgende Code bildet beispielsweise ein numerisches age-Merkmal auf drei Kategorien ab: kleiner als 18, 18 bis kleiner 50 sowie 50 und mehr:

```
>>> age = tf.constant([[10.], [93.], [57.], [18.], [37.], [5.]])
>>> discretize_layer = tf.keras.layers.Discretization(bin_boundaries=[18., 50.])
>>> age_categories = discretize_layer(age)
>>> age_categories
<tf.Tensor: shape=(6, 1), dtype=int64, numpy=array([[0],[2],[2],[1],[1],[0]])>
```

In diesem Beispiel haben wir die gewünschten Bin-Grenzen angegeben. Wenn Ihnen das lieber ist, können Sie stattdessen die Anzahl an gewünschten Bins angeben und dann die Methode `adapt()` der Schicht aufrufen, damit diese die passenden Bin-Grenzen abhängig von den Werte-Perzentilen findet. Setzen wir beispielsweise `num_bins=3`, werden die Bin-Grenzen bei den Werten gesetzt, die gerade unterhalb der 33. und 66. Perzentile liegt (in diesem Beispiel bei 10 und 37):

```
>>> discretize_layer = tf.keras.layers.Discretization(num_bins=3)
>>> discretize_layer.adapt(age)
>>> age_categories = discretize_layer(age)
>>> age_categories
<tf.Tensor: shape=(6, 1), dtype=int64, numpy=array([[1],[2],[2],[1],[2],[0]])>
```

Die CategoryEncoding-Schicht

Gibt es nur ein paar Kategorien (zum Beispiel weniger als ein oder zwei Dutzend), ist die One-Hot-Codierung oft eine gute Wahl (wie in Kapitel 2 besprochen). Dazu bietet Keras die `CategoryEncoding`-Schicht an. Probieren wir beispielsweise die One-Hot-Codierung mit dem eben erzeugten `age_categories`-Merkmal aus:

```
>>> onehot_layer = tf.keras.layers.CategoryEncoding(num_tokens=3)
>>> onehot_layer(age_categories)
<tf.Tensor: shape=(6, 3), dtype=float32, numpy=
array([[0., 1., 0.],
       [0., 0., 1.],
       [0., 0., 1.],
       [0., 1., 0.],
       [0., 0., 1.],
       [1., 0., 0.]], dtype=float32)>
```

Versuchen Sie, mehr als ein kategorisches Merkmal gleichzeitig zu codieren (was nur dann sinnvoll ist, wenn alle die gleichen Kategorien benutzen), wird die `CategoryEncoding`-Klasse standardmäßig eine *Multi-Hot-Codierung* durchführen: Der Ausgabe-Tensor wird eine 1 für jede Kategorie enthalten, die in einem *beliebigen* Eingabemerkmal vorhanden ist, zum Beispiel:

```
>>> two_age_categories = np.array([[1, 0], [2, 2], [2, 0]])
>>> onehot_layer(two_age_categories)
<tf.Tensor: shape=(3, 3), dtype=float32, numpy=
array([[1., 1., 0.],
       [0., 0., 1.],
       [1., 0., 1.]], dtype=float32)>
```

Glauben Sie, dass es nützlich ist, zu wissen, wie oft jede Kategorie aufgetreten ist, können Sie beim Erstellen der `CategoryEncoding`-Schicht `output_mode="count"` setzen – dann wird der Ausgabe-Tensor angeben, wie oft jede Kategorie vorgekommen ist. Im obigen Beispiel würde die Ausgabe gleich bleiben – nur in der zweiten Zeile würde `[0., 0., 2.]` stehen.

Beachten Sie, dass sowohl bei der Multi-Hot-Codierung als auch beim Zählen Informationen verloren gehen, da es nicht möglich ist, zu wissen, von welchem Merkmal welche aktive Kategorie gekommen ist. Daher werden beispielsweise sowohl `[0, 1]` als auch `[1, 0]` zu `[1., 1., 0.]` codiert. Wollen Sie das vermeiden, müssen Sie jedes Merkmal getrennt per One-Hot-Codierung umwandeln und die Ergebnisse dann konkatenieren. So würde `[0, 1]` als `[1., 0., 0., 0., 1., 0.]` und `[1, 0]` als `[0., 1., 0., 1., 0., 0.]` codiert werden. Das gleiche Ergebnis erreichen Sie, indem Sie die Kategoriekennungen so anpassen, dass sie sich nicht überlappen, zum Beispiel:

```
>>> onehot_layer = tf.keras.layers.CategoryEncoding(num_tokens=3 + 3)
>>> onehot_layer(two_age_categories + [0, 3])  # 3 zum zweiten Merkmal addieren
<tf.Tensor: shape=(3, 6), dtype=float32, numpy=
array([[0., 1., 0., 1., 0., 0.],
       [0., 0., 1., 0., 0., 1.],
       [0., 0., 1., 1., 0., 0.]], dtype=float32)>
```

Bei dieser Ausgabe entsprechen die ersten drei Spalten dem ersten Merkmal und die letzten drei dem zweiten Merkmal. Damit kann das Modell zwischen den beiden Merkmalen unterscheiden. Allerdings erhöht sich damit auch die Anzahl an Merkmalen, die an das Modell übergeben werden, was zu mehr Modellparametern führt. Es ist im Voraus schwer zu wissen, ob eine einzelne Multi-Hot-Codierung oder eine One-Hot-Codierung pro Merkmal besser funktioniert – das hängt von der Aufgabe ab, und Sie müssen eventuell beide Optionen ausprobieren.

Jetzt können Sie kategorische Integer-Merkmale mit One-Hot- oder Multi-Hot-Codierung codieren. Aber wie sieht es mit kategorischen Textmerkmalen aus? Dazu können Sie die `StringLookup`-Schicht einsetzen.

Die StringLookup-Schicht

Nutzen wir die `StringLookup`-Schicht von Keras, um ein `cities`-Merkmal per One-Hot-Codierung umzuwandeln:

```
>>> cities = ["Auckland", "Paris", "Paris", "San Francisco"]
>>> str_lookup_layer = tf.keras.layers.StringLookup()
>>> str_lookup_layer.adapt(cities)
>>> str_lookup_layer([["Paris"], ["Auckland"], ["Auckland"], ["Montreal"]])
<tf.Tensor: shape=(4, 1), dtype=int64, numpy=array([[1], [3], [3], [0]])>
```

Wir haben zuerst eine `StringLookup`-Schicht erstellt und dann `adapt()` mit den Daten aufgerufen: Dabei hat die Schicht festgestellt, dass es drei verschiedene Kategorien gibt. Danach haben wir mit der Schicht ein paar Städte codiert. Standardmäßig entstehen daraus Integer-Werte. Unbekannte Kategorien werden auf 0 abgebildet, wie das in diesem Beispiel für »Montreal« geschehen ist. Die bekannten Kategorien werden durchnummeriert (bei 1 beginnend), wobei das von der am häufigsten vorkommenden zur am wenigsten vorkommenden Kategorie geschieht.

Setzen Sie beim Erstellen der `StringLookup`-Schicht `output_mode="one_hot"`, wird praktischerweise statt eines Integer-Werts ein One-Hot-Vektor für jede Kategorie ausgegeben:

```
>>> str_lookup_layer = tf.keras.layers.StringLookup(output_mode="one_hot")
>>> str_lookup_layer.adapt(cities)
>>> str_lookup_layer([["Paris"], ["Auckland"], ["Auckland"], ["Montreal"]])
<tf.Tensor: shape=(4, 4), dtype=float32, numpy=
array([[0., 1., 0., 0.],
       [0., 0., 0., 1.],
       [0., 0., 0., 1.],
       [1., 0., 0., 0.]], dtype=float32)>
```

Keras besitzt auch eine `IntegerLookup`-Schicht, die sich ähnlich wie die `StringLookup`-Schicht verhält, aber Integer-Werte statt Strings als Eingabe erwartet.

Ist der Trainingsdatensatz sehr groß, kann es nützlich sein, das `adapt()` der Schicht nur mit einer zufälligen Untermenge des Trainingsdatensatzes aufzurufen. In diesem Fall werden eventuell ein paar der selteneren Kategorien übersehen. Standardmäßig würden diese dann alle auf die Kategorie 0 abgebildet, wodurch sie vom Modell nicht mehr unterschieden werden könnten. Um dieses Risiko zu reduzieren (und trotzdem die Schicht nur für eine Untermenge des Trainingsdatensatzes anzupassen), können Sie `num_oov_indices` auf einen Integer-Wert größer als 1 setzen. Das ist die Zahl der zu verwendenden Out-of-Vocabulary-(OOV-)Buckets: Jede unbekannte Kategorie wird pseudozufällig auf einen der OOV-Buckets abgebildet, wobei eine Hashfunktion modulo der Anzahl der OOV-Buckets zum Einsatz kommt. So kann das Modell zumindest ein paar der seltenen Kategorien unterscheiden. Ein Beispiel:

```
>>> str_lookup_layer = tf.keras.layers.StringLookup(num_oov_indices=5)
>>> str_lookup_layer.adapt(cities)
>>> str_lookup_layer([["Paris"], ["Auckland"], ["Foo"], ["Bar"], ["Baz"]])
<tf.Tensor: shape=(4, 1), dtype=int64, numpy=array([[5], [7], [4], [3], [4]])>
```

Da es fünf OOV-Buckets gibt, ist die erste bekannte Kategorie-ID nun 4 (`"Paris"`). Aber `"Foo"`, `"Bar"` und `"Baz"` sind unbekannt, daher werden sie alle auf eines der OOV-Buckets abgebildet. `"Bar"` erhält sein eigenes Bucket (mit der ID 3), `"Foo"` und `"Baz"` werden aber leider beide auf das gleiche Bucket abgebildet (mit der ID 4), sodass sie weiterhin für das Modell nicht unterscheidbar sind. Das wird als *Hashing-Kollision* bezeichnet. Die einzige Möglichkeit, das Kollisionsrisiko zu verringern, ist, die Anzahl an OOV-Buckets hochzusetzen. Damit steigt aber auch die Gesamtanzahl an Kategorien, was mehr RAM und zusätzliche Modellparameter erfordert, nachdem die Kategorien die One-Hot-Codierung durchlaufen haben. Setzen Sie diese Zahl also nicht allzu hoch.

Die Idee, Kategorien pseudozufällig auf Buckets abzubilden, wird als *Hashing-Trick* bezeichnet. Keras bietet eine dedizierte Schicht genau dafür an – die `Hashing`-Schicht.

Die Hashing-Schicht

Für jede Kategorie berechnet die `Hashing`-Schicht von Keras einen Hash modulo der Anzahl an Buckets (oder »Bins«). Das Mapping geschieht komplett pseudozufällig, es bleibt aber über Ausführungen und Plattformen hinweg stabil (die gleiche Kategorie wird also immer auf den gleichen Integer-Wert abgebildet, solange sich die Zahl an Bins nicht ändert). Nutzen wir beispielsweise die `Hashing`-Schicht, um ein paar Städte zu codieren:

```
>>> hashing_layer = tf.keras.layers.Hashing(num_bins=10)
>>> hashing_layer([["Paris"], ["Tokyo"], ["Auckland"], ["Montreal"]])
<tf.Tensor: shape=(4, 1), dtype=int64, numpy=array([[0], [1], [9], [1]])>
```

Der Vorteil dieser Schicht liegt darin, dass sie nicht angepasst werden muss, was manchmal nützlich sein kann, insbesondere in einer Out-of-Core-Situation (wenn der Datensatz zu groß ist, um in den Speicher zu passen). Aber wir erhalten wieder eine Hashing-Kollision: »Tokyo« und »Montreal« werden beide auf die gleiche ID abgebildet, wodurch sie vom Modell nicht mehr zu unterscheiden sind. Daher ist es im Allgemeinen besser, bei der `StringLookup`-Schicht zu bleiben.

Schauen wir uns nun eine weitere Möglichkeit an, Kategorien zu codieren – trainierbare Embeddings.

Kategorische Merkmale mit Embeddings codieren

Ein Embedding ist eine dichte Repräsentation höherdimensionaler Daten, wie zum Beispiel eine Kategorie oder oder ein Wort in einem Vokabular. Gibt es 50.000 mögliche Kategorien, würde eine One-Hot-Codierung einen 50.000-dimensionalen Sparse-Vektor erzeugen (der also größtenteils Nullen enthält). Ein Embedding würde hingegen ein im Vergleich dazu recht kleiner, dichter Vektor sein – beispielsweise mit nur 100 Dimensionen.

Beim Deep Learning werden Embeddings im Allgemeinen mit Zufallswerten initialisiert und mit dem Gradientenverfahren zusammen mit den anderen Modellparametern trainiert. So könnte zum Beispiel die Kategorie `"NEAR BAY"` bei den kalifornischen Immobiliendaten initial durch einen Zufallsvektor wie `[0.131, 0.890]` repräsentiert werden, während die Kategorie `"NEAR OCEAN"` vielleicht durch einen anderen Zufallsvektor wie `[0.631, 0.791]` umgesetzt wird. In diesem Beispiel nutzen wir 2-D-Embeddings, aber die Anzahl der Dimensionen ist ein Hyperparameter, an dem Sie drehen können.

Da diese Embeddings trainierbar sind, werden sie sich während des Trainings nach und nach verbessern – und da sie in diesem Fall recht ähnliche Kategorien repräsentieren, wird das Gradientenverfahren dafür sorgen, dass sie am Ende näher beieinanderliegen, während sie sich vom Embedding für die Kategorie `"INLAND"` eher entfernen (siehe Abbildung 13-6).

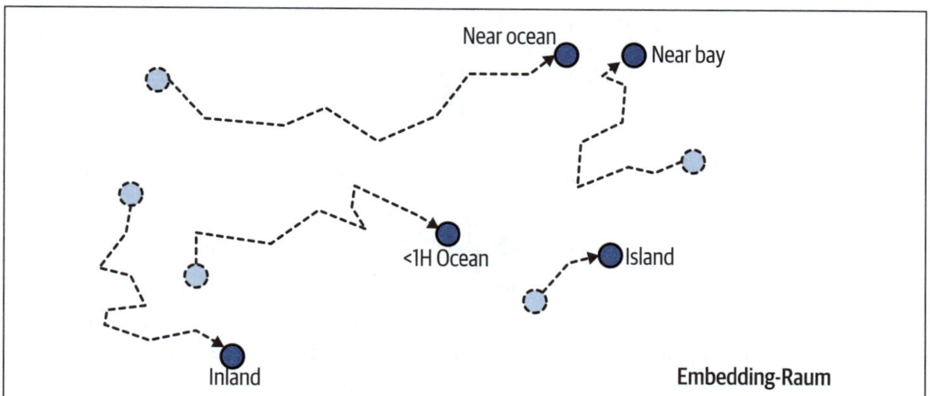

Abbildung 13-6: Embeddings werden im Verlauf des Trainings nach und nach besser.

Tatsächlich gilt: Je besser die Repräsentation ist, desto einfacher wird es für das neuronale Netz sein, genaue Vorhersagen zu treffen, daher tendiert das Training dazu, Embeddings zu nützlichen Repräsentationen der Kategorien zu machen. Das nennt sich *Representation Learning* (Sie werden noch andere Formen des Representation Learning in Kapitel 17 kennenlernen).

Word Embeddings

Embeddings sind nicht nur allgemein nützliche Repräsentationen für die aktuelle Aufgabe, oft können diese gleichen Embeddings auch erfolgreich für andere Aufgaben wiederverwendet werden. Das häufigste Beispiel dafür sind *Word Embeddings* (also Embeddings einzelner Wörter): Arbeiten Sie an einer Aufgabe zur Verarbeitung natürlicher Sprache, ist es oft besser, vortrainierte Word Embeddings zu verwenden, als selbst welche zu trainieren.

Die Idee, Vektoren zum Darstellen von Wörtern zu verwenden, geht zurück bis in die 1960er-Jahre, und es wurden viele ausgefeilte Techniken zum Erzeugen nützlicher Vektoren eingesetzt, einschließlich neuronaler Netze. Aber im Jahr 2013 gewann das Ganze deutlich an Fahrt, als Tomáš Mikolov und andere Forscher bei Google einen Artikel (*https://homl.info/word2vec*)[5] veröffentlichten, in dem sie eine effiziente Technik zum Lernen von Word Embeddings mithilfe neuronaler Netze beschreiben, die deutlich besser funktioniert als frühere Versuche. Das erlaubte ihnen, Embeddings für einen sehr großen Textkorpus zu erlernen – sie trainierten ein neuronales Netz darauf, die Wörter in der Nähe gegebener Wörter vorherzusagen, und erreichten erstaunliche Word Embeddings. So lagen beispielsweise Synonyme sehr nahe beieinander, und semantisch zusammengehörige Wörter wie *Frankreich*, *Spanien* und *Italien* kamen ebenfalls zu einem Cluster zusammen.

Es geht aber nicht nur um Nähe: Word Embeddings wurden auch entlang aussagekräftiger Achsen im Embedding-Raum organisiert. Hier ein berühmtes Beispiel: Berechnen Sie *König – Mann + Frau* (addieren bzw. subtrahieren Sie also die Embedding-Vektoren dieser Wörter), liegt das Ergebnis sehr nahe beim Embedding für das Wort *Königin* (siehe Abbildung 13-7).

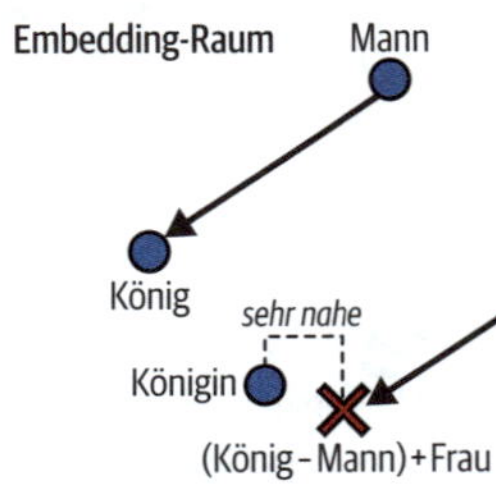

Abbildung 13-7: Word Embeddings ähnlicher Wörter tendieren dazu, nahe beieinanderzuliegen, und manche Achsen scheinen bedeutungsvolle Konzepte zu codieren.

5 Tomáš Mikolov et al., »Distributed Representations of Words and Phrases and Their Compositionality«, *Proceedings of the 26th International Conference on Neural Information Processing Systems* 2 (2013): 3111–3119.

> Oder anders gesagt: Die Word Embeddings codieren das Konzept von Geschlechtern! Genauso können Sie *Madrid – Spanien + Frankreich* berechnen, und das Ergebnis liegt nahe bei *Paris*, was zu zeigen scheint, dass die Idee einer Hauptstadt ebenfalls in den Embeddings codiert ist.
>
> Leider spiegeln sich in Word Embeddings manchmal auch unsere schlimmsten Vorurteile wider. So haben sie beispielsweise gelernt, dass Mann zu König wie Frau zu Königin steht, aber sie schienen auch gelernt zu haben, dass Mann zu Doktor wie Frau zu Krankenschwester steht – was für ein sexistisches Vorurteil! Fairerweise sei gesagt, dass gerade dieses Beispiel vermutlich übertrieben ist, wie in einem Artikel (*https://homl.info/fairembeds*) aus dem Jahr 2019 von Malvina Nissim et al. erwähnt wurde.[6] Ungeachtet dessen ist das Sicherstellen von Fairness in Deep-Learning-Algorithmen ein wichtiges und aktives Forschungsgebiet.

Keras stellt eine `Embedding`-Schicht zur Verfügung, die eine Embedding-Matrix verpackt: Diese Matrix besitzt eine Zeile pro Kategorie und eine Spalte pro Embedding-Dimension. Standardmäßig wird sie mit Zufallswerten initialisiert. Um eine Kategorie-ID in ein Embedding umzuwandeln, sucht die `Embedding`-Schicht einfach nach der Zeile, die zu dieser Kategorie gehört, und gibt sie zurück. Mehr Magie steckt da nicht hinter! Initialisieren wir beispielsweise eine `Embedding`-Schicht mit fünf Zeilen und 2-D-Embeddings und nutzen sie, um ein paar Kategorien zu codieren:

```
>>> tf.random.set_seed(42)
>>> embedding_layer = tf.keras.layers.Embedding(input_dim=5, output_dim=2)
>>> embedding_layer(np.array([2, 4, 2]))
<tf.Tensor: shape=(3, 2), dtype=float32, numpy=
array([[-0.04663396,  0.01846724],
       [-0.02736737, -0.02768031],
       [-0.04663396,  0.01846724]], dtype=float32)>
```

Wie Sie sehen, wird Kategorie 2 (zweimal) als 2-D-Vektor `[-0.04663396, 0.01846724]` codiert, während Kategorie 4 als `[-0.02736737, -0.02768031]` codiert wird. Da die Schicht noch nicht trainiert wurde, sind diese Codierungen reine Zufallswerte.

> Eine `Embedding`-Schicht wird mit Zufallswerten initialisiert, daher ist es nicht sinnvoll, sie außerhalb eines Modells als eigenständige Vorverarbeitungsschicht einzusetzen, sofern Sie sie nicht mit vortrainierten Gewichten initialisieren.

Wollen Sie ein kategorisches Textattribut embedden, können Sie einfach eine `StringLookup`-Schicht und eine `Embedding`-Schicht hintereinandersetzen:

6 Malvina Nissim et al., »Fair Is Better Than Sensational: Man Is to Doctor as Woman Is to Doctor«, arXiv Preprint arXiv:1905.09866 (2019).

```
>>> tf.random.set_seed(42)
>>> ocean_prox = ["<1H OCEAN", "INLAND", "NEAR OCEAN", "NEAR BAY", "ISLAND"]
>>> str_lookup_layer = tf.keras.layers.StringLookup()
>>> str_lookup_layer.adapt(ocean_prox)
>>> lookup_and_embed = tf.keras.Sequential([
...     str_lookup_layer,
...     tf.keras.layers.Embedding(input_dim=str_lookup_layer.vocabulary_size(),
...                               output_dim=2)
... ])
...
>>> lookup_and_embed(np.array([["<1H OCEAN"], ["ISLAND"], ["<1H OCEAN"]]))
<tf.Tensor: shape=(3, 2), dtype=float32, numpy=
array([[-0.01896119,  0.02223358],
       [ 0.02401174,  0.03724445],
       [-0.01896119,  0.02223358]], dtype=float32)>
```

Beachten Sie, dass die Anzahl an Zeilen in der Embedding-Matrix der Größe des Vokabulars entsprechen muss. Dabei handelt es sich um die Gesamtanzahl an Kategorien – die bekannten Kategorien plus die OOV-Buckets (standardmäßig nur eines). Die Methode `vocabulary_size()` der Klasse `StringLookup` gibt diesen Wert praktischerweise direkt zurück.

> In diesem Beispiel haben wir 2-D-Embeddings genutzt, aber als Faustregel haben Embeddings meist 10 bis 300 Dimensionen – abhängig von der Aufgabe, der Größe des Vokabulars und der Größe Ihres Trainingsdatensatzes. Sie werden diesen Hyperparameter optimieren müssen.

Wenn wir alles zusammenfügen, können wir jetzt ein Keras-Modell erstellen, das ein kategorisches Textmerkmal verarbeiten kann (zusammen mit normalen numerischen Merkmalen) und dazu in der Lage ist, ein Embedding für jede Kategorie (und jedes OOV-Bucket) zu trainieren:

```
X_train_num, X_train_cat, y_train = [...]  # Trainingsdatensatz laden
X_valid_num, X_valid_cat, y_valid = [...]  # Validierungsdatensatz laden

num_input = tf.keras.layers.Input(shape=[8], name="num")
cat_input = tf.keras.layers.Input(shape=[], dtype=tf.string, name="cat")
cat_embeddings = lookup_and_embed(cat_input)
encoded_inputs = tf.keras.layers.concatenate([num_input, cat_embeddings])
outputs = tf.keras.layers.Dense(1)(encoded_inputs)
model = tf.keras.models.Model(inputs=[num_input, cat_input], outputs=[outputs])
model.compile(loss="mse", optimizer="sgd")
history = model.fit((X_train_num, X_train_cat), y_train, epochs=5,
                    validation_data=((X_valid_num, X_valid_cat), y_valid))
```

Dieses Modell erwartet zwei Eingaben: `num_input`, das acht numerische Merkmale pro Instanz enthält, und `cat_input` mit einer kategorischen Texteingabe pro Instanz. Es verwendet das `lookup_and_embed`-Modell, das wir weiter oben erstellt haben, um jede Kategorie für den Abstand zum Ozean als entsprechendes trainierbares Embedding zu codieren. Als Nächstes hängt es die numerischen Eingabewerte und die Embeddings aneinander, um die vollständig codierten Eingaben zu erhalten, die dann an ein neuronales Netz übergeben werden können. Wir könnten hier ein beliebiges neuronales Netz einfügen, aber aus Gründen der Einfachheit haben wir nur eine `Dense`-Ausgabeschicht hinzugefügt und dann das Keras-Modell mit den eben definierten Eingaben und Ausgaben erstellt. Als Nächstes kompilieren wir das Modell und trainieren es, wobei wir sowohl die numerischen wie auch die kategorischen Eingaben übergeben.

Da die `Input`-Schichten mit `"num"` und `"cat"` benannt wurden, könnten wir (wie in Kapitel 10 gesehen) die Trainingsdaten an die `fit()`-Methode statt über ein Tupel als Dictionary übergeben: `{"num": X_train_num, "cat": X_train_cat}`. Alternativ könnten wir ein `tf.data.Dataset` mit Batches mitgeben, die jeweils als `((X_batch_num, X_batch_cat), y_batch)` oder `({"num": X_batch_num, "cat": X_batch_cat}, y_batch)` repräsentiert wären. Und natürlich gilt das Gleiche auch für die Validierungsdaten.

> One-Hot-Codierung nach einer `Dense`-Schicht (ohne Aktivierungsfunktion und Bias) entspricht einer `Embedding`-Schicht. Aber die `Embedding`-Schicht benötigt viel weniger Berechnungen, da es viele Multiplikationen mit null vermeidet – die Performanceunterschiede werden deutlich, wenn die Embedding-Matrix wächst. Die Gewichtsmatrix der `Dense`-Schicht spielt die Rolle der Embedding-Matrix. So verhalten sich beispielsweise One-Hot-Vektoren der Größe 20 und eine `Dense`-Schicht mit 10 Einheiten wie eine `Embedding`-Schicht mit `input_dim=20` und `output_dim=10`. Letztendlich wäre es Verschwendung, mehr Embedding-Dimensionen zu verwenden, als die folgende Schicht Einheiten besitzt.

Nachdem Sie nun gelernt haben, wie Sie kategorische Merkmale codieren, wollen wir unsere Aufmerksamkeit der Vorverarbeitung von Text zuwenden.

Vorverarbeitung von Text

Keras stellt eine `TextVectorization`-Schicht für einfache Textvorverarbeitung bereit. Wie bei der `StringLookup`-Schicht müssen Sie entweder beim Erstellen ein Vokabular mitgeben oder dieses aus Trainingsdaten über die `adapt()`-Methode lernen lassen. Schauen wir uns ein Beispiel an:

```
>>> train_data = ["To be", "!(to be)", "That's the question", "Be, be, be."]
>>> text_vec_layer = tf.keras.layers.TextVectorization()
>>> text_vec_layer.adapt(train_data)
>>> text_vec_layer(["Be good!", "Question: be or be?"])
<tf.Tensor: shape=(2, 4), dtype=int64, numpy=
array([[2, 1, 0, 0],
       [6, 2, 1, 2]])>
```

Die zwei Sätze »Be good!« und »Question: be or be?« wurden als `[2, 1, 0, 0]` und `[6, 2, 1, 2]` codiert. Das Vokabular wurde aus den vier Sätzen in den Trainingsdaten erlernt: »be« = 2, »to« = 3 und so weiter. Um das Vokabular aufzubauen, hat die `adapt()`-Methode zuerst die Trainingssätze in Kleinschrift umgewandelt und die Satzzeichen entfernt, weshalb »Be«, »be« und »be?« alle als »be« = 2 codiert wurden. Dann wurden die Sätze am Whitespace aufgeteilt, und die sich so ergebenden Wörter wurden nach absteigender Häufigkeit sortiert, was zum letztendlichen Vokabular führte. Beim Codieren von Sätzen werden unbekannte Wörter als 1 codiert. Und da der erste Satz kürzer als der zweite ist, wurde er mit Nullen aufgefüllt.

> Die `TextVectorization`-Schicht besitzt viele Optionen. Sie können beispielsweise Groß- und Kleinschreibung und Satzzeichen beibehalten, indem Sie `standardize=None` setzen, oder Standardisierungsfunktionen nach Wunsch als `standardize`-Argument übergeben. Das Aufteilen verhindern Sie durch `split=None`, und auch hier können Sie stattdessen eine eigene Funktion zum Aufteilen mitgeben. Sie können das Argument `output_sequence_length` setzen, um sicherzustellen, dass die Ausgabefolgen immer auf die gewünschte Länge aufgefüllt bzw. beschnitten werden, oder Sie setzen `ragged=True`, um einen Ragged-Tensor statt eines normalen Tensors zu erhalten. In der Dokumentation finden Sie noch mehr Optionen.

Die Wort-IDs müssen codiert werden – meist geschieht das mit einer `Embedding`-Schicht (das werden wir in Kapitel 16 machen). Alternativ können Sie das `output_mode`-Argument der `TextVectorization`-Schicht auf `"multi_hot"` oder `"count"` setzen, um die entsprechende Codierung zu erhalten. Das einfache Zählen von Wörtern ist allerdings meist nicht ideal – Wörter wie »to« und »the« sind (im Englischen) so häufig, dass sie nur selten wirklich relevant sind, während seltenere Wörter wie »basketball« viel mehr Information tragen. Anstatt also `output_mode` auf `"multi_hot"` oder `"count"` zu setzen, ist es im Allgemeinen besser, `"tf_idf"` zu wählen, was für *Term-Frequency* × *Inverse-Document-Frequency* (TF-IDF) steht. Das entspricht der Count-Codierung, aber Wörter, die häufig in den Trainingsdaten vorkommen, werden heruntergewichtet, während seltenere Wörter höher gewichtet werden. Ein Beispiel:

```
>>> text_vec_layer = tf.keras.layers.TextVectorization(output_mode="tf_idf")
>>> text_vec_layer.adapt(train_data)
>>> text_vec_layer(["Be good!", "Question: be or be?"])
<tf.Tensor: shape=(2, 6), dtype=float32, numpy=
array([[0.96725637, 0.6931472 , 0. , 0. , 0. , 0.        ],
       [0.96725637, 1.3862944 , 0. , 0. , 0. , 1.0986123 ]], dtype=float32)>
```

Es gibt viele Varianten von TF-IDF. Bei der `TextVectorization`-Schicht ist sie so implementiert, dass jede Wortanzahl mit einem Gewicht multipliziert wird, das $\log(1 + d / (f + 1))$ entspricht, wobei d die Gesamtzahl an Sätzen (also Dokumenten) in den Trainingsdaten ist, während f zählt, wie oft diese Trainingssätze das gegebene Wort enthalten. In diesem Fall gibt es beispielsweise $d = 4$ Sätze in den Trainingsdaten, und das Wort »be« taucht in $f = 3$ davon auf. Da das Wort »be« im Satz »Question: be or be?« zweimal erscheint, wird es codiert als $2 \times \log(1 + 4 / (1 + 3)) \approx 1{,}3862944$. Das Wort »question« erscheint nur einmal, aber da es ein selteneres Wort ist, ist seine Codierung fast genauso groß: $1 \times \log(1 + 4 / (1 + 1)) \approx 1{,}0986123$. Beachten Sie, dass für unbekannte Wörter das durchschnittliche Gewicht gewählt wird.

Dieser Ansatz beim Codieren von Text lässt sich recht geradlinig nutzen, und er kann zu ziemlich guten Ergebnissen führen, wenn es um das Verarbeiten natürlicher Sprache geht. Es gibt aber eine Reihe wichtiger Einschränkungen: Er funktioniert nur mit Sprachen, die Wörter durch Leerzeichen trennen, es wird nicht zwischen Homonymen unterschieden (zum Beispiel »to bear« versus »teddy bear«), Ihr Modell hat keinerlei Hinweis darauf, dass Wörter wie »evolution« und »evolutionary« in einer Beziehung zueinander stehen und so weiter. Und wenn Sie die Multi-Hot-, Count- oder TF-IDF-Codierung verwenden, geht die Reihenfolge der Wörter verloren. Was sind also die Alternativen?

Eine Möglichkeit ist der Einsatz der TensorFlow Text Library (*https://tensorflow.org/text*), die Features zur Textvorverarbeitung anbietet, die über die Möglichkeiten der `TextVectorization`-Schicht hinausgehen. So sind beispielsweise diverse Subword Tokenizers enthalten, die den Text in Tokens aufteilen können, die kleiner als Wörter sind, womit es dem Modell möglich wird, einfacher zu erkennen, dass »evolution« und »evolutionary« etwas miteinander zu tun haben (mehr zum Subword Tokenizing finden Sie in Kapitel 16).

Eine weitere Möglichkeit ist das Verwenden von vortrainierten Sprachmodellkomponenten. Schauen wir uns diese als Nächstes an.

Vortrainierte Sprachmodellkomponenten verwenden

Die TensorFlow Hub Library (*https://tensorflow.org/hub*) macht es leicht, vortrainierte Modellkomponenten in Ihren eigenen Modellen für Text, Bilder, Audio und vieles mehr einzusetzen. Diese Modellkomponenten werden als *Module* bezeichnet. Stöbern Sie einfach einmal im TF Hub Repository (*https://tfhub.dev*), um eines, das Sie brauchen, zu finden, und kopieren das Codebeispiel in Ihr Projekt. Dann wird das Modul automatisch heruntergeladen und in eine Keras-Schicht eingebunden, die Sie direkt in Ihr Modell aufnehmen können. Module enthalten meist Vorverarbeitungscode und vortrainierte Gewichte, und sie erfordern im Allgemeinen auch kein zusätzliches Training (aber natürlich wird der Rest Ihres Modells Training benötigen).

So stehen beispielsweise mehrere mächtige vortrainierte Sprachmodelle zur Verfügung. Die meisten leistungsfähigen sind ziemlich groß (mehrere Gigabyte), daher wollen wir für ein kurzes Beispiel das Modul `nnlm-en-dim50`, Version 2, nutzen, bei dem es sich um ein recht einfaches Modul handelt, das Rohtext als Eingabe erwartet und 50-dimensionale Satz-Embeddings ausgibt. Wir werden TensorFlow Hub importieren und damit das Modul laden. Dann werden wir dieses Modul nutzen, um zwei Sätze in Vektoren zu codieren:[7]

7 TensorFlow Hub wird nicht automatisch mit TensorFlow ausgeliefert, aber wenn Sie auf Colab arbeiten oder sich an die Installationsanleitung unter *https://homl.info/install* gehalten haben, ist es schon installiert.

```
>>> import tensorflow_hub as hub
>>> hub_layer = hub.KerasLayer("https://tfhub.dev/google/nnlm-en-dim50/2")
>>> sentence_embeddings = hub_layer(tf.constant(["To be", "Not to be"]))
>>> sentence_embeddings.numpy().round(2)
array([[-0.25,  0.28,  0.01,  0.1 ,  [...] ,  0.05,  0.31],
       [-0.2 ,  0.2 , -0.08,  0.02,  [...] , -0.04,  0.15]], dtype=float32)
```

Die `hub.KerasLayer`-Schicht lädt das Modul von der angegebenen URL herunter. Dieses spezifische Modul ist ein *Sentence Encoder*: Er erwartet Strings als Eingabe und codiert sie jeweils als einzelnen Vektor (in diesem Fall als 50-dimensionalen Vektor). Intern parst er den String (teilt die Wörter an Leerzeichen auf) und führt ein Embedding jedes Worts mit einer Embedding-Matrix durch, die mit einem sehr großen Korpus vortrainiert wurde – dem Google News 7B Corpus (sieben Milliarden Wörter groß!). Dann berechnet er den Mittelwert aller Word Embeddings, und das Ergebnis ist das Satz-Embedding.[8]

Sie müssen nur diesen `hub_layer` in Ihr Modell einbinden und können gleich loslegen. Beachten Sie, dass dieses spezifische Sprachmodell mit englischer Sprache trainiert wurde. Es stehen aber auch viele andere Sprachen und zudem multilinguale Modelle bereit.

Schließlich ist es mit der ausgezeichneten Transformers-Bibliothek von Hugging Face (*https://huggingface.co/docs/transformers*) ebenfalls einfach, leistungsfähige Sprachmodellkomponenten in Ihre eigenen Modelle einzubinden. Sie können im Hugging Face Hub (*https://huggingface.co/models*) stöbern, das gewünschte Modell auswählen und die angebotenen Codebeispiele nutzen, um einen Einstieg zu erhalten. Zu Beginn enthielt der Hub nur Sprachmodelle, aber mittlerweile finden sich auch Bildmodelle und mehr.

Wir werden auf die Verarbeitung natürlicher Sprache genauer in Kapitel 16 zurückkommen. Schauen wir uns jetzt die Vorverarbeitungsschichten von Keras für Bilder an.

Vorverarbeitungsschichten für Bilder

Die Preprocessing-API von Keras enthält drei Vorverarbeitungsschichten für Bilder:

- `tf.keras.layers.Resizing` passt die Eingabebilder auf eine gewünschte Größe an. So sorgt beispielsweise `Resizing(height=100, width=200)` dafür, dass jedes Bild eine Größe von 100 × 200 Pixeln erhält – auch wenn es dabei verzerrt wird. Setzen Sie `crop_to_aspect_ratio=True`, wird das Bild so beschnitten, dass das gewünschte Seitenverhältnis erreicht wird, um Verzerrungen zu vermeiden.
- `tf.keras.layers.Rescaling`bringt die Pixelwerte in einen bestimmten Bereich. So skaliert `Rescaling(scale=2/255, offset=-1)` die Werte von 0 → 255 nach –1 → 1.

8 Genauer gesagt, entspricht das Satz-Embedding dem mittleren Word Embedding, multipliziert mit der Quadratwurzel der Anzahl an Wörtern im Satz. Damit wird die Tatsache kompensiert, dass der Mittelwert von *n* zufälligen Vektoren kleiner wird, wenn *n* wächst.

- `tf.keras.layers.CenterCrop`beschneidet das Bild und behält nur den mittleren Teil in der gewünschten Höhe und Breite bei.

Laden wir ein paar Beispielbilder und führen wir ein Center-Crop durch. Dazu werden wir die Funktion `load_sample_images()` von Scikit-Learn nutzen. Damit werden zwei Farbbilder geladen – eines von einem chinesischen Tempel und eines mit einer Blume (dazu ist die Pillow-Bibliothek erforderlich, die schon installiert sein sollte, wenn Sie Colab nutzen oder den Installationsanweisungen gefolgt sind):

```
from sklearn.datasets import load_sample_images

images = load_sample_images()["images"]
crop_image_layer = tf.keras.layers.CenterCrop(height=100, width=100)
cropped_images = crop_image_layer(images)
```

Keras besitzt ebenfalls eine Reihe von Schichten zur Data Augmentation, wie zum Beispiel `RandomCrop`, `RandomFlip`, `RandomTranslation`, `RandomRotation`, `RandomZoom`, `RandomHeight`, `RandomWidth` und `RandomContrast`. Diese Schichten sind nur während des Trainings aktiv, und sie wenden zufallsbasiert Transformationen auf die Eingabebilder an (ihre Namen sind selbsterklärend). Durch Data Augmentation wird der Trainingsdatensatz künstlich vergrößert, was oft zu einer verbesserten Qualität führt, solange die transformierten Bilder wie realistische (nicht augmentierte) Bilder aussehen. Wir werden die Bildverarbeitung genauer im nächsten Kapitel angehen.

> Unter der Motorhaube basieren die Vorverarbeitungsschichten von Keras auf der Low-Level-API von TensorFlow. So nutzt beispielsweise die `Normalization`-Schicht `tf.nn.moments()`, um Mittelwert und Varianz zu berechnen, die `Discretization`-Schicht verwendet `tf.raw_ops.Bucketize()`, `CategoricalEncoding` nutzt `tf.math.bincount()`, `IntegerLookup` und `StringLookup` greifen auf das Paket `tf.lookup` zurück, `Hashing` und `TextVectorization` nutzen diverse Operationen aus dem Paket `tf.strings`, `Embedding` verwendet `tf.nn.embedding_lookup()` und die Bildvorverarbeitungsschichten nutzen Befehle aus dem Paket `tf.image`. Reicht Ihnen die Preprocessing-API von Keras nicht aus, müssen Sie eventuell gelegentlich direkt die Low-Level-API von TensorFlow verwenden.

Schauen wir uns nun einen anderen Weg an, Daten in TensorFlow einfach und effizient zu laden.

Das TensorFlow-Datasets-Projekt

Das Projekt TensorFlow Datasets (TFDS) (*https://tensorflow.org/datasets*) macht es sehr leicht, häufig genutzte Datensätze herunterzuladen – von kleinen wie MNIST oder Fashion MNIST bis zu riesigen Datensätzen wie ImageNet (dafür werden Sie einiges an Plattenplatz brauchen!). Es gibt Bilddatensätze, Textdatensätze (einschließlich Übersetzungsdatensätzen), Audio- und Videodatensätze, Zeitserien und mehr. Die vollständige Liste finden Sie unter *https://homl.info/tfds* zusammen mit einer Beschreibung für jeden Datensatz. Sie können auch bei Know Your Data (*https://knowyourdata.withgoogle.com*) vorbeischauen – einem Tool zum Erforschen und Verstehen vieler der Datensätze, die von TFDS angeboten werden.

TFDS wird nicht automatisch mit TensorFlow mitgeliefert, aber wenn Sie mit Colab arbeiten oder den Installationsanweisungen auf *https://homl.info/install* gefolgt sind, ist es schon installiert. Sie können dann `tensorflow_datasets` importieren – überlicherweise als `tfds` – und anschließend die Funktion `tfds.load()` aufrufen, was die gewünschten Daten herunterlädt (sofern sie nicht schon einmal geladen wurden) und als Dictionary mit Datasets zurückgibt (meist eines zum Training und eines zum Testen, aber das hängt vom gewählten Datensatz ab). Laden wir beispielsweise MNIST herunter:

```
import tensorflow_datasets as tfds

datasets = tfds.load(name="mnist")
mnist_train, mnist_test = datasets["train"], datasets["test"]
```

Sie können dann beliebige Transformationen darauf anwenden (meist durchmischen, in Batches unterteilen und prefetchen) und können Ihr Modell trainieren. Hier ein einfaches Beispiel:

```
for batch in mnist_train.shuffle(10_000, seed=42).batch(32).prefetch(1):
    images = batch["image"]
    labels = batch["label"]
    # [...] etwas mit den Bildern und Labels tun
```

> Die Funktion `load()` kann die heruntergeladenen Dateien durchmischen, setzen Sie einfach `shuffle_files=True`. Das reicht aber eventuell nicht aus, daher ist es besser, die Trainingsdaten noch mehr zu durchmischen.

Beachten Sie, dass jedes Element im Dataset ein Dictionary mit den Merkmalen und den Labels ist. Aber Keras erwartet, dass es sich bei jedem Element um ein Tupel mit zwei Elementen handelt (wieder die Merkmale und die Labels). Sie können das Dataset mit der Methode `map()` umwandeln, zum Beispiel so:

```
mnist_train = mnist_train.shuffle(buffer_size=10_000, seed=42).batch(32)
mnist_train = mnist_train.map(lambda items: (items["image"], items["label"]))
mnist_train = mnist_train.prefetch(1)
```

Aber es ist einfacher, das die `load()`-Funktion für Sie machen zu lassen, indem Sie `as_supervised=True` setzen (offensichtlich funktioniert das nur mit gelabelten Datensätzen). TFDS bietet schließlich auch noch einen praktischen Weg an, die Daten mithilfe des Arguments `split` aufzuteilen. Wollen Sie beispielsweise die ersten 90 % des Trainingsdatensatzes für das Training verwenden, die restlichen 10 % zur Validierung und den gesamten Testdatensatz zum Testen, können Sie `split=["train[:90%]", "train[90%:]", "test"]` setzen. Die Funktion `load()` wird alle drei Sets zurückgeben. Dies ist ein vollständiges Beispiel, bei dem der MNIST-Datensatz mithilfe von TFDS geladen wird und diese Sets dann zum Trainieren und Auswerten eines einfachen Keras-Modells dienen:

```
train_set, valid_set, test_set = tfds.load(
    name="mnist",
    split=["train[:90%]", "train[90%:]", "test"],
    as_supervised=True
)
train_set = train_set.shuffle(buffer_size=10_000, seed=42).batch(32).prefetch(1)
valid_set = valid_set.batch(32).cache()
test_set = test_set.batch(32).cache()
tf.random.set_seed(42)
model = tf.keras.Sequential([
    tf.keras.layers.Flatten(input_shape=(28, 28)),
    tf.keras.layers.Dense(10, activation="softmax")
])
model.compile(loss="sparse_categorical_crossentropy", optimizer="nadam",
              metrics=["accuracy"])
history = model.fit(train_set, validation_data=valid_set, epochs=5)
test_loss, test_accuracy = model.evaluate(test_set)
```

Herzlichen Glückwunsch! Nun ist das Ende dieses ziemlich technischen Kapitels erreicht, und Sie haben vielleicht das Gefühl, dass Sie sich ein bisschen zu sehr von der abstrakten Schönheit neuronaler Netze entfernt haben, aber Tatsache ist, dass zum Deep Learning oftmals große Mengen an Daten gehören. Zu wissen, wie Sie diese effizient laden, parsen und vorverarbeiten, ist eine wichtige Fähigkeit. Im nächsten Kapitel werden wir uns die Architektur von Convolutional Neural Networks zur Bildverarbeitung und für viele andere Anwendungsfälle anschauen.

Übungen

1. Warum sollten Sie die tf.data-API verwenden?
2. Was sind die Vorteile des Aufteilens eines großen Datensatzes in viele Dateien?
3. Wie können Sie während des Trainings erkennen, dass Ihre Eingabepipeline der Flaschenhals ist? Was können Sie dagegen tun?
4. Können Sie Binärdaten in eine TFRecord-Datei sichern, oder sind nur serialisierte Protocol Buffer möglich?
5. Warum sollten Sie sich die Mühe machen, all Ihre Daten in das `Example`-Protobuf-Format zu konvertieren? Warum sollten Sie nicht Ihre eigene Protobuf-Definition verwenden?
6. Wann würden Sie beim Einsatz von TFRecords die Komprimierung aktivieren? Warum sollten Sie das nicht systematisch tun?
7. Daten können direkt beim Schreiben der Datendateien, innerhalb der tf.data-Pipeline oder in Vorverarbeitungsschichten innerhalb Ihres Modells vorverarbeitet werden. Können Sie ein paar Vor- und Nachteile jeder Option aufzählen?

8. Benennen Sie ein paar verbreitete Wege, die Sie zum Codieren von Integer-Merkmalen einsetzen können. Wie ist es mit Texten?
9. Laden Sie den Fashion-MNIST-Datensatz (den wir in Kapitel 10 vorgestellt haben), teilen Sie ihn in einen Trainings-, einen Validierungs- und einen Testdatensatz auf, durchmischen Sie den Trainingsdatensatz und sichern Sie jedes Dataset in mehreren TFRecord-Dateien. Jeder Datensatz sollte ein serialisierter `Example`-Protobuf mit zwei Merkmalen sein: dem serialisierten Bild (verwenden Sie `tf.io.serialize_tensor()`, um jedes Bild zu serialisieren) und dem Label.[9] Dann verwenden Sie tf.data, um ein effizientes Dataset für jeden Datensatz zu erstellen. Und schließlich nutzen Sie ein Keras-Modell, um diese Datasets zu trainieren, wobei Sie eine Vorverarbeitungsschicht zum Standardisieren jedes Eingabemerkmals verwenden. Versuchen Sie, die Eingabepipeline so effizient wie möglich zu gestalten, und nutzen Sie TensorBoard, um die Profiling-Daten zu visualisieren.
10. In dieser Übung laden Sie einen Datensatz herunter, teilen ihn auf, erstellen ein `tf.data.Dataset`, um ihn zu laden und effizient vorzuverarbeiten, und dann bauen und trainieren Sie ein binäres Klassifikationsmodell mit einer `Embedding`-Schicht:
    a. Laden Sie das Large Movie Review Dataset (*https://homl.info/imdb*) mit 50.000 Filmkritiken aus der Internet Movie Database (IMDb) (*https://imdb.com/*). Die Daten sind in zwei Verzeichnissen *train* und *test* organisiert, wobei jedes ein Unterverzeichnis *pos* mit 12.500 positiven Kritiken und ein Unterverzeichnis *neg* mit 12.500 negativen Kritiken enthält. Jede Kritik ist in einer eigenen Textdatei abgelegt. Es gibt andere Dateien und Ordner (einschließlich vorverarbeiteter Bag-of-Words-Versionen), aber die werden wir in dieser Übung ignorieren.
    b. Teilen Sie den Testdatensatz in einen Validierungsdatensatz (15.000) und einen Testdatensatz (10.000) auf.
    c. Verwenden Sie tf.data, um ein effizientes Dataset für jeden Datensatz zu erstellen.
    d. Erzeugen Sie ein binäres Klassifikationsmodell mit einer `TextVectorization`-Schicht zum Vorverarbeiten jeder Kritik.
    e. Fügen Sie eine `Embedding`-Schicht hinzu und berechnen Sie das mittlere Embedding für jede Kritik, multipliziert mit der Wurzel der Anzahl der Wörter (siehe Kapitel 16). Dieses umskalierte mittlere Embedding kann dann an den Rest des Modells weitergegeben werden.

9 Bei großen Bildern können Sie stattdessen `tf.io.encode_jpeg()` nutzen. Damit sparen Sie viel Platz, verlieren aber ein bisschen Bildqualität.

f. Trainieren Sie das Modell und finden Sie heraus, welche Genauigkeit Sie erhalten. Versuchen Sie, Ihre Pipelines zu optimieren, um das Training so schnell wie möglich zu machen.

g. Nutzen Sie TFDS, um denselben Datensatz viel einfacher zu laden: `tfds.load("imdb_reviews")`.

Die deutschsprachigen Lösungen zu diesen Übungen finden Sie unter *https://dpunkt.de/produkt/praxiseinstieg-machine-learning-mit-scikit-learn-keras-und-tensorflow-2/* auf der Registerkarte *Zusatzmaterial*, die englischsprachigen Lösungen am Ende des Notebooks zu diesem Kapitel unter *https://homl.info/colab3*.

KAPITEL 14

Deep Computer Vision mit Convolutional Neural Networks

Obwohl der Supercomputer Deep Blue von IBM den Schachweltmeister Garry Kasparov bereits im Jahr 1996 schlug, waren Computer bis vor Kurzem scheinbar nicht fähig, triviale Aufgaben wie das Erkennen von Hündchen auf Bildern oder gesprochenen Wörtern zu lösen. Warum gehen Menschen diese Aufgaben so leicht von der Hand? Die Antwort liegt darin, dass die Wahrnehmung hauptsächlich außerhalb unseres Bewusstseins, also in den auf Sicht, Gehör oder andere Sinne spezialisierten Bereichen unseres Gehirns stattfindet. Bis sensorische Informationen unser Bewusstsein erreichen, sind sie bereits mit hoch abstrakten Merkmalen angereichert; wenn Sie beispielsweise ein Bild mit einem niedlichen Hündchen betrachten, können Sie sich nicht entscheiden, das Hündchen *nicht* zu sehen oder seine Niedlichkeit *nicht* zu bemerken. Sie können auch nicht erklären, *wie* Sie ein niedliches Hündchen erkennen; es ist Ihnen einfach klar. Wir können unserer subjektiven Erfahrung nicht ganz trauen: Wahrnehmung ist überhaupt keine triviale Aufgabe. Um sie zu verstehen, müssen wir uns anschauen, wie unsere sensorischen Module funktionieren.

Convolutional Neural Networks (CNNs) sind aus Untersuchungen des visuellen Cortex des Gehirns entstanden. Sie wurden seit den 1980ern zur Bilderkennung durch Computer eingesetzt. In den letzten zehn Jahren konnten CNNs dank der angewachsenen Rechenkapazitäten, der Menge an verfügbaren Trainingsdaten und der in Kapitel 11 vorgestellten Tricks zum Trainieren von Deep-Learning-Netzen eine übermenschliche Leistung erreichen. Sie finden sich in Diensten zur Bildersuche, selbstfahrenden Autos, Systemen zur automatischen Videoklassifikation und anderen. CNNs sind außerdem nicht auf die visuelle Wahrnehmung beschränkt: Sie sind auch bei anderen Aufgaben wie der *Stimmerkennung* oder *Sprachverarbeitung* (NLP) erfolgreich; wir werden uns hier aber auf die visuellen Anwendungen konzentrieren.

In diesem Kapitel stellen wir vor, woher CNNs stammen, aus welchen Elementen sie bestehen und wie sie sich mit Keras implementieren lassen. Anschließend präsentieren wir einige der besten CNN-Architekturen sowie andere Bilderkennungsaufgaben, unter anderem Objekterkennung (das Klassifizieren mehrerer Objekte in einem Bild und das Platzieren von Bounding Boxes um sie herum) und semantische Segmentierung (das Klassifizieren jedes Pixels in Bezug auf die Kategorie des Objekts, zu dem er gehört).

Der Aufbau des visuellen Cortex

David H. Hubel und Torsten Wiesel führten in den Jahren 1958 (*https://homl.info/71*)[1] und 1959 (*https://homl.info/72*)[2] eine Reihe von Experimenten an Katzen durch (und ein paar Jahre später an Affen (*https://homl.info/73*)[3]), die wichtige Erkenntnisse zur Struktur des visuellen Cortex lieferten (die Autoren erhielten für ihre Arbeit im Jahr 1981 den Nobelpreis in Physiologie und Medizin). Sie konnten vor allem zeigen, dass viele Neuronen im visuellen Cortex ein kleines *lokales Wahrnehmungsfeld* haben, also nur auf visuelle Stimuli in einem begrenzten Bereich des Gesichtsfelds reagieren (in Abbildung 14-1 sind die lokalen Wahrnehmungsfelder von fünf Neuronen durch gestrichelte Kreise dargestellt). Die Wahrnehmungsfelder unterschiedlicher Neuronen können einander überlappen und gemeinsam das gesamte Gesichtsfeld abdecken.

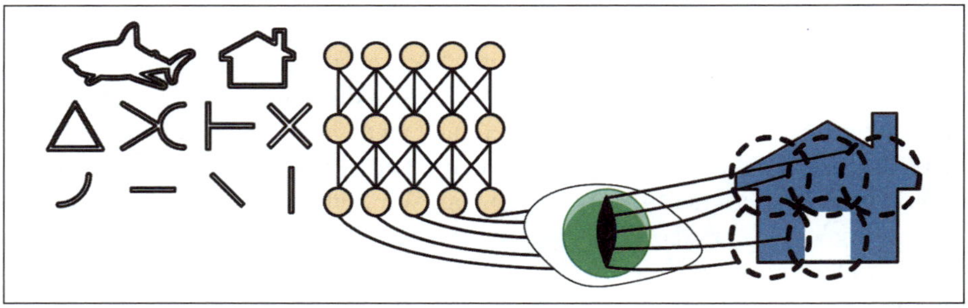

Abbildung 14-1: Biologische Neuronen im visuellen Cortex reagieren auf bestimmte Muster in kleinen Bereichen des visuellen Sichtfelds, die als Wahrnehmungsfelder bezeichnet werden; auf dem Weg des visuellen Signals durch die Hirnbereiche reagieren Neuronen auf immer komplexere Muster in größeren Wahrnehmungsfeldern.

Die Autoren konnten auch nachweisen, dass einige Neuronen nur auf Bilder mit horizontalen Linien reagieren, andere nur auf Linien mit anderer Ausrichtung (zwei Neuronen können das gleiche Wahrnehmungsfeld haben, aber auf eine unterschiedliche Orientierung der Linien reagieren). Sie stellten auch fest, dass einige Neuronen größere Wahrnehmungsfelder haben und auf komplexere Muster reagieren, die Kombinationen kleinteiliger Muster sind. Diese Beobachtungen führten zu

1 David H. Hubel, »Single Unit Activity in Striate Cortex of Unrestrained Cats«, *The Journal of Physiology* 147 (1959): 226–238.

2 David H. Hubel und Torsten N. Wiesel, »Receptive Fields of Single Neurons in the Cat's Striate Cortex«, *The Journal of Physiology* 148 (1959): 574–591.

3 David H. Hubel und Torsten N. Wiesel, »Receptive Fields and Functional Architecture of Monkey Striate Cortex«, *The Journal of Physiology* 195 (1968): 215–243.

der Vorstellung, dass Neuronen auf höherer Abstraktionsebene die Ausgabe der benachbarten Neuronen auf niedrigerer Abstraktionsebene verarbeiten (in Abbildung 14-1 sehen Sie, dass jedes Neuron nur mit benachbarten Neuronen der vorherigen Schicht verbunden ist). Diese mächtige Architektur ist in der Lage, alle möglichen komplexen Muster in einem beliebigen Teil des Gesichtsfelds zu erkennen.

Diese Untersuchungen des visuellen Cortex inspirierten das im Jahr 1980 vorgestellte Neocognitron (*https://homl.info/74*)[4], das sich nach und nach zu dem entwickelte, was wir heute als *Convolutional Neural Networks* bezeichnen. Ein wichtiger Meilenstein war dabei ein Artikel (*https://homl.info/75*) aus dem Jahr 1998[5] von Yann LeCun, Léon Bottou, Yoshua Bengio und Patrick Haffner, in dem die berühmte *LeNet-5*-Architektur vorgestellt wurde. Sie wurde im großen Stil zum Erkennen handgeschriebener Ziffern auf Schecks eingesetzt. Diese Architektur enthält einige Bausteine, die Sie bereits kennen, etwa vollständig verbundene Schichten und die sigmoide Aktivierungsfunktion. Sie enthält aber auch zwei neue Bauelemente: *Convolutional Layers* und *Pooling Layers*. Schauen wir uns beide einmal an.

> Warum verwenden wir nicht einfach ein gewöhnliches Deep-Learning-Netz mit vollständig verbundenen Schichten zur Bilderkennung? Leider funktioniert dies nur für kleine Bilder (z.B. MNIST) und scheitert bei größeren Bildern wegen der riesigen Zahl benötigter Parameter. Zum Beispiel enthält ein Bild der Größe 100 × 100 insgesamt 10.000 Pixel, und wenn die erste Schicht nur 1.000 Neuronen enthält (was die zur nächsten Schicht übertragene Informationsmenge bereits erheblich einschränkt), sind insgesamt bereits 10 Millionen Verbindungen nötig. Und das ist nur die erste Schicht. CNNs lösen dieses Problem durch teilweise verbundene Schichten und die gemeinsame Nutzung von Gewichten.

Convolutional Layers

Der wichtigste Bestandteil eines CNN sind die *Convolutional Layers*:[6] Neuronen im ersten Convolutional Layer sind nicht mit jedem Pixel im Eingabebild verbunden (wie in den vorigen Kapiteln), sondern nur mit Pixeln in ihrem Wahrnehmungsfeld (siehe Abbildung 14-2). Im Gegenzug ist jedes Neuron im zweiten Con-

4 Kunihiko Fukushima, »Neocognitron: A Self-Organizing Neural Network Model for a Mechanism of Pattern Recognition Unaffected by Shift in Position«, *Biological Cybernetics* 36 (1980): 193–202.

5 Yann LeCun et al., »Gradient-Based Learning Applied to Document Recognition«, *Proceedings of the IEEE* 86, no. 11 (1998): 2278–2324.

6 Eine Konvolution (Faltung) ist eine mathematische Operation, die eine Funktion mit einer zweiten überlagert und das Integral ihrer punktweisen Multiplikation ermittelt. Sie hängt eng mit der Fourier-Transformation und der Laplace-Transformation zusammen und wird in der Signalverarbeitung häufig eingesetzt. Convolutional Layers verwenden Kreuzkorrelationen, die Konvolutionen sehr ähnlich sind (auf *https://homl.info/76* finden Sie Details).

volutional Layer ausschließlich mit Neuronen innerhalb eines kleinen Rechtecks der ersten Schicht verbunden. Durch diese Architektur kann sich das Netzwerk in der ersten verborgenen Schicht auf kleinteilige Merkmale konzentrieren, diese in der nächsten verborgenen Schicht zu übergeordneten Merkmalen zusammensetzen und so weiter. Diese hierarchische Struktur ist in echten Bildern verbreitet, weswegen CNNs in der Bilderkennung so gut funktionieren.

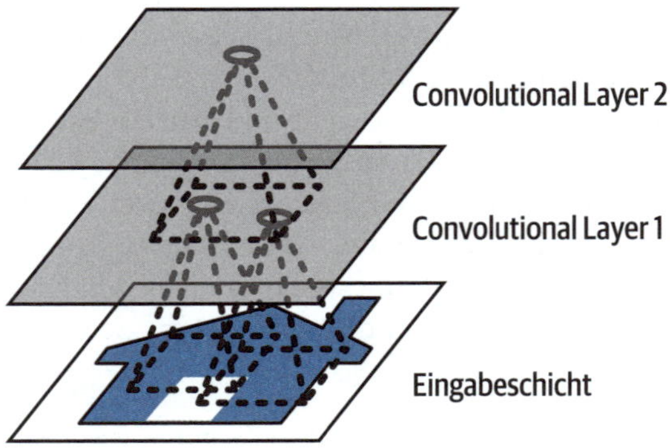

Abbildung 14-2: Schichten eines CNN mit rechteckigen lokalen Wahrnehmungsfeldern

Alle bisher von uns betrachteten mehrschichtigen neuronalen Netze bestanden aus einer langen Reihe Neuronen. Wir mussten Eingabebilder zu 1-D-Daten verflachen, um sie in das neuronale Netz einzugeben. Nun ist jede Schicht in 2-D angeordnet, wodurch sich Neuronen leichter ihren jeweiligen Eingaben zuordnen lassen.

Ein Neuron in Zeile i und Spalte j einer bestimmten Schicht ist mit den Ausgaben der Neuronen in der vorherigen Schicht in den Zeilen i bis $i + f_h - 1$ und den Spalten j bis $j + f_w - 1$ verbunden, wobei f_h und f_w die Höhe und Breite des Wahrnehmungsfelds sind (siehe Abbildung 14-3). Damit eine Schicht die gleiche Höhe und Breite wie die vorherige hat, ist es üblich, Nullen um die Eingaben herum zu platzieren, wie die Abbildung zeigt. Dies nennt man auch *Zero Padding*.

Es ist ebenfalls möglich, eine große Eingabeschicht mit einer viel kleineren Schicht zu verbinden, indem die Wahrnehmungsfelder wie in Abbildung 14-4 in größeren Abständen gestaffelt werden. Das verringert die Rechenkomplexität des Modells deutlich. Der horizontale oder vertikale Abstand zwischen zwei aufeinanderfolgenden Wahrnehmungsfeldern wird als *Schrittweite* (engl. Stride) bezeichnet. Im Diagramm ist eine Eingabeschicht der Größe 5 × 7 (zuzüglich Zero Padding) mit einer Schicht der Größe 3 × 4 über Wahrnehmungsfelder der Größe 3 × 3 mit einer Schrittweite von 2 verbunden (in diesem Beispiel ist die Schrittweite in beide Richtungen gleich groß, dies muss aber nicht so sein). Ein Neuron in Zeile i und Spalte j in der höher gelegenen Schicht ist mit den Ausgaben der Neuronen aus der vorherigen Schicht in den Zeilen $i \times s_h$ bis $i \times s_h + f_h - 1$ und den Spalten $j \times s_w + f_w - 1$ verbunden, wobei s_h und s_w die vertikalen und horizontalen Schrittweiten sind.

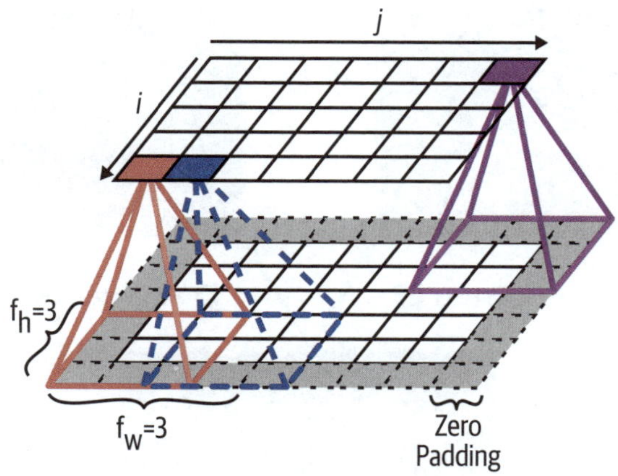

Abbildung 14-3: Verbindungen zwischen Schichten und Zero Padding

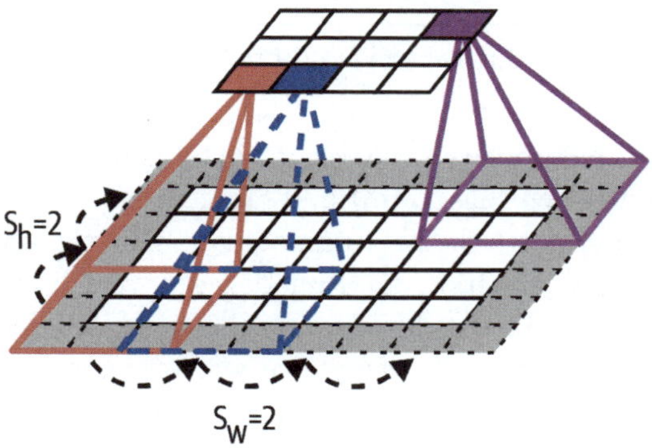

Abbildung 14-4: Dimensionsreduktion über eine Schrittweite von 2

Filter

Die Gewichte eines Neurons lassen sich als kleines Bild mit der Größe des Wahrnehmungsfelds darstellen. Das Beispiel in Abbildung 14-5 zeigt zwei mögliche Sätze Gewichte, genannt *Filter* (oder *Convolution-Kernel* oder auch einfach *Kernel*). Der erste zeigt ein schwarzes Quadrat mit einer vertikalen weißen Linie in der Mitte (es ist eine 7 × 7-Matrix voller Nullen sowie Einsen in der mittleren Spalte); Neuronen mit diesen Gewichten werden alles in ihrem Wahrnehmungsfeld außer der mittleren Spalte ignorieren (da alle Eingaben außer denen entlang der vertikalen Mittellinie mit 0 multipliziert werden). Der zweite Filter ist ein schwarzes Quadrat mit einer horizontalen weißen Linie in der Mitte. Wieder werden Neuronen mit diesen Gewichten alles in ihrem Wahrnehmungsfeld außer dieser horizontalen Mittellinie ignorieren.

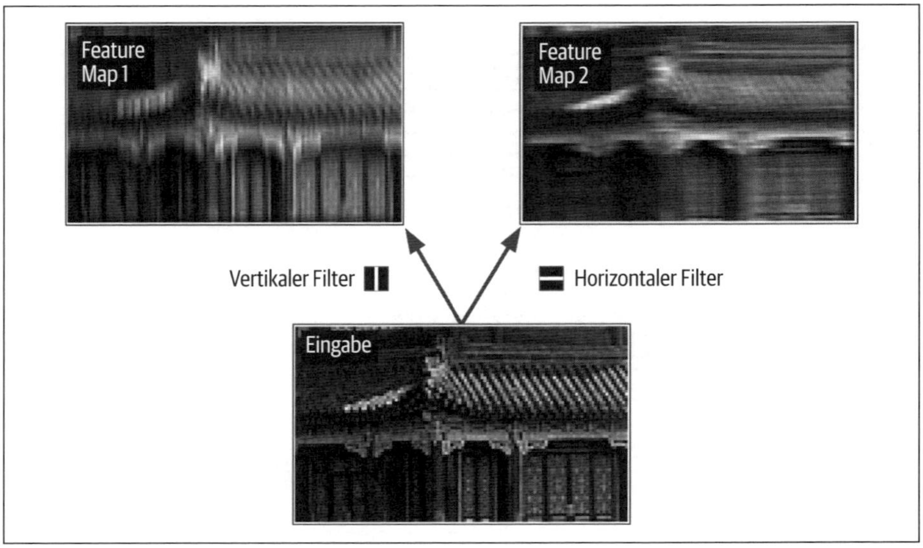

Abbildung 14-5: Anwenden von zwei unterschiedlichen Filtern, um zwei Feature Maps zu erhalten

Wenn nun sämtliche Neuronen einer Schicht den Filter mit der vertikalen Linie verwenden (und den gleichen Bias-Term) und Sie dem Netz das Bild in Abbildung 14-5 (unten) zeigen, erhalten Sie als Ausgabe das Bild links oben. Die vertikalen weißen Linien werden verstärkt, der Rest dagegen verschwimmt. In ähnlicher Weise erhalten Sie das Bild rechts oben, wenn alle Neuronen den Filter mit der horizontalen Linie verwenden; die horizontalen weißen Linien werden hervorgehoben, und der Rest verschwimmt. Daher bildet eine Schicht Neuronen mit dem gleichen Filter eine *Feature Map*, die die den Filter am meisten aktivierenden Bildbereiche hervorhebt. Natürlich müssen Sie die Filter nicht manuell definieren: Stattdessen findet der Convolutional Layer beim Trainieren die für die Aufgabe nützlichsten Filter, und die Schichten darüber lernen, diese zu komplexeren Mustern zu kombinieren.

Stapeln mehrerer Feature Maps

Bisher haben wir die Ausgabe jedes Convolutional Layer als 2-D-Schicht dargestellt, tatsächlich besteht ein solcher Layer aber aus mehreren Filtern (Sie können festlegen, wie viele), und er gibt eine Feature Map pro Filter aus, die sich besser in 3-D darstellen lässt (siehe Abbildung 14-6). Innerhalb einer Feature Map gibt es ein Neuron pro Pixel, und sämtliche Neuronen in einer gegebenen Feature Map teilen die gleichen Parameter (zum Beispiel Kernel und Bias-Term). Neuronen in unterschiedlichen Feature Maps nutzen aber auch unterschiedliche Parameter. Das

Wahrnehmungsfeld eines Neurons entspricht dem oben beschriebenen, es erstreckt sich aber über alle Feature Maps der vorherigen Schicht. Zusammengefasst, wendet ein Convolutional Layer gleichzeitig mehrere trainierbare Filter auf seine Eingaben an, wodurch er mehrere Merkmale an beliebiger Stelle der Eingaben erkennen kann.

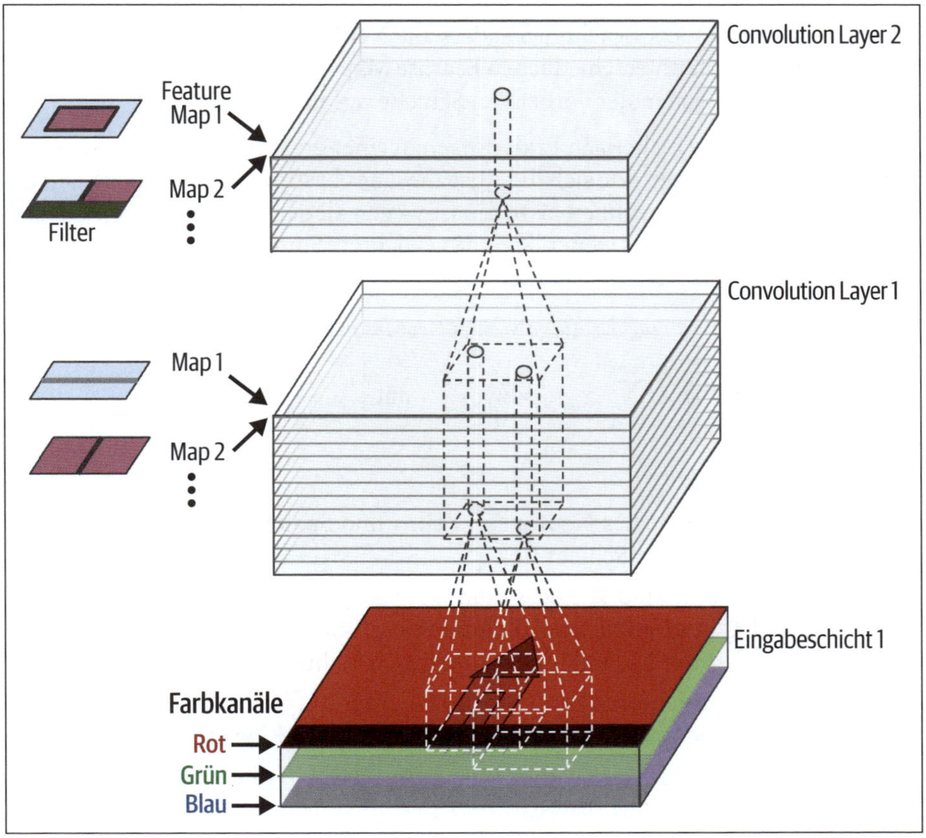

Abbildung 14-6: Zwei Convolutional Layer mit jeweils mehreren Filtern (Kernels), die ein Farbbild mit drei Kanälen verarbeiten; jeder Convolutional Layer gibt eine Feature Map pro Filter aus.

Da sämtliche Neuronen einer Feature Map die gleichen Parameter haben, reduziert sich die Anzahl der Parameter im Modell erheblich. Kann ein CNN ein Muster an einer Stelle erkennen, kann es dieses auch an einer beliebigen anderen Stelle erkennen. Im Gegensatz dazu kann ein vollständig verbundenes neuronales Netz, das ein Muster an einer Stelle erlernt hat, es auch nur an dieser Stelle wiedererkennen.

Außerdem bestehen auch die Eingabebilder aus mehreren Schichten, nämlich eine pro *Farbkanal*. Wie in Kapitel 9 erwähnt gibt es meist drei davon: Rot, Grün und

Blau (RGB). Graustufenbilder bestehen nur aus einem Kanal, aber manche Bilder besitzen viel mehr – z. B. Satellitenbilder, die zusätzliche Lichtfrequenzen erfassen (wie das Infrarotspektrum).

Ein Neuron in Zeile i und Spalte j der Feature Map k im Convolutional Layer l ist mit den Ausgaben der Neuronen der vorherigen Schicht $l - 1$ in den Zeilen $i \times s_h$ bis $i \times s_h + f_h - 1$ und den Spalten $j \times s_w$ bis $j \times s_w + f_w - 1$ über alle Feature Maps (in Schicht $l - 1$) verbunden. Beachten Sie, dass alle Neuronen, die in der gleichen Zeile i und Spalte j, aber in unterschiedlichen Feature Maps liegen, mit den Ausgaben der exakt gleichen Neuronen der vorherigen Schicht verbunden sind.

Formel 14-1 fasst die bisherigen Erklärungen in einer großen mathematischen Formel zusammen: Sie zeigt, wie sich die Ausgabe eines bestimmten Neurons in einem Convolutional Layer berechnen lässt. Sie ist wegen all der Indizes ein wenig unansehnlich, aber sie tut nichts weiter, als eine gewichtete Summe aller Eingaben zu berechnen und den Bias-Term zu addieren.

Formel 14-1: Berechnung der Ausgabe eines Neurons in einem Convolutional Layer

$$z_{i,j,k} = b_k + \sum_{u=0}^{f_h-1} \sum_{v=0}^{f_w-1} \sum_{k'=0}^{f_{n'}-1} x_{i',j',k'} \times w_{u,v,k',k} \quad \text{mit} \begin{cases} i' = i \times s_h + u \\ j' = j \times s_w + v \end{cases}$$

In dieser Gleichung gilt:

- $z_{i,j,k}$ ist die Ausgabe des Neurons in Zeile i und Spalte j in Feature Map k des Convolutional Layer (Schicht l).
- Wie oben erklärt, sind s_h und s_w die vertikalen und horizontalen Schrittweiten, f_h und f_w sind Höhe und Breite des Wahrnehmungsfelds, und $f_{n'}$ ist die Anzahl der Feature Maps in der vorherigen Schicht (Schicht $l - 1$).
- $x_{i',j',k'}$ ist die Ausgabe des Neurons in Schicht $l - 1$, Zeile i', Spalte j', Feature Map k' (oder Kanal k', falls die vorherige Schicht die Eingabeschicht ist).
- b_k ist der Bias-Term von Feature Map k (in Schicht l). Sie können ihn sich als Regler für die Helligkeit der Feature Map k vorstellen.
- $w_{u,v,k',k}$ ist das Gewicht der Verbindung zwischen einem beliebigen Neuron in Feature Map k der Schicht l und seiner Eingabe in Zeile u, Spalte v (relativ zum Wahrnehmungsfeld des Neurons) und Feature Map k'.

Schauen wir uns an, wie wir einen Convolutional Layer mit Keras erstellen und einsetzen können.

Convolutional Layer mit Keras implementieren

Als Erstes wollen wir ein paar Beispielbilder laden und vorverarbeiten. Dazu nutzen wir die Funktion `load_sample_image()` von Scikit-Learn und die Keras-Schichten `CenterCrop` und `Rescaling` (die alle in Kapitel 13 vorgestellt wurden):

```
from sklearn.datasets import load_sample_images
import tensorflow as tf
```

```
images = load_sample_images()["images"]
images = tf.keras.layers.CenterCrop(height=70, width=120)(images)
images = tf.keras.layers.Rescaling(scale=1 / 255)(images)
```

Wie sieht nun die Form des images-Tensors aus?

```
>>> images.shape
TensorShape([2, 70, 120, 3])
```

Urgs, ein 4-D-Tensor – das haben wir noch nicht gehabt! Was bedeuten all diese Dimensionen? Nun, es gibt zwei Beispielbilder, was die erste Dimension erklärt. Dann hat jedes Bild eine Größe von 70 × 120 Pixeln, da das die Größe ist, die wir bei Erzeugen der CenterCrop-Schicht angegeben haben (die Originalbilder waren 427 × 640 Pixel groß) – also die zweite und die dritte Dimension. Und schließlich enthält jedes Pixel einen Wert pro Farbkanal, wovon es drei gibt – Rot, Grün und Blau –, was die letzte Dimension erklärt.

Erstellen wir nun einen 2-D-Convolutional-Layer und übergeben ihm diese Bilder, um zu sehen, was dabei herauskommt. Dazu stellt Keras eine Convolutional2D-Schicht oder Conv2D bereit. Hinter den Kulissen baut diese Schicht auf die TensorFlow-Operation tf.nn.conv2d() auf. Legen wir jetzt einen Convolutional Layer mit 32 Filtern an, die jeweils eine Größe von 7 × 7 haben (durch kernel_size=7, was das Gleiche bewirkt wie kernel_size=(7, 7)), und wenden diese Schicht auf unseren kleinen Batch mit zwei Bildern an:

```
conv_layer = tf.keras.layers.Conv2D(filters=32, kernel_size=7)
fmaps = conv_layer(images)
```

> Wenn wir über einen 2-D-Convolutional-Layer reden, bezieht sich »2-D« auf die Anzahl an *räumlichen* Dimensionen (Höhe und Breite), aber wie Sie sehen, erwartet die Schicht eine 4-D-Eingabe – die zwei zusätzlichen Dimensionen sind die Batchgröße (erste Dimension) und die Kanäle (letzte Dimension).

Wie sieht jetzt die Form der Ausgabe aus?

```
>>> fmaps.shape
TensorShape([2, 64, 114, 32])
```

Die Ausgabeform entspricht der Eingabeform, allerdings gibt es zwei große Unterschiede. Zum einen gibt es statt 3 nun 32 Kanäle. Das liegt daran, dass wir filters=32 gesetzt haben, womit wir auch 32 Ausgabe-Feature-Maps bekommen: Statt die Intensität von Rot, Grün und Blau an jeder Position haben wir nun die Intensität jedes Features an jeder Position. Zum anderen sind die Höhe und Breite jeweils um sechs Pixel geschrumpft. Das liegt daran, dass die Conv2D-Schicht standardmäßig kein Zero-Padding nutzt, weshalb wir an paar Pixel an den Seiten der Ausgabe-Features-Maps verlieren – abhängig von der Größe der Filter. Da die Kernelgröße in diesem Fall 7 ist, verlieren wir 6 Pixel horizontal und 6 Pixel vertikal (also 3 Pixel auf jeder Seite).

Die Standardoption heißt überraschenderweise `padding="valid"`, was tatsächlich *kein* Zero-Padding bedeutet! Der Name entstammt der Tatsache, dass sich in diesem Fall das rezeptive Feld jedes Neurons innerhalb *valider* Positionen innerhalb der Eingabe befindet (es geht nicht über die Grenzen hinaus). Das ist nicht die Schuld von Keras – jeder nutzt diese seltsame Nomenklatur.

Setzen wir stattdessen `padding="same"`, werden die Eingabewerte auf allen Seiten mit ausreichend Nullen umfüttert, um sicherzustellen, dass die Ausgabe-Feature-Maps die gleiche Größe wie die Eingabewerte haben (daher der Name dieser Option):

```
>>> conv_layer = tf.keras.layers.Conv2D(filters=32, kernel_size=7,
...                                     padding="same")
...
>>> fmaps = conv_layer(images)
>>> fmaps.shape
TensorShape([2, 70, 120, 32])
```

Diese zwei Padding-Optionen sind in Abbildung 14-7 dargestellt. Aus Gründen der Einfachheit ist hier nur die horizontale Dimension zu sehen, aber die gleiche Logik gilt natürlich auch für die vertikale Dimension.

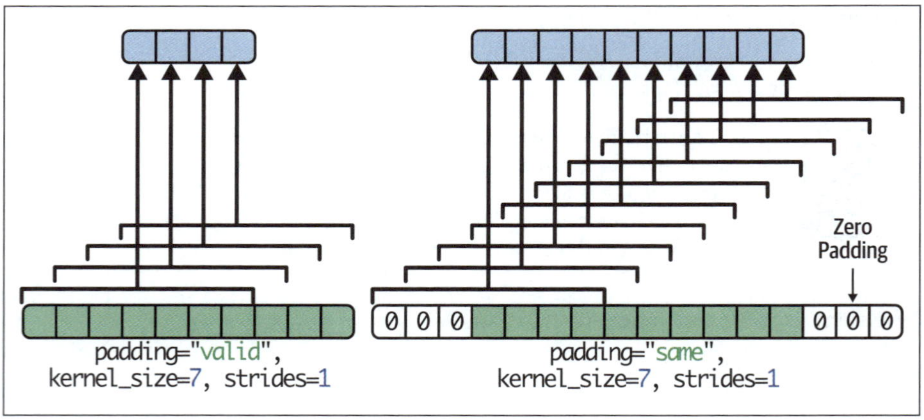

Abbildung 14-7: Die zwei Padding-Optionen mit strides=1

Ist die Schrittweite größer als eins (in einer beliebigen Richtung), wird die Ausgabegröße nicht gleich der Eingabegröße sein, selbst wenn `padding="same"` gewählt wird. Setzen Sie beispielsweise `strides=2` (oder entsprechend `strides=(2, 2)`), wird die Ausgabe-Feature-Map die Größe 35 × 60 haben: horizontal und vertikal halbiert. Abbildung 14-8 zeigt, was passiert, wenn `strides=2` genutzt wird (mit beiden Padding-Varianten).

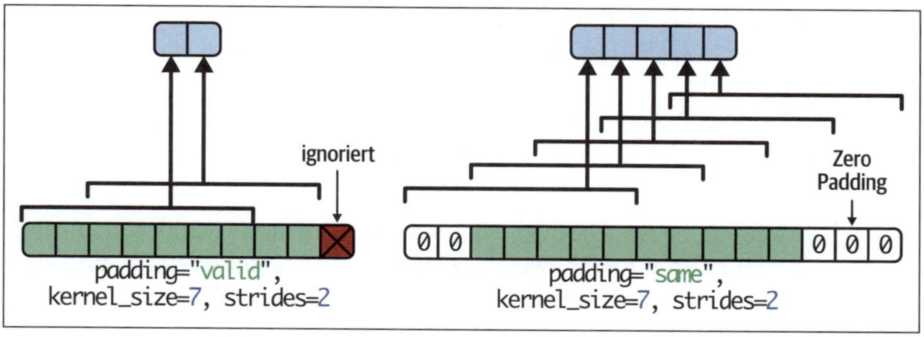

Abbildung 14-8: Mit Schrittweiten größer als 1 ist die Ausgabe viel kleiner, selbst wenn "same"-Padding zum Einsatz kommt (und "valid"-Padding kann bestimmte Eingaben ignorieren).

Falls es Sie interessiert – so wird die Ausgabegröße berechnet:

- Mit `padding="valid"` und der Eingabebreite i_h entspricht die Ausgabebreite $(i_h - f_h + s_h) / s_h$ (abgerundet). Dabei ist wie schon weiter oben f_h die Kernelbreite und s_h die horizontale Schrittweite. Jeder Rest in der Division entspricht ignorierten Spalten auf der rechten Seite des Eingabebilds. Die gleiche Logik gilt für das Berechnen der Ausgabehöhe, und alle ignorierten Zeilen befinden sich am unteren Rand des Bilds.
- Mit `padding="same"` ist die Ausgabebreite i_h / s_h (aufgerundet). Damit das funktioniert, wird die passende Zahl von Null-Spalten auf der linken und rechten Seite des Eingabebilds angefügt (entweder auf beiden Seiten gleich oder eine Spalte mehr auf der rechten Seite). Wenn die Ausgabebreite o_w ist, ist die Anzahl der angefügten Null-Spalten $(o_w - 1) \times s_h + f_h - i_h$. Auch hier gilt die gleiche Logik für das Berechnen der Ausgabehöhe und die Anzahl der angefügten Zeilen.

Schauen wir uns jetzt die Gewichte der Schicht an (die in Formel 14-1 als $w_{u, v, k', k}$ und b_k bezeichnet wurden). Wie bei einer `Dense`-Schicht enthält eine `Conv2D`-Schicht alle Gewichte der Schicht, einschließlich der Kernels und Bias. Die Kernels werden mit Zufallswerten initialisiert, während die Bias mit null initialisiert werden. Diese Gewichte stehen über das `weights`-Attribut als TF-Variablen zur Verfügung oder als NumPy-Arrays über die Methode `get_weights()`:

```
>>> kernels, biases = conv_layer.get_weights()
>>> kernels.shape
(7, 7, 3, 32)
>>> biases.shape
(32,)
```

`kernels` ist ein 4-D-Array, und seine Form ist [*kernel_height*, *kernel_width*, *input_channels*, *output_channels*]. Das `biases`-Array ist eindimensional mit der Form [*output_channels*]. Die Anzahl an Ausgabekanälen entspricht der Anzahl an Ausgabe-Feature-Maps, was wieder gleich der Anzahl an Filtern ist.

Wichtiger ist noch, dass sich Höhe und Breite der Eingabebilder nicht in der Form des Kernels widerspiegeln. Das liegt daran, dass (wie weiter oben erklärt) alle Neuronen in den Ausgabe-Feature-Maps die gleichen Gewichte nutzen. Sie können also dieser Schicht Bilder beliebiger Größe zukommen lassen, solange sie mindestens so groß wie die Kernels sind und die richtige Anzahl an Kanälen besitzen (in diesem Fall drei).

Schließlich werden Sie im Allgemeinen auch eine Aktivierungsfunktion angeben wollen (wie zum Beispiel ReLU), wenn Sie eine `Conv2D`-Schicht erzeugen, und auch den zugehörigen Kernelinitialisierer festlegen (wie zum Beispiel die Initialisierung nach He). Das hat den gleichen Grund wie bei den `Dense`-Schichten: Ein Convolutional Header führt eine lineare Operation durch – stapeln Sie mehrere Convolutional Layers ohne Aktivierungsfunktionen übereinander, werden sie alle äquivalent zu einem einzelnen Convolutional Layer sein und keine wirklich komplexen Dinge erlernen können.

Wie Sie sehen, besitzen Convolutional Layers eine ganze Reihe von Hyperparametern: `filters`, `kernel_size`, `padding`, `strides`, `activation`, `kernel_initializer` und so weiter. Wie immer können Sie mithilfe der Kreuzvalidierung die richtigen Werte dafür ermitteln, aber das ist sehr zeitaufwendig. Wir werden später noch gebräuchliche CNN-Architekturen besprechen, um Ihnen eine Idee davon zu vermitteln, welche Hyperparameterwerte in der Praxis am besten funktionieren.

Speicherbedarf

Eine weitere Herausforderung bei CNNs ist der riesige Speicherbedarf von Convolutional Layers, besonders beim Trainieren, weil der Rückwärtsdurchlauf beim Backpropagation-Verfahren sämtliche beim Vorwärtsdurchlauf berechneten Zwischenergebnisse benötigt.

Betrachten wir als Beispiel einen Convolutional Layer mit 200 5 × 5-Filtern, Stride 1 und `"same"`-Padding. Wenn die Eingabe ein RGB-Bild der Größe 150 × 100 ist (drei Kanäle), beträgt die Anzahl der Parameter (5 × 5 × 3 + 1) × 200 = 15200 (das + 1 ist für die Bias-Terme), was im Vergleich zu einer vollständig verbundenen Schicht recht wenig ist.[7] Allerdings enthält jede der 200 Feature Maps 150 × 100 Neuronen, und jedes dieser Neuronen muss eine gewichtete Summe seiner 5 × 5 × 3 = 75 Eingaben berechnen: Das sind insgesamt 225 Millionen Gleitkommamultiplikationen. Nicht so schlimm wie bei einer vollständig verbundenen Schicht, aber noch immer recht rechenintensiv. Wenn außerdem die Feature Maps als 32-Bit-Floats abgelegt sind, beansprucht die Ausgabe des Convolutional Layer 200 × 150 × 100 × 32 = 96 Millionen Bits (12 MB) im RAM.[8] Und dies nur für einen Datenpunkt! Wenn ein

7 Um eine Ausgabe gleicher Größe zu erzeugen, hätte eine vollständig verbundene Schicht mit 200 × 150 × 100 Neuronen, von denen jedes mit allen 150 × 100 × 3 Eingaben verbunden ist. Das wären 200 × 150 × 100 × (150 × 100 × 3 + 1) ≈ 135 Milliarden Parameter!

Batch beim Trainieren 100 Datenpunkte enthält, verbraucht diese Schicht mehr als 1,2 GB RAM!

Während der Inferenz (d. h. beim Treffen von Vorhersagen für einen neuen Datenpunkt) kann dann das für eine Schicht belegte RAM freigegeben werden, sobald die nächste Schicht berechnet wurde. Sie benötigen also nur genug RAM für zwei aufeinanderfolgende Schichten. Beim Training müssen aber sämtliche Rechenergebnisse aus dem Vorwärtsdurchlauf für den Rückwärtsdurchlauf aufgehoben werden, daher ist der gesamte Speicherbedarf (mindestens) so groß wie das von allen Schichten insgesamt benötigte RAM.

> Wenn das Trainieren aufgrund fehlenden Speicherplatzes fehlschlägt, können Sie versuchen, die Größe der Mini-Batches zu reduzieren. Alternativ reduzieren Sie die Dimensionalität über die Schrittweite, lassen einige Schichten aus, verwenden Floats mit 16 Bit statt mit 32 Bit oder verteilen das CNN über mehrere Geräte.

Nun wenden wir uns dem zweiten verbreiteten Bauelement von CNNs zu: dem *Pooling Layer*.

Pooling Layers

Sofern Sie die Funktionsweise von Convolutional Layers verstanden haben, sind die Pooling Layers recht einfach zu erfassen. Ihr Zweck ist, *Unterstichproben* aus dem Eingabebild zu ziehen (d. h., es zu verkleinern), um die Rechenlast und die Anzahl der Parameter zu verringern (und nebenbei das Risiko für Overfitting zu senken).

Wie bei Convolutional Layers ist jedes Neuron in einem Pooling Layer mit einer begrenzten Anzahl Neuronen der vorherigen Schicht verbunden, die in einem rechteckigen Wahrnehmungsfeld liegen. Sie müssen wie zuvor dessen Größe, Schrittweite und Art des Paddings angeben. Ein Pooling-Neuron besitzt aber keine Gewichte; es aggregiert lediglich die Eingabedaten über eine Aggregatfunktion wie max oder mean. Abbildung 14-9 zeigt einen *Max-Pooling Layer*, die verbreitetste Art eines Pooling Layer. In diesem Beispiel verwenden wir einen *Pooling-Kernel* der Größe 2 × 2,[9] einen Stride von 2 und kein Padding. Nur der größte Eingabewert in jedem Wahrnehmungsfeld wird an die nächste Schicht übergeben, während alle übrigen Eingaben verworfen werden. So sind beispielsweise im unteren linken Wahrnehmungsfeld in Abbildung 14-9 die Eingabewerte 1, 5, 3, 2, daher wird nur

8 Im internationalen Einheitensystem (SI) gilt 1 MB = 1.000 KB = 1.000 × 1.000 Bytes = 1.000 × 1.000 × 8 Bits. Und 1 MiB = 1.024 kiB = 1.024 × 1.024 Bytes. Daher sind 12 MB ≈ 11,44 MiB.

9 Andere bisher besprochene Kernels hatten Gewichte, aber Pooling-Kernels haben das nicht: Es handelt sich einfach um zustandslose gleitende Fenster.

der maximale Wert 5 an die nächste Schicht weitergegeben. Aufgrund der Schrittweite von 2 hat das Ausgabebild die halbe Höhe und halbe Breite des Eingabebilds (abgerundet, da wir kein Padding verwenden).

Abbildung 14-9: Max-Pooling Layer (Pooling-Kernel der Größe 2 × 2, Schrittweite 2, kein Padding)

> Ein Pooling Layer arbeitet normalerweise unabhängig für jeden Eingabekanal, daher ist die Ausgabetiefe (also die Anzahl der Kanäle) die gleiche wie die Eingabetiefe.

Neben dem Verringern des Rechenaufwands, des Speicherbedarfs und der Anzahl der Parameter bringt ein Max-Pooling Layer auch noch eine gewisse Invarianz für kleine Verschiebungen mit, wie Sie in Abbildung 14-10 sehen. Hier gehen wir davon aus, dass die hellen Pixel einen niedrigeren Wert als die dunklen Pixel haben und die drei Bilder (A, B, C) durch einen Max-Pooling Layer mit einem 2 × 2-Kernel und einer Schrittweite von 2 laufen. Die Bilder B und C entsprechen Bild A, sind aber um einen bzw. zwei Pixel nach rechts verschoben. Wie Sie sehen können, sind die Ausgaben des Max-Pooling Layer für die Bilder A und B identisch. Das meinen wir mit Translationsinvarianz. Für Bild C ist die Ausgabe verschieden: Sie ist um ein Pixel nach rechts geschoben (aber es gibt immer noch eine Invarianz von 50 %). Indem Sie in einem CNN alle paar Schichten einen Max-Pooling Layer einfügen, ist es möglich, auch im größeren Maßstab eine gewisse Translationsinvarianz zu erreichen. Zudem bietet das Max-Pooling eine gewisse Robustheit gegen Rotation und etwas Robustheit gegen Skalierung. Solche Invarianzen (auch wenn sie begrenzt sind) können nützlich sein, wenn die Vorhersage nicht von solchen Details abhängen soll, wie zum Beispiel in Klassifikationsaufgaben.

Das Max-Pooling hat aber auch Nachteile. So ist es vor allem offensichtlich sehr destruktiv: Selbst mit einem kleinen 2 × 2-Kernel und einer Schrittweite von 2 ist die Ausgabe in beide Richtungen zweimal kleiner (und die Fläche damit viermal kleiner), womit 75% der Eingabewerte verloren gehen. Und in manchen Anwendungen ist eine Invarianz nicht erwünscht. Nehmen wir die semantische Segmentierung (die Aufgabe, jedes Pixel in einem Bild dem Objekt zuzuordnen, zu dem es gehört, worauf wir später noch eingehen): Wurde die Eingabe um ein Pixel nach rechts verschoben, sollte offensichtlich auch die Ausgabe um ein Pixel nach rechts verschoben sein. In diesem Fall ist das Ziel eine *Äquidistanz*, keine Invarianz: Eine kleine Änderung an den Eingabewerten sollte zu einer passenden kleinen Änderung an der Ausgabe führen.

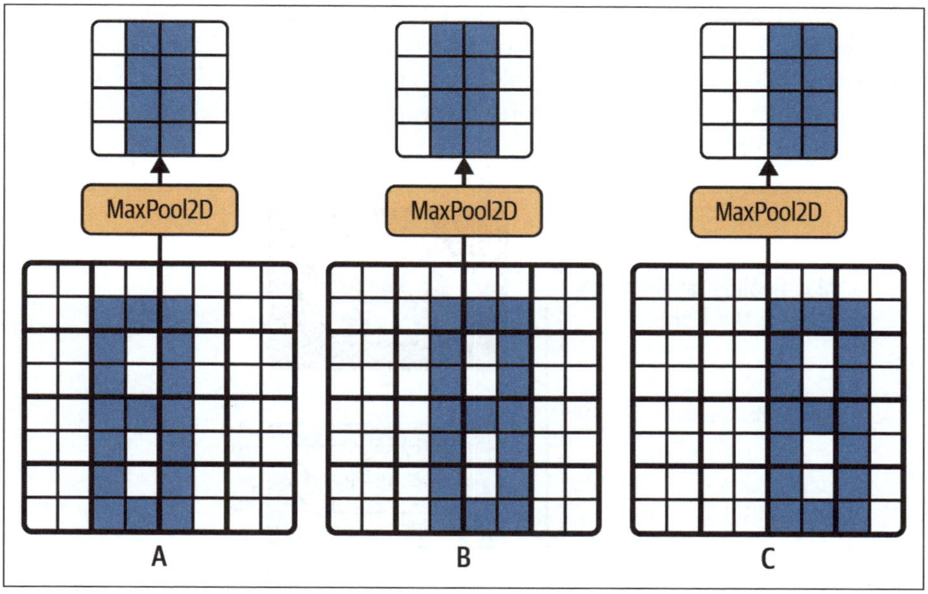

Abbildung 14-10: Invarianz gegenüber kleinen Translationen

Pooling Layer mit Keras implementieren

Der folgende Code erzeugt eine `MaxPooling2D`-Schicht oder `MaxPool2D` mit einem Kernel der Größe 2 × 2. Die Schrittweite entspricht standardmäßig der Kernelgröße, sodass dieser Layer eine Schrittweite von 2 (sowohl horizontal wie auch vertikal) nutzt. Standardmäßig kommt `"valid"`-Padding zum Einsatz (also keines):

```
max_pool = tf.keras.layers.MaxPool2D(pool_size=2)
```

Um einen *Average Pooling Layer* zu erzeugen, verwenden Sie einfach `AveragePooling2D` oder `AvgPool2D` statt `MaxPool2D`. Wie zu erwarten, funktioniert er genauso wie ein Max-Pooling Layer, nur dass er den Mittelwert statt des Maximums ermittelt. Average Pooling Layers waren sehr verbreitet, aber heutzutage kommen meist Max-Pooling Layers zu Einsatz, da sie im Allgemeinen eine bessere Leistung zeigen. Das mag überraschen, da das Berechnen des Mittelwerts normalerweise weniger Informationen verloren gehen lässt als das Berechnen des Maximums. Andererseits bewahrt Max-Pooling nur die stärksten Merkmale und verwirft alle bedeutungslosen, daher erhalten die nächsten Schichten ein saubereres Signal, mit dem sie arbeiten können. Zudem bietet Max-Pooling eine stärkere Translationsinvarianz als Average-Pooling, und es erfordert etwas weniger Rechenaufwand.

Beachten Sie, dass Max-Pooling und Average-Pooling entlang der Tiefendimension statt entlang der räumlichen Dimension ausgeführt werden können, was aber nicht so verbreitet ist. Damit kann das CNN lernen, auf verschiedenste Merkmale invariant zu reagieren. Es könnte zum Beispiel mehrere Filter lernen, von denen jeder eine andere Rotation des gleichen Musters erkennt (beispielsweise handgeschriebene Ziffern, siehe Abbildung 14-11), und der Max-Pooling Layer für die Tiefe stellt sicher, dass die Ausgabe unabhängig von der Rotation ist. Das CNN könnte genauso lernen, invariant auf anderes zu reagieren: Dicke, Helligkeit, Neigung, Farbe und so weiter.

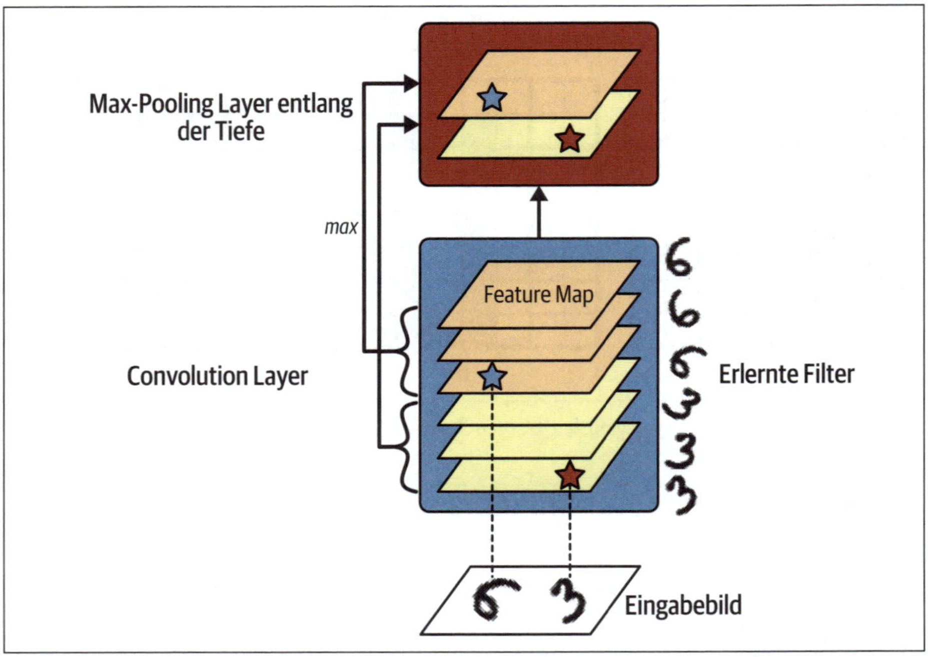

Abbildung 14-11: Max-Pooling entlang der Tiefe kann dem CNN helfen, zu lernen, invariant zu sein (in diesem Fall zu Rotation).

Keras besitzt keinen Max-Pooling Layer für die Tiefe, aber es ist nicht allzu schwierig, dafür eine eigene Schicht zu implementieren:

```
class DepthPool(tf.keras.layers.Layer):
    def __init__(self, pool_size=2, **kwargs):
        super().__init__(**kwargs)
        self.pool_size = pool_size

    def call(self, inputs):
```

```
        shape = tf.shape(inputs)  # shape[-1] ist die Anzahl der Kanäle
        groups = shape[-1] // self.pool_size  # Anzahl der Kanalgruppen
        new_shape = tf.concat([shape[:-1], [groups, self.pool_size]], axis=0)
        return tf.reduce_max(tf.reshape(inputs, new_shape), axis=-1)
```

Diese Schicht formt seine Eingaben um, um die Kanäle in Gruppen der gewünschten Größe aufzuteilen (`pool_size`), dann nutzt sie `tf.reduce_max()`, um das Maximum jeder Gruppe zu berechnen. Diese Implementierung nimmt an, dass der Stride gleich der Poolgröße ist, was im Allgemeinen auch Ihr Ziel ist. Alternativ könnten Sie die TensorFlow-Operation `tf.nn.max_pool()` nutzen und diese in einer `Lambda`-Schicht verpacken, um sie innerhalb eines Keras-Modells einzusetzen, aber leider implementiert dieser Befehl das Pooling entlang der Tiefe nicht für die GPU, sondern nur für die CPU.

Ein letzter Typ eines Pooling Layer, dem Sie in modernen Architekturen häufiger begegnen werden, ist der *Global Average Pooling Layer*. Er funktioniert ganz anders, denn er berechnet nur die Mittelwerte jeder einzelnen Feature Map (wie ein Average Pooling Layer mit einem Pooling-Kernel mit den gleichen räumlichen Dimensionen als Eingaben). Er gibt also eine einzelne Zahl pro Feature Map und Instanz aus. Auch wenn dies natürlich sehr destruktiv ist (die meisten Informationen in der Feature Map gehen verloren), kann er direkt vor der Ausgabeschicht nützlich sein, wie wir später noch sehen werden. Um solch eine Schicht zu erstellen, verwenden Sie einfach die Klasse `GlobalAveragePooling2D` oder `GlobalAvgPool2D`:

```
global_avg_pool = tf.keras.layers.GlobalAvgPool2D()
```

Sie entspricht dieser einfachen `Lambda`-Schicht, die den Mittelwert über die räumlichen Dimensionen berechnet (Höhe und Breite):

```
global_avg_pool = tf.keras.layers.Lambda(
    lambda X: tf.reduce_mean(X, axis=[1, 2]))
```

Wenden wir beispielsweise diese Schicht auf die Eingabebilder an, erhalten wir die mittlere Intensität von Rot, Grün und Blau für jedes Bild:

```
>>> global_avg_pool(images)
<tf.Tensor: shape=(2, 3), dtype=float32, numpy=
array([[0.64338624, 0.5971759 , 0.5824972 ],
       [0.76306933, 0.26011038, 0.10849128]], dtype=float32)>
```

Sie kennen jetzt alle Bauelemente zum Erstellen eines Convolutional Neural Network. Sehen wir uns nun an, wie sich diese zusammensetzen lassen.

Architekturen von CNNs

In typischen CNN-Architekturen sind einige Convolutional Layers aufeinandergestapelt (normalerweise folgt auf jeden eine ReLU-Schicht), anschließend kommt ein Pooling Layer, dann einige weitere Convolutional Layers (+ReLU), dann noch ein Pooling Layer und so weiter. Das Bild wird beim Durchlaufen des Netzes immer kleiner, aber dank der Convolutional Layers normalerweise auch immer tiefer (d.h.

mit mehr Feature Maps, siehe Abbildung 14-12). Am oberen Ende des Stapels befindet sich ein normales Feed-Forward-Netz aus einigen vollständig verbundenen Schichten (+ReLUs), und eine abschließende Schicht gibt die Vorhersage aus (z.B. eine Softmax-Schicht, die geschätzte Wahrscheinlichkeiten für Kategorien ausgibt).

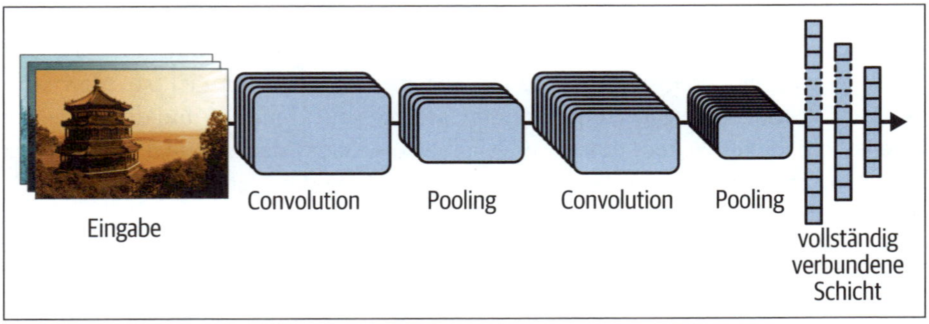

Abbildung 14-12: Typische Architektur eines CNN

> Ein verbreiteter Fehler ist, zu große Convolution Kernels einzusetzen. Statt beispielsweise einen Convolutional Layer mit einem 5 × 5-Kernel zu verwenden, stapeln Sie zwei Layer mit 3 × 3-Kerneln hintereinander: Es werden weniger Parameter und weniger Berechnungen gebraucht, und im Allgemeinen wird eine bessere Leistung gebracht. Eine Ausnahme bildet der erste Convolutional Layer: Er kann typischerweise einen großen Kernel besitzen (zum Beispiel 5 × 5), meist mit einer Schrittweite von 2 oder mehr. Damit wird die räumliche Dimension des Bilds reduziert, ohne zu viele Informationen zu verlieren. Und da das Eingabebild im Allgemeinen drei Kanäle besitzt, wird das nicht zu teuer sein.

So können Sie ein einfaches CNN implementieren, mit dem Sie den Fashion-MNIST-Datensatz angehen (siehe Kapitel 10):

```
from functools import partial

DefaultConv2D = partial(tf.keras.layers.Conv2D, kernel_size=3, padding="same",
                        activation="relu", kernel_initializer="he_normal")
model = tf.keras.Sequential([
    DefaultConv2D(filters=64, kernel_size=7, input_shape=[28, 28, 1]),
    tf.keras.layers.MaxPool2D(),
    DefaultConv2D(filters=128),
    DefaultConv2D(filters=128),
    tf.keras.layers.MaxPool2D(),
    DefaultConv2D(filters=256),
    DefaultConv2D(filters=256),
    tf.keras.layers.MaxPool2D(),
    tf.keras.layers.Flatten(),
    tf.keras.layers.Dense(units=128, activation="relu",
                          kernel_initializer="he_normal"),
    tf.keras.layers.Dropout(0.5),
    tf.keras.layers.Dense(units=64, activation="relu",
```

```
                               kernel_initializer="he_normal"),
    tf.keras.layers.Dropout(0.5),
    tf.keras.layers.Dense(units=10, activation="softmax")
])
```

Gehen wir dieses Modell durch:

- Wir nutzen die Funktion `functools.partial()` (vorgestellt in Kapitel 11), um `DefaultConv2D` zu definieren, was sich wie `Conv2D` verhält, aber andere Standardargumente besitzt: eine kleine Kernelgröße von 3, `"same"`-Padding, die ReLU-Aktivierungsfunktion und den zugehörigen Initialisierer nach He.
- Dann erstellen wir das `Sequential`-Modell. Die erste Schicht ist eine `DefaultConv2D` mit 64 ziemlich großen Filtern (7 × 7). Es kommt die Standardschrittweite von 1 zum Einsatz, weil die Eingabebilder nicht sehr groß sind. Zudem wird `input_shape=[28, 28, 1]` gesetzt, weil die Bilder 28 × 28 Pixel und einen einzelnen Farbkanal haben (also Graustufenbilder sind). Laden Sie den Fashion-MNIST-Datensatz, achten Sie darauf, dass jedes Bild diese Größe besitzt. Eventuell müssen Sie `np.reshape()` oder `np.expanddims()` verwenden, um die Kanaldimension zu ergänzen. Alternativ könnten Sie eine `Reshape`-Schicht als erste Schicht im Modell einsetzen.
- Als Nächstes fügen wir einen Max-Pooling Layer mit der Standardpoolgröße von 2 hinzu, also halbiert er jede räumliche Dimension.
- Dann wiederholen wir die gleiche Struktur zwei Mal: zwei Convolutional Layers, gefolgt von einem Max-Pooling Layer. Für größere Bilder könnten wir diese Struktur noch viel häufiger wiederholen. Die Anzahl an Wiederholungen ist ein Hyperparameter, den Sie anpassen können.
- Beachten Sie, dass sich die Anzahl an Filtern verdoppelt, wenn wir das CNN zu seiner Ausgabeschicht hochklettern (initial sind es 64, dann 128, dann 256): Es ist sinnvoll, dass sie wachsen, da die Anzahl an Low-Level-Merkmalen oft ziemlich gering ist (zum Beispiel kleine Kreise, horizontale Linien), es aber viele verschiedene Möglichkeiten gibt, sie zu High-Level-Merkmalen zu kombinieren. Es ist ein übliches Vorgehen, die Anzahl an Filtern nach jedem Pooling Layer zu verdoppeln: Da ein Pooling Layer jede räumliche Dimension halbiert, können wir es uns leisten, die Anzahl an Feature Maps in der nächsten Schicht zu verdoppeln, ohne Sorge haben zu müssen, dass uns die Anzahl der Parameter, die Speicherauslastung oder die Rechenlast explodiert.
- Danach folgt das vollständig verbundene Netz, bestehend aus zwei verborgenen `Dense`-Schichten und einer `Dense`-Ausgabeschicht. Da es sich um eine Klassifikationsaufgabe mit zehn Kategorien handelt, hat die Ausgabeschicht zehn Einheiten und nutzt die Softmax-Aktivierungsfunktion. Beachten Sie, dass wir die Eingaben direkt vor der ersten `Dense`-Schicht flachklopfen müssen, da dies ein eindimensionales Array mit Merkmalen für jede Instanz erwartet. Wir fügen auch noch zwei Drop-out-Schichten hinzu mit einer Drop-out-Rate von jeweils 50 %, um Overfitting zu reduzieren.

Kompilieren Sie dieses Modell mit der Verlustfunktion `sparse_categorical_cross entropy` und trainieren es mit dem Trainingsdatensatz von Fashion-MNIST, sollte es über 92 % Genauigkeit beim Testdatensatz erreichen. Es ist nicht State of the Art, aber ziemlich gut und ganz klar besser als das, was wir in Kapitel 10 mit Dense-Netzen erreicht haben.

Über die Jahre wurden Varianten dieser Architektur entwickelt, die zu faszinierenden Fortschritten führten. Ein gutes Maß für den Fortschritt ist die Fehlerquote in Wettbewerben wie der ILSVRC ImageNet Challenge (*https://image-net.org/*). In diesem Wettbewerb ist die Top-5-Fehlerquote bei der Bildklassifikation – also die Anzahl der Testbilder, für die die Top-5-Vorhersagen *nicht* die richtige Antwort enthielten – in nur sechs Jahren von über 26 % auf weniger als 2,3 % gefallen. Die Top-5-Fehlerquote ist die Anzahl der Testbilder, bei denen die besten 5 Vorhersagen des Systems nicht die korrekte Lösung enthielten. Die Bilder sind ziemlich groß (zum Beispiel 256 Pixel hoch), und es gibt 1.000 Kategorien, von denen einige wirklich subtil sind (versuchen Sie einmal, 120 Hunderassen auseinanderzuhalten). Die Funktionsweise von CNNs und von Forschung im Bereich Deep Learning lassen sich gut verstehen, indem man sich die Entwicklung der Gewinner ansieht.

Wir werden zuerst die klassische LeNet-5-Architektur (1998) untersuchen und anschließend eine Reihe von Gewinnern der ILSVRC Challenge: AlexNet (2012), GoogLeNet (2014), ResNet (2015) und SENet (2017). Dabei werden wir uns noch ein paar weitere Architekturen anschauen, unter anderem Xception, ResNeXt, DenseNet, MobileNet, CSPNet und EfficientNet.

LeNet-5

Die LeNet-5-Architektur (*https://homl.info/lenet5*)[10] ist vermutlich die am besten bekannte CNN-Architektur. Wie oben erwähnt, wurde sie von Yann LeCun im Jahr 1998 erstellt und im großen Stil zur Erkennung handgeschriebener Ziffern (MNIST) eingesetzt. Sie besteht aus den in Tabelle 14-1 aufgeführten Schichten.

Tabelle 14-1: LeNet-5-Architektur

Schicht	Typ	Maps	Größe	Kernelgröße	Schrittweite	Aktivierung
Out	vollst. verbunden	–	10	–	–	RBF
F6	vollst. verbunden	–	84	–	–	tanh
C5	Convolution	120	1 × 1	5 × 5	1	tanh
S4	Avg-Pooling	16	5 × 5	2 × 2	2	tanh
C3	Convolution	16	10 × 10	5 × 5	1	tanh
S2	Avg-Pooling	6	14 × 14	2 × 2	2	tanh
C1	Convolution	6	28 × 28	5 × 5	1	tanh
In	Eingabe	1	32 × 32	–	–	–

10 Yann LeCun et al., »Gradient-Based Learning Applied to Document Recognition«, *Proceedings of the IEEE* 86, no. 11 (1998): 2278–2324.

Wie Sie sehen, ähnelt das unserem Fashion-MNIST-Modell: Ein Stapel Convolutional Layers und Pooling Layers, gefolgt von einem Dense-Netz. Der größte Unterschied zu moderneren Klassifikations-CNNs sind vielleicht die Aktivierungsfunktionen: Heutzutage würden wir ReLU statt tanh und Softmax statt RBF verwenden. Es gab noch eine Reihe anderer kleinerer Unterschiede, die nicht so relevant sind, aber falls es Sie interessiert, finden Sie sie im Notebook zu diesem Kapitel unter *https://homl.info/colab3*. Die Website (*http://yann.lecun.com/exdb/lenet*) von Yann LeCun enthält auch eine Reihe von großartigen Demos von LeNet-5 zum Klassifizieren von Ziffern.

AlexNet

Die CNN-Architektur *AlexNet* (*https://homl.info/80*)[11] gewann im Jahr 2012 die ILSVRC Challenge mit großem Abstand: Sie erreichte eine Top-5-Fehlerquote von 17%, der Zweitplatzierte erreichte nur 26%! AlexNet wurde von Alex Krizhevsky (daher der Name), Ilya Sutskever und Geoffrey Hinton entwickelt. Sie ist LeNet-5 recht ähnlich, nur viel größer und tiefer, und war das erste Netz, bei dem Convolutional Layers direkt aufeinandergestapelt wurden, anstatt auf jeden Convolutional Layer einen Pooling Layer zu platzieren. Tabelle 14-2 stellt diese Architektur vor.

Tabelle 14-2: AlexNet-Architektur

Schicht	Typ	Maps	Größe	Kernelgröße	Schrittweite	Padding	Aktivierung
Out	vollst. verbunden	–	1000	–	–	–	Softmax
F10	vollst. verbunden	–	4096	–	–	–	ReLU
F9	vollst. verbunden	–	4096	–	–	–	ReLU
S8	Max-Pooling	256	6 × 6	3 × 3	2	`valid`	–
C7	Convolution	256	13 × 13	3 × 3	1	`same`	ReLU
C6	Convolution	384	13 × 13	3 × 3	1	`same`	ReLU
C5	Convolution	384	13 × 13	3 × 3	1	`same`	ReLU
S4	Max-Pooling	256	13 × 13	3 × 3	2	`valid`	–
C3	Convolution	256	27 × 27	5 × 5	1	`same`	ReLU
S2	Max-Pooling	96	27 × 27	3 × 3	2	`valid`	–
C1	Convolution	96	55 × 55	11 × 11	4	`valid`	ReLU
In	Input	3 (RGB)	227 × 227	–	–	–	–

Um Overfitting zu vermeiden, verwendeten die Autoren zwei Regularisierungstechniken: Erstens wurde beim Trainieren auf Ausgaben der Schichten F8 und F9 Drop-out (siehe Kapitel 11) angewandt (mit einer Drop-out-Rate von 50%). Zweitens wurde *Data Augmentation* verwendet, indem die Trainingsbilder zufällig um

11 Alex Krizhevsky et al., »ImageNet Classification with Deep Convolutional Neural Networks«, *Proceedings of the 25th International Conference on Neural Information Processing Systems* 1 (2012): 1097–1105.

unterschiedliche Beträge verschoben, horizontal gespiegelt und indem die Lichtverhältnisse verändert wurden.

Data Augmentation

Data Augmentation erhöht künstlich die Größe des Trainingsdatensatzes, indem es viele realistische Varianten jeder Trainingsinstanz generiert. Damit wird Overfitting verringert, und es wird so zu einer Regularisierungstechnik. Die generierten Instanzen sollten so realistisch wie möglich sein: Idealerweise sollte ein Mensch bei einem Bild aus dem angereicherten Trainingsdatensatz nicht dazu in der Lage sein, zu entscheiden, ob es generiert wurde oder nicht. Es reicht nicht, einfach weißes Rauschen hinzuzufügen – die Veränderungen sollten lernbar sein (weißes Rauschen ist es nicht).

Sie könnten zum Beispiel jedes Bild im Trainingsdatensatz ein wenig (aber unterschiedlich viel) verschieben, drehen und in der Größe verändern und die daraus entstehenden Bilder zum Trainingsdatensatz hinzufügen (siehe Abbildung 14-13). Dazu können Sie die Data-Augmentation-Schichten von Keras nutzen, die in Kapitel 13 vorgestellt wurden (zum Beispiel `RandomCrop` oder `RandomRotation`). Das zwingt das Modell, auf Abweichungen in der Position, der Orientierung und der Größe der Objekte im Bild tolerant zu reagieren. Damit ein Modell toleranter auf unterschiedliche Beleuchtungssituationen reagiert, können Sie einfach viele Bilder mit unterschiedlichen Kontrasten erzeugen. Im Allgemeinen können Sie die Bilder auch horizontal spiegeln (natürlich nicht bei Text und anderen asymmetrischen Objekten). Durch das Kombinieren dieser Transformationen können Sie die Größe Ihres Trainingsdatensatzes sehr gut erhöhen.

Abbildung 14-13: Neue Trainingsinstanzen aus bestehenden generieren

Data Augmentation ist ebenfalls nützlich, wenn Sie einen nicht ausbalancierten Datensatz haben: Sie können damit mehr Beispiele der weniger häufigen Kategorien erzeugen. Das wird als *Synthetic Minority Oversampling Technique* oder SMOTE bezeichnet.

AlexNet führt unmittelbar nach dem ReLU-Schritt der Schichten C1 und C3 auch einen kompetitiven Normalisierungsschritt durch, die *Local Response Normalization* (LRN). Bei dieser Art Normalisierung hemmen die aktivsten Neuronen die an der gleichen Stelle in benachbarten Feature Maps liegenden Neuronen. Solche konkurrierenden Aktivierungen sind in biologischen Neuronen beobachtet worden. Dies befördert die Spezialisierung von Feature Maps, sodass diese sich stärker unterscheiden und eine größere Bandbreite von Merkmalen abdecken. Das verbessert im Endeffekt die Verallgemeinerungsfähigkeit. Formel 14-2 zeigt, wie LRN angewendet wird.

Formel 14-2: Local Response Normalization

$$b_i = a_i \left(k + \alpha \sum_{j=j_\text{tief}}^{j_\text{hoch}} {a_j}^2 \right)^{-\beta} \quad \text{mit} \begin{cases} j_\text{hoch} = \min\left(i + \frac{r}{2}, f_n - 1 \right) \\ j_\text{tief} = \max\left(0, i - \frac{r}{2} \right) \end{cases}$$

In dieser Gleichung gilt:

- b_i ist die normalisierte Ausgabe des Neurons in Feature Map i in Reihe u und Spalte v (in dieser Gleichung berücksichtigen wir nur Neuronen in dieser Reihe und Spalte, daher wurden u und v nicht ausgeschrieben).
- a_i ist die Aktivierung dieses Neurons nach dem ReLU-Schritt, aber vor der Normalisierung.
- k, α, β und r sind Hyperparameter. k bezeichnet man als *Bias*, r als den *Tiefenradius*.
- f_n ist die Anzahl der Feature Maps.

Beispielsweise hemmt mit $r = 2$ ein stark aktiviertes Neuron die Aktivierung der Neuronen in den Feature Maps unmittelbar über und unter der eigenen.

In AlexNet sind die Hyperparameter wie folgt eingestellt: $r = 5$, $\alpha = 0{,}0001$, $\beta = 0{,}75$ und $k = 2$. Dieser Schritt lässt sich mit der Funktion `tf.nn.local_response_normalization()` implementieren (die Sie in einer `Lambda`-Schicht verpacken können, wenn Sie sie in einem Keras-Modell einsetzen wollen).

Eine Variante von AlexNet namens *ZF Net (https://homl.info/zfnet)*[12] wurde von Matthew Zeiler und Rob Fergus entwickelt. Sie gewann die ILSVRC Challenge im Jahr 2013. Sie ist im Wesentlichen ein AlexNet mit einigen geänderten Hyperparametern (Anzahl der Feature Maps, Größe der Kernels, der Schrittweite und so weiter).

12 Matthew D. Zeiler und Rob Fergus, »Visualizing and Understanding Convolutional Networks«, *Proceedings of the European Conference on Computer Vision* (2014): 818–833.

GoogLeNet

Die GoogLeNet-Architektur (*https://homl.info/81*) wurde von Christian Szegedy et al. aus dem Google-Research-Team entwickelt[13] und gewann die ILSVRC Challenge im Jahr 2014, wobei die Top-5-Fehlerquote unter 7% fiel. Diese großartige Leistung kam vor allem dadurch zustande, dass das Netz viel tiefer als vorherige CNNs war (siehe Abbildung 14-15). Dies wurde durch Subnetze ermöglicht, die *Inception-Module*,[14] mit denen GoogLeNet die Parameter deutlich effizienter als frühere Architekturen nutzen kann: GoogLeNet enthält 10 Mal weniger Parameter als AlexNet (etwa 6 Millionen anstatt 60 Millionen).

Abbildung 14-14 zeigt die Architektur eines Inception-Moduls. Die Notation »3 × 3 + 1(S)« bedeutet, dass die Schicht einen Kernel der Größe 3 × 3, Schrittweite 1 und `"same"`-Padding verwendet. Das Eingabesignal wird zuerst parallel in vier unterschiedliche Schichten eingegeben. Alle Convolutional Layers verwenden die ReLU-Aktivierungsfunktion. Die obersten Convolutional Layers nutzen andere Kernelgrößen (1 × 1, 3 × 3 und 5 × 5), wodurch Muster in unterschiedlichen Größenordnungen erfasst werden. Jede einzelne Schicht verwendet Schrittweite 1 und `"same"`-Padding (sogar der Max-Pooling Layer), sodass alle Ausgaben die gleiche Höhe und Breite wie ihre Eingaben haben. Dadurch lassen sich alle Ausgaben im letzten *Depth Concat Layer* entlang der dritten Dimension verketten (d.h., die Feature Maps aller vier Convolutional Layers werden aufeinandergestapelt). Diese Schicht lässt sich in Keras mit der `Concatenate`-Schicht und dem Standardwert `axis=-1` implementieren.

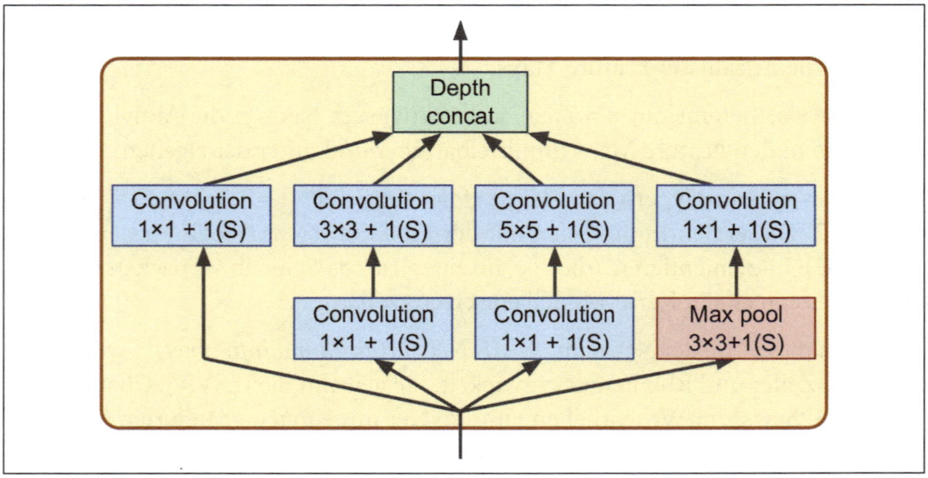

Abbildung 14-14: Inception-Modul

13 Christian Szegedy et al., »Going Deeper with Convolutions«, *Proceedings of the IEEE Conference on Computer Vision and Pattern Recognition* (2015): 1–9.

14 Im Film *Inception* aus dem Jahr 2010 reisen die Akteure durch mehrere Traumebenen immer tiefer. Daher stammt der Name dieser Module.

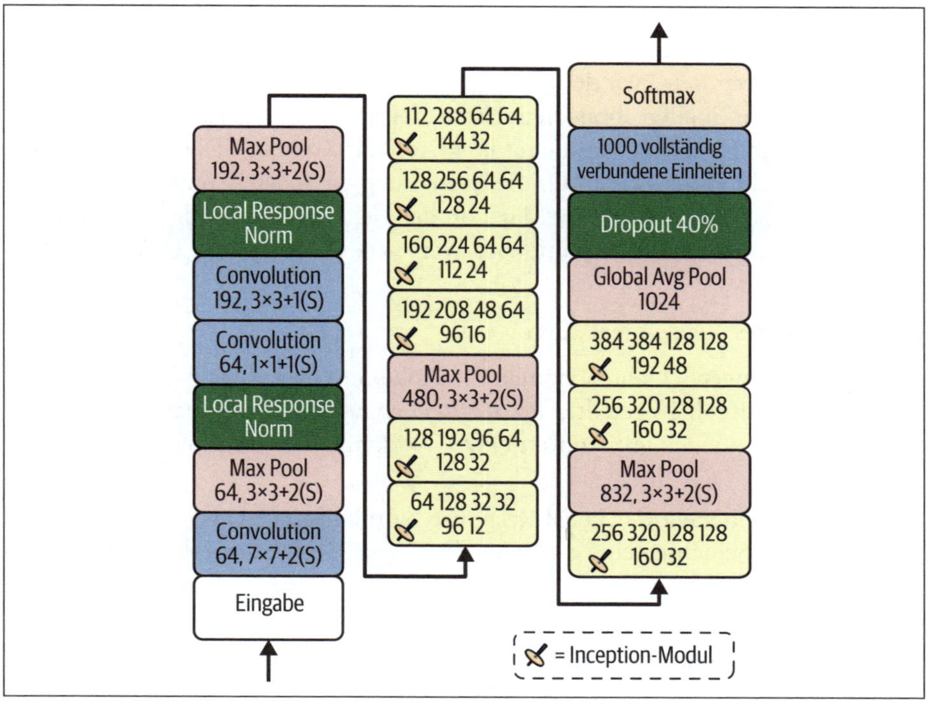

Abbildung 14-15: GoogLeNet-Architektur

Sie fragen sich vielleicht, warum die Inception-Module Convolutional Layers mit Kernels der Größe 1 × 1 enthalten. Können diese Schichten überhaupt irgendwelche Merkmale erfassen, wenn sie nur genau ein Pixel betrachten? Diese Schichten sind für drei Dinge gut:

- Auch wenn sie keine räumlichen Muster erfassen können, sind sie dazu in der Lage, Muster entlang der Tiefendimension zu erkennen (also entlang von Kanälen).
- Sie sind so konfiguriert, dass sie viel weniger Feature Maps ausgeben, als ihre Eingaben enthalten. Diese Schichten dienen als *Flaschenhals* zur Dimensionsreduktion. Das reduziert den Rechenaufwand und die Anzahl der Parameter, was das Training beschleunigt und die Generalisierung verbessert.
- Jedes Paar von Convolutional Layers ([1 × 1, 3 × 3] und [1 × 1, 5 × 5]) verhält sich wie ein einzelner, mächtiger Convolutional Layer, der zum Erfassen komplexerer Muster in der Lage ist. Ein Convolutional Layer entspricht dem Fahren mit einer `Dense`-Schicht über das Bild (es schaut an jeder Position nur auf ein kleines rezeptives Feld), und dieses Paar von Convolutional Layers entspricht dem Fahren mit einem zweischichtigen neuronalen Netz über das Bild.

Kurz, Sie können sich das gesamte Inception-Modul als einen Convolutional Layer auf Steroiden vorstellen, der Feature Maps mit komplexen Mustern in verschiedenen Größenordnungen ausgibt.

Betrachten wir nun die Architektur des GoogLeNet-CNN (siehe Abbildung 14-15). Die Anzahl der Feature Maps, ausgegeben von jedem Convolutional Layer und jedem Pooling Layer, wird vor der Kernelgröße angezeigt. Die Architektur ist so tief, dass wir es in drei Spalten abbilden mussten, denn GoogLeNet ist einfach ein hoher Stapel mit neun Inception-Modulen (die Kisten mit Kreiseln). Die sechs Zahlen in den Inception-Modulen stehen für die Anzahl der von jedem Convolutional Layer im Modul ausgegebenen Feature Maps (in der gleichen Reihenfolge wie in Abbildung 14-14). Sämtliche Convolutional Layers verwenden die ReLU-Aktivierungsfunktion.

Gehen wir dieses Netz einmal durch:

- Die ersten zwei Schichten vierteln die Höhe und Breite des Bilds (damit wird die Fläche durch 16 geteilt), um den Rechenaufwand zu reduzieren. Die erste Schicht nutzt einen großen Kernel (7 × 7), damit viele Informationen erhalten bleiben.
- Anschließend stellt der Local Response Normalization Layer sicher, dass die vorherigen Schichten eine große Bandbreite an Merkmalen erlernen (wie oben besprochen).
- Es folgen zwei Convolutional Layers, wobei die erste Schicht als *Flaschenhals* dient. Wie bereits erläutert, können Sie sich dieses Paar als einzelnen, schlaueren Convolutional Layer veranschaulichen.
- Ein weiterer Local Response Normalization Layer stellt sicher, dass die vorherigen Schichten eine große Bandbreite an Mustern erfassen.
- Anschließend halbiert ein Max-Pooling Layer die Höhe und Breite des Bilds, wieder um Rechenzeit zu sparen.
- Es folgt das Rückgrat des CNN: der große Stapel aus neun Inception-Modulen, unterbrochen von einigen Max-Pooling Layers zur Dimensionsreduktion und Steigerung der Geschwindigkeit.
- Der danach folgende Global Average Pooling Layer gibt den Mittelwert jeder Feature Map aus: Damit verschwinden alle verbleibenden räumlichen Informationen, was in Ordnung ist, weil gar nicht mehr so viel davon übrig geblieben ist. Tatsächlich wird normalerweise davon ausgegangen, dass die Eingabebilder von GoogLeNet 224 × 224 Pixel groß sind, daher sind die Feature Maps nach fünf Max-Pooling Layers, die jeweils Höhe und Breite durch zwei teilen, nur noch 7 × 7 Pixel groß. Zudem handelt es sich um eine Klassifikationsaufgabe, nicht um eine Lokalisierungsaufgabe, daher ist es egal, wo sich das Objekt befindet. Dank der Dimensionsreduktion durch diese Schicht ist es unnötig, mehrere vollständig verbundene Schichten am oberen Ende des CNN zu haben (wie bei AlexNet), was die Anzahl der Parameter im Netz und die Gefahr von Overfitting erheblich senkt.
- Die letzten Schichten sind selbsterklärend: Drop-out dient der Regularisierung, die vollständig verbundene Schicht mit 1.000 Einheiten (da es 1.000 Ka-

tegorien gibt) und eine Softmax-Aktivierungsfunktion geben die geschätzten Wahrscheinlichkeiten für die einzelnen Kategorien aus.

Die ursprüngliche GoogLeNet-Architektur enthielt zwei Hilfsklassifikatoren, die auf dem dritten und dem sechsten Inception-Modul aufsetzten. Beide bestanden aus einem Average Pooling Layer, einem Convolutional Layer, zwei vollständig verbundenen Schichten und einer Softmax-aktivierten Schicht. Beim Trainieren wurde deren Verlustfunktion (um 70% herunterskaliert) zur gesamten Verlustfunktion addiert. Die Absicht war, das Problem der schwindenden Gradienten zu bekämpfen und das Netz zu regularisieren, aber es konnte gezeigt werden, dass sie nur geringe Auswirkungen hatten.

Später wurde noch eine Reihe von Varianten der GoogLeNet-Architektur von Forschern bei Google vorgeschlagen, unter anderem Inception-v3 und Inception-v4, die etwas andere Inception-Module verwenden und eine noch bessere Performance erreichen.

VGGNet

Zweiter in der ILSVRC 2014 Challenge war VGGNet (*https://homl.info/83*)[15], entwickelt von Karen Simonyan und Andrew Zisserman vom Visual Geometry Group (VGG) Research Lab an der Oxford University. Er hat eine sehr einfache und klassische Architektur mit zwei oder drei Convolutional Layers und einem Pooling Layer, dann wieder zwei oder drei Convolutional Layers und einem Pooling Layer und so weiter (bis zu 16 oder 19 Convolutional Layers – abhängig von der VGG-Variante) plus ein abschließendes Dense-Netz mit zwei verborgenen Schichten und der Ausgabeschicht. VGGNet nutzt nur kleine 3 × 3-Filter, davon aber viele.

ResNet

Kaiming He et al. gewannen die ILSVRC 2015 Challenge mit dem *Residual Network* (*https://homl.info/82*) (oder *ResNet*)[16]. Es erzielte eine erstaunliche Top-5-Fehlerquote unter 3,6%. Die Gewinnervariante nutzte ein extrem tiefes CNN mit 152 Schichten (andere Varianten hatten 34, 50 und 101 Schichten). Es bestätigte den allgemeinen Trend: Modelle werden tiefer und tiefer, haben aber immer weniger Parameter. Der Schlüssel zum Trainieren eines derart tiefen Netzes sind *Skip-Verbindungen* (auch *Shortcut-Verbindungen* genannt): Das in eine Schicht eingegebene Signal wird auch an eine im Stapel höher gelegene Schicht weitergereicht. Schauen wir uns an, warum das zielführend ist.

---

15 Karen Simonyan und Andrew Zisserman, »Very Deep Convolutional Networks for Large-Scale Image Recognition«, arXiv Preprint arXiv:1409.1556 (2014).

16 Kaiming He et al., »Deep Residual Learning for Image Recognition«, arXiv Preprint arXiv:1512:03385 (2015).

Beim Trainieren eines neuronalen Netzes geht es darum, eine Zielfunktion $h(\mathbf{x})$ zu modellieren. Wenn Sie die Eingabe $\mathbf{x}$ zur Ausgabe des Netzes hinzufügen (d.h. eine Skip-Verbindung erzeugen), wird das Netz gezwungen, $f(\mathbf{x}) = h(\mathbf{x}) - \mathbf{x}$ anstelle von $h(\mathbf{x})$ zu modellieren. Dies nennt man *Residual Learning* (siehe Abbildung 14-16).

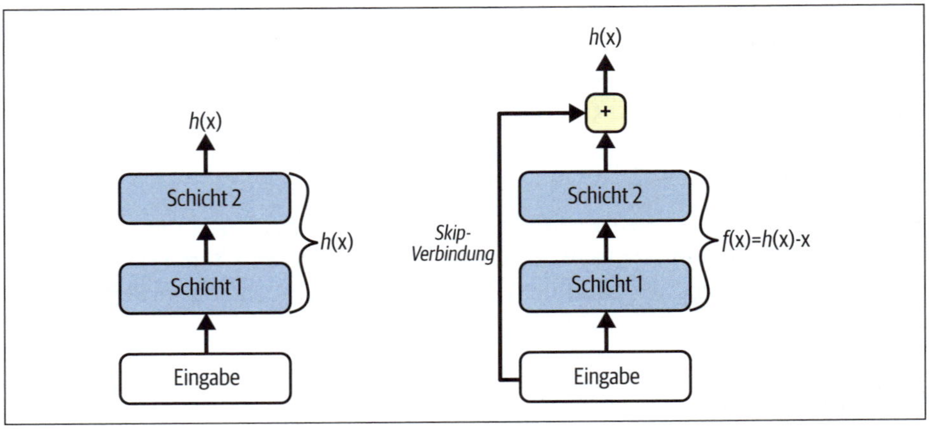

Abbildung 14-16: Residual Learning

Wenn Sie ein gewöhnliches neuronales Netz initialisieren, liegen dessen Gewichte um null, sodass das Netz Werte um null ausgibt. Fügen Sie eine Skip-Verbindung hinzu, gibt das entstehende Netz einfach eine Kopie der Eingabe aus; anders ausgedrückt, es modelliert zunächst die Identitätsfunktion. Wenn die Zielfunktion in der Nähe der Identitätsfunktion liegt (was oft der Fall ist), beschleunigt sich das Trainieren erheblich.

Fügen Sie außerdem viele Skip-Verbindungen hinzu, kann das Netz auch dann Fortschritte erzielen, wenn mehrere Schritte noch nicht mit dem Lernen begonnen haben (siehe Abbildung 14-17). Dank der Skip-Verbindungen kann das Signal das gesamte Netz leicht durchlaufen. Das Deep-Residual-Netz lässt sich als Stapel von *Residual Units* ansehen, wobei jede Residual Unit ein kleines neuronales Netz mit einer Skip-Verbindung ist.

Betrachten wir nun die Architektur von ResNet (siehe Abbildung 14-18). Sie ist eigentlich überraschend einfach. Sie beginnt und endet genau so wie GoogLeNet (nur die Drop-out-Schicht fehlt), und in der Mitte befindet sich ein sehr tiefer Stapel von Residual Units. Jede Residual Unit besteht aus zwei Convolutional Layers (aber ohne Pooling Layer!) mit Batchnormalisierung (BN), der ReLU-Aktivierungsfunktion, Kernels der Größe 3 × 3 und Erhalt der räumlichen Dimensionen (Schrittweite 1, "`same`"-Padding).

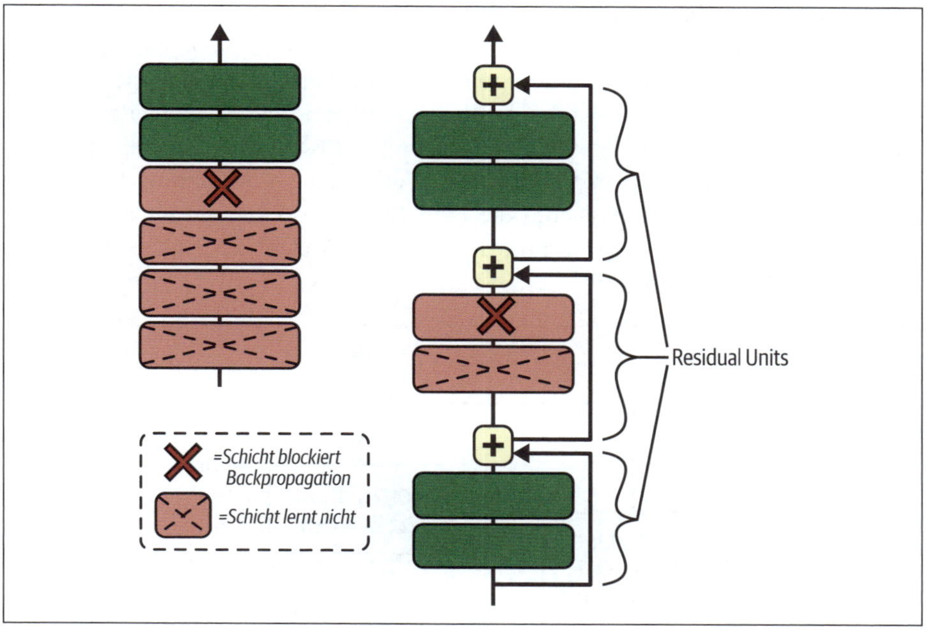

Abbildung 14-17: Gewöhnliches Deep-Learning-Netz (links) und Deep-Residual-Netz (rechts)

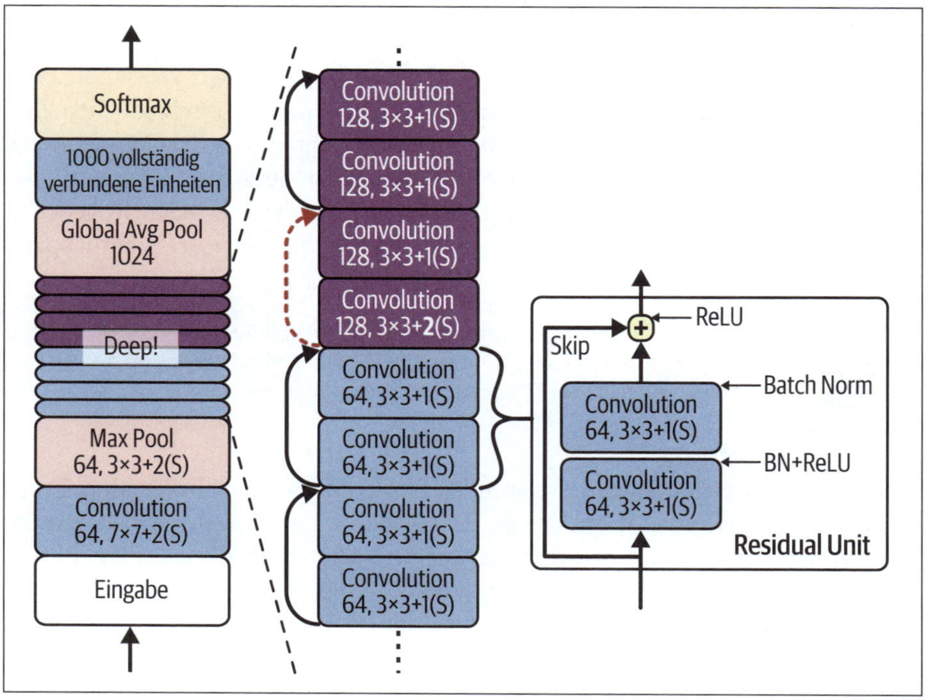

Abbildung 14-18: ResNet-Architektur

Beachten Sie, dass die Anzahl der Feature Maps sich jeweils nach einigen Residual Units verdoppelt, während sich gleichzeitig deren Höhe und Breite halbiert (durch einen Convolutional Layer mit Schrittweite 2). An dieser Stelle lässt sich die Eingabe nicht direkt zu den Ausgaben der Residual Unit addieren, da beide nicht die gleichen Abmessungen haben (dieses Problem betrifft beispielsweise die durch einen gestrichelten Pfeil gekennzeichnete Skip-Verbindung in Abbildung 14-18). Um dieses Problem zu lösen, passieren die Eingaben einen Convolutional Layer der Größe 1 × 1 mit Schrittweite 2 und der richtigen Anzahl ausgegebener Feature Maps (siehe Abbildung 14-19).

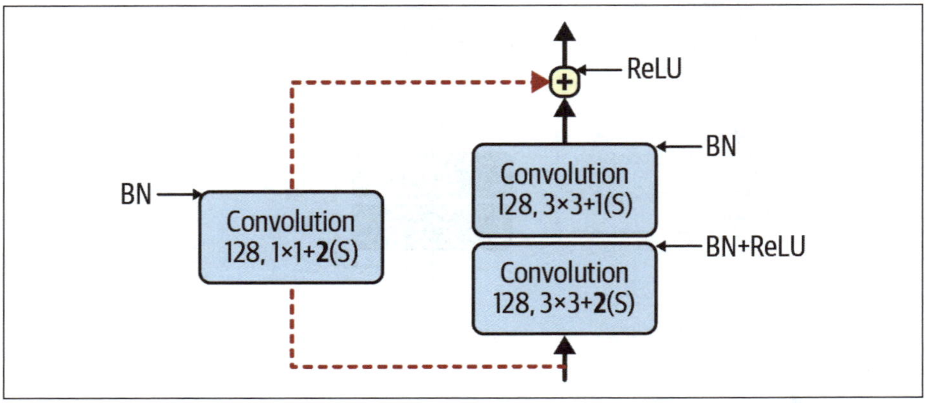

Abbildung 14-19: Skip-Verbindung beim Ändern der Größe und Tiefe von Feature Maps

Es gibt noch andere Variationen der Architektur mit einer unterschiedlichen Zahl von Schichten. ResNet-34 ist ein ResNet mit 34 Schichten (nur die Convolutional Layers und die vollständig verbundene Schicht werden gezählt).[17] Es enthält drei Residual Units, die 64 Feature Maps ausgeben, 4 RUs, die 128 Maps ausgeben, 6 RUs mit 256 Maps sowie 3 RUs mit 512 Maps. Wir werden diese Architektur später noch implementieren.

> Googles Inception-v4 (*https://homl.info/84*)-Architektur[18] verbindet die Ideen von GoogLeNet und ResNet und erreicht eine Top-5-Fehlerrate nahe bei 3 % bei der ImageNet-Klassifikation.

Tiefere ResNets wie ResNet-152 verwenden etwas unterschiedliche Residual Units. Anstelle von zwei Convolutional Layers der Größe 3 × 3 mit (sagen wir) 256 Feature Maps verwenden sie drei Convolutional Layers: zuerst einen Convolutional Layer der Größe 1 × 1 mit nur 64 Feature Maps (4 Mal weniger), der als Flaschenhals fungiert (wie bereits besprochen), anschließend eine Schicht der Größe 3 × 3 mit 64

17 Beim Beschreiben eines neuronalen Netzes ist es üblich, nur die Schichten mit Parametern zu zählen.

18 Christian Szegedy et al., »Inception–v4, Inception-ResNet and the Impact of Residual Connections on Learning«, arXiv Preprint arXiv:1602.07261 (2016).

Feature Maps und schließlich einen weiteren Convolutional Layer der Größe 1 × 1 mit 256 Feature Maps (4 Mal 64), der die ursprüngliche Tiefe wiederherstellt. ResNet-152 enthält 3 solcher RUs, die 256 Maps ausgeben, anschließend 8 RUs mit 512 Maps, stolze 36 RUs mit 1.024 Maps und schließlich 3 RUs mit 2.048 Maps.

Xception

Als weitere Variante der GoogLeNet-Architektur lohnt Xception (*https://homl.info/xception*)[19] einen Blick (der Name steht für *Extreme Inception*). Sie wurde im Jahr 2016 von François Chollet (dem Autor von Keras) vorgeschlagen und schlägt Inception-v3 bei einer sehr großen Bilderkennungsaufgabe deutlich (350 Millionen Bilder und 17.000 Kategorien). Wie Inception-v4 verbindet es die Ideen von GoogLeNet und ResNet, ersetzt aber die Inception-Module durch einen speziellen Schichttyp namens *Depthwise Separable Convolution Layer* (oder kurz *Separable Convolution Layer*[20]). Diese Schichten wurden schon zuvor in manchen CNN-Architekturen eingesetzt, aber nicht in einer so zentralen Rolle wie bei der Xception-Architektur. Während normale Convolutional Layers Filter verwenden, die versuchen, räumliche Muster (zum Beispiel ein Oval) und kanalübergreifende Muster (zum Beispiel Mund + Nase + Augen = Gesicht) zu erkennen, trifft ein Separable Convolutional Layer die starke Annahme, dass räumliche Muster und kanalübergreifende Muster getrennt modelliert werden können (siehe Abbildung 14-20). Daher besteht er aus zwei Teilen: Der erste wendet einen einzelnen räumlichen Filter für jede Eingabe-Feature-Map an, dann sucht der zweite exklusiv nach kanalübergreifenden Mustern – es handelt sich dabei einfach um einen normalen Convolutional Layer mit 1 × 1-Filtern.

Da Separable Convolutional Layers nur einen räumlichen Filter pro Eingabekanal haben, sollten Sie sie möglichst nicht nach Schichten verwenden, die zu wenig Kanäle haben, wie zum Beispiel die Eingabeschicht (ja, genau das ist in Abbildung 14-20 dargestellt, aber es dient hier nur der Illustration). Aus diesem Grund fängt die Xception-Architektur mit zwei normalen Convolutional Layers an, im Rest der Architektur kommen dann aber nur Separable Convolutions zum Einsatz (insgesamt 34), dazu ein paar Max-Pooling Layers und die üblichen abschließenden Schichten (ein Global Average Pooling Layer und eine `Dense`-Ausgabeschicht).

Sie fragen sich vielleicht, warum Xception als Variante von GoogLeNet angesehen wird, da es doch überhaupt kein Inception-Modul mehr enthält. Nun, wie schon erklärt, enthält ein Inception-Modul Convolutional Layers mit 1 × 1-Filtern, die nur Ausschau nach kanalübergreifenden Mustern halten. Aber die Convolutional Layers ganz oben sind normale Convolutional Layers, die sowohl nach räumlichen wie auch nach kanalübergreifenden Mustern suchen. Daher können Sie sich ein Incep-

19 François Chollet, »Xception: Deep Learning with Depthwise Separable Convolutions«, arXiv Preprint arXiv:1610.02357 (2016).

20 Der Name ist eventuell mehrdeutig, weil räumlich trennbare Convolutions auch oft als »Separable Convolutions« bezeichnet werden.

tion-Modul als Vermittler zwischen einem normalen Convolutional Layer (der räumliche und kanalübergreifende Muster gemeinsam berücksichtigt) und einem Separable Convolutional Layer (der sie getrennt betrachtet) vorstellen. In der Praxis scheint es so zu sein, dass Separable Convolutional Layers oft besser funktionieren.

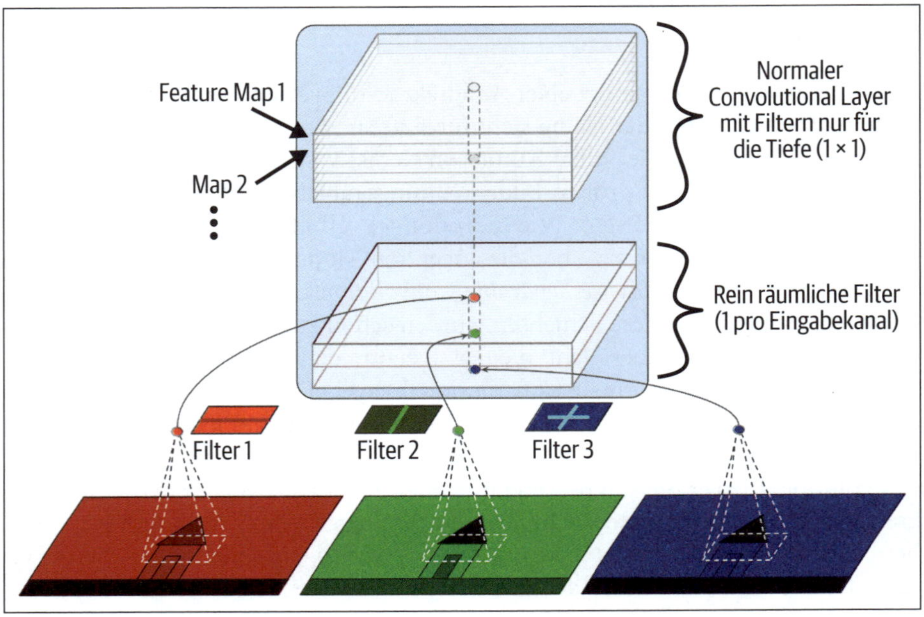

Abbildung 14-20: Depthwise Separable Convolutional Layer

> Separable Convolutional Layers brauchen weniger Parameter, weniger Speicher und weniger Rechenaufwand als normale Convolutional Layers, und oft bieten sie sogar eine bessere Leistung. Daher sollten Sie sich überlegen, standardmäßig auf sie zurückzugreifen, außer nach Schichten mit wenigen Kanälen (wie zum Beispiel dem Eingabekanal). In Keras verwenden Sie einfach `SeparableConv2D` statt `Conv2D` – das lässt sich ohne weitere Änderungen austauschen. Keras stellt auch eine `DepthwiseConv2D`-Schicht zur Verfügung, die den ersten Teil eines Depthwise Separable Convolution Layer implementiert (also das Anwenden eines räumlichen Filters pro Eingabe-Feature-Map).

SENet

Die Gewinnerarchitektur der ILSVRC 2017 Challenge war das Squeeze-and-Excitation Network (SENet) (*https://homl.info/senet*)[21]. Diese Architektur erweitert bestehende Architekturen wie Inception Networks und ResNets und verbessert deren Performance. Damit konnte SENet den Wettbewerb mit einer erstaunlichen Top-5-

21 Jie Hu et al., »Squeeze-and-Excitation Networks«, *Proceedings of the IEEE Conference on Computer Vision and Pattern Recognition* (2018): 7132–7141.

Fehlerrate von 2,25% gewinnen! Die erweiterten Versionen von Inception Networks und ResNets heißen *SE-Inception* und *SE-ResNet*. Die Leistungssteigerung beruht darauf, dass ein SENet ein kleines neuronales Netzwerk – *SE-Block* genannt – zu jedem Inception-Modul und jeder Residual Unit der ursprünglichen Architektur hinzufügt, wie in Abbildung 14-21 gezeigt wird.

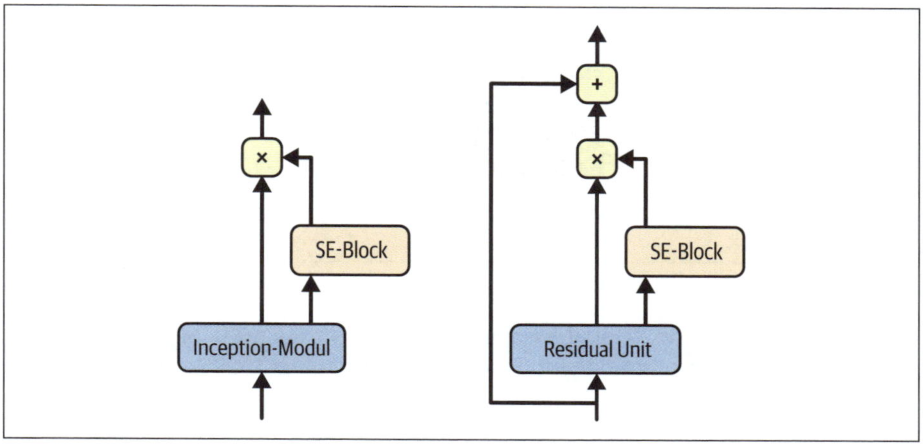

Abbildung 14-21: SE-Inception-Modul (links) und SE-ResNet Unit (rechts)

Ein SE-Block analysiert die Ausgabe der Einheit, mit der er verbunden ist, konzentriert sich ganz auf die Tiefendimension (er sucht nicht nach räumlichen Mustern) und lernt, welche Features normalerweise gemeinsam am aktivsten sind. Dann nutzt er diese Informationen, um die Feature Maps neu zu kalibrieren, wie Sie in Abbildung 14-22 sehen.

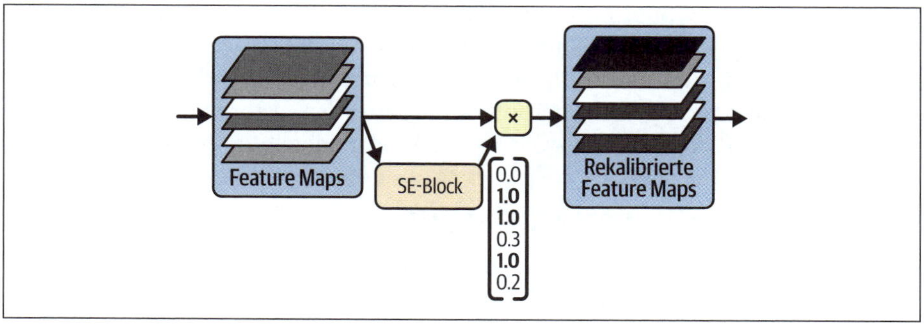

Abbildung 14-22: Ein SE-Block führt eine Rekalibrierung der Feature Map durch.

Ein SE-Block kann beispielsweise lernen, dass Münder, Nasen und Augen in Bildern meist zusammen auftauchen – sehen Sie einen Mund und eine Nase, sollten Sie auch davon ausgehen, dass Augen zu sehen sind. Sieht der Block also eine starke Aktivierung in den Feature Maps für Mund und Nase, aber nur eine schwache in der für die Augen, wird er diese Feature Map verstärken (genauer – er reduziert irrelevante Feature Maps). Wurden die Augen mit etwas anderem verwechselt, wird dieses Rekalibrieren der Feature Map dabei helfen, die Mehrdeutigkeit aufzulösen.

Ein SE-Block besteht aus nur drei Schichten: einem Global Average Pooling Layer, einer verborgenen `Dense`-Schicht mit ReLU-Aktivierungsfunktion und einer `Dense`-Ausgabeschicht mit der Sigmoid-Aktivierungsfunktion (siehe Abbildung 14-23).

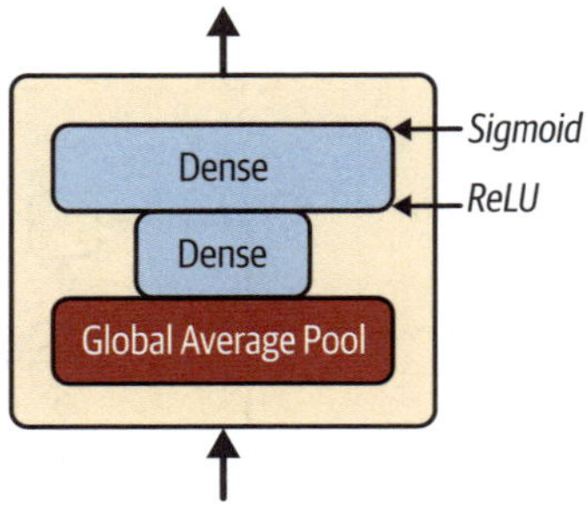

Abbildung 14-23: Architektur des SE-Blocks

Wie zuvor berechnet der Global Average Pooling Layer die mittlere Aktivierung für jede Feature Map. Besteht seine Eingabe beispielsweise aus 256 Feature Maps, wird er 256 Zahlen liefern, die die Gesamtreaktion jedes Filters darstellen. In der nächsten Schicht geschieht das »Squeeze«: Er hat deutlich weniger als 256 Neuronen – meist das 16-Fache weniger als die Anzahl an Feature Maps (zum Beispiel 16 Neuronen) –, sodass die 256 Zahlen in einen kleinen Vektor gequetscht werden (zum Beispiel 16 Dimensionen). Das ist eine niedrigdimensionale Vektordarstellung (also ein Embedding) der Verteilung der Merkmalsreaktionen. Dieser Flaschenhalsschritt zwingt den SE-Block dazu, eine allgemeine Repräsentation der Merkmalskombinationen zu lernen (wir werden diesem Prinzip bei Autoencodern in Kapitel 17 erneut begegnen). Die Ausgabeschicht nimmt schließlich das Embedding und gibt einen Rekalibrierungsvektor mit einer Zahl pro Feature Map (hier also 256) aus, die jeweils zwischen 0 und 1 liegt. Die Feature Maps werden dann mit diesem Rekalibrierungsvektor multipliziert, sodass irrelevante Merkmale (mit einem niedrigen Rekalibrierungswert) herunterskaliert werden, während relevante Merkmale (mit einem Rekalibrierungswert nahe an 1) beibehalten werden.

Weitere erwähnenswerte Architektur

Es gibt noch viele weitere CNN-Architekturen, die es lohnen, ausprobiert zu werden. Hier ein kurzer Überblick über ein paar der erwähnenswertesten:

ResNeXt (https://homl.info/resnext)[22]

ResNeXt verbessert die Residual Units in ResNet. Während die Residual Units in den besten ResNet-Modellen nur jeweils drei Convolutional Layers besitzen, bestehen sie bei ResNeXt aus vielen parallelen Stacks (zum Beispiel 32 Stacks) mit jeweils drei Convolutional Layers. Allerdings nutzen die ersten beiden

22 Saining Xie et al., »Aggregated Residual Transformations for Deep Neural Networks«, arXiv Preprint arXiv:1611.05431 (2016).

Schichten in jedem Stack nur ein paar Filter (zum Beispiel nur vier), sodass die Gesamtzahl an Parametern so groß wie bei ResNet bleibt. Dann werden die Ausgaben aller Stacks aufaddiert, und das Ergebnis wird an die nächste Residual Unit weitergegeben (zusammen mit den Skip-Verbindungen).

DenseNet (https://homl.info/densenet)[23]
: Ein DenseNet besteht aus vielen Dense-Blöcken, die jeweils aus ein paar dicht verbundenen Convolutional Layers erstellt sind. Diese Architektur hat eine außerordentlich hohe Genauigkeit erreicht, während sie trotzdem verhältnismäßig wenig Parameter nutzt. Was bedeutet »dicht verbunden«? Die Ausgabe jeder Schicht wird als Eingabe an jede Schicht danach im gleichen Block übergeben. So erhält beispielsweise Schicht 4 in einem Block als Eingabe die Verkettung entlang der Tiefe der Ausgaben der Schichten 1, 2 und 3 aus diesem Block. Dense-Blöcke werden durch ein paar Übergangsschichten voneinander getrennt.

CSPNet (https://homl.info/cspnet)[24]
: Ein *Cross Stage Partial Network* (CSPNet) ähnelt einem DenseNet, aber ein Teil der Eingaben jedes Dense-Blocks wird direkt mit der Ausgabe dieses Blocks verknüpft, ohne den Block selbst zu durchlaufen.

EfficientNet (https://homl.info/efficientnet)[25]
: EfficientNet ist unbestritten das wichtigste Modell in dieser Liste. Die Autoren haben eine Methode vorgeschlagen, um beliebige CNNs effizient zu skalieren, indem die Tiefe (Anzahl der Schichten), Breite (Anzahl an Filtern pro Schicht) und Auflösung (Größe der Eingabebilder) gemeinsam nach einer bestimmten Vorgabe erhöht werden. Das wird als *Compound Scaling* bezeichnet. Es wurde nach einer Netzarchitektur gesucht, um eine gute herunterskalierte Version von ImageNet zu finden (mit kleineren und weniger Bildern), um dann per Compound Scaling immer größere Versionen dieser Architektur zu erzeugen. Als dabei EfficientNet-Modelle herauskamen, schlugen sie alle bestehenden Modelle deutlich – auch beim Rechenaufwand –, und sie gehören aktuell zu den besten bestehenden Modellen.

Es ist hilfreich, die Compound-Scaling-Methode von EfficientNet zu verstehen, um ein tieferes Verständnis für CNNs zu entwickeln – insbesondere wenn Sie einmal eine CNN-Architektur skalieren müssen. Sie basiert auf einem logarithmischen Maß für den Rechenaufwand ϕ: Verdoppelt sich Ihr Rechenaufwand, steigt Φ um 1. Mit anderen Worten, die Anzahl der für das Training verfügbaren Gleitkommaoperationen ist proportional zu 2^{Φ}. Tiefe, Breite und Auflösung Ihrer CNN-Ar-

23 Gao Huang et al., »Densely Connected Convolutional Networks«, arXiv Preprint arXiv:1608.06993 (2016).

24 Chien-Yao Wang et al., »CSPNet: A New Backbone That Can Enhance Learning Capability of CNN«, arXiv Preprint arXiv:1911.11929 (2019).

25 Mingxing Tan und Quoc V. Le, »EfficientNet: Rethinking Model Scaling for Convolutional Neural Networks«, arXiv Preprint arXiv:1905.11946 (2019).

chitektur sollten entsprechend als α^{Φ}, β^{Φ} und γ^{Φ} skalieren. Die Faktoren α, β und γ müssen größer als 1 sein, und $\alpha + \beta^2 + \gamma^2$ sollte nahe bei 2 liegen. Die optimalen Werte für diese Faktoren hängen von der Architektur des CNN ab. Um sie für die EfficientNet-Architektur zu finden, haben die Autoren mit einem kleinen Grundmodell begonnen (EfficientNetB0), Φ fest auf 1 gesetzt und einfach eine Rastersuche durchgeführt. Sie fanden $\alpha = 1{,}2$, $\beta = 1{,}1$ und $\gamma = 1{,}1$. Dann haben sie diese Faktoren genutzt, um diverse größere Architekturen namens EfficientNetB1 bis EfficientNetB7 mit wachsenden Werten von Φ zu schaffen.

Die richtige CNN-Architektur wählen

Wie wählen Sie nun bei so vielen verfügbaren CNN-Architekturen die beste für Ihr Projekt aus? Nun, das hängt davon ab, was Ihnen am wichtigsten ist. Genauigkeit? Modellgröße (zum Beispiel zum Deployen auf ein Mobilgerät)? Inferenzgeschwindigkeit auf der CPU? Auf der GPU? In Tabelle 14-3 sind die besten aktuell in Keras verfügbaren vortrainierten Modelle nach Modellgröße sortiert aufgeführt (weiter unten werden Sie noch erfahren, wie Sie sie einsetzen können). Die vollständige Liste finden Sie unter *https://keras.io/api/applications*. Für jedes Modell gibt die Tabelle den zu verwendenden Klassennamen an (im Paket `tf.keras.applications`), die Modellgröße in MB, die Top-1- und die Top-5-Genauigkeit für den ImageNet-Datensatz, die Anzahl an Parametern (in Millionen) und die Inferenzzeit auf CPU und GPU in ms beim Verwenden von Batches mit 32 Bildern auf einer ausreichend leistungsfähigen Hardware.[26] In jeder Spalte ist der beste Wert hervorgehoben. Wie Sie sehen können, sind größere Modelle im Allgemeinen genauer – aber nicht immer: So schlägt beispielsweise EfficientNetB2 InceptionV3 sowohl in Bezug auf Größe wie auch auf Genauigkeit. Ich habe InceptionV3 nur deshalb in der Liste belassen, weil es auf einer CPU fast doppelt so schnell wie EfficientB2 ist. Genauso ist InceptionResNetV2 auf einer CPU schnell, während ResNet50V2 und ResNet101V2 auf einer GPU davoneilen.

Tabelle 14-3: In Keras verfügbare vortrainierte Modelle

Klassenname	Größe (MB)	Top-1-Gen.	Top-5-Gen.	Parameter	CPU (ms)	GPU (ms)
MobileNetV2	**14**	71,3%	90,1%	**3,5M**	25,9	3,8
MobileNet	16	70,4%	89,5%	4,3M	**22,6**	**3,4**
NASNetMobile	23	74,4%	91,9%	5,3M	27,0	6,7
EfficientNetB0	29	77,1%	93,3%	5,3M	46,0	4,9
EfficientNetB1	31	79,1%	94,4%	7,9M	60,2	5,6
EfficientNetB2	36	80,1%	94,9%	9,2M	80,8	6,5
EfficientNetB3	48	81,6%	95,7%	12,3M	140,0	8,8
EfficientNetB4	75	82,9%	96,4%	19,5M	308,3	15,1
InceptionV3	92	77,9%	93,7%	23,9M	42,2	6,9

26 Eine 92-Core-AMD-EPYC-CPU mit IBPB, 1,7 TB RAM und einer Nvidia-Tesla-A100-GPU.

Tabelle 14-3: In Keras verfügbare vortrainierte Modelle (Fortsetzung)

Klassenname	Größe (MB)	Top-1-Gen.	Top-5-Gen.	Parameter	CPU (ms)	GPU (ms)
ResNet50V2	98	76,0%	93,0%	25,6M	45,6	4,4
EfficientNetB5	118	83,6%	96,7%	30,6M	579,2	25,3
EfficientNetB6	166	84,0%	96,8%	43,3M	958,1	40,4
ResNet101V2	171	77,2%	93,8%	44,7M	72,7	5,4
InceptionResNetV2	215	80,3%	95,3%	55,9M	130,2	10,0
EfficientNetB7	256	**84,3**%	**97,0**%	66,7M	1578,9	61,6

Ich hoffe, Ihnen hat dieser längere Ausflug in die wichtigsten CNN-Architekturen gefallen! Schauen wir uns nun an, wie wir eine davon mit Keras implementieren.

Ein ResNet-34-CNN mit Keras implementieren

Die meisten bisher beschriebenen CNN-Architekturen lassen sich mit Keras ziemlich einfach implementieren (auch wenn Sie normalerweise stattdessen ein vortrainiertes Netzwerk laden werden, wie wir noch sehen). Um den Prozess aufzuzeigen, wollen wir ein ResNet-34 mit Keras von Grund auf erstellen. Zuerst erzeugen wir eine `ResidualUnit`-Schicht:

```
DefaultConv2D = partial(tf.keras.layers.Conv2D, kernel_size=3, strides=1,
                        padding="same", kernel_initializer="he_normal",
                        use_bias=False)

class ResidualUnit(tf.keras.layers.Layer):
    def __init__(self, filters, strides=1, activation="relu", **kwargs):
        super().__init__(**kwargs)
        self.activation = tf.keras.activations.get(activation)
        self.main_layers = [
            DefaultConv2D(filters, strides=strides),
            tf.keras.layers.BatchNormalization(),
            self.activation,
            DefaultConv2D(filters),
            tf.keras.layers.BatchNormalization()
        ]
        self.skip_layers = []
        if strides > 1:
            self.skip_layers = [
                DefaultConv2D(filters, kernel_size=1, strides=strides),
                tf.keras.layers.BatchNormalization()
            ]

    def call(self, inputs):
        Z = inputs
        for layer in self.main_layers:
            Z = layer(Z)
        skip_Z = inputs
        for layer in self.skip_layers:
            skip_Z = layer(skip_Z)
        return self.activation(Z + skip_Z)
```

Wie Sie sehen, bildet dieser Code Abbildung 14-19 ziemlich nah ab. Im Konstruktor erzeugen wir alle erforderlichen Schichten: Die Hauptschichten sind die auf der rechten Seite des Diagramms, die Skip-Schichten die auf der linken Seite (nur erforderlich, wenn die Schrittweite größer als 1 ist). Dann lassen wir in der Methode `call()` die Eingaben durch die Hauptschichten und die Skip-Schichten (sofern vorhanden) laufen, addieren beide Ausgaben und wenden die Aktivierungsfunktion an.

Als Nächstes können wir das ResNet-34 mit einem `Sequential`-Modell bauen, da es sich wirklich nur um eine lange Folge von Schichten handelt – wir können jetzt mit der Klasse `ResidualUnit` jede Residual Unit als einzelne Schicht behandeln. Der Code orientiert sich eng an Abbildung 14-18:

```
model = tf.keras.Sequential([
    DefaultConv2D(64, kernel_size=7, strides=2, input_shape=[224, 224, 3]),
    tf.keras.layers.BatchNormalization(),
    tf.keras.layers.Activation("relu"),
    tf.keras.layers.MaxPool2D(pool_size=3, strides=2, padding="same"),
])
prev_filters = 64
for filters in [64] * 3 + [128] * 4 + [256] * 6 + [512] * 3:
    strides = 1 if filters == prev_filters else 2
    model.add(ResidualUnit(filters, strides=strides))
    prev_filters = filters

model.add(tf.keras.layers.GlobalAvgPool2D())
model.add(tf.keras.layers.Flatten())
model.add(tf.keras.layers.Dense(10, activation="softmax"))
```

Der einzige etwas knifflige Abschnitt in diesem Code ist die Schleife, die die `ResidualUnit`-Schichten zum Modell hinzufügt: Wie schon erläutert, haben die ersten drei RUs 64 Filter, die nächsten vier dann 128 Filter und so weiter. Wir müssen die Schrittweite bei jeder Iteration auf 1 setzen, wenn die Anzahl der Filter im Vergleich zur vorherigen RU gleich bleibt, ansonsten setzen wir sie auf 2. Dann fügen wir die `ResidualUnit` hinzu und aktualisieren schließlich `prev_filters`.

Es ist erstaunlich, dass wir mit ungefähr 40 Zeilen Code das Modell nachbauen können, das die ILSVRC 2015 Challenge gewonnen hat! Das zeigt die Eleganz des ResNet-Modells und die Ausdrucksstärke der Keras-API. Es ist nicht viel schwerer, die anderen CNN-Architekturen zu implementieren, wenn auch vielleicht mit etwas mehr Code. Aber Keras bringt viele dieser Architekturen schon mit, warum sollten wir sie dann nicht verwenden?

Vortrainierte Modelle aus Keras einsetzen

Im Allgemeinen müssen Sie keine Standardmodelle wie GoogLeNet oder ResNet selbst implementieren, da mit einer einzigen Codezeile vortrainierte Netze aus dem paket `tf.keras.applications` bereitgestellt werden können.

So können Sie beispielsweise das ResNet-50-Modell – vortrainiert auf ImageNet – mit der folgenden Codezeile laden:

```
model = tf.keras.applications.ResNet50(weights="imagenet")
```

Das ist alles! Damit wird ein ResNet-50-Modell erstellt, und die Gewichte werden heruntergeladen, die mit dem ImageNet-Datensatz vortrainiert wurden. Um es zu verwenden, müssen Sie zuerst sicherstellen, dass die Bilder die richtige Größe besitzen. Ein ResNet-50-Modell erwartet Bilder mit 224 × 224 Pixeln (andere Modelle erwarten eventuell andere Größen, wie zum Beispiel 299 × 299 Pixel), daher verwenden wir die `Resizing`-Schicht von Keras, um zwei Beispielbilder zu skalieren (nachdem wir sie auf das gewünschte Seitenverhältnis beschnitten haben):

```
images = load_sample_images()["images"]
images_resized = tf.keras.layers.Resizing(height=224, width=224,
                                          crop_to_aspect_ratio=True)(images)
```

Die vortrainierten Modelle gehen davon aus, dass die Bilder auf eine bestimmte Art und Weise vorverarbeitet wurden. In manchen Fällen müssen die Eingabewerte zwischen 0 und 1 oder –1 und 1 liegen. Jedes Modell stellt eine Funktion `preprocess_input()` bereit, die Sie zum Vorverarbeiten Ihrer Bilder anwenden können. Diese Funktionen nehmen an, dass die ursprünglichen Pixelwerte im Bereich von 0 bis 255 liegen, was hier der Fall ist:

```
inputs = tf.keras.applications.resnet50.preprocess_input(images_resized)
```

Jetzt können wir mit dem vortrainierten Modell Vorhersagen treffen:

```
>>> Y_proba = model.predict(inputs)
>>> Y_proba.shape
(2, 1000)
```

Wie immer ist die Ausgabe `Y_proba` eine Matrix mit einer Zeile pro Bild und einer Spalte pro Kategorie (in diesem Fall gibt es 1.000 Kategorien). Wollen Sie die besten *K* Vorhersagen ausgeben lassen – einschließlich Kategoriename und der geschätzten Wahrscheinlichkeit für jede vorhergesagte Kategorie –, verwenden Sie die Funktion `decode_predictions()`. Für jedes Bild gibt sie ein Array mit den besten *K* Vorhersagen zurück, wobei jede Vorhersage als Array mit der Kategorienkennung[27], deren Name und dem zugehörigen Konfidenzwert geliefert wird:

```
top_K = tf.keras.applications.resnet50.decode_predictions(Y_proba, top=3)
for image_index in range(len(images)):
    print(f"Bild #{image_index}")
    for class_id, name, y_proba in top_K[image_index]:
        print(f"  {class_id} - {name:12s} {y_proba:.2%}")
```

Die Ausgabe sieht dann so aus:

```
Bild #0
  n03877845 - palace       54.69%
```

27 Im ImageNet-Datensatz ist jedes Bild auf ein Wort im WordNet-Datensatz (*https://wordnet.princeton.edu/*) abgebildet: Die Kategorien-ID ist einfach eine WordNet-ID.

```
  n03781244 - monastery    24.72%
  n02825657 - bell_cote    18.55%
Bild #1
  n04522168 - vase         32.66%
  n11939491 - daisy        17.81%
  n03530642 - honeycomb    12.06%
```

Die richtigen Kategorien sind »palace« und »dahlia«, daher ist das Modell beim ersten Bild korrekt, beim zweiten aber nicht. Das liegt aber daran, dass »dahlia« keine der 1.000 ImageNet-Kategorien ist. So gesehen ist »vase« eine nachvollziehbare Wahl (vielleicht befindet sich die Blume in einer Vase?), und »daisy« ist auch nicht ganz verkehrt, da Dahlien und Margeriten beides Korbblütler sind.

Wie Sie sehen, ist es sehr einfach, einen ziemlich guten Bildklassifizierer mit einem vortrainierten Modell zu erstellen. In Tabelle 14-3 habe ich auch viele andere Bilderkennungsmodelle aus `tf.keras.applications` aufgeführt – von schlanken und schnellen bis hin zu großen und genauen Modellen.

Aber was ist, wenn Sie eine Bilderkennung für Bildkategorien einsetzen wollen, die nicht Teil von ImageNet sind? In diesem Fall können Sie trotzdem von den vortrainierten Modellen profitieren und ein Transfer Learning durchführen.

Vortrainierte Modelle für das Transfer Learning

Wollen Sie einen Bildklassifizierer bauen, haben aber nicht ausreichend Daten, um es von Grund auf zu trainieren, ist es häufig eine gute Idee, die unteren Schichten eines vortrainierten Modells wiederzuverwenden, wie wir in Kapitel 11 besprochen haben. Trainieren wir beispielsweise ein Modell zum Klassifizieren von Blumenbildern und verwenden wir dafür ein vortrainiertes Xception-Modell. Zuerst laden wir den Datensatz mithilfe von TensorFlow-Datasets (siehe Kapitel 13):

```
import tensorflow_datasets as tfds

dataset, info = tfds.load("tf_flowers", as_supervised=True, with_info=True)
dataset_size = info.splits["train"].num_examples # 3670
class_names = info.features["label"].names # ["dandelion", "daisy", ...]
n_classes = info.features["label"].num_classes # 5
----
```

Beachten Sie, dass Sie Informationen über den Datensatz durch Setzen von `with_info=True` erhalten können. Hier bekommen wir die Größe des Datensatzes und die Namen der Kategorien. Leider gibt es nur ein `"train"`-Dataset und keines zum Testen oder Validieren, daher müssen wir den Trainingsdatensatz aufteilen. Rufen wir `tfds.load()` erneut auf, aber dieses Mal nehmen wir die ersten 10 % des Datasets zum Testen, die nächsten 15 % zum Validieren und die restlichen 75 % zum Trainieren:

```
test_set_raw, valid_set_raw, train_set_raw = tfds.load(
    "tf_flowers",
    split=["train[:10%]", "train[10%:25%]", "train[25%:]"],
    as_supervised=True)
```

Alle drei Datensätze enthalten einzelne Bilder. Wir müssen sie in Batches zusammenfassen, aber zuerst sicherstellen, dass sie alle die gleiche Größe besitzen, ansonsten wird das Batching fehlschlagen. Wir können dafür eine `Resizing`-Schicht nutzen. Zudem müssen wir die Funktion `tf.keras.applications.xception.preprocess_input()` aufrufen, um die Bilder für das Xception-Modell passend vorzuverarbeiten. Schließlich werden wir noch den Trainingsdatensatz durchmischen und Prefetching einsetzen:

```
batch_size = 32
preprocess = tf.keras.Sequential([
    tf.keras.layers.Resizing(height=224, width=224, crop_to_aspect_ratio=True),
    tf.keras.layers.Lambda(tf.keras.applications.xception.preprocess_input)
])
train_set = train_set_raw.map(lambda X, y: (preprocess(X), y))
train_set = train_set.shuffle(1000, seed=42).batch(batch_size).prefetch(1)
valid_set = valid_set_raw.map(lambda X, y: (preprocess(X), y)).batch(batch_size)
test_set = test_set_raw.map(lambda X, y: (preprocess(X), y)).batch(batch_size)
```

Jetzt enthält jeder Batch 32 Bilder, die alle 224 × 224 Pixel groß sind und deren Pixelwerte zwischen –1 und 1 liegen. Perfekt!

Da der Datensatz nicht sehr groß ist, wird ein bisschen Data Augmentation sicherlich helfen. Erstellen wir ein Data-Augmentation-Modell, das wir in unser eigentliches Modell einbetten werden. Beim Training werden wir die Bilder zufällig horizontal spiegeln, ein bisschen drehen und den Kontrast verstellen:

```
data_augmentation = tf.keras.Sequential([
    tf.keras.layers.RandomFlip(mode="horizontal", seed=42),
    tf.keras.layers.RandomRotation(factor=0.05, seed=42),
    tf.keras.layers.RandomContrast(factor=0.2, seed=42)
])
```

> Die Klasse `tf.keras.preprocessing.image.ImageDataGenerator` macht es einfach, Bilder von der Festplatte zu laden und sie auf unterschiedlichste Weise anzureichern: Sie können jedes Bild verschieben, rotieren, umskalieren, horizontal oder vertikal spiegeln, verzerren oder beliebige andere Transformationsfunktionen anwenden. Das ist für einfache Projekte sehr bequem. Aber der Aufbau einer tf.data-Pipeline ist nicht viel komplizierter, und sie ist im Allgemeinen schneller. Haben Sie zudem eine GPU und nehmen die Vorverarbeitungs- oder Data-Augmentation-Schichten mit in Ihr Modell auf, werden diese von der GPU-Beschleunigung beim Training profitieren.

Als Nächstes wollen wir ein Xception-Modell laden, das mit ImageNet vortrainiert wurde. Wir schließen den oberen Teil des Netzes aus, indem wir `include_top=False` setzen. Damit werden der Global Average Pooling Layer und die `Dense`-Ausgabeschicht weggelassen. Dann fügen wir unseren eigenen Globale Average Pooling Layer hinzu (der mit der Ausgabe des Basismodells gefüttert wird), gefolgt von einer `Dense`-Ausgabeschicht mit einer Einheit pro Klasse und der Softmax-Aktivierungsfunktion. Schließlich erstellen wir daraus das Keras-`Model`:

```
base_model = tf.keras.applications.xception.Xception(weights="imagenet",
                                                     include_top=False)
avg = tf.keras.layers.GlobalAveragePooling2D()(base_model.output)
output = tf.keras.layers.Dense(n_classes, activation="softmax")(avg)
model = tf.keras.Model(inputs=base_model.input, outputs=output)
```

Wie in Kapitel 11 erläutert, ist es im Allgemeinen nicht verkehrt, die Gewichte der vortrainierten Schichten einzufrieren – zumindest zu Beginn des Trainings:

```
for layer in base_model.layers:
    layer.trainable = False
```

> Da unser Modell die Schichten des Basismodells direkt verwendet und nicht das Objekt `base_model` selbst, würde es keine Auswirkungen haben, `base_model.trainable=False` zu setzen.

Schließlich können wir das Modell kompilieren und mit dem Training beginnen:

```
optimizer = tf.keras.optimizers.SGD(learning_rate=0.1, momentum=0.9)
model.compile(loss="sparse_categorical_crossentropy", optimizer=optimizer,
              metrics=["accuracy"])
history = model.fit(train_set, validation_data=valid_set, epochs=3)
```

> Arbeiten Sie in Colab, achten Sie darauf, dass die Runtime eine GPU verwendet: Wählen Sie »Runtime → Change Runtime Type« und dann im Auswahlmenü »Hardware Accelerator« den Punkt »GPU«. Klicken Sie anschließend auf »Save«. Es ist möglich, das Modell ohne eine GPU zu trainieren, aber das wird sehr langsam sein (Minuten statt Sekunden pro Epoche).

Nachdem Sie das Modell für ein paar Epochen trainiert haben, sollte seine Validierungsgenauigkeit etwas über 80 % erreicht haben und dann nicht mehr besser werden. Das heißt, dass die obersten Schichten nun ziemlich gut trainiert sind und wir ein paar der obersten Schichten des Basismodells wieder auftauen können, um danach mit dem Training fortzufahren. Tauen wir beispielsweise die Schichten 56 und darüber auf (das ist der Anfang der Residual Unit 7 von 14, was Sie sehen können, wenn Sie die Schichtnamen ausgeben lassen):

```
for layer in base_model.layers[56:]:
    layer.trainable = True
```

Vergessen Sie nicht, das Modell jedes Mal zu kompilieren, wenn Sie Schichten einfrieren oder auftauen. Achten Sie auch darauf, eine viel niedrigere Lernrate zu nutzen, um zu vermeiden, dass die vortrainierten Gewichte Schaden nehmen:

```
optimizer = tf.keras.optimizers.SGD(learning_rate=0.01, momentum=0.9)
model.compile(loss="sparse_categorical_crossentropy", optimizer=optimizer,
              metrics=["accuracy"])
history = model.fit(train_set, validation_data=valid_set, epochs=10)
```

Dieses Modell sollte etwa 92 % Genauigkeit beim Testdatensatz erreichen – nach nur ein paar Minuten Training (mit einer GPU). Optimieren Sie die Hyperparameter, reduzieren die Lernrate und trainieren noch ein bisschen länger, sollten Sie 95 % bis 97 % erreichen. Damit können Sie beginnen, erstaunliche Bildklassifizierer für Ihre eigenen Bilder und Kategorien zu trainieren! Aber es gibt im Bereich Computer Vision noch viel mehr als nur Klassifikation. Wie wäre es beispielsweise, wenn Sie herausfänden, *wo* sich die Blume im Bild befindet? Darum kümmern wir uns jetzt.

Klassifikation und Lokalisierung

Das Lokalisieren eines Objekts in einem Bild kann als eine Regressionsaufgabe ausgedrückt werden (wie in Kapitel 10 besprochen): Um eine Bounding Box (also einen Rahmen um das Objekt) vorherzusagen, sagt man häufig die horizontalen und vertikalen Koordinaten des Objektmittelpunkts sowie dessen Höhe und Breite voraus. Wir haben also vier Zahlen, die vorherzusagen sind. Am Modell sind nicht viele Änderungen notwendig – wir müssen nur eine zweite Dense-Ausgabeschicht mit vier Einheiten hinzufügen (meist aufgesetzt auf den Global Average Pooling Layer), dann können wir sie mit dem MSE-Verlust trainieren:

```
base_model = tf.keras.applications.xception.Xception(weights="imagenet",
                                                     include_top=False)
avg = tf.keras.layers.GlobalAveragePooling2D()(base_model.output)
class_output = tf.keras.layers.Dense(n_classes, activation="softmax")(avg)
loc_output = tf.keras.layers.Dense(4)(avg)
model = tf.keras.Model(inputs=base_model.input,
                       outputs=[class_output, loc_output])
model.compile(loss=["sparse_categorical_crossentropy", "mse"],
              loss_weights=[0.8, 0.2], # hängt davon ab, was wichtig ist
              optimizer=optimizer, metrics=["accuracy"])
```

Aber jetzt haben wir ein Problem. Der Flowers-Datensatz besitzt keine Bounding Boxes um die Blumen herum. Wir müssen sie also selbst hinzufügen. Das ist oft eine der schwersten und teuersten Aufgaben eines Machine-Learning-Projekts – die Labels erstellen. Es lohnt sich, nach den richtigen Tools Ausschau zu halten. Um Bilder mit Bounding Boxes zu versehen, können Sie ein Open-Source-Image-Labeling-Tool wie VGG Image Annotator, LabelImg, OpenLabeler oder ImgLab verwenden. Oder Sie greifen auf ein kommerzielles Tool wie LabelBox oder Supervisely zurück. Auch können Sie sich überlegen, Crowdsourcing-Plattformen wie Amazon Mechanical Turk einzusetzen, wenn Sie eine sehr große Menge von Bildern auszuzeichnen haben. Aber es ist auf jeden Fall oft viel Arbeit, eine Crowdsourcing-Plattform aufzusetzen, das Formular für die Worker zu erstellen, sie zu überwachen und sicherzustellen, dass die Qualität der von ihnen erzeugten Bounding Boxes gut ist. Überlegen Sie es sich also gut, ob das den Aufwand wert ist. Adriana Kovashka et al. haben einen sehr nützlichen Artikel (*https://homl.info/crowd*) über das Crowdsourcing für Computer Vision geschrieben[28]. Ich empfehle, diesen

28 Adriana Kovashka et al., »Crowdsourcing in Computer Vision«, *Foundations and Trends in Computer Graphics and Vision* 10, no. 3 (2014): 177–243.

zu lesen, auch wenn Sie nicht vorhaben, Crowdsourcing einzusetzen. Gibt es nur ein paar Tausend Bilder auszuzeichnen und haben Sie nicht vor, das regelmäßig zu tun, kann es sinnvoller sein, es selbst zu übernehmen: Mit den richtigen Werkzeugen wird das nur ein paar Tage dauern, und Sie werden ein besseres Verständnis von Ihrem Datensatz und Ihrer Aufgabe erhalten.

Nehmen wir jetzt an, Sie haben die Bounding Boxes für jedes Bild im Flowers-Datensatz erzeugt (wir gehen hier davon aus, dass es eine einzelne Bounding Box pro Bild gibt). Dann müssen Sie ein Dataset erstellen, dessen Elemente Batches mit vorverarbeiteten Bildern zusammen mit ihren Kategorie-Labels und Bounding Boxes sind. Jedes Element sollte ein Tupel der Form `(images, (class_labels, bounding_boxes))` sein. Nun sind Sie dazu bereit, Ihr Modell zu trainieren!

> Die Bounding Boxes sollten normalisiert werden, sodass die horizontalen und vertikalen Koordinaten, aber auch Höhe und Breite, alle im Bereich von 0 bis 1 liegen. Zudem ist es üblich, die Wurzel von Höhe und Breite vorherzusagen, statt direkt Höhe und Breite anzugeben: So wird ein 10-Pixel-Fehler für eine große Bounding Box nicht so sehr bestraft wie ein 10-Pixel-Fehler für eine kleine Bounding Box.

Der MSE funktioniert als Kostenfunktion zum Trainieren des Modells oft ziemlich gut, aber er ist keine gute Metrik, um auszuwerten, wie gut das Modell Bounding Boxes vorhersagen kann. Die am häufigsten dafür eingesetzte Metrik ist die *Intersection over Union* (IoU): Dabei handelt es sich um die Fläche der Schnittmenge von vorhergesagter und anvisierter Bounding Box, geteilt durch deren Vereinigungsmenge (siehe Abbildung 14-24). In Keras ist sie implementiert durch die Klasse `tf.keras.metrics.MeanIoU`.

Abbildung 14-24: IoU-Metrik für Bounding Boxes

Das Klassifizieren und Lokalisieren eines einzelnen Objekts ist zwar nett, was aber sollen wir tun, wenn die Bilder mehrere Objekte enthalten (wie das im Flowers-Datensatz oft der Fall ist)?

Objekterkennung

Die Aufgabe, mehrere Objekte in einem Bild zu klassifizieren und zu lokalisieren, nennt man *Objekterkennung*. Bis vor ein paar Jahren nahm man meist ein CNN, das darauf trainiert war, ein einzelnes Objekt zu klassifizieren und zu lokalisieren, das sich mehr oder weniger in der Bildmitte befand, um das CNN dann über das Bild gleiten und bei jedem Schritt Vorhersagen treffen zu lassen. Das CNN wurde im Allgemeinen darauf trainiert, nicht nur Kategorienwahrscheinlichkeiten und eine Bounding Box vorherzusagen, sondern auch einen *Objectness Score*, bei dem es sich um die geschätzte Wahrscheinlichkeit dafür handelt, dass das Bild tatsächlich ein Objekt im mittleren Bereich besitzt. Das ist eine binäre Klassifikationsausgabe – sie kann durch eine `Dense`-Ausgabeschicht mit einer einzelnen Einheit erzeugt werden, bei der die Sigmoid-Aktivierungsfunktion genutzt und mit der binären Kreuzentropie-Verlustfunktion trainiert wird.

> Statt eines Objectness Score wurde manchmal auch eine »No-Object«-Kategorie hinzugefügt, aber meist funktionierte das nicht so gut: Die Fragen »Gibt es ein Objekt?« und »Was für eine Art Objekt ist das?« werden am besten getrennt voneinander beantwortet.

Dieser Sliding-CNN-Ansatz ist in Abbildung 14-25 illustriert. In diesem Beispiel wurde das Bild in ein 5 × 7-Raster aufgeteilt, und wir sehen ein CNN (das dicke schwarze Rechteck), das über alle 3 × 3-Regionen gleitet und bei jedem Schritt Vorhersagen trifft.

Abbildung 14-25: Mehrere Objekte durch das Verschieben eines CNN über ein Bild erkennen

In dieser Abbildung hat das CNN schon Vorhersagen für drei dieser 3 × 3-Regionen getroffen:

- Beim Blick auf die obere linke 3 × 3-Region (deren Mitte das rot gefärbte Feld in der zweiten Zeile und zweiten Spalte ist) wird die linke Rose erkannt. Beachten Sie, dass die vorhergesagte Bounding Box die Grenze dieser 3 × 3-Region überschreitet. Das ist okay: Auch wenn das CNN den unteren Teil der Rose nicht sehen konnte, war es dazu in der Lage, einen sinnvollen Vorschlag dafür zu machen, wo sie sein könnte. Außerdem hat es Kategorienwahrscheinlichkeiten vorhergesagt mit einer hohen Wahrscheinlichkeit für die Klasse `rose`. Schließlich hat es einen ziemlich hohen Objectness Score vorhergesagt, da die Mitte der Bounding Box im zentralen Feld liegt (in dieser Abbildung wird der Objectness Score durch die Dicke der Bounding Box dargestellt).
- Beim Blick auf die nächste 3 × 3-Region ein Feld weiter rechts (mit dem blau gefärbten Feld in der Mitte) hat es keine Blume entdeckt, die in der Mitte dieser Region liegt, daher wurde auch nur ein sehr niedriger Objectness Score vorhergesagt – die vorhergesagte Bounding Box und die Kategorienwahrscheinlichkeiten können daher getrost ignoriert werden. Sie sehen auch, dass die vorhergesagte Bounding Box nicht gut passt.
- In der nächsten 3 × 3-Region, wieder ein Feld weiter rechts (mit der Mitte im grün gefärbten Feld), wurde schließlich die Rose oben erkannt, wenn auch nicht perfekt: Diese Rose ist nicht gut in dieser Region zentriert, daher war auch der vorhergesagte Objectness Score nicht sehr hoch.

Sie können sich vorstellen, wie Sie durch das Verschieben des CNN über das gesamte Bild insgesamt 15 vorhergesagte Bounding Boxes erhalten – angeordnet in einem 3 × 5-Raster und jede Bounding Box begleitet durch vorhergesagte Kategorienwahrscheinlichkeiten und Objectness Scores. Da Objekte unterschiedliche Größen haben können, wollen Sie das CNN eventuell nochmals über größere 4 × 4-Regionen verschieben, um noch mehr Bounding Boxes zu erhalten.

Diese Technik ist ziemlich verständlich, aber wie Sie sehen, erkennt sie das gleiche Objekt oft mehrfach an etwas unterschiedlichen Positionen. Es ist etwas Nachverarbeitung notwendig, um all die überflüssigen Bounding Boxes wieder loszuwerden. Ein übliches Vorgehen dafür nennt sich *Non-Max Suppression*. Und so funktioniert es:

1. Zuerst müssen Sie alle Bounding Boxes verwerfen, für die der Objectness-Wert unter einem Grenzwert liegt – da das CNN glaubt, dass es kein Objekt an dieser Position gibt, ist die Bounding Box nutzlos.
2. Finden Sie die verbleibende Bounding Box mit dem höchsten Objectness-Wert und verwerfen Sie alle anderen verbleibenden Bounding Boxes, die sich stark mit ihr überlappen (zum Beispiel mit einem IoU größer als 60%). So ist beispielsweise die Bounding Box mit dem größten Objectness-Wert in Abbil-

dung 14-25 die mit dem dicken Rahmen um die oberste linke Rose. Die andere Bounding Box, die die gleiche Rose anschneidet, überlappt sich stark mit der maximalen Bounding Box, daher löschen wir sie (auch wenn sie in diesem Beispiel eventuell schon im vorherigen Schritt entfernt wurde).

3. Wiederholen Sie Schritt 2, bis keine weiteren Bounding Boxes mehr zu verwerfen sind.

Dieser einfache Ansatz zur Objekterkennung funktioniert ziemlich gut, aber dafür muss das CNN viele Male laufen (in diesem Beispiel 15 Mal), daher ist er sehr langsam. Zum Glück gibt es eine viel schnellere Möglichkeit, ein CNN über Bilder laufen zu lassen – ein *Fully Convolutional Network* (FCN).

Fully Convolutional Networks

Die Idee hinter den FCNs wurde erstmals in einem Artikel (*https://homl.info/fcn*) aus dem Jahr 2015 von Jonathan Long et al.[29] zur semantischen Segmentierung vorgestellt (also der Aufgabe, jedes Pixel in einem Bild anhand der Kategorie des Objekts zu klassizifieren, zu dem es gehört). Die Autoren schrieben, dass Sie die `Dense`-Schichten oben in einem CNN durch Convolutional Layers ersetzen könnten. Um das zu verstehen, schauen wir uns ein Beispiel an. Stellen Sie sich vor, eine `Dense`-Schicht mit 200 Neuronen säße oben auf einem Convolutional Layer, der 100 Feature Maps ausgibt – jede mit einer Größe von 7 × 7 (das ist die Größe der Feature Map, nicht die Kernelgröße). Jedes Neuron berechnet eine gewichtete Summe aller 100 × 7 × 7 Aktivierungen des Convolutional Layer (plus einen Bias-Term). Was passiert nun, wenn wir die `Dense`-Schicht durch einen Convolutional Layer mit 200 Filtern jeweils mit der Größe 7 × 7 und `"valid"`-Padding ersetzen? Diese Schicht wird 200 Feature Maps der Größe 1 × 1 ausgeben (da der Kernel genau die Größe der Eingabe-Feature-Maps besitzt und wir `"valid"`-Padding verwenden). Mit anderen Worten: Es werden 200 Zahlen ausgegeben – so wie das die `Dense`-Schicht getan hat. Schauen Sie sich die von einem Convolutional Layer durchgeführten Berechnungen genauer an, werden Sie feststellen, dass diese Zahlen genau die sind, die auch die `Dense`-Schicht geliefert hat. Der einzige Unterschied ist, dass die Ausgabe der `Dense`-Schicht ein Tensor der Form [*Batchgröße*, 200] war, während der Convolutional Layer einen Tensor der Form [*Batchgröße*, 1, 1, 200] liefert.

> Um eine `Dense`-Schicht in einen Convolutional Layer umzuwandeln, muss die Anzahl der Filter im Convolutional Layer gleich der Anzahl der Einheiten in der `Dense`-Schicht sein, die Filtergröße muss der Größe der Eingabe-Filter-Maps entsprechen, und Sie müssen `"valid"`-Padding verwenden. Die Schrittweite kann auf 1 oder größer gesetzt werden, wie wir gleich sehen werden.

29 Jonathan Long et al., »Fully Convolutional Networks for Semantic Segmentation«, *Proceedings of the IEEE Conference on Computer Vision and Pattern Recognition* (2015): 3431–3440.

Warum ist das wichtig? Nun, während eine `Dense`-Schicht eine bestimmte Eingabegröße erwartet (da es ein Gewicht pro Eingabmerkmal besitzt), verarbeitet ein Convolutional Layer problemlos Bilder beliebiger Größe[30] (allerdings erwartet er, dass seine Eingaben eine bestimmte Anzahl an Kanälen hat, da jeder Kernel einen anderen Satz Gewichte für jeden Eingabekanal besitzt). Weil ein FCN nur Convolutional Layers enthält (und Pooling Layers mit der gleichen Eigenschaft), kann es mit Bildern beliebiger Größe trainiert und ausgeführt werden!

Stellen Sie sich beispielsweise vor, wir hätten schon ein CNN zur Klassifikation und Lokalisation von Blumen trainiert. Das geschah mit Bildern mit 224 × 224 Pixeln, und es liefert 10 Zahlen:

- Die Ausgaben 0 bis 4 sind durch die Softmax-Aktivierung gelaufen und geben die Kategorienwahrscheinlichkeiten aus (eine pro Kategorie).
- Ausgabe 5 durchläuft die Sigmoid-Aktivierungsfunktion und liefert den Objectness-Wert.
- Die Ausgaben 6 und 7 stehen für die mittleren Koordinaten der Bounding Box – sie durchlaufen ebenfalls eine Sigmoid-Aktivierungsfunktion, um sicherzustellen, dass sie in einem Bereich von 0 bis 1 liegen.
- Schließlich gibt es noch die Ausgaben 8 und 9, die die Höhe und Breite der Bounding Box angeben – sie gehen durch keine Aktivierungsfunktion, um den Boxen zu erlauben, auch über die Grenzen des Bilds hinauszugehen.

Wir können die `Dense`-Schichten dieses Modells jetzt in Convolutional Layers umwandeln. Tatsächlich müssen wir es nicht einmal neu trainieren – wir können einfach die Gewichte aus den `Dense`-Schichten in die Convolutional Layers kopieren! Alternativ könnten wir das CNN vor dem Training auch in ein FCN konvertiert haben.

Jetzt stellen Sie sich vor, der letzte Convolutional Layer vor der Ausgabeschicht (auch als Flaschenhalsschicht bezeichnet) gäbe 7 × 7-Feature-Maps aus, wenn dem Netz ein 224 × 224-Bild übergeben wird (siehe die linke Seite von Abbildung 14-26). Füttern wir das FCN mit einem 448 × 448-Bild (siehe die rechte Seite von Abbildung 14-26), wird die Flaschenhalsschicht nun Feature Maps der Größe 14 × 14 ausgeben.[31] Da die `Dense`-Ausgabeschicht durch einen Convolutional Layer mit 10 Filtern der Größe 7 × 7, `"valid"`-Padding und Schrittweite 1 ersetzt wurde, wird die Ausgabe aus 10 Feature Maps bestehen, die jeweils die Größe 8 × 8 haben (denn 14 – 7 + 1 = 8). Mit anderen Worten: Das FCN wird das gesamte Bild nur einmal verarbeiten und ein 8 × 8-Raster zurückliefern, in dem jedes Feld 10 Zahlen enthält (5 Kategorienwahrscheinlichkeiten, 1 Objectness-Wert und 4 Koordinaten für die

30 Es gibt eine kleine Ausnahme: Ein Convolutional Layer mit `"valid"`-Padding wird sich beschweren, wenn die Eingabegröße kleiner als die Kernelgröße ist.

31 Dabei wird davon ausgegangen, dass wir im Netz nur `"same"`-Padding verwenden: Ein `"valid"`-Padding würde die Größe der Feature Map verringern. Zudem kann 448 mehrfach durch 2 dividiert werden, bis wir ohne Rundungsfehler 7 erreichen. Nutzt eine Schicht eine andere Schrittweite als 1 oder 2, kann es zu Rundungsfehlern kommen, und die Feature Maps werden eventuell am Ende kleiner.

Bounding Box). Es ist das Gleiche, als hätten wir das ursprüngliche CNN genutzt und es mit 8 Schritten pro Zeile und 8 Schritten pro Spalte über das Bild bewegt. Um sich das besser vorstellen zu können, gehen wir davon aus, dass das Bild in ein 14 × 14-Raster zerteilt wurde und dann ein 7 × 7-Fenster darübergleitet – es gibt dann 8 × 8 = 64 mögliche Positionen für das Fenster und damit 8 × 8 Vorhersagen. Aber das FCN ist *sehr viel* effizienter, da es sich das Bild nur einmal anschaut. Tatsächlich ist *You Only Look Once* (YOLO) der Name einer sehr beliebten Objekterkennungsarchitektur, die wir uns als Nächstes anschauen werden.

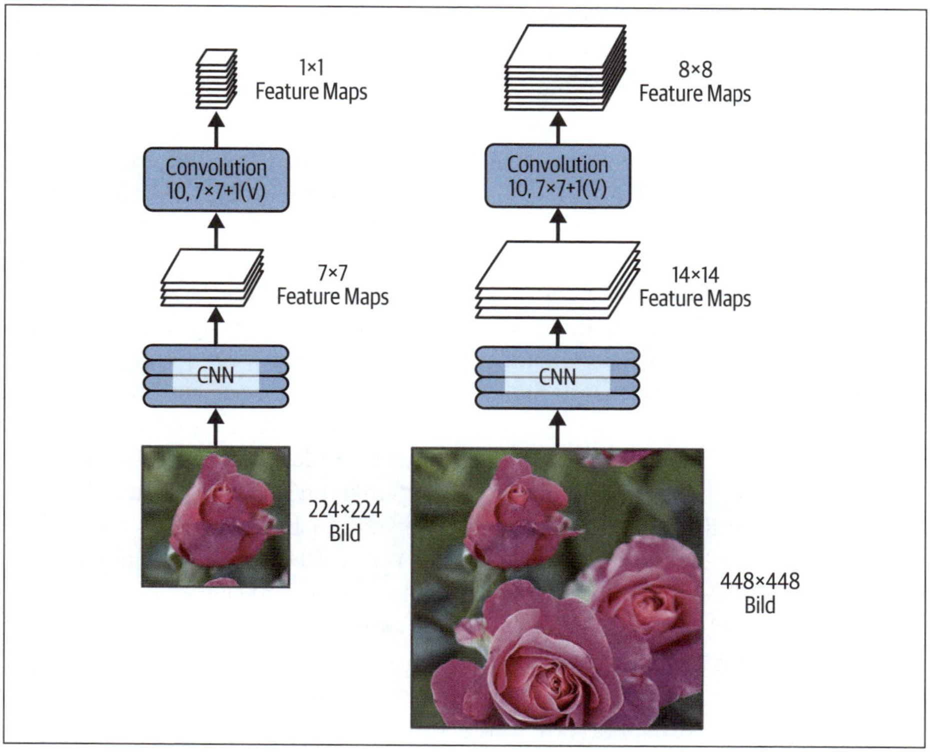

Abbildung 14-26: Das gleiche Fully Convolutional Network verarbeitet ein kleines Bild (links) und ein großes Bild (rechts).

You Only Look Once

YOLO ist eine außerordentlich schnelle und exakte Objekterkennungsarchitektur, die von Joseph Redmon et al. in einem Artikel (*https://homl.info/yolo*) aus dem Jahr 2015[32] vorgeschlagen wurde. Sie ist so schnell, dass sie in Echtzeit auf einem Video arbeiten kann, wie man in Redmons Demo (*https://homl.info/yolodemo*) sieht. Die

32 Joseph Redmon et al., »You Only Look Once: Unified, Real-Time Object Detection«, *Proceedings of the IEEE Conference on Computer Vision and Pattern Recognition* (2016): 779–788.

Architektur von YOLOv3 ähnelt der eben besprochenen, es gibt aber auch ein paar wichtige Unterschiede:

- Für jedes Rasterfeld berücksichtigt YOLO nur Objekte, deren Bounding Boxes mit ihrem Mittelpunkt innerhalb dieses Felds liegen. Die Koordinaten der Bounding Box sind relativ zu diesem Feld, wobei (0, 0) die obere linke Ecke des Felds und (1, 1) die untere rechte Ecke ist. Höhe und Breite der Bounding Box können aber über das Feld hinausgehen.
- Statt einer werden zwei Bounding Boxes für jedes Feld ausgegeben, wodurch das Modell mit Fällen umgehen kann, in denen zwei Objekte so eng nebeneinander sind, das die Mittelpunkte ihrer Bounding Boxes im gleichen Feld liegen. Jede Bounding Box bringt zudem ihren eigenen Objectness Score mit.
- YOLO gibt auch eine Kategorienwahrscheinlichkeitsverteilung für jedes Feld aus, bei der 20 Kategorienwahrscheinlichkeiten vorhergesagt werden, weil YOLO mit dem PASCAL-VOC-Datensatz trainiert wurde, der 20 Kategorien besitzt. Das erzeugt eine grobe *Class Probability Map*. Beachten Sie, dass das Modell eine Kategorienwahrscheinlichkeitsverteilung pro Rasterfeld vorhersagt, nicht pro Bounding Box. Aber es ist möglich, Kategorienwahrscheinlichkeiten für jede Bounding Box während der Nachverarbeitung zu schätzen, indem gemessen wird, wie gut jede Bounding Box zu jeder Kategorie in der Class Probability Map passt. Stellen Sie sich beispielsweise ein Bild mit einer Person vor einem Auto vor. Es wird zwei Bounding Boxes geben: eine große horizontale für das Auto und eine kleinere vertikale für die Person. Diese Bounding Boxes liegen mit ihrem Mittelpunkt im gleichen Rasterfeld. Wie können wir nun wissen, welche Kategorie welcher Bounding Box zugeordnet werden sollte? Nun, die Class Probability Map wird eine große Region enthalten, für die die Kategorie »car« dominant ist, darin wird sich eine kleinere Region befinden, bei der die Kategorie »person« dominant ist. Die Bounding Box des Autos wird nun hoffentlich grob zur »car«-Region passen, während die Bounding Box der Person grob zur »person«-Region passt: So lässt sich jeder Bounding Box die korrekte Kategorie zuweisen.

YOLO wurde ursprünglich mithilfe von Darknet entwickeln – einem Open Source Deep Learning Framework, das zunächst von Joseph Redmon in C entwickelt, aber bald nach TensorFlow, Keras, PyTorch und anderem portiert wurde. Es wurde im Laufe der Jahre kontinuierlich verbessert – mit YOLOv2, YOLOv3 und YOLO9000 (ebenfalls von Joseph Redmon et al.), YOLOv4 (von Alexey Bochkovskiy et al.), YOLOv5 (von Glenn Jocher) und PP-YOLO (von Xiang Long et al.).

Jede Version sorgte für ein paar beeindruckende Verbesserungen in Bezug auf Geschwindigkeit und Genauigkeit, wobei eine Reihe von Techniken zum Einsatz kommen. So wurde beispielsweise YOLOv3 zum Teil durch *Anchor Priors* genauer – dabei wurde berücksichtigt, dass abhängig von der Kategorie manche Formen von Bounding Boxes wahrscheinlicher sind als andere (so haben Personen eher vertikale Bounding Boxes, Autos aber nicht). Auch die Anzahl der Bounding Boxes pro

Rasterfeld wurde erhöht, es wurde mit anderen Datensätzen mit viel mehr Kategorien trainiert (bei YOLO9000 bis zu 9.000 Kategorien, die hierarchisch organisiert waren), es kamen Skip-Verbindungen ins Spiel, um einen Teil der räumlichen Auflösung wiederherzustellen, der im CNN verloren geht (wir werden dies gleich noch beim Blick auf die semantische Segmentierung behandeln), und vieles mehr. Es gibt darüber hinaus diverse Varianten dieser Modelle, wie zum Beispiel YOLOv4-tiny, das darauf optimiert ist, auf weniger leistungsfähigen Rechnern trainiert zu werden, und ausgesprochen schnell sein kann (bei über 1.000 Frames pro Sekunde!), wenn auch mit einer etwas niedrigeren *Mean Average Precision* (mAP).

Mean Average Precision (mAP)

Eine in der Objekterkennung sehr oft genutzte Metrik ist die *Mean Average Precision* (mAP). »Mean Average« klingt ein bisschen redundant, oder? Um diese Metrik zu verstehen, kehren wir zu den beiden Klassifikationsmetriken zurück, die wir in Kapitel 3 behandelt haben: Relevanz und Sensitivität. Erinnern Sie sich an die Abhängigkeiten: Je höher die Relevanz, desto geringer ist die Sensitivität. Sie können dies in einer Relevanz-Sensitivität-Kurve sichtbar machen (siehe Abbildung 3-6). Um diese Kurve in einer einzigen Zahl zusammenzufassen, können wir die Fläche unter der Kurve berechnen (*Area Under Curve*, AUC). Aber bedenken Sie, dass die Relevanz-Sensitivität-Kurve ein paar Abschnitte besitzen kann, in denen die Relevanz tatsächlich mit wachsender Sensitivität steigt. Das kann insbesondere bei niedrigen Sensitivitätswerten der Fall sein (Sie sehen das oben links in Abbildung 3-6). Dies ist ein Teil der Motivation für die mAP-Metrik.

Angenommen, der Klassifizierer besäße eine Relevanz von 90% bei einer Sensitivität von 10%, bei 20% Sensitivität aber 96%. Dann gibt es keinen Kompromiss, den man eingehen muss – es ist einfach sinnvoller, den Klassifizierer bei 20% Sensitivität zu verwenden, denn dann bekommen Sie gleichzeitig eine höhere Sensitivität und Relevanz. Statt sich also die Relevanz bei *genau* 10% Sensitivität anzuschauen, sollten wir nach der *maximalen* Relevanz suchen, die der Klassifizierer bei *mindestens* 10% Sensitivität bieten kann. Das wären 96%, nicht 90%. Daher ist eine Möglichkeit zum Abschätzen der Leistung des Modells, die maximale Relevanz zu berechnen, die Sie mit 0% Sensitivität, mit 10%, 20% und so weiter bis 100% bekommen können, und dann den Mittelwert dieser maximalen Relevanz zu ermitteln. Das ist die *Average-Precision*-(AP-)Metrik. Gibt es nun mehr als zwei Kategorien, können wir die AP für jede Kategorie und damit die Mean AP (mAP) berechnen. Das ist alles.

In einem System zur Objekterkennung gibt es eine zusätzliche Komplexitätsstufe: Was ist, wenn das System die korrekte Kategorie erkennt, aber die falsche Position (also die Bounding Box neben dem Objekt »gefunden« wird)? Sicherlich sollten wir das nicht als positive Vorhersage werten. Ein Ansatz ist, einen IoU-Grenzwert zu definieren: Wir können zum Beispiel überlegen, dass eine Vorhersage nur dann korrekt ist, wenn die IoU größer als (beispielsweise) 0,5 und die vorhergesagte Kategorie die richtige ist. Der zugehörige mAP wird im Allgemeinen als mAP@0.5 geschrieben (oder mAP@50%, manchmal auch einfach AP_{50}). In manchen Wettbewerben (wie der PASCAL VOC Challenge) wird das so gemacht. In anderen (wie der COCO Competition) wird der mAP für verschiedene IoU-Grenzwerte berechnet (0,50, 0,55, 0,60, ..., 0,95), und die abschließende Metrik ist der Mittelwert all dieser mAPs (geschrieben als mAP@[.50:.95] oder mAP[.50:0.05:.95]). Ja, das ist ein mittlerer Mittelwert.

Auf TensorFlow Hub stehen viele Objekterkennungsmodelle zur Verfügung, oft mit vortrainierten Gewichten, wie zum Beispiel YOLOv5[33], SSD (*https://homl.info/ssd*)[34], Faster R-CNN (*https://homl.info/fasterrcnn*)[35] und EfficientDet (*https://homl.info/efficientdet*)[36].

SSD und EfficientDet sind zudem wie YOLO »Look Once«-Erkennungsmodelle. EfficientDet basiert auf der Convolutional-Architektur von EfficientNet. Faster R-CNN ist komplexer: Das Bild durchläuft zuerst ein CNN, dann wird die Ausgabe an ein *Region Proposal Network* (RPN) weitergereicht, das Bounding Boxes vorschlägt, die am wahrscheinlichsten ein Objekt enthalten. Anschließend läuft noch ein Klassifizierer für jede Bounding Box basierend auf der beschnittenen Ausgabe des CNN. Der beste Ausgangspunkt für den Einsatz dieser Modelle ist das ausgezeichnete Objekterkennungstutorial (*https://homl.info/objdet*) von TensorFlow Hub.

Bisher haben wir uns nur um das Erkennen von Objekten in einzelnen Bildern gekümmert. Aber wie sieht es mit Videos aus? Objekte müssen nicht nur in jedem Frame gefunden werden, sie müssen auch noch im Zeitverlauf verfolgt werden. Schauen wir uns daher kurz noch Objektverfolgung an.

Objektverfolgung

Objektverfolgung ist eine anspruchsvolle Aufgabe: Objekte bewegen sich, sie können größer oder kleiner werden, wenn sie näher an die Kamera herankommen oder sich von ihr entfernen, ihr Erscheinen kann sich ändern, wenn sie sich drehen, anders beleuchtet werden oder auf anderem Hintergrund zu finden sind, sie können zeitweilig von anderen Objekten verdeckt werden und so weiter.

33 Sie finden YOLOv3, YOLOv4 und deren kleinere Varianten im TensorFlow Models Project unter *https://homl.info/yolotf*.

34 Wei Liu et al., »SSD: Single Shot Multibox Detector«, *Proceedings of the 14th European Conference on Computer Vision* 1 (2016): 21–37.

35 Shaoqing Ren et al., »Faster R-CNN: Towards Real-Time Object Detection with Region Proposal Networks«, *Proceedings of the 28th International Conference on Neural Information Processing Systems* 1 (2015): 91–99.

36 Mingxing Tan et al., »EfficientDet: Scalable and Efficient Object Detection«, arXiv Preprint arXiv:1911.09070 (2019).

Eines der verbreitetsten Objektverfolungssysteme ist DeepSORT (*https://homl.info/deepsort*).[37] Es basiert auf einer Kombination aus klassischen Algorithmen und Deep Learning:

- Mit *Kalman-Filtern* wird die wahrscheinlichste aktuelle Position eines Objekts abgeschätzt, das zuvor per Objekterkennung gefunden wurde, und es wird angenommen, dass sich Objekte mit gleichmäßiger Geschwindigkeit bewegen.
- Mit einem Deep-Learning-Modell wird Ähnlichkeit zwischen neu erkannten und bestehenden schon verfolgten Objekten gemessen.
- Schließlich kommt die *Ungarische Methode* zum Einsatz, um neue Objekterkennung auf bestehende, schon verfolgte (oder neu zu verfolgende) Objekte abzubilden: Dieser Algorithmus findet effizient die Abbildungskombinationen, die den Abstand zwischen den erkannten Objekten und den vorhergesagten Positionen verfolgter Objekte minimiert, während gleichzeitig die Erscheinungsdiskrepanz minimiert wird.

Stellen Sie sich beispielsweise einen roten Ball vor, der gerade von einem blauen Ball abprallt, der wiederum sich in die entgegengesetzte Richtung bewegt. Basierend auf den vorherigen Positionen der Bälle wird der Kalman-Filter vorhersagen, dass die Bälle durch einander durchgehen werden: Er geht davon aus, dass sich Objekte mit konstanter Geschwindigkeit bewegen, daher kann er das Abprallen nicht vorhersagen. Würde die Ungarische Methode nur Positionen berücksichtigen, würde sie fröhlich die neuen Objekterkennungen auf die falschen Bälle abbilden – so als hätten sie sich einfach einander durchdrungen und die Farben getauscht. Aber dank der Ähnlichkeitsmessung wird die Ungarische Methode das Problem erkennen. Wenn sich die Bälle nicht zu sehr ähneln, wird der Algorithmus die neuen Objekterkennung auf die korrekten Bälle abbilden.

> Es gibt auf GitHub ein paar Implementierungen von DeepSORT, unter anderem auch eine TensorFlow-Implementierung von YOLOv4 + DeepSORT: *https://github.com/theAIGuysCode/yolov4-deepsort*.

Bisher haben wir Objekte lokalisiert, indem wir sie mit Bounding Boxes umgeben. Das ist oft ausreichend, aber manchmal müssen Sie ein bisschen genauer sein – zum Beispiel um den Hintergrund hinter einer Person bei einer Videokonferenz zu entfernen. Schauen wir uns an, wie wir uns auf die Pixelebene begeben können.

37 Nicolai Wojke et al., »Simple Online and Realtime Tracking with a Deep Association Metric«, arXiv Preprint arXiv:1703.07402 (2017).

Semantische Segmentierung

Bei der *semantischen Segmentierung* wird jedes Pixel aufgrund der Kategorie des Objekts klassifiziert, zu dem es gehört (zum Beispiel Straße, Auto, Fußgänger, Gebäude und so weiter), wie Sie in Abbildung 14-27 sehen können. Beachten Sie, dass verschiedene Objekte der gleichen Kategorie *nicht* unterschieden werden. So werden beispielsweise alle Räder auf der rechten Seite des segmentierten Bilds zu einem großen Pixelbereich. Das größte Problem bei dieser Aufgabe ist, dass Bilder beim Durchlaufen eines normalen CNN teilweise ihre räumliche Auflösung verlieren (aufgrund der Schichten mit Schrittweiten größer 1) – ein normales CNN findet daher eventuell heraus, dass irgendwo unten links im Bild eine Person ist, aber sehr viel genauer kann es nicht sein.

Abbildung 14-27: Semantische Segmentierung

Wie bei der Objekterkennung gibt es viele verschiedene Ansätze, um dieses Problem anzugehen, von denen manche einigermaßen komplex sind. Aber im Jahr 2015 wurde eine ziemlich einfache Lösung in dem Artikel von Jonathan Long et al. vorgeschlagen, den wir weiter oben schon bei Fully Convolutional Networks erwähnt haben. Die Autoren beginnen mit einem vortrainierten CNN und verwandeln es in ein FCN. Das CNN wendet auf das Eingangsbild eine Gesamtschrittweite von 32 an (wenn Sie alle Schrittweiten größer 1 zusammenzählen), was bedeutet, dass die Ausgabe-Feature-Maps der letzten Schicht 32 Mal kleiner sind als das Eingabebild. Das ist natürlich zu grob, daher haben sie noch einen einzelnen *Upsamling Layer* hinzugefügt, der die Auflösung mit 32 multipliziert.

Es gibt eine Reihe von Lösungsmöglichkeiten für das Upsampling (also das Vergrößern des Bilds), zum Beispiel bilineare Interpolation, aber das funktioniert nur bis zu einem Vergrößerungsfaktor von 4 oder 8 vernünftig. Stattdessen kommt ein *Transposed Convolutional Layer*[38] zum Einsatz: Dieser verhält sich so, als würde

38 Diese Art von Schicht wird manchmal auch als *Deconvolution Layer* bezeichnet, aber er führt *nicht* das durch, was Mathematiker als Dekonvolution (oder Entfaltung) bezeichnen, daher sollte dieser Name vermieden werden.

das Bild erst durch das Einfügen von leeren Zeilen und Spalten gestreckt und dann eine normale Convolution durchgeführt (siehe Abbildung 14-28). Alternativ stellen sich ihn manche als einen normalen Convolutional Layer vor, der gebrochene Schrittweiten einsetzt (zum Beispiel wäre die Schrittweite gleich 1/2 in Abbildung 14-28). Der Transposed Convolutional Layer kann damit initialisiert werden, so etwas wie eine lineare Interpolation durchzuführen, aber da es sich um eine trainierbare Schicht handelt, wird er während des Trainings lernen, etwas Besseres zu liefern. In tf.keras können Sie die Schicht `Conv2DTranspose` verwenden.

> In einem Transposed Convolutional Layer definiert die Schrittweite, wie stark die Eingabe gestreckt wird, nicht die Größe der Filterschritte. Je größer also die Schrittweite, desto größer wird die Ausgabe (anders als bei Convolutional Layers oder Pooling Layers).

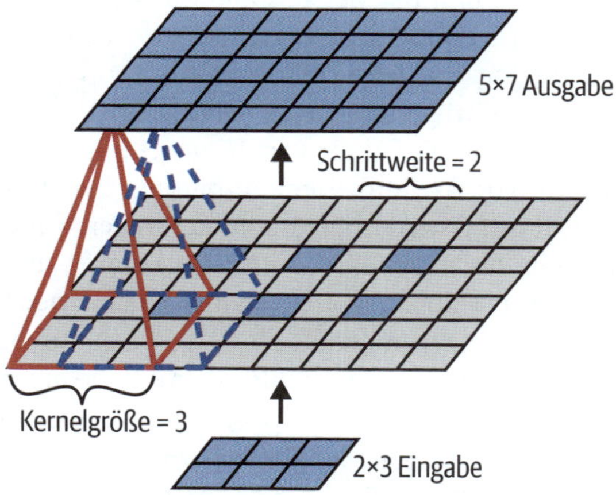

Abbildung 14-28: Upsampling mit einem Transposed Convolutional Layer

Andere Convolutional Layers in Keras

Keras bietet noch ein paar andere Arten von Convolutional Layers:

`tf.keras.layers.Conv1D`
: Ein Convolutional Layer für 1-D-Eingaben, wie zum Beispiel Zeitserien oder Text (Folgen von Buchstaben oder Wörtern), wie wir in Kapitel 15 sehen werden.

`tf.keras.layers.Conv3D`
: Ein Convolutional Layer für 3-D-Eingaben, wie zum Beispiel dreidimensionalen PET-Scans.

`dilation_rate`
: Setzen Sie den Hyperparameter `dilation_rate` eines Convolutional Layer auf einen Wert von 2 oder größer, erstellen Sie einen *À-Trous Convolutional Layer* (»à trous« ist französisch für »mit Löchern«). Das entspricht einem normalen Convolutional Layer mit einem Filter, der durch das Einfügen von Zeilen und Spalten mit Nullen (also Löchern) erweitert wird. So kann beispielsweise ein 1 × 3-Filter (entsprechend `[[1,2,3]]`) durch eine *Dilation-Rate* von 4 so erweitert werden, dass er ein Dilated Filter mit `[[1, 0, 0, 0, 2, 0, 0, 0, 3]]` wird. Damit bekommt der Convolutional Layer ein größeres Wahrnehmungsfeld ohne zusätzlichen Rechenaufwand und ohne zusätzliche Parameter.

Der Einsatz von Transposed Convolutional Layers zum Upsampling ist okay, aber immer noch zu ungenau. Damit das besser funktioniert, haben Long et al. Skip-Verbindungen von den unteren Schichten ergänzt: So wurde beispielsweise das Ausgabebild per Upsampling um einen Faktor 2 (statt 32) vergrößert und die Ausgabe einer unteren Schicht hinzugefügt, die diese doppelte Auflösung besitzt. Dann haben sie das Ergebnis mit einem Faktor von 16 upgesampelt, was zu einem Gesamt-Upsampling-Faktor von 32 führt (siehe Abbildung 14-29). Damit wurde ein Teil der räumlichen Auflösung wiederhergestellt, der in den früheren Pooling Layers verloren ging. In der besten Architektur haben die Autoren eine zweite, ähnliche Skip-Verbindung genutzt, um noch feinere Details von einer noch tieferen Schicht wiederherzustellen. Kurz gesagt, durchläuft die Ausgabe des ursprünglichen CNN die folgenden zusätzlichen Schritte: Upsample ×2, Ausgabe einer tiefer liegenden Schicht (der passenden Größe) hinzufügen, Upsample ×2, Ausgabe einer noch tiefer liegenden Schicht hinzufügen und schließlich ein Upsample ×8. Es ist sogar möglich, die Auflösung über die Größe des ursprünglichen Bilds hinaus zu vergrößern – damit lässt sich die Auflösung eines Bilds erhöhen, was als *Super-Resolution* bezeichnet wird.

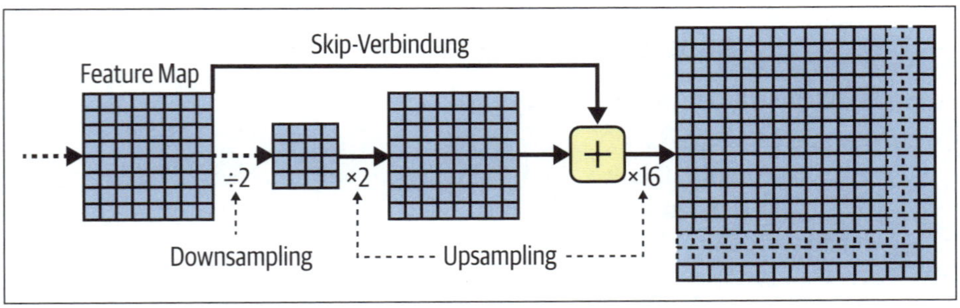

Abbildung 14-29: Skip Layers stellen einen Teil der räumlichen Auflösung aus tieferen Schichten wieder her.

Instance Segmentation ähnelt der semantischen Segmentierung, aber statt alle Objekte der gleichen Kategorie in einem großen Blob zusammenzufassen, wird jedes Objekt von den anderen unterschieden (so erkennt es zum Beispiel jedes einzelne Fahrrad). Beispielsweise erweitert die *Mask-R-CNN*-Architektur, die in einem Artikel (*https://homl.info/maskrcnn*)[39] aus dem Jahr 2017 vorgestellt wurde, das Faster R-CNN-Modell, indem es zusätzlich eine Pixelmaske für jede Bounding Box erzeugt. So erhalten Sie nicht nur eine Bounding Box für jedes Objekt und einen Satz von geschätzten Kategorienwahrscheinlichkeiten, sondern auch noch eine Pixelmaske, die Pixel in der Bounding Box lokalisiert, die zum Objekt gehören. Dieses Modell steht auf TensorFlow Hub zur Verfügung und ist dort mit dem COCO-2017-Datensatz vortrainiert. In diesem Bereich ist noch viel in Bewegung – wenn Sie die neuesten und besten Modelle ausprobieren wollen, werfen Sie einen Blick auf den State-of-the-Art-Bereich in *https://paperswithcode.com*.

Wie Sie sehen, ist das Gebiet der Computer Vision umfangreich und entwickelt sich schnell weiter. Jedes Jahr entstehen neue Architekturen, und so gut wie alle basieren auf Convolutional Neural Networks, aber seit 2020 hat eine andere Architektur den Bereich der Computer Vision erreicht: Transformer (die wir in Kapitel 16 besprechen werden). Es ist erstaunlich, was für Fortschritte es in den letzten zehn Jahren gegeben hat, und Forscher konzentrieren sich jetzt auf immer schwierigere Probleme, wie zum Beispiel *Adversarial Learning* (das versucht, das Netzwerk widerstandsfähiger gegen Bilder zu machen, die versuchen, es auszutricksen), Explainability (verstehen, warum das Netz eine bestimmte Klassifikation vorgenommen hat), realistische *Bilderzeugung* (auf die wir in Kapitel 17 wieder zurückkommen), *Single-Shot Learning* (ein System, das ein Objekt erkennen kann, nachdem es dieses nur einmal gesehen hat), Vorhersagen der nächsten Frames in einem Video, Kombinieren von Text und Bildern und vieles mehr.

Im nächsten Kapitel werden wir uns anschauen, wie wir sequenzielle Daten, wie zum Beispiel Zeitserien, mit rekurrenten neuronalen Netzen und Convolutional Neural Networks verarbeiten können.

Übungen

1. Was sind die Vorteile eines CNN gegenüber einem vollständig verbundenen DNN zur Bildklassifizierung?
2. Betrachten Sie ein aus drei Convolutional Layers zusammengesetztes CNN, wobei jeder Kernel die Größe 3 × 3, eine Schrittweite von 2 und `"same"`-Padding besitzt. Die niedrigste Schicht gibt 100 Feature Maps aus, die mittlere 200 und die oberste 400. Die Eingaben sind RGB-Bilder mit 200 × 300 Pixeln:

39 Kaiming He et al., »Mask R-CNN«, arXiv Preprint arXiv:1703.06870 (2017).

   a. Wie viele Parameter hat das CNN insgesamt?
   b. Wenn wir Floats mit 32 Bit verwenden, wie viel RAM wird dieses Netz mindestens bei der Vorhersage aus einem einzelnen Datenpunkt beanspruchen?
   c. Wie sieht es beim Trainieren mit einem Mini-Batch aus 50 Bildern aus?
3. Zählen Sie fünf Dinge auf, die Sie ausprobieren können, wenn Ihre GPU beim Trainieren eines CNN zu wenig Speicher hat.
4. Warum sollten Sie eher einen Max-Pooling Layer anstelle eines Convolutional Layer mit der gleichen Schrittweite hinzufügen?
5. In welcher Situation sollten Sie einen *Local Response Normalization Layer* hinzufügen?
6. Welches sind die wichtigsten Innovationen bei AlexNet im Vergleich zu LeNet-5? Welche Innovationen liegen GoogLeNet, ResNet, SENet, Xception und EfficientNet zugrunde?
7. Was ist ein Fully Convolutional Network? Wie können Sie eine `Dense`-Schicht in einen Convolutional Layer umwandeln?
8. Was ist die größte technische Schwierigkeit bei der segmantischen Segmentierung?
9. Erstellen Sie Ihr eigenes CNN und versuchen Sie, die höchstmögliche Genauigkeit auf dem MNIST-Datensatz zu erzielen.
10. Transfer Learning zur Klassifikation großer Bilder – nutzen Sie folgende Schritte:
    a. Erstellen Sie einen Trainingsdatensatz mit mindestens 100 Bildern pro Kategorie. Beispielsweise könnten Sie Ihre eigenen Bilder anhand des Orts (Strand, Berge, Stadt und so weiter) oder einen bestehenden Datensatz (zum Beispiel ein TensorFlow-Dataset) klassifizieren.
    b. Unterteilen Sie Ihren Datensatz in Trainings- und Testdaten.
    c. Bauen Sie die Eingabepipeline einschließlich der passenden Vorverarbeitungsoperationen und optional mit Data Augmentation.
    d. Optimieren Sie ein vortrainiertes Modell mit diesem Datensatz.
11. Arbeiten Sie das Style Transfer Tutorial (*https://homl.info/styletuto*) von TensorFlow durch. Es ist eine unterhaltsame Möglichkeit, mit Deep Learning Kunst zu erzeugen.

Die deutschsprachigen Lösungen zu diesen Übungen finden Sie unter *https://dpunkt.de/produkt/praxiseinstieg-machine-learning-mit-scikit-learn-keras-und-tensorflow-2/* auf der Registerkarte *Zusatzmaterial*, die englischsprachigen Lösungen am Ende des Notebooks zu diesem Kapitel unter *https://homl.info/colab3*.

KAPITEL 15

Verarbeiten von Sequenzen mit RNNs und CNNs

Wir sagen ständig die Zukunft vorher, sei es, dass Sie für einen Freund den Satz beenden oder den Kaffeeduft beim Frühstück im Voraus erahnen. In diesem Kapitel werden wir *rekurrente neuronale Netze (RNN)* besprechen – eine Klasse von Netzen, die die Zukunft vorhersagen können (natürlich nur bis zu einem gewissen Punkt). RNNs können Zeitreihen wie die tägliche Anzahl der aktiven Benutzer auf Ihrer Website, die stündliche Temperatur in Ihrer Stadt, den täglichen Stromverbrauch Ihres Hauses, die Trajektorie vorbeifahrender Autos und vieles mehr vorhersagen. Hat ein RNN in den Daten Muster aus der Vergangenheit erlernt, kann es dieses Wissen nutzen, um die Zukunft vorherzusagen – natürlich unter der Voraussetzung, dass diese Muster auch weiterhin gültig sind.

Allgemeiner gesagt, können RNNs mit Folgen beliebiger Länge arbeiten, statt sich auf Eingaben fester Größe zu beschränken. Sie können beispielsweise Sätze, Dokumente oder Audioschnipsel als Eingaben übernehmen, was sie außerordentlich nützlich für die Verarbeitung natürlicher Sprache macht, wie zum Beispiel zum automatischen Übersetzen oder dem Umwandeln von Sprache in Text.

In diesem Kapitel werden wir uns zunächst die grundlegenden Konzepte anschauen, auf denen RNNs aufbauen, und Sie werden erfahren, wie man sie per Backpropagation durch die Zeit trainiert. Dabei werden wir uns die beliebte ARMA-Modellfamilie anschauen, die häufig zum Vorhersagen von Zeitserien genutzt wird, und sie als Grundlage zum Vergleichen mit unseren RNNs verwenden. Danach werden wir die zwei größten Schwierigkeiten unter die Lupe nehmen, denen sich RNNs gegenübersehen:

- Instabile Gradienten (besprochen in Kapitel 11), die durch verschiedene Techniken abgemildert werden können – unter anderem *Recurrent Dropout* und *Recurrent Layer Normalization*.
- Ein (sehr) begrenztes Kurzzeitgedächtnis, das mithilfe von LSTM- und GRU-Zellen erweitert werden kann.

RNNs sind nicht die einzige Art neuronaler Netze, die sequenzielle Daten verarbeiten können. Für kleine Sequenzen kann auch ein normales Dense-Netzwerk ausreichen, und für sehr lange Sequenzen, wie zum Beispiel Audiosamples oder Text, können Convolutional Neural Networks ziemlich gut funktionieren. Wir werden beide Möglichkeiten besprechen und dieses Kapitel mit dem Implementieren eines WaveNet abschließen: Dabei handelt es sich um eine CNN-Architektur, die Sequenzen mit Zehntausenden Zeitschritten verarbeiten kann. Legen wir los!

Rekurrente Neuronen und Schichten

Bisher haben wir uns hauptsächlich mit Feed-Forward-Netzen beschäftigt, bei denen die Aktivierung nur in eine Richtung erfolgt, nämlich von der Eingabeschicht zur Ausgabeschicht. Ein rekurrentes neuronales Netz sieht einem Feed-Forward-Netz sehr ähnlich, außer dass es auch rückwärts gerichtete Verbindungen enthält. Das einfachste mögliche RNN besteht aus nur einem Neuron, das Eingaben erhält, eine Ausgabe produziert und diese Ausgabe wieder an sich selbst schickt, wie in Abbildung 15-1 (links) gezeigt. Zu jedem *Ausführungszeitpunkt t* (auch *Frame* genannt) erhält dieses *rekurrente Neuron* die Eingaben $\mathbf{x}_{(t)}$ sowie seine eigene Ausgabe aus dem vorherigen Schritt $\hat{\mathbf{Y}}_{(t-1)}$. Da es im ersten Zeitschritt keine vorherige Ausgabe gibt, wird sie im Allgemeinen auf 0 gesetzt. In Abbildung 15-1 (rechts) stellen wir dieses winzige Netz entlang einer Zeitachse dar. Das nennt man *das Netz entlang der Zeitachse aufrollen* (es ist das gleiche Neuron, das einmal pro Zeitschritt dargestellt wird).

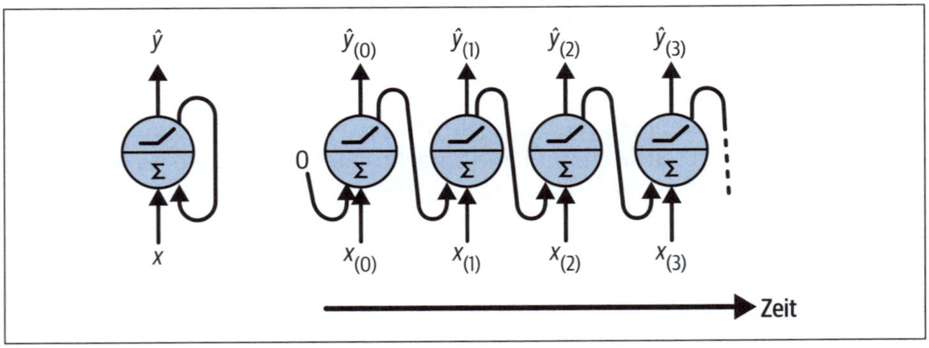

Abbildung 15-1: Ein rekurrentes Neuron (links), entlang der Zeitachse aufgerollt (rechts)

Sie können leicht eine ganze Schicht rekurrenter Neuronen erstellen. Bei jedem Schritt *t* erhält jedes Neuron sowohl den Eingabevektor $\mathbf{x}_{(t)}$ als auch den Ausgabevektor aus dem vorherigen Schritt $\hat{\mathbf{Y}}_{(t-1)}$, wie in Abbildung 15-2 dargestellt. Sowohl die Ein- als auch die Ausgaben sind nun Vektoren (bei einem einzelnen Neuron war die Ausgabe noch ein Skalar).

Jedes rekurrente Neuron enthält zwei Sätze Gewichte: einen für die Eingaben $\mathbf{x}_{(t)}$, den anderen für die Ausgaben des vorangegangenen Schritts $\hat{\mathbf{y}}_{(t-1)}$. Wir bezeichnen diese Gewichtsvektoren mit $\mathbf{w}_x$ und $\mathbf{w}_{\hat{y}}$. Betrachten wir die gesamte rekurrente Schicht statt nur ein rekurrentes Neuron, platzieren wir alle Gewichtsvektoren in zwei Gewichtsmatrizen $\mathbf{W}_x$ und $\mathbf{W}_{\hat{y}}$.

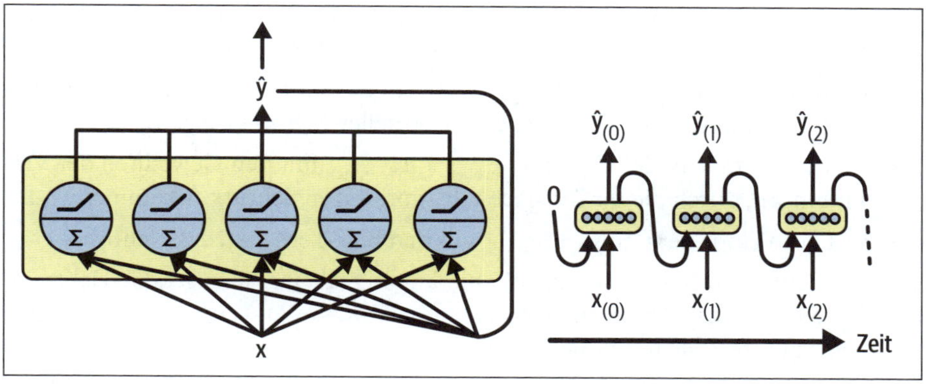

Abbildung 15-2: Eine Schicht rekurrenter Neuronen (links), entlang der Zeitachse aufgerollt (rechts)

Der Ausgabevektor der gesamten rekurrenten Schicht lässt sich wie in Formel 15-1 gezeigt berechnen, wobei **b** der Bias-Term und $\varphi(\cdot)$ die Aktivierungsfunktion ist (z.B. ReLU[1]).

Formel 15-1: Ausgabe eines einzelnen rekurrenten Neurons für einen einzelnen Datenpunkt

$$\hat{\mathbf{y}}_{(t)} = \phi\left(\mathbf{W}_x{}^{\mathsf{T}}\mathbf{x}_{(t)} + \mathbf{W}_{\hat{y}}{}^{\mathsf{T}}\hat{\mathbf{y}}_{(t-1)} + \mathbf{b}\right)$$

Wie bei Feed-Forward-Netzen können wir die Ausgabe einer rekurrenten Schicht für einen ganzen Mini-Batch auf einen Schlag berechnen, indem wir alle Eingaben zum Zeitschritt t in eine Eingabematrix $\mathbf{X}_{(t)}$ stecken (siehe Formel 15-2).

Formel 15-2: Ausgabe einer Schicht rekurrenter Neuronen für alle Datenpunkte in einem Mini-Batch

$$\begin{aligned}\mathbf{Y}_{(t)} &= \phi\left(\mathbf{X}_{(t)}\mathbf{W}_x + \mathbf{Y}_{(t-1)}\mathbf{W}_y + \mathbf{b}\right)\\ &= \phi\left(\begin{bmatrix}\mathbf{X}_{(t)} & \mathbf{Y}_{(t-1)}\end{bmatrix}\mathbf{W} + \mathbf{b}\right) \text{ mit } \mathbf{W} = \begin{bmatrix}\mathbf{W}_x\\ \mathbf{W}_y\end{bmatrix}\end{aligned}$$

In dieser Gleichung gilt:

- $\hat{\mathbf{Y}}_{(t)}$ ist eine Matrix der Größe $m \times n_{\text{Neuronen}}$, die die Ausgaben der Schicht im Schritt t für jeden Datenpunkt im Mini-Batch enthält (m ist die Anzahl Datenpunkte im Mini-Batch und n_{Neuronen} die Anzahl der Neuronen).

1 Viele Forscher bevorzugen bei RNNs den Tangens hyperbolicus (tanh) als Aktivierungsfunktion anstelle von ReLU. Lesen Sie dazu beispielsweise den Artikel »Dropout Improves Recurrent Neural Networks for Handwriting Recognition« (*https://homl.info/91*) aus dem Jahr 2013 von Vu Pham et al. Auf ReLU aufbauende RNNs sind aber ebenfalls möglich, wie im Artikel »A Simple Way to Initialize Recurrent Networks of Rectified Linear Units« (*https://homl.info/92*) aus dem Jahr 2015 von Quoc V. Le et al. gezeigt.

- $\mathbf{X}_{(t)}$ ist eine Matrix der Größe $m \times n_{\text{Eingaben}}$ mit den Eingabedaten aller Datenpunkte (n_{Eingaben} ist die Anzahl der eingespeisten Merkmale).
- $\mathbf{W}_x$ ist eine Matrix der Größe $n_{\text{Eingaben}} \times n_{\text{Neuronen}}$ mit den Gewichten der Verbindungen, durch die die Eingaben im aktuellen Schritt erfolgen.
- $\mathbf{W}_{\hat{y}}$ ist eine Matrix der Größe $n_{\text{Neuronen}} \times n_{\text{Neuronen}}$ mit den Gewichten der Verbindungen, durch die die Ausgaben des vorherigen Schritts ankommen.
- $\mathbf{b}$ ist ein Vektor der Größe n_{Neuronen} mit den Bias-Termen jedes Neurons.
- Die Gewichtsmatrizen $\mathbf{W}_x$ und $\mathbf{W}_{\hat{y}}$ sind häufig zu einer einzigen Gewichtsmatrix $\mathbf{W}$ mit den Abmessungen $(n_{\text{Eingaben}} + n_{\text{Neuronen}}) \times n_{\text{Neuronen}}$ verbunden (siehe zweite Zeile in Formel 15-2).
- Die Notation $[\mathbf{X}_{(t)}\ \hat{\mathbf{Y}}_{(t-1)}]$ repräsentiert die horizontale Verkettung der Matrizen $\mathbf{X}_{(t)}$ und $\hat{\mathbf{Y}}_{(t-1)}$.

Beachten Sie, dass $\hat{\mathbf{Y}}_{(t)}$ eine Funktion von $\mathbf{X}_{(t)}$ und $\hat{\mathbf{Y}}_{(t-1)}$ ist, das eine Funktion von $\mathbf{X}_{(t-1)}$ und $\hat{\mathbf{Y}}_{(t-2)}$ ist, das eine Funktion von $\mathbf{X}_{(t-2)}$ und $\hat{\mathbf{Y}}_{(t-3)}$ ist und so weiter. Damit wird $\hat{\mathbf{Y}}_{(t)}$ eine Funktion aller seit dem Zeitpunkt $t = 0$ erfolgten Eingaben (also $\mathbf{X}_{(0)}$, $\mathbf{X}_{(1)}$, …, $\mathbf{X}_{(t)}$). Beim ersten Schritt $t = 0$ gibt es keine vorherigen Ausgaben, daher werden diese üblicherweise auf null gesetzt.

Gedächtniszellen

Da die Ausgabe eines rekurrenten Neurons zum Zeitpunkt t eine Funktion aller Eingaben der vorherigen Schritte ist, können Sie auch sagen, dass es eine Art *Gedächtnis* hat. Den Teil eines neuronalen Netzes, dessen Zustand über mehrere zeitliche Schritte erhalten bleibt, bezeichnet man als *Gedächtniszelle* (oder einfach als *Zelle*). Ein einfaches rekurrentes Neuron oder eine Schicht rekurrenter Neuronen sind sehr einfache Zellen, die nur kurze Muster lernen können (meist etwa zehn Schritte lang, aber das hängt von der Aufgabe ab). Wir werden uns im Verlauf dieses Kapitels aber noch komplexere und mächtigere Zellen ansehen, die längere Muster lernen können (etwa zehnmal länger, aber auch das hängt wieder von der Aufgabe ab).

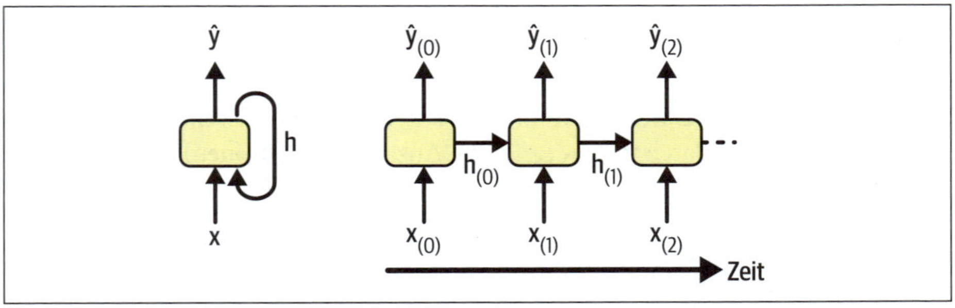

Abbildung 15-3: Der verborgene Zustand einer Zelle und ihre Ausgabe können unterschiedlich sein.

Der Zustand einer Zelle zum Zeitpunkt *t*, geschrieben $\mathbf{h}_{(t)}$ (das »h« steht für »hidden«), ist eine Funktion der Eingaben zu diesem Zeitpunkt und ihres Zustands zum vorherigen Zeitpunkt: $\mathbf{h}_{(t)} = f(\mathbf{x}_{(t)}, \mathbf{h}_{(t-1)})$. Die Ausgabe zum Zeitpunkt *t*, geschrieben $\hat{\mathbf{Y}}_{(t)}$, ist ebenfalls eine Funktion des vorherigen Zustands und der aktuellen Eingaben. Bei den bisher besprochenen einfachen Zellen ist die Ausgabe mit dem Zustand identisch, aber bei komplexeren Zellen ist dies nicht immer der Fall, wie Abbildung 15-3 zeigt.

Ein- und Ausgabesequenzen

Ein RNN kann gleichzeitig eine Sequenz von Eingabedaten aufnehmen und eine Sequenz von Ausgaben produzieren (siehe Abbildung 15-4, Netz oben links). Diese Art von *Sequence-to-Sequence-Netz* ist zur Vorhersage von Zeitreihen wie etwa Ihren täglichen Stromverbrauch geeignet: Sie geben die Daten der letzten *N* Tage ein und trainieren das Netz, damit es den um einen Tag in die Zukunft verschobenen Stromverbrauch ausgibt (d. h. anhand der *N* – 1 Tage bis morgen).

Alternativ können Sie eine Sequenz aus Eingaben in das Netz einspeisen und sämtliche Ausgaben außer der letzten ignorieren (im Netz oben rechts in Abbildung 15-4). Dieses Netz bildet eine Sequenz auf einen Vektor ab. Sie könnten in dieses Netz nacheinander die Wörter einer Filmbewertung einspeisen, und das Netz würde als Ausgabe eine Bewertung ausgeben (z. B. von 0 [miserabel] bis 1 [fantastisch]).

Umgekehrt könnten Sie dem Netz den gleichen Eingabevektor bei jedem Zeitschritt wieder und wieder zur Verfügung stellen und eine Sequenz ausgeben lassen (siehe das Netz unten links in Abbildung 15-4). Dies ist ein Vector-to-Sequence-Netz. Beispielsweise könnte die Eingabe ein Bild sein (oder die Ausgabe eines CNN) und die Ausgabe eine Beschreibung dieses Bilds.

Schließlich könnte ein Netz eine Sequenz zu einem Vektor umwandeln, genannt *Encoder*, und anschließend diesen Vektor in eine Sequenz umwandeln, genannt *Decoder* (siehe Netz unten rechts in Abbildung 15-4). Dies lässt sich beispielsweise zum Übersetzen eines Satzes aus einer Sprache in eine andere verwenden. Sie könnten in das Netz einen Satz in einer Sprache eingeben, und der Encoder würde diesen Satz in eine vektorielle Repräsentation umwandeln. Anschließend würde der Decoder diesen Vektor in einen Satz in einer anderen Sprache überführen. Dieses zweistufige Modell namens *Encoder-Decoder* (*https://homl.info/seq2seq*)[2] funktioniert viel besser als eine laufende Übersetzung mit einem Sequence-to-Sequence-RNN (wie dem oben links), da das letzte Wort eines Satzes das erste Wort der Übersetzung beeinflussen kann. Sie müssen also warten, bis Sie den ganzen Satz gehört haben, bevor er übersetzt wird. Wir werden die Implementierung eines Encoder-Decoders in Kapitel 16 behandeln (wie sich zeigt, ist es ein bisschen komplexer, als in Abbildung 15-4 vorgeschlagen).

2 Nal Kalchbrenner und Phil Blunsom, »Recurrent Continuous Translation Models«, *Proceedings of the 2013 Conference on Empirical Methods in Natural Language Processing* (2013): 1700–1709.

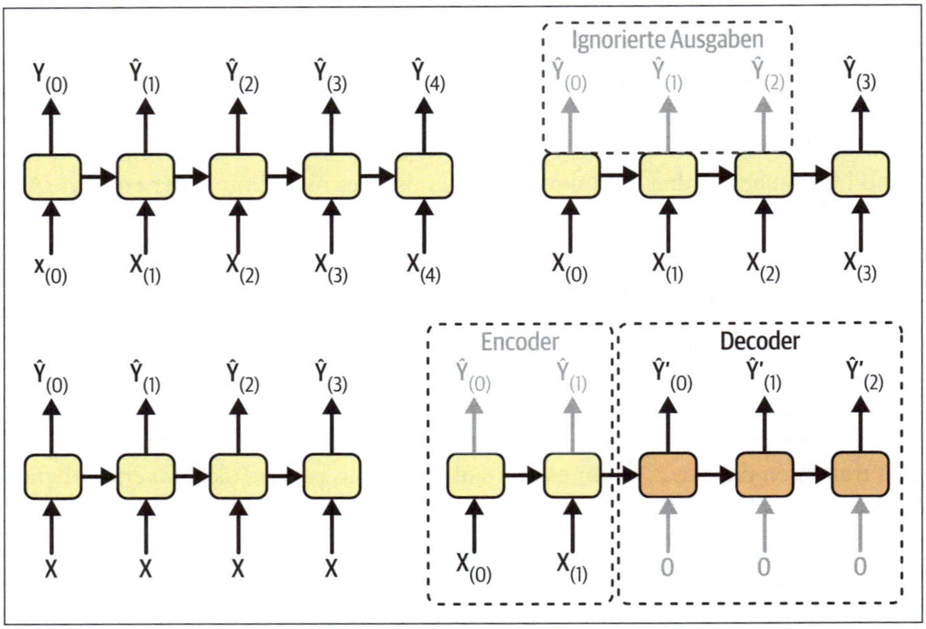

Abbildung 15-4: Sequence-to-Sequence (oben links), Sequence-to-Vector (oben rechts), Vector-to-Sequence (unten links), Encoder-Decoder (unten rechts)

Diese Flexibilität klingt vielversprechend, aber wie trainieren Sie ein rekurrentes neuronales Netz?

RNNs trainieren

Um ein RNN zu trainieren, liegt das Geheimnis darin, es in der Zeit aufzurollen (so wie wir es gerade getan haben) und dann eine normale Backpropagation einzusetzen (siehe Abbildung 15-5). Diese Strategie wird als *Backpropagation Through Time* (BPTT) bezeichnet.

Wie bei der normalen Backpropagation gibt es einen ersten Forward-Durchlauf durch das aufgerollte Netzwerk (dargestellt durch die gestrichelten Pfeile). Dann wird die Ausgabesequenz mit einer Verlustfunktion $\mathcal{L}(\mathbf{Y}_{(0)}, \mathbf{Y}_{(1)}, ..., \mathbf{Y}_{(T)}; \hat{\mathbf{Y}}_{(0)}, \hat{\mathbf{Y}}_{(1)}, ..., \hat{\mathbf{Y}}_{(T)})$ bewertet (wobei $\mathbf{Y}_{(i)}$ das *i*. Ziel, $\hat{\mathbf{Y}}_{(i)}$ die *i*. Vorhersage und *T* der maximale Zeitschritt sind). Beachten Sie, dass diese Verlustfunktion manche Ausgaben ignorieren kann. Zum Beispiel werden in einem Sequence-to-Vector-RNN alle Ausgaben bis auf die allerletzte ignoriert. In Abbildung 15-5 wird die Verlustfunktion nur abhängig von den letzten drei Ausgaben berechnet. Die Gradienten dieser Verlustfunktion werden dann rückwärts durch das aufgerollte Netz propagiert (dargestellt durch die durchgehenden Pfeile). Da in diesem Beispiel die Ausgaben $\hat{\mathbf{Y}}_{(0)}$ und $\hat{\mathbf{Y}}_{(1)}$ zum Berechnen des Verlusts nicht genutzt werden, fließen die Gradienten nicht rückwärts durch sie durch, sondern nur durch $\hat{\mathbf{Y}}_{(2)}$, $\hat{\mathbf{Y}}_{(3)}$ und $\hat{\mathbf{Y}}_{(4)}$. Und da die gleichen Parameter **W** und **b** bei jedem Zeitschritt verwendet werden, werden deren Gradienten während der Backpropagation mehrfach angepasst. Ist die Backward-Phase abgeschlossen und wurden alle Gradienten berechnet, kann BPTT einen Gradientenschritt vornehmen, um die Parameter zu aktualisieren (das unterscheidet sich nicht von der normalen Backpropagation).

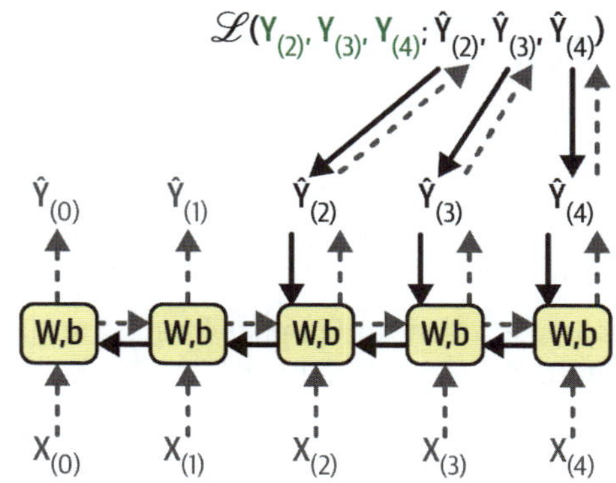

Abbildung 15-5: Backpropagation durch die Zeit

Zum Glück kümmert sich Keras um die ganze Komplexität, wie Sie noch sehen werden. Aber bevor wir loslegen, wollen wir eine Zeitserie laden und mit der Analyse beginnen. Dabei wollen wir klassische Werkzeuge nutzen, um besser zu verstehen, womit wir es hier zu tun haben, und Metriken als Ausgangsbasis erhalten.

Eine Zeitserie vorhersagen

Okay, nehmen wir einmal an, Sie wären ganz frisch als Data Scientist bei der Chicago Transit Authority eingestellt worden. Ihre erste Aufgabe ist, ein Modell aufzubauen, das die Anzahl der Passagiere vorhersagen kann, die am nächsten Tag mit Bus und Bahn unterwegs sein werden. Sie haben Zugriff auf die täglichen Fahrgastdaten seit 2001. Gehen wir gemeinsam durch, wie Sie das lösen könnten, und beginnen wir damit, die Daten zu laden und zu säubern.[3]

```
import pandas as pd
from pathlib import Path

path = Path("datasets/ridership/CTA_-_Ridership_-_Daily_Boarding_Totals.csv")
df = pd.read_csv(path, parse_dates=["service_date"])
df.columns = ["date", "day_type", "bus", "rail", "total"] # kürzere Namen
df = df.sort_values("date").set_index("date")
df = df.drop("total", axis=1)  # total nicht nötig, nur bus + rail
df = df.drop_duplicates()  # doppelte Monate entfernen (2011-10 und 2014-07)
```

3 Die neuesten Daten der Chicago Transit Authority finden Sie im Chicago Data Portal (*https://homl.info/ridership*).

Wir laden die CSV-Datei, setzen kürzere Spaltennamen, sortieren die Zeilen anhand des Datums, entfernen die überflüssige total-Spalte und verwerfen die doppelten Zeilen. Jetzt schauen wir uns an, wie die ersten paar Zeilen aussehen:

```
>>> df.head()
           day_type     bus    rail
date
2001-01-01        U  297192  126455
2001-01-02        W  780827  501952
2001-01-03        W  824923  536432
2001-01-04        W  870021  550011
2001-01-05        W  890426  557917
```

Am 1. Januar 2001 sind 297.192 Personen in Chicago mit einem Bus und 126.455 Personen mit einem Zug gefahren. Die Spalte day_type enthält ein W für den **W**ochentag, ein A für den S**a**mstag und das U für Sonn- und Feiertage (engl. S**u**nday).

Geben wir jetzt die Fahrgastzahlen für ein paar Monate im Jahr 2019 aus, um ein Gefühl für sie zu bekommen (siehe Abbildung 15-6):

```
import matplotlib.pyplot as plt

df["2019-03":"2019-05"].plot(grid=True, marker=".", figsize=(8, 3.5))
plt.show()
```

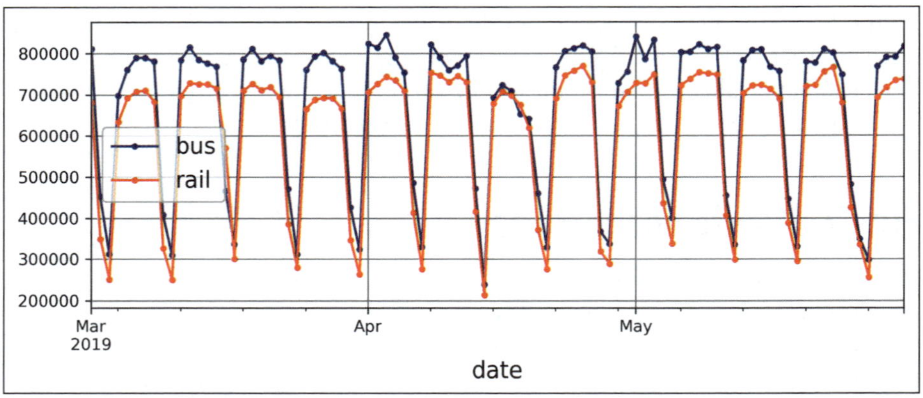

Abbildung 15-6: Tägliche Fahrgastzahlen in Chicago

Beachten Sie, dass Pandas Start- und Endmonat mit in den Bereich aufnimmt, daher werden hier die Daten von 1. März bis einschließlich 31. Mai ausgegeben. Das ist eine *Zeitserie*: Daten mit Werten zu unterschiedlichen Zeitschritten, meist in regelmäßigen Intervallen. Genauer gesagt: Weil es sich um mehrere Werte pro Zeitschritt handelt, wird dies als *multivariate Zeitserie* bezeichnet. Würden wir uns nur die bus-Spalte anschauen, wäre es eine *univariate Zeitserie* mit einem einzelnen Wert pro Zeitschritt. Das Vorhersagen zukünftiger Werte (also das *Forecasting*) ist die am häufigste vorkommende Aufgabe bei der Arbeit mit Zeitserien, und darauf werden wir uns auch in diesem Kapitel konzentrieren. Weitere Aufgaben sind Imputation (das Auffüllen fehlender vergangener Werte), Klassifikation, Anomalieerkennung und andere.

Schauen wir uns Abbildung 15-6 an, sehen wir, dass sich jede Woche das gleiche Muster wiederholt. Das nennt man eine wöchentliche *Saisonalität*. Tatsächlich ist sie in diesem Fall so stark, dass eine Vorhersage der morgigen Fahrgastzahlen durch reines Kopieren der Werte von vor einer Woche zu halbwegs ordentlichen Ergebnissen führen wird. Das nennt sich *naives Forecasting*: Es wird einfach ein Wert aus der Vergangenheit kopiert, um die Vorhersage zu treffen. Naives Forecasting ist oft eine gute Ausgangsbasis, und in manchen Fällen kann es ausgesprochen schwierig sein, noch besser zu werden.

> Im Allgemeinen bedeutet naives Forecasting, den letzten bekannten Wert zu kopieren (zum Beispiel vorherzusagen, dass morgen genauso wie heute sein wird). Aber in unserem Fall funktioniert es besser, den Wert von vor einer Woche zu kopieren, weil es eine starke wöchentliche Saisonalität gibt.

Um dieses naive Forecasting zu visualisieren, wollen wir die beiden Zeitserien (für Bus und Zug) mit den um eine Woche verzögerten Zeitserien (die nach rechts verschobenen gepunkteten Linien) überlagern. Auch geben wir die Unterschiede zwischen den beiden aus (also den Wert zur Zeit t minus den Wert bei $t - 7$). Das nennt sich *Differencing* (siehe Abbildung 15-7):

```
diff_7 = df[["bus", "rail"]].diff(7)["2019-03":"2019-05"]

fig, axs = plt.subplots(2, 1, sharex=True, figsize=(8, 5))
df.plot(ax=axs[0], legend=False, marker=".") # ursprüngliche Zeitserie
df.shift(7).plot(ax=axs[0], grid=True, legend=False, linestyle=":") # verschoben
diff_7.plot(ax=axs[1], grid=True, marker=".") # Zeitserie mit 7-Tage-Differenz
plt.show()
```

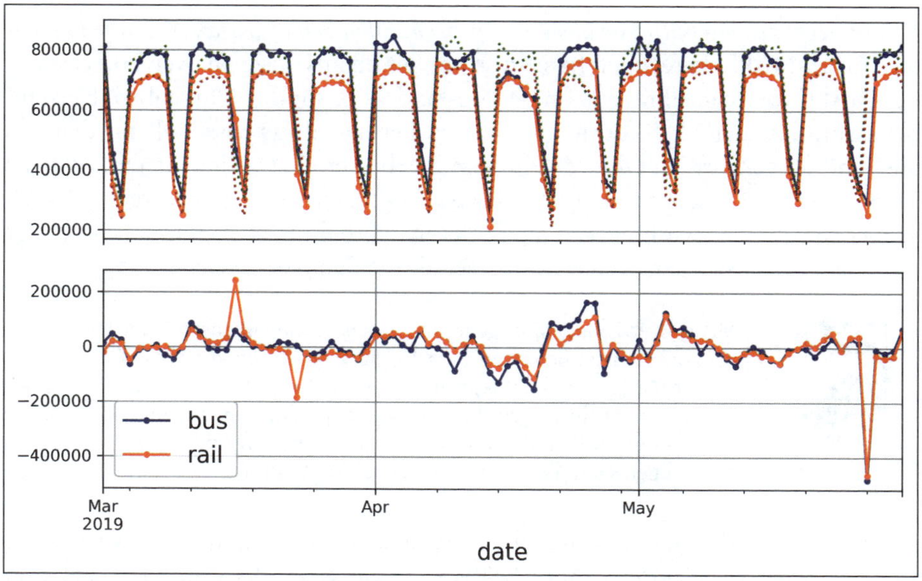

Abbildung 15-7: Zeitserien überlagert mit um sieben Tage verzögerten Zeitserien (oben), Unterschied zwischen t und t – 7 (unten)

Gar nicht mal so schlecht! Beachten Sie, wie gut die verzögerten Zeitserien die eigentlichen Zeitserien abbilden. Ist eine Zeitserie mit einer verzögerten Zeitserie ihrer selbst korreliert, sagen wir, dass sie *autokorreliert* ist. Wie Sie sehen können, sind die meisten Unterschiede ziemlich klein – mit Ausnahme von Ende Mai. Vielleicht gab es da einen Feiertag? Schauen wir uns die Spalte day_type an:

```
>>> list(df.loc["2019-05-25":"2019-05-27"]["day_type"])
['A', 'U', 'U']
```

Tatsächlich war das damals ein langes Wochenende: Der Montag war Memorial Day. Wir könnten diese Spalte nutzen, um unsere Vorhersage zu verbessern, aber jetzt wollen wir einfach nur den mittleren absoluten Fehler über die Dreimonatsperiode messen, auf die wir uns (recht beliebig) konzentrieren – März, April und Mai 2019 –, um eine grobe Idee zu bekommen:

```
>>> diff_7.abs().mean()
bus     43915.608696
rail    42143.271739
dtype: float64
```

Unser naiver Forecast hat einen MAE von ungefähr 43.916 Bus- und ungefähr 42.143 Bahnfahrgästen. So einfach können wir nicht sagen, wie gut oder schlecht das ist, daher wollen wir die Vorhersagefehler in Relation bringen, indem wir sie durch die Zielwerte dividieren:

```
>>> targets = df[["bus", "rail"]]["2019-03":"2019-05"]
>>> (diff_7 / targets).abs().mean()
bus     0.082938
rail    0.089948
dtype: float64
```

Wir haben jetzt den *mittleren absoluten prozentualen Fehler* (*Mean Absoulte Percentage Error*, MAPE) berechnet: Es sieht so aus, als ob uns unsere naiven Forecasts einen MAPE von ungefähr 8,3 % für den Bus und 9,0 % für die Bahn haben. Es ist interessant, dass der MAE für die die Bahnvorhersage etwas besser als für den Bus aussieht, umgekehrt aber der MAPE beim Bus besser ist. Das liegt daran, dass die Anzahl der Busfahrgäste höher ist, sodass die Vorhersagefehler naturgemäß auch größer sind. Setzen wir hingegen die Fehler ins Verhältnis zur Gesamtanzahl, zeigt sich, dass die Busvorhersagen etwas besser als die Bahnvorhersagen sind.

> MAE, MAPE und MSE gehören zu den gebräuchlichsten Metriken, die Sie zum Bewerten Ihrer Vorhersage nutzen können. Wie immer hängt es von der Aufgabe ab, welche davon am sinnvollsten ist. Leidet Ihr Projekt beispielsweise quadratisch zunehmend mehr unter großen als unter kleinen Fehlern, kann der MSE zu bevorzugen sein, da er große Fehler stärker bestraft.

Schauen wir uns die Zeitserien an, scheint es keine deutliche monatliche Saisonalität zu geben, aber vielleicht eine jährliche? Werfen wir einen Blick auf die Daten von 2001 bis 2019. Um das Risiko des Data Snooping zu verringern, werden wir aktuellere Daten nicht nutzen. Geben wir einen zwölfmonatigen gleitenden Mittelwert für jede Serie an, um langfristige Trends deutlich zu machen (siehe Abbildung 15-8):

```
period = slice("2001", "2019")
df_monthly = df.resample('M').mean()  # Mittelwert für jeden Monat berechnen
rolling_average_12_months = df_monthly[period].rolling(window=12).mean()

fig, ax = plt.subplots(figsize=(8, 4))
df_monthly[period].plot(ax=ax, marker=".")
rolling_average_12_months.plot(ax=ax, grid=True, legend=False)
plt.show()
```

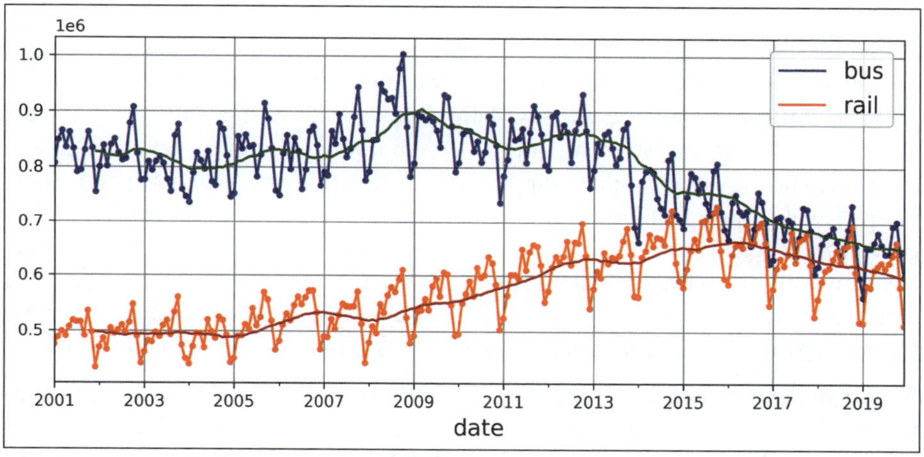

Abbildung 15-8: Jährliche Saisonalität und langfristige Trends

Aha! Es gibt definitiv eine jährliche Saisonalität, auch wenn sie verrauschter als die wöchentliche ist und man sie bei der Zugserie besser sieht als bei der Busserie: Wir sehen Spitzen und Täler ungefähr immer zur gleichen Zeit im Jahr. Schauen wir uns an, was wir erhalten, wenn wir die 12-Monats-Differenzen ausgeben (siehe Abbildung 15-9):

```
df_monthly.diff(12)[period].plot(grid=True, marker=".", figsize=(8, 3))
plt.show()
```

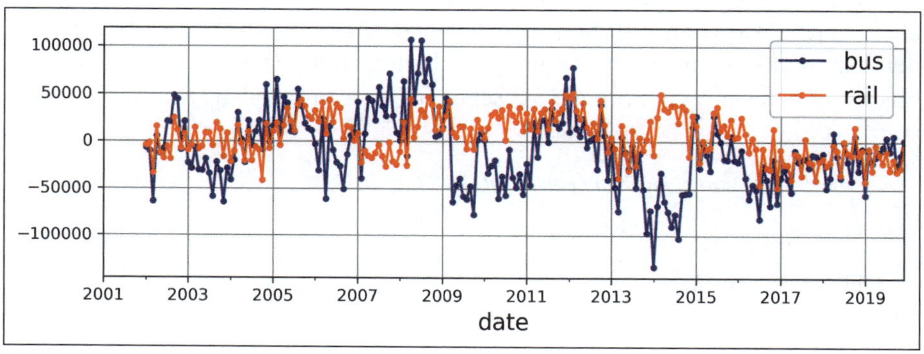

Abbildung 15-9: Die 12-Monats-Differenzen

Das Differencing hat nicht nur die jährliche Saisonalität entfernt, sondern auch die langfristigen Trends. So wurde beispielsweise der lineare Abwärtstrend zwischen 2016 und 2019 zu einem mehr oder weniger konstant negativen Wert in der Zeitseriendifferenz. Tatsächlich ist das *Differencing* eine gebräuchliche Technik, um Trends und Saisonalität aus einer Zeitserie zu entfernen: Es ist leichter, eine *stationäre* Zeitserie zu untersuchen – also eine, bei der die statistischen Eigenschaften über die Zeit konstant bleiben und bei der es keine Saisonalität oder keine Trends gibt. Haben Sie es geschafft, genaue Vorhersagen für die Zeitseriendifferenzen zu tätigen, ist es leicht, diese in Vorhersagen für die eigentlichen Zeitserien umzuwandeln, indem Sie einfach wieder die vergangenen Werte hinzuaddieren, die zuvor subtrahiert wurden.

Sie denken sich vielleicht, dass wir doch nur versuchen, die Fahrgastzahlen für morgen vorherzusagen, sodass langfristige Muster viel weniger relevant sind als kurzfristige. Da haben Sie recht, aber trotzdem können wir eventuell die Qualität ein bisschen verbessern, indem wir langfristige Muster mit berücksichtigen. So ist beispielsweise die tägliche Fahrgastzahl in Bussen im Oktober 2017 um etwa 2.500 gefallen, was jede Woche 570 Passagiere weniger sind. Ende Oktober 2017 wäre es also sinnvoll, die Fahrgastzahlen für den nächsten Tag vorherzusagen, indem wir den Wert von letzter Woche übernehmen und 570 abziehen. Berücksichtigen Sie Trends, werden Ihre Vorhersagen im Mittel ein kleines bisschen genauer werden.

Nachdem Sie nun mit den Fahrgast-Zeitserien vertraut sind und ein paar der wichtigsten Konzepte bei der Analyse von Zeitserien kennen – einschließlich Saisonalität, Trends, Differencing und gleitenden Mitteln –, wollen wir uns kurz eine sehr beliebte Familie statistischer Modelle anschauen, die oft zum Analysieren von Zeitserien zum Einsatz kommt.

Die ARMA-Modellfamilie

Beginnen wir mit dem Modell*Autoregressive Moving Average* (ARMA), das von Herman Wold in den 1930er-Jahren entwickelt wurde: Es berechnet seine Vorhersagen mit einer einfachen gewichteten Summe von verzögerten Werten und korrigiert diese Vorhersagen durch das Addieren eines gleitenden Durchschnitts – sehr ähnlich dem, was wir gerade besprochen haben. Die Komponente mit dem gleitenden Durchschnitt wird mithilfe einer gewichteten Summe der letzten paar Vorhersagefehler berechnet. In Formel 15-3 sehen Sie, wie das Modell seine Vorhersagen trifft.

Formel 15-3: Vorhersagen mit einem ARMA-Modell

$$\widehat{y}_{(t)} = \sum_{i=1}^{p} \alpha_i y_{(t-i)} + \sum_{i=1}^{q} \theta_i \epsilon_{(t-i)}$$
$$\text{mit } \epsilon_{(t)} = y_{(t)} - \widehat{y}_{(t)}$$

In dieser Gleichung gilt:

- $\hat{\mathbf{Y}}_{(t)}$ ist die Vorhersage des Modells für den Zeitschritt t.
- $y_{(t)}$ ist der Wert der Zeitserie beim Zeitschritt t.
- Die erste Summe ist die gewichtete Summe der vergangenen p Werte der Zeitserie, wobei die trainierten Gewichte α_i zum Einsatz kommen. Der Wert p ist ein Hyperparameter, der bestimmt, wie weit zurück das Modell schauen soll. Diese Summe ist die autoregressive Komponente des Modells: Sie führt eine Regression basierend auf den Werten aus der Vergangenheit durch.
- Die zweite Summe ist die gewichtete Summe über die vergangenen q Vorhersagefehler $\varepsilon_{(t)}$ mit den trainierten Gewichten θ_i. Der Wert q ist ein Hyperparameter. Diese Summe ist die Komponente mit dem gleitenden Durchschnitt des Modells.

Wichtig ist, dass dieses Modell davon ausgeht, dass die Zeitserie stationär ist. Wenn das nicht der Fall ist, kann ein Differencing helfen. Ein Differencing über einen einzelnen Zeitschritt führt zu einer Näherung an die Ableitung der Zeitserie: Tatsächlich erhält man so die Steigung der Serie bei jedem Zeitschritt. Das heißt, es wird jeder lineare Trend ausgemerzt und in einen konstanten Wert umgewandelt. Wenden Sie zum Beispiel ein einstufiges Differencing auf die Serie [3, 5, 7, 9, 11] an, erhalten Sie die Seriendifferenz [2, 2, 2, 2].

Besitzt die ursprüngliche Zeitserie statt eines linearen einen quadratischen Trend, wird eine einzelne Runde Differencing nicht ausreichen. So wird beispielsweise die Serie [1, 4, 9, 16, 25, 36] nach einer Runde zu [3, 5, 7, 9, 11], aber wenn Sie das Differencing ein zweites Mal durchführen, erhalten Sie [2, 2, 2, 2]. Zwei Runden Differencing eliminieren also quadratische Trends. Allgemeiner gesagt, berechnet das Ausführen von d aufeinanderfolgenden Runden Differencing eine Näherung an die d. Ableitung der Zeitserie und merzt polynomielle Trends bis zum d. Grad aus. Dieser Hyperparameter d heißt *Integrationsgrad* oder *Order of Integration*.

Das Differencing ist die zentrale Neuerung des Modells *Autoregressive Integrated Moving Average* (ARIMA), das in den 1970er-Jahren von George Box und Gwilym Jenkins in ihrem Buch *Time Series Analysis* (Wiley) vorgestellt wurde: Dieses Modell führt d Runden Differencing durch, um die Zeitserien stationärer zu machen, dann wendet es ein normales ARMA-Modell darauf an. Beim Treffen der Vorhersagen nutzt es dieses ARMA-Modell und addiert danach die Terme, die durch das Differencing subtrahiert wurde.

Ein letztes Mitglied der ARMA-Familie ist das Modell *Seasonal ARIMA* (SARIMA): Es modelliert die Zeitserien genauso wie ARIMA, modelliert aber zusätzlich noch eine saisonale Komponente für eine angegebene Frequenz (zum Beispiel wöchentlich) mit genau dem gleichen ARIMA-Ansatz. Es gibt hier insgesamt sieben Hyperparameter: die gleichen p, d und q wie bei ARIMA, dazu P, D und Q zum Modellieren des saisonalen Musters und schließlich die Periode s des saisonalen Musters. Die Hyperparameter P, D und Q sind wie p, d und q, aber sie dienen dazu, die Zeitserien bei $t - s$, $t - 2s$, $t - 3s$ und so weiter zu modellieren.

Schauen wir uns an, wie wir ein SARIMA-Modell auf die Zug-Zeitserie anpassen können, und nutzen wir es, um eine Vorhersage für die morgigen Fahrgastzahlen zu treffen. Wir tun so, als wäre heute der letzte Tag von Mai 2019, und wollen die Zugfahrgäste für »morgen« vorhersagen – den 1. Juni 2019. Dazu können wir die Bibliothek `statsmodels` verwenden, die viele verschiedene statistische Modelle enthält, einschließlich des ARMA-Modells und seiner Varianten – implementiert in der Klasse `ARIMA`:

```
from statsmodels.tsa.arima.model import ARIMA

origin, today = "2019-01-01", "2019-05-31"
rail_series = df.loc[origin:today]["rail"].asfreq("D")
model = ARIMA(rail_series,
              order=(1, 0, 0),
              seasonal_order=(0, 1, 1, 7))
model = model.fit()
y_pred = model.forecast()  # gibt 427.758,6 zurück
```

In diesem Codebeispiel:

- Wir beginnen damit, die Klasse `ARIMA` zu importieren, dann nehmen wir die Zugfahrgastdaten von Anfang 2019 bis »heute« und nutzen `asfreq("D")`, um die Frequenz der Zeitserie auf täglich zu setzen – das ändert die Daten in diesem Fall nicht, weil sie sowieso schon für jeden Tag vorhanden sind, aber ohne diesen Aufruf müsste die Klasse `ARIMA` die Frequenz raten und eine Warnung ausgeben.
- Dann erstellen wir eine `ARIMA`-Instanz, übergeben ihr alle Daten bis »heute« und setzen die Hyperparameter des Modells: `order=(1, 0, 0)` bedeutet, dass $p = 1$, $d = 0$, $q = 0$, und `seasonal_order=(0, 1, 1, 7)` steht für $P = 0$, $D = 1$, $Q = 1$ und $s = 7$. Beachten Sie, dass sich die `statsmodels`-API ein bisschen von der Scikit-Learn-API unterscheidet, da wir die Daten für das Modell beim Erstellen übergeben, statt sie über die `fit()`-Methode hereinzureichen.
- Als Nächstes trainieren wir das Modell und nutzen es, um eine Vorhersage für »morgen« zu treffen – den 1. Juni 2019.

Die Vorhersage besagt 427.759 Passagiere, wo es tatsächlich nur 379.044 Passagiere waren. Hm, wir liegen um 12,9 % danben – das ist ziemlich schlecht. Es ist sogar noch ein wenig schlechter als beim naiven Forecasting, was 426.932 ergeben hat – 12,6 % daneben. Aber vielleicht hatten wir einfach mit diesem Tag Pech? Um das zu prüfen, können wir den gleichen Code für jeden Tag von März, April und Mai in einer Schleife laufen lassen und den MAE für diese Periode bestimmen:

```
origin, start_date, end_date = "2019-01-01", "2019-03-01", "2019-05-31"
time_period = pd.date_range(start_date, end_date)
rail_series = df.loc[origin:end_date]["rail"].asfreq("D")
y_preds = []
for today in time_period.shift(-1):
    model = ARIMA(rail_series[origin:today],  # mit Daten bis "heute" trainieren
                  order=(1, 0, 0),
```

```
                  seasonal_order=(0, 1, 1, 7))
    model = model.fit()  # Wir trainieren das Modell jeden Tag neu!
    y_pred = model.forecast()[0]
    y_preds.append(y_pred)

y_preds = pd.Series(y_preds, index=time_period)
mae = (y_preds - rail_series[time_period]).abs().mean()  # gibt 32.040,7 zurück
```

Na, das sieht doch viel besser aus! Der MAE beträgt ungefähr 32.041, was deutlich niedriger als der MAE für das naive Forecasting ist (42.143). Das Modell ist also nicht perfekt, schlägt aber das naive Forecasting im Schnitt deutlich.

Sie fragen sich jetzt vielleicht, wie Sie für das SARIMA-Modell gute Hyperparameter wählen können. Es gibt eine Reihe von Methoden, aber die am einfachsten zu verstehende und gut als Ausgangsbasis nutzbare ist der Brute-Force-Ansatz: Führen Sie einfach eine Grid-Suche durch. Sie können für jedes Modell, das Sie evaluieren wollen (also jede Kombination aus Hyperparametern), das obige Codebeispiel ausführen und dabei nur die Hyperparameter ändern. Gute Werte für p, q, P und Q sind im Allgemeinen ziemlich klein (meist 0 bis 2, manchmal auch bis 5 oder 6), und d und D sind meist 0 oder 1, selten 2. s ist einfach die Periode des wichtigsten saisonalen Musters. In unserem Fall ist das 7, da es eine starke wöchentliche Saisonalität gibt. Das Modell mit dem niedrigsten MAE gewinnt. Natürlich können Sie den MAE durch eine andere Metrik ersetzen, wenn diese besser zu Ihren Zielen passt. Und das ist alles![4]

Die Daten für Machine-Learning-Modelle vorbereiten

Nachdem wir nun zwei Ausgangspunkte haben – naives Forecasting und SARIMA –, wollen wir versuchen, die bisher behandelten Modelle zum maschinellen Lernen zu nutzen, um diese Zeitserie vorherzusagen, und beginnen mit einem einfachen linearen Modell. Unser Ziel wird sein, die morgigen Fahrgastzahlen basierend auf den Fahrgastzahlen der vergangenen acht Wochen (56 Tage) vorherzusagen. Die Eingaben in unser Modell werden daher Sequenzen sein (normalerweise eine einzelne Sequenz pro Tag, nachdem das Modell produktiv im Einsatz ist) mit jeweils 56 Werten der Zeitschritte $t - 55$ bis t. Für jede Eingabesequenz wird das Modell einen einzelnen Wert ausgeben: die Vorhersage für den Zeitschritt $t + 1$.

Aber was werden wir als Trainingsdaten nutzen? Nun, das ist der Trick: Wir werden jedes 56-Tage-Fenster aus der Vergangenheit als Trainingsdaten verwenden, und das Ziel für jedes Fenster wird der Wert sein, der direkt darauf folgt.

4 Es gibt andere, prinzipienorientiertere Ansätze für die Auswahl guter Hyperparameter, die auf dem Analysieren der Autokorrelationsfunktion (ACF) und der partiellen Autokorrelationsfunktion (PACF) oder auf dem Minimieren der AIC- oder BIC-Metriken basieren (vorgestellt in Kapitel 9), um Modelle zu bestrafen, die zu viele Parameter nutzen, und um das Risiko eines Overfitting zu verringern, aber die Grid-Suche ist ein guter Ausgangspunkt. Mehr zum ACF-PACF-Ansatz finden Sie in diesem sehr schönen Posting von Jason Brownlee (*https://homl.info/arimatuning*).

Keras besitzt sogar schon eine nette Hilfsfunktion namens `tf.keras.utils.timeseries_dataset_from_array()`, die uns dabei hilft, den Trainingsdatensatz vorzubereiten. Sie erwartet eine Zeitserie als Eingabe und baut ein `tf.data.Dataset` (vorgestellt in Kapitel 13) mit all den Fenstern der gewünschten Länge und den entsprechenden Zielen. Dies ist ein Beispiel, das eine Zeitserie mit den Zahlen 0 bis 5 nimmt und ein Dataset mit allen Fenstern der Länge 3 und ihren zugehörigen Zielen erzeugt – gruppiert in Batches der Größe 2:

```
import tensorflow as tf

my_series = [0, 1, 2, 3, 4, 5]
my_dataset = tf.keras.utils.timeseries_dataset_from_array(
    my_series,
    targets=my_series[3:],  # die Ziele liegen 3 Schritte in der Zukunft
    sequence_length=3,
    batch_size=2
)
```

Schauen wir uns den Inhalt dieses Datasets an:

```
>>> list(my_dataset)
[(<tf.Tensor: shape=(2, 3), dtype=int32, numpy=
  array([[0, 1, 2],
         [1, 2, 3]], dtype=int32)>,
  <tf.Tensor: shape=(2,), dtype=int32, numpy=array([3, 4], dtype=int32)>),
 (<tf.Tensor: shape=(1, 3), dtype=int32, numpy=array([[2, 3, 4]], dtype=int32)>,
  <tf.Tensor: shape=(1,), dtype=int32, numpy=array([5], dtype=int32)>)]
```

Jedes Sample im Dataset ist ein Fenster der Länge 3 zusammen mit seinem zugehörigen Ziel (also dem Wert direkt nach dem Fenster). Die Fenster sind [0, 1, 2], [1, 2, 3] und [2, 3, 4] und ihre Ziele entsprechend 3, 4 und 5. Da es insgesamt drei Fenster gibt, was kein Vielfaches der Batchgröße ist, enthält der letzte Batch nur ein Fenster statt zwei.

Eine andere Möglichkeit, das gleiche Ergebnis zu bekommen, ist der Einsatz der Methode `window()` der Klasse `Dataset` von tf.data. Sie ist komplexer, ermöglicht Ihnen aber die volle Kontrolle, was weiter unten im Kapitel noch praktisch werden wird – daher wollen wir uns anschauen, wie sie funktioniert. Die Methode `windows()` gibt ein Dataset mit Fenster-Datasets zurück:

```
>>> for window_dataset in tf.data.Dataset.range(6).window(4, shift=1):
...     for element in window_dataset:
...         print(f"{element}", end=" ")
...     print()
...
0 1 2 3
1 2 3 4
2 3 4 5
3 4 5
4 5
5
```

In diesem Beispiel enthält das Dataset sechs Fenster, die jeweils um einen Schritt zum vorherigen verschoben sind. Die letzten drei Fenster sind kleiner, weil sie das Ende der Serie erreicht haben. Im Allgemeinen werden Sie diese kleineren Fenster loswerden wollen, indem Sie `drop_remainder=True` an die `window()`-Methode übergeben.

Die Methode gibt ein *Nested Dataset* zurück – analog zu einer Liste mit Listen. Das ist nützlich, wenn Sie jedes Fenster durch den Aufruf seiner Dataset-Methoden transformieren wollen (zum Beispiel um sie zu durchmischen oder in Batches zusammenzustellen). Aber wir können ein Nested Dataset nicht direkt zum Trainieren verwenden, da unser Modell Tensoren erwartet.

Daher müssen wir die Methode `flat_map()` aufrufen: Sie wandelt ein Nested Dataset in ein *Flat Dataset* um (eines, das Tensoren und keine Datasets enthält). Stellen Sie sich beispielsweise vor, {1, 2, 3} steht für ein Dataset mit der Sequenz aus den Tensoren 1, 2 und 3. Klopfen Sie das Nested Dataset {{1, 2}, {3, 4, 5, 6}} flach, erhalten Sie das Flat Dataset {1, 2, 3, 4, 5, 6} zurück.

Zudem kann der Methode `flat_map()` eine Funktion als Argument übergeben werden, mit der Sie jedes Dataset im Nested Dataset transformieren können, bevor es flachgeklopft wird. Übergeben Sie beispielsweise die Funktion `lambda ds: ds.batch(2)` an `flat_map()`, wird das Nested Dataset {{1, 2}, {3, 4, 5, 6}} in das Flat Dataset {[1, 2], [3, 4], [5, 6]} umgewandelt: ein Dataset mit drei Tensoren jeweils mit der Größe 2.

Jetzt können wir also unser Dataset flachklopfen:

```
>>> dataset = tf.data.Dataset.range(6).window(4, shift=1, drop_remainder=True)
>>> dataset = dataset.flat_map(lambda window_dataset: window_dataset.batch(4))
>>> for window_tensor in dataset:
...     print(f"{window_tensor}")
...
[0 1 2 3]
[1 2 3 4]
[2 3 4 5]
```

Da jedes Fenster-Dataset genau vier Elemente enthält, führt ein Aufruf von `batch(4)` auf einem Fenster zu einem einzelnen Tensor der Größe 4. Großartig! Jetzt haben wir ein Dataset mit aufeinanderfolgenden Fenstern, die als Tensoren repräsentiert sind. Erstellen wir eine kleine Hilfsfunktion, um das Extrahieren der Fenster aus einem Dataset zu vereinfachen:

```
def to_windows(dataset, length):
    dataset = dataset.window(length, shift=1, drop_remainder=True)
    return dataset.flat_map(lambda window_ds: window_ds.batch(length))
```

Der letzte Schritt ist nun noch das Aufteilen jedes Fensters in die Eingabewerte und Ziele. Dazu nutzen wir die Methode `map()`. Wir können die sich daraus ergebenden Fenster außerdem in Batches der Größe 2 umwandeln:

```
>>> dataset = to_windows(tf.data.Dataset.range(6), 4)  # 3 inputs + 1 target = 4
>>> dataset = dataset.map(lambda window: (window[:-1], window[-1]))
>>> list(dataset.batch(2))
[(<tf.Tensor: shape=(2, 3), dtype=int64, numpy=
  array([[0, 1, 2],
         [1, 2, 3]])>,
  <tf.Tensor: shape=(2,), dtype=int64, numpy=array([3, 4])>),
 (<tf.Tensor: shape=(1, 3), dtype=int64, numpy=array([[2, 3, 4]])>,
  <tf.Tensor: shape=(1,), dtype=int64, numpy=array([5])>)]
```

Wie Sie sehen, haben wir jetzt die gleiche Ausgabe wie zuvor mit der Funktion `timeseries_dataset_from_array()` (mit ein bisschen mehr Aufwand, aber der wird sich bald auszahlen).

Bevor wir nun mit dem Training beginnen, müssen wir unsere Daten in eine Trainingsperiode, eine Validierungsperiode und eine Testperiode aufteilen. Wir werden uns hier auf die Zugfahrgäste konzentrieren. Außerdem werden wir sie durch 1.000.000 dividieren, um sicherzustellen, dass sich die Werte eher im Bereich 0 bis 1 bewegen – das passt gut zu der Standardgewichtsinitialisierung und -Lernrate:

```
rail_train = df["rail"]["2016-01":"2018-12"] / 1e6
rail_valid = df["rail"]["2019-01":"2019-05"] / 1e6
rail_test = df["rail"]["2019-06":] / 1e6
```

> Bei der Arbeit mit Zeitserien wollen Sie im Allgemeinen entlang der Zeitachse aufteilen. In manchen Fällen mag es möglich sein, entlang anderer Dimensionen aufzuteilen, was Ihnen längere Perioden zum Trainieren ermöglicht. Haben Sie beispielsweise Daten über die wirtschaftliche Lage von 10.000 Firmen zwischen 2001 und 2019, werden Sie diese Daten nach Firmen aufteilen können. Es ist sehr wahrscheinlich, dass trotzdem viele dieser Firmen stark korrelliert sein werden (zum Beispiel können ganze Branchen gemeinsam wachsen oder schrumpfen), und wenn Sie korrelierte Firmen zwischen Trainings- und Testdatensatz aufgeteilt haben, wird Ihr Testdatensatz nicht so nützlich sein, da der Generalisierungsfehler dann optimistisch verzerrt sein wird.

Als Nächstes wollen wir `timeseries_dataset_from_array()` nutzen, um Datasets zum Training und zur Validierung zu erstellen. Da das Gradientenverfahren davon ausgeht, dass die Instanzen im Trainingsdatensatz unabhängig und gleichverteilt sind (IID), wie wir in Kapitel 4 gesehen haben, müssen wir das Argument `shuffle=True` setzen, um die Trainingsfenster zu durchmischen (aber nicht ihre Inhalte):

```
seq_length = 56
train_ds = tf.keras.utils.timeseries_dataset_from_array(
    rail_train.to_numpy(),
    targets=rail_train[seq_length:],
    sequence_length=seq_length,
    batch_size=32,
    shuffle=True,
    seed=42
)
valid_ds = tf.keras.utils.timeseries_dataset_from_array(
```

```
        rail_valid.to_numpy(),
        targets=rail_valid[seq_length:],
        sequence_length=seq_length,
        batch_size=32
    )
```

Jetzt sind wir bereit, ein Regressionsmodell unserer Wahl zu bauen und zu trainieren!

Vorhersage mit einem linearen Modell

Probieren wir es zuerst mit einem einfachen linearen Modell. Wir werden den Huber-Fehler nutzen, der im Allgemeinen besser funktioniert als ein direktes Minimieren des MAE (siehe Kapitel 10). Zudem werden wir Early Stopping verwenden:

```
tf.random.set_seed(42)
model = tf.keras.Sequential([
    tf.keras.layers.Dense(1, input_shape=[seq_length])
])
early_stopping_cb = tf.keras.callbacks.EarlyStopping(
    monitor="val_mae", patience=50, restore_best_weights=True)
opt = tf.keras.optimizers.SGD(learning_rate=0.02, momentum=0.9)
model.compile(loss=tf.keras.losses.Huber(), optimizer=opt, metrics=["mae"])
history = model.fit(train_ds, validation_data=valid_ds, epochs=500,
                    callbacks=[early_stopping_cb])
```

Dieses Modell erreicht einen Validierungs-MAE von etwa 37.866 (bei Ihnen kann es anders aussehen). Das ist besser als das naive Forecasting, aber schlechter als das SARIMA-Modell.[5]

Geht das besser mit einem RNN? Probieren wir es aus.

Vorhersage mit einem einfachen RNN

Probieren wir das einfachste RNN mit einer einzelnen rekurrenten Schicht mit nur einem rekurrenten Neuron, wie wir es in Abbildung 15-1 gesehen haben:

```
model = tf.keras.Sequential([
    tf.keras.layers.SimpleRNN(1, input_shape=[None, 1])
])
```

Alle rekurrenten Schichten in Keras erwarten 3-D-Eingaben in der Form [*Batchgröße*, *Zeitschritte*, *Dimensionalität*], wobei *Dimensionalität* eine 1 für univariate und einen größeren Wert für multivariate Zeitserien enthält. Denken Sie daran, dass das Argument `input_shape` die erste Dimension ignoriert (also die Batchgröße), und da rekurrente Schichten Eingabesequenzen beliebiger Länge annehmen, können wir die zweite Dimension auf `None` setzen – was für »beliebige Größe« steht. Weil wir mit einer univariaten Zeitserie arbeiten, müssen wir die Größe der

5 Beachten Sie, dass die Validierungsperiode am 1. Januar 2019 beginnt, daher wird die erste Vorhersage für den 26. Februar 2019 getroffen werden – acht Wochen später. Als wir die Modelle evaluiert haben, die als Ausgangspunkt dienten, begannen die Vorhersagen stattdessen für den 1. März. Das sollte aber nahe genug sein.

letzten Dimension auf 1 setzen. Darum haben wir die Eingabeform als `[None, 1]` spezifiziert – also univariate Sequenzen beliebiger Länge. Beachten Sie, dass die Datasets tatsächlich Eingaben der Form [*Batchgröße*, *Zeitschritte*] enthalten, daher fehlt die letzte Dimension der Größe 1, aber Keras ist so freundlich, sie in diesem Fall für uns hinzuzufügen.

Dieses Modell funktioniert genau so, wie wir das zuvor gesehen haben: Der initiale Status $h_{(init)}$ wird auf 0 gesetzt und an ein einzelnes rekurrentes Neuron übergeben – zusammen mit dem Wert des ersten Zeitschritts $x_{(0)}$. Das Neuron berechnet eine gewichtete Summe dieser Werte plus den Bias-Term und wendet die Aktivierungsfunktion auf das Ergebnis an, wobei standardmäßig die tanh-Funktion zum Einsatz kommt. Das Ergebnis ist die erste Ausgabe y_0. In einem einfachen RNN ist diese Ausgabe zugleich der neue Status h_0. Dieser neue Status wird zusammen mit dem nächsten Eingabewert $x_{(1)}$ an das gleiche rekurrente Neuron gegeben, und der Prozess wiederholt sich bis zum letzten Zeitschritt. Am Ende gibt die Schicht einfach den letzten Wert y_{55} aus. All dies wird genau so für jede Zeitserie im Batch durchgeführt, von denen es hier 32 gibt.

> Standardmäßig geben rekurrente Schichten in Keras nur das abschließende Ergebnis aus. Um eine Ausgabe pro Zeitschritt zu erreichen, müssen Sie `return_sequences=True` setzen, wie wir noch sehen werden.

Das ist also unser erstes rekurrentes Modell! Es handelt sich um ein Sequence-to-Vector-Modell. Da es ein einzelnes Ausgabeneuron gibt, hat der Ausgabevektor eine Größe von 1.

Kompilieren, trainieren und evaluieren Sie dieses Modell so wie das vorherige, werden Sie feststellen, dass es bei Weitem nicht so gut ist: Sein Validierungs-MAE ist größer als 100.000! Autsch. Aber das war zu erwarten – aus zwei Gründen:

1. Das Modell besitzt nur ein einziges rekurrentes Neuron, daher kann es zum Treffen einer Vorhersage bei jedem Zeitschritt nur den Eingabewert des aktuellen Zeitschritts und den Ausgabewert des vorherigen Zeitschritts verwenden. Damit lässt sich nicht sehr viel anstellen! Mit anderen Worten – das Gedächtnis des RNN ist ausgesprochen eingeschränkt: Es handelt sich nur um einen einzelnen Wert, nämlich die vorherige Ausgabe. Und zählen wir einmal, wie viele Parameter dieses Modell besitzt: Da es sich nur um ein rekurrentes Neuron mit lediglich zwei Eingabewerten handelt, besitzt das gesamte Modell nur drei Parameter (zwei Gewichte und einen Bias-Term). Das reicht für diese Zeitserie bei Weitem nicht aus. Unser vorheriges Modell konnte im Gegensatz dazu auf alle 56 vorherigen Werte gleichzeitig schauen und hatte insgesamt 57 Parameter.
2. Die Zeitserie enthält Werte von 0 bis ungefähr 1,4, aber da die Standardaktivierungsfunktion tanh ist, kann die rekurrente Schicht nur Werte zwischen –1 und +1 ausgeben. Es gibt keine Möglichkeit, Werte zwischen 1,0 und 1,4 vorherzusagen.

Beheben wir beide Probleme: Wir werden ein Modell mit einer größeren rekurrenten Schicht erstellen, das 32 rekurrente Neuronen enthält, und wir werden eine `Dense`-Ausgabeschicht oben aufsetzen, die ein einzelnes Neuron und keine Aktivierungsfunktion besitzt. Die rekurrente Schicht wird viel mehr Informationen von einem Zeitschritt zum nächsten mitnehmen können, und die `Dense`-Ausgabeschicht wird die abschließende Ausgabe von 32 Dimensionen auf eine projizieren, ohne dabei den Wertebereich einzuschränken:

```
univar_model = tf.keras.Sequential([
    tf.keras.layers.SimpleRNN(32, input_shape=[None, 1]),
    tf.keras.layers.Dense(1)  # standardmäßig keine Aktivierungsfunktion
])
```

Kompilieren, fitten und evaluieren Sie nun dieses Modell so wie das vorherige, werden Sie feststellen, dass dessen Validierungs-MAE bei 27.703 liegt. Das ist das beste Modell, das wir bisher trainiert haben, und es schlägt sogar das SARIMA-Modell – wir machen das ziemlich gut!

> Wir haben die Zeitserie nur normalisiert, ohne Trends und Saisonalität zu entfernen, und trotzdem schlägt es sich gut. Das ist praktisch, da es so möglich wird, schnell nach vielversprechenden Modellen zu suchen, ohne sich allzu viele Gedanken um die Vorverarbeitung zu machen. Aber um die beste Leistung zu bekommen, können Sie trotzdem versuchen, die Zeitserie stationärer zu machen – zum Beispiel mithilfe von Differencing.

Vorhersage mit einem Deep RNN

Häufig stapelt man mehrere Schichten mit Zellen, wie in Abbildung 15-10 zu sehen. Damit erhalten Sie ein *Deep RNN*.

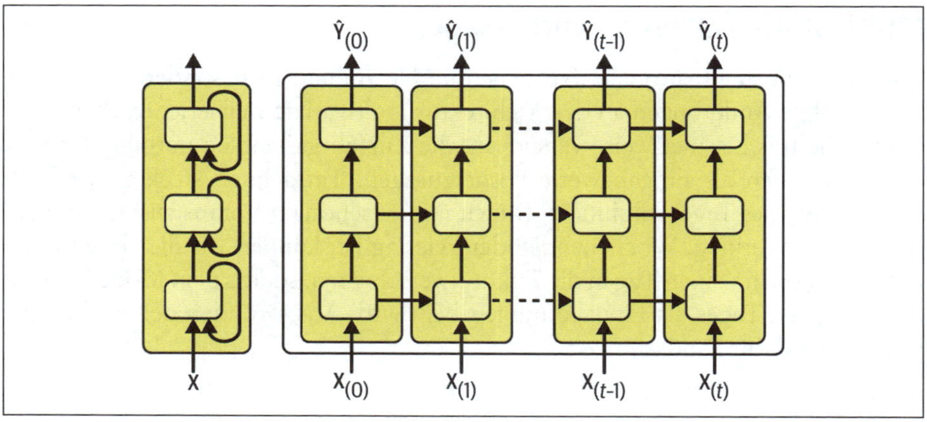

Abbildung 15-10: Deep RNN (links), in der Zeit aufgerollt (rechts)

Das Implementieren eines Deep RNN mit tf.keras ist ziemlich einfach – Sie stapeln einfach rekurrente Schichten. Im folgenden Beispiel nutzen wir drei `SimpleRNN`-

Schichten (aber wir könnten auch beliebige andere rekurrente Schichten nehmen, wie zum Beispiel eine LSTM- oder GRU-Schicht, auf die wir noch kommen werden). Die erste beiden sind Sequence-to-Sequence-Schichten, die letzte ist eine Sequence-to-Vector-Schicht. Die Dense-Schicht am Ende sorgt schließlich für die Vorhersage des Modells (Sie können sie sich als eine Vector-to-Vector-Schicht vorstellen). Damit sieht dieses Modell so wie das in Abbildung 15-10 aus, nur dass die Ausgaben $\hat{Y}_{(0)}$ bis $\hat{Y}_{(t-1)}$ ignoriert werden und es eine Dense-Schicht oberhalb von $\hat{Y}_{(t)}$ gibt, die die eigentliche Vorhersage ausgibt:

```
deep_model = tf.keras.Sequential([
    tf.keras.layers.SimpleRNN(32, return_sequences=True, input_shape=[None, 1]),
    tf.keras.layers.SimpleRNN(32, return_sequences=True),
    tf.keras.layers.SimpleRNN(32),
    tf.keras.layers.Dense(1)
])
```

> Achten Sie darauf, für alle rekurrenten Schichten (außer der letzten, wenn Ihnen nur die letzte Ausgabe wichtig ist) return_sequences=True zu setzen. Wenn Sie vergessen, diesen Parameter für eine rekurrente Schicht zu setzen, wird ein 2-D-Array (mit der Ausgabe des letzten Zeitschritts) statt eines 3-D-Arrays (mit den Ausgaben aller Zeitschritte) ausgegeben, und die nächste rekurrente Schicht wird sich beschweren, dass Sie ihr die Sequenzen nicht im erwarteten 3-D-Format anreichen.

Kompilieren, fitten und evaluieren Sie dieses Modell, werden Sie feststellen, dass ein MAE von 31.211 erreicht wird. Das ist besser als beide Ausgangspunkte, schlägt aber nicht unser »flacheres« RNN. Es sieht so aus, als ob dieses RNN für unsere Aufgabe ein bisschen zu groß ist.

Multivariate Zeitserien vorhersagen

Ein großer Vorteil neuronaler Netze ist ihre Flexibilität: Insbesondere können sie nahezu ohne Änderungen an der Architektur multivariate Zeitserien vorhersagen. Lassen Sie uns beispielsweise versuchen, die Zugfahrgastzahlen mithilfe der Bus- und Bahndaten als Eingabewerte vorherzusagen. Tatsächlich stecken wir auch noch die Art des Tages mit hinein! Da wir immer schon im Voraus wissen können, ob morgen Werktag, Wochenende oder Feiertag ist, können wir die Serie für die Art des Tages um einen Tag in die Zukunft verschieben, sodass dem Modell die Art des morgigen Tages als Eingabe mitgegeben wird. Aus Gründen der Einfachheit werden wir dafür Pandas nutzen:

```
df_mulvar = df[["bus", "rail"]] / 1e6  # Bus- und Bahnserien als Eingaben nutzen
df_mulvar["next_day_type"] = df["day_type"].shift(-1)
                                        # wir kennen die Art des morgigen Tages
df_mulvar = pd.get_dummies(df_mulvar)   # One-Hot-Codierung der Art des Tages
```

df_mulvar ist jetzt ein DataFrame mit fünf Spalten: Die Daten von Bus und Bahn, dazu drei Spalten mit der One-Hot-Codierung der Art des nächsten Tages (Sie erinnern sich, es gibt drei mögliche Arten – W, A und U). Jetzt können wir so weitermachen wie zuvor. Zuerst teilen wir die Daten in drei Perioden für Training, Validierung und Testen auf:

```
mulvar_train = df_mulvar["2016-01":"2018-12"]
mulvar_valid = df_mulvar["2019-01":"2019-05"]
mulvar_test = df_mulvar["2019-06":]
```

Dann erstellen wir die Datasets:

```
train_mulvar_ds = tf.keras.utils.timeseries_dataset_from_array(
    mulvar_train.to_numpy(),  # alle 5 Spalten als Eingaben nutzen
    targets=mulvar_train["rail"][seq_length:],  # nur Zugserie vorhersagen
    [...]  # die anderen 4 Argumente sind die gleichen wie zuvor
)
valid_mulvar_ds = tf.keras.utils.timeseries_dataset_from_array(
    mulvar_valid.to_numpy(),
    targets=mulvar_valid["rail"][seq_length:],
    [...]  # die anderen 2 Argumente sind die gleichen wie zuvor
)
```

Und schließlich erstellen wir das RNN:

```
mulvar_model = tf.keras.Sequential([
    tf.keras.layers.SimpleRNN(32, input_shape=[None, 5]),
    tf.keras.layers.Dense(1)
])
```

Beachten Sie, dass der einzige Unterschied zum univar_model-RNN, das wir weiter oben erstellt haben, die Form der Eingabe ist: Bei jedem Zeitschritt erhält das Modell nun fünf Eingaben statt nur einer. Dieses Modell erreicht tatsächlich einen Validierungs-MAE von 22.062. Jetzt geht es aber voran!

Tatsächlich ist es nicht allzu schwierig, das RNN dazu zu bringen, die Fahrgastzahlen sowohl für den Bus als auch für die Bahn vorherzusagen. Sie müssen beim Erstellen der Datasets nur die Ziele ändern und sie auf mulvar_train[["bus", "rail"]][seq_length:] für den Trainingsdatensatz und mulvar_valid[["bus", "rail"]][seq_length:] für den Validierungsdatensatz setzen. Außerdem müssen Sie ein zusätzliches Neuron in der Dense-Ausgabeschicht hinzufügen, da diese nun zwei Vorhersagen treffen muss: eine für die morgigen Fahrgastzahlen in den Bussen und eine für die Bahn. Mehr ist aber nicht zu tun!

Wie wir in Kapitel 10 besprochen haben, führt die Verwendung eines einzelnen Modells für mehrere miteinander in Verbindung stehende Aufgaben oft zu einer höheren Genauigkeit als der Einsatz eines eigenen Modells für jede Aufgabe, da Merkmale, die für eine Aufgabe gelernt wurden, oft auch für die anderen Aufgaben nützlich sein können und weil das Modell von Overfitting abgehalten wird, wenn es bei mehreren Aufgaben gut abschneiden muss (es ist eine Form von Regularisierung). Aber es hängt von der Aufgabe ab, und in diesem speziellen Fall funktioniert das Multitask-RNN, das die Bus- und Bahnfahrgastzahlen vorhersagen soll, nicht so gut wie dedizierte Modelle, die das eine oder das andere vorhersagen (und dabei alle fünf Spalten als Eingaben nutzen). Trotzdem wird ein Validierungs-MAE von 25.300 für Zug- und 26.369 für Busfahrgäste erreicht, was schon ziemlich gut ist.

Mehrere Zeitschritte vorhersagen

Bisher haben wir nur den Wert für den nächsten Zeitschritt vorhergesagt, aber wir könnten auch problemlos einen Wert mehrere Zeitschritte im Voraus vorhersagen, indem wir die Ziele entsprechend anpassen (um zum Beispiel die Fahrgastzahlen zwei Wochen im Voraus vorherzusagen, ändern Sie einfach die Ziele auf den Wert 14 Schritte im Voraus statt nur einen Schritt). Aber wie können wir alle nächsten zehn Werte vorhersagen?

Die eine Option ist, das `univar_model`-Modell zu verwenden, das wir weiter oben für die Zug-Zeitserie trainiert haben, es den nächsten Wert vorhersagen zu lassen und diesen Wert zu den Eingaben hinzuzufügen – so tun wir so, als wäre dieser vorhergesagte Wert tatsächlich eingetreten. Dann nutzen wir das Modell erneut, um den folgenden Wert vorherzusagen, und so weiter:

```
import numpy as np

X = rail_valid.to_numpy()[np.newaxis, :seq_length, np.newaxis]
for step_ahead in range(14):
    y_pred_one = univar_model.predict(X)
    X = np.concatenate([X, y_pred_one.reshape(1, 1, 1)], axis=1)
```

In diesem Code nehmen wir die Zugfahrgastzahlen der ersten 56 Tage der Validierungsperiode und verwandeln sie in ein NumPy-Array der Form [1, 56, 1] (denken Sie daran, dass die rekurrenten Schichten 3-D-Eingaben erwarten). Dann nutzen wir das Modell wiederholt, um den nächsten Wert vorherzusagen, und fügen jede Vorhersage entlang der Zeitachse an die Eingabeserie an (`axis=1`). Die sich ergebenden Vorhersagen sind in Abbildung 15-11 zu sehen.

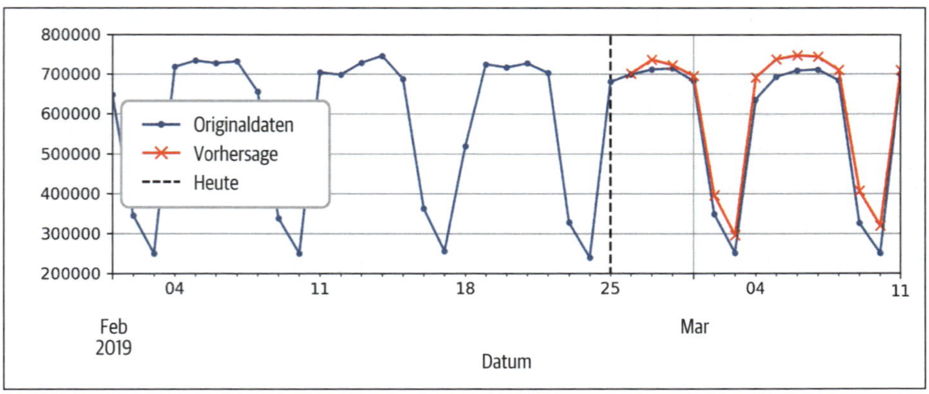

Abbildung 15-11: 14 Schritte im Voraus vorhersagen, jeweils einen Schritt nach dem anderen

> Macht das Modell in einem Schritt einen Fehler, wird die Vorhersage für die folgenden Schritte ebenfalls betroffen sein: Die Fehler tendieren dazu, sich aufzusummieren. Daher ist es besser, diese Technik nur für eine kleine Zahl von Schritten anzuwenden.

Die zweite Möglichkeit besteht darin, ein RNN so zu trainieren, dass es alle 14 nächsten Werte auf einmal vorhersagt. Wir können immer noch ein Sequence-to-Vector-Modell nutzen, aber es wird nicht nur einen, sondern 14 Werte ausgeben. Wir müssen jedoch zuerst die Ziele so ändern, dass es Vektoren mit den nächsten 14 Werten sind. Dazu können wir wieder `timeseries_dataset_from_array()` verwenden, aber dieses Mal bitten wir die Funktion, Datasets ohne Ziele (`targets=None`) und mit längeren Sequenzen der Länge `seq_length + 14` zu erstellen. Dann können wir die Dataset-Methode `map()` einsetzen, um eine eigene Funktion auf jeden Batch mit Sequenzen anzuwenden, mit der wir sie in Eingabewerte und Ziele aufteilen. In diesem Beispiel nutzen wir die multivariate Zeitserie als Eingabe (mit allen fünf Spalten) und sagen die Zugfahrgastzahlen für die nächsten 14 Tage voraus:[6]

```
def split_inputs_and_targets(mulvar_series, ahead=14, target_col=1):
    return mulvar_series[:, :-ahead], mulvar_series[:, -ahead:, target_col]

ahead_train_ds = tf.keras.utils.timeseries_dataset_from_array(
    mulvar_train.to_numpy(),
    targets=None,
    sequence_length=seq_length + 14,
    [...]  # die anderen 3 Argumente sind die gleichen wie zuvor
).map(split_inputs_and_targets)
ahead_valid_ds = tf.keras.utils.timeseries_dataset_from_array(
    mulvar_valid.to_numpy(),
    targets=None,
    sequence_length=seq_length + 14,
    batch_size=32
).map(split_inputs_and_targets)
```

Jetzt müssen wir die Ausgabeschicht statt einer nun 14 Einheiten enthalten lassen:

```
ahead_model = tf.keras.Sequential([
    tf.keras.layers.SimpleRNN(32, input_shape=[None, 5]),
    tf.keras.layers.Dense(14)
])
```

Nach dem Trainieren dieses Modells können Sie sehr einfach die nächsten 14 Werte auf einmal vorhersagen lassen:

```
X = mulvar_valid.to_numpy()[np.newaxis, :seq_length]  # Form [1, 56, 5]
Y_pred = ahead_model.predict(X)  # Form [1, 14]
```

6 Spielen Sie ruhig einmal mit diesem Modell herum. Sie können beispielsweise versuchen, die Bus- und Zugfahrgastzahlen für die nächsten 14 Tage vorherzusagen. Dazu müssen Sie die Ziele so anpassen, dass sie beides enthalten, und Ihr Modell 28 statt 14 Vorhersagen treffen lassen.

Dieser Ansatz funktioniert ziemlich gut. Seine Vorhersagen für den nächsten Tag sind offensichtlich besser als die für 14 Tage in der Zukunft, aber er akkumuliert keine Fehler wie das vorherige Modell. Es geht aber trotzdem besser, indem wir ein Sequence-to-Sequence-(oder *seq2seq*-)Modell verwenden.

Mit einem Sequence-to-Sequence-Modell vorhersagen

Wir können das Modell nicht nur auf die Vorhersage der nächsten 14 Schritte im letzten Schritt trainieren, sondern bei jedem einzelnen Schritt. Mit anderen Worten – wir verwandeln dieses Sequence-to-Vector-RNN in ein Sequence-to-Sequence-RNN. Der Vorteil dieser Technik ist, dass der Verlust einen Term für die Ausgabe des RNN bei jedem einzelnen Schritt enthalten wird und nicht nur die Ausgabe beim letzten Zeitschritt.

Das bedeutet, dass es viel mehr Fehlergradienten geben wird, die durch das Modell fließen, und sie müssen nicht mehr so viel durch die Zeit fließen, weil sie von der Ausgabe jedes Zeitschritts kommen, nicht nur des letzten. Das stabilisiert und beschleunigt das Training.

Zum Verständnis: Bei Zeitschritt 0 gibt das Modell einen Vektor mit der Vorhersage für die Zeitschritte 1 bis 14 aus, bei Zeitschritt 1 für die Zeitschritte 2 bis 15 und so weiter. Mit anderen Worten: Die Ziele sind Sequenzen aufeinanderfolgender Fenster, die jeweils bei jedem Zeitschritt um einen Zeitschritt verschoben werden. Das Ziel ist nicht mehr länger ein Vektor, sondern eine Sequenz der gleichen Länge wie die Eingaben mit einem 14-dimensionalen Vektor bei jedem Schritt.

Das Vorbereiten der Datensätze ist nicht trivial, da jede Instanz ein Fenster als Eingabe und eine Sequenz mit Fenstern als Ausgabe hat. Eine Möglichkeit, dies zu erreichen, ist der zweifache Einsatz der Hilfsfunktion `to_windows()`, die wir weiter oben erstellt haben, in der Zeile, um Fenster aufeinanderfolgender Fenster zu erhalten. Verwandeln wir beispielsweise die Serien mit den Zahlen 0 bis 6 in ein Dataset mit Sequenzen mit vier aufeinanderfolgenden Fenstern, die jeweils die Länge 3 haben:

```
>>> my_series = tf.data.Dataset.range(7)
>>> dataset = to_windows(to_windows(my_series, 3), 4)
>>> list(dataset)
[<tf.Tensor: shape=(4, 3), dtype=int64, numpy=
 array([[0, 1, 2],
        [1, 2, 3],
        [2, 3, 4],
        [3, 4, 5]])>,
 <tf.Tensor: shape=(4, 3), dtype=int64, numpy=
 array([[1, 2, 3],
        [2, 3, 4],
        [3, 4, 5],
        [4, 5, 6]])>]
```

Jetzt können wir mit der Methode map() diese Fenster mit Fenstern in Eingaben und Ziele aufteilen:

```
>>> dataset = dataset.map(lambda S: (S[:, 0], S[:, 1:]))
>>> list(dataset)
[(<tf.Tensor: shape=(4,), dtype=int64, numpy=array([0, 1, 2, 3])>,
  <tf.Tensor: shape=(4, 2), dtype=int64, numpy=
  array([[1, 2],
         [2, 3],
         [3, 4],
         [4, 5]])>),
 (<tf.Tensor: shape=(4,), dtype=int64, numpy=array([1, 2, 3, 4])>,
  <tf.Tensor: shape=(4, 2), dtype=int64, numpy=
  array([[2, 3],
         [3, 4],
         [4, 5],
         [5, 6]])>)]
```

Das Dataset enthält jetzt Sequenzen der Länge 4 als Eingaben, und die Ziele sind für jeden Zeitschritt Sequenzen mit den nächsten beiden Schritten. So ist beispielsweise die erste Eingabesequenz [0, 1, 2, 3], und ihre zugehörigen Ziele sind [[1, 2], [2, 3], [3, 4], [4, 5]], was die nächsten beiden Werte für jeden Zeitschritt sind. Wenn Sie so wie ich sind, werden Sie vermutlich ein paar Minuten brauchen, um das zu verstehen. Nehmen Sie sich die Zeit!

> Es mag Sie überraschen, dass die Ziele Werte enthalten, die in den Eingaben auftauchen. Ist das nicht geschummelt? Zum Glück ist es das ganz und gar nicht: Bei jedem Zeitschritt kennt ein RNN nur vergangene Zeitschritte – es kann nicht vorausschauen. Man bezeichnet es auch als *kausales* Modell.

Erstellen wir eine andere kleine Hilfsfunktion, die die Datasets für unser Sequence-to-Sequence-Modell erzeugt. Sie wird sich (optional) auch um das Durchmischen und Erstellen von Batches kümmern:

```
def to_seq2seq_dataset(series, seq_length=56, ahead=14, target_col=1,
                       batch_size=32, shuffle=False, seed=None):
    ds = to_windows(tf.data.Dataset.from_tensor_slices(series), ahead + 1)
    ds = to_windows(ds, seq_length).map(lambda S: (S[:, 0], S[:, 1:, 1]))
    if shuffle:
        ds = ds.shuffle(8 * batch_size, seed=seed)
    return ds.batch(batch_size)
```

Jetzt können wir diese Funktion zum Erstellen der Datasets nutzen:

```
seq2seq_train = to_seq2seq_dataset(mulvar_train, shuffle=True, seed=42)
seq2seq_valid = to_seq2seq_dataset(mulvar_valid)
```

Und schließlich können wir das Sequence-to-Sequence-Modell erzeugen:

```
seq2seq_model = tf.keras.Sequential([
    tf.keras.layers.SimpleRNN(32, return_sequences=True, input_shape=[None, 5]),
    tf.keras.layers.Dense(14)
])
```

Es entspricht weitgehend unserem vorherigen Modell – der einzige Unterschied ist, dass wir `return_sequences=True` in der Schicht `SimpleRNN` setzen. So wird eine Sequenz mit Vektoren (jeweils der Größe 32) ausgegeben und nicht nur ein einzelner Vektor im allerletzten Schritt. Die `Dense`-Schicht ist so schlau, dass sie mit Sequenzen als Eingaben umgehen kann: Sie wird bei jedem Zeitschritt angewendet, erwartet einen 32-dimensionalen Vektor als Eingabe und gibt einen 14-dimensionalen Vektor aus. Tatsächlich erhalten Sie genau das gleiche Ergebnis über eine `Conv1D`-Schicht mit einer Kernelgröße von 1: `Conv1D(14, kernel_size=1)`.

> Keras bietet eine `TimeDistributed`-Schicht an, mit der Sie eine beliebige Vector-to-Vector-Schicht auf jeden Vektor in den Eingabesequenzen bei jedem Zeitschritt anwenden können. Das tut sie effizient, indem sie die Form der Eingaben so anpasst, dass jeder Zeitschritt als eigene Instanz behandelt wird, und indem sie die Form der Ausgaben der Schicht ebenfalls so ändert, dass die Zeitdimension wiederhergestellt wird. In unserem Fall brauchen wir sie nicht, da die `Dense`-Schicht schon Sequenzen als Eingaben unterstützt.

Der Trainingscode ist der gleiche wie immer. Während des Trainings werden alle Ausgaben des Modells verwendet, aber nach dem Training ist nur die Ausgabe beim letzten Zeitschritt notwendig, und der Rest kann ignoriert werden. Wir können also beispielsweise die Zugfahrgastzahlen für die nächsten 14 Tage wie folgt vorhersagen:

```
X = mulvar_valid.to_numpy()[np.newaxis, :seq_length]
y_pred_14 = seq2seq_model.predict(X)[0, -
1]  # nur Ausgabe des letzten Zeitschritts
```

Evaluieren Sie die Vorhersagen dieses Modells für $t + 1$, erhalten Sie einen Validierungs-MAE von 25.219. Für $t + 2$ beträgt er 26.274, und die Qualität sinkt weiter nach und nach, während das Modell versucht, weiter in die Zukunft zu blicken. Für $t + 14$ ist der MAE 34.322.

> Sie können beide Ansätze kombinieren, um mehrere Schritte im Voraus vorherzusagen: Beispielsweise ließe sich ein Modell trainieren, das für 14 Tage im Voraus vorhersagt, dann nimmt man diese Ausgabe und fügt sie an die Eingaben an, um das Modell danach erneut laufen zu lassen und Vorhersagen für die folgenden 14 Tage zu erhalten (und das Ganze eventuell noch häufiger zu wiederholen).

Einfache RNNs können ziemlich gut beim Vorhersagen von Zeitserien oder anderen Arten von Sequenzen sein, aber sie funktionieren nicht gut mit langen Zeitserien oder langen Sequenzen. Schauen wir uns an, woran das liegt und was wir dagegen tun können.

Arbeit mit langen Sequenzen

Um ein RNN mit langen Sequenzen zu trainieren, müssen wir es über viele Zeitschritte laufen lassen und das aufgerollte RNN damit zu einem sehr tiefen Netz machen. Wie bei jedem Deep Neural Network kann es mit dem Problem instabiler Gradienten kämpfen, das in Kapitel 11 behandelt wurde: Es kann ewig dauern, bis es trainiert ist, oder das Training ist instabil. Zudem wird ein RNN, wenn es lange Sequenzen verarbeitet, die ersten Eingaben der Sequenz teilweise vergessen. Schauen wir uns beide Probleme an und beginnen wir mit den instabilen Gradienten.

Gegen instabile Gradienten kämpfen

Viele der Tricks, die wir in Deep Networks genutzt haben, um das Problem der instabilen Gradienten abzumildern, können auch für RNNs eingesetzt werden: eine gute Parameterinitialisierung, schnellere Optimierer, Drop-out und so weiter. Aber nicht sättigende Aktivierungsfunktionen (zum Beispiel ReLU) helfen hier eventuell nicht so viel. Tatsächlich führen sie möglicherweise sogar dazu, das RNN während des Trainings noch instabiler zu machen. Warum? Nun, stellen Sie sich vor, dass das Gradientenverfahren die Gewichte so aktualisiert, dass die Ausgaben beim ersten Zeitschritt leicht erhöht werden. Da die gleichen Gewichte bei jedem Zeitschritt zum Einsatz kommen, werden die Ausgaben beim zweiten Zeitschritt ebenfalls leicht erhöht, genauso beim dritten und so weiter, bis die Ausgaben explodieren – und eine nicht sättigende Aktivierungsfunktion verhindert das nicht.

Sie können das Risiko verringern, indem Sie eine geringere Lernrate einsetzen, oder Sie nutzen eine sättigende Aktivierungsfunktion wie den hyperbolischen Tangens (das erklärt, warum er der Standard ist).

Auf die gleiche Art und Weise können die Gradienten selbst durch die Decke gehen. Stellen Sie fest, dass das Training instabil ist, sollten Sie die Größe der Gradienten überwachen (zum Beispiel mithilfe von TensorBoard) und eventuell auf Gradient Clipping zurückgreifen.

Zudem kann die Batchnormalisierung bei RNNs nicht so effizient genutzt werden wie bei tiefen Feed-Forward-Netzen. Tatsächlich können Sie es zwischen den Zeitschritten gar nicht verwenden, sondern nur zwischen rekurrenten Schichten.

Genauer gesagt, ist es technisch gesehen möglich, eine BN-Schicht zu einer Gedächtniszelle hinzuzufügen (wie wir gleich sehen werden), sodass sie bei jedem Zeitschritt angewendet wird (sowohl auf die Eingaben für diesen Zeitschritt wie auch auf den verborgenen Status des vorherigen Schritts). Aber es wird bei jedem Zeitschritt die gleiche BN-Schicht genutzt – mit den gleichen Parametern, unabhängig von der tatsächlichen Größe und dem Offset der Eingaben und des verborgenen Status. In der Praxis führt das nicht zu guten Ergebnissen, wie es César Laurent et al. in einem Artikel (*https://homl.info/rmmnm*)[7] aus dem Jahr 2015 gezeigt haben: Die Autoren stellten fest, dass BN nur dann etwas besser war, wenn es auf die Eingaben der Schicht, aber nicht auf die verborgenen Status angewendet wurde. Anders gesagt: Es war etwas besser als nichts beim Anwenden auf rekurrente Schichten (also vertikal in Abbildung 15-10), aber nicht innerhalb der rekurrenten Schichten (also horizontal). In Keras können Sie BN zwischen Schichten anwenden, indem Sie einfach eine Schicht `BatchNormalization` vor jeder rekurrenten Schicht hinzufügen. Es wird aber das Training verlangsamen und eventuell nicht viel helfen.

Eine andere Form der Normalisierung funktioniert mit RNNs meist besser – die *Layer Normalization*. Diese Idee wurde von Jimmy Lei Ba et al. in einem Artikel (*https://homl.info/layernorm*)[8] aus dem Jahr 2016 vorgestellt, und sie ähnelt der Batchnormalisierung, aber statt zwischen den Batchdimensionen zu normalisieren, normalisiert sie zwischen den Merkmalsdimensionen. Ein Vorteil ist, dass die erforderlichen Statistiken bei jedem Schritt unabhängig von jeder Instanz berechnet werden können. Das heißt auch, dass sie sich während des Trainings und beim Testen gleich verhält (im Gegensatz zu BN) und dass sie keine exponentiellen gleitenden Mittelwerte nutzen muss, um die Merkmalsstatistiken über alle Instanzen im Trainingsdatensatz abzuschätzen, wie BN das tut. Wie BN lernt die Layer Normalization einen Größenwert und einen Offset-Parameter für jede Eingabe. In einem RNN wird sie normalerweise direkt nach der linearen Kombination der Eingaben und der verborgenen Status eingesetzt.

Verwenden wir nun Keras, um die Layer Normalization innerhalb einer einfachen Gedächtniszelle zu implementieren. Dazu müssen wir eine eigene Gedächtniszelle definieren. Das ist wie eine normale Schicht, nur erwartet ihre Methode `call()` zwei Argumente: die `inputs` zum aktuellen Zeitschritt und die verborgenen `states` aus dem vorherigen Zeitschritt.

Beachten Sie, dass es sich beim Argument `states` um eine Liste mit einem oder mehreren Tensoren handelt. Bei einer einfachen RNN-Zelle enthält sie nur einen einzelnen Tensor mit den Ausgaben des vorherigen Zeitschritts, aber andere Zellen können auch mehrere Status-Tensoren haben (so hat zum Beispiel eine `LSTMCell` einen langfristigen und einen kurzfristigen Status, wie wir bald sehen werden). Eine Zelle muss zudem die Attribute `state_size` und `output_size` besitzen. In einem einfachen RNN entsprechen beide der Anzahl an Einheiten. Der folgende Code implementiert eine eigene Gedächtniszelle, die sich wie eine `SimpleRNNCell` verhält, allerdings bei jedem Zeitschritt eine Layer Normalization anwendet:

```
class LNSimpleRNNCell(tf.keras.layers.Layer):
    def __init__(self, units, activation="tanh", **kwargs):
        super().__init__(**kwargs)
        self.state_size = units
```

7 César Laurent et al., »Batch Normalized Recurrent Neural Networks«, *Proceedings of the IEEE International Conference on Acoustics, Speech, and Signal Processing* (2016): 2657–2661.

8 Jimmy Lei Ba et al., »Layer Normalization«, arXiv Preprint arXiv:1607.06450 (2016).

```
        self.output_size = units
        self.simple_rnn_cell = tf.keras.layers.SimpleRNNCell(units,
                                                              activation=None)
        self.layer_norm = tf.keras.layers.LayerNormalization()
        self.activation = tf.keras.activations.get(activation)

    def call(self, inputs, states):
        outputs, new_states = self.simple_rnn_cell(inputs, states)
        norm_outputs = self.activation(self.layer_norm(outputs))
        return norm_outputs, [norm_outputs]
```

Gehen wir den Code durch:

- Unsere Klasse `LNSimpleRNNCell` erbt von der Klasse `keras.layers.Layer`, so wie jede andere eigene Schicht.
- Der Konstruktor übernimmt die Anzahl an Einheiten und die gewünschte Aktivierungsfunktion, setzt die Attribute `state_size` und `output_size` und erstellt dann eine `SimpleRNNCell` ohne Aktivierungsfunktion (weil wir die Layer Normalization nach den linearen Operationen, aber vor der Aktivierungsfunktion durchführen wollen).[9] Dann erstellt der Konstruktor die `LayerNormalization`-Schicht und schnappt sich schließlich die gewünschte Aktivierungsfunktion.
- Die Methode `call()` wendet zunächst die `simpleRNNCell` an, die eine lineare Kombination der aktuellen Eingaben und des vorherigen verborgenen Status berechnet, dann gibt sie das Ergebnis zweimal zurück (in einer `SimpleRNNCell` entsprechen die Ausgaben einfach dem verborgenen Status – `new_states[0]` ist gleich `outputs`, daher können wir `new_states` im Rest der Methode `call()` problemlos ignorieren). Als Nächstes wendet die Methode `call()` die Layer Normalization an, gefolgt von der Aktivierungsfunktion. Schließlich gibt sie die Ausgabe zweimal zurück: einmal als Ausgaben, einmal als neuer verborgener Status. Um diese eigene Zelle einzusetzen, müssen wir nur eine `tf.keras.layers.RNN`-Schicht erstellen und ihr eine Zellinstanz übergeben:

```
custom_ln_model = tf.keras.Sequential([
    tf.keras.layers.RNN(LNSimpleRNNCell(32), return_sequences=True,
                        input_shape=[None, 5]),
    tf.keras.layers.Dense(14)
])
```

Genauso könnten Sie eine eigene Zelle erstellen, um einen Drop-out zwischen jedem Zeitschritt anzuwenden. Aber es gibt einen einfacheren Weg: Die meisten rekurrenten Schichten und von Keras angebotenen Zellen besitzen die Hyperparameter `dropout` und `recurrent_dropout`: Der erste definiert die Drop-out-Rate, die auf die Eingaben anzuwenden ist (bei jedem Zeitschritt), die zweite die Drop-out-Rate für die verborgenen Status zwischen den Zeitschritten. Sie müssen also keine eigene

9 Es wäre einfacher gewesen, stattdessen von `SimpleRNNCell` abzuleiten, sodass wir keine interne `SimpleRNNCell` erstellen oder die Attribute `state_size` und `output_size` behandeln müssten, aber unser Ziel war hier, zu zeigen, wie Sie eine eigene Zelle von Grund auf erstellen.

Zelle erstellen, um bei jedem Zeitschritt in einem RNN einen Drop-out anzuwenden.

Mit diesen Techniken können Sie das Problem der instabilen Gradienten abschwächen und ein RNN sehr viel effizienter trainieren. Schauen wir uns nun an, wie wir mit dem Problem des Kurzzeitgedächtnisses umgehen.

> Bei der Vorhersage von Zeitserien ist es oft hilfreich, Fehlerbalken für Ihre Vorhersagen zu haben. Dazu können Sie MC Dropout nutzen, das in Kapitel 11 vorgestellt wurde: Nutzen Sie während des Trainings `recurrent_dropout`, dann halten Sie den Drop-out bei der Inferenz aktiv, indem Sie das Modell mit `model(X, training=True)` aufrufen. Wiederholen Sie das ein paar Mal, um mehrere leicht unterschiedliche Vorhersagen zu erhalten, und berechnen Sie dann den Mittelwert und die Standardabweichung für diese Vorhersagen für jeden Zeitschritt.

Das Problem des Kurzzeitgedächtnisses

Aufgrund der Transformationen, die die Daten auf ihrem Weg durch ein RNN durchlaufen, gehen bei jedem Zeitschritt manche Informationen verloren. Nach einiger Zeit enthält der Status des RNN keinerlei Spuren der ursprünglichen Eingaben mehr. Das kann ein Showstopper sein. Stellen Sie sich die Fischdame Dory[10] vor, die versucht, einen langen Satz zu übersetzen – wenn sie ihn fertig gelesen hat, weiß sie nicht mehr, womit er begann. Um dieses Problem anzugehen, wurden diverse Zelltypen mit Langzeitgedächtnis vorgestellt. Sie haben sich als so erfolgreich erwiesen, dass die einfachen Zellen nicht mehr sehr häufig zum Einsatz kommen. Schauen wir uns zuerst die beliebteste dieser Langzeitgedächtniszellen an: die LSTM-Zelle.

LSTM-Zellen

Die *Long-Short-Term-Memory*-(LSTM-)Zelle wurde 1997 von Sepp Hochreiter und Jürgen Schmidhuber vorgestellt (*https://homl.info/93*)[11] und von verschiedenen Forschern über die Jahre nach und nach verbessert, wie zum Beispiel von Alex Graves (*https://homl.info/graves*), Haşim Sak (*https://homl.info/94*)[12] und Wojciech Zaremba (*https://homl.info/95*)[13]. Stellen Sie sich die LSTM-Zelle als Black Box vor, können Sie sie fast so wie eine einfache Zelle einsetzen, nur dass sie eine bessere

10 Eine Figur aus den Animationsfilmen *Findet Nemo* und *Findet Dory*, die mit einem Verlust des Kurzzeitgedächtnisses zu kämpfen hat.

11 Sepp Hochreiter und Jürgen Schmidhuber, »Long Short-Term Memory«, *Neural Computation* 9, no. 8 (1997): 1735–1780.

12 Haşim Sak et al., »Long Short-Term Memory Based Recurrent Neural Network Architectures for Large Vocabulary Speech Recognition«, arXiv Preprint arXiv:1402.1128 (2014).

13 Wojciech Zaremba et al., »Recurrent Neural Network Regularization«, arXiv Preprint arXiv:1409.2329 (2014).

Leistung zeigen wird. Das Training wird schneller konvergieren, und sie wird langfristigere Muster in den Daten erkennen. In Keras können Sie einfach statt der `SimpleRNN`-Schicht eine `LSTM`-Schicht nutzen:

```
model = tf.keras.Sequential([
    tf.keras.layers.LSTM(32, return_sequences=True, input_shape=[None, 5]),
    tf.keras.layers.Dense(14)
])
```

Alternativ können Sie die allgemeinere Schicht `keras.layers.RNN` einsetzen und ihr eine `LSTMCell` als Argument mitgeben. Die `LSTM`-Schicht nutzt allerdings eine optimierte Implementierung bei der Ausführung auf einer GPU (siehe Kapitel 19), daher ist es im Allgemeinen sinnvoller, diese zu verwenden (die RNN-Schicht ist vor allem dann nützlich, wenn Sie eigene Zellen definieren, wie wir es weiter oben getan haben).

Wie arbeitet eine LSTM-Zelle? Die Architektur einer LSTM-Zelle ist in Abbildung 15-12 dargestellt. Solange Sie nicht in die Box schauen, sieht eine LSTM-Zelle genau wie eine gewöhnliche Zelle aus, außer dass ihr Zustand in zwei Vektoren aufgeteilt ist: $\mathbf{h}_{(t)}$ und $\mathbf{c}_{(t)}$ (c steht für *cell*). Sie können sich $\mathbf{h}_{(t)}$ als das Kurzzeitgedächtnis und $\mathbf{c}_{(t)}$ als das Langzeitgedächtnis vorstellen.

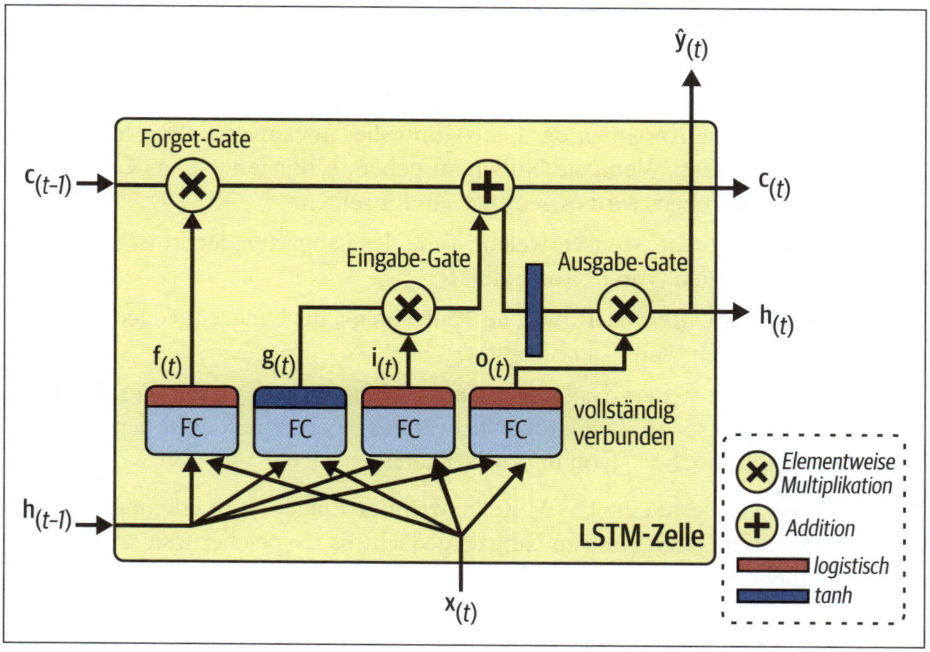

Abbildung 15-12: LSTM-Zelle

Öffnen wir nun die Black Box! Der Hauptgedanke ist, dass das Netz lernen kann, was es im Langzeitgedächtnis speichern soll, was es vergessen und wie es das Gedächtnis interpretieren kann. Während der Langzeitzustand $\mathbf{c}_{(t-1)}$ das Netz von links nach rechts durchschreitet, passiert er zuerstein *Forget Gate*, das einige Erinnerungen vergisst. Anschließend werden über eine Operation zur Addition neue Erinnerungen hinzugefügt (dieses addiert die von einem *Input Gate* ausgewählten Erinnerungen). Das Ergebnis $\mathbf{c}_{(t)}$ wird unmittelbar und ohne weitere Transformation ausgegeben. Bei jedem Zeitschritt werden also einige Erinnerungen verworfen und einige hinzugefügt. Außerdem wird der Langzeitzustand nach der Addition kopiert und passiert die Funktion tanh. Das Ergebnis wirdvom *Output Gate* gefiltert. Dabei ergibt sich der Zustand des Kurzzeitgedächtnisses $\mathbf{h}_{(t)}$ (der der Ausgabe der Zelle bei diesem Schritt $\mathbf{y}_{(t)}$ entspricht). Schauen wir uns nun an, woher neue Erinnerungen stammen und wie die Gates funktionieren.

Zuerst werden der aktuelle Eingabevektor $\mathbf{x}_{(t)}$ und der Zustand des Kurzzeitgedächtnisses $\mathbf{h}_{(t-1)}$ vier einzelnen vollständig verbundenen Schichten übergeben. Diese dienen unterschiedlichen Zwecken:

- Die wichtigste Schicht gibt $\mathbf{g}_{(t)}$ aus. Sie hat die gewöhnliche Aufgabe, die aktuellen Eingaben $\mathbf{x}_{(t)}$ und den vorherigen Zustand (des Kurzzeitgedächtnisses) $\mathbf{h}_{(t-1)}$ zu analysieren. In einer einfachen Zelle gibt es außer dieser Schicht nichts, ihre Ausgabe wird direkt an $\mathbf{y}_{(t)}$ und $\mathbf{h}_{(t)}$ übergeben. Im Gegensatz dazu wird die Ausgabe dieser Schicht in einer LSTM-Zelle nicht direkt nach außen geleitet. Stattdessen werden ihre wichtigsten Teile im Langzeitgedächtnis gespeichert (und der Rest wird verworfen).
- Die drei übrigen Schichten sind *Gate-Controller*. Da sie die logistische Aktivierungsfunktion verwenden, reichen ihre Ausgaben von 0 bis 1. Wie Sie sehen, werden die Ausgaben der Gate-Controller in elementweisen Multiplikationen verwendet: Wenn sie Nullen ausgeben, schließen sie das Gate, wenn sie Einsen ausgeben, wird es geöffnet. Im Einzelnen:
  - Das *Forget Gate* steuert, welche Teile des Langzeitgedächtnisses gelöscht werden sollen (von $\mathbf{f}_{(t)}$ kontrolliert).
  - Das *Input Gate* steuert, welche Teile von $\mathbf{g}_{(t)}$ ins Langzeitgedächtnis übergehen sollen (von $\mathbf{i}_{(t)}$ kontrolliert).
  - Schließlich steuert das *Output Gate*, welche Teile des Langzeitgedächtnisses ausgelesen und bei diesem Schritt ausgegeben werden sollen – sowohl an $\mathbf{h}_{(t)}$ als auch $\mathbf{y}_{(t)}$ (von $\mathbf{o}_{(t)}$ kontrolliert).

Zusammengefasst, lernt eine LSTM-Zelle, wichtige Eingaben zu erkennen (dies ist Aufgabe des Input Gate), diese im Langzeitgedächtnis zu speichern, sie so lange wie nötig aufzuheben (dies ist Aufgabe des Forget Gate) und das Notwendige daraus zu entnehmen. Dies erklärt, warum LSTM-Zellen ausgesprochen erfolgreich beim Erfassen weitreichender Muster in Zeitreihen, langen Texten, Tonsignalen und anderen Daten sind.

Formel 15-4 fasst zusammen, wie sich der Zustand des Langzeitgedächtnisses und des Kurzzeitgedächtnisses sowie die Ausgabe eines Zeitschritts für einen einzelnen Datenpunkt berechnen lassen (die Gleichungen für einen ganzen Mini-Batch sehen sehr ähnlich aus).

Formel 15-4: LSTM-Berechnungen

$$
\begin{aligned}
\mathbf{i}_{(t)} &= \sigma\left(\mathbf{W}_{xi}{}^{\mathsf{T}}\mathbf{x}_{(t)} + \mathbf{W}_{hi}{}^{\mathsf{T}}\mathbf{h}_{(t-1)} + \mathbf{b}_i\right) \\
\mathbf{f}_{(t)} &= \sigma\left(\mathbf{W}_{xf}{}^{\mathsf{T}}\mathbf{x}_{(t)} + \mathbf{W}_{hf}{}^{\mathsf{T}}\mathbf{h}_{(t-1)} + \mathbf{b}_f\right) \\
\mathbf{o}_{(t)} &= \sigma\left(\mathbf{W}_{xo}{}^{\mathsf{T}}\mathbf{x}_{(t)} + \mathbf{W}_{ho}{}^{\mathsf{T}}\mathbf{h}_{(t-1)} + \mathbf{b}_o\right) \\
\mathbf{g}_{(t)} &= \tanh\left(\mathbf{W}_{xg}{}^{\mathsf{T}}\mathbf{x}_{(t)} + \mathbf{W}_{hg}{}^{\mathsf{T}}\mathbf{h}_{(t-1)} + \mathbf{b}_g\right) \\
\mathbf{c}_{(t)} &= \mathbf{f}_{(t)} \otimes \mathbf{c}_{(t-1)} \; + \; \mathbf{i}_{(t)} \otimes \mathbf{g}_{(t)} \\
\mathbf{y}_{(t)} &= \mathbf{h}_{(t)} = \mathbf{o}_{(t)} \otimes \tanh\left(\mathbf{c}_{(t)}\right)
\end{aligned}
$$

In dieser Gleichung gilt:

- $\mathbf{W}_{xi}$, $\mathbf{W}_{xf}$, $\mathbf{W}_{xo}$ und $\mathbf{W}_{xg}$ sind die Gewichtsmatrizen der Verbindungen des Eingabevektors $\mathbf{x}_{(t)}$ zu den vier Schichten.
- $\mathbf{W}_{hi}$, $\mathbf{W}_{hf}$, $\mathbf{W}_{ho}$ und $\mathbf{W}_{hg}$ sind die Gewichtsmatrizen der Verbindungen des Kurzzeitgedächtnisses $\mathbf{h}_{(t-1)}$ zu diesen vier Schichten.
- $\mathbf{b}_i$, $\mathbf{b}_f$, $\mathbf{b}_o$ und $\mathbf{b}_g$ sind die Bias-Terme dieser vier Schichten. TensorFlow initialisiert $\mathbf{b}_f$ mit einem Vektor voller Einsen anstatt Nullen. Dies verhindert, dass zu Beginn des Trainings alles vergessen wird.

Es gibt eine Reihe von Varianten der LSTM-Zelle. Eine besonders beliebte ist die GRU-Zelle, die wir uns nun anschauen wollen.

GRU-Zellen

Die *Gated-Recurrent-Unit-*(GRU-)Zelle (siehe Abbildung 15-13) wurde von Kyunghyun Cho et al. in einem Artikel (*https://homl.info/97*) aus dem Jahr 2014 vorgeschlagen[14], in dem auch das oben erwähnte Encoder-Decoder-Netz erstmalig erwähnt wurde.

Eine GRU-Zelle ist eine vereinfachte Variante der LSTM-Zelle, die aber genauso gut zu funktionieren scheint[15] (was ihre wachsende Beliebtheit erklärt). Die wichtigsten Vereinfachungen sind:

- Beide Zustandsvektoren sind zu einem einzigen Vektor $\mathbf{h}_{(t)}$ vereinigt.
- Ein einzelner Gate-Controller $\mathbf{z}_{(t)}$ steuert sowohl das Forget Gate als auch das Input Gate. Falls der Gate-Controller eine 1 ausgibt, ist das Forget Gate offen (= 1) und das Input Gate geschlossen (1 – 1 = 0). Gibt er eine 0 aus, passiert das Gegenteil. Anders ausgedrückt, wird beim Speichern von Erinnerungen

14 Kyunghyun Cho et al., »Learning Phrase Representations Using RNN Encoder-Decoder for Statistical Machine Translation«, *Proceedings of the 2014 Conference on Empirical Methods in Natural Language Processing* (2014): 1724–1734.

15 Ein Artikel von Klaus Greff et al. aus dem Jahr 2015, »LSTM: A Search Space Odyssey« (*https://homl.info/98*), *IEEE Transactions on Neural Networks and Learning Systems* 28, no. 10 (2017): 2222–2232, deutet darauf hin, dass sämtliche LSTM-Varianten etwa gleich gut abschneiden.

der Speicherplatz dafür zuerst gelöscht. Dies für sich allein ist übrigens eine häufige Variante der LSTM-Zelle.

- Es gibt kein Output-Gate; bei jedem Schritt wird der vollständige Zustandsvektor ausgegeben. Es gibt dafür aber einen neuen Gate-Controller $\mathbf{r}_{(t)}$, der steuert, welcher Teil des vorherigen Zustands der Hauptschicht zur Verfügung gestellt wird ($\mathbf{g}_{(t)}$).

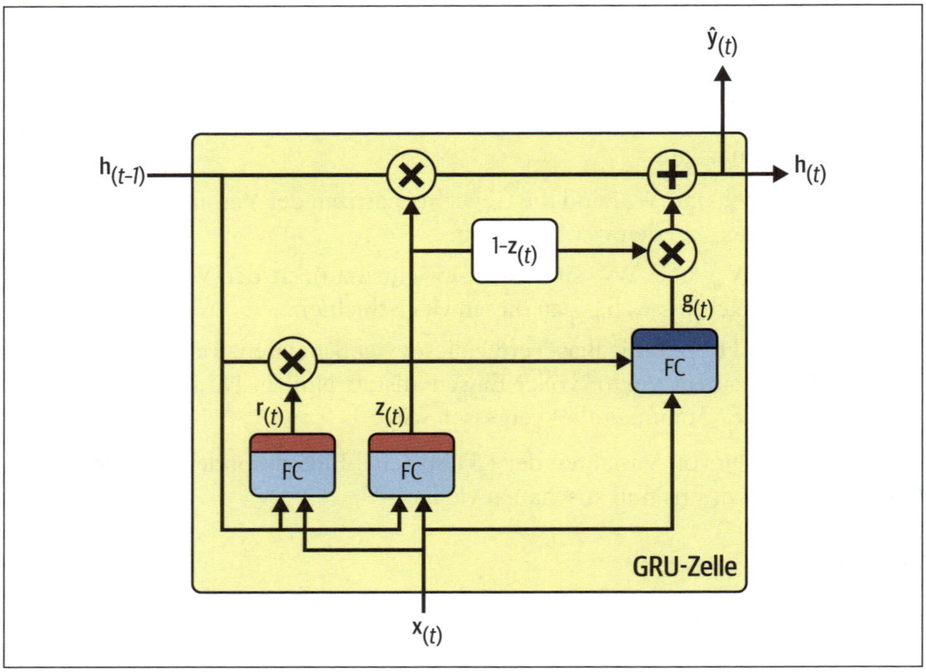

Abbildung 15-13: GRU-Zelle

Formel 15-5 fasst zusammen, wie sich der Zustand der Zelle bei einem Schritt für einen einzelnen Datenpunkt berechnen lässt.

Formel 15-5: GRU-Berechnungen

$$
\begin{aligned}
\mathbf{z}_{(t)} &= \sigma\left(\mathbf{W}_{xz}{}^{\mathsf{T}}\mathbf{x}_{(t)} + \mathbf{W}_{hz}{}^{\mathsf{T}}\mathbf{h}_{(t-1)} + \mathbf{b}_z\right) \\
\mathbf{r}_{(t)} &= \sigma\left(\mathbf{W}_{xr}{}^{\mathsf{T}}\mathbf{x}_{(t)} + \mathbf{W}_{hr}{}^{\mathsf{T}}\mathbf{h}_{(t-1)} + \mathbf{b}_r\right) \\
\mathbf{g}_{(t)} &= \tanh\left(\mathbf{W}_{xg}{}^{\mathsf{T}}\mathbf{x}_{(t)} + \mathbf{W}_{hg}{}^{\mathsf{T}}\left(\mathbf{r}_{(t)} \otimes \mathbf{h}_{(t-1)}\right) + \mathbf{b}_g\right) \\
\mathbf{h}_{(t)} &= \mathbf{z}_{(t)} \otimes \mathbf{h}_{(t-1)} + \left(1 - \mathbf{z}_{(t)}\right) \otimes \mathbf{g}_{(t)}
\end{aligned}
$$

Keras bietet eine `tf.keras.layers.GRU`-Schicht an. Um sie zu nutzen, müssen Sie nur `SimpleRNN` oder `LSTM` durch `GRU` ersetzen. Es gibt auch eine `tf.keras.layers.GRUCell`, falls Sie eine eigene Zelle erstellen wollen, die auf einer GRU-Zelle basiert.

LSTM- und GRU-Zellen gehören zu den Hauptgründen für den Erfolg von RNNs. Während sie deutlich längere Sequenzen als einfache RNNs angehen können, haben sie aber immer noch ein recht begrenztes Kurzzeitgedächtnis, und es fällt ihnen schwer, langfristige Muster in Sequenzen mit 100 Zeitschritten oder mehr zu lernen, wie zum Beispiel bei Audiosamples, Langzeitserien oder langen Sätzen. Eine Möglichkeit, dies zu lösen, ist das Verkürzen der Eingabesequenzen, zum Beispiel durch eindimensionale Convolutional Layers.

Eindimensionale Convolutional Layers zum Verarbeiten von Sequenzen nutzen

In Kapitel 14 haben Sie gesehen, dass ein zweidimensionaler Convolutional Layer viele recht kleine Kernels (oder Filter) über ein Bild schiebt und damit viele zweidimensionale Feature Maps erzeugt (eine pro Kernel). Genauso schiebt ein eindimensionaler Convolutional Layer viele Kernels über eine Sequenz und erzeugt eine eindimensionale Feature Map pro Kernel. Jeder Kernel lernt, ein einzelnes, sehr kurzes sequenzielles Muster zu erkennen (nicht länger als die Kernelgröße). Verwenden Sie zehn Kernels, besteht die Ausgabe der Schicht aus zehn eindimensionalen Sequenzen (alle mit der gleichen Länge), oder Sie betrachten sie als einzelne zehndimensionale Sequenz. Das heißt, Sie können ein neuronales Netz aus einer Mischung von rekurrenten Schichten und eindimensionalen Convolutional Layers (oder sogar eindimensionalen Pooling Layers) bauen. Verwenden Sie einen eindimensionalen Convolutional Layer mit einer Schrittweite von 1 und `"same"`-Padding, wird die Ausgabesequenz die gleiche Länge wie die Eingabesequenz haben. Nutzen Sie aber `"valid"`-Padding oder eine Schrittweite größer als 1, wird die Ausgabesequenz kürzer als die Eingabesequenz sein – stellen Sie dann sicher, dass Sie die Ziele entsprechend anpassen.

Das folgende Modell entspricht beispielsweise dem weiter oben genutzten, nur dass es mit einem eindimensionalen Convolutional Layer beginnt, der die Eingabefolge um einen Faktor von 2 herunterrechnet (durch eine Schrittweite von 2). Die Kernelgröße ist größer als die Schrittweite, sodass alle Eingaben zum Berechnen der Ausgabe der Schicht genutzt werden und das Modell damit lernen kann, die nützlichen Informationen zu behalten und die unnützen Details zu verwerfen. Durch das Verkürzen der Sequenzen kann der Convolutional Layer eventuell dabei helfen, die `GRU`-Schichten längere Muster erkennen zu lassen, sodass wir es uns leisten können, die Länge der Eingabesequenz auf 112 Tage zu verdoppeln. Beachten Sie, dass wir auch die ersten drei Zeitschritte in den Zielen verkürzen: Da die Kernelgröße tatsächlich 4 ist, basiert die erste Ausgabe des Convolutional Layer auf den Eingabezeitschritten 0 bis 3, und die erste Vorhersage wird für die Zeitschritte 4 bis 17 vorgenommen (statt für die Zeitschritte 1 bis 14). Zudem müssen wir aufgrund der Schrittweite die Ziele um einen Faktor von 2 herunterrechnen:

```
conv_rnn_model = tf.keras.Sequential([
    tf.keras.layers.Conv1D(filters=32, kernel_size=4, strides=2,
                           activation="relu", input_shape=[None, 5]),
    tf.keras.layers.GRU(32, return_sequences=True),
```

```
    tf.keras.layers.Dense(14)
])

longer_train = to_seq2seq_dataset(mulvar_train, seq_length=112,
                                   shuffle=True, seed=42)
longer_valid = to_seq2seq_dataset(mulvar_valid, seq_length=112)
downsampled_train = longer_train.map(lambda X, Y: (X, Y[:, 3::2]))
downsampled_valid = longer_valid.map(lambda X, Y: (X, Y[:, 3::2]))
[...] # Modell mit dem heruntergerechneten Dataset kompilieren und fitten
```

Trainieren und evaluieren Sie dieses Modell, werden Sie feststellen, dass es das vorherige Modell schlägt (wenn auch nur ein bisschen). Tatsächlich ist es sogar möglich, nur eindimensionale Convolutional Layers einzusetzen und die rekurrenten Schichten ganz zu verwerfen!

WaveNet

In einem Artikel (*https://homl.info/wavenet*)[16] aus dem Jahr 2016 haben Aaron van der Oord und andere DeepMind-Forscher eine neue Architektur namens *WaveNet* vorgestellt. Sie haben eindimensionale Convolutional Layers gestapelt und dabei die Dilation Rate (wie weit die Eingaben der Neuronen voneinander entfernt sind) in jeder Schicht verdoppelt. Der erste Convolutional Layer erhält einen Blick auf nur zwei Zeitschritte zugleich, während der nächste vier Zeitschritte sieht (sein Rezeptionsfeld ist vier Zeitschritte lang), der nächste acht Zeitschritte und so weiter (siehe Abbildung 15-14). So lernen die unteren Schichten kurzfristige Muster, während die höheren Schichten langfristige Muster lernen. Dank der doppelten Dilation Rate kann das Netz extrem lange Sequenzen sehr effizient verarbeiten.

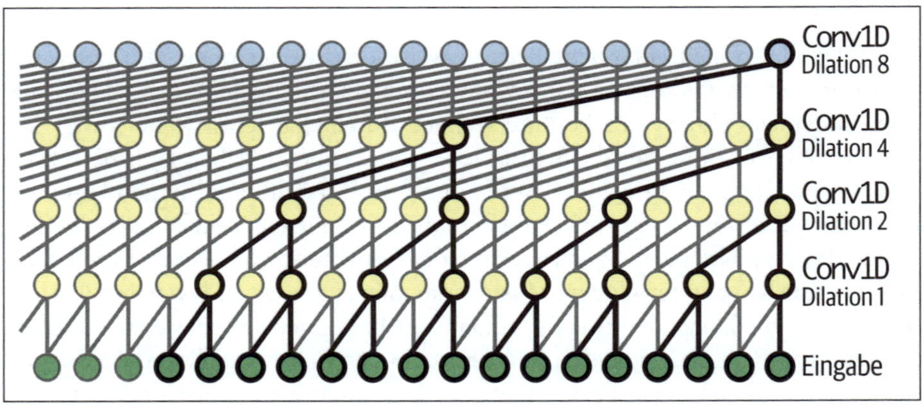

Abbildung 15-14: Architektur von WaveNet

Im WaveNet-Artikel haben die Autoren zehn Convolutional Layers gestapelt mit Dilation Rates von 1, 2, 4, 8, ..., 256, 512, dann haben sie eine weitere Gruppe von

16 Aaron van den Oord et al., »WaveNet: A Generative Model for Raw Audio«, arXiv Preprint arXiv: 1609.03499 (2016).

zehn identischen Schichten gestapelt (wieder mit Dilation Rates von 1, 2, 4, 8, ..., 256, 512) und nochmals eine identische Gruppe mit zehn Schichten. Diese Architektur haben sie damit begründet, dass sich ein einzelner Stack mit zehn Convolutional Layers mit diesen Dilation Rates wie ein sehr effizienter Convolutional Layer mit einer Kernelgröße von 1024 verhält, nur dass er viel schneller und leistungsfähiger ist und deutlich weniger Parameter nutzt. Auch haben sie die Eingabesequenzen mit einer Reihe von Nullen, die der Dilation Rate entspricht, vor jeder Schicht nach links gepaddet, um im ganzen Netz die gleiche Sequenzlänge zu erreichen. So kann man ein vereinfachtes WaveNet implementieren, das die gleichen Sequenzen wie zuvor verarbeiten:[17]

```
wavenet_model = tf.keras.Sequential()
wavenet_model.add(tf.keras.layers.Input(shape=[None, 5]))
for rate in (1, 2, 4, 8) * 2:
    wavenet_model.add(tf.keras.layers.Conv1D(
        filters=32, kernel_size=2, padding="causal", activation="relu",
        dilation_rate=rate))
wavenet_model.add(tf.keras.layers.Conv1D(filters=14, kernel_size=1))
```

Dieses `Sequential`-Modell beginnt mit einer expliziten Eingabeschicht – das ist einfacher, als zu versuchen, nur auf der ersten Schicht `input_shape` zu setzen. Dann fährt es mit einem eindimensionalen Convolutional Layer fort, der `"casual"`-Padding verwendet, was wie `"same"`-Padding ist, nur dass die Nullen nur am Anfang der Eingabesequenz statt auf beiden Seiten angefügt werden. Damit wird sichergestellt, dass der Convolutional Layer bei seinen Vorhersagen nicht in die Zukunft spickt. Dann fügen wir ähnliche Schichtenpaare mit steigenden Dilation Rates hinzu: 1, 2, 4, 8 und erneut 1, 2, 4, 8. Schließlich hängen wir noch die Ausgabeschicht an – ein Convolutional Layer mit zehn Filtern der Größe 1 und ohne Aktivierungsfunktion. Wie wir weiter oben gesehen haben, entspricht solch ein Convolutional Layer einer `Dense`-Schicht mit 14 Einheiten. Dank des Casual-Padding gibt jeder Convolutional Layer eine Sequenz mit der gleichen Länge wie die der Eingabesequenzen aus, sodass die Ziele, die wir während des Trainings verwenden, die vollständigen 112-Tage-Sequenzen sein können: Wir müssen sie nicht beschneiden oder herunterrechnen.

Die in diesem Abschnitt besprochenen Modelle liefern eine ähnliche Leistung beim Vorhersagen unserer Fahrgastzahlen, aber das kann stark von der Aufgabe und der Menge an verfügbaren Daten abhängen. Im WaveNet-Artikel haben die Autoren State-of-the-Art-Leistungen für diverse Audioaufgaben erreicht (daher der Name der Architektur), Text-to-Speech-Aufgaben und das Erzeugen unglaublich realistischer Stimmen für verschiedene Sprachen eingeschlossen. Sie haben das Modell auch verwendet, um Musik zu erzeugen mit immer jeweils einem Audiosample. Das Ganze ist noch beeindruckender, wenn Sie sich klarmachen, dass eine einzige

17 Das vollständige WaveNet nutzt ein paar Tricks mehr, zum Beispiel Skip-Verbindungen wie in einem ResNet und *Gated Activation Units* ähnlich denen in einer GRU-Zelle. Im Notebook zu diesem Kapitel finden Sie mehr Details.

Sekunde Audiodaten Zehntausende Zeitschritte enthalten kann – selbst LSTMs und GRUs können nicht mit solch langen Sequenzen arbeiten.

> Evaluieren Sie unsere besten Fahrgastzahlen-Modelle für Chicago für den Testzeitraum, beginnend im Jahr 2020, werden sie feststellen, dass sie viel schlechter abschneiden als erwartet! Warum das? Nun, da begann die Covid-19-Pandemie, die massive Auswirkungen auf den öffentlichen Personenverkehr hatte. Wie schon erwähnt funktionieren diese Modelle nur dann gut, wenn die aus der Vergangenheit erlernten Muster auch in der Zukunft passen. Sie sollten auf jeden Fall vor dem Deployen eines Modells in die Produktivumgebung prüfen, dass es auch mit aktuellen Daten gut funktioniert. Und wenn es dann produktiv läuft, achten Sie darauf, seine Leistung regelmäßig zu überwachen.

Jetzt können wir uns mit allen Arten von Zeitserien befassen! In Kapitel 16 werden wir uns weiter mit RNNs beschäftigen, und wir werden sehen, wie wir damit verschiedene Aufgaben im Bereich der natürlichen Sprache angehen können.

Übungen

1. Welche Anwendungen für ein Sequence-to-Sequence-RNN fallen Ihnen ein? Wie sieht es mit einem Sequence-to-Vector-RNN aus? Und einem Vector-to-Sequence-RNN?
2. Wie viele Dimensionen müssen die Eingaben für eine RNN-Schicht haben? Wofür steht jede Dimension? Wie ist es mit den Ausgaben?
3. Wenn Sie ein tiefes Sequence-to-Sequence-RNN bauen wollen – welche RNN-Schichten sollten `return_sequences=True` gesetzt haben? Wie ist es bei Sequence-to-Vector-RNNs?
4. Stellen Sie sich vor, Sie hätten eine univariate Zeitserie mit einem Eintrag pro Tag und wollten die nächsten sieben Tage vorhersagen. Welche RNN-Architektur sollten Sie verwenden?
5. Was sind die größten Schwierigkeiten, die beim Trainieren von RNNs auftreten können? Wie können Sie damit umgehen?
6. Können Sie die Architektur der LSTM-Zelle skizzieren?
7. Warum sollten Sie eindimensionale Convolutional Layers in einem RNN verwenden?
8. Welche Architektur für neuronale Netze könnten Sie zum Klassifizieren von Videos verwenden?
9. Trainieren Sie ein Klassifikationsmodell für den SketchRNN-Datensatz, der bei den TensorFlow-Datasets zur Verfügung steht.

10. Laden Sie das Bach Chorales Dataset (*https://homl.info/bach*) herunter und entpacken Sie es. Es besteht aus 382 Chorälen, die Johann Sebastian Bach komponiert hat. Jeder Choral ist 100 bis 640 Zeitschritte lang, und jeder Zeitschritt besteht aus vier Ganzzahlen, die jeweils einem Notenindex auf einem Klavier entsprechen (ausgenommen Wert 0, der bedeutet, dass keine Note gespielt wird). Trainieren Sie ein Modell – rekurrent, Convolutional oder beides –, das den nächsten Zeitschritt (vier Noten) vorhersagen kann, wenn es eine Sequenz von Zeitschritten für einen Choral erhält. Dann verwenden Sie dieses Modell, um Bach-ähnliche Musik zu erzeugen – jeweils eine Note nach der anderen: Sie können dazu dem Modell den Anfang eines Chorals mitgeben und es bitten, den nächsten Zeitschritt vorherzusagen, diesen dann an die Eingabesequenz anzuhängen, das Model nach der nächsten Note zu fragen und so weiter. Schauen Sie sich auch Googles Coconet-Modell (*https://homl.info/coconet*) an, das für ein kleines Google-Doodle über Bach verwendet wurde.

Die deutschsprachigen Lösungen zu diesen Übungen finden Sie unter *https://dpunkt.de/produkt/praxiseinstieg-machine-learning-mit-scikit-learn-keras-und-tensorflow-2/* auf der Registerkarte *Zusatzmaterial*, die englischsprachigen Lösungen am Ende des Notebooks zu diesem Kapitel unter *https://homl.info/colab3*.

KAPITEL 16

Verarbeitung natürlicher Sprache mit RNNs und Attention

Als sich Alan Turing 1950 seinen berühmten Turing-Test (*https://homl.info/turingtest*)[1] ausdachte, schlug er einen Weg vor, wie sich die Fähigkeit einer Machine zu menschlicher Intelligenz bewerten ließe. Er hätte viele Dinge testen können, wie zum Beispiel die Fähigkeit, Katzen auf Bildern zu erkennen, Schach zu spielen, Musik zu komponieren oder aus einem Labyrinth zu entkommen, aber interessanterweise entschied er sich für eine linguistische Aufgabe. Genauer gesagt, konzipierte er einen *Chatbot*, der seinen Gesprächspartner denken lässt, er sei ein Mensch.[2] Dieser Test hat seine Schwächen: Ein Satz hartcodierter Regeln kann arglose oder naive Menschen täuschen (zum Beispiel könnte die Maschine vage vordefinierte Antworten als Reaktion auf bestimmte Schlüsselwörter liefern, sie könnte so tun, als ob sie Spaß macht oder betrunken ist, um mit seltsamen Antworten durchzukommen, oder sie könnte schwierigen Fragen ausweichen, indem sie mit Gegenfragen reagiert), und viele Aspekte menschlicher Intelligenz werden vollständig ignoriert (zum Beispiel die Fähigkeit, nonverbale Kommunikation wie Gesichtsausdrücke zu interpretieren oder eine manuelle Aufgabe zu erlernen). Aber der Test hebt die Tatsache hervor, dass Beherrschen von Sprache unbestreitbar die größte kognitive Fähigkeit des *Homo sapiens* ist. Können wir eine Maschine bauen, die natürliche Sprache lesen und schreiben kann? Das ist das eigentliche Ziel bei der NLP-Forschung, aber es ist ein wenig zu allgemein, daher konzentriert man sich in der Praxis auf spezifischere Aufgaben, wie zum Beispiel das Klassifizieren, Übersetzen oder Zusammenfassen von Text, das Beantworten von Fragen und vieles mehr.

Ein oft verfolgter Ansatz für Aufgaben mit natürlicher Sprache ist die Verwendung rekurrenter neuronaler Netze. Daher werden wir uns weiter mit RNNs befassen (die in Kapitel 15 vorgestellt wurden) und dabei mit einem *Character-RNN* (oder *Char-RNN*) beginnen, das darauf trainiert wird, den nächsten Buchstaben in einem Satz

1 Alan Turing, »Computing Machinery and Intelligence«, *Mind* 49 (1950): 433–460.

2 Natürlich entstand das Wort *Chatbot* erst viel später. Turing nannte seinen Test das *Imitationsspiel*: Maschine A und Mensch B chatten mit dem menschlichen Prüfer C via Textnachrichten – der Prüfer stellt Fragen, um herauszufinden, welcher von beiden (A oder B) die Maschine ist. Die Maschine besteht den Test, wenn sie den Prüfer täuschen kann, während der Mensch B versuchen muss, dem Prüfer zu helfen.

vorherzusagen. Damit können wir interessante Texte erzeugen, und dabei lernen wir, wie wir ein TensorFlow-Dataset für eine sehr lange Sequenz bauen. Zuerst werden wir ein *zustandsloses RNN* einsetzen (das bei jeder Iteration mit zufälligen Textabschnitten lernt und dabei keine Information über den Rest des Texts besitzt), dann werden wir ein *zustandsbehaftetes RNN* bauen (das den verborgenen Status zwischen Trainingsiterationen beibehält und dort mit dem Lesen fortfährt, wo es aufgehört hat, wodurch es längere Muster erlernen kann). Als Nächstes werden wir ein RNN zur Sentimentanalyse bauen (beispielsweise zum Lesen von Filmbewertungen und dem Ermitteln der Gefühle des Kritikers zum Film), wobei wir dieses Mal Sätze als Wortfolgen statt als Zeichenfolgen betrachten. Schließlich werden wir zeigen, wie RNNs zum Bauen einer Encoder-Decoder-Architektur genutzt werden können, die eine neuronale maschinelle Übersetzung (*Neural Machine Translation*, NMT) durchführen und aus dem Englischen ins Spanische übersetzen.

Im zweiten Teil dieses Kapitels werden wir uns *Attention-Mechanismen* anschauen. Es handelt sich dabei um Komponenten neuronaler Netze, die lernen, den Teil der Eingaben auszuwählen, auf die sich das restliche Modell bei jedem Zeitschritt konzentrieren soll. Als Erstes erfahren Sie, wie wir die Performance einer RNN-basierten Encoder-Decoder-Architektur mithilfe von Attention steigern, dann werden wir RNNs ganz fallen lassen und uns eine sehr erfolgreiche rein Attention-basierte Architektur namens *Transformer* anschauen. Dann werden wir uns noch mit den wichtigsten Fortschritten der letzten Jahre für NLP befassen, einschließlich der unglaublich leistungsfähigen Sprachmodelle GPT-2 und BERT, die beide auf Transformern beruhen. Schließlich werde ich Ihnen noch zeigen, wie Sie mit der ausgezeichneten Transformers-Bibliothek von Hugging Face loslegen können.

Beginnen wir mit einem einfachen und netten Modell, das wie Shakespeare schreiben kann (zumindest so ungefähr).

Shakespearesche Texte mit einem Character-RNN erzeugen

In einem berühmten Blogpost (*https://homl.info/charrnn*) aus dem Jahr 2015 mit dem Titel »The Unreasonable Effectiveness of Recurrent Neural Networks« hat Andrej Karpathy gezeigt, wie man ein RNN so trainiert, dass es das nächste Zeichen in einem Satz vorhersagt. Dieses *Char-RNN* kann eingesetzt werden, um Romantexte zu generieren – jeweils ein Zeichen nach dem anderen. Hier ein kleines Beispiel des Texts, der von einem Char-RNN erzeugt wurde, nachdem es mit dem vollständigen Werk von Shakespeare trainiert worden war:

> PANDARUS:
> Alas, I think he shall be come approached and the day
> When little srain would be attain'd into being never fed,
> And who is but a chain and subjects of his death,
> I should not sleep.

Nicht wirklich ein Meisterwerk, aber trotzdem beeindruckend, dass das Modell dazu in der Lage war, Wörter, Grammatik, korrekte Satzzeichen und mehr zu erlernen – alles, indem es gelernt hat, das nächste Zeichen in einem Satz vorherzusagen. Das ist unser erstes Beispiel für ein *Sprachmodell* – ähnliche (aber viel leistungsfähigere) Sprachmodelle, die in diesem Kapitel noch vorgestellt werden, machen den Kern jeder modernen Sprachverarbeitung aus. Im Rest dieses Kapitels werden wir Schritt für Schritt ein Char-RNN bauen, und beginnen dabei mit dem Erstellen des Datensatzes.

Den Trainingsdatensatz erstellen

Als Erstes wollen wir das gesamte Werk von Shakespeare herunterladen, wobei wir die praktische Keras-Funktion `tf.keras.utils.get_file()`verwenden und die Daten aus Andrej Karpathys Char-RNN-Projekt (*https://github.com/karpathy/char-rnn*) nutzen:

```
input tensorflow as tf

shakespeare_url = "https://homl.info/shakespeare" # Shortcut-URL
filepath = tf.keras.utils.get_file("shakespeare.txt", shakespeare_url)
with open(filepath) as f:
    shakespeare_text = f.read()
```

Geben wir die ersten paar Zeilen aus:

```
>>> print(shakespeare_text[:80])
First Citizen:
Before we proceed any further, hear me speak.

All:
Speak, speak.
```

Das sieht nach Shakespeare aus.

Als Nächstes werden wir eine `tf.keras.layers.TextVectorization`-Schicht (vorgestellt in Kapitel 13) verwenden, um diesen Text zu codieren. Wir setzen `split="character"`, um eine Codierung auf Zeichenebene statt die standardmäßige Wortcodierung zu erhalten. Und wir setzen `standardize="lower"` ein, um den Text in Kleinbuchstaben zu verwandeln (was die Aufgabe vereinfacht):

```
text_vec_layer = tf.keras.layers.TextVectorization(split="character",
                                                   standardize="lower")
text_vec_layer.adapt([shakespeare_text])
encoded = text_vec_layer([shakespeare_text])[0]
```

Jedes Zeichen wird nun auf einen Integer-Wert abgebildet, beginnend bei 2. Die `TextVectorization`-Schicht hat den Wert 0 für Padding-Tokens und den Wert 1 für unbekannte Zeichen reserviert. Wir brauchen hier keines dieser Tokens, daher wollen wir von den Zeichen-IDs 2 subtrahieren und die Anzahl unterschiedlicher Zeichen sowie die Gesamtzahl an Zeichen berechnen:

```
encoded -= 2  # verwirft Token 0 (pad) und 1 (unknown), die wir nicht nutzen
n_tokens = text_vec_layer.vocabulary_size() - 2
                                          # Anzahl unterschiedlicher Zeichen = 39
dataset_size = len(encoded)  # Gesamtzahl an Zeichen = 1.115.394
```

Als Nächstes können wir diese sehr lange Sequenz wie in Kapitel 15 in ein Dataset aus Fenstern umwandeln, mit denen sich dann ein Sequence-to-Sequence-RNN trainieren lässt. Die Ziele werden gleich den Eingaben sein, aber um einen Zeitschritt in die »Zukunft« verschoben. So mag beispielsweise ein Sample im Dataset eine Sequenz von Zeichen-IDs sein, die den Text »to be or not to b« (ohne das abschließende »e«) repräsentiert, und das entsprechende Ziel ist dann eine Sequenz von Zeichen-IDs für den Text »o be or not to be« (mit dem abschließenden »e«, aber ohne das startende »t«). Schreiben wir eine kleine Hilfsfunktion, um eine lange Sequenz von Zeichen-IDs in ein Dataset aus Eingabe/Ziel-Fenster-Paaren umzuwandeln:

```
def to_dataset(sequence, length, shuffle=False, seed=None, batch_size=32):
    ds = tf.data.Dataset.from_tensor_slices(sequence)
    ds = ds.window(length + 1, shift=1, drop_remainder=True)
    ds = ds.flat_map(lambda window_ds: window_ds.batch(length + 1))
    if shuffle:
        ds = ds.shuffle(buffer_size=100_000, seed=seed)
    ds = ds.batch(batch_size)
    return ds.map(lambda window: (window[:, :-1], window[:, 1:])).prefetch(1)
```

Diese Funktion beginnt so ähnlich wie die Hilfsfunktion `to_windows()`, die wir in Kapitel 15 erstellt haben:

- Sie übernimmt eine Sequenz als Eingabe (also den codierten Text) und erzeugt ein Dataset mit allen Fenstern der gewünschten Länge.
- Sie zählt die Länge um eins hoch, da wir das nächste Zeichen für das Ziel benötigen.
- Nun wird das Fenster (optional) durchmischt, in Batches umgewandelt, in Eingabe-Ausgabe-Paare aufgeteilt, und das Prefetching wird aktiviert.

Abbildung 16-1 fasst die Vorbereitungsschritte für den Datensatz zusammen: Man sieht Fenster der Länge 11 und mit einer Batchgröße von 2. Der Startindex jedes Fensters ist mit angegeben.

Jetzt können wir den Datensatz in einen Trainingsdatensatz, einen Validierungsdatensatz und einen Testdatensatz unterteilen. Dabei werden wir ungefähr 90% des Texts für das Training, 5% zur Validierung und 5% zum Testen nutzen:

```
length = 100
tf.random.set_seed(42)
train_set = to_dataset(encoded[:1_000_000], length=length, shuffle=True,
                       seed=42)
valid_set = to_dataset(encoded[1_000_000:1_060_000], length=length)
test_set = to_dataset(encoded[1_060_000:], length=length)
```

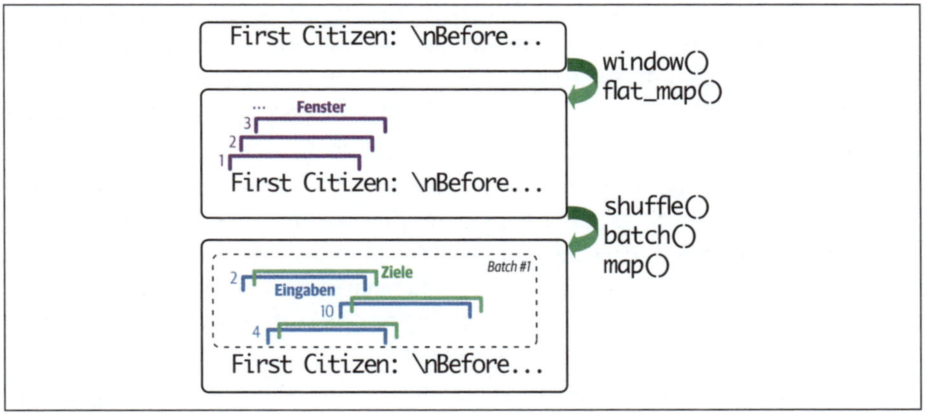

Abbildung 16-1: Einen Datensatz mit durchmischten Fenstern vorbereiten

> Wir setzen die Fensterlänge auf 100, Sie können jedoch versuchen, sie zu optimieren: Es ist einfacher und schneller, RNNs mit kürzeren Eingabesequenzen zu trainieren, aber das RNN kann keine Muster erlernen, die länger als `length` sind – machen Sie sie daher nicht zu kurz.

Das ist alles! Das Vorbereiten des Datensatzes war der schwerste Teil. Erstellen wir jetzt das Modell.

Das Char-RNN-Modell bauen und trainieren

Da unser Datensatz ausreichend groß und das Modellieren von Sprache eine ziemlich schwierige Aufgabe ist, brauchen wir mehr als ein einfaches RNN mit ein paar rekurrenten Neuronen. Bauen und trainieren wir ein Modell mit einer `GRU`-Schicht, die aus 128 Einheiten besteht (Sie können versuchen, die Anzahl an Schichten und Einheiten bei Bedarf später noch zu optimieren):

```
model = tf.keras.Sequential([
    tf.keras.layers.Embedding(input_dim=n_tokens, output_dim=16),
    tf.keras.layers.GRU(128, return_sequences=True),
    tf.keras.layers.Dense(n_tokens, activation="softmax")
])
model.compile(loss="sparse_categorical_crossentropy", optimizer="nadam",
              metrics=["accuracy"])
model_ckpt = tf.keras.callbacks.ModelCheckpoint(
    "my_shakespeare_model", monitor="val_accuracy", save_best_only=True)
history = model.fit(train_set, validation_data=valid_set, epochs=10,
                    callbacks=[model_ckpt])
```

Gehen wir diesen Code durch:

- Wir verwenden als Erstes eine `Embedding`-Schicht, um die Zeichen-IDs zu codieren (Embeddings wurden in Kapitel 13 vorgestellt). Die Anzahl an Eingabedimensionen der `Embedding`-Schicht ist die Anzahl der verschiedenen Zeichen-IDs, und die Anzahl an Ausgabedimensionen ist ein Hyperparameter, den Sie optimieren können – wir werden ihn erst einmal auf 16 setzen. Während die Eingaben der `Embedding`-Schicht 20 Tensoren der Form [*Batchgröße*, *Fensterlänge*] sind, handelt es sich bei der Ausgabe um einen 3-D-Tensor der Form [*Batchgröße*, *Fenstergröße*, *Embeddinggröße*].

- Wir nutzen eine `Dense`-Schicht als Ausgabeschicht: Sie muss 39 Einheiten haben (`n_tokens`), weil es 39 verschiedene Zeichen im Text gibt und wir eine Wahrscheinlichkeit für jedes mögliche Zeichen (bei jedem Zeitschritt) ausgeben wollen. Die 39 Ausgabewahrscheinlichkeiten sollten sich bei jedem Zeitschritt zu 1 aufsummieren, daher wenden wir die Softmax-Aktivierungsfunktion auf die Ausgaben der `Dense`-Schicht an.
- Schließlich kompilieren wir dieses Modell, nutzen die `"sparse_categorical_crossentropy"`-Verlustfunktion und einen Nadam-Optimierer und trainieren es für diverse Epochen mit einem `ModelCheckpoint`-Callback, um das (in Bezug auf die Validierungsgenauigkeit) beste Modell zu sichern, wenn das Training voranschreitet.

> Führen Sie diesen Code in Colab mit einer aktivierten GPU aus, sollte das Training ungefähr ein oder zwei Stunden dauern. Sie können die Anzahl der Epochen verringern, wenn Sie nicht so lange warten wollen, aber dann wird natürlich die Modellgenauigkeit geringer sein. Läuft die Colab-Session in einen Time-out, achten Sie darauf, sich schnell wieder neu zu verbinden, da die Colab-Runtime ansonsten abgeräumt wird.

Dieses Modell kümmert sich nicht um die Vorverarbeitung des Texts, daher wollen wir es in einem finalen Modell verpacken, das die `tf.keras.layers.TextVectorization`-Schicht als erste Schicht und eine `tf.keras.layers.Lambda`-Schicht zum Subtrahieren von 2 von den Zeichen-IDs enthält (weil wir Padding und unbekannte Tokens jetzt nicht nutzen):

```
shakespeare_model = tf.keras.Sequential([
    text_vec_layer,
    tf.keras.layers.Lambda(lambda X: X - 2),  # keine <PAD>- oder <UNK>-Tokens
    model
])
```

Nutzen wir das Ganze nun, um die nächsten Zeichen in einem Satz vorherzusagen:

```
>>> y_proba = shakespeare_model.predict(["To be or not to b"])[0, -1]
>>> y_pred = tf.argmax(y_proba)  # die wahrscheinlichste Zeichen-ID wählen
>>> text_vec_layer.get_vocabulary()[y_pred + 2]
'e'
```

Super, das Modell hat das nächste Zeichen korrekt vorhergesagt! Nutzen wir es nun, um so zu tun, als wären wir Shakespeare.

Einen gefälschten Shakespeare-Text erzeugen

Um mit dem Char-RNN-Modell neuen Text zu erzeugen, könnten wir ihm Text übergeben, das Modell den wahrscheinlichsten nächsten Buchstaben vorhersagen lassen, diesen am Ende des Texts anfügen, diesen erweiterten Text wieder an das Modell zum Vorhersagen des nächsten Buchstabens übergeben und so weiter. Das nennt sich *Greedy Decoding*. Aber in der Praxis führt dies oft dazu, dass wieder und wieder die gleichen Wörter wiederholt werden. Stattdessen können wir den nächsten Buchstaben zufällig mit einer Wahrscheinlichkeit auswählen, die der geschätzten Wahrscheinlichkeit entspricht. Dazu nutzen wir die TensorFlow-Funktion `tf.random.categorical()`. Dieses Vorgehen sorgt für abwechslungsreicheren und interessanteren Text. Die Funktion `categorical()` sampelt Zufallsindizes von Kategorien mithilfe der Log-Wahrscheinlichkeiten (Logits). Ein Beispiel:

```
>>> log_probas = tf.math.log([[0.5, 0.4, 0.1]]) # probas = 50%, 40% und 10%
>>> tf.random.set_seed(42)
>>> tf.random.categorical(log_probas, num_samples=8) # 8 Sample ziehen
<tf.Tensor: shape=(1, 8), dtype=int64, numpy=array([[0, 1, 0, 2, 1, 0, 0, 1]])>
```

Um mehr Kontrolle über die Diversität des erzeugten Texts zu haben, können wir die Logits durch eine Zahl dividieren, die als *Temperatur* bezeichnet wird und an der wir ganz nach Belieben drehen können: Eine Temperatur nahe null wird die Zeichen mit höherer Wahrscheinlichkeit bevorzugen, eine hohe Temperatur wird hingegen allen Zeichen eine gleiche Wahrscheinlichkeit verschaffen. Niedrigere Temperaturen nutzt man im Allgemeinen eher, wenn man eher strikten und rigiden Text erzeugt, wie zum Beispiel mathematische Gleichungen, während höhere Temperaturen beim Erzeugen von abwechslungsreicherem und kreativerem Text zum Einsatz kommen. Die folgende Hilfsfunktion `next_char()` nutzt dieses Vorgehen, um das nächste Zeichen auszuwählen, das dem Eingabetext angefügt werden soll:

```
def next_char(text, temperature=1):
    y_proba = shakespeare_model.predict([text])[0, -1:]
    rescaled_logits = tf.math.log(y_proba) / temperature
    char_id = tf.random.categorical(rescaled_logits, num_samples=1)[0, 0]
    return text_vec_layer.get_vocabulary()[char_id + 2]
```

Als Nächstes können wir eine weitere kleine Hilfsfunktion schreiben, die `next_char()` wiederholt aufruft, um das nächste Zeichen zu erhalten und es an den gegebenen Text anzufügen:

```
def extend_text(text, n_chars=50, temperature=1):
    for _ in range(n_chars):
        text += next_char(text, temperature)
    return text
```

Nun sind wir dazu in der Lage, Text zu generieren! Versuchen wir es mit unterschiedlichen Temperaturwerten:

```
>>> tf.random.set_seed(42)
>>> print(extend_text("To be or not to be", temperature=0.01))
To be or not to be the duke
```

```
as it is a proper strange death,
and the
>>> print(extend_text("To be or not to be", temperature=1))
To be or not to behold?

second push:
gremio, lord all, a sistermen,
>>> print(extend_text("To be or not to be", temperature=100))
To be or not to bef ,mt'&o3fpadm!$
wh!nse?bws3est--vgerdjw?c-y-ewznq
```

Shakespeare scheint an Hitzewallungen zu leiden. Um überzeugendere Texte zu generieren, wird oft nur aus den besten *k* Zeichen oder aus dem kleinsten Satz an Zeichen, deren Gesamtwahrscheinlichkeit eine bestimmte Schwelle überschreit, gewählt. Letzteres wird als *Nucleus Sampling* bezeichnet. Alternativ können Sie eine *Beam Search* ausprobieren (auf die wir weiter unten noch eingehen werden, oder Sie nutzen mehr `GRU`-Schichten und mehr Neuronen pro Schicht, trainieren länger und setzen Regularisierung ein, wenn das notwendig sein sollte. Beachten Sie auch, dass das Modell so nicht in der Lage ist, Muster länger als `length` zu lernen, was aktuell nur 100 Zeichen sind. Sie könnten versuchen, dieses Fenster größer zu machen, aber dadurch wird auch das Training schwerer, und selbst LSTM- oder GRU-Zellen können keine sehr langen Sequenzen verarbeiten. Alternativ könnten Sie ein zustandsbehaftetes RNN einsetzen.

Zustandsbehaftetes RNN

Bisher haben wir nur ein *zustandsloses RNN* verwendet: Bei jeder Trainingsiteration beginnt das Modell mit einem verborgenen Status voller Nullen, dann aktualisiert es diesen Status bei jedem Zeitschritt, und nach dem letzten Zeitschritt wirft es ihn weg, weil er nicht mehr benötigt wird. Was würde passieren, wenn wir das RNN anwiesen, diesen abschließenden Status nach dem Verarbeiten eines Trainingsbatchs aufzuheben und ihn als initialen Status für den nächsten Trainingsbatch zu verwenden? So könnte das Modell Langzeitmuster lernen, auch wenn nur kurze Sequenzen per Backpropagation verarbeitet werden. Dies wird als *zustandsbehaftetes RNN* bezeichnet. Schauen wir uns an, wie wir eines bauen können.

Zuerst einmal sollte Ihnen klar sein, dass ein zustandsbehaftetes RNN nur sinnvoll ist, wenn jede Eingabesequenz in einem Batch genau dort endet, wo die entsprechende Sequenz im vorherigen Batch geendet hat. Daher müssen wir vor allem dafür sorgen, dass wir sequenzielle und nicht überlappende Eingabesequenzen verwenden (statt die durchmischten und überlappenden Sequenzen, mit denen wir das zustandslose RNN trainiert haben). Erstellen wir das `tf.data.Dataset`, müssen wir daher `shift=length` verwenden (statt `shift=1`), wenn wir die Methode `window()` aufrufen. Zudem dürfen wir *nicht* die Methode `shuffle()` aufrufen.

Leider wird das Batching viel schwieriger, wenn wir einen Datensatz für ein zustandsbehaftetes RNN vorbereiten. Würden wir `batch(32)` aufrufen, würden die 32 aufeinanderfolgenden Fenster im gleichen Batch landen, und der folgende Batch würde nicht jedes dieser Fenster dort wieder aufnehmen, wo es endete. Der erste Batch würde die Fenster 1 bis 32, der zweite die Fenster 33 bis 64 enthalten. Nähmen Sie beispielsweise das erste Fenster aus jedem Batch (also die Fenster 1 und 33), würden Sie sehen, dass sie nicht aufeinanderfolgen. Am einfachsten ist es da, »Batches« mit einer Größe von 1 zu verwenden. Die folgende Hilfsfunktion `to_dataset_for_stateful_rnn()` nutzt diese Strategie, um ein Dataset für ein zustandsbehaftetes RNN aufzubereiten:

```
def to_dataset_for_stateful_rnn(sequence, length):
    ds = tf.data.Dataset.from_tensor_slices(sequence)
    ds = ds.window(length + 1, shift=length, drop_remainder=True)
    ds = ds.flat_map(lambda window: window.batch(length + 1)).batch(1)
    return ds.map(lambda window: (window[:, :-1], window[:, 1:])).prefetch(1)

stateful_train_set = to_dataset_for_stateful_rnn(encoded[:1_000_000], length)
stateful_valid_set = to_dataset_for_stateful_rnn(encoded[1_000_000:1_060_000],
                                                 length)
stateful_test_set = to_dataset_for_stateful_rnn(encoded[1_060_000:], length)
```

Abbildung 16-2 fasst die wichtigsten Schritte dieser Funktion zusammen.

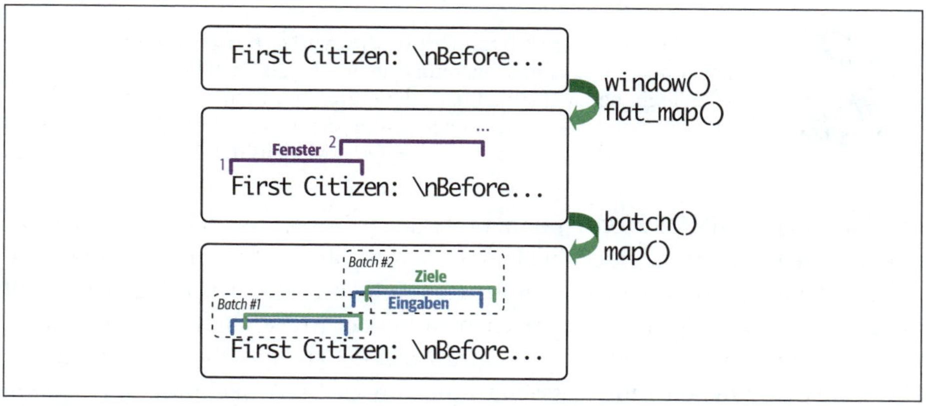

Abbildung 16-2: Einen Datensatz mit aufeinanderfolgenden Sequenzfragmenten für ein zustandsbehaftetes RNN vorbereiten

Das Batching ist schwieriger, aber nicht unmöglich. Wir könnten zum Beispiel Shakespeares Text in 32 Texte gleicher Länge unterteilen, ein Dataset mit aufeinanderfolgenden Eingabesequenzen für jeden davon erzeugen und schließlich `tf.data.Dataset.zip(datasets).map(lambda *windows: tf.stack(windows))` verwenden, um passende aufeinanderfolgende Batches zu erstellen, bei denen die *n*. Eingabesequenz in einem Batch genau dort beginnt, wo die *n*. Eingabesequenz des vorherigen Batchs endet (im Notebook finden Sie den vollständigen Code).

Erstellen wir jetzt das zustandsbehaftete RNN. Wir müssen bei jeder rekurrenten Schicht, die wir anlegen, `stateful=True` setzen. Dann muss das zustandsbehaftete RNN die Batchgröße kennen (da es sich einen Status für jede Eingabesequenz im Batch merkt), daher müssen wir das Argument `batch_input_shape` in der ersten

Schicht setzen. Beachten Sie, dass wir die zweite Dimension unspezifiziert lassen können, da die Eingabesequenzen beliebige Längen haben können:

```
model = tf.keras.Sequential([
    tf.keras.layers.Embedding(input_dim=n_tokens, output_dim=16,
                              batch_input_shape=[1, None]),
    tf.keras.layers.GRU(128, return_sequences=True, stateful=True),
    tf.keras.layers.Dense(n_tokens, activation="softmax")
])
```

Am Ende jeder Epoche müssen wir die Status zurücksetzen, bevor wir wieder an den Anfang des Texts springen. Dazu verwenden wir einen kleinen Keras-Callback:

```
class ResetStatesCallback(keras.callbacks.Callback):
    def on_epoch_begin(self, epoch, logs):
        self.model.reset_states()
```

Jetzt können wir das Modell kompilieren und mit unserem Callback trainieren:

```
model.compile(loss="sparse_categorical_crossentropy", optimizer="nadam",
              metrics=["accuracy"])
history = model.fit(stateful_train_set, validation_data=stateful_valid_set,
                    epochs=10, callbacks=[ResetStatesCallback(), model_ckpt])
```

> Nachdem dieses Modell trainiert wurde, wird es nur genutzt werden können, um Vorhersagen für Batches der gleichen Größe wie beim Training zu erstellen. Um diese Einschränkung zu vermeiden, erstellen Sie ein identisches *zustandsloses* Modell und kopieren die Gewichte des zustandsbehafteten Modells dorthin.

Obwohl ein Char-RNN-Modell nur darauf trainiert wird, das nächste Zeichen vorherzusagen, erfordert diese scheinbar einfache Aufgabe interessanterweise tatsächlich zusätzlich ein Erlernen von komplexeren Aufgaben. Um beispielsweise das auf »Great movie, I really« folgende Zeichen zu finden, ist es hilfreich, zu verstehen, dass der Satz positiv ist, sodass als Nächstes eher ein »l« (für »loved«) statt ein »h« (für »hated«) kommen wird. Tatsächlich beschreibt ein Artikel (*https://homl.info/sentimentneuron*) aus dem Jahr 2017 von Alec Radford und anderen OpenAI-Forschern,[3] wie die Autoren ein großes Char-RNN-ähnliches Modell mit einem großen Datensatz trainiert hatten und dabei feststellten, dass eines der Neuronen als ausgezeichneter Sentimentanalyse-Klassifikator diente: Obwohl das Modell ohne Labels trainiert wurde, erreichte das (von ihnen so genannte) *Sentiment-Neuron* eine ausgezeichnete Leistung bei Sentimentanalyse-Benchmarks. Das motivierte zu einem unüberwachten Pretraining in NLP.

Aber bevor wir uns unüberwachtes Pretraining anschauen, wollen wir unsere Aufmerksamkeit auf Modelle auf Wortebene lenken und sehen, wie sie unüberwacht zur Sentimentanalyse genutzt werden können. Dabei werden Sie lernen, wie Sie Sequenzen variabler Länge mithilfe des Maskierens verarbeiten können.

3 Alec Radford et al., »Learning to Generate Reviews and Discovering Sentiment«, arXiv Preprint arXiv:1704.01444 (2017).

Sentimentanalyse

Das Generieren von Text kann lustig und auch lehrreich sein, aber in realen Projekten ist eine der häufigsten Anwendungen von NLP die Textklassifikation – insbesondere die Sentimentanalyse. Wenn MNIST das »Hallo Welt« der Computer Vision ist, handelt es sich beim IMDb-Reviews-Datensatz um das »Hallo Welt« der Verarbeitung natürlicher Sprache: Er besteht aus 50.000 Filmkritiken auf Englisch (25.000 zum Trainieren, 25.000 zum Testen), die aus der berühmten Internet Movie Database (*https://imdb.com/*) extrahiert wurden. Dazu gehört noch ein einfaches Binärziel für jede Kritik, die angibt, ob sie negativ (0) oder positiv (1) ist. Wie MNIST ist der IMDb-Review-Datensatz aus gutem Grund beliebt: Er ist ausreichend, um ihn auf einem Laptop in vernünftiger Zeit verarbeiten zu können, gleichzeitig aber herausfordernd genug, um damit Spaß zu haben.

Laden wir den IMDb-Datensatz mithilfe der TensorFlow-Datasets-Bibliothek (vorgestellt in Kapitel 13). Wir werden die ersten 90% als Trainingsdatensatz und die verbleibenden 10% zur Validierung verwenden:

```
import tensorflow_datasets as tfds

raw_train_set, raw_valid_set, raw_test_set = tfds.load(
    name="imdb_reviews",
    split=["train[:90%]", "train[90%:]", "test"],
    as_supervised=True
)
tf.random.set_seed(42)
train_set = raw_train_set.shuffle(5000, seed=42).batch(32).prefetch(1)
valid_set = raw_valid_set.batch(32).prefetch(1)
test_set = raw_test_set.batch(32).prefetch(1)
```

> Keras besitzt auch eine Funktion zum Laden des IMDb-Datensatzes, wenn Ihnen das lieber ist: `tf.keras.datasets.imdb.load_data()`. Die Reviews werden immer als Sequenzen von Word-IDs vorverarbeitet.

Schauen wir uns ein paar Reviews an:

```
>>> for review, label in raw_train_set.take(4):
...     print(review.numpy().decode("utf-8"))
...     print("Label:", label.numpy())
...
This was an absolutely terrible movie. Don't be lured in by Christopher [...]
Label: 0
I have been known to fall asleep during films, but this is usually due to [...]
Label: 0
Mann photographs the Alberta Rocky Mountains in a superb fashion, and [...]
Label: 0
This is the kind of film for a snowy Sunday afternoon when the rest of the [...]
Label: 1
```

Um ein Modell für diese Aufgabe zu bauen, müssen wir den Text vorverarbeiten, aber dieses Mal werden wir ihn in Wörter statt in Zeichen unterteilen. Dazu können wir wieder die `tf.keras.layers.TextVectorization`-Schicht nutzen. Beachten Sie, dass sie zum Erkennen der Wortgrenzen Leerzeichen nutzt, was in manchen Sprachen nicht gut funktioniert. So gibt es beispielsweise im Chinesischen keine Leerzeichen zwischen den Wörtern, im Vietnamesischen gibt es Leerzeichen auch innerhalb von Wörtern, und im Deutschen werden oft mehrere Wörter ohne Leerzeichen aneinandergehängt. Selbst im Englischen sind Leerzeichen nicht immer der beste Weg, um einen Text in Tokens umzuwandeln: Denken Sie beispielsweise an »San Francisco« oder »#ILoveDeepLearning«.

Zum Glück gibt es Lösungen, die diese Probleme adressieren. In einem Artikel (*https://homl.info/rarewords*) aus dem Jahr 2016 haben Rico Sennrich et al. von der University of Edinburgh eine Reihe von Methoden zum Tokenisieren und Detokenisieren von Text auf Subword-Ebene untersucht.[4] So kann Ihr Modell selbst dann, wenn es auf ein seltenes Wort trifft, das es noch nie zuvor gesehen hat, halbwegs vernünftig abschätzen, was es bedeutet. Ist Ihr Modell beispielsweise beim Training nie zuvor auf das Wort »smartest« gestoßen, hat es aber das Wort »smart« gelernt und auch gelernt, dass das Suffix »est« die Bedeutung »am meisten« hat, kann es die Bedeutung von »smartest« schlussfolgern. Eine der Techniken, die sich die Autoren angeschaut haben, ist das *Byte Pair Encoding* (BPE). Dabei wird der gesamte Trainingsdatensatz in einzelne Zeichen (einschließlich der Leerzeichen) aufgeteilt, und dann werden wiederholt die am häufigsten zusammenstehenden Paare verschmolzen, bis das Vokabular die gewünschte Größe erreicht.

Ein Artikel (*https://homl.info/subword*) aus dem Jahr 2018 von Taku Kudo bei Google hat die Subword-Tokenisierung weiter verbessert und dafür gesorgt, dass oft die sprachspezifische Vorverarbeitung vor dem Tokenisieren nicht mehr erforderlich ist.[5]Zudem wurde im Artikel eine neue Regularisierungstechnik namens *Subword Regularization* vorgeschlagen, die die Genauigkeit und Robustheit verbessert, indem beim Training eine gewissen Zufälligkeit in die Tokenisierung eingeführt wird: So kann »New England« beispielsweise als »New« + »England« oder »New« + »Eng« + »land« oder einfach »New England« (nur ein Token) tokenisiert werden. Googles SentencePiece (*https://github.com/google/sentencepiece*)-Projekt bietet dafür eine Open-Source-Implementierung an, die in einem Artikel (*https://homl.info/sentencepiece*) von Taku Kudo und John Richardson beschrieben wurde.[6]

Die TensorFlow Text (*https://homl.info/tftext*)-Bibliothek implementiert ebenfalls diverse Tokenisierungsstrategien, unter anderem WordPiece (*https://homl.info/*

4 Rico Sennrich et al., »Neural Machine Translation of Rare Words with Subword Units«, *Proceedings of the 54th Annual Meeting of the Association for Computational Linguistics* 1 (2016): 1715–1725.

5 Taku Kudo, »Subword Regularization: Improving Neural Network Translation Models with Multiple Subword Candidates«, arXiv Preprint arXiv:1804.10959 (2018).

6 Taku Kudo und John Richardson, »SentencePiece: A Simple and Language Independent Subword Tokenizer and Detokenizer for Neural Text Processing«, arXiv Preprint arXiv:1808.06226 (2018).

wordpiece) (eine Variante von BPE),[7] und schließlich implementiert die Tokenizers-Bibliothek (*https://homl.info/tokenizers*) von Hugging Face eine große Zahl außerordentlich schneller Tokenizer.

Für die IMDb-Aufgabe in Englisch sollte das Verwenden von Leerzeichen als Token-Grenzen aber ausreichen. Erstellen wir also eine `TextVectorization`-Schicht und passen wir sie an den Trainingsdatensatz an. Wir werden das Vokabular auf 1.000 Tokens begrenzen – die häufigsten 998 Wörter plus ein Padding-Token und ein Token für unbekannte Wörter –, da es unwahrscheinlich ist, dass sehr seltene Wörter für diese Aufgabe wichtig sein werden, und dass das Beschränken der Größe des Vokabulars die Anzahl an Parametern verringert, die das Modell lernen muss:

```
vocab_size = 1000
text_vec_layer = tf.keras.layers.TextVectorization(max_tokens=vocab_size)
text_vec_layer.adapt(train_set.map(lambda reviews, labels: reviews))
```

Schließlich können wir das Modell erstellen und trainieren:

```
embed_size = 128
tf.random.set_seed(42)
model = tf.keras.Sequential([
    text_vec_layer,
    tf.keras.layers.Embedding(vocab_size, embed_size),
    tf.keras.layers.GRU(128),
    tf.keras.layers.Dense(1, activation="sigmoid")
])
model.compile(loss="binary_crossentropy", optimizer="nadam",
              metrics=["accuracy"])
history = model.fit(train_set, validation_data=valid_set, epochs=2)
```

Die erste Schicht ist die `TextVectorization`-Schicht, die wir gerade vorbereitet haben, gefolgt von einer `Embedding`-Schicht, die die Wort-IDs in Embeddings umwandeln wird. Die Embedding-Matrix benötigt eine Zeile pro Token im Vokabular (`vocab_size`) und eine Spalte pro Embedding-Dimension (dieses Beispiel nutzt 128 Dimensionen, aber das ist ein Hyperparameter, den Sie optimieren könnten). Dann kommt eine `GRU`-Schicht und eine `Dense`-Schicht mit einem einzelnen Neuron und der Sigmoid-Aktivierungsfunktion, da es sich hier um eine binäre Klassifikationsaufgabe handelt: Die Ausgabe des Modells wird die geschätzte Wahrscheinlichkeit sein, dass das Review dem Film gegenüber positiv gestimmt ist. Wir kompilieren dann das Modell und trainieren es mit dem weiter oben vorbereiteten Datensatz für ein paar Epochen (oder Sie trainieren es länger, um bessere Ergebnisse zu erhalten).

Führen Sie diesen Code aus, werden Sie leider feststellen, dass das Modell im Großen und Ganzen gar nichts lernt: Die Genauigkeit bleibt in der Nähe von 50 %, was nicht besser ist als raten. Woran liegt das? Die Reviews besitzen unterschiedliche Längen – konvertiert die `TextVectorization`-Schicht sie in Sequenzen mit Token-

7 Yonghui Wu et al., »Google's Neural Machine Translation System: Bridging the Gap Between Human and Machine Translation«, arXiv Preprint arXiv:1609.08144 (2016).

IDs, werden die kürzeren Sequenzen mit dem Padding-Token (mit der ID 0) aufgefüllt, um sie genauso lang zu machen wie die längsten Sequenzen im Batch. Im Ergebnis enden die meisten Sequenzen mit vielen Padding-Tokens – oft Dutzenden oder sogar Hunderten. Selbst wenn wir eine `GRU`-Schicht nutzen, was viel besser als eine `SimpleRNN`-Schicht ist, ist das Kurzzeitgedächtnis nicht sehr gut – läuft sie über viele Padding-Tokens, vergisst sie, worum es im Review überhaupt ging! Eine Lösung ist, das Modell mit Batches aus gleich langen Sätzen zu füttern (was zudem das Training beschleunigt). Eine andere Lösung ist, das RNN die Padding-Tokens ignorieren zu lassen. Das lässt sich über ein Maskieren erreichen.

Maskieren

Beim Einsatz von Keras ist es ganz einfach, das Modell die Padding-Tokens ignorieren zu lassen: Ergänzen Sie beim Erstellen der `Embedding`-Schicht einfach `mask_zero=True`. Damit werden Padding-Tokens (deren ID 0 ist) von allen weiteren Schichten ignoriert. Und das ist schon alles! Trainieren Sie das vorherige Modell für ein paar Epochen neu, werden Sie feststellen, dass die Validierungsgenauigkeit schnell über 80 % erreicht.

Die `Embedding`-Schicht erzeugt nun einen *Maskierungstensor* mit dem Inhalt `tf.math.not_equal(inputs, 0)`: Das ist ein boolescher Tensor mit der gleichen Form wie die Eingaben, der überall dort `False` ist, wo die Token-IDs den Wert 0 haben, während er sonst den Wert `True` enthält. Dieser Maskierungstensor wird dann automatisch vom Modell an die folgende Schicht weitergegeben. Besitzt die Methode `call()` dieser Schicht ein Argument `mask`, erhält sie automatisch die Maske. So kann die Schicht die entsprechenden Zeitschritte ignorieren. Jede Schicht geht eventuell anders mit der Maske um, aber im Allgemeinen werden maskierte Zeitschritte einfach ignoriert (also solche, für die die Maske `False` ist). Trifft beispielsweise eine rekurrierende Schicht auf einen maskierten Zeitschritt, kopiert sie einfach die Ausgabe des vorherigen Zeitschritts.

Hat das Attribut `supports_masking` der Schicht den Wert `True`, wird die Maske automatisch an die nächste Schicht weitergegeben. Das gilt für alle folgenden Schichten, solange für sie `supports_masking=True` gilt. So ist beispielsweise das Attribut `supports_masking` einer rekurrierenden Schicht `True`, wenn `return_sequences=True` ist, ansonsten ist es `False` – ist `return_sequences=False`, ist auch keine Maske mehr erforderlich. Haben Sie also ein Modell mit einer Reihe von rekurrierenden Schichten mit `return_sequences=True`, gefolgt von einer rekurrierenden Schicht mit `return_sequences=False`, wird die Maske automatisch bis zur letzten rekurrierenden Schicht weitergegeben: Diese nutzt die Maske, um maskierte Schritte zu ignorieren, wird sie aber nicht weiterreichen. Setzen Sie `mask_zero=True` beim Erstellen der `Embedding`-Schicht im eben erstellten Sentimentanalysemodell, wird die `GRU`-Schicht die Maske automatisch erhalten und einsetzen, sie aber nicht weiterreichen, da `return_sequences` nicht auf `True` gesetzt wurde.

Manche Schichten müssen die Maske aktualisieren, bevor sie sie an die nächste Schicht weitergeben – das können sie, indem sie die Methode `compute_mask()` implementieren, die zwei Argumente erwartet: die Eingaben und die vorherige Maske. Dann wird die aktualisierte Maske berechnet und zurückgegeben. Die Standardimplementierung von `compute_mask()` gibt einfach die vorherige Maske unverändert zurück.

Viele Keras-Schichten unterstützen das Maskieren: `SimpleRNN`, `GRU`, `LSTM`, `Bidirectional`, `Dense`, `TimeDistributed`, `Add` und ein paar weitere (alle befinden sich im Paket `tf.keras.layers`). Convolutional Layers (unter anderem `Conv1D`) überstützen das Maskieren nicht – es ist allerdings auch nicht offensichtlich, wie sie das tun sollten.

Wird die Maske bis zur Ausgabe durchgereicht, wird sie auch auf die Verluste angewendet, sodass die maskierten Zeitschritte nicht dazu beitragen (ihr Verlust wird 0 sein). Dabei wird davon ausgegangen, dass das Modell Sequenzen ausgibt, was in unserem Sentimentanalysemodell nicht der Fall ist.

Die Schichten `LSTM` und `GRU` besitzen eine optimierte Implementierung für GPUs, die auf Nvidias cuDNN-Bibliothek basieren. Diese Implementierung unterstützt das Maskieren allerdings nur, wenn sich alle Padding-Tokens am Ende der Sequenzen befinden. Außerdem müssen Sie die Standardwerte für eine Reihe von Hyperparametern verwenden: `activation`, `recurrent_activation`, `recurrent_dropout`, `unroll`, `use_bias` und `reset_after`. Wenn das nicht der Fall ist, nutzen diese Schichten die (viel langsamere) Standard-GPU-Implementierung.

Wollen Sie Ihre eigene Schicht mit Maskierungsunterstützung implementieren, sollten Sie die Methode `call()` um ein Argument `mask` erweitern und dieses dann auch verwenden. Und wenn die Maske an die nächsten Schichten weitergegeben werden muss, sollten Sie zudem im Konstruktor `self.supports_masking=True` setzen. Muss die Maske angepasst werden, bevor sie weitergegeben wird, müssen Sie auch die Methode `compute_mask()` implementieren.

Beginnt Ihr Modell nicht mit einer `Embedding`-Schicht, müssen Sie stattdessen die Schicht `tf.keras.layers.Masking` nutzen. Standardmäßig setzt sie die Maske auf `tf.math.reduce_any(tf.math.not_equal(X, 0), axis=-1)`, was bedeutet, dass Zeitschritte, deren letzte Dimension nur aus Nullen besteht, in folgenden Schichten maskiert werden.

Der Einsatz von maskierenden Schichten und dem automatischen Weiterleiten von Masken funktioniert am besten für einfache Modelle. Bei komplexeren Modellen geht das nicht immer, zum Beispiel wenn Sie `Conv1D`-Schichten mit rekurrierenden Schichten mischen. In solchen Fällen werden Sie die Maske explizit berechnen und an die entsprechenden Schichten weitergeben müssen – entweder über die Functional API oder die Subclassing API. Das folgende Modell entspricht beispielsweise dem vorherigen Modell, nur ist es über die Functional API aufgebaut und kümmert sich manuell um das Maskieren. Zudem ergänzt es ein bisschen Drop-out, da das vorige Modell ein wenig anfällig für Overfitting war:

```
inputs = tf.keras.layers.Input(shape=[], dtype=tf.string)
token_ids = text_vec_layer(inputs)
mask = tf.math.not_equal(token_ids, 0)
Z = tf.keras.layers.Embedding(vocab_size, embed_size)(token_ids)
Z = tf.keras.layers.GRU(128, dropout=0.2)(Z, mask=mask)
outputs = tf.keras.layers.Dense(1, activation="sigmoid")(Z)
model = tf.keras.Model(inputs=[inputs], outputs=[outputs])
```

Ein letzter Ansatz beim Maskieren ist, das Modell mit Ragged-Tensoren zu füttern. In der Praxis müssen Sie nur `ragged=True` setzen, wenn Sie die `TextVectorization`-Schicht erstellen, sodass die Eingabesequenzen als Ragged-Tensoren repräsentiert werden:

```
>>> text_vec_layer_ragged = tf.keras.layers.TextVectorization(
...     max_tokens=vocab_size, ragged=True)
...
>>> text_vec_layer_ragged.adapt(train_set.map(lambda reviews, labels: reviews))
>>> text_vec_layer_ragged(["Great movie!", "This is DiCaprio's best role."])
<tf.RaggedTensor [[86, 18], [11, 7, 1, 116, 217]]>
```

Vergleichen Sie diese Ragged-Tensor-Repräsentation mit der normalen Tensor-Repräsentation, die Padding-Tokens nutzt:

```
>>> text_vec_layer(["Great movie!", "This is DiCaprio's best role."])
<tf.Tensor: shape=(2, 5), dtype=int64, numpy=
array([[ 86,  18,   0,   0,   0],
       [ 11,   7,   1, 116, 217]])>
```

Die rekurrenten Schichten von Keras besitzen eine eingebaute Unterstützung für Ragged-Tensoren, daher müssen Sie ansonsten nichts tun – nutzen Sie einfach diese `TextVectorization`-Schicht in Ihrem Modell. Es muss kein `mask_zero=True` gesetzt werden, und es müssen auch keine Masken explizit herumgereicht werden – alles ist schon für Sie implementiert. Das ist sehr bequem! Aber Stand Anfang 2022 ist die Unterstützung für Ragged-Tensoren in Keras immer noch recht neu, daher gibt es ein paar Ecken und Kanten. So ist es aktuell beispielsweise nicht möglich, Ragged-Tensoren als Ziele zu verwenden, wenn sie auf der GPU laufen (aber das mag schon behoben sein, wenn Sie diese Zeilen lesen).

Welchen Ansatz Sie beim Maskieren auch immer verfolgen – nach dem Trainieren des Modells für ein paar Epochen wird es ziemlich gut darin werden, beurteilen zu können, ob ein Review positiv ist oder nicht. Nutzen Sie den Callback `tf.keras.callbacks.TensorBoard()`, können Sie die Embeddings in TensorBoard beim Lernen visualisieren: Es ist faszinierend, zu sehen, wie Wörter wie »awesome« und »amazing« auf der einen Seite des Embedding-Raums in einem Cluster zusammenkommen und auf der anderen Seite Wörter wie »awful« und »terrible« landen. Manche Wörter sind nicht so positiv, wie Sie vielleicht denken (zumindest bei diesem Modell), wie zum Beispiel »good« – vermutlich weil viele negative Reviews die Phrase »not good« enthalten.

Vortrainierte Embeddings wiederverwenden

Es ist beeindruckend, dass das Modell nützliche Word Embeddings mit nur 25.000 Film-Reviews lernen kann. Stellen Sie sich vor, wie gut die Embeddings erst wären, wenn wir Milliarden von Reviews zum Trainieren hätten! Leider haben wir das nicht, aber vielleicht können wir Word Embeddings wiederverwenden, die mit einem anderen (sehr) großen Textkorpus trainiert wurden (zum Beispiel Amazon-Reviews, die über TensorFlow Datasets verfügbar sind), auch wenn dieser nicht auf Film-Reviews basiert? Schließlich hat das Wort »amazing« im Allgemeinen die gleiche Bedeutung, egal ob Sie über Filme oder etwas anderes sprechen. Zudem wären Embeddings vielleicht auch dann nützlich für die Sentimentanalyse, wenn sie für eine andere Aufgabe trainiert wurden: Da Wörter wie »awesome« oder »amazing« eine ähnliche Bedeutung haben, werden sie im Embedding-Raum sehr wahrscheinlich nahe beieinanderstehen, auch wenn es bei der Aufgabe um das Vorhersagen des nächsten Worts in einem Satz geht. Bilden alle positiven und alle negativen Wörter Cluster, wird das für die Sentimentanalyse hilfreich sein. Statt also Word Embeddings zu trainieren, könnten wir auch einfach vortrainierte Embeddings herunterladen und verwenden, wie zum Beispiel die Word2vec-Embeddings (*https://homl.info/word2vec*) von Google, die GloVe-Embeddings (*https://homl.info/glove*) von Stanford oder die FastText-Embeddings (*https://fasttext.cc*) von Facebook.

Der Einsatz vortrainierter Word Embeddings war viele Jahre sehr verbreitet, aber dieser Ansatz hat auch seine Grenzen. Insbesondere hat ein Wort unabhängig von seinem Kontext nur eine einzelne Repräsentation. So ist das Wort »right« beispielsweise in »left and right« genauso codiert wie in »right and wrong«, obwohl es für zwei sehr unterschiedliche Dinge steht. Um diese Einschränkung zu vermeiden, hat ein Artikel (*https://homl.info/elmo*) aus dem Jahr 2018 von Matthew Peters[8] *Embeddings from Language Models* (ELMo) vorgestellt: Dabei handelt es sich um kontextualisierte Word Embeddings, die mithilfe der internen Status eines tiefen bidirektionalen Sprachmodells erlernt wurden. Statt einfach vortrainierte Embeddings in Ihrem Modell zu verwenden, nutzen Sie einen Teil eines vortrainierten Sprachmodells.

Ungefähr zur gleichen Zeit hat der Artikel (*https://homl.info/ulmfit*) von Jeremy Howard und Sebastian Ruder über das Universal Language Model Fine-Tuning (ULMFiT)[9] die Effektivität eines unüberwachten Vortrainings für NLP-Aufgaben demonstriert: Die Autoren haben ein LSTM-Sprachmodell mit einem sehr großen

8 Matthew Peters et al., »Deep Contextualized Word Representations«, *Proceedings of the 2018 Conference of the North American Chapter of the Association for Computational Linguistics: Human Language Technologies* 1 (2018): 2227–2237.

9 Jeremy Howard und Sebastian Ruder, »Universal Language Model Fine-Tuning for Text Classification«, *Proceedings of the 56th Annual Meeting of the Association for Computational Linguistics* 1 (2018): 328–339.

Textkorpus per selbstüberwachtes Lernen trainiert (die Labels wurden also automatisch aus den Daten generiert), dann wurde es für unterschiedliche Aufgaben optimiert. Ihr Modell schlug die bis dato besten Modelle bei sechs Textklassifikationsaufgaben deutlich (die Fehlerrate wurde in den meisten Fällen um 18 % bis 24 % verringert). Aber die Autoren haben auch gezeigt, dass ein vortrainiertes Modell, das mit nur 100 Labels optimiert wird, die gleiche Leistung erreichen kann wie eines, das von Grund auf mit 10.000 Exemplaren trainiert wird. Vor dem Erscheinen des Artikels war der Einsatz von vortrainierten Modellen nur in der Bildverarbeitung normal – im Kontext der Verarbeitung natürlicher Sprache war das Vortraining auf Word Embeddings beschränkt. Dieser Artikel markierte den Beginn einer neuen Ära im NLP – heutzutage sind vortrainierte Sprachmodelle die Norm.

Bauen wir beispielsweise einen Klassifikator, der auf dem Universal Sentence Encoder basiert – einer Modellarchitektur, die in einem Artikel (*https://homl.info/139*) aus dem Jahr 2018 von einem Team von Forschern bei Google vorgestellt wurde. [10]Dieses Modell basiert auf der Transformer-Architektur, die wir uns weiter unten im Kapitel noch anschauen werden. Praktischerweise steht das Modell auf TensorFlow Hub zur Verfügung:

```
import os
import tensorflow_hub as hub

os.environ["TFHUB_CACHE_DIR"] = "my_tfhub_cache"
model = tf.keras.Sequential([
    hub.KerasLayer("https://tfhub.dev/google/universal-sentence-encoder/4",
                   trainable=True, dtype=tf.string, input_shape=[]),
    tf.keras.layers.Dense(64, activation="relu"),
    tf.keras.layers.Dense(1, activation="sigmoid")
])
model.compile(loss="binary_crossentropy", optimizer="nadam",
              metrics=["accuracy"])
model.fit(train_set, validation_data=valid_set, epochs=10)
```

> Das Modell ist ziemlich groß – fast 1 GB –, daher kann es eine Weile dauern, es herunterzuladen. Standardmäßig werden Module von TensorFlow Hub in einem temporären Verzeichnis abgelegt und bei jeder Ausführung des Programms neu heruntergeladen. Um das zu vermeiden, müssen Sie die Umgebungsvariable `TFHUB_CACHE_DIR` auf ein Verzeichnis Ihrer Wahl setzen. Die Module werden dann dort gesichert und nur einmalig heruntergeladen.

Beachten Sie, dass der letzte Teil der URL zum Modul auf TensorFlow Hub angibt, dass wir die Version 4 des Modells haben wollen. Diese Versionierung stellt sicher, dass unser Modell nicht durcheinandergerät, wenn es eine neue Modulversion auf

10 Daniel Cer et al., »Universal Sentence Encoder«, arXiv Preprint arXiv:1803.11175 (2018).

TF Hub gibt. Geben Sie diese URL in einem Webbrowser ein, werden Sie praktischerweise die Dokumentation zum Modul bekommen.

Beachten Sie auch, dass wir `hub.KerasLayer` mit `trainable=True` erstellt haben. So wird der vortrainierte Universal Sentence Encoder beim Training optimiert – manche seiner Gewichte werden per Backpropagation angepasst. Nicht alle Module von TensorFlow Hub sind optimierbar, daher sollten Sie bei jedem vortrainierten Modul, an dem Sie Interesse haben, einen Blick in die Dokumentation werfen.

Nach dem Training sollte dieses Modell eine Validierungsgenauigkeit von über 90 % erreichen. Das ist tatsächlich ziemlich gut: Versuchen Sie, die Aufgabe selbst zu lösen, werden Sie vermutlich nur geringfügig besser sein, da viele Reviews sowohl positive wie auch negative Kommentare enthalten. Das Klassifizieren dieser uneindeutigen Reviews ist vergleichbar mit dem Werfen einer Münze.

Bisher haben wir uns das Erzeugen von Text mit einem Char-RNN und per Sentimentanalyse mit RNN-Modellen auf Wortebene (basierend auf trainierbaren Embeddings) angeschaut und ein leistungsfähiges vortrainiertes Modell von TensorFlow Hub genutzt. Im nächsten Abschnitt werden wir eine weitere wichtige NLP-Aufgabe angehen – die *neuronale maschinelle Übersetzung* (NMT).

Ein Encoder-Decoder-Netzwerk für die neuronale maschinelle Übersetzung

Beginnen wir mit einem einfachen Modell zur neuronalen maschinellen Übersetzung (*https://homl.info/103*)[11], das englische Sätze ins Spanische übersetzt (siehe Abbildung 16-3).

Kurz gesagt, sieht die Architektur so aus: Englische Sätze werden als Eingabe an den Encoder übergeben, und der Decoder liefert die spanische Übersetzung. Beachten Sie, dass die spanischen Übersetzungen während des Trainings auch als Eingaben für den Decoder verwendet werden, allerdings um einen Schritt zurückverschoben. Mit anderen Worten: Dem Decoder wird beim Training als Eingabe das Wort übergeben, das er als Ausgabe im vorherigen Schritt hätte ausgeben sollen, unabhängig davon, was er tatsächlich ausgegeben hat. Das wird als *Teacher Forcing* bezeichnet – eine Technik, die das Training signifikant beschleunigt und die Leistung des Modells verbessert. Beim allerersten Wort wird dem Decoder stattdessen das Start-of-Sequence-(SOS-)Token übermittelt. Der Decoder soll den Satz mit einem End-of-Sequence-(EOS-)Token beenden.

Jedes Wort wird initial durch seine ID repräsentiert (zum Beispiel `854` für das Wort »soccer«). Dann gibt eine `Embedding`-Schicht das Word Embedding zurück. Diese Word Embeddings werden nun an Encoder und Decoder übergeben.

11 Ilya Sutskever et al., »Sequence to Sequence Learning with Neural Networks«, arXiv Preprint (2014).

Bei jedem Schritt gibt der Decoder einen Score für jedes Wort im Ausgabevokabular aus (zum Beispiel Spanisch), dann verwandelt die Softmax-Aktivierungsfunktion diese Scores in Wahrscheinlichkeiten. So kann beispielsweise das Wort »Me« im ersten Schritt eine Wahrscheinlichkeit von 7% haben, »Yo« hat eine von 1% und so weiter. Das Wort mit der höchsten Wahrscheinlichkeit ist die Ausgabe. Das ähnelt stark einer Klassifikationsaufgabe, und tatsächlich können Sie das Modell mit der `"sparse_categorical_crossentry"`-Verlustfunktion trainieren, so wie wir es im Char-RNN-Modell getan haben.

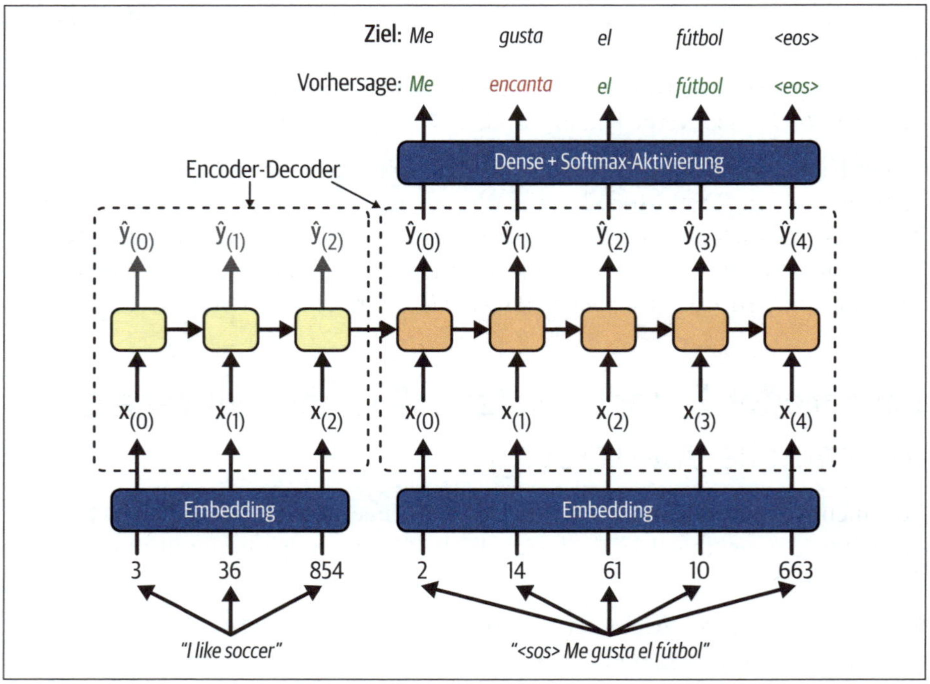

Abbildung 16-3: Ein einfaches Modell zur maschinellen Übersetzung

Beachten Sie, dass Sie den Zielsatz zur Inferenzzeit (nach dem Training) nicht an den Decoder übergeben müssen. Übergeben Sie stattdessen dem Decoder einfach das Wort, das er im vorherigen Schritt ausgegeben hat, wie in Abbildung 16-4 zu sehen ist (dazu ist ein Embedding-Lookup notwendig, das im Diagramm nicht dargestellt ist).

> In einem Artikel (*https://homl.info/scheduledsampling*) aus dem Jahr 2015 haben Samy Bengio et al. vorgeschlagen,[12] während des Trainings schrittweise vom Übergeben des vorherigen Ziel-Tokens an den Decoder zum Übergeben des vorherigen Ausgabe-Tokens überzugehen.

12 Samy Bengio et al., »Scheduled Sampling for Sequence Prediction with Recurrent Neural Networks«, arXiv Preprint arXiv:1506.03099 (2015).

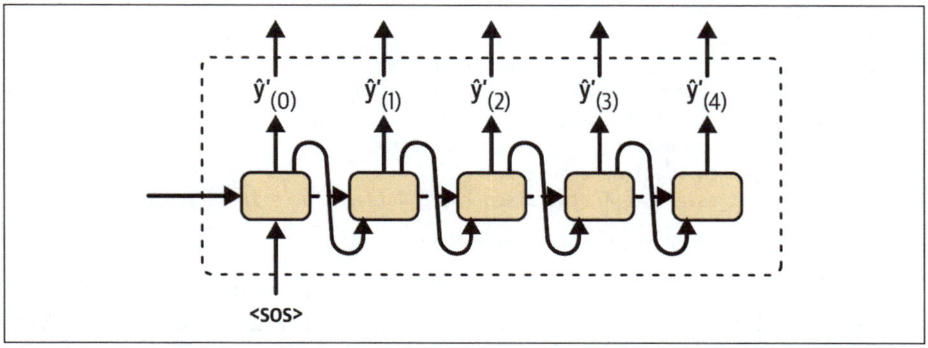

Abbildung 16-4: Zur Inferenzzeit wird dem Decoder das Wort als Eingabe übergeben, das der vorherige Zeitschritt ausgegeben hat.

Bauen und trainieren wir dieses Modell! Zuerst müssen wir einen Datensatz mit Englisch/Spanisch-Satzpaaren herunterladen:[13]

```
url = "https://storage.googleapis.com/download.tensorflow.org/data/spa-eng.zip"
path = tf.keras.utils.get_file("spa-eng.zip", origin=url, cache_dir="datasets",
                               extract=True)
text = (Path(path).with_name("spa-eng") / "spa.txt").read_text()
```

Jede Zeile enthält einen englischen Satz und die zugehörige spanische Übersetzung, getrennt durch ein Tab-Zeichen. Wir werden zunächst die spanischen Zeichen »¡« und »¿« entfernen, die die `TextVectorization`-Schicht nicht verarbeitet, dann parsen wir die Satzpaare und durchmischen sie. Schließlich werden wir sie in zwei getrennte Listen aufteilen – eine pro Sprache:

```
import numpy as np

text = text.replace("¡", "").replace("¿", "")
pairs = [line.split("\t") for line in text.splitlines()]
np.random.shuffle(pairs)
sentences_en, sentences_es = zip(*pairs)  # die Paare in zwei Listen aufteilen
```

Schauen wir uns die ersten drei Satzpaare an:

```
>>> for i in range(3):
...     print(sentences_en[i], "=>", sentences_es[i])
...
How boring! => Qué aburrimiento!
I love sports. => Adoro el deporte.
Would you like to swap jobs? => Te gustaría que intercambiemos los trabajos?
```

Als Nächstes erstellen wir zwei `TextVectorization`-Schichten – eine pro Sprache – und passen sie an den Text an:

13 Dieser Datensatz besteht aus Satzpaaren, die von Teilnehmenden des Tatoeba-Projekts (*https://tatoeba.org*) beigetragen wurden. Von den Autoren der Website *https://manythings.org/anki* wurden etwa 120.000 Satzpaare ausgewählt. Dieser Datensatz ist unter der Creative Commons Attribution 2.0 France License verfügbar. Es gibt auch andere Sprachpaare.

```
vocab_size = 1000
max_length = 50
text_vec_layer_en = tf.keras.layers.TextVectorization(
    vocab_size, output_sequence_length=max_length)
text_vec_layer_es = tf.keras.layers.TextVectorization(
    vocab_size, output_sequence_length=max_length)
text_vec_layer_en.adapt(sentences_en)
text_vec_layer_es.adapt([f"startofseq {s} endofseq" for s in sentences_es])
```

Auf ein paar Dinge möchte ich hier hinweisen:

- Wir begrenzen das Vokabular auf 1.000, was ziemlich klein ist. Das liegt daran, dass der Trainingsdatensatz nicht sehr groß ist und dass ein kleiner Wert das Training beschleunigen wird. Führende Übersetzungsmodelle nutzen typischerweise ein viel größeres Vokabular (zum Beispiel 30.000), einen viel größeren Trainingsdatensatz (Gigabytes) und ein viel größeres Modell (Hunderte oder sogar Tausende von Megabytes). Schauen Sie sich beispielsweise die Opus-MT-Modelle der Universität Helsinki oder das M2M-100-Modell von Facebook an.
- Da alle Sätze im Datensatz maximal 50 Wörter lang sind, setzen wir `output_sequence_length` auf 50: So werden die Eingabesequenzen automatisch mit Nullen aufgefüllt, bis sie alle 50 Token lang sind. Gäbe es Sätze im Trainingsdatensatz, die länger als 50 Tokens wären, würden diese auf 50 beschnitten.
- Beim spanischen Text haben wir jeden Satz um »startofseq« und »endofseq« ergänzt, als wir die `TextVectorization`-Schicht angepasst haben: Wir werden diese Wörter als SOS- und EOS-Tokens nutzen. Sie können beliebige andere Wörter verwenden, solange es keine echten spanischen Wörter sind.

Schauen wir uns die ersten zehn Tokens in beiden Vokabularen an. Sie beginnen mit dem Padding-Token, dann kommen die Tokens für unbekannte Wörter, die SOS- und EOS-Tokens (nur im spanischen Vokabular) und dann die eigentlichen Wörter, absteigend sortiert nach Häufigkeit:

```
>>> text_vec_layer_en.get_vocabulary()[:10]
['', '[UNK]', 'the', 'i', 'to', 'you', 'tom', 'a', 'is', 'he']
>>> text_vec_layer_es.get_vocabulary()[:10]
['', '[UNK]', 'startofseq', 'endofseq', 'de', 'que', 'a', 'no', 'tom', 'la']
```

Erstellen wir jetzt den Trainings- und den Validierungsdatensatz (Sie könnten auch einen Testdatensatz erstellen, wenn Sie den bräuchten). Wir werden die ersten 100. 000 Satzpaare für das Training und den Rest für die Validierung verwenden. Die Eingaben des Decoders sind die spanischen Sätze plus ein SOS-Token-Präfix. Die Ziele sind die spanischen Sätze plus ein EOS-Suffix:

```
X_train = tf.constant(sentences_en[:100_000])
X_valid = tf.constant(sentences_en[100_000:])
X_train_dec = tf.constant([f"startofseq {s}" for s in sentences_es[:100_000]])
X_valid_dec = tf.constant([f"startofseq {s}" for s in sentences_es[100_000:]])
Y_train = text_vec_layer_es([f"{s} endofseq" for s in sentences_es[:100_000]])
Y_valid = text_vec_layer_es([f"{s} endofseq" for s in sentences_es[100_000:]])
```

Okay, jetzt können wir unser Übersetzungsmodell bauen. Wir werden die Functional API dafür nutzen, da das Modell nicht sequenziell ist. Es erfordert zwei Texteingaben – eine für den Encoder und eine für den Decoder –, daher beginnen wir damit:

```
encoder_inputs = tf.keras.layers.Input(shape=[], dtype=tf.string)
decoder_inputs = tf.keras.layers.Input(shape=[], dtype=tf.string)
```

Als Nächstes müssen wir diese Sätze mit den weiter oben vorbereiteten `TextVectorization`-Schichten codieren, gefolgt von einer `Embedding`-Schicht für jede Sprache, bei der `mask_zero=True` gesetzt ist, um sicherzustellen, dass das Maskieren automatisch geschieht. Die Embeddinggröße ist ein Hyperparameter, den Sie wie immer optimieren können:

```
embed_size = 128
encoder_input_ids = text_vec_layer_en(encoder_inputs)
decoder_input_ids = text_vec_layer_es(decoder_inputs)
encoder_embedding_layer = tf.keras.layers.Embedding(vocab_size, embed_size,
                                                    mask_zero=True)
decoder_embedding_layer = tf.keras.layers.Embedding(vocab_size, embed_size,
                                                    mask_zero=True)
encoder_embeddings = encoder_embedding_layer(encoder_input_ids)
decoder_embeddings = decoder_embedding_layer(decoder_input_ids)
```

Haben die Sprachen viele Wörter gemeinsam, erhalten Sie eventuell eine bessere Leistung, wenn Sie die gleiche `Embedding`-Schicht für Encoder und Decoder verwenden.

Erzeugen wir jetzt den Encoder und übergeben wir ihm die Embedded-Eingaben:

```
encoder = tf.keras.layers.LSTM(512, return_state=True)
encoder_outputs, *encoder_state = encoder(encoder_embeddings)
```

Um das Ganze einfach zu halten, haben wir nur eine einzelne `LSTM`-Schicht genutzt, aber Sie können natürlich mehrere davon übereinanderlegen. Wir haben auch `return_state=True` gesetzt, um eine Referenz auf den abschließenden Status der Schicht zu erhalten. Da wir eine `LSTM`-Schicht verwenden, gibt es tatsächlich zwei Status: den Kurzzeitstatus und den Langzeitstatus. Die Schicht gibt diese Status getrennt zurück, weshalb wir dafür sorgen mussten, dass `*encoder_state` beide in einer Liste zusammenfasst.[14] Jetzt können wir diesen (doppelten) Status als initialen Status des Decoders nutzen:

```
decoder = tf.keras.layers.LSTM(512, return_sequences=True)
decoder_outputs = decoder(decoder_embeddings, initial_state=encoder_state)
```

Als Nächstes können wir die Ausgaben des Decoders durch eine `Dense`-Schicht mit der Softmax-Aktivierungsfunktion schicken, um die Wortwahrscheinlichkeiten für jeden Schritt zu erhalten:

```
output_layer = tf.keras.layers.Dense(vocab_size, activation="softmax")
Y_proba = output_layer(decoder_outputs)
```

---

14 Wenn Sie in Python `a, *b = [1, 2, 3, 4]` ausführen, ist `a` gleich `1` und `b` gleich `[2, 3, 4]`.

Die Ausgabeschicht optimieren

Ist das Ausgabevokabular groß, kann die Ausgabe einer Wahrscheinlichkeit für jedes mögliche Wort ziemlich langsam sein. Enthält das Zielvokabular beispielsweise 50.000 spanische Wörter (und nicht nur 1.000), würde der Decoder 50.000-dimensionale Vektoren ausgeben, und das Berechnen der Softmax-Funktion über solch einen großen Vektor wäre sehr rechenaufwendig. Um das zu vermeiden, besteht eine Lösung darin, sich nur die Logits-Ausgaben des Modells für das korrekte Wort und für eine zufällige Stichprobe falscher Wörter anzuschauen und dann eine Näherung der Verlustfunktion basierend auf diesen Logits zu berechnen. Diese *Sampled-Softmax*-Technik wurde 2015 von Sébastien Jean et al. vorgestellt (*https://homl.info/104*).[15] In TensorFlow können Sie beim Training dafür die Funktion `tf.nn.sampled_softmax_loss()` verwenden, während Sie zur Inferenzzeit die normale Softmax-Funktion einsetzen (Sampled Softmax kann dann nicht genutzt werden, weil sie das Ziel kennen muss).

Eine andere Möglichkeit, das Training zu beschleunigen – die kompatibel zu Sampled Softmax ist –, ist das Koppeln der Gewichte der Ausgabeschicht mit der transponierten Embedding-Matrix des Decoders (mehr zum Koppeln von Gewichten erfahren Sie in Kapitel 17). Das verringert die Zahl der Modellparameter deutlich, was zu einem schnelleren Training führt und manchmal auch die Genauigkeit des Modells verbessert, insbesondere wenn Sie nicht viele Trainingsdaten haben. Die Embedding-Matrix entspricht der One-Hot-Codierung, gefolgt von einer linearen Schicht ohne Bias-Term und Aktivierungsfunktion, die die One-Hot-Vektoren auf den Embedding-Raum abbildet. Die Ausgabeschicht erledigt dann den Rückweg. Kann das Modell eine Embedding-Matrix finden, deren Transponierte nahe an ihrer Inversen ist (solch eine Matrix wird als *orthogonale Matrix* bezeichnet), muss kein eigener Satz von Gewichten für die Ausgabeschicht erlernt werden.

Und das ist es schon! Wir müssen nur noch das Keras-`Model` erstellen, es kompilieren und trainieren:

```
model = tf.keras.Model(inputs=[encoder_inputs, decoder_inputs],
                       outputs=[Y_proba])
model.compile(loss="sparse_categorical_crossentropy", optimizer="nadam",
              metrics=["accuracy"])
model.fit((X_train, X_train_dec), Y_train, epochs=10,
          validation_data=((X_valid, X_valid_dec), Y_valid))
```

Nach dem Training können wir das Modell verwenden, um neue englische Sätze ins Spanische zu übersetzen. Aber hier ist es nicht einfach möglich, `model.predinct()` aufzurufen, weil der Decoder als Eingabe das Wort erwartet, das beim letz-

15 Sébastien Jean et al., »On Using Very Large Target Vocabulary for Neural Machine Translation«, *Proceedings of the 53rd Annual Meeting of the Association for Computational Linguistics and the 7th International Joint Conference on Natural Language Processing of the Asian Federation of Natural Language Processing* 1 (2015): 1–10.

ten Zeitschritt vorhergesagt wurde. Dafür können wir entweder eine eigene Speicherzelle schreiben, die sich die vorherige Ausgabe merkt und sie beim nächsten Zeitschritt an den Encoder übergibt. Aber um das Ganze einfach zu halten, können wir das Modell auch schlicht mehrfach aufrufen und in jeder Runde ein weiteres Wort vorhersagen. Schreiben wir dafür eine kleine Hilfsfunktion:

```
def translate(sentence_en):
    translation = ""
    for word_idx in range(max_length):
        X = np.array([sentence_en]) # Encoder-Eingabe
        X_dec = np.array(["startofseq " + translation]) # Decoder-Eingabe
        y_proba = model.predict((X, X_dec))[0, word_
idx] # Wahrscheinlichkeiten des letzten Tokens
        predicted_word_id = np.argmax(y_proba)
        predicted_word = text_vec_layer_es.get_vocabulary()[predicted_word_id]
        if predicted_word == "endofseq":
            break
        translation += " " + predicted_word
    return translation.strip()
```

Diese Funktion sagt einfach ein Wort pro Zeitschritt voraus, vervollständigt nach und nach die Übersetzung und stoppt, sobald sie das EOS-Token erreicht. Versuchen wir es einmal:

```
>>> translate("I like soccer")
'me gusta el fútbol'
```

Hurra, es funktioniert! Nun, zumindest bei sehr kurzen Sätzen. Versuchen Sie, ein wenig mit diesem Modell herumzuspielen, werden Sie feststellen, dass es noch nicht bilingual ist und insbesondere mit längeren Sätzen Probleme hat, zum Beispiel:

```
>>> translate("I like soccer and also going to the beach")
'me gusta el fútbol y a veces mismo al bus'
```

Die Übersetzung sagt: »I like soccer and sometimes even the bus.« Wie können Sie das jetzt verbessern? Eine Möglichkeit ist das Vergrößern des Trainingsdatensatzes und das Ergänzen weiterer `LSTM`-Schichten in Encoder und Decoder. Aber damit kommen wir nur ein kleines bisschen weiter, daher wollen wir uns ausgefeiltere Techniken anschauen und dabei mit bidirektionalen rekurrenten Schichten beginnen.

Bidirektionale RNNs

Bei jedem Zeitschritt schaut eine normale rekurrente Schicht nur auf die vergangenen und aktuellen Eingaben, bevor sie ihre Ausgabe erzeugt. Sie ist *kausal*, sie kann also nicht in die Zukunft schauen. Diese Art von RNN ist sinnvoll, wenn es um die Vorhersage von Zeitserien geht oder für den Einsatz im Decoder eines Sequence-to-Sequence-(seq2seq-)Modells. Aber für Aufgaben wie die Textklassifikation oder im Encoder eines seq2seq-Modells ist es oft sinnvoller, auf die nächsten Wörter zu schauen, bevor man ein gegebenes Wort codiert.

Denken Sie beispielsweise an die Phrasen »the right arm«, »the right person« und »the right to criticize«: Um das Wort »right« sauber zu codieren, müssen Sie vorausschauen. Eine Lösung ist, zwei rekurrente Schichten mit den gleichen Eingaben laufen zu lassen, wobei die eine die Wörter von links nach rechts und die andere von rechts nach links liest. Dann kombinieren Sie einfach bei jedem Zeitschritt deren Ausgaben, meist per Konkatenieren. Das nennt sich eine *bidirektionale rekurrente Schicht* (siehe Abbildung 16-5).

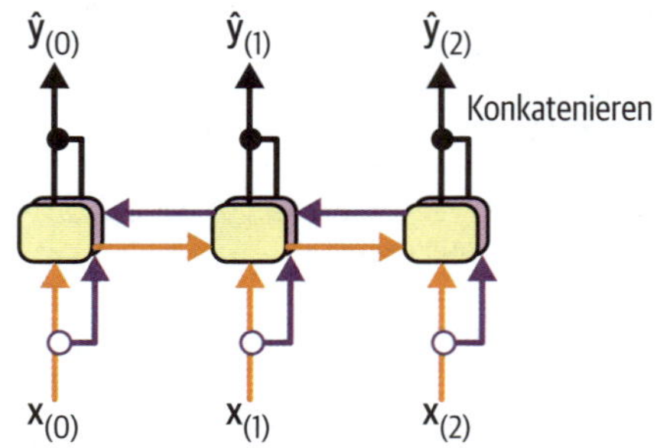

Abbildung 16-5: Eine bidirektionale rekurrente Schicht

Um eine bidirektionale rekurrente Schicht in Keras zu implementieren, verpacken Sie einfach eine rekurrente Schicht in einer Schicht vom Typ `tf.keras.layers.Bidirectional`. Die folgende `Bidirectional`-Schicht könnte beispielsweise als Encoder in unserem Übersetzungsmodell genutzt werden:

```
encoder = tf.keras.layers.Bidirectional(
    tf.keras.layers.LSTM(256, return_state=True))
```

> Die `Bidirectional`-Schicht erzeugt einen Klon der `GRU`-Schicht (aber in umgekehrter Richtung), führt beide aus und konkateniert ihre Ausgaben. Somit hat die `GRU`-Schicht zwar 10 Einheiten, die `Bidirectional`-Schicht aber 20 Werte pro Zeitschritt.

Es gibt nur ein Problem. Diese Schicht wird statt zwei nun vier Status zurückgeben: die finalen kurzfristigen und langfristigen Status der Vorwärts-`LSTM`-Schicht und die finalen kurzfristigen und langfristigen Status der Rückwärts-`LSTM`-Schicht. Wir können diesen Vierfachstatus nicht direkt als initialen Status der `LSTM`-Schicht des Decoders verwenden, da diese nur zwei Status erwartet (kurzfristig und langfristig). Der Decoder lässt sich nicht bidirektional machen, da er kausal bleiben muss – ansonsten würde er beim Training schummeln und nicht funktionieren. Stattdessen können wir die zwei kurzfristigen Status kombinieren und ebenfalls die beiden langfristigen Status:

```
encoder_outputs, *encoder_state = encoder(encoder_embeddings)
encoder_state = [tf.concat(encoder_state[::2], axis=-1),  # kurzfristig (0 & 2)
                 tf.concat(encoder_state[1::2], axis=-1)] # langfristig (1 & 3)
```

Schauen wir uns jetzt eine andere verbreitete Technik an, die die Leistungsfähigkeit eines Übersetzungsmodells zur Inferenzzeit deutlich verbessern kann – die Beam Search.

Beam Search

Stellen Sie sich vor, Sie hätten ein Encoder-Decoder-Modell trainiert und nutzten es, um den Satz »I like soccer« ins Spanische zu übersetzen. Sie hoffen, dass es die korrekte Übersetzung (»me gusta el fútbol«) ausgeben wird, aber leider liefert es »me gustan los jugadores«, was wiederum »I like the players« heißt. Schauen Sie sich den Trainingsdatensatz an, finden Sie viele Sätze wie »I like cars«, der als »me gustan los autos« übersetzt wird. Das Modell hat also mit »me gustan los« gar keine so absurde Ausgabe geliefert, nachdem es »I like« gelesen hat. Leider war das in diesem Fall ein Fehler, da »soccer« im Singular steht. Das Modell konnte nicht zurückgehen und ihn beheben, daher hat es versucht, den Satz so gut wie möglich zu beenden, indem es in diesem Fall das Wort »jugadores« genutzt hat. Wie können wir dem Modell die Chance geben, zurückzugehen und Fehler zu beheben, die es früher gemacht hat? Eine häufig eingesetzte Lösung ist die *Beam Search*: Sie merkt sich eine kurze Liste der *k* vielversprechendsten Sätze (beispielsweise drei) und versucht bei jedem Encoder-Schritt, sie um ein Wort zu erweitern und dann wieder nur die *k* wahrscheinlichsten Sätze zu behalten. Der Parameter *k* wird als *Beam Width* bezeichnet.

Nehmen wir an, Sie nutzten das Modell zum Übersetzen des Satzes »I like soccer« mit Beam Search und einer Beam Width von 3 (siehe Abbildung 16-6). Im ersten Decoder-Schritt wird das Modell eine geschätzte Wahrscheinlichkeit für jedes mögliche erste Wort im übersetzten Satz ausgeben. Stellen Sie sich vor, die besten drei Wörter seien »me« (75% geschätzte Wahrscheinlichkeit), »a« (3%) und »como« (1%). Das ist so weit unsere Short List. Als Nächstes verwenden wir das Modell, um das nächste Wort für jeden Satz zu finden. Für den ersten Satz (»me«) liefert das Modell vielleicht eine Wahrscheinlichkeit von 36% für das Wort »gustan«, 32% für »gusta«, 16% für »encanta« und so weiter. Beachten Sie, dass dies eigentlich *bedingte* Wahrscheinlichkeiten sind, wenn der Satz mit »me« beginnt. Für den zweiten Satz (»a«) liefert das Modell vielleicht eine bedingte Wahrscheinlichkeit von 50% für »mi« und so weiter. Sofern das Vokabular aus 1.000 Wörtern besteht, erhalten wir für jeden Satz 1.000 Wahrscheinlichkeiten.

Als Nächstes berechnen wir die Wahrscheinlichkeiten für jeden der 3.000 Zwei-Wort-Sätze, die wir berücksichtigt haben (3 × 1.000). Dazu multiplizieren wir die geschätzten bedingten Wahrscheinlichkeiten jedes Worts mit den geschätzten Wahrscheinlichkeiten des Satzes, den es vervollständigt. So lag beispielsweise die geschätzte Wahrscheinlichkeit des Satzes »me« bei 75%, während die geschätzte bedingte Wahrscheinlichkeit für »gustan« (sofern das erste Wort »me« ist) bei 36% liegt, sodass die geschätzte Wahrscheinlichkeit für »me gustan« 75% × 36% = 27%

beträgt. Nach dem Berechnen der Wahrscheinlichkeiten aller 3.000 Zwei-Wort-Sätze merken wir uns nur die besten drei. In diesem Beispiel beginnen sie alle mit dem Wort »me«: »me gustan« (27%), »me gusta« (24%) und »me encanta« (12%). Aktuell würde »me gustan« gewinnen, aber »me gusta« ist noch nicht aus dem Rennen.

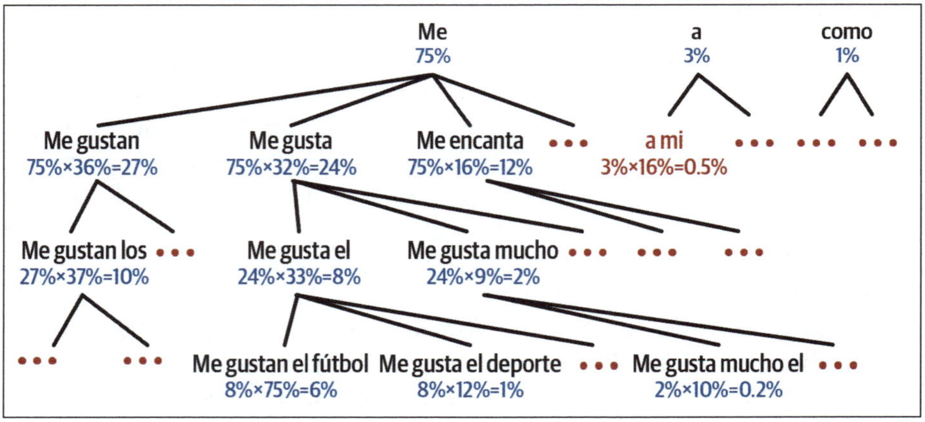

Abbildung 16-6: Beam Search mit einer Beam Width von 3

Dann wiederholen wir den gesamten Prozess: Wir nutzen drei Modelle zum Vorhersagen des nächsten Worts in jedem der drei Sätze und berechnen die Wahrscheinlichkeiten aller 3.000 Drei-Wort-Sätze, die wir berücksichtigen wollen. Vielleicht sind die Top 3 jetzt »me gustan los« (10%), »me gusta el« (8%) und »me gusta mucho« (2%). Im nächsten Schritt erhalten wir eventuell »me gusta el fútbol« (6%), »me gusta mucho el« (1%) und »me gusta el deporte« (0,2%). Beachten Sie, dass »me gustan« jetzt entfernt wurde und die korrekte Übersetzung wieder dabei ist. Wir haben die Performance unseres Encoder-Decoder-Modells ohne zusätzliches Training verbessert, einfach durch einen sinnvolleren Einsatz.

> Die TensorFlow-Add-ons-Bibliothek enthält eine vollständige seq2seq-API, mit der Sie Encoder-Decoder-Modelle mit Attention, Beam Search und vieles mehr bauen können. Aber ihre Dokumentation ist aktuell sehr zurückhaltend. Das Implementieren von Beam Search ist eine gute Übung, daher sollten Sie es ruhig einmal ausprobieren! Eine mögliche Lösung finden Sie auch im Notebook zu diesem Kapitel.

All das zusammen liefert vernünftige Übersetzungen für recht kurze Sätze. Leider ist dieses Modell bei langen Sätzen sehr schlecht. Wieder findet sich das Problem in dem beschränkten Kurzzeitgedächtnis von RNNs. *Attention-Mechanismen* sind hier die entscheidende Innovation, die dieses Problem angeht.

Attention-Mechanismen

Schauen Sie sich in Abbildung 16-3 den Weg vom Wort »soccer« zum Wort »fútbol« an – er ist ziemlich lang! Das heißt, dass eine Repräsentation dieses Worts (zusammen mit allen anderen Wörtern) über viele Schritte transportiert werden muss, bevor es tatsächlich zum Einsatz kommt. Können wir diesen Weg nicht abkürzen?

Das war die zentrale Idee in einem bahnbrechenden Artikel (*https://homl.info/attention*)[16] aus dem Jahr 2014 von Dzmitry Bahdanau et al. Die Autoren stellen dort eine Technik vor, die es dem Decoder erlaubt, sich bei jedem Zeitschritt auf die passenden Wörter zu konzentrieren (vom Encoder codiert). So wird der Encoder beispielsweise bei dem Zeitschritt, bei dem er das Wort »fútbol« ausgeben muss, seine Aufmerksamkeit auf das Wort »soccer« fokussieren. Der Weg von einem Eingabewort zu seiner Übersetzung ist jetzt viel kürzer, sodass die Beschränkungen des Kurzzeitgedächtnisses von RNNs weniger Auswirkungen haben. Attention-Mechanismen haben die neuronale maschinelle Übersetzung (und Deep Learning im Allgemeinen) revolutioniert und deutliche Verbesserungen hervorgebracht – insbesondere für lange Sätze (zum Beispiel mit über 30 Wörtern).[17]

> Die in NMT am häufigsten genutzte Metrik ist der BiLingual Evaluation Understudy (BLEU) Score, der jede vom Modell produzierte Übersetzung mit einer Reihe von Menschen erstellten guten Übersetzungen vergleicht: Er zählt die Anzahl an *n*-Grammen (Folgen von *n* Wörtern), die in jeder der Zielübersetzungen auftauchen, und passt den Score so an, dass er die Häufigkeit der produzierten *n*-Gramme in den Zielübersetzungen berücksichtigt.

In Abbildung 16-7 sehen Sie unser Encoder-Decoder-Modell mit einem zusätzlichen Attention-Mechanismus. Links haben Sie den Encoder und den Decoder. Statt nur den finalen verborgenen Status und das letzte Zielwort bei jedem Schritt an den Decoder zu schicken (was trotzdem geschieht, auch wenn es nicht in der Abbildung gezeigt wird), senden wir nun auch alle Encoder-Ausgaben an den Decoder. Da der Decoder nicht mit all diesen Encoder-Ausgaben auf einmal umgehen kann, müssen sie aggregiert werden: Bei jedem Zeitschritt berechnet die Gedächtniszelle des Decoders eine gewichtete Summe dieser Encoder-Ausgaben. Damit wird festgelegt, auf welche Wörter er sich in diesem Schritt konzentriert. Das Gewicht $\alpha_{(t,i)}$ ist das Gewicht der *i*. Encoder-Ausgabe beim *t*. Decoder-Zeitschritt. Ist beispielsweise das Gewicht $\alpha_{(3,2)}$ viel größer als die Gewichte $\alpha_{(3,0)}$ und $\alpha_{(3,1)}$, wird

16 Dzmitry Bahdanau et al., »Neural Machine Translation by Jointly Learning to Align and Translate«, arXiv Preprint arXiv:1409.0473 (2014).

17 Die in NMT am häufigsten genutzte Metrik ist der BiLingual Evaluation Understudy (BLEU) Score, der jede vom Modell produzierte Übersetzung mit einer Reihe von Menschen erstellten guten Übersetzungen vergleicht: Er zählt die Anzahl an *n*-Grammen (Folgen von *n* Wörtern), die in jeder der Zielübersetzungen auftauchen, und passt den Score so an, dass er die Häufigkeit der produzierten *n*-Gramme in den Zielübersetzungen berücksichtigt.

der Decoder viel mehr Aufmerksamkeit auf die Encoder-Ausgabe für das Wort mit der Nummer 2 (»soccer«) als auf die anderen zwei Ausgaben legen – zumindest in diesem Zeitschritt. Der Rest des Decoders funktioniert wie zuvor: Bei jedem Zeitschritt empfängt die Gedächtniszelle die eben besprochenen Eingaben, dazu den verborgenen Status des vorherigen Zeitschritts und schließlich (wenn auch nicht in der Abbildung dargestellt) das Zielwort aus dem vorherigen Zeitschritt (oder beim Inferieren die Ausgabe des vorherigen Zeitschritts).

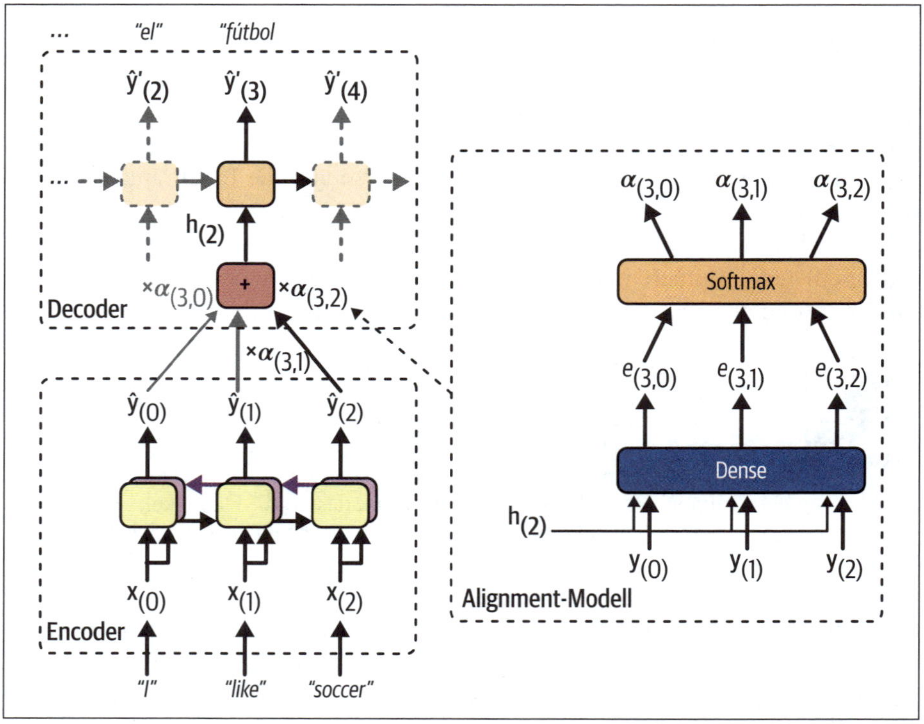

Abbildung 16-7: Neuronale maschinelle Übersetzung mit einem Encoder-Decoder-Netzwerk mit einem Attention-Modell

Aber woher kommen diese Gewichte $\alpha_{(t,i)}$? Nun, sie werden von einem kleinen neuronalen Netz erzeugt, das als *Alignment-Modell* (oder *Attention-Schicht*) bezeichnet und zusammen mit dem Rest des Encoder-Decoder-Modells trainiert wird. Dieses Alignment-Modell sehen Sie rechts in Abbildung 16-7. Es beginnt mit einer `Dense`-Schicht mit einem einzelnen Neuron, das als Eingabe alle Encoder-Ausgaben verarbeitet – verbunden mit dem vorherigen verborgenen Status des Decoders (zum Beispiel $\mathbf{h}_{(2)}$). Diese Schicht gibt einen Score (oder eine Energie) für jede Decoder-Ausgabe aus (zum Beispiel $e_{(3,2)}$): Dieser Score misst, wie gut jede Ausgabe mit dem vorherigen verborgenen Status des Decoders übereinstimmt. So hat beispielsweise das Modell in Abbildung 16-7 schon »me gusta el« ausgegeben (was »I like« heißt), daher wird nun ein Nomen erwartet: Das Wort »soccer« ist das, das am besten zum aktuellen Status passt, daher erhält es nun einen hohen Wert. Schließlich durchlaufen alle Scores eine Softmax-Schicht, um ein finales Gewicht für jede Encoder-Ausgabe zu erhalten (zum Beispiel $\alpha_{(3,2)}$). Alle Gewichte für einen gegebenen Decoder-Zeitschritt addieren sich zu 1 (da die Softmax-Schicht nicht zeitverteilt ist). Dieser spezielle Attention-Mechanismus wird als *Bahdanau Attention* bezeichnet (benannt nach dem erstgenannten Autor des Artikels aus dem Jahr 2014). Da er die Ausgabe des Encoders mit dem vorherigen verborgenen Status des Decoders verbindet, wird er manchmal auch als *Concatenative Attention* (oder *Additive Attention*) bezeichnet.

> Ist der Eingabesatz n Wörter lang und geht man davon aus, dass der Ausgabesatz ebenfalls etwa so lang ist, muss dieses Modell etwa n^2 Gewichte berechnen. Zum Glück ist diese quadratische Rechenkomplexität noch handhabbar, weil selbst lange Sätze nicht aus Tausenden von Wörtern bestehen.

Kurze Zeit später wurde in einem Artikel (*https://homl.info/luongattention*)[18] aus dem Jahr 2015 von Minh-Thang Luong et al. ein anderer Attention-Mechanismus namens *Luong Attention* vorgeschlagen, der Verbreitung fand. Weil das Ziel des Alignment-Modells das Messen der Ähnlichkeit zwischen einer der Ausgaben des Encoders und dem vorherigen verborgenen Status des Decoders ist, haben die Autoren vorgeschlagen, einfach das *Skalarprodukt* dieser beiden Vektoren zu berechnen (siehe Kapitel 4), da dies häufig ein ziemlich guter Messwert für Ähnlichkeit ist und es von moderner Hardware viel effizienter berechnet werden kann. Damit das möglich ist, müssen beide Vektoren die gleiche Dimensionalität haben. Das nennt sich *Luong Attention* (hier erneut nach dem erstgenannten Autor des Artikels) oder manchmal auch *multiplikative Attention*. Das Skalarprodukt liefert einen Score, und alle Scores (eines gegebenen Decoder-Zeitschritts) durchlaufen eine Softmax-Schicht für die finalen Gewichte – so wie bei der Bahdanau Attention. Eine andere von Luong et al. vorgeschlagene Vereinfachung war der Einsatz des verborgenen Status des Decoders beim aktuellen Zeitschritt statt beim vorherigen Zeitschritt (also $\mathbf{h}_{(t)}$ statt $\mathbf{h}_{(t-1)}$), um dann die Ausgabe des Attention-Mechanismus (geschrieben als $\widetilde{\mathbf{h}}_{(t)}$) direkt zum Berechnen der Vorhersagen des Decoders zu nutzen (statt sie zum Berechnen des aktuellen verborgenen Status des Decoders zu verwenden). Zudem haben die Forscher eine Variante des Skalarprodukt-Mechanismus vorgeschlagen, bei der die Encoder-Ausgaben zuerst eine vollständig verbundene Schicht durchlaufen (ohne einen Bias-Term), bevor die Skalarprodukte berechnet werden. Das nennt man den »allgemeinen« Skalarprodukt-Ansatz. Die Autoren haben beide Skalarprodukt-Varianten mit dem konkatenierenden Attention-Mechanismus verglichen (wobei ein reskalierender Parametervektor $\mathbf{v}$ addiert wurde) und beobachtet, dass die Skalarprodukt-Varianten bessere Ergebnisse bringen als die konkatenierende Attention. Aus diesem Grund wird Letztere mittlerweile deutlich seltener

18 Minh-Thang Luong et al., »Effective Approaches to Attention-Based Neural Machine Translation«, *Proceedings of the 2015 Conference on Empirical Methods in Natural Language Processing* (2015): 1412–1421.

eingesetzt. Die Gleichungen für diese drei Attention-Mechanismen sind in Formel 16-1 zusammengefasst.

Formel 16-1: Attention-Mechanismen

$$\widetilde{\mathbf{h}}_{(t)} = \sum_i \alpha_{(t,i)} \mathbf{y}_{(i)}$$

$$\text{mit } \alpha_{(t,i)} = \frac{\exp(e_{(t,i)})}{\sum_{i'} \exp(e_{(t,i')})}$$

$$\text{und } e_{(t,i)} = \begin{cases} \mathbf{h}_{(t)}{}^\top \mathbf{y}_{(i)} & \text{Skalarprodukt} \\ \mathbf{h}_{(t)}{}^\top \mathbf{W}\, \mathbf{y}_{(i)} & \text{allgemein} \\ \mathbf{v}^\top \tanh(\mathbf{W}[\mathbf{h}_{(t)}; \mathbf{y}_{(i)}]) & \text{concat} \end{cases}$$

Keras stellt eine `tf.keras.layers.Attention`-Schicht für die Luong Attention und eine `AdditiveAttention`-Schicht für die Bahdanau Attention bereit. Da wir alle Ausgaben des Encoders an die `Attention`-Schicht geben müssen, müssen wir zuerst `return_sequences=True` setzen, wenn wir den Encoder erstellen:

```
encoder = tf.keras.layers.Bidirectional(
    tf.keras.layers.LSTM(256, return_sequences=True, return_state=True))
```

Als Nächstes müssen wir die `Attention`-Schicht erstellen und ihr die Status des Decoders sowie die Ausgaben des Encoders übergeben. Aber um bei jedem Schritt auf die Status des Decoders zuzugreifen, müssten wir eine eigene Speicherzelle schreiben. Aus Gründen der Einfachheit wollen wir statt der Status die Ausgaben des Decoders nutzen: In der Praxis funktioniert das auch gut, und es lässt sich viel leichter programmieren. Dann übergeben wir die Ausgaben der `Attention`-Schicht direkt an die Ausgabeschicht, so wie das im Artikel von Luong vorgeschlagen wird:

```
attention_layer = tf.keras.layers.Attention()
attention_outputs = attention_layer([decoder_outputs, encoder_outputs])
output_layer = tf.keras.layers.Dense(vocab_size, activation="softmax")
Y_proba = output_layer(attention_outputs)
```

Und das ist alles! Trainieren Sie dieses Modell, werden Sie feststellen, dass es nun mit viel längeren Sätzen umgehen kann. Ein Beispiel:

```
>>> translate("I like soccer and also going to the beach")
'me gusta el fútbol y también ir a la playa'
```

Kurz gesagt, die `Attention`-Schicht bietet einen Weg, die Aufmerksamkeit des Modells auf Teile der Eingabe zu lenken. Aber es gibt auch eine andere Möglichkeit, wie man diese Schicht betrachten kann: Sie agiert als differenzierbarer Speicherauslesemechanismus.

Nehmen wir beispielsweise an, dass der Encoder den Eingabesatz »I like soccer« analysiert und es geschafft hat, zu verstehen, dass das Wort »I« das Subjekt und das Wort »like« das Verb ist. Also codiert es diese Information in seinen Ausgaben für diese Wörter. Nun stellen wir uns vor, dass der Decoder das Subjekt schon übersetzt hat und davon ausgeht, dass es als Nächstes das Verb übersetzen sollte. Dazu muss es das Verb aus dem Eingabesatz holen. Das ist analog zu einem Dictionary-Lookup: Der Encoder hätte ein Dictionary {"subject": "They", "verb": "played", ...} geschaffen, und der Decoder wollte den Wert auslesen, der zum Schlüssel »key« gehört.

Aber das Modell hat keine diskreten Tokens, um die Schlüssel zu repräsentieren (wie »subject« oder »verb«). Stattdessen besitzt es vektorisierte Repräsentationen dieser Konzepte, die es während des Trainings gelernt hat, sodass die Query für diesen Lookup keinen Schlüssel im Dictionary perfekt treffen wird. Die Lösung ist, ein Ähnlichkeitsmaß zwischen Query und jedem Schlüssel im Dictionary zu bestimmen und dann die Softmax-Funktion zu verwenden, um diese Ähnlichkeitswerte in Gewichte umzuwandeln, die sich zu 1 aufsummieren. Wie wir weiter oben gesehen haben, ist das genau das, was die `Attention`-Schicht tut. Ist der Schlüssel, der das Verb repräsentiert, der deutlich ähnlichste zur Query, wird das Gewicht dieses Schlüssels nahe an 1 liegen.

Als Nächstes berechnet die `Attention`-Schicht eine gewichtete Summe der zugehörigen Werte: Ist das Gewicht des »verb«-Schlüssels nahe an 1, wird die gewichtete Summe sehr nahe an der Repräsentation des Worts »played« liegen.

Deshalb erwarten sowohl die `Attention`- als auch die `AdditiveAttention`-Schichten von Keras eine Liste als Eingabe, die zwei oder drei Elemente enthalten: die *Queries*, die *Schlüssel* und optional die *Werte*. Übergeben Sie keine Werte, werden diese automatisch den Schlüsseln gleichgesetzt. Schauen wir uns das obige Codebeispiel noch mal an, sehen wir, dass die Decoder-Ausgaben die Queries und die Encoder-Ausgaben die Schlüssel und Werte sind. Für jede Decoder-Ausgabe (also Query) gibt die `Attention`-Schicht eine gewichtete Summe der Encoder-Ausgaben zurück (also die Schlüssel/Werte), die der Decoder-Ausgabe am ähnlichsten sind.

Zusammengefasst, lässt sich also sagen, dass Attention-Mechanismen ein trainierbares Speicherauslesesystem sind. Sie sind so leistungsfähig, dass Sie tatsächlich nur damit State-of-the-Art-Modelle bereits bauen können. Kommen wir nun zur Transformer-Architektur.

Attention Is All You Need: die Transformer-Architektur

In einem bahnbrechenden Artikel (*https://homl.info/transformer*)[19] aus dem Jahr 2017 hat ein Forscherteam von Google vorgeschlagen, dass »Aufmerksamkeit alles ist, was Sie brauchen« – »Attention Is All You Need«. Sie haben es geschafft, eine Architektur namens *Transformer* zu erzeugen, die den Stand der Technik im Bereich NMT deutlich verbessert hat, ohne rekurrente oder Convolutional-Schichten einzusetzen,[20] sondern nur Attention-Mechanismen (plus `Embedding`-Schichten,

19 Ashish Vaswani et al., »Attention Is All You Need«, *Proceedings of the 31st International Conference on Neural Information Processing Systems* (2017): 6000–6010.

20 Da der Transformer zeitverteilte `Dense`-Schichten einsetzt, könnten Sie argumentieren, dass er 1-D-Convolutional-Schichten mit einer Kernelgröße von 1 verwendet.

Dense-Schichten, Normalisierungsschichten und ein paar andere Dinge). Weil das Modell nicht rekurrent ist, hat es keine Probleme mit verschwindenden oder explodierenden Gradienten, wie das bei RNNs passieren kann, es lässt sich in weniger Schritten trainieren, leichter auf mehreren GPUs parallelisieren, und es kann besser langfristige Muster erfassen als RNNs. Die ursprüngliche Transformer-Architektur von 2017 ist in Abbildung 16-8 dargestellt.

Kurz gesagt, befindet sich im linken Teil von Abbildung 16-8 der Encoder, im rechten Teil der Decoder. Jede Embedding-Schicht gibt einen 3-D-Tensor der Form [*Batchgröße*, *Sequenzlänge*, *Embeddinggröße*] aus. Danach werden die Tensoren Schritt für Schritt auf dem Weg durch den Transformer umgewandelt, aber ihre Form bleibt gleich.

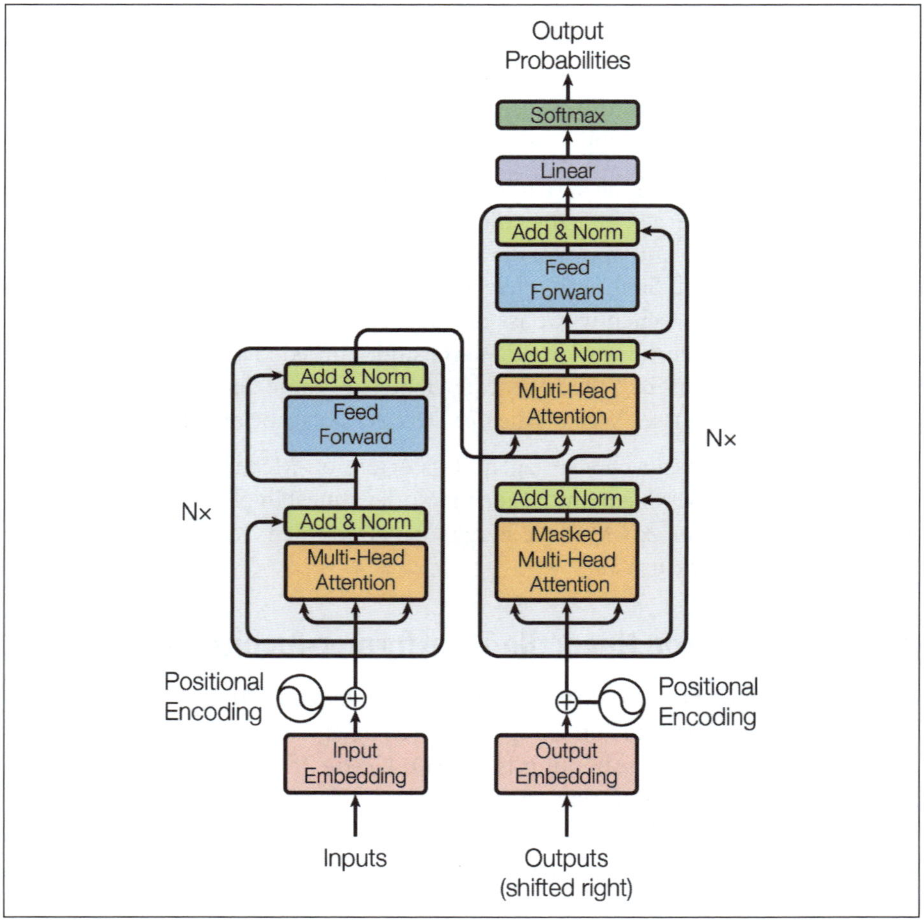

Abbildung 16-8: Die ursprüngliche Transformer-Architektur aus dem Jahr 2017[21]

21 Dies ist Abbildung 1 aus dem Artikel, die mit freundlicher Genehmigung durch die Autoren wiedergegeben wird.

Nutzen Sie den Transformer für die neuronale maschinelle Übersetzung, müssen Sie während des Trainings die englischen Sätze an den Encoder übergeben und die zugehörigen spanischen Übersetzungen an den Decoder – mit einem zusätzlichen SOS-Token am Anfang jedes Satzes. Zur Inferenzzeit müssen Sie den Transformer mehrfach aufrufen, wobei die Übersetzung Wort für Wort erzeugt wird, und die Teilübersetzungen bei jeder Runde wieder an den Decoder geben – so wie wir es zuvor in der `translate()`-Funktion getan haben.

Die Rolle des Encoders besteht darin, die Eingaben – Wortrepräsentationen des englischen Satzes – Schritt für Schritt umzuwandeln, bis diese Repräsentationen die Bedeutung des Worts perfekt im Kontext des Satzes einfangen. Übergeben Sie beispielsweise dem Encoder den Satz »I like soccer«, wird das Wort »like« mit einer recht vagen Repräsentation beginnen, da es in unterschiedlichen Kontexten unterschiedliche Bedeutung haben kann – denken Sie an »I like soccer« versus »It's like that«. Nach dem Durchlauf durch den Encoder jedoch sollte die Wortrepräsentation die korrekte Bedeutung von »like« im angegebenen Satz enthalten (also etwas mögen), aber auch andere Informationen besitzen, die für die Übersetzung erforderlich sein können (zum Beispiel, dass es sich um ein Verb handelt).

Nach dem Weg durch den Decoder durchläuft jede Wortrepräsentation eine abschließende `Dense`-Schicht mit einer Softmax-Aktivierungsfunktion, die hoffentlich eine hohe Wahrscheinlichkeit für das korrekte nächste Wort und eine niedrige für alle anderen Worte ausgibt. Der vorhergesagte Satz sollte »me gusta el fútbol <EOS>« sein.

Das war die grobe Übersicht, jetzt schauen wir uns Abbildung 16-8 genauer an:

- Beachten Sie, dass sowohl der Encoder wie auch der Decoder Module enthalten, die *N*-mal gestapelt sind. Im Artikel wurde $N = 6$ gewählt. Die abschließende Ausgabe des gesamten Encoder-Stacks wird dem Decoder für jede dieser *N* Schichten übergeben.
- Schauen Sie genauer, können Sie sehen, dass Ihnen die meisten Komponenten schon vertraut sein sollten: Es gibt zwei `Embedding`-Schichten, eine Reihe von Skip-Verbindungen, auf die jeweils eine Normalisierungsschicht folgt, diverse Feedforward-Module, die jeweils aus zwei `Dense`-Schichten bestehen (die erste nutzt die ReLU-Aktivierungsfunktion, die zweite nutzt keine Aktivierungsfunktion), und schließlich die Ausgabeschicht als `Dense`-Schicht mit Softmax-Aktivierungsfunktion. Bei Bedarf können Sie nach den Attention-Schichten und den Feedforward-Modulen auch noch ein bisschen Drop-out einsetzen. Da alle diese Schichten zeitverteilt sind, wird jedes Wort getrennt von allen anderen behandelt. Aber wie können wir einen Satz übersetzen, wenn wir uns die einzelnen Wörter komplett unabhängig anschauen? Nun, das können wir nicht, aber hier kommen die neuen Komponenten ins Spiel:
  - Die *Multi-Head-Attention*-Schicht des Encoders aktualisiert jede Wortrepräsentation, indem sie alle anderen Wörter im gleichen Satz berücksichtigt. Das ist die Stelle, an der die vage Repräsentation des Worts »like«

eine inhaltsvollere und genauere Repräsentation erhält und die präzise Bedeutung im gegebenen Satz einfängt. Wir werden gleich noch genauer darauf eingehen.

- Die *Masked Multi-Head-Attention*-Schicht des Decoders tut das Gleiche, aber wenn sie ein Wort verarbeitet, achtet sie nicht auf folgende Wörter: Sie ist eine kausale Schicht. Verarbeitet sie beispielsweise das Wort »gusta«, berücksichtigt sie nur die Wörter »<SOS> me gusta«, aber nicht»el fútbol« (denn ansonsten würde sie schummeln).
- In der oberen *Multi-Head-Attention*-Schicht des Decoders achtet dieser auf die Wörter im englischen Satz. Das nennt sich *Cross*-Attention statt *Self*-Attention. So wird der Decoder beispielsweise genauer auf das Wort »soccer« achten, wenn er das Wort »el« verarbeitet, und seine Repräsentation in eine des Worts »fútbol« umwandeln.
- Die *Positional Encodings* sind Dense-Vektoren (ähnlich den Word Embeddings), die die Position eines Worts im Satz repräsentieren. Das *n*. Positional Encoding wird zum Word Embedding des *n*. Worts in jedem Satz hinzuaddiert. Das ist erforderlich, weil alle Schichten in der Transformer-Architektur die Reihenfolge der Position der Wörter nicht berücksichtigen – ohne Positional Encodings könnten Sie die Eingabesequenzen durchmischen und würden damit die Ausgabesequenzen genauso durchmischen. Offensichtlich sind die Wortpositionen wichtig, daher müssen wir diese Informationen irgendwie an den Transformer übergeben, und Positional Encodings sind dazu eine gute Möglichkeit.

> Die ersten beiden Pfeile, die in Abbildung 16-8 in jede Multi-Head-Attention-Schicht zeigen, repräsentieren die Schlüssel und Werte, der dritte Pfeil die Queries. In den Self-Attention-Schichten sind alle drei gleich der Ausgabe der Wortrepräsentationen durch die vorherige Schicht, während in der obersten Attention-Schicht des Decoders die Schlüssel und Werte gleich den abschließenden Wortrepräsentationen des Encoders und die Queries gleich den Wortrepräsentationen der vorherigen Schicht sind.

Schauen wir uns diese beiden neuen Komponenten der Transformer-Architektur etwas genauer an und beginnen wir mit den Positional Encodings.

Positional Encodings

Ein Positional Encoding ist ein Dense-Vektor, der die Position eines Worts in einem Satz codiert: Das *i*. Positional Encoding wird einfach zum Word Embedding des *i*. Worts im Satz addiert. Am einfachsten lässt sich das mit einer `Embedding`-Schicht implementieren, die alle Positionen von 0 bis zur maximalen Satzlänge im Batch codiert und dann das Ergebnis der Word Embeddings addiert. Die Verteilregeln stellen sicher, dass die Positional Encodings auf jede Eingabesequenz angewendet werden. So werden beispielsweise Positional Encodings zu den Eingaben von Encoder und Decoder hinzuaddiert:

```
max_length = 50  # maximale Länge im ganzen Trainingsdatensatz
embed_size = 128
pos_embed_layer = tf.keras.layers.Embedding(max_length, embed_size)
batch_max_len_enc = tf.shape(encoder_embeddings)[1]
encoder_in = encoder_embeddings + pos_embed_layer(tf.range(batch_max_len_enc))
batch_max_len_dec = tf.shape(decoder_embeddings)[1]
decoder_in = decoder_embeddings + pos_embed_layer(tf.range(batch_max_len_dec))
```

Beachten Sie, dass diese Implementierung davon ausgeht, dass die Embeddings als normale Tensoren und nicht als Ragged-Tensoren repräsentiert werden.[22] Encoder und Decoder nutzen die gleiche `Embedding`-Schicht für die Positional Embeddings, da sie die gleiche Embeddinggröße besitzen (das ist oft der Fall).

Statt trainierbare Positional Encodings zu verwenden, entschieden sich die Autoren des Transformer-Artikels dafür, feste Positional Encodings zu nutzen, die auf den Sinus- und Kosinusfunktionen verschiedener Frequenzen basieren. Die Positional-Encoding-Matrix **P** ist in Formel 16-2 definiert und (transponiert) oben in Abbildung 16-9 dargestellt, wobei $P_{p,i}$ die *i*. Komponente des Encodings für das Wort an der *p*. Position im Satz ist.

Formel 16-2: Sinus und Kosinus für Positional Encodings

$$P_{p,i} = \begin{cases} \sin(p / 10000^{i/d}) & \text{wenn } i \text{ ungerade} \\ \cos(p / 10000^{(i-1)/d}) & \text{wenn } i \text{ ungerade} \end{cases}$$

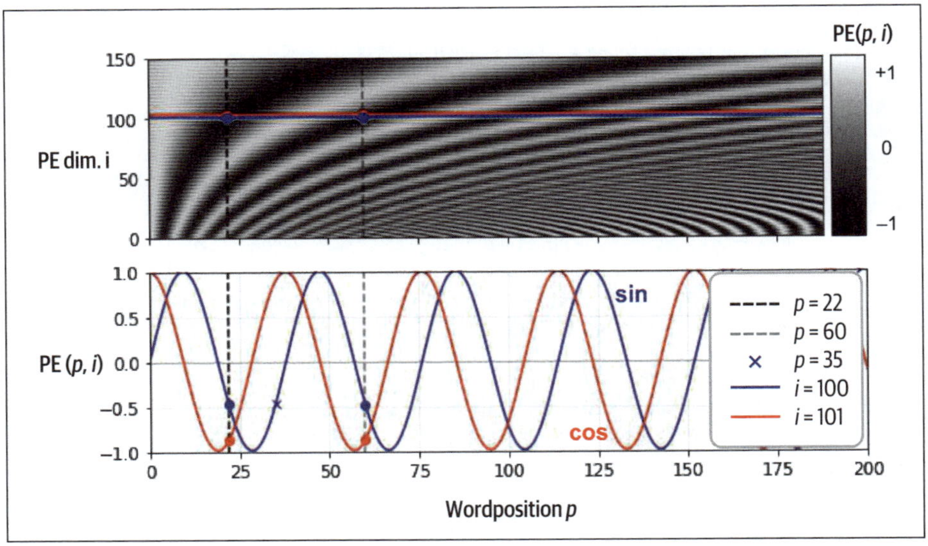

Abbildung 16-9: Sinus/Kosinus-Positional-Encoding-Matrix (transponiert, oben) mit einem Fokus auf zwei Werte von i (unten)

22 Es ist auch möglich, Ragged-Tensoren zu nutzen, wenn Sie die neueste Version von TensorFlow einsetzen.

Diese Lösung kann die gleiche Performance wie trainierbare Positional Encodings liefern und auf beliebig lange Sätze erweitert werden, ohne zusätzliche Parameter zu erfordern (wobei bei einer großen Menge vortrainierter Daten die trainierbaren Positional Encodings im Allgemeinen bevorzugt werden). Nachdem diese Positional Encodings zu den Word Embeddings addiert wurden, hat der Rest des Modells Zugriff auf die absolute Position jedes Worts im Satz, weil es für jede Position ein eindeutiges Positional Encoding gibt (beispielsweise wird das Positional Encoding für das Wort an der 22. Position in einem Satz durch die vertikale gestrichelte Linie oben links in Abbildung 16-9 dargestellt, und Sie können sehen, dass es an dieser Stelle eindeutig ist). Zudem ermöglicht die Wahl der oszillierenden Funktionen (Sinus und Kosinus) dem Modell, auch relative Positionen zu lernen. So haben etwa Wörter, die 38 Wörter auseinanderliegen (zum Beispiel an den Positionen $p = 22$ und $p = 60$), immer die gleichen Werte für die Positional Encodings in den Embedding-Dimensionen $i = 100$ und $i = 101$, wie Sie in Abbildung 16-9 sehen. Das erklärt, warum wir für jede Frequenz Sinus und Kosinus benötigen: Würden wir nur den Sinus verwenden (die blaue Welle bei $i = 100$), würde das Modell nicht zwischen den Positionen $p = 25$ und $p = 35$ (mit einem Kreuz markiert) unterscheiden können.

Es gibt in TensorFlow keine `PositionalEncoding`-Schicht, aber es lässt sich leicht eine erstellen. Aus Gründen der Effizienz berechnen wir die Positional-Embedding-Matrix schon im Konstruktor. Die Methode `call()` beschneidet einfach diese Embedding-Matrix auf die maximale Größe der Eingabesequenzen und addiert sie zu den Eingaben. Zudem setzen wir `supports_masking=True`, um die automatische Maske der Eingaben an die nächste Schicht weiterzugeben:

```
class PositionalEncoding(tf.keras.layers.Layer):
    def __init__(self, max_length, embed_size, dtype=tf.float32, **kwargs):
        super().__init__(dtype=dtype, **kwargs)
        assert embed_size% 2 == 0, "embed_size must be even"
        p, i = np.meshgrid(np.arange(max_length),
                           2 * np.arange(embed_size // 2))
        pos_emb = np.empty((1, max_length, embed_size))
        pos_emb[0, :, ::2] = np.sin(p / 10_000 ** (i / embed_size)).T
        pos_emb[0, :, 1::2] = np.cos(p / 10_000 ** (i / embed_size)).T
        self.pos_encodings = tf.constant(pos_emb.astype(self.dtype))
        self.supports_masking = True

    def call(self, inputs):
        batch_max_length = tf.shape(inputs)[1]
        return inputs + self.pos_encodings[:, :batch_max_length]
```

Dann können wir die erste Schicht des Transformers erzeugen:

```
pos_embed_layer = PositionalEncoding(max_length, embed_size)
encoder_in = pos_embed_layer(encoder_embeddings)
decoder_in = pos_embed_layer(decoder_embeddings)
```

Schauen wir uns nun den Kern des Transformer-Modells genauer an – die Multi-Head-Attention-Schicht.

Multi-Head-Attention

Um zu verstehen, wie eine *Multi-Head-Attention-Schicht* funktioniert, müssen wir erst die *Scaled-Dot-Product-Attention-Schicht* verstehen, auf der sie basiert. Ihre Gleichung ist in Formel 16-3 in vektorisierter Form dargestellt. Es handelt sich abgesehen von einem Skalierungsfaktor um die gleiche wie bei der Luong Attention.

Formel 16-3: Scaled Dot-Product Attention

$$\text{Attention}(\mathbf{Q}, \mathbf{K}, \mathbf{V}) = \text{softmax}\left(\frac{\mathbf{Q}\mathbf{K}^{\intercal}}{\sqrt{d_{\text{Schlüssel}}}}\right)\mathbf{V}$$

In dieser Gleichung gilt:

- **Q** ist eine Matrix mit einer Zeile pro *Query*. Ihre Form ist $[n_{\text{Queries}}, d_{\text{Schlüssel}}]$, wobei n_{Queries} die Anzahl an Queries und $d_{\text{Schlüssel}}$ die Anzahl an Dimensionen jeder Query und jedes Schlüssels ist.
- **K** ist eine Matrix mit einer Zeile pro *Schlüssel*. Ihre Form ist $[n_{\text{Schlüssel}}, d_{\text{Schlüssel}}]$, wobei $n_{\text{Schlüssel}}$ die Anzahl an Schlüsseln und Werten ist.
- **V** ist eine Matrix mit einer Zeile pro *Wert*. Ihre Form ist $[n_{\text{Schlüssel}}, d_{\text{Werte}}]$, wobei d_{Werte} die Anzahl der Dimensionen jedes Werts ist.
- Die Form von $\mathbf{Q}\ \mathbf{K}^{\intercal}$ ist $[n_{\text{Queries}}, n_{\text{Schlüssel}}]$: Sie enthält einen Ähnlichkeitswert für jedes Schlüssel-Wert-Paar. Um zu verhindert, dass diese Matrix zu riesig wird, dürfen die Eingabesequenzen nicht zu lang sein (wir werden weiter unten noch besprechen, wie man diese Einschränkung umgehen kann). Die Ausgabe der Softmax-Funktion hat die gleiche Form, aber alle Zeilen addieren sich zu 1. Die finale Ausgabe besitzt die Form $[n_{\text{Queries}}, d_{\text{Werte}}]$: Es gibt eine Zeile pro Query, und jede Zeile repräsentiert das Query-Ergebnis (eine gewichtete Summe der Werte).
- Der Skalierungsfaktor $1 / \sqrt{d_{\text{Schlüssel}}}$ skaliert die Ähnlichkeitswerte herunter, um eine Sättigung der Softmax-Funktion zu vermeiden, weil dies zu sehr kleinen Gradienten führen würde.
- Es ist möglich, einige der Schlüssel-Wert-Paare zu maskieren, indem direkt vor dem Berechnen des Softmax zu den entsprechenden Ähnlichkeitswerten ein sehr großer negativer Wert addiert wird. Das ist in der Masked-Multi-Head-Attention-Schicht nützlich.

Setzen Sie beim Erstellen der `tf.keras.layers.Attention`-Schicht den Wert `use_scale=True`, wird ein zusätzlicher Parameter angelegt, mit dem die Schicht lernen kann, wie sie die Ähnlichkeitswerte sauber herunterskaliert. Die im Transformer-Modell genutzte Scaled-Dot-Product-Attention-Schicht ist nahezu gleich, nur dass sie die Ähnlichkeitswerte immer um den gleichen Faktor $1 / \sqrt{d_{\text{Schlüssel}}}$ skaliert.

Beachten Sie, dass die Eingaben für die `Attention`-Schicht so wie **Q**, **K** und **V** sind – nur mit einer zusätzlichen Batchdimension (der ersten Dimension). Intern berechnet die Schicht alle Attention-Scores für alle Sätze im Batch mit nur einem Aufruf von `tf.matmul(queries, keys)` – dadurch wird er außerordentlich effizient. Sind in TensorFlow `A` und `B` Tensoren mit mehr als zwei Dimensionen – zum Beispiel mit den Formen [2, 3, 4, 5] und [2, 3, 5, 6] –, behandelt `tf.matmul(A, B)` diese Tensoren als 2 × 3-Arrays, bei denen jede Zelle eine Matrix enthält, und wird die entsprechenden Matrizen multiplizieren: Die Matrix in der *i*. Zeile und *j*. Spalte in `A` wird mit der Matrix in der *i*. Zeile und *j*. Spalte in `B` multipliziert. Da das Produkt einer 4 × 5-Matrix mit einer 5 × 6-Matrix eine 4 × 6-Matrix ist, wird `tf.matmul(A, B)` ein Array der Form [2, 3, 4, 6] zurückgeben.

Jetzt können wir uns die Multi-Head-Attention-Schicht anschauen. Ihre Architektur sehen Sie in Abbildung 16-10.

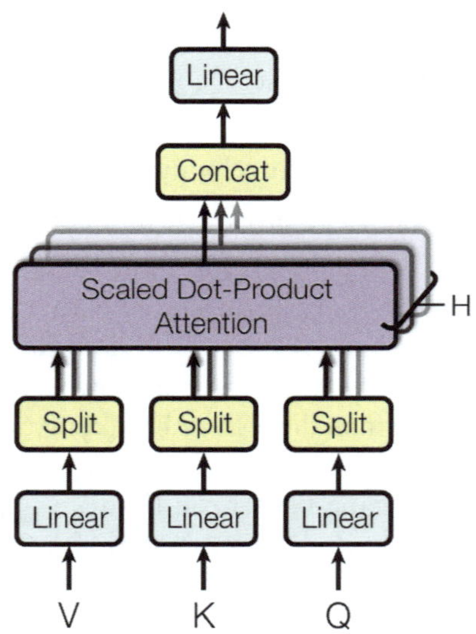

Abbildung 16-10: Architektur einer Multi-Head-Attention-Schicht[23]

Wie Sie sehen, handelt es sich nur um einen Haufen Scaled-Dot-Product-Attention-Schichten, vor denen jeweils eine lineare Transformation der Werte, Schlüssel und Queries steht (also eine zeitverteilte `Dense`-Schicht ohne Aktivierungsfunktion). Alle Ausgaben werden einfach konkateniert und durchlaufen dann eine abschließende lineare Transformation (wieder zeitverteilt).

Aber warum? Was ist der Sinn hinter dieser Architektur? Nun, denken wir noch mal an das Wort »like«, über das wir zuvor im Satz »I like soccer« gesprochen haben. Der Encoder war schlau genug, die Tatsache zu codieren, dass es sich um ein Verb handelt. Aber die Wortdarstellung enthält dank der Positional Encodings

23 Dies ist der rechte Teil von Abbildung 2 aus dem Artikel »Attention Is All You Need«, der mit freundlicher Genehmigung durch die Autoren wiedergegeben wird.

auch ihre Position im Text und vermutlich noch viele andere Merkmale, die für seine Übersetzung nützlich sind, wie zum Beispiel die Tatsache, dass es in der Gegenwart steht. Kurz gesagt, codiert die Wortdarstellung viele verschiedene Eigenschaften des Worts. Würden wir nur eine einzelne Scaled-Dot-Product-Attention-Schicht nutzen, könnten wir all diese Eigenschaften nur einmal abfragen.

Darum wendet die Multi-Head-Attention-Schicht mehrere *verschiedene* lineare Transformationen der Werte, Schlüssel und Queries an: So kann das Modell viele verschiedene Projektionen der Wortdarstellung in unterschiedlichen Subräumen anwenden, die sich jeweils auf eine Untermenge der Eigenschaften der Wörter fokussieren. Vielleicht projiziert eine der linearen Schichten die Wortdarstellung in einen Subraum, in dem nur die Information übrig bleibt, dass es sich bei dem Wort um ein Verb handelt, während eine andere lineare Schicht die Tatsache extrahiert, dass es in der Gegenwart steht, und so weiter. Dann implementieren die Scaled-Dot-Product-Attention-Schichten die Lookup-Phase, und schließlich konkatenieren wir alle Ergebnisse und projizieren sie wieder zurück in den ursprünglichen Raum.

Keras besitzt eine `tf.keras.layers.MultiHeadAttention`-Schicht, daher haben wir jetzt alles zusammen, um den Rest des Transformers zu bauen. Beginnen wir mit dem vollständigen Encoder, der genau so aussieht wie der in Abbildung 16-8, nur dass wir einen Stack mit zwei Blöcken (`N = 2`) statt sechs Blöcken nutzen, da wir keinen großen Trainingsdatensatz haben, und dass wir ein bisschen Drop-out hinzufügen:

```
N = 2  # statt 6
num_heads = 8
dropout_rate = 0.1
n_units = 128  # für die erste Dense-Schicht in jedem Feedforward-Block
encoder_pad_mask = tf.math.not_equal(encoder_input_ids, 0)[:, tf.newaxis]
Z = encoder_in
for _ in range(N):
    skip = Z
    attn_layer = tf.keras.layers.MultiHeadAttention(
        num_heads=num_heads, key_dim=embed_size, dropout=dropout_rate)
    Z = attn_layer(Z, value=Z, attention_mask=encoder_pad_mask)
    Z = tf.keras.layers.LayerNormalization()(tf.keras.layers.Add()([Z, skip]))
    skip = Z
    Z = tf.keras.layers.Dense(n_units, activation="relu")(Z)
    Z = tf.keras.layers.Dense(embed_size)(Z)
    Z = tf.keras.layers.Dropout(dropout_rate)(Z)
    Z = tf.keras.layers.LayerNormalization()(tf.keras.layers.Add()([Z, skip]))
```

Dieser Code sollte mehr oder weniger selbsterklärend sein, abgesehen vom Maskieren. Aktuell unterstützt die `MultiHeaderAttention`-Schicht kein automatisches Maskieren,[24] daher müssen wir uns per Hand darum kümmern. Wie tun wir das?

24 Das wird sich wahrscheinlich schon geändert haben, wenn Sie diese Zeilen lesen – mehr erfahren Sie dazu im Keras Issue #16248 (*https://github.com/keras-team/keras/issues/16248*). Wenn das erledigt ist, muss das Argument `attention_mask` nicht mehr gesetzt und daher auch keine `encoder_pad_mask` mehr erstellt werden.

Der MultiHeadAttention-Schicht kann ein Argument attention_mask mitgegeben werden, bei dem es sich um einen booleschen Tensor der Form [*Batchgröße*, *maximale Query-Länge*, *maximale Wertelänge*] handelt. Für jedes Token in jeder Query-Sequenz gibt diese Maske an, welche Tokens in der entsprechenden Wertesequenz berücksichtigt werden sollten. Wir wollen der MultiHeadAttention-Schicht mitteilen, dass sie alle Padding-Tokens in den Werten ignorieren soll. Also berechnen wir zuerst die Padding-Maske mittels tf.math.not_equal(encoder_input_ids, 0). Das gibt einen booleschen Tensor der Form [*Batchgröße*, *maximale Sequenzlänge*] zurück. Dann fügen wir mithilfe von [:, tf.newaxis] eine zweite Achse ein, um eine Maske der Form [*Batchgröße*, 1, *maximale Sequenzlänge*] zu erhalten. Diese Maske können wir nun als attention_mask nutzen, wenn wir die MultiHeadAttention-Schicht erstellen – dank des Broadcastings wird die gleiche Maske für alle Tokens in jeder Query verwendet werden. So werden die Padding-Tokens in den Werten korrekt ignoriert.

Aber die Schicht wird Ausgaben für jedes einzelne Query-Token berechnen – einschließlich der Padding-Tokens. Wir müssen die Ausgaben maskieren, die zu diesen Padding-Tokens gehören. Sie erinnern sich: Wir haben mask_zero in den Embedding-Schichten verwendet und supports_masking in der PositionalEncoding-Schicht auf True gesetzt, sodass die automatische Maske ihren Weg bis in die Eingaben der MultiHeadAttention-Schicht gefunden hat (encoder_in). Wir können das in den Skip-Verbindungen zu unserem Vorteil nutzen: Die Add-Schicht unterstützt automatisches Maskieren, wenn wir also Z und skip (was initial gleich encoder_in ist) addieren, werden die Ausgaben gleich korrekt maskiert.[25] Hmpf – das Maskieren hat mehr Erläuterung erfordert als der eigentliche Code.

Jetzt weiter zum Decoder! Erneut wird das Maskieren der eigentlich schwierige Teil sein, weshalb wir damit beginnen wollen. Die erste Multi-Head-Attention-Schicht ist wie im Encoder eine Self-Attention-Schicht, aber es handelt sich um eine *Masked* Multi-Head-Attention-Schicht, sie ist also kausal: Sie sollte alle Tokens in der Zukunft ignorieren. Also brauchen wir zwei Masken – eine Padding-Maske und eine kausale Maske. Erstellen wir beide:

```
decoder_pad_mask = tf.math.not_equal(decoder_input_ids, 0)[:, tf.newaxis]
causal_mask = tf.linalg.band_part(  # erstellt eine untere Dreiecksmatrix
    tf.ones((batch_max_len_dec, batch_max_len_dec), tf.bool), -1, 0)
```

Die Padding-Maske sieht genauso aus wie die, die wir für den Encoder erstellt haben, nur basiert sie auf den Eingaben des Decoders statt auf denen für den Encoder. Die kausale Maske wird mithilfe der Funktion tf.linalg.band_part() erstellt, die einen Tensor erwartet und eine Kopie zurückgibt, in der alle Werte außerhalb eines diagonalen Bands auf null gesetzt sind. Mit diesen Argumenten erhalten wir eine quadratische Matrix der Größe batch_max_len_dec (die maximale Länge der Einga-

25 Aktuell unterstützt Z + skip kein automatisches Maskieren, weshalb wir tf.keras.layers.Add()([Z, skip]) schreiben mussten. Auch das kann sich mittlerweile geändert haben.

besequenzen im Batch) mit Einsen im linken unteren und Nullen im oberen rechten Dreieck. Nutzen wir diese Maske als Attention-Maske, erhalten wir genau das, was wir wollen: Das erste Query-Token wird nur das erste Wert-Token beachten, das zweite nur die ersten beiden und so weiter. Mit anderen Worten: Query-Tokens können sich keine Werte-Tokens aus der Zukunft anschauen.

Bauen wir nun den Decoder:

```
encoder_outputs = Z  # merken wir uns die finalen Ausgaben des Encoders
Z = decoder_in  # der Decoder beginnt mit seinen eigenen Eingaben
for _ in range(N):
    skip = Z
    attn_layer = tf.keras.layers.MultiHeadAttention(
        num_heads=num_heads, key_dim=embed_size, dropout=dropout_rate)
    Z = attn_layer(Z, value=Z, attention_mask=causal_mask & decoder_pad_mask)
    Z = tf.keras.layers.LayerNormalization()(tf.keras.layers.Add()([Z, skip]))
    skip = Z
    attn_layer = tf.keras.layers.MultiHeadAttention(
        num_heads=num_heads, key_dim=embed_size, dropout=dropout_rate)
    Z = attn_layer(Z, value=encoder_outputs, attention_mask=encoder_pad_mask)
    Z = tf.keras.layers.LayerNormalization()(tf.keras.layers.Add()([Z, skip]))
    skip = Z
    Z = tf.keras.layers.Dense(n_units, activation="relu")(Z)
    Z = tf.keras.layers.Dense(embed_size)(Z)
    Z = tf.keras.layers.LayerNormalization()(tf.keras.layers.Add()([Z, skip]))
```

Für die erste Attention-Schicht nutzen wir `casual_mask & decoder_pad_mask`, um sowohl die Padding-Tokens als auch die zukünftigen Tokens zu maskieren. Die kausale Maske besitzt zwei Dimensionen – es fehlt ihr die Batchdimension, aber das ist in Ordnung, da das Broadcasting sicherstellt, dass sie auf alle Instanzen im Batch verteilt wird.

Zur zweiten Attention-Schicht gibt es nichts Besonderes zu sagen. Es sei nur darauf hingewiesen, dass wir `encoder_pad_mask` und nicht `decoder_pad_mask` verwenden, weil diese Attention-Schicht die finalen Ausgaben des Encoders als ihre Eingaben nutzt.

Wir sind schon fast fertig. Es fehlt nur noch die abschließende Ausgabeschicht, dann können wir das Modell erstellen, kompilieren und trainieren:

```
Y_proba = tf.keras.layers.Dense(vocab_size, activation="softmax")(Z)
model = tf.keras.Model(inputs=[encoder_inputs, decoder_inputs],
                       outputs=[Y_proba])
model.compile(loss="sparse_categorical_crossentropy", optimizer="nadam",
              metrics=["accuracy"])
model.fit((X_train, X_train_dec), Y_train, epochs=10,
          validation_data=((X_valid, X_valid_dec), Y_valid))
```

Herzlichen Glückwunsch! Sie haben einen vollständigen Transformer von Grund auf selbst erstellt und ihn darauf trainiert, automatische Übersetzungen durchzuführen. Das ist schon ziemlich fortgeschrittenes Zeugs!

Das Team von Keras hat ein neues Keras-NLP-Projekt (*https://github.com/keras-team/keras-nlp*) aufgesetzt, das eine API zum einfacheren Bauen eines Transformers enthält. Vielleicht interessiert Sie auch das neue Keras-CV-Projekt (*https://github.com/keras-team/keras-cv*) für Bildverarbeitung.

Das Feld hat sich aber seitdem schon wieder weiterentwickelt. Schauen wir uns nun ein paar der neueren Fortschritte an.

Eine Lawine an Transformer-Modellen

Das Jahr 2018 wurde als »ImageNet-Moment für NLP« bezeichnet: Die Fortschritte waren erstaunlich, und es gab immer größere Transformer-basierte Architekturen, die mit riesigen Datensätzen trainiert wurden.

Der GPT-Artikel (*https://homl.info/gpt*)[26] von Alec Radford und anderen OpenAI-Forschern hat erneut die Effektivität von unüberwachtem Vortraining demonstriert, wie zuvor schon die Artikel zu ELMo und ULMFiT, hier aber mit einer Transformer-ähnlichen Architektur. Die Autoren haben eine große, aber recht einfache Architektur aus einem Stack mit zwölf Transformer-Modulen, nur unter Verwendung von Masked-Multi-Head-Attention-Schichten, vortrainiert – so, wie beim ursprünglichen Transformer-Decoder. Sie nutzten dafür einen sehr großen Datensatz und verwendeten die gleiche autoregressive Technik, die wir für unser Shakespeare-Char-RNN eingesetzt haben: eine Vorhersage nur des nächsten Tokens. Das ist eine Form von selbstüberwachtem Lernen. Dann haben sie das Modell mit einer Reihe von Sprachaufgaben optimiert und dabei bei jeder Aufgabe nur kleinere Anpassungen vorgenommen. Die Aufgaben waren ziemlich unterschiedlich: unter anderem *Textklassifikation*, *Entailment* (ob Satz A Satz B als notwendige Folge bedingt, beinhaltet oder impliziert)[27], *Ähnlichkeit* (zum Beispiel ähnelt »Nice weather today« dem Satz »It is sunny«) und das *Beantworten von Fragen* (mit ein paar Absätzen als Kontext muss das Modell Multiple-Choice-Fragen beantworten).

Dann erschien Googles BERT-Artikel (*https://homl.info/bert*)[28], der ebenfalls die Effektivität von selbstüberwachtem Vortraining mit einem großen Korpus zeigt. Dabei kam eine ähnliche Architektur wie bei GPT zum Einsatz, hier aber mit nicht maskierten Multi-Head-Attention-Schichten (wie im Encoder des ursprünglichen Transformers). Dadurch ist das Modell ganz natürlich bidirektional (und daher

26 Alec Radford et al., »Improving Language Understanding by Generative Pre-Training« (2018).

27 So folgt aus dem Satz »Jane had a lot of fun at her friend's birthday party« der Satz »Jane enjoyed the party«, er steht aber im Gegensatz zu »Everyone hated the party« und hat nichts zu tun mit »The Earth is flat«.

28 Jacob Devlin et al., »BERT: Pre-training of Deep Bidirectional Transformers for Language Understanding«, *Proceedings of the 2018 Conference of the North American Chapter of the Association for Computational Linguistics: Human Language Technologies* 1 (2019).

auch das B in BERT – *Bidirectional Encoder Representations from Transformers*). Am wichtigsten ist, dass die Autoren zwei Vortrainingsaufgaben vorgestellt haben, die einen Großteil der Stärken des Modells erklären:

Masked Language Model (MLM)
: Jedes Wort in einem Satz hat eine Wahrscheinlichkeit von 15%, maskiert zu werden, und das Modell wird darauf trainiert, die maskierten Wörter vorherzusagen. Ist der ursprüngliche Satz beispielsweise »She had fun at the birthday party«, erhält das Modell vielleicht den Satz »She <mask> fun at the <mask> party« und muss die Wörter »had« und »birthday« vorhersagen (die anderen Ausgaben werden ignoriert). Genauer gesagt, hat jedes ausgewählte Wort eine Chance von 80%, maskiert zu werden, mit 10% Wahrscheinlichkeit wird es durch ein zufälliges Wort ersetzt (um die Diskrepanz zwischen Vortraining und Anpassen zu verringern, da das Modell beim Anpassen keine <mask>-Tokens sehen wird), und mit 10% wird es einfach stehen gelassen (um das Modell zur richtigen Antwort zu leiten).

Next Sentence Prediction (NSP)
: Das Modell wird darauf trainiert, vorherzusagen, ob zwei Sätze aufeinanderfolgen oder nicht. So sollte es beispielsweise vorhersagen, dass »The dog sleeps« und »It snores loudly« aufeinanderfolgende Sätze sind, während »The dog sleeps« und »The Earth orbits the Sun« nicht aufeinanderfolgen. Folgende Forschung hat gezeigt, dass NSP nicht so wichtig ist, wie zunächst gedacht, daher wurde es in vielen späteren Architekturen fallen gelassen.

Das Modell wird auf diesen beiden Aufgaben simultan trainiert (siehe Abbildung 16-11). Für die NSP-Aufgabe haben die Autoren ein Class-Token (<CLS>) an den Anfang jeder Eingabe gesetzt, und das dazugehörige Ausgabe-Token steht für die Vorhersage des Modells: Satz A folgt aus Satz B oder eben nicht. Die zwei Eingabesequenzen werden aneinandergefügt, nur getrennt durch ein eigenes Separation-Token (<SEP>), und als Eingabe an das Modell gegeben. Um dem Modell dabei zu helfen, zu wissen, zu welchem Satz jedes Eingabe-Token gehört, wird an den Anfang jedes Positional Embeddings eines Tokens ein *Segment Embedding* hinzugefügt: Es gibt nur zwei mögliche Segment Embeddings, eines für Satz A und eines für Satz B. Bei der MLM-Aufgabe werden manche Eingabewörter maskiert (wie wir gerade gesehen haben), und das Modell versucht vorherzusagen, was für Wörter das waren. Der Verlust wird nur für die NSP-Vorhersage und die maskierten Tokens berechnet, aber nicht für die unmaskierten Tokens.

Nach dieser unüberwachten Vortrainingsphase auf einem sehr großen Textkorpus wird das Modell dann mithilfe vieler verschiedener Aufgaben optimiert, wobei es bei jeder Aufgabe nur ein wenig geändert wird. So werden beispielsweise für die Textklassifikation wie die Sentimentanalyse alle Ausgabe-Tokens bis auf das erste ignoriert, das dem Class-Token entspricht, und eine neue Ausgabeschicht ersetzt die vorherigen, bei der es sich nur um eine binäre Klassifikationsschicht für NSP handelte.

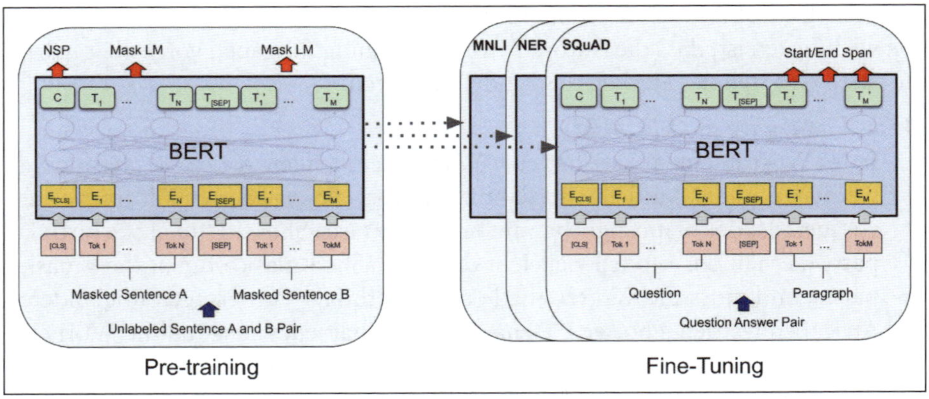

Abbildung 16-11: BERT-Trainings und -Optimierungsprozess[29]

Im Februar 2019 – nur ein paar Monate nach der Veröffentlichung von BERT – schlugen Alec Radford, Jeffrey Wu und andere OpenAI-Forscher in einem GPT-2-Artikel (*https://homl.info/gpt2*)[30] eine sehr ähnliche Architektur vor, die aber größer ist (mit über 1,5 Milliarden Parametern!). Sie zeigten, dass das neue und verbesserte GPT-Modell *Zero-Shot Learning* (ZSL) durchführen kann, es also eine gute Leistung bei vielen Aufgaben erreicht, ohne angepasst werden zu müssen. Das war der Startschuss für das Rennen um immer größere Modelle: Googles Switch Transformers (*https://homl.info/switch*)[31] (vorgestellt im Januar 2021) nutzt eine Billion Parameter, und bald kamen noch viel größere Modelle heraus, wie zum Beispiel das Wu Dao 2.0 Model der Beijing Academy of Artifical Intelligence (BAII), das im Juni 2021 angekündigt wurde.

Eine unglückliche Konsequenz dieses Trends zu immer gigantischeren Modellen ist, dass es sich nur finanziell sehr gut ausgestattete Organisationen leisten können, solche Modelle zu trainieren – es kann leicht Hunderttausende Dollar oder mehr kosten. Und die Energie, die zum Trainieren eines einzelnen Modells erforderlich ist, entspricht dem mehrjährigen Bedarf eines amerikanischen Haushalts – nicht sehr ökologisch. Viele dieser Modelle sind einfach zu groß, um sie auch nur auf normaler Hardware nutzen zu können. Sie würden nicht in den Speicher passen und wären unfassbar langsam. Schließlich sind manche auch so teuer, dass sie nicht öffentlich angeboten werden.

Zum Glück finden pfiffige Forschende neue Wege, Transformer kleiner und dateneffizienter zu machen. So ist beispielsweise das DistilBERT-Modell (*https://homl.info/distilbert*), vorgestellt im Oktober 2019 von Victor Sanh et al. von Hugging

29 Das ist Abbildung 1 aus dem Artikel, wiedergegeben mit freundlicher Genehmigung der Autoren.

30 Alec Radford et al., »Language Models Are Unsupervised Multitask Learners« (2019).

31 William Fedus et al., »Switch Transformers: Scaling to Trillion Parameter Models with Simple and Efficient Sparsity« (2021).

Face,[32] ein kleines und schnelles Transformer-Modell, das auf BERT basiert. Es steht (zusammen mit Tausenden anderen Modellen) auf dem ausgezeichneten Model Hub von Hugging Face zur Verfügung, und Sie werden ein Beispiel später noch in diesem Kapitel kennenlernen.

DistilBERT wurde per *Destillation* trainiert (daher der Name): Es wurde Wissen von einem Lehrer- auf ein Schülermodell übertragen, das normalerweise deutlich kleiner als das Lehrermodell ist. Das geschieht typischerweise durch Verwenden der Vorhersagewahrscheinlichkeiten des Lehrers für jede Trainingsinstanz als Ziele für den Schüler. Überraschenderweise funktioniert eine Destillation oft besser als das Trainieren des Schülers von Grund auf mit dem gleichen Datensatz! Tatsächlich profitiert der Schüler von den abgestimmteren Labels des Lehrers.

Nach BERT kamen viele weitere Transformer-Architekturen – nahezu monatlich und oft bei allen NLP-Aufgaben immer besser werdend: XLNet (Juni 2019), RoBERTa (Juli 2019), StructBERT (August 2019), ALBERT (September 2019), T5 (Oktober 2019), ELECTRA (März 2020), GPT3 (Mai 2020), DeBERTa (Juni 2020), Switch Transformers (Januar 2021), Wu Dao 2.0 (Juni 2021), Gopher (Dezember 2021), GPT-NeoX-20B (Februar 2022), Chinchilla (März 2022), OPT (Mai 2022), und die Liste füllt sich immer weiter. Jedes dieser Modelle hat neue Ideen und Techniken mitgebracht,[33] aber besonders mochte ich den Artikel zu T5 (*https://homl.info/t5*) von Forschern bei Google:[34] Er dient als Hülle für alle NLP-Aufgaben in Text-to-Text-Form, wobei ein Encoder-Decoder-Transformer zum Einsatz kommt. Um beispielsweise »I like soccer« ins Spanische zu übersetzen, rufen Sie das Modell einfach mit der Eingabesequenz »translate English to Spanish: I like soccer« auf und erhalten »me gusta el fútbol«. Um einen Absatz zusammenzufassen, schreiben Sie einfach »summarize:«, gefolgt vom Absatz, und erhalten die Zusammenfassung. Für Klassifikationsaufgaben müssen Sie das Präfix nur in »classify:« ändern, dann gibt das Modell die Kategorienamen als Text aus. Das vereinfacht die Verwendung des Modells und ermöglicht es, es für noch mehr Aufgaben vorzutrainieren.

Schließlich haben Forscher bei Google im April 2022 eine neue, für große Aufgaben gedachte Trainingsplattform namens Pathways genutzt (auf die wir kurz in Kapitel 19 eingehen werden), um ein riesiges Sprachmodell namens Pathways Language Model (PaLM) (*https://homl.info/palm*)[35] mit flockigen 540 Milliarden Parameten auf über 6.000 TPUs zu trainieren. Abgesehen von seiner unfassbaren Größe ist dieses Modell ein Standard-Transformer, der nur Decoder nutzt (also mit Masked-

32 Victor Sanh et al., »DistilBERT, A Distilled Version of Bert: Smaller, Faster, Cheaper and Lighter«, arXiv Preprint arXiv:1910.01108 (2019).

33 Mariya Yao hat viele dieser Modelle in diesem Posting zusammengefasst: *https://homl.info/yaopost*.

34 Colin Raffel et al., »Exploring the Limits of Transfer Learning with a Unified Text-to-Text Transformer«, arXiv Preprint arXiv:1910.10683 (2019).

35 Aakanksha Chowdhery et al., »PaLM: Scaling Language Modeling with Pathways«, arXiv Preprint arXiv:2204.02311 (2022).

Multi-Head-Attention-Schichten) und ein paar kleinere Anpassungen besitzt (siehe dazu den Artikel). Dieses Modell hat eine unglaubliche Leistung bei allen Arten von NLP-Aufgaben erreicht, insbesondere beim Verständnis natürlicher Sprache (*Natural Language Understanding*, NLU). Es kann beachtliche Kunststückchen vollbringen, wie zum Beispiel Witze erklären, detaillierte Schritt-für-Schritt-Antworten auf Fragen liefern und sogar Code erzeugen. Das liegt zum Teil an der Größe des Modells, aber auch an einer Technik namens Chain of Thought Prompting (*https://homl.info/ctp*), die ein paar Monate zuvor von einem anderen Team von Google-Forschern vorgestellt worden war.[36]

Bei Aufgaben zur Beantwortung von Fragen enthält die Benutzerführung meist ein paar Beispiele für Fragen und Antworten, wie: »F: Roger hat 5 Tennisbälle. Er kauft 2 weitere Dosen mit Tennisbällen. Jede Dose enthält 3 Tennisbälle. Wie viele Tennisbälle hat er jetzt? A: 11.« Dann kommt die eigentliche Frage, wie zum Beispiel: »F: John kümmert sich um 10 Hunde. Jeder Hund braucht pro Tag 0,5 Stunden zum Gassigehen und für andere Aktivitäten. Wie viele Stunden verbringt er pro Woche mit der Betreuung von Hunden? A:« Dann ist es die Aufgabe des Modells, die Antwort anzuhängen – in diesem Fall »35«.

Aber beim Chain-of-Thought Prompting enthält die Beispielantwort alle Schritte, die zu der Schlussfolgerung führten. Statt also nur »A: 11« steht dort »A: Roger hat mit 5 Bällen begonnen. 2 Dosen mit je 3 Tennisbällen sind 6 Tennisbälle. 5 + 6 = 11«. Das ermuntert das Modell, eine detaillierte Antwort auf die tatsächliche Frage zu geben, wie zum Beispiel: »John kümmert sich um 10 Hunde. Jeder Hund braucht pro Tag 0,5 Stunden zum Gassigehen und für andere Aktivitäten. Das sind 10 × 0,5 = 5 Stunden pro Tag. 5 Stunden pro Tag × 7 Tage pro Woche = 35 Stunden pro Woche. Die Antwort ist 35 Stunden pro Woche.« Das ist ein echtes Beispiel aus dem Artikel!

Das Modell gibt nicht nur viel häufiger die richtige Antwort als bei einer normalen Benutzerführung – wir ermutigen das Modell, die Dinge zu durchdenken –, es kann auch noch alle Schritte erklären, was nützlich sein kann, um die Gründe für die Antwort des Modells besser zu verstehen.

Transformer haben NLP übernommen, aber das hat ihnen noch nicht gereicht: Bald sind sie auch in die Bilderkennung vorgedrungen.

Vision Transformers

Eine der ersten Anwendungen außerhalb des NMT war das Erzeugen von Bildunterschriften mithilfe der visuellen Attention (*https://homl.info/visualattention*):[37]

36 Jason Wei et al., »Chain of Thought Prompting Elicits Reasoning in Large Language Models«, arXiv Preprint arXiv:2201.11903 (2022).

37 Kelvin Xu et al., »Show, Attend and Tell: Neural Image Caption Generation with Visual Attention«, *Proceedings of the 32nd International Conference on Machine Learning* (2015): 2048–2057.

Zuerst verarbeitet ein Convolutional Neural Network das Bild und gibt ein paar Feature Maps aus, dann erzeugt ein mit einem Attention-Mechanismus ausgestattetes Decoder-RNN die Bildunterschrift – jeweils ein Wort nach dem anderen.

Bei jedem Decoder-Zeitschritt (also bei jedem Wort) nutzt der Decoder das Attention-Modell, um sich auf den richtigen Teil des Bilds zu fokussieren. So hat das Modell beispielsweise in Abbildung 16-12 die Bildunterschrift »A woman is throwing a frisbee in a park« erzeugt, und Sie können sehen, auf welchen Teil des Eingabebilds der Decoder seine Aufmerksamkeit gerichtet hat, als er das Wort »frisbee« ausgegeben hat.

Abbildung 16-12: Visuelle Attention: ein Eingabebild (links) und der Fokus des Modells vor dem Erzeugen des Worts »frisbee« (rechts)[38]

Explainability

Ein zusätzlicher Vorteil der Attention-Mechanismen ist, dass sie es leichter machen, zu verstehen, was das Modell zu seiner Ausgabe geführt hat. Das nennt sich *Explainability*. Sie kann insbesondere dann nützlich sein, wenn das Modell einen Fehler macht. Wird beispielsweise ein Bild mit einem Hund, der im Schnee läuft, als »Wolf, der im Schnee läuft« beschriftet, können Sie zurückgehen und prüfen, worauf sich das Modell fokussiert hat, als es das Wort »Wolf« ausgab. Vielleicht finden Sie heraus, dass es nicht nur auf den Hund, sondern auch auf den Schnee geachtet hat, was auf eine mögliche Erklärung hindeutet: Eventuell hat das Modell gelernt, zwischen Hunden und Wölfen zu unterscheiden, indem es prüft, ob es viel Schnee zu sehen gibt. Sie können das dann beheben, indem Sie das Modell mit mehr Bildern von Wölfen ohne Schnee und Hunden mit Schnee trainieren. Dieses

38 Dies ist ein Teil aus Abbildung 3 des Artikels. Es wurde mit freundlicher Genehmigung der Autoren übernommen.

Beispiel entstammt einem großartigen Artikel (*https://homl.info/explainclass*)[39] aus dem Jahr 2016 von Marco Tulio Ribeiro et al., der bei der Explainability einen anderen Ansatz verfolgt, indem ein interpretierbares Modell lokal rund um die Vorhersage eines Klassifizierers lernt.

In manchen Anwendungen ist Explainability nicht nur ein Werkzeug, um ein Modell zu debuggen – es kann eine rechtliche Anforderung sein (denken Sie an ein System, das entscheidet, ob Sie einen Kredit erhalten dürfen oder nicht).

Als im Jahr 2017 Transformer das Licht der Welt erblickten und die Leute begannen, mit ihnen auch außerhalb der Verarbeitung natürlicher Sprache zu experimentieren, wurden diese parallel zu CNNs genutzt, ohne sie zu ersetzen. Stattdessen dienten Transformer eher dazu, RNNs zu ersetzen – beispielsweise bei Modellen zum Erzeugen von Bildunterschriften. Transformer erreichten die Bildverarbeitung in einem Artikel aus dem Jahr 2020 (*https://homl.info/detr*) von Facebook-Forschern,[40] die eine hybride CNN-Transformer-Architektur vorschlugen, um Objekte zu erkennen. Auch hier verarbeitet das CNN zuerst das Eingabebild und gibt eine Reihe von Feature Maps aus, die dann in Sequenzen umgewandelt und an einen Transformer übergeben werden, der wiederum Bounding-Box-Vorhersagen liefert. Aber auch hier geschieht der größte Teil der visuellen Arbeit im CNN.

Dann veröffentlichte im Oktober 2020 ein Team von Google-Forschern einen Artikel (*https://homl.info/vit*),[41] der ein vollständig Transformer-basiertes Bildverarbeitungsmodell namens *Vision Transformer* (ViT) vorstellte. Die Idee ist überraschend einfach: Teilen Sie das Bild einfach in kleine 16 × 16-Quadrate auf und behandeln Sie die Sequenz der Quadrate, als würde es sich um eine Sequenz aus Wortrepräsentationen handeln. Genauer gesagt: Die Quadrate werden erst in 16 × 16 × 3 = 768-dimensionale Vektoren umgewandelt – die 3 steht für die RGB-Farbkanäle –, dann durchlaufen diese Vektoren eine lineare Schicht, die sie umwandelt, aber ihre Dimensionalität beibehält. Die daraus entstehende Sequenz mit Vektoren kann wie eine Sequenz mit Word Embeddings behandelt werden: Es werden Positional Embeddings ergänzt, und das Ergebnis wird an den Transformer übergeben. Das ist alles! Das Modell schlägt die besten Modelle bei der ImageNet-Bildklassifikation, aber fairerweise sei auch erwähnt, dass die Autoren über 300 Millionen zusätzliche Bilder zum Trainieren verwenden mussten. Das ist auch nachvollziehbar, da Transformer nicht so viele *Inductive Biases* besitzen wie Convolutional Neural Networks, sodass sie zusätzliche Daten benötigen, um Dinge zu lernen, die CNNs implizit annehmen.

39 Marco Tulio Ribeiro et al., »Why Should I Trust You?: Explaining the Predictions of Any Classifier«, *Proceedings of the 22nd ACM SIGKDD International Conference on Knowledge Discovery and Data Mining* (2016): 1135–1144.

40 Nicolas Carion et al., »End-to-End Object Detection with Transformers«, arXiv Preprint arxiv:2005.12872 (2020).

41 Alexey Dosovitskiy et al., »An Image Is Worth 16x16 Words: Transformers for Image Recognition at Scale«, arXiv Preprint arxiv:2010.11929 (2020).

Ein *Inductive Bias* ist eine implizite Annahme, die ein Modell aufgrund seiner Architektur trifft. So nehmen lineare Modelle beispielsweise implizit an, dass die Daten – nun – linear sind. CNNs gehen implizit davon aus, dass Muster, die an einer Position erlernt wurden, sehr wahrscheinlich auch an anderen Positionen nützlich sein werden. RNNs nehmen implizit an, dass die Eingaben sortiert sind und dass neuere Tokens wichtiger sind als ältere. Je mehr Inductive Biases ein Modell hat – sofern sie korrekt sind –, desto weniger Trainingsdaten sind erforderlich. Aber wenn die impliziten Annahmen falsch sind, kann dieses Modell auch dann eine schlechte Leistung bringen, wenn es mit einem großen Datensatz trainiert wird.

Nur zwei Monate später hat ein Team von Forschern bei Facebook einen Artikel (*https://homl.info/deit*) veröffentlicht,[42] der *Data-Efficient Image Transformers* (DeiTs) vorstellt. Das Modell erreicht vergleichbare Ergebnisse für ImageNet, ohne zusätzliche Trainingsdaten zu erfordern. Die Architektur des Modells entspricht ziemlich genau der des ursprünglichen ViT, aber die Autoren nutzten eine Destillationstechnik, um Wissen von State-of-the-Art-CNN-Modellen auf ihr Modell zu übertragen.

Dann veröffentlichte DeepMind im März 2021 einen wichtigen Artikel (*https://homl.info/perceiver*),[43] der die *Perceiver*-Architektur vorstellte. Es handelt sich um einen *multimodalen* Transformer, Sie können ihn also mit Text, Bildern, Audio oder so gut wie jeder anderen Modalität füttern. Zuvor waren Transformer aufgrund der Leistung und des limitierten RAM auf recht kurze Sequenzen beschränkt. Damit waren Modalitäten wie Audio oder Video ausgeschlossen, und Forscher waren gezwungen, Bilder als Sequenzen aus Patches zu behandeln statt als Sequenzen aus Pixeln. Der Flaschenhals liegt an der Self-Attention, bei der jedes Token auf jedes andere Token achten muss: Hat die Eingabesequenz M Tokens, muss die Attention-Schicht eine $M \times M$-Matrix berechnen, die riesig sein kann, wenn M sehr groß ist. Der Perceiver löst dieses Problem, indem er schrittweise eine recht kurze *latente Repräsentation* der Eingaben verbessert, die aus N Tokens besteht – meist nur ein paar Hundert. (Das Wort *latent* meint verborgen oder intern.) Das Modell nutzt nur Cross-Attention-Schichten und übergibt ihnen die latenten Repräsentationen als Queries und die (möglicherweise großen) Eingaben als Werte. Dadurch muss nur eine $M \times N$-Matrix berechnet werden, sodass die Rechenkomplexität nicht mehr quadratisch, sondern linear in Bezug auf M ist. Läuft alles gut, sind die latenten Repräsentationen nach dem Durchlaufen diverser Cross-Attention-Schichten dazu in der Lage, alles zu erfassen, was in den Eingaben wichtig ist. Die Autoren haben auch vorgeschlagen, die Gewichte zwischen aufeinander-

42 Hugo Touvron et al., »Training Data-Efficient Image Transformers & Distillation Through Attention«, arXiv Preprint arxiv:2012.12877 (2020).

43 Andrew Jaegle et al., »Perceiver: General Perception with Iterative Attention«, arXiv Preprint arxiv: 2103.03206 (2021).

folgenden Cross-Attention-Schichten zu teilen: Wenn Sie das tun, wird der Perceiver im Endeffekt zu einem RNN. Tatsächlich können die gemeinsamen Cross-Attention-Schichten als die gleiche Speicherzelle zu unterschiedlichen Zeitschichten betrachtet werden, und die latente Repräsentation entspricht dem Kontextvektor der Zelle. Die gleichen Eingaben werden wiederholt bei jedem Zeitschritt an die Speicherzelle übergeben. Es sieht so aus, als seien RNNs doch noch nicht tot!

Nur einen Monat später stellten Mathilde Caron et al. DINO (*https://homl.info/dino*) vor,[44] einen beeindruckenden Vision Transformer, der per Selbstüberwachung komplett ohne Labels trainiert worden war und eine sehr genaue semantische Segmentierung ermöglichte. Das Modell wird während des Trainings dupliziert, dann dient ein Netzwerk als Lehrer und ein anderes als Schüler. Das Gradientenverfahren betrifft nur den Schüler, während die Gewichte des Lehrers schlicht ein exponentieller gleitender Mittelwert der Gewichte des Schülers sind. Der Schüler wird darauf trainiert, die Vorhersagen des Lehrers zu treffen: Da es sich um nahezu das gleiche Modell handelt, wird dies als *Selbstdestillation* bezeichnet. Bei jedem Trainingsschritt werden die Eingabebilder für Lehrer und Schüler unterschiedlich augmentiert, sodass nicht beide das genau gleiche Bild sehen. Trotzdem müssen ihre Vorhersagen übereinstimmen. Um einen *Mode Collapse* zu vermeiden, bei dem Schüler und Lehrer immer das Gleiche ausgeben, dabei aber die Eingaben ignorieren, merkt sich DINO einen gleitenden Mittelwert der Ausgaben des Lehrers und passt die Vorhersagen des Lehrers an, um sicherzustellen, dass sie im Durchschnitt bei null zentriert sind. DINO zwingt den Lehrer zudem dazu, seine Vorhersagen mit hoher Zuversicht zu treffen: Das nennt sich *Sharpening*. Zusammen sorgen diese Techniken für Diversität in den Ausgaben des Lehrers.

In einem Artikel (*https://homl.info/scalingvits*) aus dem Jahr 2021 haben Forscher von Google gezeigt,[45] wie sich ViTs nach oben und unten skalieren lassen – abhängig von der Menge an Daten. Sie waren dazu in der Lage, ein riesiges Modell mit zwei Milliarden Parametern zu erstellen, das über 90,4% Top-1-Genauigkeit bei ImageNet erreichte. Umgekehrt trainierten sie auch ein verkleinertes Modell, das über 84,8% Top-1-Genauigkeit bei ImageNet erreichte und dabei nur 10.000 Bilder nutzte – das sind lediglich zehn Bilder pro Klasse!

Bis zum heutigen Tag haben sich visuelle Transformer stetig weiterentwickelt. So zeigte ein Artikel (*https://homl.info/modelsoups*) vom März 2022 von Mitchell Wortsman et al.,[46] dass es möglich ist, erst mehrere Transformer zu trainieren und dann den Mittelwert ihrer Gewichte bilden, um ein neues und verbessertes Modell zu erzeugen. Das entspricht einem Ensemble (siehe Kapitel 7), nur dass es am Ende nur ein Modell gibt, sodass zur Inferenzzeit keine Verzögerungen auftreten.

---

44 Mathilde Caron et al., »Emerging Properties in Self-Supervised Vision Transformers«, arXiv Preprint arxiv:2104.14294 (2021).

45 Xiaohua Zhai et al., »Scaling Vision Transformers«, arXiv Preprint arxiv:2106.04560v1 (2021).

46 Mitchell Wortsman et al., »Model Soups: Averaging Weights of Multiple Fine-tuned Models Improves Accuracy Without Increasing Inference Time«, arXiv Preprint arxiv:2203.05482v1 (2022).

Beim neuesten Trend bei Transformern werden multimodale Modelle gebaut, die oft zu Zero-Shot- oder Few-Shot-Learning fähig sind. So schlug der CLIP-Artikel (*https://homl.info/clip*) aus dem Jahr 2021 von OpenAI[47] ein großes Transformer-Modell vor, das vortrainiert wird, um Bildunterschriften und Bilder in Übereinstimmung zu bringen: Diese Aufgabe erlaubt es, ausgezeichnete Bildrepräsentationen zu erlernen, und das Modell kann direkt für Bildklassifikationen mit einfachen Texteingaben genutzt werden, wie zum Beispiel: »ein Foto einer Katze«. Kurz danach stellte OpenAI DALL·E (*https://homl.info/dalle*) vor,[48] das erstaunliche Bilder basierend auf Texteingaben erstellen kann. DALL·E 2 (*https://homl.info/dalle2*)[49] kann mit einem Diffusion-Modell (siehe Kapitel 17) sogar noch bessere Bilder erzeugen.

Im April 2022 veröffentlichte DeepMind den Flamingo-Artikel (*https://homl.info/flamingo*),[50] der eine Familie von Modellen präsentierte, die für eine Vielzahl von Aufgaben für mehrere Modalitäten vortrainiert wurden, unter anderem für Text, Bilder und Videos. Ein einzelnes Modell lässt sich für sehr unterschiedliche Aufgaben nutzen, wie zum Beispiel zum Beantworten von Fragen, dem Betexten von Bildern und so weiter. Kurz danach stellte DeepMind im Mai 2022 GATO (*https://homl.info/gato*) vor[51] – ein multimodales Modell, das als Policy für einen Reinforcement Learning Agent genutzt werden kann (RL wird in Kapitel 18 vorgestellt). Der gleiche Transformer kann mit Ihnen chatten, Bilder betexten, Atari-Spiele spielen, (simulierte) Roboterarme steuern und so weiter – alles mit »nur« 1,2 Milliarden Parametern. Und die Abenteuer gehen noch weiter!

> Diese erstaunlichen Fortschritte haben manche Forscher dazu verleitet, zu behaupten, dass eine AI auf menschlichem Niveau nicht mehr fern sei – »man brauche nur noch die richtige Skala« – und dass manche dieser Modelle ein »gewisses Bewusstsein« besäßen. Andere weisen hingegen darauf hin, dass diesen Modellen trotz des massiven Fortschritts immer noch die Zuverlässigkeit und Anpassungsfähigkeit menschlicher Intelligenz, unsere Fähigkeit zu symbolischem Denken, zum Generalisieren ausgehend von einem einzelnen Beispiel und anderes fehlen.

Wie Sie sehen, spielen Transformer überall mit! Das Gute ist, dass Sie Transformer im Allgemeinen nicht selbst implementieren müssen, da viele ausgezeichnete, vortrainierte Modelle zum Herunterladen über TensorFlow Hub oder den Model Hub von Hugging Face bereitstelen. Sie haben schon gesehen, wie Sie ein Modell von TF

47 Alec Radford et al., »Learning Transferable Visual Models From Natural Language Supervision«, arXiv Preprint arxiv:2103.00020 (2021).

48 Aditya Ramesh et al., »Zero-Shot Text-to-Image Generation«, arXiv Preprint arxiv:2102.12092 (2021).

49 Aditya Ramesh et al., »Hierarchical Text-Conditional Image Generation with CLIP Latents«, arXiv Preprint arxiv:2204.06125 (2022).

50 Jean-Baptiste Alayrac et al., »Flamingo: a Visual Language Model for Few-Shot Learning«, arXiv Preprint arxiv:2204.14198 (2022).

51 Scott Reed et al., »A Generalist Agent«, arXiv Preprint arxiv:2205.06175 (2022).

Hub nutzen, daher wollen wir dieses Kapitel mit einem kurzen Blick auf das Ökosystem von Hugging Face abschließen.

Die Transformers-Bibliothek von Hugging Face

Es ist unmöglich, über Transformer zu sprechen, ohne Hugging Face zu erwähnen – eine AI-Firma, die ein ganzes Ökosystem aus leicht zu verwendenden Open-Source-Tools für NLP, Bildverarbeitung und anderes aufgebaut hat. Die zentrale Komponente ist die Transformers-Bibliothek, die es Ihnen erlaubt, sehr leicht ein vortrainiertes Modell und seine zugehörigen Tokenizer herunterzuladen und es dann bei Bedarf auf Ihren eigenen Datensatz zu optimieren. Zudem unterstützt die Bibliothek TensorFlow, PyTorch und JAX (mit der Flax-Bibliothek).

Den einfachsten Zugang zur Transformers-Bibliothek erhalten Sie über die Funktion `transformers.pipeline()`: Sie geben einfach an, welche Aufgabe Sie erledigen wollen, wie zum Beispiel eine Sentimentanalyse, und es wird ein vortrainiertes Modell heruntergeladen, das sich direkt einsetzen lässt – einfacher geht es nun wirklich nicht mehr:

```
from transformers import pipeline

classifier = pipeline("sentiment-analysis")  # viele andere Aufgaben sind möglich
result = classifier("The actors were very convincing".)
```

Das Ergebnis ist eine Python-Liste mit einem Dictionary pro Eingabetext:

```
>>> result
[{'label': 'POSITIVE', 'score': 0.9998071789741516}]
```

In diesem Beispiel hat das Modell korrekt festgestellt, dass der Satz positiv ist – mit einer Konfidenz von 99,98%. Sie können natürlich auch einen Batch mit Sätzen übergeben:

```
>>> classifier(["I am from India.", "I am from Iraq."])
[{'label': 'POSITIVE', 'score': 0.9896161556243896},
 {'label': 'NEGATIVE', 'score': 0.9811071157455444}]
```

Bias und Fairness

Wie die Ausgabe zeigt, liebt dieser spezifische Klassifikator Inder, hat aber ernsthafte Vorurteile gegenüber Irakern. Sie können das mit Ihrem eigenen Land oder Ihrer Stadt ausprobieren. Solch ein unerwünschter Bias kommt im Allgemeinen größtenteils aus den Trainingsdaten selbst: In diesem Fall gab es viele negative Sätze zu den Kriegen im Irak. Dieser Bias wurde dann beim Optimierungsprozess verstärkt, da das Modell dazu gezwungen war, zwischen nur zwei Kategorien zu wählen – positiv oder negativ. Fügen Sie beim Optimieren eine neutrale Kategorie hinzu, verschwinden diese Landesvorurteile weitestgehend. Aber die Trainingsdaten sind nicht die einzige Quelle für einen Bias: Die Architektur des Modells, die Art der Verlustfunktion oder der Regularisierung, die beim Training zum Einsatz kommt, der Optimierer – all das kann einen Einfluss darauf haben, was das Modell schließlich lernt. Selbst ein weitgehend vorurteilsfreies Modell lässt sich auf eine voreingenommene Art und Weise benutzen, so wie Umfragefragen voreingenommen sein können.

Das Verständnis von Bias und das Abmildern seiner negativen Effekte wird immer noch aktiv erforscht, aber eines ist sicher: Sie sollten innehalten und sich Gedanken machen, bevor Sie ein Modell produktiv einsetzen. Fragen Sie sich selbst, wie das Modell Schaden verursachen könnte – selbst indirekt. Werden beispielsweise die Vorhersagen des Modells dazu genutzt, zu entscheiden, ob jemand einen Kredit erhält oder nicht, sollte der Prozess fair ablaufen. Stellen Sie also sicher, dass Sie die Qualität Ihres Modells nicht nur im Durchschnitt über den gesamten Testdatensatz bewerten, sondern auch über diverse Subsets: Vielleicht stellen Sie fest, dass das Modell im Mittel sehr gut funktioniert, seine Qualität aber für manche Personenkategorien unterirdisch ist. Auch sollten Sie kontrafaktische Tests durchführen: Bleiben beispielsweise die Vorhersagen des Modells gleich, wenn Sie einfach das Geschlecht einer Person wechseln?

Funktioniert das Modell im Durchschnitt gut, ist es verlockend, es in die Produktivumgebung zu entlassen und sich anderen Themen zuzuwenden, insbesondere wenn es nur eine Komponente eines viel größeren Systems ist. Aber wenn Sie solche Probleme nicht beheben, wird das auch kein anderer tun, und Ihr Modell kann mehr Schaden als Nutzen verursachen. Die Lösung hängt vom Problem ab: Es kann sein, dass der Datensatz neu ausbalanciert werden muss, die Architektur oder die Hyperparameter zu optimieren sind und so weiter.

Die Funktion `pipeline()` nutzt das Standardmodell für die gegebene Aufgabe. Bei Textklassifikationsaufgaben wie der Sentimentanalyse ist der Standard beispielsweise aktuell `distilbert-base-uncased-finetuned-sst-2-english` – ein DistilBERT-Modell mit einem herausgenommenen Tokenizer, trainiert mit der englischen Wikipedia und einem Korpus englischsprachiger Bücher und optimiert für die Aufgabe Stanford Sentiment Treebank v2 (SST 2). Es ist auch möglich, manuell ein anderes Modell anzugeben. Sie könnten beispielsweise ein DistilBERT-Modell nutzen, das für die MultiNLI-Aufgabe (Multi-Genre Natural Language Inference) optimiert wurde, das zwei Sätze drei Kategorien zuweist: Widerspruch, neutral oder Erfordernis. Das geht beispielsweise so:

```
>>> model_name = "huggingface/distilbert-base-uncased-finetuned-mnli"
>>> classifier_mnli = pipeline("text-classification", model=model_name)
>>> classifier_mnli("She loves me. [SEP] She loves me not.")
[{'label': 'contradiction', 'score': 0.9790192246437073}]
```

Die verfügbaren Modelle finden Sie unter *https://huggingface.co/models* und die Liste der Aufgaben unter *https://huggingface.co/tasks*.

Die Pipeline-API ist sehr einfach und praktisch, aber manchmal brauchen Sie mehr Kontrolle. Dafür stellt die Transformers-Bibliothek viele Klassen zur Verfügung, unter anderem alle Arten von Tokenizern, Modellen, Konfigurationen, Callbacks und vieles mehr. Laden wir beispielsweise das gleiche DistilBERT-Modell zusammen mit seinem zugehörigen Tokenizer und nutzen wir dazu die Klassen `TFAutoModelForSequenceClassification` und `AutoTokenizer`:

```
from transformers import AutoTokenizer, TFAutoModelForSequenceClassification

tokenizer = AutoTokenizer.from_pretrained(model_name)
model = TFAutoModelForSequenceClassification.from_pretrained(model_name)
```

Als Nächstes verwandeln wir ein paar Satzpaare in Tokens. In diesem Code aktivieren wir Padding und legen fest, dass wir TensorFlow-Tensoren statt Python-Listen haben wollen:

```
token_ids = tokenizer(["I like soccer. [SEP] We all love soccer!",
                       "Joe lived for a very long time. [SEP] Joe is old."],
                      padding=True, return_tensors="tf")
```

Statt `"Sentence 1 [SEP] Sentence 2"` an den Tokenizer zu übergeben, können Sie das Ganze auch als Tupel übergeben: `("Sentence 1", "Sentence 2")`.

Die Ausgabe ist eine Dictionary-ähnliche Instanz der Klasse `BatchEncoding`, die die Sequenzen der Token-IDs und eine Maske mit Nullen für die Padding-Tokens enthält:

```
>>> token_ids
{'input_ids': <tf.Tensor: shape=(2, 15), dtype=int32, numpy=
array([[ 101, 1045, 2066, 4715, 1012,  102, 2057, 2035, 2293, 4715,  999,
          102,    0,    0,    0],
       [ 101, 3533, 2973, 2005, 1037, 2200, 2146, 2051, 1012,  102, 3533,
         2003, 2214, 1012,  102]], dtype=int32)>,
 'attention_mask': <tf.Tensor: shape=(2, 15), dtype=int32, numpy=
array([[1, 1, 1, 1, 1, 1, 1, 1, 1, 1, 1, 1, 0, 0, 0],
       [1, 1, 1, 1, 1, 1, 1, 1, 1, 1, 1, 1, 1, 1, 1]], dtype=int32)>}
```

Setzen Sie beim Aufruf des Tokenizers `return_token_type_ids=True`, erhalten Sie einen zusätzlichen Tensor, der angibt, zu welchem Satz jedes Token gehört. Das wird von manchen Modellen benötigt, nicht aber von DistilBERT.

Als Nächstes können wir dieses `BatchEncoding`-Objekt direkt an das Modell übergeben – es gibt ein `TFSequenceClassifierOutput`-Objekt zurück, das die vorhergesagten Kategorien-Logits enthält:

```
>>> outputs = model(token_ids)
>>> outputs
TFSequenceClassifierOutput(loss=None, logits=[<tf.Tensor: [...] numpy=
array([[-2.1123817 ,  1.1786783 ,  1.4101017 ],
       [-0.01478387,  1.0962474 , -0.9919954 ]], dtype=float32)>], [...])
```

Schließlich können wir die Softmax-Aktivierungsfunktion anwenden, um diese Logits in Kategorienwahrscheinlichkeiten umzuwandeln, und mit der `argmax()`-Funktion für jedes Eingabesatzpaar die Kategorie vorhersagen, die die höchste Wahrscheinlichkeit besitzt:

```
>>> Y_probas = tf.keras.activations.softmax(outputs.logits)
>>> Y_probas
<tf.Tensor: shape=(2, 3), dtype=float32, numpy=
array([[0.01619702, 0.43523544, 0.5485676 ],
       [0.08672056, 0.85204804, 0.06123142]], dtype=float32)>
>>> Y_pred = tf.argmax(Y_probas, axis=1)
>>> Y_pred  # 0 = contradiction, 1 = entailment, 2 = neutral
<tf.Tensor: shape=(2,), dtype=int64, numpy=array([2, 1])>
```

In diesem Beispiel hat das Modell das erste Satzpaar als neutral klassifiziert (die Tatsache, dass ich Fußball mag, heißt nicht, dass alle anderen es auch mögen) und das zweite Paar als Erfordernis (Joe muss wirklich ziemlich alt sein).

Wollen Sie dieses Modell mit Ihrem eigenen Datensatz optimieren, können Sie es wie üblich mit Keras trainieren, da es sich um ein ganz normales Keras-Modell mit ein paar zusätzlichen Methoden handelt. Aber weil das Modell Logits statt Wahrscheinlichkeiten ausgibt, müssen Sie die Verlustfunktion `tf.keras.losses.SparseCategoricalCrossentropy(from_logits=True)` statt der üblichen `sparse_categorical_crossentropy` nutzen. Zudem unterstützt das Modell beim Training keine `BatchEncoding`-Eingabe, daher müssen Sie stattdessen das `data`-Attribut verwenden, um ein normales Dictionary zu erhalten:

```
sentences = [("Sky is blue", "Sky is red"), ("I love her", "She loves me")]
X_train = tokenizer(sentences, padding=True, return_tensors="tf").data
y_train = tf.constant([0, 2])  # Widerspruch, neutral
loss = tf.keras.losses.SparseCategoricalCrossentropy(from_logits=True)
model.compile(loss=loss, optimizer="nadam", metrics=["accuracy"])
history = model.fit(X_train, y_train, epochs=2)
```

Hugging Face bietet auch eine Datasets-Bibliothek an, die Sie nutzen können, um einen Standarddatensatz (wie IMDb) oder einen eigenen Datensatz herunterzuladen und damit Ihr Modell zu optimieren. Es ähnelt TensorFlow Datasets, bietet aber auch Tools zum On-the-Fly-Ausführen der üblichen Vorverarbeitungsaufgaben (wie dem Maskieren) an. Die Liste der Datensätze finden Sie unter *https://huggingface.co/datasets*.

Das sollte ein guter Start für den Einstieg in das Ökosystem von Hugging Face sein. Um mehr zu lernen, können Sie sich unter *https://huggingface.co/docs* die Dokumentation anschauen, die viele Tutorial-Notebooks, Videos, die vollständige API und anderes enthält. Ich empfehle Ihnen auch, sich das O'Reilly-Buch *Natural Lan-*

guage Processing mit Transformern: Sprachanwendungen mit Hugging Face erstellen (*https://oreilly.de/produkt/natural-language-processing-mit-transformern/*) von Lewis Tunstall, Leandro von Werra und Thomas Wolf anzuschauen – alle gehören zum Team von Hugging Face.

Im nächsten Kapitel werden wir besprechen, wie man tiefe Repräsentationen unüberwacht mit Autoencodern lernen kann, und wir werden Generative Adversarial Networks nutzen, um Bilder und anderes zu erzeugen!

Übungen

1. Was sind die Vor- und Nachteile eines zustandsbehafteten RNN im Vergleich zu einem zustandslosen RNN?
2. Warum nutzen die Menschen Encoder-Decoder-RNNs statt die schlichten Sequence-to-Sequence-RNNs zur automatischen Übersetzung?
3. Wie können Sie mit Eingabesequenzen unterschiedlicher Länge umgehen? Wie ist es mit verschieden langen Ausgabesequenzen?
4. Was ist Beam Search, und warum sollten Sie es verwenden? Welche Tools können Sie zum Implementieren einsetzen?
5. Was ist ein Attention-Mechanismus? Wie hilft er?
6. Was ist die wichtigste Schicht in der Transformer-Architektur? Was ist ihr Zweck?
7. Wann werden Sie Sampled Softmax nutzen müssen?
8. Hochreiter und Schmidhuber haben in ihrem Artikel (*https://homl.info/93*) über LSTMs *Embedded Reber Grammars* verwendet. Dabei handelt es sich um künstliche Grammatiken, die Strings wie »BPBTSXXVPSEPE« erzeugen. Schauen Sie sich Jenny Orrs nette Einführung (*https://homl.info/108*) in dieses Thema an. Wählen Sie eine bestimmte Embedded Reber Grammar aus (wie zum Beispiel die von Jenny Orrs Seite) und trainieren Sie dann ein RNN darauf, zu erkennen, ob ein String diese Grammatik befolgt oder nicht. Sie werden zuerst eine Funktion schreiben müssen, die einen Trainingsbatch erzeugt, dessen Strings die Grammatik zu 50 % befolgen.
9. Trainieren Sie ein Encoder-Decoder-Modell, das einen Datumsstring von einem Format in ein anderes umwandeln kann (zum Beispiel von »April 22, 2019« nach »2019-04-22«).
10. Gehen Sie die Beispiele auf der Keras-Website für »Natural language image search with a Dual Encoder« (*https://homl.info/dualtuto*) durch. Sie werden lernen, wie Sie ein Modell bauen, das sowohl Bilder als auch Texte im gleichen Embedding-Raum repräsentieren kann. Damit wird es möglich, Bilder anhand einer textuellen Beschreibung zu suchen, wie das im CLIP-Modell von OpenAI geschieht.

11. Nutzen Sie die Transformers-Bibliothek von Hugging Face, um ein vortrainiertes Sprachmodell herunterzuladen, das Text erzeugen kann (zum Beispiel GPT). Versuchen Sie, überzeugendere Sharespeare-Texte zu erstellen. Sie werden die Methode `generate()` des Modells verwenden müssen – in der Dokumentation von Hugging Face finden Sie die Details dazu.

Die deutschsprachigen Lösungen zu diesen Übungen finden Sie unter *https://dpunkt.de/produkt/praxiseinstieg-machine-learning-mit-scikit-learn-keras-und-tensorflow-2/* auf der Registerkarte *Zusatzmaterial*, die englischsprachigen Lösungen am Ende des Notebooks zu diesem Kapitel unter *https://homl.info/colab3*.

KAPITEL 17

Autoencoder, GANs und Diffusionsmodelle

Autoencoder sind künstliche neuronale Netze, die eine effiziente Repräsentation der Eingabedaten, die *latenten Repräsentationen* oder *Codings*, ohne jegliche Überwachung erlernen können (d.h., der Trainingsdatensatz enthält keine Labels). Diese Codings haben üblicherweise eine viel niedrigere Dimensionalität als die Eingabedaten, was Autoencoder für die Dimensionsreduktion einsetzbar macht (siehe Kapitel 8), insbesondere für Visualisierungszwecke. Autoencoder helfen auch bei der Merkmalserkennung und lassen sich zum unüberwachten Vortrainieren von Deep-Learning-Netzen einsetzen (wie in Kapitel 11 besprochen). Schließlich können Sie zufällige neue Daten generieren, die den Trainingsdaten sehr ähnlich sind; dies nennt man ein *generatives Modell*. Beispielsweise könnten Sie einen Autoencoder mit Bildern von Gesichtern trainieren, und er würde daraufhin neue Gesichter generieren können. Allerdings sind die generierten Bilder im Allgemeinen unscharf und nicht sehr realistisch.

Generative Adversarial Networks (GANs) sind ebenfalls neuronale Netze, die Daten generieren können. Tatsächlich können sie so realistische Bilder von Gesichtern erzeugen, dass man nur schwer glauben kann, dass die dort abgebildeten Personen nicht real sind. Sie können sich selbst davon überzeugen, indem Sie die Website *https://thispersondoesnotexist.com* aufrufen, die von einer GAN-Architektur namens *StyleGAN* erzeugte Gesichter vorstellt. Sie können sich auch *https://thisrentaldoesnotexist.com* anschauen, um generierte AirBnB-Zimmer zu bestaunen. GANs werden jetzt häufig zur Super-Resolution eingesetzt (also zum Erhöhen der Auflösung eines Bilds), zur Kolorierung (*https://github.com/jantic/DeOldify*), zur leistungsfähigen Bildbearbeitung (zum Beispiel zum Ersetzen von Foto-Bombern durch realistische Hintergründe), zum Umwandeln einer einfachen Skizze in ein fotorealistisches Bild, zum Vorhersagen des nächsten Frames in einem Video, zum Erweitern eines Datensatzes (um andere Modelle zu trainieren), zum Generieren anderer Datentypen (wie Text, Audio und Zeitserien), zum Identifizieren der Schwächen in anderen Modellen und zum Stärken derselben und so weiter.

Ein Neuankömmling beim generativen Lernen sind *Diffusionsmodelle*. Im Jahr 2021 schafften sie es, diversere und qualitativ hochwertigere Bilder als GANs zu erzeugen, während sie sich gleichzeitig viel einfacher trainieren ließen. Allerdings sind Diffusionsmodelle bei der Ausführung auch langsamer.

Autoencoder, GANs und Diffusionsmodelle sind alle unüberwacht, sie lernen alle dichte Repräsentationen, sie können als generative Modelle genutzt werden, und sie haben viele gemeinsame Anwendungszwecke. Aber sie arbeiten sehr unterschiedlich:

- Autoencoder lernen einfach, ihre Eingaben in ihre Ausgaben zu kopieren. Das mag wie eine triviale Aufgabe klingen, aber wir werden sehen, dass dies durch das Beschränken des Netzes auf unterschiedlichste Art und Weise ziemlich schwierig werden kann. So können Sie beispielsweise die Größe der latenten Repräsentation begrenzen oder Rauschen auf die Eingaben legen und das Netzwerk darauf trainieren, die ursprünglichen Eingaben wiederherzustellen. Diese Beschränkungen verhindern, dass der Autoencoder die Eingaben trivial in die Ausgaben kopiert, was ihn dazu zwingt, effiziente Wege zum Repräsentieren von Daten zu lernen. Kurz gesagt, sind die Codings Nebenprodukte des Autoencoders beim Lernen der Identitätsfunktion unter bestimmten Einschränkungen.
- GANs bestehen aus zwei neuronalen Netzen: einem *Generator*, der versucht, Daten zu erzeugen, die wie die Trainingsdaten aussehen, und einem *Diskriminator*, der versucht, reale Daten von generierten Daten zu unterscheiden. Diese Architektur ist im Deep Learning etwas Besonderes, da Generator und Diskriminator während des Trainings gegeneinander antreten: Der Generator wird oft mit einem Kriminellen verglichen, der versucht, realistisch wirkendes Falschgeld zu erzeugen, während der Diskriminator wie ein Kommissar bei der Polizei versucht, echtes Geld und Falschgeld auseinanderzuhalten. *Adversarial Training* wird oft als eine der wichtigsten Ideen der letzten Jahre angesehen. 2016 hat Yann LeCun sogar gesagt, dass es die »interessanteste Idee der letzten zehn Jahre im Bereich des Machine Learning war«.
- Ein *Denoising Diffusion Probabilistic Model (DDPM)* ist darauf trainiert, ein bisschen Rauschen aus einem Bild zu entfernen. Nehmen Sie dann ein Bild, das komplett aus gaußschem Rauschen besteht, und wenden das Diffusionsmodell wiederholt darauf an, wird nach und nach ein Bild hoher Qualität entstehen – ähnlich den Trainingsbildern (aber nicht identisch mit ihnen).

In diesem Kapitel werden wir damit beginnen, genauer zu erklären, wie Autoencoder funktionieren und wie man sie zur Dimensionsreduktion, zur Merkmalsextrahierung, zum unüberwachten Vortraining oder als generatives Modell einsetzt. Das wird uns ganz natürlich zu GANs führen. Wir werden ein einfaches GAN zum Generieren von Fake-Bidern bauen, aber wir werden sehen, dass das Training häufig ziemlich schwierig ist. Wir werden die größten Schwierigkeiten beim Adversarial

Training besprechen und die wichtigsten Techniken kennenlernen, um sie zu umgehen. Und schließlich werden wir ein DDPM bauen und trainieren und es dazu verwenden, Bilder zu erzeugen. Beginnen wir mit den Autoencodern.

Effiziente Repräsentation von Daten

Welche der Zahlenfolgen ist für Sie am einfachsten zu merken?

- 40, 27, 25, 36, 81, 57, 10, 73, 19, 68
- 50, 48, 46, 44, 42, 40, 38, 36, 34, 32, 30, 28, 26, 24, 22, 20, 18, 16, 14

Auf den ersten Blick könnte man denken, dass die erste Folge einfacher sein müsste, da sie viel kürzer ist. Wenn Sie sich jedoch die zweite Zahlenfolge genau ansehen, fällt auf, dass es sich einfach um die Liste der geraden Zahlen von 50 abwärts bis 14 handelt. Haben Sie dieses Muster erst einmal erkannt, ist die zweite Folge viel einfacher zu merken, da Sie sich nur noch das Muster (also die fallenden geraden Zahlen) sowie die Start- und Endnummer merken müssen. Wenn Sie sich lange Zahlenfolgen leicht und schnell merken können, würden Sie sich nicht groß um die Existenz dieses Musters scheren. Sie würden sie einfach auswendig lernen. Der Umstand, dass lange Zahlenfolgen schwierig zu merken sind, macht das Erkennen von Mustern überhaupt erst nützlich. Wir hoffen, dies veranschaulicht, warum zusätzliche Restriktionen beim Trainieren einen Autoencoder veranlassen, Muster in den Daten zu finden und zu nutzen.

Der Zusammenhang zwischen Gedächtnis, Wahrnehmung und Mustererkennung wurde spektakulär von William Chase und Herbert Simon in den frühen 1970ern untersucht (*https://homl.info/111*).[1] Sie hatten beobachtet, dass professionelle Schachspieler sich die Position sämtlicher Figuren innerhalb von fünf Sekunden merken konnten, was die meisten Menschen für unmöglich halten würden. Allerdings war dies nur der Fall, wenn die Figuren in realistischen Positionen (aus echten Partien) standen, nicht wenn sie zufällig platziert wurden. Professionelle Schachspieler haben kein besseres Gedächtnis als Sie oder ich, sie können nur dank ihrer Erfahrung die Muster im Schachspiel leichter erkennen. Das Erkennen von Mustern hilft ihnen, diese Information effizient abzulegen.

Wie die Schachspieler in diesem Gedächtnisexperiment sieht sich ein Autoencoder die Eingaben an, konvertiert sie in eine effiziente latente Repräsentation und spuckt dann etwas aus, das (hoffentlich) den ursprünglichen Eingaben ähnlich sieht. Ein Autoencoder besteht immer aus zwei Teilen: einem *Encoder* (oder *Recognition Network*), der die Eingaben in eine interne Repräsentation überführt, und einem *Decoder* (oder *generativem Netz*), der die latente Repräsentation in die Ausgabe umwandelt (siehe Abbildung 17-1).

1 William G. Chase und Herbert A. Simon, »Perception in Chess«, *Cognitive Psychology* 4, no. 1 (1973): 55–81.

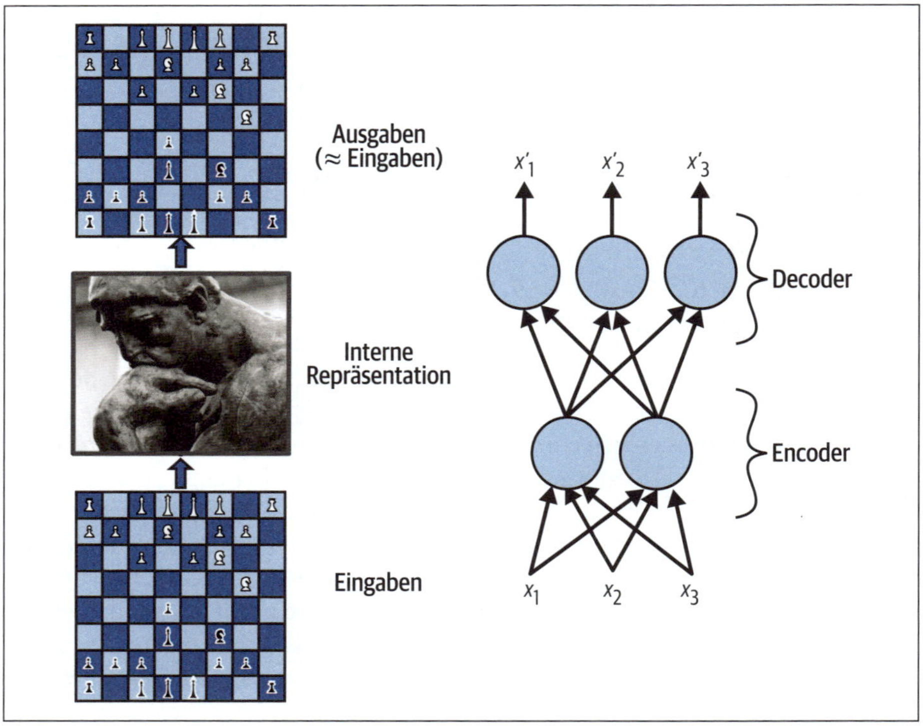

Abbildung 17-1: Das Gedächtnisexperiment mit Schachpartien (links) und ein einfacher Autoencoder (rechts)

Ein Autoencoder hat also normalerweise die gleiche Architektur wie ein mehrschichtiges Perzeptron (MLP, siehe Kapitel 10), nur dass die Anzahl Neuronen in der Ausgabeschicht mit der Anzahl Eingaben übereinstimmen muss. In diesem Beispiel gibt es nur eine aus zwei Neuronen bestehende verborgene Schicht (den Encoder) und eine aus drei Neuronen bestehende Ausgabeschicht (den Decoder). Die Ausgaben werden häufig als *Rekonstruktionen* bezeichnet, da der Autoencoder versucht, die Eingaben zu rekonstruieren. Dementsprechend berechnet die Kostenfunktion den *Rekonstruktionsverlust*, der das Modell für Abweichungen der Rekonstruktion von den Eingaben bestraft.

Weil die interne Repräsentation eine niedrigere Dimensionalität als die Eingabedaten aufweist (2-D statt 3-D), nennt man diesen Autoencoder *untervollständig*. Ein untervollständiger Autoencoder kann seine Eingaben nicht einfach in die Codierung kopieren, sondern muss eine andere Repräsentation der Eingabedaten erzeugen. Er ist gezwungen, die wichtigsten Merkmale in den Eingabedaten zu erlernen (und die unwichtigen zu verwerfen).

Sehen wir uns an, wie sich ein sehr einfacher untervollständiger Autoencoder zur Dimensionsreduktion implementieren lässt.

Hauptkomponentenzerlegung mit einem untervollständigen linearen Autoencoder

Wenn der Autoencoder nur lineare Aktivierungen verwendet und die Kostenfunktion die mittlere quadratische Abweichung (MSE) ist, führt er letztendlich nur eine Hauptkomponentenzerlegung durch (siehe Kapitel 8).

Der folgende Code erstellt einen einfachen linearen Autoencoder, um eine Hauptkomponentenzerlegung auf einem 3-D-Datensatz und eine Projektion auf 2-D durchzuführen:

```
import tensorflow as tf

encoder = tf.keras.Sequential([tf.keras.layers.Dense(2)])
decoder = tf.keras.Sequential([tf.keras.layers.Dense(3)])
autoencoder = tf.keras.Sequential([encoder, decoder])

optimizer = tf.keras.optimizers.SGD(learning_rate=0.5)
autoencoder.compile(loss="mse", optimizer=optimizer)
```

Dieser Code unterscheidet sich wirklich nicht besonders von den MLPs aus den vergangenen Kapiteln. Ein paar Dinge sind dabei zu aber betonen:

- Wir haben den Autoencoder in zwei Unterkomponenten aufgeteilt – den Encoder und den Decoder. Bei beiden handelt es sich um normale `Sequential`-Modelle mit einer einzelnen `Dense`-Schicht.
- Die Anzahl der Ausgaben und Eingaben des Autoencoders ist identisch.
- Um eine PCA durchzuführen, verwenden wir keine Aktivierungsfunktion (alle Neuronen sind linear), und die MSE wird als Kostenfunktion verwendet. Das liegt daran, dass die PCA eine lineare Transformation ist. Wir werden in Kürze komplexere und nichtlineare Autoencoder sehen.

Trainieren wir das Modell nun mit dem gleichen einfachen generierten 3-D-Datensatz, den wir in Kapitel 8 verwendet haben, und nutzen wir es, um den gleichen Datensatz zu codieren (d.h. auf zwei Dimensionen zu projizieren):

```
X_train = [...]  # 3-D-Datensatz wie in Kapitel 8 erzeugen
history = autoencoder.fit(X_train, X_train, epochs=500, verbose=False)
codings = encoder.predict(X_train)
```

Beachten Sie, dass der Datensatz `X_train` sowohl als Eingabe wie auch als Ziel verwendet wird. Abbildung 17-2 zeigt den ursprünglichen 3-D-Datensatz (links) und die Ausgabe der verborgenen Schicht des Autoencoders (d.h. die codierende Schicht, rechts). Wie Sie sehen, hat der Autoencoder die bestmögliche 2-D-Ebene zur Projektion gefunden, sodass möglichst viel Varianz in den Daten erhalten bleibt (wie bei einer Hauptkomponentenzerlegung).

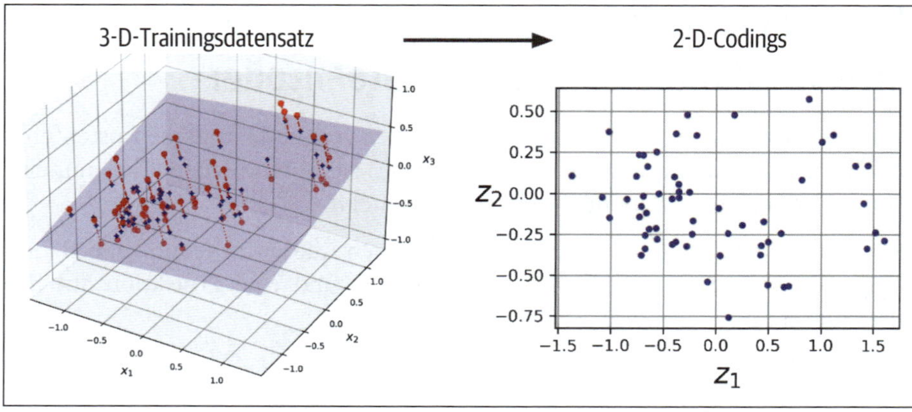

Abbildung 17-2: Von einem untervollständigen linearen Autoencoder durchgeführte angenäherte PCA

> Sie können sich Autoencoder als Form des selbstüberwachenden Lernens vorstellen, da es auf einer selbstüberwachten Lerntechnik mit automatisch erzeugten Labels beruht (in diesem Fall einfach gleich den Eingaben).

Stacked Autoencoder

Wie andere neuronale Netze können auch Autoencoder mehrere verborgene Schichten besitzen. Diese bezeichnet man als *Stacked Autoencoder* (oder *Deep Autoencoder*). Mit zusätzlichen Schichten kann ein Autoencoder komplexere Codings erlernen. Allerdings darf der Autoencoder auch nicht zu mächtig werden.

Stellen Sie sich einen ausreichend mächtigen Autoencoder vor, der jeden Eingabewert einer beliebigen Zahl zuordnen kann (und im Decoder die umgekehrte Zuordnung erlernt). Natürlich wird ein solcher Autoencoder die Trainingsdaten perfekt rekonstruieren, dabei aber keine nützliche Repräsentation der Daten erlernen und bei neuen Daten kaum verallgemeinern.

Die Architektur eines Stacked Autoencoder ist normalerweise symmetrisch um die zentrale verborgene Schicht (die codierende Schicht) herum angeordnet. Einfach formuliert, ähnelt die Architektur einem Sandwich. Ein Autoencoder für den Fashion-MNIST-Datensatz (aus Kapitel 10) könnte 784 Eingaben haben, gefolgt von einer verborgenen Schicht mit 100 Neuronen, einer zentralen verborgenen Schicht mit 30 Neuronen, einer weiteren Schicht mit 100 Neuronen und schließlich einer Ausgabeschicht mit 784 Neuronen. Ein solcher Stacked Autoencoder ist in Abbildung 17-3 dargestellt.

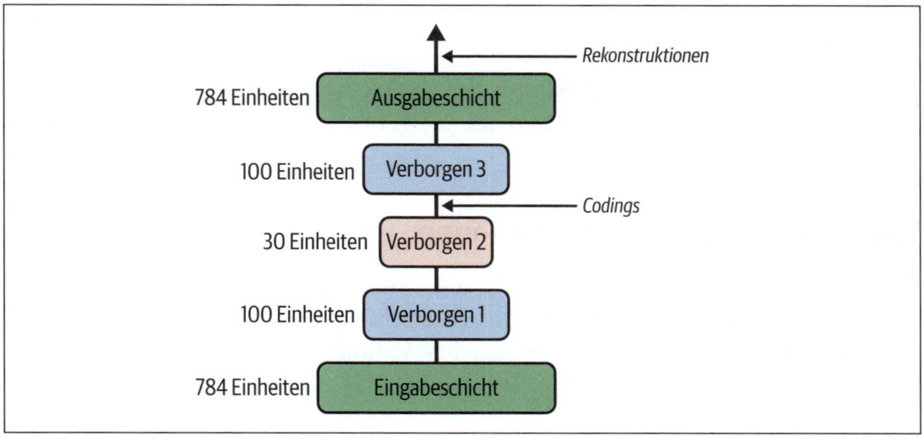

Abbildung 17-3: Stacked Autoencoder

Einen Stacked Autoencoder mit Keras implementieren

Sie können einen Stacked Autoencoder wie ein gewöhnliches tiefes MLP implementieren:

```
stacked_encoder = tf.keras.Sequential([
    tf.keras.layers.Flatten(),
    tf.keras.layers.Dense(100, activation="relu"),
    tf.keras.layers.Dense(30, activation="relu"),
])
stacked_decoder = tf.keras.Sequential([
    tf.keras.layers.Dense(100, activation="relu"),
    tf.keras.layers.Dense(28 * 28),
    tf.keras.layers.Reshape([28, 28])
])
stacked_ae = tf.keras.Sequential([stacked_encoder, stacked_decoder])
stacked_ae.compile(loss="mse", optimizer="nadam")
history = stacked_ae.fit(X_train, X_train, epochs=20,
                         validation_data=(X_valid, X_valid))
```

Gehen wir diesen Code durch:

- Wie zuvor teilen wir das Autoencoder-Modell in zwei Untermodelle auf – den Encoder und den Decoder.
- Der Encoder übernimmt Graustufenbilder mit 28 × 28 Pixeln, klopft sie flach, sodass jedes Bild als Vektor der Größe 784 repräsentiert wird, und verarbeitet diese Vektoren dann in zwei `Dense`-Schichten mit schrumpfender Größe (100 Einheiten, dann 30 Einheiten), die jeweils die SELU-Aktivierungsfunktion nutzen. Für jedes Eingabebild gibt der Encoder einen Vektor der Größe 30 aus.
- Der Decoder übernimmt Codings der Größe 30 (vom Encoder ausgegeben), verarbeitet sie in zwei `Dense`-Schichten von zunehmender Größe (100 Einheiten, dann 784 Einheiten) und wandelt die abschließenden Vektoren in 28 × 28-Arrays um, sodass die Ausgaben des Decoders die gleiche Form wie die Eingaben des Encoders besitzen.

- Beim Kompilieren des Stacked Autoencoder nutzen wir als Verlust den MSE und dazu die Nadam-Optimierung.
- Schließlich trainieren wir das Modell mit `X_train` sowohl als Eingaben wie auch als Ziele. Genauso nutzen wir `X_valid` für die Validierung sowohl als Eingaben wie auch für die Ziele.

Visualisieren der Rekonstruktionen

Um sicherzustellen, dass ein Autoencoder gut trainiert ist, können Sie die Ein- und Ausgaben miteinander vergleichen. Die Unterschiede sollten nicht signifikant sein. Zeichnen wir deshalb ein paar Bilder aus dem Validierungsdatensatz und deren Rekonstruktionen:

```
import numpy as np

def plot_reconstructions(model, images=X_valid, n_images=5):
    reconstructions = np.clip(model.predict(images[:n_images]), 0, 1)
    fig = plt.figure(figsize=(n_images * 1.5, 3))
    for image_index in range(n_images):
        plt.subplot(2, n_images, 1 + image_index)
        plt.imshow(images[image_index], cmap="binary")
        plt.axis("off")
        plt.subplot(2, n_images, 1 + n_images + image_index)
        plt.imshow(reconstructions[image_index], cmap="binary")
        plt.axis("off")

plot_reconstructions(stacked_ae)
plt.show()
```

Abbildung 17-4 zeigt die sich ergebenden Bilder.

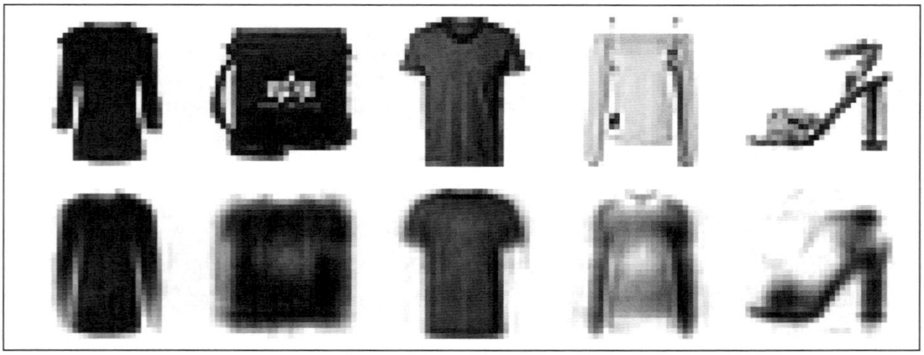

Abbildung 17-4: Ursprüngliche Bilder (oben) und ihre Rekonstruktionen (unten)

Die Rekonstruktionen sind erkennbar, aber es ist schon einiges verloren gegangen. Wir müssen das Modell länger trainieren, Encoder und Decoder tiefer machen oder die Codings verlängern. Aber wenn wir das Netz zu leistungsfähig machen, wird es perfekte Rekonstruktionen schaffen, ohne nützliche Muster in den Daten zu lernen. Daher wollen wir erst einmal bei diesem Modell bleiben.

Den Fashion-MNIST-Datensatz visualisieren

Nachdem wir nun einen Stacked Autoencoder trainiert haben, können wir ihn verwenden, um die Dimensionalität des Datensatzes zu reduzieren. Zur Visualisierung liefert dies im Vergleich zu anderen Algorithmen zur Dimensionsreduktion (wie zum Beispiel die aus Kapitel 8) keine allzu guten Ergebnisse, aber ein großer Vorteil von Autoencodern ist, dass sie mit großen Datensätzen mit vielen Instanzen und Merkmalen umgehen können. Eine Strategie ist daher, mit einem Autoencoder die Dimensionalität auf ein vernünftiges Maß zu reduzieren und dann einen anderen Algorithmus zur Dimensionsreduktion für die Visualisierung zu verwenden. Nutzen wir diese Strategie, um Fashion MNIST zu visualisieren. Als Erstes verwenden wir den Encoder aus unserem Stacked Autoencoder, um die Dimensionalität auf 30 zu verringern, dann setzen wir die Scikit-Learn-Implementierung des t-SNE-Algorithmus ein, um die Dimensionalität zur Visualisierung auf 2 zu reduzieren:

```
from sklearn.manifold import TSNE

X_valid_compressed = stacked_encoder.predict(X_valid)
tsne = TSNE(init="pca", learning_rate="auto", random_state=42)
X_valid_2D = tsne.fit_transform(X_valid_compressed)
```

Jetzt können wir den Datensatz plotten:

```
plt.scatter(X_valid_2D[:, 0], X_valid_2D[:, 1], c=y_valid, s=10, cmap="tab10")
plt.show()
```

In Abbildung 17-5 sehen Sie den Scatterplot ein bisschen aufgehübscht, indem wir einige der Bilder mit ausgeben. Der t-SNE-Algorithmus hat eine Reihe von Clustern erkannt, die recht gut zu den Kategorien passen (jede ist durch eine andere Farbe gekennzeichnet).

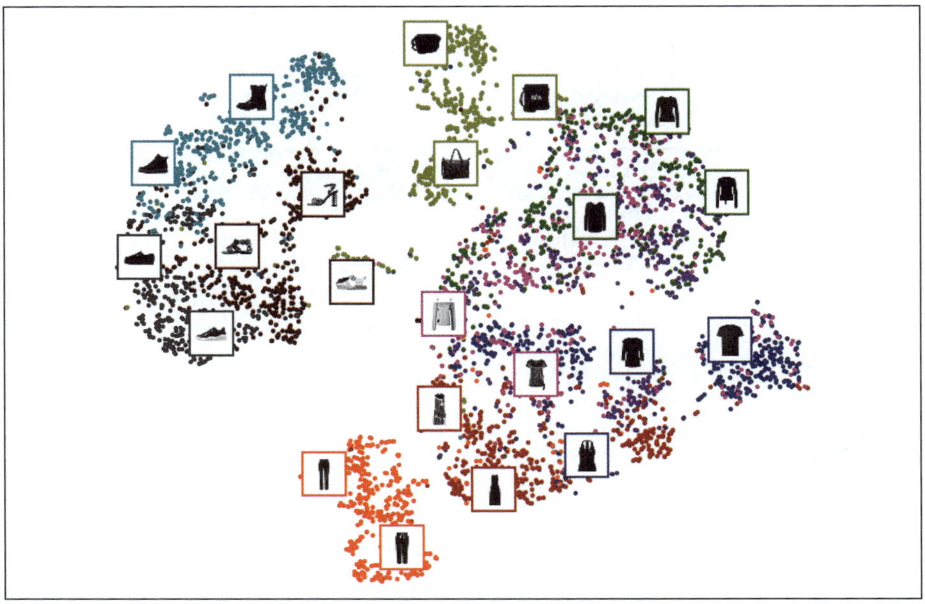

Abbildung 17-5: Visualisierung von Fashion MNIST mit einem Autoencoder und t-SNE

Autoencoder können also zur Dimensionsreduktion eingesetzt werden. Eine andere Anwendung ist das unüberwachte Vortrainieren.

Unüberwachtes Vortrainieren mit Stacked Autoencoder

Wie in Kapitel 11 besprochen, lassen sich komplexe überwachte Lernaufgaben auch mit wenig gelabelten Trainingsdaten bewältigen, indem Sie die ersten Schichten eines neuronalen Netzes für eine ähnliche Aufgabe übernehmen. Damit können Sie leistungsfähige Modelle mit nur wenigen Trainingsdaten trainieren, weil das Netz nicht alle kleinteiligen Merkmale erlernen muss; es verwendet die Merkmalserkennung aus dem bestehenden Netz.

In ähnlicher Weise können Sie auch einen großen Datensatz verwenden, der nur wenige Labels enthält. Dazu trainieren Sie einen Stacked Autoencoder mit sämtlichen Daten, bauen die ersten Schichten in ein neuronales Netz für die eigentliche Aufgabe ein und trainieren es mit den gelabelten Daten. Das Beispiel in Abbildung 17-6 zeigt, wie Sie einen Stacked Autoencoder zum unüberwachten Vortrainieren eines neuronalen Netzes zur Klassifikation einsetzen können. Beim Trainieren des Klassifikators sollten Sie die vortrainierten Schichten einfrieren (zumindest die ersten).

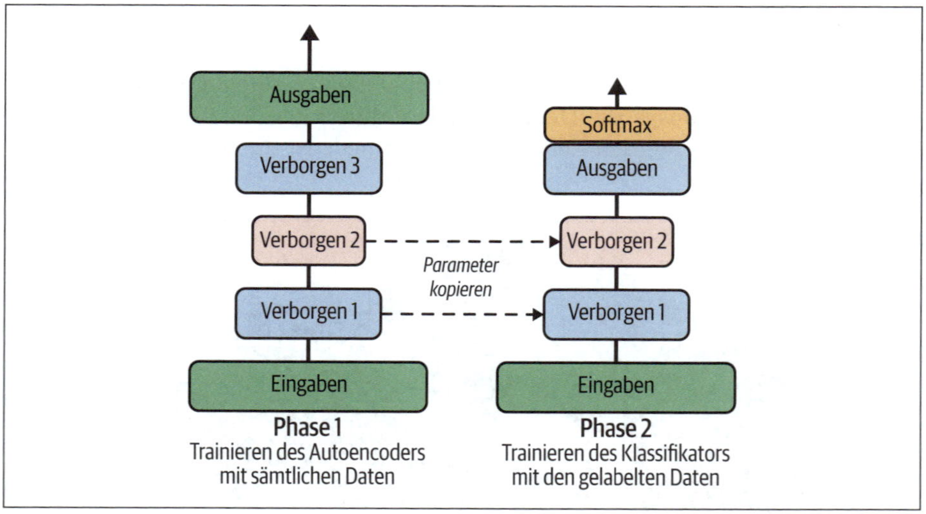

Abbildung 17-6: Unüberwachtes Vortrainieren mit Autoencodern

Diese Situation tritt häufig ein, da sich ein großer Datensatz ohne Labels meist kostengünstig erstellen lässt (z.B. kann ein einfaches Skript Millionen Bilder aus dem Internet herunterladen). Allerdings können nur Menschen die Labels zuverlässig anbringen (z.B. Bilder als niedlich oder nicht niedlich einstufen). Deshalb ist das Labeln von Datenpunkten zeitaufwendig und teuer, und meist hat man nur einige Tausend Datenpunkte mit Labels oder weniger zur Verfügung.

An der Implementierung ist nichts Besonders: Trainieren Sie einfach einen Autoencoder mit allen Trainingsdaten (gelabelten und ungelabelten) und verwenden Sie dann seine Encoder-Schichten, um ein neues neuronales Netz zu erstellen (ein Beispiel finden Sie in den Übungen am Ende dieses Kapitels).

Schauen wir uns jetzt ein paar Techniken zum Trainieren von Stacked Autoencodern an.

Kopplung von Gewichten

Ist ein Autoencoder wie der soeben erstellte symmetrisch, lassen sich die Gewichte der Decoder- und Encoder-Schichten miteinander *koppeln*. Damit wird die Anzahl der Gewichte im Modell halbiert, was das Trainieren beschleunigt und das Risiko für Overfitting verringert. Wenn es im Autoencoder insgesamt N Schichten gibt (ohne die Eingabeschicht) und $\mathbf{W}_L$ für die Gewichte der Verbindungen in der L-ten Schicht steht (wenn z.B. Schicht 1 die erste verborgene Schicht ist, Schicht $N/2$ die codierende Schicht und Schicht N die Ausgabeschicht), dann lassen sich die Gewichte der decodierenden Schicht einfach durch $\mathbf{W}_L = \mathbf{W}_{N-L+1}^\intercal$ (mit $L = N / 2 + 1, ..., N$) definieren.

Um mit Keras Gewichte zwischen den Schichten zu koppeln, definieren wir eine eigene Schicht:

```
class DenseTranspose(tf.keras.layers.Layer):
    def __init__(self, dense, activation=None, **kwargs):
        super().__init__(**kwargs)
        self.dense = dense
        self.activation = tf.keras.activations.get(activation)

    def build(self, batch_input_shape):
        self.biases = self.add_weight(name="bias",
                                      shape=self.dense.input_shape[-1],
                                      initializer="zeros")
        super().build(batch_input_shape)

    def call(self, inputs):
        Z = tf.matmul(inputs, self.dense.weights[0], transpose_b=True)
        return self.activation(Z + self.biases)
```

Diese eigene Schicht verhält sich wie eine normale `Dense`-Schicht, aber sie nutzt die Gewichte einer anderen `Dense`-Schicht, die transponiert sind (das Setzen von `transpose_b=True` entspricht dem Transponieren des zweiten Arguments, ist aber effizienter, da es innerhalb der `matmul()`-Operation geschieht). Aber sie nutzt ihren eigenen Bias-Vektor. Als Nächstes können wir einen neuen Stacked Autoencoder bauen, der so wie der vorherige ist, aber die `Dense`-Schichten des Decoders nutzt, die mit den `Dense`-Schichten des Encoders gekoppelt sind:

```
dense_1 = tf.keras.layers.Dense(100, activation="relu")
dense_2 = tf.keras.layers.Dense(30, activation="relu")
```

```
tied_encoder = tf.keras.Sequential([
    tf.keras.layers.Flatten(),
    dense_1,
    dense_2
])

tied_decoder = tf.keras.Sequential([
    DenseTranspose(dense_2, activation="relu"),
    DenseTranspose(dense_1),
    tf.keras.layers.Reshape([28, 28])
])

tied_ae = tf.keras.Sequential([tied_encoder, tied_decoder])
```

Dieses Modell erreicht ungefähr den gleichen Rekonstruktionsfehler wie das vorherige, nutzt aber nur etwa die Hälfte der Parameter.

Trainieren mehrerer Autoencoder nacheinander

Anstatt den gesamten Stacked Autoencoder wie eben gezeigt in einem Durchgang zu trainieren, ist es möglich, einen einschichtigen Autoencoder nach dem anderen zu trainieren. Anschließend lassen sich diese zu einem Stacked Autoencoder aufstapeln (daher der Name), wie Abbildung 17-7 zeigt. Diese Technik kommt heutzutage nur noch selten zum Einsatz, aber eventuell stolpern Sie immer noch in Artikeln über »Greedy Layer-Wise Training«, daher ist es gut zu wissen, was es bedeutet.

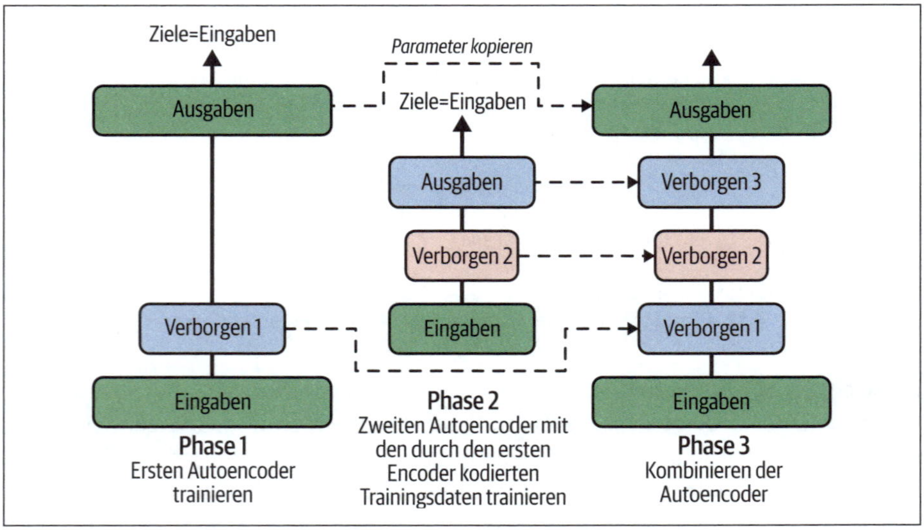

Abbildung 17-7: Trainieren mehrerer Autoencoder nacheinander

In der ersten Trainingsphase lernt der erste Autoencoder, die Eingaben zu rekonstruieren. Dann codieren wir den gesamten Trainingsdatensatz mit diesem ersten Autoencoder und erhalten damit einen neuen (komprimierten) Trainingsdatensatz. Anschließend trainieren wir einen zweiten Autoencoder mit diesem neuen Datensatz – das ist die zweite Phase des Trainings. Am Ende erstellen Sie einfach das in Abbildung 17-7 dargestellte große Sandwich aus allen Autoencodern (Sie stapeln also zuerst die verborgenen Schichten der Autoencoder nacheinander auf, gefolgt von den Ausgabeschichten in umgekehrter Reihenfolge). Damit erhalten Sie den endgültigen Stacked Autoencoder (eine Implementierung finden Sie im Abschnitt »Training One Autoencoder at a Time« im Notebook zum Kapitel). Sie können mit dieser Methode weitere Autoencoder trainieren, sodass ein sehr tiefer Stacked Autoencoder entsteht.

Wie schon erwähnt, war einer der Auslöser für das Interesse an Deep Learning die Entdeckung von Geoffrey Hinton et al. (*https://homl.info/136*) aus dem Jahr 2006, dass Deep Neural Networks unüberwacht vortrainiert werden können, wenn man diesen Greedy-Layer-Wise-Ansatz verfolgt. Die Autoren haben dazu Restricted Boltzmann Machines genutzt (RBMs, siehe *https://homl.info/extra-anns*), aber im Jahr 2007 zeigten Yoshua Bengio et al. (*https://homl.info/112*)[2], dass Autoencoder genauso gut funktionieren. Für viele Jahre war dies der einzige effiziente Weg, Deep Networks zu trainieren, bis es viele der in Kapitel 11 vorgestellten Techniken möglich machten, ein Deep Net auf einmal zu trainieren.

Autoencoder sind nicht auf dichte Netze beschränkt: Sie können auch Convolutional Autoencoder bauen. Schauen wir uns diese an.

Convolutional Autoencoder

Arbeiten Sie mit Bildern, werden die bisher genutzten Autoencoder nicht sehr gut funktionieren (sofern die Bilder nicht sehr klein sind): Wie wir in Kapitel 14 gesehen haben, sind Convolutional Neural Networks dafür viel besser geeignet als dichte Netze. Brauchen Sie also einen Autoencoder für Bilder (zum Beispiel zum unüberwachten Vortraining oder zur Dimensionsreduktion), müssen Sie einen *Convolutional Autoencoder* (*https://homl.info/convae*) bauen.[3] Der Encoder ist ein normales CNN aus Convolutional Layers und Pooling Layers. Es reduziert typischerweise die räumliche Dimension der Eingaben (also Höhe und Breite), während es die Tiefe (also die Anzahl an Feature Maps) erweitert. Der Decoder muss dann das Gegenteil tun (die Bilder wieder größer skalieren und deren Tiefe auf die ursprünglichen Dimensionen reduzieren), wofür Sie transponierte Convolutional Layers verwenden können (alternativ könnten Sie auch Upsampling Layers mit Convolutional Layers kombinieren). Hier ein einfacher Convolutional Autoencoder für Fashion MNIST:

2 Yoshua Bengio et al., »Greedy Layer-Wise Training of Deep Networks«, *Proceedings of the 19th International Conference on Neural Information Processing Systems* (2006): 153–160.

3 Jonathan Masci et al., »Stacked Convolutional Auto-Encoders for Hierarchical Feature Extraction«, *Proceedings of the 21st International Conference on Artificial Neural Networks* 1 (2011): 52–59.

```
conv_encoder = tf.keras.Sequential([
    tf.keras.layers.Reshape([28, 28, 1]),
    tf.keras.layers.Conv2D(16, 3, padding="same", activation="relu"),
    tf.keras.layers.MaxPool2D(pool_size=2),  # output: 14 × 14 x 16
    tf.keras.layers.Conv2D(32, 3, padding="same", activation="relu"),
    tf.keras.layers.MaxPool2D(pool_size=2),  # output: 7 × 7 x 32
    tf.keras.layers.Conv2D(64, 3, padding="same", activation="relu"),
    tf.keras.layers.MaxPool2D(pool_size=2),  # output: 3 × 3 x 64
    tf.keras.layers.Conv2D(30, 3, padding="same", activation="relu"),
    tf.keras.layers.GlobalAvgPool2D()  # output: 30
])
conv_decoder = tf.keras.Sequential([
    tf.keras.layers.Dense(3 * 3 * 16),
    tf.keras.layers.Reshape((3, 3, 16)),
    tf.keras.layers.Conv2DTranspose(32, 3, strides=2, activation="relu"),
    tf.keras.layers.Conv2DTranspose(16, 3, strides=2, padding="same",
                                    activation="relu"),
    tf.keras.layers.Conv2DTranspose(1, 3, strides=2, padding="same"),
    tf.keras.layers.Reshape([28, 28])
])
conv_ae = tf.keras.Sequential([conv_encoder, conv_decoder])
```

Es ist auch möglich, Autoencoder mit anderen Architekturtypen zu bauen, wie zum Beispiel RNNs (schauen Sie dazu in das Notebook).

Okay, gehen wir einen Schritt zurück. Wir haben bis jetzt verschiedene Arten von Autoencodern kennengelernt (einfach, Stacked und Convolutional) und uns angeschaut, wie man sie trainiert (entweder in einem Zug oder Schicht für Schicht). Wir haben auch ein paar Anwendungen betrachtet: Datenvisualisierung und unüberwachtes Vortraining.

Bisher haben wir die Größe der Coding-Schichten begrenzt, um den Autoencoder zu zwingen, die interessanten Merkmale zu lernen, womit er untervollständig ist. Es gibt aber viele andere Arten von Beschränkungen, die zum Einsatz kommen können, unter anderem solche, die es der Coding-Schicht erlauben, so groß wie die Eingaben zu sein – oder sogar größer –, was zu einem *übervollständigen Autoencoder* führt. Daher werden wir uns in den folgenden Abschnitten ein paar mehr Arten von Autoencodern anschauen: Denoising Autoencoders, Sparse Autoencoders und Variational Autoencoders.

Denoising Autoencoders

Ein Autoencoder lässt sich auch durch das Hinzufügen von Rauschen zur Eingabe dazu bewegen, nützliche Merkmale zu erlernen. Dabei trainiert man ihn darauf, die ursprünglichen, rauschfreien Eingaben zu erkennen. Diese Idee geistert seit den 1980er-Jahren herum (zum Beispiel ist sie in Yann LeCuns Master-Thesis von 1987 enthalten). In einem Artikel (*https://homl.info/113*)[4] aus dem Jahr 2008 haben

4 Pascal Vincent et al., »Extracting and Composing Robust Features with Denoising Autoencoders«, *Proceedings of the 25th International Conference on Machine Learning* (2008): 1096–1103.

Pascal Vincent et al. gezeigt, dass Autoencoder auch zur Merkmalsextraktion genutzt werden können. Und in einem Artikel (*https://homl.info/114*)[5] aus dem Jahr 2010 haben Vincent et al. *Stacked Denoising Autoencoders* vorgestellt.

Das Rauschen kann dabei reines zur Eingabe addiertes normalverteiltes Rauschen sein oder wie bei der Drop-out-Methode (aus Kapitel 11) zufällig deaktivierte Eingaben. Abbildung 17-8 zeigt beide Möglichkeiten.

Die Implementierung ist recht klar: Es handelt sich um einen normalen Stacked Autoencoder mit einer zusätzlichen `Dropout`-Schicht, die auf die Eingaben des Encoders angewendet wird (oder Sie könnten stattdessen eine `GaussianNoise`-Schicht nutzen). Denken Sie daran, dass die `Dropout`-Schicht nur während des Trainings aktiv ist (wie auch die `GaussianNoise`-Schicht):

```
dropout_encoder = tf.keras.Sequential([
    tf.keras.layers.Flatten(),
    tf.keras.layers.Dropout(0.5),
    tf.keras.layers.Dense(100, activation="relu"),
    tf.keras.layers.Dense(30, activation="relu")
])
dropout_decoder = tf.keras.Sequential([
    tf.keras.layers.Dense(100, activation="relu"),
    tf.keras.layers.Dense(28 * 28),
    tf.keras.layers.Reshape([28, 28])
])
dropout_ae = tf.keras.Sequential([dropout_encoder, dropout_decoder])
```

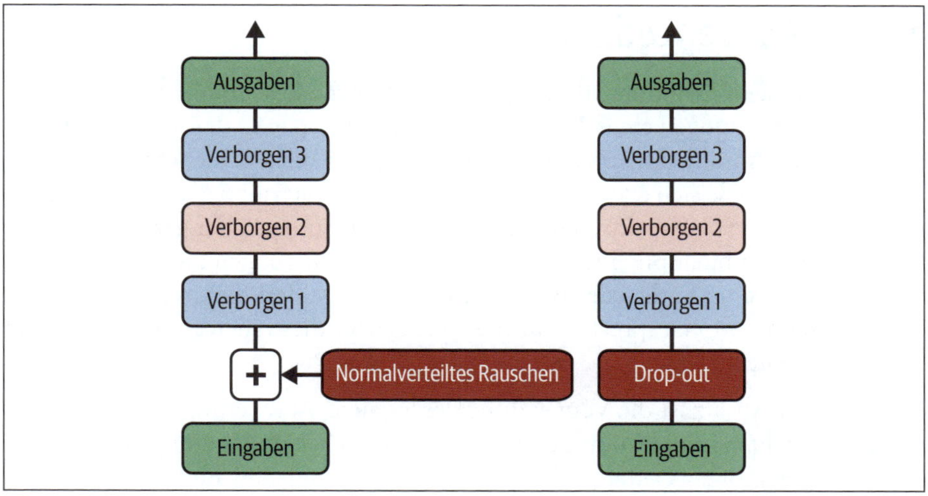

Abbildung 17-8: Denoising Autoencoder mit normalverteiltem Rauschen (links) oder Drop-out (rechts)

5 Pascal Vincent et al., »Stacked Denoising Autoencoders: Learning Useful Representations in a Deep Network with a Local Denoising Criterion«, *Journal of Machine Learning Research* 11 (2010): 3371–3408.

Abbildung 17-9 zeigt ein paar verrauschte Bilder (bei denen die Hälfte der Pixel abgeschaltet wurde) sowie die vom Drop-out-basierten Denoising Autoencoder rekonstruierten Bilder. Beachten Sie, wie der Autoencoder Details vermutet, die gar nicht in den Eingaben vorhanden sind, wie zum Beispiel oben am weißen Shirt (untere Zeile, viertes Bild). Wie Sie sehen, können Denoising Autoencoders nicht nur zur Datenvisualisierung oder zum unüberwachten Vortraining eingesetzt werden, wie die anderen bisher besprochenen Autoencoder, sondern auch ziemlich einfach und effizient zum Entrauschen von Bildern.

Abbildung 17-9: Verrauschte Bilder (oben) und ihre Rekonstruktionen (unten)

Sparse Autoencoders

Eine andere beim Ermitteln von Merkmalen hilfreiche Beschränkung ist *Spärlichkeit*: Durch Hinzufügen eines Terms zur Kostenfunktion wird der Autoencoder gezwungen, die Anzahl aktiver Neuronen in der codierenden Schicht zu reduzieren. Beispielsweise ließe sich erzwingen, dass im Durchschnitt nur 5 % der Neuronen in der codierenden Schicht aktiv sind. Dadurch ist der Autoencoder gezwungen, jede Eingabe als Kombination einer geringen Anzahl Aktivierungen zu repräsentieren. So repräsentiert am Ende jedes Neuron ein nützliches Merkmal (wenn Sie nur ein paar Wörter pro Monat sprechen dürften, würden Sie diese auch gut wählen, damit sich das Zuhören lohnt).

Ein einfacher Ansatz ist die Verwendung der Sigmoid-Aktivierungsfunktion in der Coding-Schicht (um die Codings auf Werte zwischen 0 und 1 zu begrenzen), der Einsatz einer großen Coding-Schicht (zum Beispiel mit 300 Einheiten) und das Hinzufügen von ein wenig ℓ_1-Regularisierung zu den Aktivierungen der Coding-Schicht. Der Decoder ist lediglich ein normaler Decoder:

```
sparse_l1_encoder = tf.keras.Sequential([
    tf.keras.layers.Flatten(),
    tf.keras.layers.Dense(100, activation="relu"),
    tf.keras.layers.Dense(300, activation="sigmoid"),
    tf.keras.layers.ActivityRegularization(l1=1e-4)
```

```
])
sparse_l1_decoder = tf.keras.Sequential([
    tf.keras.layers.Dense(100, activation="relu"),
    tf.keras.layers.Dense(28 * 28),
    tf.keras.layers.Reshape([28, 28])
])
sparse_l1_ae = tf.keras.Sequential([sparse_l1_encoder, sparse_l1_decoder])
```

Diese `ActivityRegularization`-Schicht gibt einfach ihre Eingaben zurück, aber als Nebeneffekt fügt sie einen Trainingsverlust hinzu, der der Summe der absoluten Werte ihrer Eingaben entspricht. Das hat nur während des Trainings einen Effekt. Sie könnten stattdessen auch die `ActivityRegularization`-Schicht entfernen und in der vorherigen Schicht `activity_regularizer=tf.keras.regularizers.l1(1e-4)` setzen. Diese Strafe unterstützt das neuronale Netz darin, Codings zu erzeugen, die nahe an 0 sind, aber da es auch bestraft wird, wenn es die Eingaben nicht korrekt rekonstruiert, wird es zumindest ein paar Werte liefern, die nicht 0 sind. Durch das Verwenden der ℓ_1-Norm statt der ℓ_2-Norm wird das Netz dahin gedrängt, die wichtigsten Codings zu behalten und diejenigen auszumerzen, die für die Eingabebilder nicht erforderlich sind (statt einfach alle Codings zu reduzieren).

Ein anderes Vorgehen, das häufig zu besseren Ergebnissen führt, ist das Messen der tatsächlichen Spärlichkeit der Coding-Schicht bei jeder Trainingsiteration. Dann wird das Modell bestraft, wenn die gemessene Spärlichkeit von einer Zielspärlichkeit abweicht. Dazu berechnen wir die durchschnittliche Aktivierung jedes Neurons in der Coding-Schicht über den gesamten Trainingsbatch. Die Batchgröße darf nicht zu klein sein, denn ansonsten wird der Mittelwert nicht genau sein.

Haben wir die mittlere Aktivierung pro Neuron, wollen wir die Neuronen bestrafen, die zu aktiv oder nicht aktiv genug sind, indem wir zur Kostenfunktion einen *Spärlichkeitsverlust* addieren. Messen wir beispielsweise, dass ein Neuron eine durchschnittliche Aktivierung von 0,3 hat, ist die Zielspärlichkeit aber 0,1, muss es bestraft werden, um weniger aktiv zu sein. Ein Ansatz könnte dabei sein, einfach den quadratischen Fehler zur Kostenfunktion zu addieren $(0{,}3 - 0{,}1)^2$, aber in der Praxis funktioniert es besser, die Kullback-Leibler-(KL-)Divergenz zu verwenden (die kurz in Kapitel 4 besprochen wurde). Sie hat steilere Gradienten als der Mean Squared Error, wie Sie in Abbildung 17-10 sehen.

Mit zwei gegebenen Wahrscheinlichkeitsverteilungen P und Q kann die KL-Divergenz zwischen diesen beiden Verteilungen, bezeichnet als $D_{\mathrm{KL}}(P \parallel Q)$, wie in Formel 17-1 berechnet werden.

Formel 17-1: Kullback-Leibler-Divergenz

$$D_{\mathrm{KL}}(P \parallel Q) = \sum_i P(i) \log \frac{P(i)}{Q(i)}$$

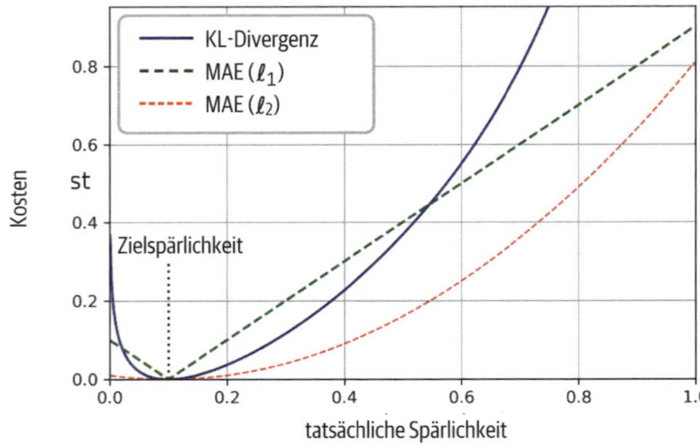

Abbildung 17-10: Spärlichkeitsverlust

In unserem Fall wollen wir die Divergenz zwischen der Zielwahrscheinlichkeit p messen, dass ein Neuron in der Coding-Schicht aktiv sein wird, und der tatsächlichen Wahrscheinlichkeit q, die geschätzt wird, indem die mittlere Aktivierung über den Trainingsbatch gemessen wird. Daher vereinfacht sich die KL-Divergenz zu Formel 17-2.

Formel 17-2: KL-Divergenz zwischen der Zielspärlichkeit p und der tatsächlichen Spärlichkeit q

$$D_{\mathrm{KL}}(p \parallel q) = p \log \frac{p}{q} + (1-p) \log \frac{1-p}{1-q}$$

Haben wir den Spärlichkeitsverlust für jedes Neuron in der Coding-Schicht berechnet, addieren wir diese Verluste und fügen noch das Ergebnis der Kostenfunktion hinzu. Um die relative Wichtigkeit des Spärlichkeitsverlusts und des Rekonstruktionsverlusts steuern zu können, multiplizieren wir den Spärlichkeitsverlust mit einem Spärlichkeitsgewicht als Hyperparameter. Ist das Gewicht zu hoch, wird das Modell nahe an der Zielspärlichkeit bleiben, aber die Eingaben eventuell nicht sauber rekonstruieren, womit es nutzlos wird. Ist das Gewicht hingegen zu niedrig, wird das Modell das Spärlichkeitsziel weitgehend ignorieren und keine interessanten Merkmale lernen.

Wir haben jetzt alles zusammen, was wir brauchen, um einen Sparse Autoencoder zu bauen, der auf der KL-Divergenz basiert. Erstellen wir zuerst einen eigenen Regularisierer, um die KL-Divergenz-Regularisierung anzuwenden:

```
kl_divergence = tf.keras.losses.kullback_leibler_divergence

class KLDivergenceRegularizer(tf.keras.regularizers.Regularizer):
    def __init__(self, weight, target):
        self.weight = weight
        self.target = target
```

```
    def __call__(self, inputs):
        mean_activities = tf.reduce_mean(inputs, axis=0)
        return self.weight * (
            kl_divergence(self.target, mean_activities) +
            kl_divergence(1. - self.target, 1. - mean_activities))
```

Jetzt können wir den Sparse Autoencoder bauen und dabei den `KLDivergenceRegularizer` für die Aktivierungen der Coding-Schicht einsetzen:

```
kld_reg = KLDivergenceRegularizer(weight=5e-3, target=0.1)
sparse_kl_encoder = tf.keras.Sequential([
    tf.keras.layers.Flatten(),
    tf.keras.layers.Dense(100, activation="relu"),
    tf.keras.layers.Dense(300, activation="sigmoid",
                          activity_regularizer=kld_reg)
])
sparse_kl_decoder = tf.keras.Sequential([
    tf.keras.layers.Dense(100, activation="relu"),
    tf.keras.layers.Dense(28 * 28),
    tf.keras.layers.Reshape([28, 28])
])
sparse_kl_ae = tf.keras.Sequential([sparse_kl_encoder, sparse_kl_decoder])
```

Nach dem Trainieren dieses Sparse Autoencoder mit dem Fashion MNIST wird die Coding-Schicht eine Spärlichkeit von ungefähr 10% haben.

Variational Autoencoders

Eine wichtige Art von Autoencoder wurde im Jahr 2013 von Diederik Kingma und Max Welling erstmalig erwähnt (*https://homl.info/115*)[6] und erfreute sich schnell großer Beliebtheit: die *Variational Autoencoders* (VAEs).

VAEs unterscheiden sich stark von den bisher besprochenen Autoencodern:

- Es sind *probabilistische Autoencoder*, ihre Ausgabe wird auch nach dem Trainieren zum Teil zufällig festgelegt (im Gegensatz zu Denoising Autoencoders, die nur beim Trainieren ein Zufallselement enthalten).
- Vor allem sind es *generative Autoencoder*, die neue Daten generieren, die so aussehen, als kämen sie aus dem Trainingsdatensatz.

Diese beiden Eigenschaften rücken VAEs in die Nähe von RBMs, aber sie lassen sich einfacher trainieren, und der Generierungsprozess ist viel schneller (bei RBMs müssen Sie warten, bis sich das Netzwerk in einem »thermischen Gleichgewicht« einpendelt, bevor Sie neue Daten generieren können). Variational Autoencoders führen, wie ihr Name schon andeutet, Variational Bayesian Inference durch (vorgestellt in Kapitel 9), bei der es sich um eine effiziente Methode zum Umsetzen einer angenäherten bayesschen Inferenz handelt. Sie erinnern sich: Bayessche Inferenz bedeutet, eine Wahrscheinlichkeitsverteilung basierend auf neuen Daten zu aktualisieren und dabei Gleichungen zu verwenden, die sich aus dem Satz von Bayes ab-

6 Diederik Kingma und Max Welling, »Auto-Encoding Variational Bayes«, arXiv Preprint arXiv:1312.6114 (2013).

leiten. Die ursprüngliche Verteilung wird als *Prior*, die aktualisierte Verteilung als *Posterior*bezeichnet. In unserem Fall wollen wir eine gute Näherung der Datenverteilung finden. Haben wir sie, können wir daraus eine Stichprobe ziehen.

Sehen wir uns die Funktionsweise von VAEs an. Abbildung 17-11 (links) stellt einen Variational Autoencoder dar. Sie können dort natürlich die Grundstruktur aller Autoencoder erkennen. Auf den Encoder folgt ein Decoder (in diesem Beispiel haben beide zwei verborgene Schichten), es gibt aber eine Besonderheit: Anstatt aus einer Eingabe direkt ein Coding herzustellen, berechnet der Encoder ein *mittleres Coding* $\boldsymbol{\mu}$ und dessen Standardabweichung $\boldsymbol{\sigma}$. Das tatsächliche Coding wird dann zufällig als Stichprobe einer Normalverteilung mit dem Mittelwert $\boldsymbol{\mu}$ und der Standardabweichung $\boldsymbol{\sigma}$ entnommen. Nach diesem Schritt decodiert der Decoder das so erstellte Coding wie gewohnt. Die rechte Seite der Abbildung zeigt, wie ein Trainingsdatenpunkt diesen Autoencoder durchläuft. Zuerst erstellt der Encoder $\boldsymbol{\mu}$ und $\boldsymbol{\sigma}$, anschließend wird zufällig ein Coding generiert (beachten Sie, dass es nicht exakt bei $\boldsymbol{\mu}$ liegt). Schließlich wird dieses Coding decodiert, und die endgültige Ausgabe entspricht dem Trainingsdatenpunkt.

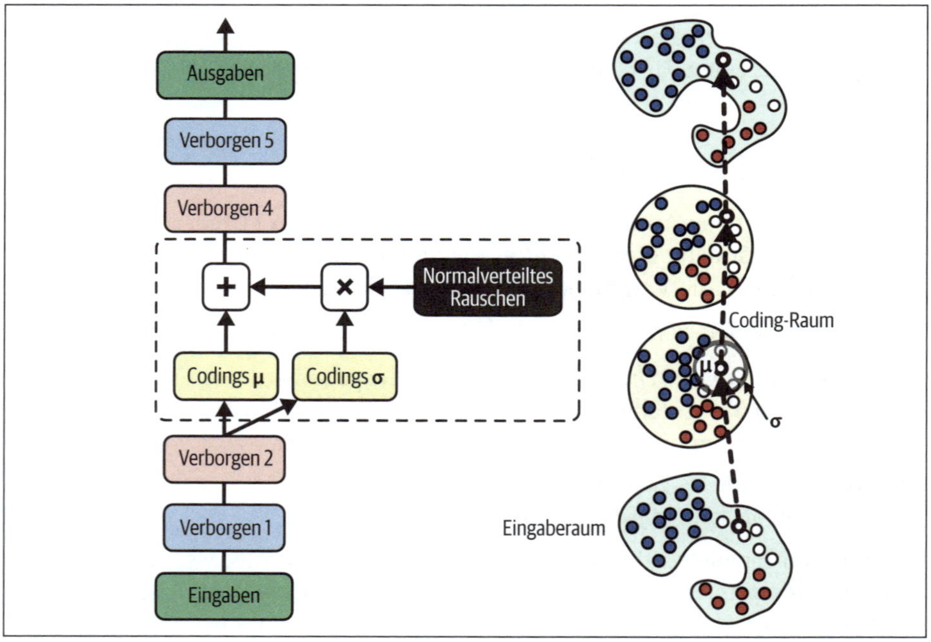

Abbildung 17-11: Ein Variational Autoencoder (links) und ein von diesem verarbeiteter Datenpunkt (rechts)

Wie Sie im Diagramm erkennen können, entsprechen die von einem Variational Autoencoder produzierten Codings der Stichprobe einer gewöhnlichen Normalverteilung, auch wenn die Eingaben einer sehr verworrenen Verteilung folgen:[7] Wäh-

7 Variational Autoencoders sind noch allgemeiner; die Codings sind nicht auf Normalverteilungen beschränkt.

rend des Trainierens drückt die Kostenfunktion (folgt in Kürze) die Codings allmählich in Richtung des Codierraums (auch als *latenter Raum* bezeichnet), der wie eine Wolke normalverteilter Punkte aussieht. Ein großer Vorteil hiervon ist, dass Sie nach dem Trainieren eines Variational Autoencoder sehr leicht neue Datenpunkte generieren können: Sie ziehen ein zufälliges Coding aus der Normalverteilung und decodieren es, voilà!

Betrachten wir als Nächstes die Kostenfunktion. Diese besteht aus zwei Teilen. Der erste Teil ist der gewöhnliche Rekonstruktionsverlust, der den Autoencoder zum Reproduzieren der Eingabe antreibt. Wir können dafür den MSE nutzen, wie wir es schon zuvor getan haben. Der zweite Teil ist der *latente Verlust*, der den Autoencoder in Richtung von Codings in Form einer Normalverteilung bewegt. Hierfür verwenden wir die KL-Divergenz zwischen der gewünschten Verteilung (der Normalverteilung) und der tatsächlichen Verteilung der Codings. Die Mathematik dahinter ist ein wenig komplizierter als beim Sparse Autoencoder, insbesondere wegen des normalverteilten Rauschens, das die zur codierenden Schicht transportierte Informationsmenge begrenzt. Das bewegt den Autoencoder zum Erlernen nützlicher Merkmale. Glücklicherweise vereinfachen sich die Gleichungen, sodass der latente Verlust recht einfach über Formel 17-3 berechnet werden kann:[8]

Formel 17-3: Latenter Verlust des Variational Autoencoder

$$\mathscr{L} = -\frac{1}{2}\sum_{i=1}^{n}\left[1 + \log\left(\sigma_i^{2}\right) - \sigma_i^{2} - \mu_i^{2}\right]$$

In dieser Gleichung ist $\mathcal{L}$ der der latente Verlust, n die Dimension des Codings, und μ_i und σ_i sind Mittelwert und Standardabweichung der i. Komponente der Codings. Die Vektoren $\boldsymbol{\mu}$ und $\boldsymbol{\sigma}$ (die alle μ_i und σ_i enthalten) werden vom Encoder ausgegeben, wie in Abbildung 17-11 (links) zu sehen ist.

Häufig optimiert man die Architektur eines Variational Autoencoder, indem man den Encoder $\boldsymbol{\gamma} = \log(\boldsymbol{\sigma}^2)$ statt $\boldsymbol{\sigma}$ ausgeben lässt. Der latente Verlust kann dann wie in Formel 17-4 berechnet werden. Dieser Ansatz ist numerisch stabiler und beschleunigt das Training.

Formel 17-4: Latenter Verlust des Variational Autoencoder, umgeschrieben mit $\boldsymbol{\gamma} = \log(\boldsymbol{\sigma}^2)$

$$\mathscr{L} = -\frac{1}{2}\sum_{i=1}^{n}\left[1 + \gamma_i - \exp\left(\gamma_i\right) - \mu_i^{2}\right]$$

Bauen wir nun einen Variational Autoencoder für Fashion MNIST (wie in Abbildung 17-11 dargestellt, aber mit der $\boldsymbol{\gamma}$-Abwandlung). Zuerst brauchen wir eine eigene Schicht, um die Codings zu sampeln, wobei $\boldsymbol{\mu}$ und $\boldsymbol{\gamma}$ gegeben sind:

8 Die mathematischen Details finden Sie im ursprünglichen Artikel zu Variational Autoencoders und im großartigen Tutorial (*https://homl.info/116*) von Carl Doersch (2016).

```
class Sampling(tf.keras.layers.Layer):
    def call(self, inputs):
        mean, log_var = inputs
        return tf.random.normal(tf.shape(log_var)) * tf.exp(log_var / 2) + mean
```

Die `Sampling`-Schicht erwartet zwei Eingaben: `mean` ($\boldsymbol{\mu}$) und `log_var` ($\boldsymbol{\gamma}$). Sie nutzt die Funktion `tf.random.normal()`, um einen Zufallsvektor aus der gaußschen Verteilung zu sampeln (mit der gleichen Form wie $\boldsymbol{\gamma}$), wobei ein Mittelwert von 0 und eine Standardabweichung von 1 genutzt wird. Dann multipliziert sie ihn mit $\exp(\boldsymbol{\gamma} / 2)$ (was gleich $\boldsymbol{\sigma}$ ist, wie Sie leicht überprüfen können), addiert schließlich $\boldsymbol{\mu}$ und gibt das Ergebnis zurück. Das führt zu einem Coding-Vektor mit gaußscher Verteilung, Mittelwert $\boldsymbol{\mu}$ und Standardabweichung $\boldsymbol{\sigma}$.

Als Nächstes können wir den Encoder erstellen, wobei wir die Functional API verwenden, weil das Modell nicht vollständig sequenziell ist:

```
codings_size = 10

inputs = tf.keras.layers.Input(shape=[28, 28])
Z = tf.keras.layers.Flatten()(inputs)
Z = tf.keras.layers.Dense(150, activation="relu")(Z)
Z = tf.keras.layers.Dense(100, activation="relu")(Z)
codings_mean = tf.keras.layers.Dense(codings_size)(Z)  # μ
codings_log_var = tf.keras.layers.Dense(codings_size)(Z)  # γ
codings = Sampling()([codings_mean, codings_log_var])
variational_encoder = tf.keras.Model(
    inputs=[inputs], outputs=[codings_mean, codings_log_var, codings])
```

Beachten Sie, dass die `Dense`-Schichten, die `codings_mean` ($\boldsymbol{\mu}$) und `codings_log_var` ($\boldsymbol{\gamma}$) ausgeben, die gleichen Eingaben besitzen (also die Ausgaben der zweiten `Dense`-Schicht). Dann übergeben wir sowohl `codings_mean` wie auch `codings_log_var` an die `Sampling`-Schicht. Schließlich besitzt das `variational_encoder`-Modell drei Ausgaben, falls Sie die Werte von `codings_mean` und `codings_log_var` untersuchen wollen. Die einzige Ausgabe, die wir verwenden werden, ist die letzte (`codings`). Bauen wir jetzt den Decoder:

```
decoder_inputs = tf.keras.layers.Input(shape=[codings_size])
x = tf.keras.layers.Dense(100, activation="relu")(decoder_inputs)
x = tf.keras.layers.Dense(150, activation="relu")(x)
x = tf.keras.layers.Dense(28 * 28)(x)
outputs = tf.keras.layers.Reshape([28, 28])(x)
variational_decoder = tf.keras.Model(inputs=[decoder_inputs], outputs=[outputs])
```

Für den Decoder hätten wir statt der Functional API die Sequential API verwenden können, da es sich einfach nur um einen Stapel Schichten handelt, die mit vielen der schon von uns gebauten Decoder identisch sind. Bauen wir nun noch das Variational-Autoencoder-Modell:

```
_, _, codings = variational_encoder(inputs)
reconstructions = variational_decoder(codings)
variational_ae = tf.keras.Model(inputs=[inputs], outputs=[reconstructions])
```

Wir ignorieren die ersten beiden Ausgaben des Encoders (wir wollen nur die Codings an den Decoder übergeben). Schließlich müssen wir noch den latenten Verlust und den Rekonstruktionsverlust hinzufügen:

```
latent_loss = -0.5 * tf.reduce_sum(
    1 + codings_log_var - tf.exp(codings_log_var) - tf.square(codings_mean),
    axis=-1)
variational_ae.add_loss(tf.reduce_mean(latent_loss) / 784.)
```

Wir wenden erst Formel 17-4 an, um den latenten Verlust für jede Instanz im Batch zu berechnen, und summieren über die letzte Achse. Dann berechnen wir den mittleren Verlust über alle Instanzen im Batch und dividieren das Ergebnis durch 784, um sicherzustellen, dass es im Vergleich zum Rekonstruktionsverlust den richtigen Maßstab besitzt. Tatsächlich wird der Rekonstruktionsverlust des Variational Autoscaler als Summe der Rekonstruktionsfehler der Pixel angenommen, aber wenn Keras den "mse"-Verlust ermittelt, berechnet es statt der Summe den Mittelwert über alle 784 Pixel. Also ist der Rekonstruktionsverlust 784 Mal kleiner, als wir ihn benötigen. Wir könnten einen eigenen Verlust definieren, um statt des Mittelwerts die Summe zu berechnen, aber es ist einfacher, den latenten Verlust durch 784 zu teilen (der finale Verlust wird 784 Mal kleiner sein, als er sein sollte, aber das heißt nur, dass wir eine größere Lernrate verwenden sollten).

Schließlich können wir den Autoencoder kompilieren und trainieren!

```
variational_ae.compile(loss="mse", optimizer="nadam")
history = variational_ae.fit(X_train, X_train, epochs=25, batch_size=128,
                             validation_data=(X_valid, X_valid))
```

Fashion-MNIST-Bilder erzeugen

Nutzen wir nun diesen Variational Autoencoder, um Bilder zu erzeugen, die wie Modeartikel aussehen. Dazu brauchen wir nur zufällige Sample-Codings aus einer gaußschen Verteilung, die wir dann decodieren:

```
codings = tf.random.normal(shape=[3 * 7, codings_size])
images = variational_decoder(codings).numpy()
```

Abbildung 17-12 zeigt die 21 erzeugten Bilder.

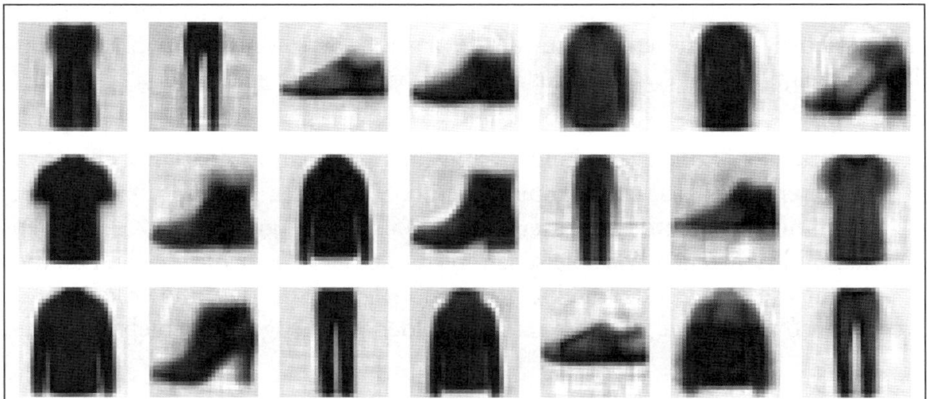

Abbildung 17-12: Fashion-MNIST-Bilder, die durch den Variational Autoencoder generiert wurden

Der Großteil der Bilder sieht recht überzeugend aus, wenn auch ein bisschen zu unscharf. Der Rest ist nicht toll, aber seien Sie mit dem Autoencoder nicht zu streng – er hatte nur ein paar Minuten zum Lernen!

Variational Autoencoders ermöglichen es, eine *semantische Interpolation* durchzuführen: Statt zwischen zwei Bildern auf Pixelebene zu interpolieren, was so aussähe, als würden die Bilder nur überlagert, können wir auf Coding-Ebene interpolieren. Nehmen wir beispielsweise ein paar Codings entlang einer beliebigen Geraden im Latenzraum und decodieren sie. Wir erhalten eine Sequenz mit Bildern, die nach und nach von Hosen zu Sweatern werden (siehe Abbildung 17-13):

```
codings = np.zeros([7, codings_size])
codings[:, 3] = np.linspace(-0.8, 0.8, 7)  # Achse 3 sieht in diesem Fall am besten aus
images = variational_decoder(codings).numpy()
```

Abbildung 17-13: Semantische Interpolation

Wenden wir uns nun GANs zu – sie lassen sich schwerer trainieren, aber wenn Sie es schaffen, sie zum Leben zu erwecken, erzeugen sie ziemlich erstaunliche Bilder.

Generative Adversarial Networks

Generative Adversarial Networks wurden in einem Artikel (*https://homl.info/gan*) von Ian Goodfellow et al. aus dem Jahr 2014 vorgeschlagen.[9] Die Idee begeisterte Forscher fast sofort, aber es dauerte trotzdem ein paar Jahre, bis die Schwierigkeiten beim Trainieren von GANs überwunden werden konnten. Wie viele tolle Ideen sah es im Rückblick ganz einfach aus: Lasse neuronale Netze gegeneinander antreten und hoffe, dass dieser Wettbewerb sie zur Exzellenz treibt. Wie in Abbildung 17-14 gezeigt, besteht ein GAN aus zwei neuronalen Netzen:

Generator
: Erwartet eine Zufallsverteilung als Eingabe (meist gaußförmig) und gibt etwas Datentypisches aus, zum Beispiel ein Bild. Sie können sich die zufälligen Eingaben als die latenten Repräsentationen (also die Codings) des zu erzeugenden Bilds vorstellen. Wie Sie sehen, bietet der Generator die gleiche Funktionalität wie ein Decoder in einem Variational Autoencoder, und er kann auch genauso verwendet werden, um neue Bilder zu erzeugen: Übergeben Sie ihm

9 Ian Goodfellow et al., »Generative Adversarial Nets«, *Proceedings of the 27th International Conference on Neural Information Processing Systems* 2 (2014): 2672–2680.

einfach gaußsches Rauschen, erhalten Sie ein nagelneues Bild. Aber wie wir gleich sehen werden, wird er ganz anders trainiert.

Diskriminator
: Übernimmt entweder ein künstliches Bild aus dem Generator oder ein echtes Bild aus dem Trainingsdatensatz als Eingabe und muss abschätzen, ob das Eingabebild echt oder künstlich ist.

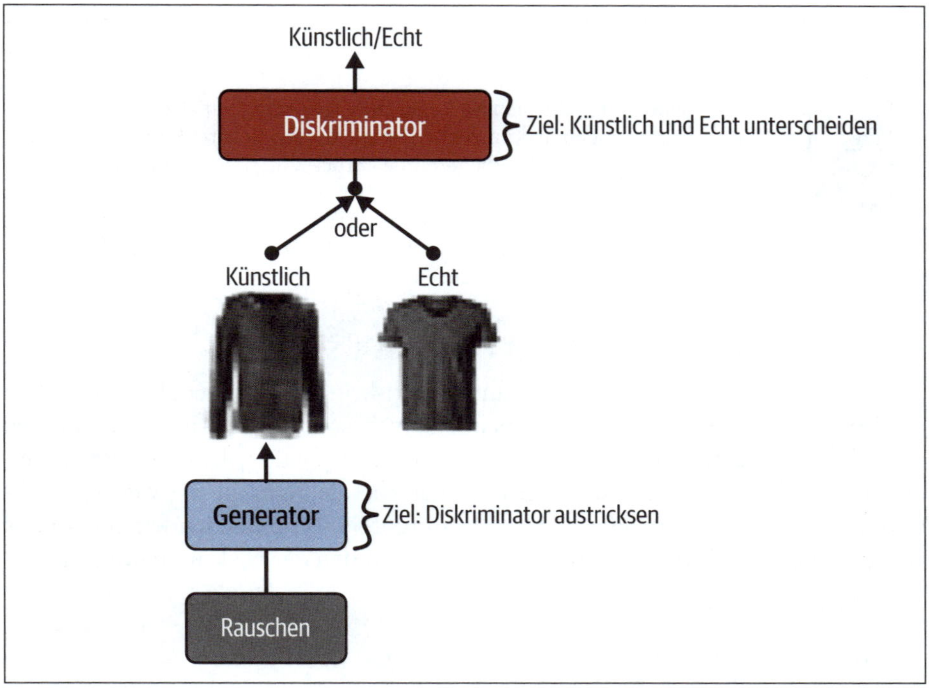

Abbildung 17-14: Ein Generative Adversarial Network

Während des Trainings haben Generator und Diskriminator entgegengesetzte Ziele: Der Diskriminator versucht, künstliche und echte Bilder voneinander zu unterscheiden, während der Generator versucht, Bilder zu erzeugen, die so real aussehen, dass der Diskriminator getäuscht wird. Da das GAN aus zwei Netzen mit unterschiedlichen Zielen besteht, kann es nicht wie ein normales neuronales Netz trainiert werden. Jede Trainingsiteration wird in zwei Phasen unterteilt:

- In der ersten Phase trainieren wir den Diskriminator. Ein Batch mit echten Bildern wird aus dem Trainingsdatensatz gesampelt und durch eine gleiche Zahl von künstlichen Bildern ergänzt, die der Generator erzeugt hat. Die Labels werden für die künstlichen Bilder auf 0 und für die echten Bilder auf 1 gesetzt, und der Diskriminator wird Batch für Batch auf diese Labels trainiert, wobei der binäre Kreuzentropie-Verlust zum Einsatz kommt. Wichtig ist, dass die Backpropagation in dieser Phase nur die Gewichte des Diskriminators optimiert.

- In der zweiten Phase trainieren wir den Generator. Erst nutzen wir ihn, um einen weiteren Batch mit künstlichen Bildern zu erzeugen, und erneut wird der Diskriminator verwendet, um zu erfahren, ob die Bilder künstlich oder echt sind. Dieses Mal stecken wir keine echten Bilder in den Batch, und alle Labels werden auf 1 (echt) gesetzt: Mit anderen Worten – wir wollen, dass der Generator Bilder erzeugt, von denen der Diskriminator (fälschlicherweise) glaubt, dass sie echt sind! Entscheidend ist, dass die Gewichte des Diskriminators in diesem Schritt eingefroren werden, damit die Backpropagation nur die Gewichte des Generators beeinflusst.

Der Generator sieht niemals echte Bilder, er lernt nur nach und nach, überzeugende künstliche Bilder zu produzieren! Er bekommt lediglich die Gradienten, die zurück durch den Diskriminator fließen. Je besser der Diskriminator wird, desto mehr Informationen über die echten Bilder sind glücklicherweise in diesen Gradienten aus zweiter Hand enthalten, daher kann der Generator deutliche Fortschritte erzielen.

Bauen wir nun ein einfaches GAN für Fashion MNIST.

Als Erstes müssen wir den Generator und den Diskriminator bauen. Der Generator entspricht einem Decoder des Autoencoders, während der Diskriminator ein normaler binärer Klassifikator ist: Er übernimmt ein Bild als Eingabe und endet mit einer `Dense`-Schicht mit einer einzelnen Einheit, die die Sigmoid-Aktivierungsfunktion nutzt. Für die zweite Phase jeder Trainingsiteration brauchen wir zudem das vollständige GAN-Modell mit dem Generator, auf den der Diskriminator folgt:

```
codings_size = 30

Dense = tf.keras.layers.Dense
generator = tf.keras.Sequential([
    Dense(100, activation="relu", kernel_initializer="he_normal"),
    Dense(150, activation="relu", kernel_initializer="he_normal"),
    Dense(28 * 28, activation="sigmoid"),
    tf.keras.layers.Reshape([28, 28])
])
discriminator = tf.keras.Sequential([
    tf.keras.layers.Flatten(),
    Dense(150, activation="relu", kernel_initializer="he_normal"),
    Dense(100, activation="relu", kernel_initializer="he_normal"),
    Dense(1, activation="sigmoid")
])
gan = tf.keras.Sequential([generator, discriminator])
```

Als Nächstes müssen wir diese Modelle kompilieren. Da es sich beim Diskriminator um einen binären Klassifikator handelt, können wir den binären Kreuzentropie-Verlust nutzen. Das gan-Modell ist ebenfalls ein binärer Klassifikator, daher kann es auch den binären Kreuzentropie-Verlust einsetzen. Der Generator wird trotzdem nur über das gan-Modell trainiert, daher müssen wir ihn gar nicht kompilieren. Wichtig ist, dass der Diskriminator nicht während der zweiten Phase trainiert werden soll, daher machen wir ihn nicht trainierbar, bevor wir das gan-Modell kompilieren:

```
discriminator.compile(loss="binary_crossentropy", optimizer="rmsprop")
discriminator.trainable = False
gan.compile(loss="binary_crossentropy", optimizer="rmsprop")
```

> Das Attribut trainable wird von Keras nur berücksichtigt, wenn es ein Modell kompiliert, daher ist der discriminator nach dem Ausführen dieses Codes durchaus trainierbar, wenn wir dessen Methode fit() oder train_on_batch() aufrufen (was wir tun werden). Er ist hingegen *nicht* trainierbar, wenn wir diese Methoden für das gan-Modell aufrufen.

Da die Trainingsschleife ungewöhnlich ist, können wir nicht die normale fit()-Methode einsetzen. Stattdessen werden wir eine eigene Trainingsschleife schreiben. Dazu müssen wir erst ein Dataset erzeugen, um über die Bilder zu iterieren:

```
batch_size = 32
dataset = tf.data.Dataset.from_tensor_slices(X_train).shuffle(buffer_size=1000)
dataset = dataset.batch(batch_size, drop_remainder=True).prefetch(1)
```

Nun können wir die Trainingsschleife schreiben. Verpacken wir sie in einer Funktion train_gan():

```
def train_gan(gan, dataset, batch_size, codings_size, n_epochs):
    generator, discriminator = gan.layers
    for epoch in range(n_epochs):
        for X_batch in dataset:
            # phase 1 - training the discriminator
            noise = tf.random.normal(shape=[batch_size, codings_size])
            generated_images = generator(noise)
            X_fake_and_real = tf.concat([generated_images, X_batch], axis=0)
            y1 = tf.constant([[0.]] * batch_size + [[1.]] * batch_size)
            discriminator.train_on_batch(X_fake_and_real, y1)
            # phase 2 - training the generator
            noise = tf.random.normal(shape=[batch_size, codings_size])
            y2 = tf.constant([[1.]] * batch_size)
            gan.train_on_batch(noise, y2)

train_gan(gan, dataset, batch_size, codings_size, n_epochs=50)
```

Sie können die beiden Phasen jeder Iteration sehen:

- In Phase 1 füttern wir den Generator mit gaußschem Rauschen, um künstliche Bilder zu erzeugen. Wir ergänzen diesen Batch mit einer gleichen Zahl von echten Bildern. Die Ziele y1 werden auf 0 für die künstlichen Bilder und auf 1 für echte Bilder gesetzt. Dann trainieren wir den Diskriminator mit diesem Batch. Denken Sie daran, dass der Diskriminator in dieser Phase trainierbar ist, wir den Generator aber nicht anfassen.
- In Phase 2 füttern wir das GAN mit gaußschem Rauschen. Sein Generator wird künstliche Bilder erzeugen, und der Diskriminator wird versuchen, her-

auszufinden, ob diese Bilder echt oder künstlich sind. In dieser Phase versuchen wir, den Generator zu verbessern, was heißt, dass wir wollen, dass der Diskriminator fehlschlägt: Darum werden die Ziele y2 alle auf 1 gesetzt, obwohl die Bilder künstlich sind. In dieser Phase ist der Diskriminator *nicht* trainierbar, daher wird sich im gan-Modell nur der Generator verbessern.

Das ist alles! Nach dem Training können Sie zufällig Codings aus einer gaußschen Verteilung auswählen und sie an den Generator übergeben, um neue Bilder zu erzeugen:

```
codings = tf.random.normal(shape=[batch_size, codings_size])
generated_images = generator.predict(codings)
```

Zeigen Sie die erzeugten Bilder an (siehe Abbildung 17-15), werden Sie feststellen, dass sie am Ende der ersten Epoche schon langsam wie (sehr verrauschte) Fashion-MNIST-Bilder aussehen.

Abbildung 17-15: Vom GAN nach einer Trainingsepoche generierte Bilder

Leider werden die Bilder auch nicht mehr viel besser, und Sie werden sogar Epochen erleben können, bei denen das GAN vergessen zu haben scheint, was es gelernt hat. Woran liegt das? Nun, es stellt sich heraus, dass das Trainieren eines GAN eine ziemliche Herausforderung sein kann. Schauen wir uns an, woran das liegt.

Schwierigkeiten beim Trainieren von GANs

Während des Trainings versuchen Generator und Diskriminator fortlaufend, sich gegenseitig in einem Nullsummenspiel auszutricksen. Mit fortschreitendem Training kann das Spiel in einem Status enden, den Spieltheoretiker als *Nash-Gleichgewicht* bezeichnen (benannt nach dem Mathematiker John Nash): Dann ist es für keinen der beiden Spieler besser, seine Strategie zu ändern, wenn der andere es auch nicht tut. So wird beispielsweise ein Nash-Gleichgewicht erreicht, wenn jeder auf der linken Seite der Straße fährt: Keinem Fahrer würde es besser ergehen, wenn er alleine auf die andere Seite wechselt. Natürlich gibt es noch ein zweites mögliches Nash-Gleichgewicht – wenn jeder auf der *rechten* Seite der Straße fährt. Unterschiedliche Ausgangszustände und Dynamiken können zu dem einen oder anderen Gleichgewicht führen. In diesem Beispiel gibt es eine einzige optimale Strategie, nachdem ein Gleichgewicht erreicht wurde (also auf derselben Seite zu fahren wie alle anderen), aber zu einem Nash-Gleichgewicht können auch mehrere konkurrierende Strategien gehören (zum Beispiel jagt ein Jäger seine Beute, die Beute versucht, zu entkommen, und keiner wäre besser dran, wenn er seine Strategie ändert).

Wie wirkt sich das nun auf GANs aus? Nun, die Autoren des GAN-Artikels haben gezeigt, dass ein GAN nur ein einziges Nash-Gleichgewicht erreichen kann: wenn der Generator perfekte realistische Bilder erzeugt und der Diskriminator gezwungen ist, zu raten (50% echt, 50% künstlich). Das klingt sehr vielversprechend: Sie müssen anscheinend das GAN nur lange genug trainieren, dann wird es dieses Gleichgewicht erreichen, und Sie erhalten einen perfekten Generator. Aber leider ist es nicht so einfach: Niemand garantiert, dass dieses Gleichgewicht jemals erreicht wird.

Die größte Schwierigkeit nennt sich *Mode Collapse* – wenn die Ausgabe des Generators nach und nach immer weniger unterschiedlich wird. Wie kann das geschehen? Stellen Sie sich vor, dass der Generator beim Generieren überzeugender Schuhe besser wird als für alle anderen Kategorien. Dann wird er den Diskriminator mit den Schuhen ein bisschen mehr täuschen, und das wird ihn darin bestärken, noch mehr Bilder mit Schuhen zu erzeugen. Nach und nach wird er vergessen, wie er etwas anderes generieren kann. Währenddessen wird der Diskriminator als künstliche Bilder nur Schuhe zu sehen bekommen und ebenfalls vergessen, wie er künstliche Bilder anderer Kategorien erkennt. Schließlich schafft es der Diskriminator, die künstlichen Schuhbilder von den echten zu unterscheiden, und der Generator ist gezwungen, sich einer anderen Kategorie zuzuwenden. Vielleicht wird er bei Shirts besser, vergisst die Schuhe, und der Diskriminator folgt ihm dorthin. Das GAN dreht sich nach und nach um ein paar Kategorien und wird niemals in einer von ihnen richtig gut.

Und weil Generator und Diskriminator fortlaufend gegeneinander kämpfen, oszillieren ihre Parameter und werden instabil. Das Training beginnt vielleicht ordentlich und divergiert dann aufgrund dieser Instabilitäten plötzlich ohne offensichtlichen Grund. Und weil diese komplexen Dynamiken von vielen Faktoren beeinflusst werden, reagieren GANs sehr empfindlich auf die Hyperparameter: Sie müssen eventuell sehr viel Aufwand treiben, um sie zu optimieren. Tatsächlich ist das der Grund, warum ich beim Kompilieren des Modells RMSProp statt Nadam genutzt habe: Beim Einsatz von Nadam hatte ich es mit einem ernsthaften Mode Collapse zu tun.

Diese Probleme haben Forscher seit 2014 ziemlich beschäftigt. Viele Artikel wurden zu diesem Thema veröffentlicht. Manche haben neue Kostenfunktionen vorgeschlagen[10] (allerdings hat ein Artikel (*https://homl.info/gansequal*)[11] aus dem Jahr 2018 deren Effizienz infrage gestellt), andere Techniken zum Stabilisieren des Trainings oder zum Vermeiden des Mode Collapse. So besteht beispielsweise eine verbreitete Technik namens *Experience Replay* darin, die vom Generator bei jeder Iteration erzeugten Bilder in einem Replay Buffer abzulegen (und dabei Schritt für Schritt ältere erzeugte Bilder zu verwerfen) und den Diskriminator mit echten Bildern plus künstlichen Bildern aus diesem Buffer zu trainieren (statt nur die vom aktuellen Generator erzeugten künstlichen Bilder zu nutzen). Damit verringert sich die Wahrscheinlichkeit, dass der Diskriminator zu sehr auf die Ausgaben des letzten Generators overfittet. Eine andere verbreitete Technik nennt sich *Mini-Batch Discrimination*: Sie misst, wie ähnlich sich die Bilder eines Batchs sind, und stellt diese Statistik dem Diskriminator zur Verfügung, sodass er problemlos einen ganzen Batch mit künstlichen Bildern verwerfen kann, wenn diese nicht abwechslungsreich genug sind. Damit wird der Generator darin gefördert, variantenreichere Bilder zu erzeugen und damit die Gefahr des Mode Collapse zu reduzieren. Andere Artikel schlagen einfach bestimmte Architekturen vor, die eine gute Performance liefern.

Kurz gesagt, ist das weiterhin ein sehr aktives Forschungsfeld, und die Dynamiken von GANs sind immer noch nicht ganz verstanden. Aber die gute Nachricht ist, dass große Fortschritte gemacht wurden und manche der Ergebnisse wirklich erstaunlich sind! Schauen wir uns also einige der erfolgreichsten Architekturen an, beginnend mit Deep Convolutional GANs, die vor ein paar Jahre State-of-the-Art waren. Dann wenden wir uns zwei aktuelleren (und komplexeren) Architekturen zu.

Deep Convolutional GANs

Die Autoren des ursprünglichen GAN-Artikels aus dem Jahr 2014 haben mit Convolutional Layers experimentiert, aber nur versucht, kleine Bilder zu erzeugen. Kurz darauf versuchten viele Forscher, GANs zu bauen, die für größere Bilder auf Deeper Convolutional Networks basierten. Das stellte sich als knifflig heraus, da das Training sehr instabil war, aber Alec Radford et al. konnten schließlich Ende 2015 Erfolge vorweisen, nachdem sie mit vielen verschiedenen Architekturen und Hyperparametern experimentiert hatten. Sie nannten ihre Architektur Deep Con-

10 Einen guten Vergleich der wichtigsten GAN-Verlustfunktionen finden Sie in diesem großartigen GitHub-Projekt (*https://homl.info/ganloss*) von Hwalsuk Lee.

11 Mario Lucic et al., »Are GANs Created Equal? A Large-Scale Study«, *Proceedings of the 32nd International Conference on Neural Information Processing Systems* (2018): 698–707.

volutional GANs (*https://homl.info/dcgan*) (DCGANs).[12] Dies sind die wichtigsten Richtlinien, die sie zum Bauen stabiler Convolutional GANs vorgeschlagen haben:

- Ersetzen Sie alle Pooling Layers durch Strided Convolutions (im Diskriminator) und Transposed Convolutions (im Generator).
- Nutzen Sie Batchnormalisierung sowohl im Generator wie auch im Diskriminator außer in der Ausgabeschicht des Generators und in der Eingabeschicht des Diskriminators.
- Entfernen Sie vollständig verbundene verborgene Schichten für tiefere Architekturen.
- Nutzen Sie die ReLU-Aktivierung im Generator für alle Schichten außer für die Ausgabeschicht, bei der tanh zum Einsatz kommen sollte.
- Nutzen Sie die Leaky-RELU-Aktivierung im Diskriminator für alle Schichten.

Diese Richtlinien funktionieren in den meisten Fällen, aber nicht immer, daher werden Sie eventuell trotzdem mit unterschiedlichen Hyperparametern experimentieren müssen. Tatsächlich reicht es manchmal aus, den Zufalls-Seed zu ändern und genau das gleiche Modell erneut zu trainieren. Hier sehen Sie ein kleines DCGAN, das mit Fashion MNIST ausreichend gut funktioniert:

```
codings_size = 100

generator = tf.keras.Sequential([
    tf.keras.layers.Dense(7 * 7 * 128),
    tf.keras.layers.Reshape([7, 7, 128]),
    tf.keras.layers.BatchNormalization(),
    tf.keras.layers.Conv2DTranspose(64, kernel_size=5, strides=2,
                                    padding="same", activation="relu"),
    tf.keras.layers.BatchNormalization(),
    tf.keras.layers.Conv2DTranspose(1, kernel_size=5, strides=2,
                                    padding="same", activation="tanh"),
])
discriminator = tf.keras.Sequential([
    tf.keras.layers.Conv2D(64, kernel_size=5, strides=2, padding="same",
                           activation=tf.keras.layers.LeakyReLU(0.2)),
    tf.keras.layers.Dropout(0.4),
    tf.keras.layers.Conv2D(128, kernel_size=5, strides=2, padding="same",
                           activation=tf.keras.layers.LeakyReLU(0.2)),
    tf.keras.layers.Dropout(0.4),
    tf.keras.layers.Flatten(),
    tf.keras.layers.Dense(1, activation="sigmoid")
])
gan = tf.keras.Sequential([generator, discriminator])
```

Der Generator hat Codings der Größe 100, projiziert sie auf 6.272 Dimensionen (7 × 7 × 128) und passt die Form des Ergebnisses an, um einen 7 × 7 × 128-Tensor zu erhalten. Dieser Tensor wird batchnormalisiert und an einen Transposed Con-

12 Alec Radford et al., »Unsupervised Representation Learning with Deep Convolutional Generative Adversarial Networks«, arXiv Preprint arXiv:1511.06434 (2015).

volutional Layer mit einer Schrittweite von 2 übergeben, der ihn von 7 × 7 auf 14 × 14 hochrechnet und seine Tiefe von 128 auf 64 reduziert. Das Ergebnis wird erneut batchnormalisiert und an einen weiteren Transposed Convolutional Layer mit einer Schrittweite von 2 übergeben, der ihn von 14 × 14 auf 28 × 28 hochskaliert und die Tiefe von 64 auf 1 verringert. Diese Schicht nutzt tanh als Aktivierungsfunktion, daher liegen die Ausgaben zwischen –1 und 1. Aus diesem Grund müssen wir den Trainingsdatensatz vor dem Trainieren des GAN auf den gleichen Bereich umskalieren. Zudem müssen wir seine Form anpassen, um die Kanaldimension hinzuzufügen:

```
X_train_dcgan = X_train.reshape(-1, 28, 28, 1) * 2. - 1. # Reshape und Rescale
```

Der Diskriminator sieht sehr wie ein normales CNN zur Binärklassifikation aus, nur dass er keine Max-Pooling Layers zum Herunterrechnen des Bilds nutzt, sondern Strided Convolutions (`strides=2`). Beachten Sie, dass wir als Aktivierungsfunktion Leaky ReLU verwenden. Insgesamt haben wir die DCGAN-Richtlinien beachtet – mit Ausnahme der `BatchNormalization`-Schichten im Diskriminator, die wir durch `Dropout`-Layer ersetzt haben; ansonsten wäre das Training in diesem Fall instabil gewesen. Sie dürfen gerne an dieser Architektur herumspielen – Sie werden sehen, wie empfindlich sie auf die Hyperparameter reagiert (insbesondere auf die relativen Lernraten der beiden Netze).

Um schließlich den Datensatz zu bauen und dieses Modell zu kompilieren und zu trainieren, können wir genau den gleichen Code wie zuvor verwenden. Nach 50 Trainingsepochen erzeugt der Generator Bilder wie die in Abbildung 17-16. Sie sind immer noch nicht perfekt, aber viele davon sind ziemlich überzeugend.

Abbildung 17-16: Vom DCGAN erzeugte Bilder nach 50 Trainingsepochen

Skalieren Sie diese Architektur hoch und trainieren sie mit einem großen Datensatz mit Gesichtern, können Sie recht realistische Bilder erhalten. Tatsächlich können

DCGANs auch latente Repräsentationen mit einer gewissen Bedeutung lernen, wie Sie in Abbildung 17-17 sehen: Es wurden viele Bilder erzeugt und neun davon manuell ausgewählt (oben links), unter anderem drei Männer mit Brille, drei Männer ohne Brille und drei Frauen ohne Brille. Für jede dieser Kategorien wurden die Codings, mit denen die Bilder erzeugt wurden, gemittelt, und basierend auf diesen mittleren Codings wurde ein Bild erzeugt (unten links). Kurz gesagt: Jedes der drei Bilder unten links repräsentiert den Mittelwert der drei Bilder darüber. Aber das ist nicht einfach ein simpler Durchschnitt auf Pixelebene (das würde zu drei überlappenden Gesichtern führen), sondern der Durchschnitt wurde im latenten Raum berechnet, sodass die Bilder immer noch normale Gesichter zeigen. Berechnen Sie nun Männer mit Brille, ziehen Männer ohne Brille ab, addieren Frauen ohne Brille – jeweils in Bezug auf die mittleren Codings – und erzeugen dann das Bild zu diesem Coding, erhalten Sie das Bild in der Mitte des 3 × 3-Rasters auf der rechten Seite: eine Frau mit Brille! Die acht anderen Bilder im Raster wurden mit dem gleichen Vektor erzeugt, dem ein bisschen Rauschen beigemischt wurde, um die semantischen Interpolationsfähigkeiten von DCGANs aufzuzeigen. Das Durchführen solcher Rechnungen mit Gesichtern fühlt sich wie Science-Fiction an!

DCGANs sind aber noch nicht perfekt. Versuchen Sie beispielsweise, sehr große Bilder damit zu erzeugen, erhalten Sie oft lokal überzeugende Merkmale, insgesamt aber Inkonsistenzen, wie zum Beispiel Shirts, bei denen ein Arm viel länger als der andere ist, unterschiedliche Ohrringe oder Augen, die in entgegengesetzte Richtungen schauen. Wie können Sie das beheben?

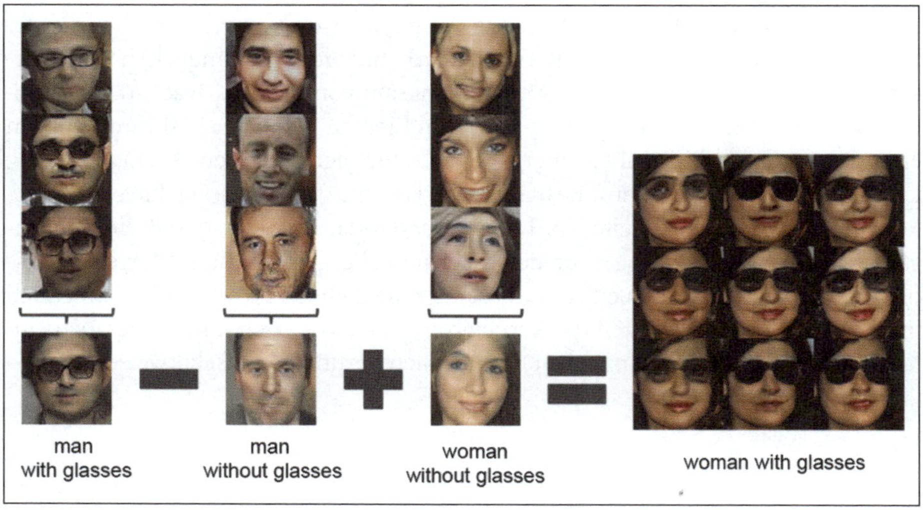

Abbildung 17-17: Vektorarithmetik für visuelle Konzepte (Teil von Abbidung 7 aus dem DCGAN-Artikel)[13]

13 Wiedergabe mit freundlicher Genehmigung durch die Autoren.

Übergeben Sie die Kategorie jedes Bilds als zusätzliche Eingabe an den Generator und den Diskriminator, werden beide lernen, wie jede Kategorie aussieht, und Sie werden die Kategorien jedes Bilds steuern können, das vom Generator erzeugt wird. Das nennt sich *Conditional GAN (https://homl.info/cgan)* (CGAN)[14].

Progressive wachsende GANs

Eine wichtige Technik wurde in einem Artikel (*https://homl.info/progan*)[15] von den Nvidia-Forschern Tero Karras et al. aus dem Jahr 2018 vorgeschlagen: Man erzeugt zu Beginn des Trainings kleine Bilder und fügt dann nach und nach Convolutional Layers zu Generator und Diskriminator hinzu, um immer größere Bilder zu erzeugen (4 × 4, 8 × 8, 16 × 16, ..., 512 × 512, 1024 × 1024). Dieses Vorgehen ähnelt dem schichtweisen Trainieren der Stacked Autoencoders. Die zusätzlichen Schichten werden am Ende des Generators und am Anfang des Diskriminators hinzugefügt, und die vorher trainierten Schichten bleiben dabei trainierbar.

Lässt man beispielsweise die Ausgaben des Generators von 4 × 4 auf 8 × 8 wachsen (siehe Abbildung 17-18), wird zum bestehenden Convolutional Layer (»Conv 1«) eine Upsampling-Schicht (mit Nearest Neighbor Filtering) hinzugefügt, um 8 × 8-Feature-Maps zu erzeugen. Diese werden dann an den neuen Convolutional Layer übergeben (»Conv 2«), auf den wiederum ein neuer Convolutional Layer zur Ausgabe folgt. Um zu vermeiden, dass die trainierten Gewichte von Conv 1 unbrauchbar werden, blenden wir nach und nach die beiden neuen Convolutional Layer ein (in Abbildung 17-18 durch gestrichelte Linien dargestellt) und die ursprüngliche Ausgabeschicht aus. Die abschließende Ausgabe ist eine gewichtete Summe der neuen Ausgabeschicht (mit dem Gewicht α) und der ursprünglichen Ausgabeschicht (mit dem Gewicht $1 - \alpha$), wobei α langsam von 0 nach 1 wächst. Eine ähnliche Fade-In/Fade-Out-Technik kommt zum Einsatz, wenn der Diskriminator um einen neuen Convolutional Layer ergänzt wird (gefolgt von einem Average Pooling Layer zum Herunterrechnen). Beachten Sie, dass alle Convolutional Layers `"same"`-Padding und eine Schrittweite von 1 nutzen, sodass sie die Höhe und Breite der Eingaben beibehalten. Dazu gehört der ursprüngliche Convolutional Layer, sodass dieser nun 8 × 8-Ausgaben erzeugt (da seine Eingaben jetzt 8 × 8 sind). Schließlich nutzen die Ausgabeschichten die Kernelgröße 1. Sie projizieren ihre Eingaben einfach auf die gewünschte Anzahl an Farbkanälen herunter (typischerweise 3).

---

14 Mehdi Mirza und Simon Osindero, »Conditional Generative Adversarial Nets«, arXiv Preprint arXiv: 1411.1784 (2014).

15 Tero Karras et al., »Progressive Growing of GANs for Improved Quality, Stability, and Variation«, *Proceedings of the International Conference on Learning Representations* (2018).

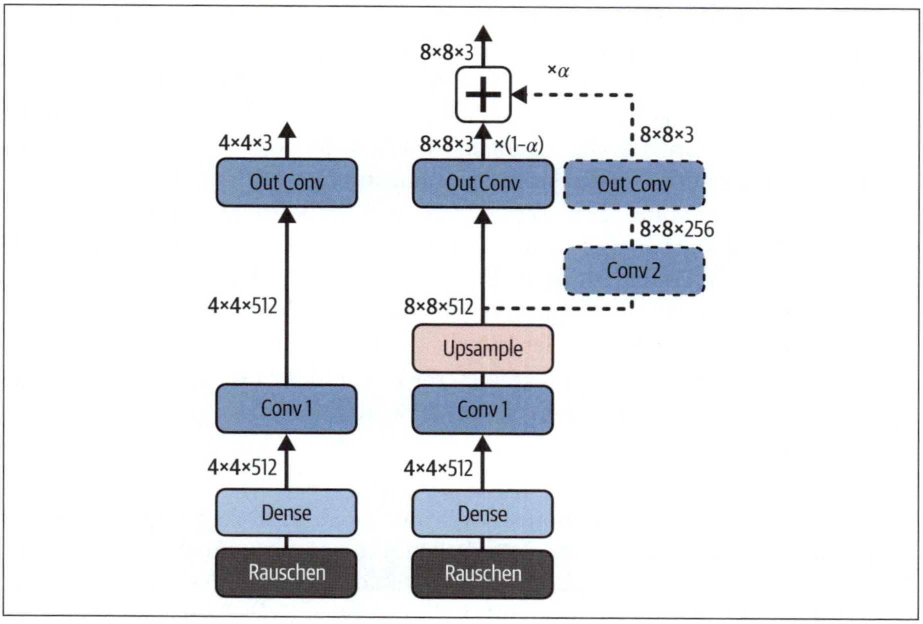

Abbildung 17-18: Progressiv wachsendes GAN: Ein GAN-Generator gibt 4 × 4-Farbbilder aus (links); wir erweitern ihn für eine Ausgabe von 8 × 8-Bildern (rechts).

In dem Artikel wurde noch eine Reihe weiterer Techniken vorgestellt, die die Diversität der Ausgaben steigern (um einen Mode Collapse zu vermeiden) und das Training stabiler machen sollen:

Mini-Batch-Standardabweichungsschicht
: Wird gegen Ende des Diskriminators hinzugefügt. Für jede Position in den Eingaben wird die Standardabweichung über alle Kanäle und alle Instanzen im Batch berechnet (`S = tf.math.reduce_std(inputs, axis=[0, -1])`). Diese Standardabweichungen werden dann über alle Punkte gemittelt, um einen einzelnen Wert zu erhalten (`v = tf.reduce_mean(S)`). Schließlich wird eine zusätzliche Feature Map zu jeder Instanz im Batch hinzugefügt und mit dem berechneten Wert gefüllt (`tf.concat([inputs, tf.fill([batch_size, height, width, 1], v)], axis=-1)`). Wie kann das helfen? Nun, wenn der Generator Bilder mit nur wenig Abwechslung erzeugt, wird es eine kleine Standardabweichung über die Feature Maps im Diskriminator geben. Dank dieser Schicht kann der Diskriminator problemlos auf diese Statistik zugreifen, und er lässt sich weniger leicht von einem Generator austricksen, der zu wenig Diversität erzeugt. Das wird den Generator darin bestärken, abwechslungsreichere Ausgaben zu generieren und damit das Risiko eines Mode Collapse zu verringern.

Ausgeglichene Lernrate
: Initialisiert alle Gewichte nicht mit der He-Initialisierung, sondern mit einer Normalverteilung mit dem Mittelwert 0 und der Standardabweichung 1. Aber die Gewichte werden zur Laufzeit (also jedes Mal, wenn die Schicht ausge-

führt wird) um den gleichen Faktor wie bei der He-Initialisierung herunterskaliert: Sie werden durch $\sqrt{2 / n_{\text{inputs}}}$ geteilt, wobei n_{inputs} die Anzahl an Eingaben für die Schicht ist. Der Artikel hat gezeigt, dass diese Technik die Leistung des GAN deutlich steigert, wenn RMSProp, Adam oder andere adaptive Gradientenoptimierer zum Einsatz kommen. Tatsächlich normalisieren diese Optimierer die Gradientenaktualisierungen mit ihrer geschätzten Standardabweichung (siehe Kapitel 11), daher müssen Parameter mit einem größeren Dynamikumfang[16] länger trainiert werden, während Parameter mit einem kleinen Dynamikumfang eventuell zu schnell aktualisiert werden, was zu Instabilitäten führen kann. Durch ein Umskalieren der Gewichte als Teil des Modells selbst statt nur bei der Initialisierung stellt dieser Ansatz sicher, dass der Dynamikumfang für alle Parameter während des Trainings der gleiche ist, sodass sie alle mit der gleichen Geschwindigkeit lernen. Das beschleunigt und stabilisiert das Training.

Normalisierungsschicht auf Pixelebene
: Wird nach jedem Convolutional Layer im Generator hinzugefügt. Sie normalisiert jede Aktivierung basierend auf allen Aktivierungen im gleichen Bild und an der gleichen Position, aber über alle Kanäle (geteilt durch die Wurzel der mittleren quadrierten Aktivierung). In TensorFlow-Code ist das `inputs / tf.sqrt(tf.reduce_mean(tf.square(X), axis=-1, keepdims=True) + 1e-8)` (der Glättungsterm `1e-8` wird benötigt, um eine Division durch null zu vermeiden). Diese Technik vermeidet Explosionen in den Aktivierungen aufgrund eines exzessiven Wettbewerbs zwischen Generator und Diskriminator.

Die Kombination all dieser Techniken hat es den Autoren erlaubt, außerordentlich überzeugende, hochaufgelöste Bilder von Gesichtern zu generieren (*https://homl.info/progandemo*). Aber was genau meinen wir mit »überzeugend«? Die Evaluation ist eine der großen Herausforderungen bei der Arbeit mit GANs: Es ist zwar möglich, die Diversität der generierten Bilder zu evaluieren, aber es ist eine viel schwierigere und subjektivere Aufgabe, deren Qualität zu bewerten. Eine Technik ist der Einsatz menschlicher Bewerter, aber das ist teuer und zeitaufwendig. Daher schlugen die Autoren vor, die Ähnlichkeit zwischen der lokalen Bildstruktur der generierten und der Trainingsbilder zu messen und dabei jede Skala zu berücksichtigen. Diese Idee führte zu einer weiteren bahnbrechenden Innovation: StyleGANs.

StyleGANs

Das Generieren hochauflösender Bilder wurde wieder einmal vom gleichen Nvidia-Team mit einem Artikel (*https://homl.info/stylegan*)[17] aus dem Jahr 2018 weiter vorangebracht. Darin wird die beliebte StyleGAN-Architektur vorgestellt. Die Auto-

16 Der Dynamikumfang einer Variablen ist das Verhältnis zwischen dem größten und kleinsten Wert, den sie annehmen kann.

17 Tero Karras et al., »A Style-Based Generator Architecture for Generative Adversarial Networks«, arXiv Preprint arXiv:1812.04948 (2018).

ren nutzten *Style-Transfer*-Techniken im Generator, um sicherzustellen, dass die generierten Bilder auf jeder Skalenebene die gleiche lokale Struktur wie die Trainingsbilder besitzen, womit die Qualität der erzeugten Bilder sehr stark verbessert wurde. Der Diskriminator und die Verlustfunktion wurden nicht verändert – nur der Generator. Ein StyleGAN besteht aus zwei Netzwerken (siehe Abbildung 17-19):

Mapping Network
: Ein MLP mit acht Schichten bildet die latenten Repräsentationen **z** (also die Codings) auf einen Vektor **w** ab. Dieser Vektor wird dann durch mehrere *affine Transformationen* geschickt (also `Dense`-Schichten ohne Aktivierungsfunktionen, die in Abbildung 17-19 durch die A-Kästchen symbolisiert werden), die mehrere Vektoren erzeugen. Diese Vektoren steuern den Stil des generierten Bilds auf unterschiedlichen Stufen, von feingranularen Texturen (zum Beispiel der Haarfarbe) bis hin zu High-Level-Features (zum Beispiel Erwachsene oder Kinder). Kurz gesagt, das Mapping Network bildet die Codings auf mehrere Stilvektoren ab.

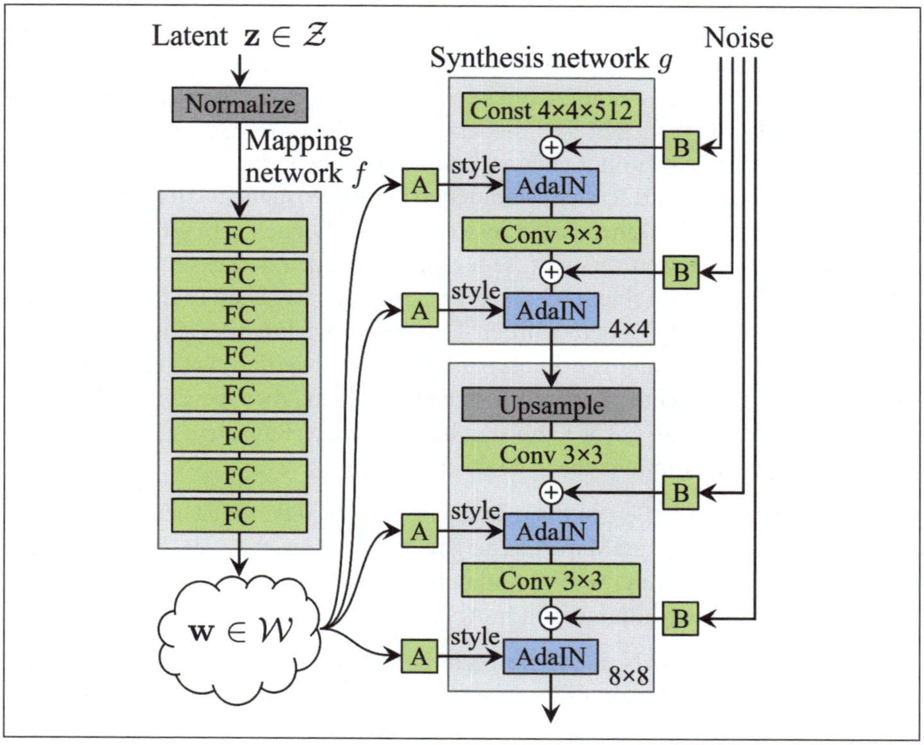

Abbildung 17-19: Die Generatorarchitektur der StyleGANs (Teil von Abbildung 1 aus dem StyleGAN-Artikel)[18]

18 Wiedergabe mit freundlicher Genehmigung durch die Autoren.

Synthesis Network
: Verantwortlich für das Generieren der Bilder. Es besitzt eine konstante erlernte Eingabe (um es klarzustellen, die Eingabe wird *nach* dem Training konstant sein, *während* des Trainings wird sie per Backpropagation angepasst) und verarbeitet diese Eingabe wie zuvor über mehrere Convolutional und Upsampling Layers, aber es gibt zwei Veränderungen. Die Eingabe und alle Ausgaben der Convolutional Layers werden mit etwas Rauschen versehen (vor der Aktivierungsfunktion). Und auf jede Rauschschicht folgt eine *Adaptive-Instance-Normalization*-(AdaIN-)Schicht: Sie standardisiert jede Feature Map unabhängig voneinander (indem sie den Mittelwert der Feature Map von ihr abzieht und durch ihre Standardabweichung teilt), dann nutzt sie den Stilvektor, um Skala und Offset jeder Feature Map zu bestimmen (der Stilvektor enthält eine Skala und einen Bias-Term für jede Feature Map).

Es ist sehr wichtig, das Rauschen unabhängig von den Codings hinzuzufügen. Manche Teile eines Bilds sind ziemlich zufällig, wie zum Beispiel die genaue Position jedes Flecks oder jedes Haars. In früheren GANs musste diese Zufälligkeit entweder aus den Codings oder aus pseudozufälligem Rauschen kommen, das vom Generator selbst erzeugt wurde. Kam sie aus den Codings, hieß das, dass der Generator einen signifikanten Teil der Repräsentation der Codings abzweigen musste, um Rauschen zu steuern – eine ziemliche Verschwendung. Zudem musste das Rauschen durch das Netz fließen und die letzten Schichten des Generators erreichen können: Das schien eine unnötige Einschränkung zu sein, die das Training vermutlich verlangsamt hat. Und schließlich tauchen manche visuellen Artefakte eventuell auf, weil das gleiche Rauschen auf unterschiedlichen Ebenen genutzt wurde. Wenn der Generator stattdessen versucht, sein eigenes pseudozufälliges Rauschen zu erzeugen, mag dieses Rauschen nicht sehr überzeugend aussehen und zu mehr visuellen Artefakten führen. Zudem würden Teile der Gewichte des Generators für das Erzeugen des pseudozufälligen Rauschens eingesetzt werden, was ebenfalls nach Verschwendung aussieht. Durch zusätzliche Rauscheingaben werden all diese Probleme vermieden – das GAN kann das bereitgestellte Rauschen für die richtige Menge an Stochastizität in jedem Teil des Bilds einsetzen.

Das hinzugefügte Rauschen ist für jede Ebene anders. Jede Rauscheingabe besteht aus einer einzelnen Feature Map voll mit gaußschem Rauschen, das an alle Feature Maps (der gegebenen Stufe) verteilt und mithilfe gelernter Per-Feature-Skalierungsfaktoren angepasst wird (dargestellt in Abbildung 17-19 durch die B-Boxen).

Schließlich setzt StyleGAN noch eine Technik namens *Mixing Regularization* (oder *Style Mixing*) ein, bei der ein Prozentsatz der generierten Bilder mit zwei verschiedenen Codings erzeugt wird. Genauer gesagt, werden die Codings $\mathbf{c}_1$ und $\mathbf{c}_2$ durch das Mapping Network geschickt, was zu zwei Stilvektoren $\mathbf{w}_1$ und $\mathbf{w}_2$ führt. Dann generiert das Synthesis Network ein Bild basierend auf den Stilen $\mathbf{w}_1$ für die ersten Ebenen und mit den Stilen $\mathbf{w}_2$ für die restlichen Ebenen. Die Grenze wird zufällig ausgewählt. Das verhindert, dass das Netz davon ausgeht, dass Stile auf aneinandergrenzenden Ebenen in Korrelation zueinander stehen, was wiederum eine Lokalität im GAN unterstützt – jeder Stilvektor beeinflusst nur eine begrenzte Zahl von Eigenschaften im generierten Bild.

Es gibt so viele verschiedene GANs da draußen, dass ein ganzes Buch erforderlich wäre, um sie alle abzudecken. Hoffentlich hat Ihnen diese Einführung die wichtigsten Ideen vermitteln können – und vor allem den Wunsch, mehr darüber zu lernen. Versuchen Sie, Ihr eigenes GAN zu implementieren. Seien Sie nicht enttäuscht, wenn das Lernen zuerst schwierig ist: Leider ist das normal, und Sie brauchen ein bisschen Geduld, bis es funktioniert, aber die Ergebnisse sind es wert. Schlagen Sie sich mit einem Implementierungsdetail herum, gibt es viele Keras- oder TensorFlow-Implementierungen, die Sie sich anschauen können. Wollen Sie nur schnell Ergebnisse haben, können Sie auch ein vortrainiertes Modell nutzen (es gibt zum Beispiel vortrainierte StyleGAN-Modelle für Keras).

Nachdem wir uns nun mit Autoencodern und GANs befasst haben, wollen wir uns noch eine dritte Art von Architektur anschauen – den Diffusionsmodellen.

Diffusionsmodelle

Die Idee, die hinter den Diffusionsmodellen steht, geisterte schon viele Jahre herum, aber sie wurde erstmals in moderner Form in einem Artikel (*https://homl.info/diffusion*) aus dem Jahr 2015 von Jascha Sohl-Dickstein et al. von der Stanford University und der UC Berkley formalisiert.[19] Die Autoren wandten Werkzeuge aus der Thermodynamik an, um einen Diffusionsprozess zu modellieren – ähnlich wie ein Tropfen Milch in einer Tasse Tee diffundiert. Die zentrale Idee ist, ein Modell darin zu trainieren, den umgekehrten Prozess zu erlernen: Man beginnt mit einem vollständig durchmischten Zustand und »entmischt« die Milch nach und nach aus dem Tee. Mit dieser Idee wurden vielversprechende Ergebnisse bei der Bilderzeugung erreicht, aber da GANs damals überzeugendere Bilder schufen, erhielten die Diffusionsmodelle nicht so viel Aufmerksamkeit.

Dann schafften es im Jahr 2020 Jonathan Ho et al. (*https://homl.info/ddpm*),[20] ebenfalls von der UC Berkeley, ein Diffusionsmodell zu bauen, das hoch realistische Bilder generieren konnte. Sie nannten es *Denoising Diffusion Probabilistic Model* (DDPM). Ein paar Monate später im Jahr 2021 analysierte ein Artikel (*https://homl.info/ddpm2*) von Alex Nichol und Prafulla Dhariwal[21] die DDPM-Architektur und schlug diverse Verbesserungen vor. Diese ermöglichten den DDPMs schließlich, die GANs zu schlagen: DDPMs lassen sich nicht nur viel einfacher trainieren als GANs, die generierten Bilder sind auch viel diverser und von noch höherer Quali-

19 Jascha Sohl-Dickstein et al., »Deep Unsupervised Learning using Nonequilibrium Thermodynamics«, arXiv Preprint arXiv:1503.03585 (2015).

20 Jonathan Ho et al., »Denoising Diffusion Probabilistic Models« (2020).

21 Alex Nichol und Prafulla Dhariwal, »Improved Denoising Diffusion Probabilistic Models« (2021).

tät. Der größte Nachteil von DDPMs ist – wie Sie noch sehen werden –, dass es, verglichen mit GANs und VAEs, sehr lange dauert, Bilder zu erzeugen.

Wie funktioniert nun ein DDPM genau? Nun, stellen Sie sich vor, Sie beginnen mit dem Bild einer Katze (so wie das in Abbildung 17-20), bezeichnet als $\mathbf{x}_0$. Bei jedem Zeitschritt t fügen Sie dem Bild ein bisschen gaußsches Rauschen mit dem Mittelwert 0 und der Varianz β_t hinzu. Dieses Rauschen ist für jedes Pixel unabhängig – wir nennen es *isotrop*. Sie erhalten erst das Bild $\mathbf{x}_1$, dann $\mathbf{x}_2$ und so weiter, bis die Katze vollständig durch das Rauschen verborgen und nicht mehr zu sehen ist. Der letzte Zeitschritt wird mit T bezeichnet. Im ursprünglichen DDPM-Artikel verwendeten die Autoren $T = 1000$ und passten den Verlauf der Varianz β_t so an, dass das Katzensignal zwischen den Zeitschritten 0 und T linear verschwand. Im verbesserten DDPM-Artikel wurde T auf 4000 hochgesetzt und der Verlauf der Varianz so angepasst, dass sie zu Beginn und zum Ende hin kleiner war. Kurz gesagt, wir ertränken die Katze nach und nach in Rauschen – das ist der *Vorwärtsprozess*.

Durch das schrittweise Hinzufügen von gaußschem Rauschen im Vorwärtsprozess wird die Verteilung der Pixelwerte mehr und mehr eine gaußsche. Ein wichtiges Detail, das ich bisher nicht erwähnt habe, ist, dass die Pixelwerte bei jedem Schritt ein klein wenig mit einem Faktor von $\sqrt{1-\beta_t}$ skaliert werden. Damit wird sichergestellt, dass der Mittelwert der Pixelwerte nach und nach zu null tendiert, da der Skalierungsfaktor ein bisschen kleiner als 1 ist (stellen Sie sich vor, wiederholt mit einem Wert von 0,99 zu multiplizieren). Zudem wird so dafür gesorgt, dass die Varianz nach und nach zu 1 tendiert. Das liegt daran, dass die Standardabweichung der Pixelwerte ebenfalls mit $\sqrt{1-\beta_t}$ skaliert wird, sodass die Varianz mit $1 - \beta_t$ skaliert wird (also dem Quadrat des Skalierungsfaktors). Die Varianz kann aber nicht auf 0 sinken, da wir bei jedem Schritt gaußsches Rauschen mit der Varianz β_t hinzufügen. Und da sich Varianzen aufaddieren, wenn Sie gaußsche Verteilungen summieren, können Sie sehen, dass die Varianz nur gegen $1 - \beta_t + \beta_t$ tendieren kann.

Der Vorwärts-Diffusionsprozess ist in Formel 17-5 zusammengefasst. Diese Gleichung erzählt Ihnen nichts Neues über den Vorwärtsprozess, aber sie ist nützlich, um diese Art mathematischer Notation zu verstehen, da sie in ML-Artikeln häufig verwendet wird. Diese Gleichung definiert die Wahrscheinlichkeitsverteilung q von $\mathbf{x}_t$ bei gegebenem $\mathbf{x}_{t-1}$ als gaußsche Verteilung mit dem Mittelwert $\mathbf{x}_{t-1}$ mal dem Skalierungsfaktor und mit einer Kovarianzmatrix gleich $\beta_t\mathbf{I}$. Das ist die Einheitsmatrix $\mathbf{I}$ multipliziert mit β_t, was bedeutet, dass das Rauschen isotrop mit der Varianz β_t ist.

Formel 17-5: Wahrscheinlichkeitsverteilung q des Vorwärts-Diffusionsprozesses

$$q\left(\mathbf{x}_t \mid \mathbf{x}_{t-1}\right) = \mathcal{N}\left(\sqrt{1-\beta_t}\,\mathbf{x}_{t-1}, \beta_t\mathbf{I}\right)$$

Interessanterweise gibt es eine Abkürzung für den Vorwärtsprozess: Es ist möglich, ein Bild $\mathbf{x}_t$ bei gegebenem $\mathbf{x}_0$ zu erstellen, ohne erst $\mathbf{x}_1$, $\mathbf{x}_2$, ..., $\mathbf{x}_{t-1}$ zu berechnen. Denn da die Summe mehrerer gaußscher Verteilungen ebenfalls eine gaußsche Verteilung ist, lässt sich das gesamte Rauschen auf einmal wie in Formel 17-6 hinzufügen. Das ist die Gleichung, die wir verwenden werden, da sie viel schneller ist.

Formel 17-6: Abkürzung für den Vorwärts-Diffusionsprozess

$$q\left(\mathbf{x}_t \mid \mathbf{x}_0\right) = \mathcal{N}\left(\sqrt{\bar{\alpha}_t}\mathbf{x}_0, \left(1 - \bar{\alpha}_t\right)\mathbf{I}\right)$$

Unser Ziel ist natürlich nicht, Katzen im Rauschen ertrinken zu lassen. Ganz im Gegenteil – wir wollen viele neue Katzen erstellen! Das erreichen wir, indem wir ein Modell trainieren, das den *Rückwärtsprozess* beherrscht – also den Weg von $\mathbf{x}_t$ nach $\mathbf{x}_{t-1}$. Dann können wir damit ein bisschen Rauschen aus einem Bild entfernen und die Operation so oft wiederholen, bis das gesamte Rauschen verschwunden ist. Trainieren wir das Modell mit einem Datensatz mit vielen Katzenbildern, können wir ihm ein Bild geben, das komplett mit gaußschem Rauschen gefüllt ist, und es wird nach und nach eine niegelnagelneue Katze erscheinen lassen (siehe Abbildung 17-20).

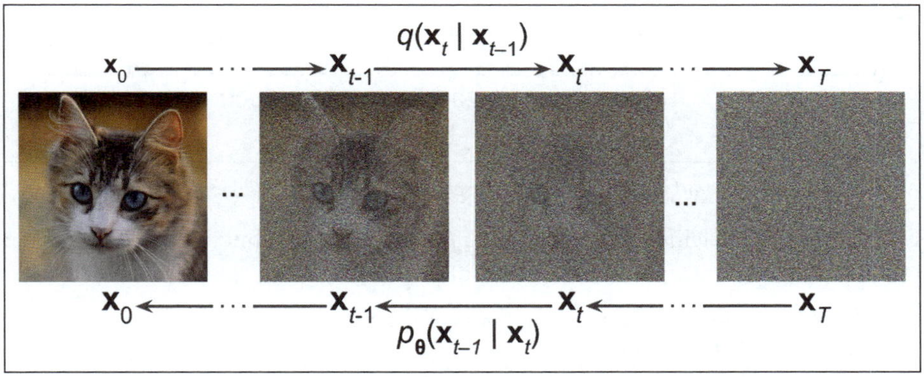

Abbildung 17-20: Der Vorwärtsprozess q und der Rückwärtsprozess p

Okay, schreiben wir den Code! Als Erstes brauchen wir den für den Vorwärtsprozess. Dazu müssen wir den Varianzverlauf implementieren. Wie können wir steuern, wie schnell die Katze verschwindet? Initial kommen 100% der Varianz aus dem ursprünglichen Katzenbild. Dann wird sie, wie weiter oben erklärt, bei jedem Zeitschritt t mit $1 - \beta_t$ multipliziert, und Rauschen wird hinzugefügt. Der Teil der Varianz, der aus der ursprünglichen Verteilung kommt, sinkt also bei jedem Schritt um einen Faktor $1 - \beta_t$. Definieren wir $\alpha_t = 1 - \beta_t$, wird das Katzensignal nach t Zeitschritten mit einem Faktor $\bar{\alpha}_t = \alpha_1 \times \alpha_2 \times \ldots \times \alpha_t = \bar{\alpha}_t = \prod_{i=1}^{t} \alpha_t$ multipliziert. Für diesen »Katzensignal«-Faktor $\bar{\alpha}_t$ wollen wir einen Verlauf nutzen, der ihn zwischen den Zeitschritten 0 und T nach und nach von 1 nach 0 gehen lässt. Im verbesserten DDPM-Artikel nutzen die Autoren einen Verlauf von $\bar{\alpha}_t$ laut Formel 17-7. Dieser ist in Abbildung 17-21 dargestellt.

Formel 17-7: Gleichung für den Verlauf der Varianz für den Vorwärts-Diffusionsprozess

$$\beta_t = 1 - \frac{\bar{\alpha}_t}{\bar{\alpha}_{t-1}}, \text{ mit } \bar{\alpha}_t = \frac{f(t)}{f(0)} \text{ und } f\left(t\right) = \cos\left(\frac{t / T + s}{1 + s} \cdot \frac{\pi}{2}\right)^2$$

In dieser Gleichung gilt:

- s ist ein kleiner Wert, der verhindert, dass β_t in der Nähe von $t = 0$ zu klein ist. Im Artikel haben die Autoren $s = 0{,}008$ gewählt.
- β_t wird so abgeschnitten, dass es nicht größer als 0,999 ist, um Instabilitäten in der Nähe von $t = T$ zu vermeiden.

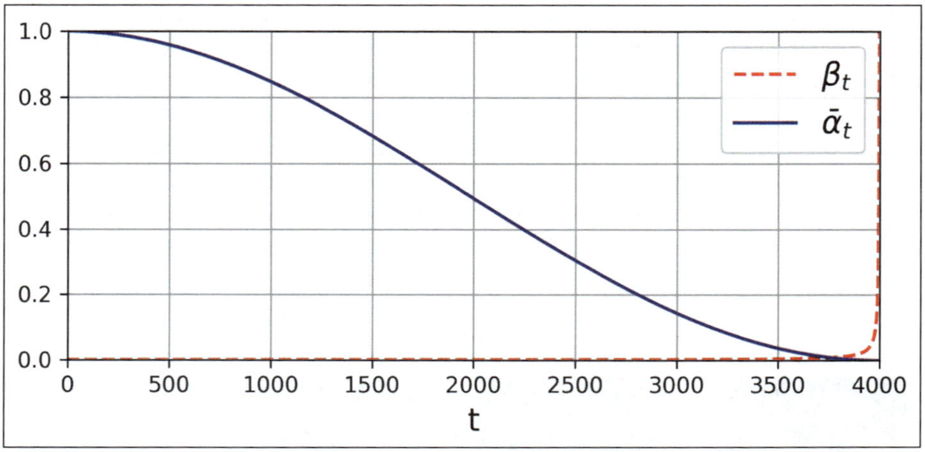

Abbildung 17-21: Verlauf der Varianz des Rauschens β_t und des verbleibenden Signals $\bar{\alpha}_t$

Erstellen wir eine kleine Funktion, um α_t, β_t und $\bar{\alpha}_t$ zu berechnen, und rufen wir sie mit $T = 4.000$ auf:

```
def variance_schedule(T, s=0.008, max_beta=0.999):
    t = np.arange(T + 1)
    f = np.cos((t / T + s) / (1 + s) * np.pi / 2) ** 2
    alpha = np.clip(f[1:] / f[:-1], 1 - max_beta, 1)
    alpha = np.append(1, alpha).astype(np.float32)  # α₀ = 1 hinzufügen
    beta = 1 - alpha
    alpha_cumprod = np.cumprod(alpha)
    return alpha, alpha_cumprod, beta  # αₜ ,ᾱₜ , βₜ für t = 0 bis T

T = 4000
alpha, alpha_cumprod, beta = variance_schedule(T)
```

Um unser Modell für die Umkehrung des Diffusionsprozesses zu trainieren, brauchen wir verrauschte Bilder von unterschiedlichen Zeitschritten des Vorwärtsprozesses. Dazu erstellen wir eine Funktion `prepare_batch()`, die einen Batch mit sauberen Bildern aus dem Datensatz übernimmt und sie vorbereitet:

```
def prepare_batch(X):
    X = tf.cast(X[..., tf.newaxis], tf.float32) * 2 - 1  # von -1 bis +1 skalieren
    X_shape = tf.shape(X)
    t = tf.random.uniform([X_shape[0]], minval=1, maxval=T + 1, dtype=tf.int32)
    alpha_cm = tf.gather(alpha_cumprod, t)
    alpha_cm = tf.reshape(alpha_cm, [X_shape[0]] + [1] * (len(X_shape) - 1))
    noise = tf.random.normal(X_shape)
    return {
```

```
        "X_noisy": alpha_cm ** 0.5 * X + (1 - alpha_cm) ** 0.5 * noise,
        "time": t,
    }, noise
```

Gehen wir diesen Code durch:

- Aus Gründen der Einfachheit nutzen wir Fashion MNIST, daher muss die Funktion zuerst eine Kanalachse hinzufügen. Sie hilft außerdem dabei, die Pixelwerte auf den Bereich von –1 bis 1 zu skalieren, sodass sie näher an der anvisierten gaußschen Verteilung mit Mittelwert 0 und Varianz 1 liegen.
- Als Nächstes erstellt die Funktion `t`. Das ist ein Vektor mit einem zufälligen Zeitschritt für jedes Bild im Batch zwischen 1 und *T*.
- Nun kommt `tf.gather()` zum Einsatz, um den Wert von `alpha_cumprod` für jeden der Zeitschritte im Vektor `t` zu erhalten. Das liefert uns den Vektor `alpha_cm`, der einen Wert von $\bar{\alpha}_t$ für jedes Bild enthält.
- In der nächsten Zeile wird die Form von `alpha_cm` von [*Batchgröße*] nach [*Batchgröße*, 1, 1, 1] verändert. Das ist notwendig, um sicherzustellen, dass `alpha_cm` zusammen mit dem Batch `X` verteilt werden kann.
- Jetzt erzeugen wir gaußsches Rauschen mit dem Mittelwert 0 und der Varianz 1.
- Schließlich nutzen wir Formel 17-6, um den Diffusionsprozess auf die Bilder anzuwenden. Beachten Sie, dass `x ** 0.5` die Wurzel von `x` ist. Die Funktion gibt ein Tupel mit den Eingaben und den Zielen zurück. Die Eingaben werden als Python-`dict` repräsentiert, das die verrauschten Bilder und die dafür genutzten Zeitschritte enthält. Die Ziele sind das gaußsche Rauschen, das zum Erzeugen jedes Bilds verwendet wurde.

> Mit diesem Setting wird das Modell das Rauschen vorhersagen, das von den Eingabebildern abgezogen werden müsste, um die Originalbilder zu erhalten. Warum sagen wir nicht die Originalbilder direkt voraus? Nun, die Autoren haben es ausprobiert, und es hat einfach nicht so gut funktioniert.

Als Nächstes werden wir einen Trainingsdatensatz und einen Validierungsdatensatz erstellen, der die Funktion `prepare_batch()` auf jeden Batch anwendet. Wie zuvor enthalten `X_train` und `X_valid` die Bilder aus Fashion MNIST mit Pixeln im Bereich von 0 bis 1:

```
def prepare_dataset(X, batch_size=32, shuffle=False):
    ds = tf.data.Dataset.from_tensor_slices(X)
    if shuffle:
        ds = ds.shuffle(buffer_size=10_000)
    return ds.batch(batch_size).map(prepare_batch).prefetch(1)

train_set = prepare_dataset(X_train, batch_size=32, shuffle=True)
valid_set = prepare_dataset(X_valid, batch_size=32)
```

Jetzt können wir das eigentliche Diffusionsmodell bauen. Es kann ein beliebiges Modell sein, solange es die verrauschten Bilder als Eingaben übernimmt und das Rauschen vorhersagt, das von den Eingabebildern abgezogen werden muss:

```
def build_diffusion_model():
    X_noisy = tf.keras.layers.Input(shape=[28, 28, 1], name="X_noisy")
    time_input = tf.keras.layers.Input(shape=[], dtype=tf.int32, name="time")
    [...]  # Modell aus den verrauschten Bildern und den Zeitschritten bauen
    outputs = [...]  # Rauschen vorhersagen (gleiche Form wie die Eingabeformen)
    return tf.keras.Model(inputs=[X_noisy, time_input], outputs=[outputs])
```

Die DDPM-Autoren haben eine modifizierte U-Net-Architektur (*https://homl.info/unet*) verwendet,[22] die viel Ähnlichkeit mit der in Kapitel 14 besprochenen FCN-Architektur zur semantischen Segmentierung besitzt: Es handelt sich um ein Convolutional Neural Network, das die Eingabebilder Schritt für Schritt kleiner rechnet, sie dann wieder Schritt für Schritt größer rechnet und Skip-Verbindungen nutzt, die von jeder Ebene des Downsampling-Teils zur entsprechenden Ebene des Upsampling-Teils führen. Um die Zeitschritte zu berücksichtigen, codiert das Modell sie mit der gleichen Technik wie die Positional Encodings in der Tranformer-Architektur (siehe Kapitel 16). Diese Zeit-Encodings werden auf jeder Ebene der U-Net-Architektur per `Dense`-Schichten an das U-Net übergeben. Schließlich kommen auch noch Multi-Head Attention Layers auf diversen Ebenen zum Einsatz. Im Notebook zu diesem Kapitel finden Sie eine grundlegende Implementierung davon, auf *https://homl.info/ddpmcode* gibt es die offizielle Implementierung. Letztere basiert auf TF 1.x, was zwar veraltet, aber ziemlich gut lesbar ist.

Wir können das Modell jetzt ganz normal trainieren. Die Autoren haben angemerkt, dass die MAE-Verlustfunktion besser funktioniert hat als MSE. Sie können auch die Huber-Verlustfunktion verwenden:

```
model = build_diffusion_model()
model.compile(loss=tf.keras.losses.Huber(), optimizer="nadam")
history = model.fit(train_set, validation_data=valid_set, epochs=100)
```

Ist das Modell trainiert, können Sie damit neue Bilder erzeugen. Leider gibt es keine Abkürzung beim umgekehrten Diffusionsprozess, daher müssen Sie $\mathbf{x}_T$ zufällig aus einer gaußschen Verteilung mit Mittelwert 0 und Varianz 1 erstellen und dies dann dem Modell zum Vorhersagen des Rauschens übergeben. Dann ziehen Sie es vom Bild mittels Formel 17-8 ab und erhalten $\mathbf{x}_{T-1}$. Wiederholen Sie den Prozess 3.999 mal, bis Sie $\mathbf{x}_0$ erhalten. Geht alles gut, sollte das wie ein normales Bild des Fashion MNIST aussehen!

Formel 17-8: Gleichung für den Verlauf der Varianz für den Vorwärts-Diffusionsprozess

$$\mathbf{x}_{t-1} = \frac{1}{\sqrt{\alpha_t}}\left(\mathbf{x}_t - \frac{\beta_t}{\sqrt{1-\bar{\alpha}_t}}\boldsymbol{\epsilon}_{\boldsymbol{\theta}}\left(\mathbf{x}_t, t\right)\right) + \sqrt{\beta_t}\mathbf{z}$$

22 Olaf Ronneberger et al., »U-Net: Convolutional Networks for Biomedical Image Segmentation«, arXiv Preprint arXiv:1505.04597 (2015).

In dieser Gleichung steht $\boldsymbol{\epsilon}_{\boldsymbol{\theta}}(\mathbf{x}_t, t)$ für das Rauschen, das das Modell für das Eingabebild $\mathbf{x}_t$ und den Zeitschritt t vorhergesagt hat. $\boldsymbol{\theta}$ repräsentiert die Modellparameter. $\mathbf{z}$ ist zudem gaußsches Rauschen mit Mittelwert 0 und Varianz 1. Damit wird der Rückwärtsprozess stochastisch: Lassen Sie ihn mehrfach laufen, erhalten Sie unterschiedliche Bilder.

Schreiben wir eine Funktion, die diesen Rückwärtsprozess implementiert, und rufen wir sie für ein paar Bilder auf:

```
def generate(model, batch_size=32):
    X = tf.random.normal([batch_size, 28, 28, 1])
    for t in range(T, 0, -1):
        noise = (tf.random.normal if t > 1 else tf.zeros)(tf.shape(X))
        X_noise = model({"X_noisy": X, "time": tf.constant([t] * batch_size)})
        X = (
            1 / alpha[t] ** 0.5
            * (X - beta[t] / (1 - alpha_cumprod[t]) ** 0.5 * X_noise)
            + (1 - alpha[t]) ** 0.5 * noise
        )
    return X

X_gen = generate(model)  # erzeugte Bilder
```

Das kann ein oder zwei Minuten dauern, und das ist auch schon der größte Nachteil von Diffusionsmodellen: Bilder zu erzeugen, ist langsam, da das Modell viele Male aufgerufen werden muss. Es ist möglich, das Ganze zu beschleunigen, indem kleinere Werte für T genutzt oder die gleichen Modellvorhersagen für mehrere Schritte auf einmal eingesetzt werden, die sich so ergebenden Bilder sehen dann jedoch meist nicht so schön aus. Aber abgesehen von ihren Geschwindigkeitsproblemen schaffen Diffusionsmodelle hochwertige und diverse Bilder, wie Sie in Abbildung 17-22 sehen können.

Abbildung 17-22: Bilder, die mit dem DDPM erzeugt wurden

Diffusionsmodelle haben in letzter Zeit erstaunliche Fortschritte gemacht. Im Dezember 2021 hat ein Artikel (*https://homl.info/latentdiff*) von Robin Rombach, Andreas Blattmann et al.[23] *latente Diffusionsmodelle* eingeführt, bei denen der Diffusionsprozess statt im Pixelraum im latenten Raum stattfindet. Um das zu erreichen, wird ein leistungsfähiger Autoencoder genutzt, um jedes Trainingsbild in einen viel kleineren latenten Raum zu komprimieren, wo dann der Diffusionsprozess stattfindet. Danach wird der Autoencoder verwendet, um die sich so ergebende latente Repräsentation zu dekomprimieren und das Ausgabebild zu erzeugen. Das beschleunigt die Bilderzeugung deutlich und verringert Zeit und Kosten für das Training drastisch. Zudem ist die Qualität der so generierten Bilder erstaunlich.

Die Forscher haben zudem eine Reihe von Aufbereitungstechniken übernommen, um den Diffusionsprozess mittels Textprompts, Bildern oder anderen Eingaben zu leiten. Das ermöglicht es, ein schönes, hochaufgelöstes Bild eines Salamanders zu erzeugen, der ein Buch liest – oder etwas beliebig anderes, das Sie cool finden. Sie können den Bilderzeugungsprozess auch mit einem Eingabebild unterstützen. Das ermöglicht viele Anwendungen, etwa Outpainting – bei dem ein Eingabebild über seine Grenzen hinweg erweitert wird – oder Inpainting – hier werden Löcher in einem Bild gefüllt.

Schließlich wurde ein leistungsfähiges, vortrainiertes, latentes Diffusionsmodell namens *Stable Diffusion* im August 2022 zu Open Source – durch eine Zusammenarbeit der LMU München mit ein paar Firmen wie StabilityAI und Runway sowie mit Unterstützung durch EleutherAI und LAION. Im September 2022 wurde es nach TensorFlow portiert und in KerasCV (*https://keras.io/keras_cv*) aufgenommen – eine Bibliothek zur Bildverarbeitung vom Keras-Team. Jetzt kann jeder innerhalb von Sekunden kostenlos beeindruckende Bilder erzeugen – selbst auf einem normalen Laptop (siehe die letzte Übung in diesem Kapitel). Das bringt unbegrenzte Möglichkeiten mit sich!

Im nächsten Kapitel werden wir uns einem ganz anderen Zweig des Deep Learning zuwenden – dem Deep Reinforcement Learning.

Übungen

1. Für welche Aufgaben lassen sich Autoencoder vornehmlich einsetzen?
2. Ihnen stehen für eine Klassifikationsaufgabe reichlich Trainingsdaten ohne Labels, aber nur wenige Tausend gelabelte Datenpunkte zur Verfügung. Wie können Autoencoder dabei helfen? Wie würden Sie vorgehen?
3. Ist ein Autoencoder, der die Eingaben perfekt wiedergibt, automatisch gut? Wie lässt sich die Leistungsfähigkeit eines Autoencoders evaluieren?

23 Robin Rombach, Andreas Blattmann et al., »High-Resolution Image Synthesis with Latent Diffusion Models«, arXiv Preprint arXiv:2112.10752 (2021).

4. Was sind untervollständige und übervollständige Autoencoder? Welches Hauptrisiko besteht bei einem extrem untervollständigen Autoencoder? Welches bei einem übervollständigen Autoencoder?
5. Wie lassen sich die Gewichte eines Stacked Autoencoder miteinander koppeln? Warum tut man dies?
6. Was ist ein generatives Modell? Können Sie eine Untergruppe der generativen Autoencoder benennen?
7. Was ist ein GAN? Können Sie ein paar Aufgaben benennen, bei denen GANs brillieren?
8. Was sind die größten Schwierigkeiten beim Trainieren von GANs?
9. Worin sind Diffusionsmodelle gut? Was ist ihr größtes Problem?
10. Versuchen Sie, einen Denoising Autoencoder zum Vortrainieren eines Bildklassifikators einzusetzen. Sie können MNIST verwenden (die einfachste Option) oder einen komplexeren Bilddatensatz wie CIFAR10 (*https://homl.info/122*), wenn Sie eine größere Herausforderung suchen. Folgen Sie unabhängig vom Datensatz diesen Schritten:
    a. Unterteilen Sie den Datensatz in einen Trainingsdatensatz und einen Testdatensatz. Trainieren Sie einen Deep Denoising Autoencoder auf dem vollständigen Trainingsdatensatz.
    b. Stellen Sie sicher, dass sich die Bilder gut rekonstruieren lassen. Visualisieren Sie Bilder, die jedes Neuron in der codierenden Schicht am stärksten aktivieren.
    c. Konstruieren Sie ein DNN zur Klassifikation unter Verwendung der ersten Schichten des Autoencoders. Trainieren Sie es mit nur 500 Bildern des Trainingsdatensatzes. Funktioniert es besser mit oder ohne Vortraining?
11. Trainieren Sie einen Variational Autoencoder mit einem Bilddatensatz Ihrer Wahl und nutzen Sie ihn, um Bilder zu generieren. Alternativ können Sie versuchen, einen ungelabelten Datensatz zu finden, an dem Sie interessiert sind, und neue Beispiele zu generieren.
12. Trainieren Sie ein DCGAN, um einen Bilddatensatz zu verarbeiten und damit Bilder zu generieren. Fügen Sie Experience Replay hinzu, um zu sehen, ob es hilft. Verwandeln Sie es in ein Conditional GAN, bei dem Sie die generierten Klassen steuern können.
13. Schauen Sie sich das ausgezeichnete Stable Diffusion Tutorial (*https://homl.info/sdtuto*) von KerasCV an und erzeugen Sie ein schönes Bild eines Salamanders, der ein Buch liest. Posten Sie Ihr bestes Ergebnis auf Twitter, taggen Sie mich bitte per @aureliengeron. Ich würde mich freuen, Ihre Werke zu sehen!

Die deutschsprachigen Lösungen zu diesen Übungen finden Sie unter *https://dpunkt.de/produkt/praxiseinstieg-machine-learning-mit-scikit-learn-keras-und-tensorflow-2/* auf der Registerkarte *Zusatzmaterial*, die englischsprachigen Lösungen am Ende des Notebooks zu diesem Kapitel unter *https://homl.info/colab3*.

KAPITEL 18

Reinforcement Learning

Reinforcement Learning (RL) ist heute eines der aufregendsten Teilgebiete im Machine Learning und gleichzeitig eines der ältesten. Es existiert seit den 1950ern und hat im Laufe der Jahre viele interessante Anwendungen hervorgebracht,[1] insbesondere bei Spielen (z. B. *TD-Gammon*, ein *Backgammon*-Programm) und der Maschinensteuerung. Es gelangt jedoch nur selten in die Schlagzeilen. Aber im Jahr 2013 fand eine kleine Revolution statt, als Forscher aus einem englischen Start-up namens DeepMind ein System (*https://homl.info/dqn*) vorführten, das jedes Atari-Spiel von Grund auf erlernen konnte[2] und irgendwann Menschen überlegen war (*https://homl.info/dqn2*).[3] In den meisten Spielen bestand die Eingabe nur aus Pixeldaten, und das System besaß zu Beginn keinerlei Wissen über die Spielregeln.[4] Dies war der erste einer ganzen Serie spektakulärer Durchbrüche, der im März 2016 im Sieg des Systems AlphaGo über Lee Sedol gipfelte, einer Legende im Brettspiel *Go*, und im Mai 2017 gegen den Weltmeister Ke Jie. Kein Programm war jemals dem Sieg über einen professionellen Spieler in diesem Spiel nahe gekommen, geschweige denn dem über einen Weltmeister. Heute brodelt das gesamte RL-Feld durch neue Ideen in einer großen Anwendungsbreite.

Wie hat DeepMind (das 2014 von Google für über 500 Millionen Dollar aufgekauft wurde) das alles geschafft? Im Nachhinein sieht es ganz einfach aus: Sie wandten die Lernkapazität von Deep Learning auf das Gebiet Reinforcement Learning an, und es übertraf die Erwartungen bei Weitem. In diesem Kapitel werden wir zuerst erklären, was Reinforcement Learning ist und wofür es sich gut eignet. Anschließend werden wir zwei der wichtigsten Techniken im Deep Reinforcement Learning besprechen: *Policy-Gradienten* und *Deep-Q-Netze*, darunter *Markov-Entscheidungsprozesse* (MDP). Legen wir los!

---

1 Mehr Details finden Sie im RL-Buch (*https://homl.info/126*) von Richard Sutton und Andrew Barto, *Reinforcement Learning: An Introduction* (MIT Press).

2 Volodymyr Mnih et al., »Playing Atari with Deep Reinforcement Learning«, arXiv Preprint arXiv: 1312.5602 (2013).

3 Volodymyr Mnih et al., »Human-Level Control Through Deep Reinforcement Learning«, *Nature* 518 (2015): 529–533.

4 Schauen Sie sich die Videos auf *https://homl.info/dqn3* an, in denen das DeepMind-System lernt, *Space Invaders*, *Breakout* und weitere Spiele zu spielen.

Lernen zum Optimieren von Belohnungen

Beim Reinforcement Learning sammelt ein Software-*AgentBeobachtungen*, führt *Aktionen* innerhalb einer *Umwelt* oder *Umgebung* durch und erhält dafür *Belohnungen*. Das Ziel des Agenten ist es, durch sein Verhalten die langfristige Belohnung zu maximieren. Wenn Ihnen ein wenig Anthropomorphismus nichts ausmacht, können Sie sich die positiven Belohnungen als Vergnügen vorstellen und negative Belohnungen als Schmerzen (der Begriff »Belohnung« ist in diesem Zusammenhang etwas irreführend). Kurz, der Agent handelt in seiner Umwelt und lernt durch Versuch und Irrtum, um sein Vergnügen zu maximieren und die Schmerzen zu minimieren.

Dies ist ein recht weiträumiges Szenario, das bei vielen verschiedenen Aufgaben Anwendung findet. Hier sind einige Beispiele (siehe auch Abbildung 18-1):

1. Der Agent könnte ein Programm sein, das einen Roboter kontrolliert. In diesem Fall ist die Umwelt die reale Welt. Der Agent beobachtet die Umwelt über *Sensoren* wie Kameras und Berührungssensoren, und seine Aktionen bestehen aus Signalen zur Aktivierung von Motoren. Er kann darauf programmiert sein, positive Belohnungen zu erhalten, wenn er das Ziel erreicht, und negative Belohnungen, wenn er Zeit verplempert oder in die falsche Richtung läuft.
2. Der Agent könnte ein Programm sein, das *Ms. Pac-Man* steuert. In diesem Fall ist die Umwelt die Emulation eines Atari-Konsolenspiel. Die Aktionen sind die neun möglichen Positionen des Joysticks (links oben, unten, mittig und so weiter), die Beobachtungen sind Screenshots, und die Belohnungen sind die Punkte im Spiel.
3. In ähnlicher Weise könnte der Agent ein Programm sein, das ein Brettspiel wie *Go* spielt. Es erhält nur dann eine Belohnung, wenn es gewinnt.
4. Der Agent muss nicht unbedingt einen beweglichen physischen (oder virtuellen) Gegenstand steuern. Es könnte auch ein intelligenter Thermostat sein, der immer dann belohnt wird, wenn er sich nah an der Zieltemperatur befindet und Energie spart, und bestraft wird, wenn Menschen die Temperatur verstellen müssen. Der Agent muss also lernen, menschliche Bedürfnisse vorherzusehen.
5. Ein Agent könnte auch Aktienkurse beobachten und entscheiden, wie viel er jede Sekunde kaufen oder verkaufen soll. Die Belohnungen sind dann natürlich finanzielle Gewinne und Verluste.

Es sollte betont werden, dass es gar keine positiven Belohnungen geben muss; der Agent könnte sich beispielsweise durch ein Labyrinth bewegen und bei jedem Schritt eine negative Belohnung erhalten. Somit ist es besser, den Ausgang so schnell wie möglich zu finden! Es gibt viele weitere Anwendungsbeispiele, für die

Reinforcement Learning geeignet ist, wie selbstfahrende Autos, Empfehlungssysteme, das Platzieren von Werbung auf Webseiten und zum Steuern, worauf ein System zur Bildklassifizierung seine Aufmerksamkeit richten sollte.

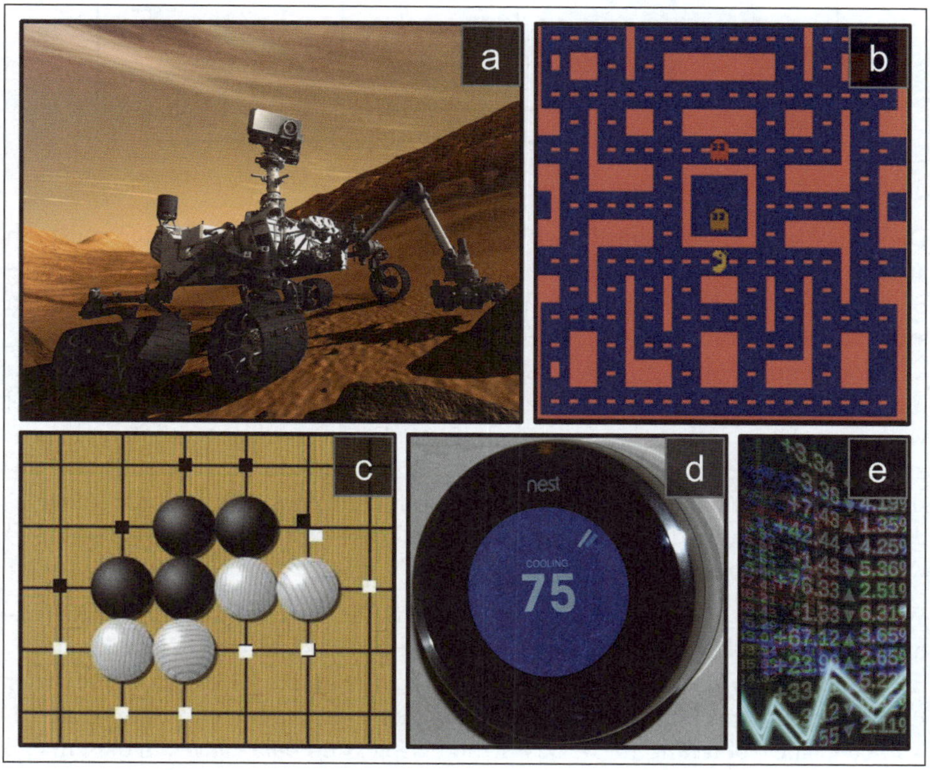

Abbildung 18-1: Beispiele für Reinforcement Learning: (a) Robotik, (b) Ms. Pac-Man, (c) Go-Spieler, (d) Thermostat, (e) automatischer Börsenspekulant[5]

Suche nach Policies

Den Algorithmus, den die Agentensoftware zur Entscheidungsfindung verwendet, nennt man *Policy*. Beispielsweise könnte die Policy ein neuronales Netz sein, das die Beobachtungen als Eingaben und die auszuführende Aktion als Ausgabe hat (siehe Abbildung 18-2).

---

5 Die Bilder (a), (d) und (e) sind Public Domain. Bild (b) ist ein Screenshot aus dem Spiel *Ms. Pac-Man*, Copyright von Atari (der Autor nimmt an, dass die Nutzung in diesem Kapitel gerechtfertigt ist). Bild (c) stammt von Wikipedia, es wurde vom User Stevertigo erstellt und unter Creative Commons BY-SA 2.0 (*https://creativecommons.org/licenses/by-sa/2.0/*) veröffentlicht.

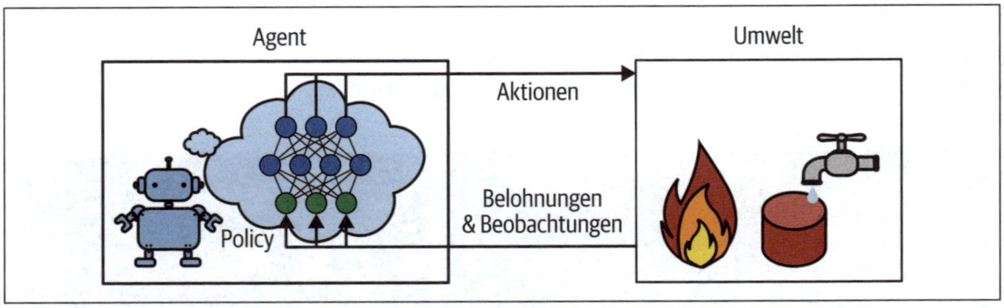

Abbildung 18-2: Reinforcement Learning mit einem neuronalen Netz als Policy

Die Policy kann ein beliebiger Algorithmus sein, der nicht einmal deterministisch arbeiten muss. Manchmal ist es gar nicht erforderlich, die Umwelt zu beobachten. Betrachten wir als Beispiel einen Saugroboter, dessen Belohnung die in 30 Minuten aufgesaugte Staubmenge ist. Dessen Policy könnte darin bestehen, sich jede Sekunde mit einer bestimmten Wahrscheinlichkeit p vorwärts zu bewegen oder sich mit der Wahrscheinlichkeit $1 - p$ zufällig nach links zu drehen. Der Drehwinkel wäre ein zufälliger Winkel zwischen $-r$ und $+r$. Da diese Policy ein Zufallselement enthält, bezeichnet man sie als *stochastische Policy*. Der Roboter wird einer sehr unsteten Trajektorie folgen, wodurch sichergestellt wird, dass er früher oder später jeden Ort erreicht und den Staub dort aufsaugt. Die Frage dabei ist: Wie viel Staub wird innerhalb von 30 Minuten aufgesaugt?

Wie würden Sie solch einen Roboter trainieren? Die Policy enthält nur zwei Parameter, die Sie ändern können: die Wahrscheinlichkeit p und den Winkelbereich r. Ein möglicher Lernalgorithmus bestünde darin, viele unterschiedliche Werte dieser Parameter auszuprobieren und die Kombination mit der besten Leistung auszuwählen (siehe Abbildung 18-3). Das ist ein Beispiel für *Policy-Suche*, in diesem Fall mit einem Brute-Force-Ansatz. Falls jedoch der *Policy-Raum* zu groß ist (was meistens der Fall ist), dann ist das Finden eines guten Parametersatzes ähnlich wie das Suchen einer Nadel in einem gigantischen Heuhaufen.

Eine andere Möglichkeit zum Durchsuchen des Policy-Raums sind *genetische Algorithmen*. Sie könnten beispielsweise zufällig eine erste Generation von 100 Policies erzeugen, sie ausprobieren und dann die schlechtesten 80 Policies eliminieren.[6] Die 20 Überlebenden produzieren nun jeweils vier Nachkommen. Ein Nachkomme ist nichts weiter als eine Kopie seines Elternteils mit etwas Variation.[7] Die überlebenden Policies und ihre Nachkommen bilden die zweite Generation. Sie können auf diese Weise weitere Generationen iterativ erzeugen, bis Sie eine gute Policy finden.[8]

6 Es zahlt sich häufig aus, den Leistungsschwächeren eine geringe Überlebenschance zu geben, um ein wenig Diversität im »Genpool« zu erhalten.

7 Wenn es einen Elternteil gibt, nennt man dies *asexuelle Reproduktion*. Mit zwei (oder mehr) Elternteilen nennt man es *sexuelle Reproduktion*. Das Genom der Nachkommen (in diesem Fall die Parameter der Policy) wird zufällig aus Teilen der Elterngenome zusammengesetzt.

8 Ein interessantes Beispiel eines genetischen Algorithmus zum Reinforcement Learning ist der NEAT-Algorithmus (*NeuroEvolution of Augmenting Topologies* (*https://homl.info/neat*)).

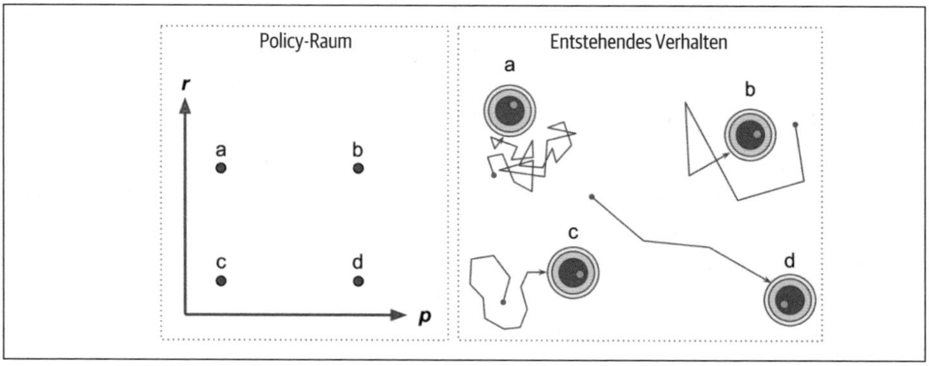

Abbildung 18-3: Vier Punkte im Policy-Raum (links) und das entsprechende Verhalten des Agenten (rechts)

Einen weiteren Ansatz bieten Optimierungstechniken, die die Gradienten der Belohnungen nach den Parametern der Policy auswerten. Anschließend verändern Sie diese Parameter, indem Sie dem Gradienten in Richtung höherer Belohnung folgen.[9] Diesen Ansatz bezeichnet man als *Policy-Gradienten* (PG). Wir werden diese weiter unten im Detail besprechen. Im Beispiel des Staubsaugerroboters könnten Sie *p* ein wenig erhöhen und auswerten, ob sich die in 30 Minuten vom Roboter aufgenommene Staubmenge erhöht; falls ja, erhöhen Sie *p* ein wenig, ansonsten verringern Sie *p*. Wir werden einen beliebten PG-Algorithmus mit TensorFlow implementieren. Zuvor aber müssen wir eine Umwelt erstellen, in der sich unser Agent bewegen kann. Es ist daher an der Zeit, Ihnen OpenAI Gym vorzustellen.

Einführung in OpenAI Gym

Eine der Herausforderungen beim Reinforcement Learning ist, dass Sie zum Trainieren eines Agenten zunächst eine funktionierende Umwelt benötigen. Wenn Sie einen Agenten zum Spielen eines Atari-Spiels trainieren möchten, benötigen Sie einen Emulator für Atari-Spiele. Wenn Sie einen laufenden Roboter programmieren möchten, ist die Umwelt die reale Welt. Sie können Ihren Roboter direkt in dieser Umwelt trainieren. Dies hat aber seine Grenzen: Wenn der Roboter von einer Klippe stürzt, können Sie nicht einfach auf »Undo« klicken. Sie können den Prozess nur schwer beschleunigen; durch mehr Rechenleistung wird der Roboter nicht schneller laufen. Es ist auch meistens zu teuer, 1.000 Roboter parallel zu trainieren. Kurz, das Trainieren in der realen Welt ist schwierig und langsam. Sie benötigen daher eine *simulierte Umwelt*, zumindest um den Trainingsprozess aufzubauen. Sie können beispielsweise eine Bibliothek wie PyBullet (*https://pybullet.org/*) oder MuJoCo (*http://www.mujoco.org/*) für eine 3-D-Physiksimulation nutzen.

9 Das nennt sich *Gradientenaufstieg* – genau wie Gradientenabstieg, aber in die entgegengesetzte Richtung: Maximieren statt Minimieren.

OpenAI Gym (*https://gym.openai.com/*)[10] ist ein Werkzeugkasten mit einer großen Bandbreite simulierter Umgebungen (Atari-Spiele, Brettspiele, physikalische Simulationen in 2-D und 3-D und so weiter). Sie können damit Agenten trainieren, vergleichen und neue RL-Algorithmen entwickeln.

OpenAI Gym ist auf Colab vorinstalliert, allerdings in einer älteren Version. Daher müssen Sie es durch die neueste Version ersetzen. Außerdem müssen Sie ein paar der Abhängigkeiten installieren. Programmieren Sie nicht auf Colab, sondern auf Ihrem eigenen Rechner, und haben Sie sich an die Anweisungen in der Installationsanleitung unter *https://homl.info/install* gehalten, können Sie diesen Schritt überspringen, ansonsten geben Sie folgende Befehle ein:

```
# Diese Befehle nur in Colab oder Kaggle ausführen!
%pip install -q -U gym
%pip install -q -U gym[classic_control,box2d,atari,accept-rom-license]
```

Der erste `%pip`-Befehl aktualisiert Gym auf die neueste Version. Die Option `-q` steht für *quiet* – die Ausgabe ist so weniger ausführlich. Die Option `-U` steht für *Upgrade*. Der zweite `%pip`-Befehl installiert die Bibliotheken, die erforderlich sind, um die verschiedenen Umgebungen nutzen zu können. Dazu gehören klassische Umgebungen aus der Kontrolltheorie – der Wissenschaft vom Kontrollieren dynamischer Systeme –, etwa das Balancieren eines Stabs auf einem Wagen. Auch sind Umgebungen dabei, die auf der Box2D-Bibliothek basieren – eine 2-D-Physik-Engine für Spiele. Schließlich werden Umgebungen installiert, die auf *Arcade Learning Environment* (ALE) basieren, dabei handelt es sich um einen Emulator für Atari-2600-Spiele. Es wird eine ganze Reihe von Atari-Spiele-ROMs automatisch heruntergeladen, und durch das Ausführen dieses Codes stimmen Sie den ROM-Lizenzen von Atari zu.

So, jetzt können Sie OpenAI Gym nutzen. Importieren wir es und erstellen wir eine Umgebung:

```
import gym

env = gym.make("CartPole-v1", render_mode="rgb_array")
```

Hier haben wir eine CartPole-Umwelt erzeugt. Dabei handelt es sich um eine zweidimensionale Simulation, in der ein Auto nach links oder rechts beschleunigt werden kann, um eine Stange darauf zu balancieren (siehe Abbildung 18-4). Das ist eine klassische Kontrollaufgabe.

Das Dictionary `gym.envs.registry` enthält die Namen und Spezifikationen aller verfügbarer Umgebungen.

10 OpenAI ist ein Forschungsunternehmen im Bereich künstlicher Intelligenz, das zum Teil von Elon Musk gegründet wurde. Sein erklärtes Ziel ist, freundlich gesinnte AIs zu ermöglichen und zu entwickeln, die der Menschheit nützen (anstatt sie auszulöschen).

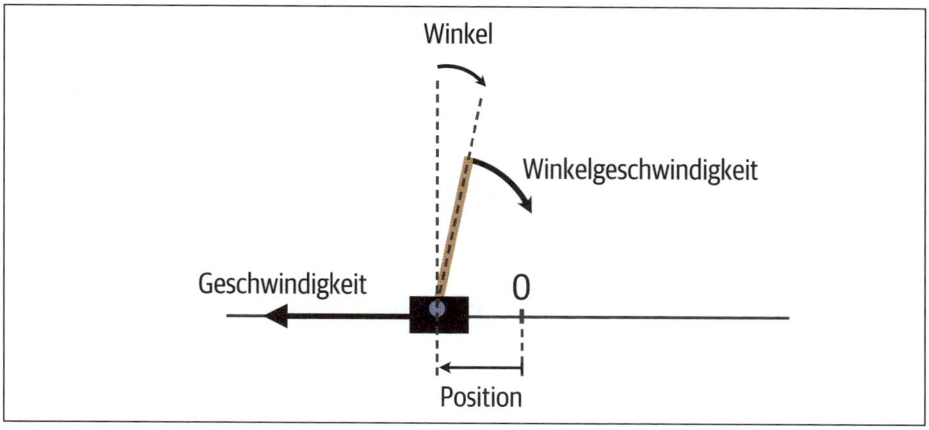

Abbildung 18-4: Die CartPole-Umwelt

Nachdem die Umgebung erstellt wurde, müssen Sie sie mit der Methode `reset()` initialisieren, wobei Sie optional einen Random Seed angeben können. Das gibt die erste Beobachtung zurück. Beobachtungen hängen von der Art der Umgebung ab. Bei der CartPole-Umgebung handelt es sich bei jeder Beobachtung um ein 1-D-NumPy-Array mit vier Gleitkommazahlen, die die horizontale Position des Wagens (`0.0` = Mitte), seine Geschwindigkeit (positiv = nach rechts), den Winkel des Stabs (`0.0` = vertikal) und seine Winkelbeschleunigung (positiv = im Uhrzeigersinn) repräsentieren. Die Methode `reset()` gibt zudem ein Dictionary zurück, das zusätzliche umgebungsspezifische Informationen enthalten kann. Das kann beim Debuggen oder für das Training hilfreich sein. In der CartPole-Umgebung ist dieses Dictionary allerdings leer.

```
>>> obs, info = env.reset(seed=42)
>>> obs
array([ 0.0273956 , -0.00611216,  0.03585979,  0.0197368 ], dtype=float32)
>>> info
{}
```

Rufen wir die Methode `render()` auf, um diese Umgebung als Bild zu rendern. Da wir beim Erstellen der Umgebung `render_mode="rgb_array"` gesetzt haben, wird das Bild als NumPy-Array zurückgegeben:

```
>>> img = env.render()
>>> img.shape  # height, width, channels (3 = Red, Green, Blue)
(400, 600, 3)
```

Sie können wie üblich die Matplotlib-Funktion `imshow()` verwenden, um dieses Bild anzuzeigen.

Befragen wir nun die Umgebung, welche Aktionen möglich sind:

```
>>> env.action_space
Discrete(2)
```

`Discrete(2)` bedeutet, dass die möglichen Aktionen die Integer-Zahlen 0 und 1 sind. Diese stehen für die Beschleunigung nach links oder rechts. Andere Umwelten haben weitere diskrete Aktionen oder andere Arten von Aktionen (z.B. kontinuierliche). Da die Stange nach rechts geneigt ist (`obs[2] > 0`), beschleunigen wir den Wagen nach rechts:

```
>>> action = 1  # Beschleunigung nach rechts
>>> obs, reward, done, truncated, info = env.step(action)
>>> obs
array([ 0.02727336,  0.18847767,  0.03625453, -0.26141977], dtype=float32)
>>> reward
1.0
>>> done
False
>>> truncated
False
>>> info
{}
```

Die Methode `step()` führt die gewünschte Aktion aus und gibt fünf Werte zurück:

`obs`
: Dies ist die neue Beobachtung. Der Wagen bewegt sich nun nach rechts (`obs[1]>0`). Die Stange neigt sich noch immer nach rechts (`obs[2]>0`), aber ihre Winkelgeschwindigkeit ist nun negativ (`obs[3]<0`). Vermutlich wird sie sich nach dem nächsten Schritt nach links neigen.

`reward`
: In dieser Umgebung erhalten Sie bei jedem Schritt unabhängig von Ihrer Aktion eine Belohnung von 1,0. Das Ziel ist also, die Episode so lange wie möglich im Spiel zu halten.

`done`
: Dieser Wert wird `True`, wenn die Episode vorbei ist. Das passiert, sobald die Stange kippt, vom Bildschirm verschwindet oder nach 200 Schritten (in dem Fall haben Sie gewonnen). Danach muss die Umgebung zurückgesetzt werden, um neu verwendet werden zu können.

`truncated`
: Dieser Wert ist `True`, wenn eine Episode vorzeitig abgebrochen wurde – zum Beispiel durch einen Umgebungs-Wrapper, der eine maximale Zahl von Schritten pro Episode vorgibt (die Dokumentation von Gym enthält mehr Details zu Umgebungs-Wrappern). Manche RL-Algorithmen behandeln abgebrochene Episoden anders als normal abgeschlossene Episoden (wenn also `done` auf `True` steht), aber in diesem Kapitel werden wir beide gleich behandeln.

`info`
: Dieses umgebungsspezifische Dictionary kann wie das von `reset()` zurückgegebene Dictionary zusätzliche Informationen enthalten.

Ist Ihre Arbeit mit einer Umgebung abgeschlossen, sollten Sie deren Methode close() aufrufen, um Ressourcen freizugeben.

Programmieren wir eine einfache Policy, die nach links beschleunigt, wenn sich die Stange nach links neigt, und nach rechts beschleunigt, wenn sie sich nach rechts neigt. Wir führen diese Policy aus und lassen uns die durchschnittliche Belohnung nach 500 Episoden ausgeben:

```
def basic_policy(obs):
    angle = obs[2]
    return 0 if angle < 0 else 1

totals = []
for episode in range(500):
    episode_rewards = 0
    obs, info = env.reset(seed=episode)
    for step in range(200):
        action = basic_policy(obs)
        obs, reward, done, truncated, info = env.step(action)
        episode_rewards += reward
        if done or truncated:
            break

    totals.append(episode_rewards)
```

Dieser Code ist hoffentlich selbsterklärend. Sehen wir uns das Ergebnis an:

```
>>> import numpy as np
>>> np.mean(totals), np.std(totals), min(totals), max(totals)
(41.698, 8.389445512070509, 24.0, 63.0)
```

Diese Policy schafft es nicht einmal mit 500 Versuchen, die Stange für mehr als 63 aufeinanderfolgende Schritte aufrecht zu halten. Kein großartiges Ergebnis. Wenn Sie sich die Simulation im Notebook zu diesem Kapitel ansehen, werden Sie bemerken, dass der Wagen immer stärker nach links und rechts oszilliert, bis die Stange ins Kippen gerät. Schauen wir einmal, ob ein neuronales Netz eine bessere Policy entwickeln kann.

Neuronale Netze als Policies

Erstellen wir nun ein neuronales Netz als Policy. Wie die obige hartcodierte Policy wird dieses neuronale Netz eine Beobachtung als Eingabe annehmen und die auszuführende Aktion ausgeben. Genauer gesagt, wird sie die Wahrscheinlichkeit für jede Aktion abschätzen und anhand dieser Wahrscheinlichkeiten zufällig eine Aktion auswählen (siehe Abbildung 18-5). Bei der CartPole-Umgebung gibt es lediglich zwei mögliche Aktionen (links und rechts). Daher benötigen wir nur ein Ausgabeneuron, das die Wahrscheinlichkeit *p* der Aktion 0 (links) ausgibt. Selbstverständlich ist die Wahrscheinlichkeit der Aktion 1 (rechts) dann $1 - p$. Wenn die Ausgabe z. B. 0,7 ist, werden wir Aktion 0 mit 70%iger Wahrscheinlichkeit und Aktion 1 mit 30%iger Wahrscheinlichkeit auswählen.

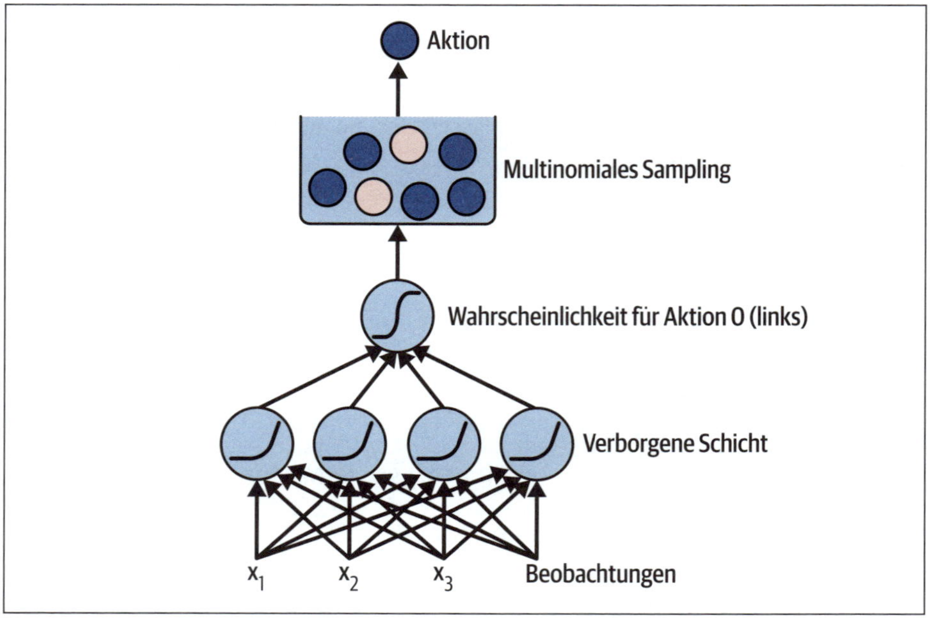

Abbildung 18-5: Ein neuronales Netz als Policy

Sie fragen sich womöglich, warum wir mit den Wahrscheinlichkeiten des neuronalen Netzes eine Aktion zufällig auswählen, anstatt einfach die Aktion mit dem höchsten Score zu nehmen. Dieser Ansatz erlaubt es dem Agenten, die richtige Balance zwischen dem *Ausprobieren* neuer Aktionen und dem *Anwenden* der bekannten Lösungen zu finden. Hier ist eine Analogie: Wenn Sie ein Restaurant zum ersten Mal besuchen, sehen alle Gerichte gleich appetitlich aus. Sie wählen daher eines zufällig aus. Wenn es Ihnen schmeckt, wählen Sie dieses beim nächsten Mal mit einer höheren Wahrscheinlichkeit wieder aus. Sie sollten diese Wahrscheinlichkeit jedoch nie auf 100% steigern, sonst werden Sie keines der anderen Gerichte ausprobieren, von denen manche womöglich noch besser schmecken.

Es ist zu betonen, dass in dieser Umgebung die vergangenen Aktionen und Beobachtungen keine Rolle spielen, da jede Beobachtung den vollständigen Zustand der Umgebung enthält. Falls es verborgene Zustände gibt, müssen Sie eventuell auch vergangene Aktionen und Beobachtungen berücksichtigen. Wenn die Umgebung beispielsweise nur die Position des Wagens, aber nicht dessen Geschwindigkeit enthält, müssten Sie auch die vorherige Beobachtung berücksichtigen, um die Geschwindigkeit zu bestimmen. Ein anderes Beispiel ist, dass die Beobachtungen verrauscht sind; in diesem Fall sollten Sie einige vergangene Beobachtungen verwenden, um den wahrscheinlichsten aktuellen Zustand zu schätzen. Die CartPole-

Aufgabe ist daher so einfach wie möglich; die Beobachtungen sind frei von Rauschen und enthalten den vollständigen Zustand der Umgebung.

Der folgende Code erstellt ein einfaches neuronale Netz für diese Policy mit Keras:

```
import tensorflow as tf

model = tf.keras.Sequential([
    tf.keras.layers.Dense(5, activation="relu"),
    tf.keras.layers.Dense(1, activation="sigmoid"),
])
```

Wir nutzen ein einfaches `Sequential`-Modell, um das Policy-Netz zu definieren. Die Anzahl an Eingaben ist die Größe des Beobachtungsraums (beim CartPole ist das 4), und wir haben nur fünf verborgene Einheiten, weil es sich um ein einfaches Problem handelt. Schließlich wollen wir eine einzelne Wahrscheinlichkeit ausgeben (die Wahrscheinlichkeit, nach links zu fahren), daher haben wir ein einzelnes Ausgabeneuron, das die Sigmoid-Aktivierungsfunktion verwendet. Gäbe es mehr als zwei mögliche Aktionen, bräuchten wir ein Ausgabeneuron pro Aktion, und wir müssten stattdessen die Softmax-Aktivierungsfunktion einsetzen.

Nun haben wir ein neuronales Netz als Policy, das Beobachtungen annimmt und Aktionen ausgibt. Aber wie trainieren wir es?

Auswerten von Aktionen: das Credit-Assignment-Problem

Wenn wir die bestmögliche Aktion bei jedem Schritt bereits kennen würden, könnten wir das neuronale Netz wie gewohnt trainieren, indem wir die Kreuzentropie zwischen der geschätzten Wahrscheinlichkeitsverteilung und der Zielwahrscheinlichkeitsverteilung minimieren. Es wäre gewöhnliches überwachtes Lernen. Allerdings sind beim Reinforcement Learning die Belohnungen der einzige Anhaltspunkt für den Agenten, und normalerweise sind die Belohnungen dünn gesät und treten zeitlich versetzt ein. Nehmen wir an, der Agent schafft es, die Stange 100 Schritte lang zu balancieren. Woher sollen wir wissen, welche der 100 Aktionen gut und welche schlecht waren? Wir wissen nur, dass die Stange nach der letzten Aktion umgefallen ist, aber die letzte Aktion ist mit Sicherheit nicht allein verantwortlich. Dies nennt man das *Credit-Assignment-Problem*: Wenn der Agent eine Belohnung erhält, ist es schwierig, einzelne Aktionen hierfür zu loben (oder zu tadeln). Denken Sie an einen Hund, den Sie erst Stunden nach gutem Benehmen belohnen. Er wird den Zusammenhang zwischen Verhalten und Belohnung nicht erkennen.

Dieses Problem lässt sich angehen, indem wir eine Aktion anhand der Summe aller danach erfolgten Belohnungen evaluieren. Normalerweise wenden wir bei jedem Schritt einen *Discount-Faktor* γ an. Diese Summe von Belohnungen mit Discount nennen wir den Return dieser Aktion. Wenn beispielsweise ein Agent beschließt, dreimal hintereinander nach rechts zu gehen, und nach dem ersten Schritt eine Belohnung von +10, nach dem zweiten Schritt 0 und nach dem dritten Schritt –50 erhält (siehe Abbildung 18-6), erhalten wir mit einem Discount-Faktor $\gamma = 0{,}8$ für die erste Aktion einen Return von $10 + \gamma \times 0 + \gamma^2 \times (-50) = -22$. Wenn der Discount-Faktor nahe 0 ist, spielen langfristige Belohnungen im Vergleich zu unmittelbaren eine geringe Rolle. Wenn umgekehrt der Discount-Faktor nahe 1 liegt, zählen Belohnungen in ferner Zukunft fast so viel wie unmittelbare. Typische Discount-Faktoren liegen zwischen 0,95 und 0,99. Mit einem Discount-Faktor von 0,95 sind Belohnungen, die 13 Schritte in der Zukunft liegen, etwa halb so viel wert wie unmittelbare (weil $0{,}95^{13} \approx 0{,}5$). Bei einem Discount-Faktor von 0,99 dagegen sind Belohnungen nach 69 Schritten noch halb so viel wert wie unmittelbare. In der CartPole-Umgebung haben Aktionen recht kurzfristige Auswirkungen. Daher erscheint ein Discount-Faktor von 0,95 angemessen.

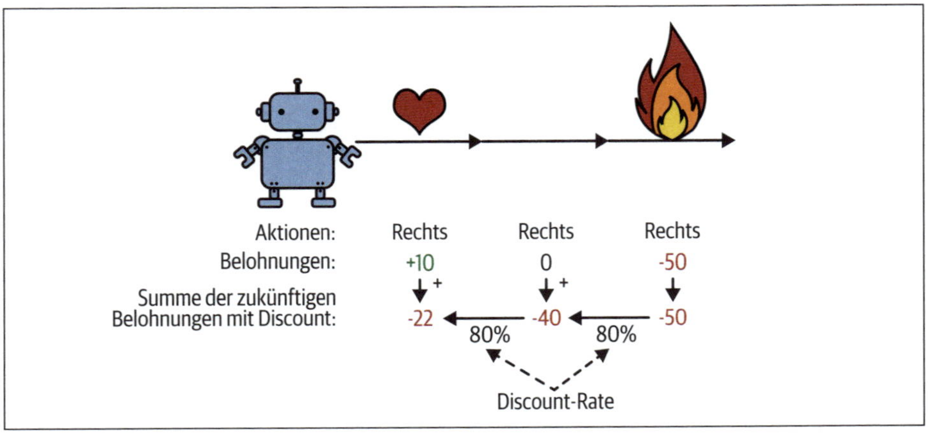

Abbildung 18-6: Den Return einer Aktion berechnen: die Summe der zukünftigen Belohnungen mit Discount

Natürlich können auf eine gute Aktion mehrere schlechte folgen, wodurch die Stange am Ende schnell umfällt und die gute Aktion einen schlechten Return erhält – so wie ein guter Schauspieler manchmal in einem miesen Film mitspielt. Wenn wir das Spiel jedoch oft genug spielen, erhalten die guten Aktionen im Schnitt einen höheren Return als schlechte. Wir wollen schätzen, wie viel besser oder schlechter eine Aktion verglichen mit den anderen möglichen Aktionen im Mittel ist. Das wird als *Aktionsvorteil* bezeichnet. Dazu müssen wir viele Episoden durchführen und sämtliche Returns der Aktionen normalisieren, also den Mittelwert abziehen und durch die Standardabweichung teilen. Danach können wir davon ausgehen, dass Aktionen mit einem negativen Vorteil schlecht und Aktionen mit positivem Vorteil gut waren. Perfekt – da wir die Aktionen nun evaluieren können, sollten wir unseren ersten Agenten mit Policy-Gradienten trainieren. Sehen wir, wie das geht.

Policy-Gradienten

Wie bereits erwähnt, optimieren PG-Algorithmen die Parameter einer Policy, indem sie dem Gradienten in Richtung höherer Belohnungen folgen. Eine beliebte Klasse von PG-Algorithmen, die *REINFORCE-Algorithmen*, wurde von Ronald Williams bereits im Jahr 1992 vorgestellt (*https://homl.info/132*).[11] Hier folgt eine verbreitete Variante:

1. Zuerst spielt die Policy mit dem neuronalen Netz das Spiel einige Male und berechnet bei jedem Schritt Gradienten, mit denen die gewählte Aktion mit höherer Wahrscheinlichkeit ausgewählt würde, wendet diese aber noch nicht an.
2. Sobald mehrere Episoden ausgeführt wurden, berechnen Sie den Vorteil jeder Aktion nach dem im vorherigen Abschnitt beschriebenen Verfahren.
3. Wenn der Vorteil einer Aktion positiv ist, war die Aktion vermutlich gut, und der zuvor berechnete Gradient sollte angewendet werden, um diese Aktion in der Zukunft wahrscheinlicher zu machen. Wenn der Vorteil jedoch negativ ist, war die Aktion vermutlich ungünstig, und der entgegengesetzte Gradient sollte angewendet werden, damit die Aktion in der Zukunft *weniger* wahrscheinlich wird. Dazu wird der Gradientenvektor einfach mit dem entsprechenden Vorteil der Aktion multipliziert.
4. Schließlich werden alle erhaltenen Gradientenvektoren gemittelt, und ein Schritt im Gradientenverfahren wird damit durchgeführt.

Implementieren wir diesen Algorithmus mit Keras. Wir werden die weiter oben gebaute Neuronales-Netz-Policy trainieren, sodass sie lernt, die Stange auf dem Auto auszubalancieren. Zuerst brauchen wir eine Funktion, die einen Schritt spielt. Wir tun erst einmal so, als wäre jede durchgeführte Aktion die richtige, sodass wir den Verlust und seine Gradienten berechnen können. Diese Gradienten werden nur eine Weile lang gespeichert, und wir werden sie später anpassen – abhängig davon, ob sich die Aktion als gut oder schlecht herausgestellt hat:

```
def play_one_step(env, obs, model, loss_fn):
    with tf.GradientTape() as tape:
        left_proba = model(obs[np.newaxis])
        action = (tf.random.uniform([1, 1]) > left_proba)
        y_target = tf.constant([[1.]]) - tf.cast(action, tf.float32)
        loss = tf.reduce_mean(loss_fn(y_target, left_proba))

    grads = tape.gradient(loss, model.trainable_variables)
    obs, reward, done, truncated, info = env.step(int(action))
    return obs, reward, done, truncated, grads
```

Schauen wir uns diese Funktion genauer an:

11 Ronald J. Williams, »Simple Statistical Gradient-Following Algorithms for Connectionist Reinforcement Leaning«, *Machine Learning* 8 (1992): 229–256.

- Im GradientTape-Block (siehe Kapitel 12) beginnen wir damit, das Modell aufzurufen und ihm eine einzelne Beobachtung mitzugeben. Wir passen die Beobachtung so an, dass sie zu einem Batch mit einer einzelnen Instanz wird, da das Modell einen Batch erwartet. Ausgegeben wird die Wahrscheinlichkeit, nach links zu gehen.
- Als Nächstes erzeugen wir eine zufällige Gleitkommazahl zwischen 0 und 1 und prüfen, ob sie größer als `left_proba` ist. Die `action` wird mit einer Wahrscheinlichkeit `left_proba` den Wert `False` und mit einer Wahrscheinlichkeit `1 - left_proba` den Wert `True` haben. Nach dem Umwandeln dieses booleschen Werts in einen Integer-Wert wird die Aktion mit der entsprechenden Wahrscheinlichkeit 0 (links) oder 1 (rechts) sein.
- Nun definieren wir die Zielwahrscheinlichkeit dafür, nach links zu gehen: Sie ist 1 minus die Aktion (gecastet in einem Float). Ist die Aktion 0 (links), ist die Zielwahrscheinlichkeit dafür, nach links zu gehen, 1. Ist die Aktion 1 (rechts), ist die Zielwahrscheinlichkeit 0.
- Dann berechnen wir mit der gegebenen Verlustfunktion den Verlust und nutzen das Tape, um die Gradienten des Verlusts in Bezug auf die trainierbaren Variablen des Modells zu berechnen. Diese Gradienten werden später vor der Anwendung noch angepasst – abhängig davon, als wie gut oder schlecht sich die Aktion herausgestellt hat.
- Schließlich spielen wir die ausgewählte Aktion und geben die neue Beobachtung sowie die Belohnung zurück und dazu die Information, ob die Episode beendet ist, ob sie abgebrochen wurde, und natürlich die gerade berechneten Gradienten.

Erstellen wir nun eine weitere Funktion, die auf `play_one_step()` aufbaut, mehrere Episoden spielt und alle Belohnungen und Gradienten für jede Episode und jeden Schritt zurückgibt:

```
def play_multiple_episodes(env, n_episodes, n_max_steps, model, loss_fn):
    all_rewards = []
    all_grads = []
    for episode in range(n_episodes):
        current_rewards = []
        current_grads = []
        obs, info = env.reset()
        for step in range(n_max_steps):
            obs, reward, done, truncated, grads = play_one_step(
                env, obs, model, loss_fn)
            current_rewards.append(reward)
            current_grads.append(grads)
            if done or truncated:
                break

        all_rewards.append(current_rewards)
        all_grads.append(current_grads)

    return all_rewards, all_grads
```

Dieser Code gibt eine Liste mit Belohnungslisten zurück: eine Belohnungsliste pro Episode mit einer Belohnung pro Schritt. Dazu kommt eine Liste der Gradientenlisten: eine Gradientenliste pro Episode mit jeweils einem Gradiententupel pro Schritt und einem Gradiententensor pro trainierbare Variable im Tupel.

Der Algorithmus wird die Funktion `play_multiple_episodes()` nutzen, um das Spiel mehrfach zu spielen (zum Beispiel zehn Mal), dann wird er zurückkehren und sich alle Belohnungen anschauen, den Discount darauf anwenden und sie normalisieren. Dazu brauchen wir ein paar Funktionen mehr: Die erste wird die Summe der zukünftigen Belohnungen mit Discount bei jedem Schritt berechnen, die zweite wird alle diese Belohnungen (also die Returns) mit Discount über viele Episoden normalisieren, indem sie den Mittelwert abzieht und durch die Standardabweichung teilt:

```
def discount_rewards(rewards, discount_factor):
    discounted = np.array(rewards)
    for step in range(len(rewards) - 2, -1, -1):
        discounted[step] += discounted[step + 1] * discount_factor
    return discounted

def discount_and_normalize_rewards(all_rewards, discount_factor):
    all_discounted_rewards = [discount_rewards(rewards, discount_factor)
                              for rewards in all_rewards]
    flat_rewards = np.concatenate(all_discounted_rewards)
    reward_mean = flat_rewards.mean()
    reward_std = flat_rewards.std()
    return [(discounted_rewards - reward_mean) / reward_std
            for discounted_rewards in all_discounted_rewards]
```

Überprüfen wir, ob das funktioniert:

```
>>> discount_rewards([10, 0, -50], discount_factor=0.8)
array([-22, -40, -50])
>>> discount_and_normalize_rewards([[10, 0, -50], [10, 20]],
...                                discount_factor=0.8)
...
[array([-0.28435071, -0.86597718, -1.18910299]),
 array([1.26665318, 1.0727777 ])]
```

Der Aufruf von `discount_rewards()` liefert genau das erwartete Ergebnis (siehe Abbildung 18-6). Sie können überprüfen, dass die Funktion `discount_and_normalize_rewards()` tatsächlich die normierten Vorteile für jede Aktion in beiden Episoden zurückgibt. Beachten Sie, dass die erste Episode viel schlechter als die zweite war. Daher sind alle ihre normierten Vorteile negativ; alle Aktionen aus der ersten Episode würden als schlecht betrachtet, umgekehrt wären alle Aktionen aus der zweiten Episode gut.

Wir sind nun fast so weit, dass wir den Algorithmus laufen lassen können! Definieren wir jetzt die Hyperparameter. Wir werden 150 Trainingsiterationen durchführen, 10 Episoden pro Iteration spielen, und jede Episode wird höchstens 200 Schritte dauern. Wir werden einen Discount-Faktor von 0,95 nutzen:

```
n_iterations = 150
n_episodes_per_update = 10
n_max_steps = 200
discount_factor = 0.95
```

Wir benötigen auch noch einen Optimierer und die Verlustfunktion. Ein normaler Adam-Optimierer mit einer Lernrate von 0,01 wird ausreichen, und wir werden die binäre Kreuzentropie als Verlustfunktion nutzen, weil wir einen binären Klassifizierer trainieren (es gibt zwei mögliche Aktionen: links oder rechts):

```
optimizer = tf.keras.optimizers.Nadam(learning_rate=0.01)
loss_fn = tf.keras.losses.binary_crossentropy
```

Bauen wir jetzt die Trainingsschleife und führen wir sie aus!

```
for iteration in range(n_iterations):
    all_rewards, all_grads = play_multiple_episodes(
        env, n_episodes_per_update, n_max_steps, model, loss_fn)
    all_final_rewards = discount_and_normalize_rewards(all_rewards,
                                                       discount_factor)
    all_mean_grads = []
    for var_index in range(len(model.trainable_variables)):
        mean_grads = tf.reduce_mean(
            [final_reward * all_grads[episode_index][step][var_index]
             for episode_index, final_rewards in enumerate(all_final_rewards)
                 for step, final_reward in enumerate(final_rewards)], axis=0)
        all_mean_grads.append(mean_grads)

    optimizer.apply_gradients(zip(all_mean_grads, model.trainable_variables))
```

Schauen wir uns nun den Code an:

- Bei jeder Trainingsiteration ruft diese Schleife die Funktion `play_multiple_episodes()` auf, die zehn Episoden spielt und alle Belohnungen und Gradienten für jeden Schritt in jeder Episode zurückgibt.
- Dann rufen wir die Funktion `discount_and_normalize_rewards()` auf, um den normalisierten Vorteil jeder Aktion zu berechnen (die wir im Code als `final_reward` bezeichnen). Das ergibt, wie gut oder schlecht eine Aktion im Nachhinein tatsächlich war.
- Als Nächstes berechnen wir für jede trainierbare Variable das gewichtete Mittel der Gradienten für diese Variable über alle Episoden und alle Schritte, gewichtet mit dem `final_reward`.
- Schließlich wenden wir diese mittleren Gradienten mithilfe des Optimierers an: Die trainierbaren Variablen des Modells werden angepasst, und die Policy wird hoffentlich ein bisschen besser werden.

Damit sind wir fertig! Dieser Code trainiert das neuronale Netz in der Policy und lernt erfolgreich, die Stange auf dem Wagen zu balancieren. Die mittlere Belohnung pro Episode wird sehr nahe an 200 liegen. Standardmäßig ist das das Maximum in dieser Umgebung. Das ist ein Erfolg!

Der einfache Algorithmus mit den Policy-Gradienten hat zwar die CartPole-Aufgabe gemeistert, aber bei größeren und komplexeren Aufgaben skaliert er nicht sehr gut. Tatsächlich ist er ausgesprochen *Sample-ineffizient* – er muss also das Spiel sehr lange beobachten, bevor er einen signifikanten Fortschritt erzielen kann. Das liegt daran, dass er viele Episoden laufen lassen muss, um den Vorteil jeder Aktion zu schätzen. Aber er dient als Grundlage für leistungsfähigere Algorithmen, wie zum Beispiel *Actor-Critic*-Algorithmen (die wir am Ende des Kapitels kurz behandeln).

> Forscher sind bemüht, Algorithmen zu finden, die auch ohne vorheriges Wissen über die Umwelt gut funktionieren. Wenn Sie aber nicht gerade einen Fachartikel schreiben, sollten Sie dem Agenten so viel Wissen wie möglich zur Verfügung stellen, weil dies das Training erheblich beschleunigt. Da Sie beispielsweise wissen, dass die Stange so vertikal wie möglich sein sollte, könnten Sie vielleicht eine negative Belohnung hinzufügen, die proportional zu dem Winkel der Stange ist. Dadurch werden die Belohnungen besser, und das Training wird beschleunigt. Auch wenn Sie bereits eine halbwegs gute Policy haben (z.B. eine hartcodierte), sollten Sie diese zunächst durch das neuronale Netz abbilden lassen, bevor Sie es mit Policy-Gradienten verbessern.

Wir werden uns nun eine weitere beliebte Familie von Algorithmen ansehen. Während die PG-Algorithmen die Policy direkt in Richtung höherer Belohnungen optimieren, betrachten wir nun einige weniger direkte Algorithmen: Der Agent lernt, den zu erwartenden Return entweder für jeden Zustand oder für jede Aktion in jedem Zustand abzuschätzen. Dieses Wissen wird dann zur Entscheidungsfindung eingesetzt. Um diese Art Algorithmen zu verstehen, müssen wir uns mit *Markov-Entscheidungsprozessen* (MDP) auseinandersetzen.

Markov-Entscheidungsprozesse

Im frühen 20. Jahrhundert untersuchte der Mathematiker Andrey Markov stochastische Prozesse ohne Gedächtnis, sogenannte *Markov-Ketten*. Solche Prozesse haben eine vorgegebene Anzahl Zustände und wandern bei jedem Schritt zufällig von einem Zustand zu einem anderen. Die Wahrscheinlichkeit für den Übertritt vom Zustand s zum Zustand s' ist vorgegeben und hängt nur vom Paar (s,s') ab, nicht von vergangenen Zuständen. Darum sagen wir, das System besitze kein Gedächtnis.

Abbildung 18-7 zeigt ein Beispiel einer Markov-Kette mit vier Zuständen.

Sagen wir, der Prozess beginnt im Zustand s_0 und es gibt eine 70%ige Chance, dass er im nächsten Schritt in diesem Zustand verbleibt. Irgendwann wird dieser Zustand für immer verlassen, da kein anderer Zustand wieder auf s_0 verweist. Falls der Prozess in den Zustand s_1 übergeht, fährt er höchstwahrscheinlich mit Zustand s_2 fort (90% Wahrscheinlichkeit), anschließend gleich wieder mit Zustand s_1 (100%

Wahrscheinlichkeit). Er mag einige Male zwischen diesen Zuständen umherspringen, aber irgendwann in den Zustand s_3 fallen und für immer dort bleiben, da es keinen Weg heraus gibt – das nennt sich *terminaler Zustand*. Markov-Ketten können eine sehr unterschiedliche Dynamik aufweisen und werden regelmäßig in der Thermodynamik, der Chemie, der Statistik und in vielen anderen Gebieten eingesetzt.

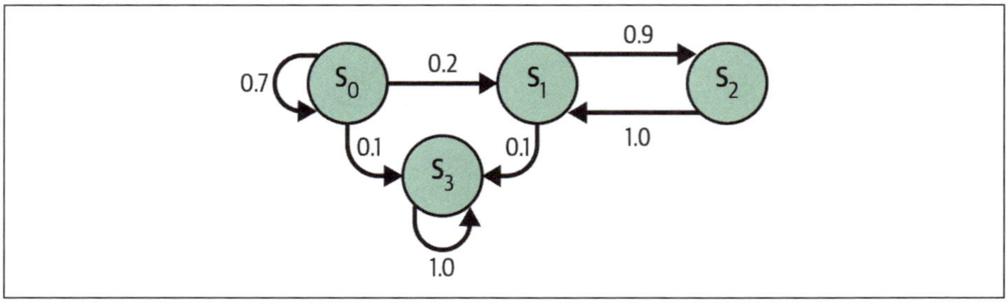

Abbildung 18-7: Beispiel einer Markov-Kette

Markov-Entscheidungsprozesse wurden erstmalig in den 1950ern von Richard Bellman beschrieben (*https://homl.info/133*).[12] Sie ähneln Markov-Ketten, aber mit einer Neuerung: Bei jedem Schritt kann sich ein Agent für eine von mehreren möglichen Aktionen entscheiden, und die Übergangswahrscheinlichkeiten hängen von der gewählten Aktion ab. Außerdem geben einige Zustandsübergänge eine (positive oder negative) Belohnung, und das Ziel des Agenten ist das Finden einer Policy, die die Belohnung über die Zeit maximiert.

Beispielsweise enthält das in Abbildung 18-8 dargestellte MDP drei Zustände (durch Kreise dargestellt) und bei jedem Schritt bis zu drei mögliche diskrete Aktionen (durch Rauten dargestellt).

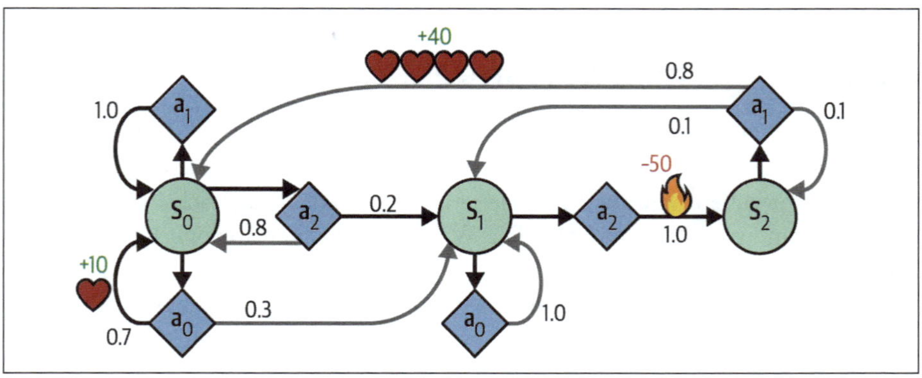

Abbildung 18-8: Beispiel für einen Markov-Entscheidungsprozess

12 Richard Bellman, »A Markovian Decision Process«, *Journal of Mathematics and Mechanics* 6, no. 5 (1957): 679–684.

Wenn es im Zustand s_0 beginnt, kann der Agent zwischen den Aktionen a_0, a_1 und a_2 wählen. Wenn er Aktion a_1 auswählt, bleibt er mit Sicherheit im Zustand s_0 und erhält keine Belohnung. Er kann sich daher entscheiden, für immer dort zu bleiben. Wenn er aber Aktion a_0 wählt, gibt es eine 70%ige Chance auf eine Belohnung von +10 und den Verbleib im Zustand s_0. Er kann dies wieder und wieder versuchen, um so viel Belohnung wie möglich anzusammeln. Aber irgendwann landet er stattdessen im Zustand s_1. Im Zustand s_1 gibt es nur zwei mögliche Aktionen: a_0 oder a_2. Er kann sich durch wiederholtes Wählen von Aktion a_0 ruhig verhalten oder sich für den Übergang zu Zustand s_2 entscheiden und eine negative Belohnung von –50 in Kauf zu nehmen (autsch!). Im Zustand s_2 gibt es keine andere Möglichkeit als Aktion a_1, die höchstwahrscheinlich zum Zustand s_0 zurückführt und unterwegs eine Belohnung von +40 generiert. Sie verstehen, worauf es hinausläuft? Können Sie anhand dieses MDP erraten, welche Strategie langfristig den höchsten Gewinn erzielt? Im Zustand s_0 ist klar, dass Aktion a_0 die beste Wahl ist, und im Zustand s_2 hat der Agent keine Wahl außer Aktion a_1, aber im Zustand s_1 ist nicht klar, ob der Agent sich ruhig verhalten (a_0) oder durchs Dickicht gehen sollte (a_2).

Bellman fand eine Möglichkeit zum Schätzen des *optimalen Zustandswerts* eines Zustands s, geschrieben $V^*(s)$, der der Summe aller zukünftigen Belohnungen entspricht, die der Agent nach Erreichen des Zustands bei optimalem Verhalten im Durchschnitt erwarten kann. Er zeigte, dass bei optimalem Verhalten des Agenten das *Optimalitätsprinzip von Bellman* gilt (siehe Formel 18-1). Diese rekursive Formel besagt, dass bei optimalem Verhalten des Agenten der optimale Wert des gegenwärtigen Zustands gleich der durchschnittlichen Belohnung einer optimalen Aktion plus dem zu erwartenden optimalen Wert aller möglichen Folgezustände dieser Aktion ist.

Formel 18-1: Optimalitätsprinzip nach Bellman

$$V^*(s) = \max_a \sum_{s'} T(s,a,s')\left[R(s,a,s') + \gamma \cdot V^*(s')\right] \quad \text{für alle } s$$

In dieser Gleichung gilt:

- $T(s, a, s')$ ist die Übergangswahrscheinlichkeit von Zustand s zu Zustand s', vorausgesetzt, der Agent wählt Aktion a. So ist beispielsweise in Abbildung 18-8 $T(s_2, a_1, s_0) = 0{,}8$.
- $R(s, a, s')$ ist die Belohnung, die der Agent beim Übergang von Zustand s in Zustand s' erhält, vorausgesetzt, der Agent wählt Aktion a. In Abbildung 18-8 ist zum Beispiel $R(s_2, a_1, s_0) = 40$.
- γ ist die Discount-Rate.

Diese Gleichung führt direkt zu einem Algorithmus, mit dem sich der optimale Zustandswert jedes möglichen Zustands abschätzen lässt: Sie initialisieren zunächst die Schätzung sämtlicher Zustände mit null und aktualisieren diese iterativ mit dem *Value-Iteration*-Algorithmus (siehe Formel 18-2). Ein bemerkenswertes Ergebnis ist, dass diese Schätzungen mit genug Zeit garantiert zu den optimalen Zustandswerten konvergieren, die der optimalen Policy entsprechen.

Formel 18-2: Value-Iteration-Algorithmus

$$V_{k+1}(s) \leftarrow \max_{a} \sum_{s'} T(s,a,s')\left[R(s,a,s') + \gamma \cdot V_k(s')\right] \quad \text{für alle } s$$

$V_k(s)$ ist in dieser Gleichung der geschätzte Wert des Zustands s in der k. Iteration des Algorithmus.

> Dieser Algorithmus ist ein Beispiel für *dynamische Programmierung*, die ein komplexes Problem in bearbeitbare Teilprobleme aufteilt, die sich iterativ abarbeiten lassen.

Die optimalen Zustandswerte zu kennen, ist vor allem zum Evaluieren einer Policy nützlich. Es liefert uns aber nicht die optimale Policy für den Agenten. Glücklicherweise fand Bellman einen sehr ähnlichen Algorithmus zum Abschätzen der optimalen *Zustands-Aktions-Werte*, genannt *Q-Werte* (Qualitätswerte). Der optimale Q-Wert eines Zustand-Aktion-Paars (s, a), geschrieben $Q^*(s, a)$, ist die Summe der berechneten zukünftigen Belohnungen, die der Agent im Mittel nach Erreichen des Zustands s durch Auswahl der Aktion a erwarten kann. Dabei ist das Ergebnis der Aktion a noch nicht bekannt, und wir nehmen nach dieser Aktion optimales Verhalten an.

Und so funktioniert es: Wir initialisieren wieder sämtliche Schätzungen der Q-Werte mit null und aktualisieren diese mit dem *Q-Wert-Iterationsalgorithmus* (siehe Formel 18-3).

Formel 18-3: Q-Wert-Iterationsalgorithmus

$$Q_{k+1}(s,a) \leftarrow \sum_{s'} T(s,a,s')\left[R(s,a,s') + \gamma \cdot \max_{a'} Q_k(s',a')\right] \quad \text{für alle } (s,a)$$

Sobald Sie die optimalen Q-Werte gefunden haben, ist die optimale Policy $\pi^*(s)$ trivial: Wenn sich der Agent im Zustand s befindet, sollte er die Aktion mit dem höchsten Q-Wert für diesen Zustand auswählen: $\pi^*(s) = \underset{a}{\operatorname{argmax}}\, Q^*(s, a)$.

Wenden wir diesen Algorithmus auf das in Abbildung 18-8 gezeigte MDP an. Zunächst definieren wir das MDP:

```
transition_probabilities = [ # shape=[s, a, s']
        [[0.7, 0.3, 0.0], [1.0, 0.0, 0.0], [0.8, 0.2, 0.0]],
        [[0.0, 1.0, 0.0], None, [0.0, 0.0, 1.0]],
        [None, [0.8, 0.1, 0.1], None]]
rewards = [ # shape=[s, a, s']
        [[+10, 0, 0], [0, 0, 0], [0, 0, 0]],
        [[0, 0, 0], [0, 0, 0], [0, 0, -50]],
        [[0, 0, 0], [+40, 0, 0], [0, 0, 0]]]
possible_actions = [[0, 1, 2], [0, 2], [1]]
```

Um zum Beispiel die Übergangswahrscheinlichkeit von s_2 nach s_0 nach dem Ausspielen von Aktion a_1 zu kennen, schauen wir uns `transition_probabilities[2][1][0]` an (mit dem Wert 0,8). Genauso können wir die zugehörige Belohnung über `rewards[2][1][0]` erhalten (+40). Und für die Liste der möglichen Aktionen in s_2 schauen wir auf `possible_actions[2]` (in diesem Fall ist nur die Aktion a_1 möglich). Als Nächstes müssen wir alle Q-Werte mit 0 initialisieren (außer für die unmöglichen Aktionen, für die wir die Q-Werte auf $-\infty$ setzen):

```
Q_values = np.full((3, 3), -np.inf) # -np.inf für unmögliche Aktionen
for state, actions in enumerate(possible_actions):
    Q_values[state, actions] = 0.0  # für alle möglichen Aktionen
```

Führen wir nun den Q-Wert-Iterationsalgorithmus aus. Er wendet wiederholt Formel 18-3 für alle Q-Werte, jeden Status und jede mögliche Aktion an:

```
gamma = 0.90 # Discount-Faktor

for iteration in range(50):
    Q_prev = Q_values.copy()
    for s in range(3):
        for a in possible_actions[s]:
            Q_values[s, a] = np.sum([
                    transition_probabilities[s][a][sp]
                    * (rewards[s][a][sp] + gamma * Q_prev[sp].max())
                for sp in range(3)])
```

Das ist alles! Es ergeben sich folgende Q-Werte:

```
>>> Q_values
array([[18.91891892, 17.02702702, 13.62162162],
       [ 0.        ,        -inf, -4.87971488],
       [       -inf, 50.13365013,        -inf]])
```

Befindet sich der Agent beispielsweise im Zustand s_0 und wählt er Aktion a_1, ist die erwartete Summe der zukünftigen Belohnungen mit Discount beispielsweise etwa 17,0.

Schauen wir uns jetzt für jeden Zustand die Aktion mit dem höchsten Q-Wert an:

```
>>> Q_values.argmax(axis=1) # optimale Aktion für jeden Zustand
array([0, 0, 1])
```

Damit erhalten wir eine optimale Policy für dieses MDP mit einer Discount-Rate von 0,90: Wähle im Zustand s_0 Aktion a_0, im Zustand s_1 Aktion a_0 (bleibe standhaft) und im Zustand s_2 Aktion a_1 (die einzige Möglichkeit). Interessanterweise ändert sich die Policy, wenn Sie die Discount-Rate auf 0,95 erhöhen: Im Zustand s_1 wird a_2 die beste Aktion (gehe durchs Feuer!). Das ergibt Sinn, weil mit einem höheren Gewicht auf der Gegenwart die Aussicht auf zukünftige Belohnungen den unmittelbaren Schmerz nicht aufwiegt.

Temporal Difference Learning

Reinforcement-Learning-Aufgaben mit diskreten Aktionen lassen sich oft als Markov-Entscheidungsprozesse modellieren. Allerdings sind dem Agenten zu Beginn die Übergangswahrscheinlichkeiten unbekannt (er kennt $T(s, a, s')$ nicht), ebenso wie die Belohnungen (der Agent kennt $R(s, a, s')$ nicht). Er muss jeden Zustand und jeden Übergang mindestens einmal erfahren, wenn er einen sinnvollen Schätzwert für die Übergangswahrscheinlichkeit haben soll.

Der *Temporal-Difference-Learning*-Algorithmus (TD Learning) ist dem Q-Wert-Iteration-Algorithmus sehr ähnlich, trägt aber dem Umstand Rechnung, dass der Agent den MDP nur teilweise kennt. Im Allgemeinen nehmen wir an, dass dem Agenten zu Beginn außer den möglichen Zuständen und Aktionen nichts weiter bekannt ist. Der Agent verwendet eine *Erkundungspolicy* – beispielsweise eine rein zufällige Policy –, um den MDP zu erkunden, und aktualisiert die Schätzungen der Zustandswerte anhand der beobachteten Übergänge und Belohnungen im Verlauf des TD-Learning-Algorithmus (siehe Formel 18-4).

Formel 18-4: TD Learning-Algorithmus

$$V_{k+1}(s) \leftarrow (1-\alpha)V_k(s) + \alpha\left(r + \gamma \cdot V_k(s')\right)$$

$$\text{oder äquivalent:}$$

$$V_{k+1}(s) \leftarrow V_k(s) + \alpha \cdot \delta_k(s, r, s')$$

$$\text{mit } \delta_k(s, r, s') = r + \gamma \cdot V_k(s') - V_k(s)$$

In dieser Gleichung gilt:

- α ist die Lernrate (z.B. 0,01).
- $r + \gamma \cdot V_k(s')$ wird als *TD-Ziel* bezeichnet.
- $\delta_k(s, r, s')$ ist der *TD-Fehler*.

Die erste Form dieser Gleichung lässt sich kürzer auch als $a \underset{\alpha}{\leftarrow} b$ schreiben, was $\alpha_{k+1} \leftarrow (1\ \alpha) \cdot a_k + \alpha \cdot b_k$ bedeutet. Damit kann die erste Zeile von Formel 18-4 wie folgt geschrieben werden: $V(s) \underset{\alpha}{\leftarrow} r + \gamma \cdot V(s')$

> Es gibt viele Ähnlichkeiten zwischen TD Learning und dem stochastischen Gradientenverfahren, besonders das Abarbeiten einer einzelnen Stichprobe. Wie das stochastische Gradientenverfahren kann es nur wirklich konvergieren, wenn Sie die Lernrate allmählich senken (andernfalls hüpft es um das Optimum herum).

Der Algorithmus merkt sich für jeden Zustand s den gleitenden Durchschnitt der unmittelbaren Belohnung für das Verlassen dieses Zustands zuzüglich der später zu erwartenden Belohnungen – optimales Verhalten angenommen.

Q-Learning

Ähnlich dazu ist der Q-Learning-Algorithmus eine Anpassung des Q-Wert-Iterationsalgorithmus auf Situationen mit zunächst unbekannten Übergangswahrscheinlichkeiten und Belohnungen (siehe Formel 18-5). Q-Learning beobachtet dazu das Spiel eines Agenten (zum Beispiel ein zufälliges Spielen) und verbessert dabei nach und nach seine Schätzungen der Q-Werte. Hat es exakte (oder ausreichend exakte) Q-Wert-Schätzungen, besteht die optimale Policy darin, die Aktion auszuwählen, die den höchsten Q-Wert besitzt (also die Greedy-Policy).

Formel 18-5: Q-Learning-Algorithmus

$$Q\left(s,a\right) \underset{\alpha}{\leftarrow} r+\gamma \cdot \max_{a'} Q\left(s',a'\right)$$

Dieser Algorithmus merkt sich den laufenden Durchschnitt der Belohnungen r für das Verlassen des Zustands s mit Aktion a zuzüglich der später zu erwartenden Belohnung für jedes Zustand-Aktion-Paar (s, a). Um diese Summe zu schätzen, nehmen wir das Maximum der Q-Wert-Schätzungen für den nächsten Status s', da wir davon ausgehen, dass die Zielpolicy von dort an optimal handelt.

Implementieren wir den Q-Learning-Algorithmus. Zuerst müssen wir einen Agenten die Umgebung erforschen lassen. Dazu brauchen wir eine Schrittfunktion, sodass der Agent eine Aktion ausführen und den sich daraus ergebenden Zustand und die Belohnung erhalten kann:

```
def step(state, action):
    probas = transition_probabilities[state][action]
    next_state = np.random.choice([0, 1, 2], p=probas)
    reward = rewards[state][action][next_state]
    return next_state, reward
```

Implementieren wir jetzt die Policy des Agenten zum Erforschen. Da der Zustandsraum ziemlich klein ist, wird eine einfache Zufallspolicy ausreichen. Lassen wir den Algorithmus lange genug laufen, wird der Agent jeden Zustand mehrfach besucht haben und auch jede mögliche Aktion oft ausprobieren:

```
def exploration_policy(state):
    return np.random.choice(possible_actions[state])
```

Als Nächstes sind wir nach dem Initialisieren der Q-Werte wie zuvor dazu bereit, den Q-Learning-Algorithmus mit einer abfallenden Lernrate auszuführen (per Power Scheduling, siehe dazu Kapitel 11):

```
alpha0 = 0.05 # initiale Lernrate
decay = 0.005 # Abfall der Lernrate
gamma = 0.90 # discount-Faktor
state = 0 # initialer Zustand

for iteration in range(10000):
    action = exploration_policy(state)
```

```
    next_state, reward = step(state, action)
    next_value = Q_values[next_state].max()  # gierige Policy im nächsten Schritt
    alpha = alpha0 / (1 + iteration * decay)
    Q_values[state, action] *= 1 - alpha
    Q_values[state, action] += alpha * (reward + gamma * next_value)
    state = next_state
```

Dieser Algorithmus wird zu den optimalen Q-Werten konvergieren, aber es werden sehr viele Iterationen und möglicherweise ziemlich viel Tuning der Hyperparameter notwendig sein. Wie Sie in Abbildung 18-9 sehen, konvergiert der Q-Wert-Iterationsalgorithmus (links) sehr schnell in weniger als 20 Iterationen, während der Q-Learning-Algorithmus (rechts) über 8.000 Iterationen zum Konvergieren braucht. Offensichtlich wird das Finden der optimalen Policy viel schwerer, wenn die Übergangswahrscheinlichkeiten nicht bekannt sind!

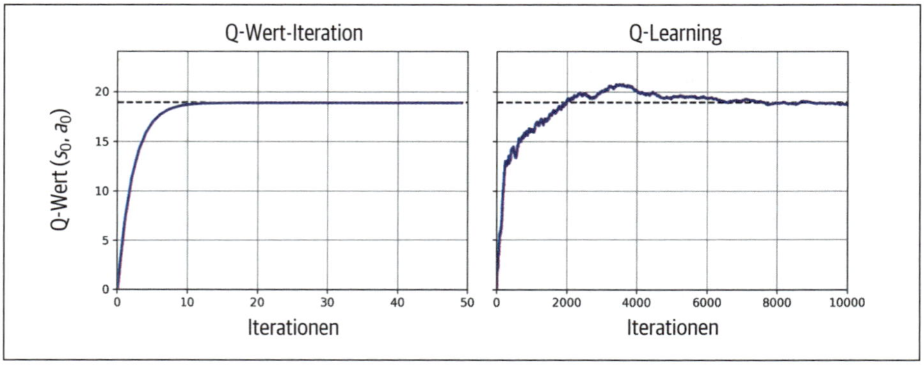

Abbildung 18-9: Lernkurve des Q-Wert-Iterationsalgorithmus und des Q-Learning-Algorithmus

Der Q-Learning-Algorithmus wird als *Off-Policy*-Algorithmus bezeichnet, weil die zu trainierende Policy nicht notwendigerweise die ist, die ausgeführt wird. Im vorherigen Codebeispiel ist die ausgeführte Policy (die Erforschungspolicy) komplett zufallsbasiert, während die zu trainierende Policy nie genutzt wurde. Nach dem Training korrespondiert die optimale Policy zum systematischen Auswählen der Aktion mit dem höchsten Q-Wert. Umgekehrt ist der Policy-Gradienten-Algorithmus ein *On-Policy*-Algorithmus: Er erforscht die Welt mit der Policy, die trainiert wird. Es mag ein wenig überraschen, dass Q-Learning die optimale Policy alleine dadurch erlernen kann, dass er dabei zusieht, wie ein Agent zufällig agiert. Stellen Sie sich vor, Sie lernen das Golfspielen bei einem Affen mit verbundenen Augen als Lehrer. Geht das vielleicht noch besser?

Erkundungspolicies

Natürlich funktioniert Q-Learning nur, wenn die Erkundungspolicy den MDP gründlich genug durchsucht. Auch wenn bei einer zufallsbasierten Policy irgendwann jeder Zustand und jede Policy viele Male besucht werden, kann dies extrem lange dauern. Die *ε-greedy-Policy* ist deshalb eine bessere Alternative: Bei jedem Schritt agiert sie mit der Wahrscheinlichkeit ε zufällig und mit der Wahrscheinlichkeit 1-ε gierig (und wählt die Aktion mit dem höchsten Q-Wert aus). Der Vorteil der ε-greedy-Policy (im Vergleich zur völlig zufälligen Policy) ist, dass sie mehr Zeit mit dem Erkunden der interessanten Teile der Umwelt verbringt, während die Schätzungen der Q-Werte immer genauer werden, aber trotzdem noch etwas Zeit für das Besuchen unbekannter Regionen des MDP übrig ist. Es ist üblich, zu Beginn einen hohen Wert für ε (z.B. 1,0) zu verwenden und diesen schrittweise zu reduzieren (z.B. bis auf 0,05).

Anstatt sich beim Erkunden auf den Zufall zu verlassen, könnte die Erkundungspolicy auch gezielt noch nicht ausprobierte Aktionen wählen. Dies lässt sich als Bonus auf den geschätzten Q-Werten implementieren, wie Formel 18-6 zeigt.

Formel 18-6: Q-Learning mit einer Erkundungsfunktion

$$Q\left(s,a\right) \underset{\alpha}{\leftarrow} r + \gamma \cdot \max_{a'} f\left(Q(s',a'), N(s',a')\right)$$

In dieser Gleichung gilt:

- $N(s', a')$ zählt, wie oft Action a' im Zustand s' ausgewählt wurde.
- $f(Q, N)$ ist eine *Erkundungsfunktion* wie $f(Q, N) = Q + \kappa/(1 + N)$, wobei der Hyperparameter κ die Neugierde festlegt, also wie stark der Agent vom Unbekannten angezogen wird.

Approximatives Q-Learning und Deep-Q-Learning

Das Hauptproblem beim Q-Learning ist, dass es nicht besonders gut auf große (und nicht einmal mittelgroße) MDPs mit vielen Zuständen und Aktionen skaliert. Nehmen wir an, Sie versuchten, einem Agenten das Spielen von *Ms. Pac-Man* mit Q-Learning beizubringen (siehe Abbildung 18-1). Es gibt etwa 150 Punkte, die Ms. Pac-Man essen kann. Jeder davon kann vorhanden oder bereits aufgegessen sein. Die Anzahl möglicher Zustände übersteigt $2^{150} \approx 10^{45}$. Addieren Sie alle möglichen Positionskombinationen für alle Geister und Ms. Pac-Man, wird die Zahl möglicher Zustände größer als die Anzahl der Atome unserer Erde, es gibt also keine Möglichkeit, eine Schätzung für jeden einzelnen Q-Wert zu speichern.

Die Lösung ist daher, die Q-Werte eines Paars (s, a) aus Zustand und Aktion über eine Funktion $Q_{\boldsymbol{\theta}}(s, a)$ mit einer handhabbaren Anzahl von Parametern zu approximieren (mit dem Parametervektor $\boldsymbol{\theta}$). Dies bezeichnet man als *approximatives Q-Learning*. Viele Jahre lang wurde empfohlen, Linearkombinationen von Hand aus dem Zustand extrahierter Merkmale zu verwenden (z.B. die Entfernungen zum nächsten Geist, ihre Richtungen und so weiter), um Q-Werte abzuschätzen. DeepMind (*https://homl.info/dqn*) konnte jedoch im Jahr 2013 demonstrieren, dass Deep Neural Networks besonders bei komplexen Aufgaben viel besser funktionieren und keinerlei Extraktion von Merkmalen nötig ist. Ein DNN zum Schätzen von Q-Werten nennt man ein *Deep-Q-Netz* (DQN), und das Verwenden eines DQN für approximatives Q-Learning heißt *Deep-Q-Learning*.

Wie lässt sich also ein DQN trainieren? Betrachten wir den vom DQN für ein gegebenes Paar aus Zustand und Aktion (*s*, *a*) berechneten approximierten Q-Wert. Dank Bellman wissen wir, dass dieser approximierte Q-Wert so nah wie möglich an der Belohnung *r* liegen soll, die wir nach dem Spielen der Aktion *a* in Zustand *s* erhalten, zuzüglich der mit Discount verrechneten zukünftigen Belohnungen für optimales Spiel. Um diese zukünftigen Belohnungen abzuschätzen, können wir das DQN einfach auf dem nächsten Zustand *s'* für alle möglichen Aktionen *a'* ausführen. Wir erhalten einen approximierten zukünftigen Q-Wert für jede mögliche Aktion. Dann wählen wir den höchsten Wert aus (unter der Annahme, dass wir optimal spielen), verrechnen den Discount und erhalten so eine Schätzung der zukünftigen Werte mit Discount. Indem wir die Belohnung *r* und die Schätzung des zukünftigen Werts mit Discount aufsummieren, erhalten wir den Ziel-Q-Wert *y*(*s*, *a*) für das Paar aus Zustand und Aktion (*s*, *a*), wie in Formel 18-7.

Formel 18-7: Ziel-Q-Wert

$$y\left(s,a\right)=r+\gamma\cdot\max_{a'}Q_{\boldsymbol{\theta}}\left(s',a'\right)$$

Mit diesem Ziel-Q-Wert können wir eine Trainingsiteration nach dem Gradientenverfahren durchführen. Insbesondere versuchen wir, den quadratischen Fehler zwischen dem geschätzten Q-Wert $Q_{\boldsymbol{\theta}}(s, a)$ und dem Ziel-Q-Wert *y*(*s*, *a*) zu minimieren (oder den Huber-Verlust, um die Empfindlichkeit des Algorithmus für große Fehler zu verringern). Und das ist für den grundlegenden Deep-Q-Learning-Algorithmus auch schon alles! Schauen wir, wie wir ihn implementieren können, um das CartPole-Problem zu lösen.

Deep-Q-Learning implementieren

Als Erstes benötigen wir ein Deep-Q-Netz. Theoretisch brauchen Sie ein neuronales Netz, das ein Zustand-Aktion-Paar übernimmt und einen genäherten Q-Wert ausgibt, aber in der Praxis ist es viel effizienter, ein neuronales Netz zu verwenden, das einen Zustand übernimmt und einen genäherten Q-Wert für jede mögliche Aktion liefert. Um die CartPole-Umgebung zu lösen, brauchen wir kein allzu kompliziertes neuronales Netz – es reichen ein paar verborgene Schichten:

```
input_shape = [4]  # == env.observation_space.shape
n_outputs = 2  # == env.action_space.n

model = tf.keras.Sequential([
    tf.keras.layers.Dense(32, activation="elu", input_shape=input_shape),
    tf.keras.layers.Dense(32, activation="elu"),
    tf.keras.layers.Dense(n_outputs)
])
```

Um mit diesem DQN eine Aktion auszuwählen, entscheiden wir uns für diejenige mit dem größten vorhergesagten Q-Wert. Damit wir sicherstellen, dass der Agent die Umgebung erkundet, werden wir eine ε-greedy-Policy nutzen (wir wählen also zufällig eine Aktion mit der Wahrscheinlichkeit ε):

```
def epsilon_greedy_policy(state, epsilon=0):
    if np.random.rand() < epsilon:
        return np.random.randint(n_outputs) # zufällige Aktion
    else:
        Q_values = model.predict(state[np.newaxis], verbose=0)[0]
        return Q_values.argmax() # optimale Aktion laut DQN
```

Statt das DQN nur mit den letzten Erfahrungen zu trainieren, legen wir alle Erfahrungen in einem *Replay Buffer* (oder *Replay Memory*) ab und sampeln daraus bei jeder Trainingsiteration einen zufälligen Trainingsbatch. Das hilft dabei, die Korrelationen zwischen den Erfahrungen in einem Trainingsbatch zu verringern, was das Training massiv besser macht. Dazu brauchen wir nur eine Deque-Liste:

```
from collections import deque

replay_buffer = deque(maxlen=2000)
```

Eine *Deque* ist eine Queue, bei der Elemente sehr effizienz an beiden Enden eingefügt und entfernt werden können. Das Einfügen und Löschen von Elementen ist dadurch sehr schnell, aber je länger die Liste wird, desto langsamer ist der freie Zugriff auf ein Element. Benötigen Sie einen sehr großen Replay Buffer, sollten Sie einen Circular Buffer verwenden (im Notebook finden Sie eine Implementierung dazu) oder sich die Reverb-Bibliothek (*https://homl.info/reverb*) von DeepMind anschauen.

Jede Erfahrung wird aus sechs Elementen bestehen: einem Zustand *s*, der vom Agenten umgesetzten Aktion *a*, der daraus entstandenen Belohnung *r*, dem nächsten erreichten Zustand *s'*, einem booleschen Wert, der angibt, ob die Episode beendet ist (done), und schließlich einem weiteren booleschen Wert, der angibt, ob die Episode an diesem Punkt abgebrochen wurde. Wir werden eine kleine Funktion brauchen, um einen zufälligen Batch mit Erfahrungen aus dem Replay Buffer zu sampeln. Diese wird sechs NumPy-Arrays zurückgeben, die den sechs Erfahrungselementen entsprechen:

```
def sample_experiences(batch_size):
    indices = np.random.randint(len(replay_buffer), size=batch_size)
    batch = [replay_buffer[index] for index in indices]
    return [
        np.array([experience[field_index] for experience in batch])
        for field_index in range(6)
    ] # [states, actions, rewards, next_states, dones, truncateds]
```

Erstellen wir auch noch eine Funktion, die einen einzelnen Schritt ausführt, dabei die ε-greedy-Policy nutzt und die sich daraus ergebende Erfahrung im Replay Buffer ablegt:

```
def play_one_step(env, state, epsilon):
    action = epsilon_greedy_policy(state, epsilon)
```

```
        next_state, reward, done, truncated, info = env.step(action)
        replay_buffer.append((state, action, reward, next_state, done, truncated))
        return next_state, reward, done, truncated, info
```

Bauen wir schließlich eine letzte Funktion, die einen Batch mit Erfahrungen aus dem Replay Buffer sampelt und das DQN durch einen einzelnen Gradientenschritt für diesen Batch trainiert:

```
batch_size = 32
discount_factor = 0.95
optimizer = tf.keras.optimizers.Nadam(learning_rate=1e-2)
loss_fn = tf.keras.losses.mean_squared_error

def training_step(batch_size):
    experiences = sample_experiences(batch_size)
    states, actions, rewards, next_states, dones, truncateds = experiences
    next_Q_values = model.predict(next_states, verbose=0)
    max_next_Q_values = next_Q_values.max(axis=1)
    runs = 1.0 - (dones | truncateds)  # Episode ist nicht fertig oder abgebrochen
    target_Q_values = rewards + runs * discount_factor * max_next_Q_values
    target_Q_values = target_Q_values.reshape(-1, 1)
    mask = tf.one_hot(actions, n_outputs)
    with tf.GradientTape() as tape:
        all_Q_values = model(states)
        Q_values = tf.reduce_sum(all_Q_values * mask, axis=1, keepdims=True)
        loss = tf.reduce_mean(loss_fn(target_Q_values, Q_values))

    grads = tape.gradient(loss, model.trainable_variables)
    optimizer.apply_gradients(zip(grads, model.trainable_variables))
```

Schauen wir uns diesen Code genauer an:

- Zuerst definieren wir ein paar Hyperparameter und erstellen den Optimierer und die Verlustfunktion.
- Dann erstellen wir die Funktion `training_step()`. Sie sampelt zuerst einen Batch mit Erfahrungen, dann nutzt sie das DQN, um den Q-Wert für jede mögliche Aktion in jedem nächsten Zustand der Erfahrung vorherzusagen. Da wir davon ausgehen, dass der Agent optimal spielen wird, merken wir uns nur den maximalen Q-Wert für jeden nächsten Zustand. Als Nächstes nutzen wir Formel 18-7, um den Ziel-Q-Wert für jedes Zustand-Aktion-Paar einer Erfahrung zu berechnen.
- Nun wollen wir das DQN nutzen, um den Q-Wert für jedes erfahrene Zustand-Aktion-Paar zu bestimmen. Aber das DQN gibt auch die Q-Werte für andere mögliche Aktionen aus, nicht nur für die vom Agenten gewählte. Also müssen wir alle Q-Werte ausblenden, die wir nicht benötigen. Die Funktion `tf.one_hot()` ermöglicht das Umwandeln eines Arrays mit Aktionsindizes in solch eine Maske. Enthalten beispielsweise die ersten drei Erfahrungen die Aktionen 1, 1, 0, wird die Maske mit `[[0, 1], [0, 1], [1, 0], ...]` beginnen. Wir können dann die Ausgabe des DQN mit dieser Maske multiplizieren, was alle Q-Werte auf null setzen wird, die wir nicht haben wollen. Nun summieren wir über die erste Achse auf, um alle Nullen loszuwerden, und be-

halten nur die Q-Werte der erfahrenen Zustand-Aktion-Paare. Damit erhalten wir den Tensor Q_values mit einem vorhergesagten Q-Wert für jede Erfahrung im Batch.

- Jetzt berechnen wir den Verlust: Das ist der mittlere quadratische Fehler zwischen den vorhergesagten und den Ziel-Q-Werten für die erfahrenen Zustand-Aktion-Paare.
- Schließlich führen wir einen Gradientenschritt durch, um den Verlust in Bezug auf die trainierbaren Variablen des Modells zu minimieren.

Das war der schwerste Teil. Das Trainieren des Modells ist jetzt nicht mehr kompliziert:

```
for episode in range(600):
    obs, info = env.reset()
    for step in range(200):
        epsilon = max(1 - episode / 500, 0.01)
        obs, reward, done, truncated, info = play_one_step(env, obs, epsilon)
        if done or truncated:
            break

    if episode > 50:
        training_step(batch_size)
```

Wir lassen 600 Episoden mit jeweils maximal 200 Schritten laufen. Bei jedem Schritt berechnen wir erst den epsilon-Wert für die ε-greedy-Policy: Er wird linear in etwas weniger als 500 Episoden von 1 bis auf 0,01 heruntergehen. Dann rufen wir die Funktion play_one_step() auf, die mithilfe der ε-greedy-Policy eine Aktion auswählt, sie ausführt und die Erfahrung im Replay Buffer ablegt. Ist die Episode abgeschlossen oder abgebrochen, verlassen wir die Schleife. Sind wir schließlich über die 50. Episode hinaus, rufen wir die Funktion training_step() auf, um das Modell mit einem Batch zu trainieren, der aus dem Replay Buffer gesampelt wurde. Wir spielen so viele Episoden ohne Training, um dem Replay Buffer etwas Zeit zu geben, gefüllt zu werden (wenn wir nicht lange genug warten, wird es im Buffer nicht genug Diversität geben). Und das ist es schon – wir haben gerade den Deep-Q-Learning-Algorithmus implementiert!

In Abbildung 18-10 sehen Sie die gesamten Belohnungen, die der Agent bei jeder Episode erhält.

Wie Sie sehen, hat der Algorithmus eine ganze Weile gebraucht, um etwas zu lernen, was teilweise daran liegt, dass ε zu Beginn sehr hoch war. Dann war der Fortschritt erratisch: Er erreichte die maximale Belohnung zuerst ungefähr bei Episode 220, fiel dann sofort ab, sprang ein paar Mal hin und her, und kurz nachdem es so aussah, als ob er sich endlich in der Nähe der maximalen Belohnung stabilisiert hätte – ungefähr bei Episode 320 –, fiel er wieder dramatisch ab. Das nennt sich *katastrophales Vergessen* und ist eines der großen Probleme, mit dem so gut wie alle RL-Algorithmen zu kämpfen haben: Während der Agent seine Umgebung erforscht, passt er seine Policy an, aber was er in einem Teil der Umgebung lernt, kann das kaputt machen, was er in anderen Teilen zuvor gelernt hat. Die Erfahrungen sind recht eng miteinander korreliert, und die Lernumgebung ändert sich fortlaufend – das ist für die Gradientenmethode nicht ideal! Vergrößern Sie den Replay Buffer, wird der Algorithmus weniger Probleme damit haben. Auch ein Verringern der Lernrate kann helfen. Aber es lässt sich nicht leugnen: Reinforcement Learning ist schwer. Das Training ist oft instabil, und Sie müssen möglicherweise viele Hyperparameterwerte und Zufalls-Seeds ausprobieren, bevor Sie eine Kombination finden, die gut funktioniert. Versuchen Sie beispielsweise, im vorherigen Beispiel die Aktivierungsfunktion von `"elu"` auf `"relu"` zu ändern, wird die Performance viel geringer sein.

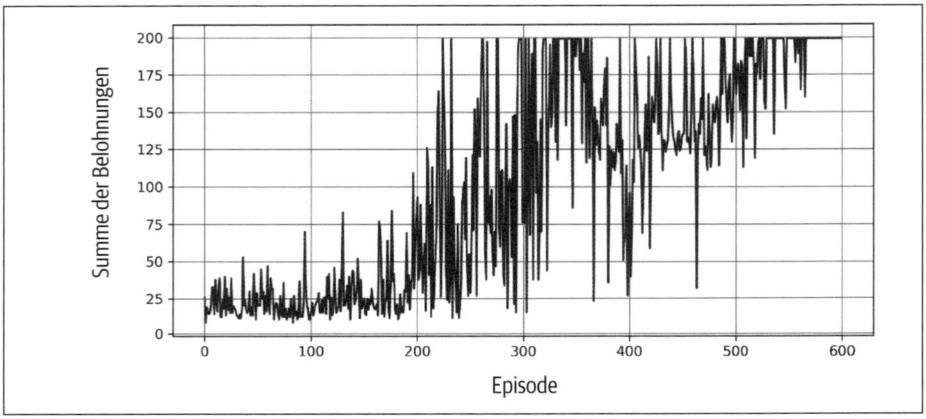

Abbildung 18-10: Lernkurve des Deep-Q-Learning-Algorithmus

> Reinforcement Learning ist knifflig, vor allem aufgrund der Instabilitäten beim Training und der starken Empfindlichkeit bei der Wahl der Hyperparameter und der Zufalls-Seeds.[13] Wie es der Forscher Andrej Karpathy ausdrückt: »[Überwachtes Lernen] will arbeiten. [...] RL muss zur Arbeit gezwungen werden.« Sie werden Zeit, Geduld, Beharrlichkeit und vielleicht auch ein bisschen Glück brauchen. Das ist einer der Hauptgründe dafür, dass RL nicht so verbreitet ist wie normales Deep Learning (zum Beispiel Convolutional Networks). Aber es gibt ein paar echte Anwendungsfälle über AlphaGo und Atari-Spiele hinaus: So nutzt beispielsweise Google RL zum Optimieren seiner Kosten für die Datacenters, und es kommt in manchen Robotikanwendungen zum Einsatz, zum Tunen von Hyperparametern und in Empfehlungssystemen.

Sie fragen sich vielleicht, warum wir den Verlust nicht grafisch ausgegeben haben. Es stellt sich heraus, dass der Verlust ein schlechter Indikator für die Leistung eines Modells ist. Er kann heruntergehen, aber trotzdem kann sich der Agent schlecht

13 Ein Post (*https://homl.info/rlhard*) von Alex Irpan beschreibt die größten Schwierigkeiten und Einschränkungen von RL sehr gut.

entscheiden (das kann beispielsweise geschehen, wenn der Agent in einem kleinen Bereich der Umgebung festhängt und das DQN diese Region langsam overfittet). Umgekehrt kann der Verlust nach oben gehen, obwohl der Agent gute Entscheidungen trifft (wenn das DQN zum Beispiel die Q-Werte zu niedrig schätzt und damit beginnt, seine Vorhersagen zu erhöhen, wird sich der Agent vermutlich besser verhalten und mehr Belohnung bekommen, aber der Verlust steigt eventuell trotzdem, weil das DQN auch die Ziele setzt, die ebenfalls höher sein können). Es ist daher sinnvoller, die Belohnung auszuplotten.

Der einfache Deep-Q-Learning-Algorithmus, den wir bisher genutzt haben, wäre zu instabil, um Atari-Spiele zu erlernen. Wie hat DeepMind das dann gemacht? Nun, sie haben am Algorithmus gedreht!

Deep-Q-Learning-Varianten

Schauen wir uns ein paar Varianten des Deep-Q-Learning-Algorithmus an, die das Training stabilisieren und beschleunigen können.

Feste Q-Wert-Ziele

Im einfachen Deep-Q-Learning-Algorithmus wurde das Modell sowohl für die Vorhersagen wie auch für das Setzen der eigenen Ziele eingesetzt. Das kann dann zu einer Situation wie bei einem Hund führen, der seinen eigenen Schwanz jagt. Diese Feedback-Schleife kann das Netz instabil machen: Sie kann auseinanderlaufen, oszillieren, einfrieren und so weiter. Um dieses Problem zu lösen, haben die DeepMind-Forscher in ihrem Artikel aus dem Jahr 2013 anstelle von einem nun zwei DQNs verwendet: Das erste ist das *Onlinemodell*, das bei jedem Schritt lernt und genutzt wird, um den Agenten zu bewegen, während das andere das *Zielmodell* ist, das nur zum Definieren der Ziele dient. Letzteres ist einfach ein Klon des Onlinemodells:

```
target = tf.keras.models.clone_model(model)  # Modellarchitektur kopieren
target.set_weights(model.get_weights())  # Gewichte kopieren
```

In der Funktion `training_step()` müssen wir nur eine Zeile ändern, sodass zum Berechnen der Q-Werte der nächsten Zustände das Zielmodell statt des Onlinemodells genutzt wird:

```
next_Q_values = target.predict(next_states, verbose=0)
```

Und schließlich müssen wir in der Trainingsschleife regelmäßig die Gewichte aus dem Onlinemodell in das Zielmodell kopieren (zum Beispiel alle 50 Episoden):

```
if episode% 50 == 0:
    target.set_weights(model.get_weights())
```

Da das Zielmodell seltener als das Onlinemodell aktualisiert wird, sind die Q-Wert-Ziele stabiler, die weiter oben besprochene Feedback-Schleife ist beruhigt, und die

Effekte sind weniger stark. Dieser Ansatz war einer der wichtigsten Beiträge der DeepMind-Forscher in ihrem Artikel aus dem Jahr 2013, denn damit konnten Agenten Atari-Spiele nur über die Pixel erlernen. Um das Training zu stabilisieren, verwendeten sie eine winzige Lernrate von 0,00025, aktualisierten das Zielmodell nur alle 10.000 Schritte (statt alle 50) und setzten einen sehr großen Replay Buffer mit 1 Million Erfahrungen ein. `epsilon` wurde nur sehr langsam verringert – von 1 auf 0,1 in 1 Million Schritte, zudem wurde der Algorithmus 50 Millionen Schritte laufen gelassen. Und dessen DQL war ein Deep Convolutional Net.

Schauen wir uns jetzt eine andere DQN-Variante an, die die Latte noch höher gelegt hat.

Double DQN

In einem Artikel (*https://homl.info/doubledqn*)[14] aus dem Jahr 2015 haben DeepMind-Forscher ihren DQN-Algorithmus modifiziert, seine Leistung verbessert und das Training ein wenig stabilisiert. Sie nannten diese Variante *Double DQN*. Die Aktualisierung entstammte der Beobachtung, dass das Zielnetzwerk anfällig dafür ist, Q-Werte zu überschätzen. Stellen Sie sich vor, alle Aktionen wären gleich gut: Die vom Zielmodell geschätzten Q-Werte sollten dann identisch sein, aber da es sich um Näherungen handelt, sind einige vielleicht rein zufällig etwas größer als andere. Das Zielmodell wählt immer den größten Q-Wert, der etwas größer als der mittlere Q-Wert ist, womit der wahre Q-Wert sehr wahrscheinlich überschätzt wird (das ist ein bisschen so, als würde man die Höhe der höchsten zufälligen Welle messen, wenn man die Tiefe eines Pools erfahren möchte). Um das zu beheben, schlugen die Autoren vor, beim Wählen der besten Aktion für die nächsten Zustände das Onlinemodell statt des Zielmodells zu nutzen und mit dem Zielmodell nur die Q-Werte für diese besten Aktionen zu schätzen. Hier die aktualisierte Funktion `training_step()`:

```
def training_step(batch_size):
    experiences = sample_experiences(batch_size)
    states, actions, rewards, next_states, dones, truncateds = experiences
    next_Q_values = model.predict(next_states, verbose=0)  # ≠ target.predict()
    best_next_actions = next_Q_values.argmax(axis=1)
    next_mask = tf.one_hot(best_next_actions, n_outputs).numpy()
    max_next_Q_values = (target.predict(next_states, verbose=0) * next_mask
                        ).sum(axis=1)
    [...] # der Rest ist wie zuvor
```

Nur ein paar Monate später wurde eine weitere Verbesserung des DQN-Algorithmus vorgeschlagen – dieser nehmen wir uns jetzt an.

14 Hado van Hasselt et al., »Deep Reinforcement Learning with Double Q-Learning«, *Proceedings of the 30th AAAI Conference on Artificial Intelligence* (2015): 2094–2100.

Priorisiertes Experience Replay

Statt Erfahrungen *einheitlich* aus dem Replay Buffer zu sampeln, könnten wir wichtige Erfahrungen doch häufiger auswählen. Diese Idee nennt sich *Importance Sampling* (IS) oder *priorisiertes Experience Replay* (PER), und sie wurde in einem Artikel (*https://homl.info/prioreplay*)[15] ebenfalls aus dem Jahr 2015 vorgestellt – wieder von DeepMind-Forschern.

Genauer gesagt, werden Erfahrungen als »wichtig« betrachtet, wenn sie wahrscheinlicher zu schnellerem Lernfortschritt führen. Aber wie können wir das abschätzen? Ein vernünftiger Ansatz ist das Messen des Ausmaßes des TD-Fehlers $\delta = r + \gamma \cdot V(s') - V(s)$. Ein großer TD-Fehler zeigt an, dass ein Übergang (s, r, s') sehr überraschend ist und es sich vermutlich lohnt, daraus zu lernen.[16] Wird eine Erfahrung im Replay Buffer aufgezeichnet, wird ihre Priorität auf einen sehr großen Wert gesetzt, um sicherzustellen, dass sie mindestens einmal gesampelt wird. Aber nachdem sie einmal ausgewählt wurde (und bei jedem weiteren Sampeln), wird der TD-Fehler δ berechnet und die Priorität dieser Erfahrung auf $p = |\delta|$ gesetzt (plus einer kleinen Konstanten, um sicherzustellen, dass jede Erfahrung eine Sample-Wahrscheinlichkeit ungleich null hat). Die Wahrscheinlichkeit P, eine Erfahrung mit der Priorität p zu sampeln, ist proportional zu p^ζ mit ζ als Hyperparameter, der steuert, wie gierig das Importance Sampling sein soll: Ist $\zeta = 0$, erhalten wir ein gleichverteiltes Sampling, ist $\zeta = 1$, ist das Importance Sampling voll aktiv. Im Artikel haben die Autoren $\zeta = 0{,}6$ gewählt, aber der optimale Wert wird von der Aufgabe abhängen.

Es gibt allerdings einen Nachteil: Da die Samples einen Bias hin zu wichtigen Erfahrungen haben, müssen wir diesen beim Training kompensieren, indem wir die Erfahrungen nach ihrer Wichtigkeit heruntergewichten, denn ansonsten wird das Modell die wichtigen Erfahrungen overfitten. Wir wollen durchaus wichtige Erfahrungen häufiger sampeln, aber wir müssen ihnen dann beim Training ein niedrigeres Gewicht geben. Dazu definieren wir das Trainingsgewicht jeder Erfahrung als $w = (n\ P)^{-\beta}$ mit n als Anzahl der Erfahrungen im Replay Buffer und β als Hyperparameter, der steuert, wie stark wir den Bias durch Importance Sampling kompensieren wollen (0 bedeutet gar nicht, 1 vollständig). Im Artikel haben die Autoren zu Beginn des Trainings $\beta = 0{,}4$ gewählt und es linear bis zu $\beta = 1$ am Ende des Trainings gesteigert. Auch hier wird der optimale Wert von der Aufgabe abhängen, aber wenn Sie den einen Wert erhöhen, werden Sie im Allgemeinen auch den anderen erhöhen wollen.

Schauen wir uns jetzt noch eine letzte wichtige Variante des DQN-Algorithmus an.

15 Tom Schaul et al., »Prioritized Experience Replay«, arXiv Preprint arXiv:1511.05952 (2015).

16 Es könnte auch sein, dass die Belohnungen einfach verrauscht sind – dann gibt es bessere Methoden für das Schätzen der Wichtigkeit einer Erfahrung (im Artikel finden Sie ein paar Beispiele).

Dueling DQN

Der *Dueling-DQN*-Algorithmus (DDQN, nicht zu verwechseln mit Double DQN, auch wenn sich beide Techniken leicht kombinieren lassen) wurde in einem weiteren Artikel (*https://homl.info/ddqn*)[17] aus dem Jahr 2015 von DeepMind-Forschern vorgestellt. Um zu verstehen, wie er funktioniert, müssen wir uns zuerst darüber klar sein, dass der Q-Wert eines Zustand-Aktion-Paars (s, a) als $Q(s, a) = V(s) + A(s, a)$ ausgedrückt werden kann, wobei $V(s)$ der Wert des Zustands s und $A(s, a)$ der Vorteil (Advantage) ist, Aktion a im Zustand s zu wählen – verglichen mit allen anderen möglichen Aktionen in diesem Zustand. Zudem ist der Wert eines Zustands gleich dem Q-Wert der besten Aktion a^* für diesen Zustand (da wir davon ausgehen, dass die optimale Policy die beste Aktion wählen wird), daher ist $V(s) = Q(s, a^*)$, was nahelegt, dass $A(s, a^*) = 0$. In einem Dueling DQN schätzt das Modell die Werte für den Zustand und den Vorteil jeder möglichen Aktion. Da die beste Aktion einen Vorteil von 0 haben sollte, zieht das Modell den maximal vorhergesagten Vorteil von allen vorhergesagten Vorteilen ab. Hier ein einfaches Dueling-DQN-Modell, das mit der Functional API implementiert wurde:

```
input_states = tf.keras.layers.Input(shape=[4])
hidden1 = tf.keras.layers.Dense(32, activation="elu")(input_states)
hidden2 = tf.keras.layers.Dense(32, activation="elu")(hidden1)
state_values = tf.keras.layers.Dense(1)(hidden2)
raw_advantages = tf.keras.layers.Dense(n_outputs)(hidden2)
advantages = raw_advantages - tf.reduce_max(raw_advantages, axis=1,
                                            keepdims=True)
Q_values = state_values + advantages
model = tf.keras.Model(inputs=[input_states], outputs=[Q_values])
```

Der Rest des Algorithmus arbeitet wie zuvor. Sie können auch ein Double Dueling DQN bauen und es mit dem priorisierten Experience Replay kombinieren! Im Allgemeinen lassen sich viele RL-Techniken kombinieren, wie DeepMind in einem Artikel (*https://homl.info/rainbow*)[18] aus dem Jahr 2017 gezeigt hat. Die Autoren des Artikels haben sechs verschiedene Techniken in einem Agenten namens *Rainbow* kombiniert, der sich deutlich besser als die damals besten geschlagen hat.

Wie Sie sehen, ist das Deep Reinforcement Learning ein schnell wachsender Bereich, und es gibt noch viel mehr zu entdecken!

17 Ziyu Wang et al., »Dueling Network Architectures for Deep Reinforcement Learning«, arXiv Preprint arXiv:1511.06581 (2015).

18 Matteo Hessel et al., »Rainbow: Combining Improvements in Deep Reinforcement Learning«, arXiv Preprint arXiv:1710.02298 (2017): 3215–3222.

Überblick über beliebte RL-Algorithmen

Bevor wir dieses Kapitel beenden, wollen wir uns noch schnell ein paar beliebte RL-Algorithmen anschauen:

AlphaGo (https://homl.info/alphago)[19]
: AlphaGo nutzt eine Variante der *Monte Caro Tree Search* (MCTS), die auf Deep Neural Networks basiert, um menschliche Champions im Spiel Go zu schlagen. MCTS wurde 1949 von Nicholas Metropolis und Stanislaw Ulam entwickelt. Sie wählt den besten Zug aus, nachdem viele Simulationen durchgeführt wurden, erforscht wiederholt den Suchbaum von der aktuellen Position aus und verbringt mehr Zeit mit den vielversprechendsten Bereichen. Erreicht sie einen Knoten, der bisher noch nicht besucht wurde, spielt sie zufällig bis zum Ende des Spiels und aktualisiert ihre Schätzungen für jeden besuchten Knoten (außer den Zufallszügen), wobei sie jede Schätzung abhängig vom finalen Ergebnis erhöht oder verringert. AlphaGo basiert auf dem gleichen Prinzip, nutzt aber ein Policy-Netzwerk, um Züge auszuwählen, statt zufällig zu spielen. Dieses Policy-Net wird mithilfe von Policy-Gradienten trainiert. Der ursprüngliche Algorithmus enthielt drei weitere neuronale Netze und war komplizierter, aber im AlphaGo-Zero-Artikel (*https://homl.info/alphagozero*) wurde er vereinfacht.[20] Dort wird ein einzelnes neuronales Netz genutzt, um Züge zu wählen und den Spielzustand zu bewerten. Der AlphaZero-Artikel (*https://homl.info/alphazero*)[21] hat diesen Algorithmus verallgemeinert und ermöglichte es damit, nicht nur Go, sondern auch Schach und Shogi (japanisches Schach) zu spielen. Schließlich führte der MuZero-Artikel (*https://homl.info/muzero*)[22] die Verbesserungen an diesem Algorithmus fort und schlug die bisherigen Iterationen, obwohl die Agenten zu Beginn nicht einmal die Spielregeln kannten!

Actor-Critic-Algorithmus
: Eine Familie von RL-Algorithmen, die Policy-Gradienten mit Deep-Q-Netzen kombinieren. Ein Actor-Critic-Agent besteht aus zwei neuronalen Netzen – einem Policy-Netz und einem DQN. Das DQN wird normal trainiert, indem es von den Erfahrungen des Agenten lernt. Das Policy-Netz lernt anders (und viel schneller) als in normalen PGs: Statt den Wert jeder Aktion abzuschätzen, indem es mehrere Episoden durchläuft, dann die zukünftigen Belohnungen

19 David Silver et al., »Mastering the Game of Go with Deep Neural Networks and Tree Search«, *Nature* 529 (2016): 484–489.

20 David Silver et al., »Mastering the Game of Go Without Human Knowledge«, *Nature* 550 (2017): 354–359.

21 David Silver et al., »Mastering Chess and Shogi by Self-Play with a General Reinforcement Learning Algorithm«, arXiv Preprint arXiv:1712.01815.

22 Julian Schrittwieser et al., »Mastering Atari, Go, Chess and Shogi by Planning with a Learned Model«, arXiv Preprint arXiv:1911.08265 (2019).

mit Discount für jede Aktion aufsummiert und sie schließlich normalisiert, basiert der Agent (Actor) auf den Aktionswerten, die vom DQN geschätzt wurden. Es ist ein bisschen wie ein Athlet (der Agent), der mit der Hilfe eines Coachs (dem DQN) lernt.

Asynchronous Advantage Actor-Critic (https://homl.info/a3c) (A3C)[23]
: Das ist eine wichtige Variante des Actor-Critic-Algorithmus, die 2016 von DeepMind-Forschern vorgestellt wurde. Mehrere Agenten lernen parallel und erforschen die Umgebung in eigenen Kopien. Regelmäßig, aber asynchron (daher der Name), befördert jeder Agent Aktualisierungen der Gewichte in ein Master-Netz, dann holt er die neuesten Gewichte dort wieder heraus. So trägt der Agent dazu bei, das Master-Netz zu verbessern, während er davon profitiert, was die anderen Agenten gelernt haben. Zudem schätzt das DQN nicht die Q-Werte, sondern den Vorteil jeder Aktion (daher das zweite A im Namen), was das Training stabilisiert.

Advantage Actor-Critic (https://homl.info/a2c) (A2C)
: A2C ist eine Variante des A3C-Algorithmus ohne Asynchronität. Alle Modellaktualisierungen geschehen synchron, daher werden Gradientenaktualisierungen auf größeren Batches durchgeführt, was es dem Modell erlaubt, die GPU besser auszunutzen.

Soft Actor-Critic (https://homl.info/sac) (SAC)[24]
: SAC ist eine 2018 von Tuomas Haarnoja und anderen Forschern der UC Berkeley vorgeschlagene Actor-Critic-Variante. Sie lernt nicht nur Belohnungen, sondern auch, die Entropie ihrer Aktionen zu maximieren. Mit anderen Worten: Sie versucht, so unvorhersehbar wie möglich zu sein, gleichzeitig aber möglichst viele Belohnungen einzusammeln. Das unterstützt den Agenten darin, die Umgebung zu erforschen, was wiederum das Training beschleunigt und es weniger wahrscheinlich macht, die gleiche Aktion immer wieder auszuführen, wenn das DQN nicht perfekte Schätzungen erzeugt. Dieser Algorithmus hat eine erstaunliche Sample-Effizienz gezeigt (im Gegensatz zu allen zuvor vorgestellten Algorithmen, die sehr langsam lernen).

Proximal Policy Optimization (https://homl.info/ppo) (PPO)[25]
: Dieser Algorithmus von John Schulman und anderen Forschern bei OpenAI basiert auf A2C, beschneidet aber die Verlustfunktion, um viel zu große Gewichtsaktualisierungen zu vermeiden (was oft zu Trainingsinstabilitäten führt). PPO ist eine Vereinfachung des älteren Trust-Region-Policy-Optimiza-

---

23 Volodymyr Mnih et al., »Asynchonous Methods for Deep Reinforcement Learning«, *Proceedings of the 33rd International Conference on Machine Learning* (2016): 1928–1937.

24 Tuomas Haarnoja et al., »Soft Actor-Critic: Off-Policy Maximum Entropy Deep Reinforcement Learning with a Stochastic Actor«, *Proceedings of the 35th International Conference on Machine Learning* (2018): 1856–1865.

25 John Schulman et al., »Proximal Policy Optimization Algorithms«, arXiv Preprint arXiv:1707.06347 (2017).

tion-(TRPO-)Algorithmus (*https://homl.info/trpo*)[26], der ebenfalls von John Schulman und anderen OpenAI-Forschern stammt. OpenAI schaffte es im April 2019 in die Nachrichten mit ihrer KI namens OpenAI Five, die auf dem PPO-Algorithmus basiert und den Weltmeister im Multiplayer-Spiel *Dota 2* schlug.

Curiosity-Based Exploration (https://homl.info/curiosity)[27]
: In RL gibt es immer wieder Probleme mit der Spärlichkeit der Belohnungen, wodurch das Lernen sehr langsam und ineffektiv wird. Deepak Pathak und andere Forscher der UC Berkeley haben einen interessanten Weg vorgeschlagen, um das Problem anzugehen: Warum ignorieren wir nicht die Belohnungen und sorgen nur dafür, dass der Agent ausgesprochen neugierig darauf ist, die Umgebung zu erforschen? Die Belohnungen werden damit für den Agenten intrinsisch, statt aus der Umgebung zu kommen. Genauso wird es bei einem Kind erfolgreicher sein, die Neugier zu wecken, als es einfach für gute Noten zu belohnen. Wie funktioniert das? Der Agent versucht fortlaufend, das Ergebnis seiner Aktionen vorherzusagen, und sucht Situationen, in denen das Ergebnis nicht seinen Vorhersagen entspricht. Mit anderen Worten – er will überrascht werden. Ist das Ergebnis vorhersagbar (langweilig), geht er woanders hin. Ist das Ergebnis hingegen unvorhergesehen, aber der Agent hat keine Kontrolle darüber, wird er nach einer Weile auch wieder gelangweilt sein. Nur mit Neugier haben es die Autoren geschafft, einen Agenten für viele Videospiele zu trainieren. Der Agent wird zwar nicht dafür bestraft, wenn er verliert, aber das Spiel beginnt dann von Neuem, und das ist langweilig – also lernt er, es zu vermeiden.

Open-Ended Learning (OEL)
: Das Ziel von OEL ist, Agenten zu trainieren, damit diese dazu in der Lage sind, unendlich lange neue und interessante Aufgaben zu erlernen, die meist prozedural erzeugt werden. Wir sind da noch nicht am Ziel, aber in den letzten Jahren gab es einige erstaunliche Fortschritte. So hat beispielsweise ein Artikel (*https://homl.info/poet*) aus dem Jahr 2019 von einem Forscherteam von Uber AI[28] den POET-Algorithmus vorgestellt, der mehrere simulierte 2-D-Umgebungen mit Unebenheiten und Löchern erzeugt und einen Agenten pro Umgebung trainiert. Dessen Ziel ist es, so schnell wie möglich zu gehen und dabei die Hindernisse zu vermeiden. Der Algorithmus beginnt mit einfachen Umgebungen, aber mit der Zeit werden diese schwieriger: Das nennt sich *Curriculum Learning*. Zudem wird zwar jeder Agent nur in einer Umgebung

---

26 John Schulman et al., »Trust Region Policy Optimization«, *Proceedings of the 32nd International Conference on Machine Learning* (2015): 1889–1897.

27 Deepak Pathak et al., »Curiosity-Driven Exploration by Self-Supervised Prediction, *Proceedings of the 34th International Conference on Machine Learning* (2017): 2778–2787.

28 Rui Wang et al., »Paired Open-Ended Trailblazer (POET): Endlessly Generating Increasingly Complex and Diverse Learning Environments and Their Solutions«, arXiv Preprint arXiv:1901.01753 (2019).

trainiert, aber er muss sich regelmäßig mit anderen Agenten über alle Umgebungen hinweg messen. In jeder Umgebung wird der Gewinner übernommen, und er ersetzt den Agenten, der dort zuvor unterwegs war. So wird regelmäßig Wissen zwischen den Umgebungen ausgetauscht, und die sich am besten adaptierenden Agenten werden ausgewählt. Am Ende sind die Agenten viel bessere Läufer als solche, die für eine einzelne Aufgabe trainiert wurde, und sie können viel schwierigere Umgebungen angehen. Natürlich lässt sich dieses Prinzip auch auf andere Umgebungen und Aufgaben anwenden. Sind Sie an OEL interessiert, schauen Sie sich den Enhanced-POET-Artikel (*https://homl.info/epoet*)[29] und den Artikel von DeepMind (*https://homl.info/oel2021*)[30] aus dem Jahr 2021 zu diesem Thema an.

Wollen Sie mehr über Reinforcement Learning erfahren, holen Sie sich das Buch *Reinforcement Learning* (*https://homl.info/rlbook*) von Phil Winder (O'Reilly).

Wir haben in diesem Kapitel viele Themen behandelt: Policy-Gradienten, Markov-Ketten, Markov-Entscheidungsprozesse, Q-Learning, approximatives Q-Learning und Deep-Q-Learning in seinen diversen Varianten (feste Q-Wert-Ziele, Double DQN, Dueling DQN und priorisiertes Experience Replay), und schließlich haben wir uns noch kurz ein paar andere Algorithmen angeschaut. Reinforcement Learning ist ein riesiges und spannendes Feld, tagtäglich gibt es neue Ideen und Algorithmen. Daher hoffe ich, dass dieses Kapitel Ihre Neugier geweckt hat: Es gibt eine ganze Welt zu entdecken!

Übungen

1. Wie würden Sie Reinforcement Learning definieren? Wie unterscheidet es sich von gewöhnlichem überwachtem oder unüberwachtem Lernen?
2. Lassen Sie sich drei mögliche Anwendungen von RL einfallen, die in diesem Kapitel nicht erwähnt wurden. Was ist die jeweilige Umgebung? Was ist der Agent? Welche möglichen Aktionen gibt es? Was sind die Belohnungen?
3. Wofür steht die Discount-Rate? Kann sich die optimale Policy ändern, wenn Sie die Discount-Rate modifizieren?
4. Wie lässt sich die Leistung eines Agenten beim Reinforcement Learning messen?
5. Was ist das Credit-Assignment-Problem? Unter welchen Umständen tritt es auf? Wie können Sie es entschärfen?

29 Rui Wang et al., »Enhanced POET: Open-Ended Reinforcement Learning Through Unbounded Invention of Learning Challenges and Their Solutions«, arXiv Preprint arXiv:2003.08536 (2020).

30 Open-Ended Learning Team et al., »Open-Ended Learning Leads to Generally Capable Agents«, arXiv Preprint arXiv:2107.12808 (2021).

6. Wozu ist ein Replay-Speicher gut?
7. Was ist ein Off-Policy-RL-Algorithmus?
8. Verwenden Sie Policy-Gradienten, um die »LunarLander-v2«-Umgebung von OpenAI Gym zu bewältigen.
9. Nutzen Sie ein Double Dueling DQN, um einen Agenten darin zu trainieren, ein übermenschliches Level bei Ataris berühmtem Breakout-Spiel (`"ALE/Breakout-v5"`) zu bewältigen. Die Beobachtungen sind Bilder. Um die Aufgabe zu vereinfachen, sollten Sie sie in Graustufen umwandeln (also über die Kanalachsen mitteln), sie dann beschneiden und herunterrechnen, sodass sie gerade groß genug zum Spielen sind – aber mehr nicht. Ein einzelnes Bild wird Ihnen nicht sagen, wohin sich der Ball und die Schläger bewegen, daher sollten Sie zwei oder drei aufeinanderfolgende Bilder verbinden, um jeden Status zu bilden. Schließlich sollte das DQN größtenteils aus Convolutional Layers bestehen.
10. Wenn Sie etwa 100 USD übrig haben, können Sie sich einen Raspberry Pi 3 und einige billige Bauteile für Robotik zulegen. Installieren Sie TensorFlow auf dem Pi und toben Sie sich aus! Lesen Sie sich diesen unterhaltsamen Blogpost (*https://goo.gl/Eu5u28*) von Lukas Biewald durch oder schauen Sie sich GoPiGo oder BrickPi an. Warum sollten Sie nicht CartPole in der Realität nachbauen und den Roboter mit Policy-Gradienten trainieren? Oder Sie bauen eine Roboterspinne, die laufen lernt; geben Sie ihr jedes Mal eine Belohnung, wenn sie sich einem Ziel nähert (dazu benötigen Sie Sensoren zur Entfernungsmessung). Ihre Vorstellungskraft ist die einzige Grenze.

Die deutschsprachigen Lösungen zu diesen Übungen finden Sie unter *https://dpunkt.de/produkt/praxiseinstieg-machine-learning-mit-scikit-learn-keras-und-tensorflow-2/* auf der Registerkarte *Zusatzmaterial*, die englischsprachigen Lösungen am Ende des Notebooks zu diesem Kapitel unter *https://homl.info/colab3*.

KAPITEL 19

TensorFlow-Modelle skalierbar trainieren und deployen

Jetzt haben Sie ein wunderschönes Modell, das erstaunliche Vorhersagen liefert. Aber was machen Sie damit? Nun, Sie müssen es in eine Produktivumgebung bringen! Eventuell ist das ganz einfach – Sie lassen das Modell auf einem Satz Daten laufen und schreiben ein Skript, das dieses Modell jede Nacht ausführt. Aber oft ist viel mehr Aufwand nötig. Eventuell müssen verschiedenste Teile Ihrer Infrastruktur dieses Modell mit Live-Daten verwenden – dann wollen Sie Ihr Modell vermutlich in einem Webservice verpacken: So kann jeder Teil Ihrer Infrastruktur das Modell jederzeit über eine einfache REST-API (oder ein anderes Protokoll) abfragen, so wie wir es in Kapitel 2 besprochen haben. Aber im Laufe der Zeit müssen Sie Ihr Modell regelmäßig mit frischen Daten neu trainieren und die aktualisierte Version wieder produktiv stellen. Sie müssen mit Versionen des Modells umgehen, den Übergang von einem zum nächsten sauber ermöglichen, eventuell zu einem früheren Modell zurückkehren, wenn es Probleme gibt, und vielleicht mehrere verschiedene Modelle parallel laufen lassen, um *A/B-Experimente* durchzuführen.[1] Wird Ihr Produkt ein Erfolg, empfängt Ihr Service eventuell immer mehr *Queries pro Sekunde* (QPS) und muss hochskaliert werden, um die Last abarbeiten zu können. Eine großartige Lösung zum Skalieren Ihres Service, wie wir in diesem Kapitel sehen werden, ist der Einsatz von TF Serving – entweder auf Ihrer eigenen Hardwareinfrastruktur oder über einen Cloud-Service wie Google Vertex AI.[2] TF Serving kümmert sich um das effiziente Ausführen Ihres Modells, den sauberen Wechsel von einem Modell zum nächsten und vieles mehr. Nutzen Sie die Cloud-Plattform, werden Sie noch mehr Features erhalten, wie zum Beispiel leistungsfähige Monitoring-Tools.

Haben Sie sehr viele Trainingsdaten und rechenintensive Modelle, kann die Trainingszeit zudem untragbar lang sein. Muss Ihr Produkt schnell auf Änderungen re-

1 Ein A/B-Experiment besteht aus dem Testen zweier verschiedener Versionen Ihres Produkts mit unterschiedlichen Untermengen von Anwendern, um herauszufinden, welche Version am besten funktioniert, und um andere Einsichten zu gewinnen.

2 Google AI Platform (zuvor bekannt als Google ML Engine) und Google AutoML verbanden sich 2021, um Google Vertex AI zu bilden.

agieren können, kann eine lange Trainingszeit ein Showstopper sein (stellen Sie sich beispielsweise ein Empfehlungssystem für Nachrichten vor, das Vorschläge für Artikel von letzter Woche macht ...). Wichtiger ist vielleicht noch, dass eine lange Trainingsdauer Sie davon abhält, mit neuen Ideen zu experimentieren. Beim Machine Learning ist es (wie in vielen anderen Bereichen) schwer, im Voraus zu wissen, welche Ideen funktionieren werden, daher sollten Sie so viele wie möglich ausprobieren – und zwar so schnell wie möglich. Um das Training zu beschleunigen, können Sie beispielsweise Hardwarebeschleuniger wie GPUs oder TPUs nutzen. Um noch schneller zu werden, können Sie ein Modell über mehrere Maschinen hinweg trainieren, von denen jede mit mehreren Hardwarebeschleunigern ausgestattet ist. Die einfache, aber trotzdem leistungsfähige Distribution Strategies API von TensorFlow ist da eine große Hilfe, wie wir sehen werden.

In diesem Kapitel werden wir uns anschauen, wie wir Modelle deployen – zuerst mit TF Serving, dann mit Vertex AI. Wir werden uns auch kurz mit dem Deployen von Modellen auf mobilen Apps, Embedded Devices und Webanwendungen befassen. Dann werden wir darauf eingehen, wie man die Berechnungen mit GPUs beschleunigen kann und wie man Modelle über mehrere Devices und Server hinweg mit der Distribution Strategies API trainiert. Schließlich werden wir uns anschauen, wie man im großen Maßstab mit Vertex AI Modelle trainiert und ihre Hyperparameter optimiert. Das sind ganz schön viele Themen, also legen wir am besten gleich los.

Ein TensorFlow-Modell ausführen

Haben Sie ein TensorFlow-Modell einmal trainiert, können Sie es ganz einfach in beliebigem Python-Code verwenden: Handelt es sich um ein tf.keras-Modell, rufen Sie einfach seine Methode `predict()` auf. Aber mit wachsender Infrastruktur kommen Sie an einen Punkt, an dem es besser ist, Ihr Modell in einem kleinen Service zu verpacken, dessen einziger Zweck es ist, Vorhersagen zu treffen und sich vom Rest der Infrastruktur abfragen zu lassen (zum Beispiel über eine REST- oder gRPC-API).[3] Das entkoppelt Ihr Modell vom Rest der Infrastruktur und ermöglicht es, leicht die Modellversionen zu wechseln oder den Service bei Bedarf zu skalieren (unabhängig vom Rest Ihrer Infrastruktur), A/B-Experimente durchzuführen und sicherzustellen, dass all Ihre Softwarekomponenten auf den gleichen Modellversionen aufbauen. Zudem vereinfacht es das Testen, die Entwicklung und mehr. Sie könnten Ihren eigenen Microservice mit der von Ihnen gewählten Technologie erstellen (zum Beispiel mit der Flask-Bibliothek), aber warum das Rad neu erfinden, wenn Sie einfach TF Serving nutzen können?

3 Eine REST- (oder RESTful-)API ist eine API, die die Standardverben von HTTP nutzt, wie zum Beispiel GET, POST, PUT und DELETE, und JSON-Ein- und -Ausgaben verwendet. Das gRPC-Protokoll ist komplexer, aber effizienter. Daten werden über Protocol Buffer ausgetauscht (siehe Kapitel 13).

TensorFlow Serving verwenden

TF Serving ist ein sehr effizienter, kampferprobter Modellserver, der in C++ geschrieben ist. Er kann eine hohe Last verarbeiten, mehrere Versionen Ihres Modells bedienen, ein Modell-Repository beobachten, um automatisch die neuesten Versionen zu deployen, und noch vieles mehr (siehe Abbildung 19-1).

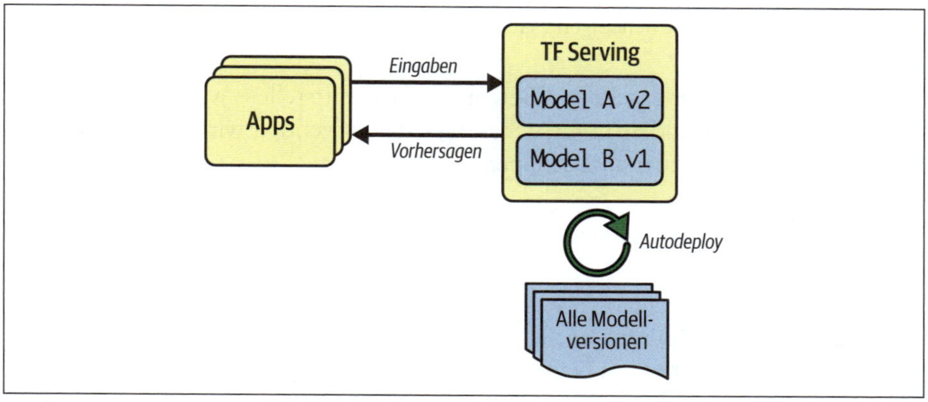

Abbildung 19-1: TF Serving kann mehrere Modelle betreiben und automatisch die neueste Version jedes Modells deployen.

Gehen wir einmal davon aus, dass Sie ein MNIST-Modell mit Keras trainiert haben und es nach TF Serving deployen wollen. Als Erstes müssen Sie dieses Modell in TensorFlows *SavedModel*-Format exportieren, das in Kapitel 10 vorgestellt wurde.

SavedModels exportieren

Sie wissen schon, wie Sie das Modell speichern – Sie rufen lediglich `model.save()` auf. Um eine Version des Modells zu erstellen, müssen Sie einfach ein Unterverzeichnis für jede Modellversion erzeugen. Ganz easy!

```
from pathlib import Path
import tensorflow as tf

X_train, X_valid, X_test = [...] # MNIST-Datensatz laden und aufteilen
model = [...] # MNIST-Modell erstellen und trainieren (inkl. Bildvorverarbeitung)

model_name = "my_mnist_model"
model_version = "0001"
model_path = Path(model_name) / model_version
model.save(model_path, save_format="tf")
```

Es ist im Allgemeinen eine gute Idee, alle Vorverarbeitungsschichten in das finale Modell mit aufzunehmen, das Sie exportieren, sodass es die Daten in ihrer natürlichen Form übernehmen kann, nachdem es in die Produktivumgebung deployt wurde. Damit vermeiden Sie, sich in der Anwendung, die das Modell nutzt, separat um die Vorverarbeitung kümmern zu müssen. Das Bündeln der Vorverarbeitungsschritte im Modell macht es auch leichter, sie später zu aktualisieren, und es begrenzt das Risiko von Abweichungen zwischen dem Modell und den Vorverarbeitungsschritten, die dafür notwendig sind.

> Da ein SavedModel den Rechengraphen sichert, kann es nur für Modelle genutzt werden, die exklusiv auf TensorFlow-Operationen basieren und nicht die Operation `tf.py_function()` verwenden, die beliebigen Python-Code verpackt.

TensorFlow bringt eine schmale Befehlszeilenschnittstelle `saved_model_cli` mit, über die sich SavedModels untersuchen lassen. Verwenden wir sie, um unser exportiertes Modell genauer anzuschauen:

```
$ saved_model_cli show --dir my_mnist_model/0001
The given SavedModel contains the following tag-sets:
'serve'
```

Was bedeutet diese Ausgabe? Nun, ein SavedModel enthält einen oder mehrere *Metagraphen*. Dabei handelt es sich um einen Rechengraphen plus Definitionen von Funktionssignaturen mit Namen, Typen und Formen von Ein- und Ausgaben. Jeder Metagraph wird durch einen Satz von Tags identifiziert. So kann es beispielsweise einen Metagraphen mit dem vollständigen Rechengraphen geben, der auch die Trainingsoperationen enthält – das würden Sie im Allgemeinen mit `"train"` taggen. Und Sie haben vielleicht einen anderen Metagraphen, der einen beschnittenen Rechengraphen nur mit Operationen zum Vorhersagen enthält, einschließlich einiger GPU-spezifischer Operationen – dieser würde dann mit `"serve"` und `"gpu"` getaggt. Vielleicht wollen Sie auch noch andere Metagraphen haben. Das erreichen Sie über die Low-Level-API SavedModel (*https://homl.info/savedmodel*) von TensorFlow. Sichern Sie aber ein Keras-Modell mit dessen `save()`-Methode, wird ein einzelner Metagraph mit dem Tag `"serve"` gespeichert. Schauen wir uns dieses Tag-Set an:

```
$ saved_model_cli show --dir 0001/my_mnist_model --tag_set serve
The given SavedModel MetaGraphDef contains SignatureDefs with these keys:
SignatureDef key: "__saved_model_init_op"
SignatureDef key: "serving_default"
```

Dieser Metagraph enthält zwei Signaturdefinitionen: eine Initialisierungsfunktion namens `"__saved_model_init_op"`, um die Sie sich nicht zu kümmern brauchen, und eine Standard-Serving-Funktion namens `"serving_default"`. Speichern Sie ein Keras-Modell, ist die Standard-Serving-Funktion die Methode `call()` des Modells, die die Vorhersagen tätigt. Holen wir uns mehr Details über diese Serving-Funktion:

```
$ saved_model_cli show --dir 0001/my_mnist_model --tag_set serve \
                       --signature_def serving_default
The given SavedModel SignatureDef contains the following input(s):
  inputs['flatten_input'] tensor_info:
      dtype: DT_UINT8
```

```
        shape: (-1, 28, 28)
        name: serving_default_flatten_input:0
The given SavedModel SignatureDef contains the following output(s):
  outputs['dense_1'] tensor_info:
        dtype: DT_FLOAT
        shape: (-1, 10)
        name: StatefulPartitionedCall:0
Method name is: tensorflow/serving/predict
```

Beachten Sie, dass die Eingabe der Funktion den Namen "`flatten_input`" trägt und die Ausgabe den Namen "`dense_1`". Das entspricht den Namen der Eingabe- und Ausgabeschichten des Keras-Modells. Sie können auch den Typ und die Form der Eingabe- und Ausgabedaten sehen. Das sieht gut aus!

Nachdem Sie nun ein SavedModel haben, müssen Sie noch TF Serving installieren.

TensorFlow Serving installieren

Es gibt viele Wege, TF Serving zu installieren: über ein Docker-Image[4], mit dem Paketmanager des Systems, aus den Quelldateien und so weiter. Da Colab auf Ubuntu läuft, können wir dessen Paketmanager `apt` nutzen:

```
url = "https://storage.googleapis.com/tensorflow-serving-apt"
src = "stable tensorflow-model-server tensorflow-model-server-universal"
!echo 'deb {url} {src}' > /etc/apt/sources.list.d/tensorflow-serving.list
!curl '{url}/tensorflow-serving.release.pub.gpg' | apt-key add -
!apt update -q && apt-get install -y tensorflow-model-server
%pip install -q -U tensorflow-serving-api
```

Dieser Code fügt zunächst das Paket-Repository von TensorFlow zu Ubuntus Liste mit Paketquellen hinzu. Dann lädt es den öffentlichen GPG-Schlüssel von TensorFlow herunter, um die Paketsignaturen von TensorFlow überprüfen zu können. Es folgt der Einsatz von `apt`, um das Paket `tensorflow-model-server` zu installieren. Und schließlich wird die Bibliothek `tensorflow-serving-api` installiert, die wir für die Kommunikation mit dem Server benötigen.

Jetzt wollen wir den Server starten. Der Befehl braucht den absoluten Pfad des Basismodellverzeichnisses (also den Pfad auf `my_mnist_model`, aber nicht auf `0001`), daher wollen wir diesen in der Umgebungsvariablen `MODEL_DIR` ablegen:

```
import os

os.environ["MODEL_DIR"] = str(model_path.parent.absolute())
```

4 Falls Sie mit Docker nicht vertraut sind: Es ermöglicht Ihnen, einen Satz von Anwendungen herunterzuladen, die in einem *Docker-Image* verpackt sind (einschließlich all ihrer Abhängigkeiten und normalerweise mit einer guten Standardkonfiguration), und es auf Ihrem System über eine *Docker-Engine* auszuführen. Lassen Sie ein Image laufen, erzeugt dieses einen *Docker-Container*, der die Anwendung gut isoliert von Ihrem eigenen System hält (Sie können ihm aber begrenzten Zugriff gewähren, wenn Sie das wollen). Es entspricht einer virtuellen Maschine, ist aber viel schneller und schlanker, da der Container direkt auf dem Kernel des Hosts aufsetzt. Das Image muss also nicht seinen eigenen Kernel enthalten oder laufen lassen.

Nun können wir den Server starten:

```
%%bash --bg
tensorflow_model_server \
     --port=8500 \
     --rest_api_port=8501 \
     --model_name=my_mnist_model \
     --model_base_path="${MODEL_DIR}" >my_server.log 2>&1
```

In Jupyter oder Colab führt der magische Befehl `%%bash --bg` die Zelle als Bash-Skript im Hintergrund aus. Der Teil `>my_server.log 2>&1` leitet die Standardausgabe und den Standardfehler in die Datei *my_server.log* um. Und das ist alles! TF Serving läuft nun im Hintergrund, und seine Logs werden in *my_server.log* gespeichert. Es hat unser MNIST-Modell (Version 1) geladen und wartet jertzt auf gRPC- und REST-Requests an den Ports 8500 bzw. 8501.

TF Serving in einem Docker-Container ausführen

Führen Sie das Notebook auf Ihrem eigenen Rechner aus und haben Sie Docker (*https://docker.com*) installiert, können Sie in einem Terminal `docker pull tensorflow/serving` aufrufen, um das TF-Serving-Image herunterzuladen. Das TensorFlow-Team empfiehlt dringend, diese Installationsmethode zu wählen, weil sie so einfach ist, Ihr System nicht durcheinanderbringt und eine hohe Performance bietet.[5] Um den Server innerhalb eines Docker-Containers zu starten, können Sie den folgenden Befehl in einem Terminal ausführen:

```
$ docker run -it --rm -v "/path/to/my_mnist_model:/models/my_mnist_model" \
    -p 8500:8500 -p 8501:8501 -e MODEL_NAME=my_mnist_model tensorflow/
serving
```

Das bedeuten all die Befehlszeilenoptionen:

`-it`
: Macht den Container interaktiv (sodass Sie Strg-C drücken können, um ihn zu stoppen) und gibt die Ausgabe des Servers aus.

`--rm`
: Löscht den Container, wenn Sie ihn stoppen. Ihr Rechner muss sich dann nicht mit abgebrochenen Containern herumschlagen. Das Image wird dadurch aber nicht gelöscht.

`-v "/path/to/my_mnist_model:/models/my_mnist_model`
: Stellt das Verzeichnis *my_mnist_model* des Hosts im Container unter dem Pfad */models/mnist_model* zur Verfügung. Sie müssen */path/to/my_mnist_model* durch den absoluten Pfad zu diesem Verzeichnis ersetzen. Unter Windows

5 Es gibt auch GPU-Images und andere Installationsoptionen. Mehr dazu finden Sie in den offiziellen Installationsanweisungen (*https://homl.info/tfserving*).

müssen Sie daran denken, im Hostpfad \ statt / zu nutzen, nicht aber im Containerpfad (da der Container unter Linux läuft).

`-p 8500:8500`
: Lässt die Docker-Engine den TCP-Port 8500 des Hosts an den TCP-Port 8500 des Containers weiterleiten. Standardmäßig nutzt TF Serving diesen Port, um die gRPC-API zu bedienen.

`-p 8501:8501`
: Leitet den TCP-Port 8501 des Hosts an den TCP-Port 8501 des Containers weiter. Das Docker-Image ist so konfiguriert, dass dieser Port standardmäßig die REST-API bedient.

`-e MODEL_NAME=my_mnist_model`
: Setzt die Umgebungsvariable `MODEL_NAME` des Containers, sodass TF Serving weiß, welches Modell zu bedienen ist. Standardmäßig sucht es die Modelle im Verzeichnis */models* und nutzt dort automatisch die neueste Version, die es findet.

`tensorflow/serving`
: Der Name des auszuführenden Image.

Nachdem der Server nun läuft, wollen wir ihn abfragen – zuerst über die REST-API, dann über die gRPC-API.

TF Serving über die REST-API abfragen

Beginnen wir mit dem Erstellen der Abfrage. Sie muss den Namen der Funktionssignatur enthalten, die Sie aufrufen wollen, und natürlich die Eingabedaten. Da der Request das JSON-Format nutzen muss, müssen wir die Eingabebilder aus einem NumPy-Array in eine Python-Liste umwandeln:

```
import json

X_new = X_test[:3]  # so tun, als wären 3 neue Ziffernbilder zu kategorisieren
request_json = json.dumps({
    "signature_name": "serving_default",
    "instances": X_new.tolist(),
})
```

Beachten Sie, dass das JSON-Format vollständig textbasiert ist. Der Request-String sieht daher wie folgt aus:

```
>>> request_json
'{"signature_name": "serving_default", "instances": [[[0, 0, 0, 0, ... ]]]}'
```

Jetzt senden wir diesen Request an TF Serving, indem wir einen HTTP-POST-Request verschicken. Das lässt sich problemlos über die `requests`-Bibliothek erreichen (sie ist nicht Teil der Standardbibliothek von Python, aber auf Colab vorinstalliert):

```
import requests
```

```
server_url = "http://localhost:8501/v1/models/my_mnist_model:predict"
response = requests.post(server_url, data=request_json)
response.raise_for_status() # bei einem Fehler eine Exception werfen
response = response.json()
```

Wenn alles funktioniert, sollte der Response ein Dictionary mit einem einzelnen Schlüssel `"predicitons"` sein. Der entsprechende Wert ist die Liste mit Vorhersagen. Diese Liste ist eine Python-Liste, daher wollen wir sie in ein NumPy-Array umwandeln und die enthaltenen Gleitkommazahlen auf zwei Nachkommastellen runden:

```
>>> import numpy as np
>>> y_proba = np.array(response["predictions"])
>>> y_proba.round(2)
array([[0.  , 0.  , 0.  , 0.  , 0.  , 0.  , 0.  , 1.  , 0.  , 0.  ],
       [0.  , 0.  , 0.99, 0.01, 0.  , 0.  , 0.  , 0.  , 0.  , 0.  ],
       [0.  , 0.97, 0.01, 0.  , 0.  , 0.  , 0.  , 0.01, 0.  , 0.  ]])
```

Hurra, wir haben die Vorhersagen! Das Modell ist sich fast zu 100 % sicher, dass es sich beim ersten Bild um eine 7 handelt, zu 99 %, dass das zweite Bild eine 2 zeigt, und zu 96 %, dass das dritte Bild eine 1 enthält. Das ist richtig.

Die REST-API ist nett und einfach und funktioniert gut, wenn die Ein- und Ausgabedaten nicht zu groß sind. Und so gut wie jede Clientanwendung kann REST-Anfragen ohne zusätzliche Abhängigkeiten durchführen, während andere Protokolle nicht immer so direkt zur Verfügung stehen. Aber es basiert auf JSON, das textbasiert und ziemlich langatmig ist. Wir mussten zum Beispiel das NumPy-Array in eine Python-Liste umwandeln, und jede Gleitkommazahl wurde als String dargestellt. Das ist sehr ineffizient sowohl in Bezug auf die Serialisierungs-/Deserialisierungsdauer – wir müssen alle Gleitkommazahlen in Strings umzuwandeln und umgekehrt – als auch bezüglich der Payload-Größe: Viele Gleitkommazahlen werden mit mehr als 15 Zeichen dargestellt, was für 32-Bit-Floats über 120 Bits sind! Das führt zu einer hohen Latenz und entsprechendem Bandbreitenverbrauch beim Übertragen von großen NumPy-Arrays.[6] Greifen wir daher lieber auf gRPC zurück.

> Beim Übertragen großer Datenmengen oder wenn die Latenz gering sein soll, ist es viel besser, die gRPC-API zu verwenden, wenn der Client sie unterstützt, da diese auf einem kompakten Binärformat und einem effizienten Kommunikationsprotokoll auf Grundlage von HTTP/2 Framing basiert.

TF Serving über die gRPC-API abfragen

Die gRPC-API erwartet einen serialisierten Protocol Buffer `PredictRequest` als Eingabe und gibt einen serialisierten Protocol Buffer `PredictResponse` als Ausgabe zurück. Diese Protobufs sind Teil der Bibliothek `tensorflow-serving-api`, die wir schon installiert haben. Erstellen wir zuerst den Request:

6 Fairerweise sei gesagt, dass dies abgemildert werden kann, indem man zuerst die Daten serialisiert und sie dann mit Base64 codiert, bevor man den REST-Request stellt. Und REST-Requests können mit gzip komprimiert werden, was die Payload-Größe deutlich verringert.

```
from tensorflow_serving.apis.predict_pb2 import PredictRequest

request = PredictRequest()
request.model_spec.name = model_name
request.model_spec.signature_name = "serving_default"
input_name = model.input_names[0]  # == "flatten_input"
request.inputs[input_name].CopyFrom(tf.make_tensor_proto(X_new))
```

Dieser Code erstellt einen Protocol Buffer `PredictRequest` und füllt ihn mit den erforderlichen Feldern, unter anderem mit dem Modellnamen (weiter oben definiert), dem Signaturnamen der aufzurufenden Funktion und schließlich mit den Eingabedaten in Form eines `Tensor`-Protobuf. Die Funktion `tf.make_tensor_proto()` erstellt einen Protocol Buffer `Tensor`, der auf dem angegebenen Tensor oder NumPy-Array basiert – in diesem Fall `X_new`.

Als Nächstes schicken wir den Request an den Server und erhalten seinen Response. Dafür benötigen Sie die Bibliothek `grpcio`, die in Colab schon vorinstalliert ist:

```
import grpc
from tensorflow_serving.apis import prediction_service_pb2_grpc

channel = grpc.insecure_channel('localhost:8500')
predict_service = prediction_service_pb2_grpc.PredictionServiceStub(channel)
response = predict_service.Predict(request, timeout=10.0)
```

Dieser Code ist recht klar: Nach den Importen erstellen wir einen gRPC-Kommunikationskanal nach *localhost* an TCP-Port 8500, dann erzeugen wir einen gRPC-Service über diesen Kanal und nutzen ihn, um einen Request mit einem Time-out von zehn Sekunden zu verschicken. Beachten Sie, dass dieser Aufruf synchron geschieht: Er wird blockiert, bis er den Response erhält oder das Time-out abgelaufen ist. In diesem Beispiel ist der Kanal unsicher (keine Verschlüsselung, keine Authentifizierung), aber gRPC und TF Serving unterstützen auch sichere Kanäle über SSL/TLS.

Nun konvertieren wir den Protocol Buffer `PredictResponse` in einen Tensor:

```
output_name = model.output_names[0]  # == "dense_1"
outputs_proto = response.outputs[output_name]
y_proba = tf.make_ndarray(outputs_proto)
```

Lassen Sie diesen Code laufen und geben `y_proba.round(2)` aus, werden Sie genau die gleichen geschätzten Kategorien wie zuvor erhalten. Und das ist auch schon alles: Mit ein paar Zeilen Code können Sie Ihr TensorFlow-Modell nun aus der Ferne abfragen – wahlweise mit REST oder gRPC.

Eine neue Modellversion deployen

Erstellen wir jetzt eine neue Modellversion und exportieren wir wie zuvor ein SavedModel, dieses Mal aber in das Verzeichnis *my_mnist_model/0002*:

```
model = [...]  # eine neue MNIST-Modellversion bauen und trainieren

model_version = "0002"
model_path = Path(model_name) / model_version
model.save(model_path, save_format="tf")
```

In regelmäßigen Abständen (der Zeitraum ist konfigurierbar) prüft TF Serving das Modellverzeichnis auf neue Modellversionen. Findet es eine, geschieht der Übergang automatisch elegant: Standardmäßig wird es ausstehende Requests (sofern vorhanden) mit der vorherigen Modellversion beantworten, während es neue Requests mit der neuen Version verarbeitet. Sobald alle bestehenden Requests beantwortet sind, wird die vorherige Modellversion entladen. Sie können das in den Logs von TF Serving verfolgen (in *my_server.log*):

```
[...]
Reading SavedModel from: /models/my_mnist_model/0002
Reading meta graph with tags { serve }
[...]
Successfully loaded servable version {name: my_mnist_model version: 2}
Quiescing servable version {name: my_mnist_model version: 1}
Done quiescing servable version {name: my_mnist_model version: 1}
Unloading servable version {name: my_mnist_model version: 1}
```

Enthält das SavedModel Beispielinstanzen im Verzeichnis *assets/extra*, können Sie TF Serving so konfigurieren, dass es das Modell mit diesen Instanzen ausführt, bevor es neue Requests bedient. Das wird als *Model Warmup* bezeichnet: Es stellt sicher, dass alles sauber geladen ist, und vermeidet lange Response-Zeiten für die ersten Requests.

Dieser Ansatz ermöglicht einen sanften Übergang, verbraucht aber eventuell zu viel RAM – insbesondere GPU-RAM, was im Allgemeinen am stärksten beschränkt ist. In diesem Fall können Sie TF Serving so konfigurieren, dass es alle ausstehenden Requests mit der vorherigen Version verarbeitet und diese dann entlädt, bevor es die neue Modellversion lädt und einsetzt. Damit wird vermieden, dass zwei Modellversionen gleichzeitig geladen sind, aber der Service wird dann auch für eine kurze Zeit nicht zur Verfügung stehen.

Wie Sie sehen, macht es TF Serving ziemlich leicht, neue Modelle zu deployen. Und falls Sie feststellen, dass Version 2 nicht so gut funktioniert wie erwartet, ist es kein Problem, zu Version 1 zurückzukehren: Entfernen Sie einfach das Verzeichnis *my_mnist_model/0002*.

Ein weiteres tolles Feature von TF Serving ist seine automatische Batching-Fähigkeit, die Sie beim Starten mit der Option `--enable_batching` aktivieren können. Empfängt TF Serving mehrere Requests innerhalb einer kurzen Zeit (die konfigurierbar ist), wird es sie automatisch in einem Batch zusammenfassen, bevor es das Modell aufruft. Das ermöglicht eine deutliche Performancesteigerung durch das Ausnutzen der GPU. Gibt das Modell die Vorhersagen zurück, nimmt TF Serving diese auseinander und verteilt sie an die richtigen Clients. Sie können also ein bisschen Latenz gegen einen höheren Durchsatz eintauschen, indem Sie die Batching-Verzögerung erhöhen (siehe die Option `--batching_parameters_file`).

Erwarten Sie viele Anfragen pro Sekunde, werden Sie TF Serving auf mehreren Servern deployen und die Anfragen per Load Balancing verteilen wollen (siehe Abbildung 19-2). Das erfordert das Deployen und Managen vieler Container mit TF Serving auf diesen Servern. Eine Möglichkeit, das im Griff zu behalten, ist der Einsatz von Tools wie Kubernetes (*https://kubernetes.io*), bei dem es sich um ein Open-Source-System zum Vereinfachen der Container-Orchestrierung auf vielen Servern handelt. Wollen Sie die ganze Hardwareinfrastruktur nicht kaufen, warten und aktualisieren, können Sie virtuelle Maschinen auf einer Cloud-Plattform wie Amazon AWS, Microsoft Azure, Google Cloud Platform, IBM Cloud, Alibaba Cloud, Oracle Cloud oder einem anderen Platform-as-a-Service (PaaS) nutzen. Das Managen all der virtuellen Maschinen, die Container-Orchestrierung (selbst mit der Hilfe von Kubernetes), das Betreuen der Konfiguration von TF Serving, das Tunen und Monitoren – all das kann ein Vollzeitjob sein. Glücklicherweise gibt es Serviceprovider, die sich für Sie darum kümmern können. In diesem Kapitel werden wir Vertex AI verwenden, weil es aktuell die einzige Plattform mit TPUs ist, TensorFlow 2, Scikit-Learn und XGBoost unterstützt und einen netten Satz AI-Services anbietet. Es gibt auch noch viele weitere Provider, wie zum Beispiel Amazon AWS SageMaker und die Microsoft AI Platform, die ebenso dazu in der Lage sind, TensorFlow-Modelle zu verarbeiten, daher sollten Sie diese ebenfalls einmal anschauen.

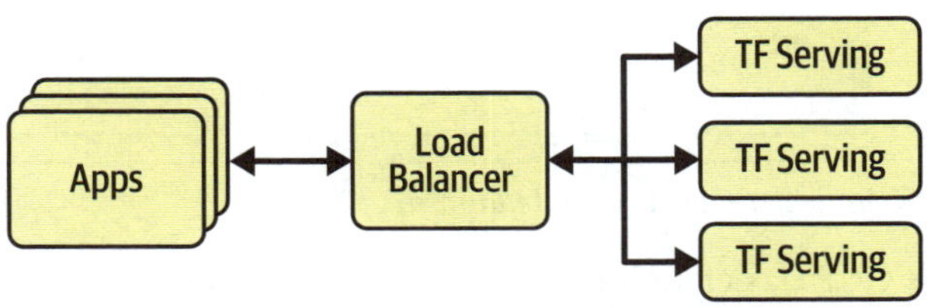

Abbildung 19-2: TF Serving durch Load Balancing skalieren

Schauen wir nun, wie wir unser wunderbares MNIST-Modell in die Cloud bringen können.

Einen Vorhersageservice auf Vertex AI erstellen

Vertex AI ist eine Plattform innerhalb der *Google Cloud Platform* (GCP), die eine Vielzahl von KI-bezogenen Tools und Services anbietet. Sie können Datensätze hochladen, sie von Menschen mit Labels versehen lassen, häufig genutzte Merkmale in einem Feature Store ablegen und sie zum Training oder produktiv verwenden und Modelle auf vielen GPU- oder TPU-Servern mit einer automatischen Hyperparameteroptimierung oder Modellarchitektursuche (AutoML) trainieren. Sie können Ihre trainierten Modelle verwalten, mit ihnen Batch Predictions für große Mengen von Daten vornehmen, mehrere Jobs für Ihre Data Workflows schedulen, Ihre Modelle per REST oder gRPC im großen Maßstab bereitstellen und mit Ihren Daten und Modellen innerhalb einer gehosteten Jupyter-Umgebung namens *Workbench* experimentieren. Es gibt sogar eine Matching Engine, mit der Sie Vektoren sehr effizient vergleichen können (also die nächsten Nachbarn finden). Zu GCP gehören auch noch andere KI-Services, wie zum Beispiel APIs für die Bildverarbeitung, Übersetzung, Speech-to-Text und so weiter.

Bevor wir beginnen, müssen wir uns ein bisschen um das Setup kümmern.

1. Melden Sie sich an Ihrem Google-Account an und gehen Sie dann zur Konsole der Google Cloud Platform (*https://console.cloud.google.com/*) (siehe Abbildung 19-3). Haben Sie keinen Google-Account, erstellen Sie einen.

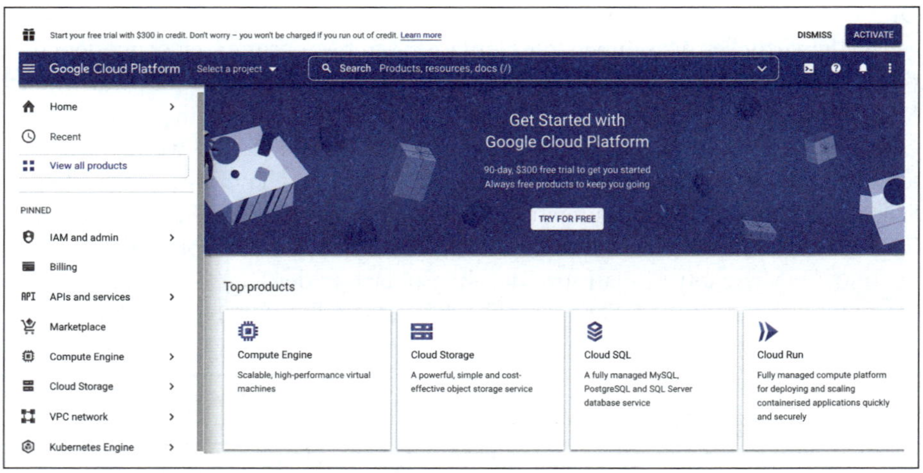

Abbildung 19-3: Konsole der Google Cloud Platform

2. Nutzen Sie GCP das erste Mal, werden Sie die Bedingungen lesen und akzeptieren müssen. Aktuell wird neuen Benutzern eine Zeit zum freien Ausprobieren angeboten, darin ist ein GCP-Guthaben im Wert von 300 USD für die nächsten 90 Tage enthalten (Stand Mai 2022). Sie brauchen nur sehr wenig davon, um für die Services zu bezahlen, die Sie in diesem Kapitel nutzen werden. Beim Anmelden für den Free Trial müssen Sie aber trotzdem ein Bezahlprofil anlegen und Ihre Kreditkartennummer angeben: Sie wird zur Verifikation genutzt – vermutlich um zu vermeiden, dass jemand den Free Trial mehrfach verwendet –, aber für die ersten 300 USD nicht belastet, und auch danach wird Ihnen nur dann etwas in Rechnung gestellt, wenn Sie sich dazu entscheiden, auf einen kostenpflichtigen Account zu wechseln.

3. Haben Sie die GCP schon zuvor verwendet und ist Ihre kostenlose Zeit abgelaufen, wird Sie der Service, den Sie in diesem Kapitel verwenden werden, etwas Geld kosten. Das sollte nicht allzu viel sein, insbesondere wenn Sie daran denken, ihn abzuschalten, wenn Sie ihn nicht mehr benötigen. Stellen Sie sicher, dass Sie die Bedingungen für die Kosten verstanden und ihnen zugestimmt haben, bevor Sie einen Service laufen lassen. Ich lehne hiermit jegliche Verantwortung ab, wenn Services nachher mehr kosten, als Sie erwartet haben! Sorgen Sie zudem dafür, dass Ihr Rechnungsaccount aktiv ist. Um das zu prüfen, öffnen Sie das Navigationsmenü auf der linken Seite, klicken auf »Abrechnung« und prüfen, ob Sie eine Bezahlmethode eingerichtet haben und ob der Account aktiv ist.
4. Jede Ressource in GCP gehört zu einem *Projekt*. Dazu gehören alle virtuellen Maschinen, die Sie vielleicht verwenden, die Dateien, die Sie speichern, und die Trainingsjobs, die Sie ausführen. Legen Sie einen Account an, erstellt GCP automatisch ein Projekt für Sie mit dem Namen »My First Project«. Wenn Sie wollen, können Sie den angezeigten Namen anpassen, indem Sie in die Projekteinstellungen wechseln: Im Navigationsmenü ≡ wählen Sie »IAM & Verwaltung → Einstellungen«, ändern den Projektnamen und klicken auf »Speichern«. Beachten Sie, dass das Projekt auch eine eindeutige Projekt-ID und eine Nummer besitzt. Sie können die ID wählen, wenn Sie ein Projekt erstellen, sie später aber nicht mehr ändern. Wollen Sie ein neues Projekt erstellen, klicken Sie auf den Projektnamen oben auf der Seite, dann auf »NEUES PROJEKT«, und dann geben Sie die Projekt-ID ein. Achten Sie darauf, dass die Abrechnung für dieses neue Projekt aktiv ist, sodass die Kosten in Rechnung gestellt werden können (für Ihr Guthaben).

> Sorgen Sie immer für eine Erinnerung, Services wieder abzuschalten, wenn Sie wissen, dass Sie sie nur für ein paar Stunden nutzen werden, denn ansonsten laufen sie eventuell Tage oder Monate, und das kann deutlich ins Geld gehen.

5. Nachdem Sie nun einen GCP-Account mit aktiver Abrechnung und ein Projekt haben, müssen Sie die benötigten APIs aktivieren. Wählen Sie im Navigationsmenü ≡ »APIs und Dienste« und stellen Sie sicher, dass die Cloud Storage API aktiv ist. Falls erforderlich, klicken Sie auf »+ APIS UND DIENSTE AKTIVIEREN«, suchen nach »Cloud Storage« und aktivieren ihn. Aktivieren Sie zudem die Vertex AI API.

Sie können zwar im Folgenden alles über die GCP-Konsole erledigen, aber ich empfehle Ihnen, stattdessen Python zu verwenden. So können Sie Skripte schreiben, um so gut wie alles zu automatisieren, was Sie mit GCP tun wollen, und es ist oft praktischer, als sich Ihren Weg durch Menüs und Formulare zu klicken – insbesondere für häufige Aufgaben.

Google Cloud CLI und Shell

Zur Befehlszeilenschnittstelle von Google Cloud (*Command-Line Interface*, CLI) gehört der Befehl `gcloud`, mit dem Sie nahezu alles in GCP steuern können, und `gsutil`, über den Sie mit Google Cloud Storage interagieren. Diese CLI ist in Colab vorinstalliert: Sie müssen sich nur mit `google.auth.authenticate_user()` authentifizieren und können loslegen. So zeigt `!gcloud config list` beispielsweise die Konfiguration an.

GCP bietet auch eine vorkonfigurierte Shell-Umgebung, die als Google Cloud Shell bezeichnet wird. Sie können sie direkt in Ihrem Webbrowser nutzen – sie läuft auf einer freien Linux-VM (Debian), auf der das Google Cloud SDK schon für Sie installiert und konfiguriert ist, sodass Sie sich nicht authentifizieren müssen. Die Cloud Shell steht überall in GCP zur Verfügung – klicken Sie einfach auf das Symbol »Cloud Shell aktivieren« oben rechts auf der Seite klicken (siehe Abbildung 19-4).

Abbildung 19-4: Die Google Cloud Shell aktivieren

Ist es Ihnen lieber, die CLI auf Ihrem Rechner zu installieren (*https://homl.info/gcloud*), müssen Sie sie nach dem Installieren initialisieren, indem Sie `gcloud init` aufrufen. Folgen Sie den Anweisungen, um sich an GCP anzumelden, und erlauben Sie den Zugriff auf Ihre GCP-Ressourcen. Danach wählen Sie das GCP-Projekt aus, das Sie verwenden wollen (wenn Sie mehr als eines haben), und dazu die Region, in der der Job laufen soll.

Bevor Sie einen GCP-Service nutzen können, müssen Sie sich authentifizieren. Bei der Arbeit mit Colab ist es am einfachsten, den folgenden Code auszuführen:

```
from google.colab import auth

auth.authenticate_user()
```

Der Authentifizierungsprozess basiert auf OAuth 2.0 (*https://oauth.net*): Ein Pop-up-Fenster wird Sie um Bestätigung bitten, dass das Colab-Notebook auf Ihre Google-Credentials zugreifen darf. Stimmen Sie zu, müssen Sie den gleichen Google-Account auswählen, den Sie für GCP verwendet haben. Dann werden Sie um Bestätigung gebeten, dass Colab vollständig auf Ihre Daten auf Google Drive und in GCP zugreifen darf. Erlauben Sie das, wird nur das aktuelle Notebook den Zugriff haben und auch nur, bis die Colab-Runtime nicht mehr läuft. Offensichtlich sollten Sie dem Ganzen nur zustimmen, wenn Sie dem Code im Notebook trauen.

Arbeiten Sie nicht mit den offiziellen Notebooks von *https://github.com/ageron/handson-mls3*, sollten Sie besonders vorsichtig sein – ist der Autor des Notebooks böswillig, kann er Code verwenden, der alles Mögliche mit Ihren Daten anstellen kann.

Authentifizierung und Autorisierung auf GCP

Im Allgemeinen ist das Authentifizieren per OAuth 2.0 nur empfehlenswert, wenn eine Anwendung auf die persönlichen Daten des Benutzers oder in seinem Namen auf Ressourcen von anderen Anwendungen zugreifen muss. So erlauben es beispielsweise manche Anwendungen dem Benutzer, Daten in dessen Google Drive zu sichern, aber dafür muss sich der Benutzer erst bei Google authentifizieren und en Zugriff auf Google Drive freigeben. Im Allgemeinen bittet die Anwendung nur um die Berechtigungen, die erforderlich sind, und nicht um unbegrenzten Zugriff. So will die Anwendung beispielsweise nur Zugriff auf Google Drive haben, nicht aber auf Gmail oder andere Services. Zudem verfällt die Autorisierung im Allgemeinen nach einer Weile und sie kann auch jederzeit zurückgezogen werden.

Muss eine Anwendung auf einen Service auf GCP im eigenen Namen (und nicht im Namen des Benutzers) zugreifen, sollte sie normalerweise ein *Dienstkonto* nutzen. Bauen Sie beispielsweise eine Website, die Vorhersage-Requests an einen Vertex AI Endpoint schicken muss, wird die Website im eigenen Namen auf den Service zugreifen. Es gibt keine Daten oder Ressourcen, auf die sie im Google-Account des Benutzers zugreifen muss. Tatsächlich werden viele Verwender der Website nicht einmal einen Google-Account haben. Für dieses Szenario müssen Sie zuerst ein Dienstkonto erstellen. Wählen Sie im Navigationsmenü der GCP-Konsole »IAM und Verwaltung → Dienstkonten« (oder nutzen Sie das Suchfeld), dann klicken Sie auf »+ DIENSTKONTO ERSTELLEN«, füllen die erste Seite des Formulars aus (Name des Dienstkontos, ID, Beschreibung) und klicken dann auf »ERSTELLEN UND FORTFAHREN«. Als Nächstes müssen Sie diesem Konto Zugriffsberechtigungen geben. Wählen Sie die Rolle »Vertex AI-Nutzer« – damit kann das Dienstkonto Vorhersagen treffen und andere Vertex-AI-Services nutzen, aber nichts anderes. Klicken Sie auf »WEITER«. Sie können nun noch optional Nutzern Zugriff auf das Dienstkonto geben. Das ist nützlich, wenn Ihr GCP-Benutzerkonto Teil einer Organisation ist und Sie andere Benutzer dazu in die Lage versetzen wollen, Anwendungen zu deployen, die auf diesem Dienstkonto basieren, oder um das Dienstkonto selbst zu verwalten. Als Nächstes klicken Sie auf »FERTIG«.

Haben Sie ein Dienstkonto erstellt, muss sich Ihre Anwendung damit authentifizieren. Es gibt eine Reihe von Möglichkeiten dafür. Wird Ihre Anwendung auf GCP gehostet – weil Sie beispielsweise eine Website programmieren, die auf der Google Compute Engine gehostet ist –, besteht die einfachste und sicherste Lösung darin, das Dienstkonto mit der GCP-Ressource zu verbinden, die Ihre Website hostet, wie zum Beispiel eine VM-Instanz oder ein Google App Engine Service. Sie erreichen das, indem Sie beim Erstellen der GCP-Ressource das Dienstkonto im Abschnitt »Identität und API-Zugriff« auswählen. Manche Ressourcen, wie beispielsweise VM-Instanzen, ermöglichen Ihnen auch, das Dienstkonto anzufügen, nachdem die

VM-Instanz erstellt wurde. Dazu müssen Sie sie stoppen und deren Einstellungen bearbeiten. Ist ein Dienstkonto mit einer VM-Instanz oder einer anderen GCP-Ressource verbunden, die Ihren Code ausführt, werden sich die Clientbibliotheken (siehe weiter unten) automatisch mit dem gewählten Dienstkonto anmelden, und es ist kein zusätzlicher Schritt nötig.

Wird Ihre Anwendung mithilfe von Kubernetes gehostet, sollten Sie Googles Workload Identity Service nutzen, um das richtige Dienstkonto mit jedem Kubernetes-Service-Account zu verbinden. Läuft Ihre Anwendung nicht auf GCP – weil Sie beispielsweise das Jupyter Notebook auf Ihrem eigenen Rechner ausführen –, können Sie entweder den Workload Identity Federation Service nutzen (die sicherste, aber schwierigste Option) oder einfach einen Zugriffsschlüssel für Ihr Dienstkonto erstellen, diesen in einer JSON-Datei speichern und die Umgebungsvariable `GOOGLE_APPLICATION_CREDENTIALS` darauf verweisen lassen, sodass Ihre Clientanwendung darauf zugreifen kann. Zugriffsschlüssel können Sie verwalten, indem Sie auf das eben erstellte Dienstkonto klicken und dann auf den Tab »SCHLÜSSEL«. Achten Sie darauf, die Schlüsseldatei geheim zu halten – sie ist wie ein Passwort für das Dienstkonto.

Mehr Details zum Einrichten von Authentifizierung und Autorisierung für den Zugriff Ihrer Anwendung auf GCP-Services finden Sie in der Dokumentation (*https://homl.info/gcpauth*).

Erstellen wir jetzt ein Bucket in Google Cloud Storage, um unsere SavedModels zu sichern (ein GCS-Bucket ist ein Container für Ihre Daten). Dazu werden wir die Bibliothek `google-cloud-storage` nutzen, die in Colab vorinstalliert ist. Zuerst erstellen wir ein `Client`-Objekt, das als Schnittstelle zu GCS dient, dann werden wir es zum Erzeugen des Buckets nutzen:

```
from google.cloud import storage

project_id = "my_project"  # hier eigene Projekt-ID angeben
bucket_name = "my_bucket"  # wählen Sie einen eindeutigen Bucket-Namen
location = "us-central1"

storage_client = storage.Client(project=project_id)
bucket = storage_client.create_bucket(bucket_name, location=location)
```

> Wollen Sie ein bestehendes Bucket wiederverwenden, ersetzen Sie die letzte Zeile durch `bucket = storage_client.bucket(bucket_name)`. Achten Sie darauf, dass `location` auf die Region des Buckets gesetzt ist.

GCS nutzt einen einzigen weltweiten Namensraum für Buckets, daher werden einfache Namen wie »machine-learning« sehr wahrscheinlich schon vergeben sein. Achten Sie darauf, dass der Bucket-Name den DNS-Namenskonventionen entspricht, da er eventuell in DNS-Records eingesetzt wird. Zudem sind Bucket-Namen öffentlich, daher sollten Sie nichts Privates in den Namen packen. Es ist üblich, Ihren Domainnamen, Ihren Firmennamen oder Ihre Projekt-ID als Präfix zu nutzen, um für Eindeutigkeit zu sorgen, oder einfach eine Zufallszahl als Teil des Namens einzusetzen.

Sie können die Region ändern, wenn Sie das wollen, aber achten Sie darauf, eine zu wählen, die GPUs unterstützt. Außerdem sollten Sie sich der Tatsache bewusst sein, dass die Preise zwischen den Regionen sehr unterschiedlich sind – manche Regionen produzieren mehr CO_2 als andere, manche unterstützen nicht alle Services, und der Einsatz eines Buckets in einer Region verbessert die Performance. In Googles Liste der Regionen (*https://homl.info/regions*) und in der Dokumentation von Vertex AI zu Standorten (*https://homl.info/locations*) finden Sie mehr Details. Sind Sie unsicher, ist es am besten, bei `"us-central1"` zu bleiben.

Als Nächstes laden wir das Verzeichnis *my_mnist_model* in das neue Bucket. Dateien werden in GCS als *Blobs* (oder *Objekte*) bezeichnet, und hinter den Kulissen landen sie alle einfach im Bucket ohne irgendeine Verzeichnisstruktur. Blobnamen können beliebige Unicode-Strings sein und sogar Schrägstriche (/) enthalten. Die GCP-Konsole und andere Tools nutzen diese Schrägstriche, um Ihnen die Illusion zu vermitteln, es würde sich um Verzeichnisse handeln. Laden Sie also das Verzeichnis *my_mnist_model* hoch, dann kümmern wir uns nur um die Dateien, nicht um die Verzeichnisse:

```
def upload_directory(bucket, dirpath):
    dirpath = Path(dirpath)
    for filepath in dirpath.glob("**/*"):
        if filepath.is_file():
            blob = bucket.blob(filepath.relative_to(dirpath.parent).as_posix())
            blob.upload_from_filename(filepath)

upload_directory(bucket, "my_mnist_model")
```

Diese Funktion funktioniert so weit, aber sie ist sehr langsam, wenn es um viele hochzuladende Dateien geht. Es ist nicht schwer, sie deutlich zu beschleunigen, indem Sie sie in mehreren Threads laufen lassen (im Notebook finden Sie eine Implementierung). Alternativ können Sie beim Einsatz der Google Cloud CLI folgenden Befehl verwenden:

```
!gsutil -m cp -r my_mnist_model gs://{bucket_name}/
```

Nun machen wir Vertex AI mit unserem MNIST-Modell bekannt. Um mit Vertex AI zu kommunizieren, können wir die Bibliothek `google-cloud-aiplatform` nutzen (sie verwendet immer noch den alten AI-Platform-Namen statt Vertex AI). Sie ist in Colab nicht vorinstalliert, daher müssen wir sie installieren. Danach können wir die Bibliothek importieren und sie initialisieren – geben Sie einfach ein paar Standardwerte für die Projekt-ID und den Standort an. Dann können wir ein neues Vertex-AI-Modell erstellen: Wir geben einen Anzeigenamen, den GCS-Pfad zu unserem Modell (in diesem Fall Version 0001) und die URL des Docker-Containers an, in dem Vertex AI dieses Modell ausführen soll. Rufen Sie diese URL auf und navigieren eine Ebene nach oben, werden Sie andere Container finden, die Sie nutzen können. Dieser unterstützt TensorFlow 2.8 mit einer GPU:

```
from google.cloud import aiplatform

server_image = "gcr.io/cloud-aiplatform/prediction/tf2-gpu.2-8:latest"

aiplatform.init(project=project_id, location=location)
mnist_model = aiplatform.Model.upload(
    display_name="mnist",
    artifact_uri=f"gs://{bucket_name}/my_mnist_model/0001",
    serving_container_image_uri=server_image,
)
```

Jetzt deployen wir dieses Modell, sodass wir es über eine gRPC- oder REST-API ansprechen können, um Vorhersagen zu treffen. Dazu müssen wir erst einen *Endpoint* erstellen, gegen den sich Clientanwendungen verbinden, wenn sie auf einen Service zugreifen wollen. Dann müssen wir unser Modell auf diesem Endpoint deployen:

```
endpoint = aiplatform.Endpoint.create(display_name="mnist-endpoint")

endpoint.deploy(
    mnist_model,
    min_replica_count=1,
    max_replica_count=5,
    machine_type="n1-standard-4",
    accelerator_type="NVIDIA_TESLA_K80",
    accelerator_count=1
)
```

Dieser Code kann ein paar Minuten zur Ausführung brauchen, weil Vertex AI eine virtuelle Maschine aufsetzen muss. In diesem Beispiel nutzen wir eine ziemlich einfache VM vom Typ `n1-standard-4` (in *https://homl.info/machinetypes* finden Sie weitere Typen). Außerdem verwenden wir eine einfache GPU vom Typ NVIDIA_TESLA_K80 (in *https://homl.info/accelerators* finden Sie weitere Typen). Wählen Sie eine andere Region als `"us-central1"`, kann es sein, dass Sie den Typ der Maschine oder der GPU auf Werte anpassen müssen, die in dieser Region unterstützt werden (so haben beispielsweise nicht alle Regionen Nvidia-Tesla-K80-GPUs).

> Google Cloud Platform setzt eine Reihe von GPU-Kontingenten um – sowohl weltweit als auch pro Region. Sie können nicht Tausende GPU-Knoten erstellen, ohne zuvor eine Genehmigung von Google erhalten zu haben. Um Ihre Kontingente zu prüfen, öffnen Sie in der GCP-Konsole »IAM und Verwaltung → Kontingente«. Sind einige der Kontingente zu niedrig (weil Sie beispielsweise in einer bestimmten Region mehr GPUs benötigen), können Sie darum bitten, sie zu erhöhen – das dauert oft etwa 48 Stunden.

Vertex AI wird zunächst die minimale Anzahl an Rechenknoten starten (in diesem Fall nur einen). Wenn die Zahl der Abfragen pro Sekunde zu hoch wird, wird es weitere Knoten starten (bis zur von Ihnen definierten maximalen Anzahl – hier fünf) und die Abfragen per Load Balancing verteilen. Geht die QPS-Rate für eine Weile herunter, wird Vertex AI die zusätzlichen Rechenknoten automatisch stoppen. Die Kosten sind daher direkt mit der Last, den gewählten Maschinen- und Beschleunigertypen und der Menge an auf GCS gespeicherten Daten verknüpft. Dieses Preismodell ist für gelegentliche Benutzer und für Services mit relevanten Nutzungsspitzen großartig. Auch für Start-ups ist es ideal: Der Preis bleibt niedrig, bis das Start-up tatsächlich durchstartet.

Herzlichen Glückwunsch, Sie haben Ihr erstes Modell in die Cloud deployt! Probieren wir diesen Vorhersageservice aus:

```
response = endpoint.predict(instances=X_new.tolist())
```

Wir müssen zuerst die zu kategorisierenden Bilder in eine Python-Liste umwandeln, wie wir das auch schon zuvor getan haben, als wir Requests über die REST-API an TF Serving geschickt haben. Das Response-Objekt enthält die Vorhersagen als Python-Liste mit Listen von Gleitkommazahlen. Runden wir sie auf zwei Stellen nach dem Komma und konvertieren wir sie in ein NumPy-Array:

```
>>> import numpy as np
>>> np.round(response.predictions, 2)
array([[0.  , 0.  , 0.  , 0.  , 0.  , 0.  , 0.  , 1.  , 0.  , 0.  ],
       [0.  , 0.  , 0.99, 0.01, 0.  , 0.  , 0.  , 0.  , 0.  , 0.  ],
       [0.  , 0.97, 0.01, 0.  , 0.  , 0.  , 0.  , 0.01, 0.  , 0.  ]])
```

Super! Wir haben die gleichen Vorhersagen wie zuvor bekommen. Jetzt haben wir einen netten Vorhersageservice, der in der Cloud läuft, den wir sicher von überall aufrufen können und der abhängig von der Zahl der QPS automatisch nach oben oder unten skaliert wird. Benötigen Sie den Endpoint nicht mehr, vergessen Sie nicht, ihn zu löschen, um nicht für etwas Unnötiges zu zahlen:

```
endpoint.undeploy_all()  # alle Modelle vom Endpoint entfernen
endpoint.delete()
```

Schauen wir uns jetzt an, wie wir einen Job auf Vertex AI laufen lassen können, um Vorhersagen für einen potenziell sehr großen Datenbatch zu treffen.

Batch-Vorhersagejobs auf Vertex AI ausführen

Müssen wir eine große Zahl von Vorhersagen auf einmal treffen, ist es nicht notwendig, unseren Vorhersageservice wiederholt aufzurufen, sondern wir können Vertex AI nutzen, um einen Vorhersagejob für uns auszuführen. Dazu ist kein Endpoint erforderlich, sondern nur ein Modell. Führen wir beispielsweise einen Vorhersagejob für die ersten 100 Bilder des Testdatensatzes mit unserem MNIST-Modell durch. Dazu müssen wir den Batch erst vorbereiten und nach GCS hochladen. Eine Möglichkeit ist das Erstellen einer Datei mit einer Instanz pro Zeile, die jeweils als JSON-Wert formatiert ist – dieses Format nennt sich *JSON Lines*. Dann übergeben wir diese Datei an Vertex AI. Erstellen wir also eine JSON-Lines-Datei in einem neuen Verzeichnis und laden wir dieses nach GCS hoch:

```
batch_path = Path("my_mnist_batch")
batch_path.mkdir(exist_ok=True)
with open(batch_path / "my_mnist_batch.jsonl", "w") as jsonl_file:
    for image in X_test[:100].tolist():
        jsonl_file.write(json.dumps(image))
        jsonl_file.write("\n")

upload_directory(bucket, batch_path)
```

Jetzt können wir den Vorhersagejob starten, indem wir den Namen des Jobs festlegen, die Art und Anzahl von Maschinen und Beschleunigern angeben, den GCS-Pfad zur eben erstellten JSON-Lines-Datei definieren und den Pfad zum GCS-Verzeichnis benennen, in dem Vertex AI die Vorhersagen des Modells speichern wird:

```
batch_prediction_job = mnist_model.batch_predict(
    job_display_name="my_batch_prediction_job",
    machine_type="n1-standard-4",
    starting_replica_count=1,
    max_replica_count=5,
    accelerator_type="NVIDIA_TESLA_K80",
    accelerator_count=1,
    gcs_source=[f"gs://{bucket_name}/{batch_path.name}/my_mnist_batch.jsonl"],
    gcs_destination_prefix=f"gs://{bucket_name}/my_mnist_predictions/",
    sync=True  # auf False setzen, wenn Sie nicht auf das Ende warten wollen
)
```

> Bei großen Batches können Sie die Eingaben in mehrere JSON-Lines-Dateien aufteilen und sie im Argument `gcs_source` angeben.

Das wird ein paar Minuten dauern, vor allem um die Rechenknoten auf Vertex AI zu starten. Ist dieser Befehl fertig, werden die Vorhersagen in einem Satz Dateien mit Namen wie *prediction.results-00001-of-00002* bereitstehen. Diese Dateien nutzen standardmäßig das JSON-Lines-Format, und jeder Wert ist ein Verzeichnis mit einer Instanz und ihren zugehörigen Vorhersagen (also den zehn Wahrscheinlichkeiten). Die Instanzen sind in der gleichen Reihenfolge wie die Eingaben aufgeführt. Der Job gibt zudem *prediction-errors**-Dateien aus, die zum Debuggen nützlich sein können, wenn etwas schiefgeht. Wir können mit `batch_prediction_job.iter_outputs()` über all diese Ausgabedateien iterieren, lassen Sie uns also alle Vorhersagen holen und in einem Array `y_probas` ablegen:

```
y_probas = []
for blob in batch_prediction_job.iter_outputs():
    if "prediction.results" in blob.name:
        for line in blob.download_as_text().splitlines():
            y_proba = json.loads(line)["prediction"]
            y_probas.append(y_proba)
```

Schauen wir uns an, wie gut diese Vorhersagen sind:

```
>>> y_pred = np.argmax(y_probas, axis=1)
>>> accuracy = np.sum(y_pred == y_test[:100]) / 100
0.98
```

Schick, 98 % Genauigkeit!

Das JSON-Lines-Format ist der Standard, aber bei der Arbeit mit großen Instanzen (wie zum Beispiel Bildern) ist es zu ausführlich. Zum Glück akzeptiert die Methode `batch_predict()` auch ein Argument `instance_format`, mit dem Sie bei Bedarf ein anderes Format auswählen können. Standard ist `"jsonl"`, aber auch `"csv"`, `"tf-record"`, `"tf-record-gzip"`, `"bigquery"` oder `"file-list"` sind möglich. Entscheiden Sie sich für `"file-list"`, sollte das Argument `gcs_source` auf eine Textdatei mit einem Eingabedateipfad pro Zeile verweisen – zum Beispiel auf PNG-Bilddateien. Vertex AI wird diese Dateien als Binärdateien lesen, sie per Base64 codieren und die sich so ergebenden Bytestrings an das Modell übergeben. Das heißt, Sie müssen eine Vorverarbeitungsschicht in Ihr Modell aufnehmen, um die Base64-Strings mit `tf.io.decode_base64()` zu parsen. Handelt es sich bei den Dateien um Bilder, müssen Sie das Ergebnis mit einer Funktion wie `tf.io.decode_image()` oder `tf.io.decode_png()` parsen (siehe Kapitel 13).

Sind Sie mit dem Einsatz des Modells fertig, können Sie es löschen, indem Sie `mnist_model.delete()` ausführen. Sie können auch die Verzeichnisse löschen, die Sie in Ihrem GCS-Bucket erstellt haben, oder optional das Bucket selbst (sofern es leer ist) und den Batch-Vorhersagejob:

```
for prefix in ["my_mnist_model/", "my_mnist_batch/", "my_mnist_predictions/"]:
    blobs = bucket.list_blobs(prefix=prefix)
    for blob in blobs:
        blob.delete()

bucket.delete()  # wenn das Bucket leer ist
batch_prediction_job.delete()
```

Sie wissen jetzt, wie Sie ein Modell auf Vertex AI deployen, einen Vorhersageservice erstellen und Batch-Vorhersagejobs ausführen. Aber was sollen Sie tun, wenn Sie Ihr Modell stattdessen auf eine mobile App deployen wollen? Oder auf ein Embedded Device, wie zum Beispiel eine Heizungssteuerung, einen Fitness-Tracker oder ein selbstfahrendes Auto?

Ein Modell auf ein Mobile oder Embedded Device deployen

ML-Modelle sind nicht darauf beschränkt, auf großen, zentralen Servern mit vielen GPUs zu laufen – sie können sich auch näher an der Datenquelle befinden (das nennt sich *Edge Computing*), zum Beispiel im mobilen Gerät eines Benutzers oder in einem Embedded Device. Es gibt viele Vorteile, die Berechnungen zu dezentralisieren und sie näher an die Anwendung zu bringen: Das Device kann so auch schlau sein, wenn es nicht mit dem Internet verbunden ist, es verringert die Latenz, indem es die Daten nicht an einen Remote-Server schicken muss, es reduziert die Last auf den Servern, und es kann die Privatsphäre verbessern, da die Benutzerdaten auf dem Gerät verbleiben können.

Aber das Deployen von Modellen auf die Geräte hat auch Nachteile. Die Rechenressourcen sind im Vergleich zu einem fetten Multi-GPU-Server im Allgemeinen winzig. Ein großes Modell passt möglicherweise nicht in das Device, es verbraucht eventuell zu viel RAM und CPU, und es kann zu lange zum Herunterladen benötigen. Als Ergebnis reagiert die App eventuell zu zögerlich, das Device erhitzt sich, und sein Akku wird zu schnell leer. Um das zu vermeiden, müssen Sie ein mobiltaugliches, leichtgewichtiges und effizientes Modell erstellen, ohne zu viel von seiner Genauigkeit zu opfern. Die TFLite-Bibliothek (*https://tensorflow.org/lite*) enthält eine Reihe von Tools[7], die Ihnen dabei helfen können, Ihre Modelle auf Devices zu deployen, und die drei Hauptziele verfolgen:

- Verringern der Modellgröße, um Ladezeiten und RAM-Einsatz zu reduzieren.
- Verringern des Rechenaufwands für jede Vorhersage, um Latenz, Akkuverbrauch und Erwärmung zu reduzieren.
- Anpassen des Modells an gerätespezifische Einschränkungen.

Um die Modellgröße zu verringern, kann der Modellkonverter von TFLite ein SavedModel nehmen und es in ein viel schlankeres Format komprimieren, das auf FlatBuffers (*https://google.github.io/flatbuffers/*) basiert. Dabei handelt es sich um eine effiziente und plattformübergreifende Serialisierungsbibliothek (ein bisschen wie Protocol Buffer), die ursprünglich von Google für das Gaming entwickelt wurde. Sie ist so entworfen, dass Sie FlatBuffers direkt in den Speicher laden können, ohne sie noch vorverarbeiten zu müssen. Damit verringern sich Ladedauer und Speicherbedarf. Ist das Modell auf einem mobilen Gerät oder in ein Embedded Device geladen, führt der TFLite-Interpreter es aus, um die Vorhersagen zu treffen. So können Sie ein SavedModel in einen FlatBuffer umwandeln und es in eine *.tflite*-Datei speichern:

```
converter = tf.lite.TFLiteConverter.from_saved_model(str(model_path))
tflite_model = converter.convert()
with open("my_converted_savedmodel.tflite", "wb") as f:
    f.write(tflite_model)
```

Sie können auch ein Keras-Modell mit `tf.lite.TFLiteConverter.from_keras_model(model)` direkt in einen FlatBuffer speichern.

Der Konverter optimiert das Modell zudem, indem er es kleiner macht und seine Latenz verringert. Er schneidet alle Operationen weg, die für das Treffen von Vorhersagen nicht notwendig sind (wie zum Beispiel Trainingsoperationen), und optimiert wo immer möglich Berechnungen – beispielsweise wird $3 \times a + 4 \times a + 5 \times a$

7 Schauen Sie sich auch die Graph Transform Tools (*https://homl.info/tfgtt*) von TensorFlow an, mit denen Sie Rechengraphen modifizieren und optimieren können.

nach 12 × *a* konvertiert. Er versucht auch, Operationen möglichst zu verschmelzen. So werden zum Beispiel Batchnormalisierungsschichten wenn möglich mit den Additions- und Multiplikationsoperationen der vorherigen Schicht verbunden, wenn das machbar ist. Um eine Idee davon zu bekommen, wie weit TFLite ein Modell optimieren kann, laden Sie eines der vortrainierten TFLite-Modelle (*https://homl.info/litemodels*) herunter – zum Beispiel *Inception_V1_quant* (klicken Sie auf *tflite&pb*) –, entpacken das Archiv, öffnen das ausgezeichnete Netron Graph Visualization Tool (*https://netron.app*) und laden die *.pb*-Datei dort hoch, um das ursprüngliche Modell anzuzeigen. Das ist ein großer, komplexer Graph, oder? Nun öffnen Sie das optimierte *.tflite*-Modell und staunen über seine Schönheit!

Eine andere Möglichkeit, die Modellgröße zu reduzieren – neben dem Einsatz kleinerer Netzwerkarchitekturen –, ist das Verwenden kleinerer Bitbreiten: Nutzen Sie beispielsweise Gleitkommazahlen mit 16 Bit Breite statt mit der normalen Breite von 32 Bit, verkleinert sich das Modell um einen Faktor von zwei, allerdings auf Kosten einer (im Allgemeinen nur wenig) sinkenden Genauigkeit. Zudem wird das Training schneller sein, und Sie werden nur ungefähr die Hälfte des GPU-RAM benötigen.

Der TFLite-Konverter kann sogar noch weitergehen und die Modellgewichte auf 8-Bit-Ganzzahlen herunterquantisieren! Das führt im Vergleich zu 32-Bit-Gleitkommazahlen zu einer Reduktion auf ein Viertel. Der einfachste Ansatz dafür nennt sich *Post-Training-Quantisierung*: Die Gewichte werden nach dem Training einfach quantisiert, wobei eine ziemlich einfache, aber effiziente symmetrische Quantisierungstechnik zum Einsatz kommt. Sie findet den maximalen absoluten Gewichtswert *m* und bildet dann den Gleitkommabereich *–m* bis *+m* auf den ganzzahligen Bereich von –127 bis +127 ab. Liegen die Gewichte beispielsweise im Bereich von –1,5 bis +0,8 (siehe Abbildung 19-5), entsprechen die Bytes –127, 0 und +127 den Gleitkommazahlen –1,5, 0 und +1,5. Beachten Sie, dass 0,0 bei symmetrischer Quantisierung immer auf 0 abgebildet wird (und dass der Bytebereich +68 bis +127 in diesem Beispiel nicht verwendet wird, da er für die Gleitkommazahlen größer als +0,8 genutzt würde).

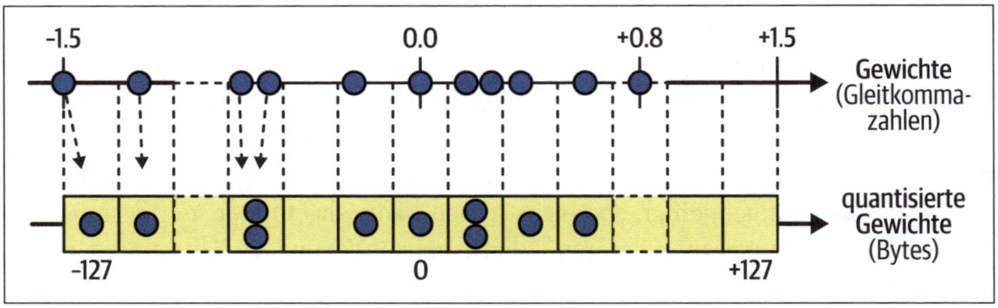

Abbildung 19-5: Von 32-Bit-Gleitkommazahlen zu 8-Bit-Ganzzahlen mit symmetrischer Quantisierung

Um diese Post-Training-Quantisierung durchzuführen, fügen Sie einfach `DEFAULT` zur Liste der Konverteroptimierungen hinzu, bevor Sie die Methode `convert()` aufrufen:

```
converter.optimizations = [tf.lite.Optimize.DEFAULT]
```

Diese Technik verringert die Größe des Modells sehr deutlich, daher lässt es sich so viel schneller herunterladen, und es verbraucht weniger Speicherplatz. Aber zur Laufzeit werden diese quantisierten Gewichte wieder in Gleitkommazahlen umgewandelt, bevor sie verwendet werden. Diese wiederhergestellten Gleitkommazahlen entsprechen nicht perfekt den ursprünglichen Werten, sind aber auch nicht zu weit weg von ihnen, daher ist der Genauigkeitsverlust im Allgemeinen durchaus akzeptabel. Um zu vermeiden, dass die Gleitkommawerte immer wieder neu errechnet werden müssen, was das Modell deutlich verlangsamen würde, werden die wiederhergestellten Gleitkommazahlen von TFLite gecacht. Leider bedeutet das, dass diese Technik den RAM-Bedarf nicht verringert, und das Modell wird dadurch auch nicht schneller. Sie ist vor allem nützlich, um die Anwendungsgröße zu verringern.

Am effektivsten reduzieren Sie Latenz und Strombedarf, indem Sie auch die Aktivierungen quantisieren, sodass die Berechnungen vollständig mit Ganzzahlen durchgeführt werden können und Gleitkommaoperationen nicht erforderlich sind. Selbst beim Einsatz der gleichen Bitbreite (zum Beispiel 32-Bit-Integer statt 32-Bit-Floats) werden für ganzzahlige Berechnungen weniger CPU-Aufrufe und weniger Energie gebraucht, und es wird weniger Wärme erzeugt. Verringern Sie dann noch die Bitbreite (zum Beispiel auf 8-Bit-Integer), läuft das Ganze deutlich schneller. Zudem können manche Devices zum Beschleunigen von neuronalen Netzen – beispielsweise Googles Edge TPU – nur Ganzzahlen verarbeiten, daher ist eine vollständige Quantisierung von Gewichten und Aktivierungen in diesem Fall zwingend erforderlich. Das kann nach dem Training geschehen – es erfordert einen Kalibrierungsschritt, um den maximalen absoluten Wert der Aktivierungen zu finden. Daher müssen Sie ein repräsentatives Sample mit Trainingsdaten an TFLite weitergeben (es muss nicht groß sein), damit dieses die Daten mit dem Modell verarbeiten und die Aktivierungsstatistiken zu Quantisierungszwecken messen kann. Dieser Schritt ist meist schnell.

Das Hauptproblem der Quantisierung ist, dass ein bisschen Genauigkeit verloren geht: Es entspricht dem Hinzufügen von Rauschen zu den Gewichten und Aktivierungen. Ist der Genauigkeitsverlust zu groß, müssen Sie eventuell ein *quantisierungsbewusstes Training* verwenden. Dabei werden künstliche Quantisierungsoperationen zum Modell hinzugefügt, sodass es lernen kann, das Quantisierungsrauschen während des Trainings zu ignorieren – die so entstandenen Gewichte sind dann robuster gegenüber der Quantisierung. Zudem kann der Kalibrierungsschritt schon automatisch während des Trainings geschehen, was den gesamten Prozess vereinfacht.

Ich habe die zentralen Konzepte von TFLite erläutert, aber der Weg zu einer mobilen oder Embedded Applikation kann ein ganzes Buch füllen. Zum Glück gibt es so eins: Wollen Sie mehr darüber lernen, wie Sie TensorFlow-Anwendungen für Mobile und Embedded Devices bauen, schauen Sie sich das O'Reilly-Buch *TinyML: Machine Learning with TensorFlow on Arduino and Ultra-Low Power Micro-Controllers* (*https://homl.info/tinyml*) von Pete Warden (der früher das TFLite-Team leitete) und Daniel Situnayake an. Außerdem gibt es *AI und Machine Learning for On-Device Development* (*https://homl.info/ondevice*) von Laurence Moroney.

Was sollten Sie tun, wenn Sie Ihr Modell auf einer Website laufen lassen wollen – direkt im Browser des Anwenders?

Ein Modell auf einer Webseite laufen lassen

Das Ausführen Ihres ML-Modells auf der Clientseite im Browser des Anwenders statt auf dem Server kann in vielen Szenarien sinnvoll sein, zum Beispiel:

- Wenn Ihre Webanwendung häufig in Situationen genutzt wird, in denen der Internetzugang des Anwenders wackelig oder langsam ist (zum Beispiel eine Website für Wanderer), sodass das Ausführen des Modells direkt im Client die einzige Möglichkeit ist, Ihre Website zuverlässig laufen zu lassen.
- Wenn Sie die Antwort des Modells so schnell wie möglich brauchen (zum Beispiel in einem Onlinespiel). Indem Sie nicht erst den Server anfragen müssen, um eine Vorhersage zu erhalten, verringern Sie die Latenz definitiv, und die Website wird schneller reagieren.
- Erstellt Ihr Webservice Vorhersagen, die auf privaten Daten der Benutzer basieren, und wollen Sie die Privatsphäre der Anwender wahren, können Sie die Vorhersagen direkt auf Clientseite erstellen, sodass diese Daten niemals den Rechner des Anwenders verlassen müssen.

Für all diese Szenarien können Sie die TensorFlow.js-(TFJS-)JavaScript-Bibliothek (*https://tensorflow.org/js*) verwenden. Diese Bibliothek kann ein TFLite-Modell laden und Vorhersagen direkt im Browser des Anwenders tätigen. Das folgende JavaScript-Modul importiert beispielsweise die TFJS-Bibliothek, lädt ein vortrainiertes MobileNet-Modell herunter und nutzt dieses, um ein Bild zu kategorisieren und die Vorhersage zu protokollieren. Sie können mit dem Code unter *https://homl.info/tfjscode* mithilfe von Glitch.com herumspielen – eine Website, auf der Sie kostenlos Web-Apps in Ihrem Browser bauen können. Klicken Sie auf den »PREVIEW«-Button unten rechts, um den Code in Aktion zu erleben:

```
import "https://cdn.jsdelivr.net/npm/@tensorflow/tfjs@latest";
import "https://cdn.jsdelivr.net/npm/@tensorflow-models/mobilenet@1.0.0";

const image = document.getElementById("image");

mobilenet.load().then(model => {
```

```
    model.classify(image).then(predictions => {
        for (var i = 0; i < predictions.length; i++) {
            let className = predictions[i].className
            let proba = (predictions[i].probability * 100).toFixed(1)
            console.log(className + " : " + proba + "%");
        }
    });
});
```

Es ist sogar möglich, diese Website in eine *Progressive Web App (PWA)* umzuwandeln. Das ist eine Website, die eine Reihe von Kriterien erfüllt,[8] um in jedem Browser angezeigt und sogar als Standalone-App auf einem Mobile Device installiert werden zu können. Rufen Sie beispielsweise *https://homl.info/tfjscode* einmal auf einem Smartphone oder Tablet auf: Die meisten modernen Browser werden Sie fragen, ob Sie TFJS Demo zu Ihrem Homescreen hinzufügen wollen. Wenn Sie zustimmen, werden Sie ein neues Icon in Ihrer Liste mit Anwendungen finden. Klicken Sie dieses an, wird die TFJS-Demo-Website in ihrem eigenen Fenster geladen – so wie eine normale Mobile App. Eine PWA kann sogar so konfiguriert werden, dass sie offline arbeitet, indem ein *Service Worker* zum Einsatz kommt. Dabei handelt es sich um JavaScript-Modul, das im Browser in seinem eigenen Thread läuft und Netzwerk-Requests abfängt, um Ressourcen zu cachen und die PWA schneller oder sogar offline laufen zu lassen. Es können auch Push Messages erzeugt oder Tasks im Hintergrund ausgeführt werden und so weiter. PWAs erlauben Ihnen, eine einzelne Codebasis für das Web und für Mobile Devices zu nutzen. Auch wird es so leichter, dafür zu sorgen, dass alle Anwender die gleiche Version Ihrer Applikation nutzen. Sie können mit dem PWA-Code dieser TFJS-Demo auf Glitch.com unter *https://homl.info/wpacode* herumspielen.

> Weitere Demos von ML-Modellen, die in Ihrem Browser laufen, finden Sie unter *https://tensorflow.org/js/demos*.

TFJS unterstützt auch das direkte Trainieren eines Modells in Ihrem Webbrowser! Und es ist sogar ziemlich schnell. Besitzt Ihr Computer eine GPU-Karte, kann TFJS diese im Allgemeinen verwenden, auch wenn es sich nicht um eine Nvidia-Karte handelt. Tatsächlich wird TFJS WebGL verwenden, wenn es zur Verfügung steht, und da moderne Webbrowser im Allgemeinen eine große Zahl von GPU-Karten unterstützt, lassen sich mit TFJS tatsächlich mehr Modelle von GPU-Karten nutzen als mit dem normalen TensorFlow (das nur Nvidia-Karten unterstützt).

Das Trainieren eines Modells im Webbrowser eines Benutzers kann besonders nützlich sein, wenn sichergestellt werden muss, dass die Benutzerdaten dessen

8 So muss eine PWA beispielsweise Icons in unterschiedlicher Größe für verschiedene Mobile Devices besitzen, per HTTPS bedient werden können und eine Manifest-Datei mit Metadaten wie dem Namen der App und der Hintergrundfarbe enthalten.

Rechner nicht verlassen. Ein Modell kann zentral trainiert und dann lokal im Browser mit den Daten des Benutzers optimiert werden. Wenn Sie an diesem Thema interessiert sind, machen Sie sich über Federated Learning (*https://tensorflow.org/federated*) schlau.

Auch hier wäre ein ganzes Buch erforderlich, um das Thema angemessen behandeln zu können. Wollen Sie mehr über TensorFlow.js lernen, schauen Sie sich die O'Reilly-Bücher *Practical Deep Learning for Cloud, Mobile, and Edge* (*homl.info/tfjsbook*) von Anirudh Koul et al. oder *Learning TensorFlow.js (https://homl.info/tfjsbook2)* von Gant Laborde an.

Nachdem Sie nun gesehen haben, wie Sie TensorFlow-Modelle auf TF Serving deployen – oder mit Vertex AI in die Cloud oder auf Mobile und Embedded Devices mit TFLite oder in einen Webbrowser mit TFJS, – werden wir uns nun damit beschäftigen, wie wir die Berechnungen mit GPUs beschleunigen können!

Mit GPUs die Berechnungen beschleunigen

In Kapitel 11 haben wir mehrere Techniken erwähnt, die das Trainieren erheblich beschleunigen können: bessere Initialisierung der Gewichte, Batchnormalisierung, ausgefeilte Optimierer und so weiter. Allerdings kann das Trainieren eines großen neuronalen Netzes auf einem einzelnen Computer mit einer einzelnen CPU trotz dieser Techniken abhängig von der Aufgabe Stunden, Tage oder sogar Wochen dauern. Mit GPUs lässt sich diese Trainingszeit auf Minuten oder Stunden reduzieren. Das spart nicht nur enorm viel Zeit, es heißt auch, dass Sie viel leichter mit verschiedenen Modellen experimentieren und Ihr Modell regelmäßig mit neuen Daten nachtrainieren können.

In den vorherigen Kapiteln haben wir GPU-unterstützte Runtimes auf Google Colab genutzt. Dazu müssen Sie im »Runtime«-Menü nur »Change runtime type« anklicken und den GPU-Beschleunigertyp wählen – TensorFlow erkennt die GPU automatisch und nutzt sie, um Berechnungen zu beschleunigen, während der Code mit oder ohne GPU exakt gleich bleibt. In diesem Kapitel haben Sie nun gesehen, wie Sie Ihre Modelle auf Vertex AI auf mehreren durch GPUs unterstützten Rechenknoten deployen – Sie müssen nur das richtige GPU-unterstützte Docker-Image auswählen, wenn Sie das Vertex-AI-Modell erstellen, und den gewünschten GPU-Typ beim Aufrufen von `endpoint.deploy()` angeben. Aber was sollen Sie tun, wenn Sie Ihre eigene GPU kaufen wollen? Und was, wenn Sie die Berechnungen auf die CPU und mehrere GPUs auf einem Rechner verteilen wollen (siehe Abbildung 19-6)? Das werden wir jetzt besprechen, später werden wir auch noch darüber reden, wie wir die Berechnungen auf mehrere Server verteilen können.

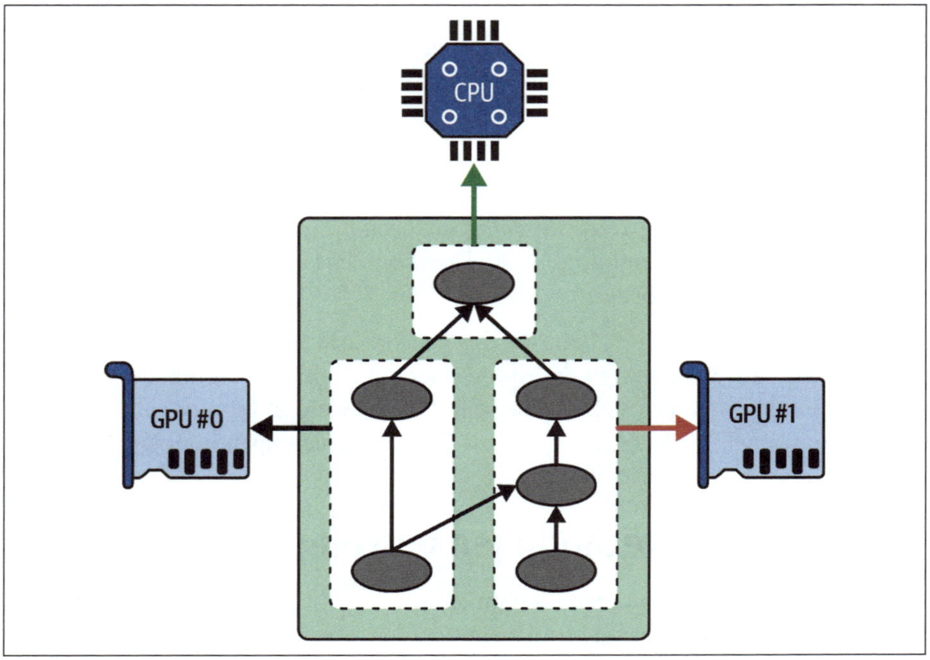

Abbildung 19-6: Paralleles Ausführen eines TensorFlow-Graphen auf mehreren Geräten

Sich eine eigene GPU zulegen

Wenn Sie wissen, dass Sie eine GPU sehr lange und sehr viel nutzen werden, kann der Kauf einer eigenen finanziell sinnvoll sein. Vielleicht wollen Sie auch Ihre Modelle lokal trainieren, weil Sie Ihre Daten nicht in die Cloud hochladen wollen. Oder Sie wollen eine GPU-Karte zum Spielen kaufen und möchten sie auch für Deep Learning nutzen.

Haben Sie sich dazu entschieden, eine GPU-Karte zu kaufen, nehmen Sie sich etwas Zeit, um die richtige Wahl zu treffen. Sie müssen sich überlegen, wie viel RAM Sie für Ihre Aufgaben brauchen (zum Beispiel typischerweise mindestens 10 GB für Bildverarbeitung oder NLP), welche Bandbreite es sein soll (also wie schnell Sie Daten an die GPU und von dort zurückschicken können), wie viele Cores erforderlich sind, was mit dem Kühlsystem ist und so weiter. Tim Dettmers hat einen ausgezeichneten Blogartikel (*https://homl.info/66*) dazu geschrieben und aktualisiert ihn regelmäßig. Ich kann Ihnen nur raten, ihn sorgfältig zu lesen. Aktuell unterstützt TensorFlow nur Nvidia-Karten mit CUDA Compute Capability 3.5+ (*https://homl.info/cudagpus*) (und natürlich Googles TPUs), aber es erweitert seine Unterstützung eventuell auch auf andere Hersteller, daher sollten Sie in der Dokumentation von TensorFlow (*https://tensorflow.org/install*) nachschauen, um herauszufinden, welche Devices heutzutage unterstützt werden.

Entscheiden Sie sich für eine Nvidia-GPU-Karte, müssen Sie die passenden Nvidia-Treiber und diverse Nvidia-Bibliotheken installieren.[9] Dazu gehören die CUDA-Bibliothek *Compute Unified Device Architecture*, mit der Entwickler CUDA-unterstützte GPUs für alle möglichen Berechnungen einsetzen können (nicht nur zur Grafikbeschleunigung), und die Bibliothek *CUDA Deep Neural Network* (cuDNN), bei der es sich um eine GPU-beschleunigte Bibliothek mit optimierten Implementierungen häufig genutzter DNN-Berechnungen handelt, wie zum Beispiel Aktivierungsschichten, Normalisierung, Forward- und Backward-Convolutions und Pooling (siehe Kapitel 14). cuDNN ist Teil von Nvidias Deep Learning SDK. Beachten Sie, dass Sie einen Developer-Account bei Nvidia anlegen müssen, um sie herunterladen zu können. TensorFlow nutzt CUDA und cuDNN, um die GPU-Karten zu steuern und Berechnungen zu beschleunigen (siehe Abbildung 19-7).

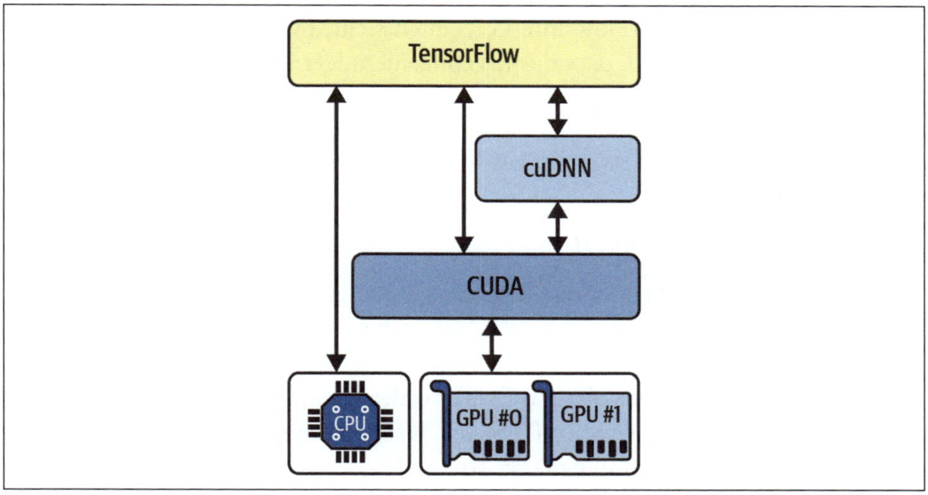

Abbildung 19-7: TensorFlows Verwendung von CUDA und cuDNN zum Ansteuern von GPUs und zum Beschleunigen von DNNs

Haben Sie die GPU-Karte(n) und die erforderlichen Treiber und Bibliotheken installiert, können Sie mit dem Befehl `nvidia-smi` prüfen, ob alles korrekt installiert ist. Der Befehl führt die verfügbaren GPU-Karten und die Prozesse auf jeder Karte auf. Im Beispiel handelt es sich um eine Nvidia-Tesla-T4-GPU-Karte mit ungefähr 15 GB verfügbarem RAM und ohne aktuell laufende Prozesse:

```
$ nvidia-smi
Sun Apr 10 04:52:10 2022
+-----------------------------------------------------------------------------+
| NVIDIA-SMI 460.32.03    Driver Version: 460.32.03    CUDA Version: 11.2     |
|-------------------------------+----------------------+----------------------+
| GPU  Name        Persistence-M| Bus-Id        Disp.A | Volatile Uncorr. ECC |
```

9 Bitte schauen Sie in der Dokumentation von TensorFlow nach detaillierten und aktuellen Installationsanweisungen, da sich diese recht häufig ändern.

```
| Fan  Temp  Perf  Pwr:Usage/Cap|         Memory-Usage | GPU-Util  Compute M. |
|                               |                      |               MIG M. |
|===============================+======================+======================|
|   0  Tesla T4            Off  | 00000000:00:04.0 Off |                    0 |
| N/A   34C    P8     9W /  70W |      3MiB / 15109MiB |      0%      Default |
|                               |                      |                  N/A |
+-------------------------------+----------------------+----------------------+

+-----------------------------------------------------------------------------+
| Processes:                                                                  |
|  GPU   GI   CI        PID   Type   Process name                  GPU Memory |
|        ID   ID                                                   Usage      |
|=============================================================================|
|  No running processes found                                                 |
+-----------------------------------------------------------------------------+
```

Um zu prüfen, ob TensorFlow Ihre GPU auch sieht, führen Sie folgenden Befehl aus, und achten Sie darauf, dass das Ergebnis nicht leer ist:

```
>>> physical_gpus = tf.config.list_physical_devices("GPU")
>>> physical_gpus
[PhysicalDevice(name='/physical_device:GPU:0', device_type='GPU')]
```

Das GPU-RAM verwalten

TensorFlow beansprucht automatisch nahezu das gesamte verfügbare RAM aller GPUs, wenn Sie einen Graphen das erste Mal ausführen. Das tut es, um die Fragmentierung des GPU-RAM zu begrenzen. Daher können Sie kein zweites TensorFlow-Programm (oder ein anderes, das die GPU erfordert) starten, während das erste noch läuft, weil dann zu wenig RAM verfügbar ist. Das geschieht nicht so oft, wie Sie vielleicht denken, da Sie meist nur ein TensorFlow-Programm auf einer Maschine laufen lassen – ein Trainingsskript, ein TF-Serving-Knoten oder ein Jupyter Notebook. Wollen Sie aus irgendwelchen Gründen (zum Beispiel zum parallelen Trainieren zweier verschiedener Modelle auf demselben Rechner) mehrere Programme laufen lassen, müssen Sie das GPU-RAM zwischen diesen Prozessen besser aufteilen.

Haben Sie mehrere GPU-Karten in Ihrem Rechner, ist es am einfachsten, jede davon einem Prozess zuzuweisen. Dazu können Sie die Umgebungsvariable `CUDA_VISIBLE_DEVICES` so setzen, dass jeder Prozess nur die passenden GPU-Karte(n) sieht. Setzen Sie zudem die Umgebungsvariable `CUDA_DEVICE_ORDER` auf `PCI_BUS_ID`, um sicherzustellen, dass sich jede ID immer auf dieselbe GPU-Karte bezieht. Haben Sie beispielsweise vier GPU-Karten, könnten Sie zwei Programme starten und jedem davon zwei GPUs zuweisen, indem Sie Befehle wie die folgenden in zwei getrennten Terminalfenstern ausführen:

```
$ CUDA_DEVICE_ORDER=PCI_BUS_ID CUDA_VISIBLE_DEVICES=0,1 python3 program_1.py
# und in einem anderen Terminal:
$ CUDA_DEVICE_ORDER=PCI_BUS_ID CUDA_VISIBLE_DEVICES=3,2 python3 program_2.py
```

Programm 1 wird dann in TensorFlow nur die GPU-Karten 0 und 1 mit den Namen "/gpu:0" und "/gpu:1" sehen, während Programm 2 nur die GPU-Karten 2 und 3 mit den Namen "/gpu:1" und "/gpu:0" sieht (beachten Sie die Reihenfolge). Alles wird wunderbar funktionieren (siehe Abbildung 19-8). Natürlich können Sie diese Umgebungsvariablen auch in Python definieren, indem Sie `os.environ["CUDA_DEVICE_ORDER"]` und `os.environ["CUDA_VISIBLE_DEVICES"]` setzen, solange Sie das tun, bevor Sie TensorFlow verwenden.

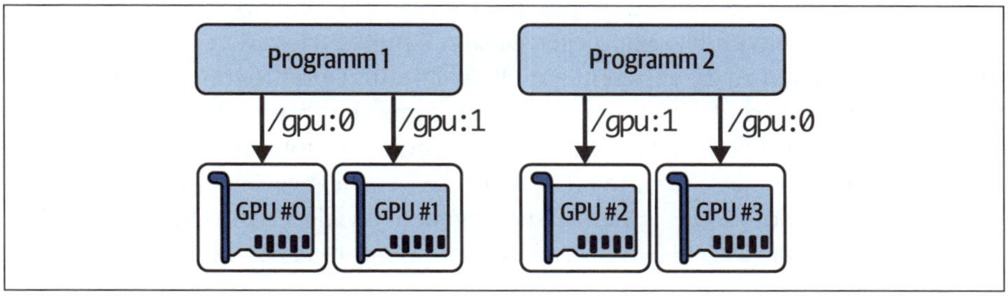

Abbildung 19-8: Jedes Programm erhält zwei eigene GPUs.

Eine andere Möglichkeit ist, TensorFlow nur eine bestimmte Menge GPU-RAM reservieren zu lassen. Das muss direkt nach dem Importieren von TensorFlow geschehen. Damit TensorFlow beispielsweise nur 2 GiB RAM auf jeder GPU reserviert, müssen Sie für jedes reale GPU-Device ein *logisches GPU-Device* erzeugen (manchmal auch als *virtuelles GPU-Device* bezeichnet) und dessen Speichergrenze auf 2 GiB setzen (also 2.048 MiB):

```
for gpu in physical_gpus:
    tf.config.set_logical_device_configuration(
        gpu,
        [tf.config.LogicalDeviceConfiguration(memory_limit=2048)]
    )
```

Nehmen wir an, Sie hätten vier GPUs, die jeweils mindestens 4 GiB RAM haben. In diesem Fall können zwei Programme wie dieses parallel laufen, von denen jedes alle vier GPU-Karten verwendet (siehe Abbildung 19-9). Führen Sie den Befehl `nvidia-smi` aus, während beide Prozesse laufen, sollten Sie sehen, dass jeder Prozess 2 GiB RAM auf jeder Karte nutzt.

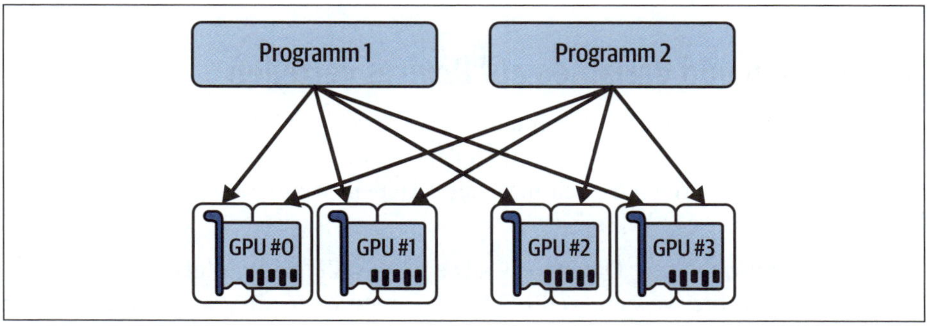

Abbildung 19-9: Jedes Programm verwendet alle vier GPUs, aber nur jeweils 2 GiB des RAM.

Eine weitere Option ist, TensorFlow anzuweisen, Speicher nur dann anzufordern, wenn es diesen benötigt. Auch das muss ebenfalls direkt nach dem Importieren von TensorFlow geschehen:

```
for gpu in physical_gpus:
    tf.config.experimental.set_memory_growth(gpu, True)
```

Sie können auch die Umgebungsvariable `TF_FORCE_GPU_ALLOW_GROWTH` auf `true` setzen. Dann gibt TensorFlow niemals Speicher frei, den es einmal angefordert hat (auch wieder, um eine Speicherfragmentierung zu vermeiden) – außer natürlich, wenn das Programm endet. Mit dieser Option kann es schwerer sein, ein deterministisches Verhalten zu garantieren (zum Beispiel stürzt ein Programm vielleicht ab, weil der Speicherbedarf eines anderen Programms durch die Decke ging), daher werden Sie im Produktivumfeld eher bei den anderen Optionen bleiben. Aber in manchen Fällen ist sie sehr sinnvoll – wenn Sie beispielsweise auf einem Rechner mehrere Jupyter Notebooks laufen lassen, von denen viele TensorFlow verwenden. `TF_FORCE_GPU_ALLOW_GROWTH` ist in Colab Runtimes auf `true` gesetzt.

Und schließlich wollen Sie in manchen Fällen eine GPU in zwei oder mehr *logische GPUs* aufteilen. Das ist beispielsweise nützlich, wenn Sie eine physische GPU haben – wie in einer Colab-Runtime –, aber einen Multi-GPU-Algorithmus testen wollen. Der folgende Code teilt die erste GPU in zwei logische Devices mit jeweils 2 GiB RAM auf (auch dies muss direkt nach dem Importieren von TensorFlow geschehen):

```
tf.config.set_logical_device_configuration(
    physical_gpus[0],
    [tf.config.LogicalDeviceConfiguration(memory_limit=2048),
     tf.config.LogicalDeviceConfiguration(memory_limit=2048)]
)
```

Diese zwei logischen Devices werden dann als `"/gpu:0"` und `"/gpu:1"` bezeichnet, und Sie können sie verwenden, als würde es sich um zwei echte, unabhängige GPUs handeln. Alle logischen Devices können Sie wie folgt anzeigen lassen:

```
>>> logical_gpus = tf.config.list_logical_devices("GPU")
>>> logical_gpus
[LogicalDevice(name='/device:GPU:0', device_type='GPU'),
 LogicalDevice(name='/device:GPU:1', device_type='GPU')]
```

Schauen wir nun, wie TensorFlow entscheidet, auf welchen Devices es Variablen platzieren und Operationen ausführen sollte.

Operationen und Variablen auf Devices verteilen

Keras und tf.data machen im Allgemeinen ihre Aufgabe beim Verteilen von Operationen und Variablen an die richtigen Stellen schon ziemlich gut. Aber Sie können Operationen und Variablen auch manuell verteilen, wenn Sie mehr Kontrolle haben wollen:

- Die Operationen zur Datenvorverarbeitung sollten im Allgemeinen auf der CPU ausgeführt werden, während die Operationen für das neuronale Netz auf die GPU gehören.

- GPUs haben meist nur eine eingeschränkte Bandbreite, daher ist es wichtig, unnötige Datentransfers auf die GPUs und von ihnen zurück zu vermeiden.
- Es ist einfach und billig, einen Rechner mit mehr CPU-RAM auszustatten, daher ist meist mehr als genug davon verfügbar. Das GPU-RAM hingegen ist fest mit der GPU verbunden – es handelt sich um eine begrenzte Ressource. Wird eine Variable nicht in den nächsten paar Trainingsschritten benötigt, sollte sie vermutlich auf der CPU platziert werden (zum Beispiel gehören Datasets allgemein auf die CPU).

Standardmäßig werden alle Variablen und Operationen auf der ersten GPU (mit dem Namen `"/gpu:0"`) untergebracht. Davon ausgenommen sind die, die keinen GPU-Kernel besitzen[10] – diese landen immer auf der CPU (`"/cpu:0"`). Das Attribut `device` eines Tensors oder einer Variablen teilt Ihnen mit, auf welchem Device es platziert wurde:[11]

```
>>> a = tf.Variable([1., 2., 3.]) # float32-Variable landet auf der GPU
>>> a.device
'/job:localhost/replica:0/task:0/device:GPU:0'
>>> b = tf.Variable([1, 2, 3]) # int32-Variable landet auf der CPU
>>> b.device
'/job:localhost/replica:0/task:0/device:CPU:0'
```

Sie können das Präfix `/job:localhost/Replik:0/task:0` zunächst ignorieren, wir werden über Jobs, Repliken und Tasks später noch sprechen. Wie Sie sehen, wurde die erste Variable auf GPU 0 platziert, was das Standard-Device ist. Aber die zweite Variable wurde auf der CPU platziert: Das liegt daran, dass es keine GPU-Kernels für Integer-Variablen oder für Operationen mit Integer-Tensoren gibt, daher musste TensorFlow wieder auf die CPU zurückgreifen.

Wollen Sie eine Operation statt auf dem Standardgerät auf einem anderen Device unterbringen, nutzen Sie den Kontext `tf.device()`:

```
>>> with tf.device("/cpu:0"):
...     c = tf.Variable([1., 2., 3.])
...
>>> c.device
'/job:localhost/replica:0/task:0/device:CPU:0'
```

> Die CPU wird immer als einzelnes Device behandelt (`"/cpu:0"`), auch wenn Ihre Maschine mehrere CPU-Cores besitzt. Jede Operation, die auf der CPU landet, kann parallel auf mehreren Cores laufen, wenn sie einen Multithreaded-Kernel besitzt.

Versuchen Sie explizit, eine Operation oder Variable auf ein Device zu bringen, das nicht existiert oder für das kein Kernel vorhanden ist, wird TensorFlow ohne Hin-

10 Wie wir in Kapitel 12 gesehen haben, ist ein Kernel die Implementierung einer Operation für einen bestimmten Daten- und Device-Typ. So gibt es zum Beispiel einen GPU-Kernel für die `float32-tf.matmul()`-Operation, aber nicht für `int32-tf.matmul()` (dort ist nur ein CPU-Kernel vorhanden).

11 Sie können auch `tf.debugging.set_log_device_placement(True)` verwenden, um alle Device-Platzierungen loggen zu lassen.

weis auf das Device zurückfallen, das es standardmäßig gewählt hätte. Das ist nützlich, wenn Sie den gleichen Code auf unterschiedlichen Rechnern ausführen wollen, die nicht die gleiche Anzahl von GPUs haben. Aber Sie können auch `tf.config.set_soft_device_placement(False)` aufrufen, wenn Sie eine Exception erhalten wollen.

Wie führt nun TensorFlow alle diese Operationen über mehrere Devices hinweg genau aus?

Paralleles Ausführen auf mehreren Devices

Wie wir in Kapitel 12 gesehen haben, ist einer der Vorteile des Einsatzes von TF Functions die parallele Verarbeitung. Schauen wir uns diese ein bisschen genauer an. Führt TensorFlow eine TF Function aus, analysiert es zunächst ihren Graphen, um die Liste der Operationen zu erhalten, die ausgewertet werden müssen, anschließend zählt es, wie viele Abhängigkeiten jede davon besitzt. TensorFlow fügt dann jede Operation ohne Abhängigkeiten (also jede Source-Operation) zur Auswertungsqueue des Device dieser Operation hinzu (siehe Abbildung 19-10). Wurde eine Operation ausgewertet, wird der Abhängigkeitszähler jeder Operation, die davon abhängt, heruntergezählt. Erreicht der Abhängigkeitszähler einer Operation die Null, wird sie in die Auswertungsqueue ihres Device gesteckt. Und sind dann alle Ausgaben berechnet worden, werden sie zurückgegeben.

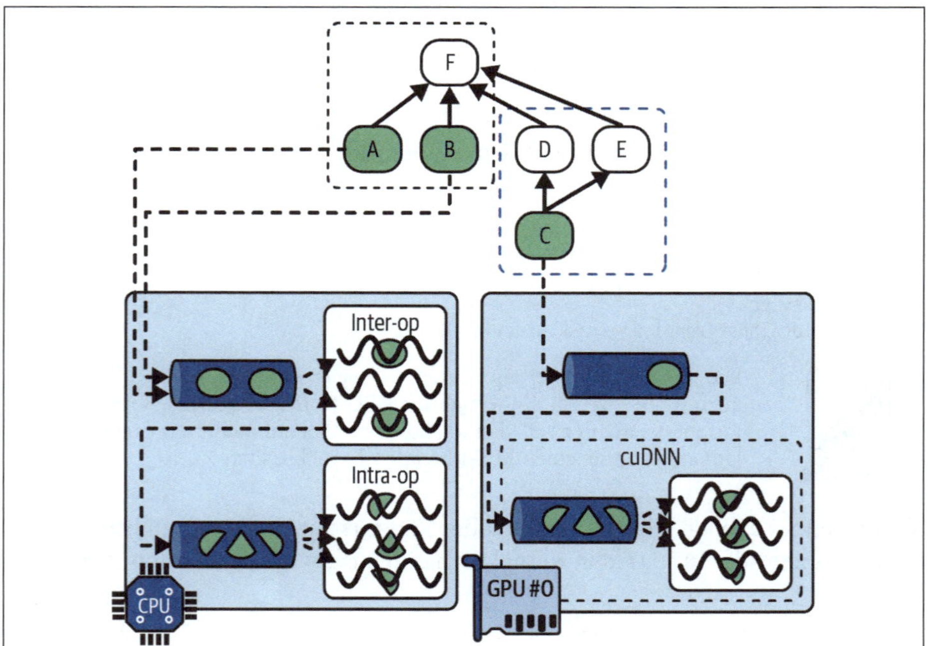

Abbildung 19-10: Parallelisierte Ausführung eines TensorFlow-Graphen

Operationen in der Auswertungsqueue der CPU werden in einen Thread-Pool dispatcht, der als *Inter-Op Thread Pool* bezeichnet wird. Besitzt die CPU mehrere Cores, werden diese Operationen effektiv parallel ausgeführt. Manche Operationen haben Multithreaded-CPU-Kernels: Diese Kernels teilen ihre Tasks in mehrere Suboperationen auf, die in einer anderen Auswertungsqueue landen und an einen zweiten Thread Pool namens *Intra-Op Thread Pool* dispatcht werden (der von allen Multithreaded-Kernels gemeinsam genutzt wird). Kurz gesagt, es können mehrere Operationen und Suboperationen auf unterschiedlichen CPU-Cores parallel ausgewertet werden.

Bei der GPU ist es ein bisschen einfacher. Operationen in der Auswertungsqueue einer GPU werden sequenziell ausgewertet. Aber die meisten Operationen besitzen Multithreaded-GPU-Kernels, die meist durch Bibliotheken implementiert sind, auf denen TensorFlow aufbaut, wie zum Beispiel CUDA und cuDNN. Diese Implementierungen besitzen ihre eigenen Thread Pools und setzen typischerweise so viele GPU-Threads wie möglich ein (was der Grund dafür ist, dass es keinen Bedarf für einen Inter-Op Thread Pool auf GPUs gibt, jede Operation verwendet schon viele GPU-Threads).

So handelt es sich beispielsweise in Abbildung 19-10 bei den Operationen A, B und C um Source-Ops, und sie können direkt ausgewertet werden. Die Operationen A und B werden auf die CPU platziert, sodass sie an die Auswertungsqueue der CPU geschickt, dann an den Inter-Op Thread Pool dispatcht und direkt parallel ausgewertet werden. Operation A besitzt einen Multithreaded-Kernel – ihre Berechtigungen werden in drei Teile aufgeteilt, die parallel vom Intra-Op Thread Pool ausgeführt werden. Operation C wandert in die Auswertungsqueue von GPU 0, und in diesem Beispiel setzt deren GPU-Kernel cuDNN ein, die ihren eigenen Intra-Op Thread Pool mitbringt und Operationen auf viele GPU-Threads parallel verteilt. Nehmen wir an, C sei zuerst fertig. Die Abhängigkeitszähler von D und E werden heruntergezählt, und sie erreichen null, sodass beide Operationen in die Auswertungsqueue von GPU 0 geschoben und sequenziell ausgeführt werden. Beachten Sie, dass C nur einmal ausgewertet wird, auch wenn sowohl D wie auch E davon abhängen. Gehen wir nun davon aus, dass B als Nächstes fertig wird. Dann wird der Abhängigkeitszähler von F von 4 auf 3 reduziert, aber da er noch nicht bei 0 steht, wird F noch nicht ausgeführt. Sind A, D und E fertig, erreicht auch der Abhängigkeitszähler von F den Wert 0, und er wird in die Auswertungsqueue der CPU übergeben und ausgewertet. Schließlich gibt TensorFlow die angefragten Ergebnisse zurück.

Ein bisschen zusätzliche Magie geschieht durch TensorFlow, wenn die TF Function eine zustandsbehaftete Ressource (wie zum Beispiel eine Variable) verändert – es stellt sicher, dass die Reihenfolge der Ausführung der Reihenfolge im Code entspricht, auch wenn es keine explizite Abhängigkeit zwischen den Anweisungen gibt. Enthält beispielsweise Ihre TF Function `v.assign_add(1)`, gefolgt von `v.as` sign(v * 2), stellt TensorFlow sicher, dass diese Operationen in dieser Reihenfolge ausgeführt werden.

> Sie können die Anzahl an Threads im Inter-Op Thread Pool steuern, indem Sie `tf.config.threading.set_inter_op_parallelism_threads()` aufrufen. Für die Menge an Intra-Op Threads nutzen Sie `tf.config.threading.set_intra_op_parallelism_threads()`. Das ist nützlich, wenn Sie nicht wollen, dass TensorFlow alle CPU-Cores in Beschlag nimmt oder wenn es nur einen Thread geben soll.[12]

Jetzt haben Sie alles zusammen, um beliebige Operationen auf beliebigen Devices laufen lassen und Ihre GPUs richtig ausreizen zu können! Hier ein paar Dinge, die damit möglich sind:

- Sie könnten mehrere Modelle parallel trainieren – jedes auf seiner eigenen GPU. Schreiben Sie einfach ein Trainingsskript für jedes Modell und führen Sie diese parallel aus, wobei Sie `CUDA_DEVICE_ORDER` und `CUDA_VISIBLE_DEVICES` so setzen, dass jedes Skript nur ein einzelnes GPU-Device sieht. Das ist toll, wenn Sie Hyperparameter anpassen wollen, weil Sie so mehrere Modelle mit unterschiedlichen Hyperparametern parallel trainieren können. Haben Sie eine einzelne Maschine mit zwei GPUs und dauert es eine Stunde, ein Modell auf einer GPU zu trainieren, dauert das parallele Trainieren von zwei Modellen – jedes auf seiner eigenen GPU – auch nur eine Stunde!
- Sie könnten ein Modell auf einer einzelnen GPU trainieren und die gesamte Vorverarbeitung parallel dazu auf der CPU mithilfe der Dataset-Methode `prefetch()` durchführen[13], um die nächsten paar Batches im Voraus vorzubereiten, sodass sie zur Verfügung stehen, wenn die GPU sie benötigt (siehe Kapitel 13).
- Erhält Ihr Modell zwei Bilder als Eingabe und verarbeitet sie mit zwei CNNs, bevor deren Ergebnisse zusammengebracht werden,[14] läuft es vermutlich viel schneller, wenn Sie jedes CNN auf einer eigenen GPU unterbringen.
- Sie können ein effizientes Ensemble erstellen: Platzieren Sie einfach auf jeder GPU ein anders trainiertes Modell, sodass Sie alle Vorhersagen viel schneller bekommen, um die abschließende Vorhersage des Ensembles zu erhalten.

Wie sieht es nun aber aus, wenn Sie das Training beschleunigen wollen, indem Sie mehrere GPUs nutzen?

---

12 Das kann hilfreich sein, wenn Sie eine perfekte Reproduzierbarkeit garantieren wollen, wie ich in diesem Video (*https://homl.info/repro*) erklärt habe (das auf TF 1 basiert).

13 Aktuell werden die Daten nur in das CPU-RAM vorgeladen, aber setzen Sie `tf.data.experimental.prefetch_to_device()` ein, um die Daten zu laden und auf das Device Ihrer Wahl schicken zu lassen, sodass die GPU keine Zeit damit verschwendet, auf die Übermittlung der Daten warten zu müssen.

14 Sind die beiden CNNs identisch, wird das als siamesisches neuronales Netz bezeichnet.

Modelle auf mehreren Devices trainieren

Es gibt zwei zentrale Vorgehensweisen, um ein einzelnes Modell auf mehreren Devices zu trainieren: *parallelisierte Modelle*, bei denen das Modell auf die Devices verteilt wird, und *parallelisierte Daten*, bei denen das Modell auf jedes Device repliziert wird und jede Replik mit einer Untermenge der Daten trainiert wird. Schauen wir uns diese beiden Optionen näher an.

Parallelisierte Modelle

Bisher haben wir jedes neuronale Netz auf einem einzelnen Device ausgeführt. Wie können wir ein einzelnes neuronales Netz auf mehrere Devices verteilen? Dazu müssen Sie Ihr Modell in einzelne Stücke teilen und jedes Teilstück auf einem anderen Device ausführen. Leider sind parallelisierte Modelle in der Praxis nicht einfach, und die Effektivität hängt sehr von der Architektur Ihres neuronalen Netzes ab. Bei vollständig verbundenen Netzen können Sie mit diesem Ansatz nicht wirklich viel herausholen (siehe Abbildung 19-11). Intuitiv mag es so erscheinen, dass man einfach jede Schicht auf einem anderen Device platzieren kann. Dies funktioniert aber nicht, weil jede Schicht auf die Ausgabe der vorherigen Schicht warten muss, bevor sie überhaupt etwas tun kann. Vielleicht lässt sich das Netz stattdessen vertikal zerschneiden – die linke Hälfte jeder Schicht auf ein Device, die rechte Hälfte auf ein anderes? Das funktioniert ein wenig besser, weil beide Hälften jeder Schicht tatsächlich parallel arbeiten können. Das Problem hierbei ist, dass jede Hälfte der jeweils nächsten Schicht die Ausgabe der vorherigen benötigt.

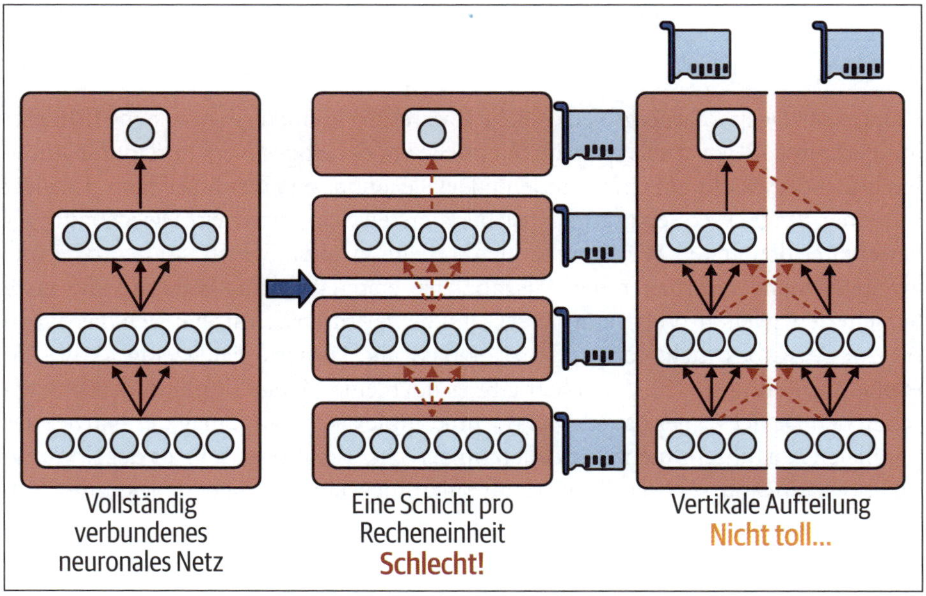

Abbildung 19-11: Aufteilen eines vollständig verbundenen neuronalen Netzes

Es kommt also zu einer Menge Kommunikation zwischen den Devices (durch die gestrichelten Pfeile dargestellt). Dies macht mit hoher Wahrscheinlichkeit die Vorteile des parallelen Rechnens wieder zunichte, da die Kommunikation zwischen Devices langsam ist (insbesondere zwischen separaten Rechnern).

Manche Architekturen neuronaler Netze, wie zum Beispiel Convolutional Neural Networks (siehe Kapitel 14), haben Schichten, die nur teilweise mit den weiter vorn gelegenen Schichten verbunden sind. Dort ist das effiziente Aufteilen auf mehrere Geräte viel einfacher (siehe Abbildung 19-12).

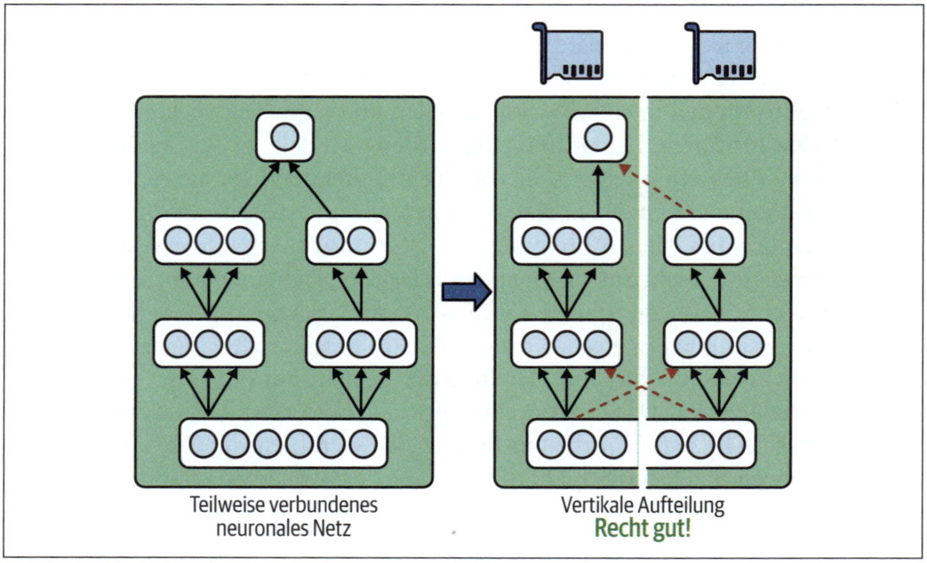

Abbildung 19-12: Aufteilen eines teilweise verbundenen neuronalen Netzes

Rekurrente Deep-Learning-Netze (siehe Kapitel 15) können ein bisschen effizienter auf mehrere GPUs verteilt werden. Wenn Sie ein derartiges Netz horizontal aufteilen und jede Schicht auf einem anderen Device landet und wenn Sie dann das Netz mit einer Eingabesequenz füttern, ist beim ersten Schritt nur ein Device aktiv (es verarbeitet den ersten Wert der Sequenz), beim zweiten Schritt sind es zwei (die zweite Schicht verarbeitet die Ausgabe der ersten Schicht, während die erste Schicht den zweiten Wert verarbeitet), und beim dritten Schritt hat sich das Signal bis zur Ausgabeschicht fortgepflanzt, sodass alle Devices gleichzeitig aktiv sind (siehe Abbildung 19-13). Auch hier gibt es noch eine Menge Kommunikation zwischen den Devices, aber da jede Zelle sehr komplex sein kann, mag der Nutzen des parallelen Ausführens mehrerer Zellen (in der Theorie) größer sein als der Kommunikationsaufwand. In der Praxis läuft allerdings ein normaler Stack mit `LSTM`-Schichten auf einer einzelnen GPU viel schneller.

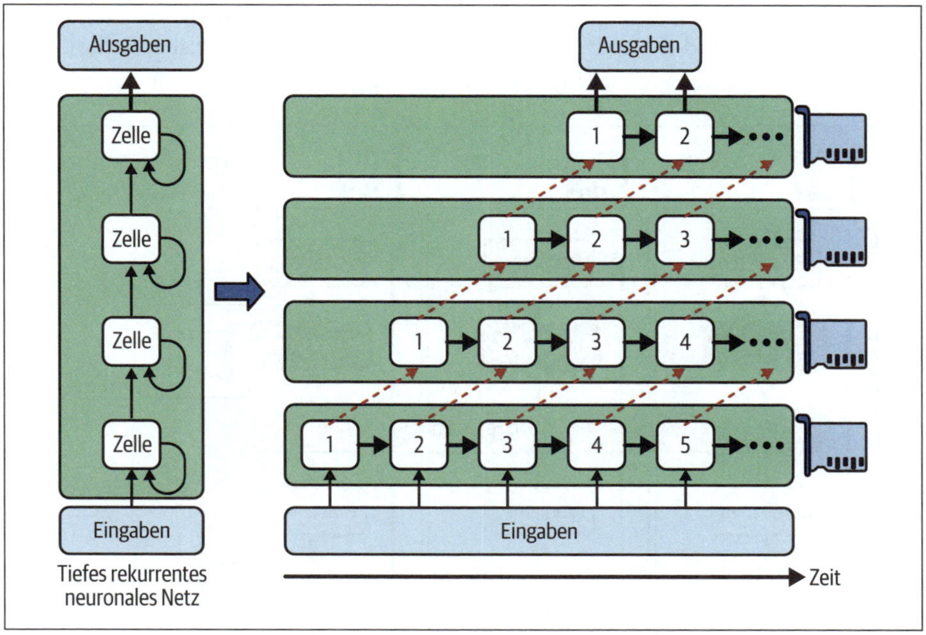

Abbildung 19-13: Aufteilen eines rekurrenten Deep-Learning-Netzes

Zusammengefasst, können parallelisierte Modelle das Trainieren oder Ausführen einiger, aber nicht aller Arten neuronaler Netze beschleunigen. Besondere Aufmerksamkeit und Feinabstimmung ist vonnöten, um beispielsweise die Devices mit dem höchsten Kommunikationsaufwand auf demselben Rechner zu platzieren.[15] Sehen wir uns eine viel einfachere und im Allgemeinen deutlich effizientere Option an – parallelisierte Daten.

Parallelisierte Daten

Eine weitere Möglichkeit, das Trainieren eines neuronalen Netzes zu parallelisieren, ist, es auf jedem Device zu replizieren, auf allen Repliken gleichzeitig je einen Trainingsschritt mit unterschiedlichen Mini-Batches auszuführen und anschließend die Gradienten zu aggregieren und die Modellparameter zu aktualisieren. Dies bezeichnet man als *parallelisierte Daten* oder manchmal auch als *Single Program, Multiple Data* (SPMD). Es gibt viele Varianten dieser Idee, daher wollen wir uns die wichtigsten anschauen.

Parallelisierte Daten mit der Spiegel-Strategie

Der einfachste Ansatz ist natürlich, alle Modellparameter auf allen GPUs vollständig zu spiegeln und immer genau die gleichen Parameteraktualisierungen auf jeder

15 Wollen Sie mehr über parallelisierte Modelle erfahren, schauen Sie sich Mesh TensorFlow (*https://github.com/tensorflow/mesh*) an.

GPU anzuwenden. So bleiben alle Repliken immer genau gleich. Das nennt sich *Spiegel-Strategie*, und sie stellt sich als ziemlich effizient heraus, insbesondere beim Einsatz einer einzelnen Maschine (siehe Abbildung 19-14).

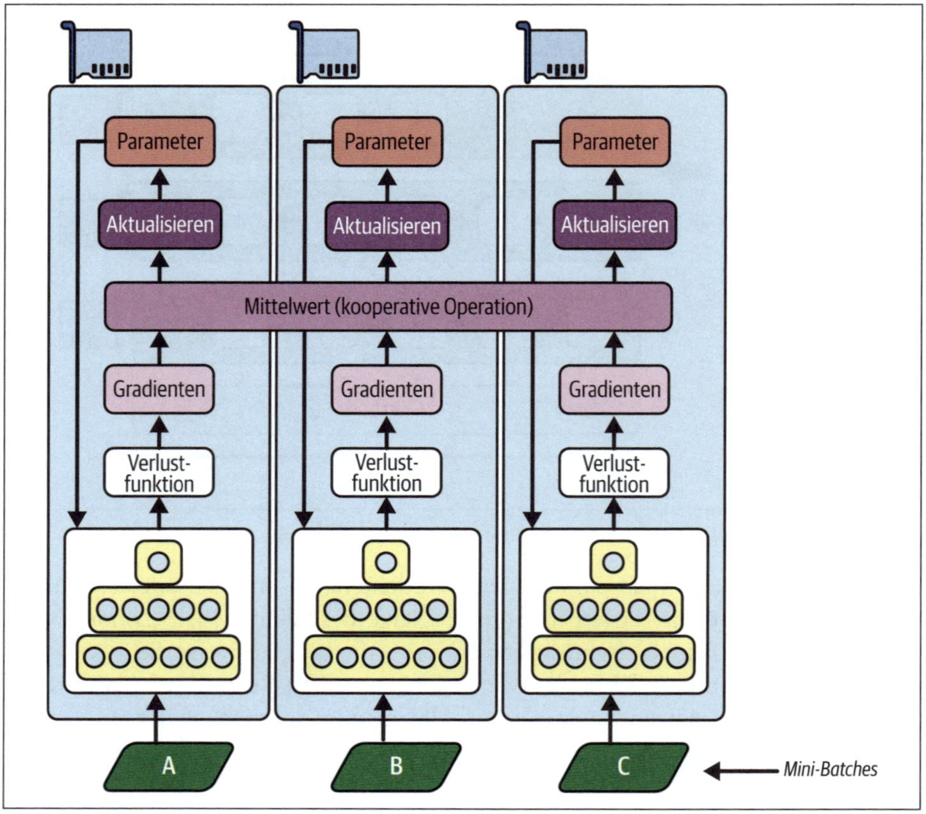

Abbildung 19-14: Parallelisierte Daten mit der Spiegel-Strategie

Knifflig wird es, wenn es um das effiziente Berechnen des Mittelwerts aller Gradienten von allen GPUs und das Verteilen der Ergebnisse geht. Das kann mit einem *All-Reduce*-Algorithmus geschehen, einer Klasse von Algorithmen, bei denen mehrere Knoten zusammenarbeiten, um eine Reduce-Operation durchzuführen (wie das Berechnen von Mittelwert, Summe oder Maximum), während gleichzeitig sichergestellt wird, dass alle Knoten das gleiche Endergebnis erhalten. Zum Glück gibt es fertige Implementierungen für solche Algorithmen, wie wir noch sehen werden.

Parallelisierte Daten mit zentralisierten Parametern

Bei einem anderen Ansatz werden die Modellparameter außerhalb der GPU-Devices gespeichert, die die Berechnungen durchführen (die *Worker*), zum Beispiel auf der CPU (siehe Abbildung 19-15). In einem verteilten Setup können Sie alle Parameter auf einem oder mehreren Servern speichern, die nur eine CPU besitzen (die *Parameterserver*) und deren einzige Aufgabe das Bereitstellen und Aktualisieren der Parameter ist.

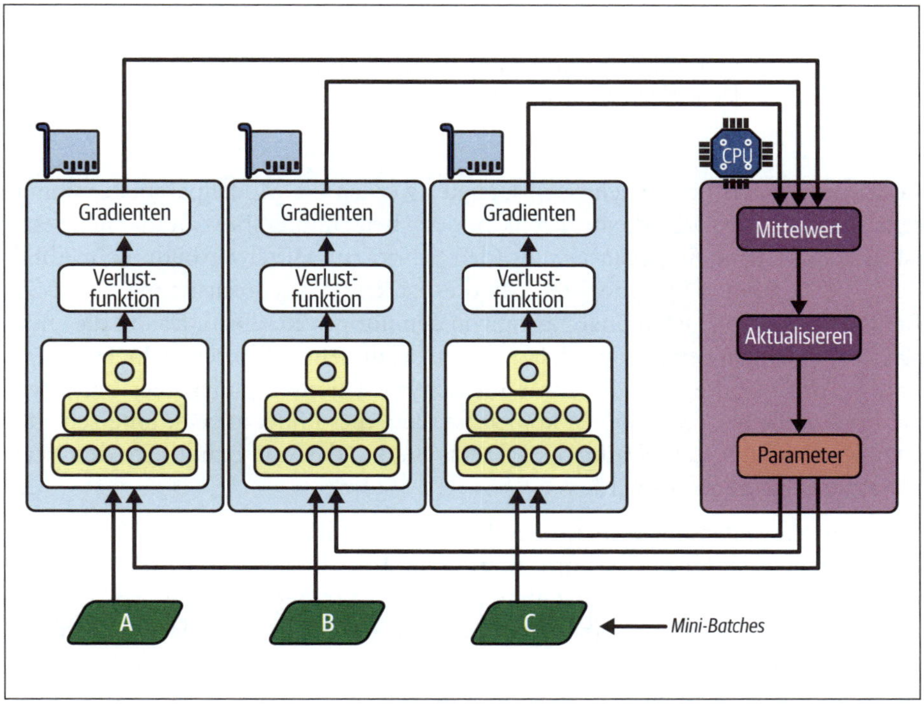

Abbildung 19-15: Parallelisierte Daten mit zentralisierten Parametern

Während bei der Spiegel-Strategie die Gewichte synchron auf allen GPUs aktualisiert werden, erlaubt dieser zentralisierte Ansatz entweder synchrone oder asynchrone Updates. Schauen wir uns die Vor- und Nachteile beider Optionen an.

Synchrone Updates Bei *synchronen Updates* wartet der Aggregationsmechanismus, bis alle Gradienten berechnet wurden, bevor er den Durchschnitt berechnet und das Ergebnis verwendet (d. h. die Modellparameter mit den aggregierten Gradienten aktualisiert). Sobald eine Replik ihre Gradienten fertig berechnet hat, muss sie warten, bis die Parameter aktualisiert wurden, bevor sie mit dem nächsten Mini-Batch fortfahren kann. Der Nachteil dabei ist, dass manche Recheneinheiten langsamer als andere sein können. Daher müssen schnelle Recheneinheiten bei jedem Schritt auf die langsameren warten, was den ganzen Prozess so langsam wie die langsamste Einheit macht. Außerdem müssen die Parameter etwa zeitgleich auf jede Recheneinheit kopiert werden (unmittelbar nachdem die Gradienten angewendet wurden), wodurch sich die Netzwerkbandbreite des Parameterservers erschöpfen kann.

Um die Wartezeit bei jedem Schritt zu reduzieren, können Sie die Gradienten der langsamsten Repliken ignorieren (üblicherweise ~10%). Beispielsweise könnten Sie 20 Repliken laufen lassen, aber bei jedem Schritt nur die Gradienten der schnellsten 18 aggregieren und die Gradienten der letzten 2 ignorieren. Sobald die Parameter aktualisiert sind, können die ersten 18 Repliken sofort weiterarbeiten, ohne auf die 2 langsamen Repliken zu warten. Diese Konfiguration lässt sich als 18 Repliken plus 2 *Ersatzrepliken* umschreiben.[16]

Asynchrone Updates Bei asynchronen Updates werden die Modellparameter unmittelbar aktualisiert, sobald eine Replik mit der Berechnung ihrer Gradienten fertig ist. Es findet keine Aggregation statt (den Schritt zur Mittelwertbildung in Abbildung 19-15 können Sie ignorieren), und es ist keine Synchronisierung nötig. Die Repliken arbeiten einfach unabhängig von den übrigen Repliken. Da auf die anderen Repliken nicht gewartet wird, lassen sich bei diesem Verfahren mehr Trainingsschritte pro Minute erzielen. Zwar müssen die Parameter auch hier bei jedem Schritt auf alle Recheneinheiten kopiert werden, dies findet aber zu unterschiedlichen Zeitpunkten statt. Dadurch sinkt das Risiko, dass die Bandbreite des Netzwerks zum Flaschenhals wird.

Parallelisierte Daten mit asynchronen Updates sind ihrer Einfachheit, dem Fehlen einer Verzögerung durch Synchronisierung und der besseren Nutzung des Netzwerks wegen attraktiv. Aber obwohl das Verfahren in der Praxis gut funktioniert, ist es verwunderlich, dass es überhaupt funktioniert! Wenn nämlich eine Replik die Gradienten anhand der Modellparameter fertig berechnet hat, sind diese Parameter in der Zwischenzeit von den anderen Repliken mehrmals geändert worden (im Durchschnitt $N - 1$ Mal, bei N Repliken). Es gibt keine Garantie dafür, dass die berechneten Gradienten noch immer in die richtige Richtung zeigen (siehe Abbildung 19-16). Gradienten, die hoffnungslos veraltet sind, nennt man auch *Stale Gradients*: Sie verlangsamen das Konvergieren, verursachen Rauschen und Oszillationen (die Lernkurve kann zeitweise oszillieren) oder können sogar zum Divergieren des Trainingsalgorithmus führen.

Den Auswirkungen veralteter Gradienten lässt sich folgendermaßen entgegenwirken:

- Reduzieren der Lernrate
- Verwerfen oder Herunterskalieren veralteter Gradienten
- Anpassen der Größe der Mini-Batches
- Starten der ersten Epochen mit nur einer Replik (dies nennt man die *Warm-up-Phase*). Veraltete Gradienten richten zu Beginn des Trainings am meisten

16 Dieser Name ist etwas irreführend, da er vermuten lässt, dass einige Repliken irgendwie besonders sind und nichts tun. Tatsächlich sind alle Repliken gleich: Sie alle bemühen sich eifrig, bei jedem Trainingsschritt unter den schnellsten zu sein, und die Verlierer sind bei jedem Schritt andere (es sei denn, einige Recheneinheiten sind tatsächlich langsamer als andere). Es bedeutet aber, dass das Training auch dann weiterläuft, wenn ein oder zwei Server abstürzen.

Schaden an, während die Gradienten tendenziell groß sind und die Parameter sich noch nicht auf ein Tal der Kostenfunktion festgelegt haben. Hier können unterschiedliche Repliken die Parameter in völlig unterschiedliche Richtungen bewegen.

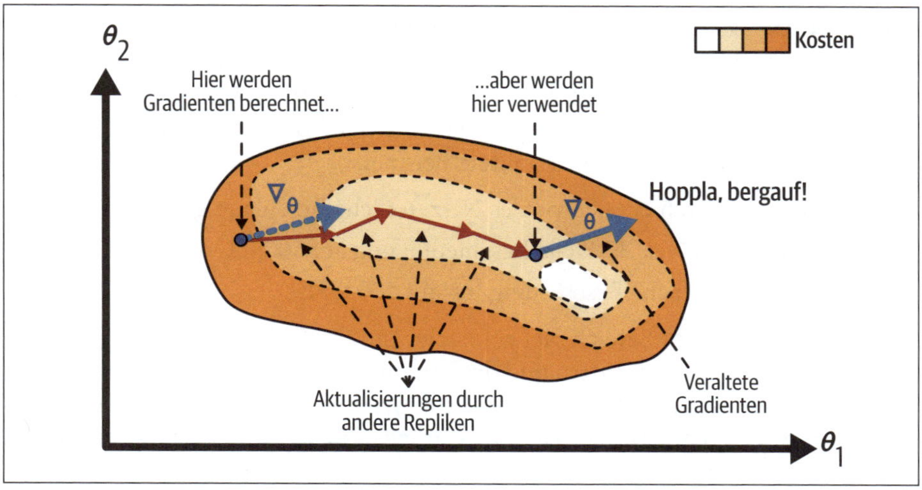

Abbildung 19-16: Stale Gradients beim Verwenden asynchroner Updates

Ein im April 2016 vom Google-Brain-Team veröffentlichter Artikel (*https://homl.info/68*)[17] wertete unterschiedliche Ansätze aus und kam zu dem Schluss, dass parallelisierte Daten mit synchronen Updates und einigen Ersatzrepliken das effizienteste Verfahren sei. Es konvergiert nicht nur schneller, sondern gelangt auch zu einem besseren Modell. Allerdings ist dies noch immer ein aktives Forschungsgebiet, Sie sollten daher die asynchronen Updates noch nicht abtun.

Erschöpfen der Netzwerkbandbreite

Sowohl bei synchronen wie auch bei asynchronen Updates müssen bei parallelisierten Daten die Modellparameter zu Beginn jedes Trainingsschritts von den Parameterservern auf jede Replik kommuniziert werden. Am Ende jedes Trainingsschritts müssen die Gradienten in umgekehrter Richtung versendet werden. Genauso müssen beim Einsatz der Spiegel-Strategie die von jeder GPU erzeugten Gradienten mit allen anderen GPUs geteilt werden. Leider bedeutet dies, dass es oft einen Punkt gibt, an dem zusätzliche GPUs überhaupt keinen Zugewinn an Geschwindigkeit mehr erbringen, da die Zeit zum Hinein- und Herauskopieren der Daten aus dem RAM der GPU (und eventuell über das Netzwerk) die Beschleunigung durch das Verteilen der Berechnungslast vollständig aufwiegt. An diesem Punkt erhöhen weitere GPUs nur noch die Netzlast und verlangsamen das Trainieren.

17 Jianmin Chen et al., »Revisiting Distributed Synchronous SGD«, arXiv Preprint arXiv:1604.00981 (2016).

Die Sättigung des Netzwerks ist bei großen, dichten Modellen schwerwiegender, da es dort viele Parameter und zu übertragende Gradienten gibt. Bei kleinen Modellen ist es weniger schlimm (aber auch der Gewinn durch Parallelisierung ist geringer), ebenso bei großen, spärlichen Modellen, da die Gradienten dort zum größten Teil aus Nullen bestehen und sich so effizient übermitteln lassen. Jeff Dean, Initiator und Chefentwickler des Google-Brain-Projekts, berichtet (*https://homl.info/69*), dass die Beschleunigung beim Verteilen von Berechnungen auf 50 GPUs bei dichten Modellen im Bereich von 25 bis 40 Mal und bei spärlicheren Modellen mit 500 GPUs im Bereich von 300 Mal liegt. Wie Sie sehen, skalieren spärliche Modelle deutlich besser. Hier sind einige konkrete Beispiele:

- Übersetzung durch ein neuronales Netz: 6-fache Beschleunigung auf 8 GPUs
- Inception/ImageNet: 32-fache Beschleunigung auf 50 GPUs
- RankBrain: 300-fache Beschleunigung auf 500 GPUs

Aktuell wird in diesem Bereich viel geforscht, um die Probleme mit der Erschöpfung der Bandbreite abzumildern und das Training linear mit der Anzahl an verfügbaren GPUs wachsen zu lassen. So hat beispielsweise ein Artikel (*https://homl.info/pipedream*) von einem Forscherteam der Carnegie Mellon University, der Stanford University und von Microsoft Research[18] ein System namens PipeDream vorgeschlagen, das die Netzwerkkommunikation um über 90% verringern konnte, sodass große Modelle über viele Maschinen hinweg trainiert werden können. Das wurde durch eine neue Technik namens *Pipeline Parallelism* erreicht, die Modellparallelisierung und Datenparallelisierung kombiniert: Das Modell wird in fortlaufende Teile (*Stages*) unterteilt, die jeweils auf einem anderen Rechner trainiert werden. Das führt zu einer asynchronen Pipeline, in der alle Maschinen parallel mit sehr wenig Wartezeit arbeiten. Während des Trainings führt jeder Stage abwechselnd eine Runde Forward Propagation und eine Runde Backward Propagation durch (siehe Abbildung 19-17): Es wird ein Mini-Batch aus der Eingabe-Queue geholt, verarbeitet, und die Ausgabe geht an die Eingabe-Queue des nächsten Stage. Dann wird ein Mini-Batch mit Gradienten aus der Gradienten-Queue geholt, es wird damit Backpropagation durchgeführt, und die eigenen Modellparameter werden angepasst, dann wandern die Gradienten in die Gradienten-Queue des vorherigen Stage. Dieser Prozess wird immer und immer wieder durchgeführt. Jeder Stage kann zudem unabhängig von den anderen Stages normale Datenparallelisierung nutzen (zum Beispiel über die Spiegel-Strategie).

So wie gezeigt, würde PipeDream allerdings nicht so gut funktionieren. Um den Grund dafür zu verstehen, schauen Sie sich den Mini-Batch 5 in Abbildung 19-17 an: Als er während der Forward Propagation durch Stage 1 lief, haben die Gradienten aus dem Mini-Batch 4 den Stage noch nicht erreicht. Aber wenn die Gradienten von Batch 5 zurück nach Stage 1 gelangen, wurden die Gradienten von Batch 4

18 Aaron Harlap et al., »PipeDream: Fast and Efficient Pipeline Parallel DNN Training«, arXiv Preprint arXiv:1806.03377 (2018).

schon zum Aktualisieren der Modellparameter genutzt, sodass die Gradienten von Batch 5 etwas veraltet sind. Wie wir gesehen haben, kann das die Trainingsgeschwindigkeit und die Genauigkeit verringern und sogar dafür sorgen, dass sie divergieren. Je mehr Stages es gibt, desto schlimmer wird das Problem. Die Autoren des Artikels haben aber Methoden vorgeschlagen, um dies zu verringern: So merkt sich beispielsweise jeder Stage bei der Forward Propagation die Gewichte und stellt sie bei der Backward Propagation wieder her, um sicherzustellen, dass in beiden Fällen die gleichen Gewichte zum Einsatz kommen. Das nennt sich *Weight Stashing*. Durch diese Maßnahmen lässt sich mit PipeDreams erstaunlich gut skalieren – weit über eine reine Datenparallelisierung hinaus.

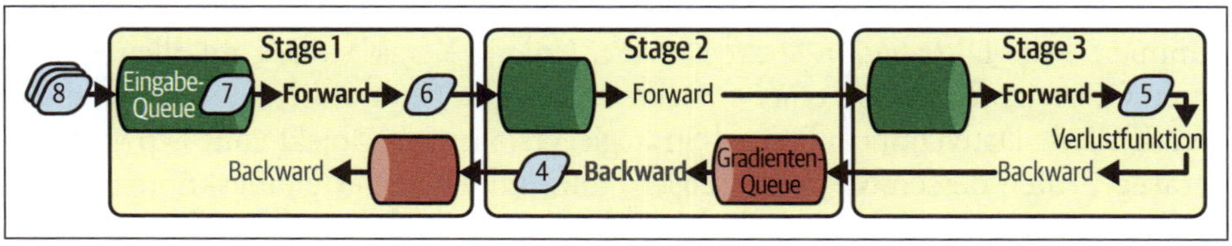

Abbildung 19-17: Pipeline-Parallelisierung bei PipeDream

Die neuesten Durchbrüche in diesem Forschungsbereich wurden in einem Artikel (*https://homl.info/pathways*) aus dem Jahr 2022 von Google-Forschern veröffentlicht:[19] Sie entwickelten ein System namens *Pathways*, das automatisierte Modellparallelisiserung, Asynchronous Gang Scheduling und andere Techniken nutzt, um über Tausende von TPUs verteilt eine Hardwareauslastung von nahezu 100 % zu erreichen! *Scheduling* beschreibt, wann und wo jeder Task laufen soll, *Gang Scheduling* bedeutet, dass zueinandergehörige Aufgaben gleichzeitig parallel und nahe beieinanderlaufen, um die Zeit zu reduzieren, die Tasks auf die Ausgabe der anderen warten müssen. Wie wir in Kapitel 16 gesehen haben, wurde dieses System zum Trainieren eines riesigen Sprachmodells über 6.000 TPUs hinweg genutzt, wobei die Hardwareauslastung nahe an 100 % lag – eine verblüffende technische Meisterleistung.

Aktuell steht Pathways noch nicht öffentlich zur Verfügung, aber vermutlich werden Sie in naher Zukunft sehr große Modelle auf Vertex AI mit Pathways oder einem ähnlichen System trainieren können. In der Zwischenzeit können Sie das Sättigungsproblem bekämpfen, indem Sie eher wenige leistungsfähige statt viele schwachbrüstige GPUs nutzen, und wenn Sie ein Modell über mehrere Server hinweg trainieren müssen, sollten Sie Ihre GPUs auf wenigen, dafür aber gut miteinander vernetzten Servern gruppieren. Sie können auch die Genauigkeit der Modellparameter von Gleitkommazahlen mit 32 Bit (`tf.float32`) auf 16 Bit (`tf.float16`) reduzieren. Damit halbieren Sie die zu übertragende Datenmenge, ohne die Konvergenzrate oder die Leistung des Modells häufig deutlich zu schmälern. Und wenn

19 Paul Barham et al., »Pathways: Asynchronous Distributed Dataflow for ML«, arXiv Preprint arXiv: 2203.12533 (2022).

Sie zentralisierte Parameter verwenden, können Sie diese auf mehrere Parameterserver aufteilen: Mit mehr Parameterservern sinkt die Netzwerklast auf jedem Server, und das Risiko der Bandbreitensättigung wird begrenzt.

Okay, nachdem wir uns das jetzt alles in der Theorie angeschaut haben, wollen wir tatsächlich ein Modell auf mehreren GPUs trainieren!

Mit der Distribution Strategies API auf mehreren Devices trainieren

Zum Glück bringt TensorFlow eine sehr einfache API mit, die sich um die ganze Komplexität beim Verteilen Ihres Modells auf mehrere Devices und Maschinen kümmert – die *Distribution Strategies API*. Um ein Keras-Modell auf allen verfügbaren GPUs (zunächst auf einer einzelnen Maschine) zu trainieren, verwenden Sie parallelisierte Daten mit der Spiegel-Strategie, erstellen ein Objekt vom Typ `MirroredStrategy`, rufen dessen Methode `scope()` auf, um einen Verteilungskontext zu erhalten, und verpacken das Erstellen und Kompilieren Ihres Modells in diesem Kontext. Dann rufen Sie ganz normal die Methode `fit()` des Modells auf:

```
strategy = tf.distribute.MirroredStrategy()

with strategy.scope():
    model = tf.keras.Sequential([...])  # ein Keras-Modell normal erstellen
    model.compile([...])  # das Modell normal kompilieren

batch_size = 100  # möglichst durch die Anzahl an Replicas teilbar
model.fit(X_train, y_train, epochs=10,
          validation_data=(X_valid, y_valid), batch_size=batch_size)
```

Hinter den Kulissen kann Keras schon mit Verteilung umgehen, daher weiß es in diesem `MirroredStrategie`-Kontext bereits, dass es alle Variablen und Operationen auf alle verfügbaren GPU-Devices replizieren muss. Schauen Sie sich die Modellgewichte an, sie haben den Typ `MirroredVariable`:

```
>>> type(model.weights[0])
tensorflow.python.distribute.values.MirroredVariable
```

Beachten Sie, dass die Methode `fit()` automatisch jeden Trainingsbatch unter allen Repliken aufteilen wird, daher ist es zu bevorzugen, dass die Batchgröße ein Vielfaches der Anzahl an Repliken (also der Anzahl der verfügbaren GPUs) ist, damit alle Replicas Batches der gleichen Größe bekommen. Und das ist alles! Das Training wird im Allgemeinen deutlich schneller ablaufen als beim Einsatz eines einzelnen Device, und die Codeänderung war wirklich minimal.

Sind Sie mit dem Trainieren Ihres Modells fertig, können Sie es verwenden, um effizient Vorhersagen zu treffen: Rufen Sie die Methode `predict()` auf, wird der Batch automatisch zwischen allen Repliken aufgeteilt, und die Vorhersagen werden parallel abgearbeitet. Auch hier muss die Batchgröße wieder durch die Anzahl an Repliken teilbar sein. Rufen Sie die Methode `save()` des Modells auf, wird es als normales Modell gespeichert, *nicht* als Spiegel-Modell mit mehreren Repliken.

Wenn Sie es dann laden, wird es wie ein normales Modell auf einem einzelnen Device laufen: standardmäßig GPU 0 oder auf der CPU, wenn es keine GPU gibt. Wollen Sie ein Modell laden und auf allen verfügbaren Devices laufen lassen, müssen Sie `tf.keras.models.load_module()` in einem Verteilungskontext aufrufen:

```
with strategy.scope():
    model = tf.keras.models.load_model("my_mirrored_model")
```

Wollen Sie nur einen Teil der verfügbaren GPU-Devices nutzen, können Sie die Liste an den Konstruktor von `MirroredStrategy` übergeben:

```
strategy = tf.distribute.MirroredStrategy(devices=["/gpu:0", "/gpu:1"])
```

Standardmäßig nutzt die Klasse `MirroredStrategy` die *NVIDIA Collective Communications Library* (NCCL) für die AllReduce-Durchschnittsoperation, aber Sie können das ändern, indem Sie das Argument `cross_device_ops` auf eine Instanz der Klasse `tf.distribute.HierarchicalCopyAllReduce` oder `tf.distribute.ReduceToOneDevice` setzen. Die Standard-NCCL-Variante basiert auf der Klasse `tf.distribute.NcclAllReduce`, die im Allgemeinen schneller ist. Das hängt von der Anzahl und Art der GPUs ab, aber Sie können es durchaus einmal versuchen.[20]

Wollen Sie parallelisierte Daten mit zentralisierten Parametern ausprobieren, ersetzen Sie die `MirroredStrategy` durch die `CentralStorageStrategy`:

```
strategy = tf.distribute.experimental.CentralStorageStrategy()
```

Sie können optional das Argument `compute_devices` setzen, um die Liste der Devices festzulegen, die Sie als Worker einsetzen wollen – standardmäßig werden alle verfügbaren GPUs genommen –, und Sie können auch das Argument `parameter_devices` nutzen, um das Device zu definieren, auf dem Sie die Parameter ablegen möchten. Standardmäßig wird die CPU genommen oder die GPU, falls es nur eine gibt.

Schauen wir jetzt, wie wir ein Modell in einem Cluster aus TensorFlow-Servern trainieren können!

Ein Modell in einem TensorFlow-Cluster trainieren

Ein *TensorFlow-Cluster* ist eine Gruppe von TensorFlow-Prozessen, die parallel laufen, meist auf verschiedenen Maschinen, und die miteinander kommunizieren, um Aufgaben zu erledigen – zum Beispiel ein Training oder das Ausführen eines neuronalen Netzes. Jeder TF-Prozess im Cluster wird als *Task* oder *TF-Server* bezeichnet. Er hat eine IP-Adresse, einen Port und einen Typ (auch als seine *Rolle* oder sein *Job* bezeichnet). Der Typ kann entweder `"worker"`, `"chief"`, `"ps"` (Parameterserver) oder `"evaluator"` sein:

- Jeder *Worker* führt Berechnungen durch – meist auf einer Maschine mit einer oder mehreren GPUs.

20 Mehr Informationen zu den AllReduce-Algorithmen finden Sie in einem ausgezeichneten Post (*https://homl.info/uenopost*) von Yuichiro Ueno und auf dieser Seite (*https://homl.info/ncclalgo*) über das Skalieren beim Training von Deep Learning mit NCCL.

- Der *Chief* führt ebenfalls Berechnungen durch (es ist ein Worker), aber er erledigt noch zusätzliche Aufgaben, wie das Schreiben von TensorBoard-Logs oder das Sichern von Checkpoints. Es gibt nur einen Chief in einem Cluster. Ist kein Chief explizit angegeben, wird per Konvention der erste Worker zum Chief.
- Ein *Parameterserver* kümmert sich lediglich um die Variablenwerte – meist ist es ein reiner CPU-Rechner ohne GPUs. Diese Art von Tasks kommt nur zusammen mit der `ParameterServerStrategy` zum Einsatz.
- Ein *Evaluator* kümmert sich offensichtlich um die Auswertung. Dieser Typ wird nicht oft genutzt, und wenn, gibt es meist nur einen Evaluator.

Um ein TensorFlow-Cluster zu starten, müssen Sie erst seine Spezifikation definieren. Sie müssen also die IP-Adressen, TCP-Ports und Typen jedes Tasks definieren. So definiert beispielsweise die folgende *Cluster-Spezifikation* ein Cluster mit drei Tasks (zwei Workern und einen Parameterserver, siehe Abbildung 19-18). Die Cluster-Spec ist ein Dictionary mit einem Schlüssel pro Job, während die Werte Listen mit Task-Adressen sind (*IP:Port*):

```
cluster_spec = {
    "worker": [
        "machine-a.example.com:2222",  # /job:worker/task:0
        "machine-b.example.com:2222"   # /job:worker/task:1
    ],
    "ps": ["machine-a.example.com:2221"] # /job:ps/task:0
}
```

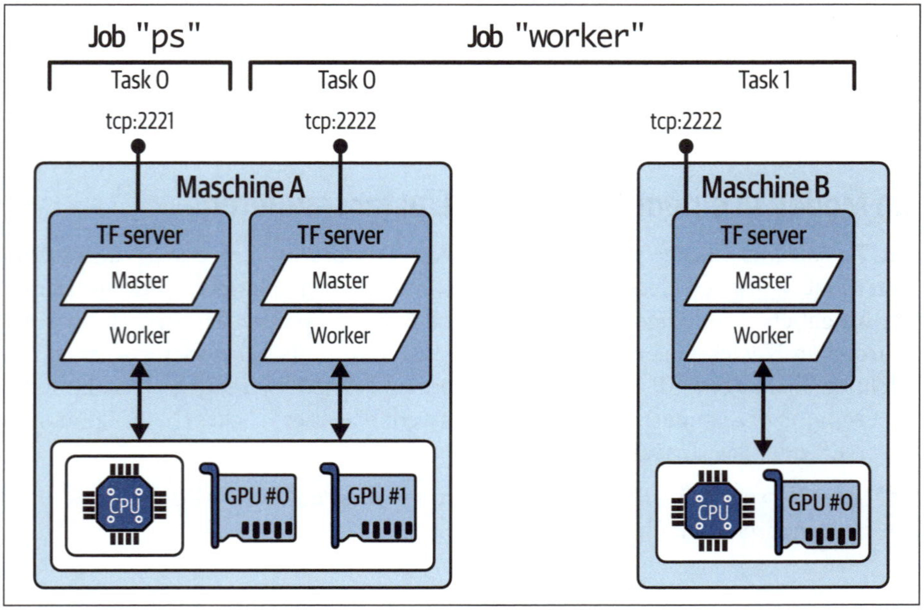

Abbildung 19-18: TensorFlow-Cluster

Im Allgemeinen gibt es einen einzelnen Task pro Maschine, aber wie dieses Beispiel zeigt, können Sie auch mehrere Tasks auf einer Maschine konfigurieren, wenn Sie das möchten. Teilen sie sich die gleichen GPUs, achten Sie darauf, das RAM passend aufzuteilen, wie wir es weiter oben besprochen haben.

> Standardmäßig kann jeder Task im Cluster mit jedem anderen Task kommunizieren, daher sollten Sie dafür sorgen, dass Ihre Firewall so konfiguriert ist, dass die Kommunikation zwischen den Maschinen über die entsprechenden Ports möglich ist (es ist normalerweise einfacher, auf jeder Maschine den gleichen Port zu verwenden).

Starten Sie einen Task, müssen Sie ihm die Cluster-Spec übergeben und ihm auch noch sagen, was für ein Typ er ist und welchen Index er hat (zum Beispiel Worker 0). Am einfachsten spezifizieren Sie alles auf einmal (sowohl die Cluster-Spec als auch Typ und Index des aktuellen Tasks), indem Sie die Umgebungsvariable `TF_CONFIG` vor dem Starten von TensorFlow setzen. Sie muss ein als JSON geschriebenes Dictionary mit einer Cluster-Spezifikation (unter dem Schlüssel `"cluster"`) sowie Typ und Index des aktuellen Tasks (unter dem Schlüssel `"task"`) enthalten. Die folgende Umgebungsvariable `TF_CONFIG` nutzt beispielsweise das oben definierte Cluster und legt fest, dass der zu startende Task Worker 0 ist:

```
os.environ["TF_CONFIG"] = json.dumps({
    "cluster": cluster_spec,
    "task": {"type": "worker", "index": 0}
})
```

> Normalerweise werden Sie die Umgebungsvariable `TF_CONFIG` außerhalb von Python definieren wollen, sodass der Code nicht Typ und Index des aktuellen Tasks enthalten muss (so lässt sich der gleiche Code auf allen Workern verwenden).

Trainieren wir jetzt ein Modell auf einem Cluster! Wir beginnen mit der Spiegel-Strategie. Als Erstes müssen Sie die Umgebungsvariable `TF_CONFIG` passend für jeden Task setzen. Es sollte keinen Parameterserver geben (entfernen Sie den Schlüssel `"ps"` aus der Cluster-Spec), und im Allgemeinen wollen Sie einen einzelnen Worker pro Maschine nutzen. Achten Sie ganz besonders darauf, unterschiedliche Task-Indizes für die Tasks zu setzen. Schließlich starten Sie das folgende Skript auf jedem Worker:

```
import tempfile
import tensorflow as tf

strategy = tf.distribute.MultiWorkerMirroredStrategy()  # am Anfang!
resolver = tf.distribute.cluster_resolver.TFConfigClusterResolver()
print(f"Starting task {resolver.task_type} #{resolver.task_id}")
[...] # MNIST-Datensatz laden und aufteilen

with strategy.scope():
```

```
    model = tf.keras.Sequential([...]) # Keras-Modell bauen
    model.compile([...]) # Modell kompilieren

model.fit(X_train, y_train, validation_data=(X_valid, y_valid), epochs=10)

if resolver.task_id == 0: # der Chief sichert das Modell am richtigen Ort
    model.save("my_mnist_multiworker_model", save_format="tf")
else:
    tmpdir = tempfile.
mkdtemp() # andere Worker sichern in einem temporären Verzeichnis
    model.save(tmpdir, save_format="tf")
    tf.io.gfile.
rmtree(tmpdir)  # und wir können dieses Verzeichnis am Ende löschen!
```

Das ist nahezu der Code, den wir schon zuvor genutzt haben, nur dass wir dieses Mal die `MultiWorkerMirroredStrategy` verwenden. Starten Sie dieses Skript mit den ersten Workern, werden Sie beim AllReduce-Schritt blockiert bleiben, aber das Training wird beginnen, sobald der letzte Worker gestartet ist, und alle werden mit genau der gleichen Rate voranschreiten, weil sie sich bei jedem Schritt synchronisieren.

> Beim Einsatz der `MultiWorkerMirroredStrategy` ist es wichtig, sicherzustellen, dass alle Worker das Gleiche tun – das Sichern von Modell-Checkpoints oder das Schreiben von TensorBoard-Logs eingeschlossen –, selbst wenn Sie nur behalten, was der Chief schreibt. Das liegt daran, dass diese Operationen eventuell die AllReduce-Operationen ausführen müssen, sodass alle Worker synchron bleiben müssen.

Es gibt zwei AllReduce-Implementierungen für die Verteilungsstrategie: ein RING-AllReduce-Algorithmus, der auf gRPC für die Netzwerkkommunikation basiert, und die NCCL-Implementierung. Welcher von beiden besser ist, hängt von der Anzahl der Worker, der Anzahl und Typen von GPUs und dem Netzwerk ab. Standardmäßig wird TensorFlow Heuristiken anwenden, um für Sie den richtigen Algorithmus auszuwählen, aber Sie können NCCL (oder RING) wie folgt erzwingen:

```
strategy = tf.distribute.MultiWorkerMirroredStrategy(
    communication_options=tf.distribute.experimental.CommunicationOptions(
        implementation=tf.distribute.experimental.CollectiveCommunication.NCCL))
```

Möchten Sie asynchrone parallelisierte Daten mit Parameterservern implementieren, wechseln Sie die Strategie zu `ParameterServerStrategy`, ergänzen einen oder mehrere Parameterserver und konfigurieren `TF_CONFIG` entsprechend für jeden Task. Beachten Sie, dass zwar die Worker asynchron, die Repliken auf jedem Worker aber synchron arbeiten werden.

Und wenn Sie eine Zugriffsmöglichkeit auf TPUs auf Google Cloud (*https://cloud.google.com/tpu/*) besitzen – zum Beispiel weil Sie Colab verwenden und den Beschleunigertyp auf TPU gesetzt haben –, können Sie eine `TPUStrategy` erstellen (und sie dann wie die anderen Strategien verwenden):

```
resolver = tf.distribute.cluster_resolver.TPUClusterResolver()
tf.tpu.experimental.initialize_tpu_system(resolver)
tpu_strategy = tf.distribute.experimental.TPUStrategy(resolver)
```

Das muss direkt nach dem Importieren von TensorFlow ausgeführt werden. Dann können Sie diese Strategie normal einsetzen.

> Sind Sie Forscher, kann es sein, dass Sie kostenlos TPUs nutzen dürfen – unter *https://tensorflow.org/tfrc* finden Sie weitere Informationen.

Sie können jetzt Modelle über mehrere GPUs und Server hinweg trainieren – dafür dürfen Sie sich gern selbst loben! Wollen Sie ein großes Modell trainieren, werden Sie aber viele GPUs auf vielen Servern benötigen, wofür Sie entweder viel Hardware kaufen oder viele Cloud-VMs managen müssen. Häufig wird es weniger aufwendig und teuer sein, einen Cloud-Service einzusetzen, der sich für Sie um das Provisionieren und Managen all dieser Infrastruktur kümmert, wenn Sie sie brauchen. Schauen wir, wie wir das mit Vertex AI machen können.

Große Trainingsjobs auf Vertex AI ausführen

Auf Vertex AI können Sie eigene Trainingsjobs mit Ihrem eigenen Trainingscode erstellen. Tatsächlich können Sie nahezu den gleichen Trainingscode verwenden, den Sie auch in Ihrem eigenen TF-Cluster nutzen würden. Die wichtigste Änderung besteht darin, dem Chief zu sagen, wo er das Modell, die Checkpoints und die TensorBoard-Logs ablegen soll. Statt das Modell in einem lokalen Verzeichnis zu speichern, muss der Chief es auf GCS speichern und dabei den Pfad verwenden, den Vertex AI in der Umgebungsvariablen `AIP_MODEL_DIR` abgelegt hat. Für die Modell-Checkpoints und die TensorBoard-Logs sollten Sie die Pfade aus `AIP_CHECKPOINT_DIR` und `AIP_TENSORBOARD_LOG_DIR` nutzen. Natürlich müssen Sie zudem sicherstellen, dass die Trainingsdaten von den virtuellen Maschinen aus erreichbar sind, sie also über GCS oder einen anderen GCP-Service wie BigQuery bereitstehen – oder direkt im Web zu finden sind. Schließlich setzt Vertex AI noch den `"chief"`-Tasktyp explizit, daher sollten Sie den Chief über `resolved.task_type == "chief"` abfragen und nicht über `resolved.task_id = 0`:

```
import os
[...] # andere Importe, MultiWorkerMirroredStrategy und Resolver erstellen

if resolver.task_type == "chief":
    model_dir = os.getenv("AIP_MODEL_DIR") # Pfad von Vertex AI
    tensorboard_log_dir = os.getenv("AIP_TENSORBOARD_LOG_DIR")
    checkpoint_dir = os.getenv("AIP_CHECKPOINT_DIR")
else:
    tmp_dir = Path(tempfile.mkdtemp()) # andere Worker nutzen Temp-Verzeichnisse
    model_dir = tmp_dir / "model"
    tensorboard_log_dir = tmp_dir / "logs"
```

```
    checkpoint_dir = tmp_dir / "ckpt"

callbacks = [tf.keras.callbacks.TensorBoard(tensorboard_log_dir),
             tf.keras.callbacks.ModelCheckpoint(checkpoint_dir)]
[...] # wie zuvor mit Strategie-Scope bauen und kompilieren
model.fit(X_train, y_train, validation_data=(X_valid, y_valid), epochs=10,
          callbacks=callbacks)
model.save(model_dir, save_format="tf")
```

> Liegen die Trainingsdaten auf GCS, können Sie ein `tf.data.TextLineDataset` oder `tf.data.TFRecordDataset` erstellen, um darauf zuzugreifen: Verwenden Sie einfach die GCS-Pfade als Dateinamen (zum Beispiel *gs://my_bucket/data/001.csv*). Diese Datasets nutzen für den Zugriff auf Dateien das Paket `tf.io.gfile`, das lokale Dateien und GCS-Dateien unterstützt.

Jetzt können Sie basierend auf dem Skript einen eigenen Trainingsjob auf Vertex AI anlegen. Sie müssen den Jobnamen, den Pfad zu Ihrem Trainingsskript, das Docker-Image, das beim Training zum Einsatz kommen soll, das Docker-Image für die Vorhersagen (nach dem Training), zusätzlich erforderliche Python-Bibliotheken und schließlich das Bucket angeben, das Vertex AI als Staging-Verzeichnis nutzen soll, um das Trainingsskript zu sichern. Standardmäßig ist das auch der Ort, an dem das Trainingsskript das trainierte Modell und die TensorBoard-Logs und Modell-Checkpoints (sofern vorhanden) speichern wird. Legen wir den Job an:

```
custom_training_job = aiplatform.CustomTrainingJob(
    display_name="my_custom_training_job",
    script_path="my_vertex_ai_training_task.py",
    container_uri="gcr.io/cloud-aiplatform/training/tf-gpu.2-4:latest",
    model_serving_container_image_uri=server_image,
    requirements=["gcsfs==2022.3.0"], # nicht erforderlich, hier nur als Beispiel
    staging_bucket=f"gs://{bucket_name}/staging"
)
```

Führen wir es mit zwei Workern mit jeweils zwei GPUs aus:

```
mnist_model2 = custom_training_job.run(
    machine_type="n1-standard-4",
    replica_count=2,
    accelerator_type="NVIDIA_TESLA_K80",
    accelerator_count=2,
)
```

Das ist alles. Vertex AI wird die Rechenknoten provisionieren, die Sie angefordert haben (innerhalb Ihrer Kontingente), und darauf Ihre Trainingsskripte ausführen. Ist der Job abgeschlossen, wird die `run()`-Methode ein trainiertes Modell zurückgeben, das Sie genau so wie die zuvor erzeugten nutzen können: Es lässt sich auf einen Endpoint deployen, oder Sie verwenden es, um Batchvorhersagen zu treffen. Wenn etwas beim Training schiefgeht, können Sie sich die Logs in der GCP-Konsole anschauen. Wählen Sie im Navigationsmenü »Vertex AI → Training«, klicken Sie auf Ihren Trainingsjob und dann auf »LOGS ANZEIGEN«. Alternativ können Sie auf den Tab »CUSTOM JOBS« klicken und die ID des Jobs (zum Beispiel 1234) kopieren; danach wählen Sie im Navigationsmenü »Logging« und fragen `resource.labels.job_id=1234` ab.

> Um den Trainingsfortschritt sichtbar zu machen, starten Sie einfach TensorBoard und lassen das `--logdir` auf den GCS-Pfad mit den Logs zeigen. Dafür werden die *Application Default Credentials* genutzt, die Sie mit `gcloud auth application-default login` setzen können. Vertex AI bietet auch gehostete TensorBoard-Server an, wenn Ihnen das lieber ist.

Wollen Sie ein paar Hyperparameterwerte ausprobieren, gibt es die Möglichkeit, mehrere Jobs laufen zu lassen. Sie können die Hyperparameterwerte als Befehlszeilenargumente an Ihr Skript übergeben, indem Sie den Parameter `args` setzen, wenn Sie die Methode `run()` aufrufen, oder Sie übergeben sie als Umgebungsvariablen mit dem Parameter `environment_variables`.

Wollen Sie einen großen Job zum Optimieren von Hyperparametern in der Cloud laufen lassen, ist es viel sinnvoller, den Hyperparameter-Tuning-Service von Vertex AI zu verwenden. Schauen wir uns den mal an.

Hyperparameter auf Vertex AI optimieren

Der Hyperparameter-Tuning-Service von Vertex AI basiert auf einem bayesschen Optimierungsalgorithmus, der schnell optimale Kombinationen von Hyperparametern finden kann. Um ihn zu nutzen, müssen Sie erst ein Trainingsskript erstellen, das Hyperparameterwerte als Befehlszeilenargumente entgegennehmen kann. Ihr Skript könnte beispielsweise die `argparse`-Standardbibliothek nutzen:

```
import argparse

parser = argparse.ArgumentParser()
parser.add_argument("--n_hidden", type=int, default=2)
parser.add_argument("--n_neurons", type=int, default=256)
parser.add_argument("--learning_rate", type=float, default=1e-2)
parser.add_argument("--optimizer", default="adam")
args = parser.parse_args()
```

Der Hyperparameter-Tuning-Service wird Ihr Skript mehrfach aufrufen – jedes Mal mit anderen Werten für die Hyperparameter. Jede Ausführung wird als *Trial* bezeichnet, und der Satz mit Trials ist eine *Study*.

Ihr Trainingsskript muss dann die gegebenen Hyperparameterwerte nutzen, um ein Modell zu bauen und zu kompilieren. Sie können bei Bedarf eine Spiegel-Verteilungsstrategie nutzen, wenn jeder Trial auf einer Multi-GPU-Maschine läuft. Das Skript kann dann den Datensatz laden und das Modell trainieren, zum Beispiel:

```
import tensorflow as tf

def build_model(args):
    with tf.distribute.MirroredStrategy().scope():
```

```
        model = tf.keras.Sequential()
        model.add(tf.keras.layers.Flatten(input_shape=[28, 28], dtype=tf.uint8))
        for _ in range(args.n_hidden):
            model.add(tf.keras.layers.Dense(args.n_neurons, activation="relu"))
        model.add(tf.keras.layers.Dense(10, activation="softmax"))
        opt = tf.keras.optimizers.get(args.optimizer)
        opt.learning_rate = args.learning_rate
        model.compile(loss="sparse_categorical_crossentropy", optimizer=opt,
                      metrics=["accuracy"])
        return model

[...]  # den Datensatz laden
model = build_model(args)
history = model.fit([...])
```

Sie können die weiter oben erwähnten `AIP_*`-Umgebungsvariablen verwenden, um festzulegen, wo die Checkpoints, die TensorBoard-Logs und das abschließende Modell gespeichert werden sollen.

Schließlich muss das Skript die Qualität des Modells zurück an den Hyperparameter-Tuning-Service von Vertex AI melden, damit dieser entscheiden kann, welche Hyperparameter als Nächstes ausprobiert werden. Dazu müssen Sie die `hypertune`-Bibliothek nutzen, die automatisch auf Trainings-VMs von Vertex AI installiert wird:

```
import hypertune

hypertune = hypertune.HyperTune()
hypertune.report_hyperparameter_tuning_metric(
    hyperparameter_metric_tag="accuracy",  # Name der ausgegebenen Metrik
    metric_value=max(history.history["val_accuracy"]),  # Metrikwert
    global_step=model.optimizer.iterations.numpy(),
)
```

Wenn Ihr Trainingsskript bereit ist, müssen Sie die Art von Maschine definieren, auf der es laufen soll. Dazu müssen Sie einen Custom Job definieren, den Vertex AI als Template für jeden Trial nutzt:

```
trial_job = aiplatform.CustomJob.from_local_script(
    display_name="my_search_trial_job",
    script_path="my_vertex_ai_trial.py",  # Pfad zu Ihrem Trainingsskript
    container_uri="gcr.io/cloud-aiplatform/training/tf-gpu.2-4:latest",
    staging_bucket=f"gs://{bucket_name}/staging",
    accelerator_type="NVIDIA_TESLA_K80",
    accelerator_count=2,  # in diesem Beispiel wird jeder Trial 2 GPUs haben
)
```

Schließlich können Sie den Hyperparameter-Tuning-Job erstellen und ausführen:

```
from google.cloud.aiplatform import hyperparameter_tuning as hpt

hp_job = aiplatform.HyperparameterTuningJob(
    display_name="my_hp_search_job",
    custom_job=trial_job,
```

```
    metric_spec={"accuracy": "maximize"},
    parameter_spec={
        "learning_rate": hpt.DoubleParameterSpec(min=1e-3, max=10, scale="log"),
        "n_neurons": hpt.IntegerParameterSpec(min=1, max=300, scale="linear"),
        "n_hidden": hpt.IntegerParameterSpec(min=1, max=10, scale="linear"),
        "optimizer": hpt.CategoricalParameterSpec(["sgd", "adam"]),
    },
    max_trial_count=100,
    parallel_trial_count=20,
)
hp_job.run()
```

Hier weisen wir Vertex AI an, die Metrik namens "accuracy" zu maximieren. Dieser Name muss dem Namen der Metrik entsprechen, die vom Trainingsskript gemeldet wird. Wir definieren zudem den Suchraum, nutzen eine logarithmische Skala für die Lernrate und eine lineare (also einheitliche) für die anderen Hyperparameter. Die Namen der Hyperparameter müssen den Befehlszeilenargumenten des Trainingsskripts entsprechen. Dann setzen wir die maximale Anzahl an Trials auf 100 und die maximale Anzahl an parallel laufenden Trials auf 20. Erhöhen Sie die Zahl der parallelen Trials auf (beispielsweise) 60, wird sich die Gesamtsuchdauer deutlich um einen Faktor von drei verringern. Aber die ersten 60 Trials werden parallel gestartet werden, sodass sie nicht vom Feedback der anderen Trials profitieren können. Daher sollten Sie zum Ausgleich die maximale Zahl an Trials erhöhen – beispielsweise auf 140.

Das wird eine Weil dauern. Ist der Job fertig, können Sie sich die Trial-Ergebnisse über `hp_job.trials` holen. Jedes Trial-Ergebnis wird als Protobuf-Objekt repräsentiert, das die Hyperparameterwerte und die Ergebnismetrik enthält. Schauen wir, welcher der beste Trial ist:

```
def get_final_metric(trial, metric_id):
    for metric in trial.final_measurement.metrics:
        if metric.metric_id == metric_id:
            return metric.value

trials = hp_job.trials
trial_accuracies = [get_final_metric(trial, "accuracy") for trial in trials]
best_trial = trials[np.argmax(trial_accuracies)]
```

Wie sehen die Genauigkeit dieses Trials und seine Hyperparameterwerte aus?

```
>>> max(trial_accuracies)
0.977400004863739
>>> best_trial.id
'98'
>>> best_trial.parameters
[parameter_id: "learning_rate" value { number_value: 0.001 },
 parameter_id: "n_hidden" value { number_value: 8.0 },
 parameter_id: "n_neurons" value { number_value: 216.0 },
 parameter_id: "optimizer" value { string_value: "adam" }
]
```

Das ist es! Jetzt können Sie sich das SavedModel dieses Trials nehmen, es optional noch ein bisschen weiter trainieren und in die Produktivumgebung deployen.

Vertex AI besitzt auch einen AutoML-Service, der sich für Sie vollständig um das Finden der richtigen Modellarchitektur und das Trainieren kümmert. Sie müssen nur Ihren Datensatz nach Vertex AI in einem speziellen Format hochladen, das von der Art des Datensatzes abhängt (Bilder, Text, Tabellen, Videos und so weiter), dann einen AutoML-Trainingsjob erstellen, ihn auf den Datensatz verweisen und die maximale Anzahl an Rechenstunden angeben, die Sie dafür spendieren wollen. Im Notebook finden Sie dazu ein Beispiel.

Hyperparameter mit Keras Tuner auf Vertex AI optimieren

Statt den Hyperparameter-Tuning-Service von Vertex AI zu verwenden, können Sie auch Keras Tuner nutzen (siehe Kapitel 10) und auf VMs von Vertex AI laufen lassen. Keras Tuner ermöglicht einen einfachen Weg, die Hyperparametersuche zu skalieren, indem sie auf mehrere Maschinen aufgeteilt wird. Sie müssen auf jeder Maschine nur drei Umgebungsvariablen setzen und dann dort Ihren normalen Keras-Tuner-Code laufen lassen. Sie können genau das gleiche Skript auf allen Maschinen verwenden. Eine der Maschinen agiert als Chief (also als Orakel), die anderen als Worker. Jeder Worker fragt den Chief, welche Hyperparameterwerte er ausprobieren soll, dann trainiert der Worker das Modell mit diesen Hyperparameterwerten, und schließlich berichtet er die Qualität des Modells zurück an den Chief, der dann entscheiden kann, welche Werte der Worker als Nächstes ausprobieren soll.

Dies sind die drei Umgebungsvariablen, die auf jeder Maschine zu setzen sind:

`KERASTUNER_TUNER_ID`
: Das entspricht `"chief"` auf der Chief-Maschine oder einer eindeutigen Kennung auf jeder Worker-Maschine, wie zum Beispiel `"worker0"`, `"worker1"` und so weiter.

`KERASTUNER_ORACLE_IP`
: Das ist die IP-Adresse oder der Hostname der Chief-Maschine. Der Chief selbst sollte im Allgemeinen `"0.0.0.0"` nutzen, um auf jeder IP-Adresse des Rechners zu lauschen.

`KERASTUNER_ORACLE_PORT`
: Das ist der TCP-Port, an dem der Chief lauschen wird.

Sie können Keras Tuner auf beliebige Maschinen verteilen. Wollen Sie es auf Vertex-AI-Maschinen laufen lassen, können Sie einen normalen Trainingsjob erstellen und das Trainingsskript so anpassen, dass die Umgebungsvariablen korrekt gesetzt werden, bevor Keras Tuner zum Einsatz kommt. Im Notebook finden Sie ein Beispiel dazu.

Jetzt haben Sie alle Tools und Voraussetzungen zusammen, um neuronale Netzarchitekturen zu erstellen, die State of the Art sind, und diese im großen Umfang zu trainieren, wobei diverse Verteilungsstrategien zum Einsatz kommen – auf Ihrer eigenen Infrastruktur oder in der Cloud –, und sie dann beliebig zu deployen. Mit anderen Worten: Sie haben jetzt Superkräfte. Nutzen Sie sie weise!

Übungen

1. Was enthält ein SavedModel? Wie untersuchen Sie dessen Inhalte?
2. Wann sollten Sie TF Serving verwenden? Was sind seine wichtigsten Features? Welche Tools können Sie zum Deployen einsetzen?
3. Wie deployen Sie ein Modell auf mehrere TF-Serving-Instanzen?
4. Wann sollten Sie lieber die gRPC-API statt der REST-API nutzen, um ein Modell abzufragen, das durch TF Serving bereitgestellt wird?
5. Auf welchen Wegen kann TFLite die Größe eines Modells reduzieren, damit es auf einem mobilen Gerät oder einem Embedded Device laufen kann?
6. Was ist quantisierungsbewusstes Training, und warum könnten Sie es benötigen?
7. Was sind parallelisierte Modelle und was parallelisierte Daten? Warum wird Letzteres eher empfohlen?
8. Was für Verteilungsstrategien können Sie einsetzen, wenn Sie ein Modell auf mehreren Servern trainieren? Wie entscheiden Sie, welche Sie verwenden?
9. Trainieren Sie ein Modell (suchen Sie sich eines aus) und deployen Sie es auf TF Serving oder Google Vertex AI. Schreiben Sie den Clientcode, um es über die REST-API oder die gRPC-API abzufragen. Aktualisieren Sie das Modell und deployen Sie die neue Version. Ihr Clientcode wird nun die neue Version verwenden. Rollen Sie zurück zur ersten Version.
10. Trainieren Sie ein Modell auf mehreren GPUs auf demselben Rechner mithilfe der `MirroredStrategy` (wenn Sie nicht an GPUs herankommen, können Sie Google Colab mit einer GPU Runtime nutzen und zwei logische GPUs erstellen). Trainieren Sie das Modell erneut mit der `CentralStorageStrategy` und vergleichen Sie die Trainingsdauer.
11. Optimieren Sie ein Modell Ihrer Wahl mit Vertex AI, wobei Sie entweder Keras Tuner oder den Hyperparameter-Tuning-Service von Vertex AI verwenden.

Die deutschsprachigen Lösungen zu diesen Übungen finden Sie unter *https://dpunkt.de/produkt/praxiseinstieg-machine-learning-mit-scikit-learn-keras-und-tensorflow-2/* auf der Registerkarte *Zusatzmaterial*, die englischsprachigen Lösungen am Ende des Notebooks zu diesem Kapitel unter *https://homl.info/colab3*.

Vielen Dank!

Bevor wir gemeinsam das letzte Kapitel dieses Buchs beenden, möchte ich Ihnen dafür danken, dass Sie es bis zum letzten Absatz gelesen haben. Ich hoffe, dass Sie so viel Spaß beim Lesen dieses Buchs hatten wie ich beim Schreiben und dass es für Ihre großen und kleinen Projekte nützlich sein wird.

Wenn Sie Fehler finden, schicken Sie diese bitte ein. Ganz allgemein würde ich mich freuen, zu wissen, was Sie denken, bitte zögern Sie daher nicht, mich über das GitHub-Projekt *ageron/handson-ml3* oder auf Twitter über @aureliengeron zu kontaktieren.

Mein wichtigster Ratschlag an Sie ist, zu üben und zu üben: Arbeiten Sie alle Übungen durch (falls Sie das nicht ohnehin schon getan haben), experimentieren Sie mit den Notebooks herum und treten Sie Kaggle oder einer anderen ML-Community bei. Schauen Sie sich ML-Kurse an, lesen Sie Fachartikel, besuchen Sie Konferenzen und treffen Sie Experten. Die Dinge verändern sich schnell, versuchen Sie daher, halbwegs Schritt zu halten. Es gibt eine Reihe von YouTube-Kanälen, die regelmäßig detailliert, aber verständlich Artikel aus dem Bereich Deep Learning vorstellen. Ich empfehle besonders die Kanäle von Yannic Kilcher, Letitia Parcalabescu und Xander Steenbrugge. Interessante Diskussionen zu ML und umfassende Einsichten finden Sie bei ML Street Talk und auf dem Kanal von Lex Fridman. Es hilft auch ungemein, ein konkretes Projekt zu haben, an dem Sie arbeiten – egal ob für die Arbeit oder einfach aus Spaß (idealerweise beides). Gibt es also etwas, das Sie schon immer einmal bauen wollten, versuchen Sie es! Arbeiten Sie inkrementell – versuchen Sie nicht gleich, den Himmel zu erreichen, sondern konzentrieren Sie sich auf Ihr Projekt, und bauen Sie es Schritt für Schritt aus. Sie brauchen dafür Geduld und Durchhaltevermögen, aber wenn Sie einen laufenden Roboter, einen funktionierenden Chatbot oder etwas anderes Cooles haben, hat es sich gelohnt!

Meine Hoffnung ist, dass dieses Buch Sie zum Entwickeln einer ML-Anwendung beflügelt, die uns allen nützt! Was wird es wohl für eine sein?

Aurélien Géron

ANHANG A

Checkliste für Machine-Learning-Projekte

Diese Checkliste begleitet Sie durch Ihre Machine-Learning-Projekte. Sie besteht aus acht wesentlichen Punkten:

1. Klären Sie die Aufgabenstellung und betrachten Sie die Gesamtsituation.
2. Beschaffen Sie sich Daten.
3. Erkunden Sie die Daten, um daraus Erkenntnisse zu gewinnen.
4. Bereiten Sie die Daten so auf, dass Machine-Learning-Algorithmen die Muster darin leichter erkennen können.
5. Probieren Sie viele unterschiedliche Modelle aus und treffen Sie eine engere Auswahl.
6. Optimieren Sie Ihre Modelle und kombinieren Sie diese zu einer guten Lösung.
7. Stellen Sie Ihre Lösung vor.
8. Starten, beobachten und warten Sie Ihr System.

Natürlich sollten Sie diese Checkliste bei Bedarf anpassen.

Klären Sie die Aufgabenstellung und betrachten Sie die Gesamtsituation

1. Definieren Sie das Geschäftsziel.
2. Wie wird Ihre Lösung eingesetzt werden?
3. Wie sehen die bisherigen Lösungen oder Übergangslösungen aus (falls vorhanden)?
4. In welchen Bereich fällt die Aufgabe (überwacht/unüberwacht, online/offline und so weiter)?
5. Wie wird die Qualität der Lösung gemessen?
6. Liefert das Qualitätsmaß einen Beitrag zum Geschäftsziel?
7. Was ist die minimale zum Erreichen des Geschäftsziels nötige Leistung?

8. Welche vergleichbaren Aufgaben gibt es? Können Sie auf Erfahrungen zurückgreifen oder Werkzeuge wiederverwenden?
9. Ist menschliches Expertenwissen verfügbar?
10. Wie würden Sie die Aufgabe von Hand lösen?
11. Zählen Sie Annahmen, die Sie (oder andere) bisher getroffen haben.
12. Verifizieren Sie diese Annahmen, falls möglich.

Beschaffen Sie sich Daten

Hinweis: Automatisieren Sie so viel wie möglich, sodass Sie leicht an aktuellere Daten herankommen.

1. Zählen Sie die benötigten Daten und die benötigte Menge auf.
2. Finden und dokumentieren Sie, wie Sie sich die Daten beschaffen können.
3. Prüfen Sie, wie viel Platz die Daten benötigen.
4. Prüfen Sie gesetzliche Verpflichtungen und holen Sie nötigenfalls eine Erlaubnis ein.
5. Beschaffen Sie sich die Zugriffsrechte.
6. Erstellen Sie einen Arbeitsbereich (mit genug Speicherplatz).
7. Beschaffen Sie sich die Daten.
8. Wandeln Sie die Daten in ein Format um, das sich leicht manipulieren lässt (ohne die Daten selbst zu verändern).
9. Stellen Sie sicher, dass vertrauliche Informationen gelöscht oder geschützt werden (z.B. anonymisiert).
10. Prüfen Sie Größe und Typ der Daten (Zeitreihe, geografische Daten und so weiter).
11. Erstellen Sie einen Testdatensatz, legen Sie diesen beiseite und schauen Sie ihn niemals an (nicht schummeln!).

Erkunden Sie die Daten

Hinweis: Versuchen Sie während dieser Schritte, die Einschätzung eines Experten einzuholen.

1. Erstellen Sie zum Untersuchen eine Kopie der Daten (erstellen Sie nötigenfalls eine kleinere Teilmenge, die sich bequem bearbeiten lässt).
2. Erstellen Sie ein Jupyter Notebook, um Ihre Untersuchung zu dokumentieren.
3. Untersuchen Sie jedes Attribut und dessen Eigenschaften:
   - Name
   - Typ (kategorisch, int/float, begrenzt/unbegrenzt, Text, strukturiert und so weiter)

- prozentualer Anteil fehlender Daten
   - Menge und Art von Rauschen (stochastisch, Ausreißer, Rundungsfehler und so weiter)
   - Nutzen für die Aufgabenstellung
   - Art der Verteilung (normalverteilt, einheitlich, logarithmisch und so weiter)
4. Für überwachte Lernaufgaben identifizieren Sie das/die Zielattribut(e).
5. Visualisieren Sie die Daten.
6. Untersuchen Sie Korrelationen zwischen Attributen.
7. Untersuchen Sie, wie Sie die Aufgabe von Hand lösen würden.
8. Identifizieren Sie vielversprechende Transformationen, die Sie verwenden möchten.
9. Identifizieren Sie zusätzliche Daten, die nützlich sein könnten (gehen Sie zurück zu »Beschaffen Sie sich Daten« auf Seite 826).
10. Dokumentieren Sie Ihre Erkenntnisse.

Bereiten Sie die Daten auf

Hinweise:

- Arbeiten Sie mit einer Kopie der Daten (um die Originaldaten intakt zu halten).
- Schreiben Sie Funktionen für sämtliche benötigten Datentransformationen. Fünf Gründe hierfür sind:
   - Sie können die Daten leichter aufbereiten, wenn Sie den nächsten Datensatz erhalten.
   - Sie können die Transformationen in zukünftigen Projekten anwenden.
   - Der Testdatensatz lässt sich bereinigen und aufbereiten.
   - Neue Datenpunkte lassen sich im laufenden Betrieb bereinigen und aufbereiten.
   - Ihre Entscheidungen bei der Aufbereitung lassen sich leichter als Hyperparameter betrachten.

1. Bereinigen der Daten:
   - Reparieren oder entfernen Sie Ausreißer (optional).
   - Ergänzen Sie fehlende Werte (z.B. mit null, Mittelwert, Median und so weiter) oder entfernen Sie die entsprechenden Zeilen (oder Spalten).
2. Merkmalsauswahl (optional):
   - Entfernen Sie die Attribute, die keine nützlichen Informationen für die Bearbeitung der Aufgabe enthalten.

3. Bei Bedarf Merkmale entwickeln:
   - Diskretisieren Sie kontinuierliche Merkmale.
   - Zerlegen Sie Merkmale (z.B. Kategorien, Datum/Zeit und so weiter).
   - Fügen Sie vielversprechende Transformationen von Merkmalen hinzu (z.B. $\log(x)$, $\text{sqrt}(x)$, x^2 und so weiter).
   - Aggregieren Sie Merkmale zu vielversprechenden neuen Merkmalen.
4. Skalieren von Merkmalen: Standardisieren oder Normalisieren von Merkmalen.

Treffen Sie eine engere Auswahl vielversprechender Modelle

Hinweise:

- Wenn der Datensatz riesig ist, sollten Sie kleinere Trainingsdatensätze generieren, sodass Sie viele unterschiedliche Modelle in kurzer Zeit trainieren können (Ihnen sollte klar sein, dass dadurch komplexe Modelle wie große neuronale Netze oder Random Forests abgestraft werden).
- Versuchen Sie wieder, diese Schritte so weit wie möglich zu automatisieren.

1. Trainieren Sie schnell viele unterschiedliche Modelle (z.B. lineare Modelle, Naive Bayes, SVMs, Random Forests, neuronale Netze und so weiter) mit den Standardeinstellungen.
2. Messen und vergleichen Sie deren Leistung.
   - Verwenden Sie bei jedem Modell N-fache Kreuzvalidierung und berechnen Sie Mittelwert und Standardabweichung des Qualitätsmaßes aus den N Folds.
3. Analysieren Sie die wichtigsten Variablen jedes einzelnen Algorithmus.
4. Untersuchen Sie, welche Art Fehler die Modelle begehen.
   - Welche Daten würde ein Mensch verwenden, um diese Fehler zu vermeiden?
5. Führen Sie eine kurze Runde Merkmalsauswahl und Entwicklung von Merkmalen durch.
6. Wiederholen Sie die fünf vorherigen Schritte ein- oder zweimal.
7. Erstellen Sie eine Auswahl der drei bis fünf vielversprechendsten Modelle und bevorzugen Sie dabei Modelle, die unterschiedliche Arten von Fehlern begehen.

Optimieren Sie das System

Hinweise:

- Sie sollten bei diesem Schritt so viele Daten wie möglich verwenden, besonders gegen Ende der Optimierungsphase.
- Automatisieren Sie wie immer so viel wie möglich.

1. Optimieren Sie die Hyperparameter mithilfe einer Kreuzvalidierung.
   - Behandeln Sie die Wahl Ihrer Datentransformation als weiteren Hyperparameter, besonders wenn Sie sich Ihrer Wahl nicht sicher sind. (Sollten Sie z.B. fehlende Werte mit null oder dem Median ersetzen? Oder die Zeilen einfach verwerfen?)
   - Wenn es nicht gerade sehr wenige Hyperparameter gibt, ziehen Sie die Zufallssuche einer Gittersuche vor. Dauert das Training sehr lang, erwägen Sie ein bayessches Optimierungsverfahren (z.B. mit Gauß-Prozess-Priors, wie von Jasper Snoek et al. beschrieben (*https://homl.info/134*)).[1]
2. Probieren Sie Ensemble-Methoden aus. Eine Kombination Ihrer besten Modelle funktioniert oft besser, als sie einzeln auszuführen.
3. Sobald Sie sich Ihres endgültigen Modells sicher sind, bestimmen Sie dessen Qualität mit dem Testdatensatz, um den Fehler der Verallgemeinerung abzuschätzen.

> Verändern Sie Ihr Modell nach dem Bestimmen des Verallgemeinerungsfehlers nicht mehr, Sie würden damit lediglich die Testdaten overfitten.

Stellen Sie Ihre Lösung vor

1. Dokumentieren Sie Ihr Werk.
2. Erstellen Sie eine ansprechende Präsentation.
   - Heben Sie zu Beginn das Gesamtbild hervor.
3. Erklären Sie, warum Ihre Lösung zum Geschäftsziel beiträgt.
4. Vergessen Sie nicht, auf dem Weg gewonnene interessante Erkenntnisse zu erwähnen.
   - Beschreiben Sie, was funktioniert hat und was nicht.
   - Zählen Sie Ihre Annahmen und die Beschränkungen Ihres Systems auf.

1 Jasper Snoek et al., »Practical Bayesian Optimization of Machine Learning Algorithms«, *Proceedings of the 25th International Conference on Neural Information Processing Systems* 2 (2012): 2951–2959.

5. Stellen Sie sicher, dass Ihre wichtigsten Erkenntnisse durch eine ansprechende Visualisierung oder eingängige Aussagen untermauert werden (z.B. »das mittlere Einkommen hat den stärksten Einfluss bei der Vorhersage von Immobilienpreisen«).

Start!

1. Bereiten Sie Ihre Lösung für den Betrieb vor (schließen Sie die Eingabedaten für den Betrieb an, schreiben Sie Unit-Tests und so weiter).
2. Schreiben Sie Code, der die Leistung Ihres Systems im laufenden Betrieb in regelmäßigen Abständen prüft und bei einem Abfall ein Alarmsignal auslöst.
   - Hüten Sie sich auch vor einem langsamen Zerfall: Modelle neigen dazu, zu »verfaulen«, wenn sich Daten weiterentwickeln.
   - Das Ermitteln der Qualität kann eine menschliche Interaktion erfordern (z.B. über einen Crowdsourcing-Dienst).
   - Behalten Sie auch die Qualität Ihrer Eingabedaten im Auge (z.B. Fehlfunktionen eines Sensors, der zufällige Werte verschickt, oder veraltete Ausgabedaten eines anderen Teams). Dies ist insbesondere bei Onlinelernsystemen wichtig.
3. Trainieren Sie Ihre Modelle regelmäßig mit aktuellen Daten (automatisieren Sie so viel wie möglich).

ANHANG B
Autodiff

Dieser Anhang erklärt, wie das Autodiff-Feature in TensorFlow funktioniert und was es im Vergleich zu seinen Alternativen leistet.

Nehmen wir an, Sie definierten eine Funktion $f(x,y) = x^2y + y + 2$ und möchten deren partielle Ableitungen $\partial f/\partial x$ und $\partial f/\partial y$ bilden, um beispielsweise das Gradientenverfahren (oder einen anderen Optimierungsalgorithmus) durchzuführen. Ihre Auswahlmöglichkeiten sind im Wesentlichen das Differenzieren von Hand, die Finite-Differenzen-Methode, Autodiff im Forward-Modus und Autodiff im Reverse-Modus. In TensorFlow ist die letztere Möglichkeit implementiert, aber zum Verständnis ist es sinnvoll, sich zunächst die anderen anzuschauen. Betrachten wir also jede dieser Möglichkeiten etwas genauer, beginnend mit der Differenzierung von Hand.

Differenzierung von Hand

Unser erster Ansatz ist, einen Stift und ein Stück Papier in die Hand zu nehmen und mit unserem Wissen aus der Analysis die passende Gleichung zu ermitteln. Für die soeben definierte Funktion $f(x,y)$ ist das nicht besonders schwierig; Sie benötigen lediglich fünf Regeln:

- Die Ableitung einer Konstanten ist 0.
- Die Ableitung von λx ist λ (wobei λ eine Konstante ist).
- Die Ableitung von x^λ ist $\lambda x^{\lambda-1}$, die Ableitung von x^2 ist also $2x$.
- Die Ableitung einer Summe von Funktionen ist die Summe der Ableitungen dieser Funktionen.
- Die Ableitung von λ multipliziert mit einer Funktion ist λ multipliziert mit deren Ableitung.

Aus diesen Regeln können Sie Formel B-1 herleiten:

Formel B-1: Partielle Ableitungen von f(x,y)

$$\frac{\partial f}{\partial x} = \frac{\partial(x^2 y)}{\partial x} + \frac{\partial y}{\partial x} + \frac{\partial 2}{\partial x} = y\frac{\partial(x^2)}{\partial x} + 0 + 0 = 2xy$$

$$\frac{\partial f}{\partial y} = \frac{\partial(x^2 y)}{\partial y} + \frac{\partial y}{\partial y} + \frac{\partial 2}{\partial y} = x^2 + 1 + 0 = x^2 + 1$$

Bei komplexeren Funktionen wird dieser Ansatz sehr mühselig, und das Risiko, dabei Fehler zu machen, erhöht sich. Glücklicherweise gibt es andere Optionen. Schauen wir zuerst die Finite-Differenzen-Methode an.

Finite-Differenzen-Methode

Sie erinnern sich, dass die Ableitung $h'(x_0)$ einer Funktion $h(x)$ am Punkt x_0 die Steigung der Funktion an diesem Punkt ist. Genauer gesagt, ist die Ableitung definiert als der Grenzwert der Steigung einer gerade Linie, die durch diesen Punkt x_0 und einen anderen Punkt x der Funktion geht, wenn sich x immer mehr x_0 nähert (siehe Formel B-2).

Formel B-2: Definition der Ableitung einer Funktion h(x,y) am Punkt x_0

$$\begin{aligned} h'(x_0) &= \lim_{x \to x_0} \frac{h(x) - h(x_0)}{x - x_0} \\ &= \lim_{\varepsilon \to 0} \frac{h(x_0 + \varepsilon) - h(x_0)}{\varepsilon} \end{aligned}$$

Wollen wir also die partielle Ableitung von $f(x, y)$ in Bezug auf x bei $x = 3$ und $y = 4$ berechnen, könnten wir $f(3 + \varepsilon, 4) - f(3, 4)$ berechnen und das Ergebnis durch ε dividieren, wobei wir einen sehr kleinen Wert für ε wählen. Diese Art numerischer Näherung der Ableitung nennt man eine Finite-Differenzen-Näherung, und diese spezifische Gleichung ist Newtons Differenzenquotient. Genau das macht der folgende Code:

```
def f(x, y):
    return x**2*y + y + 2

def derivative(f, x, y, x_eps, y_eps):
    return (f(x + x_eps, y + y_eps) - f(x, y)) / (x_eps + y_eps)

df_dx = derivative(f, 3, 4, 0.00001, 0)
df_dy = derivative(f, 3, 4, 0, 0.00001)
```

Leider ist das Ergebnis ungenau (und für kompliziertere Funktionen wird es noch schlechter). Die korrekten Ergebnisse sind 24 bzw. 10, stattdessen erhalten wir aber:

```
>>> df_dx
24.000039999805264
>>> df_dy
10.000000000331966
```

Beachten Sie, dass wir zum Berechnen beider partieller Ableitungen `f()` mindestens drei Mal aufrufen müssen (im vorherigen Code haben wir es vier Mal aufgerufen, aber das könnte optimiert werden). Hätten wir 1.000 Parameter, müssten wir `f()` mindestens 1.001 Mal aufrufen. Arbeiten Sie mit großen neuronalen Netzen, ist die Finite-Differenzen-Methode viel zu ineffizient.

Dennoch lässt sich diese Methode so einfach implementieren, dass man mit ihr sehr gut prüfen kann, ob die anderen Methoden korrekt implementiert sind. Stimmt sie beispielsweise mit Ihrer per Hand abgeleiteten Funktion nicht überein, dürfte vermutlich Ihre Funktion den Fehler enthalten.

Bisher haben wir zwei Wege kennengelernt, Gradienten zu berechnen: mit der Ableitung per Hand und mit der Finite-Differenzen-Methode. Leider sind beide beim Trainieren eines großen neuronalen Netzes zu unpraktisch. Wenden wir uns daher Autodiff zu und beginnen wir mit dem Forward-Modus.

Autodiff im Forward-Modus

Abbildung B-1 demonstriert die Funktionsweise des Autodiff im Forward-Modus anhand einer noch einfacheren Funktion, $g(x,y) = 5 + xy$. Der Graph der Funktionsgleichung wird auf der linken Seite gezeigt. Nach dem Autodiff im Forward-Modus erhalten wir den Graphen auf der rechten Seite, der die partielle Ableitung $\partial g/\partial x = 0 + (0 \times x + y \times 1) = y$ darstellt (in ähnlicher Weise könnten wir auch die partielle Ableitung nach y ermitteln).

Der Algorithmus durchläuft den Rechengraphen von den Eingaben zu den Ausgaben (daher der Name »Forward-Modus«). Er beginnt, indem er die partiellen Ableitungen der Blätter im Graphen ermittelt. Der konstante Knoten (5) liefert die Konstante 0, da die Ableitung einer Konstanten stets 0 ist. Die Variable x liefert die Konstante 1, weil $\partial x/\partial x = 1$ ist, und die Variable y liefert die Konstante 0, weil $\partial y/\partial x = 0$ ist (würden wir nach der partiellen Ableitung nach y suchen, wäre es genau umgekehrt).

Nun haben wir alles erledigt, um im Graphen zum Knoten mit der Multiplikation in der Funktion g vorzurücken. Aus der Analysis wissen wir, dass die Ableitung eines Produkts von zwei Funktionen u und v der Gleichung $\partial(u \times v)/\partial x = \partial v/\partial x \times u + v \times \partial u/\partial x$ entspricht. Wir können daher einen Großteil des Graphen auf der rechten Seite konstruieren, indem wir dort $0 \times x + y \times 1$ eintragen.

Schließlich können wir uns dem Knoten mit der Addition in der Funktion g widmen. Wie erwähnt, ist die Ableitung einer Summe von Funktionen die Summe der Ableitungen dieser Funktionen. Wir müssen daher lediglich einen Knoten mit einer

Addition erstellen und ihn mit den bereits berechneten Knoten verbinden. Wir erhalten damit die korrekte partielle Ableitung: $\partial g/\partial x = 0 + (0 \times x + y \times 1)$.

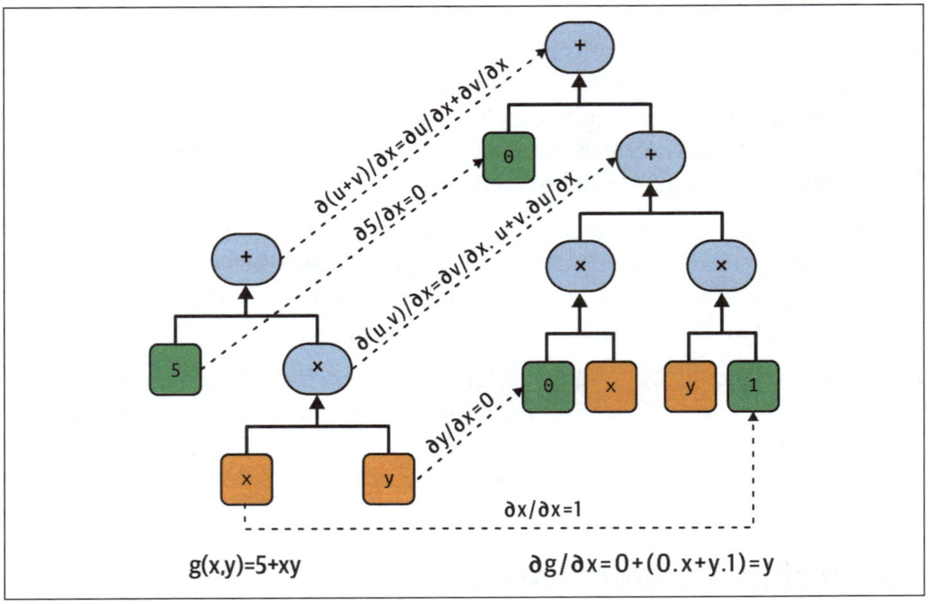

Abbildung B-1: Autodiff im Forward-Modus

Dieses Verfahren lässt sich aber noch erheblich vereinfachen. Aus dem Graphen können mit einigen Schritten sämtliche unnötigen Operationen entfernt werden. Wir erhalten dann einen wesentlich kleineren Graphen mit nur einem Knoten: $\partial g/\partial x = y$. In diesem Fall ist das Vereinfachen noch recht simpel, aber bei einer komplexeren Funktion kann das Autodiff im Forward-Modus einen riesigen Graphen erzeugen, der sehr schwer zu vereinfachen ist und zu einer suboptimalen Leistung führt.

Beachten Sie, dass wir mit einem Rechengraphen begonnen haben und Autodiff im Forward-Modus einen anderen Rechengraphen erzeugt hat. Dies wird als *symbolisches Differenzieren* bezeichnet und hat zwei nette Features: Ist der Rechengraph der Ableitung einmal erstellt, können wir ihn beliebig oft einsetzen, um die Ableitungen der gegebenen Funktion für alle Werte von x und y zu berechnen. Und wir können Autodiff im Forward-Modus erneut auf den erzeugten Rechengraphen anwenden, um zwei Ableitungen zu erzeugen, falls wir sie einmal benötigen (also Ableitungen von Ableitungen). Wir könnten sogar noch weitergehende Ableitungen berechnen.

Aber es ist auch möglich, Autodiff im Forward-Modus laufen zu lassen, ohne einen Graphen zu erstellen (also numerisch statt symbolisch), indem wir direkt die Zwischenergebnisse berechnen. Ein möglicher Weg ist der Einsatz von *dualen Zahlen*, die (kurioserweise) Zahlen der Form $a + b\varepsilon$ sind, wobei a und b reale Zahlen sind.

ε ist jedoch eine Infinitesimalzahl, für die $\varepsilon^2 = 0$ (aber $\varepsilon \neq 0$) gilt. Sie können sich die Dualzahl 42 + 24ε in etwa wie 42,0000...000024 mit einer unendlichen Anzahl Nullen vorstellen (dies stellt natürlich eine Vereinfachung dar, die hier der Veranschaulichung dualer Zahlen dient). Im Speicher wird eine duale Zahl als ein Paar Floats repräsentiert. Beispielsweise wird 42 + 24ε durch das Zahlenpaar (42,0, 24,0) dargestellt.

Duale Zahlen lassen sich addieren, multiplizieren und so weiter, wie Sie Formel B-3 entnehmen können.

Formel B-3: Einige Rechenoperationen mit dualen Zahlen

$$\lambda(a + b\varepsilon) = \lambda a + \lambda b\varepsilon$$
$$(a + b\varepsilon) + (c + d\varepsilon) = (a + c) + (b + d)\varepsilon$$
$$(a + b\varepsilon) \times (c + d\varepsilon) = ac + (ad + bc)\varepsilon + (bd)\varepsilon^2 = ac + (ad + bc)\varepsilon$$

Vor allem aber lässt sich nachweisen, dass $h(a + b\varepsilon) = h(a) + b \times h'(a)\varepsilon$ gilt. Daher erhalten wir durch Berechnen von $h(a + \varepsilon)$ sowohl $h(a)$ als auch die Ableitung $h'(a)$ in einem Arbeitsgang. Abbildung B-2 zeigt, dass die partielle Ableitung von $f(x,y)$ nach x am Punkt $x = 3$ und $y = 4$ (was ich als $\partial f/\partial x$ (3, 4) schreiben werde) mithilfe dualer Zahlen berechnet werden kann. Dazu müssen wir lediglich $f(3 + \varepsilon, 4)$ berechnen; dabei erhalten wir eine duale Zahl, deren erste Komponente $f(3, 4)$ und deren zweite Komponente der Ableitung $\partial f/\partial x$ (3, 4) entspricht.

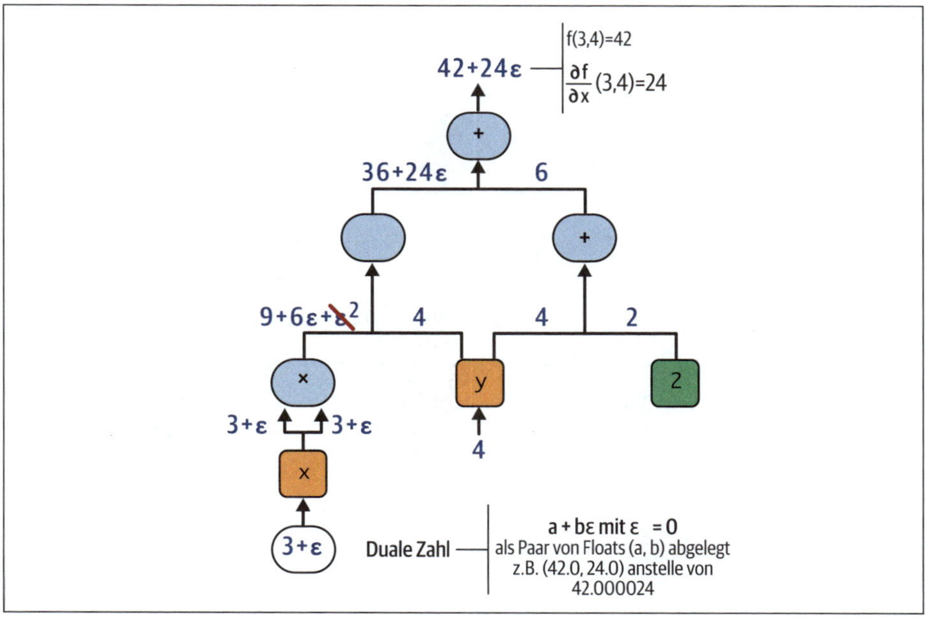

Abbildung B-2: Autodiff im Forward-Modus mit dualen Zahlen

Um $\partial f/\partial y$ (3, 4) zu berechnen, müssten wir den Graphen noch einmal durchlaufen, diesmal jedoch mit $x = 3$ und $y = 4 + \varepsilon$.

Im Forward-Modus ist Autodiff also wesentlich genauer als die Finite-Differenzen-Methode, hat aber denselben Schönheitsfehler (zumindest bei vielen Eingaben und wenigen Ausgaben, was bei neuronalen Netzen der Fall ist): Wenn es 1.000 Parameter gäbe, müssten wir den Graphen 1.000 Mal abschreiten, um alle partiellen Ableitungen zu berechnen. An dieser Stelle brilliert Autodiff im Reverse-Modus: Es kann sämtliche Ableitungen in nur zwei Durchläufen durch den Graphen berechnen.

Autodiff im Reverse-Modus

Die in TensorFlow implementierte Lösung ist Autodiff im Reverse-Modus. Das Verfahren schreitet den Graphen vorwärts ab (von den Eingaben zu den Ausgaben), um den Wert jedes Knotens zu berechnen. In einem zweiten Durchgang, diesmal in umgekehrter Richtung (von der Ausgabe zu den Eingaben), werden sämtliche partiellen Ableitungen berechnet. Der Name »Reverse-Modus« stammt von diesem zweiten Durchgang durch den Graphen, bei dem die Gradienten in die entgegengesetzte Richtung fließen. Abbildung B-3veranschaulicht den zweiten Durchgang. Während des ersten Durchgangs wurden bereits die Werte sämtlicher Knoten berechnet, beginnend bei $x = 3$ und $y = 4$. Sie sehen diese Werte unten rechts in den jeweiligen Knoten (z. B. $x \times x = 9$). Die Knoten sind um der Klarheit willen von n_1 bis n_7 beschriftet. Der Ausgabeknoten ist n_7: $f(3,4) = n_7 = 42$.

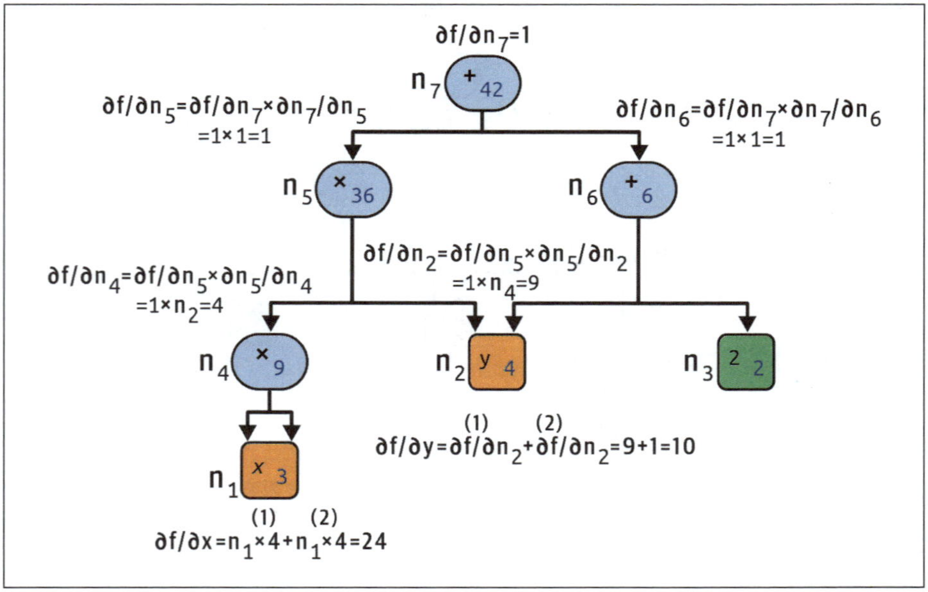

Abbildung B-3: Autodiff im Reverse-Modus

Die Grundidee ist, den Graphen schrittweise nach unten zu durchlaufen und dabei die partielle Ableitung von $f(x,y)$ nach dem jeweils folgenden Knoten zu berechnen, bis wir die Knoten mit den Variablen erreichen. Dafür stützt sich Autodiff im Reverse-Modus auf die *Kettenregel* in Formel B-4.

Formel B-4: Die Kettenregel

$$\frac{\partial f}{\partial x} = \frac{\partial f}{\partial n_i} \times \frac{\partial n_i}{\partial x}$$

Weil n_7 der Ausgabeknoten ist, ist $f = n_7$ trivialerweise $\partial f/\partial n_7 = 1$.

Gehen wir im Graphen abwärts zu n_5: Wie ändert sich f bei Änderung von n_5? Die Antwort ist $\partial f/\partial n_5 = \partial f/\partial n_7 \times \partial n_7/\partial n_5$. Wir kennen $\partial f/\partial n_7 = 1$ bereits, also brauchen wir nur noch $\partial n_7/\partial n_5$. Da n_7 einfach die Summe $n_5 + n_6$ berechnet, erhalten wir $\partial n_7/\partial n_5 = 1$, also ist $\partial f/\partial n_5 = 1 \times 1 = 1$.

Nun können wir mit dem Knoten n_4 fortfahren: Wie stark ändert sich f, wenn sich n_4 ändert? Die Antwort ist $\partial f/\partial n_4 = \partial f/\partial n_5 \times \partial n_5/\partial n_4$. Wegen $n_5 = n_4 \times n_2$ erhalten wir $\partial n_5/\partial n_4 = n_2$, also ist $\partial f/\partial n_4 = 1 \times n_2 = 4$.

Dieser Vorgang setzt sich fort, bis wir das untere Ende des Graphen erreichen. An diesem Punkt haben wir sämtliche partiellen Ableitungen von $f(x,y)$ am Punkt $x = 3$ und $y = 4$ berechnet. In diesem Beispiel finden wir auf diese Weise heraus, dass $\partial f/\partial x = 24$ und $\partial f/\partial y = 10$ ist. Das klingt richtig!

Im Reverse-Modus ist Autodiff eine sehr mächtige und genaue Technik, besonders wenn es viele Eingabewerte und wenige Ausgaben gibt. Es sind nur ein Durchgang vorwärts und einer rückwärts nötig, um sämtliche partiellen Ableitungen der Ausgaben nach allen Eingaben zu berechnen. Beim Trainieren neuronaler Netze wollen wir im Allgemeinen den Verlust minimieren, daher gibt es eine einzelne Ausgabe (den Verlust) und damit nur zwei Durchgänge durch den Graphen, um die Gradienten zu berechnen. Autodiff im Reverse-Modus kann auch mit Funktionen umgehen, die nicht vollständig differenzierbar sind, solange Sie es nur um die partiellen Ableitungen an differenzierbaren Punkten bitten.

In Abbildung B-3 werden die numerischen Ergebnisse direkt an jedem Knoten berechnet. TensorFlow geht allerdings ein wenig anders vor: Es erstellt stattdessen einen neuen Rechengraphen. Mit anderen Worten – es implementiert ein *symbolisches* Autodiff im Reverse-Modus. So muss der Rechengraph zum Ermitteln der Gradienten des Verlusts bezüglich aller Parameter im neuronalen Netz nur einmal erzeugt werden und kann dann wieder und wieder ausgeführt werden – wann immer der Optimierer die Gradienten ermitteln muss. Zudem ist es so möglich, bei Bedarf höhere Ableitungen zu bestimmen.

Wenn Sie eine neue Low-Level-Operation in TensorFlow in C++ implementieren und diese zu Autodiff kompatibel machen möchten, müssen Sie eine Funktion bereitstellen, die die partiellen Ableitungen der Funktionsausgaben bezüglich ihrer Eingaben bereitstellt. Nehmen wir an, Sie möchten eine Funktion schreiben, die das Quadrat ihrer Eingabe berechnet: $f(x) = x^2$. In diesem Fall müssten Sie die entsprechende Ableitungsfunktion $f'(x) = 2x$ bereitstellen.

ANHANG C

Spezielle Datenstrukturen

In diesem Anhang wollen wir uns kurz die über normale Float- oder Integer-Tensoren hinausgehenden Datenstrukturen anschauen, die von TensorFlow unterstützt werden. Dazu gehören Strings, Ragged-Tensoren, Sparse-Tensoren, Tensor-Arrays, Sets und Queues.

Strings

Tensoren können Bytestrings enthalten, was besonders für die Verarbeitung natürlicher Sprache nützlich ist (siehe Kapitel 16):

```
>>> tf.constant(b"hello world")
<tf.Tensor: shape=(), dtype=string, numpy=b'Hallo Welt'>
```

Versuchen Sie, einen Tensor mit einem Unicodestring zu erstellen, konvertiert TensorFlow ihn automatisch nach UTF-8:

```
>>> tf.constant("café")
<tf.Tensor: shape=(), dtype=string, numpy=b'caf\xc3\xa9'>
```

Es ist auch möglich, Tensoren zu erstellen, die Unicodestrings repräsentieren. Erzeugen Sie einfach ein Array mit 32-Bit-Integers, die jeweils einen einzelnen Unicode-Codepoint repräsentieren:[1]

```
>>> u = tf.constant([ord(c) for c in "café"])
>>> u
<tf.Tensor: shape=(4,), [...], numpy=array([ 99,  97, 102, 233], dtype=int32)>
```

> In Tensoren vom Typ `tf.string` ist die String-Länge nicht Teil der Form des Tensors. Mit anderen Worten: Strings werden als atomare Werte angesehen. In einem Unicodestring-Tensor (also einem int32-Tensor) ist die Länge des Strings tatsächlich Teil der Form des Tensors.

1 Wenn Sie mit Unicode-Codepoints nicht vertraut sind, schauen Sie sich *https://homl.info/unicode* an.

Das Paket tf.strings enthält eine Reihe von Funktionen zum Bearbeiten von String-Tensoren, wie zum Beispiel length(), um die Bytes in einem Bytestring zu zählen (oder die Anzahl an Codepoints, wenn Sie unit="UTF8_CHAR" setzen), unicode_encode() zum Konvertieren eines Unicodestring-Tensors (also eines int32-Tensors) in einen Bytestring-Tensor und unicode_decode() für die Gegenrichtung:

```
>>> b = tf.strings.unicode_encode(u, "UTF-8")
>>> b
<tf.Tensor: shape=(), dtype=string, numpy=b'caf\xc3\xa9'>
>>> tf.strings.length(b, unit="UTF8_CHAR")
<tf.Tensor: shape=(), dtype=int32, numpy=4>
>>> tf.strings.unicode_decode(b, "UTF-8")
<tf.Tensor: shape=(4,), [...], numpy=array([ 99,  97, 102, 233], dtype=int32)>
```

Sie können auch Tensoren mit mehreren Strings bearbeiten:

```
>>> p = tf.constant(["Café", "Coffee", "caffè", "咖啡"])
>>> tf.strings.length(p, unit="UTF8_CHAR")
<tf.Tensor: shape=(4,), dtype=int32, numpy=array([4, 6, 5, 2], dtype=int32)>
>>> r = tf.strings.unicode_decode(p, "UTF8")
>>> r
<tf.RaggedTensor [[67, 97, 102, 233], [67, 111, 102, 102, 101, 101], [99, 97,
102, 102, 232], [21654, 21857]]>
```

Beachten Sie, dass die decodierten Strings in einem RaggedTensor gespeichert werden. Was ist das?

Ragged-Tensoren

Ein *Ragged-Tensor*ist eine spezielle Form eines Tensors, die eine Liste von Arrays unterschiedlicher Größe repräsentiert. Allgemeiner gesprochen, handelt es sich um einen Tensor mit einer oder mehreren »ausgefransten« Dimensionen, also solchen, bei denen die Slices unterschiedliche Längen haben können. Im Ragged-Tensor r ist die zweite Dimension eine ausgefranste Dimension. Bei allen Ragged-Tensoren ist die erste Dimension immer eine reguläre Dimension (auch als *einheitliche Dimension* bezeichnet).

Alle Elemente des Ragged-Tensors r sind reguläre Tensoren. Schauen wir uns beispielsweise das zweite Element des Ragged-Tensors an:

```
>>> r[1]
<tf.Tensor: [...], numpy=array([ 67, 111, 102, 102, 101, 101], dtype=int32)>
```

Das Paket tf.ragged enthält eine Reihe von Funktionen, um Ragged-Tensoren zu erstellen und zu bearbeiten. Erzeugen wir einen zweiten Ragged-Tensor mit tf.ragged.constant() und verketten wir ihn mit dem ersten Ragged-Tensor entlang der Achse 0:

```
>>> r2 = tf.ragged.constant([[65, 66], [], [67]])
>>> tf.concat([r, r2], axis=0)
<tf.RaggedTensor [[67, 97, 102, 233], [67, 111, 102, 102, 101, 101], [99, 97,
102, 102, 232], [21654, 21857], [65, 66], [], [67]]>
```

Das Resultat ist nicht allzu überraschend: Die Tensoren in r2 wurden hinter den Tensoren in r entlang von Achse 0 angefügt. Aber was passiert, wenn wir r und einen anderen Ragged-Tensor entlang der Achse 1 verketten?

```
>>> r3 = tf.ragged.constant([[68, 69, 70], [71], [], [72, 73]])
>>> print(tf.concat([r, r3], axis=1))
<tf.RaggedTensor [[67, 97, 102, 233, 68, 69, 70], [67, 111, 102, 102, 101, 101,
71], [99, 97, 102, 102, 232], [21654, 21857, 72, 73]]>
```

Dieses Mal sehen Sie, dass der *i.* Tensor in r und der *i.* Tensor in r3 verkettet wurden. Das ist nun ungewöhnlicher, da alle diese Tensoren unterschiedliche Längen haben können.

Rufen Sie die Methode to_tensor() auf, wird er zu einem regulären Tensor umgewandelt, wobei kürzere Tensoren mit Nullen aufgefüllt werden, um Tensoren gleicher Länge zu bekommen (Sie können den Standardwert ändern, indem Sie das Argument default_value setzen):

```
>>> r.to_tensor()
<tf.Tensor: shape=(4, 6), dtype=int32, numpy=
array([[   67,    97,   102,   233,     0,     0],
       [   67,   111,   102,   102,   101,   101],
       [   99,    97,   102,   102,   232,     0],
       [21654, 21857,     0,     0,     0,     0]], dtype=int32)>
```

Viele TF-Operationen unterstützen Ragged-Tensoren. Eine vollständige Liste finden Sie in der Dokumentation der Klasse tf.RaggedTensor.

Sparse-Tensoren

TensorFlow kann auch *Sparse-Tensoren* effizient verwalten (sogenannte dünn besetzte Tensoren, die größtenteils mit Nullen besetzt sind). Erstellen Sie einfach einen tf.SparseTensor, geben Sie die Indizes und Werte der Elemente an, die nicht null sind, und definieren Sie die Form des Tensors. Die Indizes müssen in normaler »Lesereihenfolge« aufgeführt werden (von links nach rechts und oben nach unten). Wenn Sie sich nicht sicher sind, nutzen Sie einfach tf.sparse.reorder(). Sie können einen Sparse-Tensor zu einem Dense-Tensor (also einem normalen Tensor) umwandeln, indem Sie tf.sparse.to_dense() verwenden:

```
>>> s = tf.SparseTensor(indices=[[0, 1], [1, 0], [2, 3]],
...                     values=[1., 2., 3.],
...                     dense_shape=[3, 4])
...
>>> tf.sparse.to_dense(s)
<tf.Tensor: shape=(3, 4), dtype=float32, numpy=
array([[0., 1., 0., 0.],
       [2., 0., 0., 0.],
       [0., 0., 0., 3.]], dtype=float32)>
```

Beachten Sie, dass Sparse-Tensoren nicht so viele Operationen wie Dense-Tensoren unterstützen. So können Sie beispielsweise einen Sparse-Tensor mit einem Skalarwert multiplizieren, um einen neuen Sparse-Tensor zu erhalten, aber Sie können keinen Skalarwert addieren, da dies nicht wieder einen Sparse-Tensor zurückliefern würde:

```
>>> s * 3.14
<tensorflow.python.framework.sparse_tensor.SparseTensor at 0x13205d470>
>>> s + 42.0
[...] TypeError: unsupported operand type(s) for +: 'SparseTensor' and 'float'
```

Tensor-Arrays

Ein `tf.TensorArray` repräsentiert eine Liste mit Tensoren. Das kann in dynamischen Modellen mit Schleifen nützlich sein, um Ergebnisse zu sammeln und später Statistiken zu berechnen. Sie können Tensoren im Array an beliebigen Positionen lesen und schreiben:

```
array = tf.TensorArray(dtype=tf.float32, size=3)
array = array.write(0, tf.constant([1., 2.]))
array = array.write(1, tf.constant([3., 10.]))
array = array.write(2, tf.constant([5., 7.]))
tensor1 = array.read(1) # => liefert (und entfernt!) tf.constant([3., 10.])
```

Standardmäßig sorgt das Lesen eines Eintrags dafür, dass er vom Array entfernt und durch einen Tensor gleicher Form, gefüllt mit Nullen, ersetzt wird. Wenn Sie das nicht wollen, können Sie `clear_after_read` auf `False` setzen.

> Schreiben Sie in das Array, müssen Sie die Ausgabe wieder dem Array zuweisen, wie in diesem Codebeispiel zu sehen ist. Tun Sie das nicht, wird Ihr Code zwar im Eager-Modus funktionieren, nicht aber im Graph-Modus (diese Modi wurden in Kapitel 12 vorgestellt).

Erstellen Sie ein `TensorArray`, hat dieses standardmäßig eine feste Größe. Alternativ können Sie `size=0` und `dynamic_size=True` setzen, damit das Array bei Bedarf automatisch wachsen kann. Aber das beeinträchtigt die Performance. Kennen Sie also die `size` im Voraus, ist es besser, ein Array fester Größe zu nutzen. Sie müssen auch den `dtype` angeben, und alle Elemente müssen die gleiche Form wie das haben, das als Erstes ins Array geschrieben wird.

Sie können alle Einträge in einem regulären Tensor stapeln, indem Sie die Methode `stack()` aufrufen:

```
>>> array.stack()
<tf.Tensor: id=2110875, shape=(3, 2), dtype=float32, numpy=
array([[1., 2.],
       [0., 0.],
       [5., 7.]], dtype=float32)>
```

Sets

TensorFlow unterstützt Sets mit Integer- oder String-Werten (aber nicht mit Floats). Es nutzt dazu normale Tensoren. So wird beispielsweise das Set `{1, 5, 9}` durch den Tensor `[[1, 5, 9]]` repräsentiert. Beachten Sie, dass der Tensor mindestens zwei Dimensionen besitzen muss, und die Sets müssen sich in der letzten Dimension befinden. So ist zum Beispiel `[[1, 5, 9], [2, 5, 11]]` ein Tensor mit zwei unabhängigen Sets: `{1, 5, 9}` und `{2, 5, 11}`.

Das Paket `tf.sets` enthält viele Funktionen zum Bearbeiten von Sets. Erstellen wir zwei Sets und berechnen wir deren Vereinigungsmenge (das Ergebnis ist ein Sparse-Tensor, daher werden wir `to_dense()` aufrufen, um ihn anzuzeigen):

```
>>> a = tf.constant([[1, 5, 9]])
>>> b = tf.constant([[5, 6, 9, 11]])
>>> u = tf.sets.union(a, b)
>>> u
<tensorflow.python.framework.sparse_tensor.SparseTensor at 0x132b60d30>
>>> tf.sparse.to_dense(u)
<tf.Tensor: [...] numpy=array([[ 1,  5,  6,  9, 11]], dtype=int32)>
```

Sie können auch die Vereinigungsmenge mehrerer Set-Paare gleichzeitig berechnen. Wenn manche Sets kürzer sind als andere, müssen Sie sie mit einem Padding-Wert wie 0 auffüllen:

```
>>> a = tf.constant([[1, 5, 9], [10, 0, 0]])
>>> b = tf.constant([[5, 6, 9, 11], [13, 0, 0, 0, 0]])
>>> u = tf.sets.union(a, b)
>>> tf.sparse.to_dense(u)
<tf.Tensor: [...] numpy=array([[ 1,  5,  6,  9, 11],
                                [ 0, 10, 13,  0,  0]], dtype=int32)>
```

Möchten Sie einen anderen Padding-Wert verwenden, wie zum Beispiel –1, müssen Sie beim Aufruf von `to_dense()` noch `default_value=-1` (oder Ihren bevorzugten Wert) setzen.

> Der Standard für `default_value` ist 0. Arbeiten Sie mit String-Sets, müssen Sie den Parameter auf jeden Fall setzen (zum Beispiel auf einen leeren String).

Andere verfügbare Funktionen in `tf.sets` sind `difference()`, `intersection()` und `size()`, die selbsterklärend sind. Wollen Sie prüfen, ob ein Set bestimmte Werte enthält, können Sie die Schnittmenge zwischen dem Set und den Werten bilden. Wollen Sie Werte zu einem Set hinzufügen, können Sie die Vereinigungsmenge zwischen dem Set und den Werten berechnen.

Queues

Eine Queue ist eine Datenstruktur, in die Sie Datensätze schieben und später wieder herausholen können. TensorFlow implementiert verschiedene Queue-Typen im Paket `tf.queue`. Sie waren beim Implementieren effizienter Pipelines zum Laden und Vorverarbeiten von Daten sehr wichtig, aber die tf.data-API hat sie mehr oder weniger überflüssig gemacht (außer vielleicht in wenigen Fällen), weil sie viel einfacher zu nutzen ist und alle Tools bereitstellt, die Sie zum Bauen effizienter Pipelines brauchen. Aus Gründen der Vollständigkeit wollen wir sie uns aber kurz anschauen.

Die einfachste Form der Queue ist die First-In-First-Out-Queue (FIFO). Um sie zu bauen, müssen Sie die Maximalzahl an Datensätzen angeben, die sie enthalten kann. Zudem handelt es sich bei jedem Datensatz um ein Tupel aus Tensoren, daher müssen Sie den Typ jedes Tensors und optional ihre Formen festlegen. Der folgende Code erstellt beispielsweise eine FIFO-Queue mit maximal drei Datensätzen, die jeweils aus einem Tupel mit einem 32-Bit-Integer und einem String bestehen. Dann schiebt er zwei Datensätze hinein, schaut sich die Größe an (in dem Moment 2) und holt einen Datensatz heraus:

```
>>> q = tf.queue.FIFOQueue(3, [tf.int32, tf.string], shapes=[(), ()])
>>> q.enqueue([10, b"windy"])
>>> q.enqueue([15, b"sunny"])
>>> q.size()
<tf.Tensor: shape=(), dtype=int32, numpy=2>
>>> q.dequeue()
[<tf.Tensor: shape=(), dtype=int32, numpy=10>,
 <tf.Tensor: shape=(), dtype=string, numpy=b'windy'>]
```

Es ist auch möglich, mithilfe von `enqueue_many()` und `dequeue_many()` mehrere Datensätze auf einmal einzustellen oder herauszuholen (für `dequeue_many()` müssen Sie beim Erstellen der Queue das Argument `shapes` angeben):

```
>>> q.enqueue_many([[13, 16], [b'cloudy', b'rainy']])
>>> q.dequeue_many(3)
[<tf.Tensor: [...] numpy=array([15, 13, 16], dtype=int32)>,
 <tf.Tensor: [...] numpy=array([b'sunny', b'cloudy', b'rainy'], dtype=object)>]
```

Andere Queue-Typen sind:

`PaddingFIFOQueue`
: Wie eine `FIFOQueue`, aber die Methode `dequeue_many()` unterstützt das Herausholen mehrerer Datensätze unterschiedlicher Form. Sie füllt die kürzesten Datensätze automatisch auf, um sicherzustellen, dass im Batch alle die gleiche Form besitzen.

`PriorityQueue`
: Eine Queue, die Datensätze priorisiert herausholt. Die Priorität muss eine 64-Bit-Ganzzahl sein, die das erste Element jedes Datensatzes ist. Überraschenderweise werden Datensätze mit einer niedrigeren Priorität zuerst herausgegeben. Datensätze mit der gleichen Priorität werden in FIFO-Reihenfolge ausgegeben.

`RandomShuffleQueue`
: Eine Queue, deren Datensätze in zufälliger Reihenfolge herausgegeben werden. Das war nützlich, um einen durchmischten Puffer zu implementieren, bevor tf.data eingeführt wurde.

Ist eine Queue schon voll und versuchen Sie, einen weiteren Datensatz zu übergeben, wird die Methode `enqueue*()` stehen bleiben, bis ein Datensatz von einem anderen Thread herausgeholt wurde. Ist umgekehrt eine Queue leer und versuchen Sie, einen Datensatz herauszuholen, bleibt die Methode `dequeue*()` stehen, bis Datensätze von einem anderen Thread in die Queue geschoben wurden.

ANHANG D

TensorFlow-Graphen

In diesem Anhang werden wir uns die Graphen anschauen, die von TF Functions erzeugt werden (siehe Kapitel 12).

TF Functions und konkrete Funktionen

TF Functions sind polymorph, das heißt, sie unterstützen Eingaben unterschiedlichen Typs (und mit verschiedenen Formen). Schauen Sie sich beispielsweise die folgende Form `tf_cube()` an:

```
@tf.function
def tf_cube(x):
    return x ** 3
```

Jedes Mal, wenn Sie eine TF Function mit einer neuen Kombination aus Eingabetypen oder -formen aufrufen, generiert sie eine neue *konkrete Funktion* mit ihrem eigenen Graphen, der auf diese bestimmte Kombination spezialisiert ist. Solch eine Kombination aus Argumenttypen und -formen wird als *Eingabesignatur* bezeichnet. Rufen Sie die TF Function mit einer Eingabesignatur auf, die sie schon gesehen hat, wird sie die zuvor erzeugte konkrete Funktion wiederverwenden. Rufen Sie beispielsweise `tf_cube(tf.constant(3.0))` auf, wird die TF Function die gleiche konkrete Funktion einsetzen, die sie schon für `tf_cube(tf.constant(2.0))` genutzt hat (für skalare float32-Tensoren). Aber sie wird eine neue konkrete Funktion generieren, wenn Sie `tf_cube(tf.constant([2.0]))` oder `tf_cube(tf.constant([3.0]))` (für float32-Tensoren der Form [1]) aufrufen und noch eine andere für `tf_cube(tf.constant([[1.0, 2.0], [3.0, 4.0]]))` (für float32-Tensoren der Form [2, 2]). Sie können die konkrete Funktion für eine bestimmte Kombination aus Eingabewerten erhalten, indem Sie die Methode `get_concrete_function()` der TF Function aufrufen. Sie kann wie eine reguläre Funktion aufgerufen werden, unterstützt aber nur eine Eingabesignatur (in diesem Beispiel skalare float32-Tensoren):

```
>>> concrete_function = tf_cube.get_concrete_function(tf.constant(2.0))
>>> concrete_function
<ConcreteFunction tf_cube(x) at 0x7F84411F4250>
>>> concrete_function(tf.constant(2.0))
<tf.Tensor: shape=(), dtype=float32, numpy=8.0>
```

Abbildung D-1 zeigt die TF Function `tf_cube()`, nachdem wir `tf_cube(2)` und `tf_cube(tf.constant(2.0))` aufgerufen haben: Es wurden zwei konkrete Funktionen generiert – eine für jede Signatur, jeweils mit ihrem eigenen optimierten Funktionsgraphen (`FuncGraph`) und ihrer eigenen Funktionsdefinition (`FunctionDef`). Eine Funktionsdefinition verweist auf die Teile des Graphen, die zu den Eingaben und Ausgaben der Funktion gehören. In jedem `FuncGraph` repräsentieren die Knoten (Ovale) Operationen (zum Beispiel Potenzieren, Konstanten oder Platzhalter für Argumente wie `x`), während die durchgehenden Pfeile zwischen den Operationen für die Tensoren stehen, die durch den Graphen fließen. Die linke konkrete Funktion ist für `x=2` spezialisiert, daher konnte TensorFlow sie so vereinfachen, dass sie immer 8 ausgibt (beachten Sie, dass die Funktionsdefinition nicht einmal Eingabewerte besitzt). Die rechte konkrete Funktion ist auf skalare float32-Tensoren spezialisiert und kann nicht weiter vereinfacht werden. Rufen wir `tf_cube(tf.constant(5.0))` auf, wird die zweite konkrete Funktion aufgerufen, die Platzhalteroperation für `x` wird 5,0 zurückgeben, dann wird die Potenzieroperation `5.0 ** 3` berechnen, und die Ausgabe wird 125,0 sein.

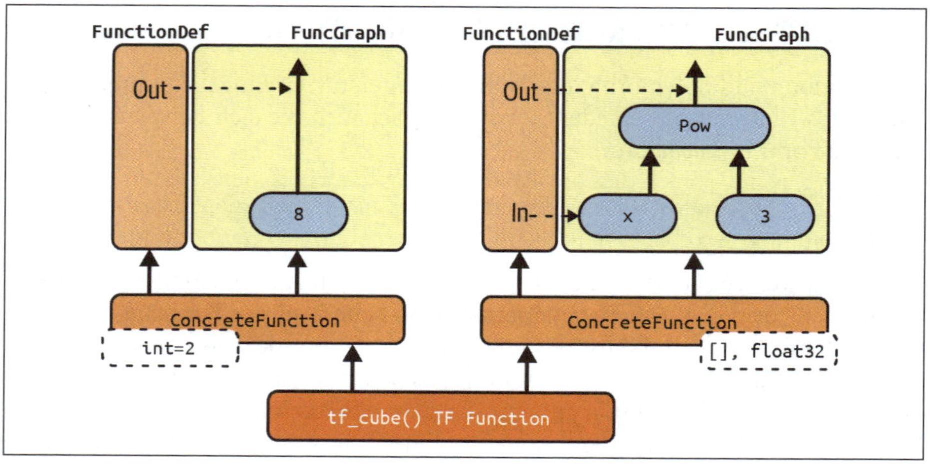

Abbildung D-1: Die TF Function tf_cube() mit ihren ConcreteFunctions und deren FunctionGraphs

Die Tensoren in diesen Graphen sind *symbolische Tensoren*, was heißt, dass sie keinen echten Wert enthalten, sondern nur einen Datentyp, eine Form und einen Namen. Sie stehen für die zukünftigen Tensoren, die durch den Graphen fließen werden, sobald der Platzhalter `x` mit einem echten Wert gefüttert und der Graph ausgeführt wird. Symbolische Tensoren ermöglichen es, im Voraus zu definieren, wie Operationen verbunden werden, und mit ihnen kann TensorFlow rekursiv die Datentypen und -formen aller Tensoren ermitteln, wenn die Datentypen und -formen der Eingabewerte gegeben sind.

Schauen wir weiter hinter die Kulissen, um herauszufinden, wie wir auf Funktionsdefinitionen und Funktionsgraphen zugreifen und die Operationen und Tensoren eines Graphen untersuchen können.

Funktionsdefinitionen und -graphen untersuchen

Sie können auf den Rechengraphen einer konkreten Funktion über das Attribut `graph` zugreifen und erhalten dann die Liste seiner Operationen durch den Aufruf von dessen Methode `get_operations()`:

```
>>> concrete_function.graph
<tensorflow.python.framework.func_graph.FuncGraph at 0x7f84411f4790>
>>> ops = concrete_function.graph.get_operations()
>>> ops
[<tf.Operation 'x' type=Placeholder>,
 <tf.Operation 'pow/y' type=Const>,
 <tf.Operation 'pow' type=Pow>,
 <tf.Operation 'Identity' type=Identity>]
```

In diesem Beispiel steht die erste Operation für das Eingabeargument `x` (sie wird als *Platzhalter* bezeichnet), die zweite »Operation« für die Konstante 3, die dritte repräsentiert die Potenzoperation (**), und die letzte Operation steht für die Ausgabe dieser Funktion (es ist eine Identitätsoperation – sie tut nicht mehr, als die Ausgabe der Potenzoperation zu kopieren).[1] Jede Operation hat eine Liste von Ein- und Ausgabetensoren, auf die Sie über die Attribute `inputs` und `outputs` der Operationen zugreifen können. Holen wir uns beispielsweise die Liste der Ein- und Ausgaben der Potenzoperation:

```
>>> pow_op = ops[2]
>>> list(pow_op.inputs)
[<tf.Tensor 'x:0' shape=() dtype=float32>,
 <tf.Tensor 'pow/y:0' shape=() dtype=float32>]
>>> pow_op.outputs
[<tf.Tensor 'pow:0' shape=() dtype=float32>]
```

Dieser Rechengraph ist in Abbildung D-2 dargestellt.

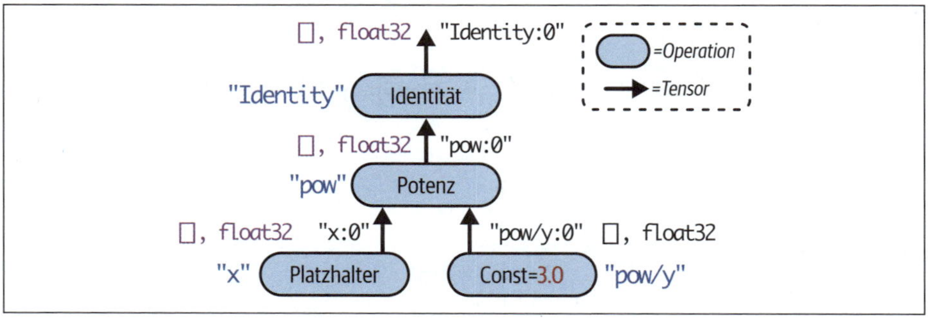

Abbildung D-2: Beispiel für einen Rechengraphen

Beachten Sie, dass jede Operation einen Namen besitzt. Standardmäßig ist es der Name der Operation (zum Beispiel `"pow"`), aber Sie können ihn auch manuell defi-

1 Sie können sie getrost ignorieren – es gibt sie hier nur aus technischen Gründen, um sicherzustellen, dass TF Functions keine internen Strukturen nach außen geben.

nieren, wenn Sie die Operation aufrufen (zum Beispiel `tf.pow(x, 3, name="other_name")`). Ist ein Name schon vorhanden, fügt TensorFlow automatisch einen eindeutigen Index hinzu (zum Beispiel `"pow_1"`, `"pow_2"` und so weiter). Auch jeder Tensor hat einen eindeutigen Namen: Es ist immer der Name der Operation, die diesen Tensor ausgibt, plus `:0`, wenn es die erste Ausgabe der Operation ist, `:1` für die zweite Ausgabe und so weiter. Sie können eine Operation oder einen Tensor über den Namen finden, indem Sie die Methoden `get_operation_by_name()` oder `get_tensor_by_name()` des Graphen aufrufen:

```
>>> concrete_function.graph.get_operation_by_name('x')
<tf.Operation 'x' type=Placeholder>
>>> concrete_function.graph.get_tensor_by_name('Identity:0')
<tf.Tensor 'Identity:0' shape=() dtype=float32>
```

Die konkrete Funktion enthält ebenfalls die Funktionsdefinition (als Protocol Buffer[2]), in der sich auch die Funktionssignatur findet. Durch diese Signatur weiß die konkrete Funktion, welche Platzhalter mit den Eingabewerten zu füttern und welche Tensoren zurückzugeben sind:

```
>>> concrete_function.function_def.signature
name: "__inference_tf_cube_3515903"
input_arg {
  name: "x"
  type: DT_FLOAT
}
output_arg {
  name: "identity"
  type: DT_FLOAT
}
```

Beschäftigen wir uns nun genauer mit dem Tracing.

Tracing

Wir verändern die Funktion `tf_cube()` so, dass sie ihre Eingabewerte ausgibt:

```
@tf.function
def tf_cube(x):
    print(f"x = {x}")
    return x ** 3
```

Rufen wir sie auf:

```
>>> result = tf_cube(tf.constant(2.0))
x = Tensor("x:0", shape=(), dtype=float32)
>>> result
<tf.Tensor: shape=(), dtype=float32, numpy=8.0>
```

Das `result` sieht gut aus, aber wir sehen, was ausgegeben wurde: `x` ist ein symbolischer Tensor! Er hat eine Form und einen Datentyp, aber keinen Wert. Zudem hat

2 Ein verbreitetes Binärformat, das in Kapitel 13 behandelt wurde.

er einen Namen ("x:0"). Das liegt daran, dass es sich bei der Funktion print() nicht um eine TensorFlow-Operation handelt, daher wird sie nur ausgeführt, wenn die Python-Funktion getraced wird. Das wiederum passiert im Graph-Modus, in dem die Argumente durch symbolische Tensoren ersetzt wurden (gleicher Typ und gleiche Form, aber kein Wert). Da die Funktion print() nicht im Graphen erfasst wurde, wird beim nächsten Aufruf von tf_cube() mit skalaren float32-Tensoren nichts ausgegeben:

```
>>> result = tf_cube(tf.constant(3.0))
>>> result = tf_cube(tf.constant(4.0))
```

Rufen wir hingegen tf_cube() mit einem Tensor eines anderen Typs oder einer anderen Form auf oder mit einem neuen Python-Wert, wird die Funktion erneut getraced und die Funktion print() wieder aufgerufen:

```
>>> result = tf_cube(2) # neuer Python-Wert: Trace!
x = 2
>>> result = tf_cube(3) # neuer Python-Wert: Trace!
x = 3
>>> result = tf_cube(tf.constant([[1., 2.]])) # neue Form: Trace!
x = Tensor("x:0", shape=(1, 2), dtype=float32)
>>> result = tf_cube(tf.constant([[3., 4.], [5., 6.]])) # neue Form: Trace!
x = Tensor("x:0", shape=(None, 2), dtype=float32)
>>> result = tf_cube(tf.constant([[7., 8.], [9., 10.]])) # gleiche Form:
 kein Trace
```

Hat Ihre Funktion Nebeneffekte in Python (speichert sie zum Beispiel Logs auf der Festplatte), achten Sie darauf, dass dieser Code nur läuft, wenn die Funktion getraced wird (also jedes Mal, wenn die TF Function mit einer neuen Eingabesignatur aufgerufen wird). Am besten gehen Sie davon aus, dass die Funktion bei jedem Aufruf der TF Function getraced werden könnte (oder auch nicht).

In manchen Fällen wollen Sie eine TF Function auf eine bestimmte Eingabesignatur beschränken. Nehmen wir beispielsweise an, Sie wissen, dass Sie eine Funktion immer nur mit Batches aus 28 × 28-Pixel-Bildern aufrufen werden, diese Batches aber sehr unterschiedliche Größen haben können. Sie wollen eventuell nicht, dass TensorFlow für jede Batchgröße eine andere konkrete Funktion generiert oder selbst versucht, herauszufinden, wann es None nutzen kann. In diesem Fall können Sie die Eingabesignatur wie folgt festlegen:

```
@tf.function(input_signature=[tf.TensorSpec([None, 28, 28], tf.float32)])
def shrink(images):
    return images[:, ::2, ::2] # die Hälfte der Zeilen und Spalten verwerfen
```

Diese TF Function wird nur float32-Tensoren der Form [*, 28, 28] akzeptieren und immer die gleiche konkrete Funktion wiederverwenden:

```
img_batch_1 = tf.random.uniform(shape=[100, 28, 28])
img_batch_2 = tf.random.uniform(shape=[50, 28, 28])
```

```
preprocessed_images = shrink(img_batch_1) # Funktioniert. Traced die Funktion.
preprocessed_images = shrink(img_batch_2) # Funktioniert.
 Gleiche konkrete Funktion.
```

Versuchen Sie aber, diese TF Function mit einem Python-Wert oder einem Tensor mit einem unerwarteten Datentyp oder einer anderen Form aufzurufen, werden Sie eine Exception erhalten:

```
img_batch_3 = tf.random.uniform(shape=[2, 2, 2])
preprocessed_images = shrink(img_batch_3)  # ValueError! Inkompatible Eingaben.
```

Den Kontrollfluss mit AutoGraph erfassen

Was passiert, wenn Ihre Funktion eine einfache `for`-Schleife enthält? Schreiben wir eine Funktion, die zum Eingabewert 10 addiert, indem sie 10 Mal eine 1 addiert:

```
@tf.function
def add_10(x):
    for i in range(10):
        x += 1
    return x
```

Das funktioniert problemlos, aber wenn wir uns den Graphen anschauen, erkennen wir, dass gar keine Schleife enthalten ist – sondern nur 10 Additionsoperationen!

```
>>> add_10(tf.constant(0))
<tf.Tensor: shape=(), dtype=int32, numpy=15>
>>> add_10.get_concrete_function(tf.constant(0)).graph.get_operations()
[<tf.Operation 'x' type=Placeholder>, [...],
 <tf.Operation 'add' type=AddV2>, [...],
 <tf.Operation 'add_1' type=AddV2>, [...],
 <tf.Operation 'add_2' type=AddV2>, [...],
 [...]
 <tf.Operation 'add_9' type=AddV2>, [...],
 <tf.Operation 'Identity' type=Identity>]
```

Das ist tatsächlich sinnvoll: Wird die Funktion getraced, läuft die Schleife 10 Mal, daher wird die Operation `x += 1` genau 10 Mal ausgeführt, und da sie sich im Graph-Modus befand, wurde diese Operation im Graphen 10 Mal erfasst. Sie können sich diese `for`-Schleife als »statische« Schleife vorstellen, die beim Erstellen des Graphen entrollt wird.

Soll der Graph stattdessen eine »dynamische« Schleife enthalten (also eine, die läuft, wenn der Graph ausgeführt wird), können Sie sie manuell mit der Operation `tf.while_loop()` erzeugen, aber das ist nicht sehr intuitiv (siehe den Abschnitt »Using AutoGraph to Capture Control Flow« im Notebook zu Kapitel 12). Stattdessen ist es viel einfacher, TensorFlows *AutoGraph*-Feature zu nutzen, das in Kapitel 12 besprochen wurde. AutoGraph ist standardmäßig aktiv (müssen Sie es einmal abschalten, können Sie `autograph=False` an `tf.function()` übergeben). Wenn es also an ist – warum erfasst es dann nicht die `for`-Schleife in der Funktion `add_10()`? Sie erfasst nur for-Schleifen, die über Tensoren von tf.data.Dataset-Objekten iterieren, daher sollten Sie tf.range() statt range() verwenden. So haben Sie die Wahl:

- Nutzen Sie range(), wird die for-Schleife statisch sein und nur ausgeführt, wenn die Funktion getraced wird. Wie wir gesehen haben, wird die Schleife dann in eine Folge von Operationen für jede Iteration »entrollt«.
- Nutzen Sie tf.range(), wird die for-Schleife dynamisch sein und selbst im Graphen zu finden sein (aber nicht während des Tracings laufen).

Schauen wir uns den Graphen an, der erzeugt wird, wenn Sie in der Funktion add_10() einfach range() durch tf.range() ersetzen:

```
>>> add_10.get_concrete_function(tf.constant(0)).graph.get_operations()
[<tf.Operation 'x' type=Placeholder>, [...],
 <tf.Operation 'while' type=StatelessWhile>, [...]]
```

Wie Sie sehen, enthält der Graph nun eine While-Schleifen-Operation – so als hätten Sie die Funktion tf.while_loop() aufgerufen.

Variablen und andere Ressourcen in TF Functions

In TensorFlow werden Variablen und andere zustandsbehaftete Objekte, wie zum Beispiel Queues oder Datasets, als *Ressourcen* bezeichnet. TF Functions behanden sie mit besonderer Sorgfalt: Jede Operation, die eine Ressource liest oder aktualisiert, wird als zustandsbehaftet betrachtet, und TF Functions stellen sicher, dass solche Operationen in der Reihenfolge ausgeführt werden, in der sie im Code erscheinen (im Gegensatz zu zustandslosen Operationen, die parallel laufen können, sodass ihre Ausführungsreihenfolge nicht garantiert ist). Übergeben Sie eine Ressource als Argument an eine TF Function, wird sie zudem als Referenz übergeben, sodass die Funktion sie verändern kann. Ein Beispiel:

```
counter = tf.Variable(0)

@tf.function
def increment(counter, c=1):
    return counter.assign_add(c)

increment(counter) # counter ist jetzt 1
increment(counter) # counter ist jetzt 2
```

Schauen Sie sich die Funktionsdefinition an: Das erste Argument ist als Ressource gekennzeichnet:

```
>>> function_def = increment.get_concrete_function(counter).function_def
>>> function_def.signature.input_arg[0]
name: "counter"
type: DT_RESOURCE
```

Es ist auch möglich, eine tf.Variable zu verwenden, die außerhalb der Funktion definiert wurde, ohne sie explizit als Argument zu übergeben:

```
counter = tf.Variable(0)

@tf.function
def increment(c=1):
    return counter.assign_add(c)
```

Die TF Function behandelt sie als implizites erstes Argument, daher führt das tatsächlich zur gleichen Signatur wie oben (abgesehen vom Namen des Arguments). Aber der Einsatz globaler Variablen kann schnell ins Chaos führen, daher sollten Sie Variablen (und andere Ressourcen) im Allgemeinen in Klassen verpacken. Das Gute ist, dass `@tf.function` auch mit Methoden funktioniert:

```
class Counter:
    def __init__(self):
        self.counter = tf.Variable(0)

    @tf.function
    def increment(self, c=1):
        return self.counter.assign_add(c)
```

> Verwenden Sie nicht `=`, `+=`, `-=` oder andere Zuweisungsoperatoren von Python für TF-Variablen. Stattdessen müssen Sie die Methoden `assign()`, `assign_add()` oder `assign_sub()` einsetzen. Versuchen Sie, einen Zuweisungsoperator von Python zu nutzen, werden Sie beim Aufruf der Methode eine Exception erhalten.

Ein gutes Beispiel für diesen objektorientierten Ansatz ist natürlich Keras. Schauen wir uns an, wie wir TF Functions in tf.keras verwenden.

TF Functions mit Keras (nicht) verwenden

Standardmäßig wird jede eigene Funktion, jede Schicht und jedes Modell, das Sie mit tf.keras verwenden, automatisch in eine TF Function umgewandelt – Sie müssen dafür gar nichts tun! Aber in manchen Fällen wollen Sie diese automatische Konvertierung deaktivieren – zum Beispiel wenn Ihr eigener Code nicht in eine TF Function umgewandelt werden kann oder wenn Sie Ihren Code nur debuggen wollen (was im Eager-Modus viel einfacher ist). Dazu können Sie einfach `dynamic=True` übergeben, wenn Sie das Modell oder eine seiner Schichten erstellen:

```
model = MyModel(dynamic=True)
```

Ist Ihr eigenes Modell oder Ihre eigene Schicht immer dynamisch, rufen Sie stattdessen den Konstruktor der Basisklasse mit `dynamic=True` auf:

```
class MyDense(tf.keras.layers.Layer):
    def __init__(self, units, **kwargs):
        super().__init__(dynamic=True, **kwargs)
        [...]
```

Alternativ können Sie run_eagerly=True übergeben, wenn Sie die Methode compile() aufrufen:

```
model.compile(loss=my_mse, optimizer="nadam", metrics=[my_mae],
              run_eagerly=True)
```

Jetzt wissen Sie, wie TF Functions mit Polymorphismus umgehen (mit mehreren konkreten Funktionen), wie Graphen automatisch durch AutoGraph und Tracing generiert werden, wie Graphen aussehen, wie Sie deren symbolische Operationen und Tensoren untersuchen können, wie Sie mit Variablen und Ressourcen umgehen und wie Sie TF Functions mit Keras verwenden.

Index

Symbole

A

B

C

D

E

F

G

H

I

L

M

N

O

P

Q

R

S

T

U

V

W

X

Y

Z

Über den Autor

Aurélien Géron arbeitet als Consultant und Dozent für Machine Learning. Als ehemaliger Mitarbeiter von Google hat er von 2013 bis 2016 das YouTube-Team zur Klassifikation von Videos geleitet. Er war Gründer und CTO von einigen Firmen: Wifirst, einem führenden Wireless ISP in Frankreich, Polyconseil, einer Consulting-Firma, die auf Telekommunikation, Medien und Strategie fokussiert war, und Kiwisoft, einer Consulting-Firma rund um Machine Learning und Data Privacy.

Davor war er als Entwickler in verschiedenen Bereichen tätig: Finanzen (JP Morgan und Société Générale), Verteidigung (Department of Defense in Kanada) und Gesundheit (Bluttransfusionen). Er hat einige technische Bücher veröffentlicht (zu C++, Wi-Fi und Internetarchitekturen) und war Dozent für Informatik in einer französischen Ingenieurschule.

Sonstige wissenswerte Dinge: Er hat seinen drei Kindern beigebracht, mit den Fingern binär zu zählen (bis 1023), hat Mikrobiologie und Evolutionsgenetik studiert, bevor er sich der Softwareentwicklung zugewandt hat, und sein Fallschirm ging bei seinem zweiten Absprung nicht auf.

Über die Übersetzer

Dr. Kristian Rother arbeitet als Trainer für Forschungsmethoden, Datenverarbeitung und Kommunikation. Er ist in der Python-Community und im Redeclub Berliner.Rhetorik.Salon aktiv, um seine Fähigkeiten ständig weiterzuentwickeln. Kristian war bis 2011 als Wissenschaftler in der Bioinformatik aktiv, wo er Python-Software zum Modellieren der 3-D-Strukturen von Makromolekülen entwickelt hat. Er hat 2006 an der HU Berlin promoviert.

Thomas Demmig ist Diplom-Physiker. Er arbeitet bei der SAP SE als Entwickler im Bereich UI Framework und hat in den letzten Jahren viele Bücher aus den Bereichen Entwickeln und IT-Management übersetzt.

Kolophon

Das Tier auf dem Cover von *Praxiseinstieg Machine Learning mit Scikit-Learn, Keras und TensorFlow* ist ein Kleinasiatischer Feuersalamander (*Salamandra infraimmaculata*), eine Amphibie, die im Nahen Osten zu finden ist. Die Haut ist schwarz mit großen gelben Flecken auf Rücken und Kopf, die als Warnfarben Fressfeinde fernhalten sollen. Ausgewachsene Tiere können bis zu 30 Zentimeter lang werden, meist erreichen sie aber ein Länge zwischen 19 und 24 Zentimetern.

Kleinasiatische Feuersalamander leben in subtropischen Strauch- und Waldregionen in der Nähe von Flüssen und Feuchtgebieten. Sie verbringen den Großteil ihres

Lebens auf dem Land, legen ihre Eier aber im Wasser ab. Die Nahrung besteht aus Insekten, Würmern, kleinen Krebstierchen und manchmal auch anderen Salamandern. Männchen können 23 Jahre alt werden, Weibchen immerhin 21 Jahre. Auch wenn der Kleinasiatische Feuersalamander noch nicht zu den gefährdeten Amphibien gehört, so ist die Art in ihrem Bestand doch bedroht. Flussregulierungen, Dämme und die Verschmutzung des Wassers stören die Fortpflanzung. Des Weiteren hat das Aussetzen von Moskitofischen (Koboldkärpflingen) zu einer weiteren Reduktion der Populationen geführt. Diese Fische, die zur Bekämpfung von Stechmückenlarven in Flüssen eingesetzt wurden, um die Malaria einzudämmen, fressen genauso gern auch junge Salamander.

Viele der Tiere auf den O'Reilly-Covern sind vom Aussterben bedroht, doch jedes einzelne von ihnen ist für den Erhalt unserer Erde wichtig.

Die Umschlagillustration zu diesem Buch stammt von Karen Montgomery, sie basiert auf einem Stich aus *Wood's Illustrated Natural History*. Den Umschlagentwurf haben Karen Montgomery und Michael Oréal erstellt. Auf dem Cover verwenden wir die Schriften Gilroy Semibold und Guardian Sans, als Textschrift die Linotype Birka, die Überschriftenschrift ist die Adobe Myriad Condensed, und die Nichtproportionalschrift für Codes ist LucasFonts TheSans Mono Condensed.